U0541375

中国社会科学院研究生重点教材

中国古文字学概论

An Introduction to Chinese Paleography

冯时 著

中国社会科学出版社

中国社会科学院
研究生重点教材编审委员会

(按姓氏笔画排序)

主　任：刘迎秋

副主任：王　巍　　王逸舟　　李培林　　金　碚　　侯惠勤
　　　　党圣元

委　员：于　沛　　牛凤瑞　　王　巍　　王国刚　　王建朗
　　　　王逸舟　　任宗哲　　刘迎秋　　朱　玲　　江时学
　　　　邢广程　　张车伟　　张汉亚　　张星星　　张宇燕
　　　　李　扬　　李　周　　李　林　　李国强　　李培林
　　　　杨　光　　汪同三　　沈家煊　　陆建德　　陈祖武
　　　　陈　淮　　陈光金　　房　宁　　罗红波　　金　泽
　　　　金　碚　　侯惠勤　　姚喜双　　洪银兴　　胡国成
　　　　逄锦聚　　党圣元　　唐绪军　　袁　卫　　顾海良
　　　　高培勇　　曹宏举　　黄　行　　朝戈金　　舒　元
　　　　蒋立峰　　谢地坤　　靳　诺　　蔡　昉

总　　序

中国社会科学院研究生院是经邓小平等国家领导人批准于1978年建立的我国第一所人文和社会科学研究生院,其主要任务是培养人文和社会科学的博士研究生和硕士研究生。1998年江泽民同志又题词强调要"把中国社会科学院研究生院办成一流的人文社会科学人才培养基地"。在党中央的关怀和各相关部门的支持下,在院党组的正确领导下,中国社会科学院研究生院持续健康发展。目前已拥有理论经济学、应用经济学、哲学、法学、社会学、中国语言文学、历史学等9个博士学位一级学科授权、68个博士学位授权点和78个硕士学位授权点以及自主设置硕士学位授权点5个、硕士专业学位2个,是目前我国人文和社会科学学科设置最完整的一所研究生院。建院以来,她已为国家培养出了一大批优秀人才,其中绝大多数已成为各条战线的骨干,有的已成长为国家高级干部,有的已成长为学术带头人。实践证明,办好研究生院,培养大批高素质人文和社会科学人才,不仅要有一流的导师和老师队伍、丰富的图书报刊资料、完善高效的后勤服务系统,而且要有高质量的教材。

20多年来,围绕研究生教学是否要有教材的问题,曾经有过争论。随着研究生教育的迅速发展,研究生的课程体系迈上了规范化轨道,故而教材建设也随之提上议事日程。研究生院虽然一直重视教材建设,但由于主客观条件限制,研究生教材建设未能跟上研究生教育事业发展的需要。因此,组织和实施具有研究生院特色的

"中国社会科学院研究生重点教材"工程，是摆在我们面前的一项重要任务。

"中国社会科学院研究生重点教材"工程的一项基本任务，就是经过几年的努力，先期研究、编写和出版 100 部左右研究生专业基础课和专业课教材，力争使全院教材达到"门类较为齐全、结构较为合理"、"国内同行认可、学生比较满意"、"国内最具权威性和系统性"的要求。这一套研究生重点教材的研究与编写将与国务院学位委员会的学科分类相衔接，以二级学科为主，适当扩展到三级学科。其中，二级学科的教材主要面向硕士研究生，三级学科的教材主要面向博士研究生。

中国社会科学院研究生重点教材的研究与编写要站在学科前沿，综合本学科共同的学术研究成果，注重知识的系统性和完整性，坚持学术性和应用性的统一，强调原创性和前沿性，既坚持理论体系的稳定性又反映学术研究的最新成果，既照顾研究生教材自身的规律与特点又不恪守过于僵化的教材范式，坚决避免出现将教材的研究与编写同科研论著相混淆，甚至用学术专著或论文代替教材的现象。教材的研究与编写要全面坚持胡锦涛总书记在 2005 年 5 月 19 日研究生院向中央常委汇报工作时对研究生院和我国哲学社会科学研究工作提出的要求，即"必须把握好两条：一是要毫不动摇地坚持马克思主义基本原理，坚持正确的政治方向。马克思主义是我国哲学社会科学的根本指导思想。老祖宗不能丢。必须把马克思主义的基本原理同中国具体实际相结合，把马克思主义的立场观点方法贯穿到哲学社会科学工作中，用发展着的马克思主义指导哲学社会科学。二是要坚持解放思想、实事求是、与时俱进，积极推进理论创新"。

为加强对中国社会科学院研究生重点教材工程的领导，院里专门成立了教材编审领导小组，负责统揽教材总体规划、立项与资助审批、教材编写成果验收等。教材编审领导小组下设教材编审委员会。教材编审委员会负责立项审核和组织与监管工作，并按规定特邀请国内2—3位同行专家，负责对每个立项申请进行严格审议和鉴定以及对已经批准立项的同一项目的最后成稿进行质量审查、提出修改意见和是否同意送交出版社正式出版等鉴定意见。各所（系）要根据教材编审委员会的要求和有关规定，负责选好教材及其编写主持人，做好教材的研究与编写工作。

为加强对教材编写与出版工作的管理与监督，领导小组专门制定的《中国社会科学院研究生重点教材工程实施和管理办法（暂行）》和《中国社会科学院研究生重点教材工程编写规范和体例》。《办法》和《编写规范和体例》既是各所（系）领导和教材研究与编写主持人的一个遵循，也是教材研究与编写质量的一个保证。整套教材，从内容、体例到语言文字，从案例选择和运用到逻辑结构和论证，从篇章划分到每章小结，从阅读参考书目到思考题的罗列等，均要符合这些办法和规范的要求。

最后，需要指出的一点是，大批量组织研究和编写这样一套研究生教材，在研究生院是第一次，可资借鉴的经验不多。这就决定了目前奉献给大家的这套研究生教材还难免存在这样那样的缺点、不足、疏漏甚至错误。在此，我们既诚恳地希望得到广大研究生导师、学生和社会各界的理解和支持，更热切地欢迎大家对我们的组织工作以及教材本身提出批评、意见和改进建议，以便今后进一步修改提高。

陈佳贵

2005年9月1日于北京

重印弁言

尽管我们所说的古文字主要是指秦以前先民使用的古体汉字，然而从中华文明统一多民族国家的历史考察，由于在文字初创的新石器时代尚未形成一统的格局，而呈现为夷夏东西的形势，因此，我们所理解的古文字本应包括与古体汉字同时代甚至更早的民族古文字。这种文字起源的多源特点，是我们在学习和研究中国古文字学时必须具有的观念。

古文字的书契载体多种多样。史前先民可以将其刻写在龟甲或陶器、石器之上；商周时代已有典册，同时人们在甲骨、青铜器、石器、陶器上铸刻或书写文字仍然很普遍；战国时代的简牍、帛书、石刻、盟书、玺印、封泥、钱币、陶器等文字资料数量巨大，文字的用途也已非常广泛。因此，作为中国文化独有的符号体系，古文字材料所积累的史料相当丰富，这无疑是中华文明的重要遗产。

中国传统文化将文明的起源与国家的形成视为两个完全不同的问题。作为中华文明重要内涵的知识体系，其形成的标志主要有两个，其一是人类得以规划空间和时间的天文学体系的建立，其二则是用于人神沟通媒介的文字的创造。天文与文字不仅是中华文明之渊薮，也是古代先民智慧之渊薮。

文字之重要性首先就表现在其所具有的宗教与神权意义，同时作为经义之本，王政之始，更是政治与文化彰著的基础。因此，古文字事实上从本质上阐释了中国文化的根本问题，于古今社会具有普遍的意义。有关问题，可以从以下五方面分析理解。

第一，文字的创造是文明诞生的标志。

文字的创造是人类进入文明时代最重要的标志之一。中国传统文化所定义的"文明"首先就是人的文明，有了文明的个体，才可能形成文明的群体，并最终建立起文明的社会。所以中华文明的本质乃在于道德体系、知识体系与礼仪制度的建立，而文字的作用本在服务于人神的沟通，这意味着文字作为原始宗教的重要组成部分，不仅是中华文明知识体系形成的重要标志,当然也是文明社会建立的重要标志。

第二,文字是中华文明传承及多元一体文化特征的物证。

中华文明是人类历史上唯一绵延数千年没有中断的文明,这一事实的重要物证就是文字的传承不绝。汉字作为原生文字不仅是人们交流的工具,更重要的则是中华文化的载体。考古学证据显示,不仅汉字已经有了四千多年的历史,而且作为中华民族大家庭一员的彝族古文字也有着数千年的历史,这在人类文明的历史上是绝无仅有的。因此,文字不仅是中华文明传承不绝最重要的物证,同时也是中华民族自古形成的多元一体文化特征的重要物证。

第三,古文字具有直接史料的独特价值。

古文字作为直出先民之手的直接史料,对于考古学和历史学研究具有无可替代的价值,对探究考古遗存,辨识文化性质,都发挥着极为重要的作用。殷墟文化性质的证认即因有甲骨文的发现,从而证明商王朝存在这一不可动摇的事实。西周封建制度的确认乃因有各诸侯国具铭青铜器的出土,从而构建起西周王朝的天下格局。同样的道理,中国第一个家天下王朝——夏朝——存灭的事实也将最终通过夏文字的发现和释读得到解决,考古工作已经展现了解决这一问题的重要线索。事实上对于重建上古文明的信史系统,古文字材料乃是不可或缺的重要史料。

第四,文字是中国文化的载体。

中国文化以格物致知为其认识论,以天人合一为其宇宙观,而文字的创造无不是这一独特认识论与宇宙观的体现。显然,欲从根本上理解中国文化,就必须从对古文字的学习开始。文字承载着文化,成为我们解读己身文明的有益钥匙。一字是为一词,一词必成一义。这种母语文训诂所建构的中国文化独有的概念体系清晰而明确,奠定了中国文化的诠释基础。因此对于中国文化的认识,不通过对文字,特别是古文字的学习,不由小学而究经学史学乃至其他传统学术,就不可能钩深索隐,揭示真相。

第五,文字是重建社会文明和文化认同的基础。

中国文字古今一脉,古文字为今文字之祖,学习古文字事实上是明晓中国文化的根本保证。文化的传承关键就在于文字的传承,文字得以正读,文明才可能正读。今文字是从古文字中走来,一旦我们割断了联络历史的文脉,文化也就成了无源之水,无本之木。并不是民族的消亡才会导致文明的失落,国人丧失了对己身文明的记忆与传承,文明的失落就已经开始了。重拾己身文明,使国人认同自己的文化,而不是认同别人的文化，已成为关乎民族存亡的紧迫问题，这一工作必须首先从重拾我们的文字开始。

正读文字的意义即在于正读文明，因此，汉字的学习并不能是简单的符号记忆，而必须将对中国文化的学习纳入其中，这样才可能从根本上理解中国优秀传统文化的核心内涵与独特价值。文字承载着文化，只有通晓文字，才能理清中华文明的文脉。以历史为鉴，以文字为师，这是学习中国文化的不二法门。

古文字的学习是重要的，然而如何才能学好自己的文字，其中的宜忌得失必须明确。汉字是形、音、义三位一体的符号体系，无论据形释义，还是因声求义，都表现出学习汉字自有其独特的理论和方法，绝不是仅凭拼音注读就可以学懂领悟的。传统以六书理论为学习汉字的重要方法，这当然也是学习古文字必须具备的知识。

古文字学既是考古学的分支学科，也属于广义的历史科学，这意味着史料问题乃是这一学科的基本问题。然而笔端的记录永远都不及考古学家手铲的速度，中国考古学日新月异的发展，令人于新材料目不暇接。本书的撰写至今已逾十年，2010 年书稿杀青后，又有不少新的古文字资料陆续发表，故在排印校对期间，尽量于新资料有所补充，力求建立一个相对完整的史料框架。但新材料是补充不完的，十年间的异闻新知无时无刻不在改变或丰富着人们的固有认识。读者如欲了解这方面的情况，可以参考相关的发掘与研究成果，或者根据书中提供的线索，按图索骥，解决自己在史料方面的需求。至于书中所列参考文献，多为初版，有些或因时间过久而不易寻找，读者则可参考后出的再版本或修订本，以利学习。

承蒙中国社会科学出版社王茵副总编辑的厚谊与筹划，拙作得以有修订重印的机会。郭鹏主任也给予大力支持。此次修订主要进行了四方面工作。其一，汲取最新甲骨缀合成果，修订释文。其二，对个别字迹不清的刻辞甲骨，或移换拓本，或增补摹本，以便读者识读参考。其三，订正文字，补苴罅漏。其四，规范注释体例。修订过程中，我的学生王沛姬作为该书的责任编辑，提出了很好的修改意见和建议。学生于靖涵、何苗详校刊误，助理莘东霞扫描拓本摹本。今借拙作付梓之机，一并重申谢忱。

冯　时

2021 年 11 月 12 日

目　录

绪言 ……………………………………………………………（1）
第一章　中国文字的起源与发展 ……………………………（7）
　第一节　中国文字起源的一统观 ……………………………（7）
　第二节　多源文字的并存 ……………………………………（13）
　　一　夷夏文字 …………………………………………………（13）
　　二　巴蜀文字 …………………………………………………（19）
　　三　新石器时代刻划符号的性质 ……………………………（22）
　第三节　汉字的发展 …………………………………………（33）
　　一　文与字 ……………………………………………………（33）
　　二　词汇的发展 ………………………………………………（34）
　　三　书面语形式的变化 ………………………………………（38）
　思考题 …………………………………………………………（40）
第二章　汉字研究的历史 ……………………………………（42）
　第一节　先秦时代的汉字研究 ………………………………（42）
　　一　古文与籀文 ………………………………………………（42）
　　二　《史籀篇》及其影响 ……………………………………（49）
　　三　文字学理论的建立 ………………………………………（50）
　第二节　秦汉时期的汉字研究 ………………………………（51）
　　一　小篆的创制 ………………………………………………（51）
　　二　隶书的定型 ………………………………………………（53）
　　三　秦书八体与新莽六书 ……………………………………（56）
　　四　汉代的古文经学 …………………………………………（59）
　　五　汉代的字书 ………………………………………………（65）
　第三节　三国至隋唐时期的汉字研究 ………………………（68）
　　一　《苍》《雅》学与《说文》学的发展 …………………（68）
　　二　字样学与字原学 …………………………………………（70）

三　音韵学的创立与韵书的编纂 …………………………… (72)
　　四　汲冢竹书与石鼓文的发现 …………………………… (76)
  第四节　两宋时期的汉字研究 ……………………………… (79)
　　一　大小徐对《说文解字》的勘正与研究 ……………… (79)
　　二　汉字结构的研究 ……………………………………… (80)
　　三　古文资料的汇集 ……………………………………… (81)
　　四　金石学的建立 ………………………………………… (84)
　　五　字书、辞书与韵书 …………………………………… (87)
  第五节　元明时期的汉字研究 ……………………………… (89)
　　一　元明两代的文字学 …………………………………… (89)
　　二　明代的字书 …………………………………………… (91)
  第六节　清代古文字学研究 ………………………………… (92)
　　一　上古音韵的研究 ……………………………………… (92)
　　二　《说文》学研究的深入 ……………………………… (95)
　　三　金石学的复兴与古文字学研究 ……………………… (97)
　　四　商代甲骨文的发现与研究 …………………………… (99)
  思考题 ………………………………………………………… (102)

第三章　古文字学的基本理论 ………………………………… (104)
  第一节　六书理论 …………………………………………… (104)
　　一　象形 …………………………………………………… (108)
　　二　会意 …………………………………………………… (110)
　　三　指事 …………………………………………………… (116)
　　四　形声 …………………………………………………… (119)
　　五　转注 …………………………………………………… (122)
　　六　假借 …………………………………………………… (127)
  第二节　古文字形旁的通用 ………………………………… (129)
  第三节　古文字声旁的通用 ………………………………… (139)
  第四节　古文字形体的简化 ………………………………… (140)
　　一　变图形为符号 ………………………………………… (142)
　　二　省略重复的偏旁 ……………………………………… (143)
　　三　截取原字 ……………………………………………… (144)
　　四　以形体简单的偏旁替换形体复杂的偏旁 …………… (146)
　　五　以简单的字形取代繁复的字形 ……………………… (147)

六　随文简化 …………………………………………………… (147)
　第五节　古文字形体的规范 ………………………………………… (148)
　　一　古文字结构的规范 ………………………………………… (149)
　　二　古文字形体的规范 ………………………………………… (152)
　第六节　秦代"书同文"的意义和影响 …………………………… (155)
　第七节　古文字的考释方法 ………………………………………… (159)
　　一　字形的因袭比较 …………………………………………… (160)
　　二　辞例的推勘 ………………………………………………… (162)
　　三　偏旁的分析 ………………………………………………… (165)
　　四　历史的考证 ………………………………………………… (168)
　　五　掌握古文字形体演变的规律 ……………………………… (172)
　　六　审音求义 …………………………………………………… (174)
　思考题 …………………………………………………………………… (178)

第四章　音韵学概述 ……………………………………………………… (179)
　第一节　音韵学与语音学 …………………………………………… (179)
　　一　语音学名释 ………………………………………………… (180)
　　二　音韵学名释 ………………………………………………… (183)
　第二节　中古音韵 …………………………………………………… (192)
　　一　《切韵》时代的声母系统 ………………………………… (192)
　　二　中古音的韵部 ……………………………………………… (193)
　第三节　上古音韵 …………………………………………………… (196)
　　一　上古音的声纽 ……………………………………………… (196)
　　二　上古音的韵部 ……………………………………………… (199)
　　三　商周古音探索 ……………………………………………… (207)
　第四节　上古音知识的应用 ………………………………………… (209)
　思考题 …………………………………………………………………… (212)

第五章　训诂学概论 ……………………………………………………… (214)
　第一节　训诂学的形成及其意义 …………………………………… (214)
　第二节　训诂学的基本方法 ………………………………………… (216)
　　一　形训 ………………………………………………………… (216)
　　二　音训 ………………………………………………………… (217)
　　三　义训 ………………………………………………………… (221)
　第三节　训诂释例及训诂法则 ……………………………………… (225)

第四节　训诂学的主要著作 …………………………（231）
- 一　《说文解字》 ………………………………………（231）
- 二　《玉篇》 ……………………………………………（236）
- 三　《尔雅》 ……………………………………………（237）
- 四　《广雅》 ……………………………………………（239）
- 五　《方言》 ……………………………………………（241）
- 六　《释名》 ……………………………………………（243）

思考题 ………………………………………………………（245）

第六章　甲骨文研究 …………………………………………（247）

第一节　甲骨文的科学发掘 ………………………………（247）
- 一　殷墟甲骨文的发掘 …………………………………（248）
- 二　西周甲骨文的发掘 …………………………………（250）

第二节　甲骨文资料的整理著录 …………………………（252）

第三节　占卜制度与甲骨文例 ……………………………（254）

第四节　甲骨文断代及其主要方法 ………………………（258）
- 一　商王世系 ……………………………………………（259）
- 二　庙号与亲属称谓 ……………………………………（267）
- 三　贞人与书契人 ………………………………………（278）
- 四　坑位 …………………………………………………（286）

第五节　殷商年代学与甲骨文研究 ………………………（289）
- 一　交食研究 ……………………………………………（290）
- 二　商代历法 ……………………………………………（297）

第六节　周祭问题 …………………………………………（315）

第七节　甲骨文选读 ………………………………………（323）
- 一　殷墟甲骨文 …………………………………………（323）
- 二　周原甲骨文 …………………………………………（419）

思考题 ………………………………………………………（425）

第七章　金文研究 ……………………………………………（427）

第一节　青铜器的发现与著录 ……………………………（427）

第二节　古器物学研究 ……………………………………（431）
- 一　古器物学的兴起与发展 ……………………………（431）
- 二　青铜器纹样研究 ……………………………………（436）

第三节　青铜器铭文的整理研究 …………………………（440）

第四节　青铜器的定名、分类与礼器制度 …………………………（442）
第五节　青铜器铭文分代研究 ………………………………………（450）
　　一　商代金文的分代标准 …………………………………………（451）
　　二　西周铜器断代 …………………………………………………（458）
　　三　西周历法 ………………………………………………………（490）
第六节　三代封建与金文分域研究 …………………………………（501）
　　一　三代封建之政治制度 …………………………………………（501）
　　二　文字与器物的从同与趋异 ……………………………………（503）
　　三　分域研究的方法及意义 ………………………………………（508）
第七节　族氏铭文研究 ………………………………………………（512）
　　一　国、族、氏的区分 ……………………………………………（512）
　　二　"亚"的含义 …………………………………………………（515）
　　三　商周日名、族徽应用的普遍性 ………………………………（528）
第八节　兵器铭文研究 ………………………………………………（531）
　　一　兵器铭文的发展 ………………………………………………（531）
　　二　兵器铭文所见物勒工名制度 …………………………………（534）
第九节　青铜器铭文选读 ……………………………………………（548）
　　一　商代金文 ………………………………………………………（548）
　　二　西周金文 ………………………………………………………（558）
　　三　东周金文 ………………………………………………………（619）
思考题 ……………………………………………………………………（665）

第八章　简帛及其他古文字文献研究 …………………………………（667）
第一节　简帛文献 ……………………………………………………（667）
　　一　战国简帛的发现与研究 ………………………………………（667）
　　二　先秦简牍制度 …………………………………………………（673）
　　三　简帛文献的校勘正读 …………………………………………（676）
第二节　盟书 …………………………………………………………（682）
　　一　侯马盟书 ………………………………………………………（682）
　　二　温县盟书 ………………………………………………………（684）
　　三　侯马盟书与温县盟书的关系 …………………………………（685）
第三节　石刻文字 ……………………………………………………（687）
　　一　早期石刻文字 …………………………………………………（687）
　　二　东周石刻文字 …………………………………………………（688）

第四节　古玺、封泥与陶文 …………………………………（691）
　　一　玺印的起源与早期古玺 …………………………（692）
　　二　古玺的著录与研究 ………………………………（694）
　　三　封泥的著录研究 …………………………………（699）
　　四　陶文的著录与研究 ………………………………（700）
第五节　货币文字 ……………………………………………（709）
　　一　货币文字的著录与研究 …………………………（709）
　　二　东周货币类别与分国特征 ………………………（710）
第六节　简帛及其他古文字文献选读 ………………………（720）
思考题 …………………………………………………………（784）
引用文献简称 ………………………………………………（786）

绪　　言

　　古文字学作为考古学的分支学科，是考古学与历史学研究不可或缺的基础性研究和诠释方法。古文字学的研究对象主要是先秦时期铸刻或书写于遗物上的古汉字及各种古文字资料，由于这些铭刻直出先民之手，并以文字的形式直录历史，对考古学与历史学而言，具有直接史料的特殊价值，因而古文字学享有不同于文献学与古器物学的独特学术地位，于原史考古学和历史考古学研究都具有十分重要的意义。

　　古文字研究肇启于汉代，勃兴于北宋，长期被纳入传统文字学的"小学"和以铜器碑刻研究为主的金石学，传统悠久，目的本在于正经补史。随着现代考古学的形成，古器物学成为考古学的重要部分，古文字学遂作为独立的学科，并在考古学、语言学等学科的影响下发生了深刻变化。

　　"古文字"之名初见于《汉书·郊祀志》，文述汉宣帝时美阳得鼎云："张敞好古文字，桉鼎铭勒而上议曰：'……中有刻书曰："王命尸臣：官此栒邑，赐尔旂鸾黼黻雕戈。尸臣拜手稽首曰：敢对扬天子丕显休命。"臣愚不足以迹古文，窃以传记言之，此鼎殆周之所以褒赐大臣，大臣子孙刻铭其先功，臧之于宫庙也。'"知汉人以先秦文字为古文字，其时或也但称"古文"。

　　汉人所称的"古文字"乃相对于当时使用的今文字，也就是隶变的文字而言，因此根据中国传统文字学的观点，古文字是指先秦时代的古体汉字。事实上，鉴于中国文字起源的多源特点，古文字也应包括先秦时期居住于黄河和长江流域的古代先民所使用的非汉字系统的文字。当然，对这部分资料的研究也可归入中国民族古文字学。

　　现代文字学者一般认为，秦篆（小篆）由于字形结构不同于今文字，因而也应纳入古文字的范围。事实上，秦篆作为古文字之终及今文字之祖，是古文字研究的津梁，已成为古文字与今文字的分野。

　　20世纪70年代后，秦及西汉早期的简牍帛书陆续出土，其所使用的隶书在字形上尚留有篆文的诸多特点，与日后成熟的隶书具有明显差异，因此有学者主张将秦和西汉早期的隶书也视作古文字。然而根据西汉学者的观点，当时的今文与古文已有严格的时代概念，因此，如果将古文字的范围扩大到西汉早期的隶书，而不考虑时代的因素，仅以文字的形体结构作为分别古今文字的唯一标准，势必抹杀古文字与今文字的界限。文字形体结构的变化过程是渐进的，我们其实很难建立古今文字形体变化的明确界限。篆隶的不同是明显的，但从古隶到今隶的发展却一脉相承。所以，西汉早期的隶书虽然对古文字研究具有重要的参考价值，但它并不宜归入古文字的范围。

古文字资料如果按其材料区分，应该包括甲骨文、金文、陶文、玉铭石刻、盟书、玺印封泥、简牍帛书、货币与金银漆木等杂器文字。若依时代及性质分类，则可厘为五期五系，即：

　　新石器时代文字：汉字系、非汉字系
　　殷商文字
　　两周文字
　　战国文字：秦系、六国系、巴蜀系
　　秦篆

就汉字的发展而言，五期虽然具有密切的关系，但每一时期的文字却又具有鲜明的特点。同时除汉字形体的自身完善外，东周文字或已富有强烈的地方特色，其中六国系文字讹变最甚，且吴、越、楚、蔡等地更出现鸟虫书等新的书体。与此同时，秦系文字则直承两周，进行了新的规范。对这一时期文字的研究又逐渐形成战国文字学。

古文字学研究的首要工作在于识读文字，研究古文字的形体结构及其演变，探求古代字形所反映的本义，确定文字的时代和地域特点，探究古文字的考释方法。这些基于文字学视角的研究是古文字学研究不可或缺的基础。

然而从古文字学作为考古学分支的观点看，古文字学研究如果仅停留在对文字的考察显然远远不够。古文字学研究的最终目的是以出土的文字资料阐释古代遗迹遗物的性质和意义，补充文献史料之不足，匡正典籍所载史实之疏误，进而完成对古史及其制度的重建。因此古文字学研究不仅包括古文字本身的研究，还应关注载有各种古文字资料的物质遗存。如研究甲骨文应该兼顾占卜使用甲骨的品种、攻治方法和钻凿形态；研究金文必须考虑相关青铜器的形制、纹饰、铭文特点与风格、器物的出土地点等，甚至广及铜器的功能、组合和铸造工艺；研究度量衡器文字则更应与遗物的形制研究相互结合。事实上，一些看似与文字无关的品类，如玺印、钱币、盟书、简牍，其形制特点仍然与其时之制度密切相关，研究这部分遗物的文字，重视相关遗物的研究同样十分必要。此外，辨伪的工作对于古文字学的研究也具有特殊的意义。

古文字流行时代旷久，种类繁多，根据其时代特点及所具资料的综合归纳，古文字学研究已经形成如下主要的领域：

　　古文字学的理论与方法
　　古文字的释读
　　中国文字起源研究
　　甲骨学：殷商甲骨文研究、西周甲骨文研究
　　殷周青铜器铭文研究
　　简牍帛书研究
　　陶文、印章、石刻、货币等其他种类的古文字资料研究
　　古文字与商周史研究

其所涉及的相关学科如古器物学、印章学、古钱学、简牍学和民族古文字学，对实现古文字学的研究目的有着至关重要的作用。然而必须强调的是，基于考古学背景的古文字学研究更强调古文字资料作为直接史料的独特价值，因此古文字学研究的终极目的其实是解决古史问题和考古学问题，所以古文字学研究虽然具有不同的步骤，但最终都应完成古文字学与古史研究的结合。

古文字研究以史学研究中最具价值的第一手文字史料为对象，虽与考古学研究第一手实物史料具有相同的性质，但它旨在通过对文字的解读与诠释揭示历史，则为传统的考古学与历史学所不及，其对判定考古学文化的性质，重建古史年代，厘析族属源流，考察地理官制，全面构建古代历史，往往具有决定性的作用。因此，古文字学对于考古学和古史研究既不可或缺，又为其他学科所无法替代，它不仅可以为古代历史的证认提供重要的依据，而且极大地推动了中国考古学、历史学、语言学和文献学的发展。

古文字学是综合考古学、历史学、语言学、文献学等多学科知识和方

法的专门学问，其学术目的是通过对古代文字字形、字音与字义的研究进而解决历史问题，因此与上述学科具有密切的关系。

古文字学与考古学的关系是显而易见的。首先，古文字资料的取得有赖于科学的考古发掘，这当然可以为出土的古文字材料提供足够明确的时空背景与文化背景，甚至考古地层学对于解决出土文字资料的相对年代也有重要的帮助，这对于古文字资料自身年代及文化背景的确定，以及相关的古史年代学、历史地理学的研究都具有直接的意义。其次，考古类型学的方法对于古文字资料的整理有着很好的借鉴作用，而像对一些以器物为载体的文字资料的研究，由于不可能不对这些承载文字的器物本身给予必要的关注，类型学的作用就更显重要。再次，考古学所提供的古代遗迹遗物资料往往对于古文字的识读、铭文内容的理解具有特别的价值，而对出土于遗址和墓葬的文字材料的研究，更须与该遗址和墓葬的研究相结合，如此才可能对古文字的研究获得深入全面的认识。

诚然，古文字学研究对于考古学的促进作用也同样明显。正像甲骨文的发现与研究对于殷墟的证认具有决定性的意义一样，古文字资料的发现以及对它的成功解读，对于判明古代遗址及墓葬的性质和时代至关重要，甚至从某种意义上说，这种判定工作是依靠考古学自身的研究所无法实现的。此外，古文字学的研究对于古代器物名称、用途等问题的澄清也有关键的意义。

古文字学研究的最终目的在于解决历史问题，探索历史的发展规律，因此古文字学与历史学是不可分割的。目前所见的古文字资料，内容涉及古史研究的诸多领域，因而从史料的角度讲，其在为古代政治史、经济史、军事史、法律史、宗教史、思想史、哲学史及科学史的研究奠定坚实基础的同时，也为古代神话史、文学史、艺术史以及社会生活史的研究提供了重要素材，对于补充文献之不足，纠正史传之错误具有特殊的意义。同样，丰富的历史学知识则是正确理解相关古文字资料的保证。然而必须强调的是，古文字资料虽然出于先民直录，但古文字材料与这些材料所记录的历史毕竟是性质不同的两件事，晚期材料在追述早期历史时可能失实，同时之材料在记述当时之历史时也可能失实，因此，古文字资料固然可靠，但对这些真实材料所记述的伪史实却不应不加以认真的辨究。

考释古文字或通读古文字资料，语言文字学知识是必不可少的，其中尤为重要的便是训诂学与音韵学。汉字不仅具有完整的字形，还具有特定的字义和读音。不明字义便无从疏通文义，不审古音则不辨通假正别。因此，通训诂、明音韵对于古文字的考释、古文字资料的识读，都有着十分重要的作用。不啻如此，古文字学对于训诂学及上古音韵的研究更具有独特的价值，它几乎成为研究殷商西周语言，探索上古词义与语音的时代明确的唯一史料。

出土的古文字材料也就是文献材料，其与时代相当或相近的传世文献或可互为印证，或可相互阐发，这使古文字学与古典文献学具有了密切的关系。同一时代具有的相同的语言现象通过遣词用字的固有形式保存于传世文献之中，而相应的历史制度与观念也同样以文献的形式得以传承，这些内容对于古文字资料的解读及其内容的阐释都具有直接的辅证作用，这意味着古文字学研究必须掌握古典文献的基础知识，必须充分运用文献学的研究成果。反之，古文字学研究也有助于匡正传世文献的错漏，澄清对传统文献的体例形式、形成过程、真伪标准的认识，于古典文献学研究具有直接的帮助。

此外，古文字学与民族学也有着密切的关系，尤其是民族古文字学，对于探讨中国文字的起源，考释古文字及通读古文字资料，都将提供重要的思路和可借鉴的方法。

古文字学的知识与方法要在两点，知识之始在于理论，其以六书为本，以先秦古文字偏旁通转简化为纲；而方法之约则在因声求义。前者以唐兰先生肇启端绪，高明先生立为条例；后者则以清儒用之谙熟，其中高邮二王尤为精审。在此基础上熟悉古文字材料，并结合考古与古代文献史料相互阐释，则是古文字学研究的必备功夫。

古文字学作为考古学的分支，解决古文字的问题显然并不是这一学科的最终目的，这意味着对考古学与历史学而言，古文字学研究必须具有两个层面的意义，其一为释字，其二为考史。释字旨在求文字之本，考史则在求文字之用。而对这两个工作而言，定准文字的读音都至关重要。文字起源的初衷虽重在表意，但是随着文字服务于记录语言的需要，其表音的功能则愈发凸显。语言因声达义，文字则以形记音。况至衰世，人用其私，字形多变，致通假泛滥，在这样的用字风习下，文字只沦为了记音符号，重音轻形成为当时社会的普遍认知。因此，考释古代文字需以明音为务，释字必辨其音，训诂先正其读，如此方可知类通达，明史求真。

本书是我多年于中国社会科学院研究生院教授古文字学课程的结穴。全书对古文字材料的处理不以类别与时代混杂的形式，而专据材料的类别厘次，每类材料则依时代的早晚叙述，以便呈现各种古文字资料的发展脉络。而于古文字理论方法的探索，强调文字与语言的关系而因声求义，则是贯穿全篇的宗旨。

拙文属稿，已历五载；初校在案，亦年有馀。全书完成后，曾蒙王世民、刘一曼、郑张尚芳诸先生提出宝贵意见和建议。中国社会科学出版社任明先生则为文稿的编辑出版深虑周划。学生黄益飞、张海燕、李鹏为、刘佳佳助为造字录入，赖彦融协校初排，皆用力甚勤。今借付梓之机，谨重申谢忱。

作　者

2014 年 4 月 9 日识于尚朴堂

第一章　中国文字的起源与发展

内容提要

　　本章系统论述中国文字的起源和发展问题，包括汉字以及生活在黄河与长江流域的古代先民所使用的非汉字系统的文字的起源，追溯作为汉字祖先的夏文字、与夏文字同时流行的东夷文字、东周时期的巴蜀文字的形成。阐释文字起源研究的理论与方法，诸如文字的定义、文字起源的年代、文字起源的动因、早期文字的性质、多种文字并存的事实、早期文字的解读方法，讨论新石器时代龟甲、陶器、石刻文字及符号，区别图像与文字、文字与符号的标准。阐述汉字的发展，涉及造字方法的发展和书面语形式的早晚变化，探讨这种变化的原因。

第一节　中国文字起源的一统观

　　文字是人类文明发展到一定阶段的产物，因此，如果建立有关文字的相对准确的定义，就必须至少从三个方面梳理它的特征。就其自身特点的角度讲，文字必须具有固定的字形、字义和读音；从语言的角度讲，文字必须呈现书面语的形式，或者虽不以书面语的形式出现，但却以固定的形式表达某种固定的语义；而从文化的角度讲，每一种文字虽然只是某一族群创造的产物，但它的使用却应体现着超时空和超方言的特点，准确地说，同一种文字在不同时间和不同地域中都应具有相同的字形和字义。这三方面内涵构成了文字的基本特点。虽然成熟的文字已作为记录语言的符号，但古人创制文字却显然不是以记录语言为其最初的目的。因此，区别文字从表意的需要到记录语言的转变，对文字起源与发展的研究是十分必要的。

　　文字的起源在文明史中是一个极其复杂的问题，这种复杂性首先就体现在我们很难对文字起源的具体时间做出准确的判断，这甚至使很多学者几乎放弃了对这一问题的探索①。中国古人习惯于将人类文明的重大发明归功于某位圣贤，文字的发明也是如此。《易·系辞下》云：

> 上古结绳而治，后世圣人易之以书契。

这种以文字产生于结绳的思想，至少在战国时代就已经很流行。《庄子·胠箧》云：

> 子独不知至德之世乎。昔者容成氏、大庭氏、伯皇氏、中央氏、栗陆氏、骊畜氏、轩辕氏、赫胥氏、尊卢氏、祝融氏、伏戏氏、神农氏，当是时也，民结绳而用之。

而《易·系辞下》说到伏羲氏时也云："作结绳而为网罟，以佃以渔。"这与战国楚帛书《创世》章所载伏羲氏"厥佃渔渔"的内容一样，应该反映了人类在发明农业之前的旧石器时代的生活情形。然而结绳终究不是文字，如果早期文字起源于象形的话，那么人们显然无法通过绳子打结的方式创造出象形的文字。不过根据这些传说可以明白，至少在旧石器时代，文字的创造可能还渺无踪迹。

战国时代的人们对于圣人造字的想法逐渐清晰了起来，文字已被视为少数人的创造成果。《世本·作篇》（《广韵·鱼韵》引）云：

> 沮诵、苍颉作书。

学者或疑"沮诵"为"祝诵"，也就是"祝融"②。祝融世为高辛氏火正，而苍颉则作为黄帝的史官。在传统的五帝祭祀的宗教系统中，黄帝作为帝臣而位居中央，祝融则作为同样身为帝臣的炎帝的帝佐而配享南方。这个造字传统如果不是反映了华夏文化居于正统地位之后人们的固有观念的话，至少也暗示了文字起源的多源特点。在古史系统中，祝融为颛顼之子

---

① 英国学者 D. Diringer 认为："因此我们看到，要确定像文字体系这样的包罗万象的概念形成的始因是极其困难的。"参见氏著《字母：人类历史的钥匙》，1952年第三版，第35页。法国文字史学家 M. Cohen 也认为："即使我们掌握大量的古文字史的文献材料，恐怕我们也不得不放弃深入探究它起源的奥秘。"参见氏著《文字》，巴黎，1953年，第3页。

② 唐兰：《中国文字学》，上海古籍出版社1981年版，第52页。

而属于东夷族系①，而苍颉为黄帝的史官则属于华夏族系，这两个族群所创造的文字当然有所不同②。

苍颉创造了逐渐成为正统文化的华夏族群所使用的文字，因此其文字的创造活动也远比祝融具有影响。《荀子·解蔽》云：

> 好书者众矣，而仓颉独传者一也。

《韩非子·五蠹》云：

> 苍颉之作书也，自环者谓之私，背私谓之公。

《吕氏春秋·君守》云：

> 仓颉作书。

李斯《苍颉篇》云：

> 苍颉作书，以教后诣。

《淮南子·本经》云：

> 昔者苍颉作书而天雨粟，鬼夜哭。

这些有关苍颉造字的传说对于汉字的起源来说已足以构建起一种根深蒂固的观念，这便是以黄帝的史官创造的文字理所当然地具有着华夏民族正统文字的地位。从这个意义上讲，早期文字的创造其实并不单单是一种文明

---

① 《山海经·大荒西经》："颛顼生老童，老童生重及黎。帝令重献上天，令黎邛下地。"郭璞《注》："祝融即重黎也，高辛氏火正，号曰祝融。"《左传·昭公二十九年》："颛顼有子曰犁，为祝融。"杜预《集解》："犁为火正。"山东青州苏埠屯商代墓葬曾出土大量融氏器（见山东省文物考古研究所、青州市博物馆《青州市苏埠屯商代墓葬发掘报告》，《海岱考古》第一辑，山东大学出版社1989年版），学者或以为铭文"融"即祝融（见王迅《东夷文化与淮夷文化研究》，北京大学出版社1994年版，第133页），可明早期融族之分布。

② 冯时：《文字起源与夷夏东西》，《古文字与古史新论》，台湾书房出版有限公司2007年版；《试論中國文字的起源》，《韓國古代史探究》創刊號，2009年4月。

的创造活动，它更体现着先民对于政教合一的神权的普遍认同心理，因此具有鲜明的政治意义与宗教意义。

事实上从人类文明发展的进程考虑，凡重大的文明创造都不会是众多人的共同行为，在今天科技发达、人们见闻广博的情形下尚且如此，何况数千年前生产力水平相当低下的远古时代。因此，古人奉文字的创造于某位先贤，这种古史观应该符合历史的真实。这意味着不论祝融作书抑或苍颉造字，恐怕都反映了文字的创造其实只是少数人的创作成果的事实。至于《荀子》将古好书与好稼、好乐、好义之人众多诸事并举，独苍颉、后稷、夔、舜能传之，虽然旨在阐明心壹于道的道理，但这种古史观则更多地体现了荀子本人所具有的民本思想。

文字究竟为了怎样的目的而创造，探讨这个问题当然有助于我们了解文字的创造者到底具有怎样的身份。或者换句话说，谁创造了文字与他们为什么要创造文字，这两个问题对于文字起源的研究具有同等重要的意义。很明显，当人们只满足于族群内部一般交流活动的时候，他们其实并不特别需要文字；然而当这种交流扩大到族群之间甚至不同时空之后是否就一定需要有文字作为必要的中介形式？其实也并不尽然，人们完全可以通过少数使者的往来或巫史的记诵而实现交流。这意味着文字的出现其实并不以人们的日常活动为服务的对象，它的产生也并不是现实生活中人们交流思想的必然产物。然而人们一旦具有了原始宗教的观念，少数掌握权力的人如果为了氏族的利益需要向神灵祷祈，从而完成人与神的交流活动，文字的创造便是一种必然的结果。显然，文字的起源其实正是服务于人神沟通的需要，作为沟通人神意旨的中介工具，文字的使用者当然只能是少数具有沟通神灵资格的帝王和巫史。在这个意义上，眼睛由于成为读懂传达人神意旨的文字的器官，也就被赋予了可以通神的特殊寓意。能够实现与神灵的沟通当然是占卜活动所追求的美好结果，所以眼目的"目"字也就具有了吉祥的意义。古彝文具有吉好意义的文字即作眼目的形象，便充分反映了这一事实。而巫史之外的民众并不识文字，因此古文字的"民"字即作盲目之形。这些早期文字的特点所表现的史实说明，文字在早期社会中其实是由少数人垄断的用以沟通人神意旨的工具，它的作用只是作为人神意旨表述的载体。

文字所具有的这种沟通人神意旨的作用恰恰决定了早期文字必须以象形的方法创造完成。准确地说，文字起源于象形，其实正是人们建立起人与神对于文字字义具有共同理解标准和认知基础的起码条件。很明显，文字如果充当了承载人神意旨的载体，那么它就必须呈现为一种人神共知的不教而识的符号,这种符号最直接的来源当然就是人们对于人神都已熟知的自然物象的客观描写。事实上,如果人类仅满足于自己的意识而创造出抽象的文字结构,那显然无法实现通神的目的。人只有以一种人神共感的图形符号呈献给神灵,才能最终建立起人神互为了解的纽带。因此,文字起源于象形的特点并不是毫无意义的,它其实是服务于沟通人神的宗教活动的必然结果。目前发现的早期文字,诸如汉字以及与此同等重要的由两河流域苏美尔人创造的楔形文字、尼罗河流域古埃及人创造的圣书字等三大古典文字,无不以象形作为其创制文字的方法。苏美尔文字与古埃及圣书字都带有某种巫术的性质,这间接证明了早期汉字的产生也是出于同样的需要。

古代文献对于文字产生于原始宗教的事实或许也给予了某种暗示。《孝经援神契》云:

仓颉视龟而作书。

龟作为先民施占行卜的灵物,本身即具有天地的象征意义,而龟卜之所以能成为巫史通神的主要方法,通常是要通过在它上面书契文字的形式来实现人神意识的交接。这个传统自新石器时代就已出现,并在殷商王朝进入了鼎盛时期。河南舞阳贾湖新石器时代遗址曾经出土约属公元前6000年的龟甲契刻文字[1],尽管这些文字可能不是汉字,但也足以使我们有机会重新认识占卜刻辞的历史。显然,古人对于苍颉视龟作书的想法似乎正是借龟卜这样一种古老的占卜方式说明文字的起源与交接神明的密切关系。

原始文字所具有的巫术性质有时也可以通过某种色彩的施加而得到表现。大汶口文化发现的契刻于陶器上的文字常常涂以朱砂[2],当然暗示着这些文字具有着特殊的宗教意义。事实上,新石器时代先民掌握的这种以朱砂涂饰文字的做法对后世始终产生着深刻影响,陶寺文化陶器上发现的夏代文字即以朱砂书就[3];郑州小双桥遗址出土的商代文字也以朱砂书写

---

[1] 河南省文物考古研究所:《舞阳贾湖》上卷,科学出版社1999年版,第458页。
[2] 任日新:《山东诸城县前寨遗址调查》,《文物》1974年第1期;中国社会科学院考古研究所:《蒙城尉迟寺——皖北新石器时代聚落的发现与研究》,科学出版社2001年版,第112、119页。
[3] 《陶寺建筑基址是否城址定论尚早》,《光明日报》2000年6月14日第A3版;梁星彭:《陶寺遗址发现夯土遗存》,《中国文物报》2000年7月16日第1版;冯时:《夏社考》,《21世纪中国考古学与世界考古学》,中国社会科学出版社2002年版。

于陶缸之上，且集中发现于遗址中心祭祀区内的祭坎之中，其性质显然关乎祭祀①；至殷商晚期，占卜通神的卜辞仍然经常以朱砂涂饰，少数或以朱书；甚至西汉时期作为封禅仪具的礼天玉牒，其文字也已经过涂朱的处理②。很明显，早期文字的这种以朱砂填饰或书写的做法除了表明文字具有着巫术的性质，而涂朱设色不过是借文字而实现通神的目的之外③，似乎已不可能再有其他的解释。诚然，在先民的观念中，红色不仅是鲜血的象征，当然也是生命的源泉和灵魂的寄所。这种朴素的宗教观念在山顶洞人生活的旧石器时代晚期就已经具有了生命不死的意味，那么文字适应着这种观念而出现，涂朱便理所当然地成为彰显其巫术作用的一种有意义的方法。

对商代占卜书契制度的研究显示，当时掌握文字的人只集中于巫史集团内部，王作为巫觋的首领，自为占卜决疑的审断者，而书契刻辞的人则只限于少数巫史④。这意味着在比殷商更早的时代，文字的使用者同样不出少数巫觋，这种情况如果通过民族学研究的比较，或许会看得更清楚。中国先民创造的其他古老文字如古彝文、纳西文和水书也是一种带有巫术性质的文字，它们的作用主要是服务于宗教的目的而实现人神的交际，因此充当着沟通人神的载体。这三种文字不仅都起源于象形，而且分别由彝族的巫师毕摩、纳西族的巫师东巴和水族的巫师水书先生所使用，一般民众无法通晓。这些事实在从一个侧面揭示了早期文字使用者的特殊身份的同时，也揭示了原始文字之所以富有象形的特点其实都是服务于其自身所具有的巫术性质的本质。

早期文字的性质基本上都与巫术有关⑤，它的使用只是作为少数巫史沟通人神的工具而已，因此文字的创造便不会是一种普遍的大众行为，而只能视为少数巫史的智慧成果。巫史构成了早期社会中特殊的知识集团，他们掌握着决定农业生产和礼俗用事的天文与历算知识，掌握着决定人神交际和祈

---

① 宋国定：《郑州小双桥遗址出土陶器上的朱书》，《文物》2003年第5期。
② 中国社会科学院考古研究所、日本奈良国立文化财研究所中日联合考古队：《汉长安城桂宫四号建筑遗址发掘简报》，《考古》2002年第1期；冯时：《新莽封禅玉牒研究》，《考古学报》2006年第1期。《续汉书·祭祀志上》："时以印工不能刻玉牒，欲用丹漆书之。"知封禅玉牒文必施红色。
③ 冯时：《殷代占卜书契制度研究》，《探古求原》，科学出版社2007年版。
④ 冯时：《殷代占卜书契制度研究》，《探古求原》，科学出版社2007年版。
⑤ B. A. 伊斯特林：《文字的产生和发展》，左少兴译，王荣宅校，北京大学出版社1989年版，第54—56页。

福禳灾的占卜知识，当然理应成为文字的创造者。而商代甲骨文的记录显示，史官不仅是司掌书契的人，同时更是掌握天文占验的人，这实际已为文字的创造者苍颉身为黄帝史官以及祝融身为司天火正的传说建立了合理的制度背景。因此，巫史创造了文字，这一事实本身就说明了文字的起源与原始宗教的关系。事实上，文字通过占卜的形式而实现其交通人神的目的，这个初衷使它的出现成为古代巫史集团一项重要的创造活动。

第二节　多源文字的并存

汉字作为华夏民族普遍使用的文字，这一事实显然是伴随着华夏文明的发展而逐渐形成的。因此，有关中国文字起源的研究，绝不能简单地理解为仅仅是指汉字起源的研究。换句话说，探讨中国文字的起源不仅要关注汉字的起源问题，而且也同样应该关注生活在黄河和长江流域的古代先民所使用的非汉字系统的文字的起源问题。随着考古资料的积累，中国文字起源的多源特点已愈来愈清楚。

《世本》有关祝融、苍颉共同造字的记载其实已经暗示了中国文字起源的多源特点，苍颉如果被视为汉字的创造者的话，那么祝融以其在古史系统中所代表的文化传统来看，应该可以被认为是夷文字的创造者。这个重要记载与考古学所呈现的夷夏交胜的文化面貌不仅一致，而且也与夷夏文字并存的史实相符。

一　夷夏文字

以殷商甲骨文为代表的汉字体系无疑已是一种相当成熟的文字，这种文字体系不仅单字的数量已非常可观[①]，而且开始采用形声的造字方法，从而表明其已经历了漫长的形成和发展过程。因此，追溯甲骨文之前的古老汉字的起源一直是学术界关注的热点问题。

殷墟甲骨文的年代约当公元前13世纪至前11世纪的商代晚期，但这显然不是这种文字的创制年代。按照甲骨文的传统分期成果，被纳入第一期的殷王虽然包括盘庚、小辛、小乙、武丁两代四王，但真正能够确定为武丁以前的甲骨文资料却寥寥无几。学者虽不遗余力地对这一问题进行探

---

① 据学者最新统计，甲骨文单字的数量近4100个，如计入异体字，则逾6000个。见沈建华、曹锦炎《新编甲骨文字形总表》，香港中文大学出版社2001年版。

索，但所提出的为数不多的文字资料，对其时代的判断与认知，迄今仍难以取得共识①。当然，这并不意味着武丁以前没有文字，新资料的出土和研究方法的创新都可能使旧有的认识大为改变。

早于殷墟时期的商代甲骨文虽然自20世纪50年代以后就陆续在郑州二里岗等遗址有零星发现②，而且属于武丁以前的铜器铭文与陶器文字也基本可以得到证实③。但河南郑州小双桥商代中期遗址陶器上发现的朱书文字显然对于追溯汉字的来源更有意义。这些文字或一字独书，或数字并存，可辨识的有"尹"、"天"、"东"、"夭"等文字，时代约属公元前15世纪④。这些文字不仅与甲骨文明确属于同一体系，而且其时代也较殷墟甲骨文更早。

小双桥的朱书文字并非最原始的汉字当然可以肯定，约属公元前21世纪的陶寺文化陶背壶上已经发现朱砂书写的文字"文邑"（图1-1），也与商代甲骨文属于同一体系的文字。"文邑"的含义即为夏代的都邑⑤，而"文"则与禹名"文命"有关⑥，这意味着以殷商甲骨文为代表的汉字体系事实上是在继承夏代文字的基础上发展起来的⑦。这一事实可以通过从殷墟到陶寺文化的相关文字资料清晰地追溯出来。

河南汝州洪山庙遗址的年代大约与夏代同时或稍早⑧。该遗址发现的用于瓮棺的陶缸上有些绘有图画，有些则书契文字。其中编号为

---

① 胡厚宣：《甲骨续存·序》，群联出版社1955年版；陈梦家：《殷虚卜辞综述》，科学出版社1956年版，第33页；刘一曼、郭振录、温明荣：《考古发掘与卜辞断代》，《考古》1986年第6期；彭裕商：《殷墟甲骨断代》第六章，中国社会科学出版社1994年版；曹定云：《殷墟田野发掘与卜辞断代》，《考古学集刊》第15集，文物出版社2004年版；中国社会科学院考古研究所安阳工作队：《1998年—1999年安阳洹北商城花园庄东地发掘报告》，《考古学集刊》第15集，文物出版社2004年版。

② 河南省文物局文物工作队：《郑州二里冈》，图版拾陆，6，科学出版社1959年版，第38页；裴明相：《略谈郑州商城前期的骨刻文字》，《全国商史学术讨论会论文集》，《殷都学刊》增刊，1985年；《郑州商城考古新发现与研究》，中州古籍出版社1993年版。

③ 曹淑琴：《商代中期有铭铜器初探》，《考古》1988年第3期；刘一曼：《殷墟陶文研究》，《庆祝苏秉琦考古五十五年论文集》，文物出版社1989年版；中国社会科学院考古研究所：《殷墟的发现与研究》，科学出版社1994年版。

④ 宋国定：《郑州小双桥遗址出土陶器上的朱书》，《文物》2003年第5期。

⑤ 冯时：《"文邑"考》，《考古学报》2008年第3期。

⑥ 冯时：《夏社考》，《21世纪中国考古学与世界考古学》，中国社会科学出版社2002年版。

⑦ 冯时：《文字起源与夷夏东西》，《中国社会科学院古代文明研究中心通讯》第3期，2002年。

⑧ 河南省文物考古研究所：《汝州洪山庙》，中州古籍出版社1995年版。

第一章 中国文字的起源与发展　　15

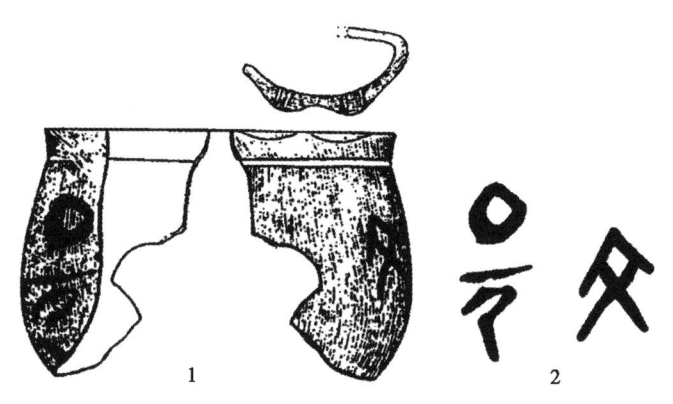

图 1-1　陶寺文化陶背壶朱书文字摹本
1. 采自《中国社会科学院古代文明研究通讯》
第 1 期李健民文　2. 笔者自摹

W136∶1的陶缸上腹刻有一字（图1-2，1），字形结构与殷商甲骨文的"帝"字极似，可以考虑为汉字的祖先。由于遗址中同出的瓮棺上多绘男根的图像，具有明显的郊禖祈生的宗教意义。而帝是主宰万物的至上神，所以帝作为禘祀对象以郊禖为配，与祈生的宗教内涵至为吻合。《诗·大雅·生民》毛《传》："去无子求有子，古者必立郊禖焉。"郑玄《笺》："姜嫄之生后稷如何乎？乃禘祀上帝于郊禖，以祓除其无子之疾而得福也。"很明显，古礼禘祀上帝于郊禖正可以视为对洪山庙"帝"与郊禖共存现象的绝好诠释。不仅如此，遗址同出的另一件瓮棺（W104∶1）上腹墨书一颇似甲骨文"屯"的文字（图1-2，2），似可释为"屯"。"屯"字本象种子抽芽之形，甲骨文又用为表示万物生长的春季季名。显然，"屯"与郊禖祈生内容的并存，恰可助证W136∶1的文字应为表现至上神的"帝"字。洪山庙遗址属仰韶文化庙底沟类型，而稍晚的陶寺文化也与由仰韶文化发展出的庙底沟二期文化具有着密切关系。陶寺文化目前已发现了明确属于汉字系统的文字，而洪山庙文字显然也具有与汉字体系一脉相承的结构特征。因此，洪山庙文字的出现不仅意味着我们可以将华夏文字的起源年代追溯得更远，而且必须承认，当时的人们甚至已经形成了生养万物的至上神的宗教观念。

诚然，目前的考古资料尚不足以为我们寻找夏代文字的渊源提供依据，尽管文字起源于象形的事实曾使学者认为仰韶文化的彩陶图像可能体

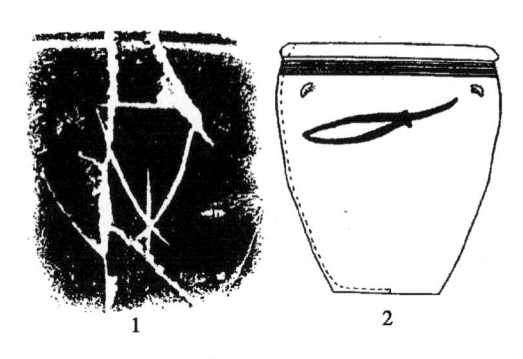

现着早期汉字的原始形态①，但依类象形的造字方法却并不仅仅为汉字所独有。当然，如果考虑到文化地理和考古学文化作为一种文字形成的文化背景等综合因素，这种比较仍然具有积极的价值。

图 1-2　河南汝州洪山庙遗址出土陶器文字
1. 拓本（W136：1）　2. 摹本（W104：1）

与夏代文字同时并存的另一种文字显然不属于汉字的系统，其中一件重要的物证就是发现于山东邹平丁公遗址的属于龙山时代的陶文②。陶文以利器契刻于大平底盆上，尚存 11 字（图 1-3），时代约当公元前 21 世纪。

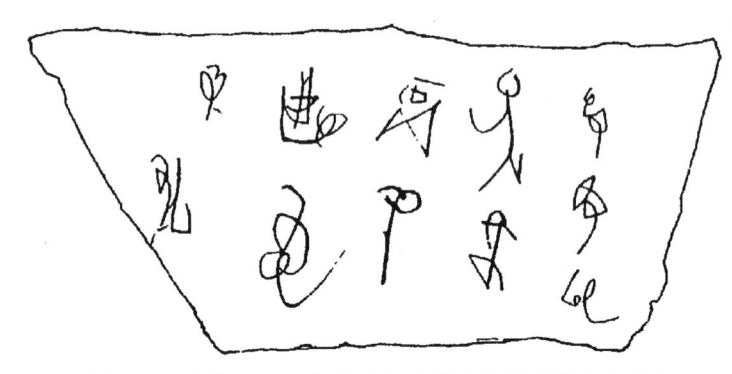

图 1-3　山东邹平丁公遗址出土龙山文化陶器文字摹本

尽管丁公陶文的字形结构与以甲骨文为代表的汉字体系形成了鲜明的区别，但这种差异在一开始似乎并没有使人意识到殷商甲骨文其实已不适宜作为解读丁公陶文可资比较和参照的材料。事实上，丁公文字的形构特

---

① 郭沫若：《古代文字之辩证的发展》，《考古学报》1972 年第 1 期；李孝定：《中国文字的原始与演变（上、下篇）》，《历史语言研究所集刊》第四十五本第二分，1974 年；《再论史前陶文和汉字的起源问题》，《历史语言研究所集刊》第五十本第三分，1979 年；陈昭容：《从陶文探索汉字起源问题的总检讨》，《历史语言研究所集刊》第五十七本第四分，1986 年；高明：《中国古文字学通论》，文物出版社 1987 年版，第 32—40 页。

② 山东大学历史系考古专业：《山东邹平丁公遗址第四、五次发掘简报》，《考古》1993 年第 4 期。

点与古彝文有着极其密切的联系，这种联系由于古彝文字形保持的相对稳定，因此可以通过对两种文字的比较清楚地得到了解①。研究显示，丁公陶文不仅属于古彝文，而且利用古彝文资料甚至可以成功地对这些文字进行解读。这11字陶文可自上而下、自右至左考释为：

$ʂe^{33}$	$tʂa^{22}$	$ɤa^{33}$	$p'ɣ^{55}$	$dɣ^{11}$	ta^{55}	$gɯ^{55}$	ma^{22}	$ɕe^{33}$	$ʔh\tilde{u}u^{11}$	da^{13}
魅	卜	阿	普	渎	祈	告	吉	长	百鸡	拐爪

11字陶文呈现书面语的形式，而且陶片左下边缘尚留残字笔画，证明陶片上原来的文字并不止11字，因此其性质属于文字是毋庸置疑的。这段残辞的汉译为："魅卜，阿普渎祈，告，吉长，百鸡拐爪……。"性质为招祖护佑，驱邪求吉的卜辞。其中"魅卜"意即卜魅，彝语语法只有宾语前置于动词谓语的一种形式，所以魅为占卜对象，卜魅意即为恶鬼诸邪而卜；"阿普渎祈"意即祈求阿普渎，阿普渎为洪水之后的彝族始祖；"告"为祭名；"吉长"意即长吉，犹殷卜辞所言之"引吉"；"百鸡拐爪"意为以鸡骨卜卦，属夷人传统的占卜形式。陶文内容反映了彝族百解祭中禳病除邪的祭仪②。

丁公陶文与古彝文的关系并不仅仅体现在其字形均可与古彝文对译无异，更重要的是通过丁公陶文、古彝文和殷商甲骨文的比较研究，彝族的族称可以认定，从而从民族学史的层面加深了分布于海岱地区的原始文化与彝族文化的联系。彝族自称ni^{21}，为古称，汉译为"夷"，字与古彝文"人"字同源，"人"为本字，"夷"则系后起字。而且古彝文"人"字本又为彝族始祖之名，所以彝族的族名实际来源于始祖之名，即彝人以其始祖的名字作为族称③。将这一事实与甲骨文所反映的殷夷争胜的史实对观，显然有助于我们梳理夷人历史的源流。殷人以当时聚居于海岱地区的方伯称为"人方"，这与夷人的族称及其所居地望完全吻合。"人方"或也写作"尸方"，"尸"、"人"二字相同，唯人体股胫弯曲，皆应读为"夷"。而至西周金文则又屡见以地相称的"东尸"、"淮尸"、"南淮尸"和"南尸"，这些"尸"也都应指因地而居的夷人，

---

① 冯时：《龙山时代的陶文与古彝文》，《光明日报》1993年6月6日"文物与考古"。
② 详细考证参见冯时《山东丁公龙山时代文字解读》，《考古》1994年第1期。
③ 彝族传统文献始终自以"夷"为族称。新中国成立后，误以"夷"有歧视之意，遂改为"彝"，但彝族对于族称的这种改变至今仍存异议。

足见其分布地域的广大。这些事实不仅印证了丁公陶文属于古彝文的文字体系，而且直接涉及到对新石器时代乃至商周时期分布或部分地分布于海岱及其邻近地区的原始文化以及创造这种文化的族属的认识。

对于揭示一种古代文化的面貌以及作为这种文化的创造者的族属，综合分析其典型文化因素其实与寻找他们使用的文字具有同等重要的价值。新石器时代先民曾经创造出一种指向四方的特殊八角图形，这个图形由于出现于安徽含山凌家滩发现的龟书玉版的中心，因而具有特别的含义。龟书玉版的性质属于式盘，这意味着这种指向四方的特殊八角图形应该作为表现时空思想的九宫的象征，况且玉版上的布数也可以证明八角图形与九宫的关系。值得注意的是，中国文化的传统不仅以八卦配伍九宫，而且八卦在彝语中正被称为"八角"。这种图形广泛地分布于辽河流域的小河沿文化、黄河下游地区的大汶口文化以及长江中下游地区的高庙文化、大溪文化、马家浜文化、崧泽文化和良渚文化，这当然加强了这些文化之间的联系①。这个经东北而历长江中下游的广大地区，其文化面貌确实表现出与西部以仰韶文化为代表的原始文化的极大不同②，这些文化应该正是孕育独立于夏文字之外的彝（夷）文字的文化母体。这意味着我们可以用同样的观点去审视这一广大地区出土的古代文字。

当我们以太行山为界而将分布于东西两域的考古学文化加以对比研究的时候，它们之间所表现出的宏观差异相信会被每一个人所认同，这种文化差异如果与不同的族属联系起来考虑显然更有意义，而不同文化的形成应该正奠定了夷、夏两种不同文字创造产生的沃土。很明显，假如我们还没有可能将夷、夏两种文字的起源年代追溯得更早的话，那么至少到新石器时代晚期，以夷夏东西的古史观去重建这一时期的历史应是谨慎和客观的做法③。换句话说，如果我们有理由将这一时期分布于太行山西麓的陶寺文化确定为夏代早期的文化，其实我们就同样有理由将自新石器时代至夏商时期位于东方的某些文化认定为夷人的文化，并将这些与夏商对峙的夷与后世偏居西南的彝（夷）视为同一族群。彝（夷）语称汉人为"夏

---

① 冯时：《史前八角纹与上古天数观》，《考古求知集》，中国社会科学出版社1996年版；《中国天文考古学》第八章第二节，社会科学文献出版社2001年版。
② 童恩正：《试论我国从东北至西南的边地半月形文化传播带》，《文物与考古论集》，文物出版社1987年版。
③ 傅斯年：《夷夏东西说》，《庆祝蔡元培先生六十五岁论文集》下册，中央研究院历史语言研究所集刊外编，1935年。

人"，也可助证此点。毫无疑问，这种观念必然关系到我们对相关考古学文化所见文字及其解读方法的思考。当然，对于这样一个重要问题的阐释，新的古彝文资料的发现和文字释读成果的积累都是至关重要的。

二 巴蜀文字

在夏、夷两种文字之外，巴蜀文字应该属于另一文字系统。这种文字的分布范围包括川西平原的蜀地、川东巴地和湘西的山区，可见它早已成为一种约定俗成，并在如此广大的地区流行使用的古老文字。

目前发现最早的巴蜀文字，时代大约属春秋晚期①，下限则可能晚到战国末叶秦灭巴蜀之后②。但是，这个年代或许并不反映巴蜀文字的形成年代③，其早期材料可能早至西周，而在秦灭巴蜀以后，一些铭有巴蜀文字的器物仍在家族中继续流传，以致在西汉早期的墓葬中时有这类遗物出土④。这种文字主要铭铸于青铜礼乐器、兵器、生活用器和铜、石印章，其中巴蜀文字印有时与汉文印同墓共存。但从巴蜀地区巴蜀文字印与汉文印流行的总体时间看，巴蜀文字印出现的时间当在战国早期⑤，而汉文印虽然也有稍早的遗物，却不会早过巴蜀文字印的年代，相反，更常见的汉文印，其时代则当在秦灭巴蜀以后⑥。

巴蜀文字其实包括两种截然不同的形体，一种是具有强烈图案化特征的象形符号，这种文字更多地出现于印章或作为青铜器上的简单图案；而另一种则已完全摆脱了象形的特点，并且常以书面语的形式出现。这两种形体的文字都具有文字的性质应该没有问题，学者或将前一种形体的文字称为"巴蜀文字甲"，而后一种形体的文字称为"巴蜀文字乙"（图1-4）⑦。"巴蜀文字甲"的单字数量，目前所见尚不足二百个，因此对于这种文字性质的看法也还存在分歧。不过从"巴蜀文字甲"分布地域广泛，

---

① 童恩正、龚廷万：《从四川两件铜戈上的铭文看秦灭巴蜀后统一文字的进步措施》，《文物》1976年第7期。
② 李复华：《四川郫县红光公社出土的战国铜器》，《文物》1976年第10期。
③ 段渝：《巴蜀古文字的两系及其起源》，《考古与文物》1993年第1期。
④ 四川省博物馆、绵竹县文化馆：《四川绵竹县西汉木板墓发掘报告》，《考古》1983年第4期；四川省博物馆：《四川犍为县巴蜀土坑墓》，《考古》1983年第9期。
⑤ 四川省文管会、雅安地区文化馆、荥经县文化馆：《四川荥经曾家沟战国墓群第一、二次发掘》，《考古》1984年第12期；四川省文管会、大邑县文化馆：《四川大邑五龙战国巴蜀墓葬》，《文物》1985年第5期。
⑥ 刘豫川：《巴蜀符号印章的初步研究》，《文物》1987年第10期。
⑦ 李学勤：《论新都出土的蜀国青铜器》，《文物》1982年第1期。

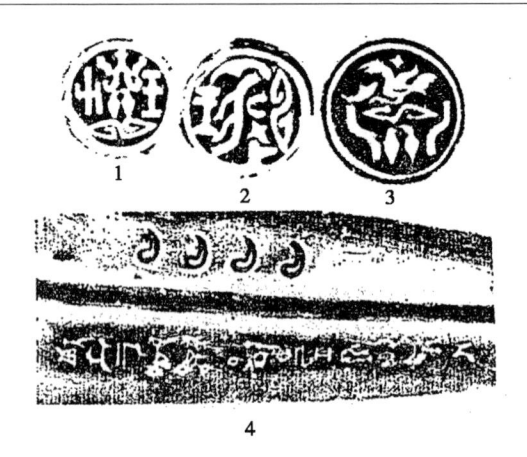

图 1-4 巴蜀文字

1—3. 巴蜀文字印钤本（四川犍为五联 M5∶2、3、6，《考古》1983 年第 9 期）
4. 巴蜀文字铜戈拓本（援部，四川郫县，《文物》1976 年第 10 期）

流行时间较长，而且于秦统一文字之后便基本废止的现象分析，其为巴蜀民族使用的文字应该没有问题。况且这类文字的印章形式或与汉文印章相同①，也可证明其具有文字的性质②。而"巴蜀文字乙"则与良渚文化的某些文字颇多相似③，这是否可以提供此种文字来源的线索，需要进一步研究。

由于巴蜀文字至今无法解读，因此，"巴蜀文字甲"的象形符号究竟是用来表意还是表音，目前还不易判断。学者或主张其中的一部分符号用以代表字义，而另一些符号则用以表音④，这种思路是否会对正确解读巴蜀文字有所帮助，则是学术界期待的成果。不过根据具有相互影响的巴蜀文字印章与汉文印章的比较，或许可以为巴蜀文字解读方法的探索提供启示。

四川巴县冬笋坝 50 号墓曾经出土 5 枚印章，其中巴蜀文字印 2 枚，汉文印 2 枚，肖形印 1 枚。报告指出，与船棺葬共存的两类印章中，汉文印由中原传入，时代较早。而巴蜀文字印则是摹仿汉文印在本地仿铸的，时

---

① 四川省博物馆：《四川船棺葬发掘报告》，文物出版社 1960 年版。
② 李学勤：《论新都出土的蜀国青铜器》，《文物》1982 年第 1 期。
③ 何天行：《杭县良渚镇之石器与黑陶》，吴越史地研究会，1937 年。
④ 李学勤：《论新都出土的蜀国青铜器》，《文物》1982 年第 1 期；罗伯特·琼斯：《四川出土青铜晚期印章》，杨秋莎译，秦学圣校，《四川文物》1992 年第 2 期。

代应相对较晚①。这两类印章在形制上确实十分相似，皆为半通日字格，每格铸铭一字，其中汉文印刻"中仁"二字（图1-5，1、2），读为"忠信"，而巴蜀文字印则铭"ᨏᨐ"二字（图1-5，3）。事实上，这种日字格半通印正体现了秦印的特点，因此墓葬所出的汉文印实际是随秦灭巴蜀以后秦人的影响而由秦地携入的，而同样形制的巴蜀文字印显然只能是摹仿秦印的仿制品。现在的问题是，假如这种仿制的活动只限于秦印的形制，那么这种摹仿对于解读巴蜀文字印的印文便没有什么帮助。然而如果巴蜀文字印并不只是对秦印形制的简单摹仿，甚至就是以巴蜀文字翻造秦印，那显然意味着这两类印章不仅具有着相同的形制，而且也具有着相同的内容。如果是这样，那么巴蜀文字印的"ᨏᨐ"二字便也应读为"忠信"。值得注意的是，汉文印文的通假现象是否暗示了巴蜀文字也并不重在表意，而只重在表音，这种可能性当然存在，因为巴蜀文字读为"忠"的字，其形构与商代甲骨文和金文的"冬"十分相似，而古音"中"（忠）、"冬"双声叠韵，读音全同。这两个巴蜀文字读音的确定，当然有助于我们了解具有这两个字的其他印章的意义。事实上，由于巴蜀文字数量尚少，文字的通假应是一种普遍的现象。

如果这样的解读方法尚有意义，那么很明显，随着资料的不断积累，特别是摹仿汉文作品的巴蜀文字材料的丰富，对于解读巴蜀文字当然会有很大的帮助。

陶寺文化的朱书文字明确显示了其与商代甲骨文属于同一体系的文字，因此它无疑应是以商代甲骨

图1-5 巴县冬笋坝出土玺印钤本
1、2. 汉字印（M50∶14、15）
3. 巴蜀文字印（M53∶39）

文为代表的汉字的祖先。而山西陶寺文化文字与山东丁公龙山时代文字并存的事实，则已明确证明中国文字的起源至少具有两个独立的系统，即以山东龙山文化文字为代表的东方夷（彝）文字体系和以山西陶寺文化文字为代表的西方夏文字体系，而巴蜀文字可能属于综合这两种文字体系所产生的新的系统。其后殷承夏制，周承殷制，夏文字随着夏、商、周三代政治势力的强大，逐渐成为华夏民族正统的文字而得到了强劲发展。而夷文化则随着商周民族对东夷、淮夷、南淮夷、南夷的不断打击和压迫，或融

---

① 四川省博物馆：《四川船棺葬发掘报告》，文物出版社1960年版，第59页。

合，或南徙，使其文字最终成为偏守一隅的彝（夷）民族使用的文字而得以流传。这些事实清楚地表明，早期文字作为实现人与神灵沟通的媒介，因此对于前代文字的继承显然已是统治者获得神权庇佑的重要象征和有效方式。事实上，观象授时的悠久传统早已使人们建立起帝居中央的原始宗教思想，而朴素的时空观则孕育出居中而治方能直袭帝位享有正统的朴素政治观，这使对中原文字的掌握成为获取天命的重要手段。很明显，统治者在实现其政治扩张和王权统一的理想的过程中，文字充当了最主要的文治教化的工具，甚至晚到秦统一六国，文字的统一仍然作为巩固王朝一统的重要措施。

三 新石器时代刻划符号的性质

自1928年及稍后在黄河两端的山东和甘肃地区的古代遗址中发现早期刻划符号以来①，中国新石器时代的刻划资料已经积累了相当的数量，并且一直成为学者探索汉字起源的主要素材。刻划符号中的绝大多数都出现在陶器之上，仅个别符号契刻于龟甲；符号多单独存在，少量呈数个符号并存的现象；有些符号刻划草率，有些则相当规整，或者呈现结构复杂的象形特征，甚至经过涂朱的处理，从而显示出具有一定的宗教意义。这些现象所反映的问题是复杂的。

目前发现的新石器时代铭刻资料，经初步归纳，大致见于以下地区和不同的考古学文化。

1. 西部地区

仰韶文化

  陕西西安半坡，临潼姜寨、洹头、零口，长安五楼，铜川李家沟，邰阳莘野，宝鸡北首岭

  河南汝州洪山庙，陕县庙底沟，临汝阎村，信阳南山咀

  甘肃秦安大地湾、王家阴洼，天水西山坪，甘谷西坪，武山傅家门

马家窑文化

  甘肃和政半山，天水师赵村

  青海民和马厂，乐都柳湾

---

① 中央研究院历史语言研究所：《城子崖》，图版十六，1934年；巴尔姆格伦：《半山及马厂随葬陶器》，《中国古生物志》丁种第3号1册，1934年。

龙山文化
　　陕西商县紫荆，绥德小官道，长安花楼子
陶寺文化
　　山西襄汾陶寺
2. 东部地区
大汶口文化
　　山东泰安大汶口，莒县陵阳河、大朱家村、杭头，诸城前寨，日照尧王城，宁阳保头，邹县野店
　　安徽蒙城尉迟寺
　　江苏邳州大墩子
龙山文化
　　山东历城城子崖，青岛赵村，邹平丁公
　　河北永年台口
　　河南淮滨萧营，登封王城岗
南荡文化
　　江苏高邮龙虬庄
双墩文化
　　安徽蚌埠双墩
贾湖文化
　　河南舞阳贾湖
小河沿文化
　　辽宁昭乌达盟小河沿
　　内蒙古敖汉旗南台地，赤峰大南沟
大溪文化、屈家岭文化
　　湖北宜昌杨家湾、清水滩、中堡岛、柳林溪
石家河文化
　　湖北天门石家河肖家屋脊、邓家湾
崧泽文化
　　上海青浦崧泽
凌家滩文化
　　安徽含山凌家滩
良渚文化
　　浙江余杭良渚、南湖、安溪，嘉兴雀幕桥

上海马桥、亭林、福泉山，青浦西洋淀、松江广富林

江苏吴中澄湖，南京北阴阳营，海安青墩

江西靖安樊城堆

3. 南方地区

西樵山文化

广东佛山河宕，高要茅岗

此外，收藏于海内外博物馆的新石器时代遗物也保留有个别契刻符号。

以上发现的这些新石器时代符号，有些多字并存，已呈书面语的形式，如山西襄汾陶寺文化朱书文字、山东邹平丁公龙山时代文字、江苏高邮龙虬庄南荡文化文字、江苏吴中澄湖陶壶和美国哈佛大学赛克勒博物馆所藏陶壶上的良渚文化文字①，因此其具有文字的性质已很明显。而另一些符号虽独立存在，但或以朱砂涂就，如大汶口文化文字；或契刻于龟甲而用于占卜，如贾湖遗址所见文字；同样可以认定其性质属于文字。这些文字显示着不同的体系和使用者所属文化的差异，因此，不同的考古学文化如果反映着不同的族群文化的话，那么他们使用的文字也显然有所不同，这使我们在面对文字起源的问题时，从一开始就需将文字置于相应的文化背景下进行必要的时空划分。理由很简单，文字虽起源于象形，但在不同的文字体系中，相同的图像所表达的意义却有着极大差异，譬如同是取象于太阳的形象，在汉字体系中则形成了"日"字，而在古彝文体系中则创造了"天"字；同是取象于眼睛的形象，在汉字体系中则形成了"目"字，而在古彝文体系中则创造出"吉"字。因此，我们不可以盲目地依据甲骨文作为对比解读一切文字的万能钥匙，而必须将不同文化的文字纳入相应的文字体系中去研究，这样才有可能避免得出似是而非的结论。

文字起源于图画，这个事实不仅对汉字起源的研究是适用的，对于其他文字起源的研究也同样适用。但是如何正确地区分文字和图画，什么样的象形符号已经脱离了图画而具备了文字的功能，则需要我们审慎分析。事实上，文字虽源于图画，但早期的图画却并不都是文字，契刻在良渚文化玉器上的祭祀立鸟图像、大汶口文化与北阴阳营文化陶器上雕刻的祭坛

---

① 饶宗颐：《哈佛大学所藏良渚黑陶上的符号试释》，《浙江学刊》1990年第6期；李学勤：《四海寻珍》，清华大学出版社1998年版，第67—68页，李文疑其为伪刻。

北斗图像以及东部新石器时代文化中广泛流行的四方八角图像①，都不宜纳入文字的范畴，这些图像有时和文字共同出现，目的则在于与文字相辅相成地表达某种宗教含义。这种现象在后世文字流行的时代也极为常见。

由于丁公龙山时代文字的解读，夷夏东西的观点可以作为判明早期文字性质的基础。当然，丁公文字作为古彝文的典型代表并不是孤例，相同考古学文化所出的文字材料也可助证这一点。

河南舞阳贾湖新石器时代遗存是一支距今9000—7800年的原始文化，虽然其陶器特征与裴李岗文化接近，但占卜用龟及獐牙随葬的风俗却与大汶口文化及薛家岗文化相似，至于其稻作农业，则更与江淮流域的新石器文化相一致，而不见于黄河流域，足见其与东方夷文化的密切联系。贾湖遗址出土的三件龟甲上分别发现三个契刻文字，其中一件完整的龟腹甲（M344:18）刻有"◎"字（图1-6，1），与殷商甲骨文的"目"字相似。这个字形不仅已经具有了完整的象形结构，而且在数千年后的良渚文化遗物上也曾出现②（图1-6，2、3）。这种存在于异时异地但结构却一成不变的符号已经显示出其所具有的超时空和超方言的定型文字的特点，应该可以区别于简单的记事符号。现在的问题是，假如我们以甲骨文为标准判读此字就是"目"字，尽管在字形上并不存在问题，但古人缘何以"目"字契刻于占卜的龟甲，其用意却难以解释。如果认为人的眼目乃是占卜祈福的对象，但类似的文字还见于良渚文化的礼天玉璧，而且刻于祷祈祭坛的中央，从而使这种思考更显得于理难通。然而当我们以古彝文作为研释标准解读这个文字，疑问便可迎刃而解。古彝文表示吉好的文字

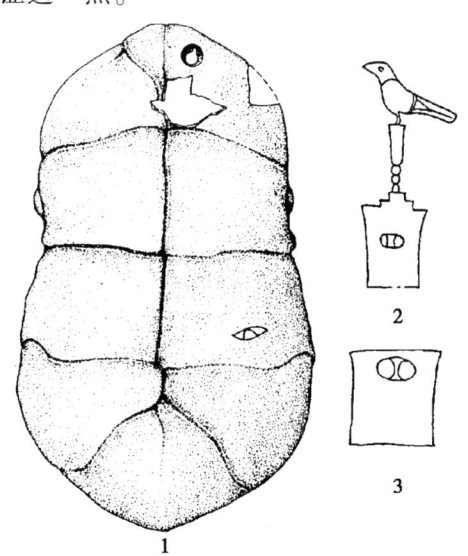

图1-6　新石器时代文字摹本
1. 河南舞阳贾湖遗址出土龟甲文字　2、3. 良渚文化玉璧上的图像及文字（佛利尔美术馆藏）

---

① 冯时：《中国天文考古学》，社会科学文献出版社2001年版，第117、150、373页。
② 邓淑苹：《中国新石器时代玉器上的神秘符号》，《故宫学术季刊》第十卷第三期，1993年。

作"⌀",音读为va⁵⁵,不仅与贾湖龟甲上的目形文字形构一致,而且与汉字"目"的古音也极接近,证明古彝文"吉"就是取象人之眼目的象形文,其用为吉凶之吉,正反映了巫史通识文字而实现与神明交接的古老传统。而"吉"字契刻于用于占卜的龟甲和祭天的玉璧,于理甚合。所以根据古彝文而将贾湖龟甲和良渚文化玉璧上的契刻文字释为"吉",意义畅达。

古人以为,目识文字者固可通神,这种观念在汉文化中同样有所反映。《说文·示部》:"祘,明视以筭之,从二示。《逸周书》曰:'士分民之祘。'均分以祘之也。读若筭。"段玉裁《注》:"示与视、筭与祘皆叠韵也。明视故从二示。"筭是古代筮占接神的主要方法,《说文》厕于"祸"、"祟"、"祓"、"禁"诸字,也知其本与筮筭通神有关。而古人以表达筮筭通神求吉之字则通过二目明视的方式暗喻其义,这种观念与夷人以眼目的象形文作为吉凶之吉的思想如出一辙。

江苏吴中澄湖良渚文化遗址出土的陶罐外腹刻有四个符号(图1-7,1)①,其中居左的特殊八角图乃为九宫,而八角图像的右侧刻有三个文字。这种九宫图曾经契刻于占卜演式的式盘的中心②,而三字与其共同绘刻,再次印证了早期文字所具有的巫术意义。三字中的左起第一字为斧钺的象形文,这个文字最早出现于大汶口文化的陶尊之上(图1-7,2)③,而晚期则又重见于战国时期的巴蜀文化铜盆④。不仅字形结构一脉相承,而且也同样具有超时空和超方言的特点。唐兰首先将见于大汶口文化的这个文字释为"戌"⑤,而与其形象相同的实物在新石器时代文化中也屡有所见⑥,显然,这种称为石钺或石斧的器物其实就是上述文字所取象的原型。这个文字在大汶口文化中曾与另一种我们认为象征北斗的图像同刻于大口尊的两侧⑦,北斗于斗枸的顶端表现出凸耸的天极,显然具有以作

---

① 张明华、王惠菊:《太湖地区新石器时代的陶文》,《考古》1990年第10期。
② 冯时:《史前八角纹与上古天数观》,《考古求知集》,中国社会科学出版社1996年版;《中国天文考古学》第八章第二节,社会科学文献出版社2001年版。
③ 山东省文物管理处、济南市博物馆:《大汶口》,文物出版社1974年版,图94。
④ 四川省文管会、雅安地区文管所、宝兴县文管所:《四川宝兴汉塔山战国土坑积石墓发掘报告》,《考古学报》1999年第3期。
⑤ 唐兰:《从大汶口文化的陶器文字看我国最早文化的年代》,《大汶口文化讨论文集》,齐鲁书社1981年版。
⑥ 南京博物院:《江苏海安青墩遗址》,《考古学报》1983年第2期。
⑦ 王树明:《谈陵阳河与大朱村出土的陶尊"文字"》,《山东史前文化论文集》,齐鲁书社1986年版。

为帝车的北斗象征天帝的意义①。值得注意的是，北斗图像经过了涂朱的处理，而与其同见的斧钺的象形文则没有涂朱②，似乎显示了北斗与这类斧钺象形文所存在的内涵上的差异。事实上这种现象已经暗示着某些疑点：斧钺的象形文为什么要和北斗同绘？假如它与汉字的"王"取象于斧钺的形象一样而具有君王含义的话，那么在汉字体系中，无论"戌"字抑或"戊"字，都不具有这样的意义。显然，当我们把注意力从对字形的释读转移到对字义的关注的时候，矛盾便显现出来了。

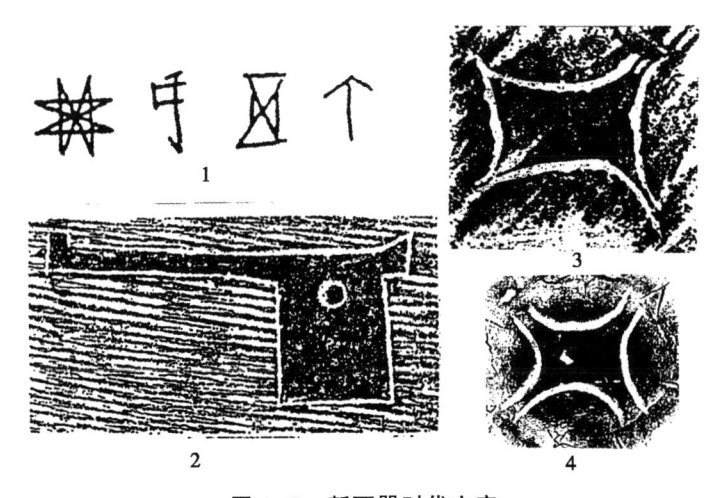

图 1-7 新石器时代文字

1. 良渚文化陶罐文字摹本（江苏吴中澄湖遗址出土） 2、3. 大汶口文化陶尊文字拓本（陵阳河采集、陵阳河遗址出土） 4. 双墩文化陶器文字拓本（安徽蚌埠双墩遗址出土）

丁公龙山时代文字的解读使我们认识到，作为龙山文化直接来源的大汶口文化应该就是早期的夷文化，而且这种文化的分布范围恐怕比我们想象的更广泛。这意味着对大汶口文化以及具有相同文化性质的文字的解读，是不能用汉字体系的文字作简单比读的。事实上，与这些文字具有相同构形的文字在古彝文中不仅存在，而且意义契合。古彝文有"ᴎ"字，音读为 ndzo[11]，意为领袖。这当然为我们提供了讨论其造字本义的机会，因为甲骨文"王"字即来

---

① 冯时：《中国天文考古学》，社会科学文献出版社 2001 年版，第 102—103、115—118 页。

② 王树明：《谈陵阳河与大朱村出土的陶尊"文字"》，《山东史前文化论文集》，齐鲁书社 1986 年版。

源于作为王权象征的斧钺仪仗的形象①，而古彝文表示领袖或首领的文字竟也恰好表现了这一特点。此字契刻于大汶口文化陶尊，这种做法似乎又与小双桥陶器上独书的"尹"字具有相近的寓意，因为甲骨文"尹"字的意义有时正可以理解为"君"②。毫无疑问，夷夏两种"王"字取形的共同来源不仅反映了不同民族对于权力象征的共同认识，而且反映了两种文化的密切联系。很明显，大汶口文化陶尊以表示天帝的图像与表示首领的文字铭刻于一器，且以前者涂朱，这种做法不仅显示了天帝具有至高无上地位的朴素观念，同时也反映了氏族首领与天帝的某种特殊的联系，这种联系当然来源于他们通过观象授时所赢得的人们对其获取天命的信任，而在殷商先民的宗教传统中，这种关系则体现为一种上帝与人王的直系血缘的联系。或许这也应该反映着早期夷文化的宗教观念。事实上，假如古彝文的领袖或首领可以与汉字的"王"具有相同含义的话，那么这种天帝与人王同器共见的事实将有助于我们思考中国早期文明由"帝"到"王"的政治转变的历史。

　　大汶口文化常见的符号，据目前所见已有九种。这些符号的性质可能并不单纯，其中一些构图复杂的图像是否属于文字虽然还需研究，但另一些构图明朗、结构稳定的符号应该已经具有了文字的性质。譬如山东莒县陵阳河和大朱家村出土的两件菱形符号，不仅见于大汶口文化③，而且广见于江淮流域的双墩文化（图1-7，3、4）④、石家河文化⑤，具有超时空和超方言的特征。而另一种有翼太阳与山形组合的符号，其具有文字的特征也很明显。这种符号同样不仅出现于山东的莒县和诸城⑥，而且远至安徽蒙城的尉迟寺⑦、湖北天门石家河文化的肖家屋脊遗址也有发现⑧，甚至

---

① 林沄：《说"王"》，《考古》1965年第6期。
② 李学勤：《释多君、多子》，《甲骨文与殷商史》，上海古籍出版社1983年版。
③ 王树明：《谈陵阳河与大朱村出土的陶尊"文字"》，《山东史前文化论文集》，齐鲁书社1986年版。
④ 安徽省文物考古研究所、蚌埠市博物馆：《蚌埠双墩——新石器时代遗址发掘报告》，科学出版社2008年版。
⑤ 郑中华：《论石家河文化的刻划符号》，《江汉考古》2000年第4期。
⑥ 山东省文物管理处、济南市博物馆：《大汶口》，文物出版社1974年版；王树明：《谈陵阳河与大朱村出土的陶尊"文字"》，《山东史前文化论文集》，齐鲁书社1986年版。
⑦ 中国社会科学院考古研究所：《蒙城尉迟寺——皖北新石器时代聚落遗存的发现与研究》，科学出版社2001年版。
⑧ 郑中华：《论石家河文化的刻划符号》，《江汉考古》2000年第4期。

晚到良渚文化的玉器上也见有这种文字①，同样具有超时空和超方言的特点。

对于这些文字的释读，学术界尚有不同意见。其中的菱形符号在双墩文化中所见广泛，其来源及含义已比较清楚，应该体现了远古先民具有的朴素宇宙观。古人以立表测影所建立的二绳体系"十"象征五方，如果在五方中特别强调远离中央的四极，则又创造了"※"形图像，这个图像与汉字的"巫"作"𢍁"而以添加于"十"的四个端点的指事符号表示四极的做法一样②，强调了以标于四极的四个弧线符号表示四极，而四个弧线符号趋中的写法便构成了这种菱形符号③。当然，相似的做法还可以用来表示八极，双墩文化的遗物上同样留有这样的实例。学者或以大汶口文化的菱形符号与甲骨文、金文的同类文字对读④，但甲骨文、金文中相同的文字只作为人名或族名使用，这与此类文字广泛出土于不同考古学文化的事实显然存在矛盾。古彝文中其实也有相似的文字，而且字义应该更适合陶文的本义。陵阳河采集的一件陶器同时在器物一侧刻有两个符号，其中北斗的符号刻于腹上部，而菱形符号则于近底的位置，其实单独存在的菱形符号，其位置也有近底安排的情况。显然这与菱形符号本身具有大地四极的意义颇相吻合。

大汶口文化有翼太阳的符号，其影响也相当广泛。这个符号其实是由三个符号组合而成，最上的部分显然是太阳的形象，太阳之下生出的双翼则应来源于人们在日全食时对于日冕流光的观测，太阳表面的火焰在这里已被想象成负日金乌的双翼⑤，而有翼太阳的下面则或配高山，或配北斗⑥。于省吾首先考释此字为"旦"，认为它是由日形、云气形和五峰的山形三个偏旁构成的会意字⑦。唐兰则将有山和无山的两类字释为"暠"和"炅"，并将"炅"视为"暠"的简体⑧。事实上，这个文字如果根据

---

① 林巳奈夫：《良渚文化和大汶口文化中的图像符号》，《东南文化》1991年第3、4期；石志廉：《最大最古的㊉纹碧玉琮》，《中国文物报》1987年10月1日。
② 冯时：《中国古代的天文与人文》，中国社会科学出版社2006年版，第25—37页。
③ 冯时：《上古宇宙观的考古学研究——安徽蚌埠双墩春秋锺离君柏墓解读》，《历史语言研究所集刊》第八十二本第三分，2011年。
④ 李学勤：《论新出大汶口文化陶器符号》，《文物》1987年第12期。
⑤ 冯时：《中国天文考古学》，社会科学文献出版社2001年版，第252页。
⑥ 冯时：《中国天文考古学》，社会科学文献出版社2001年版，第102、115—118页。
⑦ 于省吾：《关于古文字研究的若干问题》，《文物》1973年第2期。
⑧ 唐兰：《从大汶口文化的陶器文字看我国最早文化的年代》，《大汶口文化讨论文集》，齐鲁书社1981年版。

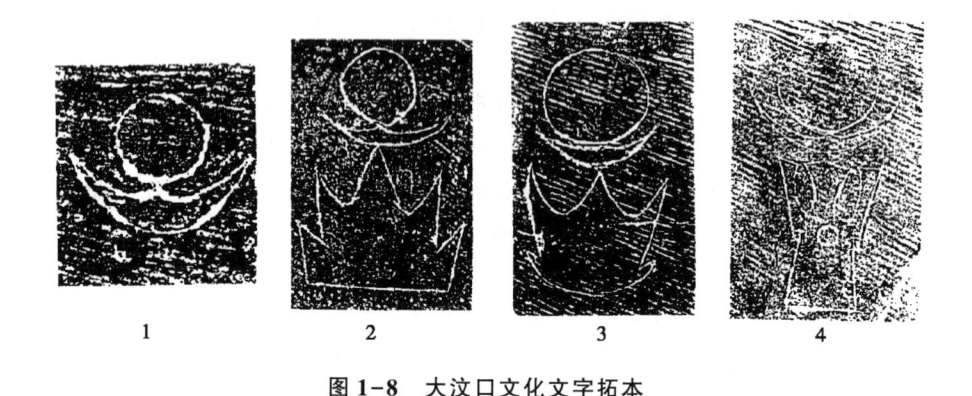

图 1-8　大汶口文化文字拓本
1—3. 陵阳河 M19∶40、陵阳河采集、大朱家村 H1　4. 尉迟寺 M177∶1

尉迟寺遗址出土的资料对比分析，可以看出其下面的山形符号有时是可以被其他的符号替换的（图 1-8），这意味着大汶口文化的这种由所谓日、火、山组成的符号其实并不宜视为一个完整的文字，而可能体现了不同文字的组合。在这种组合中，有翼的太阳作为一个独立的文字可以单独存在，甚至日下的双翼符号也可以作为太阳的象征而在良渚文化中独立出现。显然，这种通过不同文字的组合而表达某种特别意义的做法实际体现了早期书面语的特征，至殷商的铜器铭文中，仍然保留着这种古老传统。事实上，正像殷金文可以用"鱼父癸"三个名词组合表达"鱼族的宗子作器以祭享其父癸"的复杂概念一样，陶文将不同文字加以组合，也显然是想通过这种做法反映某种特定的思想。由此可见，早期先民的用字习惯不仅完全相同，甚至可以帮助我们理解新石器时代文字何以大量独立存在的真正原因。

这样的文字组合我们同样可以借助古彝文得到解读。古彝文表达天宇的文字即作"○"形，为太阳的象形文，音读为 $t'u^{33}$；而表示大地的文字则作"ᗰ"形，乃山岳的象形文，音读为 $tsɑ^{33}$。显然，大汶口文化有翼太阳的图像或许就是"天"的本字，而山岳的象形符号应该就是"地"的本字，这两个名词组合在一起不仅意在表示天地，而且更重要的是想阐明一种亡灵自地而升天的朴素观念。其实，作为大地的山形在陶文中常常出现底部横画由平直而圜曲的变形，甚至两侧峰内缩以致消失（图 1-8，3），这种现象在汉字体系中是很少出现的，而这恰恰构成了古彝文的特点。当然，陶尊上契刻"天"、"地"二字，用意应与原始宗教有关，其所表达的或许正是沟通天地的巫术内涵。

运用古彝文解读上述文字资料，在使文字本身得到圆满解释的同时，更可使文字与其载体之间的关系得到合理的说明。这充分证明了以丁公陶文为代表的彝（夷）文字体系是与夏文字同时共存的古老文字①。

在东方的彝（夷）文字与西方的夏文字流行的同时，夷夏地区普遍存在着一种用于记事的简单符号，这些符号基本都契刻于陶器之上，不仅单独存在，每器往往只刻写一个，而且相当一部分契刻草率。刻划符号的数量比之我们有机会讨论的早期文字资料丰富得多，从而成为学者长期以来探索中国文字起源，准确地说是探索汉字起源的基本材料。一些学者认为，这些符号不仅是文字起源阶段所产生的早期文字，或者中国原始文字的孑遗，而且就是汉字的祖先②，甚至指出汉字源于指事和象形的"二元"论点③。而另一种意见认为，这些独立存在的符号无法证明其具有记录语言的功能，它的作用只是陶工为了某种用途所做的临时记号或随意刻划，因此并不具备文字的性质④。由此看来，尽管少数象形特征明显，处理手法复杂的符号是否属于文字仍存在争议⑤，但问题的焦点显然已集中在对于那些大量存在的孤立符号性质的判别。

这些孤立存在的陶器刻符与汉字的关系都相当疏远，因此以甲骨文作为解读这些符号的对比资料，方法极不可取⑥。然而如果可以认为这些刻符与汉字无关，那么是否也不会存在它们属于别一系统文字的可能？回答这个问题则要困难很多。学者曾经提出，新石器时代陶器上的刻划符号具有"物勒工名"的性质⑦，如果是这样，那将意味着在同一种文化中，在巫史使用的用以占卜通神的文字之外，还存在着另一种供

---

① 冯时：《試論中國文字的起源》，《韓國古代史探究》創刊號，2009年4月。
② 郭沫若：《古代文字之辩证的发展》，《考古学报》1972年第1期；于省吾：《关于古文字研究的若干问题》，《文物》1973年第2期；李孝定：《中国文字的原始与演变》（上、下篇），《历史语言研究所集刊》第四十五本第二分，1979年；《符号与文字——三论史前陶文和汉字的起源问题》，《第二届国际汉学会议论文集·语言文字组》，1989年6月；郑德坤：《中国上古数名的演变及其应用》，《香港中文大学学报》第1卷，1973年；陈炜湛：《汉字起源试论》，《中山大学学报》1978年第1期；张光裕：《从新出土材料重新探索中国文字的起源及其相关问题》，《中国文化研究所学报》第12卷，香港中文大学，1981年；陈昭容：《从陶文探索汉字起源问题的总检讨》，《历史语言研究所集刊》第五十七本第四分，1986年。
③ 杨建芳：《汉字起源二元说》，《中国语文研究》第三辑，香港中文大学，1981年。
④ 汪宁生：《从原始记事到文字发明》，《考古学报》1981年第1期；裘锡圭：《汉字形式问题的初步探索》，《中国语文》1978年第3期；《文字学概要》，商务印书馆1999年版，第22—27页。
⑤ 汪宁生：《从原始记事到文字发明》，《考古学报》1981年第1期。
⑥ 裘锡圭先生已指出此点，见氏著《文字学概要》，商务印书馆1999年版，第23—24页。
⑦ 郭沫若：《古代文字之辩证的发展》，《考古学报》1972年第1期。

一般手工业者使用的文字，这两种文字从两类使用者的身份差异来看显然是不同的。我们从对这些陶器符号的归纳分析可以看出，半坡遗址发现的 113 个符号中，形构不同的共有 27 种，姜寨遗址发现的 129 个符号中，不同的也只有 38 种①。这种极高的重复率说明，如果不是由于过于简单而导致的这种高重复率的话，那么陶符本身就显然已具有了一定的固定结构。但问题是这种固定的结构究竟是一种文字规范的结果，还是出于标识制陶机构或陶器使用类别的习惯，目前还不清楚。不过值得注意的是，在半坡遗址中，具有相同符号的陶器多出在同一窖穴或同一地区，这种现象似乎对后一种解释更为有利。然而这类陶符在形构上既与夏文字大别，也与彝（夷）文字不同，而在流行的时间上，则自新石器时代开始，一直延续到汉字已经广泛使用的战国时代。陶符与汉字共存的现象足以说明，这类长期被学者怀疑为文字的陶符其实与汉字存在着严格的区别。学者或将此类陶符与陶文加以区分，并指出其非属汉字的性质②，这种意见是正确的。至于它是否属于某种行业的文字或符号，则尚待研究。

正像考古学研究必须首先区分不同的考古学文化一样，对于中国文字起源的研究也不可能将文字与其所属的文化相割裂。不同的考古学文化可能反映了古代族群的多样性，这实际决定了文字起源的多源性。考古学证据显示，三代及其以前尚未形成华夏一统的政治格局，这意味着人们长期习惯于利用殷商甲骨文作为解读早期文字的唯一手段的做法需要重新检讨，因为这无异于承认以甲骨文为代表的文字体系乃是早期社会通行的唯一文字。显然，山东丁公龙山时代文字的发现已使我们认识到在对待文字起源的问题时不能如此简单，这使中国文字的起源研究能否摆脱汉字大一统观念的束缚成为我们必须慎重思考的问题。事实上，我们只有跳出汉字一统的传统窠臼，将可供研究文字起源的原始史料置于不同的考古学文化背景之下加以讨论，才可能获得客观的结论。丁公文字的出土已为中国文字的起源研究提供了重要契机，这不仅因为陶文成组出现，从而明确显示出其所具有的记录语言的功能，这至少在形式上构成了与大量独立契刻的符号的区别，同时更为重要的是，丁公文字的形构特点完全不同于以甲骨文为代表的汉字体系，这意味着如果我们可以正确解读这种文字，那么我

---

① 王志俊：《关中地区仰韶文化刻划符号综述》，《考古与文物》1980 年第 3 期。
② 高明：《论陶符兼谈汉字的起源》，《北京大学学报》（哲学社会科学版）1984 年第 6 期。

们就有可能对中国早期文字的发展状况获得某些新的认识，进而建立起与已知的甲骨文体系或同或异的有关文字起源的研判标准，并寻找到正确的研究方法。

丁公文字的性质属于卜辞，这意味着它之所以具有了书面语的形式，其实是由文字本身所要表达的内容决定的，这使我们在对待大量独立存在的新石器时代刻划符号的时候需格外谨慎，尤其是那些形构稳定，并且具有超时空与超方言特点的符号，而不能因为这些符号尚不构成我们习惯接受的晚世书面语形式而轻易否定它们具有文字的性质。正像进入殷商文明之后，契刻于龟甲兽骨上的卜辞尽管已很完整，但铸于青铜器的文字则相当简略，这种区别部分取决于文字用途的差异。显然，书契于器物上的文字为适应某种需要而呈现简略的形式，这或许反映了早期先民用字习惯的共同特点。

第三节　汉字的发展

一　文与字

汉字起源于象形，原始的象形文只是对客观物象的忠实描写，因此其结构也相对简单。这些来源于象形的符号不仅构建起了汉字体系的基础，同样也是汉字发展的基础，于是古人将这部分直接来源于象形的符号称为"文"。文既可以独立成为文字，当然也可以通过文与文的不同组合而产生新的文字，这便形成了以"文"为基础的"字"。因此，早期的文字概念是将"文"与"字"加以区别的。许慎《说文解字叙》云：

　　仓颉之初作书，盖依类象形，故谓之文。其后形声相益，即谓之字。文者物象之本，字者言孳乳而寖多也。

由此可见，"文"是构成汉字的基本符号，而"字"则是汉字发展的产物。然而最初的"文"又是以什么为其取象的对象呢？这个问题当然与文字起源的关系极为密切。

先民为实现与神灵沟通的目的而创造了文字，文字当然以它自己特有的形构反映着人们的观念，并承载着表达相应观念的语音。但是，以何种方式创造文字才可能获得人神交际的结果，最便捷的方法莫过于以人神共知的自然万物作为文字取形的基本原型,这当然可以消除仅凭语言的沟通障碍。《易·系辞下》对八卦起源的追述似乎可以帮助我们理解文字形成的历史。文云:

> 古者包牺氏之王天下也,仰则观象于天,俯则观法于地,观鸟兽之文与地之宜,近取诸身,远取诸物,于是始作八卦,以通神明之德,以类万物之情。

易卦虽然以"数"的形式呈现,但作为易卦基础的"象"却是沟通神灵的重要纽带。"象"的内容可以大致厘为六类,即:

一、天文(仰则观象于天)
二、地理(俯则观法于地)
三、动物(鸟兽之文)
四、植物(地之宜)
五、人身(近取诸身)
六、器用(远取诸物)

显然,通神的手段需要建立以这六类内容所构成的图像,这样才能最终实现人与神明交流的目的。事实上,汉字原始初文的取象对象基本不出此六类内容,这种巧合应该不会出于偶然。很明显,这六类内容不仅成为易卦的取象基础,同时也是早期文字的取象基础。因此,《系辞》法六象而通神明的思想与其说是对易卦形成历史的追溯,倒不如看作是对汉字创制的动因与方法的暗示。其实这六类内容所形成的象形符号虽然只是人类创造文字的最初阶段的活动,但却足以建立起汉字体系的基本结构。

二 词汇的发展

古人利用依类象形的造字方法创造的原始初文一般只有名词。名词是人们认识事物的基本词汇,无论日月星辰、山川地理、飞禽走兽,还是身体五官、草木垂花、衣食器用,都可以据实加以刻画,并形成以这些事物的固有形象所表达的固有本义的文字。然而象形造字法虽然主要创造名词,但有些非名词的词性却可以由名词引申而发展出来。换句话说,尽管象形造字法所创造的名词是以事物的形象直接反映出这个形象的本义,但这并不意味着古人不可以在不改变原有字形的情况下对字义做特别的引申。如"又"（右）本作"⺄"，"左"本作"𠂇"，皆象左右手形，在作为复体字偏旁的时候，"⺄"或"𠂇"多作为手的象形而构成文字的一部分，但在单独使用之时，则可引申而为副词或动词。形容词体现了人们对于事物的性质和状态的描述，这些词汇最初就可能并不需要依靠象形造字法而单独创造。如"大"本作"大"，象人正面站立之形，但造字者的造字初衷却并不是想借助这个字形传达具有一般意义的"大"的概念，而是要通过一人正面站立这样一种特殊的形象，完成它与"子"字作"𢀖"而象婴儿尚在襁褓这种幼小形象的比较，从而强调人只有脱离他人的扶持而能独立站立，才可能成为真正的"大人"的思想。因此"大"所体现的"大人"观念当然只能是名词。"大"有时作为形符而在形声字中出现，如从"大"之"奎"字意为人两髀之间。有时又作为指事字中的象形符号，如"亦"本作"亦"而指人之两腋。有时则与"人"字通用，如偄作"𦥑"（亚偄壶），又作"𠈌"（偄父乙盘）；"何"作"𠂉"（父乙卣），又作"𠂉"（幸爵）；"竟"作"𠂉"（父辛觯），又作"𠂉"（竟鼎）；"幾"作"𠂉"（乖伯簋），又作"𠂉"（幾父壶）[①]。皆可见其出于名词的本义[②]。然而如果人们需要借助人类成长过程这种特有的方式完成描述物质状态的"大"的思辨，"大"所具有的"大人"的本义便恰好可以引申出这个新的词意。事实上，"大"本指大人本身就含有形容词的词性成分，因而由此引申出具有一般意义的"大"的概念便成为词性发展的必然结果，这个过程犹如"老"本作"老"而象老人之形，"长"本作"长"而象长老之形，两字的本义皆为老人，后都引申为形容词，而老者寿高发长，又均可使"长"字具有长久之意。《说文·大部》："大，天大，地大，人亦大焉。象人形。"甲骨文、金文"天"、"大"二字通用，"天"为象意字，"大"的意义更被赋予了新的内涵，显示了晚起的哲学观念。

甲骨文"少"作"⺌"，为"沙"字的初文[③]，或省作"⺌"，即"小"字，故"少"、"小"古同字。金文又有"沙"字作"𣲼"（师旂簋）、"𣲼"（休盘）、"𣲼"（无惠鼎），已由"少"孳乳为合体之字。

[①] 于省吾：《释从天从大从人的一些古文字》，《古文字学论集初编》，香港中文大学1983年版。
[②] 在纳西象形文字中，作为名词的"人"也有作人正立与侧立两种字形。
[③] 唐兰：《古文字学导论》，齐鲁书社1981年版，第99页；马叙伦：《读金器刻词》，中华书局1962年版，第61页。

"少"字虽象水中微细石粒之形，为象形文，但其字形所体现的本义却可以使人借沙粒为万物之中最微小的物质这一特点，引申描述事物大小的状态。《说文·小部》："小，物之微也。从八，丨见而八分之。""小"字取象于沙粒的本义已渐隐失，许慎不明字义引申的原型，当然他的虚妄解释也就难以揭示先民造字的初衷。

然而并不是所有因象形而引申的词意，其所体现的古人的思辨逻辑都不清楚。如"高"本作"髙"，象楼台之形，下部为堂屋之象，屋壁设窗，而堂屋之上更筑重屋，于是古人便以这种特有的高大建筑引申而描述事物高大的状态。"高"本象高大的楼台而为名词，甲骨文"亳"即以"高"为意符，也可明其本为名词的特点，其后则引申而为形容词。《说文·高部》："高，崇也。象台观高之形。"这些解释与古人的造字理念就十分吻合。

很明显，依类象形的造字方法既可以创造独体的名词，也可以由名词而引申出其他的词性，尽管引申词意并不代表象形文的主流，但这种现象却足以说明，象形造字法所体现的人们的想象空间相当广阔。当然，随着社会的发展，祭祀和交流的共同需要使得语言的表达日趋丰富，单纯依靠象形造字法所创造的文字对于人们表达思想和记录语言显然都远远不够，于是人们开始注重表现或刻画物象中更具特点的部分，并从中体会出新的含义，或者将不同的"文"进行新的组合，创造具有新的意义的文字，从而使"象意"的造字法应运而生。在这个阶段，文字乃由原始的独体之"文"逐渐发展为合体之"字"。

"象意"或叫"会意"，它同象形一样，都属于表意的造字方法，区别仅在于独体与合体之分。与象形造字法不同的是，象意的方法更注重表现由物象自身特点所引申的意义，而并不像象形造字法那样只表现物象本身。这意味着早期以象意方法所创造的文字至少在形式上与象形文字并没有本质的区别，它们都应属于独体的"文"，只是在这个象形符号所体现的字义方面，象形与象意才存在不同。譬如"享"本作"亯"，为建筑在高大台基上的宗庙之象形，但造字者的本意并不是想通过这样一个字形来表现宗庙的意义，而是以宗庙作为献祭鬼神的处所这样一种特定的含义以表现对于鬼神的祭祀方式，因此"享"便由对宗庙的象形而具有了献享的意义。《说文·亯部》："亯，献也。从高省。曰象孰物形。《孝经》曰：祭则鬼亯之。"许慎对于字形的解释虽然穿凿，但从对"享"字本义的训释来看，这种由"享"为宗庙的象形而体现的享祭之义却是清楚的。又如"企"本作"𠆢",象人举踵企望之形。《说文·人部》:"企,举踵也。"由于我们没有理由将人与其足拆分为两个独立的文字,因此其所表达的人抬起足跟的动作正反映了古人象意的造字手法。其实,独体象意文字尽管可以借助比喻的手法或对动作的描写完成表意,但这种方法所能创造的文字毕竟有限,这使古人不得不通过建立不同象形文之间的特别组合的方式来表现字义,这甚至成为象意造字法的一项必须的工作。

象意造字法虽然主要是创造动词,但也可以创造名词。例如"明"字本作"☽",以"日"、"月"映照而会意,本义则是表示日出之际的旦明时刻,其时日虽初升,但月未尽没,日月并见于天,所以古人比类"日"、"月"二字而创造"明"字。这一意义在商代的甲骨文中仍然在使用。

无论象形还是象意,其所创造的文字都只重在表意,因此以这样的文字记录思想其实只能表现为不同象形符号的组合。我们已经指出,人与神的交流必须通过双方对固有图像的共同认知与理解这样一种唯一的方式而实现,这是文字源于象形的根本原因。而在文字创始的初期阶段,人们为完成相应的祭祀和宗教活动,其所使用的文字只有通过象形和象意的方法所创造的表意文字,这意味着在当时的字形结构中根本不可能存在表音的成分,这对人们之间的交流活动其实极为不利。换句话说,表意文字之所以产生并流行,其直接目的只是服务于通神的需要。

人类通过对事物的观察而形成观念,又通过语言来表达观念,在这一系列的思维活动中并不需要文字。而文字如果用作对语言的记录,那么它不仅是对观念的记录,也一定是对语音的记录。显然,在文字只能充当人神沟通工具的时代,语音对于文字的作用其实并不重要,人们只要能以一种固定的文字结构传达某种观念,就可以实现通神的目的。然而在人们的实际交流中,观念总是通过语音表达的,因此随着社会的发展,一旦人们不满足于人神之间的交流活动,而将这种活动扩大到人与人之间的沟通的话,不存在表音成分的象形与象意两种文字就显然不便于作为这种交流的中介,这意味着人们必须寻找其他更为适应语言规律的新的造字方法,这就是"假借"造词法与"形声"造字法。这些方法的出现不仅体现了造字造词方法的进步,更是文字从服务于人神沟通的需要扩大为服务于人类之间交流需要的重要转折。

"假借"造词法几乎可以完成名词、动词之外的其他所有词类的创造，这些词汇的出现对于文字记录语言显然不可或缺。而"形声"造字法则通过在文字中加注音符的做法以强调文字与语言的联系。显然，如果说象形与象意只是通过表意文字记录人们观念的话，那么形声字由于更注重文字的表音成分，因而其作用应该更侧重于文字记录语言的功能。在这一意义上，文字由于与语音的结合而表现出与语言的趋同现象，因此可以作为具有相同语言背景的人们共有的交流工具。事实上，形声字的产生并不宜视为是对象形和象意两种造字法的补充，它应是随着社会的发展，人们从只满足于通神的需要而扩大为人与人之间交流的需要所表现的制度变革。

三 书面语形式的变化

由于文字的创造源于象形，从而使早期人神沟通的活动只能是基于以名词传达语意的交流，这种词性的局限当然直接影响着当时文字的书面语形式，使其并不以不同词性文字的有序排列构成对语言的记录为特征，而只是通过少数甚至单个名词的非固定的组合所传达的字义或字义之间的联系而完成语意的表达。这种现象在商代的金文中仍有孑遗。正像"史父丁"（《集成》4941）三字并不简单地反映这三个字的字面意义，如"史族的父丁"、"史氏的父丁"或"史官父丁"，而是要通过这三个特定的文字表述"史氏作器用于对其庙号为丁的先父的祭祀"这样一个完整的概念，至于这三个字形构成的书面语形式却相当自由，"史"字既可以写于庙号之上，也可以写于庙号的左右甚至之下（《集成》7106），其所传达的语意并不会因为这种文字位置的颠倒而有丝毫改变。就像"亚某"的称谓可以允许将氏名写于"亚"字的上下，当然也同样允许将氏名甚至其他相关的文字写于"亚"字之中一样。而"光"作为氏名与庙号连称，既可以写为"光父乙"（图1-9，1），也可以写作"父辛光"（图1-9，2）；"佣"作为氏名与庙号连称，既可以写为"佣父丁"（图1-9，5），也可以写为"父癸佣"（图1-9，3），甚至庙号的位置也可以出现变化而作"丁父佣"（图1-9，4）。这种朴素的书面语形式有时是以图案化的形式出现，有时又以合文的形式出现，其实都体现了早期文字的书面语特点。

这种堆砌名词的简质做法准确地反映了文字初创时期的书面语形式，毫无疑问，当人们只懂得创造名词的时候，文字的作用便也仅能借形以达意，而不可能具有记录语言的功能，这证明文字最初只能是为人神交流的

第一章 中国文字的起源与发展　　39

图 1-9　金文款识

1. 光父乙卣（《集成》4927）　2. 光父辛爵（《集成》8600）　3. 佣父癸簋（《集成》3214）
4. 佣父丁鼎（《集成》1838）　5. 佣父丁鼎（《集成》1592）

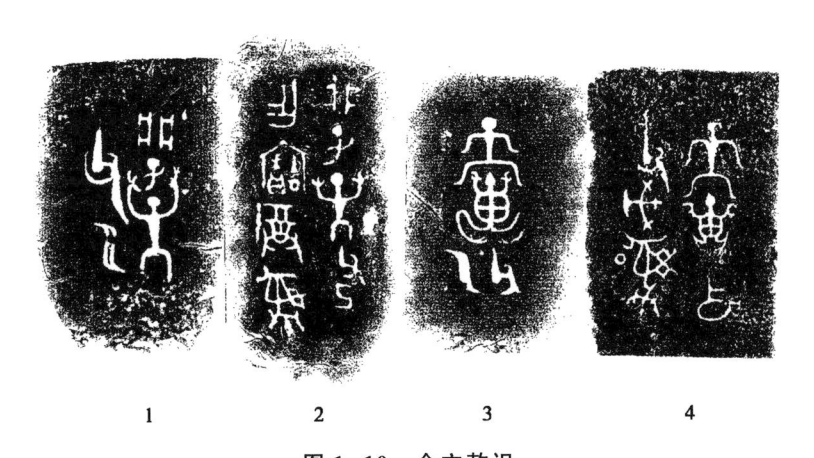

图 1-10　金文款识

1. 夔父乙鼎（《集成》1526）　2. 夔父己卣（《集成》5281.1）
3. 黿父乙鼎（《集成》1557）　4. 黿父戊方鼎（《集成》2013）

需要而创造，而不会是为记录语言的需要而创造。然而随着人们记录语言的要求，造字造词法逐渐得到进步，动词不仅可以创造，更重要的是联络实词的虚词也可以通过假借等方法被创造出来，在这样的背景下，文字记录语言才真正成为可能。很明显，文字由于从服务于人神沟通转变为适应于记录语言的需要，其书面语形式也就必然产生新的变化，而具有了后世人们熟悉的形式。比较商代金文对同一事实的两种不同记述形式（图1-10），早晚书面语的差异便一目了然。了解这一点不仅对于早期文字的认识或有帮助，而且对于族氏铭文的研究也很有意义。

本章小结

本章根据对新石器时代文字及早期文献的研究获得了以下主要结论：其一，据早期文字的特征而对文字给予了全面的定义，区分图像与文字以及文字与符号。其二，阐释新石器时代夷、夏两种文字并存的事实，破除汉字起源一统的传统史观。其三，提出文字起源研究必须以相关的考古学文化为背景的思考，文字的研释也必须在正确分析不同文字体系的基础上进行。其四，论释文字的产生在于服务人神沟通的史实，说明文字起源于象形则在建立人神具有共同的理解标准。其五，梳理新石器时代铭刻资料，对其中的部分文字进行解读，并探讨巴蜀文字的释读方法。其六，造字方法从象形、象意而至形声的发展体现了文字从人神交流逐渐生活化的转变，这种转变使文字增强了其记录语言的功能。其七，早期书面语特征与后世完全不同，其更多地反映了人神交流的需要。

思 考 题

名词解释：

  文字 丁公陶文 陶寺朱书文字 巴蜀文字 夷夏东西

简答题：

  简述文字起源于象形的原因。
  简述苍颉造字与沮诵作书所反映的史实。
  简述汉字的发展。
  简述早期书面语的特征。

论述题：

  古人何以需要创造文字。
  新石器时代文字所反映的中国文字起源与汉字起源的关系。

阅读参考文献

  唐兰：《中国文字学》，上海古籍出版社1981年版。

高明：《中国古文字学通论》，文物出版社1987年版。

裘锡圭：《文字学概要》，商务印书馆1999年版。

冯时：《中国古代的天文与人文》（修订本），中国社会科学出版社2009年版。

傅斯年：《夷夏东西说》，《庆祝蔡元培先生六十五岁论文集》下册，中央研究院历史语言研究所集刊外编，1935年版。

郭沫若：《古代文字之辩证的发展》，《考古学报》1972年第1期。

高明：《论陶符兼谈汉字的起源》，《北京大学学报》（哲学社会科学版）1984年第6期。

童恩正：《试论我国从东北至西南的边地半月形文化传播带》，《文物与考古论集》，文物出版社1987年版。

冯时：《山东丁公龙山时代文字解读》，《考古》1994年第1期。

冯时：《"文邑"考》，《考古学报》2008年第3期。

第二章 汉字研究的历史

内容提要

本章系统论述汉字研究之历史，涉及先秦至清代的汉字研究，先秦古文与籀文名义，《史籀篇》及其影响，文字学理论的探索，秦篆的创制，隶书的形成，秦书八体与新莽六书，汉代的古文经学，《说文解字》的编纂、流传与研究，《苍》《雅》学、《说文》学、字样学、字原学、音韵学、金石学、古文字学的创立与发展，各时代主要字书、辞书、韵书的编纂及其价值，先秦重要古文字资料的发现、汇集与研究。

第一节 先秦时代的汉字研究

先秦时期人们所使用的文字，我们将其归为古文字的范畴。这些文字，从今天见到的早期甲骨文和金文，直至晚期的战国文字，其间经历了巨大的变化，这种变化最明显的特征就是早期文字的趋同而至晚期文字的不同。具体地说，早期文字的结构及其书契风格都表现出近乎一致的特征，而晚期文字则具有了更大的地域性差异，这当然与社会的发展与相应制度的变革密切相关。毋庸置疑，这种变化或许可以反映某些地域的特点，但其所表现的时代特色则更显重要，这甚至决定了人们对于先秦古文字系统的认识。

一 古文与籀文

古文和籀文实际都是汉代学者对于先秦文字的称谓，这当然体现着当时人们对于早期文字的认识。许慎《说文解字叙》云："今叙篆文，合以古籀。"这里的"古籀"也就是所谓的古文和籀文。许慎在《说文解字》中所收录的古文取自西汉时出自孔子旧宅的战国古文经书，而籀文则源于周宣王太史籀所作的《史籀篇》。因此我们讨论古文与籀文的定义，不能脱离汉代特定的历史。

籀文的名称来源于《史籀篇》，这一点在汉代并没有任何异议。许慎《说文解字叙》云："乃猥曰：马头人为长，人持十为斗，虫者屈中也。廷尉说律，至以字断法。苛人受钱，苛之字止句也。若此者甚众，皆不合孔氏古文，谬于史籀。"此"史籀"显指《史籀篇》之文字，也即《说文》籀文取材之来源。按照传统的说法，《史籀篇》系周宣王太史籀所作，因而籀文应该反映着西周晚期的文字特点。但是清末学者吴大澂和陈介祺却根据《说文》所录籀文与石鼓文的比较，指出其或不合于六书，因此籀文实较石鼓文更为晚近①。而王国维也以《史籀篇》实为春秋战国之间秦人作之以教学童之书，认为籀文只是战国时期秦国通行的文字。他甚至怀疑史籀并非人名，盖因《史籀篇》的首句应云"大史籀书"，而"籀书"可解为读书，所以古人唯取"史籀"二字名篇而已②。这些说法不仅缺乏证据，尤其是将《史籀篇》定为春秋战国之间的作品，更与西周金文反映的实际情况不符。但他主张《史籀篇》的文字便是籀文，仍不出汉代学者的说法。王氏的理论影响很大，特别是他对所谓"籀书"的解释，广为文献学家所采纳。事实上，如果我们追溯秦篆形成的具体来源，便可清楚地看出，所谓籀文，在秦汉人的心目之中其实就是指西周晚期的古老文字，或者更准确地说，这种文字也就是《史籀篇》的文字，它或许是由史籀亲自书写而成。《汉书·艺文志》以为李斯、赵高、胡母敬三人所作之《三苍》，其文字即多取《史籀篇》而改异创制了秦篆，许慎在《说文解字叙》中也以《三苍》首取史籀大篆而省改为小篆。《艺文志》乃据刘歆的《七略》增损而成，而每略的序文又取《七略》中之《辑略》加以删削，因此《艺文志》的说法实出刘歆。而许慎为贾逵弟子，贾逵之父贾徽又从刘歆受古文经学，所以许慎的说法也源自刘歆。《史籀篇》于汉初仍为课史教本，乃实用之书，其十五篇俱在秘府，故载于《七略》，这些事实于新近出土的张家山汉简《二年律令》也可得到证明。秦人创小篆而与籀文比较，篆体颇异，然而如果比较秦景公石磬文字（公元前573年）、秦杜虎符（公元前337—前325年）、新郪虎符（战国晚期）及诸种秦诏版文字，可以看出它们的字体相当接近。因此，小篆与籀文的比较应该反映着小篆与西周文字的差异，而并不表现为小篆与东周秦系古文的不同。因此依汉代学者的说法，籀文其

---

① 吴大澂：《说文古籀补·自序》及陈介祺《序》，清光绪七年（1881年）石印本。
② 王国维：《史籀篇疏证序》、《战国时秦用籀文六国用古文说》，分载《王国维遗书》第六、一册，上海古籍书店1983年版。

实就是《史籀篇》的文字,这一点应该相当明确,无须过深求索。西汉去古未久,时人之说当足征信。而王国维限时限地以为籀文为战国时代秦地流行的文字,显然缺乏根据。

学者或据《说文》所载之籀文与东周时期的秦系文字及非属秦系的六国文字进行比较,结果发现籀文与两系文字既有相合的实例,也有不合的实例[①],这意味着籀文对于东周不同系统的文字所产生的影响是广泛的,而并不表现为某一特定地域的人群所使用的文字。换句话说,东周时期流行于各国的文字其实都表现出对籀文的继承和发展,所不同的是,秦国文字相对于六国文字而言,对籀文的继承更为完整,这不仅反映在文字的结构特点,甚至也包括其书写的书风。当然,这与秦人久处宗周故地,其文字犹存丰镐遗风而多仍周旧有着直接的关系[②]。加之秦人避居西土,长期不与中原诸侯往来会盟,风气保守,致使其文字的风格得以相对稳定地长久保持,以至于在晚周时期,秦文字直继西周文字的特点仍十分鲜明。然而秦文字这种颇存籀文特点的现象并不意味着我们可以据此放心地得出汉人乃视秦文字为籀文的结论。事实上,籀文作为《史籀篇》的文字不仅反映了西周晚期官方使用的雅正之体的文字风格,而且这种标准文字也就是汉人心目中的西周文字。

《史籀篇》是否确为周宣王太史籀所作,难以稽考。然而籀为宣王太史的事实却很清楚。西周宣王世的趞鼎铭云:"史留受王命书。""史留"其人见于《汉书·古今人表》,班昭作表以其为春秋战国之际周元王时期的人物[③],而唐兰则谓当即周宣王之太史籀[④],可成定论。据铭文可知,史籀为宣王史官,而通篇铭文的书体风格清雅秀逸(图2-1),不论其是否

---

① 裘锡圭:《文字学概要》,商务印书馆1999年版,第48—51页;何琳仪:《战国文字通论》(订补),江苏教育出版社2003年版,第34—40页;陈昭容:《秦系文字研究——从汉字史的角度考察》第二章,历史语言研究所2003年版。

② 王国维:《史籀篇疏证序》、《战国时秦用籀文六国用古文说》,分载《王国维遗书》第六、一册,上海古籍书店1983年版;唐兰:《中国文字学》,上海古籍出版社1981年版,第152—153页。

③ 王先谦《汉书补注》:"翟云升曰:'即史寏,见《秦纪》。留、寏音同。'周寿昌曰:'即史籀也。《艺文志》周宣王太史籀。之为留,古字通省耳。'先谦曰:周说近之,而表次时代稍后。"

④ 刘启益:《伯宽父盨铭与厉王在位年数》,引唐兰说,《文物》1979年第11期。唐氏曾据《汉书·古今人表》之"史留"当周元王,遂疑宣王当为元王,并认为《史籀篇》的时代即在春秋战国之际。见《中国文字学》,上海古籍出版社1981年版(1949年3月第一版),第155页。当以后说为是。

图 2-1 趞鼎铭文拓本

出于史籀亲手,其实都可以在一定程度上反映出籀文的面貌。当然,撷取西周文字而成的《史籀篇》在经历了数百年的辗转传抄之后,至战国晚期,其中的某些籀文一定会出现讹错异变,或者间而杂入些许晚期文字的特点,但无论如何,《史籀篇》作为一个完整体系的代表,它都应体现着比战国古文更早的一个时代的文字风貌。

与籀文相对的则是古文,这个名称到汉代才开始出现,它的含义应该是指先秦时代的古文字。《汉书·郊祀志》说"张敞好古文字",又载其美阳得西周鼎彝议"臣愚不足以迹古文",便是很好的证明。太史公《自序》称"十岁则诵古文",当指其家藏的先秦旧籍。因此汉代学者所谓之古文,皆为先秦写本旧典。当时人们所能见到的战国古文经书,除得于民间及中秘所藏,又以孔壁所出为大宗。以致王莽所立六书,古文之名更为孔子壁中书所专据[1],或者以其作为先秦古文的代表。这种变化虽使古文的概念存有广义与狭义之别,但它所体现的时代意义却是清楚的。然而王国维认为,汉代学者所认识的古文应该是指战国时期东方

---

[1] 参见许慎《说文解字叙》。

六国所使用的文字①。尽管《说文》所收古文多与战国时期六国文字相合的事实似乎可以助证这一观点②，但是我们以为，王氏的这一说法同他主张的秦行籀文的说法一样不足信据。

王国维的观点显然是建立在以不同地域拴系不同系统文字的基础上的，籀文为秦所使用，所以古文便只能为六国所使用，反之亦然。这样的理论看似自成体系，但其所确立的古籀文字的划分标准本身即存在问题。显然，如果我们不能接受籀文只限于战国时期秦国使用的文字这一结论，那便意味着古文为同时期六国文字的看法也同样无法成立，这是一个问题的两个方面，因此对于王氏的理论，我们不可能破其一说而存其另一说，这在逻辑上是不能允许的。理由很简单，如果籀文并不具有王国维所定义的概念，那么我们就没有理由认为汉代学者仅以古文限指六国文字而独不包括秦国的文字，或者他们可以汇集古今各国的文字，而独将其直接继承的秦系古文付之阙如。这种可能性显然是不存在的。王国维以为，"六艺之书行于齐鲁，爰及赵魏，而罕布于秦"，故六艺文字皆以六国文字书之③。学者或据《史记·仲尼弟子列传》所载孔子的秦人弟子唯秦祖与壤驷赤二人以佐其说④，但这些看法并非没有局限。

第一，孔子弟子中以齐鲁之人绝多，但这并不意味着先秦的儒家典籍会呈现齐鲁文字一统天下的局面。事实恰恰相反，在七十贤人中，真正确切无疑来自楚地的弟子只有任不齐一人，尚不及秦人弟子的数量，但这并不妨碍儒家典籍可以在楚地广泛流传，近年大量儒家佚籍在楚地出土的事实便是对这一现象的最好说明。而楚地出土的文献一般又以楚文字写定，说明经师或书手多是以当地流行的文字抄为副本，这是古代文献流传的基本形式。

第二，我们并不否认六国文字在传播儒家典籍方面的重要作用，但秦地却绝非不传六艺百家的文化沙漠。秦皇焚书，但卜筮之书及博士所藏俱不在禁绝之列。《史记·秦始皇本纪》："非博士官所职，天下敢有藏《诗》、《书》、百家语者，悉诣守、尉杂烧之。……所不去者，医药卜筮

---

① 王国维：《战国时秦用籀文六国用古文说》，《观堂集林》卷七，《王国维遗书》第一册，上海古籍书店1983年版。

② 孙海波：《说文籀文古文考》，《文哲月刊》第一卷第八期，1936年；林素清：《说文古籀文重探——兼论王国维"战国时秦用籀文六国用古文说"》，《历史语言研究所集刊》第五十八本第一分，1987年。

③ 王国维：《战国时秦用籀文六国用古文说》，《观堂集林》卷七，《王国维遗书》第一册，上海古籍书店1983年版。

④ 何琳仪：《战国文字通论》（订补），江苏教育出版社2003年版，第56页。

种树之书。"知六艺之书多安然无恙。西汉初年,秦柱下史张苍献古文《春秋左氏传》①,其后刘向又以中《古文易经》校施、孟、梁丘及费氏经②,盖亦出自秦府。再考诸子之作,《史记·韩非列传》:"韩非作《孤愤》、《五蠹》、《内外储说》、《说林》、《说难》十馀万言,人或传其书至秦。"又《封禅书》云:"齐威、宣之时,驺子之徒,论著终始五德之运。及秦帝,齐人奏之。"足见并世学者所著之书,只需稍有名者,即可传至秦国。韩非、驺子之书如此,其他诸子百家亦必先后为博士官所搜集,其守之丰,不可想见③。后吕不韦兼合儒、墨、名、法而著《吕氏春秋》,即为明证。而这些未付燔灭的典籍恐怕也不能说没有以秦系古文写定的文本。

第三,六艺典籍与诸子百家并非汉存古文的唯一来源。秦有御史,掌柱下方书,张苍即典其职。司马贞《史记索隐》:"周秦皆有柱下史,谓御史也,……故老聃为周柱下史。今苍在秦代亦居此职。方书者,谓小事书于版也。或曰:主四方文书也。姚氏以为下云明习天下图书计籍,主郡上计,则方为四方文书者是也。"后沛公至咸阳,萧何独先入,收秦丞相御史律令图书藏之④,至汉则皆守在中秘。这些图籍中自然也有相当一部分是用先秦时期的秦系古文写定的。

很明显,这些证据都使汉代学者不可能以古文仅限指六国文字。事实上,尽管《说文》古文的来源以孔壁古文经为主,但这同样不能说明古文的概念不可以兼指某一个时代,因为即使同属古文系统的文字,如果人们不能把六国文字的不同文本搜集齐备并作出比较,就无法得出类似于古文只是限于某地或某国使用的文字的看法。正如孔壁古文只能作为齐鲁文字的代表,而不能概括六国文字的普遍风格一样。换句话说,后人对于前代文字的认知首先就在于确定其时代的特征,人们可以借助某种典型的作品作为这一时代或某一地域的文字的代表,却不可能以这种作品作为超出其所属地域的代表,就像我们不能以孔壁古文去定义"古文"即是超越齐鲁文字的六国文字一样。这意味着古文的概念必须具有时代的意义,而不可能局限于地域的意义。因此,即使许慎不以秦系古文作为其比较秦篆的素材,这也并不证明汉代古文的概念可以不包括先秦时代的秦系文字。这些

---

① 参见许慎《说文解字叙》。
② 参见《汉书·艺文志》。
③ 马非百:《秦集史》,中华书局1982年版,第519页。
④ 参见《史记·萧相国世家》。

事实都足以说明，汉代学者所认识的古文只能是包括秦系古文在内的晚周文字。

　　许慎《说文解字叙》称述"古文"共有十次，其含义可以分为两类。一类以古文泛指古代的文字，如《叙》云："郡国亦往往于山川得鼎彝，其铭即前代之古文，皆自相似。"既言"前代之古文"，"古文"显然只能是时代的概念。这种钟鼎上的古文当然也包括张敞美阳所得鼎上的文字，而在许慎看来，它们与孔壁古文及张苍所献古文《春秋左氏传》"皆自相似"，当视为一类，而并不加以区别。段玉裁《注》："郡国所得秦以上鼎彝，其铭即三代古文。如《郊祀志》上有故铜器，问李少君，少君曰：此器齐桓公十年陈于柏寝，已而案其刻，果齐桓公器。又美阳得鼎，献之有司，多以为宜荐见宗庙。张敞按鼎铭勒而上议。凡若此者，亦皆壁中经之类也。皆自相似者，谓其字皆古文，彼此多相类。……鼎彝之铭则合于孔氏古文者也。"据古文字资料分析，早周文字的特点多为其后的秦系文字所继承，许慎既然将三代文字与孔壁古文等统归为一，可见他并没有六国文字区系的概念，"古文"也便不可能是指六国文字。《叙》又云："初有隶书，以趣约易，而古文由此绝矣。"许氏以隶书乃秦程邈所创，因此隶书以前的古文也显然是指战国时代的文字，其中当然也包括秦系古文。《叙》称"其称《易》孟氏、《书》孔氏、《诗》毛氏、《礼》、《周官》、《春秋》左氏、《论语》、《孝经》，皆古文也。"其中孟氏《易》、毛《诗》、《周官》、《左传》皆非出孔壁，亦足见此"古文"乃泛指先代文字。除此之外，另一类则以古文专指孔壁经书的字体。《叙》云："诸生竞逐说文解经谊，……皆不合孔氏古文，谬于史籀。"此"古文"则指壁中书体，其实是以壁中古文的字体作为其所属时代的代表。很明显，即使在许慎的《说文》系统中，古文也并没有地域的概念，其或指前代文字，或指壁中书体，皆以时代为义。

　　《说文》古文与六国文字的关系密切已是可以肯定的事实，以六国文字比较出土的秦文字资料，寻找二者的异同，对于说明这一问题其实也同样重要。学者曾据《说文》所收古文与秦系文字进行比较，字形相合者并不很多①。然而《说文》古文的数量毕竟有限，如果我们直接以出土所见之六国文字与秦系文字进行比较，结果则会大不相同。事实上从文字的结构上看，二者之间的区别并不像人们想象的那样巨大，而相合的文字实际

---

① 何琳仪：《战国文字通论》（订补），江苏教育出版社2003年版，第56页；陈昭容：《秦系文字研究——从汉字史的角度考察》，历史语言研究所2003年版，第43—45页。

占了相当的数量，这意味着汉代学者所认识的古文应该涵盖了战国诸国所使用的文字，甚至其辖指的时代或许还可以上溯至春秋晚期。许慎《说文解字叙》云："至孔子书六经，左丘明述《春秋传》，皆以古文。"即其明证。即使那些秦系的先秦古文没有被许慎用来作为与小篆比较的基本素材，这也并不意味着古文的概念不可以包括战国时代的秦系文字。很明显，所谓古文与籀文的分别其实并不以地域为标准，而是以时代作为划分的准绳。如果籀文是指西周的文字，那么古文便应该是指晚周的文字。吴大澂《说文古籀补叙》云："窃谓许氏以壁中书为古文，疑皆周末七国时所作，言语异声，文字异形，非复孔子六经之旧简。"陈介祺在为吴书所作叙文中也以古文乃周末文字。这些观点将古文纳之于时代而非分割于地域，远较王国维之说近于事实。遗憾的是，这些意见由于王说的提出，反绝少为人言及。事实上，古文与籀文只是汉代学者对先秦时期不同时代文字的一种划分方法，其划分标准仅具有时代的意义，并不具有地域的意义。

二 《史籀篇》及其影响

先秦时代的史官显然是对文字研究最具造诣的人物，西周青铜器铭文屡见史官在册命仪式中受王命而书记的情况，所以内史也叫"作册"，而商代卜辞的契刻同样是出于史官之手[①]。史官掌握文字当然来源于其占卜通神的传统，因而随着对文字的积累，最早的文字学著作只能出于史官。世传周宣王太史籀曾作《史籀》十五篇，书虽后佚[②]，但《汉书·艺文志》仍有录载。班固自注云："周宣王太史作大篆十五篇，建武时亡六篇矣。"可见东汉时此书尚有部分存世，并且成为许慎编著《说文解字》所征引的素材。班氏又云："《史籀篇》者，周时史官教学童书也，与孔氏壁中古文异体。"许慎《说文解字叙》也云："及宣王太史籀著大篆十五篇，与古文或异。"所以《史籀篇》实以西周通行的文字写成，后人称之为"大篆"，或因史籀之名而称"籀文"。籀文大篆自西周发展到战国，形体结构虽然产生了一些变化，但风格未泯，后来成为小篆创制之祖。事实上，《史籀篇》出于史籀不仅是史官掌握文字的必然结果，而且这种传统直接影响着后世的史官选拔制度。

---

① 冯时：《殷代占卜书契制度研究》，《探古求原》，科学出版社2007年版。
② 《隋书·经籍志》、《旧唐书·经籍志》、《新唐书·艺文志》皆不载，其时已亡。

《汉书·艺文志》："汉兴，萧何草律，亦著其法，曰：'太史试学童，能讽书九千字以上，乃得为史。又以六（八）体试之①，课最者以为尚书御史史书令史。'"② 许慎《说文解字叙》也云："尉律，学僮十七已上始试，讽籀书九千字，乃得为史。又以八体试之，郡移太史并课，最者以为尚书史。今虽有《尉律》不课，小学不修，莫达其说，久矣。"而张家山汉简《二年律令·史律》述此制则谓："史、卜子年十七岁学。史、卜、祝学童学三岁，学佴将诣大史、大卜、大祝，郡史学童诣其守，皆会八月朔日试之。[试]史学童以十五篇，能讽书五千字以上，乃得为史。又以八体试之，郡移其八体课大史。"③ 文中所言之"十五篇"实周宣王太史籀之《史籀篇》，也即许慎所讲的"籀书"，其字数或在五千以上，班、许更以为在九千以上，远出秦初《三苍》的字数。因此，《史籀篇》作为史官编纂的字书显然保留了西周时期雅正之体的文字范本，可供临习。尽管西汉中期以后随着隶书的推行，以《史籀篇》课史渐渐失去了实际的意义，但在秦及汉初甚至更早，《史籀篇》及其所集籀文对于史官的培养却一直发挥着重要的作用，这便是其在先秦使用古文字的时期传续不绝的重要原因。

三 文字学理论的建立

战国时代的人们对于汉字的结构问题已经开始进行探索，这些探索有些只是服务于当时政治的需要，或者出于主观的臆测，并不具有真正的理论价值。如《左传·宣公十二年》楚子曰："夫文，止戈为武。"又《宣公十五年》宗伯曰："故文，反正为乏。"又《昭公元年》医和曰："于文，皿虫为蛊。"《韩非子·五蠹》云："苍颉之作书也，自环者谓之私，背私谓之公。"这些出于实用或臆度的说法显然不如六书理论的建立更有意义。

"六书"作为解释汉字形成和发展的基本理论，至少在战国时期已经形成，并且作为六艺之教的一种在对国子的教育中施行。《周礼·地官·保氏》："保氏掌谏王恶，而养国子以道，乃教之六艺：一曰五礼，二曰六乐，三曰五射，四曰五驭，五曰六书，六曰九数。""六书"在这里尽管还没有像汉代学者那样列出详细的名目，但这显然并不意味着它本身不具备这些名目，况且从其他五艺之教具有着悠久的传统考虑，似乎也没有理

---

① 此"六体"当为"八体"之讹，"六体"为新莽六书，汉初未立。见段玉裁《说文解字注》。
② 颜师古《注》："韦昭曰：'若今尚书兰台令史也。'臣瓒曰：'史书，今之太史书。'"
③ 张家山二四七号汉墓竹简整理小组：《张家山汉墓竹简（二四七号墓）》，文物出版社2001年版。

由将六书的形成看成是晚近的事情。"六书"名称的出现说明它应包括六项基本的内容，这些内容作为国子识字的主要方法，当然应该反映着古人对于汉字形体结构及其音义关系研究的基本理论。事实上，正像《周礼》的成书年代可以晚至战国，但却并不妨碍书中保留更古老的史料一样，六书理论的形成时代也还留有广阔的探索空间。

第二节　秦汉时期的汉字研究

先秦文字的混乱状况不仅表现为东方六国文字与西方秦国文字的不同，即使同属六国系统，燕、齐、三晋和楚的文字也风格迥异，这种局面在秦完成其统一大业之后，则被一种据大篆改制的小篆取而代之，先秦文字于是终结了它作为正统文字的使用历史。

一　小篆的创制

秦始皇兼并六国后所采取的统一措施，其中之一就是"书同文字"[①]。《汉书·艺文志》云：

> 《苍颉》七章者，秦丞相李斯所作也；《爰历》六章者，车府令赵高所作也；《博学》七章者，太史令胡母敬所作也，文字多取《史籀篇》，而篆体复颇异，所谓秦篆者也。

相同的内容也见于许慎的《说文解字叙》，文云：

> 其后诸侯力政，不统于王，恶礼乐之害己，而皆去其典籍。分为七国，田畴异亩，车涂异轨，律令异法，衣冠异制，言语异声，文字异形。秦始皇帝初兼天下，丞相李斯乃奏同之，罢其不与秦文合者。斯作《仓颉篇》，中车府令赵高作《爰历篇》，太史令胡母敬作《博学篇》，皆取《史籀》大篆，或颇省改，所谓小篆者也。

小篆也叫"秦篆"，它的创制是据籀文大篆省却重复、改易字体而成，这个过程其实是撷萃《史籀篇》的文字以成《三苍》，而文字的形构则以先秦时

[①] 见《史记·秦始皇本纪》。

期的秦系文字为基础，参考籀文而加以改造，其具体做法，高明先生归纳为四项主要措施，其一，固定偏旁的形体；其二，确定形旁在字体中的位置；其三，每字的形旁固定，不能代用；其四，统一每字的书写笔数①。这些措施虽然是对先秦古文字有针对性的规范和整理，它至少使汉字在经过了漫长的演变之后获得了重新定型，从而为汉字的进一步发展奠定了基础，但战国晚期秦国使用的文字事实上已经相当规范，无论文字的结构还是书写风格，都与后来的小篆没有太大的差别，因此李斯等人对于小篆的创制其实只是在当时通行文字的基础上稍加整齐与改异而已。

李斯等人编写的《苍颉篇》、《爰历篇》和《博学篇》既确定了小篆字体的标准，当然也是学童识字的教本。这三部字书的原本虽然没有流传下来，但其中的资料却是许慎编撰《说文解字》的基本素材。

秦始皇自统一之次年即开始巡行天下，并先后在峄山、泰山、琅琊台、之罘、碣石、会稽等地立石刻铭，以颂秦功德。秦二世时又于每处刻石加刻诏书。今日尚有琅琊台刻石之残石存留（图2-2），而泰山刻石仅残十字，峄山刻石则有完整的摹刻本②。

图2-2 秦琅琊台刻石拓本

---

① 高明：《中国古文字学通论》，文物出版社1987年版，第187—189页。
② 参见容庚《古石刻零拾》，1934年影印本；《秦始皇刻石考》，《燕京学报》第十七期，1935年；张彦生：《善本碑帖录》，中华书局1984年版，第3—5页。

二 隶书的定型

古人学书，无不自雅正之体入手，然而在实际行用的过程中，又常图简捷，于是这种用笔的草率打破了古文字固有的纯圆庄重的体势，逐渐形成了新的书体，这就是隶书。《汉书·艺文志》云：

> 是时始建隶书矣，起于官狱多事，苟趋省易，施之于徒隶也。

许慎《说文解字叙》也云：

> 是时秦烧灭经书，涤除旧典，大发吏卒，兴成役，官狱职务繁，初有隶书，以趣约易，而古文由此绝矣。……秦始皇帝使下杜人程邈所作也。

这些记载都以隶书为秦代的程邈所整理创作，而其出现的原因，则是官员为求书写的快捷方便，于是变篆书的圆曲为方折，字的体势也就发生了改变。

隶书的出现如果与这种文字书写的草率心理有关，那么我们其实很难想象这种草率之风只为统一之后的秦人所独有，这意味着隶书的形成可能并不像传统认为的那样晚近。郦道元《水经·穀水注》云：

> 古隶之书，起于秦代，而篆字文繁，无会剧务，故用隶人之省，谓之隶书。或云：即程邈于云阳增损者，是言隶者篆捷也。孙畅之尝见青州刺史傅弘仁说，临淄人发古冢，得桐棺，前和外隐为隶字，言："齐太公六世孙胡公之棺也。"惟三字是古，馀同今书。证知隶自出古，非始于秦。

提出隶书的形成乃在先秦时期。虽然唐张怀瓘《书断》以为无凭，但先秦所见之隶书资料迄今已确实有了一些积累。如：

1964 年陕西西安阿房宫遗址出土高奴权，文字结体篆隶相杂，甚至半篆半隶（图 2-3），年代为秦昭王三年（公元前 304 年）。

1975 年湖北云梦睡虎地 11 号墓出土竹简和 4 号墓出土木牍①，其中有

---

① 睡虎地秦墓竹简整理小组：《睡虎地秦墓竹简》，文物出版社 1990 年版。

图 2-3 高奴权铭文拓本

关法律各简应为秦王政三年至十二年（公元前 244—前 236 年）墓主喜担任地方司法官吏时所抄录①，两支木牍为书信，年代约为秦王政二十四年（公元前 223 年）②。

1979 年四川青川郝家坪 50 号墓出土木牍，正面书录《更修为田律》，背面则书"不除道日干支"③，年代为秦武王二年至昭王元年（公元前 309—前 306 年）。

1986 年甘肃天水放马滩 1 号墓出土竹简和古地图，竹简内容为《日书》甲、乙本及《邸丞告书》④，年代约为秦昭王三十八年（公元前 269 年）⑤。

2002 年湖南龙山里耶 1 号井出土简牍，某些简牍的年代为秦王政二十五年（公元前 222 年）⑥。

这些早期的隶书资料都出现在秦地或受秦文化影响的地区，它们都应

---

① 李学勤：《秦简与墨子城守各篇》，《云梦秦简研究》，中华书局 1981 年版。
② 黄盛璋：《云梦秦墓两封家信中有关历史地理的问题》，《文物》1980 年第 8 期。
③ 四川省博物馆、青川县文化馆：《青川县出土秦更修田律木牍——四川青川县战国墓发掘简报》，《文物》1982 年第 1 期。
④ 甘肃省文物考古研究所、天水市北道区文化馆：《甘肃天水放马滩战国秦汉墓群的发掘》，《文物》1989 年第 2 期。
⑤ 李学勤：《放马滩简中的志怪故事》，《简帛佚籍与学术史》，江西教育出版社 2001 年版。
⑥ 湖南省文物考古研究所、湘西土家族苗族自治州文物处、龙山县文物管理所：《湖南龙山里耶战国—秦代故城一号井发掘简报》，《文物》2003 年第 1 期。

属于破除雅正之体而急就的"俗书"①。因此可以相信，隶书的出现乃是秦人对秦文字加以改造的结果。战国时代的秦文字由于更多地保留了早期古典文字的雅正体势，从而为其隶变的发展奠定了基础。如公元前4世纪末的高奴权铭文，"臣"字方正的结体其实已是秦文字介于篆隶之间的独有特点；"奴"字所从之"女"隶变，用笔横出，大别于同字另一半的篆文结构；而"隶"字整体隶变，已具有浓重的古隶韵味（图2-3）。同时期的青川木牍文字，体势横溢扁平，结体变篆求隶，通篇文字的风格已十分统一。而这种于篆中体现隶意的文字在秦文字中还有很多，如秦封宗邑瓦书文字（公元前334年）、秦駰祷病玉版文字（战国中期）等，而里耶秦简的某些文字也还留有明显的据篆隶变的痕迹，表现出古隶由篆而苟简草率的鲜明特征。这些实例所反映的问题很清楚，隶书在先秦时代已经出现应是毋庸置疑的事实。

与秦人书写趋易的心理一样，在战国晚期，六国文字也弥漫着这种破除繁缛的风气，用笔开始体现隶味，只是还没有出现像秦书那么具有完整隶意的作品。显然，这种求简的书写风尚乃是当时社会的共同追求。尽管如此，隶书的最终形成却是在秦文字"俗书"的基础上独立发展起来的，六国文字虽然也体现着书写急就的作风，但是由于其文字结构有别于秦文，且在秦"书同文字"的运动中被罢废，因而不可能对隶书的最终定型产生影响②。

正像先秦混乱的古文系统需要有秦篆来规范一样，先秦的古隶因篆趋易，结体杂乱，用笔随意，漫无标准，也亟待规范统一。许慎《说文解字叙》言新莽六书云：

> 三曰篆书，即小篆，秦始皇帝使下杜人程邈所作也。四曰左书，即秦隶书。

注家多移程邈作隶十三字于隶书之下，谓许《叙》误植。然徐锴以为："按《汉书》李斯等作《苍颉》、《爰历》，多取《史籀篇》，而篆体复颇异，所谓秦篆。然则斯等虽改《史篇》，而程邈复同作也。"所说颇近许意。我们认为，许氏于此并非误入，其言程氏作书，意在说明程氏与李斯

---

① 郭沫若：《信阳墓的年代与国别》，《文物参考资料》1958年第1期。
② 陈昭容：《秦系文字研究——从汉字史的角度考察》，历史语言研究所2003年版，第61—66页。

等人一样做了统一文字的工作,所不同的是,程邈的工作只是对作为俗书的隶书从结体到用笔的整理与规范,但它的意义却与秦篆对于先秦古文字的规范同样重要。

三 秦书八体与新莽六书

秦书同文,小篆成为官方颁行的标准文字,与此同时,社会上行用的文字却并非只有小篆一种,这便是所谓的"秦书八体"。

《汉书·艺文志》载有《八体六技》一书,许慎《说文解字叙》也载其制,谓秦书八体即:

> 一曰大篆,二曰小篆,三曰刻符,四曰虫书,五曰摹印,六曰署书,七曰殳书,八曰隶书。

韦昭解《汉志》"八体"即取许说。段玉裁《说文解字注》云:"大篆,不言古文者,古文在大篆中也。古文大篆虽不行而其体固在,刻符虫书等未尝不用之也。小篆,其时所最重也。刻符,符者,周制六节之一。虫书,新莽六体有鸟虫书,所以书幡信也。此虫书即书幡信者。摹印,即新莽之缪篆也。署书,凡一切封检题字皆曰署,题榜亦曰署。殳书,言殳以包凡兵器题识,不必专谓殳。汉之刚卯,亦殳书之类。隶书,所以便于官狱职务也。自刻符而下其《汉志》所谓'六技'与、刻符、幡信、摹印、署书、殳书,皆不离大篆小篆,而诡变各自为体,故并与左书称'六技'。"由此可见,大篆、小篆只是对书体时代的分类,而其他六技则体现了由此而出的书体不同用途的分类。因此,"八体六技"其实只是对秦书八体的不同分类的称谓。宋王应麟《汉书考证》疑此"六技"即亡新六书;清钱大昭《汉书辨疑》又引李赓艺曰:"六技当是'八篇'之伪,《小学》四十五篇,并此八篇,正合四十五篇之数。"都不如段注切近①。

秦书八体为汉初课史文字,这在张家山汉简《二年律令·史律》中已有明载,许慎《说文解字叙》也述其制,唯《汉志》改"八体"为"六

---

① 唐兰则谓"六技"为"六文"之误,即六朝常讲的"六文",为象形象事的六书(《中国文字学》,上海古籍出版社1981年版,第15页)。但《隋书·经籍志》载《六文书》一卷、《古今八体六文书法》一卷,皆为书体之著作,可证"六文"显非作为文字理论的六书,可佐段说。

体",并以新莽六书解之,学者或以为乃刘歆所变①。据此推知,此八体当为秦之定制,而并非汉人的归纳。

六技之书重在应用,故不乏实物可作比较②。六技书体皆由篆法而出,至于每一用途使用何种书体,也仅能概括其大略而已,并非绝对不可通涉变化。如虫书既书幡信,也入摹印,更可题铭兵器;而隶书的使用更广。因此六技只是对书契材料和其不同用途的简单分类,犹今人视古文字为甲骨文、金文、陶文、石刻、简牍、帛书、载书、符节、玺印、货币文字云云。这种由文字的不同用途所导致的分类方法自秦代已经形成,而且对后世产生了很大影响。

大篆、小篆相对而称,与六技不同,而是对不同时代文字的定义。小篆是秦的标准文字,《三苍》本皆以小篆书写,《汉志》又称"秦篆",这一点班固、许慎讲得都很明白。而大篆相对于小篆,本指《史籀篇》的文字,古人讲得也很清楚。《汉志》载《史籀》十五篇,班固自注"周宣王太史作大篆十五篇",许慎《说文解字叙》则径称"及宣王太史籀著大篆十五篇,与古文或异",皆以大篆实即《史籀篇》之籀文。《汉志》又载李斯等作《三苍》,"文字多取《史籀篇》,而篆体复颇异",《说文解字叙》述此事则作"皆取《史籀》大篆,或颇省改",更直以《史籀》之文而称大篆。因此大篆即指籀文,乃为西周的古文字,这一点本来并无问题。然而近世学者对此则颇存疑虑,唐兰以为,大篆只是秦汉间人看到的较古的秦系文字,或是较接近这个系统的文字③。这个说法影响很大,他的证据是,《说文》所采籀文出于《史籀篇》,而徐铉本《艸部》有大篆从"茻"的五十三字,其中的"萉"字则是籀文,因此籀文和大篆并不完全相同。事实上这个所谓证据不仅不能颠覆汉人的说法,反而更可助证秦汉之人所称的大篆其实就是他们认为的西周时代的籀文。

大徐本《说文·艸部》:"左文五十三,重二。大篆从茻。"段玉裁《注》:"在左之字五十三,皆小篆从艸,大篆从茻,如芥作莽,葱作蘴,馀同。省约其辞,总识于此,以目下文。"知下五十馀字,大篆皆从"茻"而不从"艸"。而其中之"蓬",许则示籀文作"萉"。然段玉裁《注》以为:"此籀文当作古文,《蚰部》蠢,古文作蠢,可比例也。"这个意见是正确的。此"萉"为"蓬"之省"辵",与"蠢"为"蠢"之省

---

① 陈昭容:《秦系文字研究——从汉字史的角度考虑》第五章,历史语言研究所2003年版。
② 龙宇纯:《中国文字学》,学生书局1987年版,第69—73页。
③ 唐兰:《中国文字学》,上海古籍出版社1981年版,第158页。

正好相同。因此"荓"作为"蓬"的古文并不与大篆相矛盾。

事实上根据现有古文字资料的分析可以看出，许慎以大篆的形体从"舜"而不从"艹"正反映了商及西周文字的普遍特征，这种传统至春秋时代仍然流行于各国的文字之中，而并不作为秦系文字的独有特点。然而在战国文字中，不论六国古文还是秦系古文，却已不见这种现象。这个事实无疑充分说明，汉人所谓的大篆并不是指战国时期的秦系文字，而只能反映着当时的人们对于西周文字的看法，它其实只是籀文的不同名称而已。

"大篆"之名起于秦汉时期，它是当时的学者对于西周籀文所作的定义，并为历代学者所恪守，因此对于这一定义我们是没有理由怀疑和改变的。如果我们认为班、许的说法全错，那将意味着我们在借"大篆"之名进行着重新的定义，显然这已不是我们所要讨论的秦书八体中的大篆的本义了。这种做法颇不足取。

新莽时期通过对秦书八体的损益改造，又形成了新的六书体系。《说文解字叙》云：

> 及亡新居摄，使大司空甄丰等校文书之部，自以为应制作，颇改定古文。时有六书，一曰古文，孔子壁中书也；二曰奇字，即古文而异者也；三曰篆书，即小篆，秦始皇帝使下杜人程邈所作也；四曰左书，即秦隶书；五曰缪篆，所以摹印也；六曰鸟虫书，所以书幡信也。

新莽六书中的篆书、鸟虫书与缪篆分别即秦书八体中的小篆、虫书和摹印，小篆为篆书的标准字体，鸟虫书则是极富装饰的篆书字体，而缪篆应是区别于二者的方正篆书，三种篆书字体各具特色。六书中又以隶书称为"左书"，也与传统不同。段玉裁《注》："左，今之佐字。……左书，谓其法便捷，可以佐助篆所不逮。"新近出土的新莽封禅玉牒文即以缪篆与隶书间杂而刻，正有以隶书佐助篆书的意味[①]，可以助证新莽六书的真实。

新莽六书将秦书八体中的刻符、署书和殳书去掉，是因为这三项内容唯重其用途，并不反映某种特别的书体的缘故。当时社会流行的风气并不以一种书体严格地服务于某种用途，如摹于印章，既可以缪篆，也可以鸟

---

① 冯时：《新莽封禅玉牒研究》，《考古学报》2006 年第 1 期。

虫之书，而于其他用途，篆、隶等不同书体也可并施，因此六书中舍弃秦书八体的上述三项，从书体分类的角度讲则是比较可取的做法。新六书又改秦书中的大篆为古文和奇字，籀文大篆在当时久不用为课史，已不是实用的文字，而补入古文、奇字则显然又是为适应其时提倡古文经学的需要。古文是以孔壁古文经书为代表的晚周文字，而奇字于《说文解字》中凡两见征引，如《亡部》："无，奇字無也。"这个字形在战国文字中已经出现，但使用并不广泛，这可以帮助我们推知新莽六书中作为古文而异的奇字的内容。由此可见，新莽六书的确定是以书体作为划分的标准，这个统一的标准比之秦书八体所呈现的杂乱现象无疑有了很大的进步。

四　汉代的古文经学

先秦时期的儒家六经，经秦燔书，至汉唯有五经在流传。《史记·儒林列传》记五经在汉初的流行情况是：

《诗》，鲁申培公，齐辕固生，燕韩婴；
《书》，济南伏生；
《礼》，鲁高堂生；
《易》，菑川田何；
《春秋》，齐鲁胡毋生，赵董仲舒。

五经于先秦皆有古本，入汉或以当时通行的隶书重新写定，故称今文经。在今文经流传并作为官学的同时，先秦古文旧本纷纷出现，这便是所谓的古文经。

西汉的古文旧籍并不止五经，而且来源也很广泛。梳理文献，至少可见如下四类。

1. 中秘所藏

《史记·萧相国世家》："沛公至咸阳，……何独先入收秦丞相御史律令图书藏之。"又《史记·张丞相列传》："张丞相苍，……好书律历。秦时为御史，主柱下方书。"许慎《说文解字叙》："又北平侯张苍献《春秋左氏传》。"盖柱下方书之一。是秦府所藏之书至汉初未亡，皆藏中秘。《史记·太史公自序》："迁为太史令，䌷史记石室金匮之书。"其中即应不乏先秦古文旧籍。其后孔壁所出，民间所献，也有不少归入中秘。《汉书·艺文志》载刘向以中《古文易经》校施、孟、梁丘经及费氏经，又以中《古文尚书》校欧阳、大小夏侯三家经文，知诸古文本皆为中秘所藏。

2. 孔壁所出

《汉书·艺文志》："武帝末，鲁共王坏孔子宅，欲以广其宫，而得《古文尚书》及《礼》、《记》、《论语》、《孝经》凡数十篇，皆古字也。……孔安国者，孔子后也，悉得其书，以考二十九篇，得多十六篇。安国献之，遭巫蛊事，未列于学官。"[①] 又《汉书·楚元王传》："及鲁恭王坏孔子宅，欲以为宫，而得古文于坏壁之中，《逸礼》有三十九，《书》十六篇。天汉之后，孔安国献之，遭巫蛊仓卒之难，未及施行。"《说文解字叙》："壁中书者，鲁恭王坏孔子宅，而得《礼》、《记》、《尚书》、《春秋》、《论语》、《孝经》。"《汉志》载《尚书古文经》四十六卷、《礼古经》五十六卷、《春秋古经》十二篇、《论语》古二十一篇（班注"出孔子壁中"）、《孝经古孔氏》一篇，盖皆孔壁所出，后皆入中秘。

3. 河间献王所藏

《汉书·景十三王传》："河间献王德以孝景前二年立，修学好古，实事求是。从民得善书，必为好写与之，留其真，加金帛赐以招之。繇是四方道术之人不远千里，或有先祖旧书，多奉以奏献王者，故得书多，与汉朝等。……献王所得书皆古文先秦旧书，《周官》、《尚书》、《礼》、《礼记》、《孟子》、《老子》之属，皆经传说记，七十子之徒所论。"可见河间献王所藏先秦旧籍，其数之巨，堪比中秘。

4. 民间所藏

孔颖达《尚书序正义》引《别录》曰："武帝末民有得《泰誓》书于壁内者，献之与博士，使读说之，数月皆起，传以教人。"《汉书·楚元王传》："《泰誓》后得，博士集而读之。"此言《泰誓》得于民间。《后汉书·杜林传》："杜前于西州得漆书《古文尚书》一卷，常宝爱之，虽遭难困，握持不离身。"此言杜林得《古文尚书》于民间。《汉志》言《诗》"又有毛公之学，自谓子夏所传，而河间献王好之"。《汉书·儒林传》："毛公，赵人也。治《诗》，为河间献王博士，授同国贯长卿。"又见《汉书·景十三王传》。而《后汉书·卢植传》云："古文科斗，近于为实。……今《毛诗》、《左氏》、《周礼》各有传记。"视《毛诗》本也古

---

① 学者或据《论衡·正说》考为景帝末得书，武帝初进书。参刘汝霖《汉晋学术编年》上册，中华书局1987年版。

文旧典。陆德明《经典释文序录》引徐整云："子夏授高行子，高行子授薛仓子，薛仓子授帛妙子，帛妙子授河间人大毛公，毛公为《诗故训传》于家，以授赵人小毛公，小毛公为河间献王博士。"《汉志》载《毛诗故训传》三十卷，盖本古文，其后转写今文，所以河间献王罗列古文旧本不及《毛诗》，然原出古学，故仍立其学。此言《毛诗》传于民间。据此可知，两汉之时，民间所献之先秦旧本并不少见。

这些先秦儒家旧籍的陆续发现及流传对推动汉代经学的发展起到了至关重要的作用，其后刘歆提倡古学，终致经今古文学的激烈争论，对中国两千年学术史产生了深远影响。而汉代的儒家古文旧经，其版本凡可考见者，也可大致董理如下。

1. 《易经》

中秘古文本　《汉书·艺文志》："刘向以中《古文易经》校施、孟、梁丘经，或脱去'无咎'、'悔亡'，唯费氏经与古文同。"此本盖源于秦柱下书。《汉志》于六艺未载，而数术书则列《周易》三十八卷，未知是否汉中秘书。

费氏本　《后汉书·儒林传》："又有东莱费直，传《易》，授琅琊王横，为费氏学。本以古字，号《古文易》。"《汉书》无此语，《汉志》也未直载此本。王国维以为："或后人因刘向校费氏经与古文经同，遂傅会为是说与？"① 难以定论。

2. 《尚书》

伏生本　《史记·儒林列传》："秦时焚书，伏生壁藏之。其后兵大起，流亡。汉定，伏生求其书，亡数十篇，独得二十九篇，即以教于齐鲁之间。"此伏生本实为秦焚书以前写本，王国维以为当以六国古文写定②。但秦时已行隶书，目前发现之秦代文献多以隶书写定，如云梦睡虎地秦简、龙岗秦简、关沮秦简和里耶秦简。因此伏生本《尚书》为秦代古隶写本的可能性也应存在。

孔壁古文本　孔壁出书之事，《汉书·楚元王传》、《汉志》、《说文解

---

① 王国维：《汉时古文本诸经传考》，《观堂集林》卷七，《王国维遗书》第一册，上海古籍书店1983年版。

② 王国维：《汉时古文本诸经传考》，《观堂集林》卷七，《王国维遗书》第一册，上海古籍书店1983年版。《洞冥记》云："伏胜受《书》于秦博士李克。"《汉书·艺文志》载《李克》七篇。班固自注云："子夏弟子，为魏文侯相。"又曾传《毛诗》。伏胜于汉文帝时年九十馀，故与李克之时代相距过远。若李克本亦秦人，则伏胜既为秦书经博士，又如何从李克受书。故此记载不甚可据。

字叙》皆有记载，后悉归孔安国，又献于秘府。《汉志》云："刘向以中古文校欧阳、大小夏侯三家经文，《酒诰》脱简一，《召诰》脱简二。率简二十五字者，脱亦二十五字，简二十二字者，脱亦二十二字，文字异者七百有馀，脱字数十。"盖即此壁中本。知壁中古文本每篇各简书字不一，其中至少有二十五字与二十二字两种格式。《汉志》载《尚书古文经》四十六卷，实即此本。《史记·儒林列传》："孔氏有古文《尚书》，而安国以今文读之，因以起其家。逸《书》得十馀篇，盖《尚书》滋多于是矣。"所说亦为此本。

河间献王古文本 《汉书·景十三王传》载河间献王所得皆古文先秦旧籍，《尚书》即当其中。

杜林古文本 《后汉书·杜林传》载其于西州得漆书《古文尚书》一卷。所谓"漆书"，则言其文字墨色醇厚。《后汉书·儒林列传》："扶风杜林传《古文尚书》，林同郡贾逵为之作训，马融作传，郑玄注解。由是《古文尚书》遂显于世。"所传或即西州所得书。

《泰誓》古文本 《别录》及刘歆《移让太常博士书》皆谓武帝时民间得古文《泰誓》，博士集而读之，后以今文写定而并入伏生《今文尚书》。

3.《毛诗》

《汉志》载《毛诗故训传》三十卷，又言《毛诗》传出子夏。陆德明《经典释文序录》引徐整云子夏传《诗》，四世而至大毛公，为《诗故训传》。又云："子夏传曾申，申传魏人李克，克传鲁人孟仲子，孟仲子传根牟子，根牟子传赵人孙卿子，孙卿子传鲁人大毛公。"《汉书·儒林传》云："毛公，赵人也。治《诗》，为河间献王博士，授同国贯长卿。"所说不甚相同。卢植以为《毛诗》本乃古文科斗，然河间献王所藏古文旧籍并未列有此书，故王国维认为，《毛诗》当小毛公、贯长卿之时已不复有古文本[①]。

4.《礼经》

孔壁古文本（淹中古文本） 《汉志》载《礼古经》五十六卷，《序》云："《礼古经》者，出于鲁淹中及孔氏，与十七篇文相似，多三十九篇。"《汉书·楚元王传》载刘歆《移让太常博士书》言孔壁之书云：

---

① 王国维：《汉时古文本诸经传考》，《观堂集林》卷七，《王国维遗书》第一册，上海古籍书店1983年版。

"《逸礼》有三十九。"是谓古文多于今文之篇数，故孔壁所出《逸礼》与淹中本正合，实为一本。此本后为孔安国所得，献入中秘。《后汉书·儒林列传》也载其事。

河间献王古文本 《汉书·景十三王传》载献王所收先秦古文旧籍，其中即有《礼经》。郑玄以为即孔壁所出。

5.《礼记》

《汉志》载孔壁所出书即有"礼记"，当为《礼古经》之《礼》（《逸礼》）与研礼之《记》（《礼记》），又录《记》百三十一篇，即此礼家之《记》。班固自注云："七十子后学者所记也。"郑玄《六艺论》云："后得孔氏壁中河间献王古文《礼》五十六篇，《记》百三十一篇，《周官》六篇。"或以《礼》与百三十一篇《记》皆孔壁所出而后由献王所得。《汉志》又载《明堂阴阳》三十三篇、《王史氏》二十一篇、《孔子三朝》七篇及刘向校书所得《乐记》二十三篇，也多为七十子后学所作。陆德明《经典释文序录》引刘向《别录》云："古文《记》二百四篇。"①并入献王所得之百三十一篇《记》，篇数近合。此类记文后为大、小戴编订《礼记》的基本材料，其中相当一部分也当出自孔壁。近年湖北荆门郭店战国楚墓及上海博物馆所藏战国楚竹书中之先秦儒家佚籍，其性质也多属此类《记》②，皆为儒家后学阐释六经所作的先秦古文《记》。

6.《周官》

河间献王本 《汉书·景十三王传》言献王所藏古文旧书，《周官》即列其中。司马迁作《史记》已征引此书，但论其来源，自汉迄唐，说法不同。郑玄《六艺论》云："《周官》，壁中所得六篇。"然郑玄以前诸说，壁中书皆未见《周官》。贾公彦《考工记疏》又引郑氏《目录》云："《周官》之篇亡，汉兴，购求千金不得。此前世识其事者记录以备大数，古《周礼》六篇毕矣。"所说互异。陆德明《经典释文序录》又言李氏上《周官》五篇于献王，失《冬官》一篇，乃购千金不得，遂取《考工记》以补之，与《隋书·经籍志》同。孔颖达《礼记》大题《正义》以为陆说实承《汉书》，唯不言李氏所献，不知何据。《汉志》载《周官经》六篇，班固自注云："王莽时刘歆置博士。"当即此古文《周官》。

《大司乐》古文本 《汉书·艺文志》："六国之君，魏文侯最为好古，

---

① 当为"二百十四篇"，夺"十"字。
② 彭林：《郭店楚简与〈礼记〉的年代》，《中国哲学》第二十一辑，辽宁教育出版社2000年版。

孝文时得其乐人窦公，献其书，乃《周官·大宗伯》之《大司乐》章也。"师古《注》引桓谭《新论》云窦公百八十岁，说似荒诞。或许窦公后人所献，亦未可知。其书直承先秦，也当为古文旧本。

7.《春秋经》

《汉志》载《春秋古经》十二篇，未明出处。《说文解字叙》谓壁中书有《春秋》。其本于东汉尚存。

8.《左传》

《说文解字叙》云北平侯张苍献《左传》，或即秦柱下书。《汉志》载《左氏传》三十卷。《汉书·楚元王传》："及歆校祕书，见古文《春秋左氏传》，歆大好之。"实皆即张苍所献之本。

9.《论语》

《汉志》载《论语》古二十一篇，班固自注云："出孔子壁，两《子张》。"是为孔壁本。

10.《孝经》

《汉志》载《孝经古孔氏》一篇，又云："经文皆同，唯孔氏壁中古文为异。……诸家说不安处，古文字读皆异。"师古《注》："刘向云古文字也。桓谭《新论》云《古孝经》千八百七十二字，今异者四百馀字。"知此本出自孔壁。许冲《上〈说文解字〉表》云："《古文孝经》者，孝昭帝时鲁国三老所献。建武时，给事中议郎卫宏所校。"知此本后入中秘。

古文字学在汉代又叫小学，当时的经学家有很多同时又是小学家。尽管秦以小篆统一了天下文字，但先秦古本文献重新出现却并不会使当时的学者感到束手无策。《论衡·正说》："至孝武帝时，鲁共王坏孔子教授堂以为殿，得百篇《尚书》于墙壁中。武帝使使者取视，莫能读者，遂秘于中，外不得见。"《佚文》又云《古文尚书》既出，博士郎吏莫能知晓，这些说法恐不合事实。太史公谓孔安国以今文读之，或即伪孔安国《尚书序》所谓隶古定之事。而古文《泰誓》得于武帝间，刘向父子皆谓博士集而读之，数月而起，自成家法。至刘向校书，更以中古文校勘群经。可见先秦古本流传到汉代，并非无人知晓的"天书"。

《史记·太史公自序》云迁"年十岁则诵古文"，司马贞《索隐》："迁及事伏生，是学诵《古文尚书》。刘氏以为《左传》、《国语》、《系本》等书，是亦名古文也。"知其深谙小学。《汉书·艺文志》云："《苍颉》多古字，俗师失其读，宣帝时征齐人能正读者，张敞从受之。传至外孙之子杜林，为作训故，并列焉。"又《汉书·郊祀志下》言张敞好古文字，按美阳所得之鼎铭勒而上议曰："今鼎出于郊东，中有刻书曰：'王命尸臣：官此栒邑，赐尔旂鸾黼黻琱戈。尸臣拜手稽首曰：敢对扬天子丕显休命。'臣愚不足以迹古文，窃以传记言之，此鼎殆周之所以褒赐大臣，大臣子孙刻铭其先功，臧之于宫庙也。"足见其识读古文的能力。后其外孙杜邺从敞子张吉受学，邺子杜林又从吉子张竦受学①，家学渊源，相承一脉。《汉书·杜邺传》云："初，邺从张吉学，吉子竦又幼孤，从邺学问，亦著于世，尤长小学。邺子林，清静好古，亦有雅材，……其正文字过于邺、竦，故世言小学者由杜公。"又有桑钦、卫宏、徐巡、贾逵，皆古文大家，其说并与杜林同，屡为许慎《说文解字》所征引。因此，汉代的古文经学是以小学为基础发展起来的。

五　汉代的字书

秦代李斯的《苍颉篇》七章、赵高的《爰历篇》六章和胡母敬的《博学篇》七章都是用标准的小篆写成，文字多取自《史籀篇》，成为当时通行的识字教本，合称《三苍》。汉初，闾里书师则将这三部书合为一篇，统称《苍颉篇》，并断六十字为一章，分五十五章，共三千三百字。武帝时司马相如作《凡将篇》，元帝时黄门令史游作《急就篇》，成帝时将作大匠李长作《元尚篇》，也为同一类性质的字书。至平帝元始中，乃征天下通小学的百数人至未央宫，令他们把所认识的文字记下，扬雄则采其有用者作《训纂篇》三十四章，顺续汉初之《苍颉篇》，又改易《苍颉篇》中的重复之字，合成八十九章，共五千三百四十字。后班固又续扬雄作十三章，凡一百二章，皆无重复字，共得六千一百二十字。时人以为，这些文字大致可以包括六艺群书所载的文字。至东汉和帝时，贾鲂又作《滂喜篇》。至晋张轨以《苍颉篇》为上卷，《训纂篇》为中卷，《滂喜篇》为下卷，亦合称为《三苍》。

这些字书作为汉代童蒙识文的课本，或以四字为句，两句一韵，如《苍颉篇》；或以三字、四字、七字为句，有的隔句押韵，有的每句叶韵，如《急就篇》。内容则杂记生活中的各种事物。诸书之中除《急就篇》外，馀皆不传，清人或有辑本。今见唐颜师古与宋王应麟两家注本，对考

---

① 《后汉书·杜林列传》："林少好学沉深，家既多书，又外氏张竦父子喜文采，林从竦受学，博洽多闻，时称通儒。"李贤《注》："邺少孤，其母，张敞女也。邺从敞子吉学，得其家书。"

察古代名物制度也很有价值。而《苍颉篇》（包括《爰历篇》、《博学篇》）则先后有汉代简本出土，其中安徽阜阳双古堆1号墓出土的汉初简本以古隶写定，间杂篆书，时代最早①。而敦煌及居延所出则以汉隶写定，时代稍晚②。皆为汉初闾里书师合并的版本。

《苍颉篇》多存古字，从今日出土的竹简本也可看出这一特点，以致俗师常常失其正读。宣帝时征齐人能正读文字者，张敞从之受学，传至其外孙之子杜林，为作训诂。《汉志》载杜林《苍颉训纂》一篇，《苍颉故》一篇，即为此类解字训诂之作。

《汉志》又于《孝经》类载《尔雅》三卷二十篇、《小尔雅》一篇、《古今字》一卷。章学诚《校雠通义》内篇三云："案《尔雅》，训诂类也，主于义理。《古今字》，篆隶类也，主于形体。则《古今字》必当依《史籀》、《苍颉》诸篇为类，而不当与《尔雅》为类矣。又二书亦不当入于《孝经》。"其说不可据。时人所见古文旧本，后更以隶书今文写以传诵，因此《古今字》一书当列具古今文字形体之异同，以便对照诵览。而《尔雅》、《小尔雅》皆综合经传之训诂，都与统释群经有关。且汉人以《孝经》为五经总会，故凡涉及经传通训、经字异同之书，皆附列于此③。《隋书·经籍志》以《尔雅》悉附《论语》类，并云："《尔雅》诸书，解古今之意，并五经总义，附于此篇。"是可为证。

汉代经学大兴，尤其是古文经书的重新发现，于是据经籍文字而阐释经义便成为首要的工作。然而文字只是记录语言的符号，它实际是通过一种固定的语音来传达字义，这个道理虽然经过秦规范文字的运动，但汉代的经学家并没有彻底遗忘，至少对于当时还能看到的古文经书来说，了解经义的工作显然应该首先从正读古字开始。《汉书·艺文志》云："古文读应尔雅，故解古今语而可知也。"这里所强调的对古文的正"读"，显然就是通晓经义的基础。这种观念使得声训与义训成为当时流行的训诂方法，而这两种方法的代表著作便是刘熙的《释名》以及秦汉间形成的《尔雅》。武帝时的犍为文学，哀平时的刘歆，以及东汉的樊光、李巡都曾作

---

① 文物局古文献研究室、安徽省阜阳地区博物馆阜阳汉简整理组：《阜阳汉简〈苍颉篇〉》，胡平生、韩自强：《〈苍颉篇〉的初步研究》，皆见《文物》1983年第2期。

② 罗振玉、王国维：《流沙坠简》，中华书局1993年版；中国社会科学院考古研究所：《居延汉简甲乙编》，中华书局1980年版；甘肃省博物馆、敦煌县文化馆：《敦煌马圈湾汉代烽燧遗址发掘简报》，《文物》1981年第10期。

③ 张舜徽：《汉书艺文志通释》，《张舜徽集》，华中师范大学出版社2004年版。

过《尔雅注》，"《苍》《雅》学"于是大兴。

"尔雅"是通过追求文字的正读了解字义的一种方法，然而很多文字失去正读的原因却并不是因为某种错误，而是囿于方言的差异。秦代的"书同文"只是字形的统一，而并不是语音的统一，所以由不同时代语音所造成的误解，或者同一时代不同地域语言的差异所造成的误解，都会直接影响着人们对经义的理解。西汉末年，扬雄编纂《方言》，建立方言与雅言的相互联系，方言学于是兴起。

汉字形体与字义的关系非常密切，《三苍》一类字书虽然可供童蒙识字，但却并未涉及对字形的分析，而杜林所撰《苍颉故》、《苍颉训纂》实同《尔雅》，也只注重对字义的训释，未必涉及字形[①]。杜林的弟子卫宏曾经作过诏定《古文官书》，重在辨别古文字体，也不是对文字字形进行分析的著作。西汉中晚期，汉初还在实行的以秦书八体课史的制度已废止多年，致使俗师对《苍颉篇》的识读常常出现错误。所以宣帝召能通《苍颉篇》的齐人以正俗读，后张敞从受之，其外孙杜邺、沛人爰礼、讲学大夫秦近也皆能通晓；而平帝又征爰礼等通小学者百馀人令说文字，并以爰礼为小学元士，目的皆在端正语文。然而，尽管当时社会上仍有一些小学通儒，但大部分今文经学家已经没有了文字学的知识，他们或怀疑诋毁古文，以为秦的隶书即为苍颉所造，而古代文字父子相传，不会改易；或穿凿附会解释文字，变改经文。这种混乱的语文环境显然对于古文经学的流传极为不利。于是许慎为澄清俗儒鄙夫的谬说，重建以六书解释文字的体系，旨在通过对字形的分析了解文字的本义。《说文解字叙》云：

> 壁中书者，鲁恭王坏孔子宅，而得《礼》、《记》、《尚书》、《春秋》、《论语》、《孝经》。又北平侯张苍献《春秋左氏传》，郡国亦往往于山川得鼎彝，其铭即前代之古文，皆自相似。虽叵复见远源，其详可得略说也。而世人大共非訾，以为好奇者也，故诡更正文，向壁虚造不可知之书，变乱常行，以耀于世。诸生竞逐说字解经谊，称秦之隶书为仓颉时书，云父子相传，何得改易。乃猥曰：马头人为长，人持十为斗，虫者屈中也。廷尉说律，至以字断法；苛人受钱，苛之字止句也。若此者甚众，皆不合孔氏古文，谬于史籀。俗儒啬夫翫其所习，蔽所希闻，不见通学，未尝覩字

[①] 《汉书·艺文志》："《苍颉》多古字，俗师失其读，宣帝时征齐人能正读者，张敞从受之，传至外孙之子杜林，为作训故。"

例之条，怪旧埶而善野言，以其所知为祕妙。究洞圣人之微恉，又见《仓颉篇》中"幼子承诏"，因曰古帝之所作也，其辞有神仙之术焉。其迷误不谕，岂不悖哉。《书》曰："予欲观古人之象，言必遵修旧文而不穿凿。"孔子曰："吾犹及史之阙文，今亡矣夫。"盖非其不知而不问，人用己私，是非无正，巧说衺辞，使天下学者疑。盖文字者，经艺之本，王政之始，前人所以垂后，后人所以识古，故曰本立而道生，知天下之至啧而不可乱也。

正是出于这样的原因，许慎开始编撰《说文解字》。他以五百四十部首串联九千三百五十三字（不计重文），博采通人之说，正解谬误，使学者可以通晓文字的形、音、义。这个工作既是古文经学发展的需要，也是适应当时社会正定文字的需要。

秦汉时期是中国文字学转折的关键阶段，由于秦"书同文"的措施，文字的书面语形式得到统一，新文字的结构与先秦古文有了根本性的变化，这不仅改变了人们的识字习惯，更改变了人们的用字习惯。而在这种新的文字体系之下，不仅朴素的童蒙字书日益完备，而且训诂学、方言学、文字学等新的体系也完整地建立了起来。

第三节　三国至隋唐时期的汉字研究

一　《苍》《雅》学与《说文》学的发展

自东汉许慎撰《说文解字》，文字学于是析别为两个系统，一系是以《苍颉篇》与《尔雅》为代表的《苍》《雅》之学，另一系则是以《说文解字》为代表的《说文》之学。《苍》《雅》学旨在训释字义，而《说文》学则重在分析字形和考究字原。历三国六朝而至隋唐，《苍》《雅》与《说文》之学踵继东汉，得到了持续的发展。《隋书·经籍志》所收小学类典籍计"一百八部，四百四十七卷。通计亡书，合一百三十五部，五百六十九卷"，除去两汉时人所著之外，尚遗百有馀部，而附于《论语》类的有关《尔雅》、《释名》的注释之书又有十馀种，两《唐书》经籍、艺文志更有很多重要的补充。这些著作虽内容庞杂，但除去正华夷语言，论篆隶体势的著作，数量仍很可观。然而，所有这些著作虽皆出于三国至唐代学者之手，但重要的著述则多集中在六朝以前。小学之由盛而衰，于此可见一斑。

第二章 汉字研究的历史

三国两晋仍然是小学最发展的时期，魏张揖增广《三苍》而作《埤苍》，增广《尔雅》而作《广雅》，补缀《三苍》和《尔雅》所缺遗的文字资料，是很有价值的著作。魏孙炎在汉人注释《尔雅》的基础上作《尔雅注》，吴韦昭作《辨释名》，东晋郭璞也作《三苍注》、《尔雅注》和《方言注》，《苍》《雅》学的发展达到了极盛时期。其后虽有梁樊恭的《广苍》，沈璇的《集注尔雅》，但成绩已逊于魏晋。

与《苍》《雅》学并行的《说文》学在魏晋时期得到了迅速发展。由于许慎《说文解字》的影响很大，摹仿许书而另行撰著成为当时流行的风气。魏张揖作《古今字诂》，仿之许篇，但又有与《说文》相异之处，故于古今体用或得或失。东晋吕忱所作的《字林》六卷则承《说文解字》的体例①，全书采用许慎五百四十部的分部标准，并补许氏之缺，是《说文》学的一部重要著作。《魏书·江式传》云："延昌三年三月，式上表曰：晋世义阳王典祠令任城吕忱表上《字林》六卷，寻其况趣，附讬许慎《说文》，而案偶章句，隐别古籀奇惑之字，文得正隶，不差篆意也。"足见其编纂之精。唐封演《闻见记》云："晋有吕忱，更按群典，搜求异字，复撰《字林》七卷，亦五百四十部，凡一万二千八百二十四字。诸部皆依《说文》。《说文》所无者，皆吕忱所益。"可知《字林》所收文字不仅比《说文解字》计入重文的数量还多二千三百零八字，而且更收有一些异体字。晚至唐代，时人仍以《字林》与《说文解字》并习，《唐六典》则载唐代科举要考《说文》六帖与《字林》四帖，可见它与《说文》一样，在当时具有很大的影响②。

吕忱之后，北魏江式曾欲作《古今文字》四十卷，撰集古今文字，以许慎《说文解字》为主，遍采孔氏《尚书》、《五经》音注、《史籀篇》、《尔雅》、《三苍》、《凡将篇》、《方言》、《通俗文》、《祖文宗》、《埤苍》、《广雅》、《古今字诂》、《三字石经》、《字林》、《韵集》及诗赋文字，依《说文》体例，上录篆文，古籀、奇惑、俗隶诸体皆班于篆下，各有区别，诂训假借之谊随文而解，音读楚夏之声逐字而注③，可见其体大该博，惜未能成。

---

① 《隋书·经籍志》作"七卷"，封演《闻见记》、《新唐书·艺文志》、《册府元龟》、《玉海》、《通志》同；张怀瓘《书断》作"五篇"，《直斋书录解题》、《文献通考》、《宋史·艺文志》同；《旧唐书·经籍志》作"十卷"。或七卷之说以序别出，而五篇或五卷之说则散佚所致，"十卷"当为"七卷"之讹。

② 此书宋以后亡佚，现存清任大椿辑《字林考逸》八卷，凡一千五百馀字；陶方琦辑《字林考逸补本》一卷，约二百馀字。

③ 见《魏书·江式传》。

南朝梁时则有顾野王作《玉篇》三十卷,仿许氏体例而分部首为五百四十二部,收字一万六千九百一十七字,增多《说文》一半以上,每字下先注反切,再引群书训诂,解说极详,价值很高。但今本《玉篇》已经唐人孙强和宋人陈彭年等增字删略,远失原貌。当时又有阳承庆作《字统》二十卷,收字一万三千七百三十四字,但价值不如《玉篇》。其后隋诸葛颖有《桂苑珠丛》百卷,周武后时有《字海》百卷,也是《玉篇》一系的著作。可见《玉篇》对后世字书编纂所产生的深刻影响。

许慎的《说文解字》虽然在体例上为后世字书的编纂奠定了基础,但是对于字形的研究,魏晋六朝以后则更注重篆隶的变迁,却疏于像许慎那样探求古籀之原。因此,《说文》的体例虽然得到发扬,但《说文》学所依托的小学则日渐衰颓。东汉时期,善于篆法的人如曹喜之流还有很多,及至三国,邯郸淳、韦诞、卫觊仍以善篆闻名。但到六朝时期,由于民族的融合,俗文字大兴,致使篆形谬错,隶体失真,破坏了小学纠辨文字始原的基础,而对俗文字的虚巧谈辩、臆说炫惑则渐成风气。唐人李阳冰中兴篆籀,也仅得于书法,他"刊定《说文》,修正笔法",提倡《说文》之学,但对文字的解释则不免时出己意,仍难摆脱前朝风气的影响。尽管李阳冰本人篆法精湛,从而使经他刊定的《说文解字》在当时十分流行,但是由于《玉篇》、《切韵》等书的影响日广,致使《说文》学逐渐衰落,在唐代步入了低谷。

二　字样学与字原学

由于隶书的推行,汉魏六朝时期早已不是篆籀的时代,尽管隶书在先秦时代即已作为与篆籀相对的俗体而存在,但是随着篆书的废行,隶书却代之而成为社会中流行的雅正之体。然而从秦统一文字之后,国家并没有推行文字标准化的措施,隶书虽然作为正体而得到社会的认可,但据此改造变化的俗体也十分普遍,学者以此传抄经籍,文字多谬于原本,而俗儒又据俗字穿凿解经,贻误后学。于是东汉灵帝熹平四年(175年),蔡邕、堂谿典等人奏求正定六经文字,杜绝流俗。蔡邕等书丹于碑,使工匠镌刻,立于太学门外[①],以供天下学子校正经文,是为"熹平石经"(也称"汉石经"或"一体石经")。这是通过以标准的隶书刊正经文的措施而形成的最早

---

① 共刻四十六碑,有《鲁诗》、《尚书》、《周易》、《春秋》、《公羊传》、《仪礼》和《论语》。太学遗址在今洛阳市东郊朱家圪垱村,宋代以来常有残石出土,所得凡八千馀字。见马衡《汉石经集存》,科学出版社1957年版;《凡将斋金石丛稿》卷六,中华书局1996年版。但汉石经所刻经数及刻石数,史载不一。详朱剑心《金石学》,文物出版社1981年版,第17页。

的官定儒家经本。此后，魏曹芳又于正始二年（241 年）立石经刊刻《尚书》、《春秋》、《左传》（未刊全）①，文字则以古文、秦篆和隶书三体对照，故称"三体石经"（又称"正始石经"）②。石经文字旧以为邯郸淳所书③，《魏略》说他"善《苍》、《雅》、虫、篆、许氏之指"，据此则可刊正古文经书。

国家于太学立石刊正经文的工作虽然对经传的研习具有一定作用，但是对于杜绝俗体文字的流传却没有什么效果，尤其是在六朝时期，由于民族流动与融合的加剧，语言日益丰富，语音日渐变化，致使相对于正体的俗体文字大量涌现，而民间约定俗成的使用习惯，已使人们不得不正视这样一个现实，于是学者开始搜集这些代表新语言的文字，《通俗文》便是其中较早的一种④。其后王义作《小学篇》，葛洪作《要用字苑》，何承天作《纂文》，阮孝绪作《文字集略》，都是这一系统的著作。

俗体字的使用如果形成规模，势必会对经典的流传和社会的交流造成影响。因此对于六朝以来所出现的文字的混乱，刊正字体、规范文字便成为一项亟待施行的工作。唐贞观七年（623 年），太宗颁布颜师古的"五经定本"，作为学者读经的标准。颜氏在勘校五经的同时，将异体字录出，撰成《字样》一书，目的在于矫正当时社会流行的俗体或讹谬的形体。又作《匡谬正俗》，于字的形、音、义三方面纠正俗书俗读，见解精到。后杜延业作《群书新定字样》，颜师古的侄孙颜元孙作《干禄字书》，欧阳融作《经典分毫正字》，都属刊正字体的专书，其中又以《干禄字书》的价值最高。颜元孙将当时通行的楷书分为俗、通、正三类，认为"所谓俗者，例皆浅近，唯籍帐文案券契药方，非涉雅言，用亦无爽，倘能改革，善不可加。所谓通者，相承久远，可以施表奏笺启尺牍判状，固免诋诃。所谓正者，并有凭据，可以施著述文章对策碑碣，将为允当"。他以不同的字体规范不同的用途，方案虽然很好，但施用起来仍然十分麻烦。这种

---

① 魏石经所刻经数及刻石数目，史载不同。详朱剑心《金石学》，文物出版社 1981 年版，第 17—18 页。马衡则以《左传》为试刻之字，见《凡将斋金石丛稿》卷六，中华书局 1996 年版。
② 碑已毁，原在洛阳汉魏故城南朱家圪垱、龙虎滩一带，宋代以后常有残石出土，前后所出约得二千五百馀字。
③ 见《魏书·江式传》。
④ 《颜氏家训·书证》："《通俗文》，世间题云'河南服虔字子慎造'。虔既是汉人，其《叙》乃引苏林、张揖，苏、张皆是魏人。且郑玄以前，全不解反语，《通俗》反音，甚会近俗。阮孝绪又云'李虔所造'。河北此书，家藏一本，遂无作李虔者。晋《中经簿》及《七志》并无其目，竟不得知谁制。然其文义允惬，实是高才。殷仲堪《常用字训》亦引服虔《俗说》，今复无此书，未知即是《通俗文》，为当有异。或更有服虔乎？不能明也。"此书盖非汉服子慎所作。

做法无异于对俗文字的妥协，实际并没有从根本上解决问题。其后唐玄宗于开元二十三年（735年）作《开元文字音义》，五代的林罕以为"隶体（即楷体）自此始定"，刊正字体的工作终于成功。其后张参作《五经文字》，唐玄度作《九经字样》，至文宗大和七年至开成二年（833—837年），又以正楷勒刻十二经，立于长安务本坊国子监太学，确定为科举的字形标准。经过反复的匡谬正俗，汉字字体得到进一步的规范和定型，成为沿习不变的标准。因此，唐代的字样学实与秦代的"书同文"具有同样的作用和历史意义。

唐代小学研究的另一项工作是利用《说文解字》所建立的部首探讨汉字字原，李阳冰侄李腾作《说文字原》，即集《说文》目录五百馀字刊石，早已亡佚。五代蜀人林罕据李阳冰重订本《说文》而取偏旁五百四十一字作《说文字原偏旁小说》，郭忠恕则有《说文字原》，宋释梦英有《篆隶偏旁字原》，虽同承李氏之本，但又矫正林书，却也错误百出。直至元周伯琦撰《说文字原》，清蒋和作《说文字原集注》、《说文字原表》，吴照作《说文字原考略》，也多陈因旧说而已，无所贡献。《说文》所立部首虽然大多取于象形之文，但也有一部分只为检字的需要，并不成为文字，况秦篆字形距上古文字已大有变化，早不能反映初文的原始面貌，许慎对这一点已不甚了了，以致出现很多解释的错误，而唐代以后的学者不能以先秦古文字作为基础来研究《说文》的部首系统，当然也就无法跳出许学的窠臼。

三　音韵学的创立与韵书的编纂

在反切出现之前，为汉字标注读音始终都采用直音的方法。所谓直音，就是以同音字注音。《说文解字》的"读若"，一般说来即为直音。然而直音的局限性很大，某些字的同音字很少，只能以生僻字注音，如果人们并不认识僻字，那么这种注音就等于不注，况且上古字少，有时声韵俱合的同音字也并不容易找到，这使学者必须寻找一种新的注音方法以解决人们在对汉字的注音时所遇到的困难。

最初对于直音法的弥补只是采用一些更直接的辅助描述手段，诸如"内言"、"外言"、"急言"、"徐言"，或指明发音部位。晋灼注《汉书·王子侯表上》"襄嚵侯建"曰："音内言毚菟。"又注"猇节侯起"曰："猇音内言鸮。"《尔雅·释兽》陆德明《释文》云："貘，晋灼音内言貊。"何休注《公羊传·宣公八年》云："言乃者，内而深；言而者，外而浅。"又《公羊传·庄公二十八年》:"《春秋》伐者为客,伐者为主。"何休于上句注云:"伐人者为客,读伐长言之。"于下句注云:"见伐者为主,读伐短言之,皆齐人语也。"高诱注《吕氏春秋·慎行》云:"闉读近鸿,缓气言之。"又注《淮南子·本经》云:"蛩,沇州谓之腾。腾读近殆,缓气言之。"注《俶真》云:"㳬读延祐曷问,急气闭口言也。"又注《墬形》云:"爨读'内爨于中国'之爨,近鼻也。""旄读近绸缪之缪,急气言乃得之。"注《氾论》云:"軵,挤也,读近茸,急察言之。"注《说山》:"蟒读近蔺,急舌言之乃得也。"可明其注音体例。《颜氏家训·音辞》云:

夫九州之人,言语不同,生民已来,固常然矣。自《春秋》标齐言之传,《离骚》目《楚词》之经,此盖其较明之初也。后有扬雄著《方言》,其言大备。然皆考名物之同异,不显声读之是非也。逮郑玄注《六经》,高诱解《吕览》、《淮南》,许慎造《说文》,刘熹制《释名》,始有譬况假借以证音字耳。而古语与今殊别,其间轻重清浊,犹未可晓;加以内言、外言、急言、徐言、读若之类,益使人疑。

看来上述方法虽然解释的更为细致,但仍然不能从根本上解决问题。但是这些探索又绝不是毫无意义的,它表明当时的学者不仅精于审音,而且对发音方法已经有了极为精细的研究,这对于音韵学的创立当然是一种极大的促进。周祖谟于《颜氏家训音辞篇注补》对汉人的这种注音方法作了精辟的分析,其云:

案内言外言急言徐言,前人多不能解。今依音理推之,其义亦可得而说。考古人音字,言内言外言者,凡有四事。……据此四例推之,所谓内外者,盖指韵之洪细而言。言内者洪音,言外者细音。……晋灼音嚵为毚兔之毚,是作洪音读,不作细音读也。颜注士咸反,正与之合。盖音之侈者,口腔共鸣之间隙大;音之敛者,口腔共鸣之间隙小。大则其音若发自口内,小则其音若发自口杪。故曰嚵音内言毚兔。是内外之义,即指音之洪细而言无疑也。……夫内外之义既明,可进而推论急言徐言之义矣。考急言徐言之说,见于高诱之解《吕览》、《淮南》。……急气缓气之说,可有两解,一解指声调不同,一解指韵母洪细不同。盖凡言急气者,均为平声字,凡言缓气者,……均为仄声字。此一解也。别有一解即指韵母之洪细而言。……故曰凡言急气者皆细音字,凡言缓气者皆洪音字。……然而何以细音则谓之急,洪音则谓之缓?尝寻绎之,盖细音字均为三等字,皆有 i 介音,洪音字为一二等字,皆无 i 介音。有 i 介音者,因 i 为高元音,且为声母与元音间之过渡者,而非主要元音,故读此字时,口腔之气道,必先窄而后宽,而筋肉之伸缩,亦必先紧而后松。无 i 介音者,则声母之后即为主要元音,故读之轻而易举,筋肉之伸缩,亦极自然。是有 i 介音者,其音急促造作,故高氏谓之急言。无 i 介音者,其音舒缓自然,故高氏谓之缓言。急言缓言之义,如是而已。此亦与何休晋灼所称之内言外言相似(晋灼,晋尚书郎,其音字称内言某,内言之名当即本于何休)。盖当东汉之末,学者已精于审音。论发声之部位,则有横口在舌之法。论韵之洪细,则有内言外言急言缓言之目。论韵之开合,则有踧口笼口之名。论韵尾之开闭,则有开唇合唇闭口之说(横口踧口开唇合唇并见刘熙《释名》)。论声调之长短,则有长言短言之别。剖析毫氂,分别黍絫,斯可谓通声音之理奥,而能精研极诣者矣①。

很明显,东汉末年学者对于字音的审辨实际已经非常精细,这使汉字注音的精确化成为一种可预见的结果。当时刘熙又作《释名》,将传统的声训推广解释一切文字,虽然其中不乏牵强附会之处,但他通过审音而强调文字音义的联系,则加强了人们对于文字声韵的认识。《释名·释天》:"天,豫、司、兖、冀以舌腹言之,天,显也,在上高显也。青、徐以舌头言之,天,坦也。""风,兖、豫、司、冀横口合唇言之,风,氾也。青、徐言风,踧口开唇推气言之,风,放也。"皆可见其辨音之精。王先谦《释名疏证补》引叶德炯曰:"此均西域字母之滥觞,字母显之纽为晓,晓在喉音之次清等,与天出于舌头之透纽者为音和,音和者即反切之递用法也。如莫六音切为'目',徒红音切为'同'之例。成国此书实韵书之鼻祖,后来孙炎诸人乃愈推愈密也。"又引成蓉镜曰:"案今等韵家分牙、舌头、舌上、重唇、轻唇、齿头、正齿、喉、半舌、半齿为九音,相传来自西域。《隋书·经籍志》称后汉佛法行于中国,得西域书,能以十

---

① 周祖谟:《问学集》上册,中华书局 1981 年版。

第二章　汉字研究的历史

四字贯一切音，谓之《婆罗门书》，此即唐僧守温三十六字母之权舆，然《志》初不云九音来自西域也。观《释名》已有舌腹、舌头、横口、合唇、蹙口、开唇之云。而高诱注《战国策》、《吕氏春秋》、《淮南子》诸书，亦有所谓急舌、急气、缓气、闭口、开口、笼口者，然则九音洵中国儒家之学矣。"因此，汉人的审音工作不仅推动了汉字音韵的研究，而且首先促成的就是反切法的创立。事实上，声训虽然是一种因声求义的训诂方法，但它所建立的却是训字与被训字之间字音的联系，尽管这种联系可以相当宽泛，训字与被训字或可双声，或可叠韵，而并不需要完全同音，但这种对于字音的审辨与发音方法的研析却足以启发学者创立一种新的标音方法。当然，佛教的传入对反切法形成所产生的影响是不可忽视的，但这充其量也只提供了一种借鉴的模式，汉代学者自己的审音工作才是他们完成这种注音革命的主观基础。

东汉末年的服虔、应劭已经开始使用反切法注音，所以服虔或被视为反切法的创制者[①]。慧琳《一切经音义序》云："古来反音多以旁纽而为双声，始自服虔，原无定旨。"唐末日本沙门安然《悉昙藏》引唐武玄之《韵诠反音例》也云："服虔始作反音，亦不谐定。"后三国魏人孙炎作《尔雅音义》，承袭旧法，系统地以反切法注音，改变了长期以来以直音法标音的传统，成为中国语言学的重大创造。《颜氏家训·音辞》："孙叔言创《尔雅音义》，是汉末人独知反语。"以孙炎创《尔雅音义》，而将反切法的创造溯至汉末，是符合事实的结论。

汉人的审音工作与反切法的创制为韵书的编纂奠定了基础。陈澧《切韵考》卷六云："盖有反语，则类聚之即成韵书，此自然之势也。"于是为了适应人们创作诗赋的需要，韵书便在这一时期应运而生。三国魏人李登作《声类》十卷，凡一万一千五百二十字，以五声命字[②]，为最早的韵书。东晋吕忱之弟吕静仿《声类》之法而作《韵集》五卷，以宫、商、角、徵、羽五音各为一篇[③]。惜两书均已亡佚。清陈鳣虽有辑本，但偏重字义，极少涉及反切，而全书体例更无从窥见。且以五声作为分类标准，是否与配合唇、舌、齿、牙、喉五声有关，也已不得而

[①] 服虔是否始创反切也是需要研究的问题。马国翰《玉函山房辑佚书》序云："（卫宏《古文官书》）每字下反切甚详，则东汉初已有切字，郑氏经音所本。"此切音是否出于后人所加，不敢遽定。

[②] 见唐封演《闻见记》。

[③] 见《魏书·江式传》。

知。《声类》与《韵集》首开韵书的先河，其后梁人沈约作《四声谱》，按四声分韵，声调逐渐成为韵的组成部分，不同声调的字便不能隶属于同一韵部了。

魏晋以后的韵书编纂蔚然成风，六朝至隋的韵书已不下十数种，其中隋陆法言的《切韵》则是影响最大的一部。《切韵》共为五卷，成于隋文帝仁寿元年（601年），收一万一千五百字，分一百九十三韵，其中因俨、酽两韵字少，故不另立，实为一百九十五韵[1]。与宋代的《广韵》相比，只是将合口呼和开口呼合并，因此完全不影响语音系统。《切韵》的编制，目的已不限于适应诗赋的需要，而更注重规范误读，分析语音。保存在《广韵》中的陆法言《切韵序》云：

> 昔开皇初，有仪同刘臻等八人同诣法言门宿，夜永酒阑，论及音韵。以今声调既自有别，诸家取舍亦复不同。吴楚则时伤轻浅，燕赵则多伤重浊，秦陇则去声为入，梁益则平声似去。又支脂、鱼虞共为一韵，先仙、尤侯俱论是切。欲广文路，自可清浊皆通；若赏知音，即须轻重有异。

所以陆氏"剖析豪氂，分别黍累"，以从严的标准分析语音，从音韵学的角度建立了一个完整的音韵体系。《切韵》谨守古人的反切，因此书中反映的是比《切韵》成书时更古老的语音系统。这一特点不仅使《切韵》的语音系统更接近《诗经》的音系，有利于上推古音，成为研究上古语音的基础，而且更全面地照应了各地的方言，也有利于下推今音。入唐以后，孙愐据《切韵》增字益目而作《唐韵》，而宋人陈彭年等又增广《切韵》而作《广韵》，足见《切韵》对古代韵书的深刻影响[2]。

四　汲冢竹书与石鼓文的发现

先秦古文旧书在唐代以前先后有两次重要的发现，一次为西汉武帝时发现的孔壁古文经书，另一次则是西晋时期出土的汲冢竹书。

汲冢竹书是西晋咸宁五年（279年），汲郡人不准盗掘魏襄王冢所发

---

[1] 王力：《中国语言学史》，山西人民出版社1981年版。
[2]《切韵》亡佚，国内外尚保留有一些《切韵》传写本或增订本残卷，如北京故宫博物院藏王仁昫据陆书重修的《刊谬补缺切韵》及英、法、德所藏敦煌与吐鲁番所出残卷数种。见周祖谟《唐五代韵书集存》，中华书局1983年版。

现的一批古文竹书①。《晋书·束晳传》云：

> 汲郡人不准盗发魏襄王墓，或曰安釐王冢，得竹书数十车。……大凡七十五篇，七篇简书折坏，不识名题。……漆书皆科斗字。初发冢者烧策照取宝物，及官收之，多烬简断札，文既残缺，不复诠次。武帝以其书付祕书校缀次第，寻考指归，而以今文写之。

汲冢竹书经整理，知有以下诸种：

《纪年》十三篇 魏国史书

《易经》二篇 与《周易》上下经同

《易繇阴阳卦》二篇 与《周易》略同，繇辞则异

《卦下易经》一篇 似《说卦》而异

《公孙段》二篇 公孙段与邵陟论《易》

《国语》三篇 言楚、晋事

《名》三篇 似《礼记》，又似《尔雅》、《论语》

《师春》一篇 书《左传》诸卜筮

《琐语》十一篇 诸国卜梦妖怪相书也

《梁丘藏》一篇 先叙魏之世数，次言丘藏金玉事

《缴书》二篇 论弋射法

《生封》一篇 帝王所封

《大历》二篇 邹子谈天类也

《穆天子传》五篇 言周穆王西游行四海，见帝台、西王母

《图诗》一篇 画赞之属

《周食田法》

《周书》

《论楚事》

《周穆王美人盛姬死事》

---

① 《晋书·武帝纪》作咸宁五年，《卫恒传》、杜预《春秋左氏经传集解后序》孔颖达《正义》引王隐《晋书·束晳传》作太康元年，《束晳传》、荀勖《穆天子传序》作太康二年。雷学淇《竹书纪年考证》云："竹书发于咸宁五年十月，《帝纪》之说，录其实也。就官收以后上于帝京时言，故曰太康元年，《束晳传》云二年，或命官校理之岁也。"不知孰是。王隐《晋书·束晳传》以魏襄王作"魏安釐王"。

竹书出土后，晋武帝诏荀勖、和峤、束晳、卫恒、杜预等人整理编次，先定次第，后以今文写定，撰著提要，编入《中经》。今尚有荀勖所撰《穆天子传》提要存世。其后，竹书原简亡于永嘉之乱，至唐末五代，抄本也逐渐散佚，今仅有《穆天子传》独传，《竹书纪年》则有辑本，是为古本，而今本《竹书纪年》或以为即《隋书·经籍志》所载和峤之《竹书同异》。

先秦的石鼓文原石共有十件，每件之上以大篆铭刻古诗一首，故称"石鼓文"。石鼓于隋以前未见著录，唐代初年于天兴县（陕西凤翔）南二十里许始被发现，郑馀庆将其迁至凤翔夫子庙。初本并不著名，后韦应物、韩愈分作《石鼓歌》，遂大显于世。时人或称"猎碣"，或以其石形似鼓而称"石鼓"。唐李吉甫《元和郡县图志》卷二凤翔府天兴县云：

> 石鼓文在县南二十里许，石形如鼓，其数有十，盖纪周宣王畋猎之事，其文即史籀之迹也。贞观中，吏部侍郎苏勖记其事，云："世言笔迹存者，李斯最古。不知史籀之迹，近在关中，虞、褚、欧阳，共称古妙。虽岁久讹缺，遗迹尚有可观。而历代纪地理志者不存记录，尤可叹惜。"

可知虞世南、褚遂良、欧阳询都尝称述石鼓，而李嗣真《书后品赞》、张怀瓘《书断》、窦臮《述书赋》、徐浩《古迹记》、封演《闻见记》等也皆有记载。又《古文苑》录宋王厚之石鼓文跋云：

> 其初散在陈仓野中，韩吏部为博士时，请于祭酒，欲以数橐驰舆致于太学，不从。郑馀庆始迁之凤翔孔子庙，经五代之乱又复散失。本朝司马池知凤翔，复辇至于府学之庑下，而亡其一。皇祐四年向传师搜访而足之，大观归于京师（今河南开封），诏以金填其文以示贵重，且绝摹拓之患。初置之辟雍，后移入于保和殿。靖康之末，保和珍异北去。

石鼓十枚，其中《作原》一石亡于五代，宋皇祐四年（1052年）由向传师搜得时，已改成石臼，字多磨损。入汴以后，以金填其文，待金大破宋，掠至燕京（今北京），又剔去其金。历元、明、清三代，皆在北京，置于太学。至七七事变前，仍存于故国子监。抗战期间，辗转于上海、四川等地，胜利后复归北京，今藏故宫博物院。因屡遭劫厄，又经千年风蚀，文字残损甚为严重，而《马荐》石竟已只字不存。故对石鼓文的研究，唯赖明安国所藏之三种北宋拓本。

第四节　两宋时期的汉字研究

一　大小徐对《说文解字》的勘正与研究

许慎的《说文解字》经历代传抄，又于唐代宗大历间（8世纪中叶）经李阳冰擅改，已不再是许氏的原本。南唐徐锴据旧本撰《说文解字系传》四十卷，恢复了许书旧貌，并作《祛妄》一篇，专为攻诘李阳冰之说。但徐锴所指斥者不过五十馀处，这在许书九千三百馀字中只占很小的部分，看来李阳冰改动的地方其实并不很多，过去对于李氏擅改许书的事实或许夸大了。徐锴在《祛妄》中说："自《切韵》、《玉篇》之兴，《说文》之学湮废泯没。"因此，《说文》学在唐代的衰落主要还是因为《切韵》与《玉篇》的影响太大，而李阳冰精于篆法，又独倡《说文》，对于《说文》学的弘扬，功更大于其过。

宋太宗雍熙三年（986年），徐锴兄徐铉奉诏与句中正、葛湍、王惟恭等校定许慎的《说文解字》，世称大徐本，而早成的《说文解字系传》则称小徐本。大小徐本《说文》虽为目前所见最古的完备之本，但也并非许慎《说文解字》的原本。自二徐本行世之后，李阳冰的三十卷本则湮没不传，今只见宋米友仁鉴定的唐写本《说文解字》木部残卷，收入丁福保《说文解字诂林》。另有日人所藏唐写本口部残卷，仅存十二字①。

大徐本一方面对《说文》作了精心校订，另一方面则作《说文新附》，增补许书未收的四百零二字，分别附于各部之后，并为全书文字加注孙愐《唐韵》的切音。二徐本都对许书原解间有注释，释前标以"臣锴（曰）"、"臣铉曰"或"臣铉等曰"，以示与许说区别。徐锴除以《祛妄》专攻李阳冰之外，还作《部叙》、《通论》、《类聚》、《错综》和《疑义》，阐释他对《说文》部序和古代文字的看法，皆在《系述》中言明述作之旨。这些或已超出《说文》本身，而体现了徐锴对于《说文》学的见识。他还有感于《说文》目次庞杂，检字极难，因编《说文韵语》，作为阅读《说文解字系传》的辅助工具。后李焘将其扩充而成《说文解字五音韵语》三十卷，尽改许书原有的编次和体系，已没有什么价值。

---

① 倉田淳之助：《說文展觀餘錄》，《東方學報》第十册第一分，1939年。

二 汉字结构的研究

如果说李阳冰擅改《说文》在他的《说文》研究中还不是一种普遍做法的话，那么到宋代，王安石作《字说》二十四卷，则已全然不顾前人的研究成果，以穿凿附会的臆想解释一切文字，对文字学理论造成了极大混乱。宋邵博《闻见后录》云："王荆公晚喜说文，客曰：'霸字何以从西？'荆公以西在方域主杀伐，累言数百不休。或曰：'霸从雨，不从西。'荆公辄曰：'如时雨化之耳。'"又如"人为之谓伪"、"位者人之所立"、"与邑交则曰郊"、"同田为富"、"分贝为贫"，其徒逞想象，毫无根据。此书在当时虽很有影响，甚至唐耜又作《字说解》一百二十卷，但嘲讽之声却不绝于耳。明王世贞辑苏轼语作《调谑编·字说》云："东坡闻荆公《字说》新成，戏曰：'以竹鞭马为笃，不知以竹鞭犬有何可笑？'公又问曰：'鸠字从九从鸟，亦有证据乎？'坡云：《诗》曰：'鸤鸠在桑，其子七兮。'和爹和娘，恰是九个。公欣然而听，久之，始悟其谑也。"同书《水骨》云："东坡尝举坡字问荆公何意。公曰：'坡者土之皮。'东坡曰：'然则滑者水之骨乎？'荆公默然。"王氏将汉字的结构一律视为会意，这种脱离六书的任意裁制其实只是其破除古礼的政治改革的继续而已，在文字学上是没有价值的。

其时又有王子韶（圣美）作《字解》二十卷，创立"右文说"，因与王安石之书相违背，故藏于其家不传。"右文说"以为形声字的声符大抵兼有意义，这确实很有见地。沈括《梦溪笔谈》卷十四云：

> 王圣美治字学，演其义以为"右文"。古之字书，皆从左文。凡字，其类在左，其义在右。如木类，其左皆从木。所谓"右文"者，如"戋，小也"，水之小者曰浅，金之小者曰钱，歹而小者曰残，贝之小者曰贱。如此之类，皆以戋为义也。

南宋张世南《游宦纪闻》卷九也云：

> 自《说文》以字画左旁为类，而《玉篇》从之，不知右旁亦多以类相从。如戋有浅小之义，故水之可涉者为浅，疾而有所不足者为残，货而不足贵重者为贱，木而轻薄者为栈。青字有精明之义，故日之无障蔽者为晴，水之无溷浊者为清，目之能明见者为睛，米之去粗

皮者为精。凡此皆可类求。聊述两端，以见其凡。

这样看来，形声字的声符并不是完全没有表义的作用，这个见解符合汉字发展的基本规律。如"祖"的本字作"且"，为男根的象形文，后增"示"而规范为形声字，但右文的"且"其实正是"祖"字的初文，因此"右文说"后来成为训诂学一个很重要的法则。

南宋人郑樵根据当时流行的楷书形体，辅之以《说文解字》"起一终亥"的部首排序，提出"起一成文说"，用以概括汉字形体的各种结构。郑氏的理论见于他的《通志·六书略》，也是出于主观臆测的附会和演绎。除此之外，郑樵还先后撰有《象类书》和《六书证篇》，均已亡佚，但他关于文字学的见识则都保存在《六书略》中。

《六书略》的编次抛开《说文》的部首系统而代之以六书，在体例上是一次创新。六书之下依类分目，对汉字不同结构的特点作了梳理归纳。譬如他分象形为正生、侧生和兼生，正生之形取天物、山川、井邑、草木、人物、鸟兽、虫鱼、鬼物、器用、服饰十项，侧生之形取象貌、象数、象位、象气、象声、象属六项，而兼生则分形兼声与形兼意两项，这种分类有些是对的，如正生的十项其实正来源于《系辞》的说法，不过还可以作进一步归纳，以使眉目更为简明，但有些则界限不清，甚至出现明显的错误，如归为形兼声的"齿"、"禽"等字，其实都是形声字，而形兼意的"兵"、"弃"等字则都属会意字，不应纳入象形文的范畴。此外，郑樵在《象类书》中提出"子母论"，以"三百三十母为形之主，八百七十子为声之主，合千二百文而成无穷之字"。他批评《说文》的"句"、"半"等部只是表音，不能作为形旁，所以把许慎建立的五百四十部作了归并，但在《六书证篇》中，归并后的形旁却又只有二百七十六部。郑樵的这些工作体现了他对汉字字原的系统梳理和对六书理论的阐述与发挥，尽管结论琐屑拘泥，但其方法则对元、明、清三代学者的六书研究产生了深刻影响。

三　古文资料的汇集

先秦时期的古文字体除许慎《说文解字》和魏三体石经保留下来的部分容易为学者所了解，很多古体写本却很少有人关注。北宋初年，郭忠恕曾于太宗朝参加校刻石经和整理历代字书的工作，并采掇残存的古文经、古佚书、《说文》和古文碑刻上转抄的古文资料，辑为《汗简》七卷，成为汇集古文字的最早专著。

郭忠恕博通小学，《宋史》本传说他"传识古文科斗字"，而《汗简》一书的编纂，体例皆宗《说文》，以五百四十部分领二千九百六十一字，得以参考征引的古书碑版达七十一种，可见其搜求之广。尽管清郑珍《汗简笺正》认为其中有些书可能属于异名重出，而且像《古周易》、《古周礼》之类也并非确有其书，而是从旁所引或由今本摘转，但据所存的资料分析，其汇罗的工作则极有条理。郭氏在《汗简序》中称其所列文字，"《尚书》为始，石经、《说文》次之，后人缀辑者殿末"。其中之《古文尚书》，自唐天宝三年（744年）玄宗诏卫包改字以后即藏于秘府①，而后人缀辑者如卫宏《古文官书》、郭显卿《古文奇字》、张辑《古今字诂》、林罕《集字》等也尽在其列，此外还有如《古礼记》、《古春秋》、《古毛诗》、《古孝经》、《古论语》、《古尔雅》、《古老子》、《义云章》以及唐以前以古文字体镌刻的碑版，如汉贝丘长碑、碧落文和天台碑，而今日所见唯《说文》、三体石经和碧落文三种而已，其他文献则散佚殆尽。

《汗简》之后又有北宋夏竦继作《古文四声韵》五卷，收辑九千馀字。此书成于仁宗庆历四年（1044年），虽在《汗简》的基础上编成，但体例却以《唐韵》四声为纲，依韵归字，宗其时韵书的体例。夏氏所征引的古书及石刻共九十八种，除去郑珍所认为的重出书目外，至少增多《汗简》十六种，其中有些可能属于郭氏未见，而另一些如《玉篇》、《切韵》实为隶古定字体，则为郭书所不收②。夏竦于前《序》中称："臣逮事先圣，久修史官。祥符中，郡国所上古器多有科斗文，深惧顾问不通，以忝厥职。繇是师资先达，博访遗逸，断碑蠹简，搜求殆遍，积年蹈纪，篆籀方该。"可见其编纂此书的目的和经历。清全祖望以为夏书只取《汗简》而以韵分录之，无他长技③，其评有背事实。

《古文四声韵》不同于《汗简》的另一个重要特点是，夏竦已注意到真宗朝出土先秦铜器的情况，这甚至成为其编纂该书的直接动因，因此在书中酌情撷入三代铜器铭文，从而将所收资料从传抄古文扩大到出土的真正古文，显示出古文之学向金石学的过渡。而此后于徽宗宣和元年（1119年），杜从古又作《集篆古文韵海》十五卷（后人损为五卷），仍袭夏书体例，收字则比《古文四声韵》增广数十倍④，其中所集铜器铭文则以其

---

① 见《新唐书·艺文志》。
② 郭忠恕：《汗简序》。
③ 全祖望：《鲒琦亭集》。
④ 见杜从古《集篆古文韵海序》。

四十年博求之功，比夏书也更为丰富。

《汗简》和《古文四声韵》在北宋时代曾是很重要的古文字书，吕大临《考古图释文》云："孔安国以伏生口传之书训释壁中书，以隶古定文，然后古文稍能训读。其传于今者有《古尚书》、《孝经》、陈仓石鼓及郭氏《汗简》、夏氏《集韵》等书，尚可参考。"仍然肯定二书的价值。然而北宋以后，随着金石学的迅速勃兴，三代款识风格已为学人所熟悉，而两书所录文字的奇诡特点又颇与之不合，加之书中本身存在的诸多问题，如或收字杂芜，或字画错讹，且迻录无方，不能作字形的梳理以展示其发展演变的轨迹，于是学者本着宁缺毋滥的原则，开始对郭、夏二书产生怀疑，渐而不予重视。元吾丘衍《学古编》云："韵内所载字，多云某人集字，初无出处，不可遽信，且又不与三代款识相合，不若勿用。"便充分反映了这种心理，而这些疑点在熟谙金石文字的清人看来更无可置疑。钱大昕称《汗简》"偏旁诡异，不合《说文》"①；郑珍《汗简笺正》则谓其"历采诸家自《说文》、石经而外，大抵好奇之辈影附诡托，务为僻怪，以炫末俗"；吴大澂《说文古籀补》称两书"援据虽博，芜杂滋疑"。批评毫不留情。这些意见有的颇为中肯，有些则极具成见。事实上，《汗简》与《古文四声韵》虽然存在种种不足，但是其中确实保留了很多先秦古文字的重要资料，因此对古文字的考释工作具有极高的价值。这一点随着古文字材料的日益积累，特别是战国文字资料的不断丰富已愈来愈清楚。如《古文四声韵》"拔"作"᛫"，而甲骨文则有"᛫"字②；《古文四声韵》"孛"作"᛫"，甲骨文也有"᛫"字③；《汗简》"诰"作"᛫"，而西周金文则有"᛫"字④；至于战国文字与两书字体相合者更俯拾皆是。显然，利用《汗简》与《古文四声韵》考释古文字已成为今日释字工作的重要手段。当然，我们并不能因为两书的价值而掩盖了它的缺陷，书中标目之零乱，内容之纰缪，都是明显的疏失。学者根据现有的古文字资料对其进行系统的整理⑤，则是极有意义的工作。而《集篆古文韵海》宗夏书而广之，与郭、夏二书一样，在古文字的考释方面也具有一定的参考价值。不过据杜氏《序》称，当时所见某些字的结构已不完整，故取许慎

---

① 引谢启昆《小学考》卷十七，二。
② 于省吾：《甲骨文字释林》，中华书局1979年版，第26页。
③ 张亚初：《甲骨文金文零释》，《古文字研究》第六辑，中华书局1981年版。
④ 唐兰：《史頵簋铭考释》，《考古》1972年第5期。
⑤ 黄锡全：《汗简注释》，武汉大学出版社1990年版。

《说文》，又参以鼎篆偏旁而补足之。尽管这些文字在杜书中并不占主流，但使用时则需格外谨慎。

四　金石学的建立

金石学的创立开启了对于古代石刻和先秦铜器铭文的系统研究，成为宋代文字学最有成绩的工作。

古代彝铭碑版的发现，自汉以来代不绝出。汉武帝曾因得鼎而改元，以为祥瑞；又以故铜鼎问李少君，知为齐桓公旧器[1]；而宣帝时美阳（今陕西武功）得尸臣鼎，好古文字的张敞按鼎铭勒而上议；东汉许慎《说文解字叙》更述山川往往得鼎彝。至于石刻之类，所见更广。北魏郦道元注《水经》，颇集碑碣以证史，北齐魏收著《魏书·地形志》亦复仿效，而梁元帝尝著《碑英》一百二十卷以集录碑文，为碑志之祖，惜其书不传。时人顾烜又作《钱谱》一卷，亦佚。然存世者仅有陶弘景《古今刀剑录》一卷与虞荔《鼎录》一卷，但真伪杂糅，不足征信。

经唐五代的割据战乱，北宋统治者为重建礼制，力倡经学，朝廷及士大夫无不热衷于古代礼乐器物的搜集和研究。加之其时盗掘古冢之风益盛，商周旧邑不断有鼎彝出土，有些则镌有长篇铭文，逐渐引起士大夫的重视，并注意汇求，以备证经补史之需。这些原因当然都促使学人从对传统文献的重视转而为对古器物的重视，金石学的兴起便成为当时社会的需要。

先秦石鼓虽于唐初重见于陈仓，但始终散落于荒野，入宋才移至京师，初置于辟雍，后至保和殿。又据《广川书跋》所记，北宋元丰间有《诅楚文》出土，"初得大沈湫文于朝，又得巫咸文于渭，最后得亚驼文于洛"。三石已佚，今唯存元周伯琦中吴刊宋拓为最古。至于秦始皇刻石，宋以前几乎无人问津，宋初徐铉摹写峄山刻石和会稽刻石，重开集存古代碑版之端绪。

入宋以后，金石之出土愈多，秘阁太常既多藏器，士大夫家亦往往多有。至仁宗嘉祐中（1056—1063年），刘敞首先使人将家藏的十一件古器摹其铭文，绘其图像，刻之于石，名为《先秦古器物图碑》（已佚），并在《先秦古器记》中提出古器的研究方法，即"礼家明其制度，小学正其文字，谱牒次其世谥"，成为金石学的开山之作。

---

[1] 见《史记·封禅书》。

刘著之后，李公麟"则取生平所得及其闻睹者，作为图状"，著有《考古图》五卷①，惜书已亡佚。至哲宗元祐七年（1092年），吕大临复有《考古图》十卷和《释文》一卷。《考古图》收录铜器二百十一件、玉器十三件，除秘阁、太常、官府所藏之外，并集私人所藏三十七家。其著录形式为先按时代分别三代和秦汉，再依器分列，每器先绘器形，次摹铭款，并说明器形尺寸、容量、出土地点和藏家，最后附以考证。此书体例完备，为现存最早且较有系统的古器物图录。后南宋人又有续吕氏《考古图》而作《续考古图》五卷，书成于高宗绍兴三十二年（1162年）后，收器二十七家共百件，除铜器之外，尚有玉器三件，瓦当四件，体例则逊于吕书。

徽宗大观初年（1107年），又仿李公麟《考古图》而作《宣和博古图》三十卷②，书由徽宗敕撰，王黼主编，著录宣和殿所藏古器八百三十九件，分类图器，摹形准确，释文刊于图下，注明器物尺寸、容量和绘制比例，并附总说和考证。

《考古图》与《宣和博古图》的编纂以器物及铭刻并重，充分反映了宋代古器物学研究的水平。其时宋室所藏古器数量甚丰，但于靖康之难则为金人掠毁，至清代金石著作已绝少著录。蔡絛《铁围山丛谈》卷四云：

> 时所重者三代之器而已，若秦、汉间物，非殊特盖亦不收。及宣和后，则咸蒙贮录，且累数至万余。若岐阳宣王之石鼓，西蜀文翁礼殿之绘像，凡所知名，闾间巨细远近，悉索入九禁。而宣和殿后，又创立保和殿者，左右有稽古、博古、尚古等诸阁，咸以贮古玉印玺，诸鼎彝礼器，法书图画尽在。然世事则益烂熳，上志衰矣，非复前日之敦尚考验者。俄遇僭乱，侧闻都邑方倾覆时，所谓先王之制作，古人之风烈，悉入金营。夫以孔父、子产之景行，召公、散季之文辞，牛鼎象樽之规模，龙甑雁灯之典雅，皆以食戎马，供炽烹，腥鳞湮灭，散落不存。文武之道，中国之耻，莫甚乎此③。

---

① 见蔡絛《铁围山丛谈》。
② 蔡絛《铁围山丛谈》卷四云："及大观初，乃效公麟之《考古》，作《宣和殿博古图》。"知是书踵李公麟《考古图》而作。然钱曾《读书敏求记》则称书成于宣和年间，乃在黄伯思《博古图说》的基础上增补而成。《四库全书总目提要》已辨其非。或云："絛，蔡京之子，所记皆其目睹，当必不误。"
③ 另可参见《宋史·钦宗本纪》。

又《大金图志》卷十四云：

> 正隆三年（1158年），……诏平辽宋所得古器，年深岁久，多为妖变，悉命毁之。

北宋宫室所藏古器于靖康之后已无缘目见，故宋室南迁之后，学者唯可专注于彝器款识的汇集考释，而不问器物形制，致其时的金石学研究逐渐形成了新的方向。

宋高宗绍兴十四年（1144年），薛尚功作《历代钟鼎彝器款识法帖》二十卷，以铭文原器款识依样摹写，集录商周秦汉铭文款识五百十一种，除石鼓、秦玺、石磬和玉琥十五件外，绝大部分都是商周铜器铭文。薛氏于摹铭之外，俱作释文，笺释订讹多有据信。王俅《啸堂集古录》二卷也属同类著作，序于淳熙三年（1176年）。该书收器铭款识自商迄汉，共三百四十五种，其中铜器铭文二百七十五种，其他则为秦权、汉印。此书摹写款识最为近真，但未作考释。绍兴间尚有王厚之著《钟鼎款识》一卷，收录商周汉晋铜器铭文五十九种，并写定释文，所得系将秦熺、朱敦儒等所藏之器，辑其拓本而成。此书于宋时并未刊印，稿本为清阮元所得，于嘉庆七年（1802年）才付梓印行。

除以上两类著作之外，宋人又将及身所见之器物款识或作跋语，或存名目，因此又有目录题识之类的专著。欧阳修搜罗金石刻文积至千卷，又于其中四百馀篇撮其大要，各为跋尾，于北宋嘉祐六年（1061年）成《集古录跋尾》十卷。又命其子棐作《集古录目》二十卷别行。其时曾巩也尝集古今篆刻为《金石录》五百馀卷，其书不传，今存一序及跋尾十四则在《南丰类稿》中。南宋赵明诚又集所藏三代彝器及汉唐以来石刻，仿《集古录》体例而为《金石录》三十卷，前十卷录金石文字二千种，后二十卷为辨正，辑所作跋尾五百二篇。此外，张抡著《绍兴内府古器评》二卷，共录一百九十六器，似为金人北徙所遗之器。黄伯思有《东观馀论》，为长睿卒后其子訢所辑。董逌作《广川书跋》十卷，于古器款识及汉唐碑版论断考证。

上述诸书作为宋代金石学的主要著作，在资料的整理、著录的编排、释文的正定、器物的命名等方面都有开创性的建树，为后代的研究奠定了基础。然而必须指出的是，这些著作并不能反映其时金石研究的全貌，南宋翟耆年著《籀史》二卷（下卷已佚），载两宋时期著录金文的著作即已达三十馀种，今则大多不存。不过从容庚对两宋金石书目的梳理看①，或许大致不出以上三类。王国维《宋代金文著录表序》云："今就诸书之存者，观之约分三类：与叔之图，宣和之录，既图其形，复摹其款，此一类也。啸堂集古，薛氏法帖，但以录文为主，不图原器之形，此二类也。欧赵金石之录，才甫古器之评，长睿东观之论，彦远广川之跋，虽无关图谱，而颇存名目，此三类也。"即以今日所见宋著析分为三类。然吕大临《考古图释文》专以集录金文为务，完全脱离了此前汇罗传抄古文的传统，实际已开金文字书的先河，理应别为一类。此书以《广韵》四声摄字，共收八百二十馀字，每字各举数个甚至十数个不同形体，虽释字欠精，但为后来金文字书的编制开创了体例。后政和中王楚作《钟鼎篆韵》七卷，薛尚功又作《广钟鼎篆韵》七卷，都是吕氏《释文》一脉的著作，惜皆亡佚。入元之后，杨鉤又有《增广钟鼎篆韵》，虽袭薛书而增益之，但仍可见吕氏《释文》的影响。

由于金石学的发达，对隶书的研究也开始兴起。宋人洪适以当时所见汉晋碑碣，集摹文字，作《隶释》二十七卷、《隶续》二十一卷，但录碑文，堪称精博。又有《隶篆》、《隶韵》两书，今则或佚或缺。娄机又作《汉隶字源》六卷，分考碑、分韵、辨字、碑目诸项，钩摹隶字，收汉晋碑版三百四十种，形体异同，随字附注。这些著作不仅是研究隶书的重要资料，而且对于古文字的研究也有辅证的作用。

五　字书、辞书与韵书

学习文字，首要的工作就是区别正俗，规范字体，唐代的字样学在这方面发挥了很大作用。至唐末五代之际，由于汉字形体的逐渐混乱，正字法的专书也不断出现。郭忠恕作《佩觿》，张有作《复古编》，以正俗并列，使人知所取舍，对汉字的规范化做出了一定贡献。而辽释行均作《龙龛手镜》，所立部首与《说文解字》和《玉篇》大别，收字又以或体、俗体、讹体独多，可供考察俗体、或体之用。

宋代以前的韵书以隋陆法言的《切韵》影响最巨，此书在唐初定为官韵，成为"临文楷式"，这使其后的韵书只能在《切韵》所确立的语音系统的基础上增订而成。入唐先有王仁昫的《刊谬补缺切韵》和李舟的《切韵》，后有孙愐的《唐韵》，其中又以孙氏《唐韵》备受重视。《唐韵》是对《切韵》的增

---

① 容庚：《宋代吉金书籍述评》，《学术研究》1963年第6期、1964年第1期。

修，作于开元二十年（732年）后，书分五卷，一百九十五韵，后又有所增订，分韵二百四部，已与宋修《广韵》的韵部极为相近。

宋人对于《切韵》的增修成果便是《广韵》。《广韵》全名为《大宋重修广韵》，系真宗大中祥符元年（1008年）陈彭年、丘雍等人奉诏根据《切韵》、《唐韵》完成的第一部官修韵书。书共五卷，以四声统摄，平声分上下两卷，上、去、入各为一卷。韵分二百六韵，其中平声五十七韵（上平声二十八韵，下平声二十九韵），上声五十五韵，去声六十韵，入声三十四部。丁度《集韵韵例》云："近世小学寖废，六书亡缺，临文用字不给所求。隋陆法言、唐李舟、孙愐各加裒撰，以裨其阙。先帝时令陈彭年、邱雍因法言韵就为刊益。"又王应麟《玉海》卷四十五云："景德四年十一月戊寅，崇文院校定《切韵》五卷，依《九经》例颁行（本陆法言撰），祥符元年六月五日改为《大宋重修广韵》。"知《广韵》从出陆氏，甚至初成之时竟直袭其名。

《广韵》的价值主要体现在两个方面，其一，《广韵》直承《切韵》，其增订的部分主要在于文字和注释，对《切韵》的韵母系统和反切用字却没有什么改动，这意味着《广韵》的语音系统实际正反映着《切韵》的语音系统。因而此书成书虽晚，但却完整地保留了魏晋至隋唐时期的语音，因此在《切韵》和《唐韵》都已失传的情况下，《广韵》对于研究《切韵》时代甚至更早的语音系统就具有了极高的价值。其二，《切韵》收字尚少，《唐韵》、《广韵》虽然基本保留了《切韵》的语音系统，但对《切韵》加字加注，增广内容，增强了韵书作为字书的性质。《唐韵》对字义的训释已颇详尽，引书极富，尤重官制、地名、人名、姓氏的注释，文字的点画也很考究，因此在当时受到普遍的重视。而《广韵》的修定则使这种体制最终定型，其所收字数较以前的韵书大为增加，注释也极为详备，保留了不少古字古训。今传《广韵》有详本和略本两种，详本收字凡二万六千一百九十四字，注释则达一十九万一千六百九十二字，足见其作为一部内容详博的训诂之作的地位。

《广韵》颁行三十一年，宋祁、郑戬于仁宗景祐四年（1037年）上书皇帝，批评《广韵》多用旧文，"繁略失当，有误科试"[①]；同时贾昌朝也批评真宗景德年间编纂的《韵略》因错误太多而不堪使用，于是仁宗命丁度等人重修这两部韵书，并于宝元二年（1039年）完成《集韵》。

---

① 见李焘《说文解字五音韵谱》；王应麟《玉海》。

《集韵》的分韵虽与《广韵》全同，但内容却丰富了许多。书分十卷，其中平声四卷，其他三声分二卷，收字共五万三千五百二十五字，比《广韵》增多一倍以上，且包括很多古体字和异体字，训字以《说文》为据，反切则采唐陆德明《经典释文》，注解也很详尽，因此具有较高的价值。

宝元二年十一月，翰林院学士丁度等又奏称："今修《集韵》，添字既多，与顾野王《玉篇》不相参协，欲乞委修韵官将新韵添入，别为《类篇》，与《集韵》相副施行。"仁宗遂命王洙、胡宿、掌禹锡、张次立、范镇等人相继负责修纂，至英宗治平三年（1066年）由司马光接代，时已成书，次年缮写成功，上于朝廷。《类篇》旧本题司马光奉敕纂，其实不过缮写奏进此书而已，并非实由司马光所修。

《类篇》体例、卷次皆承《说文》，收字三万一千三百一十九字，较《玉篇》增广一倍，对《集韵》遗漏的字尽量收入，但杂滥的重文则不尽采录。字下先以反切注音，后出训释，同字异体或异音者则附作说明，体例比较严谨。其与《集韵》互相为用，成为继《玉篇》之后一部颇有影响的字书。

宋代《苍》《雅》学的成果则有陆佃所著的《埤雅》和罗愿的《尔雅翼》。《埤雅》二十卷，初名《物性门类》，后注《尔雅》毕，改为今名，取辅助《尔雅》之意。分释鱼、释兽、释鸟、释虫、释马、释木、释草、释天八类。释天之末注"后阙"，知此书也有佚脱，非为完帙。其对动植物特点的解释大体略于形状而详于名义，陆氏时以讲说《诗》义著名，因此书中以草木虫鱼推阐《诗》义为多，而解释字义又杂取其师王安石《字说》一类臆解，价值不高。陆佃又曾著《尔雅新义》二十卷，已佚。罗愿《尔雅翼》共三十二卷，也为辅翼《尔雅》而作。全书分释草、释木、释鸟、释兽、释虫、释鱼六类，解释《尔雅》草木鸟兽虫鱼各种物名，每释一物则书传与目验相互参证，考据精博，体例严谨，其学术价值远在《埤雅》之上。王应麟于《后序》称其"即物精思，体用相涵，本末靡遗"，非溢美之词。此外，娄机作《班马字类》五卷，采《史记》、《汉书》所载古字僻字，以四声编次，于考证训诂、辨别音声、假借通用诸字，胪列颇详，有裨小学，且不失为考古之津梁。

第五节 元明时期的汉字研究

一 元明两代的文字学

南宋郑樵的六书研究虽然不能说成功，但他以六书条例整理文字，并创说字母论，对后世产生的影响却很深刻，以至于元明两代，学者利用这种方法研究文字逐渐成为一种风气，其中影响最大的应首推戴侗所著的《六书故》。

戴侗字仲达，南宋理宗淳祐中登进士第，由国子监簿守台州。恭帝德祐初（1275年）由秘书郎迁军器少监，辞疾不起。所作《六书故》三十三卷，则于元延祐七年（1320年）刊行，该书旨在以六书阐明字义，因此全部抛开《说文》的部首系统，而依指事、象形、会意、转注、谐声、假借别立四百七十九目，其中一百八十九目是文，四十五目是疑文，二百四十五目是字。文是独立的原始字，所以称为"母"，而字则为"子"，一切文字皆可纳入这二百多个指事象形的文或疑文的母目之下。全书母目子目分为九类，即一数、二天文、三地理、四人、五动物、六植物、七工事、八杂、九疑，前七类分别收录与本类有关的字，七类皆不能收的归入杂类，对形体有怀疑的则收归疑类。每目之下又以六书胪列文字。这种体例尽变《说文》的分部，看似纲领清晰，其实反而更为杂乱。

戴氏的目的是要以六书分析文字结构，进而阐释文字的意义，在这方面也确有一些超越前人的见识。比如他以"鼓"本象击鼓之形，而"壴"才象鼓形；又以许慎举"令"、"长"为假借，其实二字皆从本义而生，并不属于纯因字音的相同而假借的情况。都是值得称道的。戴侗对于音义关系的阐发尤详，提出因声求义的主张，认为"文字之用莫博于谐声，莫变于假借。因文以求义而不知因声以求义，吾未见其能尽文字之情也"。这些看法实际发挥了王子韶"右文说"的理论，也是很重要的见解。

《六书故》在体例上改《说文》的小篆字头为金文，并援引之以说明字形，想法很好，但做法很糟。当时人所见金文不多，故戴氏于钟鼎偏旁不能全者，以小篆补之，或以俗字为金文，杜撰字体，致使形古字今，非今非古，杂乱无章。且引经而不能精究经典古字，反以近世差误等字引作证据，颇不足训。又讲转注法乃转形之法，认为侧"山"为"𠙴"，反"人"为"匕"，反"欠"为"旡"，反"子"为"云"便是转注，纯出胸臆。这种理论后为元舒天民《六艺纲目》所发挥，毫无根据。元吾丘衍《学古编》谓戴氏之书乃六书之一厄，诋其甚至。事实上，《六书故》虽有纰缪，但于六书也未尝无所发明。其后元杨桓作《六书统》、《六书溯源》，周伯琦作《说文字原》、《六书正讹》，虽皆旨在辨正《说文》，但所说纷如乱丝，支离破碎，自我作古，横决不顾，其价值又远在戴氏之下。至明魏校作《六书精蕴》，王应电作《同文备考》，吴元满作《六书正义》、《六书总要》、《六书泝原直音》和《谐声指南》，虽皆袭戴氏之法，然或颠倒根本，体例冗琐；或臆造偏旁，师心自用；庞杂瞀乱，已几乎没有什么价值。明赵宦光作《说文长笺》，支离敷衍，无所创获。杨慎作《六书索隐》，自谓取《说文》所遗，但也缺略未备。唯赵撝谦《六书本义》十二卷最具苦心，其祖述郑樵之说，于六书稍有发明。故元明六书学之可述者，唯戴氏一人而已。

二 明代的字书

明代理学大兴，但却是文字学最衰颓的时期，不用期望对《说文》的研究能有什么创获，甚至连一部像样的《说文解字》也没有刊刻过。至明末清初汲古阁毛氏据宋本重刊，学者才得见徐铉本《说文》。而小徐本的《说文系传》更晚到清乾隆四十七年（1782年）才由汪启淑付梓重刊。明末赵宦光作《说文长笺》，只是根据李焘的《说文解字五音韵谱》，而凡例乃称为徐锴徐铉奉南唐敕定，殊昧源流。所列诸字，于原书多所增删，增字又往往与原书混淆，附论也疏舛百出。顾炎武《日知录》曾指摘其误，斥其"将自古相传之五经肆意刊改，好行小慧，以求异于先儒。……为后学之害不浅矣"，是恰如其分的。

然而对于字书的编订，明梅膺祚所纂《字彙》却值得称述。《字彙》十四卷成于万历四十三年（1615年），正文以地支分集，收字三万三千一百七十九字。梅氏为求检字的方便，打破《说文》部首所体现的字原系统，而将许慎五百四十部简化为二百十四个，部首及各部所辖字的排列次序皆以笔画的多少为原则，为后来字书的编制开创了新的体例。后张自烈作《正字通》十二卷，所编目次直宗《字彙》，唯比《字彙》征引稍博。而清初所编的《康熙字典》，虽以《正字通》为蓝本，其实也体现着《字彙》的影响。

梅膺祚的收字原则与正字观念都是可取的，其书皆本经史之通俗用字，怪僻之字则悉予芟汰。而对古体俗体的关系，则提出"从古"、"遵时"、"古今通用"的原则，既不泥古，也不徇俗。卷末又有"辨似"一项，教人辨识字形相似的字，也很有用。

《字彙》与《正字通》都是《康熙字典》行世之前颇有影响的字书，但清代学者则以两书皆《兔园册》之流而轻视之，是不够公允的。后吴任臣为正梅氏之失而作《字彙补》，而徐之靖作《正字通略记》，胡宗绪也有《正字通芟误》，则为补正《正字通》。此外，明焦竑作《俗书刊误》十二卷，勘正讹字，考音义俗杂，辨究详晰，也有一定价值。

第六节 清代古文字学研究

一 上古音韵的研究

古今语音的不同，最突出的表现就是在古诗的协韵上。早在南北朝时期，人们即已发现，用当时的语言诵读周秦两汉的韵文，很多韵脚却并不押韵，当然，对于这种现象的最合理的解释便是古今语音的不同。南北朝时的学者其实已经有了这种见识，只是尚未找到研究古音的正确门径。北齐颜之推云："古语与今殊别，其间轻重清浊，犹未可晓。"[①] 于是人们创造了"叶韵"的方法，以求诗韵的和谐。所谓"叶韵"[②]，就是改变不相和谐的韵脚的读音，使之成为相谐的音。如《诗·邶风·燕燕》三章云："燕燕于飞，下上其音。之子于归，远送于南。瞻望弗及，实劳我心。""南"与"音"、"心"已不押韵，而南朝梁沈重《毛诗音》以为"南"字"协句，宜乃林反"（见陆德明《经典释文》），以求韵脚相协。又如《诗·周南·关雎》卒章云："参差荇菜，左右芼之。窈窕淑女，钟鼓乐之。"陆德明《经典释文》云："乐之，音洛，又音岳。或云协韵，宜五教反。"这里"芼"、"乐"押韵，而"乐"读如五教反，韵最和谐。这种古今语音不协的现象甚至导致擅改经文，强古韵以就今读。如《尚书·洪范》云："无偏无颇，遵王之义。无有作好，遵王之道。无有作恶，遵王之路。无偏无党，王道荡荡。无党无偏，王道平平。无反无侧，王道正直。会其有极，归其有极。"这篇韵文唯首句"颇"、"义"以今音已不押韵，故唐玄宗敕改"颇"为"陂"，更属末流。至宋儒朱熹作《诗集传》和《楚辞集传》，推广叶韵之法为韵文注音，以致一字数读，随处可叶，其辗转述督，滥无标准。这种只凭臆测的注音方法既没有任何科学的根据，当然也无法反映上古时代的真实语音。

宋吴棫作《韵补》，首次提出古人用韵较宽，并建立古韵通转之说，根据音训与古韵文以说明古时韵部的相通，对上古音的研究具有重要启示。吴棫及明杨慎虽对"叶韵"表示怀疑，但始终不敢断然否定。至明代陈第作《毛诗古音考》和《屈宋古音义》，则将传统的"叶韵"之说彻底推翻。他认为，古人之音与今不同，凡今所称"叶韵"，皆即古人之本音。

[①] 见《颜氏家训·音辞》。
[②] 也称"叶音"、"叶句"，"叶"也作"协"。

《毛诗古音考自序》云：

> 盖时有古今，地有南北，字有更革，音有转移，亦势所必至。故以今之音读古之作，不免乖刺而不入，于是悉委之叶。夫其果出于叶也？作之非一人，采之非一国，何母必读米？……马必读姥？……京必读疆？……福必读偪？……又《左》、《国》、《易象》、《离骚》、《楚辞》、秦碑、汉赋，以至上古歌谣、箴、铭、赞、诵，往往韵与《诗》合，寔古音之证也。

陈第通过排比经文，参以群籍，立本证与旁证二条。其本证即以《诗》自相证明，以探古音之源；而旁证则以他经所载及秦汉以下诗文，以竟古音之委。如《毛诗古音考》卷二云：

> 厉，音赖。《说文》："从蛋省。"又蛎："从虫厉声，读若赖。"《庄子》："厉之人方夜半生子。"亦此读。
> 本证：《有狐》："有狐绥绥，在彼淇厉。心之忧矣，之子无带。"《都人士》："彼都人士，垂带而厉。彼君子女，卷发如虿。"
> 旁证：后汉崔骃《达旨》："力牧之略，尚父之厉，伊皋不论，奚事范蔡。"蔡琰《悲愤诗》："为复强视息，虽生何聊赖。讬命于新人，竭心自勖厉。"《虿铭》："虿之为名，体似无害。所经枯竭，甚于鸩厉。"
>
> 瓜，音孤。《说文》孤、孤、瓞、柧皆以瓜得声，古音可见。后转音歌。《道藏歌》："仙童掇朱实，神女献玉瓜。浴身丹泥池，濯发甘泉波。"
> 本证：《木瓜》："投我以木瓜，报之以琼琚。"《七月》："七月食瓜，八月断壶。"《信南山》："中田有庐，疆场有瓜。"
> 旁证：《左传》浑良夫谋："登此昆吾之虚，绵绵生之瓜。余为浑良夫，叫天无辜。"《急就章》："远志续断参土瓜，亭历桔梗龟骨枯。"

由此可见，陈第探求古音的方法完全不同于叶韵的臆测，而是根据汉字谐声系统的研究作出的科学解释。他所确定的原则是，同一个字在同一时代和同一地域，其读音一定是统一的，而不会像宋人所猜测的那样没有固定的读音，可以由诗人随意规定的"叶音"，这从理论上为上古音的建立开辟了新途径。

陈第的工作对清代古音学的研究产生了深刻影响。清初顾炎武在陈第的基础上撰有《音学五书》，包括《音论》、《诗本音》、《易音》、《唐韵正》和《古音表》，采用离析《唐韵》（实际是《广韵》）的方法研究古韵，分古韵为十部，并提出以入声配阴声，为上古音韵的研究奠定了基础。其后江永著《古韵标准》，以为顾氏之书"考古之功多，审音之功浅"，因在顾氏十部的基础上又分古韵为十三部。江氏精于等韵学，其古音研究尤重音理。江永的弟子戴震则作《声韵考》和《声类表》，分古韵为七类二十部，后又修改为九类二十五部。戴氏弟子段玉裁作《六书音均表》，分古韵为十七部；另一弟子孔广森作《诗声类》，又分古韵为十八部。而王念孙则分古韵为二十一部①。同时，江有诰"自奋于穷乡孤学"②，著《音学十书》，现在流传的有《诗经韵读》、《群经韵读》、《楚辞韵读》、《先秦韵读》、《唐韵四声正》、《谐声表》、《入声表》和《等韵丛说》八种，也分古韵为二十一部。各家分部虽疏密不同，方法互异，但各有所据，取得了很大成绩。

清代的古音研究虽然受到宋明学人的影响，但在兼顾语音的系统性及其历史发展方面，却又远在宋明之上。宋代的吴棫、郑庠也曾试图研究古韵，但是他们墨守《唐韵》的韵部，将每一韵部视为一个整体，而没有想到要将它们拆开。因此，尽管韵部定得很宽，仍不免出韵。而另一个极端则是像陈第那样，遇字逐个解决，没有注意到语音的系统。顾炎武作为清代上古音研究的首创者，一改宋明学人的研究方法，先将某些韵部拆成若干部分，然后重新与其他的韵部合并起来，从中离析古今语音系统的差别。这种有益方法为后来的古音研究者所继承，并最终获得了清代上古音研究的巨大成绩。

清代学者何以独重上古音韵的研究，其原因还在于他们对于文字形、音、义关系的客观认识。虽然《苍》《雅》学与《说文》学的形成并不算晚，但一则重义，一则重形，并没有强调语音对于传达字义的重要作用。而从声训发展起来的声韵系统，后来又由于韵书的完善而专求音韵，不问形义。这些倾向都使作为文字基本要素的形、音、义从原来的三位一体而

---

① 王引之《经义述闻》卷三十一有古音二十一部表。
② 王国维：《江氏音学跋》，《观堂集林》卷八，《王国维遗书》第二册，上海古籍书店1983年版。

遭到了人为的割裂，从而使对文字学的研究难以取得全面的成果。清代学者重新阐释了文字形、音、义三者的联系，并真正将这种研究有机地结合起来。段玉裁《广雅疏证序》云：

> 小学有形、有音、有义，三者互相求，举一可得其二。有古形，有今形；有古音，有今音；有古义，有今义；六者互相求，举一可得其五。古今者，不定之名也。三代为古，则汉为今；汉魏晋为古，则唐宋以下为今。圣人之制字，有义而后有音，有音而后有形。学者之考字，因形以得其音，因音以得其义。治经莫重于得义，得义莫切于得音。

即是对文字形、音、义三者关系的辩证说明。这种文字的历史观既将文字的形、音、义纳于一个动态发展和演变的过程之中，同时又强调了字音对于建立字形和传达字义方面的独特作用，从而极大地推动了上古音韵以及与其相关的训诂学和文字学的研究。王念孙作《广雅疏证》，正本之"训诂之旨本于声音"的理念，而"就古音以求本义，引申触类，不限形体"（《广雅疏证序》）的训诂方法则使王氏之作达到清代训诂学的巅峰。很明显，为求经史的补正必先明小学，而小学的发明又必先辨古音。因此，清代学者将文字的形、音、义三方面联系起来相互阐释，取得了超越前人的成绩，而对于这个研究基础的上古音韵系统，更建立起了完整的科学体系。

二 《说文》学研究的深入

自大小徐勘正许慎的《说文解字》以后，从宋到明，对《说文》的研究几乎没有什么值得称道的成果。王安石作《字说》，徒逞想象；郑樵作《六书略》，也多穿凿；宋元之际的戴侗作《六书故》，虽移《说文》的篆文为金文，但字多杜撰。这些工作无不受到清代学者的訾议。而清代由于汉学的复兴，《说文》之学出现了前所未有的昌盛。自乾嘉以来，《说文》一书渐为学者推崇，对它的研究大致可有四方面的成绩。其一是对《说文》的校勘和考证，如严可均作《说文校议》，钱坫作《说文解字斠诠》，田吴炤作《说文二徐笺异》，承培之作《说文引经证例》；其二是对《说文》的匡正，如孔广居作《说文疑疑》，俞樾作《儿笘录》；其三是对《说文》的全面研究，如段玉裁作《说文解字注》，桂馥作《说文解字义证》，王筠作《说文释例》和《说文解字句读》，朱骏声作《说文通训定声》；其四是补充订正先辈或同时代的《说文》研究著作，如严章福作《说文校议议》，王绍兰作《说文段注订补》，钮树玉作《段氏说文注订》，徐承庆作《说文解字注匡谬》，徐灏作《说文解字注笺》。这四类工作中尤以第三类成绩最大。

段氏的《说文解字注》注重校订文字、阐释字义，每字必溯其源，解说精当专确，其寓作于注，多有发明，成书之后即受到学术界的极端推崇，于《说文》之研究独树一帜。桂馥《说文解字义证》则贵在闳通，每字兼达其委，述而不作，为许慎所说的文字本义广求文证，但不能匡正许说。张之洞《说文解字义证叙》云：

> 窃谓段氏之书，声义兼明，而尤邃于声；桂氏之书，声亦并及，而尤博于义。段氏钩索比傅，自以为能冥合许君之恉，勇于自信，欲以自成一家之言，故破字创义为多；桂氏敷佐许说，发挥旁通，令学者引申贯注，自得其义之所归。故段书约，而猝难通辟；桂书繁，而寻省易了。夫语其得于心，则段胜矣；语其便于人，则段或未之先也。

足明二书性质大不相同。然桂氏虽专胪古籍，不下己意，但对材料的选择与条次仍很严谨，致使征引虽富，但脉络贯通。

王筠先后作《说文释例》和《说文解字句读》。《说文释例》重在阐明许书体例，创见较多。《说文解字句读》则在整理严可均、段玉裁和桂馥之说，但于字形和字义方面也有一些创见。又作《文字蒙求》，侧重文字学的普及。

朱骏声作《说文通训定声》，也是一部博大精深的著作。朱氏的工作兼顾了"说文"、"通训"与"定声"三方面内容，所谓"说文"，是以《说文解字》为基础而加以补充，重在说明字形与字义、字音的关系，而以字形为主；"通训"专注字义词义的引申和假借，为朱书最精彩的部分；"定声"则将文字按古韵分类，以上古韵文的用韵证明古音。这三方面内容实际包括了对字形、字义和字音的研究，其中最重要的是他对词义的全面解释。朱氏破除许慎关于转注和假借的定义，以为"转注者，体不改造，引意相受，令长是也；假借者，本无其意，依声托字，朋来是也"，将转注视为引申，假借视为同音，认识到引申义与假借义的重要性，做了许慎应该做却没有做的工作。同时为了更好地说明文字因同音而假借的关系，朱氏又将全书按古韵部来分类，体现了其学术见识的卓尔不群。事实上，摆脱字形的束缚而从声音上观察词义的会通，清代有成就的小学家如段玉裁、王念孙等都已有了成功的实践，而朱骏声则从体例上更彻底地表达了这种见识。

段、桂、王、朱向被称为清代《说文》研究的四大家，四家虽同攻治《说文》，但成绩各有侧重，其中以段、朱二氏贡献尤巨，一在综合全面地研究了《说文》，一在综合全面地研究了词义。事实上，清代研究《说文》的学者不仅数量庞大，而且此书的地位也备受推崇。如王鸣盛《说文解字正义叙》云："《说文》为天下第一种书，读遍天下书，不读《说文》，犹不读也。但能通《说文》，馀书皆未读，不可谓非通儒也。"这种对于《说文》的过分迷信势必束缚了学者的思想，使得对于古代文字的研究几乎成为囿于许氏一家之学的研究。在这种情形下，段玉裁、朱骏声能有对《说文》"似因而实创"的成果，实属难能可贵。然而，许慎《说文解字》所建立的毕竟是以小篆诠释字形的体系，因此研究汉字的形体结构，并通过对字形的分析而探求字义，单凭许慎的解说是远远不够的，利用出土的先秦古文字资料研究汉字形构的发展演变，以新的成果修正《说文》的错误，弥补《说文》的不足，才是研究《说文解字》唯一有效的方法。晚清吴大澂作《说文古籀补》，试图利用铜器铭文和陶玺文字建立一个新的体系，后丁佛言踵其书而作《说文古籀补补》，强运开又作《说文古籀三补》，都是这方面的有益尝试。

三　金石学的复兴与古文字学研究

自北宋金石之学初兴，士大夫因玩好彝器铭刻而渐致力于正经补史，因而访求著录之风日趋盛行。研习者常就及身所见，或存之器影，或录以款识，或考辨文辞，或类次名目，递补摭拾，搜求不舍。历元明而至清乾嘉时期，各地出土青铜器数量之众，积甲山齐而有馀。学者为求辨正经史之阙疑，已普遍将古代彝铭视为头等重要的史料，研究目的更为明确，研究方法更为严谨，金石学得到复兴，成绩冠绝前朝。

宋人首开金石著录之风气，用力既勤，搜求亦博，但如《宣和博古图》之类，所汇商周青铜器铭文不过数百而已。清乾嘉以来，朴学蓬兴，学者多于经史之外旁治金石，汇储商周彝铭资料蔚然成风。其时官私两家都对这一工作十分重视，但官修之作水平不高。如乾隆朝开始将内府收藏的古代铜器陆续编成《西清古鉴》四十卷、《宁寿鉴古》十六卷、《西清续鉴甲编》二十卷和《西清续鉴乙编》二十卷四部巨著，遵循《宣和博古图》遗式，所收器物数量倍增于前，但其间伪器充斥，释文舛误，图绘失真，摹铭草率，或本器具铭而不知，或行款错易而不察，书虽后出，学术价值反逊于宋著。与之相比，私家所藏则编选益精，研习参辨也非官修可逮。当时辑录铜器铭文的著作大致可分两类，一类承吕大临《考古图》的体例，既图器形，复摹款识，并附以考释，乾隆敕纂"西清四鉴"即属此类。而私修之作则有嘉庆元年（1796年）钱坫撰《十六长乐堂古器款识考》四卷，道光十九年（1839年）曹载奎撰《怀米山房吉金图》一卷，道光间张廷济撰《清仪阁所藏古器物文》十卷，刘喜海撰《长安获古编》二卷，同治十一年（1872年）吴云撰《两罍轩彝器图释》十二卷，潘祖荫撰《攀古楼彝器款识》二卷，光绪十一年（1885年）吴大澂撰《恒轩所见所藏吉金录》一卷，光绪三十四年（1908年）端方撰《陶斋吉金录》八卷，宣统元年（1909年）又撰《陶斋吉金续录》二卷，及清末丁麟年撰《梅林馆吉金图录》一卷。另一类则承薛尚功《历代钟鼎彝器款识法帖》体例，专摹铭文款识，并作考释题跋，其中重要的有嘉庆九年（1804年）阮元撰《积古斋钟鼎彝器款识》十卷，道光十八年（1838年）刘喜海撰《清爱堂家藏钟鼎彝器款识法帖》一卷，道光二十二年（1842年）吴荣光撰《筠清馆金文》五卷，咸丰四年（1854年）徐同柏撰《从古堂款识学》十六卷，同光间朱善旂撰《敬吾心室彝器款识》二册，光绪二十一年（1895年）吴式芬撰《攗古录金文》三卷，二十二年（1896年）吴大澂撰《愙斋集古录》二十六册，二十五年（1899年）方濬益撰《缀遗斋彝器款识考释》三十卷，二十八年（1902年）刘心源撰《奇觚室吉金文述》二十卷。这些著作汇集考证的商周具铭青铜器少则数十，多则逾千，对推动金石学和古文字学的发展发挥了重要作用。

清代学者对商周铜器铭文的考证水平不一，早期以阮元稍精，其倡导以铭文治经及小学，影响很大。晚清则以孙诒让贡献最巨，卓有成绩。他曾校订薛尚功《历代钟鼎彝器款识法帖》、阮元《积古斋钟鼎彝器款识》和吴荣光《筠清馆金文》三书，于同治十一年（1872年）成《古籀拾遗》三卷，为考释金文的札记，其中上卷订正薛书十四则，中卷订正阮书三十则，下卷订正吴书二十二则，于文字的字形勘比、正读通假方面发明尤多。道咸间吴式芬作《攗古录金文》，首创以铭文字数多少为序的著录体例，选器谨严，摹刻精善，识疑断误，考释矜慎，在当时堪称精博。孙诒让则于光绪二十九年（1903年）作《古籀馀论》三卷以订正吴书之误，同时是正旧说之疏。孙氏考释古文字采用偏旁分析的方法，又曾根据甲骨文和金文等资料撰有《名原》，在古文字理论和考释方法上都有所创新。其后吴大澂《愙斋集古录》在辨识字体方面用力极勤，又有《说文古籀补》和《字说》两书，在释字方面更多有发挥。但吴氏不谙古音，所以不能洞悉古人声音通假的道理，然其辨释字形之精诣，虽不逮孙诒让，却也为其他学者所不及。容庚《古籀馀论跋》云："窃谓治古文字之学，譬如积薪，后来居上。嘉道之间，阮（元）、陈（庆镛）、龚（自珍）、庄（述祖）皮傅经传，卤莽灭裂，晦塞已极。吴氏大澂明于形体，乃奏廓清，然而训诂假借，犹不若孙氏之精熟通达，所得独多。"可见孙氏之治小学，于有清一代实为翘楚。此外，方濬益有未竟遗稿《缀遗斋彝器款识考释》，仿阮元之书，于地理、官制、人物、文字皆考证翔实，颇有创获。而刘心源则在《奇觚室吉金文述》中利用文辞对勘辨识疑难之字，也是辨识古文字的有效方法。

对金文字书的编纂，自吕大临《考古图释文》以后，只有元杨鉤《增广钟鼎篆韵》保留了下来。康熙五十五年（1716年）汪立名作《钟鼎字源》五卷，即在杨书的基础上增改而成。杨书采《唐韵》分二百五部，汪氏则取《平水韵》分一百六部；杨书收字于钟鼎之外兼采经典遗文和碑刻，汪氏则专取金文；杨书同体重文繁多，汪氏则唯存异体。这些做法都使金文字书更加眉目清晰。此外严可均作《说文翼》，也辑钟鼎文字，依《说文》的次序编辑，惜未刊行。这些工作由于时间偏早，并不能反映清代金文研究的真正水平。

除金文之外，清代金石学研究的领域更为广阔，凡石刻、墓志、造像、画像题名、兵符、钱币、玺印、封泥、镜鉴、砖瓦陶文等，均有专门的著录与研究著作行世，取得了前所未有的成绩。而清末商代甲骨文的发现，更极大地拓展了金石学与古文字学的研究范围，使清代的古文字研究成为承上启下的津梁。

四　商代甲骨文的发现与研究

河南安阳西北郊的洹河两岸原是商代晚期的都邑所在。据《史记·殷本纪正义》所引《竹书纪年》的记载，"自盘庚徙殷至纣之灭，二百七十三年更不徙都"。在近三百年间，这里一直作为商王朝的政治中心，经历了八代十二位殷王的统治，留弃了大量的遗迹遗物。自宋代以降，殷墟就不断有商代的铜器出土，并为公私所藏而见于著录。清光绪初年以来，位于洹河南岸的小屯村时见刻有文字的甲骨出土，村民或以其填井，或以其为刀尖药而卖予药店，并不以为宝物。甚至为求能卖出而充作"龙骨"药材，凡有字的甲骨，也必须预先将文字刮去。村人或有终身以售卖"龙骨"为业，迄今已无法估计究竟有多少甲骨因此而遭毁灭。至清光绪二十五年（1899年），刻有文字的甲骨开始被古董商视为奇货而携至京津出售，并于同年秋季将其售予王懿荣。王氏时官北京，素以精于金石收藏和文字考订见称，一望便知估人所谓"龟板"实为有价值的古物，因此又两次重金购得范估、赵估所售甲骨千馀片，成为早期收藏和鉴定甲骨文的学者。在王懿荣获知甲骨的同时或稍早，天津的王襄与孟定生也开始从估人手中购得甲骨，为甲骨文的早期发现者与收藏者。

光绪二十六年（1900年）秋七月，八国联军犯入北京，王懿荣以国子监祭酒任京师团练大臣，投井殉国。为筹资发丧，王氏所藏的大部分甲骨于不久后转售刘鹗。光绪二十九年（1903年），刘鹗将购自王氏及估人之手搜集的共五千馀片甲骨，受罗振玉建议，选拓其中一千零五十八片，编为《铁云藏龟》一书，石印出版，是为著录甲骨文的第一部著作。

《铁云藏龟》的出版使甲骨文得以广泛地为世人所见，成为可以利用的研究资料。随后，孙诒让于光绪三十年（1904年）写成《契文举例》二卷，为第一部考释甲骨文的专著。当时刘鹗已认识到甲骨文为商代的占卜文字，而孙氏则更据以补充商代史料之不足，探寻古代文字的流变，并于次年作《名原》二卷，利用甲骨文探讨古人造字之微旨。

《契文举例》为甲骨文研究的开山之作，孙诒让在自序中云："蒙治古文大篆之学四十年，所见彝器款识逾二千种，大抵皆出周以后。赏鉴家所橐揭为商器者，率肊定不能塙信，每憾未获见真商时文字。顷始得此册，不意衰年睹兹奇迹，爱玩不已，辄穷两月力校读之，以前后复繇者参互审绎，乃略通其文字。大致与金文相近，篆画尤简淯。形声多不具，又象形字颇多，不能尽识。所称人名号未有谥法，而多以甲乙为纪，皆在周以前之证。"全书分类考释文字，上卷列日月、贞、卜事、鬼神、人、官、地、礼，下卷分文字、杂例，为后世的甲骨文研究发凡起例。孙氏的考释确有许多不易之论，但错误也有很多，致使许多完整的卜辞仍难通读。尽管如此，作为甲骨文研究的先驱，其筚路蓝缕之功是不可抹杀的。

《契文举例》成书甚早，但未刊行，在当时影响不大。清宣统元年（1909年），罗振玉始作《殷商贞卜文字考》，次年印行，全书分考史、正名、卜法和馀说四项，列举卜辞一百三十多条，并以甲骨文与金文、《说文》相对照，考释文字二百多个，包括很多卜辞中的关键字词，使卜辞可以初步通读。此外，对于甲骨文的性质、殷商社会情况、占卜方法、卜辞文例均有探讨，并考定小屯为殷墟，审辨殷帝王名号，创获极丰。罗氏在自序中明确指出："此卜辞者，实为殷室王朝之遗物。其文字虽简略，然可正史家之违失，考小学之源流，求古代之卜法。"因此是书虽比孙氏晚出，但却标志着甲骨学研究的真正开始。此书后于1915年增益补充而成《殷虚书契考释》（1927年又有增订），石印刊行，分都邑、帝王、人名、地名、文字、卜辞、礼制、卜法八目研析殷史文字，创获尤多。郭沫若曾评价罗振玉的工作云："甲骨自出土后，其蒐集保存传播之功，罗氏当居第一，而考释之功亦深赖罗氏。罗氏于1910年有《殷商贞卜文字考》一卷，此书仅属椎轮。1915年有《殷虚书契考释》一卷（后增订本改为三卷），则使甲骨文字之学蔚然成一巨观。谈甲骨者固不能不权舆于此，即谈中国古学者亦不能不权舆于此。"[①] 可谓允恰之论。

甲骨文发现之初，估人为垄断古物利益，隐瞒真实的出土地点，谎称甲骨文出土于汤阴羑里，王懿荣、刘鹗、孙诒让皆深信此说。至光绪三十四年（1908年），罗振玉始从估人口中得知甲骨文实出自安阳洹滨之小屯。罗氏在光绪二十七年（1901年）始于刘鹗处得见甲骨文，遂怂恿刘氏亟拓墨千纸出版，并为之作序。三十二年（1906年），罗振玉赴北京清廷学部做官，开始了他的甲骨收藏。而自1908年始知甲骨的真正出土地点之后，更派人赴小屯搜购甲骨，至宣统三年（1911年）的短短三年间，已得甲骨一万七千片，并着手整理甲骨的工作。宣统三年刊印《殷虚书契》三卷，收录甲骨文拓本二百九十二片。辛亥革命后，罗振玉携甲骨旅居日本，并于1913至1916年间先后出版《殷虚书契》八卷、《殷虚书契菁华》一册、《铁云藏龟之馀》一册和《殷虚书契后编》二卷，共集甲骨文拓本三千四百馀片，其中不乏珍贵的资料。回国后又于1933年辑成《殷虚书契续编》六卷，收甲骨文拓本二千零十六片。为学者研究甲骨文提供了资料上的极大方便。

早期甲骨文的研究，与罗氏雁行者则为王国维。王氏于1917年作《戬寿堂所藏殷虚文字考释》，又作《殷卜辞中所见先公先王考》和《续考》以及《殷周制度论》，不仅通过不同世次的称谓划分卜辞的时代，使卜辞的时代性

[①] 郭沫若：《中国古代社会研究》，人民出版社1977年版，第170页。

得以确定，而且开辟了利用甲骨文综合研究殷商历史的途径，使殷史的真实性也得以确定。王国维对甲骨文金文的其他相关研究散见于《观堂集林》和《别集》之中，对殷周文字和殷周史也有很多重要的发明。

甲骨文作为"汉以来小学家若张杜杨许所不见"的文字奇宝，它的发现日益显示出重要的价值，除士大夫奉之为玩赏的宝物之外，学者也争相购求，一时成为风气，如端方、黄心甫、徐枋、沈增植、王孝禹、盛昱、黄仲慧、刘季缨等，均各有所获，一些外国传教士也以重金搜求，致使估人因字论金，愈发促使了民间私掘的盛行，使甲骨在出土的同时也遭到了严重的破坏。同时由于利益的诱惑，伪刻重出，不明者盲目收购以著录流传，增大了学者鉴别的困扰，以致一些关键资料的真伪之争至今仍难有定论。尽管如此，清末商代甲骨文的发现无论如何都是中国学术史上的一次重大事件，它不仅拓展了金石学的研究范围，开辟了古文字学研究的新纪元，而且更重要的是，它以地下材料确凿无误地证明殷商历史实为信史，从而彻底改变了传统的历史观与方法论，甚至对于中国考古学的创立与发展也具有十分重要的意义。

本章小结

本章对先秦至清代汉字研究的历史进行了系统论述。其一，通过对古代文献及先秦文字的研究，指出籀文即西周《史籀篇》之文字，古文则为汉人对先秦文字的通称，或又专指晚周文字，古文、籀文唯有时代的意义，并不具有地域的意义。其二，隶书出现于战国秦域，与秦文字更多地保留了雅正之体关系密切。而程邈统一作为俗文字的隶书，意义与李斯等创制秦篆而统一雅正之体的文字同样重要。其三，强调因声求义对于古文字研究的重要作用，厘析了相关研究的历史。其四，对古文字学、训诂学、音韵学、金石学以及字样学、字原学等的创立与发展详为梳理。其五，董理古代文字研究的理论探索及古文字资料的发现与汇集。

思 考 题

名词解释：

秦篆　　隶书　　秦书八体　　新莽六书　　《三苍》
《苍》《雅》学　　《说文》学　　熹平石经　　字样学　　右文说
汲冢竹书　　《铁云藏龟》　　《契文举例》　　《殷商贞卜文字考》

简答题：

简述汉代的训诂著作及其价值。

简述《汗简》、《古文四声韵》的编纂与价值。

简述音韵学的产生与发展及清人的上古音研究。

简述金石学的形成与发展。

简述殷墟甲骨文的发现及早期研究。

论述题：

试论《说文解字》的创著、流传及清人的研究。

试论秦篆的创制。

比较六国文字与秦文字的异同。

据两周文字试论古文与籀文的关系。

试论汉字形、音、义的关系及因声求义对古文字研究的意义。

阅读参考文献

唐兰：《中国文字学》，上海古籍出版社1981年版。

高明：《中国古文字学通论》，文物出版社1987年版。

裘锡圭：《文字学概要》，商务印书馆1999年版。

王力：《中国语言学史》，山西人民出版社1981年版。

马衡：《凡将斋金石丛稿》，中华书局1996年版。

朱剑心：《金石学》，文物出版社1981年版。

何琳仪：《战国文字通论》（订补），江苏教育出版社2003年版。

陈昭容：《秦系文字研究——从汉字史的角度考察》，历史语言研究所2003年版。

王国维：《战国时秦用籀文六国用古文说》，《王国维遗书》第一册，上海古籍书店1983年版。

王国维：《史籀篇疏证序》，《王国维遗书》第六册，上海古籍书店1983年版。

容庚：《宋代吉金书籍述评》，《学术研究》1963年第6期、1964年第1期。

容庚：《清代吉金书籍述评》，《学术研究》1963年第2、3期。

第三章　古文字学的基本理论

> **内容提要**
>
> 本章系统论述古文字学的基本理论与考释方法，包括六书理论的内涵及诸家六书学之价值，古文字义近形旁通用理论，古文字音同声旁通用理论，古文字形体简化理论及其方法，古文字形体规范理论及其方法，秦书同文字措施的意义及影响，古文字的考释方法。

第一节　六书理论

六书作为研究汉字形体结构的基本理论，其形成时代，目前还不能追溯得比战国更早。然而，这种理论虽然出于后人对于早期汉字研究的理论总结，但它却并非不可以作为古人造字的基本方法。尽管六书理论并不完全适用于对古代文字形体的解释，但其中的某些内容又确实与造字的关系非常密切，因此，汉儒以六书理论为造字之本，这种看法是颇有根据的。事实上，我们对于六书理论的研究，一方面是要借此了解古人造字的基本方法和基本规律，另一方面则要从中归纳出识读古代文字的有效手段。

"六书"一名初见于《周礼·地官·保氏》，但还没有具体内容的说明。《保氏》将六书纳于六艺之一，作为教授学童识字的基本理论。关于六书的具体内涵，直至西汉晚期才有了明确的解释。到东汉时期，对六书的研究主要有三种意见，一是班固，说见《汉书·艺文志》；二是郑众，说见《周礼注》；三是许慎，说见《说文解字叙》。许慎的解释最为完整，他不仅详列六书名目，而且还给出了六书的定义，并同时举有相应的字例。现将三家各自主张的六书名目与排列次序详列于下，以便比较。

班固：象形　象事　象意　象声　转注　假借
郑众：象形　会意　转注　处事　假借　谐声
许慎：指事　象形　形声　会意　转注　假借

班固作《艺文志》乃因袭刘歆的《七略》而成，郑众为郑兴之子，许慎的老师贾逵为贾徽之子，而郑兴、贾徽也同为刘歆的弟子，因此三家六书说其实都应出于西汉的刘歆，而刘歆之学又承其父刘向而来。荀悦《汉纪》卷二十五引刘向《别录》云：

> 凡书有六本，谓象形、象事、象意、象声、转注、假借。

东汉学术重视家法的风尚使刘向的六书学说发生了根本改变。据此可见，班固的六书说虽直袭刘向，但郑众、许慎的理论却对刘氏的说法有所修正，这些修正尽管从表面上看只是名称和次序的差异，其实则反映了他们对于文字起源及其发展规律的不同认识。班固所继承的刘氏六书说归纳得颇为整齐，象形、象事、象意、象声属于一类，转注和假借属于另一类。前一类反映着文字产生的先后次序，而后一类虽与创造字形的工作无关，却应体现着早期文字创造新词的方法。许慎的六书理论与这种说法最为接近，只不过他将刘氏的象形与象事互调，象意与象声互调，并且会意一名取郑众的说法，又变刘氏的象事、郑众的处事为指事，刘氏的象声、郑众的谐声为形声。尽管许慎以为指事字的出现比象形更早，形声字的出现又比会意更早，但他将造字法与造词法截然分开的做法却与刘氏没有丝毫的不同。

郑众的六书说其实是自刘歆之后最有创意的理论，他改变了刘氏的六书名目，打破了将六书截然分为两类的做法，以转注与假借纳入到造字的方法之中，将字形的创造与字义的发展融为一体，使文字更明确地显示出字义的衍申变化以及其记录语言的特点，致字形与字义的关系呈现为一种可描述的动态形式。按照郑众的理解，转注和假借都不是在所有文字创造完成之后才出现的用词习惯，转注位于会意之后，假借位于处事之后，这种安排意味着，两种方法早在形声字出现之前早就发生了。毫无疑问，这个次序不仅将文字的创造置于语言发展的背景下加以研究，对于形声字出现原因的探求极具启发，即使从先民不可能将造字法与造词法彼此分割的做法来看，这个意见也是客观公允的。

古人创造文字的方法并非机械不变的，而随着文字功能的转变和语言的发展有所进步，这意味着六书造字法一定是适应这些需要的产物。简而言之，由于文字初创时只需借助人神共识的图像建立沟通的渠道，因以表意为旨的象形造字法最先诞生，在此基础上发展出的指事造字法当然也具有同样的作用。其后随着文字从通神扩大为记录语言，文字的词性和词意都需要丰富，人们不仅要创造实词，更要创造联络实词的虚词，于是会意、转注和假借的方法应运而生。古人可以利用会意法创造动词，以转注法丰富字意，而虚词的创造尽管可以由形声造字法完成，但以假借法创造虚词则体现了更为古老的做法。与此同时，文字的结构也渐生变化。在文字专注于以字形表意而实现人神沟通的时代其实并不需要表音，而当其渐至用于记录语言，表音的功能便不可或缺了。不仅指事字可以通过指事符号表音，会意字也可以通过会意符号注音，致使文字的结构中开始出现明确的记音成分，甚至假借法更直接以音假法造词。这些做法都使文字因其逐渐与语言的结合而更注重读音，并最终导致了形声造字法的产生。很明显，语言因声达意的特点决定了文字如果适用于记录语言就必须走向表音。虽然象形、指事、会意、形声可以完整地涵盖一个字的形、音、义，况且在形声字出现之前，文字也都有其固定的读音，但专门用以表音符号的出现仍然体现了表意文字发展为表音的重大转变，这当然缘出文字满足于记录语言的要求。这种转变既为假借法的出现奠定了基础，更为形声造字法的产生准备了条件。目前所见的早期文字资料恰可以证明这种看法，同时印证了郑众有关转注、假借分居六书之中且先于形声的主张，因此，郑众的六书次序其实对于讨论文字的起源与发展是极具价值的。以往学者皆因郑氏的六书理论特异而以为无稽，但叶大庆《考古质疑》以为："古人制字，皆有名义，或象形而会意，或假借而谐声，或转注而处事。"这些说法虽然未必阐明了郑众六书学的本质，但却肯定了郑学的价值。事实上，郑氏的六书学是颇值得深入研究的学说。

清乾嘉以来的学者普遍以为所谓象形、象事、象意、象声四书为造字之法，而转注和假借二书为用字之法。造字之法的目的在于创造新字，而用字之法则为通字义诂训。唐兰甚至打破六书而提出象形、象意和形声的所谓"三书"理论[①]。然而陈澧于《书江艮庭徵君六书说后》则坚守六书造字的传统说法，他认为：

> 戴东原谓指事、象形、形声、会意四者为字之体，转注、假借二者为字之用。段懋堂谓宋以后言六书者不知转注、假借所以包括诂训之全，乃谓六书为仓颉造字六法。如江氏之说，则转注诚造字之法，

---

① 唐兰：《古文字学导论》，齐鲁书社1981年版，第401—404页；《中国文字学》，上海古籍出版社1981年版，第75—79页。

而非诂训。又假借如本有正字，而经典相承用假借字者则用字之法，若"西"字"来"字本无正字，假借鸟栖来麦之字，安得谓非造字之法乎？则谓六书为造字六法，又可讥乎？

这种说法并非没有道理。转注和假借虽然并未创造新字，但却创造了新词，这当然也是一种创造，尽管与创造字形的四法相比，其与造字的关系要相对疏远，但清儒将新字的创造与新词的创造截然分开，却并不符合语言和文字发展的一般规律。事实上，六书理论作为古人对于造字方法的总结应是可以接受的事实，象形、会意、指事、形声四法创造了新的字形，可以称为造字之法；而转注和假借是在原有的字形上创造了新词，因此可以称为造词之法。

有关六书义例，目前所见唯有许慎一家之说。然而许氏的说法颇为笼统，将其运用于古代文字的分析，也有很多不尽符合事实的地方，所以宋人郑樵利用六书对文字进行了新的分类。但他没有机会接触更多的古代文字，而以经过规范的后世文字适应六书，所得结论当然也就错误百出。比如郑樵于象形之下又分兼生一类，包括形兼声和形兼意，其中以"齿"、"箕"、"壘"、"禽"为形兼声，其实都已是形声字，而非象形；而他认为的形兼意的"爵"、"页"其实都是象形字，而"弃"、"具"、"兵"、"共"则为会意字，也都不可以作为形兼意的文字。这种分类方法对清代的学者仍然具有影响，如朱骏声、王筠等人都曾根据隶变后的规范文字而以六书进行分类，结论自然也不甚可靠。因此，既然六书反映了古代文字的创造活动，那么对于这一理论的研究，脱离出土的早期古文字资料是不可想象的。

六书理论到底形成于什么时代，现在已很难稽考，假如它并非像学者普遍认为的那样只是战国时代的人们根据当时流行的文字的一种理论总结的话，那么班固、郑众和许慎三种不同的六书名目与六书次序或许就有可能反映着文字发展的不同阶段。事实上，刘歆与班固的学说于造字四法皆称"象"，即留有早期文字形成的明显痕迹。而许慎理论中的"形声"一名，无论相对于班固的"象声"抑或郑众的"谐声"，其所体现的文字规范的程度都已大为进步。因此对于早期的六书理论，过多地注入人为的是非倾向而予以取舍并不适宜，三家六书说既有其合理的成分，也存在不甚合理的内容，这种现象似乎反映了文字动态发展和演变的基本特征，显然，将不同的六书学说综合地加以分析则是必要的工作。

一　象形

许慎《说文解字叙》云：

　　象形者，画成其物，随体诘诎。日月是也。

"画成其物，随体诘诎"意即依照客观物象的形状，随其凹凸满损、方圆曲直进行直观的描绘，目的则是使所描绘的图像符号必须能够真实地反映物象本身的形象特点，而这个形象本身也就构成了文字固有的本义。

原始象形文的取象基础当然只能是人们熟悉的客观物象，包括天文、地理、动物、植物、人体和器物，这六项内容可以基本概括象形文的取象范围。郑樵在《六书略》中将象形文又分为正生和侧生，正生包括天物、山川、井邑、艸木、人物、鸟兽、虫鱼、鬼物、器用、服饰十项，而侧生又分象貌、象数、象位、象气、象声和象属六项，其中侧生的六项虽以类分之，但有些文字的创制方法或可归入正生，或已不属象形，如属象位的"ナ"本为左手的象形，应属人物，而属象貌的"文"、"生"则为象意字，已不属象形。所以郑氏对于侧生的分类其实并没有什么根据，而他对于正生的划分虽明显可以看出是受《易·系辞》的影响，但又过于杂乱。唐兰则将象形文归纳为四类，第一为象身，凡人身的五官四肢，几乎每一部分都有物可象；第二为象物，包括自然界的一切，只要能画出来的物象，皆属此类；第三为象工，凡人类发明的工具、武器、建筑、服饰，皆属此类；第四为象事，即为许慎所讲的指事，包括一些抽象的形态和数目[①]。这种分法虽比《系辞》的分类大为简明，但将指事字统统归入象形，其合理性仍需研究。不过有一点应该特别强调，无论《系辞》的分类，还是郑樵、唐兰的分类，早期象形文本该包括的一类基于先民的宗教观念与神化想象的文字却都没有涉及。如甲骨文的"虹"字本作"🜨"，象双首龙形，是出于对彩虹为双首龙的描写及想象；而"龙"本作"🜨"，是对苍龙星象所构成的形象的描写及想象[②]，这些文字所占的数量虽然不多，但确实可以作为独立于《系辞》六类之外的一类象形文而存在，甚至

---

① 唐兰：《中国文字学》，上海古籍出版社1981年版，第87—88页。
② 冯时：《中国早期星象图研究》，《自然科学史研究》第九卷第二期，1990年；《中国天文考古学》，社会科学文献出版社2001年版，第307页。

这类象形文的出现时代也非常之早①。当然，将其归入天文一类也很合理。

古人以象形方法造字，总是描绘物象的常态特征或终极特征，这样才能将许多看似类似的事物细致地加以区分。如"日"、"月"同写星辰，但"月"本作"☽"，以月亮的亏缺为常态，而"日"本作"☉"，又以日实为常态，如此则"日"、"月"便有了明确的标准。又如"马"、"象"、"豕"、"犬"、"狼"虽同写动物，但"马"本作"🐎"，以长鬣为特征；"象"本作"🐘"，以长鼻为特征；"豕"本作"🐖"，以短尾为特征；"犬"本作"🐕"，以卷尾为特征；"狼"本作"🐺"，以曳尾为特征。而"鸟"、"乌"、"鸡"皆属禽类，但"鸟"本作"🐦"，以短喙为特征；"乌"本作"🐧"，以巨喙为特征；而"鸡"本作"🐓"，以高冠为特征。又如"虫"（它）、"蚕"二字取象极近，但"虫"（它）本作"𧈧"，象虺蛇巨首细身曲阿之形；而"蚕"本作"𧊔"，则像蚕身首一体之形。可见二者的分别，都是突出其最具特点的部分。而"禾"、"来"、"黍"同写作物，但"禾"本作"𥞫"，以谷物成熟而穗头低垂为特征；"来"本作"𥝩"，象直穗的麦作成熟而侧叶弯垂；"黍"本作"𥠛"，则象黍作成熟而穗散折垂之形。作物初生时的形状并不容易区分其品种，但成熟之后的特征则表现得十分鲜明，所以作物成熟的状态才可被古人用为造字的取象基础。据此可见，古人以象形之法造字，其于事物特征的观察是极为仔细的。

象形造字法所创造的文字都是独体之文，后人借秦篆而解六书，则又谓象形乃有独体与合体之分，这种说法与实际情况并不符合。段玉裁《说文解字注》云：

> 有独体之象形，有合体之象形。独体如日、月、水、火是也；合体者，从某而又象其形，如眉从目而以⺁象其形，箕从竹而以𠙹象其形，衰从衣而以𣎳象其形，畷从田而以𢀖象耕田沟诘诎之形是也。……此等字半会意，半象形，一字中兼有二者。

---

① 早期动物的象形文都据其静止的状态而描绘，所以四足的动物只画两足，两足的动物只画一足。而在河南濮阳西水坡仰韶文化宗教祭祀遗迹中，作为苍龙形象的蚌龙无论是以四象的面貌存在，还是以驾驭灵魂升天的灵蹻而存在，都只画两足，从而与并存的虎作四足的形象形成鲜明的区别。可见早在公元前第四千纪的中叶，龙的形象已据星象的形象而得以神化。参见冯时《天文考古学与上古宇宙观》，《中国史新论》，联经出版公司2010年版。

这种观点如果与早期的甲骨文、金文对照分析，则可见其无据。如"眉"字甲骨文作"🀄"或"🀄"，金文作"🀄"或"🀄"，象目上生眉之形。眉本依附于目而存在，所以眉的象形文必须连目而绘。而秦篆作"眉"，于字形已有讹变。许慎据此更以"𠂇"上之"𠂆"乃象额理，更是望文生义的臆说。"箕"字甲骨文作"🀄"，金文作"🀄"，本象簸箕之形，后增"丌"为声符而作"其"，已由象形文规范为形声字，后因"其"久借为虚词，于是又在"其"字的基础上添加"竹"为意符而写作"箕"，形成了新的形声字。"衰"于战国文字作"🀄"，本为象形文，秦文字则截取其下部的"🀄"为声符而制"衰"字，已规范为形声字。此与"裘"本作"🀄"为象形文，后作从"衣""求"声的形声字的道理相同。而"畺"字甲骨文作"🀄"，金文作"🀄"，乃象田之分界，为象形文，后增"田"为形符而规范为形声字。由此可见，这些由段玉裁称之为所谓合体象形的文字其实都是独体的象形文，只不过段氏将其后孳乳而成的形声字或象形文的变化结构误认为合体的结构而已。事实上，象形文都以事物的整体形象作为所描写的对象，因此其所产生的象形符号只有独体之文，并没有什么合体的象形之字。而每一个象形文都有其固定的字形、字义与读音，成为构成文字的最基本的符号。

二　会意

会意于刘歆、班固又叫象意。许慎《说文解字叙》云：

> 会意者，比类合谊，以见指㧑。武信是也。

段玉裁《注》："刘歆、班固、郑众皆曰会意。会者，合也，合二体之意也。一体不足以见其义，故必合二体之意以成字。谊者，人所宜也。先郑《周礼注》曰：今人用义，古书用谊。谊者本字，义者假借字。指㧑与指麾同，谓所指向也。比合人言之谊，可以见必是信字。比合戈止之谊，可以见必是武字，是会意也。会意者，合谊之谓也。"故据许说可知，凡会意之字必由不同的"文"相互组合，从中反映出新的字义。然而从文字发展的角度讲，早期的会意字并不是通过所谓"比类合谊"的方法创造的，它们大多以独体的形式出现。因此，如果许慎所说的会意只是专指那些由不同的"文"组成的复体之"字"的话，那么早期的独体会意字更适宜遵循刘歆的说法而称为"象意"字。这意味着会意字的发展应该经历了由独体之"象意"文字到合体之"会意"文字的发展过程。

甲骨文和早期金文的"天"作"🧍"，象人正面站立而独大其圆首，这个字如果用六书去分析，应该属于独体的象意文字。天是圆的，位于宇宙之颠，形象并不容易表现。然而古人有以人身比附宇宙的传统，头在人身之颠，恰与天在宇宙之颠的位置相合，而且圆形的人首也与盖天家所认识的圆形天盖的形状吻合，于是古人便以圆形的人首象征圆形的天。《淮南子·精神》："头之圆也象天，足之方也象地。"《大戴礼记·曾子天圆》："天之所生上首，地之所生下首。上首之谓圆，下首之谓方。"卢辩《注》："人首圆足方，因系之天地。"这些思想恰好反映了"天"作"🧍"的造字理念。因此，古人以人的圆首象天其实正运用了象意的手法。其后"天"又作"𠘱"，从"大"从"上"，比类二字而会天在人首之上的意义。《说文·一部》："天，颠也，至高无上。"正是基于这一字形的解释。至此，象意之文则发展为会意之字。

会意字是从早期的独体象意文字发展而来，对于说明这一问题，我们还可以举出一些证据。如"鼾"字本作"🙂"，象人卧息而独大其鼻，为象意文字。《说文·鼻部》："鼾，卧息也。"卧息也即睡卧鼾起之意，所以《广韵》训"鼾"为"卧气激声"，谓鼾声劲烈，故造字者独将鼻子突出而绘，用意十分巧妙。而相同之字见于同一彝器则又作"🙂"，已为合体之会意字。其中睡卧之人与鼻子分为二体，"⺈"象人睡卧之形，"𦣻"则象鼻孔喷张而鼻毛外飘，而鼻毛飘动正可喻鼾声，其后更由"𣎆"演变为"隶"，作为声符。《说文》以"鼾"读若"讪"，正象鼾声。所以"鼾"从原始的象意文字发展为会意兼声之字，后又发展规范为形声字，这个脉络清晰可察。《说文·尸部》又有"屓"字，也以"卧息"为训，与"鼾"相同，应当就是"🙂"字的隶变，仍保留着其本为象意字的特征。

象意文字相对于会意而言应该是独体的，它在字形上近似象形文字，但与象形文不同的是，象意文字对于字义的表示并不强调这一完整形象的本身，而只注意其字形可意会的意义。如"终"本作"🍂"，象树叶零落之形，但字义并不以陨萚为义，而以落叶将尽而意会终了。又"者"本作"𣎴"，象日出之前晨光暗昧而树影朦胧之形，但此字于甲骨文用为"睹"，今作"曙"，专指昧爽时刻。《说文·日部》："昧，昧爽，且明也。"又："睹，且明也。"且明意即将明而未明之时，所以"者"字本不以树影朦胧为义，而是借树影的朦胧以说明光影暗昧的景象，并寓指天色将明的时段。又如"若"本作"𦰩"，象人理发而使其顺畅之形，但字的本义并非旨在表现理发的动作，而在于强调其梳理的结果，故"若"有顺义。而"交"本作"🔲"，象人交两髀之形。《说文·交部》："交，交胫也。从大，象交形。"然而两髀相交却并不是造字者通过字形所要传达的本义。古人以"髀"为测影之表，这个传统不仅古老，而且根深蒂固。表是测影的工具，当然也是测定四时和四气的工具，四气主分阴阳，因此古人制"交"字而独交其两髀，正是以象征髀表的腿骨的交泰暗寓阴阳之气的交通①。很明显，通过这些字例可以看出，象意造字法所体现的先民的想象是丰富的，象意文字所表达的语意也是丰富的，它既有古人对于自然万物的细微观察，也有形而上的哲学思辨。

独体的象意文字大部分在创制之初即已具有了固定的形体，有些则也可自合体的会意字省减而成。如"吴"本作"🔲"，为会意字。《说文·矢部》："吴，大言也。从矢口。"又云："矢，倾头也。从大象形。"许慎所训"吴"为大言，实即大声喧噪之意，徐锴解为"矢口以出声也"；段玉裁《说文解字注》谓"大言非正理也，故从矢口"；朱骏声《说文通训定声》以"大言疑矢言之讹，谓反侧之言"。皆不明"吴"字本义。其实古人合"矢"、"口"二字而会意，并不是以"矢"为大言的发声者，而是要借"矢"字作"🔲"的倾头之形，而表示其闻听大言而避让的姿态。所以古人以"口"示放声喧噪之音，而以"矢"示惊于其声而让避之态，合二字而作"🔲"，正象人闻讙哗之声而惊闪躲避之形，这便是"吴"字所会之意。其后又于"吴"字独取"矢"而别造新字，以象人倾头之形。但早期"吴"、"矢"二字互用，读音也同，如文献之"叔虞"，金文则作"叔矢"（叔矢方鼎），仍可见"矢"源于"吴"的变化轨迹②。

早期的独体象意文字并不很多，所创造的文字数量有限，因此以会意之法造字，将两个甚至更多的象形符号进行重新组合，则是古人采用的更为普遍的做法。人们可以通过借人与人之间的不同关系而创造文字，也可以通过建立人与物或物与物之间的关系创造会意字。总而言之，会意字打破了独体之文象意的局限，因此它所创造的文字的数量与词类都远非象形与象意可比。

以会意的方法造字存在两种不同的形式，其一是以形会意，其二是以

---

① 冯时：《天地交泰观的考古学研究》，《出土文献研究方法论文集初集》，台湾大学出版中心2005年版。

② 冯时：《叔矢考》，《古文字与古史新论》，台湾书房出版有限公司2007年版。

意会意。所谓以形会意,即通过不同文字字形之间的联系而表达新的字义,而以意会意则是借文字字义的联系而传达字义。运用以形会意的方法,人们可以借人与人、人与物、物与物的不同组合,通过表现它们之间的不同关系而创造新的文字,如"从"作二人相随之形(𠚤),"众"作三人相聚之形(𠈌),"北"作二人相背之形(𠁁),"保"为一人反手负子于背之形(𠣉),"並"作二人并立之形(竝),"替"为二人替换之形(𣊭),"毓"作妇人分娩之形(𠧪),"夾"作大人挟二人之形(夾),"鬥"作二人相搏之形(𠬝)。

如果人们强调身体的某一部分与他人的关系,也可以创造相应的会意字。如以手接生为"孚"(𥃦),双手弃子为"弃"(𠔉),手系发辫为"奚"(奚),以手逮人为"及"(及),以手捉人而使之服为"𠬝"(𠬝),以手抑人为"印"(印),走在人前为"先"(先)。

这些文字虽然反映了人与人之间的联系,但这显然不是先民活动的全部,人们需要为建立人与各种事物的联系而造字,以便表现生产与生活的更广泛的活动。如"伐"象以戈击人之形(伐),"休"象人倚树休息之形(休),"依"象人服衣之形(依),"浴"象人浴澡之形(浴),"饮"象人饮水之形(飲),"耤"象人踏耒耕作之形(耤),"执"象枷梏人手之形(執),"刖"本作割锯人足之形(刖)。在这方面,相同的符号有时由于组合形式的不同,便会体现出完全不同的字义。如"即"本象人就食之形(即),故有"就"或"正在"之义;"既"则象人回首而就食完毕(既),所以字有"已经"之义;而"饗"作二人对坐共宴之形(饗),遂有饗义。显然,会意字通过字形结构的不同变化,可以产生丰富的字义。

如果仅仅强调人体各个器官与不同事物的组合,人们也可以根据不同的字形体会出相应的字义。如"占"作骨中呈现卜兆而以口问龟断事之形(占),"监"作皿中储水而人自上视之监照之形(監),"頮"作人以皿中之水洗面之形(頮),"闻"作人掩口无声而耸耳静听之形(聞)。在这些文字中,"口"、"目"、"又"、"耳"本为象形文,但在会意字中却都表示相应的动作。如"口"喻贞问断事,"目"喻监临,"又"喻抹面,"耳"喻聆听。又如"止"是足掌的象形文,但却可以表现行走的动作,如二足相过为"步"(步),二足涉水为"涉"(涉),二足登山为"陟"(陟),二足下山为"降"(降),一足外行为"出"(出),一足反至为"各"(各),围邑而行为"韋"(韋)。"夭"本趋义,其下从"止"为"走"(走),更从三"止"为"奔"(奔)。值得注意的是，在会意字的字形结构中，会意符号位置和方向的不同对于字义的表现往往具有重要的影响。

手是从事生产生活的重要器官，因此在会意字中，手与不同事物的配合便可以表现不同的字义。如以手措物为"叉"（🖐）,以手取贝为"得"（🖐）,以手捕鸟为"获"（🖐）,以手奉肉为"祭"（🖐）,以手握禾为"秉"（🖐）,手持二禾为"兼"（🖐）,以手把玉为"弄"（🖐）,以手执旗为"史"（🖐）,以手持弓挟矢为"射"（🖐）,以手开户为"启"（🖐）,以水洗手而盘皿盛之为"盥"（🖐）,以手牵象为"为"（🖐）,以手收穗为"采"（🖐）,以手摘果为"采"（🖐）,手解牛角为"解"（🖐）,以舟相付为"受"（🖐）,以杖及人为"爰"（🖐）,一人持物而他人争之为"争"（🖐）,双手贡册为"典"（🖐）,双手奉豆进禾米为"烝"（🖐）。

物与物组合而成的会意字也有很多。如"宝"作室中储贝玉之形（🖐）,"集"作群鸟栖于树上之形（🖐）,"喿"作树上群鸟共鸣之形（🖐）,"初"作制衣之始而以刀裁之之形（🖐）,"绝"作以刀绝丝之形（🖐）,"析"作以斤析木之形（🖐）,"間"作门隙见月之形（🖐）,"沈"作以牛沉河之形（🖐）,"昃"作日过中而人影斜侧之形（🖐）。事实上，某些会意字何以必须具有某一特定的意义而不能改变，其原因除反映古人特有的观念之外，地域的因素也不可忽视。如"莫"即古"暮"字，象太阳落于草莽之中（🖐）,为什么这样的景象一定是指黄昏，而不可以指旦明？原因就在于造字者所处的地理位置以东方为海域之地，所以旦时看到的景象正为日从水中而出（🖐）,而西方唯见森林草莽，昏暮之时便呈现日落于丛林之中的景色。由此可见，地理特点的差异对于会意字字义的限制也具有决定性的意义。

会意字的另一类结构为以意会意，这种方法所强调的并不是字形之间的联系，而是通过不同会意符号字意之间的联系以创造新的文字。如"黍"作黍作的象形文而从水（🖐）,其本义却并不表现黍栽于水田之中，而是取水性暗喻黏性，以指黍作性黏的特点；而与其相对的"穈"字则以散粒饰于作物周围（🖐）,以示穈作不黏而性散的特点。其他文字如大火为"赤"（🖐）,日永为"昶"（🖐）,往古水灾之日为"昔"（🖐）,月出为"朏"（🖐）,山高为"嵩"（🖐）,人言为"信"（🖐）,表意已经更为直接。这种通过不同符号意义方面的联系而创造文字的方法，对于隶变之后汉字的创造依然适用。如不正为"歪"，山石为"岩"，小土为"尘"，上小下大为"尖"等,不一而足。

会意字本是通过不同象形文形义的联系而表现字义,因此重在表意,并不重表音。如"爲"作以手牵象,"得"作以手取贝,"寶"作室中藏贝玉,其字形结构中本来都没有专用于表音的成分。但在另一类会意字中,构成文字的形义部分有时却也同时兼具表音的作用,于是许慎将这种现象称为"亦声"。《说文》中所列的"亦声"字例很多,如《匚部》:"医,盛弓弩矢器也。从匚矢,矢亦声。"实"医"本蔽矢之象,为会意字,矢则兼而表音。《页部》:"頯,头不正也,从页耒,耒,头倾,亦声。""耒"本象耒而曲柄,也兼表音。又如《叒部》之"叒"为"从又屮,屮亦声",《双部》之"樊"为"从𠬞棥,棥亦声",皆属此类。然而由于许氏唯以小篆说字,不明汉字的本形及其演变过程,以致他所归纳的"亦声"也存在很多错误,其中相当一部分字例本应属于形声字,反被许慎视为会意而强以"亦声"注音。如《句部》所收"拘"、"笱"、"鉤"三字皆谓"句亦声",实际应该分别录入手部、竹部和金部,为形声字。而《丩部》所收的"𦂧"、"纠"二字皆谓"丩亦声",也当分录𦂧部和系部,同为形声字。这类形声字的产生过程犹"且"后作"祖","豊"后作"禮",都是在本字的基础上添加形旁而形成的,宋人将这种现象总结为"右文"说,显然并不属于会意字的范畴。而"饗"本作"鄉",乃象二人对坐共食之形,即为"饗"的本字。因字与宴食有关,遂后增"食"为形符而孳乳为形声字。《说文·食部》:"饗,鄉人饮酒也。从鄉从食,鄉亦声。"可见这个解释也不可取。

真正具有表音成分的复体会意字,有很多被许慎的误解湮没了。如"受"本象二人以舟相付之形,"舟"则兼表读音,"受"、"舟"古音皆在幽部,读音相同。《说文·𠬪部》解"受"作"从𠬪,舟省声"。但古文字"受"皆从"舟"而形不省,知其应为从𠬪舟、舟亦声之字。又如许氏以"信"从人言而会意,并无表音成分,但也有学者认为"信"或从"身",而"人"、"身"的古音都与"信"相同,所以也应该兼作表音。战国文字"信"又作从"言"从"仁"之形,"仁"显为表示读音的部分。古音"信"与"身"、"人"、"仁"同在真部,读音相同。此外,许慎以"即"、"既"皆为形声字,实际均为会意字。段玉裁以为"即"应分析为"从皀卩,卩亦声",这个意见是正确的。其实"既"字的结构与"即"字相同,"旡"也同样应该具有表意与表音的双重作用而为"旡亦声"。古音"即"与"卩"皆精纽质部字,"既"与"旡"皆见纽物部字,双声叠韵,读音全同。

会意字中兼表读音的形符有时是可以简化的，这种方法在许慎称之为"省声"。不同的是，许氏的"省声"之说唯见于形声字，其实会意字也存在这种现象。《说文·茻部》："莫，日且冥也。从日在茻中，茻亦声。""莫"字于甲骨文或省"茻"而作"苜"，因此"茻"作为兼表读音的符号，由于其结构的简省，对于省形的"苜"字而言也可以解作"茻"省声。相同的例子还可以举出金文的"展"字。"展"本作"展"，象展旗而旗章尽现之形，其中之"工"为展旗的工具，乃矩尺之象形，因此"工"兼作表音，显然应视为"巨"字的省形，而"展"字的本形也可分析为从"工"展旗而"巨"省声。据此可明，会意字并非只在表意，其中也有相当一部分文字，其偏旁也兼表音，这种文字由表意而表音的转变不仅体现了文字用于记录语言的发展趋势，同时也为形声字的产生准备了条件。

三 指事

指事于刘歆、班固称为象事，郑众则称为处事。许慎《说文解字叙》云：

> 指事者，视而可识，察而见意。上下是也。

许慎对于指事的定义其实并不像以往认为的那样含糊不清。所谓"视而可识"显然是指这类文字所具有的象形结构，因此指事必须以象形作为基础。而"察而见意"虽然看似会意，但从许氏所举的两个字例分析，可以看出指事字表现字义的方式并不是通过不同象形文的相互组合的形式，而是通过在象形文的基础上标注指事符号这样一种特殊的方法而完成，这意味着指事字又必须具有标识字义的指事符号。就许慎所举的"上"、"下"二字而论，"上"本作"⌐"，是在象形文的"一"字上面标注指事符号，以指事"上"义。"下"本作"⌐"，指事符号标注的位置与"上"恰好相反。尽管"一"字的取象基础我们还不好论定，它可能只是大地的象征，如"立"作"𡗐"，象人立于地，但其作为象形符号应该没有问题。因此，指事应该是以象形为基础而借指事符号标明字义的一种独特的造字方法。

段玉裁《说文解字注》对指事字有着自己的解释，其云：

> 指事之别于象形者，形谓一物，事赅众物，专博斯分。故一举日

月，一举二二。二二所晐之物多，日月只一物。学者如此，可以得指事、象形之分矣。指事亦得称象形，故乙、丁、戊、己皆指事也，而丁、戊、己皆解曰象形；子、丑、寅、卯皆指事也，而皆解曰象形；一、二、三、四皆指事也，而四解曰象形。有事则有形，故指事皆得曰象形，而其实不能溷。指事不可以会意殽，合两文为会意，独体为指事。徐楚金及吾友江艮庭往往认会意为指事，非也。

段氏的解释是非参半，他以指事别于象形在于其字义的专博之分，而别于会意则又在其结构的独合之别，这种将指事与象形、会意相区分的做法是可取的，但所确立的标准却有些绝对。段玉裁所列举的干支字本来都由象形文而借用，并不是指事字；而数字乃象算筹之形，也非指事。然而指事与象形甚至会意字的关系确实十分密切，它们的区别其实在于，象形文是以事物完整的独体形象表现字义，会意字则是将不同的象形文加以重新组合后表现字义，而指事字与二者不同，它是通过指事符号对某一形象的指识而反映字义。因此在字形的结构上，指事字必须是以象形文作为基础；而在字义方面，指事字既可以强调某一完整形象的局部特征，也可以强调这一完整形象的其他特征或相对位置。朱宗莱《文字学形义篇》以指事字"形意兼施，虚实互用"，则是比较切近的说法。指事符号指形以明意，则意又有虚实之分。所以，象形与会意虽然同样表意，但它们并不是通过指事符号来完成表意的工作，因此构成了与指事字的根本区别。

指事字必须依附于象形而存在，并以指事符号强调某一完整形象的局部，这一点通过对古文字字形的分析可以看得很清楚。如"木"为象形文，但古人并不想表现树木的整体，而只强调其根部，于是在树根的位置添加指事符号而创造出"本"字（ ）。同样，如果仍以"木"为基础而以指事符号强调树梢的部分，则又可创造出"末"字（ ）。又如"刃"是在象形的"刀"字基础上以指事符号强调刀刃（ ），"身"是在象形的人体基础上以指事符号强调躯干（ ），"亦"（"腋"的本字）是在人形基础上以指事符号强调两腋（ ），"肘"是在象形的手臂基础上以指事符号标注臂节（ ），而"厷"（"肱"的本字）则在象形的手及膊臂的基础上以指事符号标注其由肘到肩的部分（ ）。再如，天地间充满了气，故"气"字即以指事符号标于天地之间（ ）。而甲骨文又有以指事符号专示骨臼之字（ ），也可察而见意。据此可以明了指事字造字的基本原则和方法。

虽然指事字的构形基础主要是一些具体的事物，但这并不妨碍古人可以借指事而表现更广阔的空间观念。古文字"甲"本作"十",象立表测影所建立的五方,其中作为二绳之一的卯酉"—"为东西,子午"｜"为南北,二绳的交午即为中央,这当然反映了一种最朴素的宇宙观。而甲骨文"巫"作"卍",即在"十"字表示四极的位置添加了四个指事符号,从而使"巫"具有了距中央最远的四方之极的本义。甲骨文"巫"字或用同"方",也可证明这一点。沿着这样的思路,则古文字"冂"作"⊢⊣"便显然可以视为是对"巫"字所示四极之东西两极的强调。《说文·冂部》:"冂,邑外谓之郊,郊外谓之野,野外谓之林,林外谓之冂。象远界也。冋,古文冂,从〇,象围邑。坰,坰或从土。"字形与字义甚为吻合。"冋"字所从之"〇"为中央邑的象形,"⊢⊣"则相对于中央邑而为东西极远之地,这意味着古文字"國"本作"⌶〇⌶",实际就是通过在中央邑之外添加的四个指事符号强调"國"的本义乃指中央邑以外的地域。因此,"巫"、"冂"、"⌶〇⌶"其实都是运用相同方法所创造的指事字,其通过对不同空间符号的指事作用,完整地表现了中央邑之外为"國"、"國"外为"方"的政治地理概念,这当然直接关系到商周政治观的建构和正名①。

指事符号标注的数目和标注形式并非固定不变,皆随表意的需要而定,它既可以是一个简单的标记,如"刃"字,也可以是数个简单的标记,如"亦"、"巫"等字。古文字"周"即以指事符号标明田中遍植之形(田),也体现了同样的方法。当然,除这些简单的标识之外,指事符号还可以具有其他一些特殊的形式,如"厷"以一条弧线标识肱部,指明字义。而"员"("圆"的本字)本象圆鼎之形,因此指事符号需要特别强调其圆形的鼎口,于是便配以鼎形而绘于鼎口的位置(𪔅),其后更有省略鼎形而独存其"〇"的文字,已由本为圆鼎的意义概括而指一般意义的圆形。甲骨文表示方圆的"方"本作"囗",大概也具有相同的简化过程。这种以形象标识文字的方法可能就是刘歆、班固所谓的"象事",因此,指事的造字原则应该包括以符号标注字义的"指事"和以形象标注字义的"象事"两种方法,而郑众所谓的"处事"意犹辨事,似乎更能概括指事与象事的双重内涵。

指事字中还有一类兼而表音的文字,其字形中的表音符号同时具有指事的作用。如"嚨"本作"𠮷"(《粹》1267),"腹"本作"𧈧"(史墙盘),皆将

---

① 冯时:《中国古代的天文与人文》,中国社会科学出版社2006年版,第25—37页。

音符置于文字所要表现的人体的相应部位而完成指事。这类文字之所以区别于形声字，关键即在于其表音符号在字形中的位置固定不变，因此完全可以视之为指事字逐渐声化的结果。如"腹"又作"✱"（《合集》5373），"偝"（后背之本字）或作"✱"（偝作父乙尊），都是在完整指事字的基础上复以声符指事。事实上，指事兼声与会意兼声一样，均体现了表意文字最终服务于记录语言的需要。

学者或以为指事字本不存在①，或者以为指事文字原来只是抽象的记号②。通过我们对古文字的分析可知，传统的六书将指事字别为一类是颇有道理的。它虽然表意，但与象形和会意借字形表意的方法完全不同，而有其自身的鲜明特点。然而指事又必须以象形为基础才能实现其表意的目的。因此，许慎将指事置于象形之前，以为是比象形更早产生的文字，这种观点与事实并不符合。

四 形声

象形、会意和指事都属于最早产生的表意文字，而形声字则是相对晚出的表音文字。然而形声虽然重在表音，但是由于它是在早期表意文字基础上发展起来的，因此也仍然保留有表意的成分。

关于"形声"，许慎在《说文解字叙》中给出了他自己的定义：

> 形声者，以事为名，取譬相成。江河是也。

段玉裁《注》："事兼指事之事，象形之物，言物亦事也。名即古曰名今曰字之名。譬者，谕也。谕者，告也。以事为名，谓半义也。取譬相成，谓半声也。江河之字以水为名，譬其声如工可，因取工可成其名。其别于指事、象形者，指事、象形独体，形声合体。其别于会意者，会意合体主义，形声合体主声。"由此可知，形声字必由表形与表音的两部分组成，形符为表示字义类属的部分，声符则标识字的读音。这当然反映了相当规范的形声字的结构。

表意文字发展为形声字并不是一蹴而就的，许慎的所谓"形声"，在刘歆、班固则谓之"象声"，于郑众则曰"谐声"，这些名称的不同或许反映了

---

① 唐兰：《古文字学导论》，齐鲁书社1981年版，第86—87、403—404页。
② 唐兰：《中国文字学》，上海古籍出版社1981年版，第70—71页。

各自对于形声字的不同理解。徐锴《说文解字系传》："象则形也。谐声言以形谐和其声，其实一也。江河是也，水其象也，工可其声也。"将"象"视为名词，但不合"象形"、"象事"、"象意"之说。段玉裁《注》："形声即象声也，其字半主义，半主声。半主义者，取其义而形之。半主声者，取其声而形之。不言义者，不待言也。得其声之近似，故曰象声，曰形声。郑众作谐声，谐，詥也，非其意。"这些说法都不能将形声字视为发展演化的产物，而只以其作为一种固定不变的模式，是不够客观的。

早期文字是否存在象声字，这是饶有兴趣的问题。如甲骨文"彭"本作"彭"，象伐鼓之声，其中"壴"为鼓的象形文，而"彡"象鼓声，所以"彭"字的读音即取鼓声，这显然属于象声文字。《说文·壴部》："彭，鼓声也。从壴，彡声。"以"彭"为形声字其实并不正确，段玉裁改为"从壴从彡"，合于本义。但"彡"象鼓声，后来又独立为文而用作祭名，或也作为其他形声字的声符，如"酚"、"肜"、"彤"等。又如"鼾"古作"鼾"，象人卧息之声，所以以鼻中之毛外飞以象鼾声强劲。而字本读如"虺"，正取鼾声。因此"鼾"虽本为会意字，但字中象声的"木"符也可以独立而为声符，如"隶"本作"隶"，即应为从"又""木"声的形声字。据此可以看出，古代的象声字不仅存在，而且其所象声音的部分甚至还可以独立成文，这意味着不仅那些表现声音的文字可以作为象声文字，甚至来源于声音的文字也可以视为象声。因此，象声字其实并不是指规范之后的形声字，而是原始的具有声音象征意义的表音字。显然，象声的概念应该反映了初始的表音文字，或以这种初始的表音文字统及后起的包括形声字在内的一切具有表音成分的文字。

郑众所谓谐声的概念比象声和形声所涵盖的范围都更为广泛且明确，它既视象声字中表音的部分为谐声，也视形声字中的声符为谐声，因此能够更全面地反映文字表音功能的形成和发展，当然也最符合语言和文字的演进过程。而许慎只强调谐声文字中形音兼备的形声系统，尽管在类别上厘划得更为清晰，但却舍本逐末，将表音文字形成的基础遗忘了。

形声字由形符和声符两部分构成，但声符的位置可以居上，也可以居下，可以居左，也可以居右，可以居中，也可以居外，并不固定。如许慎所举的"江"、"河"二字后来都属于左形右声的结构，"郡"、"郊"则属于右形左声的结构，"萌"、"芽"属于上形下声的结构，"悲"、"恐"属于下形上声的结构，"圜"、"固"则属外形内声的结构，而"问"、"風"则属内形外声的结构。这种形声结构的划分主要是对隶变后的汉字而言，而先秦古文字的形声结构相当随意，并没有严格的规范。

大部分形声字属于新创造的文字，呈现一形一声的简单结构，但也有相当一部分形声字是对旧有的象形、会意或指事字规范的结果，这部分文字的结构比较复杂。对于后一类形声字，有些则于原有象形文的基础上添加形符，甚至叠床架屋，使之变为形声字。如"春"本作"屯"（ ），象种子抽芽之形。甲骨文或见"今屯"（《前》4.6.6），意即今春，"屯"因象种子萌芽而用为季节名称，后更增添"日"符而别制形声字作"旾"（ ），专指春季。而春季为万物生长的季节，所以又将草木符号附加于"旾"而作"萅"（ ），形成了从"艸""旾"声的新的形声字，其字形的发展是递进变化的。《说文·艸部》："萅，推也。从艸从日，艸春时生也，屯声。"许慎将"萅"字分析为从"艸"从"日"而"屯"声，为二形一声之字，显然掩盖了文字形体的演变特点。

会意字的形声化趋势也表现出相同的现象。古文字"寶"本作室中藏贝玉之形（ ），后增声符"缶"而为形声字（ ）。《说文·宀部》："寶，珍也。从宀玉贝，缶声。"学者或据此以为"寶"为三形一声的形声字，并不正确，原因就在于我们不能将"寶"字原作室中藏贝玉这一完整的形构拆分来解释，那将意味着"寶"所比类"宀"、"玉"、"贝"而会意的字义消失，从而使"寶"丧失了其造字的基础。因此"寶"也应是在" "形的基础上添加声符而形成的形声字。

由指事字发展而成的形声字同样存在这种现象。古文字"國"本作" "，象中央邑以外的地域，后或增"弋"为声符而作"或"（ ）。《说文·戈部》："或，邦也。"又《囗部》："國，邦也。"古"或"、"國"同字，为外服封疆之界，于是又增形符"囗"或"匚"以围之而作"國"、" "。

这些实例显示，形声字的结构虽然复杂多变，但是如果将其纳入文字发展的过程之中分析，其结构就都应视为一形一声。以往学者或者根据某些形声字所表现出的看似复杂的结构而指出所谓复形复声的说法，其实都是对形声字结构的误解[①]。因此我们对于形声字的分析，必须以一种发展的眼光去审视其结构的形成与变化。

会意字中有时为了结构简化的需要，兼表读音的符号甚至可以作省形处理，这种方法在形声字中也得到了应用。《说文·蚰部》："蠹，虫也。

[①] 高明先生对此已有详细的研究，参看《中国古文字学通论》，文物出版社1987年版，第60—61页。

从蚰，屡省声。"又《尸部》："屡，转也。从尸，襄省声。"又《衣部》："襄，丹縠衣也，从衣，琞声。"由此可见，"琞"为上述三字的基本读音。但为什么"䗅"、"屡"不直接注出"琞"声，而非得采用省声的形式？原因就在于许慎以为不能过分地离析字形，这种考虑到形声字发展的做法比他对于复形复声的说法科学得多。"屡"本从"尸""襄"声，后声符简省作"褰"，故曰"襄"省声；"䗅"本从"蚰""屡"声，后声符简省作"屋"，故曰"屡"省声。

省声的现象在商代甲骨文中既已存在。"高"乃楼观之形，下层设窗，甲骨文"高"本有极象形的写法（盒），但多简化（高）；而"膏"字既见不省的形体（膏），也有省简的形体（膏）；"蒿"字也见省声之"蒿"与不省之"蒿"两种结构。凡"高"字的省作皆因形符占据了楼下设窗的位置所致。

除省声之外，形声字中还有一种省形的现象。《说文·高部》："亯，小堂也。从高省，回声。"又："亭，民所安定也，亭有楼。从高省，丁声。"又："亳，京兆杜陵亭也，从高省，乇声。"三字本皆从"高"。鉴于"高"字在作为声符的时候可以存在省形的现象，所以"亯"、"亭"、"亳"三字为从"高"省形的结构也应是可信的。又如"哲"字本作从"德"、"折"声之形（悊），其中的"德"字也可省形而作"惪"（悊）。由此可见，古文字形旁的繁省在不影响字义的情况下是可以随意变化的。

《说文·寢部》："寐，卧也。从寢省，未声。"又："寤，寐觉而有言曰寤。从寢省，吾声。"甲骨文"寤"为会意字作"寤"或"寤"，或象寐觉而有言，或作寐觉而张目，也可明许说的根据。

尽管许慎的省声、省形之说有其合理的部分，但也不能否认其中的很多说法恐怕都出于臆断，因此自清以来，不少学者对此存有疑虑。如许慎以"宫"为"躬"省声，便与古文字的材料不符。又以《老部》的"耋"、"耆"、"耇"、"耆"、"耆"、"寿"、"考"、"孝"皆从"老"省，但古文字资料显示，"老"本作"老"，晚到春秋时期才逐渐形成"老"的字形，而《说文》所列的文字有些出现很早，皆从"老"而不省，与许慎的说法不合。因此，了解文字结构的省与不省，需要根据古文字资料全面梳理相关文字的发展规律，才能获得相对客观的认识。

五 转注

许慎《说文解字叙》云：

> 转注者，建类一首，同意相受。考老是也。

许慎对于转注的定义，历代学者各有不同理解，大致可分主形、主意和主音三种意见。

1. 主形派　以徐锴为代表。《说文解字系传》卷一云：

> 转注者，建类一首，同意相受，谓老之别名有耆、有耋、有寿、有耄，又孝，子养老是也。一首者，谓此孝等诸字皆取类于老，则皆从"老"，若松、柏等皆木之别名，皆同受意于木，故皆从"木"。后皆象此。转注之言若水之出源，分歧别派为江为汉，各受其名，而本同主于一水也。又若医家之言病症，故有鬼疰，言鬼气转相染箸注也。

以一字表意偏旁意义的互注为转注，这个看法在某种意义上与形声字的造字原则是重叠的。清江声作《六书说》，则将转注以字形为标准的说法阐述得更为明确。其云：

> 立"老"字以为部首，即所谓"建类一首"。"考"与"老"同意，故受"老"字，而从"老"省。"考"字之外，如"耆"、"耋"、"寿"、"耇"之类，凡与"老"同意者，皆从"老"省而属于老。是取一字之意以概数字，所谓同意相受。叔重但言考者，举一以例其馀尔。由此推之，则《说文解字》一书凡分五百四十部，其始一终亥，五百四十部之首即所谓一首也。下云凡某之属皆从某，即同意相受也①。

主形派的观点认为，许慎所说的转注实际是以他所建立的五百四十部为基础，凡属同一部首的同义字就构成转注的关系。

2. 主意派　以戴震、段玉裁为代表。戴震《答江慎修先生论小学》云：

> 《说文》："老从人毛匕，言须发变白也。""考从老者，丂声。"其解字体，一会意、一谐声甚明。而引之于《叙》，以实其所论转注，不宜自相矛盾，是故别有说也。……震谓"考"、"老"二字，属谐声会

---

① 《丛书集成初编》本。

意者，字之体；引之言转注者，字之用。转注之云，古人以其语言，立为名类，通以今人语言，犹曰互训云尔。转相为注，互相为训，古今语也。《说文》于"考"字训之曰"老也"，于"老"字训之曰"考也"，是以《叙》中论转注举之。《尔雅·释诂》有多至四十字共一义，其六书转注之法欤？别俗异言，古雅殊语，转注而可知。故曰"建类一首，同意相受"。……数字共一用者，如初、哉、首、基之皆为始，卬、吾、台、予之皆为我，其义转相为注，曰转注①。

关于这个意见，段玉裁在《说文解字注》中也有明确的阐述。其云：

> 转注犹言互训也。注者，灌也。数字展转，互相为训，如诸水相为灌注，交输互受也。转注者，所以用指事、象形、形声、会意四种文字者也，数字同义，则用此字可，用彼字亦可。……"建类一首"，谓分立其义之类而一其首，如《尔雅·释诂》第一条说始是也。"同意相受"，谓无虑诸字意恉略同，义可互受相灌注而归于一首。如初、哉、首、基、肇、祖、元、胎、俶落、权舆，其于义或近或远皆可互相训释而同谓之始，是也。独言"考""老"者，其㬎明亲切者也。《老部》曰："老"者，考也。"考"者，老也。以考注"老"，以老注"考"，是之谓转注。盖"老"之形从人毛匕，属会意；"考"之形从老，丂声，属形声。而其义训则为转注。全书内用此例不可枚数。但类见于同部者易知，分见于异部者易忽。如《人部》"但，裼也"，《衣部》"裼，但也"之类，学者宜通合观之。异字同义不限于二字，如裼、裸、程皆曰"但也"，则与"但"为四字；"窒"、"寘"皆曰"塞"也，则与"塞"为三字，是也。

主意派明确指出转注实非造字之法，而为用字之法，认为许慎所说的"建类一首"应以字义分类，转注即为字义的互训，而与字形无关，凡字义相同者皆可互训，即构成转注的关系。

3. 主音派　以章炳麟为代表。他在《转注假借说》中以为：

> 余以转注、假借悉为造字之则。泛称同训者，后人亦得名转注，非

---

① 见《戴震文集》卷三，中华书局1980年版。

六书之转注也。同声通用者，后人虽通号假借，非六书之假借也。盖字者孳乳而寖多，字之未造，语言先之矣。以文字代语言，各循其声，方语有殊，名义一也，其音或双声相转，叠韵相迤，则为更制一字，此所谓转注也。……何谓"建类一首"？类谓声类。……首者，今所谓语基。……考、老同在幽类，其义相互容受，其音小异。据形体，成枝别；审语言，同本株。虽制殊文，其实公族也。非直考、老，言寿者亦同。循是以推，有双声者，有同音者，其条例不异。适举考、老叠韵之字，以示一端，得包彼二者矣。是故明转注者，经以同训，纬以声音，而不纬以部居形体。同部之字，声近义同，固亦有转注者矣。许君则联举其文，以示微旨。如芋，麻母也；蕇，芋子。古音同在之类。……蓨，苗也；苗，蓨也。古音同在幽类。……若斯类者，同韵而纽或异，则一语离析为二也。即纽韵皆同者，于古宜为一字。渐及秦汉以降，字体乖分，音读或小与古异。《凡将》、《训纂》相承别为二文，故虽同文同音，不竟说为同字。此转注之可见者。顾转注不局于同部，但论其声，其部居不同若文不相次者，如士与事、了与㐱、丰与莑、火与烠、燬，……在古一文而已，其后声音小变，或有长言短言，判为异字，而类义未殊，悉转注之例也。若夫畐、葡同在之类，用、庸同在东类，画、挂同在支类，羕、恭同在东类。……此于古语皆为一名，以音有小变，乃造殊字，此亦所谓转注者也。其以双声相转，一名一义，而孳乳为二字者，尤彰灼易知。如屏与藩，并与匕，旁与溥，亡与无，象与豫，墙与序，谋与谟。……此其训诂皆同而声纽相转，本为一语之变，益粲然可观矣。若是者为转注[1]。

章氏以转注为造字之法，即以同音的原则而创造同义之字，因而认为许慎的"建类一首"即以声类归意。

这些对于转注的争论实际涉及了两个层面的问题，其一，许慎转注的定义究竟是什么？其二，许慎给出的定义是否符合六书的本义。而上述三派在讨论转注的问题时，皆将许氏的定义与这个定义的是非问题混淆而论，因此需要重新审视。

首先必须澄清的是许慎转注定义的内涵，准确地说，我们谈论许氏的定义便不能脱离《说文》而作任意的想象。《说文解字叙》云："其建首

---

[1] 章太炎撰，庞俊、郭诚永疏证：《国故论衡疏证》，中华书局2008年版。

也，立一为耑，……毕终于亥。"明确提出其所谓的"建类一首"就是指《说文》起一终亥的部首系统，因此，许慎所认为的转注字必须是纳于同一部首的互训之字，从这一点看，主形派的说法比较符合许慎的原意。

既然如此，许慎所立的转注定义是否符合六书的本义则是接下来需要讨论的问题。阐明这个问题，我们同样需要从两个方面进行思考。首先，六书转注的本质是什么？它究竟是一种造字方法，还是仅仅体现着古人的用字原则。戴震注意到，《说文》以"造字"之法解"老"为会意，又解"考"为形声，而在《叙》中反以"考"、"老"为转注，这种现象是彼此矛盾的，因而他认为许慎其实并不以转注为造字之法，从而指出凡指事、象形、形声、会意为造字方法，而转注和假借则为用字之法的观点①。然而事实并不这么简单，因为根据对古文字资料的分析，六书中的假借其实与一般以同音假借的文字使用方法并不相同，它也是一种造字的方法，而与象形诸法不同的是，六书的假借虽然没有创造新字，但却创造了新词。如果这样，则六书中仅将转注摒除在造字的方法之外，这种现象是颇令人费解的。因此，六书中的转注同样不宜视为与造字无关的用字方法。这一点章炳麟已经指出。

转注如果作为一种造字的方法而存在，那么它是像象形诸法那样创造了新字，还是同假借之法一样只创造新词？我们知道，许慎对于"老"、"考"二字字形的分析明确属于创造新字的方法，而在《叙》中对"老"、"考"转注的分析则旨在阐明二者的关系，显然，这种关系无论涉及字义还是字音，都已与创造新字形的工作无关，因此从许氏"同意相受"的说法考虑，所谓转注应该就是以相同形符为基础而创造同义词的方法，由这种方法创造的新词并不表现为新的字形，而是在原有字形的基础上将本字注入新的词意。如甲乙二字具有相同的形符，而转注之法则是将甲字的意义转注于乙字，从而使乙字富有了与甲字相同的意义。按照许慎的解释，转注法所创造的同义词必须是形符相同的文字。

许慎以为，转注字因具有相同的形符，其义可以互注，于是受注字在其本义之外又兼有了新的字意，这种做法使同一字形具有了不同的意义，终使早期文字一字只有一义的现象发生了根本改变，这当然体现了文字的进步。如《尔雅·释诂上》："迥、违、遐、遏，远也；迥、远，遐也。"郭璞《注》："遐亦远也，转相训。""迥"、"远"、"遐"都具有不同的字意，其

---

① 戴震：《答江慎修先生论小学》，《戴震文集》卷三，中华书局1980年版。

中必有一义为本义之外的转注意。因此许氏以"同意相受"的"意"区别于"比类合谊"之"谊"，以明受注字的转注之意并非该字的本义。然而许慎以"建类一首"作为转注的条件，却并不符合先秦文字的特点。我们知道，在秦统一和规范文字之前，由于文字的形符并不固定，因此先秦古文字事实上并没有严格意义上的部首划分。形符由于意义相同或相近可以通用，这种现象比比皆是，如"姓"也作"侳"，"咏"也作"詠"，"宕"也作"店"，"留"也作"圼"①，其例不胜枚举。而这些互用的形符，经秦统一文字才被最终固定了下来，并由许慎于《说文解字》中分别立为部首，因此，所谓"建类一首"的观念其实反映的只是秦以后人们的文字观念，这种观念并不符合先秦古文字的构形原则。显然，许慎以建类一首来确定转注字的标准，是以晚期的规范文字臆说先秦尚未规范的文字系统，这个定义不甚符合六书的转注本义。所以，先秦时期以转注之法创造新词的工作不仅包括形符相同的文字，而且也应包括那些因形符的意义相近而可以互为使用的文字。至于很多字形不同或形符不同但具有相同字意的文字，其原因或因方言所致，或由时代所成，这些同意字互用的现象虽然也可以用"转注"的事项归纳，但已不属于六书转注的范畴。

创造字形的工作当然只能使一字具有一个本义，而转注作为一种创造新词的方法虽然没有创造出新的字形，但却丰富了汉字的字意，因此它是汉字从一字一义走向一字多义的重要转折。其原则是以意符相同或相近的字转相为训，从而将甲字的本义转赋于乙字，使乙字在其本义之外又获得了新的字意，最终造成文字字意的丰富。郑众将转注厕于象形和会意之后，暗喻这种方法出现于表意文字的创造之后，也可证明这种方法与语音无关，而只注重字义的转训。事实上，字意的扩大不可能等到所有文字创造完成才发生，根据郑众的看法，古人以转注的方法创造新词，这种做法远在表意文字创造之后就已经出现了。这与刘歆、班固和许慎将文字的创造与词意的发展截然分开的做法相比，显然更能客观地反映文字产生和演进的历史。

六　假借

六书的假借与一般文字使用的通假不同。许慎《说文解字叙》云：

假借者，本無其字，依聲託事。令長是也。

---

① 高明：《中国古文字学通论》第三章第三节，文物出版社 1987 年版。

许慎确立的假借定义与其所举的例证并不和谐,"令"由命令的本义而为发号施令的人,"长"由长短之长而为长幼之长,又因长幼的身份而为官长之职,其实都属于字义的引申,而并非"依声託事"的假借。戴震《答江慎修先生论小学》虽以假借为用字之法并不确切,但以"依于义以引申,依于声而旁寄"而分假借为因义之引申与因声而假借两系,则是较为客观的说法。因此我们可以将假借分为因义而借和无义而借两类,因义而借重在字义的引申与借用,可谓"依义託事";而无义而借则唯重字音的相同,可谓"依声託事",这两种方法应该共同构成了六书假借的本义。

因义而借和无义而借虽然都没有创造新的字体,但却创造了新的词汇。如作为方位名词的"北"本为"背"的会意字,后因君王面南背北君临天下的固有位置而借为方位之"北"。"西"本为鸟巢的象形文,因鸟归巢而栖必在日西将落之时,故又借为方位之"西"。作为干支名词的"甲"本为立表测影所定五方的象形文,而中国传统的时空观乃以确定方位为决定时间的基础工作,所以"甲"便移用为记录时间的天干之首。而"来"本为瑞麦的象形文,麦非本土作物,乃自西方传入而来,因此又借为归来的"来"。"禽"本为罕毕的象形文,故借用为擒获字。这些由本字引申其义而创造的新词都体现了因义而借的思想。而"隹"本为飞鸟的象形文,后假借为语气词;"其"本为簸箕之象形文,"之"本为足掌的象形文,"女"本为妇人的象形文,"兹"本为丝之象形文,后皆假借为代词,其中"之"除可依义引申为动词之外,还可假借为语气词;"九"本为手肘的象形文,"萬"本为蝎子的象形文,后皆假借为数词;"自"本为鼻子的象形文,后则假借为介词;"翼"本乃蝉翼的象形文,后假借为"翌";"于"字本象虽晦,但假借为介词和连词的事实却很清楚。这种因假借而得的新词词义与本字的字义毫无关系,显然属于依声托事的方法。很明显,这些新词的创造虽然没有以一种新的字形结构显现出来,但却具有了新的字意,当然也应视为造字之法,这与文字使用中的假借现象没有关系。

假借与转注一样,都使同一字形获得了新的字意甚至新的用法,但假借又与转注不同,转注旨在同意的相受,它使一字而兼具数意,而假借则通过字义引申或依声托事的方法创造了更多的新词。这不仅是对表意造字法的一种有效补充,而且对于丰富汉语的词汇,使文字更方便记录语言而用于交流,都具有非常重要的作用。事实上,古人运用象形、指事方法创造的文字一般多为名词,这决定了早期的书面语形式只能呈现为若干名词的堆砌。而当人们学会以会意的方法创造出动词,又以假借的方法创造出用以联络名词、动词的更丰富的虚词词汇的时候，文字才可能真正具有记录语言的功能，从而使书面语的形式发生根本的改变。

通过以上字例的分析可以明显看出，利用假借方法所创造的新词虽然都是表意的方法不便创造的，但却并非形声的方法所不能创造的，这意味着以假借创造新词的方法必须出现在形声造字法形成之前。郑众的六书次序以假借之法先于谐声，这种观念无疑客观地反映了文字发生和发展的历程。因此，郑氏的理论不仅体现了他对六书的深刻见解，难能可贵，而且也是诸种学说中最近事实的一种。

第二节　古文字形旁的通用

研究先秦古文字，除必须首先熟悉文字的形体特点之外，还应了解汉字结构变化的一般规律，其中最重要的一点就是字形通转的规律。所谓字形通转，是指凡意义相同或相近的文字在作为用以表意的偏旁时往往可以相互通用的现象，学者或称之为"字形通转"[1]，也称为"义近形旁任作"[2]，或"义近形旁通用"[3]。这种现象一般只出现在形声字和少数会意字中，它虽然使文字的字形发生了改变，但对字义却没有本质的影响。因此对于这一规律的研究不仅有助于了解汉字的结构特点，而且对于古文字的考释也极有裨益。

汉字义近形旁的互作并不是晚世才出现的现象，在先秦古文字系统中，这一方法已经得到了普遍的运用，因此它无疑体现了古人独特的造字理念。事实上，尽管形声字与会意字都需要以形符表意，但在先秦时期，已经固定的表意符号却允许被意义相同或相近的符号所替换，这一做法使古文字的形体结构更为复杂多变。这意味着人们习惯上接受的一字一形的观念在先秦时期并没有真正形成，这一方面由于当时的文字始终在繁缛与简化之间发展演变，文字尚未最终定型；而另一方面则体现了古人表意具体化的客观要求。因此我们研究先秦古文字，必须打破人们长期以来习惯接受的规范文字的观念，而用一种演化与发展的眼光去审视和把握先秦古文字的结构特点。

学者对于汉字，尤其是古体汉字所表现的义近形旁通用的现象已有很多研究。唐兰首先提出古文字中字形通转的规律，他认为：

---

[1]　唐兰：《古文字学导论》（增订本），齐鲁书社1981年版，第230页。
[2]　杨树达：《积微居金文说》（增订本），科学出版社1959年版，第9页。
[3]　高明：《中国古文字学通论》，文物出版社1987年版，第146页。

> 凡是研究语言音韵的人，都知道字音是有通转的，但字形也有通转，这是以前学者所不知道的。
>
> 通转和演变是不同的。演变是由时代不同而变化。……至于通转，却不是时间的关系，在文字的型式没有十分固定以前，同时的文字，会有好多样写法，既非特别摹古，也不是有意创造新体，只是有许多通用的写法，是当时人所公认的。

并同时举出大人女、巾衣、土𠂤三组义近形旁通转的实例①。其后，杨树达作《新识字之由来》，又举出舛艸、儿女、彳止三组通转互作的实例②。而高明先生在《古体汉字义近形旁通用例》中首次系统研究了义近形旁通用的现象，并列有三十二组字例③，其中二十七例增广前人所论，不仅利用古文字资料极大地丰富了汉字字形通转的实证，而且使古文字义近形旁通转的规律真正具有了理论的意义。此后刘钊作《古文字构形学》，又在此基础上增益十七组实例④，使对这一问题的梳理更为全面。现在我们综合各家的研究成果，略作补充，将古文字义近形旁通用的常见用例整理如下。

1. 大人形旁通用

佣			冕			兄		
荷			竞			係		
幾								

2. 人女形旁通用

| 毓 | | | 姓 | | | 揚 | | |
| 執 | | | | | | | | |

3. 人尸形旁通用

| 俤 | | | 仁 | | | 偕 | | |

---

① 唐兰：《古文字学导论》（增订本），齐鲁书社1981年版，第231、235、241页。
② 杨树达：《积微居金文说》（增订本），科学出版社1959年版，第9—10页。
③ 文载《中国语文研究》1982年第4期；又见高明《中国古文字学通论》第三章第三节，文物出版社1987年版。
④ 刘钊：《古文字构形学》，福建人民出版社2006年版，第335—337页。

第三章 古文字学的基本理论

4. 人卩形旁通用

偈　　　陳　　　俜

婏

5. 儿女形旁通用

鬼　　　允　　　光

6. 女母每形旁通用

毓　　　姜　　　妥

妣　　　婦　　　姦

7. 首页形旁通用

稽　　　顯　　　頭

顔　　　頎　　　頸

8. 目见形旁通用

眛　　　睦　　　親

觀　　　視　　　覲

䁕

9. 口言形旁通用

信　　　咏　　　譜

謨

10. 心言形旁通用

䜌　　　德　　　訓

11. 心口言形旁通用

謀

12. 言音形旁通用

詐　　　詞　　　　　　　譖
語　　　詨　　　　　　　譪

13. 人肉骨身形旁通用

體　　　　　　腹

14. 止足形旁通用

跨　　　跛　　　　　企

15. 足辵形旁通用

路　　　蹟　　　　　踐

16. 止辵形旁通用

逐　　　過　　　　　迅
逃　　　近　　　　　遅

17. 止彳辵形旁通用

從　　　遽
走　　　通　　　彶
邁　　　　　　　往
通

18. 辵彳形旁通用

邊　　　征　　　　復
後　　　徒　　　　返
還　　　遘　　　　德

19. 彳行形旁通用

徙　　　衛

第三章 古文字学的基本理论

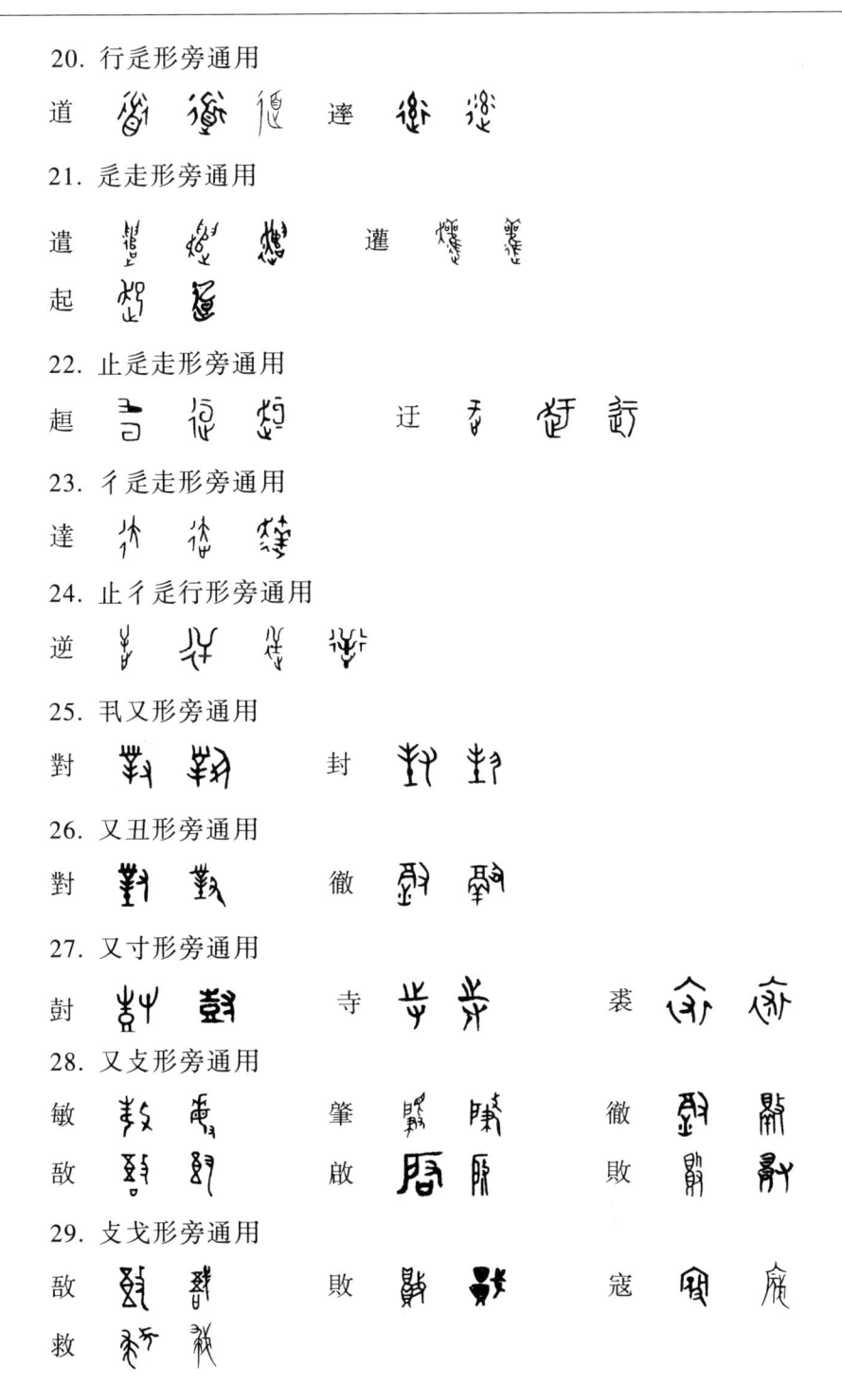

20. 行辵形旁通用

道 [篆] [篆] [篆]　達 [篆] [篆]

21. 辵走形旁通用

遣 [篆] [篆] [篆]　蓮 [篆] [篆]
起 [篆] [篆]

22. 止辵走形旁通用

趄 [篆] [篆] [篆]　迁 [篆] [篆] [篆]

23. 彳辵走形旁通用

達 [篆] [篆] [篆]

24. 止彳辵行形旁通用

逆 [篆] [篆] [篆] [篆]

25. 廾又形旁通用

對 [篆] [篆]　封 [篆] [篆]

26. 又丑形旁通用

對 [篆] [篆]　徹 [篆] [篆]

27. 又寸形旁通用

尌 [篆] [篆]　寺 [篆] [篆]　裘 [篆] [篆]

28. 又攴形旁通用

敏 [篆] [篆]　肇 [篆] [篆]　徹 [篆] [篆]
敢 [篆] [篆]　啟 [篆] [篆]　敗 [篆] [篆]

29. 攴戈形旁通用

敢 [篆] [篆]　敗 [篆] [篆]　寇 [篆] [篆]
救 [篆] [篆]

30. 戈斤刀形旁通用

撲

31. 刀刃形旁通用

初　　　　　割　　　　　則

解

32. 戉戊形旁通用

威　　　　　成

33. 牛羊豕馬鹿虎廌龜諸獸形旁通用

牡

牝

牲　　　　　　　　　　牢

逐　　　　　　　　　　犅

34. 鳥隹形旁通用

雞　　　　　集　　　　　獲

35. 羽飛形旁通用

翰　　　　　翼

36. 虫黽形旁通用

蛛　　　　　蜘

37. 屮艸茻木林森形旁通用

楚

莫

蒿

春

38. 禾木形旁通用

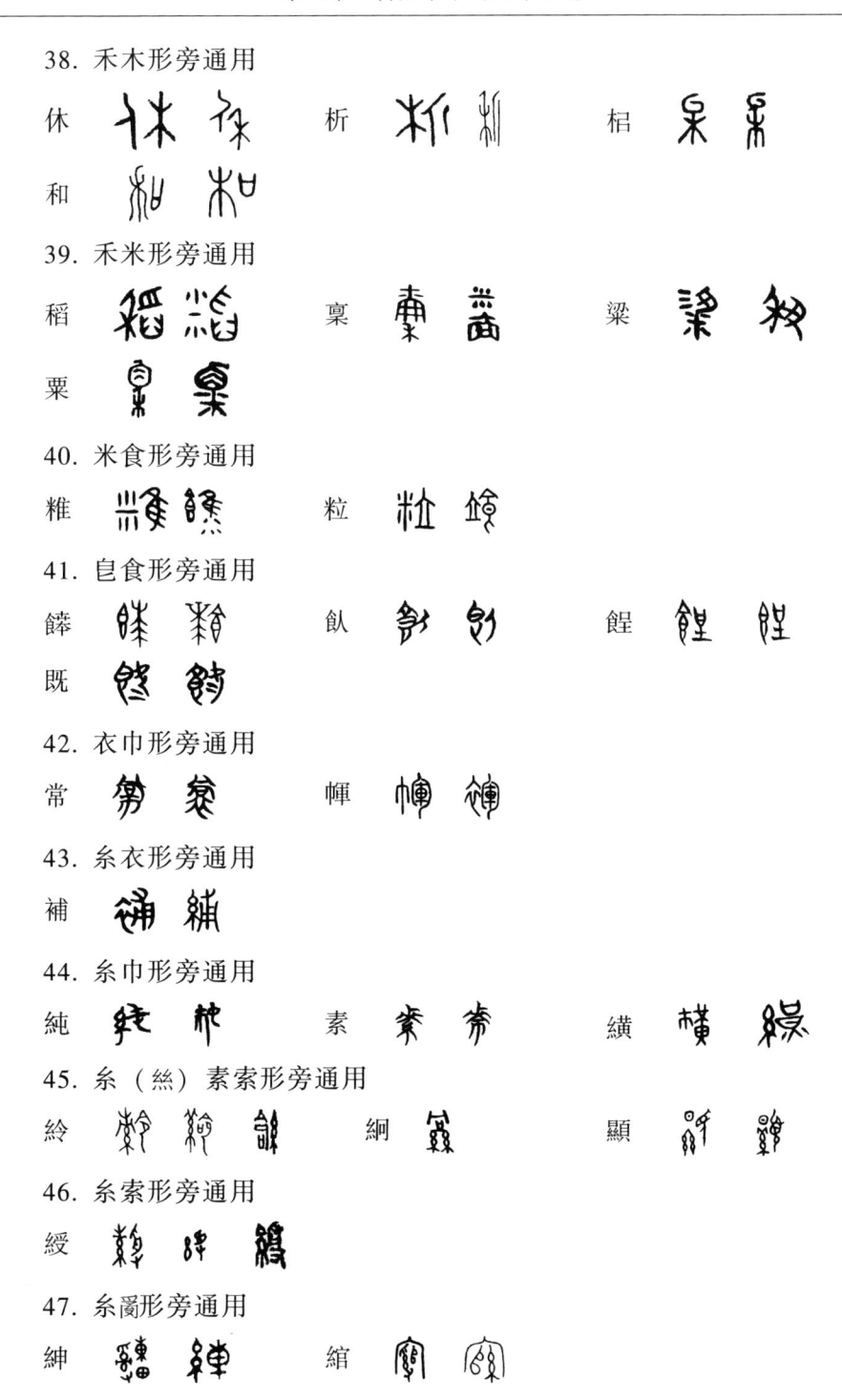

休　析　杮　和

39. 禾米形旁通用

稻　稟　粱　粟

40. 米食形旁通用

糦　粒

41. 皀食形旁通用

饎　飲　餭　既

42. 衣巾形旁通用

常　幃

43. 糸衣形旁通用

補

44. 糸巾形旁通用

純　素　繢

45. 糸（絲）素索形旁通用

紟　絅　顯

46. 糸索形旁通用

綏

47. 糸鬲形旁通用

紳　縞

48. 素索阁形旁通用

绰 [字形] [字形] [字形]

49. 糸束形旁通用

纯 [字形] [字形]

50. 宀广形旁通用

宕 [字形] [字形]　　廳 [字形] [字形]　　廟 [字形] [字形]
廣 [字形] [字形]

51. 宀厂形旁通用

寡 [字形] [字形]　　安 [字形] [字形]　　厭 [字形] [字形]

52. 厂广形旁通用

厚 [字形] [字形]　　廄 [字形] [字形]

53. 宀厂广形旁通用

疟 [字形] [字形] [字形]　　府 [字形] [字形] [字形]

54. 宀穴形旁通用

塞 [字形] [字形]　　窮 [字形] [字形]　　宴 [字形] [字形]
竈 [字形] [字形]

55. 宀口形旁通用

寓 [字形] [字形]　　家 [字形] [字形]

56. 缶瓦形旁通用

瓶 [字形] [字形]　　甌 [字形]

57. 缶金形旁通用

鉏 [字形] [字形]　　罍 [字形] [字形]

58. 皿瓦形旁通用

甄 [古文] 盎 [古文]

59. 皿鼎形旁通用

盨 [古文] 盂 [古文]

60. 皿金形旁通用

匜 [古文] 盠 [古文] 盌 [古文]
盤 [古文]

61. 斗升形旁通用

䥫 [古文] 料 [古文] 耕 [古文]

62. 㫃㫃形旁通用

旂 [古文] 旋 [古文]

63. 土𩫖形旁通用

城 [古文] 堝 [古文] 坏 [古文]
坂 [古文]

64. 土田形旁通用

封 [古文] 型 [古文]

65. 土𨸏形旁通用

疆 [古文] 陘 [古文] 陝 [古文]
阯 [古文]

66. 邑𩫖形旁通用

鄭 [古文]

67. 山𨸏形旁通用

阢 [古文] 崩 [古文]

68. 谷皀形旁通用

硷 [图] [图]　隤 [图] [图]

69. 日月形旁通用

期 [图] [图]　春 [图] [图]　昔 [图] [图]

通过以上各组字例可以看出，古文字形旁通用的现象大致可以归纳为以下四个原因。

第一，由于对事物观察视角的不同，致使同一个象形文具有了不同的结构，这样的符号用于表意当然可以通用。如"大"与"人"同为人形，唯一为正视，一为侧视；"山"与"皀"同写山形，唯一为横写，一为竖写。此外，个别会意字也会因字义的关系而改变偏旁，如"析"或作[图]（析君戟），从半木。

第二，相互通用的表意符号有时正是同一文字的繁简二体，这种形旁的互作显然不会影响表意。如"廾"用为表意符号可以简省为"又"，"行"用为表意符号可以简省为"彳"，其他如"舛"与"艸"、"鸟"与"隹"也都体现了字形的繁简变化。

第三，某些在后人看来属于类属相同的符号，但在造字者看来却可以通过字形的区别而达到表意具体化和精确化的目的。如"牡"、"牢"等字虽然在后世统一规范从"牛"，然而在甲骨文中，每字所从的不同兽类则可能意味着祭祀使用的不同牲品。"牡"从"牛"可能仅指牡牛，从"羊"则仅指牡羊，从"鹿"则又指牡鹿；而"牢"字从"牛"则指牛牲，从"羊"又指羊牲。在田猎卜辞中，"逐"字从"豕"从"鹿"的种种变化或许也暗示了人们在田猎时追逐禽兽的具体对象不同。因此，尽管殷商先民对于上述概念都已抽象出具有一般意义的词义，但至少在部分卜辞中，表意的具体化仍然是使相关文字形符变化的主要原因。

第四，表意符号意义之间的联系可以使形旁相互通用，这构成了形旁通作现象的主体。以某一固定的形符表意虽然是一种约定俗成的工作，但这并不妨碍人们以意义相同或相近的符号来替代常用的符号，这不仅反映了古人的类属观念，而且体现了他们对于事物内在联系的观察以及由此形成的对于事物独具特色的理解。如"人"、"女"二符的互用以及"土"、"田"、"皀"三符的互用可以归为类属的划分，而"口"、"言"或"心"、"言"的通用以及"土"、"章"二符的通用则显然反映了事物之间的内在联系。很明显，这些具有意类联系的文字作为形旁用以表意，当然应该体现着相同的字义。

广义的义近形旁通用的规律其实包含着义近与形近两方面内容，它是汉字尚未规范时存在的一种普遍现象。古人的这种做法不仅造就了众多的异体字，而且对于后世异体字的产生也有着深远影响。先秦时期正是汉字的创制与使用相对混乱的阶段，异体字的出现既可能有字形繁省的需要，也可能反映着不同地域人们对于事物的不同理解。因此，研究当时的文字，充分了解汉字义近形旁通用的规范乃是必需的工作。

第三节　古文字声旁的通用

汉字在规范之前，除义近的形旁可以互为通用之外，表音的偏旁有时也可以改变。虽然对于声符互作的认定要比形旁的通用困难得多，但目前的资料显示，声符的互用同样反映了汉字形体结构变化的基本规律。

许慎已对早期汉字的这一现象给予了充分关注，在《说文解字》所收的异体字中，有相当一部分都属于因声旁的相通而互作的现象。现列举数例如下。

　　禮，从示，从豊，豊亦声。礼，古文禮。
　　祀，从示，巳声。禩，祀或从異。
　　䃤，从示，彭声。祊，䃤或从方（以上《示部》）。
　　瓊，从玉，夐声。璚，瓊或从矞。瓗，瓊或从巂（《玉部》）。

除此之外，先秦古文字声旁相通的现象也很常见，兹聊举数例如下。

　　廟，𢉖（虢季子白盘）、𢉖（中山王䦆壶），从朝声，或从苗声。
　　匜，匜（季宫父匜）、匜（铸子匜），从也声，或从古声。
　　郸，𨛭（郸孝子鼎）、𨛭（侯马盟书），从单声，或从丹声。
　　裘，裘（九年卫鼎）、裘（次尊），从求声，或从又声。
　　麓，麓（《粹》664）、麓（《前》2.23.1），从鹿声，或从录声。
　　歷，歷（《京津》4387）、歷（《前》1.33.1），从秝声，或从林声。
　　達，達（师寰簋）、達（《续存》1.2011），从羍声，或从大声。
　　宿，宿（鄀子车盆）、宿（鄀子宿车盘），从佰声，或从莬声。

齍，䰜（叔鼎）、齊（仲𠚢父鬲），从妻声，或从齊声。
𣂪，𣂪（师𣂪鼎）、𣂪（嬴霝德作𣂪簋），从才声，或从甾声。
付，付（包山简）、付（包山简），从付声，或从父声。
狐，狐（《前》2.34.6）、狐（阳狐戈），从亡声，或从瓜声。
狼，狼（《花东》108）、狼（《集粹》），从㚇声，或从良声。
信，信（《玺汇》0650）、信（中山王𰯼壶）、信（《珍秦》190），从人言，人亦声，或从身声，或从仁声。

通过上揭字例可以看出，部分形声字及会意兼声之字，其表音的部分有时是可以通过读音相同的文字替换的，这在汉字形成的早期阶段显然并不是个别现象，因而也应成为汉字结构变化的规律之一。声音的通用只以同音为条件，并不受字形字义的限制，因此这一方法的使用甚至比义近形旁通用还要广泛。诚然，谨慎地区别具有这一特征的文字究竟属于因声旁的互换而形成的异体字还是不同文字因同音而假借的关系是非常必要的。如《说文·宀部》以"宇"、"寓"本为一字，唯声符互易，但史墙盘铭文二字同见，用法各异，"寓"实为"寓"字，知许氏以通假误为异体。所以确定某字因声符的替换而成为异体，必须具有多方面的证据谨慎求证。

明了这个规律对于古文字的考释至少可以起到拓展思路的作用。杨树达曾作《新识字之由来》，提出"音近声旁任作"的看法，并运用这一规律考释古代文字。如释"鞏"为"鞄"，以"陶"、"包"同音互用；释"賞"为"赏"，以"向"、"尚"同音互用；释"𦥑"为"𦥑"，以"ナ"、"差"同音互用；释"盡"为"齍"，以"妻"、"齊"同音互用①。这些工作不仅对于我们了解古文字声旁的互易现象很有帮助，同时也有益于掌握汉字结构变化的基本规律。

第四节　古文字形体的简化

汉字形体有意识地简化并不是晚近才出现的事情，事实上在文字尚未规范的先秦时期，对字形的简化就已经发生，这个工作不仅与汉字的发展相伴而行，而且构成了汉字形体变化的又一基本规律，甚至成为古人创造

---

① 杨树达：《积微居金文说》（增订本），科学出版社1959年版，第11—12页。

新文字的有效方法。因此对于这一规律的了解与掌握，于古文字学的研究尤为重要。

唐兰曾对汉字形体演变的这一现象给予了充分关注。他在《古文字学导论》中指出：

> 文字的形体和它的声音一样，时刻不停地在流动、变化，要是单拘定了固定的型式，就没有法子研究古文字。但所谓流动和变化，是有限制的，每一个变化都有原因，而在同一原（缘）由下面，许多文字必定作同一的变化。这种变化的规律，是古文字研究中最重要的对象。

唐兰对于古文字形体变化规律的强调非常必要，同时他对这种变化规律的归纳也很有意义，其中有三点特别值得重视。第一，原始象形文由于书写的繁琐，具有趋简为符号的趋势；第二，一些形体过繁的文字，往往省去重复的部分；第三，凡兽类的象形文，又常只以兽首的形象代替本字，而将首以下的部分省略[1]。这些原则的确定事实上为汉字形体简化的研究奠定了基础，而其中的某些方法，随着相关字例的积累而更具有了普遍的意义，如郭沫若通过对周初四德器的研究，证明古文字"易"本作"𢆶"，字形正是对"益"作"𥂑"的简化[2]，这使唐兰提出的第三个原则已不仅适用于与兽类有关的文字，而成为古文字形体简化甚至创造新文字的一条重要法则。

高明先生对于汉字形体简化规律的研究更为深入系统，他对唐兰所确立的原则进行分析补充，认为其中的第三项原则并不限于兽类文字，而它所体现的方法其实是对某一完整字形的截取，从而使这一原则更具有了一般的意义。不仅如此，高先生还在唐氏理论的基础上增益了新的内容，提出古文字形体简化规律的五项原则：第一，变图形为符号；第二，省略多余和重复的偏旁；第三，截取原字的一部分以代替本字；第四，以形体简单的偏旁代替形体复杂的偏旁；第五，以形体简单的新字代替形体复杂的本字[3]。这五项原则基本概括了古文字形体简化的一般规律，从而使古文字形体简化的理论更为完善。下面我们依高明先生确定的这五项原则，对古文字形体的简化现象试作梳理。

---

[1] 唐兰：《古文字学导论》（增订本），齐鲁书社1981年版，第219—222页。
[2] 郭沫若：《由周初四德器论到商代已在进行的文字简化》，《文物》1959年第7期。
[3] 高明：《中国古文字学通论》第三章第四节，文物出版社1987年版。

一　变图形为符号

原始的象形文字皆出于写实，因而据形描绘，具有明显的图案化特点。简化后则仅以线条勾勒物象的轮廓，已显符号化的特征。其例如下：

1、2.大（戍嗣鼎、颂鼎）　3、4.牛（牛鼎、《佚》46）5、6.羊（羊箙、《甲》2352）7、8.象（祖辛鼎、师汤父鼎）　9、10.犬（戍嗣鼎、《后下》41.14）　11、12.鱼（鱼父乙卣、伯鱼父壶）　13—15.虎（虎箙、《掇二》77、《甲》1433）　16—19.马（马戈、《乙》9092、《佚》980、《宁沪》1.521）　20、21.萬（萬戈、《后下》19.8）　22、23.享（祖辛祖癸鼎、《后上》12.9）24—26.鼎（贞）（父乙尊、《掇二》8、《戬》3.1）　27—29.戈（戈父丁箙、《乙》7108）
30、31.弓（弓父庚卣、同卣）

除这些独体的象形文之外，有些合体字本来也写得十分形象，宛如绘画，然而由于组成这些文字的象形文得到了简化，从而导致这些合体字的字形也由图画趋简为符号。其例如下：

1、2.旅（父乙卣、矢箙）　3、4.家（家戈父庚卣、《前》7.4.2）　5、6.奠（子奠鼎、《前》4.30.1）　7、8.获（矢伯获卣、《后下》20.1）　9、10.得（得觚、《铁》203.1）　11、12.咸（咸父乙箙、何尊）　13、14.荀（荀盘、《戬》44.13）
15、16.徙（徙觯、徙遽僕盉）

第三章 古文字学的基本理论

早期文字的图象化特征在族氏铭文中保留得特别完整，尽管如此，我们却并不能因为它们更像是绘画而否定其属于文字的性质。事实上，假如我们了解了古人变图形为符号的简化方法，就可以放心地运用这种方法对金文中大量存在的所谓"图形文字"进行重新解读，学者在这方面的探索已经获得了积极的成果[①]。因此，这种方法不仅体现了汉字形体简化的基本规律，同时也是指导古文字识读的基本理论。

二 省略重复的偏旁

在文字创造之初，原始的象形文与会意字为了表意的完整准确，字体中常常出现重复的部分或偏旁。如城埔有四门，所以城埔的象形文"𠅢"即作城垣而具四门楼之形，四门楼于是成为重复的部分；而"集"本为群鸟聚于树上之义，所以字形作三鸟栖于木上之形，三鸟于是也成为重复的部分。这种表意手法对于准确传达字义当然十分必要，然而当人们对某字的本义已有普遍的共识之后，重复的偏旁所具有的表意作用便会大大降低，于是为着书写的方便，对重复偏旁的省略逐渐成为古文字形体简化的一项重要原则。兹聊举数例以明其详。

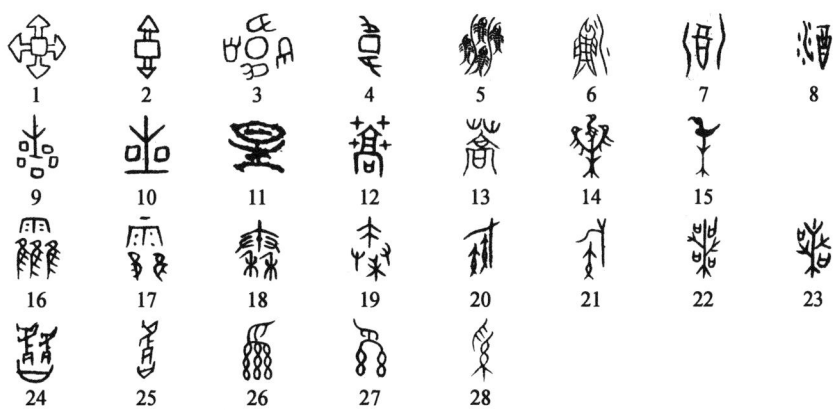

1、2. 埔（埔南鼎、《戬》40.13） 3、4. 韦（韦𧥷、《甲》2258） 5、6. 渔（子渔尊、《前》7.13.3） 7、8. 酒（《甲》2121、《合集》28231） 9—11. 星（《前》7.26.3、《拾》14.6、楚帛书） 12、13. 蒿（𪱓方鼎、曾姬壶） 14、15. 集（小集母乙觯、集父癸卣） 16、17. 霍（叔男父匜、霍鼎） 18、19. 秦（秦公簋、泹秦簋） 20、21. 族（《铁》93.1、《甲》948） 22、23. 丧（《甲》737、《佚》549） 24、25. 皆（《甲》542、《粹》968） 26—28. 系（小臣系卣、系爵、侯马盟书）

[①] 高明：《"图形文字"为汉字古体说》，《第二届国际中国古文字学研讨会论文集》，香港中文大学中国语言及文学系，1993年。

以上诸例，"䢅"即古文"墉"，本城垣之象形文，象城垣四围而具四座门楼，后因门楼的部分重复，故简省一半，仅存两座门楼以明其义。《说文·䢅部》："䢅，度也。民所度居也。从回，象城䢅之重，两亭相对也。或但从○。"据甲骨文字形分析，"䢅"字并无城郭之重的象征意义，字本从"○"，乃象城垣之形，四面门楼则正标明城门的位置。而"韋"字所从的"○"没有四门，应为围邑，即以壕堑围成的居邑的象形文。因为居邑不具城垣，所以需要卫士绕邑守卫，因此"韋"当为"衛"的本字，原为会意字，以居邑周围留下的四个足迹以示卫士环邑卫守之意。后因四止重复，故简化为二止。其他文字如"渔"字所从之"鱼"，"酒"字所从之"水"，"星"字所从之星辰的象形文，"蒿"字所从之"屮"，"集"与"霍"字所从之"隹"，"秦"字所从之"禾"，"族"字所从之"矢"，"丧"字所从之"口"，"皆"字所从之"虍"，"系"字所从之"糸"，皆因涉嫌重复而省。毋庸怀疑，这种因偏旁的重复而导致的形体简化具有极为鲜明的特点，对这一规律的掌握不仅于古文字形体变化的了解有所帮助，于古文字的考释也可获得有效的方法。

三　截取原字

古人对于字形的简化，有时也采用截取原字的方法，即将原本形体完整的字形，仅取其某一部分，以使整个字形得到简化。这种做法又可细别为三种形式，一是通过对文字字形的截取而创造新字；二是截取原字的一部分以代替本字；三是截取原字的某些偏旁，使原字字形虽有省简，但本形未失。现在列举数例试为说明。

（一）截取原字以创造新字

1. 益（㳑鼎）　2. 易（大盂鼎）　3. 彭（《甲》2698）　4. 彡（《馀》10.2）

（二）截取原字以简化字形

第三章　古文字学的基本理论　　　　　　　　　145

　　　　　17　　18　　19　　20　　21　　22

1、2. 旅（旅卣、叔噩父簠）　3、4. 车（车父己鼎、应公簋）　5、6. 法（克鼎、《玺汇》2738）
7、8. 尔（何尊、中山王䇎鼎）　9、10. 㠯（《乙》513、召伯簋）　11、12. 宝（员父尊、周窓鼎）
13、14. 召（召尊、大簋）　15、16. 于（井侯簋、兮甲盘）　17、18. 铸（叔皮父簋、师同鼎）
　　　　19、20. 马（兮甲盘、燕侯载簋）　21、22. 齿（齿父己鬲、《甲》2319）

（三）截取原字的偏旁以代替本字

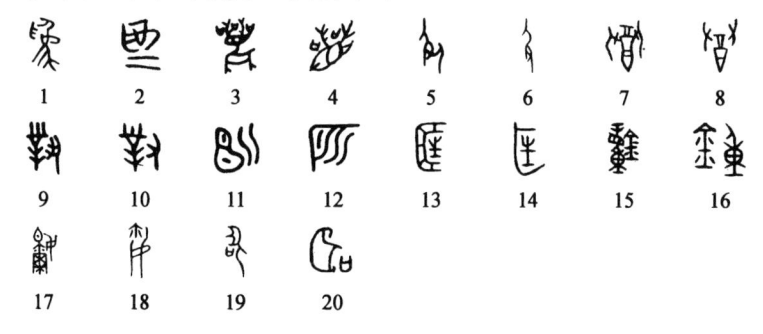

　　　1　　2　　3　　4　　5　　6　　7　　8

　　　9　　10　　11　　12　　13　　14　　15　　16

　　　17　　18　　19　　20

1、2. 彞（曾伯陭壶、东周左师壶）　3、4. 麓（《花东》37、《金》623）　5、6. 及（《甲》
2357、3412）　7、8. 鼄（《后下》24.12、《明》485）　9、10. 对（晋侯对盨、乘伯簋）
11、12. 匹（晋侯匹簋、彔伯簋）　13、14. 匡（叔家父簠、禹鼎）　15、16. 钟（多友鼎、邾
公轻钟）　17、18. 妢（叔姬簠、䳫侯簋）　19、20. 聖（《乙》5161、《后下》30.18）

　　第一种方法以截取原字而创造新字，其中的"易"是对"益"字的截取，"益"为水满而溢的本字，引申则有增益之意，于是古又用为赏赐字。古音"易"在喻纽，"益"（溢）在影纽，韵同在锡部，读音相同。"彭"本象鼓声，而"彡"是对"彭"字象声部分的截取，其用为祭祀名称，也应与伐鼓有关。甲骨文又有"酐"字为酒祭的祭名，系从"酉""彡"声的形声字，相当于文献的肜祭，或即"肜"的本字，与"彡"祭不同。古音"彭"在阳部，"彡"在冬部，读音相近。

　　第二种方法是通过对原字的截取而使字形简化，其中的"旅"字本象二人乘车建旗之形，后省却车形，仅存上部而形成"旅"字。"车"字本出象形，其特点在于有轮，所以后来仅截取车轮的部分以代替本字。这两个字形其实反映了两种不同的截取形式，一是截取合体字的部分偏旁以代替本字，二是截取独体字的某一部分代替本字。又"灋"或作"法"，即是对繁形"灋"字的截取；而"爾"又作"尔"，也是出自对"爾"字上部的截取。根据这一原则可以看出，"以"之作"㠯"，"寶"之作"窑"，同样都是出于对其繁形的截取，而"召"、"于"、"铸"、"齿"诸字的定型，也是出于这种原因。至于"马"字仅取马首为字，则是具有明显时代特征的简化形式。

第三种方法则是通过仅截取文字的某一偏旁而使文字的形体得到简化。如"为"、"麤"二字仅截取兽首以代替完整的兽形偏旁，"聖"仅截取人耳的部分以代替完整的人形，"及"、"嚻"、"對"诸字则仅截取人手的部分以代替完整的人形偏旁。又如"匹"字所从之"♀"是对繁形"🅑"的截取。"匣"本从"🅒"，后则截取其单框作"匚"。而"鐘"字的声符或从"重"，"孀"字的声符或从"尔"，也都明显可以看出是对本字繁形的截取。这种方法是通过某字偏旁的简化形式替代原来的繁形而使字形得到简化，但简体偏旁的来源却是对其繁体的截取，因此这些文字虽然省简，实际只是偏旁繁简的变化，并没有表现出文字的不同。

古人对文字字形的截取方法是多种多样的，它既可以使古文字的字体化繁为简，同时也创造了异体字甚至新的文字。因此，对文字形体的截取不仅是古文字字形简化的重要方法，而且也是创造新字或新词的重要方法。了解这种方法可使人们以新的视角看待文字之间的字形联系，这对古文字的考释工作当然极有助益。

四　以形体简单的偏旁替换形体复杂的偏旁

古文字义近的形旁和音同的声旁每每可以互用，这一规律使得形体复杂的形旁和声旁常常被一些形体相对简单的偏旁替换，从而在客观上使文字的形体得到了简化。有鉴于此，我们可以将这种简化方法归纳为替换形符和替换声符两种形式。

以义近形旁的替换而实现简化可参见第二节所列字例，如"城"本从"章"，为城垣的象形文，但因形体甚繁，遂以同意之"土"替换而使字形得到了简化。同样，"绅"字以"糸"替"鬲"、"犒"字以"牛"替"马"，也都属于义近形旁的以简代繁。

以同音声旁的替换而实现简化可参见第三节所列字例，如"臣"本从"猷"声，后被同音的"古"字替换，而"古"比"猷"字形趋简，从而实现了字形的简化。又如"裘"字的声符"求"被"又"所替换，"廟"字的声符"朝"被"苗"所替换，"郸"字的声符"单"被"丹"所替换，都是以形体简单的声旁替换了形体复杂的声旁。

以形体简单的偏旁替换形体复杂的偏旁，这种做法在古文字的字形简化过程中运用得十分普遍。事实上这些方法并不是什么新鲜的创造，而是古文字义近及音同偏旁互用的结果，只是这种互用必须以形体简单的字形代替形体复杂的字形为原则。

五 以简单的字形取代繁复的字形

所谓以简体取代繁体，主要是指某些字形体过繁，于是古人方以形体简单的同音字借为使用，其后久借不归，假借字反成为本字。如"鱻"作"🐟"（公貿鼎），"鲜"作"羹"（伯鲜盨），本为二字，后则以"鲜"代"鱻"；"邍"作"邍"（陈公子甗），"原"作"原"（克鼎），本亦为二字，后则以"原"代"邍"。这种方法是通过更换字体的方式而使整个文字的形体得到简化。类似的例子还有"麤"与"粗"等。至于在繁体之外更别创新的简体文字以取代本字，则又是另一种流行的风气。

六 随文简化

上述五种方法概括了文字在其发展过程中形体的简化原则，除此之外，文字在使用时随文简化的情况也十分普遍，这不仅包括笔画的简省和变形，而且也包括字形结构的简省。这里仅就字形结构的随文变化试作归纳。

文字形体的随文变化是指同篇或同组铭文中相同文字的字体变化，造成这种情况的原因有二，其一，因内容的需要而求变；其二，因避复的需要而求变。

（一）因内容需要的简化

文字是记录语言的符号，然而由于汉字出于表意的本质特点，古人在运用文字记录语言的同时，也会为适应内容的需要而着意对某些字形作特别的变化处理。

《合集》10405（正）记殷王田猎逐兕，但当小臣进车马之时却意外撞到王车，致子央从车上坠落。在这条卜辞中，两例"车"字形构不同，作为肇事的小臣之车的"车"字写作双轮一辕，辕端有衡，为"车"字基本完整的形象，但车中贯轮的横轴折断。显然，古人是要通过这样一种写实的字形表达小臣之车出现故障的原因。准确地说，正是由于小臣之车车轴的折断，才使车子倾斜而撞到王车。而王车的"车"字只作一般的简化形式。

同见于大盂鼎的两例"祀"字也通过繁简的变化而完成表意，其中完整的"祀"字用以描述周人的祭祀，而夺去"示"旁的"祀"字则用以描述已经丧亡的殷代祭祀。不仅如此，在同篇铭文中，涉及殷代军队的"师"

字和殷代祭祀一样，也夺去了右侧的"币"旁，所以丧亡的"师祀"仅存其半而作"自巳"。事实上，这种通过对字形繁简的特别处理而实现以字形传达文意的做法，在早期文字中运用得十分普遍。某些简化的文字可能并不仅仅只是为寻追书写的方便，而可能还兼有表意的作用。因此，古人有时为着内容的需要而简省字形，或者说通过字形的简省变化以呼应内容，从而达到内容与形式的统一，这种现象是我们研究古文字时需要特别留意的。

（二）因避复需要的简化

文字以书法的形式得以表现，书法的审美要求在于和而不同，相同的文字如果在同篇或同组铭文中反复出现而又缺少变化，这是书法审美的大忌，因此为求章法富有韵味而不致呆板，古人早已注意到于同中求异的避复变化，其中据前述五项原则省简字形就是避复的主要形式之一[①]。如大盂鼎铭文中"烝"（ 、 ）、"邦"（ 、 ）二字写法不同，数件善夫克鼎铭文"周"（ 、 ）字的形体各异。这种在同篇或同组铭文中相同文字字形的繁简变化不仅在商周金文中普遍存在，而且在甲骨文中也十分常见[②]。古人通过这样的避复变化极大地增强了书法艺术的审美意趣，使文字在实用的同时，具有了丰富的审美内涵。

古文字字形在不断简化的同时，也或有增繁的现象，这种现象除使象形、会意、指事等表意文字通过不断添加意符或声符而向形声字规范之外，还有字形本身的繁化要求。这种做法主要表现在四个方面，其一，添加饰笔，如"萬"本作" "（《前》3.30.5），后加饰笔作" "（仲簋），又演变为" "（叔五父盘）。其二，添加附缀，如"其"本作" "（《甲》862），后加附缀或声符作" "（叔向父簋）。其三，重叠偏旁，如"绅"本作" "（毛公鼎），后重叠偏旁作" "（蔡侯申缶）。其四，添加装饰，如鸟虫书的出现。然而这些繁化字形的变化在汉字的发展史上并不占主流，字形的由繁趋简仍是文字演变的主要趋势。

第五节 古文字形体的规范

在秦统一文字之前，汉字的形体结构可以说从来就没有被真正固定下

[①] 徐宝贵：《商周青铜器铭文避复研究》，《考古学报》2002年第3期。
[②] 冯时、刘一曼：《论甲骨文的书法艺术》，《中国书法全集·甲骨文卷》，荣宝斋出版社2009年版。

来，这一方面表现为同一个文字形体的变幻不定，如甲骨文"惠"字即有不下十数种变体①，而金文"贝"字的变形更有数十种之多②；而另一方面又表现为文字形旁甚至声旁等结构特征的并非固守不变的传统。事实上，文字字形结构的变化不仅体现了时代及地域的特点，也表现了书手风格的差异，这意味着对于先秦古文字而言，无论其文字的形体抑或结构，都相当混乱。

汉字形体的规范必须经过人们有针对性的整理工作，这体现在秦统一文字的重要措施。事实上在形体的规范之外，汉字由于其自身发展的需要，也愈来愈强烈地具有了适应语言交流的要求，因此原始的以象形、指事和会意方法所创造的表意文字，或增意符，或增声符，都逐渐向形声字规范，甚至原有的会意结构也开始分解，仿照形声的结构重建文字的结构系统。汉字形体结构的这种演变特点表明，所谓汉字形体的规范至少应该涉及两方面的内容，其一为汉字结构的规范；其二是汉字形体的规范③。结构规范的工作至少自殷商时代即已发生，而形体的规范则于秦篆才最终定型。

一 古文字结构的规范

古文字结构的规范是指其所体现的不同偏旁的组合形式，准确地说，某些文字自创制以来，其结构形式并不是一成不变的，由于形声文字比原始表意文字更容易创制和使用，因此文字的发展逐渐呈现出形声化的趋势和形声化的结构。

（一）表意字向形声字规范

象形、会意和指事都是早于形声的古老造字法，然而当形声造字法产生之后，形声字无论在造字的便捷方面，还是在记录语言以及行之于交流方面，都比原始的表意文字表现出更为进步的特点。于是受这种方法的影响，原始的象形文、会意字和指事字也纷纷在原有的字形上添加形符或声符，开始向形声字规范。下面列举一些字例以便说明。

---

① 参见中国社会科学院考古研究所《甲骨文编》，中华书局1982年版，第193—194页；刘钊、洪飏、张新俊《新甲骨文编》，福建人民出版社2009年版，第249—250页；李宗焜《甲骨文字编》，中华书局2012年版，第1271—1277页。
② 参见容庚编著，张振林、马国权摹补《金文编》，中华书局1989年版，第428—438页。
③ 高明：《略论汉字形体演变的一般规律》，《考古与文物》1980年第2期；《中国古文字学通论》，文物出版社1987年版，第186—189页。

1. 增添声符

禽　丫（《甲》2285）　　　阜（多友鼎）
風　🦅（《铁》55.1）　　　🦅（《粹》830）
寶　🏠（《甲》3330）　　　🏠（祖己鼎）
耤　🧑（《前》6.17.6）　　　🧑（令鼎）
铸　🫖（芮公鼎）　　　　　🫖（守簋）
周　🌾（《前》6.51.7）　　　🌾（保卣）
顊　🏠（聑顊觚）　　　🧑（《宁沪》1.500）　　🧑（大盂鼎）

2. 增添意符

祖　且（《粹》242）　　　且（縣铸）
春　🌱（《甲》476）　　　🌱（《戬》22.2）　　　🌱（蔡侯申钟）
秋　🦗（《粹》4）　　　　🦗（《掇一》435）　　　🦗（郑太子之孙与兵壶）
祭　🍖（《佚》318）　　　🍖（郜公华钟）
铸　🫖（芮公簋）　　　　🫖（哀成叔鼎）

"禽"本罕毕之象形文，后增声符"今"而规范为形声字。"風"本凤鸟之象形文，后增声符"凡"而规范为形声字。"寶"本藏贝玉于室中的会意字，后增声符"缶"而规范为形声字。"耤"本人踏耒而耕的会意字，后增声符"昔"而规范为形声字。"铸"本双手奉器灌铸之会意字，后增声符"🫖"而规范为形声字。"周"本田间稠密的指事字，后增声符"口"而规范为形声字。"顊"本口边胡须的象形文，后增声符"此"而规范为形声字。这些字例都是通过在原有字形的基础上增添声符的方法而使本字规范为形声字。

"祖"本男根的象形文，因用为祖先之祭，后增形符"示"而规范为形声字。"春"本种子抽芽之象形文，因用为春季之名，故增形符"日"而规范为形声字，此后又在形声字"萅"的基础上更增添形符"艸"而形成新的字体。"秋"本蝗虫的象形文，又作以火焚蝗之形，因用为秋季之名，故增形符"禾"而规范为形声字。"祭"本以手持肉献祭的会意字，后增形符"示"而规范为形声字。"铸"本会意字，后或增形符"金"而为形声字。这些字例都是通过在原有字形的基础上添加形符的方法而使本字得到规范。

与此同时，由于古人对于文字表意类别的区分，为同一类文字添加同一种固定的意类符号逐渐成为规范文字的有效方法。如作为国邑或地理之名的文字本多不从"邑"，后则添加"邑"为形符进行规范。同样，水名多加"水"为形符，器名则多加"金"或"皿"为形符，文字开始有系统地向形声字规范。

某些会意字由于字形复杂，不便书写，因此古人并不采用改造原字的方法规范文字，而是在本字之外另造新的形声字，并以新字逐渐取代本字。如甲骨文"沈"本作"彡"，象沉牲之形，为会意字。因字形繁缛，后别造形声字"沈"。至殷代晚期，作为会意字的本字逐渐废行，而新字则流传至今。

（二）会意字的结构变化

会意字是通过两个甚至更多符号的组合而完成表意的要求，这些符号的完整性当然与它们之间所建立的内在联系同样重要。然而当形声字流行之后，形声字形旁与声旁彼此相对独立的疏远关系显然影响着当时人们的文字观念，以至于使许多完整的会意文字，以及通过不同文字的相互联系而实现表意的会意字，也模仿形声字的结构开始解体[①]。

1、2.企（《甲》1011、《前》5.27.7） 3、4.毓（《甲》1835、吕仲爵） 5、6.保（《殷虚文字记》58、《后下》31.3） 7、8.執（《前》5.36.4、师同鼎） 9、10.偶（偶缶簋、或者鼎） 11、12.歙（《菁》4.1、善夫山鼎） 13、14.闻（《徐》9.1、大盂鼎） 15、16.佣（佣父辛爵、伯康簋） 17、18.监（应监甗、善鼎）

这些会意字本来都是通过特有的字形结构来传达字义，然而受到形声字结构的影响，会意字原本完整的字形则被分解为互为独立的偏旁。如"企"本象人举踵之形，后将人与足分解，变为两个独立的偏旁，从字形上已看不出举踵的本义。又如"毓"本象妇人分娩之形，故作婴儿头向外自产道而出之形，并以数点表示分娩时之液体。其后婴儿的位置从母亲的产道移开，与母体分解成两个独立的偏旁，字形所传达的本义已非常隐晦。再如"监"本象人临水而视之形，所以目在人首，为一完整的字形。

[①] 唐兰：《古文字学导论》，齐鲁书社1981年版，第221—222页。

其后人与目的完整字形分离，成为两个独立的偏旁。而"保"本象人负子之形，字形变化后虽然更具有形声字的结构特点，但本义已不如原有字形表达得明确。"佩"本象人颈饰贝之形，后将贝饰移于人体一侧，变为形声字的结构，则已完全失去人颈饰贝的本义。其他的字例如"偠"将人与手的完整字形分离，"欹"将人与口舌的完整字形分离，"闻"将人与耳的完整字形分离，"執"则将人与桎梏的象形文"幸"字分离，都使本来完整的字形变为互为独立的偏旁，从而打破了会意字的结构特点，使其更具有形声字的结构特征。

二　古文字形体的规范

古文字的形体规范是指每字偏旁在文字中的固定位置及固定写法，就这一点而言，先秦古文字并没有严格统一的标准，直至秦始皇统一文字，汉字的形体才得到了彻底的规范。因此，尽管相当一部分偏旁在先秦时代已经有了相对规范的写法，但古文字形体规范的工作事实上仍反映了秦统一文字的主要措施，其具体做法，高明先生已归纳为四方面的工作，即一、固定各种偏旁符号的形体；二、确定每种偏旁在字体中的位置；三、每字所用偏旁固定为一种，不得用其他偏旁替代；四、统一每字的书写笔数①。这些规范措施使汉字的形体最终定型，然而对于古文字的研究而言，与这种规范字形相对的则正体现着先秦文字形体的特点。

（一）固定各种偏旁的形体

先秦古文字的偏旁写法繁简不定，变化无常，一些象形文字本身就没有固定的写法，在作为合体字的偏旁出现时，也同样难有统一的形体，致使相同的偏旁在文字中呈现出不同的变化。如"爿"字作为形旁，在商周文字中可以出现多种字体。如甲骨文作"卜"（《佚》971）、"卜"（《铁》132.1）、"爿"（《粹》258），金文或作"卜"（长日戊鼎）、"爿"（虢叔盂）、"爿"（洹子孟姜壶）、"爿"（曾大保盆）、"爿"（命瓜君壶）、"爿"（中山王𩰫壶），这些文字无论时代相同或不同，都存在不尽一致的写法。然而经过秦规范文字的工作，"爿"已统一写作"爿"。又如"舟"字于甲骨文作"舟"（《甲》1500）、"舟"（《乙》6988），金文或作"舟"（鲁伯大父盆）、"舟"（買簠）、"舟"（公孙竈壶），其因时代的变化虽不明显，但同时代的文字仍然没有一致的写法。直至秦统一文字，"舟"则规范写

---

① 高明：《中国古文字学通论》第三章第四节，文物出版社1987年版。

作"月"。又如"页"字于甲骨文作"𦣻"(《乙》8815)、"𦣻"(《南坊》2.198),金文作"𦣻"(沈子它簋)、"𦣻"(克鼎)、"𦣻"(禹鼎),至战国时期渐趋一致,而秦统一文字则规范作"頁"。又如"虎"字受时代与地域因素的影响,字形的变化非常丰富。至战国时代或作"虍"(曾姬壶)、"虍"(栾书缶)、"虍"(《三晋》48)、"虍"(沇儿钟)、"虍"(《玺汇》3411)、"虍"(《郭店·语丛》1.30)、"虍"(中山王䜌鼎)、"虍"(《陶汇》3.1357)、"虍"(《玺汇》3123)、"虍"(《玺汇》0260)、"虍"(《玺汇》0187)、"虍"(《石鼓文·銮车》),但经秦统一文字,则规范作"虎"。

这种将每字偏旁的形体逐一固定的做法,其直接结果就是使每字的整体字形得到了规范,从而意味着规范后的汉字形体必须具有固定的书写笔数。显然,对于先秦古文字形体的规范,其基础工作就是从偏旁形体的规范入手。

(二)确定每种偏旁在字体中的位置

先秦古文字不仅偏旁的形体不能固定,偏旁的位置也同样不能固定,甚至在某些偏旁随时代的发展逐渐得到了规范之后,它们在字体中的位置仍然十分随意。如"水"作为形旁,其在甲骨文中的形体就很不规范,不仅字形繁简不定,位置也或左或右,或上或下,颇富变化。如"河"作"氵"(《铁》196.3),"沈"作"氵"(《甲》249)、"氵"(《粹》9),"汝"作"氵"(《河》607),"洹"作"氵"(《珠》393),"沚"作"氵"(《佚》375)。然而在西周金文中,"水"旁虽已基本规范为"氵"形,但在字体中的位置仍然不能固定,而且写法也有横置与竖置的分别,至战国时代依然如此。如"沱"作"氵"(逨簋),"沈"作"氵"(沈子它簋),"潭"作"氵"(作潭右戈),"涉"作"氵"(格伯簋),"波"作"氵"(《玺汇》1431)、"氵"(《睿录》11.1),"江"作"氵"(《故宫》423),"滩"作"氵"(鄂君启节),"深"作"氵"(中山王䜌壶),"洢"作"氵"(《三晋》127)。"水"旁的位置或居左右,或居上下,或居中央,写法横竖不同。然而经过秦统一文字的工作,"水"旁则规范为竖置的一种写法,且在字体中或置于左,或置于下,已不允许有其他的变化。又如"阝"旁,自甲骨文以至战国文字,其在字体中的位置游移不定,如"降"作"阝"(《前》5.30.6)、"阝"(《乙》6960),"陟"作

"☒"(《花东》14)。尽管西周以后,"𨸏"旁居左的情况更为常见,但也时有居右或居下的现象,甚至正书反书也并无分别,如"阴"作"☒"、"☒"(䰂伯盨),"阿"作"☒"(《玺汇》0317)。然而至秦统一文字,"𨸏"旁便只能以正书的形式竖置于左。又如"木"旁,在先秦古文字系统中,其位置可于上下左右随意移动,如"榆"作"☒"(《前》2.32.6)、"☒"(《前》2.33.7),"杞"作"☒"、"☒"(杞伯鼎),"柏"作"☒"(《佚》195)、"☒"(叔钊父簋)、"☒"(《集粹》),"柳"作"☒"(柳鼎)、"☒"(散盘)、"☒"(《货系》0491),"楢"作"☒"(《包山》174)、"☒"(《玺汇》2889),"李"作"☒"(《陶汇》9.54)、"☒"(古文),"柠"作"☒"(庚嬴卣),"荣"作"☒"(七年俞氏令戈)。而在经秦规范后的秦篆系统中,"木"字作为偏旁的位置已被固定了下来。如"榆"、"杞"、"柏"、"柳"、"楢"都规范为"木"旁居左,"李"则"木"旁居上,"荣"则"木"旁居下。又如"金"旁,两周金文如"鐘"作"☒"、"☒"(虡钟),"铸"作"☒"(㴑儿钟)、"☒"(荣伯鬲),"鑑"作"☒"(吴王光鑑)、"☒"(智君子鑑),"鎛"作"☒"(邾公孙班鎛)、"☒"(钄鎛戈)。显然,在先秦古文字体系中,"金"字作为偏旁并没有固定的位置,尽管其上下左右中的不同变化丝毫不会影响字义的表达,这体现了先秦人的构字习惯。然而在规范后的秦篆系统中,"金"旁或居左,或居下,已不可能再有其他的变体。

虽然随着时代的发展,先秦古文字的每种偏旁逐渐具有了约定俗成的位置,但偏旁任意移动的现象仍然十分普遍。秦代书同文的具体措施之一就是将这些偏旁在字体中的位置一一确定下来,不得随意颠倒,这不仅对先秦古文字的形体规范起到了相当实际的作用,而且对汉字的最终定型具有非常重要的意义,从而使规范后的秦篆成为从古文字到今文字的关键转折。

(三) 固定偏旁的书写方向

先秦古文字凡涉及正反方向的偏旁,书写时多不固定。如"人"作"☒",也可作"☒";"女"作"☒",也可作"☒";"止"作"☒",也可作"☒";不一而足。而规范后的秦篆,由于偏旁的书写方向得以固定,正反变化的现象便不复存在。

(四) 固定每字的偏旁

在先秦古文字系统中,字义相近的形旁与读音相同的声旁可以相互换用,这种做法不仅造就了大量异体字,而且也很难使汉字的形体真正定型。义近形旁的互用，我们于第二节已列出数十组互用条例。而声旁的通用唯以同音为限，于字形的规范更漫无标准。相关讨论可参见第三节。不过这种偏旁互用的现象在时代愈早的文字中出现得愈为普遍，而发展到战国文字，则已逐渐趋于规范，至秦统一文字，除保留了一些约定俗成的异体字外，战国时期仍然流行的某些义近形旁或音近声旁通用的现象则得到了明确规范。如"城"字的形旁可作"土"，也可作"𩫖"，秦篆则规范为"土"；"型"字的形旁或作"土"，也可作"田"，秦篆则规范为"土"；"过"字形旁可作"辵"，也可作"止"，秦篆则规范为"辵"；"信"字形体多变，"人"、"身"义近互用，"口"、"言"亦义近互用，"人"、"身"与"仁"音同而互通，秦篆则规范为从"人"从"言"，"人"亦声。此外，"廟"字或从"苗"声，秦篆规范为"朝"声；"郸"字或从"丹"声，秦篆规范为"单"声。这个措施使文字基本呈现出一字一形的面貌，对于文字的规范与定型十分必要。

当汉字有了固定的偏旁，偏旁又有了固定的形体之后，每一文字的基本笔数也就相应地被确定了下来。这些措施不仅使汉字的字形结构得到了彻底的规范，更重要的是改变了人们的文字观念与用字习惯，其影响随着秦代书同文字措施的推行，在西汉时期逐渐显现了出来。

第六节 秦代"书同文"的意义和影响

文字产生之初一定具有统一的形体，商及西周文字结构的基本稳定即是这一史实的体现，而某些文字的早晚变化或许反映出其时对文字的规范与统一[①]，这是早期社会以文字作为统一王权基本工具的性质所决定的。然而自东周以降，随着天子权威的衰落以及使用文字阶层的扩大，文字的形体日趋混乱。《汉书·艺文志》："古制书必同文，不知则阙，问诸故老。至于衰世，是非无正，人用其私。故孔子曰：'吾犹及史之阙文也，今亡矣夫！'盖伤其寖不正。"师古《注》："各任私意而为字。《论语》载孔子之言，谓文字有疑，则当阙而不说。孔子自言，我初涉学，尚见阙文，今则皆无，任意改作也。"至秦统一六国，始皇为借文字的统一以实现其王权政治一统的目的，重新推行了书同文字的措施，对汉字的发展产生了深刻影响。

---

① 参见冯时《古文字所见之商周盐政》，《南方文物》2009年第1期。

许慎《说文解字叙》:"其后诸侯力政,不统于王,恶礼乐之害己,而皆去其典籍。分为七国,田畴异亩,车涂异轨,律令异法,衣冠异制,言语异声,文字异形。秦始皇帝初兼天下,丞相李斯乃奏同之,罢其不与秦文合者。斯作《仓颉篇》,中车府令赵高作《爰历篇》,太史令胡母敬作《博学篇》,皆取《史籀》大篆,或颇省改,所谓小篆者也。"《汉书·艺文志》:《苍颉》"文字多取《史籀篇》,而篆体复颇异,所谓秦篆是也"。李斯等人在大篆及战国时代秦文字的基础上创造了秦篆,使汉字在先秦古文的系统中最终完成了定型。秦篆虽然是以战国秦文字为标准兼对大篆规范改造的结果,但却彻底打破了自文字产生以来长期形成的传统文字观,使古文字原本十分平常的一字多形的现象至少在理论上得到了杜绝。因此,秦代书同文字尽管从表面上看只是对文字字形的规范和统一,其实则在更深的层面改变了秦以后的人们看待和使用文字的观念,甚至直接影响着汉代学者对于先秦典籍的理解和认识。

先秦古文字由于偏旁形体及形符声符的变化产生了大量异体字,这使古文字不可能具有固定的字形,况上古时代文字数量本来有限,其后随着语言的发展而逐渐形成的同音通假的用字传统,更使字形在某种意义上只沦为一种记音的符号,这种注重以音达意的用字习惯在客观上也不要求文字必须具有固定的字形。因此,一字多形或一字多用的现象在先秦时代极为普遍,这当然决定了其时文本文献的基本形式。从目前所见的出土文献可知,鉴于文字的不能规范,致使先秦文献从规范文字的角度讲并无定本,这意味着文献的传承必须严守师说,从而导致了师法的兴起。具体而言,师法制度的出现毫无疑问是因其时社会的用字习惯所决定的。由于文字滥用通假成为风习,文献难有定本,故据文本的学习只能倚重师传而严从师说,于是师法便成为学术传承,特别是经学流传的重要方式。西汉经学的传续仍以师法为重,正是先秦制度的遗留。而至西汉晚期,由于秦书同文制度的影响渐致深入,文字从一字多用逐渐规范为一字一用,这种固定使用文字的结果必然导致标准文本文献的形成,这使刘向校书不仅注意文字的脱夺,同时也颇重订正异文,已开始了统一文本的工作,而这种工作在先秦的用字环境中是不可能出现的。孔子整理六经述而不作,也正是这种文字观的体现。很明显,在文字规范的时代,文本因异文的存在而不能固定是不能容忍的,但在通假流行的时代,这一问题便不是问题,这个文化背景决定了孔子与刘向在对待整理典籍的问题时采用了两种截然不同的方式和做法。自刘向之后,文本渐成标准,东汉时期更立标准经文于太

第三章 古文字学的基本理论

学，以供天下学子校勘，在这样的用字背景下，师法日衰而家法益兴，学术的发展呈现出完全不同的面貌。显然，秦皇统一文字的意义并非仅体现在政治的层面，也并非仅限于字形的规范，由于这种一字一形的文字标准实际以新的方式影响了人们的用字习惯，从而造成了文字观念的巨大变化，这种变化几乎彻底改变了人们对待先秦文字的态度和传统的文化观念。

秦篆作为古文之终、今文之祖，虽然字形还呈现着篆法的形式，但其固定的字形与用法却几乎彻底割断了先秦与汉代人的用字习惯。官方的诏令至少已经十分规范，大量发现的秦诏版，文字规范而统一，显示了朝廷建立文字标准的努力。而文本文献虽然通假字仍然流行，但有些可能来源于据早期底本的重抄，而另一些则应还留有先秦用字习惯的孑遗。毕竟一种经历数千年形成的用字传统不可能在朝夕之间即被摒除。然而到西汉中晚期，尽管人们在文字的使用中还或多或少地保留了不甚规范的用字习惯，但是由于自秦形成的一字一形的新的文字观的影响及传统用字习惯的改变，人们似乎已渐渐淡忘了先秦时代的用字传统及文本特征，而以一种新的观念去重新审视先秦文献，各据不同的文本解说经文，从而形成对儒家经典的激烈辩论，造成影响中国经学两千年的经今古文学之争。事实上，今古文之争的动因虽在于利益，但争论的缘起却终在文本。

两汉时代的经学基本上以今文经为官学而一统天下，古文经学则作为私学在民间流传。今古文经在文字上除有字体篆隶和内容的完整与残缺等区别之外①，主要则反映在用字的不同，其实即使同属今文经的诸家，如《诗》之齐、鲁、韩，用字也互有差异，这显然只能反映着对同一本字的通假现象，这在先秦通假字流行的时代本来并不成为问题，但在深受秦规范文字的新观念影响的汉人看来，经文的不同却可能反映着经义的区别。事实上这些对于经义的不同解释至少在某种意义上说明，由于秦书同文字措施的强力推动，在不足百年的时间里，人们似乎已把先秦时代特有的文字观彻底遗忘了。

就儒家五经而言，先秦文本传至西汉成为当时所见的古文经书，而西汉

---

① 《汉书·艺文志》："刘向以中《古文易经》校施、孟、梁丘经，或脱去'无咎'、'悔亡'，唯费氏经与古文同。""刘向以中古文校欧阳、大小夏侯三家经文，《酒诰》脱简一，《召诰》脱简二。率简二十五字者，脱亦二十五字，简二十二字者，脱亦二十二字，文字异者七百有余，脱字数十。"郑玄《六艺论》："孔氏壁中古文《礼》凡五十六篇，其十七篇与高堂生所传同，而字多异。"

时期以今文写成的文本则为当时的今文经书,今文经的流传有些最初只有一家,有些则数家并存。这些文本,包括古文本与今文本,以及今文不同诸家的文本,都存在用字的差异,这种经文的差异主要体现在本字与假借字的区别,如果将这些文字一一加以订正,便可看出所谓诸经文本的差异其实并不存在,后人的各种传抄都只来源于同一个底本,经文只有一种,而并不具有多种文本,这当然与古人用字较宽,所以通假字流行的传统相关,而同音字的运用尽管导致了文本用字的差异,却于经义并无损害,这充分反映了先秦时代的用字传统。《申鉴·时事》:"仲尼作经,本一而已,古今文不同,而皆自谓其本经。古今先师,义一而已,异家别说不同,而皆自谓古今。"学者指出:"所谓'古今文不同,而皆自谓其本经',显然是指经字异文,非指篆隶形体的差别。因为东汉时期战国古文早已淘汰,当时所用都是隶书。所谓'异家别说不同,而皆自谓古今',显然是指两派各据本经解说经义彼此意见不同。'仲尼作经,本一而已','古今先师,义一而已',明确说明经书原来只有一本,经义也只有一种解释,后世辗转传抄,经字出现异文,各家所取不同经文解说经义,故而出现分歧。"① 这些事实通过对出土文献与传世文献的比较已看得相当清楚②。

任何经书的形成都只有一源,并无自家之经,通假字的使用虽使文本的形式有所变化,但其所传达的经义却没有差异。这种文本形式在同音假借盛行的时代是十分正常的。事实上,由于文本没有固定的形式,师法的建立对于经义的正确传承便显得十分必要。汉代经学以西汉重师法,即是对这一传统的继承,它表明当时人们对于不同文本的经书同出一源的事实依然有所认识。而至西汉末年,家法渐兴,至东汉尤重家法,则显示了经师开始据不同抄本的经书各依异文解经的事实,这种据字说经并依各自主张取舍经义的做法,反映出至少到西汉晚期,人们对于不同文本同出一源的事实已相当陌生了。尽管当时的人们间或使用通假字,但秦书同文字带来的文字定型的影响,却使人们并不以为这种用字习惯乃是对先秦文字观的继承,从而使人们对古代文本的看法发生了根本改变。因此,秦代书同文字的措施其实并不仅仅是一种文字定型与规范的工作,同时更是对传统文字观的破除。而且由于官方的极力推行,这种对于先秦文字观的改变是极为迅速的。

---

① 高明:《从出土简帛经书谈汉代的今古文学》,《考古与文物》1997年第6期。
② 高明:《据武威汗简注郑注〈仪礼〉今古文》,《传统文化与现代化》1996年第1期;《从出土简帛经书谈汉代的今古文学》,《考古与文物》1997年第6期。

第七节　古文字的考释方法

从事古代文字的研究，首要工作就是对古文字的识读，文字不识，接下来的一切研究也就无从谈起，因此，文字的考释乃是古文字学研究的基础。

古文字究竟如何考释，前辈学者总结出很多有益的方法，前有唐兰四法，后有杨树达十四法。唐氏四法见于其所著《古文字学导论》，是为：

  对照法，或比较法
  推勘法
  偏旁分析法
  历史的考证

杨氏十四法见于其《积微居金文说·新识字之由来》，是为：

  据《说文》释字
  据甲文释字
  据甲文定偏旁释字
  据铭文释字
  据形体释字
  据文义释字
  据古礼俗释字
  义近形旁任作
  音近声旁任作
  古文形繁
  古文形简
  古文象形、会意字加声旁
  古文位置与篆文不同
  二字形近混用

杨氏十四法是基于对金文的考释而总结的方法，如果将之扩大到先秦古文字系统并略为归纳，与唐氏四法多有相合。而后七法所言皆系先秦古文字的结构特点，这些内容，唐兰虽未作为考释古文字的基本方法而提出，但在《古文字学导论》中却专设章节做了系统论述。显然，了解先秦古文字形体结构的基本理论对于古文字的考释当有很大帮助。

一　字形的因袭比较

唐氏的对照法也称比较法，其以古文字的字形结构与已识的古代文字字形相互对照比较，从而使未识之字得以识读。杨氏前四法据《说文》释字、据甲文释字、据甲文定偏旁释字和据铭文释字，即以《说文》之古文籀文、甲骨文和金文为比照对象，也都不出唐氏的对照方法。这种方法不仅可以比较对照某一完整的字形，当然也可以对照分析构成文字的偏旁，是考释古文字最普遍采用的方法。

商代甲骨文有"田"字，旧不识。唐兰据其与《诅楚文》"巫咸"之"巫"作"巫"对照，识读甲骨文"田"为"巫"字[1]，便是采用了字形对照的方法。这个意见尽管还有人怀疑[2]，但陕西扶风召陈发现的西周蚌雕巫像即于头顶契刻此字[3]，进一步印证了唐兰的考释。

西周金文有"茻"字，由上下重叠的两个"木"字构成，"木"字的字形正与《说文》所收古文"櫱"作"木"相同。古文字繁简的形体有时无异，因此可知"茻"实为"櫱"字的古体[4]。这当然也是通过字形对照的方法得以将古字释出。

"櫱"字于西周我方鼎铭作"茻"，是为初文。至战国文字虽较西周金文稍有变化，但结构特征仍未失标准。郭店楚简《唐虞之道》有"淫泆"一词，"泆"字作"𣲙"，整理者释"枯"[5]，意不可通。如果我们将"𣲙"所从之"木"与金文及《说文》古文相比，可以明显看出此字由"茻"而"木"的演变过程，因此，"𣲙"字既是对金文"茻"字的简省，又是《说文》古文"木"字的繁形，其于竹书则当读为"櫱"。此字在战国文字中又添加了"谷"字用以注音。古音"谷"为疑纽铎部字，"櫱"为疑纽月部字，声为双声，韵为旁转。显然，通过字形的对照以及不同时期字形的因袭比较，我们可以建立古文字字形演变的基本脉络，并通过这种比较确

---

[1] 唐兰：《古文字学导论》，齐鲁书社1981年版，第166—167页。
[2] 范毓周：《殷墟卜辞中的"田"与"帝"》，《南方文物》1994年第2期。
[3] 尹盛平：《西周蚌雕人头像种族探索》，《文物》1986年第1期。
[4] 冯时：《櫱公盨铭文考释》，《考古》2003年第5期。
[5] 荆门市博物馆：《郭店楚墓竹简》，文物出版社1998年版，第157页。

定古文字的释读标准。

利用古文字资料进行字形的对照比较可以很广泛，既可取商周时代的甲骨文、金文，又可取战国文字，甚至还可取秦汉时期的隶书资料，当然也有《说文》所收的古文、籀文和后人集录早期资料所编纂的字书，如《汗简》和《古文四声韵》之类。不过需要特别注意的是，由于古代文字因时代的不同而各具特点，我们在将不同时代的文字进行比较的时候，应格外留意同时代文字风格的共性以及其与不同时代文字特点的差异，并将文字早晚形体的变化规律梳理清楚。假如甲字的早期形体与乙字的晚期形体正好相同，如果不将两字各自的演变规律搞清，而只简单地比较这两个字形，便会造成释读的错误，这种对照也就失去了意义。如西周早期柞伯簋铭文有"㇏"字，此字也见于商代甲骨文，象手指挟物之形。一种意见认为，战国文字的"贤"字有时可以写作"㇏"，而这个字形正与柞伯簋铭文的"㇏"字相似。事实上，与柞伯簋"㇏"字同时代的"臤"及从"臤"之字皆作"㇏"或"㇏"形，明确显示出"臤"与"㇏"判然二字，而"臤"字至战国时代则由早期的"㇏"形演变为"㇏"（中山王䓨壶）、"㇏"（《郭店·语丛》4.12）、"㇏"（《郭店·缁衣》17），或省作"㇏"，有着自己清晰的演变规律。"又"形于此时添加了饰笔而作"㇏"、"㇏"或"㇏"，饰笔的位置不仅与"又"字脱离，且游移不定，与金文"㇏"所呈现的物在手指中央并连为一体的结构明显不同。因此以晚出"臤"字的省形"㇏"去对照考释西周早期金文"㇏"字，错误即在于将本属两个不同文字的早晚字形简单地拿来对照，而没能考虑到与"㇏"同时代的"臤"字的形构特点。这当然会使字形比较的结果与事实相背离。

两个拿来对照的字形是否相同，其判断标准有时很难不带有研究者的主观倾向。如杨树达据甲骨文"子"或作"㇏"而释金文"㇏"、"㇏"为"子"字①，即不免有失客观。这不仅因为"子"字本身的演变规律已很清楚，而且"㇏"字的发展与"子"字演变的轨迹也并不重合，这个考释存在问题应是显而易见的。强运开曾释"㇏"字为"失"②，学者则据战国与秦汉间的文字资料予以补证③，显然更清晰地建立了"失"字由"㇏"

---

① 杨树达：《积微居金文说》（增订本），科学出版社1959年版，第3页。
② 强运开：《说文古籀三补》卷十二，中华书局1986年版，第3页。
③ 赵平安：《从失字的释读谈到商代的佚侯》，《中国社会科学院历史研究所学刊》第一集，社会科学文献出版社2001年版。

而"✳"的演变过程，这个工作比之杨氏以"兑"作为"✳"字单一的比较对象无疑具有了客观的标准。因此，对照法并不意味着只是选取一些看似相近的字形的简单比较，研究者在如何建立两个字形之间的相互联系方面，除字形的相同之外，还必须更全面地考虑字形本身的演变规律以及其与其他相关文字的关系。

高明先生曾举"宜"字的发展以见字形的因袭变化。"宜"字于秦篆作"宜"，《说文》古文作"宜"，战国玺印文字作"宜"，均较秦篆的字形增多一个"夕"符。而秦子戈作"宜"，字下封口，已象俎形；至春秋秦公簋作"宜"，周初天亡簋作"宜"，殷墟甲骨文则作"宜"（《粹》68.3），其字形演变井然有序①。这种建立在各个不同时期字形基础上的因袭比较当然是十分理想的做法，这意味着对于某一文字发展序列的梳理事实上是运用比较法考释文字的基本手段，这要求研究者需要尽量全面地掌握各种字形的基本特点，并随时注意积累相应的文字资料。

唐兰指出，利用对照法考释文字，"得知道古文字里有些变例，像反写、倒写、左右易置、上下易置等。不然往往因写法不同，很容易识的字，都变成难识了"。此外"还有应该十分注意的，就是不要把不同的字来拉在一起。以前的学者往往随便把两个略髣髴的字併了家。……学者做比较的工作时，应该十分严密才好"②。这些意见十分中肯。

二 辞例的推勘

辞例的推勘是通过上下文意的推阐以及固有名词和成语的勘比，进而确定未识的文字。因为同一时代甚至不同时代都可以具有相同的辞例，而不同器物上也可能出现相同的辞例。假如一个未识字使用的只是本字的假借用法，那么辞例的推勘至少可以帮助我们了解该字的字义和读音；然而一个未识字的用法如果正是本字，那么这种方法就不仅有助于了解文字的音义，同时还有助于认识字形。显然，辞例的推勘同样是辨识古文字的一种有效方法。

宋人运用辞例推勘的方法已经识读出许多文字，在这方面，刘原父、杨南仲、薛尚功、王俅等都有很多创获。如古人以干支纪日，又以十干为庙号，因此干支字在铭文中出现的机会尤多。宋人读"十子"、"十寅"

---

① 高明：《中国古文字学通论》，文物出版社1987年版，第191页。
② 唐兰：《古文字学导论》，齐鲁书社1981年版，第167—169页。

第三章 古文字学的基本理论　　163

的"十"为"甲",而不读数字"十",就是根据六十甲子中六甲的固有配合勘比而得。又如释"☗"为"丁",字形早已脱离了秦篆,也是通过干支的固定用法推勘而知。

推勘法将彝铭与文献所见之成语或固有名词相互勘比,从而使人了解彝铭的文意,这方面的范例已有很多。如金文习见"⿱宀眉寿无疆"的嘏词,杨南仲以文献常见"眉寿"之称,认为"⿱宀眉"应读为"眉";秦公簋铭又有"⿱宀奄又下国"与"高弘又⿱宀庆"两辞,杨氏又据文献分别读为"奄有下国"和"高弘有庆"①;就是利用了推勘的方法。虢季子白盘铭云:"折首五百,执⿰訁丑五十。"清人陈介祺、吴大澂根据《诗·小雅·出车》"执讯获丑",《诗·大雅·皇矣》"执讯连连",《礼记·王制》"以讯馘告",读"⿰訁丑"为"讯"②。大克鼎铭有"惠于万民,⿱宀柔远能迩"一辞,孙诒让根据《尚书·顾命》将"⿱宀柔远能迩"读为"柔远能迩"③。也都是以推勘的方法而使字意得到发明。不过这些字在字形上与相关文献中使用的文字都有不同,这意味着推勘法在某种意义上更适合揭示文字的字音与字意。

根据上下文意推勘考释文字也是推勘法的常用做法。如宋人通过"弔"字与作为行字的"伯"、"仲"、"季"字的勘比,发现它们于铭文中的位置与用法完全相同,于是读"弔"为"叔"④。又如牧簋铭文有"王✦周,✦师汓父宫"之辞,齐侯镈铭文有"隹王五月辰✦戊寅"之辞,于是据文意的推勘而释"✦"为"在"⑤。清刘心源读"ㄣ"为"厥",释"邘"为"于"⑥,也是通过文意的推勘而得。事实上,古文字的考释始终都离不开将个别文字纳入相关文例中做总体考察的工作,我们既可以通过对文意的联系及其前后逻辑的关系判断未识字的字意,也必须将考释的文字重新置于相关的辞例中加以考察。这两方面的工作既不可或缺,又相辅相成。

推勘法虽然对于识读古文字非常有效,但似乎人们更习惯于用这种方法推勘那些至少在字形上相对陌生的文字。如十二地支的"巳"字本作

---

① 吕大临:《考古图》卷一、卷七,中华书局1987年版。
② 吴式芬:《攗古录金文》卷三,清光绪二十一年(1895年)吴氏家刻本;吴大澂:《愙斋集古录》十六册,涵芬楼1930年影印本。
③ 孙诒让:《籀𪓐述林》卷七,1916年刻本。
④ 吕大临:《考古图》卷三,中华书局1987年。
⑤ 薛尚功:《历代钟鼎彝器款识法帖》卷七,明崇祯六年(1633年)朱谋㙔刻本。
⑥ 刘心源:《奇觚室吉金文述》卷一,清光绪二十八年(1902年)自写刻本。

"㠯"，与"子"字同形，正由于二字形构的相同，致使宋人尚不能分别作为地支的"㠯"与作为子孙的"子"字用法的区别，直至甲骨文发现以后，学者才根据习刻干支表上的内容，推勘出凡"己㠯"、"辛㠯"、"癸㠯"、"乙㠯"、"丁㠯"的"㠯"都应读为"巳"，从而解决了这个千古悬案。

由于推勘法的直接结果可以相对容易地揭示文字在特定辞例中的音义内涵，因此尽管有时我们对文字字形的理解还很不透彻，但这似乎并不影响我们对该字基本用法的判断。如甲骨文有"㞢"字，旧多释"之"，文意难通。相关的辞例如"俘人十㞢五人"（《菁》5）、"旬㞢二日丁未"（《铁》5.3），以及习见的"㞢祟，其㞢来艰"、"受㞢祐"等，郭沫若根据辞例的推勘以及其与"又"字相同的用法，认为此字应为"又"字的异体①。事实上，虽然我们对"㞢"字的字形来源并不清楚，但是由于它与"又"字的读音相同，所以又能推勘出其至少有作为名词的"祐"、作为祭法的"侑"、作为连词的"又"、作为动词的"有"和作为方位词的"右"等不同的用法。战国中山国铜器好蚉壶铭文有"枋（方）数㐬里"一辞，其中"㐬"字不识，而中山王䀠鼎铭文有"方数百里"的辞例，通过推勘比较，可知"㐬"当为"百"字的异体。字又作"㐭"，虽然是否"百"字的倒文尚不能定，但其字意与字音却是清楚的。显然，通过这样的例证可以看出，推勘法对于疏通文意往往可以发挥重要的作用。

尽管如此，我们在利用推勘法考释文字时却不可以忽视对字形的分析，因为文字的同意与同音现象并不少见，如果我们只满足于揭示文字的音义，其实将极大地影响我们对辞例文意的准确把握。相反，在某种情况下，只有将文字的形、音、义解释清楚，以推勘法考释文字才显得更有意义。颂鼎及其他一些西周彝铭常见"玄衣㡀屯"，前人多释"㡀"字为"黹"，形义皆不能合。唐兰根据《尚书·顾命》所言之"黼纯"、《仪礼·士丧礼》的"缁纯"，考"㡀"乃"㡀"字的变体，皆为"黹"字，"黹屯"也就是"黹纯"②。金文又有"兂"字，前人误释为"太"，唐兰则释为"亢"。其相关辞例在趞鼎铭文中作"幽亢"，在何簋铭文中作"朱亢"，正可与彝铭常见的"幽衡"、"朱衡"勘比③。这种结合字形与字义的分析就很具说服力。又如甲骨文有"三"字，旧多释"三"，但

---

① 郭沫若：《释作》，《甲骨文字研究》，大东书局1931年石印本。
② 唐兰：《古文字学导论》，齐鲁书社1981年版，第173页。
③ 唐兰：《古文字学导论》，齐鲁书社1981年版，第173页。

"三"字的三横画等长，而"☰"字的中间一画特短，形成与"三"字的明显区别。此字于甲骨文常见的辞例有："王占曰：'有祟，其有来艰。'☰至九日辛卯允有来艰自北"（《菁》2），"王占曰：'其呼来，☰至唯乙。'旬又二日乙卯允有来自光"（《通·别二》2），于省吾根据文意的推勘，释"☰"为"气"，"气至"读为"迄至"，犹今言及至[①]。这些都是将文字的形、音、义做系统比较的释读工作。

推勘法除考虑字形的因素之外，对所涉及的辞例也必须作系统的梳理，而不能随心所欲地主观推断。如甲骨文"屮"字常与"今"或"来"连称为"今屮"、"来屮"，系记时之辞，学者或释"春"[②]，或释"夏"[③]，或释"條"而读为"秋"[④]，但与"今屮"同辞所记的月份见有"三月"（《后上》31.6）、"四月"（《后上》29.10）、"五月"（《铁》151.2）、"十一月"（《佚》979）、"十二月"（《粹》1105）和"十三月"（《续存》1.627），几乎涵盖了全年的时间，因此，除非甲骨文"屮"是指全年的称呼，否则与季节名称的含义无法相容。正是考虑到这种矛盾，于是杨树达改释此字为从"才"得声之字，读为"载"[⑤]。然而甲骨文"𢦏"字所从的声符"才"或作"†"，或省作"↓"，与"屮"形绝不相同。其后郭沫若释"者"[⑥]，于字形的比较最为可信。其实"者"字于甲骨文中与"今"、"来"连称都应用为时辰之称，读为"睹"，为旦明之前的昧爽时段。"睹"为将明而未明之时，其时天光暗昧，视物模糊，因此"者"字作"屮"，正以树影朦胧之状记录光影昏暗的昧爽之时[⑦]，其所体现的古人由对事物的细致观察而造字的独特用心真切非常，令人称绝。

三 偏旁的分析

偏旁分析是研究古文字字形结构的基本方法。确定文字的基本形体，首先就要确定组成这个字的基本偏旁，因此，不能做到准确地偏旁分析，辨识古文字的字形结构便没有可能。

古文字的有些偏旁或象形特点十分明显，或时代特征不甚鲜明，故而

---

① 于省吾：《双剑誃殷契骈枝》，北平虎坊桥大业印书局1940年版，第55—56页。
② 叶玉森：《殷契钩沉》甲卷，北平富晋书社1929年版，第1页。
③ 连劭名：《甲骨文字考释》，《考古与文物》1988年第4期。
④ 于省吾：《双剑誃殷契骈枝》，北平虎坊桥大业印书局1940年版，第5—8页。
⑤ 杨树达：《耐林庼甲文说》，上海古籍出版社1986年版，第18—23页。
⑥ 郭沫若：《卜辞通纂》，《郭沫若全集·考古编》第二卷，科学出版社1982年版，第239页。
⑦ 冯时：《殷代纪时制度研究》，《考古学集刊》第16集，科学出版社2006年版。

比较容易辨识。这方面的成绩，前人已有很多积累，并不是我们今天分析偏旁的重点。而另一些因时代的变化而造成形体变化的偏旁，单纯依靠对字形的分析则很难有所收获。因此，对偏旁的分析首先需要将具有相同偏旁的文字进行系统的整理归纳，通过比较分析而使偏旁得到辨识。显然，这个工作虽然要以对具有相同偏旁的文字的综合分析为基础，但同样有意义的是，一旦我们认识了一个偏旁，我们也就认识了与这个偏旁有关的一批文字。

甲骨文有"{}"字，从此而作的文字有如"{}"（《合集》30）、"{}"（《前》4.8.6）、"{}"（《后下》29.6）、"{}"（《簠文》67）、"{}"（《馀》13.2）、"{}"（《前》5.21.5）、"{}"（《佚》708）、"{}"（《佚》899）。唐兰通过对"{}"字的分析，认为即"斤"字，从而考释出这些文字分别是"斩"、"析"、"兵"、"斧"、"新"、"斫"、"炘"、"昕"①。"斤"字于金文作"{}"，与甲骨文的形体相差甚远，因此通过字形的因袭比较其实并不容易认出甲骨文的"斤"字。然而如果这类从"斤"的文字数量增多，甚至有相当一部分还可与金文或其他文字进行结构的对比，那么我们就有可能通过这样的归纳分析识读出一些陌生的偏旁。

对偏旁分析的目的就是要识别出那些人们并不熟悉的偏旁，并通过这种分析最终识得文字。古文字的字形结构有些十分相近，如果不认真地区别厘析，势必会将本不相同的文字混为一谈，从而直接影响到文字释识的正确性。而仔细区分不同的文字，首先就需要仔细地区分这些文字的偏旁。

甲骨文有"{}"字，过去学者多释为"戈"，将"{}"与"{}"混为一字。"{}"是"戋"字，本作"{}"，为从"戈""才"声的形声字，后简省作"{}"，于声符"才"夺去一横。两个字的字形及其用法都明显不同，因此将它们视为同一个字是不对的。显然，如果从偏旁分析的角度讲，"{}"字所从的"{}"与"{}"或"{}"字所从的"{}"、"{}"具有不同的形体乃是二字无关的重要标志。

对于"{}"字的分析，关键在于"{}"符的认定，甲骨文"若"作"{}"，"失"（佚）作"{}"，"老"作"{}"，"嵩"作"{}"，其中的"{}"都象头发散佚之形，这意味着"{}"字所从的"{}"也应具有相同的意义。因此"{}"便可分析为从"戈"从人首的会意字，由于戈为击兵，所以"{}"字的字形正象以戈击杀人头之形，具有杀伐、戡灭的意思。

---

① 唐兰：《古文字学导论》，齐鲁书社1981年版，第189—192页。

在西周金文中，有两个文字与甲骨文的"𢦏"字关系密切。一作"𢦏"（曶方鼎）、"𢦏"（史墙盘）、"𢦏"（痶钟），另一作"戜"（虢季子白盘）、"戜"（㝬簋）、"戜"（多友鼎）、"戜"（小盂鼎）、"戜"（柞伯鼎）、"戜"（敔簋），这两个字形明确显示了是自甲骨文"𢦏"分化的结果，其中"𢦏"字皆为动词的用法，意为戬灭；而"戜"字则为名词的用法，意为首级。动词用法的"𢦏"所从之"𢦏"乃是甲骨文"𢦏"字所从之"屮"的发展，其作正形，表示人首尚在项上，所以字象戈击人首，其所体现的杀伐之义是清楚的；而名词用法的"戜"所从的"𠙹"则作倒首之形，表示已自项上割下的首级，所以这个字即是"馘"的本字。"馘"字后来发展为从"𠙹""或"声的形声字，秦篆则已作从"首""或"声之形，也明"𠙹"实际就是首级的象形。《集韵·獮韵》："戬，或作戜。""戜"字与虢季子白盘铭文的"戜"字全同，其实都来源于甲骨文的"𢦏"。《龙龛手镜》"馘"作"栽"，云："栽，音灭。"可见"戬"、"馘"二字在字形和读音上的密切关系。战国古玺"馘"字作"戜"（《玺汇》3889），字从"𢦏"，也是甲骨文"𢦏"字演变的结果。这种"戬"、"馘"字形互作的现象表明，二者原本当为一字。《逸周书·世俘》屡称"告以馘俘"，"馘"为名词；又云"馘历亿有十万七千七百七十有九，俘人三亿万有二百三十"，"馘"则用为动词，与甲骨文"𢦏"字的用法全同。显然，由于金文的"𢦏"、"戜"二字皆来源于甲骨文的"𢦏"字，而二字又有动、名用法的不同，这一特点恰与"戬"、"馘"同出一源而有动、名之分的现象相合。因此甲骨文的"𢦏"在作为动词时应用为"戬"，作为名词时则当释为"馘"，而西周金文的"𢦏"皆作动词使用，自应释为"戬"。史墙盘和痶钟铭云："𩁹武王既戬殷。"《说文·戈部》："戬，灭也。"《诗·鲁颂·閟宫》："实始戬商。""戬殷"与"戬商"遣词相同，意思都是戬灭殷商。

西周铜器五年和六年琱生簋皆有"𧨀"，字作"𧨀"，新出五年琱生盨作"𩵋"，"言"符省略，故知"𧨀"为从"言""柔"声之字。"𧨀"字旧多释"諫"[①]，然金文"諫"作"諫"（史墙盘），"朿"作"朿"（蛇乎簋）、"朿"（刺卣），从"朿"之"责"作"𧧻"（岳鼎），可见"朿"与琱生三器的"𩵋"字形构相差甚远。"𩵋"字下部从"木"是清楚的，上

---

① 孙诒让：《古籀馀论》卷三，中华书局1989年版。

部的"囗"字则可与其他文字对勘比较。金文"矛"作"🄵"（䣄簋），"敄"作"🄵"（毛公鼎）、"🄵"（般甗）、"🄵"（䣄公簋），"楙"作"🄵"（瘵簋），"遹"作"🄵"（𩰫钟）、"🄵"（克钟）、"🄵"（翏生盨），显而易见，"囗"实际就是"矛"字，因此"🄵"应释为"柔"，在珊生三器中读为"扰"①。

甲骨文、金文有"🄵"（《合集》26089）、🄵（《乙》3281）、"🄵"（鼾妇尊），或省作"🄵"（𩰫保鼾斝），据其省形"🄵"分析，当隶定作"眉"。《说文·尸部》："眉，卧息也。从尸自。"王筠《句读》："眉，与鼾同字。"又《鼻部》："鼾，卧息也。从鼻，隶声。读若虺。"段玉裁《注》："鼾，此与尸部眉音义并同。"知"眉"字的原型为"🄵"，而"鼾"字的原型则为"🄵"或"🄵"，"自"乃"鼻"之本字，从"🄵"则象鼻中之毛随鼻息喷出，会意而兼声，"🄵"实"隶"字作"🄵"之所从，后规范为形声字以表音。

文字的偏旁不仅在不同的时代或有变化，甚至在相同的时代也会有所不同。这些变异有时属于省略的写法，有时则又增添了赘笔，因此在分析偏旁的时候，要将这些因素给予充分的考虑。如"负"字于秦篆作"🄵"，许慎以为"从人守贝有所恃也"，故知其字形为从"人"从"贝"之形。云梦秦简"负"字作"🄵"（《效律》34），与秦篆的字体相同。但"负"字在战国文字中又写作"🄵"（庼，《玺汇》0304）、"🄵"（《货系》1886），已与秦文字稍别。其中下部的"贝"字省作"🄵"，而上部的"人"字则增赘笔，事实上这两种情况在战国文字中都很常见。如"赏"或作"🄵"（中山王𧊒壶），"买"或作"🄵"（《玺汇》1864），"贵"或作"🄵"（《玺汇》1751），"贄"或作"🄵"（《侯马》156：25），皆属"贝"字省作之例；而"及"作"🄵"（《侯马》3：10），"胎"作"🄵"（《玺汇》2975），"长"作"🄵"（《玺汇》0878），"颐"作"🄵"（《玺汇》1234），又都是在"人"形上添加赘笔的字例。显然，对于字形变化的分析，系统地考察古文字形构变化的特点是十分必要的。

四　历史的考证

唐兰所建立的历史地考证古文字的原则，其实就是根据古代礼俗制度

---

① 李学勤：《珊生诸器铭文联读研究》，《文物》2007年第8期。

第三章　古文字学的基本理论　　　　　　　　　　　169

以及当时人们所具有的独特观念而对古文字的形义加以考释的方法，三代的礼俗制度及思想观念所反映的问题相当广泛，这意味着我们在考释文字之前，必须对相关的制度背景与思想背景有所了解。

甲骨文有"⿱"（《前》6.55.5），象一手执锯而断人右足。罗振玉释"陵"①，形义皆不能合。丁山释"趴"，谓象刀锯去罪人一足趾形②，已考虑到字形所体现的古代刖刑制度。其后赵佩馨释此字为"刖"，以为"刖"应是断足之刑的本字，而"刖"则是"刖"的后起形声字，"趴"与"踄"又是"刖"的更后出的或体③。胡厚宣则释"㾹"，也以字形所体现的古代刖刑作为解释字形的制度背景④。事实上，"刖"、"趴"、"踄"、"㾹"、"刖"诸字皆为据同一字辗转孳乳的别体，有些直袭甲骨文的字形而为会意的结构，有些则已规范为形声，其来源当本之于殷商时代的刑法制度⑤。

东周金文有"䥯"字（獸侯之孙鼎），或作"䥚"（蔡侯申鼎）、"䥬"（䣙公鼎）、"䥱"（佣鼎），又有"䙴"字（蔡侯申䚇），高明先生根据两周用鼎制度，将前一字释为"鑊"，后一字释为"䚇"。《仪礼·士虞礼》郑玄《注》："亨于爨用鑊。"又《士冠礼》："载合升。"郑玄《注》："煮于镬曰亨。在鼎曰升，在俎曰载。"胡培翚《正义》："凡牲煮于爨上之镬谓之亨，由镬而实于鼎谓之升，由鼎而盛于俎谓之载。"说明镬与䚇虽然都属于鼎，但镬为置于爨上煮肉的炊具，而䚇则为盛肉的餐具。䚇鼎之名来源于礼制中将镬中煮好的牲肉升实于鼎的具体动作，而"镬"字作"䥯"、"䥚"、"䥱"、"䥬"，则属音近声符的置换。当然，寿县蔡侯墓所出蔡侯申镬鼎底部留有黑烟炊痕，也可证明镬为炊具。而列鼎七件皆铭"䚇"，是为餐具⑥。因此，涉及古器物文字的考释，结合考古学资料做综合的考察十分必要。

战国文字有"䉼"字，从"米"从"斗"，旧或释"料"⑦，或又以为"锺"字，意义都不易讲通。此字见于齐量戳记，一作"王䉼"，1965年

---

① 罗振玉：《增订殷墟书契考释》卷中，东方学会1927年石印本，第66页。
② 丁山：《中国古代宗教与神话考》，龙门联合书局1961年版，第132页。
③ 赵佩馨：《甲骨文中所见的商代五刑》，《考古》1961年第2期。
④ 胡厚宣：《殷代的刖刑》，《考古》1973年第2期。
⑤ 高明：《中国古文字学通论》，文物出版社1987年版，第195页。
⑥ 高明：《中国古文字学通论》，文物出版社1987年版，第195页；俞伟超、高明：《周代用鼎制度研究》，《北京大学学报》（哲学社会科学版）1978年第1、2期，1979年第1期。
⑦ 《金文编》卷一四。

于临淄齐故城阚家寨发现，量器高7.4厘米，口径7.6厘米，底径6.2厘米，容水约209毫升；另一作"王卒🅰"，临淄齐故城遗址博物馆藏品，量器约高7.8厘米，口径8.2厘米，底径4厘米，容水约210毫升①。"王🅰"与齐陶量常见的"王豆"、"王区"遣词相同，知"🅰"也为量名。《左传·昭公三年》："齐旧四量，豆、区、釜、锺。四升为豆，各自其四，以登于釜。釜十则锺。陈氏三量皆登一焉，锺乃大矣。"因此从战国齐量制度分析，锺为最大的量制，与此器容量不合。而根据古文字"斗"、"升"二字互作的现象，则可考定"🅰"实即"粀"字，也就是"四升为豆"的升，为齐量中容量最小的量制单位。显然，将古代制度、古器物与古文字的研究相互结合，这样的考释才容易获得客观的结论。

然而古器物的存留十分有限，甚至器物所体现的制度本身就需要进行艰苦的探索，况古今制度因转变和发展也有不同，如何将其与古文字的考释进行有效的互证便是必须谨慎对待的问题。商周金文有"🅱"，另有多种省变的形体，基本字形是从"㫃"从"虫"从"日"从"工"，过去皆释为"旗"②，是不对的。"虹"为从"虫""工"声之字，"工"字于早期金文作"🅲"，甲骨文作"🅳"，后省变为"工"，而"🅱"字所从的"工"却没有一例作"🅲"，可以证明它并不是"工"字。这是字形的分析所提供的反证。其实如果我们将字中的"工"符省去，那么字形所展现的就恰是古代旗旜制度中王旗太常的特点。旌旗由于有辨殊身份的作用，在礼仪制度中是一种十分重要的仪仗，而王旗更有招众令众的功用，作为王权的象征不可或缺。《周礼·春官·司常》曾述九旗之制，清代学者破九旗之说而以五旗为制，至于王之所建太常，其上则绘日、月、升龙，这些内容在《司常》、《仪礼·觐礼》和《礼记·郊特牲》中都有明确的记载，这意味着此字从"㫃"从"日"从"虫"其实正描绘了王旗太常的形象，而字中所从的"工"如果与金文"矩"字对比，则可知道它应该就是矩尺的象形。《尔雅·释天》："素锦绸杠，纁帛縿，素陞龙于縿。练旒九，饰以组，维以缕。"郭璞《注》："用朱缕维连，持之不欲令曳地。"《周礼·夏官·节服氏》："节服氏掌维王之大常，诸侯则四人。"郑玄《注》："维之以缕。"《仪礼·聘礼》："及竟，张旜誓。"郑玄《注》："张旜，使人维之。"贾公彦《疏》："以其行道敛旜，及境张旜，明所聘之事

---

① 魏成敏、朱玉德：《山东临淄新发现的战国齐量》，《考古》1996年第4期。
② 唐兰：《古文字学导论》，齐鲁书社1981年版，第209页。

在此国，故张旜以表其事。人维得手及之者，盖以物接之乃得维持之。"因此据古代旌旗制度可明，王建太常之旗则绘有日、月、升龙的旗章，升龙也即上向之龙，而字中有日，又以"ʃ"象升龙，其与"扩"共绘，恰为王建太常之象。旌旗于用事时得展而视之，展旗的方法则需使人维持之，所以字中所从的"工"便为以物展旗的工具，在此则兼而表音，因而此字当分析为从太常之旗（从"扩"从"日"从"虫"）而"珡"省声的文字，其实也就是"展"的本字。"工"为"珡"之省，既象众人维持展旗之形，又兼表会意字的读音。

对古人观察事物观念的了解，于古文字的考释也同样具有积极的意义。甲骨文有一字作"㑒"，从"㑒"从"口"，"㑒"乃象人在室中卧床之形，而"口"在字形中的意义究竟是什么，对于揭示文字的字义却有着十分关键的作用。甲骨文"占"字作"囧"，象人察视卜兆而发言之形，"口"在这里乃为人有言之象征；而金文"吴"字作"ㄚ"，象人闻大声而闪避之形，"口"也作为发声的器官而出现。因此，"口"如果在"㑒"字的字形中也具有同样的意义，那么这个字就可以认为是"寤"的本字。《说文·寤部》："寤，寐觉而有言曰寤。"《诗·卫风·考槃》："独寐寤言。"郑玄《笺》："寤，觉，觉而独言。"古人认为，人在睡眠时安静不语，那么什么现象可以说明他们已从睡眠中醒来？开口讲话便是最直接的标志。于是古人在象征人卧寐的字形中添加一个表示说话的"口"字，便使"㑒"顿时具有了寐后初醒的意义。很明显，"㑒"字从"口"，以人初醒之后即开口说话而明觉醒的状态，形象地展现了古人观察事物的独特观念，用思巧妙而简明。

商代乃至西周金文中大量存在的族氏文字的研究一直是古文字学研究的重要课题，曾经在相当长的时期里，人们并不以为这些具有鲜明象形特点的图画属于文字，从而直接影响了对这类丰富的金文资料的认识与利用。唐兰通过将这些象形图画与实物的比较、与已简化的文字的比较、与异族图形文字的比较、偏旁的分析以及历史的溯源等分析方法，提出原始的形象化的族氏铭文其实就是文字的看法[1]，极为精辟。其后高明先生通过金文中象形的图画或族氏铭文与已简化的甲骨文字形进行对比，系统地研究了这一问题[2]。事实上，我们在承认族氏图形文字为汉字古体的同时，

---

[1] 唐兰：《古文字学导论》，齐鲁书社1981年版，第202—216页。
[2] 高明：《"图形文字"为汉字古体说》，《第二届国际中国古文字学研讨会论文集》，香港中文大学中国语言及文学系，1993年。

也必须回答为什么在后世简化字形普遍流行的时期，唯族氏铭文却偏偏保留着原始的图像化的形式。毫无疑问，问题的答案只能从古人的观念与习惯传统方面去寻找。图形文字相对于符号化的文字显然是一种繁体。因此，族氏文字往往呈现图画的形式实际反映了古人在标识自己族氏的时候喜欢使用繁体的风习，这种风习甚至影响到他们对于自己名字的书写习惯。如山西天马—曲村西周晋侯墓地所出晋侯对与晋侯匹器，其中晋侯的名字"对"写作"㸚"，即为"㸚"字的繁体；"匹"写作"㘉"，则为"㘉"字的繁体。两字的简化形式都是通过对原有字形的截取而实现。上古族氏铭文多喜图形而呈现繁复的形式，其根本原因即在于时人普遍具有的慎终追远的尊祖心理，人们试图借助族氏名号形式上的古朴以显示自己宗族的古老程度，因此，繁形的族氏名号其实具有着一种以古老字形彰显古老族氏的象征意义，或许人们认为，这种古老的字形其实就是其族氏创立之初的原始文字。显然，这种传统所体现的朴素宗族观对于古文字中那些字形繁缛的族氏文字的考释应该有所帮助。

五　掌握古文字形体演变的规律

所谓古文字形体演变的规律，也就是我们在本章第二至第五节中所讨论的问题，这些规律中又以古文字义近形旁的通用、音同声旁的通用以及字形的简化等内容，对古文字的考释尤关重要。

义近形旁通用的规律对于异体字的辨识当然十分有效，不啻如此，有时由于字形之中某一偏旁的变化，使得这些异形的形构又可成为考释新文字的比照素材。如金文"幾"本作"㸚"，从"丝"从"戍"，又作"㸚"，为"幾"字的异构。在这个异体字中，所从的"戍"字由于"大"、"人"二符的通用而写作"㸚"，从"大"从"戈"。《说文·戈部》："戍，守边也。从人持戈。"因此从"戍"字的字义分析，"㸚"形比"㸚"形显然更能反映"戍"字的本义。而商周族氏铭文中又有一字作"㸚"，正作人持戈之形，其字形特点恰可与"戍"字或作"㸚"的形构对照比较，从而考释出"㸚"应该就是"戍"字。不过根据"戍"字的这两种繁简字形分析，"㸚"形从"大"从"戈"当为本字，而由于义近形旁的互换，从"大"变为从"人"的"㸚"字当为后出之简省形体。相同的字例尚可举出古文字"竟"，其本作"㸚"或"㸚"，"言"下之人形或正或侧，准此则可辨识甲骨文"㸚"实即"竟"字。

音近声符的互换在先秦古文字中也是普遍存在的现象，但是由于同音字太多，要想确切证明本字与声符变化后的异体之间的关系其实并不容易，这个工作需要我们格外谨慎，因为认证的随意将使相关文献的原意大失，从而失去其应有的学术价值。不过除通假字之外，证明某字因声符的改变而欲探求其本字，对字形的分析仍然是最重要的工作。事实上我们通过对《说文》及其他文献保留的大量因声符的变化而造成的异体字的分析，可以看出这类文字的本字与异体字之间存在着这样一种现象，即除声符改变之外，大部分异体字的形符或没有变化，或以表现本义的其他意义相近的形符替换。因此，在具有相同或相近形符的条件下探讨本字与异体字的关系，是寻找同音异体字的重要原则。

上海博物馆藏战国楚竹书《孔子诗论》有"𨼆"字，隶定为"𨼆"，相关的竹书内容为："诗亡𨼆志，乐亡𨼆情，文亡𨼆言。"学者据文意释"𨼆"为"隐"①，其实"𨼆"就是"隐"改变声符的异体。《说文·𨸏部》以"隐"从"𨸏""㥯"声，又《心部》则以"㥯"从"心""𢀒"声，所以"隐"实际本从"𢀒"得声。而竹书"𨼆"为从"𨸏""㤈"声之字，"㤈"则为从"心""旻"声之字，与"隐"字的形义结构完全相同。"旻"即"吝"字，古音"吝"、"𢀒"同在文部，叠韵可通，显然，"隐"之作"𨼆"，唯声符互换而已。这种对于古文字字形结构的综合分析，可使音同声旁互换的异体字与本字的关系得到合理的说明。

古人对于相对复杂的字形的截取是他们简化字形的一种重要方法，有关问题我们在第四节已有详细讨论。然而需要注意的是，除去为着创造新字的需要，大凡只是为使原字的字形得到简化的目的，人们在截取原字字形的时候，仍会保留原字的基本字形，而不会失去本字的主要特征。如前文列举"對"的繁形作"𩰲"，截取之后的简省字形作"𩰬"；"匹"的繁形作"𠤎"，截取之后的简省字形作"𠤏"。这种截取的做法既可使原有的字形得到简化，又不致使本字所具有的基本结构尽失，方法是极为合理的。显然，一旦我们了解了这种方法的基本特点，就不致将一些看似相关的字形勉强地加以联系。如金文"佩"字本作"𠊧"，又作"𠋑"，象以贝饰颈之形，后来受到形声字字形结构的影响，演变为"𠊩"。而金文"贯"字本作"𢆶"，象以绳穿贝之形，却不可将其视为是对"佩"字繁形的截取，更不宜将"𢆶"看作"𠊧"字的简省。如果这样，这种简省将使本字所具有的基本特征丧失，从而破坏了古人以截取原字的方法简省字形的原则。

---

① 李学勤：《谈"诗无隐志"章》，《文艺研究》2002年第2期。

利用古文字形体演变的规律考释古文字乃是一种行之有效的方法，前辈学者于此已有很好的尝试①，足资参考借鉴。这些规律既可以拓展我们辨识古文字的思路，又预留了广阔的探索空间，是十分有益的。

六 审音求义

对古文字的考释至少包括两个层面的工作，第一是解决字形问题，第二则是解决字义问题。因为先秦时代假借字流行，有时字形问题的解决并不意味着我们可以同时完成对其字义的探求。对于一些字形结构传承有序的文字，由于我们已经了解了它的读音，因此据假借而求本字并不算是困难的事情，但这充其量只能是对文字使用方法的研究。然而某些仅于历史上某一时期或某一阶段使用的文字，我们其实根本无法借助后代的字书求证它的字形，在这种情况下，定准文字的读音，通过审音的方式探求字义，便成为解决古文字形义关系的重要方法。显然，由于文字是通过语音完成它的表意功能，这意味着确定文字的读音无论对于未识字字义的揭示还是假借字字意的诠解，都是十分重要的工作。

商代甲骨文有一字作"䩉"，隶定为"䵼"，常与"昃"字连用为"䵼昃"，作为时辰名称②，时在昃后。学者或读"䵼"为"黄"③，又以"䵼昃"即黄昏④，但中国传统的纪时制度并无"黄昃"一名，只有"下昃"的时称。《春秋经·定公十五年》："戊午，日下昃，乃克葬。"何休《注》："下昃，盖晡时。""日下昃"于《穀梁传》作"日下稷"，范宁《集解》："稷，昃也。下昃，谓晡时。"晡时也就是昃后申时，相当于午后三至五时。《洪范五行传》郑玄《注》："隅中至日昳为日之中，下侧至黄昏为日之夕。"《续汉书·五行志一》刘昭《注》引《尚书大传》郑玄《注》"下侧"作"晡时"。据此可知"下昃"即为"下侧"，时在日昃之后的晡时，晡时晚于昃时，所以文献中或称"下昃"。以这样的纪时制度为背景分析"䵼"字，应该以其为从"黄""丨"声之字，"丨"即"丨"字的繁形。《说文·丨部》："丨，下上通也。引而上行读若囟，引而下行

---

① 唐兰：《古文字学导论》，齐鲁书社1981年版；杨树达：《新识字之由来》，《积微居金文说》（增订本），科学出版社1959年版。
② 李宗焜：《卜辞所见一日内时称考》，《中国文字》新十八期，1994年。
③ 李宗焜：《卜辞所见一日内时称考》，《中国文字》新十八期，1994年。
④ 李学勤：《论〈骨的文化〉的一件刻字小雕骨》，《四海寻珍》，清华大学出版社1998年版；黄天树：《殷墟甲骨文所见夜间时称考》，《新古典新义》，学生书局2001年版。

第三章 古文字学的基本理论　　175

读若退。""闠昃"时在昃后，应指日西斜下行的天象，所以"闠"应读为"退"，"退"有下意，商代的"退昃"也就是后来的"下昃"，其本以日过昃而西下，故言日行西退。日西退遂日光由明灿而黄暗，故字从"黄"为意符。显然，"闠"实为从"黄""丨"声的形声字，而从"退昃"到"下昃"的转变不仅可以看出古代纪时制度的发展，而且这个现象也提示我们，古文字中注音的部分有时恰是以一种极易被人忽略的注音符号的形式所呈现，而对这些文字读音的确定，于研究古文字和殷商史都是极其重要的基础工作。

　　商代甲骨文和西周金文还有一个时称用字作"𠃊"，或称"𠃊人"和"大𠃊人"。对于"𠃊"字的考释，旧说纷纭①。"𠃊"时约当夜半，学者以为即人定之时②。据此分析，则"𠃊"应隶定为"𠂤"，从"卩""乚"声。《说文·乚部》："乚，匿也，象迟曲隐蔽形。读若隐。"桂馥《义证》："隐、乚古今字，通作隐。"朱骏声《说文通训定声》："经典皆以隐为之。"所以甲骨文、金文的"𠂤"实即读为"隐"。《方言》六："隐，定也。"《广雅·释诂一》："癮、眯、隐、息，安也。"知"隐"与"癮"、"眯"、"息"同义。《说文·疒部》："癮，寐而厌也。"《玉篇·疒部》："癮，寐不觉曰癮。"《集韵·荠韵》："寐，熟寐也。或作癮。"由此可知，"隐"有安定之意是源取其所表现的人于夜半熟睡的状态，而"𠂤"所从之"𠃊"或许正象人卧寐之形。所以甲骨文的"𠂤人"实即"隐人"，意为人定，谓人于午夜之时熟寐而定，而后世十二时的"人定"之名正承于此。

　　类似"丨"与"乚"这种看似并不为人注意的注音符号在古文字中是经常出现的，定准它们的读音，对于揭示文字的字义有着至关重要的作用。甲骨文有"𡆧"字，或释"由"③，或释"古"④，或释"𦥑"⑤，或释"叶"⑥，或释"载"⑦，聚讼不决。日本学者赤塚忠释"囟"⑧，所说最近。《说文·囟部》："囟，头会脑盖也。䪿或从肉宰。𡆧，古文囟字。"可以看

---

① 冯时：《百年来甲骨天文历法研究》，中国社会科学出版社2011年版，第177页。
② 宋镇豪：《试论殷代的纪时制度》，《全国商史学术讨论会论文集》（《殷都学刊》增刊），1985年；黄天树：《殷墟甲骨文所见夜间时称考》，《新古典新义》，学生书局2001年版。
③ 孙诒让：《契文举例》卷下，1917年吉石盦丛书本，第34页。
④ 郭沫若：《卜辞通纂考释》，日本东京文求堂1933年石印本，第158页。
⑤ 于省吾：《双剑誃殷契骈枝续编》，北平虎坊桥大业印书局1941年版，第39—42页。
⑥ 杨树达：《积微居金文说·卜辞琐记》，中国科学院1954年版，第63页。
⑦ 白川静：《释史》，《甲骨金文学论丛》1，1955年。
⑧ 赤塚忠：《武丁の征伐》，《赤塚忠著作集》七，研文社1989年版。

出，甲骨文"㞢"与"囟"字的古文字形完全一致。然而据字形分析，"㞢"字似乎并非"囟"的古字，而应是与"囟"同音的假借字，《说文·丨部》以"丨"引而上行读若"囟"，可明古"丨"、"囟"音读相同。段玉裁《注》："囟之言进也。"是"丨"本有两读，一读如"囟"，一读如"退"，"囟"之言进，与退意正相反。甲骨文又有"㐲"字，可能就是"进"的本字。因此甲骨文"㞢"应该分析为从"口""丨"声之字。古音"丨"或"进"在精纽真部，"囟"在心纽真部，读音相同。

"㞢"字读为"进"，卜辞不乏佐证。《殷虚书契菁华》第1版的一条著名卜辞云："王往逐兕，小臣㞢车马。"辞记殷王田猎，"㞢"如读为"进"，正合田礼。《周礼·夏官·田仆》："凡田，王提马而走，诸侯晋，大夫驰。"《说文·日部》："晋，进也。"小臣进车马正合《田仆》所言之"诸侯晋"，所以"㞢"读为"进"应该没有问题。

此字的另一种用法则是卜辞常见的"㞢王事"、"㞢朕事"、"㞢我事"，"朕"、"我"应是殷王或宗子的自称。卜辞除"㞢王事"之外又见"鄉王事"(《甲》427)，"鄉"字当读为"相"。《礼记·祭义》："饗者，鄉也。"郑玄《注》："饗或为相。"因此"相王事"也就是辅王行事。而"㞢王事"读为"进王事"，意与"相王事"明显不同。《说文·辵部》："进，登也。"所以"进王事"的意思应是为臣者进君位代王行事[1]，其时殷王因故不能亲行，故命臣僚代行王政，卜辞"进王事"反映的正是这样一种制度。而"进我事"则为代主行事。《周礼·春官·大宗伯》："若王不与祭祀，则摄位。"郑玄《注》："王有故，代行其祭事。"制度相同。

商代金文有"𦥑"字，或省作"𦥑"，隶定为"䕻"，用为氏名。此字也见于甲骨文，相关卜辞云：

丙子卜，贞：翌日丁丑王其振旅，延迟，不遘大雨？兹节。
辛丑卜，贞：翌日壬王田牢，弗节，亡災？䕻。　《合集》38177
……〔亡〕災？䕻。　《合集》39463
戊午卜，〔贞〕：王迍〔于宫〕，往来〔亡〕災？
……宫，王……毋䕻。　《合集》36570

在这个字形中，"又"有时被省去，所以"𦥑"和"䕻"都可能是表示读

---

① 晁福林：《试论殷代的王权与神权》，《社会科学战线》1984年第4期。

音的部分。以"爿"为声，似乎找不到语意合适的通假字，因此"𤓰"很可能就是该字的声符，而"𤓰"字之中，又当以"𦍌"为表示读音的基本符号。《说文·干部》："𦍌，撇也。从干，入一为干，入二为𦍌。读若饪，言稍甚也。"徐锴云："撇，刺也。……𦍌，犹荏也。"段玉裁《注》："饪、甚同音，入二甚于入一，故读若饪，即读若甚也。"对字形的解释虽似是而非，但论音则甚为详备。由此可知，"𤓰"应为与"饪"通假的文字，而据卜辞文义推敲，当读为"仍"。《春秋经·桓公五年》："天王使仍叔之子来聘。"《穀梁传》"仍叔"作"任叔"，是"𤓰"、"仍"相通之证。《说文·人部》："仍，因也。"《尔雅·释亲》郭璞《注》："仍，亦重也。"《广雅·释言》："仍，再也。"所以卜辞于"弗节"之后言"仍"，意谓于未果之事重予施行，而"毋仍"则言不必再行。至于以"𤓰"为氏，则为有仍。

以上这些文字的原型或不见于晚世字书，如果不能定准文字的读音，仅凭对字形的分析则难免不会穿凿附会，从而使文字本要传达的语意湮灭无解。清代学者王引之云："大抵双声叠韵之字，其义即存于声，求诸其声则得，求诸其文则惑矣。"[①] 这种方法对于古文字的考释也同样具有重要的作用。尽管古代文字的音与义都是以一定的字形记录下来的，然而通过对字形的辨识而确定文字的音符，审音而求义，则可使很多形构莫名甚至已遭汰除的文字所表达的字义得到揭示。

本章小结

本章根据先秦古文字资料全面论述了古文字学的基本理论与考释方法。其一，综合分析班固、郑众、许慎三家六书理论，阐释各家理论的合理成分及价值。指出郑众的六书学明确显示了字形与字义的衍申变化以及文字记录语言的特点，将文字的发展纳入到语言的范畴之内，从而使文字的形义关系呈现为一种可描述的动态形式，比较客观地反映了汉字的起源与发展进程，在三家学说中最具意义。其二，六书是古代造字法与造词法的理论总结，转注与假借虽未创造新的字形，但却创造了新的词意与新的词汇，因此是使汉字从一字一义向一字多义转折的重要方法，也是使汉字词汇得以丰富的重要手段，与一般的用字之法无关。其三，总结并补充了古文字义近形旁通用、音同声旁通用、古文字形体简化与规范化的理论，探讨了诸种理论的基本内

[①] 王引之：《经义述闻》卷三十一。

涵。其四，秦篆作为古文字之终及今文字之祖，其形体的规范对于后世文字观的改变及学术的发展具有重要影响。其五，总结归纳了古文字的考释方法，强调确定文字的读音对于释读文字、探求字义的重要意义。

思 考 题

名词解释：
　　六书　　三书　　指事　　转注　　假借　　因声求义
简答题：
　　简述古文字义近形旁通用的规律。
　　简述古文字音同声旁通用的规律。
　　简述古文字形体的简化及其方法。
　　简述古文字形体的规范及其方法。
　　简述汉代经今古文学之争的本质。
论述题：
　　比较班固、郑众、许慎六书学之异同，并据古文字资料论六书本义。
　　秦书同文措施所造成的用字观念的转变及其影响。

阅读参考文献

　　唐兰：《古文字学导论》，齐鲁书社1981年版。
　　唐兰：《中国文字学》，上海古籍出版社1981年版。
　　杨树达：《新识字之由来》，《积微居金文说》（增订本），科学出版社1959年版。
　　高明：《中国古文字学通论》，文物出版社1987年版。
　　刘钊：《古文字构形学》，福建人民出版社2006年版。
　　郭沫若：《由周初四德器的考释谈到殷代已在进行文字简化》，《文物》1959年第7期。
　　高明：《"图形文字"即汉字古体说》，《第二届国际中国古文字学研讨会论文集》上册，香港中文大学中国语言及文学系，1993年。
　　高明、涂白奎：《古文字类编》（增订本），上海古籍出版社2008年版。
　　中国科学院考古研究所：《甲骨文编》，中华书局1965年版。
　　容庚：《金文编》，中华书局1985年版。
　　汤馀惠主编：《战国文字编》，福建人民出版社2001年版。

第四章 音韵学概述

内容提要

本章概要介绍音韵学的基础知识和研究方法，包括音韵学与语音学的基本概念与术语，中古音韵的声纽与韵部系统，上古音韵的研究成果及其声韵系统，利用古文字资料的商周古音探索，以及音韵学研究对于古文字学研究的意义。

第一节 音韵学与语音学

汉字以一定的字形作为记录语音的符号，而语音则是表达字义的重要形式，因此对于古文字的学习，掌握音韵学的基本知识是非常必要的。事实上，广义的文字学本身就包括了音韵学。由于汉字的形、音、义是有机联系的整体，所以不明汉字的古音将直接影响我们对古文字、古语言和古文献的研究。章炳麟以为，"古字或以音通假，随世相沿，今之声韵，渐多讹变。由是董理小学，以韵学为候人。譬犹旌旐辨色，钲铙习声，耳目之治，未有不相资者焉"。故"凡治小学，非专辨章形体，要于推寻故言，得其经脉。不明音韵，不知一字数义所由生"①。古人以文字的形构声音相为表里，音以表言，言以达意，舍声音而只陷于字形的纠缠，这种做法在通假字横行的先秦时期，并不利于宏观地揭示古文字的形义关系。显然，音韵学的学习是通古训、求本义的重要基础。

音韵学是研究汉语语音系统的学问，传统的音韵学包括古音学、今音学和等韵学三个部分。古音学以古代韵文和谐声字偏旁为研究素材，目的是为探讨先秦两汉时期的音韵系统；今音学则以《广韵》为主要研究对象，旨在探讨隋唐时代的语音系统；而等韵学实际则是古代的语音学，它是隋唐以后的音韵学家在对唐宋语音分析的基础上，为研究汉语语音原理

---

① 章炳麟：《小学略说》，《国故论衡》上卷，上海世纪出版集团2006年版。

和发音方法而创立的一门分支学科。如果我们将古今语音的变化历史分为上古期和中古期,那么上古期大约应在公元 3 世纪以前(五胡乱华以前),这是古音学的时代;而中古期则自公元 4 至 12 世纪(南宋前半),这是今音学的时代。

音韵学与语音学既有联系,又有不同,语音学是音韵学的基础,因此学习音韵学必须首先具有语音学的知识。

一 语音学名释

(一) 元音和辅音

汉字是单音节的文字,每一音节则又包含不同的音素。音素分为两类,即元音和辅音,或称母音和子音。

1. 元音

元音和辅音的关键区别在于发音时气流是否受到阻碍,元音是在口腔中无阻碍的音,而辅音则不同。大致元音是由闭着的声带被呼出的气流所冲击,作有周期性的颤动,经口腔的调节产生共鸣而形成。元音音色的不同则受张敛节制的决定,如舌位的高低与前后,下颌的升降,唇的圆撮与展开,由此形成了前元音、央元音和后元音。

舌的位置是影响元音音色的最主要的因素,舌的前后是指舌高点(即舌尖、舌面或舌根与上腭距离的大小)的位置,舌高点在前所发出的元音为前元音,有[a]、[æ]、[ɛ]、[e]、[i]、[y]等,舌高点在后所发出的元音为后元音,有[ɑ]、[ɔ]、[o]、[u]等,舌高点在中央所发出的元音则为央元音,有[ʌ]、[ɐ]、[ə]、[ɨ]等。语言学家根据英国学者 D. 琼斯 (Daniel Jones) 的标准元音图修订的国际音标元音图可以反映元音的基本情况。

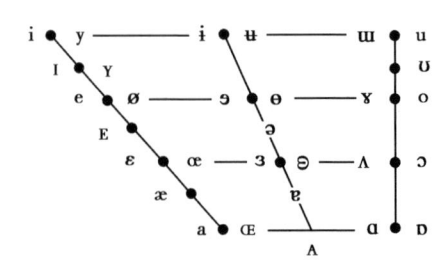

下颌的升降决定着舌位的高低,而元音按舌位的高低又可分为高、次高、次低和低四个等级。如 [i] 和 [u] 都是高元音,而 [a] 和 [ɑ]

则是低元音。舌位越高，下颌越升，则口腔越闭。相反，舌位越低则下颌越降，口腔越开，所以元音从高到低的四个主要阶段也就是指口腔开闭的不同程度，即开口、半开口、半闭口和闭口。口腔全开则舌位最低，此时发出的元音称为开口元音，如［a］、［A］、［ɑ］；口腔半开则舌位次低，此时发出的元音称为半开口元音，如［ɛ］、［œ］、［ʌ］、［ɔ］；口腔半闭则舌位次高，此时发出的元音称为半闭口元音，如［e］、［ø］、［ɤ］、［o］；口腔全闭则舌位最高，此时发出的元音称为闭口元音，如［i］、［y］、［ɨ］、［ʉ］、［ɯ］、［u］。

唇的圆撮与展开是指圆唇与不圆唇而言，元音图中各条直线左侧的音如［i］、［ɨ］、［ɯ］是不圆唇音，即展唇音；右侧如［y］、［ʉ］、［u］则是圆唇音。

2. 半元音与复合元音

半元音是指带轻摩擦发高元音闭口元音的［i］、［y］、［u］。在发这三个音的时候，舌位高过了发最高元音的高度，致有摩擦音出现，但仍保留着近似元音的音色。由于它带有摩擦性，这一点与辅音的特征类似，所以半元音又称为半辅音，在音节中可作介音使用。

复合元音是由一个半元音和一个元音或两个元音组合而成的音缀。如果元音在前而半元音在后，或后一元音比前一元音短弱，这种复合元音称为"前优势复合元音"。如果半元音在前而元音在后，或前一元音比后一元音短弱，这种复合元音则称为"后优势复合元音"。

3. 辅音

辅音是受口腔中阻碍节制的作用所发出的音，呼出的气流发生阻碍后必须除去阻碍，才可能爆发成音或摩擦成音，所以辅音的发生经过成阻、持阻和除阻三个阶段。由于气流在口腔中受阻的方式和部位不同，分别构成塞音、擦音、塞擦音、鼻音、边音、颤闪音和半元音。

塞音，也称破裂音。发音时发音器官完全阻塞气流，然后突然放开，使气流迸裂而出，形成破裂的噪音。如［p］、［pʻ］为唇塞音，［t］、［tʻ］为舌尖塞音，［k］、［kʻ］为舌根塞音。

擦音，也称摩擦音。发音时发音器官并不完全阻塞气流，而是留有狭窄的孔道让气流挤出，从而摩擦成音。如［f］为唇齿擦音，［s］为舌尖前擦音，［ʂ］、［ʐ］为舌尖后擦音，［ɕ］为舌面前擦音，［x］为舌根擦音。

塞擦音，也称破裂塞擦音，这是塞音和擦音的结合，发音时成阻阶段是塞音，除阻阶段是同部位的摩擦音。如［ts］、［ts'］为舌尖前塞擦音，［tʂ］、［tʂ'］为舌尖后塞擦音，［tʃ］、［tʃ'］为舌叶塞擦音，［tɕ］、［tɕ'］为舌面前塞擦音。塞擦音是一个整体，并不是复辅音。

鼻音，发音时软腭下垂，气流从鼻腔流出。如［m］为双唇鼻音，［n］为舌尖鼻音，［ŋ］为舌根鼻音。鼻音也是塞音的一种，但鼻音能够持续，和一般塞音不同。

边音，发音时舌头的中间部分翘起，让气流从舌之两边流出。如［l］。

颤闪音，双唇、舌尖、小舌颤抖或弹闪，使气流忽通忽塞。抖动多次的称颤音，只颤动一次的称闪音。如［ʙ］为双唇颤音，［r］为舌尖颤音，［ɾ］为舌尖闪音。

（二）送气与不送气

辅音发音时根据除阻时呼气的强度不同又分为送气音与不送气音，除阻后随着声音流出一股较强的气流，语音学称为"送气音"。相反，除阻后随声音流出较弱的气流则称"不送气音"。

由于塞音的除阻阶段特别明显，所以送气与不送气的区别一般只限于塞音和塞擦音。送气的符号则以［ʻ］来表示。如塞音的［p］、［t］、［k］都是不送气音，［p'］、［t'］、［k'］则是送气音。与不送气的"班"［pan］相当的送气音是"攀"［p'an］，与不送气的"单"［tan］相当的送气音是"滩"［t'an］，与不送气的"干"［kan］相当的送气音是"刊"［k'an］。塞擦音的［ts］、［tʂ］、［tɕ］都是不送气音，而［ts'］、［tʂ'］、［tɕ'］则是送气音。与不送气的"杂"［tsᴀ］相当的送气音是"擦"［ts'ᴀ］，与不送气的"闸"［tʂᴀ］相当的送气音是"叉"［tʂ'ᴀ］，与不送气的"家"［tɕiᴀ］相当的送气音是"恰"［tɕ'iᴀ］。因此在汉语中，送气与不送气的区别非常重要。

（三）清浊

发音时根据声带颤动与否又有带音与不带音的分别，元音和半元音都是带音的音，而辅音则有带音与不带音的区分。不带音的音发音时声带不颤动，称为"清音"，如［p］、［t］、［k］、［f］、［s］等；带音的音发音时声带颤动，称为"浊音"，如［b］、［d］、［g］、［v］、［z］等。

传统音韵学将清音浊音又分为全清、次清、全浊、次浊四类，全清包括不送气不带音的塞音、不带音的擦音和不送气不带音的塞擦音三类辅音，如［p］、［t］、［k］、［f］、［s］、［ʂ］、［ɕ］、［x］、［ts］、［tʂ］、 [tɕ]等；次清包括送气但不带音的塞音、不带音的擦音和送气但不带音的塞擦音三类辅音，如[p']、[t']、[k']、[ts']、[tʂ']、[tɕ']等；全浊包括带音的塞音、擦音和塞擦音三类辅音，如[b]、[d]、[g]、[v]、[z]、[ʐ]、[ɣ]、[dz]、[dʑ]等；次浊则包括鼻音、边音和半元音三类音，如[m]、[n]、[ŋ]、[l]、[j]等。

二　音韵学名释

（一）声母、韵母与纽、韵

音韵学所谓"纽"或叫"声纽"，在近代注音字母产生之后则叫"声母"。声母是每个字的发声，为音节的第一个音素；而韵母是每个字的收声，为字音中声母以外的部分。声母一般都是辅音，如果一些字以半元音或元音开头，如"衣"[i]、"乌"[u]、"鱼"[y]、"云"[yn]、"鹦"[iŋ]、"安"[an]、"霭"[ai]，则音韵学仍将它们视为有零位声母，习惯上叫作"零声母"。

韵母分为单韵母和复韵母两类，单韵母只有一个元音或半元音，如"巴"[pa]、"路"[lu]、"徐"[ɕy]、"发"[fa]、"离"[li]、"怕"[p'a]、"波"[po]、"儿"[ɚ]，而完整的复韵母则包括韵头、韵腹和韵尾三个部分，如"先"[ɕien]，除声母[ɕ]之外，第一个音素[i]是半元音，为韵头，或称介音；第二个音素[e]是韵腹；第三个音素[n]是辅音，为韵尾。又如"飘"[p'iau]，其中[p']为声母，[i]为韵头，[a]为韵腹，[u]为韵尾。然而并不是所有的字都具有完整的复韵母形式，有些字只有韵头和韵腹而没有韵尾，如"借"[tɕie]、"过"[kuo]；有些字只有韵腹和韵尾而没有韵头，如"高"[kau]、"东"[tuŋ]；而单韵母既无韵头，也无韵尾，唯存韵腹。由此可知，虽然韵头和韵尾都可以缺失，但韵腹作为韵母的主干是不能缺失的，音韵学称其为"主要元音"。

（二）双声叠韵

音韵学以两个声母相同的字，它们的关系称为"双声"；两个韵母相同的字，它们的关系称为"叠韵"。唐末守温创制声纽字母，所以同声纽的文字都构成双声的关系。而韵部的划分又以韵母相同的字作为归韵标准，因此同韵部的文字便构成叠韵的关系。三国魏李登的《声类》是最早出现的韵书，惜已不传。现存的《广韵》韵部则大致依照隋陆法言的《切韵》。然而可以肯定的是，双声叠韵概念的确定应远在守温的声纽字母和陆法言的《切韵》之前。

（三）五音和七音

古代音韵学家根据辅音发音部位的不同分为喉音、牙音、舌音、齿音和唇音五类，也即喉、牙、舌、齿、唇五音。至宋元时代，又将舌音分立出半舌音，齿音分立出半齿音，形成七音。

唇音　　包括重唇音和轻唇音。重唇音也即双唇音，有［p］、［p']、［b］、［m］；轻唇音实即唇齿音，有［f］、［f']、［v］、［ɱ］。

齿音　　包括齿头音和正齿音。齿头音有［ts］、［ts']、［dz］、［s］、［z］，正齿音有［tɕ］、［tɕ']、［dʑ］、［ɕ］、［ʑ］。

舌音　　包括舌头音与舌上音。舌头音有［t］、［t']、［d］、［n］，舌上音有［ʈ］、［ʈ']、［ɖ］、［ɳ］。

牙音　　也即舌根音，有［k］、［k']、［g］、［ŋ］。

喉音　　包括喉音与零声母，有［ʔ］、［x］、［ɣ］和半元音［j］。

半舌音　　［l］。

半齿音　　［ɽ］。

（四）字母

字母是汉语音韵学家用来称呼音节开头的辅音及零辅音的名字，也就是古代音韵学的声母系统。这个系统是人们根据反切上字归纳而得的，大约形成于唐末五代。其时释僧守温根据梵文音理，首先为汉语声母创制了三十个字母。其后又有人调整三十字母的排列顺序，并补充非、敷、奉、微、娘、床六个字母，形成等韵中通行的三十六字母。

守温初创的三十字母见于敦煌石窟发现的韵学写本残卷，现藏法国国家图书馆。卷署"南梁汉比丘守温述"，主要内容为：

　　唇音　不芳並明
　　舌音　端透定泥是舌头音，知彻澄日是舌上音
　　牙音　见君溪群来疑等字是也
　　齿音　精清从是齿头音，审穿禅照是正齿音
　　喉音　心邪晓是喉中音清，匣喻影亦是喉中音浊①

经补充整理之后的三十六字母，依传统的分类并附以拟测的读音，则

---

① 刘复：《守温三十六字排列法之研究》附录，国立北京大学《国学季刊》第一卷第三号，1923年。

如下表①：

发音部位	清浊	全清	次清	全浊	次浊
牙音		见 k	溪 k'	群 g'	疑 ŋ
舌音	舌头	端 t	透 t'	定 d'	泥 n
	舌上	知 ʈ	彻 ʈ'	澄 ɖ'	娘 ɳ
唇音	重唇	帮 p	滂 p'	并 b'	明 m
	轻唇	非 f	敷 f'	奉 v	微 ɱ
齿音	齿头	精 ts	清 ts'	从 dz'	
		心 s		邪 z	
	正齿	照 tɕ	穿 tɕ'	床 dʑ'	
		审 ɕ		禅 ʑ	
喉音		影 ʔ	晓 x	匣 ɣ	喻 j
半舌					来 l
半齿					日 ȵ

（五）阴声、阳声、入声与对转、旁转

每个汉字的读音都由声母和韵母构成，从韵母的情况分析，一类以开口元音或闭口元音收尾，音韵学称之为"阴声韵"。如现代音"他"［t'a］、"雪"［ɕyɛ］、"果"［kuo］、"赛"［sai］、"球"［tɕ'iu］、"于"［y］，这些字或以开口元音［a］、［ɛ］、［o］收尾，或以闭口元音［i］、［u］、［y］收尾。另一类以鼻音收尾，音韵学则称之为"阳声韵"。如近代音"凡"［fam］、"先"［siɛn］、"庚"［kəŋ］，分别以［m］、［n］、［ŋ］三个鼻辅音作为韵尾。此外还有一类以塞音［p］、［t］、［k］收尾，音韵学谓之"入声韵"。如中古音"缉"［ts'əp］、"月"［ŋuɐt］、"职"［tɕiək］。孔广森、严可均、章炳麟都主张把韵分为阴、阳两类，而戴震、黄侃等则主张将韵分为阴、阳、入三类。

由于语音变化的复杂性，古音中常有阴声字变为阳声字，或阳声字变为阴声字的现象，音韵学称为"对转"或"阴阳对转"。戴震《声类表》考上古音韵为九类二十五部，已开始以对转的理论立说。而孔广森《诗声类》分古韵为阴声九部、阳声九部，共十八部，明确提出"此九部者，各

---

① 不同的拟音工作见郑张尚芳《上古音系》，上海教育出版社 2003 年版。

以阴阳相配可以对转"。

所谓"对转"并不意味着某一阴声字可以随意变成另一阳声字，或某一阳声字可以随意变为另一阴声字，而是有着严格的原则和条件。从音理上解释，在主要元音相同的条件下，阳声韵失去鼻音韵尾会变为阴声韵，入声韵失去塞音韵尾也会变为阴声韵；同样，塞音韵尾变为鼻音韵尾则使入声韵转化为阳声韵，而阳声韵的鼻音韵尾有时也可以变为塞音韵尾，从而使阳声韵转化为入声韵；事实上，鼻音韵尾的失落可以使阳声韵变为阴声韵，而以元音收尾的阴声韵也会由于鼻音的增强而使阴声韵转变为阳声韵。这种阴、阳、入之间的相互转变，既有古今语音变化的原因，也体现了方言的差异。

如果说"对转"只是针对主要元音相同条件下韵尾的变化而言，那么音韵学上的"旁转"之说则与此不同。所谓"旁转"是指韵尾相同而主要元音相近的文字可以相互转化的现象，即从某一阴声韵转为另一阴声韵，或从某一阳声韵或入声韵转为另一阳声韵或入声韵的转变。如同为阴声韵，[a] 在发音时稍闭口则变为 [ε]，二者位置相近；又如同为阳声韵，[ɔŋ] 在发音时稍开口就变为 [ɑŋ]，[ɔ] 与 [ɑ] 的位置相近。这种转变从音理上讲是人们发音时的一种自然变化。不过对于"旁转"的讨论首先要以对古音的音值有比较准确的拟测，在目前上古音韵的研究仍停留在音系方面，上古音值还有许多问题不能解决的条件下，论古韵的旁转需要格外谨慎。

（六）等呼

阴声韵、阳声韵和入声韵的区别在于各韵韵尾的不同，如果根据韵头元音的不同，则音韵学又把声音分为"等呼"。在复韵母中，作为韵头的音只有三个，即 [i]、[u]、[y] 三个介音，如"街"[tɕiɛ]、"瓜"[kua]、"雪"[ɕyɛ]。《切韵》时代的音韵学将韵母有无介音分为开合两呼，韵母没有介音，也就是没有韵头的韵母称为"开口呼"；有介音 [u] 的韵母则称为"合口呼"（有辅音性 w 及元音性 u 两种）。至宋元以后，每一呼中又分"洪音"和"细音"，开口的洪音叫"开口呼"，开口的细音叫"齐齿呼"，合口的洪音叫"合口呼"，合口的细音叫"撮口呼"，从而形成音韵学的"开齐合撮"四呼。

四呼至清潘耒作《类音》终得廓清，其区别主要在于有无介音或用哪个介音。没有韵头且主要元音不是 [i]、[u]、[y] 的为开口呼，如"韩"[xan]、"蔡"[tsʻai]、"北"[pei]；韵头或主要元音是 [i] 的为齐齿呼，如

"表"[piau]、"九"[tɕiou]、"比"[pi];韵头或主要元音是[u]的为合口呼,如"黄"[xuaŋ]、"广"[kuaŋ]、"古"[ku];韵头或主要元音是[y]的为撮口呼,如"学"[ɕyɛ]、"宣"[ɕyɛn]、"许"[ɕy]。

宋元时期的等韵韵图如《韵镜》、《七音略》、《四声等子》、《切韵指掌图》、《切韵指南》之类,每图各分韵为两呼四等,两呼即开口呼与合口呼,四等则是在韵图中将同一类声母、同一声调分为四类字。两呼四等简称"等呼",这是等韵学中最重要的概念。

关于分等之义,清江永《音学辨微》和陈澧《等韵通序》所说最精,江氏《辨等列》云:"音韵有四等,一等洪大,二等次大,三四皆细,而四尤细。"从这些内容分析,等应是指主要元音的不同。如据学者的拟音,在真正具备四等的韵摄里(蟹山效咸),一等的主要元音是[ɑ],二等是[a],三等是[ɛ],四等是[e],可见从一等到四等,元音的发音部位在逐渐前移①。

《广韵》二百零六个韵部如果除去声调的分别便只有六十一个韵类,各韵部的分等情况如下:

1. 一等韵:冬模泰灰咍魂痕寒桓豪歌唐登侯覃谈;
2. 二等韵:江佳皆夬臻删山肴耕咸衔;
3. 三等韵:微废文欣元严凡;
4. 四等韵:齐先萧青幽添;
5. 一二三四等韵:东②;
6. 二三四等韵:支脂之鱼虞真谆仙麻阳蒸尤侵;
7. 二三等韵:庚;
8. 三四等韵:锺祭宵清盐;
9. 一三等韵:戈。

声纽本来并没有等字的问题,但是由于韵母分为四等,所以与其相配的声纽便与等有了固定的配合关系,不过因为某些声纽只与某一等的韵相配合,所以并不是所有的声母都具备四等。三十六字母在韵图中分等的情况如下:

---

① 王力:《汉语史稿》上册,中华书局1986年版,第57页。学者或以为分等是因介音的不同,一等无介音,二等介音ɣ←r,三等介音ɨ,四等介音i。参见郑张尚芳《上古音系》,上海教育出版社2003年版。

② 依《切韵》系统,东韵只有两类,参陈澧《切韵考》。故东韵实际只有一等和三等。见王力《汉语音韵》,中华书局1980年版,第94页。

1. 一二三四等俱全：影晓见溪疑来帮滂并明；
2. 只有一二四等：匣；
3. 只有一四等：端透定泥精清从心；
4. 只有二三等：知彻澄娘照穿床审；
5. 只有三四等：喻；
6. 只有三等：群禅日非敷奉微；
7. 只有四等：邪。

（七）四声

四声是语音里四种不同的声调。汉字之分四声，即所谓平、上、去、入。声调的差异具有区别字义的作用，声调不同，字义也不同，所以从审音求义的角度讲，考订每字的读音首先就要考虑到四声的问题。

四声之说，自南北朝沈约、周颙诸人始。《南史·陆厥传》："永明末，盛为文章。吴兴沈约、陈郡谢朓、琅琊王融以气类相推毂。汝南周颙善识声韵。约等文皆用宫商，将平上去入四声，以此制韵。"《梁书·沈约传》："约撰《四声谱》，以为在昔词人累千载而不寤，而独得胸衿，穷其妙旨，自谓入神之作，高祖雅不好焉。帝问周捨曰：'何谓四声？'捨曰：'"天子圣哲"是也。'"虽然这些史料显示，四声的系统在当时还不为一般的人所认识，但这并不意味着永明时期就是四声出现的时期。陈寅恪认为四声之数与转读佛经之声调有关，盖佛经输入中国，其教徒转读经典时，则印度《国陀》之《声明论》的三声亦随之输入，合入声而为四声[①]。恐未合事实。罗常培以为："以声调判别义类，乃汉语之一特质，平上去入之名虽定于周沈，而声调之实则非肇自齐梁。当魏晋之际，李登《声类》既以'五声命字'，吕静《韵集》复分'宫商鰔徵羽各为一篇'。他如陆玑明'声音之迭代'，范晔别宫商之轻重，并与四声之论，异名同实。日释空海《文镜秘府论·调声》节下引元氏(兢)曰：'声有五声，角徵宫商羽也。分于文字四声，平上去入也。宫商为平声，徵为上声，羽为去声，角为入声。'又引刘善经《四声论》(《隋书·经籍志》及《文学传》作《四声指归》)云：'齐太子舍人李季(原脱)节知音之士，撰《音韵(原作谱)决疑》，其序云："案《周礼》，凡乐，圜钟为宫，黄钟为角，太簇为徵，姑洗为羽，商不合律，盖与宫同声也。五行则火土同位，五音则宫商同律，闇与理合，不其然乎？吕静之撰《韵集》，分取无方，王微(原作徵)之制《鸿宝》，咏歌少验。

---

① 陈寅恪：《四声三问》，《清华学报》第九卷第二期，1934年。

平上去入，出行间里，沈约取以和声，[之]（衍文）律吕相合。窃谓宫商徵羽角即四声也，羽读括羽之羽，以（原作亦）之和同，以推（原作拉）群音，无所不尽。岂其藏埋万古而未启（原作改）于先悟者乎？'往每见当此文人论四声者众矣，然其以五音配偶，多不能谐；李氏忽以《周礼》证明商不合律，与四声相配，便[合]（衍文）恰然悬同：愚谓钟蔡以还斯人而已。'然则，以'平上去入'与'宫商徵角羽'相配者，固不自段安节《琵琶录》、徐景安《乐书》始也。故齐梁以前虽未必适有'四'声，声调之用亦不必专谐文律，而字音之早有高低抑扬，则固无容否认。"① 这个见解是比较客观的。事实上，战国简帛所反映的声调差异已非常明显，如数字"一"，作为固有名词"太一"即写作"一"，读平声；而用于平声和上声字前则写作"能"，读去声。这种用字的差别应该体现着声调的不同。

上古的汉语语音究竟有几种声调，迄无定论。陈第《毛诗古音考》倡古无四声之说，顾炎武《音论》更演其旨以为"古四声一贯"，意即上古虽分平、上、去、入四声，但因古人用韵较宽，四声可以互押。段玉裁《六书音均表》主张"周秦汉初之文，有平上入而无去。洎乎魏晋，上入声多转而为去声，平声多转为仄声，于是乎四声大备，而与古不侔"。孔广森《诗声类》又以古无入声。江有诰《唐韵四声正》乃谓古人实有四声，唯所读之声与后人不同。黄侃《音略》则定古无上去，只有平入二声。王力《汉语史稿》认为，上古声调有平、入两类，平声分长平和短平，入声分长入和短入。上古的长平即为中古的平声，短平则是中古的上声；上古的长入至中古变为去声，短入于中古仍为入声。这些说法究竟哪一种更符合上古语音的实际情况，目前还很难论定。也有学者认为，平声无标记，上声来自紧喉尾ʔ，去声来自擦音尾h<s，故与塞尾入声共同组成仄声②，值得注意。

（八）韵摄

《广韵》分韵为二百零六部，韵部如此之多的原因就在于韵母的变化比较复杂。例如一个an韵，由于等呼的关系可以分为an、ian、uan、yan四韵，又由于声调的关系，每韵再可分为平、上、去、入四韵。然而如果我们忽略这些因素不计，则an、ian、uan、yan便可以合并为一个an类，这样看来，基本的韵也不过十几类而已。于是等韵学将同尾异韵同元音者合并，这种韵类在音韵学上称为"韵摄"。

---

① 罗常培：《汉语音韵学导论》，中华书局1982年版，第74—75页。
② 郑张尚芳：《上古音系》第五章第七节，上海教育出版社2003年版。

合韵尾、元音相同之数韵为一类，始于宋杨中修的《切韵指掌图》。杨氏将《广韵》的二百零六韵归并为十三摄。及元刘鑑撰《经史正音切韵指南》，又分为十六摄，且立通、江、止、遇、蟹、臻、山、效、果、假、宕、曾、梗、流、深、咸十六字标目名称，为"韵摄"有标目的开始。这十六摄中，果与假、宕与江、梗与曾在《切韵指掌图》里并不分开，因此十三摄所代表的韵类如下：

果—a　　蟹—ai　　咸—am　　山—an　　梗—eŋ　　宕—aŋ
效—au　　止—i　　　深—əm　　臻—nε　　流—əu　　遇—u
通—uŋ

十三摄中虽然没有入声韵，但依《广韵》的体例，收塞音的入声韵正是归并在相当的收鼻音的平声韵里的，如以 p 收声的入声韵，其平声便以 m 收声；以 t 收声的入声韵，其平声则以 n 收声；以 k 收声的入声韵，其平声实以 ŋ 收声。因此我们欲了解入声字的归摄，只需了解其平声字即可。

（九）反切

反切是用两个字来拼音而为一字注音的方法，古人或称"反"，或称"翻"，或称"切"。在反切之法发明以前，对汉字的注音往往采用譬况发音、读若或直音的办法，这虽不是很好的注音法，但在历史上还是适应了人们的审音需要。

譬况的方法很丰富，或指声位的前后，或指韵势的侈弇，或指调之长短，或指尾之开闭。《淮南子·墬形》："其地宜黍，多旄犀。"高诱《注》："旄读近绸缪之缪，急气言乃得之。"《吕氏春秋·慎行》："崔杼之子相与私鬨。"高诱《注》："鬨读近鸿，缓气言之。"这是以急气、缓气譬况。《公羊传·庄公二十八年》："《春秋》伐者为客，伐者为主。"何休《注》："伐人者为客，读伐长言之，齐人语也。见伐者为主，读伐短言之，齐人语也。"这是以长言、短言譬况。《淮南子·墬形》："黑色主肾，其人蠢愚。"高诱《注》："蠢读人谓蠢然无知之蠢也，笼口言乃得。"《俶真》："牛蹏之涔。"高诱《注》："涔读延祜曷问，急气闭口言也。"《释名·释天》："风，豫司兖冀横口合唇言之，风，泛也；青徐言风，踧口开唇推气言之，风，放也。"这是以笼口、闭口、横口、踧口譬况。《释天》又云："天，豫司兖冀以舌腹言之，天，显也；青徐以舌头言之，天，坦也。"这是以舌头、舌腹譬况。此种譬况发音仅能得其仿佛，难以精确。

读若法也是反切产生之前常用的注音方法，汉人字注经注中所谓"声近"、"声同"、"读如"、"读若"、"读与某同"之类，皆属此法。如《说文·坒部》："坒，读若皇。"《市部》："市，读若韨。"然而读若法除释音之外，或兼训义，或通其字，而释音也有本音转音之别，有汉音唐音之殊，情况比较复杂。

直音法是以一个同音字为本字注音，如《尔雅》郭璞《注》："诞言但，訏音吁，箌音罩。"李邺《切韵考》云："今人直音与古人读若不同，古人读若取其近似，今人直音非确不可。音各有类，定音必从其类，如本类有音可取，而取别类则非。"因此直音法也有相当的局限，如果找不出同音的字，则注音无法；如果同音字又是僻字，注音则等于不注。所以陈澧《切韵考》谓直音法之弊云："无同音之字则其法穷，或有同音之字而隐僻难识，则其法又穷。"

正因为早期的注音法存在这样那样的缺陷，所以后人渐知以反切济直音之不足。反切法的出现是在东汉，至汉魏以后大行。孙炎作《尔雅音义》已佚，唯陆德明《经典释义》尚见其反切若干则，故汉末的反切法已难详考。宋代《广韵》的反切源于隋陆法言的《切韵》，其反切规则为：

第一，反切上字必与被切字同纽，不仅发音部位相同，清浊也相同。如"东"为德红切，"德"与"东"同为端纽，都是清音。

第二，反切下字必与被切字同韵部、同声调，且同开合。如"知"为陟离切，"离"与"知"同属支韵，又同为开口字，且"知"、"离"同为平声，其中今音"知"读阴平，"离"读阳平，以阳平切阴平是因为宋以前平声不分阴阳的缘故。

宋人论反切还有所谓"音和"和"类隔"之说。"音和"即是上字与被切字双声、下字与被切字叠韵且同调的正常的反切法，而在相邻的声类中，取相当的纽中的字作为反切上字，则叫"类隔"。如"椿"为都江切，"椿"是知纽字，而"都"却是端纽字。又如"眉"为武悲切，"眉"是明纽字，而"武"则是微纽字。"篇"为芳连切，"篇"是滂纽字，而"芳"却是敷纽字。其实唐宋人不知古音，其所谓的"类隔"之法是完全错误的。据钱大昕的研究，《切韵》时代舌上音还未从舌头音中分出，轻唇音也还混在重唇音里，所以知与端、明与微、滂与敷在隋代以前实是一纽，因此"椿"与"都"、"眉"与"武"、"篇"与"芳"原本都是同纽字，并不存在什么"类隔"的问题[①]。

[①] 钱大昕：《古无轻唇音》、《舌音类隔之说不可信》，见《十驾斋养新录》卷五，上海书店1983年版。

宋丁度等作《集韵》，对传统的反切法开始进行改良。反切上字要与所切字同声调、同等列。如"鸡"由古奚切改为坚奚切，因为"坚"与"鸡"同为平声，同属四等。尽管如此，如果要求二字连读为一音，《集韵》的做法仍很不够，所以明吕坤作《交泰韵》，清潘耒著《类音》，李光地、王兰生撰《音韵阐微》，都分别设计了新的反切方案，使传统的反切法大为改善①。

第二节　中古音韵

一　《切韵》时代的声母系统

守温的三十六声母实际反映的是唐以后的语音，并不能代表《切韵》时代的声母系统。因此，重建《切韵》时代声母系统的工作自清以来即为学者所重视。陈澧作《切韵考》，根据对《广韵》反切上字的归纳研究，以正例和变例为原则，考订《切韵》的声纽共有四十类，其中清声二十一，浊声十九。其后张煊兼据变例考订为三十三类②，白涤洲则遵其正例而考订为四十七类③。李荣撰《切韵音系》，对《切韵》声纽进行重新整理，考订为三十六声纽，但内容和用字都与守温的字母系统颇为不同。王力认为《切韵》时代的声母系统也是三十六个，其与守温字母系统的主要差异在于：

其一，钱大昕证明古无轻唇音，其实直至《切韵》时代，重唇音仍未分化出轻唇。

其二，陈澧《切韵考》把正齿音分为两类，合乎《切韵》系统的真实情况。等韵家把韵分为四等，正齿音第一类只出现于二等上，可以称为照二、穿二、床二、审二，也可以称作庄母、初母、床母、山母；第二类只出现于三等上，可以称为照三、穿三、床三、审三，也可以称作照母、穿母、神母、审母。禅母只有三等，没有二等，所以没有分合的问题。

其三，陈澧《切韵考》把喻母分为两类，也合乎《切韵》系统的真实

---

① 参见王力《汉语音韵学》，中华书局1982年版，第108—112页；《汉语音韵》，中华书局1980年版，第27—37页。
② 张煊：《求进步斋音论》，北京大学《国故月刊》，1920年。
③ 白涤洲：《广韵声纽韵类之统计》，北京女师大《学术季刊》第二卷第一期，1931年。

情况。喻母第一类只出现于三等上，可以称为喻三，也可称作于母；第二类只出现于四等上，可以称为喻四，也可称作余母。根据罗常培的研究，喻三应该归入匣纽①。而传统认为，匣纽只有一二四等，没有三等，喻三正可以填补这个空缺②。

综上所述，王力所定的《切韵》系统声母如下：

牙音：　　见 [k]　　溪 [k']　　群 [g']　　疑 [ŋ]
舌头音：　端 [t]　　透 [t']　　定 [d']　　泥 [n]
舌上音：　知 [ȶ]　　彻 [ȶ']　　澄 [ȡ']　　娘 [ȵ]
唇音：　　帮（非）[p]　　滂（敷）[p']　　并（奉）[b']
　　　　　明（微）[m]
齿头音：　精 [ts]　　清 [ts']　　从 [dz']　　心 [s]　　邪 [z]
正齿音：　庄 [tʃ]　　初 [tʃ']　　床 [dʒ']　　山 [ʃ]　　照 [tɕ]
　　　　　穿 [tɕ']　　神 [dʑ']　　审 [ɕ]　　禅 [ʑ]
喉音：　　影 [ʔ]　　晓 [x]　　匣（喻三）[ɣ]　　余（喻四）[j]
半舌音：　来 [l]
半齿音：　日 [ȵ]

其中日母的拟音最难肯定，高本汉（Karlgren）拟为 [ȵʑ]③，可能更接近《切韵》时代的语音，而 [ȵ] 应该是守温时代的读音。

二　中古音的韵部

由于早期韵书的散佚，宋真宗大中祥符元年（1008年）陈彭年、丘雍等奉诏重修的《广韵》成为目前保存最早的一部韵书。《广韵》成书虽晚，但它是在陆法言《切韵》的基础上广益增修，因此反映了中古时代的语音系统，是研究中古音韵的重要资料。

《广韵》共有二百零六个韵目，以平、上、去、入四声分领各韵，共成五卷，其中平声因字数较多，分上下两卷，与后来平声分为阴平、阳平没有关系，共五十七韵；其他三声各为一卷，其中上声五十五韵，去声六十韵，入声三十四韵。戴震据一音四声相转的道理，著《广韵独用同用四声表》，表明各韵的关系，兹录于下。

---

① 罗常培：《经典释文和原本玉篇中的匣于两纽》，《中央研究院历史语言研究所集刊》第八本第一分，1937年。
② 王力：《汉语音韵》，中华书局1980年版，第70—74页。
③ 高本汉：《中国音韵学研究》第十一章，商务印书馆1995年版。

上平声	上声	去声	入声
东一独用	董一独用	送一独用	屋一独用
冬二锺同用	湩鶫等字附见肿韵	宋二用同用	沃二烛同用
锺三	肿二独用	用三	烛三
江四独用	讲三独用	绛四独用	觉四独用
支五脂之同用	纸四旨止同用	寘五至志同用	
脂六	旨五	至六	
之七	止六	志七	
微八独用	尾七独用	未八独用	
鱼九独用	语八独用	御九独用	
虞十模同用	麌九姥同用	遇十暮同用	
模十一	姥十	暮十一	
齐十二独用	荠十一独用	霁十二祭同用	
		祭十三	
		泰十四独用	
佳十三皆同用	蟹十二骇同用	卦十五怪夬同用	
皆十四	骇十三	怪十六	
		夬十七	
灰十五咍同用	贿十四海同用	队十八代同用	
咍十六	海十五	代十九	
		废二十独用	
真十七谆臻同用	轸十六准同用	震二十一稕同用	质五术栉同用
谆十八	准十七	稕二十二	术六
臻十九	縉龀等字附见隐韵	齓等字附见震韵	栉七
文二十欣同用	吻十八隐同用	问二十三独用	物八独用
欣二十一	隐十九	焮二十四独用	迄九独用
元二十二魂痕同用	阮二十混很同用	愿二十五恩恨同用	月十没同用
魂二十三	混二十一	恩二十六	没十一
痕二十四	很二十二	恨二十七	疙纥字等附见没韵
寒二十五桓同用	旱二十三缓同用	翰二十八换同用	曷十二末同用
桓二十六	缓二十四	换二十九	末十三
删二十七山同用	潸二十五产同用	谏三十裥同用	黠十四鎋同用
山二十八	产二十六	裥三十一	鎋十五

下平声	上声	去声	入声
先一仙同用	铣二十七狝同用	霰三十二线同用	屑十六薛同用
仙二	狝二十八	线三十三	薛十七
萧三宵同用	篠二十九小同用	啸三十四笑同用	
宵四	小三十	笑三十五	
肴五独用	巧三十一独用	效三十六独用	
豪六独用	皓三十二独用	号三十七独用	
歌七戈同用	哿三十三果同用	箇三十八过同用	
戈八	果三十四	过三十九	
麻九独用	马三十五独用	祃四十独用	
阳十唐同用	养三十六荡同用	漾四十一宕同用	药十八铎同用
唐十一	荡三十七	宕四十二	铎十九
庚十二耕清同用	梗三十八耿静同用	映四十二净劲同用	陌二十麦昔同用
耕十三	耿三十九	诤四十四	麦二十一
清十四	静四十	劲四十五	昔二十二
青十五独用	迥四十一独用	径四十六独用	锡二十三独用
蒸十六登同用	拯四十二等同用	證四十七嶝同用	职二十四德同用
登十七	等四十三	嶝四十八	德二十五
尤十八侯幽同用	有四十四厚黝同用	宥四十九候幼同用	
侯十九	厚四十五	候五十	
幽二十	黝四十六	幼五十一	
侵二十一独用	寝四十七独用	沁五十二独用	缉二十六独用
覃二十二谈同用	感四十八敢同用	勘五十三阚同用	合二十七盍同用
谈二十三	敢四十九	阚五十四	盍二十八
盐二十四添同用	琰五十忝同用	艳五十五㮇同用	叶二十九帖同用
添二十五	忝五十一	㮇五十六	帖三十
咸二十六衔同用	豏五十二槛同用	陷五十七鉴同用	洽三十一狎同用
衔二十七	槛五十三	鉴五十八	狎三十二
严二十八凡同用	俨五十四范同用	酽五十九梵同用	业三十三乏同用
凡二十九	范五十五	梵六十	乏三十四

《广韵》二百零六韵中的平、上、去、入四声相配，韵数应该相同，但平声五十七韵，上声五十五韵，去声六十韵，入声三十四韵，韵数并不相等，其原因在于某些韵括字甚少，所以归入了邻近的韵部，而并没

有独立成韵。如与平声冬韵相配的上声只有"湩"、"鷴"、"䏲"三字，并不另立一韵而将其并入了腫韵；与臻韵相配的只有"䫻"、"亲"、"龀"三字，也只归入隐韵而没有独立韵部，从而使得上声韵比平声韵缺少两韵。而去声韵与平、上、入三声相配的韵本也应有五十七韵，由于配平声臻韵的只有"櫬"、"瀙"、"嚫"、"䞋"、"襯"、"儭"、"龀"七字，因而并入震韵。此外去声韵中的祭、泰、夬、废四韵没有相当的平、上、入声可以配合，自成一系，因此去声韵现有六十韵。而入声韵由于只与收鼻音韵尾的阳声的平、上、入韵相配，阴声没有入声，以致韵数特少。况且没韵"麧"、"扢"、"齕"、"纥"、"淈"五字本与平声痕韵相配，因字少而被归入没韵，从而使得入声韵只有三十四韵。事实上，由于《广韵》的韵部以四声相配，如果不计声调，平、上、去三声各为五十七韵，加之去声独有的祭、泰、夬、废四韵，《广韵》的韵部实际只有六十一韵。如果将入声韵独立出来，则《广韵》的韵部包括与入声韵相配的阳声韵三十五部，不配入声的阴声韵二十六部，以及入声韵三十四部，共有九十五韵。

第三节 上古音韵

上古音韵是指先秦两汉时期的古音系统，研究这一时期的语音，《诗经》、《楚辞》以及其他先秦韵文、谐声字偏旁则是必要的基本素材，同时随着古文字学研究的深入，商周古文字也是探讨当时古音系统的直接史料。因此，虽然清代学者对上古音韵的研究取得了巨大成绩，但是由于古史旷久，自殷商以迄周末已千数百年，其间的语音必然经历了很大的变化，殷商及西周古音与以《诗经》、《楚辞》为代表的语音系统也一定存在不小的差异，这意味着上古音韵的研究并不因为清代学者的成绩而告定论，相反，对上古不同时期语音系统的讨论仍然留有广阔的空间。目前的上古音研究成果与其说是对上古音系的重建，还不如说是为重建上古音系奠定了基础更为客观。因此，我们在全面研究上古音系之前，必须对上古音韵已有的研究成果有一个基本的了解。

一 上古音的声纽

守温的三十六声母既不代表《切韵》时代的声母系统，当然更不能反映上古音系的真实情况。清钱大昕通过对先秦两汉文献的研究，于上古音的声纽系统确定了四条重要原则，为这一问题的解决做出了重要贡献。

其一，古无轻唇音。钱氏在《古无轻唇音》中认为："凡轻唇之音，古读皆为重唇。《诗》'凡民有丧，匍匐救之'，《檀弓》引《诗》作'扶服'，《家语》引作'扶伏'。"他引用大量史料证明，非、敷、奉、微四母，于上古读作帮、滂、并、明。如古读"负"如"背"，读"附"如"部"，读"佛"如"弼"，读"文"如"门"，读"繁"如"鼙"，读"纷"如"豳"，读"敷"如"布"，读"方"如"旁"，读"封"如"邦"等。

其二，古无舌上音。钱氏在《舌音类隔之说不可信》中指出："古无舌头舌上之分。知、彻、澄三母，以今音读之，与照、穿、床无别也。求之古音，则与端、透、定无异。"如古读"中"如"得"，读"赵"如"掉"，读"直"如"特"，读"竹"如"笃"，读"祸"如"祷"，读"追"如"堆"，读"陈"如"田"等。

其三，古人多舌音。钱氏在《舌音类隔之说不可信》中同时指出："古人多舌音，后代多变为齿音，不独知、彻、澄三母为然也。……今人以舟、周属照母，辄、啁属知母，谓有齿舌之分，此不识古音也。"意即照、穿、床等照系声母，上古也有些读如舌头音，如古读"舟"如"雕"，读"至"如"窒"，读"支"如"鞮"，读"专"如"端"等①。

其四，古影喻晓匣双声。钱氏认为："凡影母之字，引而长之，即为喻母；晓母之字，引长之，稍浊，即为匣母；匣母三四等字，轻读，亦有似喻母者。故古人于此四母，不甚区别。"②

继钱大昕之后，章炳麟提出古娘、日二母归泥的原则。他认为："古音有舌头泥纽，其后支别，则舌上有娘纽，半舌半齿有日纽。于古皆泥纽也。"③曾运乾则提出喻三归匣、喻四归定的原则，他将喻母三等字称为于母，上古归入匣纽，如古读"营"为"环"，读"援"如"换"，读"羽"如"扈"，读"围"如"回"，读"员"如"魂"等。罗常培以中古的喻三归入匣纽已为此说奠定了基础。曾氏又以喻母四等字于上古归入定纽，如古读"夷"如"弟"，读"易"如"狄"，读"逸"如"迭"，读"遗"如"隤"等④。此外，黄侃主张正齿音中照系二等的庄、初、

---

① 参见钱大昕《十驾斋养新录》卷五，中华书局1983年版。
② 钱大昕：《潜研堂文集》卷十五，上海古籍出版社2009年版。
③ 章太炎：《古音娘日二母归泥说》，《国故论衡》上卷，上海世纪出版集团2006年版。
④ 曾运乾：《喻母古读考》，《东北大学季刊》第二期，1927年。

床、山于上古归入精系①。而王力汲取前人的研究成果，将上古声纽整理为六类三十二母②，兹转抄于下。

（一）唇音

帮（非）[p]　　滂（敷）[p']　　并（奉）[b']　　明（微）[m]

（二）舌音

端（知）[t]　　透（彻）[t']　　喻 [d]　　　　定（澄）[d']

泥（娘）[n]　　来 [l]

（三）齿头音

（甲）精 [ts]　　清 [ts']　　　从 [dz']　　　心 [s]　　　邪 [z]

（乙）庄 [tʃ]　　初 [tʃ']　　　床 [dʒ']　　　山 [ʃ]

（四）正齿音

照 [tɕ]　　　　穿 [tɕ']　　　神 [dʑ']　　　审 [ɕ]

禅 [ʑ]　　　　日 [ȵ]

（五）牙音

见 [k]　　　　溪 [k']　　　　群 [g']　　　　疑 [ŋ]

（六）喉音

晓 [x]　　　　匣（于）[ɣ]　　影 [○]

王力后来又对这个声母系统有所修订，不仅拟音稍有不同，而且在庄系增加了俟纽，拟音 [ʒ]，从而使上古声纽多至三十三个③。在这个新的声母系统中，王力将喻四重拟为 [ʎ] 而作为正齿音，与照三系字相同，不如其三十二母系统以喻四读近定母更能适合上古音的材料。同时他还坚持日母于上古不归泥母的主张④，也值得商榷⑤。如"女"属泥纽，而西周金文多用为"汝"，或用为"如"，"汝"、"如"则在日纽，可为这种观点的反证。总之，从各家对上古声纽的研究归纳分析，帮滂并明见溪群疑端透定泥心十三组为上古的基本声纽，这一点已没有什么分歧，而邪影晓喻来五纽的音值及归属，匣与群及喻三的分合，精清从三组是否早就存在，则还没有定论。

上古音的声母是否存在复辅音，也是上古音研究争论已久的问题。

---

① 参见钱玄同《文字学音篇》，国立北京大学出版社1934年版，第30页。
② 王力：《汉语音韵》，中华书局1980年版，第162—165页。
③ 王力：《汉语语音史》，中国社会科学出版社1985年版。
④ 王力：《汉语语音史》，中国社会科学出版社1985年版，第21页。
⑤ 参见张慧美《论王力先生上古日母不归泥的问题》，《音韵论丛》，齐鲁书社2004年版。

林语堂、陈独秀最早提出上古汉语存在复辅音的观点①，今已为多数学者所接受，即使对此持有否定态度的王力，也间或承认这一事实②。复辅音声母是汉藏语系诸语言普遍存在的现象，因此我们似乎没有理由独以汉语不具有复辅音。不容否认，承认复辅音的存在将使以往在音理上难以解释的语音变化现象获得更为合理的说明，这意味着目前的上古声纽系统到底在多大程度上反映了真实的上古音系，还有很多问题需要深入探索。

以往对上古音声纽的研究多是根据古代文字的谐声偏旁、声训、读若、异文以及不同的反切，这当然也成为拟构上古声母音值的主要资料。然而这种以死文字去印证活语言的做法不能不说具有相当的局限，语音在不同时期和不同地域都有不同的变化，这意味着我们其实很难真正了解某个文字究竟在多大程度上保留了我们所要探索的那个时代的原始音值。但是如果这些研究可以获得活的语音资料的印证，情况则会完全不同。而汉语古今方言及民族语言中都遗留有古音的痕迹，甚至非汉语文献的译音与借词也可以提供有价值的参证。因此，利用上述文字资料的汉藏语系比较研究将会对上古音系的重建具有特别的意义。郑张尚芳近作《上古音系》即是这方面的成功尝试③，足资参考。

二　上古音的韵部

《广韵》以六十一韵加之入声三十四韵所构成的韵部系统并不反映上古语音，这一点宋人即已有所认识。吴棫著《韵补》，根据他所主张的通转原则，将古韵大致分为九类；而郑庠则将古韵分为六部。这些工作由于方法有欠科学，所以即使分韵较宽，仍不免出韵。明人陈第的工作成为古韵研究的重要转折，他批判传统的"叶音"之说，提出古今语音因时地的不同而有变化，为古音学的研究奠定了基础，从而对清代的上古音研究产生了深刻影响。

清代的古音学研究虽然没有真正恢复上古音的音值，但在基本复原上古音系方面却取得了很大成绩，其中顾炎武、江永、戴震、段玉裁、孔广森、

---

① 林语堂：《古有复辅音说》，《晨报》六周年纪念增刊，1924年；陈独秀：《中国古代语音有复声母说》，《东方杂志》第三十四卷第二十至二十一号，1934年。

② 王力以"黑"的古音可能是 mxək，故与"墨"mək 同源。见其《同源字典》，中华书局1982年版，第253页。

③ 郑张尚芳：《上古音系》，上海教育出版社2003年版。

王念孙和江有诰都做出了重要贡献，而顾、段与二江的工作尤为杰出。

清代古音学研究的奠基者是顾炎武，顾氏的工作深受陈第的影响，他在《古音表》中将古韵分为十部，具体情况如下：

第一部　东冬锺江。

第二部　脂之微齐佳皆灰咍，支半，尤半；去声祭泰夬废；入声质术栉物迄月没曷末黠鎋屑薛职德，屋半，麦半，昔半。

第三部　鱼虞模侯，麻半；入声烛陌，屋半，沃半，药半，铎半，麦半，昔半。

第四部　真臻文殷元魂痕寒桓删山先仙。

第五部　萧宵肴豪幽，尤半；入声屋半，沃半，药半，铎半，锡半。

第六部　歌戈，麻半，支半。

第七部　阳唐，庚半。

第八部　耕清青，庚半。

第九部　蒸登。

第十部　侵覃谈盐添咸衔严凡；入声缉合盍叶帖洽狎业乏。

顾炎武的重要贡献在于两点，其一是离析《唐韵》，他的做法既不同于吴棫、郑庠等人默守《唐韵》而把每一韵部视为一个整体，也不同于陈第逐字定音，未能顾及语音的系统性，而是先把某些韵部拆开，再分别与其他相关的韵部重新组合，兼顾了语音的系统性和历史的发展。其二是以入声配阴声，他在《答李子德书》中认为："故歌戈麻三韵旧无入声，侵覃以下九韵旧有入声，今因之；余则反之。"指出《广韵》绝大部分入声配阳声是配错了，应该改配阴声。这些见解定下了古音学研究的基本原则。

江永继顾炎武之后著《古韵标准》，分古韵为十三部，具体情况如下：

第 一 部　东冬锺江。

第 二 部　脂之微齐佳皆灰咍，分支尤。

第 三 部　鱼模，分虞麻。

第 四 部　真谆臻文殷魂痕，分先。

第 五 部　元桓删山仙，分先。

第 六 部　分萧宵肴豪。

第 七 部　歌戈，分麻支。

第 八 部　阳唐，分庚。

第 九 部　耕清青，分庚。

第 十 部　蒸登。
第十一部　侯幽，分尤虞萧宵肴豪。
第十二部　侵，分覃谈盐。
第十三部　添严咸衔凡，分覃谈盐。

江永同时主张"数韵共一入"，因此他只把入声分为八部：

第一部　屋烛，分沃觉，别收锡侯。
第二部　质术栉物迄没，分屑薛，别收职。
第三部　月曷末黠鎋，分屑薛。
第四部　药铎，分沃觉陌麦昔锡，别收御祃。
第五部　分麦昔锡。
第六部　职德，别收麦屋志怪队代咍沃。
第七部　缉，分合叶洽。
第八部　盍帖业狎乏，分合叶洽。

江永深谙等韵学，其古音研究的最大特点就是讲究音理。江氏曾指摘顾炎武的工作"考古之功多，审音之功浅"[1]，而江永的具体贡献则在于两点，第一，江氏通过真元分部、侵谈分部和宵幽分部的做法，将开口元音与闭口元音加以区分，这一发现十分重要。第二，江氏以入声兼配阴阳，即所谓"数韵共一入"，他在《四声切韵表》中通过入声与阴阳的配合以说明上古语音的系统性，有重要的参考价值。

段玉裁继承了江永的研究成果，并有发展。他在《六书音均表》中分古韵为六类十七部，具体情况如下：

第一类　第 一 部　之咍，入声职德。
第二类　第 二 部　萧宵肴豪。
　　　　第 三 部　尤幽，入声屋沃烛觉。
　　　　第 四 部　侯。
　　　　第 五 部　鱼虞模，入声药铎。
第三类　第 六 部　蒸登。
　　　　第 七 部　侵盐添，入声缉叶怗。
　　　　第 八 部　覃谈咸衔严凡，入声合盍洽狎业乏。
第四类　第 九 部　东冬锺江。
　　　　第 十 部　阳唐。

---

[1]　江永：《古韵标准·例言》，中华书局1982年版。

	第十一部	庚耕清青。
第五类	第十二部	真臻先，入声质栉屑。
	第十三部	谆文欣魂痕。
	第十四部	元寒桓删山仙。
第六类	第十五部	脂微齐皆灰祭泰夬废，入声术物迄月没曷末黠鎋薛。
	第十六部	支佳，入声陌麦昔锡。
	第十七部	歌戈麻。

段玉裁的古韵研究有三方面重要贡献，其一，段氏受《切韵》的启发，并细心研究谐声字的偏旁和《诗经》用韵，从而将支脂之、侯幽、真文分别立目，将这些韵部分开。其二，段氏以韵母的性质为标准排列韵部，分十七部为六类，从而厘清了邻韵的概念，使合韵之说有了准绳。其三，段氏建立"同声必同部"的理论，不仅对于区别同韵字，甚至对于《诗经》以前古韵的研究，都具有十分重要的意义。

戴震作为江永的学生，学问深受江氏的影响，其作《声韵考》和《声类表》，在古音学上提出一些重要见解。戴震将古韵分为九类二十五部，韵部如此之多，是由于他把入声韵独立出来，同时又采用弟子段玉裁支脂之三部分立的意见，并将祭泰夬废四韵独立为一韵的缘故，故若入声附而不列，则为十六韵，比江永的十三部多了脂、之、祭三部。具体情况如下：

一	1	阿	平声	歌戈麻
	2	乌	平声	鱼虞模
	3	垩	入声	铎
二	4	膺	平声	蒸登
	5	噫	平声	之咍
	6	億	入声	职德
三	7	翁	平声	东冬锺江
	8	讴	平声	尤侯幽
	9	屋	入声	屋沃烛觉
四	10	央	平声	阳唐
	11	夭	平声	萧宵肴豪
	12	约	入声	药
五	13	婴	平声	庚耕清青

	14	娃	平声	支佳
	15	戹	入声	陌麦昔锡
六	16	殷	平声	真谆臻文欣魂痕
	17	衣	平声	脂微齐皆灰
	18	乙	入声	质术栉物迄没
七	19	安	平声	元寒桓删山先仙
	20	霭	平声	祭泰夬废
	21	遏	入声	月曷末黠鎋屑
八	22	音	平声	侵盐添
	23	邑	入声	缉
九	24	醃	平声	覃谈咸衔严凡
	25	諜	入声	合盍叶怗业洽狎乏

戴震将入声韵独立出来以及将祭泰夬废独立为韵则是他对古音学研究的重要贡献。

孔广森和段玉裁都是戴震的弟子，他作《诗声类》，分古韵为十八部，包括阳声、阴声各九部，具体情况如下：

阳声九部
第一原类　　元寒桓删山仙
第二丁类　　耕清青
第三辰类　　真谆臻先文殷魂痕
第四阳类　　阳唐庚
第五东类　　东锺江
第六冬类　　冬
第七侵类　　侵覃凡
第八蒸类　　蒸登
第九谈类　　谈盐添咸衔凡
阴声九类
第一歌类　　歌戈麻
第二支类　　支佳，入声麦锡
第三脂类　　脂微齐皆灰，入声质术栉物迄月没曷末黠辖屑薛
第四鱼类　　鱼模，入声铎陌昔
第五侯类　　侯虞，入声屋烛
第六幽类　　幽尤萧，入声沃

第七宵类　　宵肴豪，入声觉药
第八之类　　之咍，入声职德
第九合类　　入声合盍缉葉帖洽狎业乏

孔广森古音学研究的最大贡献在于，其一，他把冬韵从东韵中分出。古韵冬部与侵部接近，东部与阳部接近，但冬与阳则不相通。其二，首创阴阳对转的理论，他承戴震的学说，指出入声是对转的枢纽。

王念孙分古韵为二十一部，见于王引之《经义述闻》卷三十一所载古音二十一部条，即东部、蒸部、侵部、谈部、阳部、耕部、真部、谆部、元部、歌部、支部、至部、脂部、祭部、盍部、缉部、之部、鱼部、侯部、幽部、宵部。王氏根据"同声必同部"的原则，将至部、祭部、缉部、盍部独立为韵，所以他的至部和祭部包括去声和入声。然而祭部独立，戴震已有此说。缉、乏独立为二部，"屋"、"谷"、"木"、"卜"等字归入侯韵，孔广森、江有诰、朱骏声亦有相同的主张，因此王氏的创见只在于其至部的独立，即将去声至、霁两韵及入声质、栉、黠、屑、薛五韵的一部分字归为一韵。王氏晚年改定《合韵谱》，则从孔广森之说，增冬部为二十二部①。

江有诰的古韵研究获得了与王念孙基本相同的结论，他在《廿一部韵谱》中将古韵分为二十一部，比较王念孙所立的二十一部，江氏的韵部体系少了至部，却多了他遵从孔广森将东冬分开而立的冬部。江氏二十一部的具体情况如下：

第一之部　　之咍，灰尤三分之一，入声职德，屋三分之一。
第二幽部　　尤幽，萧肴豪之半，入声沃之半，屋觉锡三分之一。
第三宵部　　宵，萧肴豪之半，入声沃药铎之半，觉锡三分之一。
第四侯部　　侯，虞之半，入声烛，屋觉三分之一。
第五鱼部　　鱼模，虞麻之半，入声陌，药铎麦昔之半。
第六歌部　　歌戈，麻之半，支三分之一，无入声。
第七支部　　佳，齐之半，支纸寘三分之一，入声麦昔之半，锡三分之一。
第八脂部　　脂微皆灰，齐之半，支三分之一，入声质术栉物迄没屑，黠之半。

---

① 参见陆宗达《王石曜先生韵谱合韵谱稿后记》，国立北京大学《国学季刊》第五卷第二号，1935年；王力：《汉语音韵学》，中华书局1982年版，第370页。

第九祭部	祭泰夬废，入声月曷末鎋薛，黠之半，无平上声。
第十元部	元寒桓山删僊，先三分之一，无入声。
第十一文部	文欣魂痕，谆之半，真三分之一，无入声。
第十二真部	真臻先，谆之半，无入声。
第十三耕部	耕清青，庚之半，无入声。
第十四阳部	阳唐，庚之半，无入声。
第十五东部	锺江，东之半，无入声。
第十六中部	冬，东之半，无上入声。
第十七蒸部	蒸登，无入声。
第十八侵部	侵覃，咸凡之半，无入声。
第十九谈部	谈盐添严衔，咸凡之半，无入声。
第二十葉部	入声葉帖业狎乏，盍洽之半，无平上去声。
第二十一缉部	入声缉合，盍洽之半，无平上去声。

江有诰总结前人的研究成果，对古音做了深入、全面的研究，段玉裁称他的工作是"集音学之成"[①]，足见其说精细而确凿。

王、江学说的结合可定古韵为二十二部，夏炘著《诗古韵表二十二部集说》就有这样的主张。王国维在《周代金石文韵读序》中以为："古韵之学，自崑山顾氏，而婺源江氏，而休宁戴氏，而金坛段氏，而曲阜孔氏，而高邮王氏，而歙县江氏，作者不过七人，然古音二十二部之目遂令后世无可增损。"已视二十二部之说为一种完整的古音体系，这话虽不免绝对，但古韵之学的研究确实至此已基本定型。其后章炳麟、黄侃又对王、江的学说有所修正，章炳麟分脂部的去入声为队部，遂分古韵为二十三部。此外他在《二十三部音准》中专讲拟音，则是注意韵值研究的首创者。黄侃则分古韵为二十八部，实际是在王、江二十二部的基础上加入戴震所立的没、锡、铎、屋、沃、德六部，他将阴阳入三声分立，实际是继承了戴震学说的优点。不过他以《广韵》的反切去推测古音，创所谓"古本韵"的理论，每以今读代古音，则不足信从。

王力的古韵研究最初主张阴阳两分，并采用章炳麟晚年准备将冬部并入侵部的想法[②]，又参照章氏早年队部有平声的意见，在章氏二十三部的

[①] 见段玉裁《江氏音学十书序》，渭南严氏刻本《音韵学丛书·江氏音学十书》，民国二十三年（1934）刊。

[②] 章炳麟：《音论》，光华大学《中国语文学研究》，中华书局1956年版。

基础上增微减冬，仍为二十三部①。后在其《汉语史稿》中主张阴阳入三声分立，增职、觉、药、屋、铎、锡六部，分古韵为十一类二十九部。如果冬侵从分不从合，则为三十部。具体情况如下：

第 一 类　　[ə]　　[ək]　　[əŋ]
之部第一　　《广韵》之咍；又灰尤三分之一。
职部第二　　《广韵》职德；又少数屋韵字。
蒸部第三　　《广韵》蒸登；又少数东韵字。
第 二 类　　[əu]　　[əuk]
幽部第四　　《广韵》幽；又尤三分之二，萧肴豪之半。
觉部第五　　《广韵》沃；又屋之半，觉三分之一，少数锡韵字。
第 三 类　　[au]　　[auk]
宵部第六　　《广韵》宵；又萧肴豪之半。
药部第七　　《广韵》药铎锡之半，觉三分之一。
第 四 类　　[o]　　[ok]　　[oŋ]
侯部第八　　《广韵》侯；又虞之半。
屋部第九　　《广韵》烛；又屋之半，觉三分之一。
东部第十　　《广韵》锺江；又东之半。
第 五 类　　[ɑ]　　[ɑk]　　[ɑŋ]
鱼部第十一　　《广韵》鱼模；又虞麻之半。
铎部第十二　　《广韵》陌；又药铎麦昔之半。
阳部第十三　　《广韵》阳唐庚。
第 六 类　　[e]　　[ek]　　[eŋ]
支部第十四　　《广韵》佳；又齐支之半。
锡部第十五　　《广韵》麦昔锡之半。
耕部第十六　　《广韵》耕清青。
第 七 类　　[ei]　　[et]　　[en]
脂部第十七　　《广韵》脂皆齐之半。
质部第十八　　《广韵》至质栉屑，黠之半；又少数术韵字。
真部第十九　　《广韵》真臻，先三分之二；又少数谆韵字。
第 八 类　　[əi]　　[ət]　　[ən]
微部第二十　　《广韵》微，灰三分之二；又脂皆之半。

---

① 王力：《上古韵部系统研究》，《清华学报》第十二卷第三期，1937 年。

物部第廿一　《广韵》术没迄物；又未之半。
文部第廿二　《广韵》谆文欣魂痕；又真三分之一。
第 九 类　［a］　　［at］　　［an］
歌部第廿三　《广韵》歌戈；又麻支之半。
月部第廿四　《广韵》祭泰夬废月曷末鎋薛；又黠之半。
元部第廿五　《广韵》元寒桓删山仙；又先三分之一。
第 十 类　［əp］　　［əm］
缉部第廿六　《广韵》缉合；又洽之半。
侵部第廿七　《广韵》侵覃冬；又咸东之半。
第 十 一 类　［ap］　　［am］
葉部第廿八　《广韵》盍葉帖业狎乏；又洽之半。
谈部第廿九　《广韵》谈盐添严衔凡；又咸之半。

这第十一类二十九韵部，同类韵部的韵多包括阴、阳、入三声，或只包括阴入或阳入二声。由于主要元音相同，可以互相通转，这便是所谓的"阴阳对转"。其中关系最密切的有之和职、幽和觉、宵和药、鱼和铎、支和锡①。这个韵部系统与汉字谐声偏旁的关系如何，王力也做了系统的讨论，可参看其于《汉语音韵》一书中所列的谐声表②。

古代韵部的分合工作自宋郑庠《古音辨》所分的六部，到清顾炎武分立十部，直至王力的二十九部，可谓越分越细。但古音学的成就主要并不在于分韵的多少，而在于通过分韵的工作而使古代的语音系统逐渐清晰。然而目前的分韵成果是否符合《诗经》以前的古音系统，则还有待进一步研究。如王氏系统主要元音缺少 i、u，皆只作介音，即为较晚的现象③。

三　商周古音探索

目前的上古音研究一般仍以《诗经》等先秦韵文和谐声字作为主要素材，这些素材不仅时代较晚，而且所涉地域广阔，从而不可避免地使古今语音与方言俗语相互杂厕，依此建立的古音系统是否能反映比《诗经》时代更早的殷商西周语音的实际情况，则无从得知。换句话说，目前建构的上古声韵系统究竟是适合于上古时代的各个历史阶段，还是只符合其中某一历史时期的语音特点，这是我们必须认真考虑的问题。郭沫若早年即已

---

① 王力：《汉语史稿》，中华书局1980年版，第61—63页。
② 王力：《汉语音韵》，中华书局1980年版，第151—162页。
③ 参见郑张尚芳《上古音系》，上海教育出版社2003年版。

指出："又今人之所谓古音实仅依据周、秦、汉人文之韵读以为说者，周以前之音，茫然可考。周秦以后音有变，则周以前之音，至周亦必有变。余谓其变且必甚剧烈，盖殷周之际礼制之因革颇彰，而文字之损益亦甚著。"① 显然，欲求殷周古音，利用比《诗经》时代更早的古文字资料是非常必要的。

关于殷商音系的韵部系统，于省吾曾经根据商代甲骨文的谐声系统认为古韵东、冬二部不分②，印证了王念孙早期东、冬不分的主张。而赵诚也据同样的资料以为商代之、脂二部很难分立，因此商代音系韵部的划分比周秦古韵为少③。而郭锡良的研究虽然暂定殷商时代的韵部系统以周秦音系的二十九部为准，但也承认其中有的韵部也许还可以合并④。

对于殷商韵母系统的认识，虽然商代的甲骨文和金文成为学者共同研究利用的资料，但据此得出的看法却不尽相同。赵诚以为，商代的阴声韵与入声韵、阳声韵与入声韵相掺不分，似乎当时并无入声韵，而阴声韵与阳声韵极易混淆，阴阳的界限不如后世分明，阳声韵并不典型，似仅为元音的鼻化。而郭锡良认为殷商时代的韵母系统还是应该以阴、阳、入三声分立，不可两分，更不可能并为一类。但殷商时代每个韵部最多只有开合各二等，这一点与周秦时代开合各四等的情况很不相同。周秦时代的二等韵和四等韵应是在殷商以后才分化出来的，二等多来自一等，而四等则多来自三等。

关于殷商音系的声母系统，赵诚以为其时辅音不分清浊；舌擦音似不存在，发音方法较为简单；而且存在复辅音和多音节现象。郭锡良则在研究商代的声纽系统后认为，殷商时代章系尚未从端系中分化出来，庄系也没有从精系中分化出来；当时群、匣二母本是一个，周秦时代的匣纽是从群纽分化出来的；余纽（喻四）本属定纽，邪纽本属从纽，余纽、邪纽到周秦时代才分化出来。因此他提出殷商十九个声纽系统，即喉音的影、晓，牙音的见、溪、群、疑，舌音的端、透、定、泥，齿音的精、清、从、心，唇音的帮、滂、并、明和半舌音来。

---

① 郭沫若：《甲骨文字研究》，《郭沫若全集·考古编》第一卷，科学出版社1982年版，第39—40页。
② 于省吾：《释🜨、🜨兼论古韵部东冬的分合》，《甲骨文字释林》，中华书局1979年版。
③ 赵诚：《商代音系探索》，《音韵学研究》第一辑，中华书局1984年版。下文采赵说凡出此文者，不复注。
④ 郭锡良：《殷商时代音系初探》，《北京大学学报》1988年第6期。下文采郭说凡出此文者，不复注。

关于殷商音系的声调，赵诚以为四声不分。郭锡良则认为与周秦一致，如果按照王力的说法，则分为长平、短平、长入、短入，实际每个韵母只有两个声调。

对于西周金文所反映的西周音系，郭锡良也做了认真的分析。他认为西周金文的韵部系统已形成《诗经》音系的格局，不再是殷商音系的开合各二等，而是《诗经》音系的开合各四等。声调也与《诗经》音系相同。至于声纽系统，西周音系可考者为二十七纽，即喉音的影、晓、匣，牙音的见、溪、群、疑，舌音的端、透、定、余、泥，舌面音的章、昌、船、书、禅，齿音的精、清、从、心，唇音的帮、滂、并、明，半舌音来和半齿音日[1]。郑张尚芳则以为上古有 r（来）、l（余）两类半舌音，当时尚未分化日母[2]。

对商周古音的探索，古文字资料是唯一可以利用的可靠史料，这类资料不仅时代明确，而且地域清晰，这两点是迄今学者普遍利用的先秦文献所无法比拟的。然而审音必先正字，如果文字考释不准，本字与通假字的关系辨别不清，都将直接影响到古音的研究成果，目前有关殷商音系的分歧恐怕就有这方面的原因。虽然利用晚周秦汉的出土文献探讨先秦古音也可弥补传统史料不足的缺憾，并使人获得一些与传统上古音研究不同的认识[3]，但靠这些材料解决殷商西周音系的问题则大有困难。因此，正确地辨识和分析古文字资料，并利用这些资料客观地考辨商周古音，正是我们在已有上古音体系的基础上需要继续完善的工作。

第四节　上古音知识的应用

文字是记录语言的符号，而语言则是通过语音的形式完成对语意的表达。由于早期文字的形体和使用长期以来不能规范，从而使人们逐渐形成了对语音的重视程度远胜于字形的用字观念，显然从这种独特的用字传统考虑，记录语言采用哪种同音的符号似乎并不重要，这便造成了古代文献通假字大量存在的现象。然而随着时代的发展，文字逐渐得到规范，同时也更促进了文字使用的规范，这种用字习惯的改变使人们对先秦时期以字

---

① 郭锡良：《西周金文音系初探》，《国学研究》第二卷，北京大学出版社1994年版。
② 郑张尚芳：《上古音系》，上海教育出版社2003年版。
③ 周祖谟：《汉代竹书与帛书的通假字与古音的考订》，《音韵学研究》第一辑，中华书局1984年版；赵诚：《临沂汉简的通假字》，《音韵学研究》第一辑，中华书局1986年版。

记音的用字传统已不甚了解，加之古今语音的变化，使人在面对古籍中异音异形的文字时颇感困惑。因此，掌握古音学知识，通过寻音求义的方法探求经旨，既符合文字发展的一般规律，也是解决文字形、音、义关系的有效方法。以下试举数例以明古音之用。

《礼记·中庸》："武王缵大王、王季、文王之绪，壹戎衣而有天下，身不失天下之显名。"经之"壹戎衣"于《周书·武成》作"一戎衣"，《康诰》及《左传·宣公六年》皆作"殪戎殷"，杜预《春秋经传集解》："殪，尽。"即言武王伐殷而尽灭之。可知"一"与"壹"皆为"殪"之通假字，而"衣"则为"殷"之假借字。然"衣"、"殷"今音已有不同，考之古音，上古"衣"在影纽微部，为阴声韵，"殷"在影纽文部，为阳声韵，声为双声，韵为对转，同音可通。西周早期天亡簋铭云"衣祀于王"、"丕克讫衣王祀"，"衣祀"即言殷祀，"衣王祀"则谓殷王祀，即为"衣"、"殷"互通之证。

另一个学者常举的例证见于《春秋经·庄公六年》，文云："冬，齐人来归卫俘。"而《三传》则作"齐人来归卫宝"。杜预《集解》："宝，珍。俘，囚。故疑经误。"考之古音，上古"俘"属滂纽幽部字，"宝"属帮纽幽部字，帮滂同为重唇音，发音部位相同，幽部叠韵，音同可通。"俘"字中古声在敷纽，上古无轻唇音，故不通古音则难释经义。另从字形分析，战国中山王𗫛鼎铭"保"作"𗫛"，与"俘"字形极近。上古音"保"属帮纽幽部字，与"宝"字双声叠韵。盖经本作"宝"，后音近作"保"，更形讹作"俘"。

《淮南子·兵略》："有圣人勃然而起。"《荀子·非十二子》："佛然平世之俗起焉。"杨倞《注》："佛，读为勃。勃然，兴起貌。"上古"勃"、"佛"皆为並纽物部字，双声叠韵，同音可通。"佛"于中古属轻唇奉纽，上古则读如重唇。这也是古无轻唇音之一例。

《韩非子·二柄》："桓公好味，易牙蒸其子首而进之。"《大戴礼记·保傅》："齐桓公任竖牙、狄牙，身死不葬，为天下笑。""易牙"、"狄牙"虽用字不同，实乃一人之名。考之《广韵》，"易"为喻纽寘韵去声四等字，上古归支韵，"狄"则为定纽锡韵入声。根据喻四归定的原则，上古"易"、"狄"双声，而支锡阴入对转，如果入声不分，则二字叠韵，故同音互假。

出土先秦文献大量使用通假字，讨论通假字与本字的关系，声与韵的相通固然重要，但由于同音的文字太多，何以某字只能假为此而不能假为彼，单求语音的相通又显然不够，而一定要求得相应的书证作为证据。

我们所说的书证并不仅指既知的通假用例，也应包括古文字的通假规律。古文虽喜通假，但用字也并非漫无标准。了解古人的用字习惯，对判断通假自然很有帮助。如春秋叡巢钟铭自述器主"余攻王之玄孙"，"攻王"谁指，看法不同。或谓"攻吴王"之急读减音，吴王钟铭"句吴"即急读作"句"，"攻"、"句"同音，故可通假。文献"句吴"，金文则作"工厰"、"工虖"、"攻吾"、"攻吴"或"句敔"，即明"攻"、"句"互用不别。古音"攻"在见纽东部，"句"在见纽侯部，声为双声，韵为对转。或又谓"攻王"乃为徐驹王，此说若求诸通假用例固无不可，但求诸通假规律则存在问题。春秋次又缶铭云："郐頯君之孙。"铭文"郐頯君"应即见于《礼记·檀弓下》的"徐驹王"，但金文称其名首冠国氏，"驹"则作"頯"而不作"攻"，是为习惯用法。且称"君"而不称"王"，区别甚明。况徐驹王时当西周，而金文所见凡追述远祖之嗣多径称"孙"。如邵黛钟铭："余毕公之孙。"宋公䜌簠铭："有殷天乙唐孙宋公䜌。"邿公鈢钟铭："陆螽之孙邿公鈢。"此皆合次又缶铭之称"郐頯君之孙"，而与叡巢钟铭"余攻王之玄孙"不符①。很明显，对同样具有书证的材料如何辨别是非，单凭古音的相通远远不够，还应细致分析通假规律，博求通假之外的更广泛的证据。

求出土文献的通假不能仅局限于单字的相通，还应注意联绵词语的问题，否则将固有的词汇割裂，文本的原意也将湮灭。上海博物馆藏战国竹书《内礼》是一篇重要的儒家文献，内容与《大戴礼记》有关曾子的部分章节相关，这里只选其中的一小部分研读。

  君子曰：俤（弟），民之经也。才（在）少（小）不静（争），才（在）大不乱。古（故）为岑（少）必聖（听）长之命，为戔（贱）必聖（听）贵之命，从人觀肰（然）则免于戾。

末句"从人觀然则免于戾"，学者或读为"从人觀，然则免于戾"，原意顿失。事实上，"觀然"构成固定的叠韵联绵词，应读为"歡然"，即喜悦欢欣之貌，文献又作"謹然"、"懽然"、"驩然"，"觀"、"歡"、

---

① 近出春秋晚期曾侯腆钟铭云"余稷之玄孙"，以玄孙泛指远孙。见湖北省文物考古研究所、随州市博物馆：《随州文峰塔 M1（曾侯與墓）、M2 发掘简报》，《江汉考古》2014 年第 4 期。

"谨"、"懂"、"骥"皆从"堇"声,根据段玉裁"同声必同部"的原则,同音可通。《文选·张协七命》:"承意恣歡。"旧《注》:"歡,五臣作觀。"是其证。《史记·秦始皇本纪》:"皆谨然各自安乐其处。"《列子·说符》:"视之歡然,无忧丞之色。"即竹书"觀然"之意。

论证通假字,声韵的相通与书证的佐证是两个必不可少的条件。求证古音需明音理,不必一味追求音值;而求证文献则要重古据,且兼顾传世典籍与出土的古文字资料。在此基础上则尽可能多地寻诸他证,尤以古代各种制度的资料和考古资料最为重要。而为佐证一己之私见便置昭昭史料于不顾,或但求古音随意通假而不求书证的做法,都是学术研究的大忌。

本章小结

本章介绍音韵学的基础知识和研究方法。其一,解释主要的音韵学及语音学术语。其二,介绍以《广韵》为代表的中古声韵系统。其三,梳理上古音研究的历史及其成果。其四,讨论重建《诗经》、《楚辞》时代以前商周古音的材料和方法问题。其五,阐述因声求义作为古文字研究的主要方法所具有的特殊意义。

思 考 题

名词解释:

音韵学　反切　声纽　韵部　双声叠韵　对转　旁转
《切韵》　《广韵》

简答题:

简述中古音的声纽与韵部。
简述上古音的声纽与韵部。
简述上古音的研究历史。
简述顾炎武与王力的古音学研究及其主要贡献。

论述题:

试论以《诗经》、《楚辞》为基础所建古音系统对商周古音研究的局限及以古文字资料重构商周古音的必要。

试论因声求义对于古文字学研究的意义。

阅读参考文献

陈第：《毛诗古音考》，中华书局 1988 年版。
顾炎武：《音学五书》，中华书局 1982 年版。
钱大昕：《十驾斋养新录》，中华书局 1983 年版。
章太炎：《国故论衡》，上海世纪出版集团 2006 年版。
罗常培：《汉语音韵学导论》，中华书局 1982 年版。
曾运乾：《音韵学讲义》，中华书局 1996 年版。
李方桂：《上古音研究》，商务印书馆 1980 年版。
王力：《汉语史稿》上册，中华书局 1980 年版。
王力：《汉语音韵学》，中华书局 1982 年版。
王力：《汉语音韵》，中华书局 1963 年版。
王力：《汉语语音史》，中国社会科学出版社 1985 年版。
王力：《诗经韵读》，上海古籍出版社 1980 年版。
郑张尚芳：《上古音系》，上海教育出版社 2003 年版。
周祖谟：《唐五代韵书集存》，中华书局 1983 年版。

第五章 训诂学概论

内容提要

从古文字学的角度讲，不论探讨字形或字音，其最终目的都是为着探讨字义，这便是训诂学所要解决的问题。本章概述训诂名义及其形成背景、训诂学的主要方法、训诂学的基本条例以及清代学者对于训诂法则的归纳总结，并对一些主要的训诂学著作进行介绍。

第一节 训诂学的形成及其意义

训诂学是研究古文字义之学。文字创造之初当然只有一个意义，这是本义。然而随着时代的发展，文字的字义随着人们交流活动的需要不断丰富，从而在本义之外又通过转注、引申、假借等不同的方式而产生出转注义、引申义和假借义，因此，"训诂"的意思虽然从表面上看只是训释故言、阐释古文字义，但事实却并不如此。孔颖达《毛诗正义》云："诂者古也，古今异言，通之使之知也。训者道也，道物之貌以告人也。"因此训诂学是要通过对古今字义的疏通，揭示某个文字及其在特定语境中的特定含义，以使人们能够正确地了解文意。求本义意在求文字之原，求本训则在求文字之用，这使训诂学成为研究汉字字义的基本方法。

字义的丰富是语言发展的必然结果，字义词义的变化有古今之异，也有方言之别。今人不通古字古义，要以今语释古语；同一事物，因地域不同而名称各异，要以雅言释方言。因此，时代的变化和地域的差异都是造成一字多义或一事多名的重要原因。同时由于转注造词法的运用以及各地以方音造字的需要，使得一义多字的现象十分普遍，致使汉字形、音、义的关系呈现复杂的局面。而在人们更为重视语音的时代，假借不仅是创造新词的方法，同时也是人们使用文字的方法。六书中的假借是"本无其字"的假借，这种方法与用字之法无关，它是通过同音的假借及同义的引申使文字获得新的词义。而用字之法的假借则多为"本有其字"的假借，尽管每字都有它明确的本义,但人们在使用文字的时候却并不在意是否一定使用本字,却常以同音之字代替,这种现象不仅反映了先秦时期人们的用字习惯,而且由此造成的舍本字而仅以假借字依声托事的现象在先秦典籍及出土文献中广为存在。显然,对于这些纷繁问题的辨疑释惑,对于本字与通假字关系的疏通,都需要通过训诂学的研究才能最终解决。

训诂的核心作用在于以今释古,即对后人不明的古代文字、名物制度等进行解释,这意味着训诂学的出现一定要适应时代的要求。先秦的六艺经文少有训诂,这些文字去古不远,其语文之变化虽已有雅俗之别,但所幸尚未悬殊,因而还谈不上训诂之事。及孔子传授六经,旨在垂训设教,故述而不作,唯重阐释其教义而已,因此也不重训诂。至六经传记,皆后学所为,其时于上古文辞或有不通,遂训诂之法始兴。孟子虽然主张"说《诗》者不以文害辞,不以辞害志",但是对于当时出现的误读误解经义的现象还是需要重新阐释,而且对于那些难懂的文字也不得不作出解释。《孟子·滕文公下》:"《书》曰:'洚水警余。'洚水者,洪水也。"又《梁惠王下》:"其诗曰:'畜君何尤?'畜君者,好君也。"即以今言解释古语。类似的训诂事例在战国时期形成的诸种旧经传记中屡见不鲜,仅就《经籍纂诂·凡例》所列"经传本文即为训诂"条,择数例如下:

需,须也;师,众也(《易·象传》)。
忠,德之正也。信,德之固也(《左传·文公元年》)。
春曰祠,夏曰礿(《公羊传·桓公八年》)。
春曰田,夏曰苗(《穀梁传·桓公四年》)。
基,始也;命,信也(《国语·周语下》)。
亲之也者,亲之也(《大戴礼记·哀公问于孔子》)。
约信曰誓,涖牲曰盟(《礼记·曲礼下》)。
和,会也;勤,劳也(《逸周书·谥法》)。

其中除《逸周书·谥法》晚成之外,皆不出经传之学。《易传》的形成时间多有争论,但从西汉马王堆帛书《易传》的内容分析,当也初成于战国时代,其核心内容恐来源于孔子说《易》之论,后屡经补充附益,始有今本的规模。由此可见,训诂之学至战国时代始渐盛行,时人不仅于研经之间阐释文字,甚至像《尔雅》之类专门的训诂著作的编纂也应完成于这一时期。

第二节　训诂学的基本方法

一　形训

所谓形训，即以字形训释字义。汉字的每一个字形都是为着表达某一特定的意义而创制的，所以字形所表现的字义也就是文字的本义。因此，形训对于我们了解文字本义所反映的上古政治、制度和思想格外重要。

形训的方法在先秦时期已经出现，《左传》所载"夫文，止戈为武"（宣公十二年），"反正为乏"（宣公十五年），"皿虫为蛊"（昭公元年），《韩非子·五蠹》"苍颉之作书也，自环者谓之私，背私谓之公"，都是据字形说义的实例。而以形训释义最具系统的，当推许慎的《说文解字》。兹举数例以明之。

> 秉，禾束也，从又持禾（《又部》）。
> 兼，并也，从又持秝。兼持二禾，秉持一禾（《秝部》）。

两字的训释都很精确。金文"秉"作"秉"，"兼"作"兼"，正呈手持一禾二禾之别，字义也就由此而生。

> 步，行也，从止屮相背（《步部》）。
> 涉，徒行厉水也，从沝步（《沝部》）。

"步"是行走之意，甲骨文作"步"，正以两足相代之形而见字义。"涉"本徒行涉水之义，甲骨文作"涉"，乃象两足涉水之形。这些形训之例不失古义，可以帮助我们准确地了解文字的本义。

然而由于许慎去古文字使用的时代已远，许多文字的本义已很朦胧，解释便也难以切中本质。如《说文·𨸏部》："陟，登也，从𨸏步。""降，下也，从𨸏，夅声。"释形释义都存在问题。甲骨文"陟"作"陟"，"降"作"降"，一象上山之形，一象下山之形，这是"陟"、"降"二字的本义，其后才由此本义引申出登、下之意，所以许慎并没有以形训释出二字的本义。至于字形，以"陟"字为会意虽然不错，但以"降"字为形声则失，这一点段玉裁已经指出。

《说文》中许多形训之例是以秦篆立说，秦篆的结构与甲骨文、金文已大为不同，其象形程度远逊于商周两代的古文字形，这也直接影响了许慎对于古代文字字形的了解，以致望文生义，穿凿附会。如《说文·止部》："止，下基也，象艸木出有阯，故以止为足。"又《出部》："出，进也，象艸木益兹上出达也。"甲骨文"止"象足趾之形，"出"象足外出之形。"止"为"步"字所从，本来许慎对于"步"字的训释可以使他明白"止"字取象于足趾的道理，但受秦篆字形的束缚，却以"止"解为草木滋长之形，接下去有关"止"字的一切解释便无一可取。

对于古文字形的研究不仅使我们有机会了解文字久已湮灭的本义，而且可以帮助我们纠正《说文》的许多错误。甲骨文"衣"作"仌"，象掩襟广袖之衣，然《说文·衣部》以为衣"象覆二人之形"，则是以秦篆说文，与古文字形明显不合。又如我们已经知道以手持禾为"秉"，这是"秉"字的本义；"获"作"𠬝"，象以手捕鸟，这是"获"字的本义；"得"作"𠂇"，象以手得贝，这是"得"字的本义；而甲骨文"为"作"𠂇"，象以手牵象，这应是"为"字的本义。但《说文·爪部》云："为，母猴也，其为禽好爪，下腹为母猴形。"说至荒谬。然而这种凿空之论至今仍不时对人们产生着影响，值得我们引以为戒。

二 音训

音训也叫声训，是一种通过语音推求字义的方法。关于汉字音、义之间的关系，清乾嘉以来的学者理解得至为透彻。阮元主张义以音生，字从音造，并以"言由音联，音在字前，联音以为言，造字以赴音。音简而字繁，得其简者以通之，此声韵文字训诂之要也"[1]。将字音在某种程度上视为汉字形、音、义三要素的枢纽。戴震《六书音均表序》以为"故训声音，相为表里"。段玉裁《广雅疏证序》云："小学有形、有音、有义，三者互相求，举一可得其二。有古形、有今形，有古音、有今音，有古义、有今义，六者互相求，举一可得其五。……圣人之制字，有义而后有音，有音而后有形。学者之考字，因形以得其音，因音以得其义。治经莫重于得义，得义莫切于得音。"而王念孙《广雅疏证自序》则强调："训诂之旨，本于声音。故有声同字异，声近义同。虽或类聚群分，实亦同条共贯。譬如振裘必提其领，举网必挈其纲。故曰本立而道生，知天下之至

---

[1] 阮元：《与郝兰皋户部论尔雅书》，《揅经室集》卷五，中华书局1993年版。

啧而不可乱也。此之不寤，则有字别为音，音别为义，或望文虚造而违古义，或墨守成训而昧会通。易简之理既失而大道多歧矣。"将因声求义置于研究汉字字义的重要位置。这些对于声近义通，音义贯串的认识揭示了训诂的根本，符合文字发展的基本规律。

字义通过相应的字音来表达，那么正音便成为了解字义的一项重要手段。传统的音训包括两方面内容，其一是以语音求本义，其二则以破假借求本训。然而这两项内容的最终实现，都要通过审音正读的工作。《汉书·艺文志》言刘向以中古文校今文《尚书》事，即云："《书》者，古之号令，号令于众，其言不立具，则听受施行者弗晓。古文读应尔雅，故解古今语而可知也。"其中"古文读应尔雅，故解古今语而可知也"句，向不得其的解。陈国庆《汉书艺文志注释汇编》引叶德辉说："《史记·五帝》、《夏》、《周纪》载《尚书》文，多以训诂代经，即'读应尔雅'也。"① 且陈氏又谓："读，抽也，抽绎其义蕴。应，犹合也。尔，近也。雅，正也。尔雅即近正的意思。所谓雅言也。"曲为之合。事实上，"读应尔雅"的"读"字并非正义之谓，而是强调正读字音，阐明以定正字音寻求字义的道理。先秦典籍文本常以假借之字记音，而同一文字由于音读的不同又会产生意义的变化，故欲明字义，必先正字音，如此才可通训诂，破假借，这便是《汉志》"古文读应尔雅，故解古今语而可知也"的含义。

正像先秦时期的汉字结构更多地保留了其初创时代的朴素特征一样，人们使用汉字的习惯也与秦汉以后大为不同，这使当时的人们显然比后人更了解汉字本身所具有的以音达义的传统，以致音训之法相伴而生，成为一种古老的训诂方法。先秦典籍保留的众多音训资料多以同音之字训释本字，借此阐释文字的本义，便是这种方法最重要的体现。如：

咸，感也。
夬，决也。
兑，说也。
需，须也。
晋，进也。
离，丽也（以上《易·象传》）。

---

① 张舜徽承其说，见《汉书艺文志通释》，湖北教育出版社1990年版。

乾，健也。
坤，顺也（以上《易·说卦》）。
政者，正也（《论语·颜渊》）。
庠者，养也。校者，教也。序者，射也（《孟子·滕文公上》）。

许慎作《说文解字》，更承此传统，广为采用音训的方法训释字义。如：

天，颠也（《一部》）。
日，实也（《日部》）。
月，阙也（《月部》）。
礼，履也（《示部》）。
户，护也（《户部》）。
帝，谛也（《二部》）。
羊，祥也（《羊部》）。

这种以同音字训解本字的形式不仅阐释了字原，更使音原也同时得到了阐释。至刘熙著《释名》，始集音训之大成，专求语原而自成体系。如：

春，蠢也，万物蠢然而生也（《释天》）。
土，吐也，吐生万物也（《释地》）。
皮，被也，被覆体也（《释形体》）。
听，静也，静然后所闻审也（《释姿容》）。
弟，第也，相次第而生也（《释亲属》）。
衣，依也，人所依以庇寒暑也（《释衣服》）。

这些解释如果只陷在字形的窠臼里，自然以为穿凿附会，但从语原学的角度分析，却具有积极的意义[①]。

  一个字何以只能具有这样的读音而不能具有其他的读音，而这个特有的读音又会与特定的字义发生联系，对这样一些问题的探讨便逐渐建构起了音训方法的基础。事实上，音训通过建立语音与语意的联系而使文字纳入了语言的范畴，这从根本上揭示了语音在语言和文字发展中的重要作

[①] 齐佩瑢：《训诂学概论》，中华书局1984年版，第101—109页。

用。即使从对汉字字形研究的角度观察，音训的理论也是难以动摇的。这意味着传统的音训之法不仅在语言学上有其合理性，而且在文字学上也可以获得应有的支持。

刘熙以"蠢"释"春"，以为"春"字的意义实即万物蠢动而生，这个解释与"春"的演变规律十分吻合。古文字"春"的初文作"屯"，乃象种子抽芽之形。种子抽芽但尚未破土而出，正是处于物种萌发蠢动的初始状态，这既反映了古人对于自然万物的细微观察，更体现了阴阳和合而生万物的传统哲学思想，因此《易经》于《乾》、《坤》两卦综述阴阳之后始序《屯》卦，以卦序阐释阴阳为万物生养的基础的观念，实与《释名》对"春"字的训释表现出相同的文化理解。而许慎以"颠"训"天"，天属自然，本无形可象，但古人却有以人体拟喻自然的传统。天为宇宙之颠，这一思想恰可以通过人首为人之颠的借喻巧妙地得到表现。古人又以天圆地方，这又与人圆首方趾的体貌特征恰好相同，于是人们便以"🏃"这样一种强调位于人体之颠的圆形人头的做法象形自然之天。不啻如此，商代甲骨文的"天"字或作"🏃"，从"大"从"上"会意，意即人头以上的空间为天。这种思想不仅体现了古人对于天的科学认知，而且也正可为以颠训"天"的传统观念找到渊源。事实显示，由于字音所传达的字义有时正体现着字形所表现的字义，这意味着音训同形训一样，对揭示文字的本义也具有着特殊的作用。诚然，正确地判断音训的是非，了解古文字形体结构的发展演变则是不可或缺的工作。

某些汉字虽然字形固定，但读音不同或声调不同则会导致字意的变化，这当然也必须首先"读应尔雅"，才可能最终了解文字确切的字意。如"传"字，《释名·释宫室》解为传舍，《释典艺》解为传记，《释书契》解为传信；又如"阴"字，《释名·释天》解为阴气，《释形体》解为阴部，《释车》解为遮阴。这些同字异义的现象即因声调的不同而起[①]，这是我们在古文字研究时需要特别注意的问题。当然，因声求义与以字正音的关系密不可分[②]，字义的确定需要通过正音来实现，而字音的正读也往往离不开对字义的分析，二者的作用相辅相成。西周史墙盘铭云："微史烈祖逎来见武王，武王则命周公舍寓于周，俾处。"这里的"处"字古存两读，一读昌与反，上声；一读昌据反，去声。"处"读上声有居住、

---

① 齐佩瑢：《诂训学概论》，中华书局1984年版，第109页。
② 戴震：《转语二十章序》，《戴震文集》，中华书局1980年版。

处理之意，读去声则为处所之谓。从铭文内容分析，"俾处"的"处"应为动词，显然不应读为去声，否则便与上文"舍寓于周"语意重复。而读上声解为居住，则又与痶钟铭文所记的相关史实不合。痶钟铭云："微史烈祖〔廼〕来见武王，武王则命周公舍寓，以五十颂处。"此"五十颂"与微氏世典威仪的职事相关，当读为"五十容"，指礼容之事①。《说文·页部》："颂，皃也。从页，公声。額，籀文。"又《皃部》："皃，颂仪也。"段玉裁《注》："颂者今之容字。古作颂皃，今作容皃。""颂"之籀文即从"容"声。《史记·儒林列传》："而鲁徐生善为容。"《汉书·儒林传》引"容"作"颂"，即以徐生善容貌威仪事。因此"处"虽读上声，但不为居住意，应作处官解，"以五十颂处"意即命其典司五十种威仪②，而盘铭"俾处"则为其省语。由此可见，寻音求义与以义正音两种方法是辩证相求的，这种通过音义的相互阐发而使古文得以正读的方法对于文义的疏通显然具有至关重要的作用。

音训的另一项重要内容就是破假借以求本字。先秦时期由于文字尚未规范，用字宽而记音严，不限形体，唯求音合。这种根深蒂固的不重正字的用字习惯显然是文字因声而造的古老观念的孑遗。然而文字不论虚词实词，其在一定的语言环境中就必然有其特定的含义，这使破假借而求本训成为一项实用且有意义的工作。王引之《经义述闻序》引王念孙云："诂训之旨，存乎声音，字之声同声近者，经传往往假借，学者以声求义，破其假借之字而读其本字，则涣然冰释，如其假借之字而强为之解，则诘籲为病矣。故毛公《诗传》多易假借之字而训以本字，已开改读之先。至康成笺《诗》注《礼》，屡云某读为某，而假借之例大明。后人或病康成破字者，不知古字之多假借也。"然古代字少，假借之字于当时或属既有本字而弃之不用者，或属本无其字而依声托事者，因此从训诂学的角度看，破假借所求的并不仅仅是本字，还有本训之外的转训。

三 义训

义训乃对形训和音训而言，是以通语雅言直接解释古语、名物及方言俗语的训诂方法。义训的训释方式非常丰富，或直陈其义，或宛述其事，或以狭义释广义，或以虚义释实义，或递相为训，或发其义旨，目的都在

---

① 裘锡圭：《史墙盘铭解释》，《文物》1978年第3期。
② 裘锡圭：《史墙盘铭解释》，《文物》1978年第3期。

于以今通古，以易解难，以常见释罕见，以已知推未知。
　　直陈其义是直接以同意字词对被训字词做出解释，这是义训最为常用的方法。其例如：

　　　　稀，疏也（《说文·禾部》）。
　　　　协，和也（《尔雅·释诂上》）。
　　　　恒，久也（《易·杂卦》）。
　　　　平，同高也（《墨子·经上》）。
　　　　如、适、之、嫁、徂、逝，往也（《尔雅·释诂上》）。
　　　　洚水者，洪水也（《孟子·滕文公下》）。
　　　　路寝，正寝也（《穀梁传·庄公三十二年》）。

对于名物制度的解释则或略作描述。其例如：

　　　　璜，半璧也（《说文·玉部》）。
　　　　裕，衣无絮（《说文·衣部》）。

宛述其义则是以陈述的形式训释字义。其例如：

　　　　善父母为孝，善兄弟为友（《尔雅·释训》）。
　　　　婿之父为姻，妇之父为婚（《尔雅·释亲》）。
　　　　两阶间谓之乡，中庭之左右谓之位，门屏之间谓之宁，屏谓之树（《尔雅·释宫》）。
　　　　贪财为饕，贪食为餮（贾逵《春秋左氏解诂》）。

以狭义释广义即以具体之义而解事名类名。其例如：

　　　　述，谓述其义也。道，谓仁义也。欲，谓邪淫也（郑玄《礼记注》）。
　　　　玉，璋圭之属也（郑玄《论语注》）。
　　　　兽，狐狼之属（郑玄《周礼注》）。

这种训释方法以解释经文中特定文字的含义为要，如《论语·阳货》：

"玉帛云乎哉。"郑玄则以其中的"玉"为圭璋之属。《周礼·秋官·庭氏》:"若不见其鸟兽。"郑玄遂释"兽"为狐狼之属。

以虚义释实义则多以同字相训的形式出现。其例如:

蒙者,蒙也,物之稺也(《易·序卦》)。
彻者,彻也(《孟子·滕文公上》)。

被训字"蒙"为卦名,为实义。卦名何意,则以虚义解之。《易·序卦》:"《屯》者,物之始生也。物生必蒙,故受之以《蒙》。"李鼎祚《周易集解》引郑玄曰:"蒙,幼小之貌,齐人谓萌为蒙也。"故知"蒙"即萌发之意。"彻"为周之税名。《孟子·滕文公上》:"夏后氏五十而贡,殷人七十而助,周人百亩而彻,其实皆什一也。"赵岐《章句》:"彻犹人彻取物也。"而郑玄《论语注》谓:"周法什一而税谓之彻。彻,通也。为天下之通法也。"理解虽有不同,但都是对税名含义的解释。

递相为训是对被训字作递进式的解释。其例如:

福者,备也。备者,备百顺之名也(《礼记·祭统》)。
膝头曰膞。膞,团也,因形团而名之也(《释名·释形体》)。
兄,荒也,荒,大也(《释名·释亲属》)。

"福"训"备"、"兄"训"荒"皆出音训,继而更对"备"、"荒"之义做进一步的解释。"膝头曰膞"乃宛述其义,其后又以音训的方式递解"膞"义。

发其义旨则是通过对文词的训释而完成对经义的阐发。如《诗·周南·关雎》:"窈窕淑女,君子好逑。"毛《传》:"窈窕,幽闲也。淑,善也。逑,匹也。言后妃有关雎之德,是幽闲贞专之善女,宜为君子之好匹。"前一部分对字词的解释皆直陈其义,而后则对经义做综合的阐释。

义训的方式当然不止这些。由于汉字字义的丰富,所以探究字义既贵在求通训,也贵在求别义;既注重求实义,也注重求虚词,不可将通别虚实混淆而泥于一端,这样才可能使对字义的研究纳于语言的背景之中,从而使文义得到准确的揭示。

义训除通古今语之外,另一个重要作用就是对方言俗语的训释。先秦时期,人们已注意到雅言与方言的区别,如《左传·宣公四年》云:"楚

人谓乳穀,谓虎於菟。"至西汉扬雄作《方言》,方言的研究始有了专门的著作。如《方言》卷一云:

> 假、俗、怀、摧、詹、戾、艘,至也。邠唐冀兖之间曰假,或曰俗。齐鲁之会郊或曰怀;摧、詹、戾,楚语也;艘,宋语也。皆古雅之别语也,今则或同。
>
> 鬱悠、怀、惄、惟、虑、愿、念、靖、慎,思也。晋宋卫鲁之间谓之鬱悠。惟,凡思也;虑,谋思也;愿,欲思也;念,常思也。东齐海岱之间曰靖,秦晋或曰慎;凡思之貌亦曰慎,或曰惄。

雅言与方言的关系是随时代变化的,某词可能此时为雅言,彼时则变为方言,反之亦然。如"俗"于《尔雅》作"格",西周金文作"各",用为"格",为西周雅言,入汉则成为流行于邠、唐、冀、兖诸地的方言。邠为岐周故地,唐、冀、兖则分别为叔虞、召公及周公所封故地,故其地多存姬周旧音实属必然。因此,通过方言中遗留的古代雅言的研究,对古史的探索也十分有益。

义训中另一值得注意的问题是所谓反训。汉人传注虽知臭训为香(赵岐《孟子章句》),但尚无反训之名。《公羊传·隐公七年》:"春秋贵贱不嫌同号,美恶不嫌同辞。"实际也并非讲述反训的道理。至郭璞注《尔雅》、《方言》,始创其说。《尔雅·释诂下》:"徂、在,存也。"郭璞《注》:"以徂为存,犹以乱为治,以曩为曏,以故为今,此皆诂训义有反覆旁通,美恶不嫌同名。"《方言》卷二:"逞、苦、了,快也。自山而东或曰逞,楚曰苦,秦曰了。"郭璞《注》:"苦而为快者,犹以臭为香,乱为治,徂为存,此训义之反覆用之是也。"其后则渐成训诂之法则。

其实所谓反训之法并不存在,训诂所见授受、古今、废置、美恶、虚实同词的现象都不外乎由文字形、音、义三者的变化所致①。如《诗·大雅·文王》:"有周不显,帝命不时。"毛《传》:"不显,显也。不时,时也。"郑玄《笺》:"周之德不光明乎?光明矣。天命之不是乎?又是矣。"马瑞辰《毛诗传笺通释》则云:"不为语词,《玉篇》曰:'不,词也。'是也,故《传》曰:'不显,显也。不时,时也。'《笺》读同不然之不,因增'乎'字以足其义,失之。不、丕古通用,丕亦语词,不显犹丕显

---

① 参见齐佩瑢《训诂学概论》,中华书局1984年版,第145—162页。

也。时当读为承,时、承一声之转。……是知此诗'有周不显,帝命不时',犹《清庙》诗'不显不承',《尚书》言'丕显丕承'也。"马瑞辰的见解是正确的。"不显"一词于西周金文恒见,皆应读为"丕显","丕"者,大也。因而汉人以"不显"与"显"为反训,是不明古字而误读的结果,这是因字形的变化所导致的对字义的错误理解。除此之外,语意的演变及音借的通转更是后人误以反训立说的重要原因。如《说文·叒部》:"𤔔,治也。读若乱同。一曰理也。"古文字"𤔔"作"🖐",象双手以工具理丝之形,此为形训,乃为治义所本,而丝乱必治,所以"乱"意正由治义引申。又如《说文·手部》:"扰,烦也。"《玉篇·手部》:"扰,乱也。"而《周礼·夏官·服不氏》:"服不氏掌养猛兽而教扰之。"郑玄《注》:"扰,驯也。教习使之驯服。"可知"扰"实训安义,当为"柔"之音借①。西周大克鼎铭云:"柔远能迩。""柔"字本作从"憂"(夒)声之字。五年琱生盨铭云:"仆庸土田多扰。""扰"本即作"柔"。而郭璞以为"苦"训"快"、"徂"训"存"为反训,实也音借而已。因此,古代的训诂准则并无基于相反的原则训释古语的所谓反训之法,探讨字词的意义,唯应从形、音、义三方面仔细爬梳。

第三节 训诂释例及训诂法则

古人训诂,体例不一。阮元《经籍纂诂·凡例》厘为二十八例,齐佩瑢《训诂学概论》省并增详,合为四十例。兹据其所列条例概括于下。

1. 某,某也;某者,某也(某,某也,某也;某者,某也,某也)。

《周语》:"基,始也。"郑玄《周礼注》:"典,常也,经也,法也"(《大宰》)。《尚书大传》:"颛者事也,禹者辅也。""尧者高也,饶也。舜者推也,循也。"

2. 某犹某也,某亦某也。

《说文·言部》:"雠,犹䜧也。"郑玄《周礼注》:"则亦法也"(《大史》)。

3. 某谓某也;某谓之某;某曰某,某为某;某言某也。

《毛诗传》:"飨谓黍稷也"(《大东》)。"南风谓之凯风"(《凯风》)。"正直为正,能正人之曲曰直"(《小明》)。"古言久也"

---

① 齐佩瑢:《训诂学概论》,中华书局1984年版,第156页。

（《縣》）。

4. 某，今谓之某；古谓某为某；某，若今某；古曰某，今曰某。

郑玄《周礼注》："奄，精气闭藏者，今谓之宦人。""古者从坐男女没入县官为奴，其少才知以为奚，今之侍史官婢，或曰奚宦女"（《酒人叙官》）。"此民给徭役者，若今卫士矣"（《大宰叙官》）。郑玄《论语注》："正名谓正书字也，古者曰名，今世曰字"（《子路》）。

5. 某，某之称；某，某之属（某，某属）。

郑玄《仪礼注》："伯仲叔季，长幼之称。""吾子，相亲之辞"（《士冠礼》）。郑玄《周礼注》："暨，未冠者之官名"（《内暨叙官》）。"郑司农云：祀贡，牺牲包茅之属；宾贡，皮帛之属"（《大宰》）。《说文·禾部》："秔，稻属。"

6. 某，所以某也。

《说文·聿部》"聿，所以书也。"

7. 某，某貌；某，某声；某，某辞（词）（某，辞也）。

《毛诗传》："莫莫，成就之貌"（《葛覃》）。"汎汎，流貌"（《柏舟》）。"诜诜，众多也"（《螽斯》）。"啜，泣貌"（《中谷有蓷》）。"渊渊，鼓声也"（《采芑》）。"于嗟，叹辞"（《麟之趾》）。《说文·矢部》："矣，语已词也。"郑玄《论语注》："噫，心不平之声"（《子路》）。何休《公羊解诂》："噫，咄嗟貌"（《哀公十四年》）。《毛诗传》："思，辞也"（《汉广》）。郑玄《礼记注》："畴，发声也"（《檀弓上》）。

8. 某，或曰（一曰）某。

郑玄《周礼注》："郑司农云：刑膴谓夹脊肉，或曰膺肉也"（《内饔》）。《说文·示部》："禜，设縣蒩为营，以禳风雨雪霜水旱厉疫于日月星辰山川也，一曰：禜，卫使灾不生。"

9. 某，或作（为）某；某，故书作某。

郑玄《周礼注》："玄谓政谓赋也，凡其字或作政，或作正，或作征，以多言之宜从征，如《孟子》交征利"（《小宰》）。"故书餈作茨。"郑司农云："茨字或作餈，谓乾饵饼之也"（《笾人》）。郑玄《仪礼注》："酢或为作。""《周礼》圂作豢"（《少仪》）。"古文《礼》，僎皆作遵"（《乡饮酒义》）。

10. 古文某为某；今文某为某。

郑玄《仪礼注》："古文闑为槷，閾为蹙。"贾公彦《疏》："郑注

《礼》之时，以今古二字并之，若从今文不从古文，即今文在经，闑閾之等是也，于注内叠出古文槸蠛之属是也。若从古文不从今文，则古文在经，注内叠出今文，即下文孝友时格，郑《注》云：今文格为嘏。又《丧服注》今文无冠布缨之等是也"（《士冠礼》）。

11. 古字某某同；古声某某同（某某声相近）。

郑玄《论语注》："古字材、哉同耳"（《公冶长》）。郑玄《毛诗笺》："古者声寞、填、麈同也"（《东山》）。郑玄《周礼注》："郑司农云：屈者音声与阙相似，襢与展相似，皆妇人之服，玄谓褌褕狄展声相近"（《内司服》）。

12. 某，古某字（某，今某字）；某某古今字。

郑玄《礼记注》："告，古文诰"（《缁衣》）。"余、予古今字"（《曲礼下》）。

13. 读为（曰）。

郑玄《周礼注》："郑司农云：联读为连，古书连作联，联谓连事通职相佐助也。"郑玄《礼记注》："居，读为姬姓之姬，齐鲁之间语助也"（《檀弓上》）。"扱读曰吸"（《曲礼上》）。郑玄《周礼注》："郑大夫、杜子春皆以拍为膊，谓胁也。或曰豚拍，肩也。今河间名豚胁声如锻镈"（《醢人》）。

段玉裁《说文解字注》："拟其音曰读，凡言读如、读若皆是也。易其字以释其义曰读，凡言读为、读曰、当为皆是也"（"读"字注）。"凡言读若者，皆拟其音也。凡传注言读为者，皆易其字也。注经必兼兹二者，故有读为，有读若。读为亦言读曰，读若亦言读如。字书但言其本字本音，故有读若，无读为也"（"曩"字注）。

14. 读如（若）。

郑玄《周礼注》："利读如上思利民之利"（《大宰》）。《说文·人部》："佁，读若騃。"郑玄《仪礼注》："籔读若不数之数"（《聘礼》）。

15. 当为（作）（当言）。

郑玄《周礼注》："郑司农云：故书绥为襢，杜子春云当为绥，襢非是也。玄谓绥者当作蕤，字之误也。《士冠礼》及《玉藻》冠緌之字，故书亦多作绥者，今礼家定作蕤"（《夏采》）。"腥当为星，声之误也"（《内饔》）。"故书或言觵挞之罚事，杜子春云：当言觵挞罚之事"（《闾胥》）。

段玉裁《周礼汉读考》："当为者，定为字之误，声之误，而改其字也。为救正之词，形近而讹，谓之字之误；声近而讹，谓之声之误；字误声误而正之，皆谓之当为。凡言读为者，不以其误；凡言当为者，直斥其误。"

16. 某之言某也（为言）。

郑玄《周礼注》："祼之言灌也"（《小宰》）。

段玉裁《说文解字注》："凡云之言者，皆通其音义以为诂训，非如读为之易其字，读如之定其音"（"祼"字注）。

17. 读某长言，读某短言（内言外言，急言缓言）。

何休《公羊解诂》："伐人者为客，读伐长言之；见伐者为主，读伐短言之"（庄公二十八年）。"言乃者内而深，言而者外而浅"（宣公八年）。《淮南子》："螣读近殆，缓气言之"（《本经》）。"旄读近绸缪之缪，急气言乃得之"（《墬形》）。

18. 衍字。

《周礼·秋官·掌客》："车皆陈。"郑玄《注》："皆陈于门内者，于公门内之陈也。言车者，衍字耳。"贾公彦《疏》："言车衍字耳者，言车载米之车，不合在醯醢下言之。又按侯伯子男醯醢下皆无车字，故知衍字也。"

19. 脱字。

《周礼·秋官·掌客》："凡诸侯之礼，上公五积，皆眡飧牵，三问皆修，群介行人宰史皆有牢。"郑玄《注》："上公三问皆修，下句云群介行人宰史皆有牢，君用修而臣有牢，非礼也，盖著脱字失处且误耳。"贾公彦《疏》："按下文凡介行人宰史皆在饔食燕下，此特在上，有人见下文脱此语，错差著于此。更有人于下著讫，此剩不去，故云盖著脱字失处也。"

20. 互文。

郑玄《周礼注》："或言受藏，或言受用，又杂言货贿，皆互文。"贾公彦《疏》："言受藏谓内府，言受用谓职内，皆藏以给用，言藏亦用，言用亦藏，是互文也。杂言货贿者，言货兼有贿，言贿亦兼有货，亦是互文"（《大府》）。

21. 省文。

《周礼·天官·内宰》："以阴礼教九嫔。"郑玄《注》："不言教夫人世妇者，举中省文。"贾公彦《疏》："后郑意下文别教九御，故知此教三夫人已下，不言三夫人世妇者，举中以见上下省文。"

22. 句读。

《周礼·天官·宫正》："春秋以木铎修火禁，凡邦之事跸。"郑玄《注》："郑司农读'火'绝之，云'禁凡邦之事跸'。"贾公彦《疏》："先郑读'火'绝之，则'火'字向上为句也，其'禁'自与'凡邦之事跸'共为一句。"

23. 未闻（阙）。

郑玄《周礼注》："凡菹醢皆以气味相成，其状未闻"（《醢人》）。"天子诸侯有其数，而物未得尽闻"（《膳夫》）。"司空亡，未闻其考"（《大宰》）。许慎《说文解字叙》："其于所不知，盖阙如也。"《说文·戈部》："戠，阙。"

古人训诂，体例并不尽统一，可参酌者犹上述诸项，至于随文而变之例也有不少，不必拘泥。

训诂之要旨贵在触类旁通，而于其准则归纳启详，清人尤有心得。王引之作《经义述闻》，其《通说下》十二条皆论训诂之准则，兹约其要，录之于下。

1. 经文假借。

经典古字，声近而通，则有不限于无字之假借者，往往本字见存，而古本则不用本字而用同声之字，学者改本字读之，则怡然理顺，依借字解之，则以文害辞。是以汉世经师作注，有读为之例，有当作之条，皆由声同声近者，以意逆之而得其本字，所谓好学深思，心知其意也。

2. 语词误解以实义。

经典之文，字各有义，而字之为语词者，则无义之可言，但以足句耳。语词而以实义解之，则扞格难通。余曩作《经传释词》十卷，已详著之矣。善学者不以语词为实义，则依文作解，较然易明，何至辗转迁就，而卒非立言之意乎？

3. 经义不同不可强为之说。

讲论六艺，稽合同异，名儒之盛事也。述先圣之元意，整百家之不齐，经师之隆轨也。然不齐之说，亦有终不可齐者，作者既所闻异辞，学者亦弟两存其说。必欲牵就而泯其参差，反致混淆而失其本指，所谓离之则两美，合之则两伤。

4. 经传平列二字上下同义。

古人训诂，不避重复，往往有平列二字上下同义者，解者分为二义反失其指。如《泰·象传》："后以裁成天地之道，辅相天地之宜。"解者训裁为节，或以为坤富称财，不知裁之言载也、成也。裁与成同义而曰裁成，犹辅与相同义而曰辅相也。

5. 经文数句平列，上下不当歧异。

经文数句平列义多相类，如其类以解之，则较若画一，否则上下参差而失其本指矣。如《洪范》"聪作谋"，与"恭作肃，从作乂，明作哲，睿作圣"并列，则谋当读为敏。解者以为下进其谋，则文义不伦矣。

6. 经文上下两义不可合解。

经文上下两义者，分之则各得其所，合之则扞格难通。如《屯》六二"匪寇昏媾"，谓昏媾也。"女子贞不字，十年乃字"，谓妊娠也。而解者误以"女子贞不字"承昏媾言之，则云许嫁笄而字矣。其有平列二字，字各为义而误合之者。《大雅·棫樸》篇"芃芃棫樸"，棫，白桵也；樸，枣也。而解者误合为一，则以樸为棫之丛生者矣。凡此皆宜分而合者也，说经者各如其本指，则明辨晢矣。

7. 衍文。

经之衍文，有至唐开成石经始衍者，有自唐初作疏时已衍者，亦有自汉儒作注时已衍者，又有旁记之字渐入正文者。

8. 形讹。

经典之字，往往形近而讹，仍之则义不可通，改之则怡然理顺。寻究文理，皆各有本字，不通篆隶之体，不可得而更正也。

9. 上下相因而误。

经典之字，多有因上下文而误写偏旁者。

10. 上文因下文而省。

古人之文，有下文因上而省者，亦有上文因下而省者。

11. 增字解经。

经典之文，自有本训。得其本训，则文义适相符合，而烦言而已解。失其本训而强为之说，则阢陧不安，乃于文句之间增字以足之，多方迁就而后得申其说，此强经以就我，而究非经之本义也。

12. 后人改注疏释文。

经典讹误之文，有注疏释文已误者，亦有注疏释文未误而后人据已误之正文改之者。学者但见已改之本，以为注疏释文所据之经已与今本同，而不知其未尝同也。

这些准则对于训诂的学习与研究是颇有帮助的，其中尤以辨识虚词、纠正讹字和增字解经三点特别重要。人们在训诂时往往习惯于以实词解经，不能将文字的研究与古代语言的研究相融合，殊不知文字只是对语言的记录，而先秦时期的书面语在很大程度上反映的就是当时的口语形式，其中的词性当然非常丰富，因此对于揭示经义，注意探究文句中的虚词结构便具有了重要的意义。而纠正讹字与增字解经则可体现我们对待古代文本的基本态度。文本中的讹误在所难免，这需要我们在有充分旁证支持的基础上加以改正。但是对于出土文献，改字的做法则需要格外谨慎，切不可为迎合一己之说就率性改字，以致降低了出土文献独特的价值。至于增字解经甚至增意解经，更是训诂学的大病。这两点都提醒我们对于传世文献与出土文献首先要有起码的尊重，既不能为迎合私见而妄改文本，也不能为求立异而徒逞想象。否则"强经以就我"，以改字增字迁就己见，则只能使文本的原旨尽失。

第四节 训诂学的主要著作

古人训诂，除传统的注疏章句之外，还相继撰有专门的训诂著作。现在以《说文》派与《苍》《雅》派两个系统，对一些训诂要籍做简略的介绍。

一 《说文解字》

作为古文字学研究最重要的著作，《说文解字》具有其不朽的价值。此书为东汉许慎所作，许慎字叔重，汝南召陵人（今河南偃师）。曾任太尉南阁祭酒[①]、洨长等职。少即博学经籍，时称"五经无双许叔重"。后从贾逵受学，攻治古文经学，始著《说文解字》。据其子许冲《上说文解字表》称："慎博问通人，考之于逵，作《说文解字》。"可见许慎作书，与从贾逵受古文经学有很大关系。贾逵曾于章帝建初四年（79年）与班固、傅毅等会北宫白虎观讲论五经异同；建初八年（83年）又奉诏在黄门署为弟子门生讲授《春秋左氏传》、《穀梁传》、《古文尚书》和《毛诗》。许慎初为汝南郡功曹，后举孝廉，至京师而得以从贾逵问业，《说文解字》大概即创写于这一时期。贾逵于永元十三年（101年）卒，而许慎作《说文解字叙》则在之前的永元十二年（100年）[②]，知此书于其时已成。永初

[①] "阁"本作"阁"，从段玉裁改。见《说文解字注》，经韵楼刻本。
[②] 许慎《说文解字叙》云："粤在永元，困顿之年，孟陬之月，朔日甲申。"

四年（114年）许慎又与马融、刘珍及博士议郎五十馀人于东观校书。许冲《上说文解字表》云："慎前以诏书校书东观，教小黄门孟生、李喜等，以文字未定，未奏上。"可明《说文解字》撰成于永元十二年，唯文字未定而已。至建光元年（121年）病居家中，方命其子许冲将此书献上。许慎又著《五经异义》十卷和《淮南子注》，皆佚[①]。

许慎创作《说文解字》的目的在于正文字，通训诂，这当然是为着其时经学研究的需要。许慎《说文解字叙》云："盖文字者，经艺之本，王政之始，前人所以垂后，后人所以识古。"因此他通过对古代文字结构的研究，在文字得到辨正的基础上通六艺群书之诂训，从而使巧说邪辞之疑得以释解。《说文解字》总十五卷，包括正编十四卷及叙一卷，立五百四十部统摄文字，首创以部首摄字的编排体例，部首以起一终亥为序，辖字九千三百五十三字，重文一千一百六十三字，解说文字凡十三万三千四百四十一字。收字以小篆为正体，古文、籀文等为异体而列为重文。许慎以六书说字，同时征引经传说明字义字音，且广为引用其他学者的字说，正所谓"博采通人，至于小大，信而有证"[②]。其训释或出《尔雅》，或出《方言》，或出前人之经传解诂，所说不徒从贾逵问故，实为对当时文字学研究成果的总结。段玉裁《说文解字注》盛赞许书为"此前古未有之书，许君之所独制，若网在纲，如裘挈领，讨原以纳流，执要以说详，与《史籀篇》、《仓颉篇》、《凡将篇》杂乱无章之体例不可以道里计"。然而由于许慎深受数术谶纬学说的影响，致使其部首的排序与文字的解说都不免充斥有牵强附会甚至错误谬说，这些则是需要我们在前人研究的基础上，运用古文字资料加以匡正的，不可盲从。

东汉末年，《说文解字》的价值已渐为世人所重，郑玄注《三礼》即曾引用此书。魏晋以迄隋唐，也一直有人传习。陆德明、孔颖达、李善、释玄应、释慧琳诠字解经，皆称引之。刘宋时期，更有人为此书以反切注音，至唐本《说文》仍袭用之[③]。唐代传本间或有失，代宗大历间，李阳冰对《说文》修正笔法，重加刊定，学者师之，传习不绝。李阳冰独精篆

[①] 清陈寿祺辑有《五经异义疏证》，辑注较备。清人孙冯翼、蒋曰豫、黄奭及民国叶德辉等也有《淮南子注》辑本。
[②] 见许慎《说文解字叙》。
[③] 周祖谟：《唐本说文与说文旧音》，《问学集》下册，中华书局1981年版。

法，他将许氏《说文》改分为三十卷①，又论定笔法，别立新解，刊正形声，对许书做了新的整理。徐铉《进说文解字表》云："唐大历中李阳冰篆迹殊绝，独冠古今，自云斯翁之后直至小生，此言为不妄矣。于是刊定《说文》，修正笔法，学者师慕，篆籀中兴。然颇排斥许氏，自为臆说。夫以师心之见，破先儒之祖述，岂圣人之意乎？今之为字学者，亦多从阳冰之新义，所谓贵耳贱目也。"徐铉对李氏的评价影响很大，但并不客观，这可从两方面对李氏的工作进行分析。其一，李阳冰篆法精妙，其正定《说文》篆法，常与古文字更为契合，如今传唐本木部残卷"楅"作"𥝤"，从"畐"，而李书"福"作"𥙷"；又"槌"作"𣛤"，从"追"，而李书"追"作"𨓈"；又口部残卷"哀"作"𠷎"，而李书从"衣"之字皆作"仌"②。显然，这些以秦篆对于传写讹误的修正，显示了李阳冰精于篆法的过人见识。其二，李氏论义训谐声，或驳难许说，或于许说之外别立新解，则多师心之见，无所依傍。尽管许慎旧说也多有附会，然李说也未尽可取。但这些所谓新说于许氏全书中不过五十馀例，并未从根本上动摇许书的骨干。事实上，李阳冰擅改《说文》更多地体现了他自己对于此书的研究心得。因此其价值不能一概否定。虽然由于李氏精通篆法，以致其说在当时影响很大，但在唐代，李书也从未真正替代许书而成为《说文》的唯一传本。五代至宋二徐整理《说文解字》，所据旧本既多，便为明证。而今李氏之书已不可见，所传唐写本《说文》有二，一为木部残卷本，一为口部残卷本。木部残卷为清同治二年（1863年）莫友芝得自安徽黟县令张仁法，存六纸一百八十八字，两纸合缝处有绍兴小印，卷末有宋米友仁鉴定跋语③，跋后有宝庆初俞松题记，知南宋初犹在内府，后归嘉禾藏弆家。另一为口部残卷，乃日人所藏④。莫友芝曾撰《唐写本说文解字木部笺异》，周祖谟则有《唐本说文与说文旧音》，考订二本均非李氏所刊，足见许书于唐代的流传。

《说文》学在唐代不及《玉篇》、《切韵》的影响，日渐衰落。李阳冰提倡《说文》但时破许说，其重刊本虽非许书之旧，然影响益广。于是南唐徐锴为攻李说，首先对许慎的《说文解字》进行了重新整理，并撰《说

---

① 《宣和书谱》云："（阳冰）其自许慎至是作刊定《说文》三十卷，以纪其学，人指以为苍颉后身。"又见林罕《字源偏旁小说序》；《崇文总目》则谓二十卷。
② 周祖谟：《唐本说文与说文旧音》、《李阳冰篆考》，《问学集》下册，中华书局1981年版。
③ 最早有清同治三年（1864）安庆行营刻本。
④ 倉田淳之助：《說文展觀餘録》，《東方學報》第十册第一分，1939年。

文解字系传》四十卷。其中卷一至三十为《通释》，还许慎《说文解字》本书，间或以己意加以解说，并以"臣锴曰"的标注以示与许说分明；卷三十一、三十二为《部叙》，推陈《说文》五百四十部排列次序的意义；卷三十三至三十五为《通论》，发明文字结构的含义；卷三十六为《祛妄》，专斥李阳冰之说；卷三十七为《类聚》，举同类名物之字以释其取象；卷三十八为《错综》，推阐造字之意旨；卷三十九为《疑义》，论列《说文》所缺之字及字体与小篆之不合；卷四十为《系述》，阐明各篇著述之旨趣。南唐朱翱又舍《说文》旧音而重注切音。宋太宗雍熙三年（986年），徐锴兄徐铉奉诏与句中正、葛湍、王惟恭等重新校定《说文解字》，详考众本，正误补缺，以许书十五卷各分上下为三十卷；并据孙愐《唐韵》为每字注音；原注未备者则为补释，且以"臣铉曰"、"臣铉等曰"的标注以示区别；又于各部之末补充许书未收的四百零二字为"新附字"。二徐刊定之本为今传最早的完备之本，世称徐铉《说文解字》为大徐本，徐锴《说文解字系传》为小徐本。

小徐本的著述目的在于注释原书，辨正文字，大徐本则重在整理，以还许书之旧，但据唐写本木部残卷对校，二徐本与唐写本多有不同，并非许书原貌。唐写本的价值高于二徐，莫友芝已有校释笺评①。其《唐写本说文解字木部笺异识后》云："唐科目有明字，有书学，生隶国子监，又隶兰台。其课《说文》限二岁，先口试，通乃墨试，二十条通十八为第。当时官私善本宜众，故此偶存断篇。于全书仅五十有五分之一，犹奇胜稠叠乃尔。若盛宋校定时，能广求民间，众萃综覈以成精完，良甚易事。乃使雍熙官书罅漏百出，不能不咎鼎臣之疏也。"又清张文虎《唐写本说文解字木部笺异附识》云："唐写本《说文》木部残帙于全书不及百分之二，而善处往往出今本外，其传在铉、锴前无疑。金坛段氏注许书，补苴纠正，多与暗合，益知段学精审，而此帙可贵。"故二徐校定《说文》虽旨在考先贤微言，畅许氏玄旨，正阳冰谬说，折流俗异端②，但于许书妄加删改，也复不少。清钱大昕曾批评二徐私改谐声字云："二徐校刊《说文》，既不审古音之异于今音，而于相近之声，全然不晓。故于从某某声之语，往往妄有刊落。然小徐犹疑而未尽改，大徐则毅然去之，其诬妄较

---

① 莫友芝：《唐写本说文解字木部笺异》，清同治三年（1864年）安庆行营刻本；又见《黔南丛书》第三集，贵阳文通书局1925年版；又见《独山莫氏郘亭丛书》，扬州人民出版社1960年版。今人梁光华作《唐写本说文解字木部笺异注评》（贵州人民出版社1998年版），对唐本也有系统研究。

② 见徐铉《说文韵谱序》。

乃弟尤甚。今略举数条言之。'元，从一兀。'小徐云：'俗本有声字，人妄加之也。'按元、兀声相近，兀读若敻、琼，或作琁，是敻、旋同音。兀亦与旋同也。髡从兀，或从元；軏，《论语》作輗；皆可证元为兀声。小徐不识古音，转以为俗人妄加；大徐并不载此语，则后世何知元之取兀声乎？普从日，竝声。按古音竝如旁，旁薄为双声，普薄声亦相近。汉中岳泰室阙铭：'竝天四海，莫不蒙恩。''竝天'即'普天'也。小徐以为会意字，谓'声'字传写误多之，大徐遂删去'声'字，世竟不知普有竝声矣。"[1] 所以二徐刊正《说文》并未字字落实，其据许氏原著还其本来面目，但实非许书原貌，加之传本经历代传写屡有增损，故许慎原著今已无从知晓了[2]。

二徐本的价值以小徐为优，徐锴一方面疏证许说，一方面又能从声音上探求字义，即所谓"因声求义"，这对清人的研究影响很大。尽管入清以后《说文》之学益盛，学者后来居上，探微索隐以发其蕴，因而对二徐本有着种种非难，但如段玉裁注《说文》，仍然很重视小徐本。

目前所知的《说文解字》版本，唐写本残卷已见前说。小徐本有清乾隆间汪启淑刻本、马俊良刻《龙威祕书》本和道光间祁寯藻刻本，其中祁刻本乃据顾千里藏影宋钞本和汪士钟藏宋椠残本校刊而成，最为精审。大徐本之宋刻则有大小字本之别。小字本有五种，一为王昶所藏宋小字本，此乃汲古阁旧物，后归王氏，又归黄丕烈，转归汪士钟，终归皕宋楼陆心源，今归日本岩崎氏，或称王氏宋本。此本后有涵芬楼影印，收入《四部丛刊》和《续古逸丛书》，为今日仅存之宋本。二为周锡瓒所藏宋小字本，或称周氏宋本。三为明叶万影钞宋本，或称叶本。四为汪中藏宋椠小字本。五为翁方纲所见宋麻沙本。大字本则仅明赵均灵影钞宋本[3]。

清嘉庆后屡有重刊宋本以明《说文》之原，如额勒布刻鲍惜分所藏宋本，即藤花榭本；孙星衍覆刻宋小字本，即平津馆本；丁少山影刊宋监本。其中以孙氏平津馆本讹字较少，笔迹清晰，世称精善，胜于宋本。《孙氏重刊宋本说文序》云："今刊宋本，依其旧式，即有讹字，不敢妄改，庶存阙疑之意。"未言所据何本。陆心源以孙氏所刻本于王氏宋本，段玉裁《汲古阁说文订》则考孙本乃据周氏宋本，不能定论。周祖谟取嘉

---

[1] 钱大昕：《十驾斋养新录》卷四，上海书店1983年版。
[2] 周祖谟统计大徐本字数增多将近二百，解说则少于许慎原记一万七千多字，其非许书原本可知。见《许慎及其说文解字》，《问学集》下册，中华书局1983年版。
[3] 参见周祖谟《说文解字之宋刻本》，《问学集》下册，中华书局1983年版。

庆间孙氏原刻本与《续古逸丛书》影印王氏宋本雠校，发现两本各有讹字、脱文、异文，反切及行款有异，不仅有同误之字，孙本且有后增字，认为孙本非据王氏宋本，当出另一宋本①。日本学者仓田淳之助也以日人内藤虎藏宋本《说文解字》的刻工姓名与孙刻全同，书中文字亦相同，而与王氏宋本多有不合②，也明孙氏平津馆本非祖王氏宋本。

清人对《说文解字》的研究臻于鼎盛，著述甚丰，其中最重要者首推四家。段玉裁《说文解字注》重在校订文字，体大思精，其创通条例，以许书证许书，以声音通训诂，辨二徐之是非，虽不免疏失，但颇有灼见。桂馥《说文解字义证》重在博采经籍佐证字义，长于训诂。王筠《说文释例》和《说文解字句读》重在以六书分析字形，或采掇段、桂之书，删繁举要，利于初学。朱骏声《说文通训定声》重在词义的综合研究，其据音义说明转注、假借，并举群书之证阐释通假正别，突破许书专求本义的旧轨，使《说文》学的研究步入了新的天地。四家之中又以段、朱二家贡献尤著。近人丁福保辑《说文解字诂林》，将对许书研究的重要著述汇为一编，极便利用。

二　《玉篇》

《玉篇》，南朝梁武帝大同九年（543年）顾野王著。魏晋以来，文字混乱，正俗既别，义训繁杂，故此书之作，旨在正字通训。顾野王于自序云："微言既绝，大旨亦乖，故五典三坟竞开异义，六书八体今古殊形。或字各而训同，或文均而释异，百家所谈，差互不少。字书卷轴，舛错尤多，难用寻求，易生疑惑。猥承明命，预缵过庭，总会众篇，校雠群籍，以成一家之制，文字之训备矣。"

《玉篇》三十卷，其承《说文》体例，以部首摄字。所不同者是在《说文》五百四十部的基础上删并哭、延、畫、敖、眉、白、㬎、饮、后、介、弦十一部，又增父、云、桌、尤、處、兆、磬、索、書、牀、单、弋、丈十三部，共立五百四十二部。部目次序与《说文》也有不同，而间或考虑了意义的相从。

据唐封演《闻见记》卷二载，《玉篇》原书收字一万六千九百一十七字，比许慎的《说文》和吕忱的《字林》都有大幅增加。每字之下，先出反切，后引经传群书训诂，字有异体则分别注明，词义不明者又有顾野

---

① 周祖谟：《说文解字之宋刻本》，《问学集》下册，中华书局1983年版。
② 倉田淳之助：《説文展觀餘録》，《東方學報》第十册第一分，1939年。

王案语，注文极尽详备，影响很大。但此书于唐宋曾遭两次重修，唐上元间孙强增字本收有22561字，比原本《玉篇》多5600馀字，但孙氏在增字的同时，却将文字的注解大量删削，原本多者千字，新本则少仅几字，字数仅存原本三分之一，颇失原本面目。宋真宗大中祥符六年（1013年）陈彭年等再为重修，书名改为《大广益会玉篇》，是为今日所见之《玉篇》。今本《玉篇》一般既无书证，也无疏证，顾野王案语也被删去，与顾氏原书大为不同。

原本《玉篇》经唐代日本僧人传抄，尚存残卷，计有八、九、十八、十九、二十二、二十四和二十七数卷，其中除卷二十二和卷二十七不缺外，其馀皆为残卷，现分藏日本山城高山寺、近江石山寺、大福光寺、神宫厅库、福川氏崇兰馆、早稻田大学和滕田氏。清末黎庶昌、罗振玉先后在日本发现原本《玉篇》残卷，分别加以影印，黎氏收入《古逸丛书》，名为《景旧钞卷子原本玉篇零卷》；罗氏则有《影印原本玉篇残卷》。中华书局于1985年又将诸残卷汇印为《原本玉篇残卷》。

今本《玉篇》有宋元本尚好。宋本有清张士俊泽存堂刻本和曹寅扬州诗局刻本，其中张氏泽存堂本较为通行。元本则有《四部丛刊》影印本。

三 《尔雅》

《尔雅》，《汉书·艺文志》载三卷二十篇，不著撰人名氏。其成书年代，说法不一。三国魏张揖始称周公所作，其《上广雅表》云："昔在周公，缵述唐虞，宗翼文武，克定四海，勤相成王，践阼理政，日昃不食，坐而待旦，德化宣流，越裳俟贡，嘉禾贯桑。六年制礼，以导天下，著《尔雅》一篇，以释其意义。传亏后嗣，历载五百，坟典散落，唯《尔雅》恒存。《礼三朝记》：'哀公曰："寡人欲学小辨，以观于政，其可乎？"孔子曰："《尔雅》以观于古，足以辨言矣。"'《春秋元命包》言：'子夏问："夫子作《春秋》，不以初哉首基为始何？"'是以知周公所造也。率斯以降，超绝六国，越逾秦楚，爰暨帝刘。鲁人叔孙通撰置礼记，文不违古，今俗所传三篇《尔雅》，或言仲尼所增，或言子夏所益，或言叔孙通所补，或言郃郡梁文所考，皆解家所说，先师口传，既无正譣圣人所言，是故疑不能明也。"其以《尔雅》本出周公，而对后人递补之说则深存疑虑。陆德明《经典释文序录》则云："《释诂》一篇，盖周公所作。《释言》以下，或言仲尼所增，子夏所足，叔孙通所益，梁文所补，张揖论之详矣。"更明定周公所作唯《释诂》一篇，其馀则为后人增益。事实上，周公著《尔雅》之说自古即有人怀疑。《西京杂记》卷三："《尔雅》有张仲孝友，张仲宣王时人，非周公之制明矣。"① 而子夏续作之说实出郑玄，其《驳五经异义》云："某之闻也，《尔雅》者，孔子门人所作以释六艺之旨，盖不误也。"② 因此汉代经师的说法应是值得重视的。

古书之形成与今日不同，其既不成于一时，当然也就非成于一手。尽管《尔雅》是否出自周公尚不能定，但此书于先秦时代已经存在则当为事实。《大戴礼记·小辨》载孔子教鲁哀公学《尔雅》③，此本《孔子三朝记》文，成于战国，可为确证。而《春秋元命包》所记也可佐此说。然原本《尔雅》并不完备，其后可能数经递补。如此书训释重出，显然非出一人之手。书中有取《楚辞》、《庄子》、《列子》、《穆天子传》、《管子》、《吕氏春秋》之文，知其至战国末年仍不断增修。欧阳修《诗本义》以为此书乃秦汉之间学者所为④，这大概是其成书的时代。其实《尔雅》不著撰人，正反映了先秦古书修纂的普遍特点。

今本《尔雅》共十九篇，即释诂、释言、释训、释亲、释宫、释器、释乐、释天、释地、释丘、释山、释水、释草、释木、释虫、释鱼、释鸟、释兽、释畜，是一部依词义分类的诂训汇编。《尔雅》的训释虽"释雅以俗，释古以今"⑤，然而词义却有其鲜明的时代性，所以《尔雅》由于成书时代早，其保留的古训则为学者求证文字古义提供了可资利用的资料，因而具有极高的价值。

《尔雅》于西汉武帝时已有犍为文学的《尔雅注》，其后刘歆、樊光、李巡也都为此书作注，惜皆亡佚。今存最早的注本为晋代郭璞的《尔雅注》三卷。郭注精于训诂，又汇萃旧说，补正疏略，为世人推崇。北宋真宗时，邢昺则为郭注作《尔雅疏》十卷，与注别行。神宗朝，陆佃又著《尔雅新义》二十卷，专释名物，以为《尔雅》的补充。南宋高宗朝，郑樵为《尔雅注》三卷，不依旧注，自出新解。至清儒注释《尔雅》，更胜一筹。前有邵晋涵《尔雅正义》二十卷，撷拾古注，兼释名物，以补郭注之不备，价值远在邢疏之上。后有郝懿行《尔雅义疏》十九卷，因声求

---

① 旧称《西京杂记》为刘歆所说，实为晋葛洪所依托。参见余嘉锡《四库提要辨证》卷十七，中华书局1980年版。
② 见孔颖达《毛诗正义》（《黍离》篇）。
③ 见王聘珍《大戴礼记解诂》。卢辩《注》则不以"尔雅"为书名。
④ 参见卷十《文王》篇。
⑤ 王国维：《尔雅草木虫鱼鸟兽释例》，见《观堂集林》卷五。

义，穷源竟委，博及群书，分别是非，在疏解字义和辨释名物方面胜于前人。此外又有戴蓥《尔雅郭注补正》九卷，翟灏《尔雅补郭》二卷。而对古注的辑佚则有臧镛堂《尔雅汉注》三卷，足资参考。

今存《尔雅》的最早全本为唐开成石经，而郭璞《尔雅注》的最早刻本则为南宋监本和南宋刻小字本，两本皆出五代蜀李鹗本，世称善本。此外，敦煌卷子又见唐写本郭璞《尔雅注》，仅存释天、释地、释丘、释山、释水五篇，价值远在石经及宋刻之上①。

四 《广雅》

《广雅》，三国魏张揖著。张揖字稚让，魏明帝太和中为博士。其《上广雅表》云："夫《尔雅》之为书也，文约而义固，其陈道也，精研而无误，真七经之检度，学问之阶路，儒林之楷素也。若其包罗天地，纲纪人事，权揆制度，发百家之训诂，未能悉备也。臣揖体质蒙蔽，学浅词顽，言无足取，窃以所识，择撢群艺，文同义异，音转失读，八方殊语，庶物易名，不在《尔雅》者，详录品覈，以著于篇。凡万八千一百五十文，分为上中下，以须方徕俊哲洪秀伟彦之伦，扣其两端，摘其过谬，令得用谙，亦所企想也。"张揖著书的目的在于增广《尔雅》，这便是《广雅》书名的由来。

《广雅》三卷十九篇，仍袭《尔雅》旧目。隋曹宪曾作音释为《博雅音》，因避炀帝杨广讳而改称《博雅》。曹宪之本，《隋书·经籍志》作四卷，《旧唐书·经籍志》作十卷，乃后人厘析。王念孙《广雅疏证》："今本《广雅》凡万六千九百一十三文，删衍文九十六，补脱文五百九，其文万七千三百二十六，较《表》内原数少八百二十四。"②是今本已非张书之旧。

《广雅》一书取材极广，凡汉以前经传训诂，辞赋注释，汉代字书之解说，无不兼括。王念孙《广雅疏证叙》云："魏太和中博士张君稚让继两汉诸儒后，参考往籍，遍记所闻，分别部居，依乎《尔雅》，凡所不载，悉著于篇。其自《易》、《书》、《诗》、《三礼》、《三传》经师之训，《论语》、《孟子》、《鸿烈》、《法言》之注，《楚辞》、汉赋之解，谶纬之记，《仓颉》、《训纂》、《滂喜》、《方言》、《说文》之说，靡不兼载。盖周秦两汉古义之存者，可据以证其得失；其散逸不传者，可藉以窥其端绪。则其书之为功于诂训也大矣。"由此可见，《广雅》是一部研究汉魏以前古

---

① 参见周祖谟《尔雅郭璞注古本跋》，《问学集》下册，中华书局1983年版。
② 王念孙：《广雅疏证补正》所计字数与此小异。

训古义的重要著作。

清王念孙治《广雅》，著《广雅疏证》十卷，每卷又分上下。书约成于清乾隆五十六年（1791年），刊于嘉庆元年（1796年）。王氏疏证《广雅》除删衍补脱之外，最重要的贡献即在于其自叙中所说"就古音以求古义，引申触类，不限形体"，其考证之精确，疏证之明通，众口交誉。同时期的郝懿行作《尔雅义疏》，钱绎作《方言笺疏》，都不同程度地受其影响。王念孙在书中推阐"声近义同"、"声转义近"之理，将因声求义的方法运用到极至。如《广雅·释训》："蹢躅，犹豫也。"王念孙《疏证》云：

> 此双声之相近者也。"蹢""犹"、"躅""豫"为叠韵，"蹢""躅"、"犹""豫"为双声。《说文》："籧，籧篨也。"《楚辞·九辩》："塞淹留而踌躇。"《七谏》注云："踌躇，不行貌。"并与"蹢躅"同。"犹豫"，字或作"犹与"，单言之则曰"犹"曰"豫"。《楚辞·九章》："壹心而不豫兮。"王注云："豫，犹豫也。"《老子》云："与兮若冬涉川，犹兮若畏四邻。"《淮南子·兵略训》云："击其犹犹，陵其与与。"合言之则曰"犹豫"，转之则曰"夷犹"，曰"容与"。《楚辞·九歌》："君不行兮夷犹。"王注云："夷犹，犹豫也。"《九章》云："然容与而狐疑。""容与"亦"犹豫"也。案《曲礼》云："卜筮者，先圣王之所以使民决嫌疑，定犹与也。"《离骚》云："心犹豫而狐疑兮。"《史记·淮阴侯传》云："猛虎之犹豫，不若蜂虿之致螫；骐骥之踟蹰，不如驽马之安步；孟贲之狐疑，不如庸夫之必至也。""嫌疑"、"狐疑"、"犹豫"、"踟蹰"皆双声字。"狐疑"与"嫌疑"一声之转耳。后人误读"狐疑"二字，以为狐性多疑，故曰"狐疑"。又因《离骚》"犹豫"、"狐疑"相对成文，而谓"犹"是犬名，犬随人行，每豫在前，待人不得，又来迎候，故曰"犹豫"。或又谓"犹"是兽名，每闻人声，即豫上树，久之复下，故曰"犹豫"。或又以"豫"字从"象"，而谓"犹"、"豫"俱是多疑之兽。以上诸说，具见于《水经注》、《颜氏家训》、《礼记正义》及《汉书注》、《文选注》、《史记索隐》等书。夫双声之字，本因声以见义，不求诸声而求诸字，固宜其说之多凿也。

由此例可知，王念孙打破字形的束缚，从有声的语言考察字义，多发前人所未发，其在训诂学上的成就堪比段玉裁于文字学上的贡献，使"段王之学"成为乾嘉学派的代表。

《广雅疏证》刊印后，王氏仍不断修改，成《补正》一卷，可见王氏著书之矜慎，用心之缜密。此外，清钱大昕作《广雅义疏》二十卷，唯有抄本，未经刊行。桂馥曾叹其精审。卢文弨有《广雅释天以下注》，收入《广雅义疏》。

五 《方言》

《方言》是我国第一部方言学著作，全名为《輶轩使者绝代语释别国方言》。该书卷末附刘歆《与扬雄书》，文云："三代周秦轩车使者、遒人使者以岁八月巡路冞代语、僮谣、歌戏，欲得其最目。……属闻子云独采集先代绝言、异国殊语，以为十五卷。"而扬雄《答刘歆书》云：

> 殊言十五卷，君何由知之？……常闻先代輶轩之使奏籍之书，皆藏于周秦之室。及其破也，遗弃无见之者。独蜀人有严君平、临邛林闾翁孺者，深好训诂，犹见輶轩之使所奏言。翁孺与雄外家牵连之亲，又君平过误，有以私遇少而与雄也。君平财有千言耳，孺翁梗概之法略有。翁孺往数岁死，妇蜀郡掌氏子，无子而去。而雄始能草文，先作《县邸铭》、《王佴颂》、《阶闼铭》及《成都城四隅铭》。蜀人有杨庄者为郎，诵之于成帝，成帝好之，以为似相如，雄遂以此得外见。此数者，皆郗水君尝见也，故不复奏。雄为郎之岁，自奏：少不得学，而心好沈博绝丽之文，愿不受三岁之奉，且休脱直事之縣，得肆心广意，以自克就。有诏："可不夺奉，令尚书赐笔墨钱六万，得观书于石室。"如是，后一岁作《绣补》、《灵节》、《龙骨》之铭诗三章，成帝好之，遂得尽意。故天下上计孝廉及内郡卫卒会者，雄常把三寸弱翰，赍油素四尺，以问其异语，归即以铅摘次之于椠，二十七岁于今矣。而语言或交错相反，方覆论思，详悉集之。燕其疑张伯松不好雄赋颂之文，然亦有以奇之，常为雄道，言其父及其先君熹典训，属雄以此篇目颇示其成者，伯松曰："是悬日月不刊之书也。"……此又未定，未可以见。今君又终之，则缢死以从命也。而可且宽假延期，必不敢有爱。

据此可知，《方言》一书乃为西汉扬雄所著。而方言的搜集制度实自周秦，当时每年八月，辐轩使者到各地采集方言，归来后加以编纂，藏于秘室。秦亡则逐渐遗失。西汉严遵记有千字，扬雄之师林间翁孺也只整理出一个大纲。扬雄则继承前人的工作，以周秦残存的资料作为基础，利用各方人士会聚京师的机会进行方言的收集和整理，用时二十七年，写成九千字，虽使此书初成规模，但未能最终完成。宋洪迈《容斋随笔》曾以《汉书》本传无所谓《方言》，《汉志》也不载《方言》，遂疑此书非扬雄所作。戴震《方言疏证序》于此则颇有辩驳，他认为："考雄为郎，在成帝元延二年，时雄年四十三，《汉书·传赞》所谓'初，雄年四十馀，自蜀来至游京师'是也。刘歆遗雄书求《方言》，则当王莽天凤三、四年间，未几而雄卒，答书内所谓'二十七岁于今'，《传赞》所谓'年七十一，天凤五年卒'是也。答书有云：'语言或交错相反，方覆论思，详悉集之。如可宽假延期，必不敢自爱。'然则《方言》终属雄未成之作，歆求之而不与，故不得入录。班固次雄《传》及《艺文志》，不知其有此。"所论极是。

东汉末应劭集解《汉书》，始见征引《方言》，乃称扬雄《方言》。其《风俗通义序》又取扬雄答书语，具详本末。《序》云："周秦常以岁八月遣辐轩之使，求异代方言，还奏籍之，藏于秘室。及嬴氏之亡，遗脱漏弃，无见之者。蜀人严君平有千馀言，林间翁孺才有梗概之法，扬雄好之，天下孝廉卫卒交会，周章质问，以次注续，二十七年，尔乃治正，凡九千字，其所发明，犹未若《尔雅》之闳丽也。张竦以为悬诸日月不刊之书。"常璩《华阳国志·先贤士女总赞》及晋郭璞《方言注》也因其说。

《方言》原本十五卷，九千字，今本十三卷，字也增广很多。戴震《方言疏证序》云："而云'《方言》凡九千字'，今计正文，实万一千九百馀字，岂劭所见，与郭璞所注本微有异同欤？歆遗雄书曰：'属闻子云独采集先代绝言，异国殊语，以为十五卷。'雄答书称：'殊言十五卷。'郭璞《序》亦云：'三五之篇。'而《隋经籍志》：'《方言》十三卷。'《旧唐书》作：'《别国方言》十三卷。'其并十五为十三，在璞《注》后，隋已前矣。"

方言的训释是采用比较方言词汇的方法，如《方言》卷一云：

党、晓、哲，知也。楚谓之党，或曰晓。齐宋之间谓之哲。

这个体例虽然与《尔雅》仿佛，但《尔雅》将雅言与方言混列不分，人们并看不出词汇的地域差异。而《方言》则通过通语与方言的区隔比较，厘清不同地区的语言特点。如《尔雅·释诂上》云：

> 如、适、之、嫁、徂、逝，往也。

而《方言》卷一云：

> 嫁、逝、徂、适，往也。……逝，秦晋语也。徂，齐语也。适，宋鲁语也。往，凡语也。

不仅如此，扬雄对于通语与方言的区别皆有确切的标准，如书中所讲的"凡语"、"通语"、"凡通语"、"四方之通语"、"通名"意即当时通行的语言；"某地语"、"某某之间语"、"某某之间通语"即指当时不同地域范围的方言；"古今语"、"古雅之别语"乃是汉代以前的方言；"转语"、"代语"则为因时间和地域的不同而产生变化的语言。至于方言区域的标注，则有古国名，如秦、晋；州名，如幽、冀；郡名，如代、汝南；县名，如曲阜、巨野；水名，如江、河；山名，如岱、衡；其他国名或族名，如朝鲜、瓯；以及函谷关之东西。因此，《方言》所收词汇之广，不仅包括了古今不同方域的语汇，甚至还有少量少数民族的语言。

晋郭璞《方言注》是《方言》的最早注本。清戴震作《方言疏证》，以《永乐大典》所录《方言》与明本校勘，参以古籍中引用《方言》及《方言注》的内容与《永乐大典》本互订，删衍正讹，补苴脱漏，辨析疑义，逐条疏证。后王念孙作《方言疏证补》，补戴说之不足。钱绎又著《方言笺疏》，参考戴氏《方言疏证》和卢文弨《重校方言》，旁征博引，资料宏富。

《方言》的版本，今日得见最早者为南宋宁宗庆元六年（1200年）寻阳太守李孟传刻本。清戴震的校勘本及卢文弨《重校方言》本皆极精审，世称善本。今人周祖谟综述前人成果，择善而从，同时利用乾嘉学者无缘见到的古籍，如原本《玉篇》、《玉烛宝典》、慧琳《一切经音义》等所引用的《方言》词句，详加校勘，成《方言校笺》，又胜他本。

六 《释名》

《释名》，东汉末刘熙著。刘熙字成国，北海人。《释名序》阐述其著作之旨云：

> 熙以为自古造化，制器立象，有物以来，迄于近代，或典礼所制，或出自民庶，名号雅俗，各方名殊。圣人于时就而弗改，以成其器，著于既往，哲夫巧士以为之名，故兴于其用而不易其旧，所以崇易简，省事功也。夫名之于实，各有义类，百姓日称而不知其所以之意，故撰天地、阴阳、邦国、都鄙、车服、丧纪，下及民庶应用之器，论叙指归，谓之《释名》，凡二十七篇。

《释名》八卷二十七篇，其内容是：释天第一，释地第二，释山第三，释水第四，释丘第五，释道第六，释州国第七，释形体第八，释姿容第九，释长幼第十，释亲属第十一，释言语第十二，释饮食第十三，释采帛第十四，释首饰第十五，释衣服第十六，释宫室第十七，释床帐第十八，释书契第十九，释典艺第二十，释用器第二十一，释乐器第二十二，释兵第二十三，释车第二十四，释船第二十五，释疾病第二十六，释丧制第二十七。正如刘氏自己所说，此书所收语词，大至天文地理，小到民庶用器，无所不涉，甚至俚语俗言，亦所不避，其收词的范围比专取经传训诂的《尔雅》丰富得多，分类也细致得多。

《释名》解释语词的方法皆为音训，这是此书的一大特点。音训之法起于先秦，《释名》因声求义以训释词义，不仅有助于了解汉字的古音以及其时通语与方言的关系，而且保存了相当数量的古代词汇，是音训的历史总结，对后世产生了很大影响，史称《逸雅》。明郎奎金更将其与《尔雅》、《小尔雅》、《广雅》、《埤雅》合辑一编，称为《五雅》，也可见其书的价值。然而刘熙以音通说一切语词，并要逐条做出进一步的解释，其中不免有伤于穿凿或失于严谨之处，因此应该谨慎利用。

今传《释名》二十七篇并非全帙。《三国志·吴书·韦曜传》载："又见刘熙所作《释名》，信多佳者，然物类众多，难得详究，故时有得失，而爵位之事，又有非是。愚以官爵，今之所急，不宜乖误。囚自忘至微，又作《官职训》及《辩释名》各一卷，欲表上之。"而今存篇目既无爵位之训，但仍合刘熙自序所称"二十七篇"之数，其中必有缘由。《后汉书·刘珍传》："刘珍又撰《释名》三十篇，以辩万物之称号云。"以为东汉刘珍也作《释名》，清毕沅《释名疏证序》详考《释名》内容，以为"书兆于刘珍，踵成于熙，至韦曜又补官职之缺也"。钱大昕《潜研堂文集》卷二十七《跋释名》则力斥其说，以为"范蔚宗以《释名》为刘珍所撰，今据《吴志》则为熙撰无疑，承祚去成国未远，较之蔚宗为可信矣"。然韦曜所见之本非为今本，其篇目或与刘珍之书更近，亦未可知，故毕沅之说实不无道理。或谓刘珍之书既不见后人征引，因以此书本刘熙所作，蔚宗偶然失检，误属之于珍①，则系推测之词。

清乾隆间毕沅作《释名疏证》，参考先秦两汉古籍校证《释名》，于穿凿之处多予纠正。书后附《续释名》和《释名补遗》各一卷。《续释名》含释律吕和释五声两篇；《释名补遗》则据古籍衰辑《释名》遗文，其中包括韦曜所见释爵位一篇，另附韦曜《官职训》和《辩释名》等遗文。光绪间王先谦又撰《释名疏证补》，集解各家之说续有勘正，实为善本。

本章小结

本章扼要阐述了训诂学的本旨及方法，厘析求本义意在求文字之原，求本训则在求文字之用的区别。其一，介绍训诂学的意义及其形成历史。其二，说明训诂学以形训、义训、声训为主要内涵的基本方法。其三，梳理训诂学的条例及其法则。其四，评介主要训诂学著作的内容、特点、价值及相关研究。

思 考 题

名词解释：
　　训诂　　形训　　义训　　声训　　反训　　读若　　读为
简答题：
　　简述段玉裁《说文解字注》与王念孙《广雅疏证》的学术价值。
　　比较《尔雅》与《方言》的学术特点。
　　简述《释名》的学术特色与价值。
　　简述《玉篇》的编撰与流传。
论述题：
　　试论《说文解字》以及李阳冰校订本与二徐本的学术价值。
　　试论字音的正读与训诂的关系。

---

① 周祖谟：《书刘熙释名后》，《问学集》下册，中华书局1983年版。

阅读参考文献

许慎：《说文解字》，中华书局影印清同治十二年（1873年）番禺陈昌治刻本。

段玉裁：《说文解字注》，经韵楼刻本。

桂馥：《说文解字义证》，齐鲁书社影印清咸丰二年（1852年）连筠簃杨氏刻本。

王筠：《说文解字句读》，上海古籍书店影印清同治四年（1865年）王氏刻本。

朱骏声：《说文通训定声》，武汉市古籍书店影印清光绪八年（1882年）临啸阁刻本。

莫友芝：《唐写本说文解字木部笺异》，清同治三年（1864年）安庆行营刻本。

郝懿行：《尔雅义疏》，清同治四年（1865年）郝氏家刻本。

王念孙：《广雅疏证》，清嘉庆刻本。

钱绎：《方言笺疏》，清光绪庚寅（1890年）红蝠山房刻本。

王先谦：《释名疏证补》，清光绪丙申（1896年）刻本。

王力：《中国语言学史》，上海古籍出版社1987年版。

周祖谟：《问学集》，中华书局1981年版。

齐佩瑢：《训诂学概论》，中华书局1984年版。

第六章 甲骨文研究

内容提要

本章介绍商周甲骨文的科学发掘与研究，商代甲骨文断代研究的历史及其主要争论，分期断代的方法及其得失，贞人与卜辞书契人的关系，庙号的形成，殷商年代学研究的基本内涵，包括甲骨文所见商代交食和历法，商代周祭制度的研究及方法。并选择各不同时期之典型甲骨文资料注释解读，以见卜辞资料正经补史的独特价值。

第一节 甲骨文的科学发掘

新材料的发现对于新学问的创立往往具有首要的意义，所以新史学从某种意义上说就是新的史料学。正像甲骨文的发现对于殷墟性质的证认具有决定性的意义一样，考古学的发展对于古文字学的研究也有着重要的促进作用。古文字学研究的深化固然需要通过学科自身的完善来实现，但脱离考古学的支持则不可想象。学科的局限性要求我们在研究古史问题的时候必须进行多学科的综合思考，而考古学对于古文字的价值也正在于此。

甲骨文是商周时期契刻或书写于龟甲和兽骨上的文字。甲骨文资料的获取首先有赖于考古学的科学发掘，这无疑可以为这些资料提供足够明确的时空背景与文化背景。自1899年以来，先后出土的商周刻辞甲骨，数量已逾十五万片，其中绝大多数属于商代的遗物，而西周的甲骨刻辞仅占极少的部分。这些甲骨多系早年农人于殷墟私掘所得，至1928年中央研究院历史语言研究所对殷墟的考古发掘，甲骨文资料的取得才开始有了科学的方法。20世纪50年代以后，随着考古工作的开展，甲骨文的出土地点不断扩大，殷墟以外，河南郑州、山东济南大辛庄先后发现商代刻辞甲骨[①]，而河南、山西、陕西、河北、

[①] 河南省文化局文物工作队：《郑州二里冈》，科学出版社1959年版；宋国定：《1985年—1992年郑州商城考古发现综述》，《郑州商城考古新发现与研究》，中州古籍出版社1993年版；方辉：《济南大辛庄遗址出土的商代甲骨文》，《中国历史文物》2003年第3期。

北京和宁夏等地也相继发现周人的甲骨文字，扩展了对甲骨学的认识及研究范围。

一 殷墟甲骨文的发掘

1928 至 1937 年，中央研究院历史语言研究所为寻找甲骨文，先后在殷墟进行了十五次科学发掘，发现刻辞甲骨 24900 馀片。其中第一至九次发掘所获辑为《殷虚文字甲编》，收 3942 片[1]；第十三至十五次发掘所获辑为《殷虚文字乙编》及《殷虚文字乙编补遗》，收 15546 片[2]。1929 至 1930 年，河南省博物院也于殷墟进行发掘，发现刻辞甲骨 3600 馀片，其中 930 片辑为《甲骨文录》[3]。1950 年以后，中国科学院考古研究所（现属中国社会科学院）先后在殷墟发现刻辞甲骨 6600 馀片。故于目前所见的商代甲骨之中，经科学发掘所获的资料共计 35000 馀片，出土地点遍及小屯、侯家庄、后冈、四盘磨、薛家庄南地、苗圃北地、刘家庄北地、白家坟西地、大司空村、花园庄东地、花园庄南地和洹北商城等地[4]，其中重要的发现共有三次。

（一）小屯 YH127 坑甲骨

1936 年 6 月 12 日，中央研究院历史语言研究所考古组在殷墟进行第十三次发掘，于小屯东北地发现 YH127 坑。坑口呈圆形，直径 1.8—2 米，距地表 1.7 米，坑底距地表约 6 米。坑中共出土刻辞甲骨 17096 片，相互叠压，形成由北而南的斜坡状。紧靠坑的北壁，在甲骨堆积之中有一具蜷曲的人骨，人的躯体大部分被龟甲掩埋，仅头及上躯露在甲骨堆积之外。

YH127 坑为目前殷墟考古发掘所获刻辞甲骨数量最多的完整窖藏，时代为武丁时期。在一万七千多片刻辞甲骨中，牛骨仅八片，其馀全为龟甲，且完整的刻辞卜甲近三百版。故结合曾经发现的单独埋藏卜骨的窖藏，推知殷人于卜甲和卜骨需要分别加以处理。同时，坑中还发现一些改制的背甲，即将背甲改制成中部穿孔的椭圆形片，其用途尚待研究。

---

[1] 董作宾：《殷虚文字甲编》，中央研究院历史语言研究所 1948 年版。
[2] 董作宾：《殷虚文字乙编》，历史语言研究所 1948—1953 年版；锺柏生：《殷虚文字乙编补遗》，历史语言研究所 1995 年版。
[3] 孙海波：《甲骨文录》，河南通志馆 1937 年版。
[4] 刘一曼：《甲骨文的考古发掘》，刘一曼、冯时：《中国书法全集·甲骨文卷》，荣宝斋出版社 2009 年版。

YH127坑出土甲骨文的内容十分丰富，涉及殷商历史的各个方面，史料价值弥足珍贵。除此之外，记事刻辞中多见贡龟的记录。而在书契制度方面，不仅常见于字中填朱填墨，而且时有刻划卜兆的现象，甚至发现殷人以毛笔朱书或墨书的文字。此批甲骨文资料著录于《殷虚文字乙编》及《殷虚文字乙编补遗》，缀合研究则为《殷虚文字丙编》[①]。

（二）小屯南地甲骨

1973年3—12月，中国科学院考古研究所安阳工作队于小屯村南发现刻辞甲骨5335片，除75片卜甲之外，全为卜骨。甲骨出于殷代灰坑和文化层中，其中H24坑口近椭圆形，直径1.8—2.7米，距地表0.8米，坑深0.8米，共出刻辞卜骨1365片，无一卜甲，为遗址中出土刻辞卜骨最多的遗存。

小屯南地甲骨的时代较为复杂，少量属于武丁和帝乙、帝辛时代，大部分属康丁时代及学术界称为"历组"的卜辞。这部分卜辞的时代还存在争议。

小屯南地甲骨不仅内容丰富，为殷商史研究提供了许多前所未见的崭新史料，而且由于具有明确的地层关系，并与陶器共存，因此对于甲骨文的分期断代研究也具有十分重要的参考价值。如自组、午组卜辞的时代向有歧说，而这些卜辞于小屯南地仅见于殷墟早期的地层和灰坑，伴出陶器的时代亦属早期，相当于武丁时代，从而为相关卜辞时代的确定提供了可靠的地层学依据。此批甲骨文资料著录于《小屯南地甲骨》[②]。

（三）花园庄东地甲骨

1991年秋，中国社会科学院考古研究所安阳工作队于花园庄东地发现H3坑，坑呈长方形，长2米，宽1米，坑内距口1.7米深处埋藏甲骨，其中刻辞甲骨689片，除5片为卜骨外，皆为卜甲。据地层关系、共存陶器及卜辞内容判断，此坑甲骨的时代属于武丁时期。

花园庄东地甲骨的占卜主体并非殷王，而是"子"，也即宗子，因此其性质属于非王卜辞。然而花园庄东地的"子"与子组卜辞的"子"并非同一人，此类卜辞颇重祭祖，疏于祭祢，所见祭祀祖乙64例、祖甲（沃甲）38例，而祭父之例仅一见，致学者主张占卜者"子"应为沃甲之后[③]。事实上，卜辞反映的祭祀现象与宗法制度的关系颇值得研究。《礼

[①] 张秉权：《殷虚文字丙编》，历史语言研究所1957—1972年。
[②] 中国社会科学院考古研究所：《小屯南地甲骨》，中华书局1980—1984年版。
[③] 中国社会科学院考古研究所：《殷墟花园庄东地甲骨》，云南人民出版社2003年版。

记·丧服小记》："尊祖故敬宗，敬宗所以尊祖祢也。庶子不祭祖者，明其宗也。……庶子不祭祢者，明其宗也。"据此可以推测，"子"虽系沃甲之后，但并非其直系，而应为沃甲之后的小宗。此类卜辞屡有"见丁"之辞，"丁"当读为"嫡"，即指沃甲之嫡。故卜辞"见丁"例同"见王"（《合集》1027正）却不称"见王"，足证其为沃甲小宗的身份①。

花园庄东地甲骨文例与书体颇富特征，内容也极丰富。如"癸"字作四端出锋状，这种结体向被认为帝乙、帝辛时代的特征，其实却于武丁时代就已经出现，这类现象无疑对以字体分期断代的做法提出了新的思考。此批甲骨文资料著录于《殷墟花园庄东地甲骨》②。

二 西周甲骨文的发掘

西周甲骨文的出土可以追溯到20世纪50年代初期。1952年，洛阳东关泰山庙遗址发现一片刻字卜甲③；1954年，山西洪赵坊堆村周代遗址出土一片刻辞卜骨④；1956年，陕西长安张家坡丰镐遗址发现三片筮卦卜骨⑤；1975年，北京昌平白浮村西周墓出土五片刻辞卜甲⑥；20世纪80年代末，北京房山镇江营西周燕文化遗址出土一片筮卦卜骨⑦；1988年，湖北襄樊檀溪村出土一片刻字卜骨⑧；1991年，河北邢台南小汪西周遗址出土一片刻辞卜骨⑨；1996年，北京房山琉璃河西周燕国遗址出土三片刻辞卜甲⑩；2009年，山东高青陈庄遗址出土一片筮卦卜甲⑪。2017至2010年，宁夏彭阳姚河塬西周遗址出土刻辞甲骨9片，或具数十字长铭，部分

---

① 冯时：《古文字所见之商周盐政》，《南方文物》2009年第1期。
② 中国社会科学院考古研究所：《殷墟花园庄东地甲骨》，云南人民出版社2003年版。
③ 陈梦家：《解放后甲骨的新资料和整理研究》，《文物参考资料》1954年第5期；赵振华：《洛阳两周卜用甲骨的初步考察》，《考古》1985年第4期。
④ 山西省文物管理委员会：《山西省洪赵县坊堆村古遗址墓葬群清理简报》，《文物参考资料》1955年第4期；李学勤：《谈安阳小屯以外出土的有字甲骨》，《文物参考资料》1956年第11期。
⑤ 中国科学院考古研究所：《沣西发掘报告》，文物出版社1963年版。
⑥ 北京市文物管理处：《北京地区的又一重要考古收获》，《考古》1976年第4期。
⑦ 王宇信、杨升南：《甲骨学一百年》，社会科学文献出版社1999年版，第287页。
⑧ 释贵明、杜可臣：《西周有字卜骨在襄樊出土》，《中国文物报》1989年2月24日。
⑨ 河北省文物研究所、邢台市文物管理处：《邢台南小汪周代遗址西周遗存的发掘》，《文物春秋》增刊，1992年。
⑩ 琉璃河考古队：《琉璃河遗址1996年度发掘简报》，《文物》1997年第6期。
⑪ 山东省文物考古研究所：《山东高青县陈庄西周遗址》，《考古》2010年第8期。

资料已见诸报道①。这些发现使人逐渐认识了西周甲骨文的面貌。然而与这些零星发现不同的是，周原及其邻近地区甲骨文的集中发现不仅数量宏富，而且史料价值也更显重要。

1977年，陕西岐山凤雏村发现一座大型宫殿建筑基址，在基址西厢房二号房的H11及H31内出土大宗残碎甲骨，其中H11计17000余片，有文字者283片；H31计400余片，有字者10片；两坑共计卜甲293片②，为周人甲骨文的首次大规模发现，时代自先周而至西周早期。此后于1979至1980年，扶风齐家村西周遗址又出土刻辞甲骨6片③；1981年则于扶风强家村遗址采集到一片刻辞卜骨④。而2002年齐家玉石器作坊遗址及岐山礼村分别出土刻辞甲骨⑤。2003年以后，岐山周公庙遗址相继发现刻辞甲骨200余片⑥，则是西周甲骨文的又一次重要发现。周原甲骨文多小如粟米，不便毡拓，故以摹本及照相印行，集中著录于《周原甲骨文综述》及《周原甲骨文》⑦。周公庙出土的新资料或有发表⑧，其馀则尚在整理。

西周甲骨多用龟腹甲，部分用牛胛骨，罕用背甲；龟腹甲背面刮磨平整，甲骨经掏挖后留有宽厚的边缘，牛胛骨削去背面骨臼部分，但一般不切臼角；长方形凿，圆钻或方钻；字迹或纤细如丝。根据这些特点，我们甚至可以辨识出殷墟出土的周人刻辞⑨。

---

① 王建宏、何小红：《宁夏彭阳姚河塬商周遗址出土甲骨文》，《光明日报》2018年1月15日；宁夏回族自治区文物考古研究所、彭阳县文物管理所：《宁夏彭阳县姚河塬西周遗址》，《考古》2021年第8期。

② 陕西周原考古队：《陕西岐山凤雏村发现周初甲骨文》，《文物》1979年第10期；《岐山凤雏村两次发现周初甲骨文》，《考古与文物》1982年第3期；陈全方：《陕西岐山凤雏村西周甲骨文概论》，《古文字研究论文集》（四川大学学报丛刊第十辑），1982年。

③ 陕西周原考古队：《扶风县齐家村西周甲骨发掘简报》，《文物》1981年第9期。

④ 徐锡台：《周原甲骨文综述》，三秦出版社1991年版，第125页。

⑤ 曹玮、孙周勇：《周原遗址》，《中国考古学年鉴·2003》，文物出版社2004年版，第348页。

⑥ 《陕西岐山周公庙遗址考古收获丰硕》，《中国文物报》2004年12月3日；孙庆伟：《"周公庙遗址新出甲骨座谈会"纪要》，《古代文明研究通讯》总第二十期，2004年；徐天进：《陕西岐山周公庙遗址》，《二〇〇五年中国重要考古发现》，文物出版社2006年版。

⑦ 徐锡台：《周原甲骨文综述》，三秦出版社1991年版；曹玮：《周原甲骨文》，世界图书出版社2002年版。

⑧ 周原考古队：《2003年陕西岐山周公庙遗址调查报告》，《古代文明》第5卷，文物出版社2006年版。

⑨ 萧楠：《安阳殷墟发现"易卦"卜甲》，《考古》1989年第1期；冯时：《殷墟"易卦"卜甲探索》，《周易研究》1989年第2期；《中国天文考古学》第八章第三节，中国社会科学出版社2007年版。

周人占卜记录的发现极大地改变了我们对甲骨文的传统认识，成为甲骨学史上的重要成就。周人甲骨文资料不仅内容丰富，而且占卜机构扩大到王室以外，分布广泛，为相关问题的研究提供了重要资料。随着周人甲骨文资料的刊发，对它的研究迅速兴起，涉及卜筮制度、商周关系、周文化渊源以及西周历史的各个领域，使对西周甲骨文的研究遂成专学。

第二节　甲骨文资料的整理著录

殷墟甲骨文出土以后，散佚严重，公私所得，辗转流传[①]，对这些资料的整理刊布始终是学者致力的基础工作。

自刘鹗《铁云藏龟》（1903 年）首开甲骨文著录之先，百馀年来，汇罗之作几近百种。早期以罗振玉贡献最巨，其《殷虚书契》（1911、1913 年）、《殷虚书契菁华》（1914 年）、《铁云藏龟之馀》（1915 年）、《殷虚书契后编》（1916 年）及《殷虚书契续编》（1933 年），刊印刻辞甲骨五千馀片。晚期则以胡厚宣搜求最富，其先后编著《厦门大学所藏甲骨文字》（1944 年）、《甲骨六录》（1945 年）、《战后平津新获甲骨集》（1946 年）、《战后宁沪新获甲骨录》（1951 年）、《战后南北所见甲骨录》（1951 年）、《战后京津新获甲骨集》（1954 年）、《甲骨续存》（1955 年）及《甲骨续存补编》（1996 年），刊布甲骨文资料逾两万片。此外之重要者有王国维《戬寿堂所藏殷虚文字》（1917 年），明义士（James Mellon Menzies）《殷虚卜辞》（1917 年），林泰辅《龟甲兽骨文字》（1921 年），王襄《簠室殷契征文》（1925 年），叶玉森《铁云藏龟拾遗》（1925 年），容庚、瞿润缗《殷契卜辞》（1933 年），郭沫若《卜辞通纂》（1933 年）、《殷契粹编》（1937 年），商承祚《殷契佚存》（1933 年），黄濬《邺中片羽》三集（1935、1937、1942 年），方法敛（Frank H. Chalfant）、白瑞华（Roswell S. Britton）《库方二氏藏甲骨卜辞》（1935 年）、《甲骨卜辞七集》（1938 年）及《金璋所藏甲骨卜辞》（1939 年），唐兰《天壤阁甲骨文存》（1939 年），金祖同《殷契遗珠》（1939 年），李旦丘《铁云藏龟零拾》（1939 年）及《殷契摭拾》正续编（1941、1950 年），孙海波《诚斋殷

[①] 参见胡厚宣《八十五年来甲骨文材料之统计》，《史学月刊》1984 年第 5 期；《大陆现藏之甲骨文字》，《历史语言研究所集刊》第六十七本，1996 年。

虚文字》（1940年），郭若愚《殷契拾掇》两编（1951、1953年），董作宾《殷虚文字外编》（1956年），陈邦怀《甲骨文零拾》（1959年），松丸道雄《谢氏瓠庐殷墟文字》（1979年），刘敬亭《山东省博物馆珍藏甲骨墨拓集》（1998年），中国国家博物馆《中国国家博物馆藏文物研究丛书·甲骨卷》（2007年），李钟淑、葛英会《北京大学珍藏甲骨文字》（2008年），上海博物馆《上海博物馆藏甲骨文字》（2009年），宋镇豪《中国社会科学院历史研究所藏甲骨文字》（2011年），中国社会科学院考古研究所《殷墟小屯村中村南甲骨》（2012年）等，刊布刻辞甲骨约三万片。

流散域外的甲骨文资料蔚为大观，主要著录有李学勤、齐文心、艾兰（Sarah Allan）《英国所藏甲骨集》（1985—1992年）及《瑞典斯德哥尔摩远东古物博物馆藏甲骨文字》（1999年），胡厚宣《苏德美日所见甲骨集》（1988年），明义士《殷虚文字后编》（1972年），许进雄《明义士收藏甲骨文字》（1972年）与《怀特氏等收藏甲骨文集》（1979年），贝塚茂树《京都大学人文科学研究所藏甲骨文字》（1959年），松丸道雄《日本散见甲骨文字蒐汇》[①]、《东京大学东洋文化研究所藏甲骨文字》（1983年），伊藤道治《日本所见甲骨录》（1977年）、《国立京都博物馆藏甲骨文字》及《黑川古文化研究所藏甲骨文字》（1984年）、《天理大学附属天理参考馆藏品——甲骨文字》（1987年），荒木日吕子《中岛玉振旧藏甲骨》（1996年），周鸿翔《美国所藏甲骨录》（1976年），雷焕章《法国所藏甲骨录》（1985年）及《德瑞荷比所藏一些甲骨录》（1997年）等，其刊拓摹本或照片约两万品。

甲骨文资料分藏各家，征引掊撦颇为不便，故于20世纪50年代末，学者始着手系统整理，使之集为一编。1978至1982年，由郭沫若主编、胡厚宣总编辑的《甲骨文合集》十三巨册陆续出版，收拓本摹本41956品，为甲骨文著录的集成之作。其后彭邦炯、谢济、马季凡有《甲骨文合集补编》（1999年），补收商周刻辞甲骨及缀合成果13766片。两书将殷墟历年私掘及中央研究院历史语言研究所科学发掘所获之重要资料几近囊括，具有重要的学术价值。

刻辞甲骨的缀合同样是甲骨文整理的基础工作。1939年，曾毅公编《甲骨叕存》，专事缀合以成帙，始启甲骨文整理之新例。此后，曾氏《甲骨缀合编》（1950年），郭若愚、曾毅公、李学勤《殷虚文字缀合》

[①] 载日本《甲骨学》第7—12号，1959—1980年。

（1955年），张秉权《殷虚文字丙编》（1957—1972年），严一萍《甲骨缀合新编》（1975年），蔡哲茂《甲骨缀合集》与《续集》（1999、2004年），黄天树《甲骨拼合集》、《续集》与《三集》（2010、2011、2013年），林宏明《醉古集》（2011年），于甲骨文缀合贡献尤著。而屈万里《殷虚文字甲编考释》（1961年）以及《甲骨文合集》、《甲骨文合集补编》，则于缀合工作多有创获。

第三节　占卜制度与甲骨文例

甲骨文是契刻于龟甲和兽骨上的文字，少有书辞。龟甲以龟腹甲居多，间用背甲；兽骨以牛胛骨为主，也有少量牛骨及鹿、兕、虎等动物的骨骼。

甲骨文的内容主要为占卜通神的卜辞，而占卜所用的龟甲和牛骨必须于卜前进行修整攻治。龟之腹甲以中缝"千里路"为界分为左甲和右甲，并据齿缝将腹甲划为中甲、首左甲、首右甲、前左甲、前右甲、后左甲、后右甲、尾左甲、尾右甲和左、右甲桥（图6-1）。腹甲的修治需首先将甲桥的边缘削平，并将甲体之厚薄不均处剟剔平整，尔后去除甲面的胶质鳞片，打磨全甲使其光洁。龟背甲的攻治需沿中脊将全甲对剖为二，或切去首尾两端及中脊凸棱加以改制，中央钻孔（图6-2）。而牛胛骨的修治则需切除骨臼的白角，其中左胛切左角，右胛切右角[①]，同时将直立的骨脊部分削除。攻治后的甲骨均平整光滑。《周礼·春官·龟人》："凡取龟用秋时，攻龟用春时，各以其物入于龟室。"郑玄《注》："秋取龟，及万物成也。攻，治也。治龟骨以春，是时干，解不发伤也。"《白虎通义·蓍龟》引此文作攻龟用冬时，亦主寒干，故解甲不发起伤坼。知攻治龟骨皆有时。

经过攻治的甲骨用于占卜，首要工作就是用金属利器在甲骨的背面施以钻凿，古人称之为"契"。《诗·大雅·緜》："爰始爰谋，爰契我龟。"毛《传》："契，开也。"《周礼·春官·菙氏》："菙氏掌共燋契，以待卜事。"郑玄《注》引杜子春云："契谓契龟之凿也。"孙诒让《正义》："别有凿龟之器谓之契，盖以金为之，若钻凿之类。"即此之谓。钻为圆形的凹槽，凿则是在钻旁锲出椭圆或长方形槽穴。钻凿部位的甲骨厚度大为减薄，便于爇灼时于甲骨的正面呈现兆坼。钻凿有时会省却一种，并不全施。而周人则习惯施以方

[①] 关于胛骨的左右问题也有相反的意见。参见胡厚宣《甲骨学绪论》，《甲骨学商史论丛二集》，成都齐鲁大学国学研究所专刊，1944年；黄天树《关于卜骨的左右问题》，《纪念王懿荣发现甲骨文110周年国际学术研讨会论文集》，社会科学文献出版社2009年版。

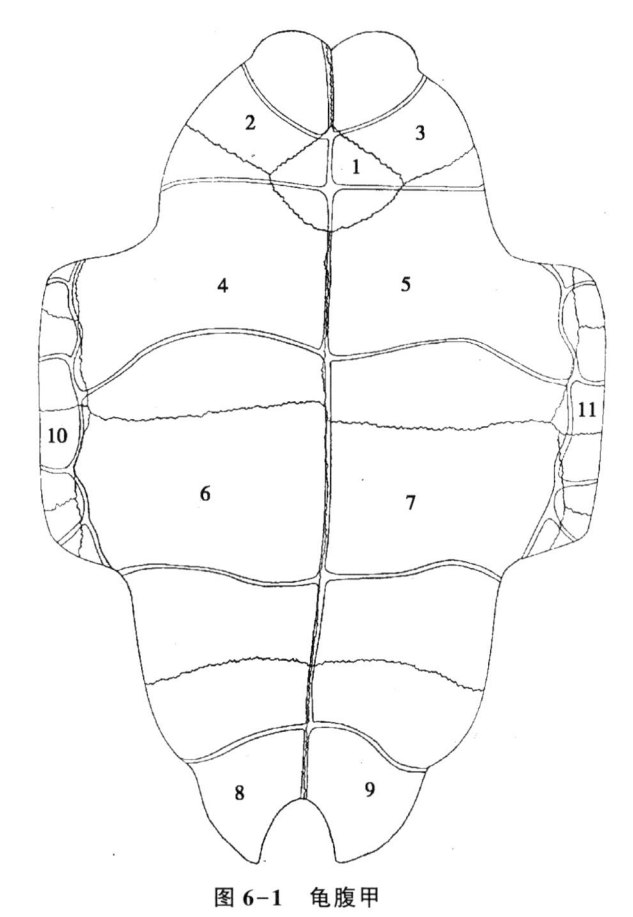

图 6-1　龟腹甲
1. 中甲　2. 首左甲　3. 首右甲　4. 前左甲　5. 前右甲　6. 后左甲　7. 后右甲
8. 尾左甲　9. 尾右甲　10. 左甲桥　11. 右甲桥

凿，与殷人不同。钻的位置相对于凿，于龟腹甲皆向千里路，于龟背甲皆向中脊，于牛胛骨皆向切去的臼角，致使施灼后，卜兆横出的兆枝都朝向千里路、中脊和臼角的方向。甲骨契凿之后，便可施卜。

占卜包括卜与占两项工作。卜法是以爇燃的荆木于钻凿处灼烤，使甲骨的相应部位受热而爆裂，并于正面呈现出"卜"形的兆纹。甲骨文"卜"字的形构即取象于兆璺的形状，而其读音也源自甲骨爆裂的声音。郑玄《菙氏注》："杜子春云：'爇读为细目爇之爇，或曰如薪樵之樵，谓所爇灼龟之木也，故谓之爇。'玄谓《士丧礼》曰：'楚焞置于爇，在龟东。'楚焞即契，所用灼龟也。爇谓炬，其存火。"孙诒让《正义》："龟卜所用，有金契，有木契。金契用以钻凿，木契即楚焞，用以爇灼。以二者皆刻削其耑使

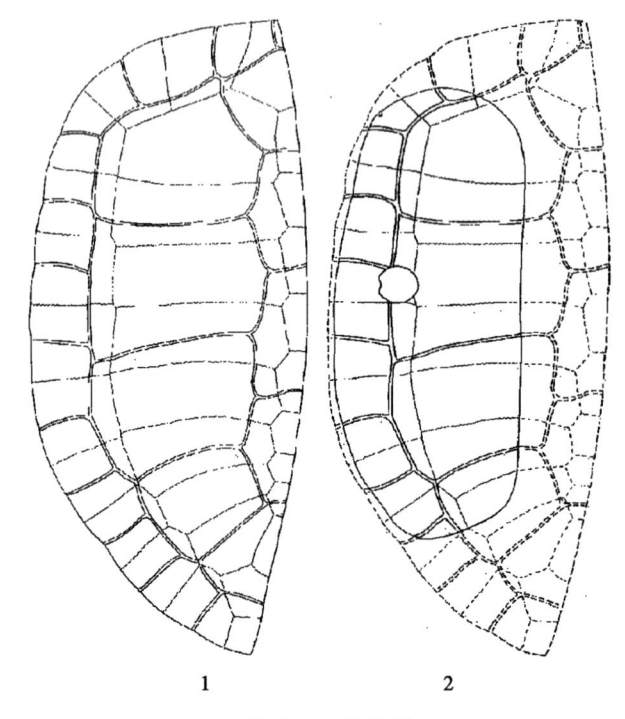

图 6-2　龟背甲
1. 左背甲　2. 改制左背甲

鑯锐，故同谓之契，实则异物也。"《菙氏》云："凡卜，以明火爇燋，遂龡其焌契，以授卜师，遂役之。"郑玄《注》："契既然，以授卜师，用作龟也。役之，使助之。"知卜师作龟，使其成兆。《卜师》云："卜师掌开龟之四兆，一曰方兆，二曰功兆，三曰义兆，四曰弓兆。凡卜事，眡高，扬火以作龟，致其墨。"郑玄《注》："经兆百二十体，言此四兆者，分之为四部。扬犹炽也。致其墨者，孰灼之，明其兆。"又郑玄《占人注》："墨，兆广也。坼，兆璺也。墨有大小，坼有微明。"此谓卜事。

卜后之占是察视卜兆而判断所卜之事的吉凶，这一工作在商代基本上是被商王垄断的。在非王卜辞中，此事则由宗子承担。甲骨文"占"字作"卣"，从"卣""口"会意，正有甲骨呈兆而占者视兆发言之义。《周礼·春官·占人》："占人掌占龟，以八筮占八颂，以八卦占筮之八故，以眡吉凶。凡卜筮，君占体，大夫占色，史占墨，卜人占坼。"郑玄《注》："凡卜象吉，色善，墨大，坼明，则逢吉。"

占卜完成后即可契刻卜辞。完整的卜辞包括前辞（或称叙辞）、命辞、占辞和验辞,通常情况还有序数和兆辞。前辞记占卜时间和命龟之贞人;命辞的内容为所卜之事;占辞为视兆后对用事吉凶的判断;验辞则是更后追记的事况应验与否的结果。商人占卜乃从正反两方面对贞,而验辞也以所卜之事是否应验而附于相应的卜辞,逻辑严谨。尽管卜辞的占辞和验辞常省略不记,前辞和命辞也可采用省简的形式,但命龟之辞作为卜辞的核心是不能没有的。序数是先于卜辞契刻于卜兆旁侧的见兆次序,也称"兆序"。而兆辞则是对呈兆情况的简单断语。

卜辞的行款具有一定规律。龟腹甲一般以左、右甲呈对贞,近千里路的卜辞行款多由内而外,近外缘的卜辞行款则多由外而内。牛胛骨卜辞多沿骨边由内而外契刻。而卜辞的先后次序则多自下而上,体现了早期空间观以下为首的固有传统。《卜师》云:"凡卜,辨龟之上下左右阴阳,以授命龟者而诏相之。"郑玄《注》:"卜人作龟,则亦辨龟以授卜师。上,仰者也。下,俯者也。左,左倪也。右,右倪也。阴,后弇也。阳,前弇也。诏相,告以其辞及威仪。"此临卜辨授,乃已治之龟甲,则俯仰弇倪者,自指甲体言之。孙诒让《正义》引吴廷华云:"龟之上下左右,皆以龟甲言。盖在攻治之后,临卜时辨之,则即甲之上下左右阴阳耳。"显然,甲骨既有阴阳之位,则占卜及卜辞之次第行款也必体现这一观念。

甲骨文除卜辞之外还有记事刻辞和表谱刻辞,记事刻辞又分一般性记事刻辞和五种记事刻辞。五种记事刻辞出现于甲桥、甲尾、背甲、骨臼和骨面下边缘,记录甲骨的来源情况及检视者[①],时代多属武丁时期。而一般性记事刻辞以叙事为主,出现于商代末期,与殷末金文始见长篇叙事的情况相同。此外,甲骨文还包含很多范刻与习刻,契刻方向或异于正式卜辞,其中一些仅为契刻训练的方便而自拟内容,并不反映真实史实,需要认真鉴别。

殷周两代处理卜用甲骨的方式或有不同。商人既行占卜则书卜辞于策而藏之,甲骨便废弃不用;周人则或宝藏之。《占人》:"凡卜筮既事,则系币以比其命。"郑玄《注》:"杜子春云:'系币者,以帛书其占,系之于龟也。'玄谓既卜筮,史必书其命龟之事及兆于策,系其礼神之币,而合藏焉。"《史记·龟策列传》:"略闻夏殷欲卜者,乃取蓍龟,已则弃去之,以为龟藏则不灵,蓍久则不神。至周室之卜官,常宝藏蓍龟。又其大

[①] 胡厚宣:《武丁时五种记事刻辞考》,《甲骨学商史论丛初集》第二册,成都齐鲁大学国学研究所专刊,1944年;《卜辞记事文字史官签名例》,《中央研究院历史语言研究所集刊》第十二本,1947年。

小先后，各有所尚，要其归等耳。"皆明其制度。

第四节　甲骨文断代及其主要方法

　　出土文献是否具有史料的价值，决定其时代乃是首要的工作。甲骨文自清末出土于小屯，并于1899年为王懿荣等人收藏，但对其为何代之物却并不十分清楚。刘鹗于1903年出版《铁云藏龟》，始推知为"殷人刀笔文字"，而罗振玉更以为其时代早至夏商[1]。后孙诒让于1904年作《契文举例》，乃定其为真商文字，这一认识随着1908年罗振玉访得甲骨文真实的出土地点而终于得以证实。然而殷墟作为晚商都邑经历了二百多年的经营，甲骨文究竟属于这其中的哪个时期，抑或可否详定不同的殷王，则是对出土文献时代精确化的要求。事实上早在甲骨文研究的初期，学者即已致力于这一问题的探索。罗振玉曾据《后上》25.9版"父甲"、"父庚"、"父辛"并见的现象，认为卜辞的时代当为殷王武丁，而三父应即武丁之诸父阳甲、盘庚和小辛，皆小乙之兄[2]。王国维则在所著《殷卜辞中所见先公先王考》中，根据《后上》19.14版存有"父丁"、"兄庚"、"兄己"的称谓，以及《后上》7.7与7.9版存有"兄庚"、"兄己"的称谓，考定"父丁"实即武丁，"兄己"、"兄庚"当为孝己和祖庚，从而认为卜辞的时代当在祖甲。故于卜辞的年代，罗、王皆依卜辞内容与殷墟年代之考证，认为应在盘庚迁殷以后，固无可易。

　　1933年，董作宾发表《甲骨文断代研究例》，提出甲骨文的五期划分方案和分期断代的十项标准，使甲骨文的分期研究从此步入了系统化和科学化的阶段。董氏将甲骨文分为五个时期，即：

　　　　第一期　　盘庚、小辛、小乙、武丁
　　　　第二期　　祖庚、祖甲
　　　　第三期　　廪辛、康丁
　　　　第四期　　武乙、文丁
　　　　第五期　　帝乙、帝辛

---

[1]　俱见《铁云藏龟·序》。
[2]　王国维：《殷卜辞中所见先公先王考》引，见《观堂集林》卷九。

而建立这五期方案的十项标准则为:

世系　称谓　贞人　坑位　方国　人物　事类　文法　字形　书体

这十项标准运用于甲骨文断代,却应有着主次的分别,有时针对某片卜辞时代的确定,这种分别的意义就更为明显。总体而言,世系、称谓为断代研究的基础,而贞人、方国、人物、事类、文法、字形和书体则稍次之,理由很简单,人物、事类甚至文法书体时代的认定无不需要通过世系和称谓的确认而加以限定,然而从理论上讲,贞人和其他人物一旦脱离了具有时代意义的"称谓",便不意味着他们不可以跨越不同的王世,由于贞人实为代王命龟的百官,因此同其他人物一样,他们的供职时间不可能与商王的生存时间同步,显然这些标准的时代性是相对宽泛的。坑位的标准对于考古发掘资料的断代尤为重要,而字形和书体既存在同时代的风格变化,也会反映不同时代的形构差异,情况更为复杂,然而作为断代的参考标准,尤其对于那些缺少实质内容的残辞时代的确定,书体风格又不失为实用的方法。很明显,尽管这些标准并不可以不加区别地运用于一切卜辞,每篇卜辞时代的确定需要根据其内容而作具体的分析,但世系和称谓作为最重要的断代标准却是毋庸置疑的。

一　商王世系

对于古史研究而言,王世的建立既是古史的脉络,也是年代的脉络,因而具有特别重要的意义。司马迁作夏殷本纪基本上是将他所掌握的材料作为信史叙述,其间虽也夹杂不少传说,但所用史料却不同于《五帝本纪》以传说和较晚的典籍为主。《史记·殷本纪》太史公曰:

余以《颂》次契之事,自成汤以来,采于《书》、《诗》。

又《三代世表》太史公曰:

五帝、三代之记,尚矣。自殷以前诸侯不可得而谱,周以来乃颇可著。孔子因史文次《春秋》,纪元年,正时日月,盖其详哉。至于序《尚书》则略,无年月;或颇有,然多阙,不可录。故疑则传疑,盖其慎也。

余读谍记，黄帝以来皆有年数。稽其历谱谍终始五德之传，古文咸不同，乖异。夫子之弗论次其年月，岂虚哉！于是以《五帝系谍》、《尚书》集世，纪黄帝以来讫共和为《世表》。

因此根据传世之材料，司马迁在《史记·殷本纪》中所建立的商代世系可表列如下：

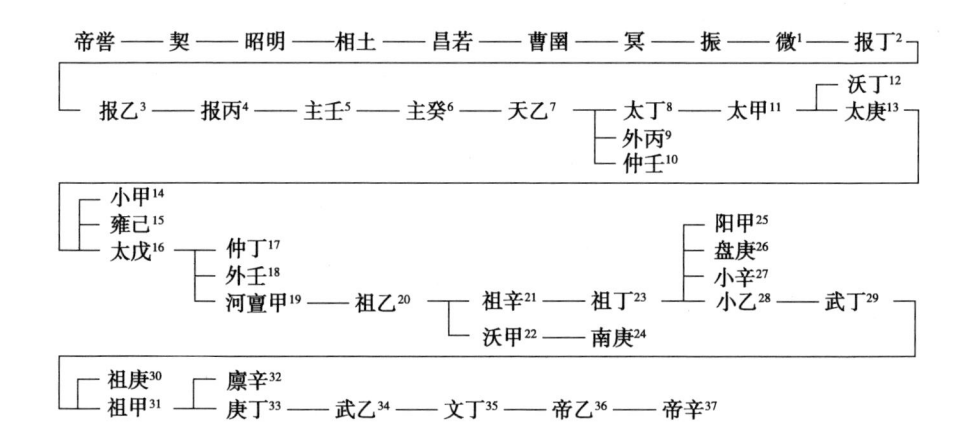

```
帝喾──契──昭明──相土──昌若──曹圉──冥──振──微¹──报丁²─┐
┌──────────────────────────────────────────────────────────┘
│                                            ┌─太丁⁸──太甲¹¹──┬─沃丁¹²
└─报乙³──报丙⁴──主壬⁵──主癸⁶──天乙⁷──┼─外丙⁹              └─太庚¹³
                                            └─仲壬¹⁰
┌─小甲¹⁴
├─雍己¹⁵                                      ┌─阳甲²⁵
└─太戊¹⁶──┬─仲丁¹⁷                            ├─盘庚²⁶
          ├─外壬¹⁸                            ├─小辛²⁷
          └─河亶甲¹⁹──祖乙²⁰──┬─祖辛²¹──祖丁²³──┼─小乙²⁸──武丁²⁹
                              └─沃甲²²──南庚²⁴
┌─祖庚³⁰  ┌─廪辛³²
└─祖甲³¹──┴─庚丁³³──武乙³⁴──文丁³⁵──帝乙³⁶──帝辛³⁷
```

世系中的振即卜辞中的王亥，《山海经》作"竖亥"，"亥"意为"垓"，言其兼垓步测九州八极，不为地支。其子微便是文献所见之上甲微，卜辞则称上甲①。上甲以上的部分属于商史的传说时代，为商人的先公系统，不入周祭祀典。上甲以下则为殷人的先王系统。郭沫若指出："殷之先世，大抵自上甲以下入于有史时代，自上甲以上则为神话传说时代，此在殷时已然，观其祀典之有差异，即可判知。"② 至为精辟。《诗·商颂·玄鸟》："天命玄鸟，降而生商，宅殷土茫茫。"上古时代的图腾崇拜其实就是祖先崇拜。商祖契乃玄鸟所生，这使商人自诩为玄鸟的后人成为理所当然的事情。甲骨文资料显示，商代的先公先王之名唯上甲之父王亥与"鸟"字合缀而作"鸟亥"③，而王亥之子上甲不仅是所有先公先王中第一位以甲乙日干为庙号的祖先，而且商人遍祭先王之祀也皆自上甲开

---

① 王国维：《殷卜辞中所见先公先王考》，《观堂集林》卷九，《王国维遗书》第二册，上海古籍书店1983年版。
② 郭沫若：《卜辞通纂》，《郭沫若全集·考古编》第二卷，科学出版社1983年版，第362页。
③ 胡厚宣：《甲骨文商族鸟图腾的遗迹》，《历史论丛》1964年第1辑；《甲骨文所见商族鸟图腾的新证据》，《文物》1977年第2期。

始，这无疑意味着商代的历史自上甲进入了它的有史时代①。显然，商人将自己的图腾冠于上甲之父王亥，无非意在强调开创商代有史时代的上甲及其后嗣不仅是王亥的子孙，同时更是受天之命的商人始祖玄鸟的子孙。因此对于传说时代的诸位先公，除王亥以外（卜辞又有"王恒"，见于《楚辞·天问》），皆不见于卜辞。学者或以卜辞人名周加比附，但问题仍未彻底解决。

上甲作为商王的庙祭始祖，这一事实的确定其实是与其重定地中的工作密切相关的。在中国的传统文化中，居中而治的政治观具有着决定王朝于政治与宗教合法性的关键意义。显然，上甲微破除旧有的地中格局而重建了以嵩山为中心的新的地中，并为子孙所继承，终至商汤得有天下，这一功烈当然是无与伦比的②。

上甲以下的先王皆以天干为庙号，刘鹗、孙诒让都曾据此与甲骨文中的商王名号对比③，罗振玉更以《殷本纪》对照卜辞，指实甲骨文所见示壬、示癸、大乙、大丁、大甲、大庚、小甲、大戊、中丁、祖乙、祖辛、祖丁、南庚、小辛、小乙、武丁、祖庚、祖甲、武乙、文丁诸王④，其后稍有增删，又指卜辞之"卜丙"即外丙，"卜壬"即外壬，"羊甲"即阳甲，"般庚"即盘庚，"康丁"即庚丁，又疑甲骨文"匚"、"匸"、"㡯"即报乙、报丙、报丁⑤，其中除"羊甲"应释为"羌甲"，郭沫若定其为沃甲外⑥，馀皆不可易。此后王国维又证得卜辞"上甲"，更据《后上》8.14版以及其与《戬》1.6版的缀合，纠正了《殷本纪》将报乙、报丙、报丁三王次序颠倒的错误，同时他发现殷人祭祀中有特祭其所自出之先王，而非所自出之先王则不与的现象，故又以《后上》5.1版中丁与祖乙为次，以为祖乙实为中丁之子，而非如《殷本纪》所记为河亶甲子，至于

---

① 当然也存在殷人将自己的有史时代从成汤或二示向前推溯的可能。参见王国维《殷卜辞中所见先公先王续考》，《观堂集林》卷九，《王国维遗书》第二册，上海古籍书店1983年版；董作宾《甲骨文断代研究例》，《庆祝蔡元培先生六十五岁论文集》上册，中央研究院历史语言研究所集刊外编，1933年；于省吾《释自上甲六示的庙号以及我国成文历史的开始》，《甲骨文字释林》，中华书局1979年版。

② 冯时：《文明以止——上古的天文、思想与制度》，中国社会科学出版社2018年版，第208—209页。

③ 参见刘鹗《铁云藏龟自序》、孙诒让《契文举例》卷上。

④ 罗振玉：《殷商贞卜文字考》，清宣统二年（1910年）玉简斋石印本。

⑤ 罗振玉：《殷虚书契考释》，1914年石印本；东方学会1927年石印增订本。

⑥ 郭沫若：《卜辞通纂》，《郭沫若全集·考古编》，科学出版社1983年版，第276—277、282—283页。

《史记·三代世表》及《汉书·古今人表》中有关殷王世系的错误，也以卜辞及《殷本纪》为准而一并得以匡正①，致使商王世系已大致明了。此后郭沫若又定卜辞"戋甲"即河亶甲，"羌甲"即沃甲，"㿟甲"即阳甲②，于商王世系多有补正。他还发现殷人遍祀先王仅祭其所自出之祖的配偶，而同世旁系诸王的配偶并不受祭的现象，从而印证了王国维主张祖乙为中丁之子的看法③。董作宾则以祖庚祖甲卜辞的"兄己"及帝乙帝辛卜辞的祖己即为孝己，康丁卜辞的"兄辛"即为廪辛④；吴其昌又考证出卜辞中的"雍己"⑤。如此，则《殷本纪》所载商世先王系统，除仲壬与沃丁外，几乎全见于卜辞⑥。

关于殷王的先妣世系，罗振玉最早做了系统整理，共得十六世，即示壬配妣庚，示癸配妣甲，大乙配妣丙，大丁配妣戊，大甲配妣辛，大庚配妣壬，大戊配妣丙，中丁配妣癸，祖乙配妣己、妣庚，祖辛配妣庚，祖丁配妣己、妣癸，羌甲配妣甲，小乙配妣庚，武丁配妣辛、妣癸、妣庚，祖甲配妣戊，康丁配妣辛⑦。其中祖辛配妣庚虽然明确（《后上》3.8），但学者或以为其不能与周祭祀典相容，应属习刻致误，不足采信⑧；而祖丁配妣癸（《后上》3.13）实为武丁之配。董作宾则据卜辞补充了中丁配妣己，祖辛配妣甲，祖丁配妣庚，武乙配妣戊，文丁配妣癸⑨；卜辞又有卜丙配妣甲，祖辛配妣壬，羌甲配妣庚，阳甲配妣庚，小乙配妣戊，祖丁配妣甲⑩，则先妣系

---

① 王国维：《殷卜辞中所见先公先王考》、《殷卜辞中所见先公先王续考》，《观堂集林》卷九，《王国维遗书》第二册，上海古籍书店1983年版；《戬寿堂所藏殷虚文字考释》，艺术丛编第三集1917年石印本，第3—5页。
② 郭沫若：《卜辞通纂》，《郭沫若全集·考古编》第二卷，科学出版社1983年版，第276—277、282—285、294—296页。
③ 郭沫若：《卜辞通纂》，《郭沫若全集·考古编》第二卷，科学出版社1983年版，第362页。
④ 董作宾：《甲骨文断代研究例》，《庆祝蔡元培先生六十五岁论文集》上册，中央研究院历史语言研究所集刊外编，1933年。
⑤ 吴其昌：《殷虚书契解诂》，《武汉大学文哲季刊》第三卷第四期，1934年，第675—678页。
⑥ 于省吾以卜辞沃甲本作"羌甲"，故指卜辞"羌丁"（《前》5.8.5）实即沃丁。说见《甲骨文字释林》，中华书局1979年版，第44页。但乙辛周祭卜辞称小乙之父祖丁为"四祖丁"，而周祭必自上甲始，故知沃丁如果存在，也必不入周祭祀典。
⑦ 罗振玉：《殷虚书契考释》，1914年石印本；东方学会1927年石印增订本。
⑧ 陈梦家：《殷虚卜辞综述》，科学出版社1956年版，第390—391页。
⑨ 董作宾：《甲骨文断代研究例》，《庆祝蔡元培先生六十五岁论文集》上册，中央研究院历史语言研究所集刊外编，1933年；郭沫若亦补武乙配妣戊，见《卜辞通纂》，第362—363页。
⑩ 陈梦家：《殷虚卜辞综述》，科学出版社1956年版，第379—384页。

统也大致可明。故据卜辞资料,可将殷先王世系表列如下:

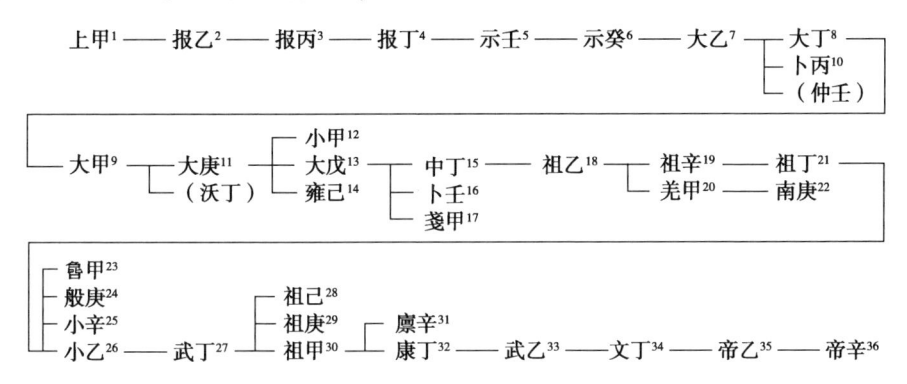

```
上甲[1] ── 报乙[2] ── 报丙[3] ── 报丁[4] ── 示壬[5] ── 示癸[6] ── 大乙[7] ┬ 大丁[8]
                                                                          ├ 卜丙[10]
                                                                          └ (仲壬)

┬ 大甲[9] ┬ 大庚[11] ┬ 小甲[12]
          │          ├ 大戊[13] ── 中丁[15] ── 祖乙[18] ── 祖辛[19] ── 祖丁[21]
          └ (沃丁)    ├ 雍己[14]    ├ 卜壬[16]            └ 羌甲[20] ── 南庚[22]
                                    └ 戋甲[17]

┬ 鲁甲[23]
├ 般庚[24]
├ 小辛[25]                ┬ 祖己[28]    ┬ 廪辛[31]
└ 小乙[26] ── 武丁[27] ┼ 祖庚[29]    └ 康丁[32] ── 武乙[33] ── 文丁[34] ── 帝乙[35] ── 帝辛[36]
                          └ 祖甲[30]
```

世系中由卜辞可考的先王配偶则有:

示壬配妣庚

示癸配妣甲

大乙配妣丙

大丁配妣戊

大甲配妣辛

卜丙配妣甲

大庚配妣壬

大戊配妣壬

中丁配妣己、妣癸

祖乙配妣己、妣庚

祖辛配妣甲、妣庚、妣壬

羌甲配妣庚、妣甲

祖丁配妣己、妣庚、妣甲

阳甲配妣庚

小乙配妣庚、妣戊

武丁配妣戊、妣辛、妣癸

祖甲配妣戊

康丁配妣辛

武乙配妣戊

文丁配妣癸

卜辞可征之殷王世系共二十三世三十六王，大乙以下实为十七世三十二王，其中仲壬、沃丁不见于卜辞，廪辛不见于周祭祀典，除此则为二十九王。《国语·晋语四》："商之飨国三十一王。"韦昭《注》："自汤至纣。"《大戴礼记·少闲》："成汤既崩，二十三世乃有武丁。……武丁既崩，殷德大破，九世乃有末孙纣即位。"言成汤至纣王为三十一王，皆合于《殷本纪》。而裴骃《史记集解》（《殷本纪》）引《竹书纪年》云："汤灭夏以至于受二十九王，用岁四百九十六年也。"则与殷卜辞相合。

在这一世系中，羌甲是否可以作为直系先王是颇有争议的。根据商代周祭的原则，唯直系先王的配偶方有资格入祀。然而在出组卜辞中，羌甲配妣庚却享受周祭，这与羌甲在世系中作为旁系的身份明显不合。卜辞云：

　　　　庚辰卜，□贞：王宾羌甲奭妣庚翌，亡尤？　　　《合集》23325

而且在出组卜辞中，妣庚也同时享受岁祭。卜辞云：

　　　　己巳卜，行贞：翌庚午岁其延于羌甲奭妣庚？　　　《合集》23326
　　　　庚戌卜，行贞：王宾羌甲奭妣庚岁，牢叔，亡尤？
　　　　　　　　　　　　　　　　　　　　　　　　　　　《合集》23327

其实，卜辞反映的羌甲地位在出组卜辞时代的前后出现了明显变化，这种变化意味着羌甲与其他直系先王不同，地位特殊。出组卜辞云：

　　　　己丑卜，大贞：于五示告：丁、祖乙、祖丁、羌甲、祖辛？
　　　　　　　　　　　　　　　　　　　　　　　　　　　《合集》22911

相同的内容还见于"历组"卜辞，文云：

　　　　□丑贞：王令□旃尹取祖乙，鱼伐，告于父丁、小乙、祖丁、羌甲、祖辛？　《屯南》2342

两辞对读，可知"丁"与"父丁"实即武丁，卜辞的时代当在武丁的子辈，其时殷王逆祀先王，于武丁、小乙、祖丁、祖辛甚至祖乙皆取直系，而羌甲厕祭其中，其身份也自当视为直系，这个事实与同时期羌甲之配妣庚享受周祭理然吻合。事实上，如果出组周祭卜辞的时代无法上溯到祖庚之世的话，那么上述资料便只能反映祖甲时期的情况，这对讨论"历组"卜辞的时代问题也颇有帮助。

羌甲身份的特殊性在早期卜辞中也反映的同样明显。宾组卜辞云：

> 庚申卜，殻贞：昔祖丁不黍，不唯南庚壱？
> 庚申卜，殻贞：昔祖丁不黍，唯南庚壱？
> 勿于祖辛禦？
> 禦	于祖□？
> 壬辰卜，韦贞：禦于祖甲？
> 王占曰："不吉。"南庚壱，祖丁壱，大示、祖乙、祖辛、羌甲壱？
> 《合集》394、395

学者多以"大示"解为对直系先王的集合称谓，并将"大示"与其后的"祖乙"、"祖辛"、"羌甲"连读，从而认为羌甲属于大示而为直系。但如此理解却不得不将"大示"之前出现的明确作为直系的"祖丁"排除在了直系之外，矛盾是显而易见的。因此"大示"与祖乙以下的三王必须分读，其含义应该别做探讨。然而羌甲确与祖乙、祖辛二直系先王并列，其地位在武丁时代显然仍有作为直系的可能。

在晚期的黄组卜辞周祭系统中，羌甲之配妣庚已不入祀典，羌甲被排除于直系之外已相当明确。同时在另一些卜辞中，也可看出羌甲后来失去了直系的地位，卜辞云：

> □未卜，㞢上甲、大乙、大丁、大甲、大庚、大戊、中丁、祖乙、祖辛、祖丁十示率牡？　《合集》32385+35277（图6-3，1）
> 乙丑□，㞢自大乙至丁祖九示？　《合集》14881（图6-3，2）
> ……九示自大乙至丁祖，其比□叀？
> 　　　　　　　　　　　　《合集》20065（图6-3，3）
> 庚申卜，彡自上甲一牛，至示癸一牛，自大乙九示一牢，柂示一牛？　《合集》22159（图6-3，4）

这四条卜辞或祭上甲以下的十世直系，或祭大乙以下的九世直系，但都已不包括羌甲，足见羌甲于此时已被排除在直系之外。关于这些卜辞的分组

图 6-3 卜辞拓本

1.《合集》32385+35277　2.《合集》14881　3.《合集》20065　4.《合集》22159
5.《合集》32658

断代，旧据其书体，或归宾组，或归自组，或归"历组"，十分混乱。实第二、三条卜辞的书体如出一手，与其他两条卜辞书体多呈圆曲的风格也十分接近，应该视为同时之物，时代当在祖甲之后，这与祖甲以后羌甲终被排除于直系的事实完全吻合。

羌甲地位的这种早晚变化或因晚商王位继承制的变革所致，很明显，在兄终弟及的制度背景下，商代旁系先王有子继承王位者仅羌甲一人而已，这便是其地位被视为直系的原因。然而康丁以后，继统法的改变使得传子而不传弟的制度被逐渐固定了下来，因此殷人如果需要在祭祀系统中体现这种直系继统的制度，就必须取消作为旁系的羌甲等同于直系的资格①。显然，羌甲在世系中的旁系地位是不可改变的，学者或以其为祖辛子而属于直系②，并不足取。

二　庙号与亲属称谓

自王亥以下，殷人祖先的名号皆取天干，不用地支，形成鲜明的特点。如：

祖乙	《丙》38
妣甲	《乙》3424
父辛	《甲》488
母庚	《戬》7.6
兄己	《粹》310
子癸	《粹》340
盘庚	《乙》8660
文武丁	《甲》3940
文武帝乙	坂方鼎
武祖乙	《前》1.10.4
康祖丁	《续》1.26.10
小祖乙	《戬》5.10
毓妣辛	《合集》27456 正

这些名号以天干与亲称、谥号及区别字相连缀，只用于死者而不用于生者，构成了朴素的庙号系统。

殷人庙号中的日名究竟具有怎样的性质，学者聚讼不决，概括起来可有以下主要看法。

1. 生日说

《白虎通义·姓名》："殷人以生日名子何？殷家质，故直以生日名子也。以《尚书》道，殷家太甲、帝乙、武丁也。"《易纬乾凿度》："帝乙则汤，殷录质，以生日为名，顺天性也。"然征诸卜辞，凡以天干为名者皆为死号，与汉人之说明显不合，故屈万里纠正所谓"生日名子"之说，

---

① 赵诚：《羌甲探索》，《揖芬集》，社会科学文献出版社 2002 年版。
② 张光直：《商王庙号新考》，《民族学研究所集刊》第十五期，1963 年；《商代文明》，北京工艺美术出版社 1999 年版，第 155 页。

以为日名虽属死谥，但却是死后依生日之天干所定①。

2. 死日说

董作宾认为："现在即由甲骨文字证明了甲乙不是生前的名字，只是死后神主之名，当然以死日忌日为神主之名、祭祀之名，最为合理。若说甲乙是死后的神主之名而取生日为标准，就未免迂远而不近人情。"②

3. 次序说

清吴荣光《筠清馆金文》卷一云："甲乙丙丁犹一二三四，质言之，如后世称排行尔。"陈梦家则认为次序的排定应该具有比排行更多的条件，其云："卜辞中的庙号，既无关于生卒之日，也非追名，乃是致祭的次序；而此次序是依了世次、长幼、及位先后、死亡先后，顺着天干排下去。凡未及王位的，与及位者无别。"③

4. 卜选说

李学勤根据对出组卜辞所记小匄故事的分析，认为"日名有些象谥法，是在死后选定的，和生日死日无关。祭祀日依日名而定，并不是日名依据祭祀日而定"④。

5. 分组说

张光直提出假说，认为殷代"先王妣之以十干为名，系商人借用在日常生活中占重要地位的天干（事实上亦即号码），对祖庙或庙主的分类的制度"。殷人依王室的亲属制度与婚姻制度以及王妣生前在此种制度中的地位等原则，将子姓王室分为甲乙组与丁组两支最大的势力集团，两个集团隔代轮流执政，而"十干为名的庙号，似乎只是对这些亲族的分类，——一方面便于祭日的安排，另一方面又使之在亲属上不相冲突"⑤。

以上诸说，生日说与死日说不合卜辞是显而易见的，如武丁配妇好、妇妌皆为生称，不附日名，死后方称母辛和母戊，晚世更称妣辛和妣戊。

---

① 屈万里：《谥法滥觞于殷代论》，《中央研究院历史语言研究所集刊》第十三本，1948年。

② 董作宾：《论商人以十日为名》，《大陆杂志》第二卷第三期，1951年。其说又见《甲骨文断代研究例》，《庆祝蔡元培先生六十五岁论文集》上册，中央研究院历史语言研究所集刊外编，1933年；《殷历谱》，中央研究院历史语言研究所1945年版。

③ 陈梦家：《殷虚卜辞综述》，科学出版社1956年版，第405页。

④ 李学勤：《评陈梦家殷虚卜辞综述》，《考古学报》1957年第3期；《论殷代亲族制度》，《文史哲》1957年第11期。其说又见《海外访古续记》，《四海寻珍》，清华大学出版社1998年版，第76—77页。

⑤ 张光直：《商王庙号新考》，《民族学研究所集刊》第十五期，1963年。

妇好墓所出"妇好"器乃为生时作器，而"辛"、"母辛"器则为死后所作之祭器，况《屯南》4023版无名组卜辞有祭"妣戊妌"之辞，足证其日名皆不用于生时，当然卜辞也没有证据表明辛与戊就是两妇的生日之名。而帝辛以甲日死反以辛为庙号，更有文献及利簋铭文的支持，则又是不利于死日说的证据。分组说之有违殷王世系也十分明显，况且即使于王室庙号系统的矛盾可以勉强弥合，大量非王的庙号系统也难以证实这种假说。至于次序说，同样无法找到卜辞资料的佐证。因此，据古文字资料探索殷人日名的含义，唯卜选说最切事实。

李学勤提出的卜辞资料对解决这一问题十分重要。卜辞云：

[癸]未[卜]，囗[贞：旬]亡祸？[七日]己丑小刍因（殪）。八月。
《明》1983

贞：其有来艰？二日己[丑]小刍因（殪）。八月。　《掇一》210

庚寅卜，大贞：作丧小刍，冬（终）？八月。

辛卯卜，大贞：作胼小刍，亡榆（渝）？
《合集》23574+《山东》1144+《法》CFB17　（《甲缀》98）

丙申卜，出贞：翼小刍，日惠癸？八月。　　《后下》10.1

丙申卜，出贞：翼小刍，惠癸？八月。　　《后下》9.13

丁酉卜，大贞：小刍老（考），唯丁进？八月。　　《缀》17

癸丑卜，大贞：子虫于刍，羌五？　　《珠》1055

诸辞卜日皆在八月之内。"因"读为"殪"①，命辞卜问祸艰，知"殪"字于此自指人的死亡，而非埋葬，则小刍当死于八月己丑。次日庚寅为其举丧，八日丙申则卜小刍之祭日，初选癸日，后于九日丁酉又选丁日，而最终刍乃于癸日受祭。因此李学勤认为，殷人的日名并非由死日而定，而是在身后卜选所得②。

李学勤举证的另一例卜辞，对于这一问题的澄清也同样具有说服力③。卜辞云：

乙巳卜，其示帝？

---

① 张政烺：《释"因蕴"》，《古文字研究》第十二辑，中华书局1985年版。
② 李学勤：《海外访古续记》，《四海遗珍》，清华大学出版社1998年版，第76—77页。
③ 李学勤：《论殷代亲族制度》，《文史哲》1957年第11期。

乙巳卜，帝日惠丁？
惠乙有日？
惠辛有日？ 　　　　　《库》985+1106

《礼记·曲礼下》："措之庙，立之主曰'帝'。"《左传·僖公三十三年》："凡君薨，卒哭而祔，祔而作主，特祀于主。""示"、"主"皆为庙主，故"帝日"意即庙祭之日。显然，庙号的性质应为通过卜选所得的祭祀之日。

西周金文资料也可以助证这种看法。史喜簋铭云：

史喜作朕文考翟（择）祭厥日唯乙。 　　　　　《录遗》78

"翟"应读为"择"。古音"翟"为定纽药部字，与定纽铎部之"择"音近可通。铭文"择祭厥日唯乙"显然意即选择乙日作为文考的祭日，这种选择当然是通过占卜而获得。

庙号的构成除日名外，还有相应的亲称和区别字。就区别字而言，包括方位、次序、宗法、庙主、数字和谥号等不同的类型。如属方位的有"上"、"下"、"卜"（外）、"入"（内）、"南"；属次序的有"大"、"中"（仲）、"小"、"高"、"毓"①；属宗法的有"亚"、"中宗"；属庙主的有"囗"、"亡"、"示"（主）；属数字的有"三"（三祖丁、三祖辛、三祖庚）、"四"（四祖丁）等；属谥号的有"文"、"武"、"康"等。此外还有"戔"、"羌"、"般"等，学者以为或属王号②。这些区别字，除庙主和谥号外，其作用都在于辨别具有相同日名的庙号。由于日名源于卜选，这使不同的庙号具有相同的日名成为一种普遍的现象，于是区别字的添加就是必然的选择。如成汤的庙号为大乙，也称"上乙"（《甲》3598），而中丁子祖乙与其区别则称"下乙"；中丁子祖乙又称"高祖乙"，则武丁父祖乙与大乙区别便称"小乙"或"小祖乙"，与高祖乙区别又称为"毓祖乙"。

商代的亲属称谓，除庙号中所反映的祖、妣、父、母、兄、子之外，还有妇和弟。这些亲属称谓如果纳入世系的框架中，有时却可以作为确定

---

① "毓"，王国维读为"後"或"后"，见《殷卜辞中所见先公先王续考》，《观堂集林》卷九，《王国维遗书》，上海古籍书店1983年版。裘锡圭读为"戚"，见《论殷墟卜辞"多毓"之"毓"》，《裘锡圭学术文集》第一卷，复旦大学出版社2012年版。

② 陈梦家：《殷虚卜辞综述》，科学出版社1956年版，第439页。

卜辞时代的重要标准。

1. 祖与妣

祖是长于称者二世以上的男性亲长，妣则为祖之配偶。殷人以同世之祖不分叔伯，远近之祖不论高亚，皆以"祖"名之。

祖的指称虽然广泛，但是对于世系中特色鲜明的祖先，其断代标准仍是明显的。

  辛亥卜，其侑岁于三祖辛？　　　　《合集》32658（图6-3，5）

这是传统认为的所谓"历组"卜辞。在商王世系中，庙号为"辛"的祖先共有三位，即祖乙子祖辛、小乙兄小辛和康丁兄廪辛，所以"三祖辛"显然应指廪辛，占卜者称廪辛为祖，其时代当在文丁。

殷人称呼配偶使用"母"、"妾"、"妻"、"奭"诸字，据此可以恢复二十位先王的法定配偶，其中绝大部分为直系先王的法定配偶，而旁系先王配偶的总体情况则还不甚清楚。这二十位先王，每王有两位配偶的共计四王（中丁、祖乙、羌甲、小乙），有三位配偶的则计三王（祖辛、祖丁、武丁）。先妣的称谓对于卜辞时代的确定也很有帮助。

  戊戌卜，祖丁事其延妣辛、妣癸，王……　　　　《合集》27367

在已知的先王中，同时具有妣辛和妣癸两位配偶的只有武丁一人，所以卜辞"祖丁"显指武丁，武丁称祖，知此辞时代当不早于廪辛、康丁时期。

2. 父与母

父是长于称者一世的男性亲长，母则为父之配偶。殷人于同世之父不论叔伯，皆以"父"名之。

父辈称谓的断代标准相对明确。尽管在兄终弟及的制度下，这一标准有时并不便于将卜辞的时代限定于某王，但这并不影响其世次的划分。

  父庚壱王？
  父庚弗壱王？
  父辛壱王？
  父辛弗壱王？
  鲁甲壱王？

禦父乙？　　　《缀合》179
贞：侑犬于父庚，卯羊？
唯父甲？
不唯父甲？
唯父庚？
不唯父庚？
唯父辛？
不唯父辛？
唯父乙？
不唯父乙？　　　《丙》14、15

此王有父甲（龟甲）、父庚、父辛、父乙四父，当非武丁莫属。

贞：勿侑于龟甲、父庚、父辛一牛？
贞：侑于龟甲、父庚、父辛一牛？　　　《乙》7767
父甲一牛？
父庚一牛？
父辛一牛？　　　《合集》2131

三父时而合祭，即武丁之父龟甲、盘庚与小辛，其皆为旁系，较小乙作为直系的地位要低。

庚午卜，亘贞：不唯三介父壱？　　　《合集》2346
侑于三父一伐，卯牢？　　　《合集》893反
贞：禦于三父三伐？
于三父三伐？　　　《合集》930
庚午卜，㕢贞：告于三父？　　　《合集》2330

"三介父"意为三庶父，即武丁的旁系三父，或省称"三父"。因此这些卜辞的时代为武丁时期是明确的。

武丁被称为"父丁"，在祖庚、祖甲卜辞中是常见的。

戊戌卜，尹贞：王宾父丁彡禴，亡祸？

戊戌卜，尹贞：王宾兄己彡夕，王祸？ 　　《合集》23241
乙卯卜，即贞：王宾毓祖乙、父丁岁，亡尤？ 　　《合集》23143

"毓祖乙"即小乙，"兄己"即小王孝己。"父丁"的受祭次序在小乙和孝己之间，其为武丁甚明。卜辞的时代当在祖庚、祖甲时期。

……大乙、大丁、大甲、祖乙、小乙、父丁？ 　　《合集》32439
庚午贞：王其㲋，告自祖乙、毓祖乙、父丁？ 　　《屯南》2366

两版为所谓的"历组"卜辞，其中之"父丁"或以为武丁，或以为康丁。祖庚、祖甲卜辞云：

……自祖乙、祖辛、毓祖乙、父丁，亡尤？ 　　《合集》22943

内容与上引两条基本相同，"父丁"厕于小乙之后，为武丁可明。"历组"卜辞又云：

甲午贞：乙未酚，高祖亥……大乙，羌五、牛三；祖乙，羌……小乙，羌三、牛二；父丁，羌五、牛三；亡壱？ 　　《合集》32087

父丁所享之礼与大乙相同，知其地位甚隆，当为武丁，故卜辞的时代应在武丁的子辈。如果综合其他因素分析，更可将其时代限定在祖甲时期。而据亲称系统，"历组"卜辞的时代应跨祖甲至文丁数王。

牵于小乙？
于祖丁牵？
牵于父己？
牵于父甲？ 　　《合集》27348

祖丁厕于小乙之后，显即廪辛、康丁之祖武丁，而父己、父甲则为武丁之子孝己、祖甲。

牵父己、父庚惠彻往屯？ 　　《合集》27415

```
    于二父己、父庚吿？          《合集》27417
    于父己、父庚既叙乃酻？
    □眔二父酻？                《合集》27416
    其侑于父己、父庚，王受有祐？  《合集》27418
    父己眔父庚酻？              《合集》27419
```

父己、父庚即武丁之子孝己、祖庚，二王为旁系，故于廪辛、康丁世则称其为"二父"，犹武丁卜辞称武丁之三庶父为"三父"。所以这部分卜辞的时代自属廪辛、康丁时代。

在商代的周祭系统中，入祀的女性祖先只有妣，母则不见于周祭①，与男性父辈祖先受祭的制度不同。盖女性寿命一般长于男性，故父王死后，母后多还健在。尽管也时有母后先于父王而亡的事情发生，但这种情况应该并不普遍，因此周祭制度仅限祭妣，而无涉祭母。

直系先王的法定配偶在周祭系统中有着明确的安排，但由于大部分旁系先王的配偶并不清楚，这使利用母辈称谓作为断代标准可能会引发更多的考虑。

```
    庚申卜，惠父乙毁（振），用？兹用。
    庚申卜，小母庚示蜀？不用。     《南明》613
    丁未卜，牛小母庚？            《南明》102
```

第一辞二卜同日，"小母庚"显为"父乙"之配，而"父乙"只能是武丁之父小乙，则卜辞的时代当为武丁。"小母庚"之"小"字可能袭从"小乙"之庙号，属殷之小示。

```
    □未卜，侑小母辛□十、犬十？兹用。  《合集》32754
    庚戌卜，将小母辛宗？         《怀特》1566
```

这是所谓的"历组"卜辞。"小母辛"究竟是祖庚、祖甲称呼武丁之配母辛，还是武乙称呼康丁之配母辛，学术界尚有争议。裘锡圭以为当为武丁

---

① 董作宾：《殷历谱》下编卷二《祀谱》，中央研究院历史语言研究所1945年版；陈梦家：《殷虚卜辞综述》，科学出版社1956年版，第392页。

之配①，这种可能性应该很大。如此则卜辞的时代或在祖甲时期。

壬辰卜，出贞：翌癸巳侑于母癸三牢、羌五？　　　《佚》170

此为出组卜辞，虽个别文字如"翌"已有出组书体的特点，但全篇风格更接近宾组卜辞，故《合集》将之列为武丁时代（376版）。其实辞中所祭之"母癸"显为武丁之配，因此卜辞的时代属祖庚、祖甲时期是非常清楚的。

宾组卜辞中另一些祭祀"母癸"的卜辞，其时代也可以讨论。卜辞云：

壬申卜，侑母癸？　　　《合集》2577
贞：酚母癸？　　　《合集》2578 正
贞：唯母癸壱［王］？　　　《合集》2579 正
……央于母癸？　　　《合集》2580
翌日侑于妣癸？
勿侑于妣癸？
母癸壱王？
母癸不［其壱］王？　　　《合集》2498 正

后一条卜辞同版又有贞人"内"，为通常认为的武丁时代贞人，而"妣癸"显指中丁之配。然而若视诸辞之时代为武丁，则武丁之父小乙的法定配偶却为母庚，并无母癸，因此陈梦家认为，宾组卜辞中出现的母癸或为小乙的非法定配偶，或为小乙辈阳甲、盘庚、小辛的配偶②。这种推测尚无法得到卜辞的证明。事实上，如果我们并不一定非要根据贞人和书体的标准将这部分卜辞的时代限定在武丁，而根据称谓将其后延至祖庚或祖甲时期，一切看似矛盾的问题便都可迎刃而解。很明显，对于甲骨文的断代研究，破除传统分期观点的束缚也是非常必要的。

3. 兄与弟

兄是与称者同世的男性亲长。在亲称系统中，与兄相对的为弟，其亲

---

① 裘锡圭：《论"歴组卜辞"的时代》，《古文字研究》第六辑，中华书局1981年版，第276页。

② 陈梦家：《殷虚卜辞综述》，科学出版社1956年版，第449页。

称见于《库》1506 版（《英藏》2674 正）。但在祭祀系统中，卜辞却没有弟的庙号。对于这种现象，陈梦家以为，"殷制有长幼之别，有兄终弟及的传位法，其意义不在于弟之被尊而在于兄之被尊。殷制之长与周制之长有别，周制一世只有一长，殷制凡兄皆可为长。因此殷代凡在位之兄去世后，其次弟便为诸弟之兄长，相继为王；当他以兄长的资格为王时，不论他以前是否已有为王之兄，他本身成为当时的兄长，死后受到兄长的享祀"①。然而这种解释对于那些未曾即位却享受祭祀的诸兄，以及缘何弟不受祭的原因的说明却并不圆满。学者或认为，卜辞之所以没有祭弟的内容，是因为殷人受祭之兄是指同世"弟兄"之先死者，凡先死之弟都称为"兄"②。这种解释也难以于卜辞中获得佐证。

我们以为，殷人于祭祀系统中唯祭兄而不祭弟的原因与宗法制度及兄终弟及的继统法有着直接的关系。卜辞显示，殷代于康丁及其以前实行父死子继与兄终弟及相结合的继统法，因此从宗法制度考虑，兄弟虽为庶介③，但在兄终弟及的制度背景下，尊兄之礼显然已被视为尊祖敬宗的重要内涵，这使弟祭先亡之兄成为一种普遍的做法，但兄祭先亡之庶弟却与制度明显不合。康丁以后，继统法废兄终弟及而仅立嫡传子，于是对兄长的祭祀便也不复出现。

以兄的称谓断代，卜辞的时代是相当明确的。

乙亥卜，行贞：王宾小乙彡，亡尤？在十一月。
丁丑卜，行贞：王宾父丁彡，亡尤？
己卯卜，行贞：王宾兄己彡，亡尤？
[庚辰]卜，行[贞：王]宾兄庚[彡]，亡尤？ 《合集》23120

这是出组周祭卜辞，乙亥日彡祭小乙，二日后之丁丑彡祭父丁，显即武丁。又二日后之己卯、庚辰彡祭兄己、兄庚，当即武丁之子孝己、祖庚。由此可知，卜辞的时代实属祖甲。

……毁祖丁，父甲□以兄辛？ 《合集》27364
其侑兄辛惠牛，王受祐？ 《合集》27622

---

① 陈梦家：《殷虚卜辞综述》，科学出版社 1956 年版，第 459 页。
② 李学勤：《论殷代亲族制度》，《文史哲》1957 年第 11 期。
③ 卜辞又言"多介兄"（《京津》831、《拾》2.15）。

> 兄辛岁，惠邲各于日改？　　　《合集》27625

"兄辛"为康丁称其兄廪辛，"祖丁"、"父甲"则为康丁称其祖武丁及其父祖甲，故三辞之时代显为康丁。

4. 子

子是晚于称者一世的后裔。在亲属称谓中，子不仅指男性的子辈，也包括女性的子辈。《缀合》231，《乙》2614、3069、6909，《库》1535 诸版皆卜"子昌"（或作"子目"）的分娩，《缀合》276 版卜问娶于郑女子曰子卯，子皆为女性可明。然而在祭祀系统中，"子"是否也包括女性，卜辞的证据还不充分。

王卜辞中出现的缀以庙号的子，有些可以推定其身份。

> 于父[甲]日？
> 壬申卜，其叙子癸惠豕？　　　《合集》27640
> 惠母己眔子癸酚？
> 惠兄辛眔子癸先？　　　《合集》27633

这是两版无名组卜辞。"父甲"为康丁称其父祖甲，"兄辛"为康丁之兄廪辛，故卜辞的时代当属康丁。则"母己"或为祖庚之配，或为祖甲的非法定配偶，"子癸"疑为廪辛之子。据《尚书·无逸》，武丁在位五十九年，故祖庚即位已在暮年。孝己未立而卒，恐也与年长有关。祖庚在位七年[①]，祖甲在位三十三年，是廪辛、康丁即位当亦在暮年（依《殷本纪》）。廪辛之子或为太子，早卒而未立，故康丁祭之。

5. 妇

妇是子辈男性的配偶。《尔雅·释亲》："子之妻曰妇。"《穀梁传·宣公元年》："妇，缘姑言之之词也。"《诗·大雅·既》郑玄《笺》："有舅姑为妇。"足见"妇"是相对于姑公的称谓。殷周金文云：

> 妇闑作文姑日癸尊彝。兴。　　妇闑甗（《集成》922）
> 颢作母辛尊彝，颢锡妇婴曰：用蘁（将）于乃姑宓（閟）。
> 　　　　　　　　　　　　　　　　颢卣（《集成》5388）

---

① 参见《太平御览》卷八十三引《史记》。

甗铭所载妇阘相对于其文姑而称，卣铭所记母辛为颥母，正为颥妻妇娶之姑。皆明妇为相对于姑公的称谓，殷王诸妇如武丁之配妇好、妇妌，皆相对于武丁之母而称。

三　贞人与书契人

贞人是占卜命龟的执行者，这一事实乃由董作宾所揭示。1931年他在《大龟四版考释》中指出，卜辞于"卜"下"贞"上之字实即占卜时命龟者之名，并将其定名为"贞人"①。同时他将同版共见的贞人相互联络，形成所谓"贞人集团"。董作宾以为，凡同一集团内的贞人，其时代大致是同时的，因此，如果这集团中某位贞人可以通过称谓的标准明确其时代，那便意味着可以借这位贞人的时代进而确定整个贞人集团的时代，于是这集团中所有贞人便也都具有了断代的意义②。

陈梦家则将贞人称为"卜人"，又将董作宾建立的贞人集团改称为贞人组，并且将确定同组贞人的标准从卜人的同版共见扩大为并卜人与异卜同辞。所谓并卜人是指同版同辞之内两个卜人同卜一事，而异卜同辞则指不同卜人在不同甲骨上于同日同卜一事③。这些标准对于判断相关贞人的时代是有帮助的，然而是否这些贞人就一定同时，或者更准确地说只能属于一个王世④，却仍有相当大的讨论空间。事实上，贞人的共见只能说明他们的供职在一定时间内具有重叠的现象，但这并不意味着他们于王朝的服务具有共同进退的特点。因此贞人和贞人组的时代既可能与某位殷王的时代相当，但更可能兼跨了不同的王世。李学勤以为，同一王世不见得只有一类卜辞，而同一类卜辞也不见得只属于一个王世⑤。这种看法符合卜辞的实际情况。

董作宾和陈梦家认为，贞人的时代因称谓而定，因此基于称谓标准所建立的贞人集团或贞人组本身就具有时代的意义。事实上，贞人与时代明确的称谓共存的卜辞并不很多，而贞人一旦脱离了称谓，其时代也就存在着多重选择，因为我们没有理由否认某位贞人可以存在于前一王的末年而

---

①　文见《安阳发掘报告》第三期。
②　董作宾：《甲骨文断代研究例》，《庆祝蔡元培先生六十五岁论文集》上册，中央研究院历史语言研究所集刊外编，1933年。
③　陈梦家：《殷虚卜辞综述》，科学出版社1956年版。
④　董作宾后据其所定殷代月食年代以推个别贞人的时代跨越数王，远远超出一人的可能供职时间，方法并不足取。
⑤　李学勤：《评陈梦家殷虚卜辞综述》，《考古学报》1957年第3期。

不可以存在于后一王的元年，这一年之差在王世的划分上有着严格的区别，但确认这种区别在现有的甲骨文断代工作中却几乎无法实现。

有些贞人兼服数王的事实是相当清楚的。卜辞在这方面可以提供坚实的证据。

丙寅卜，㱿贞：卜竹曰"其侑于丁，牢"？王曰："弜畴，翌丁卯率，若。"八月。
己巳卜，㱿贞：凸曰"入"？王曰："入。"允入。　《合集》23805

两版为出组卜辞，传统认为属于祖庚、祖甲时期。"卜竹"与"凸"皆为人名，其中"卜"为官名，"竹"、"凸"则为氏。

丁丑卜，竹、争、大贞：令翌以子商臣于蒿？　《前》2.37.7
己酉卜，竹，侑酉？允。　《英藏》1822

两辞均为宾组卜辞。竹为贞人可明，且有与争、大三人并卜的情况。争为宾组贞人，大为出组贞人，三人的并卜意味着其中至少应有一位贞人的时代跨越了两王。

癸亥卜，彭贞：其侑于丁、妣己？在十月又二。小臣凸立（涖）。
　　　　　　　　　　　　　　　　　　　　　　　　　《甲》2647
□戌卜，彭贞：其侑牽于河眔上甲？在十月又二。小臣［凸立（涖）］。
□□［卜］，彭［贞］：……牽鼠……父辛？　《甲》2622

此为何组卜辞，第二辞同版见有"父辛"，当为廪辛[①]，故卜辞时代当在武乙朝。此小臣凸应该就是祖甲时期的贞人凸，而凸自祖甲经廪辛、康丁而至武乙，历经四朝，盖因廪辛、康丁二王在位过短所致。很明显，竹为自武丁至祖甲之贞人，凸则供职于祖甲至武乙朝，二人虽于祖甲时期同朝共事，但并不宜视为同时之人。这种情况在殷代贞人中如果不能说很普遍，至少也绝非个例。因此参考贞人断代，我们只能认为某组卜辞的主体

---

① 屈万里：《殷虚文字甲编考释》，历史语言研究所1961年版。

相当于某一王世，而其上溯下延的可能性则是不能排除的。

由于以贞人作为断代标准存在的不确定因素，于是学者对甲骨文的分期方法又有了新的探索。李学勤指出，卜辞时代的划分应该遵循分类与断代两个不同的步骤，即首先根据字体字形和贞人等特点，运用考古类型学的方法将卜辞进行分类，而后才能在分类的基础上，依据称谓系统、考古学证据（即一切与甲骨断代有关的考古材料，包括遗物和地层资料）和卜辞间的相互联系等标准，确定各类卜辞的时代①。根据这些原则，目前所见的王卜辞与非王卜辞可以大致划分为十一组，即

    王卜辞：𠂤组　　　　　非王卜辞：午组
        宾组　　　　　　　　　　子组
        出组　历组　　　　　　　非王无名组
        何组　无名组　　　　　　花东子卜辞
        黄组

这些组虽多以贞人命名，但书体的特征却是其划分的主要标准，因此这种分别首先体现的便是分类的意义，而并非时代的意义。

书体如果作为划分卜辞类型的重要标准，那么卜辞究竟是由何人所书契，他们与贞人的关系究竟如何，则是需要澄清的首要问题。董作宾以为，贞人即是当时的史官，而卜辞即由这些史官所书契②。这种看法其实并不正确。张秉权认为，某些贞人的身份当为侯伯首领③。我们则据卜辞考证，命龟者除殷王之外，还有卜官、小臣、王臣、臣、工官、史官和其他一些职官④，情况复杂，其中史官参与占卜是明确的，但却并非全部的贞人都是史官。充任这些职官的某些贞人或许为侯伯，而古制出为侯伯，入为王官，其职兼而存之。

史官不仅参与占卜，而且为三代之善书者，西周金文及文献所载之制度都可以支持这种判断。郑玄《周礼注》："既卜筮，史必书其命龟之事

---

① 李学勤：《评陈梦家殷虚卜辞综述》，《考古学报》1957年第3期；《小屯南地甲骨与甲骨分期》，《文物》1981年第5期；李学勤、彭裕商：《殷墟甲骨分期研究》，上海古籍出版社1996年版。
② 董作宾：《甲骨文断代研究例》，《庆祝蔡元培先生六十五岁论文集》上册，中央研究院历史语言研究所集刊外编，1933年。
③ 张秉权：《甲骨文与甲骨学》，"国立"编译馆1988年版。
④ 冯时：《殷代占卜书契制度研究》，《探古求原》，科学出版社2007年版。

及兆于策。"显然，如果贞人并非全为史官，那么我们就必须将贞人与卜辞的书契人分别加以看待。陈梦家曾经根据《周礼》所载龟人、菙氏、卜师、太卜和占人的不同职司，认为殷人的卜事程序存在分工①。而日本学者松丸道雄更明确指出，贞人与书契人并不是同一位人物，书契者的数量比贞人的数量要少得多，而字体以及书法风格的演变，实际只不过是为殷王室服务的极少数契刻人员由世代交替所带来的习惯和技巧产生的变化而已②。事实上，史官书契卜辞不仅必须经过严格的契刻训练，而且须对为师者所提供的范本做认真的临习③。因此，契刻技法的学习过程实际就是对范本书风的琢磨过程，这意味着史官在掌握了契刻卜辞的新技能的同时，他们也在传承着一种既有的书风。因此，由师传所导致的书法风格的相同或相近显然不宜以殷王的时代作为断限的依据，不同师门的并存既可以使同一时期呈现出不同的书风，而门派的延续也可以使同一种书风在不同的时期长期存在，这些复杂的情况当然不可能不对甲骨文分期断代的方法造成影响。

卜辞反映的贞人与书契人的分别其实很清楚。如《合集》3297（正）版的宾组卜辞为㱿、争、宾、殸四位贞人的占卜记录，《合补》2591版的宾组卜辞则为争、宾、殸、古四位贞人的占卜记录，文字风格却别无二致。《合集》3061（正）版宾组卜辞也集争、殸、宾三位贞人的卜辞，书法风格颇为相同，反映出不同贞人的卜辞实际都只出于一位刻手。然而将三版宾组卜辞对比，又会明显看出前两版卜辞的书风与后一版完全不同，即使贞人名氏的结构与用笔也有相当大的差异，如"殸"、"宾"二字，从而显示同一位贞人的卜辞又会为不同的书手所契刻。此外，属于宾组卜辞的著名的大龟四版的三版（《甲》2121、2122+2106、2124）至少保留了争、允、宾、古、㱿五位贞人的占卜记录，但却具有极其近似的书风，然而这种书风又与典型的宾组书风大异，表现出新的展蹙取势（如"宾"字的写法），甚至在出组与何组卜辞中仍然能感受到它的影响。显然，这种书风的变化既不是个别现象，也不是没有任何规律可循的即兴发挥。很明显，具有相同书风的卜辞虽然分属不同的贞人，但是我们却没有理由将其视为不同贞人的书契作品，因为如果我们以一种书迹特点作为追寻的线

---

① 陈梦家：《殷虚卜辞综述》，科学出版社1956年版，第17页。
② 松丸道雄：《甲骨文字》，奎星会出版部1959年版；《甲骨文における書體とは何か?》，《书道研究》1988年12月號。
③ 冯时：《殷代占卜书契制度研究》，《探古求原》，科学出版社2007年版。

索，便会发现很多贞人的卜辞，其书风确实毫无差异。如在何组卜辞中，《合集》31337版为贞人何所卜（图6-4，5），《合集》31369版为贞人狄、彭所卜（图6-4，4），但三位贞人的卜辞书风竟完全一致，而且通过所书"旬"字的独特结体，更可推知这些不同贞人的刻辞理应同出一人之手。因此，尽管卜辞所属的贞人不同，但其书风却多无差异，而相同贞人的卜辞却也会常常表现出完全不同的书迹（图6-4，7-9），虽然这种现象并非不可以解释为同一位书契者早晚风格的变化，但其间的变化脉络却又难以寻找。事实上在占卜活动中，应该只有少数书契者承担了为不同贞人的占卜结果统一书契刻辞的工作，这些书契者便可能就是当时的史官①。这意味着卜辞书风的变化既有同时代风格的差异，也有不同时代风格的延续。这使我们如果要以卜辞的书体作为分类的重要标准的话，那么我们就将面临比以贞人的分类更为复杂的局面。

贞人与王世不能完全重合的事实直接影响到以贞人作为断代标准的价值，换句话说，一位贞人的供职时间并不一定仅限于一王，这意味着以贞人为标准的分类结果或许并不具有严格的时代意义②。同样，书契人与贞人的分别也削弱了书体的断代价值。同一位贞人或同一王世的卜辞可以由不同的史官所书契，从而使同一贞人与同一王世的卜辞可以共存多种不同的书体，而一位史官如果供职于不同的王世，那么他的书体风格就不仅可以分别见于不同的贞人，也当然允许延续于不同的王世，况且某些书体的风格看似不同，但并不排除其所反映的只是一位史官不同时期的书风，显然，这些复杂的情况表明，如果没有贞人、称谓及其他卜辞内容的佐证，单纯追寻书体的变化，其意义是相对有限的。而基于书体分类基础上的称谓讨论由于存在将不同王世的称谓系统混而为一的可能，因而也就失去了应有的价值。

　　贞：朮桒至于丁于兄庚？　　　　《合集》2920正（图6-4，2）

此辞与前引《合集》22911（图6-4，1）及《屯南》2342版内容相关，时代应该相同。辞见"兄庚"，知为祖甲卜辞。然观其书体风格，其与《合集》22911版虽同为出组卜辞，但却颇近宾组书风；而《屯南》

---

① 冯时：《殷代占卜书契制度研究》，《探古求原》，科学出版社2007年版。
② 林沄：《小屯南地发掘与殷墟甲骨断代》，《古文字研究》第九辑，中华书局1984年版。

图 6-4 卜辞拓本

1. 《合集》22911　2. 《合集》2920 正　3. 《屯南》2281　4. 《合集》31369
5. 《合集》31337　6. 《合集》24982　7. 《合集》30529　8. 《合集》27221
9. 《合集》30571

2342版则为"历组"书风，风格迥然不同。学者或主张宾组卜辞的时代应可延至祖甲①，但这些证据显示的只能是宾组书风的延续，如果分组只具有分类的意义，这种说法当然不错，然而如果它同时又具有时代的意义，那么在缺少相关贞人配合的情况下，这种判断就显得缺乏根据了。事实上在同属祖甲的卜辞中，我们还可以看到其他不同风格的书体，有些属于出组，有些则属于无名组。显然，由于贞人与书契人并不能完全重合，因此，即使我们有能力对不同书体进行准确的划分，那充其量也只是对书契人的分类，而并不等于对贞人或卜辞时代的准确划分。

其实，以书体作为卜辞分类的标准是极难操作的，由于卜辞的书风千差万别，其所呈现的面貌十分复杂，尽管对于相对典型的书风比较容易把握，但就某些特点并不鲜明的书体而言，判断其间的联系并做出准确的归纳却是相当困难的事情，如果不借助贞人或其他标准，各组之间的界线是难以划定的。因此，以书体的特点分组，其标准的模糊势必使分组的工作带有个人的主观倾向。以往对某些卜辞的归属看法不同，或将同一种书体，甚至同一位史官书契的相同内容的卜辞分属于不同时代，都是由于这样的原因。如《合集》24982版"帝丁"、"父丁"并见（图6-4，6），"帝丁"显即武丁，"父丁"则为康丁，故卜辞时代应属武乙时期。然因其书体颇似出组书风，遂《合集》归之为祖庚、祖甲时期。又如《屯南》2281版（图6-4，3），学者曾据其称谓而定为武乙卜辞，并将其书体归为无名组②。然而其书体其实也具有明显的"历组"风格，特别是"酉"、"自"等字的独特结体，因此我们似乎没有理由不可以将其归入"历组"。显然，这种对于分组标准认识的分歧不仅足以影响学者对于卜辞分组归属的客观判断，甚至直接关系到分组本身的意义所在。

事实上，以书体与贞人的标准进行卜辞的分类，其所造成的矛盾是显而易见的。如果以书体的标准衡量，目前的宾组、出组、何组以及所谓的"历组"卜辞不仅可以如学者所做的更细致的划分③，而且不同贞人的卜辞，其书体风格又有相同者，似又有合并的可能。这些卜辞所呈现的书风之复杂，使目前的分类结果并没有充分体现出依书体分类的原则。事实上，我们无法想象自武丁至帝辛的二百余年中只有不足十位史官或契手书

---

① 裘锡圭：《论"歷组卜辞"的时代》，《古文字研究》第六辑，中华书局1981年版。
② 李学勤：《小屯南地甲骨与甲骨分期》，《文物》1981年第5期。
③ 黄天树：《殷墟王卜辞的分类与断代》，文津出版社1991年版；李学勤、彭裕商：《殷墟甲骨分期研究》，上海古籍出版社1996年版。

契卜辞，不同史官的书体虽然不能排除有相互继承而呈现相似书风的可能，但风格的差异却是普遍且明显的。因此以书体作为分类的标准，其结果应远较今日王卜辞所分之种类细致繁密得多。然而如果以贞人与书体相互参证作为分类的标准，则某些卜辞的划分标准又并不明确。譬如就所谓的"历组"卜辞而言，其分组名称虽据贞人而定，但这类卜辞却基本不书贞人，学者曾经统计，目前所见确由贞人历所占卜或与历有关的卜辞不过23版而已[1]，且不论这少量的历卜辞能否全面反映数千片不书贞人的所谓"历组"卜辞的特点即需给予科学的论证[2]，这实际已对所谓"历组"卜辞的分类与命名提出了质疑[3]，仅就该组卜辞的书体而论，其变化即已相当复杂，甚至书有贞人历的卜辞，其书风特点也与人们普遍认为的大量不见贞人历的所谓"历组"卜辞存在极明显的差异。由于"历组"的绝大部分卜辞并不见有贞人历，这与无名组所呈现的特点及命名原则其实并没有任何不同，况且二者的书风也存在着某种关联。因此从这一点考虑，我们并没有理由不可以将"历组"卜辞中除有贞人历及事类可与其联络的卜辞之外的部分视为无名组卜辞。

董作宾所提出的断代方法基本上是一种"标准片断代法"，他首先通过世系和称谓这些确切的标准确定某一时代的标准片，再根据这些标准片所反映的贞人、人物、事物、方国、语法、字形和书体等内容及风格特征，进而确定其他内容残缺的卜辞的时代。客观地说，这种方法从理论上讲是较为科学的，但也仍有需要完善的地方。如同一王世并不一定只有一类卜辞，而同一类卜辞也未必仅限于一个王世；书体的变化尽管具有时代的因素，但与贞人的关系却并不像以往认为的那样密切。这使我们在运用标准片断代的时候，应将甲骨文的断代问题纳入史学的框架中去思考，并对更多人为因素所造成的变化给予更周密的考虑。这使我们在甲骨文的分期研究中必须破除传统断代观的束缚。事实上，基于标准片的贞人组的划分对讨论卜辞的时代不失为一种有效的方法，与此同样重要的是，我们也可以根据其他人物或事类的联络而建立相应的人物组或事类组。这种分组方法虽然使同一类卜辞兼容了不同的书法风格，但其所确定的分类标准却是明确而可操作的。

---

[1] 陈炜湛：《"历组卜辞"的讨论与甲骨文断代研究》，《出土文献研究》，文物出版社1985年版。
[2] 张永山、罗琨：《论历组卜辞的年代》，《古文字研究》第三辑，中华书局1980年版。
[3] 萧楠：《论武乙、文丁卜辞》，《古文字研究》第三辑，中华书局1980年版。

四 坑位

殷墟甲骨的科学发掘使董作宾最早将坑位的标准引入到甲骨文的断代研究[①]，当然这个标准也只有对经科学发掘的卜辞断代才有意义。董作宾最初虽主张地层的早晚对于判别卜辞时代的先后具有重要作用，并且指出卜辞的时代要与同出器物互相参证的断代做法[②]，但他最后所归纳的断代十法中所讲的坑位，其实质内容却只是甲骨文的分布状况，重点并不在考古学本身所强调的地层学及其判断年代的方法，而这正是我们今天的甲骨文断代研究所应特别给予重视的。

董作宾在《甲骨文断代研究例》中将殷墟甲骨文的出土情况分为五区，而按照他所确定的五期断代方案，每区则只出某一时期的卜辞。以下是他对第一至第五次发掘中五区甲骨文的分期：

一区（E）：村北 朱坤十四亩地 何姓七亩地北半	出一、二、五期卜辞	第1、3、4次发掘
二区（A）：村北 刘姓二十亩地中段 在大连坑之西	出一、二期卜辞，间有三、五期	第1、3、4次发掘
三区（F）：村中庙前、村南	出三、四期卜辞	第1、2、5次发掘
四区（B）：村北 张姓十八亩地 大连坑在中部	出一、二、三期卜辞	第2、3、4次发掘
五区（E）：村北 何姓七亩地南半	出一、二期卜辞	第4、5次发掘

陈梦家对董作宾的分区和坑位说进行了检讨，他的主要观点可以归纳为：

第一，所谓坑位应该和作为发掘记录的"区"加以分别，而独立的储积甲骨的窖穴才有断代的意义。

第二，即使坑穴属于有意地储藏或堆积甲骨所用，其时代的确定也必须结合同坑的伴出物及相应的地层关系。

第三，一坑的包含物可以是一个时期，也可以是多个时期，因此卜辞的断代还需依靠其自身所体现的时代特征[③]。

[①] 董作宾：《甲骨文研究的扩大》，《安阳发掘报告》第二期，1930年。
[②] 董作宾：《大龟四版考释》，《安阳发掘报告》第三期，1931年；《甲骨文断代研究例》，《庆祝蔡元培先生六十五岁论文集》上册，中央研究院历史语言研究所集刊外编，1933年。
[③] 陈梦家：《殷虚卜辞综述》，科学出版社1956年版，第140—141页。

很明显，坑位的断代意义既是明显的，又不是没有限度的。陈梦家将地层学与对甲骨伴出器时代的研究引入坑位断代的标准，显然较董作宾于断代十法中的坑位内容更为完善，也更为科学。

由于一类卜辞的时代并不一定仅限于一个王世，因此董作宾所强调的依坑位分布判定卜辞的时代，其作用便很有局限。所以利用考古学方法进行甲骨文的断代研究，对地层学的分析及甲骨伴出器物时代特征的研究更具有实质的意义。

董作宾在《殷虚文字乙编序》中所提出的关于所谓"文武丁卜辞"的问题曾经引起很大的争议，陈梦家将这部分卜辞分为自组、子组和午组三类，并从称谓、字体、文例和坑位等方面论述其属于武丁时期，其中自组与子组卜辞应属武丁晚期[1]。这一观点后来得到宾组与子组卜辞同版共见现象的助证[2]，而考古学的地层分析更为这些卜辞时代的前移提供了坚实的证据[3]。其中自组卜辞的时代，学者更主张应为武丁早期[4]。事实上随着小屯南地和花园庄南地甲骨的科学发掘，已从地层关系和共存陶器形制特征等方面证明，出土自组和午组卜辞的单位皆属殷墟文化第一期，时代应属武丁时期[5]，而自组卜辞更应早至武丁早期[6]。子组卜辞虽然未出现于小屯南地，但在1936年殷墟YH127坑的发掘中，子组卜辞却与午组、宾组卜辞同见，亦出于较早的坑位。因此这三种卜辞的时代提前至武丁时期，已从地层学上获得了坚实的证据。

对所谓"历组"卜辞时代的讨论缘起于殷墟妇好墓的发掘。由于学者普遍认为妇好墓的主人应该就是甲骨文第一期中作为武丁配偶的妇好，致使同见妇好的原被董作宾定为武乙、文丁卜辞的时代产生了动摇。李学勤发展明义士的观点，根据字体、文例、人物、称谓等特点，将这部分卜辞

---

[1] 陈梦家：《殷虚卜辞综述》，科学出版社1956年版，第145—155、158—161页。
[2] 姚孝遂：《吉林大学所藏甲骨选释》，《吉林大学社会科学学报》1963年第4期。
[3] 邹衡：《试论殷墟文化分期》，《北京大学学报》（人文科学）1964年第4、5期。
[4] 林沄：《甲骨断代中一个重要问题的再研究》，吉林大学研究生毕业论文，1965年。
[5] 中国社会科学院考古研究所：《小屯南地甲骨·前言》，中华书局1980年版；中国社会科学院考古研究所安阳工作队：《1991年安阳花园庄东地、南地甲骨发掘简报》，《考古》1993年第6期；《1973年小屯南地发掘报告》，《考古学集刊》第9集，科学出版社1995年；萧楠：《安阳小屯南地发现的"自组卜甲"——兼论"自组卜辞"的时代及其相关问题》，《考古》1974年第4期；《略论"午组卜辞"》，《考古》1979年第6期。
[6] 郑振香、陈志达：《论妇好墓对殷墟文化和卜辞断代的意义》，《考古》1981年第6期；刘一曼、郭振禄、温明荣：《考古发掘与卜辞断代》，《考古》1986年第6期。

的时代提前到武丁至祖庚时期[①]，得到一些学者的响应[②]。然而由于对这类卜辞的内容及其划分标准理解的不同，仍有学者坚持董氏的旧说[③]，以致对"历组"卜辞时代的争论一直存在。

虽然这种一栖两雄的局面很难在短期内有所改观，但小屯南地甲骨发掘所提供的科学的地层证据却是不可忽视的，作为检验新旧学说的考古学标准，它对所谓"历组"卜辞的断代研究无疑具有重要的意义。对于"历组"卜辞中所见"父丁"与"父乙"两种称谓的含义，新旧两派理解各异。新派观点以"父乙"为武丁称其父小乙，"父丁"则为祖庚称其父武丁，因此父乙类卜辞的时代当早于父丁类卜辞；而旧派观点则以"父丁"乃武乙称其父康丁，"父乙"当为文丁称其父武乙，故父丁类卜辞早于父乙类。然而小屯南地甲骨的层位表明，就全部资料看，"历组"卜辞仅出于殷墟文化第三、四期的地层和灰坑，未见出于殷墟早期遗迹的情况，其中"历组"父乙类卜辞均出于中期二组或更晚的地层与灰坑，"历组"父丁类卜辞皆出于中期一组或更晚的地层与灰坑，没有例外，甚至出土父乙类卜辞的灰坑还有打破出土父丁类卜辞灰坑的现象，从而提供了父乙类卜辞晚于父丁类卜辞的明确证据。同时，"历组"卜辞不见与较早的自组、子组、午组、宾组、出组卜辞共存的现象，相反却常与康丁卜辞同坑而出，且分布区域集中于小屯村中与村南，与康丁卜辞的分布基本相同。事实上在殷墟以往的发掘工作中，"历组"卜辞不仅从未在早于祖庚、祖甲时期的遗迹中发现，甚至也不与早期的卜辞相共存[④]。这些事实似乎支持了"历组"卜辞属于晚期的观点[⑤]，至少它提示我们不能将这类卜辞的主

[①] 李学勤：《论"妇好"墓的年代及有关问题》，《文物》1977年第11期；《小屯南地甲骨与甲骨分期》，《文物》1981年第5期。

[②] 裘锡圭：《论"历组卜辞"的年代》，《古文字研究》第六辑，中华书局1981年版；李先登：《关于小屯南地甲骨分期的一点意见》，《中原文物》1982年第2期；彭裕商：《也论历组卜辞的年代》，《四川大学学报》1983年第1期；林沄：《小屯南地发掘与殷墟甲骨断代》，《古文字研究》第九辑，中华书局1984年版。

[③] 中国社会科学院考古研究所：《小屯南地甲骨·前言》，中华书局1980年版；张永山、罗琨：《论历组卜辞的年代》，《古文字研究》第三辑，中华书局1980年版；谢济：《试论历组卜辞的分期》，《甲骨探史录》，生活·读书·新知三联书店1982年版；陈炜湛：《"历组卜辞"的讨论与甲骨文断代研究》，《出土文献研究》，文物出版社1985年版。

[④] 刘一曼、郭振禄、温明荣：《考古发掘与卜辞断代》，《考古》1986年第6期。

[⑤] 中国社会科学院考古研究所：《小屯南地甲骨·前言》，中华书局1980年版；萧楠：《论武乙、文丁卜辞》，《古文字研究》第三辑，中华书局1980年版；《再论武乙、文丁卜辞》，《古文字研究》第九辑，中华书局1984年版。

体部分视为武丁时代的遗物。毫无疑问，考古学方法的运用对于甲骨文分期断代研究的推动是至为明显的。

"历组"卜辞的时代有没有可能并不局限于某一两位殷王，而延续了相对较长的一段时间？由于在殷代的占卜制度中，贞人与卜辞的书契人并不相同，这意味着在没有贞人的卜辞中，书风相近的卜辞可能并不一定属于同一贞人甚至同一时代的占卜记录。而"历组"卜辞恰恰具有这样的特点。裘锡圭认为："我们现在认为歴组父丁类卜辞里没有祖甲卜辞，主要根据是这种卜辞里没有出现过'兄庚'。这是消极的证据。有没有可能歴组父丁类卜辞中也有祖甲卜辞呢？这也是可以研究的。"① 认为"历组"卜辞中没有"兄庚"的一个重要原因恐怕在于对该组卜辞范围的认定，如果允许依贞人的标准而将没有贞人的部分统统归入无名组，则这一问题就并不存在。事实上，"历组"卜辞和主要出于小屯村中和村南的三、四期卜辞存在许多共性，如文例与字体比较接近，占卜基本用骨而不用龟，皆以村中、村南为主要储藏地，因此其时代很可能是相同或相近的。无名组卜辞中的"兄己"、"兄庚"显然就是祖甲对孝己、祖庚的称呼，而这类卜辞的书体又与"历组"卜辞十分接近（如《合集》32742），有时甚至很难分别，这无疑为"历组"某些具有父丁称谓的卜辞时代归属祖甲提供了佐证。而我们对殷代交食的研究，也可以从殷商年代学上助证这一点②。

很明显，除卜辞自身的断代因素外，考古学的证据对于判定卜辞时代也有积极的参考价值，如出土甲骨文的地层关系、甲骨伴出器物的年代以及甲骨的钻凿形态等。这些因素虽然不如称谓系统具有明确的时代意义，或也不如贞人、人物、事类以及书体作为重要参考标准的分类意义，然而对于判定卜辞时代的工作仍足资重视。

第五节　殷商年代学与甲骨文研究

殷商年代学对于甲骨文的研究至少具有两方面的意义，其一，通过对甲骨文记录的商代异常天象的考定，建立殷商年代的绝对基点，并由此重

---

① 裘锡圭：《论"歴组卜辞"的时代》，《古文字研究》第六辑，中华书局1981年版，第303页。

② 冯时：《殷卜辞乙巳日食的初步研究》，《自然科学史研究》第十一卷第二期，1992年；《中国天文考古学》第五章第二节，社会科学文献出版社2001年版。

建殷商年代和卜辞的年代。其二,通过对殷商历法的重建,进而揭示卜辞所反映的殷商历史的基本史实。显然,与考古学提供的相对年代不同,殷商年代学研究所可能提供的绝对年代对甲骨学及殷商史研究乃是不可或缺的基础工作。

一 交食研究

甲骨文记载的奇异天象,其重要者莫过于日月交食。对于它们发生时间的考定,无论于殷商年代学抑或其时历法的研究,都具有关键的意义,因此受到学者的格外关注。目前所见甲骨文中的月食记录共有八条,并且全部属于宾组卜辞,一般认为分别记录了发生于殷王武丁或稍晚时期的五次月食。而卜辞所见的殷代日食情况更为复杂,如果与对月食的考证相比,对日食的研究则略为不足。但无论如何,这些显然都是解决殷商年代学问题的重要材料。

(一) 月食年代

甲骨文中的五次月食记录全部出现于记事刻辞之中,因此都是确曾发生的天象,这使我们可以对其发生年代进行推定。

1. 乙酉月食

  癸亥卜,争贞:旬亡祸?一月。
  癸未卜,争贞:旬亡祸?二月。
  癸卯卜,[争贞]:旬亡祸?二月。
  [癸]卯[卜,争]贞:[旬]亡[祸]?五月。
  [癸]未卜,[争贞]:旬[亡]祸?
  癸未卜,争贞:旬亡祸?三日乙酉夕月有食,闻。八月。

                《合集》11485

  [癸未卜],古[贞:旬亡]祸?三日[乙]酉夕[月有]食,闻。八月。 《合集》11486

2. 甲午月食

  [己]丑卜,宾贞:翌乙[未]酚,黍登于祖乙?[王]占曰:"有祟。不其雨。"六日[甲]午夕月有食。乙未酚,多工率条遣。

乙□（丑）卜，□（宾）贞：勿酚登？　　　　《合集》11484 正

3. 壬申月食

癸亥贞：旬亡祸？旬壬申夕月有食。　　　《合集》11482 正、反

4. 庚申月食

癸［卯卜］，贞：［旬］亡［祸］？
癸丑卜，贞：旬亡祸？王占曰："有祟。"七日己未夎，庚申月有食。
癸亥卜，贞：旬亡祸？
癸酉卜，贞：旬亡祸？
癸未卜，争贞：旬亡祸？王占曰："有祟。"三日乙酉夕夎，丙戌允有来入齿。十三月。　　《英藏》886 正、反①

5. 癸未月食

［癸］未［卜］，争贞：翌甲申易日？之夕月有食。甲阴，不雨。
［贞］：翌甲申不其易日？（以上面辞）
之夕月有食。（以上背辞）　　　《合集》11483 正、反

五次月食中的乙酉月食留有贞人争和古的占卜记录，为同文卜辞；庚申月食卜辞则为贞人争所占卜，为成套卜辞。争、古与甲午月食卜辞的贞人宾同为宾组贞人，故其时代大体是接近的，这意味着对这些月食年代的选算也应限定在一个相对狭小的范围之内。

选算五次月食的年代至少应该考虑如下一些问题。

其一，庚申月食卜辞所见月食的发生时间并不像其他月食卜辞那样叙述为"庚申夕"，而于两干支之间加入"夎"字，为其他月食卜辞所未

---

① 又见《合集》17299（《天理》B103、B1036）、《英藏》885 正、反。

见。"㞢"字之义,学者或以为祭名①,或以为指天气阴蔽②,皆应与"庚申月有食"分读。而另一种意见则认为"㞢"字有"延续到"的意味③,或者应读为"向",其置于两干支之间如"甲子㞢乙丑",犹如《诗·小雅·庭燎》之"夜向晨",指甲子日即将结束,乙丑日即将开始④。如此则所谓庚申月食就应该读作"己未㞢庚申月有食",成为一次发生于己未夕至庚申晨的月食,而并不是庚申夕月食。

其二,五次月食中的乙酉月食卜辞明确记录了殷历历月;庚申月食同版记有"十三月",董作宾认为月食发生在此前的殷历十二月⑤,陈梦家则认为当在殷历一月⑥;而甲午月食的发生时间也可据卜辞所记相关祭祀制度推定为殷历一月⑦。如此,则选算的月食时间所反映的殷历岁首应大致接近,至多不可以超过三个历月。

其三,乙酉、庚申、癸未三次月食皆由贞人争所占卜,因此它们的年代范围不可能比一位贞人于王朝中可能供职的时间更宽泛。

其四,乙酉月食卜辞记有"闻"字,于其他四次月食所未见。董作宾以为"闻"字具有方国闻报的意义,因为此次月食可能由于阴雨之故而使殷都未见⑧。然殷卜辞言报闻多以"告"字。陈梦家等学者则以为"闻"通作"昏",指月全食时月色变暗或天地昏暗⑨,因此这也可能是用于月全食的特殊用语。如果这一点能够成立,那么不仅除乙酉月食之外的其他月食都应为偏食,而且这些月食都应是安阳可见的天象。

其五,殷历的日首或以为于旦明⑩,或以为于夜半⑪,我们通过卜辞的考证,认为殷人实以一日之晨(鸡鸣)作为历日的开始⑫,与今日以子夜

---

① 叶玉森:《殷契钩沉》乙卷,北平富晋书社 1929 年版。
② 于省吾:《双剑誃殷契骈枝续编》,1941 年石印本;饶宗颐:《殷代贞卜人物通考》,香港大学出版社 1959 年版。
③ Homer H. Dubs, The Date of the Shang Period, T'oung Pao, Vol. 40, 1951.
④ 裘锡圭:《释殷虚卜辞中的"㞢""䇂"等字》,《第二届国际中国古文字学研讨会论文集》,香港中文大学中国语言及文学系,1993 年。
⑤ 董作宾:《殷历谱》下编卷三《交食谱》,中央研究院历史语言研究所 1945 年版。
⑥ 陈梦家:《殷虚卜辞综述》,科学出版社 1956 年版。
⑦ 冯时:《殷历岁首研究》,《考古学报》1990 年第 1 期。
⑧ 董作宾:《殷历谱》下编卷三《交食谱》,中央研究院历史语言研究所 1945 年版。
⑨ 陈梦家:《殷虚卜辞综述》,科学出版社 1956 年版;屈万里:《殷虚文字甲编考释》,历史语言研究所 1961 年版;冯时:《殷历岁首研究》,《考古学报》1990 年第 1 期。
⑩ 董作宾:《殷代的记日法》,《文史哲学报》第五卷,1953 年 12 月。
⑪ 黄天树:《殷历的日首》,《华学》第 4 辑,紫禁城出版社 2000 年版。
⑫ 冯时:《殷代纪时制度研究》,《考古学集刊》第 16 集,科学出版社 2006 年版。

零时划分历日的制度不同。这意味着我们在利用现代月食表选算殷代月食的时候，必须依殷人计算历日的方法而对历日干支进行相应的调整。

其六，五次月食皆见于宾组卜辞，其时代的主体属于武丁朝，或也可能稍晚。《尚书·无逸》载殷王武丁在位五十九年，同时三次月食又为贞人争所占卜，这基本限定了五次月食的年代范围。然而武丁的年代究竟相当于历史纪年的哪个阶段，则要综合商周年代做统筹考虑。

基于上述分析[1]，我们考定的宾组卜辞的五次月食年代为：

乙酉月食：公元前 1227 年 5 月 31 日至 6 月 1 日

庚申月食：公元前 1218 年 11 月 15 至 16 日

癸未月食：公元前 1201 年 7 月 11 至 12 日

甲午月食：公元前 1198 年 11 月 4 日

壬申月食：公元前 1189 年 10 月 25 日

（二）日食年代

殷卜辞中的日食记录比较复杂，涉及对卜辞的解读和日食认证等广泛争论。卜辞与日食有关的记录共有两类，一类写作"日有食"，另一类则作"日有戠"。"日有食"属于日食记录当然没有问题，但"日有戠"究竟指的是何种天象，学者则聚讼不决。

郭沫若认为"日有戠"应即日食记录[2]，陈梦家则以"戠"读为"识"或"痣"，指日中黑子[3]，但卜辞的"月有戠"记录（《屯南》726）却提供了这种解释的反证。众所周知，月球总以同一面朝向地球，人们看到的也总是月球表面在同样地方呈现的暗斑[4]。因此，以"日有戠"为太阳黑子显然不宜解释"月有戠"卜辞。另一种意见认为，日月"有戠"意即日月之色变赤[5]，这种解释虽然优于日中黑子的说法，但日月"有戠"与日月"有食"的同文现象却暗示了二者的联系。

殷人以"戠"字描述日月天象，这种用法只出现于所谓的"历组"卜辞。推勘甲骨文"戠"字的含义，其有败伤之意是十分明显的，而中国古

---

[1] 参见冯时《百年来甲骨文天文历法研究》第三章第一节，中国社会科学出版社 2011 年版。

[2] 郭沫若：《殷契粹编考释》，日本东京文求堂 1937 年石印本，第 13 页。

[3] 陈梦家：《殷虚卜辞综述》，科学出版社 1956 年版，第 240 页。

[4] 张培瑜：《甲骨文日月食纪事的整理研究》，《天文学报》第十六卷第二期，1975 年。

[5] 严一萍：《我的声明》，《董作宾先生逝世十四周年纪念刊》，艺文印书馆 1978 年版；《殷商天文志》，《中国文字》新二期，1980 年；胡厚宣：《重论余一人问题》，《古文字研究》第六辑，中华书局 1981 年版。

人对于日月食恰恰并存两种不同的称谓，一为"食"，一为"蚀"。如果可以将这一传统与卜辞的"食"与"戠"分别对应，那么"戠"与"蚀"的音义确实十分吻合。这意味着卜辞的日月"有戠"均应是指日月食，它们的正确写法无疑就是日月"蚀"①。

"食"与"戠"用于天象的描述而指日食，卜辞的证据是明确的。

  癸酉贞：日夕有食，唯若？
  癸酉贞：日夕有食，非若？　　　　《合集》33694
  癸酉贞：日夕〔有〕食，〔告于〕上甲？　　《合集》33695
  庚辰贞：日有戠（蚀），非祸？唯若？　　《粹》55
  乙丑贞：日有戠（蚀），其告于上甲？　　《合集》33697

诸版皆为"历组"卜辞，遣词相同，"食"与"戠"具有同样的含义是清楚的。

  甲骨文中的日食记录能否像月食记录一样成为建立殷商年代的天文基点，这是学者长期探索的课题，其中最重要的争论就是对于"日夕有食"的理解。王襄认为"日夕有食"乃是发生在黄昏之时的日食②，但卜辞的"夕"为全夜的通称，并不具有黄昏的意义。当然人们也可以将"日夕有食"理解为发生在昼夜之交的日食，即日带食没，然而自公元前1400年至前1000年间，并不曾发生过这类安阳可见的癸酉日食。

  如果"日夕有食"可以释读为"日月有食"③，那么便很容易被解释为日月频食或月日频食。这种设想首先涉及的就是卜日问题，日食在朔，月食在望，日期不同，究竟如何决定交食的先后次序，这本身就没有足够的证据。董作宾与陈遵妫曾提出若干可能的选择④，但结果并不令人满意，

---

① 冯时：《殷卜辞乙巳日食的初步研究》，《自然科学史研究》第十一卷第二期，1992年；《中国天文考古学》第五章第二节，社会科学文献出版社2001年版。
② 王襄：《簠室殷契征文考释》，天津博物院1925年版，第1页。
③ 叶玉森：《殷契钩沉》甲卷，北平富晋书社1929年版，第1页；商承祚：《殷契佚存考释》，金陵大学中国文化研究所1933年版，第51页。
④ 董作宾：《殷代之天文》，《天文学会十五届年会会刊》，1940年；《殷历谱》下编卷三《交食谱》，中央研究院历史语言研究所1945年版，第37页；陈遵妫：《春秋以前之日食记录》，《学林》第六辑，1941年。

以至于最终不得不放弃了这种努力①。

事实上与卜辞月食记录不同的是,"日夕有食"的内容都出现于命辞之中,显然这是尚未发生的天象②,据此推算日食发生的时间当然是徒劳的。如果用这样的标准检讨卜辞中的日食记录,则目前可考的仅有一次乙巳日食。

  乙巳贞:酚彡,其舌小乙?兹用。日有戠(蚀),夕告于上甲,九牛。一　　《合集》33696
  乙[巳贞]:酚[彡,其舌]小乙?兹用。日有戠(蚀),夕告于上甲,九牛。一　　《甲缀》105

日食记录出现在记事刻辞之中,属已经发生的天象。卜辞是说乙巳日的白天发生了日食,当晚为此事告祭上甲,献祭了九头牛。

自公元前1500年至前1000年,中国大陆可见的乙巳日食共有三次:
1. 公元前1161年10月31日
2. 公元前1062年1月25日
3. 公元前1016年7月22日

后两次日食的年代显然都嫌过晚,其中年代3如果参诸古本《竹书纪年》的西周积年,则已进入西周纪年。年代2当也不出文丁、帝乙、帝辛三世,因为即使武王克商的年代尚未最终定论,但它无论如何不可能比公元前1015年更晚,而卜辞及金文反映的殷代最后两位君王的在位时间至少都在20年以上。事实上,与乙巳日食同时的日食卜辞见有"父丁"的称谓,这限制了卜辞的时代只能出现于武丁的子辈祖庚、祖甲时期以及康丁的子辈武乙时期,而从纪年的空间上考虑,武乙的在位年代与年代2显然还应存在相当的距离。因此,公元前1161年10月31日发生的日食毫无疑问应为卜辞乙巳日食的唯一选择。准确的计算结果显示,这次日食发生在安阳地方时的夜晚,日食临近结束之际可于安阳或安阳以东看到带食而出的偏食。

乙巳日食的考定使得一系列与其有关的卜辞内容都可以得到解释。首先是卜辞所谓的"日夕有食",计算表明,乙巳日食的食甚时刻及大部分

---

① 董作宾:《殷代月食考》,《历史语言研究所集刊》第二十二本,1950年;《卜辞中八月乙酉日食考》,《大陆杂志特刊》第一辑下册,1952年。
② 胡厚宣:《卜辞"日月有食"说》,《出土文献研究》,文物出版社1985年版。

过程都发生在安阳地方时的夜晚，所以就殷都而言，这的确是一次发生于安阳夜晚的日食，也即卜辞所称的"日夕有食"。此外，另些卜辞也应与乙巳日食具有密切的关系。

  壬子卜，贞：日截（蚀）于甲寅？   《佚》384
  乙丑贞：日有截（蚀），其告于上甲？
  乙丑贞：日有截（蚀），其[告]于上甲，三牛？不用。
  其五牛？不用。
  其六牛？不用。   《合集》33697
  庚[辰]贞：[日有截（蚀），其告于]岳？一
  庚辰贞：日有截（蚀），非祸？唯若？一
  庚辰贞：日有截（蚀），其告于河？
  庚辰贞：日有截（蚀），其告于父丁，用牛九？在樊（协）。
                  《粹》55

  诸版同为"历组"卜辞。壬子日占卜日食是否发生于甲寅日，这显然是对日食发生时间的预卜。由此可见，命辞中出现的交食内容，其所具有的预卜性质是十分明显的。如果这次预卜正是为着乙巳日食而设，那么殷人的预报时间较日食发生时间迟报了十天。而乙丑、庚辰两日的占卜内容，目的都在为日食发生后的禳伐之祭卜选致祭的祖先和用牲的数量，而其对致祭上甲及用牲九牛的选择恰好正是乙巳日食发生之后的祭祀内容，况且占卜地点协作为此次日食的见食地点也很有意义，这意味着相关的卜辞都应视为是对乙巳日食的预报，这当然是殷人掌握交食周期的直接证据，从而使我们有可能重建乙巳日食从预报到观测的完整过程①。

  乙巳日食的考定无论对重建殷商年代抑或判定卜辞时代，都具有十分重要的意义，如果与宾组卜辞五次月食的考证结果相比较，这一点看得更为清楚。我们考定的宾组卜辞五次月食年代，其最早与最晚者相隔 38 年，如果这些月食发生于武丁的中晚期，那么乙巳日食就只能属于祖甲时期。很明显，这不仅可使"历组"卜辞中那些"父丁"称谓应即祖甲称呼其父武丁得到明确的解释，而且更从天文学角度为"历组"父丁类卜辞时代

---

① 冯时：《殷卜辞乙巳日食的初步研究》，《自然科学史研究》第十一卷第二期，1992 年；《中国天文考古学》第五章第二节，社会科学文献出版社 2001 年版。

的归属提供了证据。

二 商代历法

殷商的历法是阴阳合历，所谓阴阳合历，即以阳历系统建立历年而以阴历系统规划历月的复杂历制。由于回归年的长度约为 365 日，而太阴年的长度仅为 354—355 日，两者相差 10—11 日，因此又需置闰以调整二者的周期差。

重建殷商历法并不仅仅是一个科学问题，它将直接关系到我们对甲骨文内容的正确理解以及殷商制度的探索，因此是甲骨学与殷商史研究的基础工作。缺少了这个年代学的基础，卜辞研究就会不可避免地流于随意。卜辞有云：

　　□□卜，殼贞：王大令众人曰劦田，其受年？十一月。

　　　　　　　　　　　　　　　　　　　　　　《合集》1、5

　　贞：惠小臣令众黍？一月。　　《合集》12

对于这两条卜辞的理解，分歧甚大。其中关于"众"与"众人"的身份，学者或以为奴隶[1]，或以为自由民[2]，或以为家长制家庭公社成员[3]，或以为奴隶主[4]，且各有建说的根据，而对"众"和"众人"身份理解的不同又直接关系到由其参与的"劦田"与"黍"等活动的具体含义的把握，乃至影响到对全篇卜辞的解读。如以"劦田"解为集体劳作耕田[5]，或又以

---

[1] 郭沫若：《奴隶制时代》，人民出版社 1977 年版，第 23—24 页；李亚农：《殷代社会生活》第五章，《李亚农史论集》，上海人民出版社 1978 年版；王承祒：《试论殷代的直接生产者——释羌释众》，《文史哲》1954 年第 6 期；《对于〈试论殷代的直接生产者——释羌释众〉的几点补充意见》，《文史哲》1955 年第 9 期；王玉哲：《试论殷代的奴隶制度和国家的形成》，《历史教学》1958 年第 9 期。

[2] 斯维至：《关于殷周土地所有制问题》，《历史研究》1956 年第 4 期；徐喜辰：《商殷奴隶制特征的探讨》，《东北师范大学科学集刊》（历史）1956 年第 1 期。

[3] 赵锡元：《试论殷代的主要生产者"众"和"众人"的社会身分》，《东北人民大学人文科学学报》1956 年第 4 期；《试论中国奴隶制形成和消亡的具体途径》，《吉林大学学报》（社会科学版）1979 年第 1 期。

[4] 束世澂：《夏代和商代的奴隶制》，《历史研究》1956 年第 1 期；陈福林：《试论殷代的众、众人与羌的社会地位》，《社会科学战线》1979 年第 3 期。

[5] 陈梦家：《殷虚卜辞综述》，科学出版社 1956 年版，第 537 页；李亚农：《殷代社会生活》第五章，《李亚农史论集》，上海人民出版社 1978 年版。

为种麦①，或谓乃田祖之祭②；至于"令众黍"之"黍"则多解释为种黍③。然而校之卜辞所记历月，殷历十一月和一月究竟相当于今历何时？其时是否可以植黍种麦或从事耕作？则无疑可为这些解释提供研判的标准。显然，殷代的历法不清，商史年代学的框架就无法建构，卜辞内容的解释也就难以摆脱任意猜度的窘境，相关问题的研究当然不易深入。由此可见，殷商历法的重建对于殷商史研究应该具有决定性的意义。

（一）日首

殷人以干支纪日，并已实行等间距的十二时纪时制④。然而殷历十二时中究竟以哪个时辰作为日首，争论由来已久。美国学者德效骞据对月食卜辞的研究，首先提出殷历历日始于子夜零时⑤，很有影响⑥。但《屯南》2529 版见有"今日至于中录"的内容，"中录"为夜半之称，其所属时间显然应归于"今日"的范畴，这意味着夜半不可能作为历日之首⑦。

以日出作为日首的想法最初乃由董作宾提出⑧，学者多从其说⑨。其实从卜辞反映的实际情况看，这种观点同样不能获得任何有利的证据。《花东》H3：793 版有"甲夕卜，日雨"的内容，占卜时间在甲日之夜（夕），问"日"而不言"翌日"，故知占卜之"夕"与卜问之"日"当同属一个历日，明确证明日首不在旦明，而在日出之前的黑夜。卜辞又云：

惠今凤酚？
〔于〕旦〔酚〕？　　　　《安明》1685

---

① 董作宾：《殷历谱》下编卷四《日至谱》，中央研究院历史语言研究所 1945 年版，第 6 页。
② 王襄：《簠室殷契征文考释》第五编，天津博物院 1925 年版，第 1 页；张政烺：《殷契"肸田"解》，《甲骨文与殷商史》，上海古籍出版社 1983 年版。
③ 陈梦家：《殷虚卜辞综述》，科学出版社 1956 年版，第 534 页。
④ 冯时：《殷代纪时制度研究》，《考古学集刊》第 16 集，科学出版社 2006 年版。
⑤ Homer H. Dubs, The Date of the Shang Period, *T'oung Pao*, Vol. 40, 1951.
⑥ Chou Fa-kao, On the Dating of a Lunar Eclipse in the Shang Period, *Harvard Journal of Asiatic Studies*, Vol. 25, 1964—1965；李学勤：《〈英藏〉月食卜辞及干支日分界》，《夏商周年代学札记》，辽宁大学出版社 1999 年版；黄天树：《殷代的日首》，《华学》第 4 辑，紫禁城出版社 2000 年版。
⑦ 冯时：《殷代纪时制度研究》，《考古学集刊》第 16 集，科学出版社 2006 年版；其他学者也从不同角度对殷历日首始于夜半提出怀疑，参见宋镇豪《殷商纪时法补论——关于殷商日界》，《中国文字》新二十七期，2001 年；葛英会《殷历日始浅析》，《商承祚教授百年诞辰纪念文集》，文物出版社 2003 年版。
⑧ 董作宾：《殷代的纪日法》，《文史哲学报》1953 年第 5 期。
⑨ 宋镇豪：《试论殷代的记时制度》，《全国商史学术讨论会论文集》（《殷都学刊》增刊），1985 年；常玉芝：《殷商历法研究》，吉林文史出版社 1998 年版。

王其田，枫（夙），亡戋（烖）？
于旦，亡戋（烖）？ 《合集》28514

夙（枫）为日出之前的黎明，夙（枫）、旦同为一日内之时辰，相对于占卜之时而言，夙（枫）为近时，旦为远时，也知日首必不在旦，而应在日出之前。类似的证据当然还有很多①。因此，殷历的日首显然也并不始于旦，而一定是在日出之前的某一时刻。

卜辞反映的殷历一日最早出现的时辰为晨时，或名寤人，相当于十二时的鸡鸣。卜辞云：

癸丑卜，王贞：旬？八庚申寤人雨自西，小，夘既。五月。
《合集》20966

贞：中丁岁，惠晨？
贞：于既日？二月。 《合集》22859

壬申卜，即贞：兄壬岁，惠晨？
贞：其温？
［贞：其］夕？ 《合集》23520

据三辞所记，在同一历日的时辰中，晨（寤人）与既日、夘、温、夕相对，温为日出之旦的别称，相当于十二时之日出；既日为入日小采的别称，相当于十二时之日入；夘为昏之别称，相当于十二时之黄昏；而夕则指日入以后的夜晚。显然，晨（寤人）乃是夜半以后及日出之前的一日之中最早的时辰，这当然只能是新的历日的开始。事实上，殷历等间距时辰的划分已经使用了漏壶与圭表相互校正的方法，而日首的确定标准除天文学的意义之外，在早期社会中则更多地体现了人类自身的生物节律以及由此决定的作息和用事习俗。晨时又名"寤人"，意即夜寐初醒之时，足见殷人是将夜眠晨起作为新的一天开始的标志。古以鸡鸣即起，昧爽而朝②。《诗·郑风·女曰鸡鸣》："女曰鸡鸣，士曰昧旦。子兴视夜，明星有烂。"郑玄《笺》："此夫妇相警觉以夙兴。"马瑞辰《毛诗传笺通释》："古者鸡鸣而起，昧爽而朝。"西周金文言朝事多于旦明之时。小盂鼎铭则记昧爽之时三左三右多君入服

---

① 冯时：《殷代纪时制度研究》，《考古学集刊》第16集，科学出版社2006年版。
② 参见《礼记·内则》。

酒，免簋铭又记王于昧爽格太庙，用事更在旦明之前，皆可明晨起必在鸡鸣之时。《左传·昭公三年》："谗鼎之铭曰：'昧旦丕显，后世犹怠。'况日不悛，其能久乎？"即言夙兴不懈，方可大显于世。很明显，正因为古以鸡鸣而起为行事习俗，于是晨便作为历日的开始①。《尚书大传》载殷"以鸡鸣为朔"，与卜辞反映的史事正合②。

(二) 月首

殷历实行以月相的朔望变化为周期的太阴月，这使月首的确定成为历法编算的一项重要工作。传统认为，中国古历以朔为月首产生于西周，而对殷历的月首始终存在不同的认识。董作宾相信殷人已知合朔，朔为太阴月的初一日③。日本学者薮内清则主张殷人尚不知合朔，而以新月初见之朏日作为月首④。这两种观点看似只有一两日的差异，但是对于殷商历法基本状况的判断却有着根本的不同。

以朏为月首的历法或许比以朔决定月首更为原始，因为人们一般认为，朏可以通过观测取得，而朔似乎只能依靠计算。这种认识其实是对古人观象授时活动的一种误解。由于月初出（朏）的现象只有在傍晚才可能看到，这意味着当人们看到新月出现的时候，月首一日实际已经基本结束，人们只能以看到新月的第二日作为月首，而不可能将月首定在朏日当天，因此通过观测朏日决定月首对于先民的日常生活是颇为不便的。如果历法以朏作为月首，那么其历法编算的基础就只能是推步，而不会是观测。然而在先民的观象活动中，如果人们决定月首的天象标志并不是朏日，而是晦日，结果则完全不同了。他们在凌晨看到残月消失的时候，便可以从容地将第二天定为月首，而这一天便是不见月光的所谓朔日。这种做法不仅符合古人观象授时的实质，同时也得到了原始的朔日，因此，人们最早认识的朔实际只能通过观象取得，它比以朏决定月首显然方便得多。事实上，在先民更多地依赖月光作为夜间照明光源的上古时代，一个朔望月中仅有的两天月光消失的日子无疑比其他任何月相都更能引起古人的注意，原始的朔的概念便应在这时孕育产生了。

薮内清主张殷历以朏为月首的另一个理由是因为他相信殷历的朔策还处

---

① 冯时：《殷代纪时制度研究》，《考古学集刊》第16集，科学出版社2006年版。
② 彭裕商：《殷代日界小议》，《殷都学刊》2000年第2期。
③ 董作宾：《殷历谱》下编卷六《朔谱》，中央研究院历史语言研究所1945年版，第1—2页。
④ 薮内清：《殷曆に關する二、三の問題》，《東洋史研究》第十五卷第二号，1956年。

第六章　甲骨文研究

在可以任意摆动于 28.5 日至 30.5 日之间的混乱状态，这似乎在以朔为月首的历法中是难以想象的。事实上，卜辞中并未出现小于 29 日的小月，而 31 日的历月中较大月多出的一日也完全可以作为调整朔晦月见的异常现象的"闰日"来处理①。显然，影响殷历以朔作为月首的障碍其实并不存在。

如果将殷商天文学水平置于中国古代天文学发展的历史中去考察②，那么很明显，以往的估判无疑过低了，商代的天文历算早已摆脱了需要随时观象的原始状态，而应处在观象授时向推步历法的过渡时期。事实上，殷卜辞乙酉月食记录在揭示殷人对于交食观测的同时，也反映了殷历月首的真实情况。现将严一萍复原的乙酉月食发生之年殷历一至八月的历谱移写于下③：

一月		癸亥	（癸酉）
二月	癸未	（癸巳）	癸卯
三月		（癸丑）	（癸亥）
四月	（癸酉）	（癸未）	（癸巳）
五月	癸卯	（癸丑）	（癸亥）
六月	（癸酉）	癸未	（癸巳）
七月	（癸卯）	（癸丑）	（癸亥）
八月	（癸酉）	癸未	（癸巳）

将此谱与乙酉月食发生之年前八个月的真实朔日比较，可以得到相关月份的历朔④。

殷历三月朔癸卯　　公元前 1228 年 12 月 20 日
　合朔时刻　　（1）12^h41^m　（2）12^h21^m
四月朔癸酉　　公元前 1227 年 1 月 19 日
　合朔时刻　　（1）00^h56^m　（2）00^h43^m

---

① 参见冯时《百年来甲骨文天文历法研究》，中国社会科学出版社 2011 年版，第 243—245 页。
② 冯时：《中国天文考古学》，中国社会科学出版社 2007 年版。
③ 严一萍：《殷商天文志》，《中国文字》新二期，艺文印书馆 1980 年版。
④ 合朔时刻参见张培瑜《冬至合朔时日表（公元前 1500 年至前 105 年）》，《中国先秦史历表》，齐鲁书社 1987 年版；《合朔满月表（前 1500 年至公元 2052 年）》，《三千五百年历日天象》，河南教育出版社 1990 年版。

五月朔壬寅　　公元前 1227 年 2 月 17 日
合朔时刻　　（1）13^h49^m（2）13^h41^m

我们看到，公元前 1228 年 12 月 20 日癸卯应为殷历三月月首，卜辞却将此日列在二月。自癸卯次日甲辰至殷历五月癸卯的前一日壬寅共计 59 日，因此殷历五月上旬癸卯无论如何只能有两种选择，即或为初一，或为初二。如果以其为殷历五月初二，则五月初一壬寅恰为五月朔日，显然这是持殷人不知合朔的人们所不能接受的。那么我们暂设癸卯为五月首日，检算一下此日的月相情况。癸卯日落时刻距合朔之时 27—28 小时，月球距日约 14 度，月相小于 0.017，无法看到[①]。显然，在有可能作为月首的五月壬寅、癸卯两日都不能见月，殷历的历月便只能认为始于朔而不始于朏。这一事实的澄清，对于西周历法的研究也同样具有意义。

必须强调的是，早期朔的概念与现代天文学意义的朔并不相同，后者是指日月黄经差等于零度的时刻，由于这一现象无法看到，因此需要推步取得。长期以来，人们深受这种观念的影响，故而认为合朔作为历月之首的制度必须发生在相对进步的推步历法时代。这种观点如果历史地加以考察，便会显现出其有悖史实的不足。事实上，古代先民长期恪守着这样的信条：含有朔时刻的历日即为朔日，它与天文学意义的朔并不等同，二者在早期历法中的差异更为明显。在古代文献中，作为日月交会的概念称为"辰"。辰的范围很宽疏，并不特指朔时刻。《左传·僖公五年》："丙之晨，龙尾伏辰。……丙子旦，日在尾，月在策，鹑火中，必是时也。"并不成朔，但可称辰。此外，《春秋》所载日食有些并不书朔，盖当时并不以日食在朔。这些都说明，早期历法中朔的概念很粗疏，它既可以是含有朔时刻的一天，也可以摆动于朔时刻的前后，但却必须是不见月光的日子，殷历的情况基本如此。不容否认，观象授时与推步历法之间存在着一个以观象校正推步术的过渡时期，而推步历法的产生正是长期辛勤观测与积累的结果。换句话说，观象与推步都可以求得朔日，区别仅在于哪种方法能够求得精度更高的朔日。殷历虽以朔日为月首，但朔日的确定仍需经常通过辛勤的观测而加以校正，因此月首之日与真实的朔日之间可能出现一日的误差。不难理解，由于月行疾迟等原因，使用平朔而导致历法不能

---

① 详细讨论参见冯时《百年来甲骨文天文历法研究》，中国社会科学出版社 2011 年版，第 248—252 页。

合天是常有的现象，因此，殷历存在朔晦见月的误差也十分自然。

（三）岁首

《尚书·甘誓》："威侮五行，怠弃三正。"陆德明《释文》引马融云："建子、建丑、建寅，三正也。"《史记·历书》："夏正以正月，殷正以十二月，周正以十一月。"这三代历法的岁首便构成了中国古历传统的三正。事实上，以丑月为岁首的殷历乃是汉传古六历的一种，其非时王之术，自晋杜预以来就时有议论①。而其合天年代约当公元前 5 世纪的战国时期，且卜辞的诸多内容也与建丑之殷历不容，因而其非真实的殷王正朔当无疑问。

对于卜辞反映的时王殷历的岁首问题，董作宾曾试图通过对殷代交食的研究加以解决。由于他坚信自己对卜辞庚申月食年代的考证，因此他并不将殷正建丑的说法视为与真实殷历毫不相干的无稽之谈。董作宾以为，他所考定的月食年代可以使传统认为的丑正殷历为时王之术获得卜辞和天文学的双重证据②。这些看法尽管因为其月食研究的失败而不足为信，但董作宾所建立的研究方法却足资借鉴。

对于不同于传统丑正殷历的探索虽然从总体上讲已较董作宾的研究手段更为丰富，但结果却并不令人满意。学者或据卜辞反映的殷代气象、农事和祈年等活动推定殷正建未，相当于农历六月③。然而这种研究方法似乎并不能将殷历岁首限定在一个相对固定且狭小的时段内，因此我们很快便看到了几乎根据相同资料所得出的与殷正建未不同的结论。有学者相信卜辞所记的正月食麦是收获冬麦后的活动，从而提出殷正建巳，相当于农历四月④；或主殷正建辰，相当于农历三月⑤；或又主殷正建午，相当于农历五月⑥。很明显，由于对卜辞材料理解的不同，必将影响到对相关的殷历建正的看法，甚至出现完全相反的意见也十分自然⑦。

---

① 另可参见《宋书·律历志》。
② 董作宾：《殷历谱》下编卷三《交食谱》，中央研究院历史语言研究所 1945 年版；《殷历谱后记》，《六同别录》（中），中央研究院历史语言研究所集刊外编第三种，1945 年，第 13—15 页。
③ 郑慧生：《"殷正建未"说》，《史学月刊》1984 年第 1 期。
④ 常正光：《殷历考辨》，《古文字研究》第六辑，中华书局 1981 年版。
⑤ 温少峰、袁庭栋：《殷墟卜辞研究——科学技术篇》，四川省社会科学院出版社 1983 年版，第 116—119 页。
⑥ 王晖：《殷历岁首新论》，《陕西师范大学学报》1994 年第 2 期；《古文字与商周史新证》第二编第一章，中华书局 2003 年版。
⑦ 张培瑜、孟世凯：《商代历法的月名、季节和岁首》，《先秦史研究》，云南民族出版社 1987 年版；冯时：《殷代农季与殷历历年》，《中国农史》第十二卷第一期，1993 年。

事实上，殷代的气候状况和农事周期与今天可能存在很大的差异，而温度的变化所导致的雨季的不同已是很明显的事情，况且当时可能并没有冬麦的种植，这些问题通过对卜辞祈年及收获记录的研究完全可以得到证明①。因此，殷代的气候和农事活动与其说可以放心地作为推论殷正的基础，倒不如将其视为真实的殷正建立之后需要进一步研究的未知问题更适宜。

董作宾根据卜辞月食记录寻找重建殷历岁首的天象基点，这一方法无疑是科学的。由于天文年代学研究的进步，董作宾利用这一方法对殷历建正的探索有理由也有可能继续下去。基于这样的认识，不同学者通过对卜辞月食记录的研究，几乎同时得到了殷历岁首大约出现于冬至之前两个月的结论，所不同的是，张培瑜等根据庚申、乙酉两次月食的研究认为，殷历正月可以摆动于建申（农历七月）、建酉（农历八月）和建戌（农历九月）的三个月内，包括今天立秋到霜降的一段时间②；而我们则据对庚申、乙酉、甲午三次月食的研究，确立了殷历岁首出现于秋分之后的第一个月，而殷正朔日一般摆动于寒露至霜降之间的标准制度，这一结论甚至可以获得古代文献的完美印证③。

庚申、乙酉、甲午三次月食所在的殷历月份，卜辞或已明载，或可推知，这是利用卜辞月食资料重建殷历正朔的关键条件。除乙酉月食卜辞径记"八月"外，庚申月食与甲午月食的殷历时间均可据同版所记历月或相关的祭祀制度推定为殷历一月，而且庚申月食卜辞同版记有"十三月"，知其前一年年终有闰。据此，我们可将考定的这三次月食所反映的气朔情况表列如下：

　　一月庚申月食　公元前1218年11月15日
　　　　　　　　　公元前1218年10月4日戊寅秋分（22^h16^m）
　　　　　　　　　殷正朔日为同年11月1日丙午（秋分后28日）
　　一月甲午月食　公元前1198年11月4日

---

① 冯时：《殷代农季与殷历历年》，《中国农史》第十二卷第一期，1993年；《商代麦作考》，《东亚古物》创刊号，2005年。
② 张培瑜、孟世凯：《商代历法的月名、季节和岁首》，《先秦史研究》，云南民族出版社1987年版。
③ 冯时：《殷历岁首研究》，《考古学报》1990年第1期；《中国天文年代学研究的新拓展》，《考古》1993年第6期；《〈周易〉乾坤卦爻辞研究》，《中国文化》第32期，2010年。

　　　　　　　　　　公元前 1198 年 10 月 4 日癸亥秋分（18^h47^m）
　　　　　　　　　　殷正朔日为同年 10 月 21 日庚辰（秋分后 17 日）
　　八月乙酉月食　公元前 1227 年 5 月 31 日至 6 月 1 日
　　　　　　　　　　公元前 1228 年 10 月 4 日丙戌秋分（11^h46^m）
　　　　　　　　　　殷正朔日为公元前 1228 年 10 月 22 日甲辰（秋分
　　　　　　　　　　后 18 日）

　　殷历正月朔摆动于儒略历的 10 月下旬至 11 月上旬，当农历节气的寒露至霜降间，而殷历的正月则当位于含有秋分之月的次月，相当于农历的九至十月①。这是卜辞反映的真实的时王建正。

　　正像农年与历年于早期历法中相互重叠一样，殷历也仍然保持着这种古老传统。农历的九至十月不仅是一个农业周期结束的时间，同时也是殷历历年的更替时节。因此，殷代的农业季节与历年的关系是一致的，殷代一个农季周期的结束，基本上就是一个历年的结束。准确地说，农年与历年的结合是从这两个循环周期的终点开始的，即农年的终点也同时作为历年的终点②。然而，殷历历年的确定除去为适应这种农事周期之外，显然还有其他更明确的天文学标准，这些标准不仅包括殷人对其主祀之星大火星（心宿二，天蝎座 α）朝觌的观测，还包括对于秋分的测定。这意味着对于岁时更迭这样一个重要时刻，观候星象与测度日影是两项同等重要的工作。殷历年终之月辖有秋分，岁首出现在秋分之后的第一月，显然，殷人揆度日影以正秋分对于确定岁首有着直接的意义，这甚至成为殷历闰法的一项重要标准③。与此同样重要的则是殷人对大火星的观测，计算表明，殷正期间正是大火星朝觌的时候，这应是决定岁首的又一项可以参考的标准。目前所见的卜辞资料，涉及大火星的记录多集中于岁末和岁初，从而暗示了对大火星的观测应该与决定岁首有关。因此有理由认为，殷人制历实行以测度日影与观候大火星相结合的综合标准，这个标准在反映着历年周期的同时，也反映了农业的周期，它表明，当人们经历秋分，迎来丰收季节的时候，当一个农季结束之后，大火星在黎明前重新从东方升起的时候，殷代新的一年便开始了。

---

　　① 冯时：《殷历岁首研究》，《考古学报》1990 年第 1 期；《中国天文年代学研究的新拓展》，《考古》1993 年第 6 期；《〈周易〉乾坤卦爻辞研究》，《中国文化》第 32 期，2010 年。
　　② 冯时：《殷代农季与殷历历年》，《中国农史》第十二卷第一期，1993 年。
　　③ 冯时：《殷历武丁期闰法初考》，《中国历史文物》2004 年第 2 期。

（四）闰法

殷历一部分闰月置于年终，称为"十三月"，另一部分闰月置于年中。传统认为，殷代早期实行年终闰，晚期改行年中闰，两法分立。然而卜辞反映的实际情况却是，在大量出现"十三月"的武丁至祖甲时代，年中闰几乎同时存在。

癸亥卜，宾贞：旬亡祸？二月。
癸酉卜，贞：旬亡祸？三月。
癸未卜，贞：旬亡祸？
癸卯卜，宾贞：旬亡祸？五月。
癸丑卜，宾贞：旬亡祸？五月。
癸亥卜，宾贞：旬亡祸？五月。
癸酉卜，宾贞：旬亡祸？六月。
癸未卜，贞：旬亡祸？
癸巳卜，宾贞：旬亡祸？　　《甲缀》41

这是武丁时期的宾组卜旬卜辞。如果武丁时期仅有年终一种闰制，那么自三月至五月的时间就不可能超过九旬，但卜辞显示的结果却至少跨越了十二旬，其中自应置一闰月[①]。

□□［卜，古贞］：来乙未覃其倸，王若？九月。
□□［卜，古］贞：大示牛？九月。
□□卜，古贞：大示三宰？九月。
丁酉卜，古贞：大示五牛？九月。
癸亥卜，古贞：秦年自上甲至于多毓？九月。
甲子卜，古贞：秦年自上甲？九月。
己巳卜，古贞：其［秦］年于上甲，祭？九月。　《合集》10111

此为武丁时期的宾组卜辞。前三辞干支虽残，但因同属九月，而丁酉至己巳共计33日，已无法容纳在一月之中，因此其中必有一月属于

[①] 陈梦家：《殷虚卜辞综述》，科学出版社1956年版，第220—221页。

闰月①。

> 辛未卜，争贞：生八月帝令多雨？
> 贞：生八月帝不其令多雨？
> 戊寅［卜］，内，呼雀买？
> 勿［呼］雀买？
> 壬戌卜，殻贞：呼多犬网鹿于农？八月。
> 壬戌卜，殻贞：取豕，呼网鹿于农？
> 丁酉雨，至于甲寅旬又八日。九月。　　《合集》10976 正

此为武丁时期的宾组卜辞。自七月辛未至九月甲寅共计 104 日，已远远超过七、八、九三个月所能容纳的 89 天，其间显然必置一闰月②。此外，有关武丁时期自组卜辞所反映的年中闰现象，学者也有讨论③。

> 癸卯卜，兄贞：旬亡祸？九月。
> 癸丑卜，逐贞：旬亡祸？九月。
> 癸亥卜，逐贞：旬亡祸？
> 癸酉卜，出贞：旬亡祸？十月。
> 癸卯卜，兄贞：旬亡祸？
> 癸丑卜，贞：旬亡祸？十月。
> 癸未卜，出贞：旬亡祸？一月。　　《合集》26682

此为祖庚、祖甲时期的出组卜旬卜辞。自十月癸酉至癸丑共历五旬，其中必有一月属于闰月④。

证据显示，至少自武丁至祖甲时期，殷历存在年终与年中两种闰月是不容否认的。事实上，两种闰月虽然在表面上看似乎表现为两种不同的闰法，实际则应是为适应同一置闰标准而产生的置闰体系。

---

① 杨升南：《武丁时行"年终置闰"的证据》，《殷都学刊》1986 年第 4 期。
② 冯时：《殷历武丁期闰法初考》，《中国历史文物》2004 年第 2 期。
③ 严一萍：《甲骨文断代研究新例》，《庆祝董作宾先生 65 岁论文集》，历史语言研究所集刊外编第四种下册，1960 年；冯时：《殷历武丁期闰法初考》，《中国历史文物》2004 年第 2 期。
④ 温少峰、袁庭栋：《殷墟卜辞研究——科学技术篇》，四川省社会科学院出版社 1983 年版，第 112—113 页。

中国的传统历法采用无中置闰法，也就是将闰月安排在没有中气的月份，目的当然是使作为纪时标志的中气回归到其原则上应该对应的历月，而殷历闰法正体现了这种中气置闰的原则。事实上，殷历置于年中的闰月名称只重复其前月的月名，这一做法无疑是殷历置闰原则的必然反映。同时更为重要的是，殷历的闰月一般设置于三月、六月、九月前后及年终，基本上呈等间距的安排，闰月位置相距约三个月，这个规律也大致符合分至四气的循环周期。这意味着殷历的历月本应建立与二分二至四中气的固定对应关系，一旦这种关系失衡，四气在本该出现的月份没有出现，置闰便是唯一的调节手段。这种闰法当然来源于古老的观象授时制度。殷历已摆脱完全依赖观象的阶段，而无中置闰法则出现在更为进步的推步时期，显然，从闰法发展的角度讲，殷历闰法正可以视为传统闰法之源。

《尚书·尧典》："期三百有六旬又六日，以闰月定四时成岁。"《史记·五帝本纪》"定"作"正"，郑玄《注》："以闰月推四时，使启闭分至不失其常，著之用成岁历。"四时实即四气，故古历闰法之宗旨本在正四气，使失序之中气回归到本该出现的月份。《左传·文公元年》："先王之正时也，履端于始，举正于中，归馀于终。履端于始，序则不愆。举正于中，民则不惑。归馀于终，事则不悖。"杜预《集解》："举中气以正月，斗建不失其次，寒暑不失其常，故无疑惑。"可明古历实以中气与历月的固定对应为原则，而"归馀于终"的闰制虽然简便，但却不能使这种"举正于中"的历法原则得到充分的体现，因此只能反映更古老的朴素闰制。而年中闰可以使失正的历月随时得到调整，对于固定四气与历月的对应关系，这种闰法的产生当然是一种进步。事实上，保持四气与历月的固定对应关系，这种闰法实际是年中闰月只重复前月月名而不别立新名的根本原因。很明显，年中闰月名称的改变将导致这种分至与历月的对应关系彻底混乱，而唯一对这种关系没有影响的就是置于年终的闰月，因此，尽管"十三月"应该来源于更为古老的"归馀于终"的闰制，但当新的闰法建立之后，人们虽然继承了"十三月"的名称，但它的本质却与年终闰完全不同，而只作为闰十二月的代称而已。然而这种古老月名总显得与新的闰法不够协调，于是在殷代末期，月名系统为适应新的闰制进行了调整，"十三月"的名称便基本不复存在[①]。

---

① 《集成》9301之文嬉己觥铭记"十月又三"。

关于殷历闰周，颇难稽考。岛邦男曾据对武丁卜辞十三月材料的统计，认为其时约两年一闰①，如果计入置于年中的闰月，这个闰周显然过短。殷历或有连续失闰的现象，至西周历法依然如此，故卜辞及金文偶见"十四月"的记载②，为一年再闰。不过这类材料罕见，知一年再闰的情况绝少发生。

殷历尚有闰日的现象，为殷历的特点。卜辞时见包含四癸日的历月，可以解释为朔馀31天的大月。而较正常历月多出的一日，其作用应是为调整朔晦月见的误差所设置的"闰日"。

（五）季节

殷人究竟怎样划分季节以及季节与历年的关系如何曾是使学者长期困惑的问题，直到唐兰和于省吾分别正确地考释出卜辞的"秋"与"春"字③，这些问题才变得逐渐明朗起来。卜辞云：

惠今秋？
于春？　　《粹》1151
惠春令𠭯田？
惠秋令𠭯？　　《续存》1.1999

于省吾认为，"春"与"秋"为对贞之辞，它显示出殷代尚只有春、秋两季而并无冬、夏，至于四时的起源则已是西周晚期的事情④。陈梦家也同样分析了这两条对贞文例，他以"惠今秋"的"惠"为近指虚词，而"于春"的"于"则为远指虚词，"惠"、"于"的相对犹如"秋"、"春"的相对一样，也可证明殷代仅有春、秋两季⑤。

卜辞春、秋对贞显示了它们是较历年为小的纪时单位，也就是季节单位。这一点虽然已经没有什么疑问，但殷代的春、秋二季究竟与历法如何

---

① 岛邦男：《卜辞の殷曆——殷曆譜批判》，《日本中国学会报》第18集，1966年。
② 《集成》4138之小子䚷簋铭记"在十月四"。卜辞中的"十四月"材料尚有争论，见金祥恒《甲骨文无十四月辨》，《大陆杂志》第三十三卷第十期，1966年。另参见冯时《百来年甲骨文天文历法研究》，中国社会科学出版社2011年版，第235—237页。
③ 唐兰：《殷虚文字记》，中华书局1981年版，第6—10页；于省吾：《双剑誃殷契骈枝》，北平虎坊桥大业印书局1940年版，第1—4页。
④ 于省吾：《双剑誃殷契骈枝》，北平虎坊桥大业印书局1940年版，第4页；《岁、时起源考》，《历史研究》1961年第4期。
⑤ 陈梦家：《殷虚卜辞综述》，科学出版社1956年，第226页。

协调，却并非没有问题。卜辞显示，殷代的春季与历月的配属关系十分复杂，以致很难从中找到与后世四季的分配相合的痕迹。

  春　　　八月　　　《丙》86
  今春　　九月　　　《前》4.6.6
  今春　　十月　　　《外》452
  春　　　十三月　　《簠人》52
  今春　　二月　　　《合集》37852

二月显然无法作为春季的开始，因为那将使全年几乎无月不春，从而与春、秋对贞所反映的其小于历年的纪时单位的事实抵牾。因此殷代的春季至少应包括自八月至次年二月的七个月时间，其与后世四季的分配明显不同。

  甲骨文"春"字本作"屯"，乃种子抽芽之象，其本义表示植物的生长至为明确，这与文献对"春"字的训解十分吻合。显然，殷代的春季理应像其季名所表示的那样为全年中植物生长的季节，这明确暗示了殷代的春季与农业季节的某种联系。卜辞屡卜"今春受年"或"来春受年"，却罕有祈问秋季受年的记录①，证明殷代的春季其实应与整个农业季节相重合。因此，如果我们将时王殷正确定在秋分之次月，那么殷代的春季就恰值后世的夏、秋两季，与植物生长和作物收获的时间适相一致②。

  殷代与春季并存的另一个季节是秋季。"秋"字本作"🦗"，乃象蝗虫③，春秋金文作"穐"，从"禾"从"龜"，"龜"字作"🦗"，与甲骨文的字形一脉相承，足证唐兰的考释不误。此字于卜辞中或指蝗虫，故学者释为"䗦"④，但作为季节名称仍应读为"秋"。上古音"䗦"在冬部，"秋"在幽部，对转可通。卜辞云：

  庚申卜，今秋亡嬗之？七月。
  庚申卜，今春亡嬗？七月。　　　《合补》6829

---

① 参见冯时《百年来甲骨文天文历法研究》，中国社会科学出版社2011年版，第261页。
② 冯时：《殷代农季与殷历历年》，《中国农史》第十二卷第一期，1993年。
③ 岛邦男：《殷墟卜辞研究》，中国学研究会1958年版，第206—207页。
④ 郭若愚：《释䗦》，《上海师范学院学报》1979年第2期。

"春"字本作从"牪""屯"声①。卜辞又有"牪"字②，为"春"字或体。"今秋"与"今春"同卜在七月，当然只能视殷历七月为两季的交替时节。因此，殷代的季节与农业季节的配合大致应有如下的安排：

  秋季 殷历三月至七月
  春季 殷历八月至次年二月
  农季 殷历九月至十二月（十三月）

殷代以秋为首季，约当四季的冬、春两季，统赅五个太阴月。春为末季，约当四季的夏、秋两季，统赅七个太阴月。如果殷历岁首确定在秋分之后的第一月，那么殷代的春、秋二季便交于农历十一月，秋、春二季便交于农历四月。季节的划分与黄河流域气候的变化特点颇为一致。

  殷代的农业季节安排在自殷历九月至年终十二月（十三月）的四个月间，为春季所辖，这使人有理由相信，殷代的春季基本上就是殷代的农季，当然也是全年温暖湿润的季节；而秋季作为一年中的闲适季节，同时也是寒冷干燥的季节。卜辞同时显示，殷代的秋季又是储藏的季节，体现了冬主盖藏的古老传统。

  秋与春作为季节名称，显然是后世四季名称的来源。"春"字本象植物生长，而"秋"字借农作物的天敌蝗虫的象形文表示，无疑应含有肃杀消亡的意义，这意味着殷代春、秋二季的划分其实具有着鲜明的农业季节的特征。这个事实表明，在早期文明阶段，以二分二至为代表的标准时体系与以春、秋为代表的农业季节体系是彼此分离的。体现殷代农业周期的秋、春两季，其划分不与分至四气同步，恰可说明这一问题。因此，中国传统四季的建立应该源于两个互为独立的体系，首先，四季的名称与农业密切相关，因此来源于农业季节的名称。其次，四季的划分又以分至四气为基础。农业季节作为早期的季节周期，强烈地适应着农作物的自然生长期，而分至四气的确定则是为着授时定位的需要。两个体系的最终结合便是四季的形成之时③，然而这种结合在殷代显然还没有发生。

（六）年岁称谓

《尔雅·释天》："夏曰岁，商曰祀，周曰年，唐虞曰载。"实际情况

---

① 裘锡圭：《释"木月"、"林月"》，《古文字论集》，中华书局1992年版，第88页。
② 中国科学院考古研究所：《甲骨文编》，中华书局1965年版，第643页。
③ 冯时：《殷卜辞四方风研究》，《考古学报》1994年第2期。

并不像文献记载的这样简单，夏代以前的情况固不可知，而西周金文反映的西周年岁称谓即已存在"年"、"祀"两种叫法，这直接影响到人们对于商代年岁称谓的理解。

甲骨文"年"字虽大部分用作"秦年"、"受年"而与作物的丰收有关，但也用于年岁之称①。卜辞云：

癸未卜，贞：尞于⊗，十小宰，卯十牛，年十月用？　《通》774
□戌卜，出贞：自今十年又五王豊？　《续》1.44.5
□□卜，贞：□至于十年宝？　《粹》1279
……保一年？　《侯》19
乙巳卜，贞：尹至五年宝？
乙巳卜，贞：尹至于七年宝？　《文物》1987.8.22

这些卜辞的时代自武丁以迄康丁②，足见殷人称历年为"年"并非即兴之为，而是时人的一贯传统。

卜辞"岁"字作为历年称谓也很明确③。卜辞云：

癸卯卜，争贞：今岁商受年？　《明》493
庚申卜，出贞：今岁螽不至兹商？二月。　《河》687
甲子卜，来岁受年？八月。　《簠岁》9
癸丑卜，贞：今岁受禾？引吉。在八月，唯王八祀。　《粹》896
贞：其于十岁延有足？　《金》571
癸丑贞：二岁其有祸？　《甲》2961
辛未卜：自今三岁毋娎？五　　甲室藏骨

卜辞的时代自武丁以至殷末，证明称年为"岁"同样是殷人的一贯传统。尽管某些学者并不以为卜辞的"年"、"岁"有指历年的意义④，但所做出

---

① 胡厚宣：《殷代年岁称谓考》，《中国文化研究汇刊》第二卷，1942年；《殷代称"年"说补正》，《文物》1987年第8期。
② 胡厚宣：《殷代称"年"说补正》，《文物》1987年第8期。
③ 胡厚宣：《殷代年岁称谓考》，《中国文化研究汇刊》第二卷，1942年；董作宾：《殷历谱》上编卷三《祀与年》，中央研究院历史语言研究所1945年版，第1—2页。
④ 陈梦家：《殷虚卜辞综述》，科学出版社1956年版，第224—228页；岛邦男：《殷墟卜辞研究》，中国学研究会1958年版，第504—506页。

的解释却有悖商代的农作制度与祭祀制度。

殷人称历年为"年"、"岁"其实与后世的情形并没有什么不同。甲骨文"年"字乃象人荷禾之形，表示人们把成熟的谷物收运回家，本义即指谷物的成熟。因此，"年"字之所以具有历年的意义，实际就源自其所表达的农季周期结束的事实，先民以谷熟一次即为一年①，这与殷代农年终点与历年终点重合的事实完全吻合。同样，卜辞"岁"字用作年岁称谓也与农事有关。字之正体作"歲"，从"戌"从"步"会意，"戌"乃象收割庄稼的农具，后世以其建月，而"步"则示推步，因此"岁"字表达了自戌时步算到下一个戌时即为一岁之义。显然，"年"、"岁"具有历年的意义其实是先民将农年的终点转变为历年终点的结果，以致使后来农年与历年完全合一。这种转变过程事实上在农业民族的历法演进中是普遍存在的②。

在晚商的周祭卜辞中常记有"祀"，学者普遍以为当亦纪年之称，这个看法其实并不正确。董作宾曾对殷人缘何以"祀"称年做出解释，他以自己排定的帝乙帝辛周祭周期恰为36旬，近于一年的长度，从而认为这便是殷人将"祀"移用称年的原因③。这个分析由于没有触及到问题的本质，其实并没有任何意义。我们知道，所谓历年，是指以日、朔、气为基础所构成的始自一月、终于十二月的完整纪时周期，其终始时间是明确而严格的，然而卜辞所见之"祀"却与这一特点明显不符。我们首先从纪年的形式上对"祀"的含义加以考察，不难发现，商代卜辞及金文"祀"的用法与西周时期作为历年称谓的"祀"存在本质的区别。

【殷谱】
壬申……在六月，唯王七祀翼日。　　亚鱼鼎（《新收》140）
丁巳……在九月，唯王九祀叠日。　　舊斿卣（《考古图》4.5）
壬午……在五月，唯王六祀彡日。　　《佚》518
【周谱】
唯九月……唯王廿又三祀。　　大盂鼎（《集成》2837）
唯王三祀四月既生霸辛酉。　　师遽簋盖（《集成》4214）

---

① 胡厚宣：《殷代年岁称谓考》，《中国文化研究汇刊》第二卷，1942年。
② 管东贵：《中国古代的丰收祭及其与"历年"的关系》，《历史语言研究所集刊》第三十一本，1960年。
③ 董作宾：《殷历谱》上编卷三《祀与年》，中央研究院历史语言研究所1945年版，第2页。

对读两谱可以看出，周谱以"祀"摄月摄日，"祀"为历年极为明显。但殷谱却表现出两种截然不同的体系，一系为以干支和历月为代表的纪时体系，另一系则为包括"祀"与祭日在内的周祭体系。与周谱不同的是，商代的"祀"仅摄辖祭日，却绝不摄辖具有纪时意义的历月和干支，显然"祀"并不含有历年的意义，其与历年无涉至为清晰。

　　商代的周祭是以翼、祭、壹、劦、彡五种祭法对自上甲以下的先王和直系先妣的轮番祭祀，使用翼祭的祭祀周期称为"翼日"，使用祭、壹、劦三种祭法的祭祀周期称为"劦日"，使用彡祭的祭祀周期称为"彡日"，翼日、劦日、彡日三个周期的总长便构成一"祀"。卜辞及金文所反映的商代的祀仅统摄祭日，明确显示了祀不仅与翼日、劦日、彡日三祭日同属周祭的祭祀周期，而且是较祭日更长的周期。况且卜辞及金文资料都显示出祀并不与历年同步，这一事实通过下列卜辞可以看得非常清楚。

　　　　二祀，十二月彡上甲至于多毓。　　《前》3.28.1
　　　　二祀，正月丙辰彡日大乙奭妣丙。　　二祀邲其卣(《集成》5412)

帝辛二祀的彡日周祭兼跨两年，但仍属同祀。

　　　　九祀，正月癸丑彡夕小甲。　　《明》61
　　　　十祀，九月甲午壹上甲。　　《通》592

据对帝辛征人方日程和周祭祀典的综合分析，两版卜辞当排于一年。显然，正月和九月虽同在一个历年，却不属同祀。

　　　　癸丑卜，辰贞：王旬亡祸？在六月。甲寅酚翼上甲。王廿祀。
　　　　　　　　　　　　　　　　　　　　　　　　《合集》37867
　　　　癸丑王卜，贞：旬亡祸？在九月。甲寅翼上甲。
　　　　　　　　　　　　　　　　　　　　　　　　《续存》1.2652
　　　　癸亥王卜，[贞]：旬亡祸？在三月。甲子肖祭上甲。
　　　　　　　　　　　　　　　　　　　　　　　　《后上》20.13
　　　　癸巳王卜，贞：旬亡祸？在九月。王占曰："大吉。"甲午祭上甲。
　　　　　　　　　　　　　　　　　　　　　　　　《金》579
　　　　癸未王卜，贞：旬亡祸？在三月。王占曰："大吉。"甲申彡上甲。
　　　　　　　　　　　　　　　　　　　　　　　　《金》334

癸未王卜，贞：酚彡日自上甲至于多毓，衣，亡巷自祸？在四月。唯王二祀。　《合集》37836

很明显，无论翼日、劦日、彡日何为周祭的祀首，祭祀上甲的日期都可以游移于一年之中的任何位置，而并不一定非要出现在正月不可。这意味着年与祀只能是部分重叠，而不会是全部重叠。这些证据充分说明，商代的祀只能是指周祭的终讫周期，而并不具有历年的意义。殷人以"年"、"岁"两名为历年的称谓，如果承认这个事实，那么"祀"就只能理解为是由五种祭法中三祭日所构成的祭祀周期。前引《粹》896版以"今岁"与"唯王八祀"同条共见，也充分证明了商代的祀与年岁的区别。晚殷周祭，一祀需时大约一年，这是周人以"祀"为年的根本原因，而在殷商当朝，祀周的长度于不同的王世并不相同，时代愈晚，入祀先王愈多，祀周的长度也愈长。帝辛当然不会想到自己就是终讫殷祀的亡国之君，显然，变"祀"为年的做法没有理由发生在商代。

第六节　周祭问题

商代的周祭是一种以翼、祭、壹、劦、彡五种祭法对自上甲及其以下的先王与直系先妣进行轮番祭祀的严密礼制。董作宾首先发现了这个制度，并拟建了祖甲、帝乙、帝辛三世的祀谱。他将这种以五种祭法遍祀先王与直系先妣的祭祀称为"五祀统"[1]，而陈梦家则根据这种祭祀周而复始的特点将其名为"周祭"[2]。

董作宾认为，商代的周祭制度创始于祖甲时期，属于他所规划的所谓新派礼制。而帝乙、帝辛二王复承祖甲之制，祀典也更为庞大繁盛。这些看法显然不如他对周祭的发明那样具有说服力。岛邦男另立了祖庚祀谱[3]，严一萍又别立了文丁祀谱[4]，都与董作宾的设想有所不同。而其他王世虽然尚未发现系统的周祭祀典，但相关祭名的存在却是显而易见的事实，这

---

[1] 董作宾：《方法敛博士对于甲骨文字的贡献》，《图书季刊》新第二卷第三期，1940年；《殷历谱》下编卷二《祀谱》，中央研究院历史语言研究所1945年版。

[2] 陈梦家：《甲骨断代学》，《燕京学报》第四十期，1951年；《殷虚卜辞综述》，科学出版社1956年版，第385、392页。

[3] 岛邦男：《殷墟卜辞研究》第一章、第四章第一节，中国学研究会1958年版。

[4] 严一萍：《文武丁祀谱》，《历史语言研究所集刊》第四十六本第二分，1975年；《殷商史记》卷十五，艺文印书馆1989年版。

意味着这种祭祀制度应该是商代祭祖活动中的固有制度。

周祭的五种祭法依翼、祭、壹、劦、彡的次序循环,其中翼、彡两种祭法单独举行,殷人分别将用这两种祭法祭祀祖先的周期称为"翼日"和"彡日",同时也以"翼日"及"彡日"作为祭名;祭、壹、劦三种祭法既重叠举行,又各成系统,即于翼祭的次旬举行壹祭,又于壹祭的次旬举行劦祭,这三种祭法所构成的祭祀周期称为"劦日"。五种祭法开始之前还需要分别举行贡典仪式。

由于五种祭祀周而复始地循环进行,致使对周祭祀首的确定成为一件困难的事情。董作宾认为,周祭始于彡祭,终于劦祭,先疏后密[1]。岛邦男则以为劦日中的祭祭应是周祭的开始[2]。许进雄并不同意上述两种看法,而以翼祭作为周祭之始[3]。这一认识可以获得卜辞证据的支持。

  于既酌父己翼日、劦日、彡日,王廼宾?   《南明》629
  ……饗……翼日、劦彡日,王弗悔?   《续存》1.1856

"劦彡日"既可能是"劦日"、"彡日"而漏刻了"日"字,也可能是"劦日"、"彡日"的合称,但无论怎样理解,卜辞显示周祭呈现先翼日、次劦日、后彡日的次序却是非常清楚的。因此翼祭应该就是周祭的首祭。

周祭作为一种严格的祭祀制度具有三项独特的原则:

其一,受祭者于其庙号的日干之日受祭,如庙号为甲的先王先妣必在甲日受祭,为乙者则又必在乙日受祭。

其二,受祭者以其世系的次序先后受祭,如武丁为小乙之子,其受祭日期必次于小乙。《左传·文公二年》:"子虽齐圣,不先父食久矣。故禹不先鲧,汤不先契,文、武不先不窋。"制度相同。

其三,直系先王的法定配偶必厕于先王以后而受祭,如大乙之配妣丙,其受祭之日当在大乙受祭之后的丙日受祭。《易·小过》:"过其祖,遇其妣。"制度亦合。

经过学者的反复研究,列入周祭的先王与直系先妣已比较清楚,兹将祀典移写于表6-1。

---

[1] 董作宾:《殷历谱》上编卷三《祀与年》,第15页,下编卷二《祀谱》,第3页,中央研究院历史语言研究所1945年版。
[2] 岛邦男:《殷墟卜辞研究》,中国学研究会1958年版,第116—118页。
[3] 许进雄:《殷卜辞中五种祭祀的研究》,台湾大学文学院1968年版,第55—73页。

第六章 甲骨文研究

表 6-1　殷卜辞所见之周祭祀典

日干\句次	甲	乙	丙	丁	戊	己	庚	辛	壬	癸
第一句	上甲	报乙	报丙	报丁			示壬奭妣庚		示壬	示癸
第二句		大乙		大丁						
第三句	大甲示癸奭妣甲		外丙大乙奭妣丙		大丁奭妣戊		大庚	大甲奭妣辛	大庚奭妣壬	
第四句	小甲				大戊	雍己			大戊奭妣壬	
第五句				中丁		中丁奭妣己			外壬	中丁奭妣癸
第六句	戔甲	祖乙				祖乙奭妣己	祖乙奭妣庚	祖辛		
第七句	羌甲祖辛奭妣甲			祖丁		祖丁奭妣己	南庚祖丁奭妣庚	小辛		
第八句	阳甲	小乙		武丁		祖己	盘庚			
第九句	祖甲			康丁	武丁奭妣戊		祖庚小乙奭妣庚	武丁奭妣辛		武丁奭妣癸
第十句		武乙		文武丁	祖甲奭妣戊			康丁奭妣辛		
第十一句										
第十二句		帝乙			武乙奭妣戊					文武丁奭妣癸

周祭究竟终讫于对在位殷王的父辈的祭祀，还是本即有着恒定的周期，学者的意见并不一致。或以为晚殷周祭止于帝辛对其父帝乙的祭祀①，或以为讫于文丁②，或更说终于康丁③。后两种意见与卜辞及金文所显示的证据明显存在矛盾，未能反映周祭的真实情况。我们可以分析如下材料。

  乙丑卜，贞：王宾武乙翼日，亡尤？　　　　《合集》36025
  乙未卜，贞：王宾武乙彡日，亡尤？　　　　《合集》36026
  乙酉，……遘于武乙彡日，唯王六祀彡日。
               丰尊（《款识》2.36）
  戊辰，……在十月一。唯王廿祀彡日，遘于妣戊武乙奭。
               律簋（《三代》6.52）
  丁丑卜，贞：王宾文武［丁］翼日，亡尤？　　《合集》36128
  癸亥卜，贞：王宾妣癸彡日，亡尤。　　　　《合集》36311
  乙未，王宾文武帝乙彡日，……在五月。唯王廿祀又二。
               坂方鼎（《新收》1566）

《合集》36311版之"妣癸"当即黄组卜辞中常见之母癸，为文丁之配。称"母癸"者当为帝乙卜辞，此称"妣癸"则为帝辛卜辞。很明显，卜辞及金文都明确显示了武乙、文丁、帝乙以及武乙、文丁之配入祀周祭的事实。因此，周祭致祭先王当止于在位殷王之父，而致祭先妣则终于在位殷王之妣，这一制度是毋庸怀疑的，这当然直接关系到周祭一祀的长度以及据此建立的殷代王年与历法的可靠性。

  上述祀典中并没有祖辛之配妣庚的位置，而其列入帝乙帝辛周祭祀典却是清楚的。

  庚子卜，贞：王宾祖辛奭妣庚彡日？　　　　《合集》36256

---

 ① 董作宾：《殷历谱》下编卷二《祀谱》，中央研究院历史语言研究所1945年版，第4—10页；陈梦家：《殷虚卜辞综述》，科学出版社1956年版，第386—392页。
 ② 岛邦男：《殷墟卜辞研究》，中国学研究会1958年版，第69页；许进雄：《殷卜辞中五种祭祀的研究》，台湾大学文学院1968年版，第20、53页。
 ③ 常玉芝：《关于周祭中武乙文丁等的祀序问题》，《甲骨学与殷商史》，上海古籍出版社1983年版；《商代周祭制度》，中国社会科学出版社1987年版，第74—75、100—101页。

董作宾以为妣庚的祭日当在第六旬的庚日[①]，但如此则先于祖辛之日受祭，不合周祭原则。岛邦男则以为妣庚应于第七旬庚日受祭[②]，然而第七旬已日有祖丁之配妣己受祭。这种将后王之配的祭序先于先王之配的安排，也不合周祭原则。陈梦家据此版卜辞与干支表同版契刻的现象而断为习刻之作[③]，但即使如此，我们也没有理由将契刻的内容视为习刻者的杜撰。况且周祭卜辞于干支表同版共见的现象也并非孤例[④]。所以祖辛之配妣庚入祀周祭应该没有问题，至于其祭日所造成的祀典的冲突如何解释，或有可能在晚殷的某些时期，祖丁之配的祭日本当后延至第八旬举行，抑或存在某种其他的原因，则有待研究。

上列祀典中没有反映的另一个问题是羌甲的配偶妣庚。妣庚在出组卜辞中享受周祭，然而在黄组卜辞中，由于其时王位继承制度的改变，周祭中才确定了祖辛配偶入祀的法定地位，从而摒弃了羌甲的配偶，这一点我们于本章第一节已有所讨论。

入祀先王先妣祭序的固定基本上决定了周祭祀典的长度，更重要的是，周祭卜辞不仅记有殷历历月和历日干支，有时还记有"王若干祀"，这使人们试图通过对周祭祀典的复原以实现重建晚殷历法及王年的目的。然而客观地说，尽管周祭祀典的重建对晚殷历法的研究具有重要意义，但我们不得不承认这毕竟是两种完全不同的工作。周祭是依其独特的原则而确定的祭祀系统，而历法则是依合天之术所建立的授时系统，二者并不具有相同的概念。换句话说，我们即使可以借助对祀典的排比了解当时历法的某些内容，但祀典却不是历法本身。因此，我们无论是以合天的历法去迁就祀典，抑或以人为拟定的祀典去建构历法，都需要格外谨慎。

据祀典拟构历法必须建立这样的基础，其一，晚殷周祭自始至终都应是连续不断地进行，中间不曾停顿或中断，但这种假设事实上是缺乏证据的。其二，我们构建的祀谱不应存在太多的疑问。学者在这方面虽然用力颇勤，但要使这种预想得以实现则不能不说还有相当的困难，原因很简单，现有的卜辞材料不可能为我们提供一部连续不断的周祭祀谱，人们只

[①] 董作宾：《殷历谱》下编卷二《祀谱》，中央研究院历史语言研究所1945年版，第5页。
[②] 岛邦男：《殷墟卜辞研究》，中国学研究会1958年版，第97、101页。
[③] 陈梦家：《殷虚卜辞综述》，科学出版社1956年版，第391页。
[④] 见《英藏》2513缀合2512，参见白玉峥《简述乙版牛胛骨之缀合》，《中国文字》新十五期，1991年；蔡哲茂《甲骨文合集缀合补遗（续九）》，《大陆杂志》第八十四卷第一期，1992年。

能利用本属不同祭祀周期——祀——的很小一部分祀谱去拟构其他未见的全部祀谱，这当然带有很大的推测成分。因为我们无法判断这些得以建立的具有共性的周祭祀谱是否能够客观地反映其中若干带有个性的祭祀周期的特殊情况。当然，如果周祭的祀典确实像我们前面看到的那样呈现出一种极其严格的形式，这种拟构方案也倒不是不可以接受，但周祭行祭的实际状况或许比我们想象的复杂得多。学者认为，帝乙、帝辛周祭一祀大约需要36或37旬的时间，而37旬中多出的一旬或以为乃因翼日与叠日的接续变化所致①，或以为可以出现在叠日之后②，或以为翼日、叠日、彡日之后都有增加一旬的机会③。但除此之外，卜辞还显示了另外一种复杂的情况：

> 癸巳卜，辰贞：王旬亡祸？在六月。甲午贡典其阜。
> 癸丑卜，辰贞：王旬亡祸？在六月。甲寅彫翼上甲，王廿祀。
> 《合集》37867

贡典仪式与翼祭上甲之间尚空出一旬。这意味着大约每种祭法的贡典仪式与其前后两个祭祀周既可以接续，也可以略有间隔，何况贡典仪式也常有因某种特殊原因而延期举行的情况④。这是存在变化的因素之一，而另一因素则是先妣在祀典中的位置似乎并非一成不变，卜辞对这一现象也有清楚的反映。

> 壬子卜，贞：王宾大庚奭［妣］壬［叠日，亡］尤？
> 壬申卜，贞：［王］宾大戊奭［妣］壬叠日，亡尤？
> 《安明》2854+2858

依祀典的常规安排，大戊之配妣壬应在大庚之配妣壬受祭的次旬受祭，但卜辞显示，两人的祭日却相隔了一旬。学者或据此推测，37旬周期多出的

---

① 島邦男：《殷墟卜辞研究》，中国学研究会1958年版，第175页。
② 刘学顺：《乙辛时期周祭周期例证》，《殷都学刊》1987年第2期。
③ 许进雄：《殷卜辞中五种祭祀的研究》，台湾大学文学院1968年版，第109—110页。
④ 董作宾：《殷历谱》下编卷二《祀谱》，中央研究院历史语言研究所1945年版，第2页；李宗焜：《论殷墟甲骨文的否定词"妹"》，《历史语言研究所集刊》第六十六本第四分，1995年。

一旬也可以出现于各祭祀周的中间①，这当然不可能是唯一的解释。如果这些空句同时并存或部分地存在，抑或这种先妣祭祀的间歇本是先王祭祀间歇所影响的结果，都可能由于祀序的后移而导致周祭祀周的延长。事实上，现有的卜辞证据表明，周祭祀典在实际行祭时似乎并不像人们预想的那样严格，它可能随时由于某些我们无法知道的原因而改变原有的既定程序。因此，以一种整齐划一的祀典模式去重建殷历，而不考虑与其相适应的历法的合理因素的做法并非不存在弊端②。陈梦家注意到这一点，所以他的周祭研究只重建构祀典，而不重与年历配合重建祀谱，则不失为一种谨慎的做法。因此准确地说，目前所见的卜辞及金文资料虽有助于重建周祭祀典，却不足以再现一部周祭祀谱。

帝乙、帝辛周祭一祀的长度肯定不会像学者设想的那样只有36和37旬两种，因为如果是这样，那么这两种周期的相间安排就恰好符合两个回归年的天数，从而使周祭的祭仪与历月的相对位置保持一致，但实际情况却并非如此。卜辞显示，周祭周期在数年中存在一种明显的后移，这意味着周祭一祀的时间超过一年并不是一种偶然的现象。

在对周祭祀典有了比较正确认识的基础上，利用对祀典的重建构建晚殷历法和殷世王年则不失为一种可能的尝试。目前这方面的研究遵循两条不同的途径，一种是在合天历法的框架下设法容纳几近正确的祀典，另一种则是以祀典为基础去拟推当时的历法。两种方法虽然都不尽完善，但周祭祀周长度的不确定性则使后一种方法存在更大的弊端。显然，如果殷卜辞的"祀"不具有历年的意义，那么的祀典拟推历法的工作就需要有更全面的考虑。

董作宾的祀谱重建工作以历法为主，祀谱可以随历而变化③。这种做法如果建筑在一个相对可靠的历法基础上，显然比机械地连缀祀谱更能客观反映历史的真实。然而囿于时代的局限，董作宾的工作无论在卜辞材料的整理还是殷代历法的重建方面都存在不少缺憾④。

晚殷周祭并非以一种严格而整齐的形式存在的事实于卜辞有着明确的

---

① 许进雄：《殷卜辞中五种祭祀研究的新观念》，《中国文字》第35册，1970年。
② 严一萍：《论祀谱研究的方法问题》，《中国文字》新十期，1985年。
③ 董作宾：《殷历谱》下编卷二《祀谱》，中央研究院历史语言研究所1945年版；《殷历谱后记》，《六同别录》（中），中央研究院历史语言研究所集刊外编第三种，1945年。
④ 严一萍：《帝乙祀谱的新资料》，《中国文字》第52册，1974年；《殷历谱订补》，《历史语言研究所集刊》第四十七本第一分，1975年；丁骕：《读乙辛祀谱述见》，《中国文字》新十四期，1991年。

反映，因而学者据自己拟构的周祭祀典，将残存的祀谱加以连缀而重建周祭祀谱，或造成祀谱与历法不合①，或出现十年以上无闰②，结果并不圆满。学者多将这种祀谱与历法无法弥合的现象归咎于其时历法混乱的结果，这当然难以令人接受，因为对于一个以农为本的社会而言，十年以上无闰已失掉至少四个闰月，其所导致的历法的混乱和季节的明显位移早已超越了人们容忍的限度，它不仅对殷人的生活和耕作造成十分严重的影响，甚至使当时的历法失去了以闰月调节阴阳历的任何意义。殷历纵使较后世的历法粗疏，但出现如此混乱的状况却是不能想象的。或有秉承前辈学者主张殷历置有闰旬之假设③，以此弥合祀谱与历法的矛盾④。但这种解释更与历理难合，因为在使用阴阳合历的历法中，闰旬的设置将彻底打破太阴月的周期，因而闰旬与阴阳合历的格格不入在历理上表现得至为鲜明。显然，祀谱与历法的不谐与其说如某些意见认为的那样体现了历法的混乱，毋宁说体现了祀典的混乱更显合理。

殷代的周祭资料目前见于出组和黄组卜辞，明确属于祖甲、帝乙、帝辛三位殷王，祖庚与文丁周祭未能最终论定。其他各王则尚未见有或未能辨出属于他们系统的周祭材料。如果周祭的实行可以在某些殷王在位的时期被中断或部分中断的话，那么我们就没有理由认为相同的现象不可能出现在实行周祭的其他各王在位的时期，这种中断或停顿可以出现于每祀之内，当然也允许存于各祀之间。

属于文丁的周祭尚存争议，严一萍曾据宰丰骨刻辞所反映的周祭系统与董作宾排定的帝乙、帝辛祀谱不合而另立了文丁祀谱⑤，学者或从之⑥。然而仅以一版刻辞即重建一个王世的祀谱，缺乏相应的系联材料，证据未

---

① 岛邦男：《帝乙帝辛の在位年数》，《甲骨学》第9号，1961年；《帝辛王三十三祀殷亡说》，《甲骨学》第11号，1976年；《卜辞の殷历——殷历谱批判》，《日本中国学会报》第十八集，1966年。
② 许进雄：《殷卜辞中五种祭祀的研究》，台湾大学文学院1968年版，第136—142页；《五种祭祀的新观念与殷历的探讨》，《中国文字》第41册，1971年；《第五期五种祭祀祀谱的复原——兼谈晚商的历法》，《大陆杂志》第七十三卷第三期，1986年；常玉芝：《商代周祭制度》，中国社会科学出版社1987年版，第256—261页。
③ 刘朝阳：《再论殷历》，《燕京学报》第十三期，1933年；孙海波：《卜辞历法小记》，《燕京学报》第十七期，1935年；莫非斯：《春秋周殷历法考》，《燕京学报》第二十期，1936年。
④ 徐凤先：《帝辛周祭系统的可能年代》，《自然科学史研究》2001年第3期。
⑤ 严一萍：《文武丁祀谱》，《历史语言研究所集刊》第四十六本第二分，1975年。
⑥ 李学勤：《小屯南地甲骨与甲骨分期》，《文物》1981年第5期；常玉芝：《殷代周祭制度》，中国社会科学出版社1987年版，第291—292页。

免过于薄弱。事实上，如果比较相关的周祭资料，并且承认周祭制度存在某种变化，那么宰丰骨与帝辛周祭系统就完全可以相容。

  彡日
  六祀，四月癸巳彡日（小臣邑鼎）
  六祀，五月壬午彡日（宰丰骨）
  九祀，正月癸丑彡夕小甲（《明》61）
  九祀，二月乙亥彡日祖乙（《合集》37852）
  廿二祀，五月乙未彡日帝乙（坂方鼎）
  翼日
  六祀，六月乙亥翼日（六祀邲其卣）
  七祀，六月壬申翼日（亚鱼鼎）
  廿五祀，六月庚申翼日（宰椃角）

很明显，只要确定帝辛六祀的殷历四至六月间有闰，则六祀的周祭材料就可以得到合理的安排。因此对于周祭的研究，其方法的探索与材料的整理同样重要。

第七节　甲骨文选读

一　殷墟甲骨文

宾组卜辞

1.《合集》11497 正、反（图 6-5）
  出（侑）于上甲？
  丁亥卜，𣪊贞：翼（翌）庚寅出（侑）于大庚？
  贞：翼（翌）辛卯出（侑）于且（祖）辛？
  丙申卜，𣪊贞：来乙巳酚下乙$_{(一)}$？王固（占）曰："酚，隹（唯）出（有）希（祟），其出（有）毁（微）$_{(二)}$。"乙巳酚，明雨。伐，既雨。咸伐，亦雨。改卯鸟，星（晴）$_{(三)}$。
  乙巳夕出（有）毁（微）于西。
  丙午卜，争贞：来甲寅酚大甲？
此版卜辞由贞人𣪊与争同版并卜。"𣪊"字结体圆转。

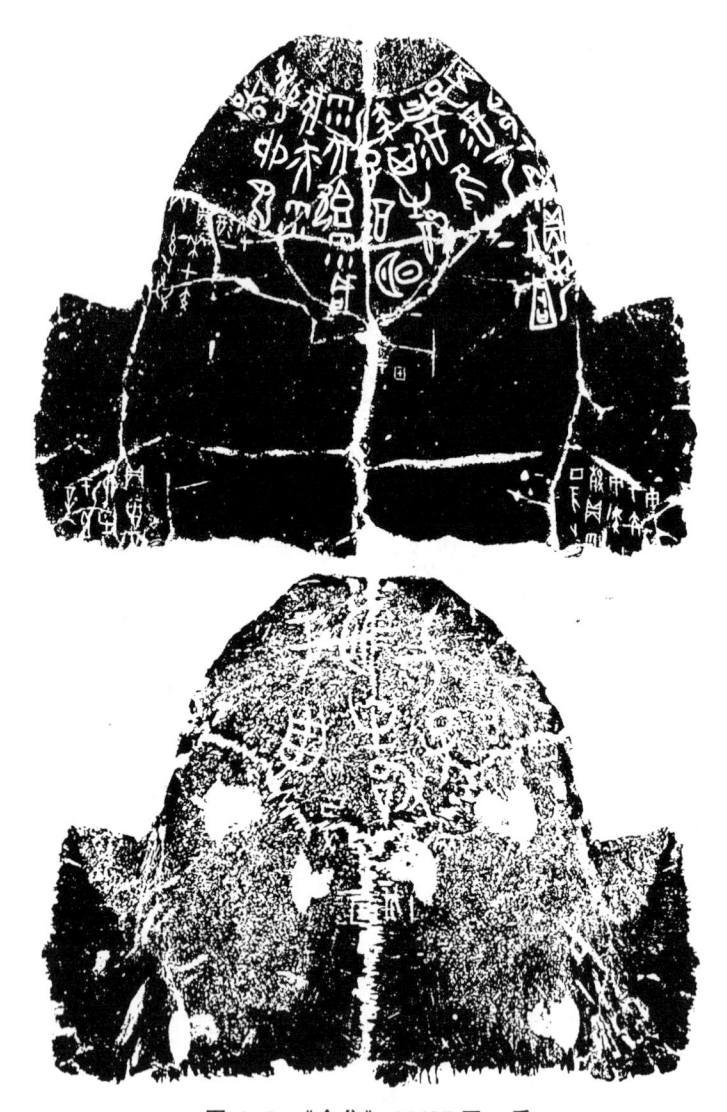

图6-5 《合集》11497正、反

（一）"酻"，从"酉""彡"声，祭名，当为以酒行祭，与殷代彡祭不同。彡祭之"彡"或以为即文献之"肜"[1]，字似取形于"彭"，以象鼓声。《尔雅·释天》："绎，又祭也。周曰绎，商曰肜，夏曰复胙。"郭璞

---

[1] 杨树达：《释肜日》，《积微居甲文说》卷下，中国科学院1954年版。

《注》引孙炎曰:"祭之明日,寻绎复祭。肜者,相寻之意。"《尚书·高宗肜日》伪孔《传》:"祭之明日又祭,殷曰肜。""下乙",中宗祖乙。

(二)"毁",象以手持锤击凿,旧或释"設"①,但字不从"言"。东汉武梁祠画像有霹雳神作持锤击凿之形,与此字反映的内涵一致,是此字本即震霆之象。其于金文作"𠁁"(《美》289),或更作"𠁁"(《三代》3.35),隶定为"毁",于此应读为"徵",即《尚书·洪范》之庶徵②。背文验辞"乙巳夕有徵于西"即言乙巳夜晚有徵兆显现于西。

(三)"乌",旧释"鸟",字形写实本象乌鸦,于此则为改卯致祭的对象,当即日神的象征。《山海经·大荒东经》:"一日方至,一日方出,皆载于乌。"《天问》:"弈焉彃日?乌焉解羽?"古人向以乌象征太阳。卜辞及金文鸟类文字写法多样,可以分别出不同种属,故这些文字应特指相应的鸟类,尤其是作为族氏徽号的文字,不宜不加分辨地统释为"鸟"字。卜辞又云:

……霁,庚子藝乌,星(晴)。七月。　　《合集》11500 正
……大采烙(各)云自北,西单雷,……采日鹬,星(晴)。
三月。　　《甲缀》83

"鹬"为知雨之鸟,"藝"、"日"皆为祭名,故殷人祭乌祭鹬以祈天晴,与上文"改卯乌"所反映的内容相同。

"星",读为"晴"③。《玉篇·日部》:"晴,雨止也,精明也,无云也。"或作"姓"。《说文·夕部》:"姓,雨而夜除星见也。"段玉裁《注》:"古姓、晴、精皆今之晴。"卜辞又云:

酚,明雨。伐,[既]雨。咸伐,亦[雨]。改卯乌,大启,昜(阳)。
《合集》11499 正

"大启"即大晴,"阳"更形容其晴朗的程度。故"星"与"大启"互文,

---

① 于省吾:《释設》,《甲骨文字释林》中卷,中华书局1979年版。
② 冯时:《甲骨文"震"及相关问题》,《甲骨文与殷商史》新三辑,上海古籍出版社2012年版。
③ 杨树达:《释星》,《积微居甲文说》卷上,中国科学院1954年版。

也可知其本义为晴①。旧以"鸟星"连读而解为星名，不确。

2.《合集》10405 正（图 6-6）

癸酉卜，殷贞：旬亡囚（祸）？王二曰(一)："勾。"王固（占）曰："俞(二)！业（有）希（祟），业（有）瘮（痛)(三)。"五日丁丑王嬪（宾）中丁，卒（厥）陁（跂）才（在）宦（庭）阜(四)。十月。

己卯，媚子廣入，宜羌十？

癸未卜，殷贞：旬亡囚（祸）？王固（占）曰："徒（都)(五)！乃兹（兹）业（有）希（祟）。"六日戊子子弢（发）囚（蕴)(六)。一月。

癸巳卜，殷贞：旬亡囚（祸）？王固（占）曰："乃兹（兹）亦业（有）希（祟）。"若俑(七)。甲午王往逐兕，小臣进车马，硪（俄）粤（考）王车(八)，子央亦队（隊）。

三条卜旬辞之间分别有界划分割。

（一）《说文·贝部》："贰，副益也。"又《冓部》："再，一举而二也。""二"训益。

（二）"俞"，应对副词，然也。《尚书·尧典》："帝曰：'俞！予闻，如何？'"

（三）"瘮"，"痛"字异构。《说文·疒部》："痛，病也。"《诗·周南·卷耳》："我仆痛矣。"孔颖达《正义》引孙炎曰："痛，人疲不能行之之病。"又见《合集》137 版。

（四）"陁"，读为"跂"。"企"本举踵企望之形，文献或作"跂"。《诗·卫风·河广》："跂予望之。"《楚辞·九叹》王逸《章句》引"跂"作"企"。《诗·小雅·大东》："跂彼织女。"《说文·匕部》引"跂"作"陁"。朱骏声《说文通训定声》："陁，叚借为企。"徐锴云："陁，倾也。"大徐作"顷也"。故"厥陁在庭阜"即言于庭阜跌倒，此正应合王占有痛而不能行。

（五）"徒"，读为"都"，叹词。《尚书·皋陶谟》："皋陶曰：'都，在知人，在安民。'"

（六）"囚"，张政烺读为"蕴"，意为埋②。

（七）"若俑"，谓如繇所云③。

---

① 李学勤：《论殷墟卜辞的"星"》，《郑州大学学报》1981 年第 4 期。
② 张政烺：《释"因蕴"》，《古文字研究》第十二辑，中华书局 1985 年版。
③ 郭沫若：《卜辞通纂》，第 158 页，《郭沫若全集·考古编》第二册，科学出版社 1983 年版。

图 6-6 《合集》10405 正

（八）"进"，卜辞作"㞷"。《说文·囱部》："㞷，古文囱字。"字形全同。字从"丨"声，读为"进"。段玉裁《说文解字注》："囱之言进也。"《说文·日部》："晋，进也。"知"丨"、"进"同训。《周礼·夏官·田仆》："凡田，王提马而走，诸侯晋，大夫驰。"正合此礼。此"小臣进车马"即言"诸侯晋"。或以为"㞷"为小臣名①，则此句必须与"俄考王车"连读以表示子央坠车的原因，但如此解之，"子央亦坠"的

---

① 郭沫若：《卜辞通纂》，第 158 页，《郭沫若全集·考古编》第二册，科学出版社 1983 年版。

"亦"字则颇不合文义。况以车马撞击王车，但车倾而马不必倾，故"马"字亦嫌多馀。

"硪"，本从二"石""我"声，读为"俄"。《说文·人部》："俄，行倾也。"《广雅·释诂二》："俄，衺也。"俱存古义。故字本从"石"为意符，以明车行道垫石而倾。"小臣进车马"之"车"作横轴折断之形[①]，也明其车倾覆的原因。

"甹"，从"叀""丂"声，读为"考"。撞击也。《庄子·天地》："故金石有声，不考不鸣。"成玄英《疏》："考，击也。"或读为"铿"，意也相同。"考"、"铿"溪纽双声。《楚辞·招魂》："铿钟摇簴。"辞言小臣进车马时因石垫致车轴折断，倾覆而撞击王车，故子央自车坠落。

"隊"，本作人自山倒坠之形，会意，即"墜"之本字。《说文·𨸏部》："隊，从高隊也。"段玉裁《注》："隊、墜正俗字，古书多作隊，今则墜行而隊废矣。"《礼记·檀弓上》："鲁庄公及宋人战于乘丘，縣贲父御，卜国为右。马惊败绩，公隊，佐车授绥。"记事相近。"亦"，卜辞多用为两相须之意，言又，言也。故"子央亦隊"意即不仅王车被撞，而且子央也不幸墜车。

3.《合集》10405 反（图 6-7）

王固（占）曰："㞢（有）希（祟）。"八日庚戌㞢（有）各（格）云自东，冒母（晦）[(一)]，㚔亦㞢（有）出虹，自北歓于河。□月。

癸亥卜，殷贞：旬亡囚（祸）？王固（占）曰："[㞢（有）希（祟）]，其亦㞢（有）来娩（艰）。"五日丁卯子𢀛𣪘（殊）[(二)]，不囚（蕴）。

此版与《合集》10406（反）为成套卜辞，缺文可据以拟补。

（一）"冒母"，读为"冒晦"。《说文·冃部》："冒，冡而前也。"《尚书·秦誓》："冒疾以恶之。"孔颖达《正义》："冒，谓蔽障掩盖之也。"《汉书·王商传》："水犹不冒城郭。"师古《注》："冒，蒙覆也。"《尔雅·释天》："雾谓之晦。"郭璞《注》："晦，言晦冥。"此"冒晦"当言来云蒙覆晦暗之状。

（二）"𣪘"字当从"歹"从"女"为意符，"黽"声，本乃蛛之象形。字从"歹"，知意为死，又从"女"，知子𢀛为女，故"𣪘"当读为"殊"。《说文·歺部》："殊，死也。从歺，朱声。"此卜子𢀛死而未埋。《合集》

[①] 萧良琼：《卜辞文例与卜辞的整理和研究》，《甲骨文与殷商史》第二辑，上海古籍出版社 1986 年版。

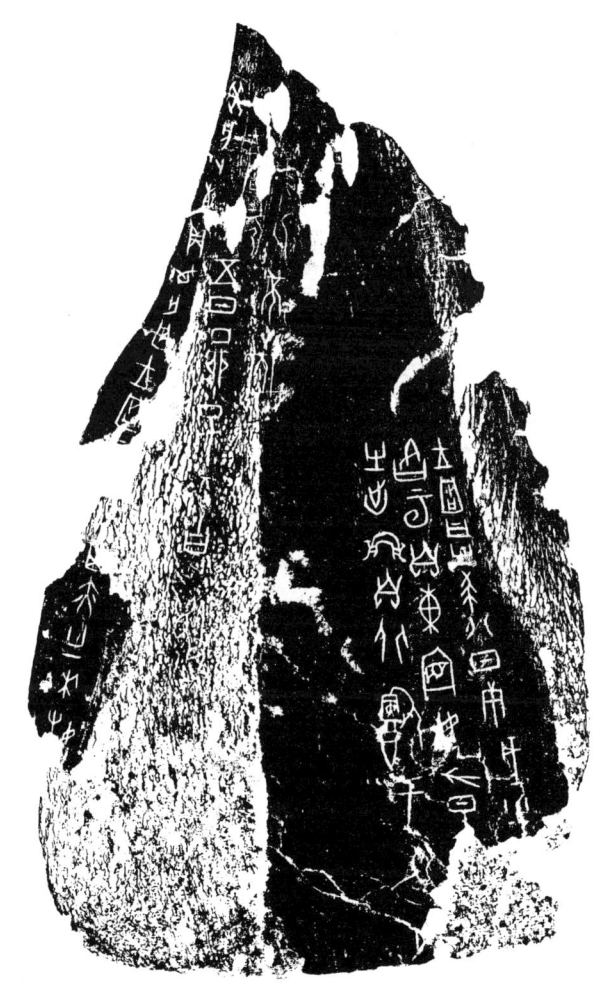

图 6-7 《合集》10405 反

13362（正）："[王]占曰：'有祟。'七日己[巳子]㞢囚（蕴）。"知其埋在之后。

4.《合集》6057 正（图 6-8）

王固（占）曰："㞢（有）希（祟）。其㞢（有）来姞（艰）。"气（迄）至七日己巳允㞢（有）来姞（艰）自西。峷友角告曰："舌方出，慢（侵）我示（氏）鼙田（甸）七十人五(一)。"五月。

癸未卜，殷☐。

癸巳卜，殷贞：旬亡囚（祸）？王固（占）曰："㞢（有）希（祟）。其㞢（有）来姞（艰）。"气（迄）至五日丁酉允㞢（有）来

图 6-8 《合集》6057 正

娩（艰）自西。沚馘告曰："土方证（拔）于我东啚（鄙）(二)，[戬]二邑(三)，舌方亦侵（侵）我西啚（鄙）田（甸）(四)。"

癸卯卜，㱿贞：旬亡田（祸）？王固（占）曰："屮（有）希（祟），其屮（有）来娩（艰）。"五日丁未允屮（有）来娩（艰），歈卯（禦）自弖围。六月。

（一）"示"，读为"氏"。《周礼·天官·太宰》："祀大神示亦如之。"陆德明《释文》："示本又作祇。"是"示"、"氏"通用之证①。《史记·五帝本纪》裴骃《集解》引郑玄《驳许慎五经异义》："氏者，所以别子孙之所出。"古以男子称氏，或氏其官，或氏其事，或氏其地，或氏其字。嵒友角之称"我氏"不同于王卜辞所见之"三族"、"多子族"，乃殷外服侯伯之称。

"田"，读为"甸"。大盂鼎铭："唯殷边侯田（甸）。"知即殷之甸服，

---

① 或参丁山《甲骨文所见氏族及其制度》，中华书局1988年版。

卜辞或作"奠"①。是殷以大邑为王庭，而同姓为族，为侯服，非同族而得氏则为甸服，故甸服为得氏之族所在。"黎"，甸服地名。"我氏黎甸"即我之赐氏于黎者，其地曰甸。

（二）"土方"，殷之敌对方伯。"方"为殷商政治区划中于外服之外的敌对势力，其与大邑商的关系最为疏远。土方地处大邑商之西，其侵扰沚𢦒东境，或更在沚𢦒以北。

"𣌭"，从邑从双足，双足或踏于邑中，与"正"字迥异。《说文·癶部》："癶，读若拨。"《说文通训定声》以为假借为"拔"，卜辞当用此义。

（三）"𢦒"字残半，其与"戋"本为一字，意即伐灭。"𢦒"于早期文献也用为动词，后则分化为"戋"②。"邑"为没有城垣的聚邑，制度与城墉不同③。

（四）"𠰻方"，殷之敌对方伯，其侵沚𢦒西鄙，知地在沚𢦒以西，陈梦家以为在太行山西北④。沚𢦒称"甸"，也为殷之甸服。

5.《合集》14002 正（图 6-9）

　　甲申卜，殻贞：帚（妇）好冥（娩），妫（嘉）(一)？王𠂤（占）曰："其佳（唯）丁冥（娩），妫（嘉），其佳（唯）庚冥（娩），引吉(二)。"三旬㞢（又）一日甲寅冥（娩），不妫（嘉），佳（唯）女(三)。

　　甲申卜，殻贞：帚（妇）好冥（娩），不其妫（嘉）？三旬㞢（又）一日甲寅冥（娩），允不妫（嘉）(四)，佳（唯）女。

（一）"冥"，唐兰所释⑤。"妫"，郭沫若以为即"嫛"字之省，并读"冥妫"为"娩嘉"⑥，言妇女分娩事。

（二）"丁"、"庚"皆为殷王预设的分娩吉日。西周金文初吉之日也以丁亥、庚寅最多，可明古以丁、庚二天干为吉，其诹日用事传统，殷已有之。"嘉"、"吉"含义略有不同，"嘉"指生男之事，"吉"则不独指

---

① 萧良琼：《卜辞文例与卜辞的整理和研究》，《甲骨文与殷商史》第二辑，上海古籍出版社 1986 年版。
② 冯时：《甲骨文、金文"戋"与殷商方国》，《华夏考古》1988 年第 3 期；《古文字与古史新论》，台湾书房出版有限公司 2007 年版。
③ 冯时：《"文邑"考》，《考古学报》2008 年第 3 期。
④ 陈梦家：《殷虚卜辞综述》，科学出版社 1956 年版，第 274 页。
⑤ 唐兰：《天壤阁甲骨文存考释》，北京辅仁大学 1939 年版，第 60 页。
⑥ 郭沫若：《骨臼刻辞之一考察》，《殷契馀论》；《殷契粹编考释》，《郭沫若全集·考古编》第一、三册，科学出版社 1982、2002 年版，第 160 页。

图 6-9 《合集》14002 正

生男,还应兼涉婴儿的健康。《说文·乙部》:"孔,通也,嘉美之也。从乙子。乙,请子之候鸟也,乙至而得子,嘉美之也。故古人名嘉字子孔。"颇存古意。"引吉",长吉也。《易·萃》:"引吉无咎。"

(三) 分娩实于甲寅日,生女而不嘉。

(四) 此辞所记验辞言"允不嘉",意在呼应命辞"不其嘉"。而其对贞之命辞言"嘉",故验辞仅言"不嘉"而不书"允",逻辑清楚,故知卜辞"允"字之用十分严格。

6. 《合集》14001 正(图 6-10)

壬寅卜,殸贞:帚(妇)[好]冥(娩),幼(嘉)?王固(占)曰:"其隹(唯)[戊]申冥(娩),吉,幼(嘉)(一)。其隹(唯)甲寅冥(娩),不吉,迺(廙)隹(唯)女(二)。"

壬寅卜,殸贞:帚(妇)好冥(娩),不其幼(嘉)?王固(占)曰:"郊(幺),不幼(嘉)(三)。其幼(嘉),不吉于手(四)。若丝(兹)廼囚(蕴)(五)。"

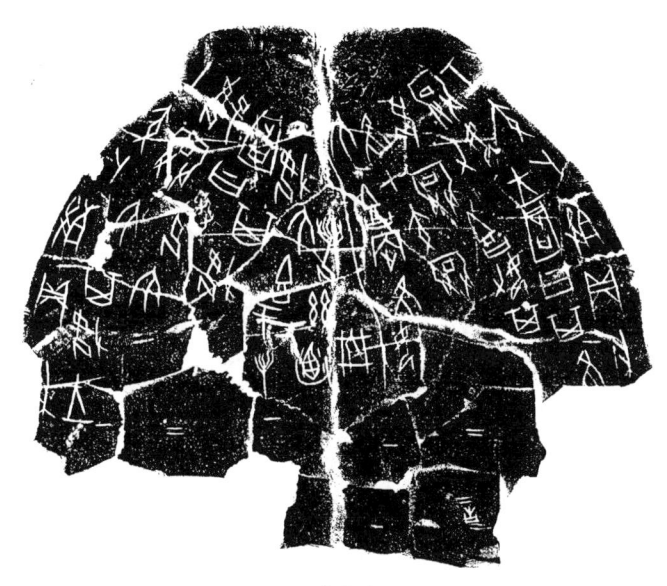

图 6-10 《合集》14001 正

（一）"吉"、"嘉"连言，是说既生男孩，而且健康。

（二）"迺"，金文作"遹"，即"远"之异构，此读为"赓"。《说文·糸部》："赓，古文续。""赓唯女"意即又生女孩。古以甲日不吉，故卜生女婴。

（三）"幼"，读为"幺"，婴不足月之谓。"不嘉"则指女婴。此言女婴不足月。

（四）"其嘉"意即生男。"不吉于手"则谓手有残疾。此言男婴肢体有残。

（五）"若兹廼蕴"是说假如生女而不足月，或生男而肢体有残，这两种情况发生，则要将其埋掉。这是目前所见最早的优生记录。

7. 《合集》14206（图 6-11）

壬子卜，争贞：我其乍（作）邑(一)，帝弗ナ（佐），若(二)？三月。二告

癸丑卜，争贞：勿乍（作）邑，帝若？二告

［癸］丑卜，争贞：我宅兹（兹）邑(三)，大宾，帝若？三月。二告

癸丑卜，争贞：帝弗若？

上下两条卜辞之间分别有界划分割。从兆序可知，其事共卜十次。

（一）"作邑"即为营造聚邑。"邑"是没有城垣的围邑，其域多以沟

图 6-11 《合集》14206

树为阻固，或利用天然屏障。"邑"字从"囗"。段玉裁《说文解字注》释"邑"字所从之"囗"云："囗音韦，封域也。"《周礼·夏官·掌固》："掌固掌修城郭、沟池、树渠之固。……若造都邑，则治其固，与其守法。凡国都之竟有沟树之固，……若有山川，则因之。"三代都邑如西周之洛邑、文王之丰邑、商之大邑商、汤之亳中邑、夏之文邑皆曰"邑"，即为不具城垣的围邑，多已为考古工作所证实。王室所居乃天下之中的大邑，邑外为外服之"国"，"国"外则为敌对之"方"。受朴素时空观的影响，内服之中心大邑与外服之国构成了早期王朝政体的基本制度[①]。

[①] 冯时：《中国古代的天文与人文》第一章，中国社会科学出版社 2006 年版；《"文邑"考》，《考古学报》2008 年第 3 期。

（二）"帝"，上帝，主宰万物的至上神。"ナ"，读为"佐"，助也。《尔雅·释言》："若，顺也。"《尚书·召诰》："面稽天若。"又《无逸》："非天攸若。"用法相同。

（三）"宅兹邑"意即居此邑。殷人于作邑、居邑都要卜询天意。《召诰》："太保朝至于洛，卜宅。厥既得卜，则经营。"曾运乾《正读》："卜宅者，《周官·太卜》云：国大迁则贞龟。"此卜宅与《召诰》所记皆在作邑之前，其制相同。

8.《合集》13514 正甲、乙（图 6-12，1）

辛卯卜，㱿贞：勿𠅩基方缶乍（作）墉(一)，子商戋（𢦏）(二)？四月。

辛卯卜，㱿贞：勿𠅩基方缶乍（作）墉，子商［戋（𢦏）］？

辛卯卜，㱿贞：基方乍（作）墉，其𡆥（祟）？

辛卯卜，㱿贞：基方乍（作）墉，不𡆥（祟）弗吂（陨）(三)？四月。

辛卯卜，㱿贞：基方缶乍（作）墉，不𡆥（祟）弗吂（陨）？

辛［卯卜，㱿贞：基］方☐月。

弗以［出］（侑）取(四)？二告

☐以出（侑）取？

其以出（侑）取？

雀步于𣏂(五)？

（一）"基方"，殷之敌对方伯，"缶"为基方之地。"作墉"即筑城，"墉"字本象城垣四方各有门楼，后省为两门。《说文·𩫏部》："𩫖，度也。民所度居也。从回，象城𩫖之重。两亭相对也。或但从口。"段玉裁《注》："按城𩫖字今作郭。"又《土部》："墉，城垣也。从土，庸声。𩫖，古文墉。"知"墉"、"郭"古本同字，皆象城郭之形。"𠅩"，不识，学者或以为有抵御之意①。则"勿𠅩"似言允许。

（二）子商率军伐基方，《合集》6571 版记子商于五月敦伐基方，与此辞所记当为一事。故此条卜辞意为：如果允许基方于缶地筑城，对子商是否会有灾祸。足见作墉筑城其实是为着军事的目的②。

（三）"𡆥"，读为"祟"，字增"丨"为声符，读如"退"，上古

---

① 饶宗颐：《商代贞卜人物通考》，香港大学出版社 1959 年版，第 177 页。
② 彭邦炯：《卜辞"作邑"蠡测》，《甲骨探史录》，生活·读书·新知三联书店 1982 年版。

图 6-12
1.《合集》13514 正甲、乙　2.《合集》6814　3.《甲缀》201

"退"、"祟"同在物部,叠韵可通。"吰",读为"陨"。《老子》第四十八章:"为道日损,损之又损。"汉帛书乙本"损"作"云"。是"云"、"陨"通用之证。"陨"即言毁其城池。《淮南子·览冥》:"景公台陨。"高诱《注》:"陨,坏也。"《逸周书·小明武》言攻战云:"毁其地阻。"朱右曾《校释》:"地阻,关阨也。"故"不祟弗陨"意即不毁其城池不会有祸祟吗。

(四)"以",用也。"取"祭名,卜辞为祭祖之礼。此事又关乎战争,故应即文献之舍奠或造祭。《周礼·春官·甸祝》:"舍奠于祖庙,祢亦如之。"郑玄《注》:"舍读为释,释奠者,告将时田,若将出征。"贾公彦《疏》:"天子将出,告庙而行。言释奠于祖庙者,非时而祭即曰奠,以其不立尸。奠之言停,停馔具而已。"知时田之前,有此告奠之事。舍奠乃设荐之意,与"取"字义正相应,其陈酒食,遂后世更书作"竈"。《周礼·春官·大祝》:"掌六祈,一曰类,二曰造。"郑玄《注》:"祈,噪也,谓为有灾变,号叫告神以求福。……故书造作竈,杜子春读竈为造次之造,书亦或为造,造祭于祖也。"《释名·释宫室》:"竈,造也,创造食物也。"此乃声训。《大祝》:"大师,宜乎社,造乎祖。……大会同,造于庙,宜于祖。……反行,舍奠。"贾公彦《疏》:"军将出,宜祭于社,即将社主行,不用命戮于社。造于祖者,出必造,即七庙俱祭,取迁庙之主行,用命赏于祖。皆载于齐车。"《礼记·王制》:"天子将出,类乎上帝,宜乎社,造乎祢。诸侯将出,宜乎社,造乎祢。"《逸周书·小明武》言攻战云:"上下祷祈,靡神不下。"是也。知时田与征伐之前,皆有告祖舍奠之事。《周礼·夏官·掌固》:"夜三鼜以号戒。"郑玄《注》引杜子春云:"读鼜为造次之造。《春秋传》所谓宾将趣者与,趣与造音相近。"《易·萃·象传》:"聚以正也。"陆德明《释文》:"聚以正,荀作'取以正'。"《易·乾·象传》:"大人造也。"陆德明《释文》:"刘歆父子作'聚'。"皆"取"、"造"通用之证。

(五)"雀",商外服属国,地在晋南。"⿱",地名,也当于晋南。是雀也参与战事。

9.《合集》10344 正(图6-13)
　　戊戌卜,□,畐☒。
　　癸丑卜,㱿,隹(唯)兄丁?二告
　　癸丑卜,㱿,不隹(唯)兄丁?
　　贞:禽麋(一)?
　　贞:弗其禽麋?二告
　　王隻(获)鹿?允隻(获)。
　　不其[隻(获)]?
　　王弗其隻(获)兕?
　　王☒鼐(二)?
　　甲寅卜,㱿贞:尞于屮(右)土(社)(三)?
　　屮(侑)惠犬(四),屮(侑)羊屮(又)一人,晶(曐)(五)?
　　屮(侑)宰(牢)屮(又)一人(六)?二告

图 6-13 《合集》10344 正

（一）"兄丁"，待考。"禽"，今作"擒"。
（二）此亦获兕之贞，龟甲背面刻有"允获兕四百五十"的验辞。
（三）"㞢土"，读为"右社"。《周礼·春官·小宗伯》："右社稷，左宗庙。"制度相同。"尞"，祭名，文献或作"燎"。《说文·火部》："尞，柴祭天也。"又《示部》："柴，烧柴尞祭天也。"社虽为地祇，然而作为帝臣也享受尞祭。《周礼·春官·大宗伯》："以禋祀祀昊天上帝，以实柴祀日月星辰，以槱燎祀司中、司命、飌师、雨师，以血祭祭社稷五祀五岳，以貍沈祭山林川泽，以疈辜祭四方百物。"与殷制不同，殷之尞祭则遍及自然神与祖先神。祭社以甲日，合于古制。《礼记·郊特牲》："社祭土而主阴气也，……日用甲，用日之始也。"

（四）"㞢"，读为"侑"，祭名。《尔雅·释诂下》："侑，报也。"卜辞或作"又"。旧以为侑劝尸食而拜之祭，然卜辞于无尸位之祭也曰"侑"，故此说可商。《国语·楚语上》："飨之以璧侑。"董增龄《正义》："侑训劝，谓助欢也。"是侑祭实即献牲报神而使其欢喜之谓。《礼记·郊特牲》："唯社，丘乘共粢盛，所以报本反始也。"观念一致。

祭社而尞以犬牲，卜辞有征：

　　　　壬午卜，尞社，延巫（方）禘，二犬？　　　　《拾》1.1

"巫"读为"方"，致祭四方之神①。社、方并祭，同以犬牲。

（五）羊亦祭社之牲。《诗·小雅·甫田》："以我齐明，与我牺羊，以社以方。"郑玄《笺》："秋祭社与四方，为五谷成熟，报其功也。"此外更有人牲。"晶"即"星"之本字，于此读为"晴"。天晴而利于尞祭。

（六）"牢"，祭祀之前在牢中精心饲养的牺牲，以区别于未经圈养者②。《礼记·郊特牲》："帝牛必在涤三月。"《周礼·地官·牧人》："凡祭祀共其牺牲，以授充人系之。"郑玄《注》："授充人者，当殊养之。"贾公彦《疏》："牧人养牲，临祭前三月，授与充人系养之。"又《充人》："充人掌系祭祀之牲牷。祀五帝，则系于牢刍之三月。享先王亦如之。凡散祭祀之牲，系于国门，使养之。"郑玄《注》："牢，闲也。必有闲者，防禽兽触齧。养牛羊曰刍。三月，一时节气成。"故商代之牢与后世不同，"大牢"、"小牢"即言经特殊饲养的大牲、小牲，而牢牲究竟为牛为羊，则往往通过字形加以特别表现。此"牢"字从"羊"，知为羊牲。

10.《合集》10198正（图6-14）

　　贞：翼（翌）辛亥□王□禽？

---

① 冯时：《中国古代的天文与人文》（修订版），中国社会科学出版社2009年版。
② 姚孝遂：《"牢""宰"考辨》，《古文字研究》第九辑，中华书局1984年版。

图 6-14 《合集》10198 正

　　翼（翌）戊午焚₍₋₎，禽？二告
　　戊午卜，殻贞：我狩敏₍₂₎，禽？之日狩，允禽，隻（获）虎一、鹿四十，狃（狐）二百六十四、麑百五十九，蔺赤㞢（有）犮（玄）二₍₃₎，赤小□四□₍₄₎。
　　（一）"焚"，田猎之法。《周礼·夏官·大司马》："遂以蒐田，有司表貉，誓民，鼓，遂围禁，火弊，献禽以祭社。"郑玄《注》："火弊，火止也。春田主用火，因焚莱除陈草，皆杀而火止。"《尔雅·释天》："火田为狩。"郭璞《注》："放火烧田，猎亦为狩。"此正与下文言"狩"合。
　　（二）"敏"，田狩之地，未详。
　　（三）"蔺赤"，践踏诛灭也。《礼记·曲礼上》："入国不驰。"郑玄《注》："驰善蔺人也。"孔颖达《正义》引何胤曰："蔺，躐也。"《文选·司马长卿上林赋》："蔺玄鹤。"刘良《注》："蔺，执捉蹈藉之称也。"字又作

"蹸"。郭璞《注》："蹸，践也。"《文选·扬雄解嘲》："不知一跌将赤吾之族也。"李善《注》："赤，谓诛灭也。""友"，读为"幺"，幼兽。

（四）"赤"亦诛灭。"小"，麛兽，未成年之兽。《礼记·王制》："昆虫未蛰，不以火田。不麛，不卵，不杀胎，不殀夭，不覆巢。"又云："禽兽鱼鳖不中杀。"即不杀幼小之禽。《礼记·曲礼下》："国君春田不围泽，大夫不掩群，士不取麛卵。"也不猎幼兽之谓。《春秋经·桓公七年》："春二月己亥，焚咸丘。"杜预《集解》："焚，火田也。讥尽物，故书。"《左传·定公元年》："而田于大陆，焚焉。"杜预《集解》："火田并见，烧也。"也讥淫猎之辞。殷代田猎制度与此相同，不取幼小之兽乃为田猎厉禁，若偶有伤之，必记出明示。其云"蹸赤"，也与正常之猎获言"获"不同。况与其获兽逾三百相比，其数也甚微。

11.《甲缀》201（《合集》9620+9625，图6-12，3）

　　[甲]午卜，宾，[翼（翌）]乙未[㞢（有）告]麦？[允]㞢（有）告[麦]。

　　[乙未]卜，[宾，翼（翌）]丙[申亡]其[告]麦？

　　[己]亥卜，宾，翼（翌）庚子㞢（有）告麦？允㞢（有）告麦？

　　庚子卜，宾，翼（翌）辛丑㞢（有）告麦？

　　翼（翌）辛丑亡其告麦？

卜辞所言之"麦"皆指小麦，而冬麦于殷代尚无种植。"告麦"则为麦熟告成之意，乃侯伯之国告于殷王之谓[①]。商代农作物如黍、粟、稻等皆无告成之事，当与这些作物于大邑商均有种植有关，因此殷代告麦之事表明，麦类作物的种植当于殷代的外服侯国，殷王食麦乃由侯伯所贡，并非大邑商自产。

12.《合集》1027正（图6-15）

　　癸卯卜，王，㞢（侑）于且（祖）乙，二牛？用(一)。

　　癸卯卜，王，㝅于大甲？

　　癸卯卜，㱿，㞢（侑）于河三羌，卯三牛，尞一牛(二)？

　　癸卯卜，㱿，尞河一牛，㞢（侑）三羌，卯三牛？

　　□？用。

　　丁巳卜，争贞：降䜌（酋）千牛？二告

---

① 胡厚宣：《卜辞中所见的殷代农业》，《甲骨学商史论丛续集》，成都齐鲁大学国学研究所专刊，1945年，第89页。

图 6-15 《合集》1027 正

不其降册（冊）千牛、千人(三)？

丁［巳］卜，［降］？

不［其］降？

戊午卜，㱿贞，我其乎（呼）敦𫇨(四)，戬？

戊午卜，㱿，我敦𫇨，戬？

己未卜，㱿贞：王𤕫（梦）盅(五)，隹（唯）囚（祸）？

己未卜，㱿贞：王𤕫（梦）盅，不隹（唯）？二告

己未卜，㱿贞：岳其来见王(六)？一月。

己未卜，㱿贞：岳不其来见王？

己未卜，㱿贞：岳其𩜇（禀）我旅(七)？

己未卜，殻贞：缶不我蠚（稟）旅？一月。

（一）"用"，用辞，按此卜行事。

（二）"侑"、"卯"、"寮"，皆为祭名。"河"，黄河之神，受祭者。"羌"，人牲。

（三）"翩"，告也①。《说文·曰部》："翩，告也。从册从曰，册亦声。"段玉裁《注》："简牍曰册，以简告诫曰翩。""翩千牛、千人"意即告神用千牛千人，而并非实际杀掉千牛千人。"降翩"意即下告，当亦祭河神之辞。或省作"降"。

（四）"敦"作"𢼒"，疑即"敦"字异构。

（五）《易·蛊》："蛊，元亨。利涉大川，先甲三日，后甲三日。"称"蛊"而言涉河之事，与此辞于癸、丁二日祭河适相应，"丁"，后甲三日也②。《说文·蟲部》："蛊，腹中虫也。《春秋传》曰'皿虫为蛊。'晦淫之所生也。枭桀死之鬼亦为蛊。从蟲从皿。"《左传·昭公元年》："女惑男谓之蛊。"《蛊》初六爻辞言"幹父之蛊"，"蛊"即此意③。古有河伯娶妻之俗，此辞卜于祭河而梦蛊，似与是俗有关。以此观之，知此辞亦关乎祭河。

（六）"见王"，谒王也。《吕氏春秋·適威》："颜阖入见。"高诱《注》："见，谒也。"或即觐礼。《礼记·曲礼下》："诸侯北面而见天子曰觐。"郑玄《仪礼目录》："觐，见也。""缶"，方伯名。此时已降服于商，故有谒王之事。史墙盘铭："方蛮无不踝视。"

（七）"稟"，给谷也④。《说文·㐭部》："稟，赐谷也。""旅"，旅众也。卜辞又有"登旅万"（《库》310）及"振旅"（《合集》36426）之辞，是其证。《诗·周颂·载芟》："侯亚侯旅。"毛《传》："旅，子弟也。"是商王之族实即族旅族众。辞言缶供给商王族旅以粮草。此与敦畐事相应，皆卜战事。或畐地更在大河之西，故卜辞祭河实亦关乎战事。

13.《合集》6814（图6-12，2）

癸未卜，争贞：令旗以多子族璞（撲）周，囟（進）王事？

此辞由争所贞，书法风格与一般的宾组书风迥异。"旗"，族名，亦为该族之长，卜辞或作"𬀩"（《合集》6818）。"以"，与也，连词。《左传·襄公二十年》："赋《常棣》之七章以卒。"卜辞或云：

---

① 罗振玉：《增订殷虚书契考释》卷中，东方学会1927年石印本，第58页。
② 参见王引之《经义述闻》卷一，江苏古籍出版社1985年版。
③ 高亨：《周易古经今注》，中华书局1984年版，第215页。
④ 张秉权：《殷虚文字丙编》上辑（二），历史语言研究所1957年版，第187页。

贞：令多子族眔（暨）犬侯璞（撲）周，囟（进）王事？
《合集》6813

□□［卜］，允贞：令旟比仓侯璞（撲）周，［囟（进）王事］？
《合集》6816

知"以"与"比"、"暨"同义。"多子族"相对于"王族"而言，王族是王的亲族，而多子族当为王族之外的子姓家族。"周"，姬姓方伯。

"囟"，读为"进"。字或作"脺"，学者或读为"宰"[①]。于此固无不可，但却不合解释其他卜辞。"进王事"意即代行王事。

𠂤组卜辞

1. 《合集》20582 正（图6-16，2）

甲申，王至于☒三戉兄（祝），四［戉］□？

"兄"，即"祝"之本字，象大口祈叫之形。此字作正面人形，而通常之字则截取其一半而简化。《周礼·春官·大祝》："大祝掌六祈，以同鬼神示。"郑玄《注》："祈，嘄也。谓为有灾变，号呼告于神以求福。""三戉"、"四戉"即言三巫、四巫。商代之巫以"戉"为官名，或指男巫，如巫咸本作"咸戉"，巫学本作"学戉"。"巫"则为巫觋集团及女巫之称，或也言巫术。《说文·巫部》："巫，祝也。"《韩非子·说林下》："巫咸虽善祝，不能自祓也。"

2. 《合集》21290（图6-16，1）

☒王［用羊］子？

十月。

己亥卜，王用羊子成(一)？用。子(二)。

乙卯卜，𠂤。

丙辰卜，𠂤，惠羊子伐？

惠子？

惠□母□？

戊午卜，𠂤，㞢（侑）母丙(三)？

戊午卜，𠂤，㞢（侑）子族(四)？二告

勿㞢（侑）子族？

此版由贞人𠂤所卜。

[①] 赤塚忠：《甲骨金文研究》，《赤塚忠著作集》第七卷，研文社1989年版，第323页。

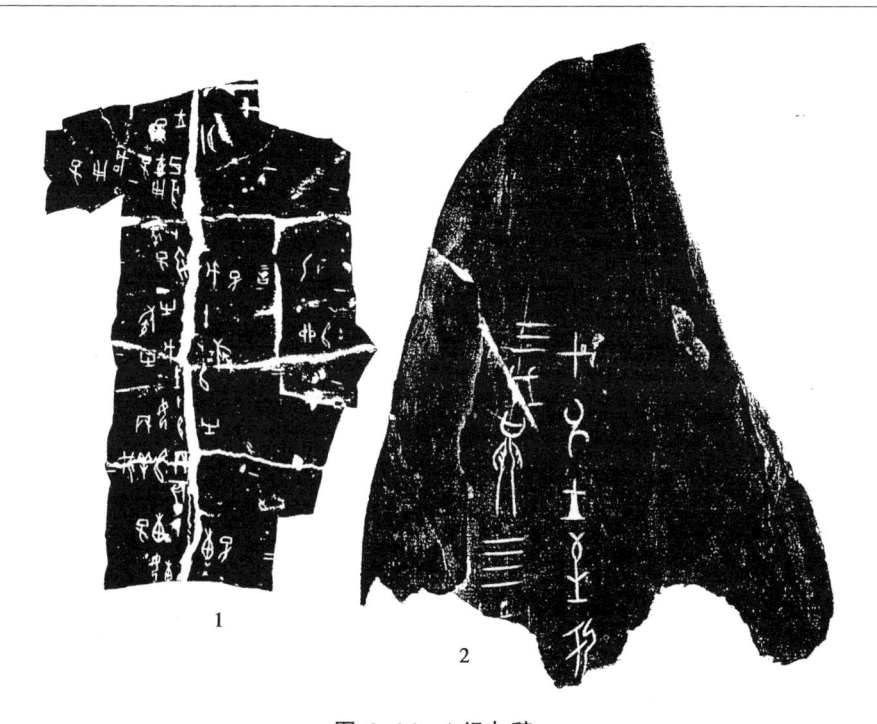

图 6-16 自组卜辞
1.《合集》21290 2.《合集》20582 正

（一）"羊子"，羊羔。卜辞云：

丁酉卜，扶，尞火，羊子，毇，雨？　　　《乙》9103

"羊子"为牺牲甚明。"用"，用牲。"成"，商汤大乙。
（二）"用"为用辞，意即按此卜行事。"子"，验辞，实用羊子祭汤。
（三）"母丙"，武丁诸母之一，其究为武丁四父中谁之配偶，不明。
（四）"子族"，屈万里以为盖指卜辞多子族中亡故之子族而言①。
3.《合集》21021（部分）+21316+21321+21016（《缀汇》776）（图 6-17）

癸未卜，贞：旬？十二月。甲申匕（隐）人雨(一)。□□雨，不□。
癸巳卜，贞：旬？十二月。乙未夒母畋老。
癸丑卜，贞：旬？甲寅大食雨［自］北。乙卯小食大启(二)。丙

---

① 屈万里：《殷虚文字甲编考释》，历史语言研究所1961年版，第395页。

图 6-17 《合集》21021（部分）+21316+21321+21016（《缀汇》776）

辰中日亦雨自南(三)。

　　癸亥卜，贞：旬？一月。昃雨自东(四)。九日辛未大采各（格）云自北(五)，雷，延大凤（风）自西，劐云率雨(六)，母（晦）(七)，𠂤（央）日□(八)。

　　□大采日各（格）云自北，雷，凤（风）。兹（兹）雨不延隹（唯）好。

　　癸酉卜，贞：旬？二月。

　　癸巳卜，贞：旬？二月。之日子羌母老，延雨，少（小）。

　　癸卯[卜]，贞：旬？[戊]申大凤（风）自北。

　　癸亥卜，贞：旬？三月。乙丑夕雨。丁卯明雨。戊小采日雨，髟（浡）凤（风）(九)。己明启。

　　（一）"旬"，"旬亡祸"之省文。"𠃊人"，时称，又省称"𠃊"。"𠃊"读为"隐"，本即人熟寐，当十二时子夜人定之时。

　　（二）"大食"、"小食"，时称。本即朝、夕两餐之时。古日行两餐，战国以后渐行三餐。《孟子·告子下》："朝不食，夕不食。"又《滕文公上》："饔飧而治。"两餐于日中前后，大食于大采后之巳时，当十二时之隅中；小食于昃后申时，当十二时之晡时。

（三）"中日"，时称，卜辞或作"日中"。《国语·鲁语下》："日中考政。"即正午午时。

（四）"昃"，时称，卜辞或作"昃日"。《尚书·无逸》："自朝至于日中昃。"为午后未时，当十二时之日昳。

（五）"大采"，时称，卜辞或作"大采日"，其与"小采"相对。《国语·鲁语下》："是故天子大采朝日，……少采夕月。"大采于日出之后的辰时，当十二时之食时；小采则为晡后酉时，当十二时之日入。

（六）"刺云率雨"，言云相搏击而携雨滂沱，亦即疾风暴雨。《说文·刀部》："刺，击也。"或读"刺"为"㩧"、"搏"，义皆相同。验辞前言疾风震雷，为大雨前奏，正与此相应。

（七）"母"，读为"晦"。《说文·女部》："姆，读若母同。"是二字相通之证。《尔雅·释言》："晦，冥也。"《诗·郑风·风雨》："风雨如晦。"毛《传》："晦，昏也。"马瑞辰《毛诗传笺通释》谓"如晦"当指雾气而言。《说文·雨部》："霂，天气下，地气应，曰霂。霂，晦也。"《楚辞·九章·涉江》："山陵高以蔽日兮，下幽晦以多雨。"故"晦"字当言暴雨滂沱而雨雾迷蒙，天地昏暗。这种疾风暴雨往往不会持续很久，故其对贞卜辞记有"兹雨不延"。

（八）"羕日"，时称，"羕"从"羊"声，故"羕日"读为"央日"，即中日别称。

（九）"髟"字初文，象形，西周金文作"髟"，已孳乳为形声字。卜辞凡两见。《合集》20595（《京都》3100）与此稍异，字迹恶劣，语法不合，有补刀痕迹，字形错讹，当属习刻。经韵楼本《说文·髟部》："髪，头上毛也。从髟，犮声。䰄，髪或从首。頒，古文。"其唯强调头发，故不写五官。"髪风"与"大风"同辞，"大风"为劲烈之风，故"髪风"自有别意，当读为"泼风"，意为寒风。辞记三月，殷历三月位于冬至前后，前言"大风自北"，故"泼风"显即朔风气寒。《诗·豳风·七月》："一之日觱发。""觱发"于齐、鲁《诗》作"滭泼"。"髪"从"犮"声，正可与"泼"通假。毛《传》："觱发，风寒也。"《说文·仌部》："滭，风寒也。"又："泼，一之日滭泼。从仌，犮声。"此一之日正当冬至所在之殷历三月。

午组卜辞

1. 《合集》22047（图6-18）

于且（祖）戊卯（禦）余$_{(一)}$，羊、豕、艮$_{(二)}$？

图 6-18 《合集》22047

癸未卜，午（禦）余于且（祖）庚₍三₎，羊、豕、艮？
于子庚卯（禦）余₍四₎，女、牢又艮₍五₎？
叀牢又艮？
弜屮（侑）岁羊二，夂戈（灌）₍六₎？
庚子卜，夂戈（灌）子庚、父丁、父戊₍七₎？
屮（侑）岁？

（一）"祖戊"，这一称谓也偶见于宾组卜辞，如《通·别二》Ⅳ7。"余"，占卜者自称。

（二）"𠂤"，人牲。字象以手俘人，乃战争所获。

（三）"祖庚"，这一称谓也见于宾组卜辞。其中《乙》3476同版并见南庚，知祖庚并非南庚。

（四）"子庚"，此为午组卜辞独有的称谓。《乙》4549与5327同版并见下乙。

（五）"女"，人牲，亦为𠂤。《粹》720版"又（侑）𠂤妣己一女，妣庚一女"，明所用𠂤为女奚。

（六）"弜"，否定副词，与"勿"相近①。"岁"，祭名，亦为用牲之法。"夂"后至也。《说文·夂部》："夂，从后至也。"《广韵·旨韵》："夂，后至也。""戈"，读为"灌"。《左传·襄公四年》："斟灌氏。"《史记·夏本纪》作"斟戈氏"。司马贞《索隐》引《世本》"戈"亦作"灌"。是"戈"、"灌"通用之证。《礼记·礼器》："灌用鬱鬯。"郑玄《注》："灌，献也。"故"夂灌"意即后献也，其相对于先献牲于祖戊、祖庚而言。

（七）"子庚、父丁、父戊"，皆后献牺牲所致祭之神。"父戊"也见于宾组、自祖和子组卜辞，如《缀合》70、《乙》409和《合集》21544。

2.《合集》22073（图6-19）

乙酉卜，[卯（禦）]新于[父]戊(一)？

惠小牢于父戊(二)？

乙酉卜，卯（禦）新于父戊，白牡(三)？

乙酉卜，卯（禦）新于匕（妣）辛(四)，白盧（顱）豕(五)？

丙戌卜，且（祖）戊？十月。

己丑卜，卯（禦）于庚卅小牢(六)？己丑余至（致）牡(七)羊一(七)。

己丑卜，岁父丁、戊牝(八)？

（一）"新"，人名。此为新禦禳灾祸。

（二）"牢"字从"牛"，知此小牢实即于祭祀前经特别饲养的小牛。

（三）"牡"字本从"豕"，知为牡豕。殷人以白豕献神，是其尚白习俗的反映。

（四）"妣辛"，其为何人之配，不可考。

---

① 裘锡圭：《说"弜"》，《古文字论集》，中华书局1992年版。

图 6-19 《合集》22073

（五）"盧"，读为"顱"。朱骏声《说文通训定声》："盧，叚借又为顱。"《说文·金部》："钖，马头饰也。"段玉裁《注》："(《韩奕》)《笺》云：'眉上曰钖，刻金饰之，今当盧也。'按盧即顱字。"故"白顱豕"即顱额为白色之豕。

（六）"庚"，祖庚之省写。"牢"亦从牛。

（七）此句为验辞，谓己丑日致献牡羊一只而祭祀祖庚。

（八）"父丁、戊"即父丁、父戊。"牝"本从"羊"，是为牝羊。

3.《合集》22074（图 6-20）

癸［巳卜］，来□［㞢（侑）］岁［于］且（祖）□？

第六章 甲骨文研究

图 6-20 《合集》22074

癸巳[卜]，㞢（侑）岁[于]且（祖）□，牛一？
癸巳卜，牢五？不用(一)。
癸巳卜，㞢（侑）岁于且（祖）戊，牢三？
癸巳卜，尞于束(二)，延？
癸巳卜，卯（禦）妣（妣）辛，豕五？
甲午卜，兄，卯（禦）于妣（妣）至妣（妣）辛(三)？
甲午卜，兄，卯（禦）于入乙至于父戊(四)，牛一？
甲午卜，卯（禦）于入乙？

甲午卜，卯（禦）父己？

乙未卜，卯（禦）于匕（妣）乙？

乙未卜，弜？

乙未卜，卯（禦）于匕（妣）辛、匕（妣）癸？

乙未卜，惠豼（牝）？

惠牡（牡）？

惠羊？

此为贞人兕的卜辞。

（一）"不用"，用辞，即不按此卜行事。"不"字倒书。

（二）"朿"，地名。

（三）"至妣辛"，可知妣辛当为午组主人最近之先妣。

（四）"入乙"即内乙，陈梦家以为即小乙①。

4.《合集》22072（图6-21）

索于敦₍一₎，戒示₍二₎？

受（授）于宗北₍三₎？

丙戌卜，㞢（侑）于父丁，惠麂？

丙戌卜，弜，若？

（一）"索"，祭名②。《礼记·郊特牲》："索祭祝于祊。不知神之所在，于彼乎？于此乎？或诸远人乎？祭于祊，尚曰求诸远者与？"郑玄《注》："索，求神也。"《礼记·祭统》："诏祝于室，而出于祊，此交神明之道也。"郑玄《注》："出于祊，谓索祭也。"孔颖达《正义》："神明难测，不可一处求之。"卜辞云：

己亥贞：其索于祖乙？　　《金》375

索于五示？　　《续存》1.1823

[辛]丑贞：王其□十羌又五，[乙]巳酚索？　　《粹》500

于乙丑索？　　《掇二》212

乙卯贞：丁巳其索？　　《甲》770

皆祭祖之辞。"敦"地名，于今河南范县附近。辞言于敦地索祭祖先。盖殷人

---

① 陈梦家：《殷虚卜辞综述》，科学出版社1956年版，第416—417页。
② 于省吾：《释索》，《双剑誃殷契骈枝》，北平虎坊桥大业印书局1943年版，第34—35页。

图 6-21 《合集》22072

于正祭之前先求神之所在，索祭而归之。其索之神，当即后文所祭之父丁。

（二）"戒示"意即戒守护送神主。《说文·廾部》："戒，警也。从廾持戈，以戒不虞。"此即用其本义。《诗·商颂·烈祖》："既戒且平。"毛《传》："戒，至。""示"，父丁之主。辞言于敦地索祭，是否要将父丁之主戒送而去。

（三）"受"，读为"授"。卜辞恒见"帝受我祐"，"受"即读为"授"。而"受年"之辞则谓承受，是一字兼含两义①。《说文·手部》："授，予也。"故"授于宗北"意即神降于宗北。"宗"，父丁宗庙。殷人以为祖先宾天而为帝廷成员，神之降自为帝之允予，故以神降言"授"，辞言索祭之后，父丁之神回归其宗庙之北，遂下卜对父丁的正祭。

非王无名组卜辞

1. 《合集》22258（图 6-22）

　　丁亥卜，酚钏（禦）匕（妣）庚，庚寅牢(一)？
　　丁亥卜，酚钏（禦）匕（妣）庚，庚寅牢？
　　辛卯卜，今日五汝(二)？
　　辛卯卜，又（侑）小母(三)，麂？

---

① 林义光：《文源》，1920 年石印本。

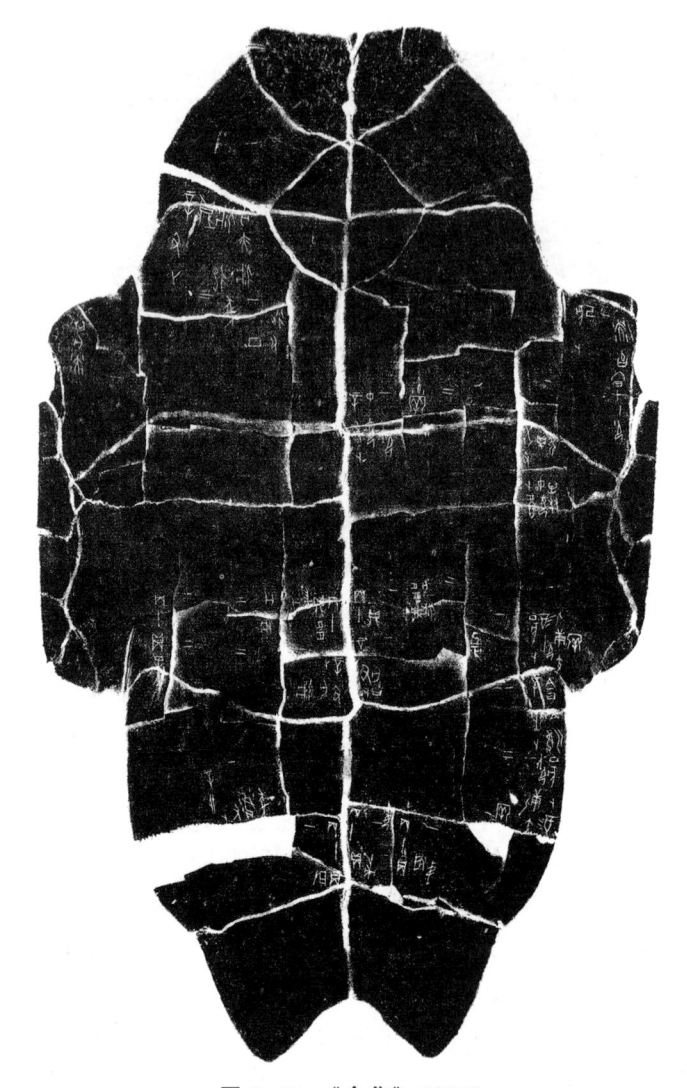

图 6-22 《合集》22258

己亥。
己亥卜,汏由六日甲十𡰧(节)(四)?
其亡汏?
辛丑卜,亡口(五)?
辛丑卜,亡病?
辛丑卜,贞:病徣?亡亦病。
辛丑卜,中(仲)母卯(禦),小牢?

第六章 甲骨文研究

　　延彳丁，龠？
　　丙午贞，帚（妇）婞(六)？
　　丙午贞：启弟(七)？
　　丙午贞：启？
　　丙午贞：多臣亡病？
　　丙午贞：多帚（妇）亡病？
　　丙午贞：子？
　　癸丑卜，祼邕中（仲）母，弜㞢友？

（一）"妣庚寅"，"庚"字兼上下两读。

（二）"汝"，应即卜辞之妇汝，"汝"为女字。故"五"疑读为"啎"。《说文·午部》："啎，逆也。"

（三）"小母"为合文。下文又有"仲母"，"小"、"仲"皆为字。

（四）"汰"与"其亡汰"对贞，有通达之意。或读为"泰"。

（五）"亡口"与"亡病"对贞，"口"疑读为"叩"。《玉篇·口部》："叩，叩击也。"病是内患，叩指外伤。

（六）"妇婞"，世妇。下文"多臣"与"多妇"对贞，也明多妇即世妇。

（七）"启弟"与"启"对贞，故"弟"为次第之意。

2.《合补》6829（图6-23）

　　庚申卜，今龏（秋）亡嬗之(一)？七月。
　　庚申卜，又（有）嬗之？七月。
　　庚申卜，又（有）嬗今萅（春）(二)？
　　庚申卜，今萅（春）亡嬗？七月(三)。
　　庚申卜，又（有）嬗今月(四)？
　　庚申卜，今月亡嬗之？
　　辛巳贞：启弟(五)？
　　匕（妣）庚邕又羊又龠？

此版卜辞的书体与前两例不同。

（一）"龏"乃以火焚蝗之象，用为秋季名称。"嬗"，旧所不识。据《北史·魏本纪第五》所记，北魏孝武帝元修即位，即行众人举毡之仪。这种新君及君后以毡托负而即位的传统不仅历史悠久，而且广泛流行于北方民族之中①，其与甲骨文"嬗"本作众手持物而承托女主所体现的文化

---

① 罗新：《黑毡上的北魏皇帝》，海豚出版社2014年版。

图 6-23 《合补》6829

内涵吻合相通。殷商文化源起于东北，这意味着北魏旧制极有可能源出殷商。故甲骨文"嬗"字所写众手奉持托负女主的斜画当即甗物，其象女主就甗而立，必有"甗"音，故当为"嬗"字，从"女"而"甗"省声。"嬗"本即嬗位、更替之义。《史记·秦楚之际月表》："五年之间，号令三嬗。"司马贞《索隐》："三嬗，谓陈涉、项氏、汉高祖也。"《汉书·律历志下》："尧嬗以天下。"师古《注》："嬗，古禅让字也。"此辞之"嬗"则言季节的嬗代更迭。商代历法仅有春、秋两季，而秋、春代序的时间或在殷历七月，但实现季节的更替则需要通过占卜决定，故下有奉献牲品之辞①。

（二）"春"，本作"𣎏"，从"屮""屯"声。"屯"字居中而独高，细审当非"中"形，而作"𡳿"，知为"屯"字。

（三）"今秋"与"今春"同在七月，可明殷历七月乃是春、秋两季交替的时节。

（四）"月"字无点，形同"七月"之"月"。

（五）传统以立春、立夏为启。《左传·僖公五年》："凡分至启闭。"杜预《集解》："启，立春、立夏。"此辞之"启"当有别析之义。《大戴礼记·夏小正》："启者，别也。陶而疏之也。""弟"，次弟。《说文·弟部》："弟，韦束之次弟也。"段玉裁《注》："引申之为凡次弟之弟。"《吕氏春秋·原乱》："乱必有弟。"高诱《注》："弟，次也。"卜辞是说秋季与春季须在七月别析清楚，并依次弟更替。

子组卜辞

1.《合集》21727（图6-24）

乙丑子卜，贞：今日又（有）来？
乙丑子卜，贞：翼（翌）日又（有）来？
乙丑子卜，贞：自今四日又（有）来？
乙丑子卜，贞：自今四日又（有）来？
乙丑子卜，贞：庚又（有）来？
丙寅子卜，贞：庚又（有）事(一)？
癸酉卜，衍贞：至𢀛（蜀）亡囚（祸）(二)？
𢀛（蜀）？
癸酉卜，衍贞：至𢀛（蜀）亡囚（祸）？
丙戌子卜，贞：我亡乍（作）口(三)？
又（有）？
丙戌子卜，贞：丁不㽞（畜）我(四)？
囟（进）㽞（畜）(五)？
壬辰子卜，贞：帚（妇）鼠子曰截？
帚（妇）妥子曰喜(六)？

---

① 有关殷商文化源于东北的观点，参见傅斯年《夷夏东西说》，《庆祝蔡元培先生六十五岁论文集》下册，中央研究院历史语言研究所集刊外编，1935年；金景芳《商文化起源于我国北方说》，《中华文史论丛》第七辑（复刊号），上海古籍出版社1978年版。

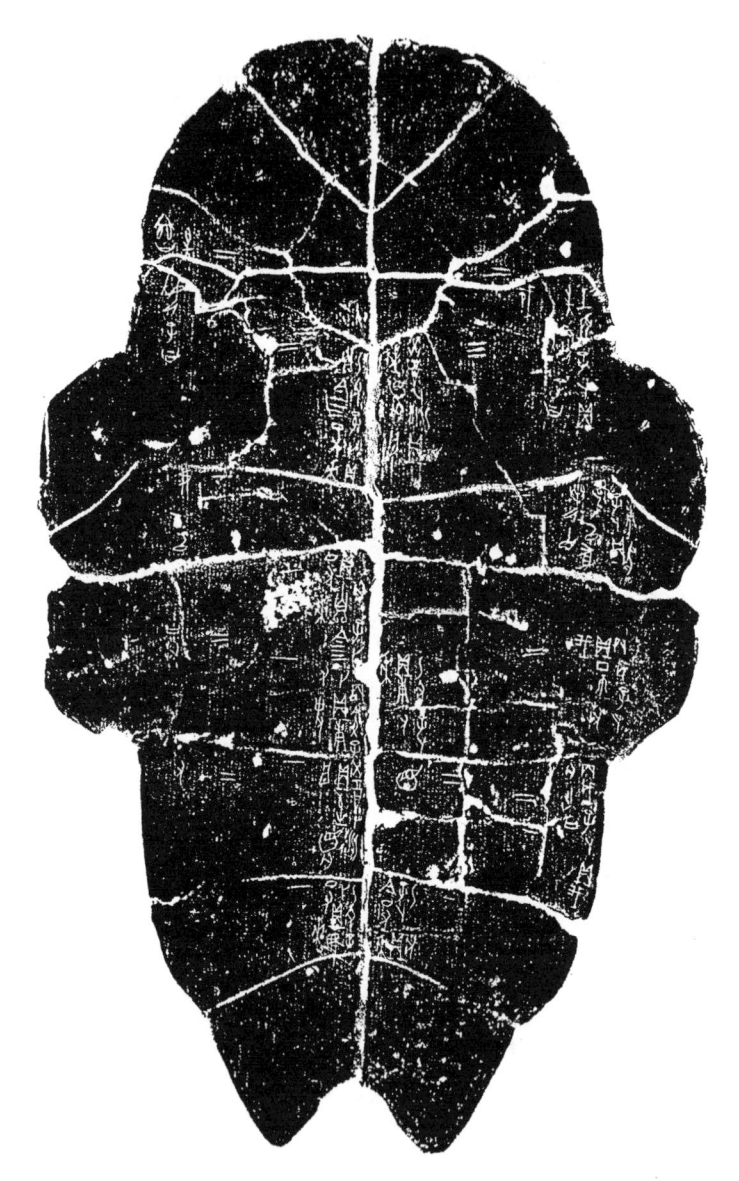

图 6-24 《合集》21727

庚申子卜，贞：隹（唯）以豕，若直(七)？
弗以？
卜辞由子及贞人徝所占卜。
（一）《左传·成公十三年》："国之大事，在祀与戎。"卜辞常言"有事"，当指戎祀之事。此辞则或指戎事。

（二）"蜀"，地名，地在晋南。学者或释"旬"①。

（三）"亡作口"与"有"对贞，知"有"即"有作口"之省。"口"乃谓牲畜，一畜即为一口。卜辞又见"多口亡囚"（《乙》8892）。"作"，兴发治择之谓。《礼记·内则》："鱼曰作之。"郑玄《注》："作，治择之名。"《周礼·天官·大宰》："作山泽之材。"孙诒让《正义》："作，谓蕃聚兴发之，以给用也。"《尔雅·释天》郝懿行《义疏》引李巡云："作，索也。"《左传·襄公二年》："以索牛马。"杜预《集解》："索，简择好者。"故"作口"即言征畜择畜。

（四）"丁"，纪日天干。"畜"意同"口"，读为"畜"。"不畜我"即不我畜，不给我牲畜。

（五）"进畜"与"不畜我"对贞，登畜也。

（六）"妇俞"、"妇妥"，世妇。"哉"、"亶"，卜选子名。

（七）"直"，当也。故"若直"即言逢吉。卜辞又言"直囚"（《外》241），则为逢凶。

2.《合集》21677（图6-25）

丁卯卜，禘贞：庚我又（有）事？

丁卯卜，禘贞：我亦父丁自庚？

此为贞人禘所占卜。"有事"当指祭事。"父"作"𠂤"，为繁形。"自庚"，自庚日行事，正应"庚我有事"。

图6-25 《合集》21677

花东子卜辞

1.《花东》420（图6-26）

甲辰卜，丁（嫡）各（格）尺（臸）于我？用。

甲辰卜，宜丁（嫡）牝一，丁（嫡）各（格）尺（臸）于我翼日于大甲(一)？

甲辰卜，于且（祖）乙岁牢又一牛，惠□？

庚戌卜，隹（唯）王令余乎（呼）燕若(二)？

壬子卜，子内踵用(三)，□各（格）乎（呼）龠（饮）？

（一）"丁"，读为"嫡"，指占卜者子的大宗②。卜辞"帝"或作"𢂇"，从"丁"得声，其于金文或用为嫡庶之嫡，是为明证。"翼日"，祭

---

① 陈梦家：《殷虚卜辞综述》，科学出版社1956年版，第295页。
② 冯时：《古文字所见之商周盐政》，《南方文物》2009年第1期。

图 6-26 《花东》420（一）

名，事关对大甲的翼祭，又言"丁格"，故知"丁"并非受祭者，而为在世之人，也可明"丁"当读为"嫡"。故"宜嫡牝一"是说宜用嫡所提供的牝牛一头。"嫡格夐于我翼日于大甲"可省写为"嫡格夐于我"，言嫡于甲辰夐时来与我共襄殷王对大甲的翼祭。"我"即贞卜者自称，也就是这组卜辞的主人"子"。

（二）"王"，商王。其与"嫡"同见，也知"嫡"不为王，仅为子之大宗。"子"或以为羌甲之后[①]，但其为小宗。"王"字作"𠂉"，以往在

---

① 中国社会科学院考古研究所：《殷墟花园庄东地甲骨》，云南人民出版社 2003 年版。

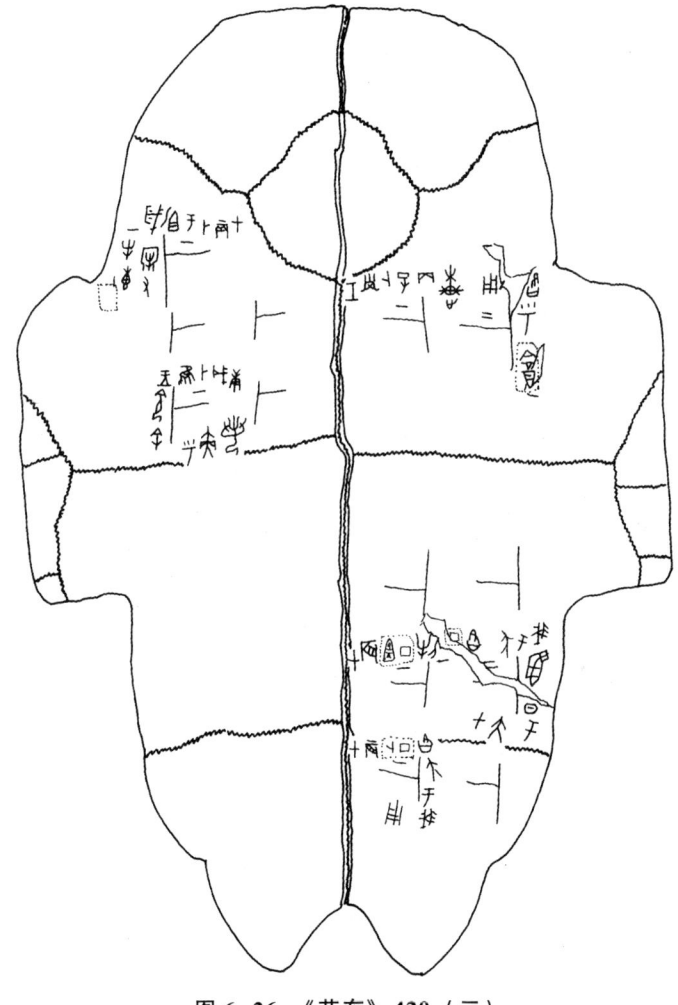

图 6-26 《花东》420（二）

出组卜辞中才出现这种写法，时代已在祖庚、祖甲时期。而此为武丁卜辞，与传统的字形断代标准不合。

（三）"踵"，继也。辞言用完嫡之牲，继之则用子献之牲。

2.《花东》480（图 6-27）

丙寅卜，丁卯子衣（殷）丁（嫡）(一)，再菁圭一，绊（珥）九(二)？才（在）剢。来狩自斝(三)。

癸酉卜，才（在）剢，丁（嫡）弗宾祖乙彡(四)？子占曰："弗其宾。"用。

图 6-27 《花东》480（一）

癸酉(五)，子炅才（在）剢(六)，子乎（呼）大子卯（禦），丁宜？丁丑王入用(七)。来狩自旻。

甲戌卜，才（在）剢，子又（有）令燮（祸）(八)，子舛丁告于剢？用。

甲戌卜，子乎（呼）䢼奻（嘉）帚（妇）好(九)？用。才（在）剢。

丙子，岁且（祖）甲一牢，岁且（祖）乙一牢，岁匕（妣）庚一牢？才（在）剢(十)，来自旻。

（一）"衣"，读为"殷"，一声之转。沈子它簋盖铭"克衣"，即言克殷。

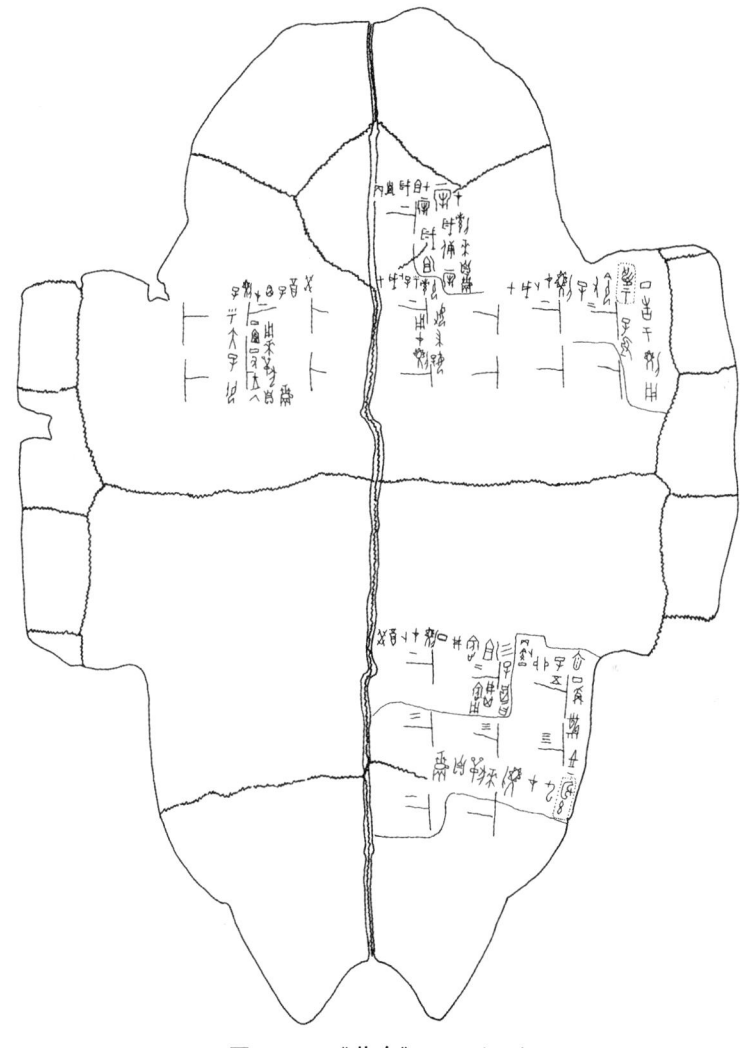

图 6-27　《花东》480（二）

《尚书·康诰》："殪戎殷。"《礼记·中庸》作"壹戎衣"。皆其明证。"殷"乃殷聘之礼。《周礼·秋官·大行人》："凡诸侯之邦交，殷相聘也。"郑玄《注》："殷，中也。久无事，又于殷朝者及而相聘也。郑司农说殷聘以《春秋传》曰'孟僖子如齐殷聘，礼也'。"孙诒让《正义》："凡《春秋》非新君即位而相朝者，皆殷朝也。此殷聘实含两义，一则中间久无事而相聘，一则中间遇有小国之君来殷朝者，大国君不报朝，则亦聘以报之，故云久无事又于殷朝者及而相聘也。"此"嫡"与"子"分别为大小宗之长，故"子殷嫡"即言小宗之子聘问其大宗之嫡。可知"丁"为生者，字当读为"嫡"。

（二）"再"，举也。《说文·冓部》："再，并举也。"文献或作"称"。《尚书·牧誓》："称尔戈，比尔干。"故"再"乃举献之辞。

此辞与《花东》363版同卜一事，文云：

丁卯卜，子衣（殷）丁（嫡），再菁圭□？才（在）剌，狩□罩。
丁卯卜，再于丁（嫡）卩（隐）才（在）宕（庭），延再若？用。才（在）剌。

此言于丁卯日的人定之时，于剌之大庭将菁圭等物举献于大宗之嫡。故"再"即子向嫡举献之谓。"菁圭"、"玨"皆为庭实。《周礼·秋官·大行人》谓朝聘云："庙中将币三享。"郑玄《注》云："郑司农云：'三享，三献也。'玄谓三享皆束帛加璧，庭实为国所有。"卜辞又云：

其妃戈一，玨九，又□？　　　《粹》1000

"妃"作以手奉戈扬献之形。《说文·丮部》读若"课"。西周史墙盘铭言"方蛮无不妃视"，"妃视"即言觐聘之礼。《周礼·春官·大宗伯》："殷觐曰视。"故"妃"也相聘献物之意。

"菁"读为"黼"。西周金文习见"玄衣菁屯"，"菁屯"乃言"黼纯"，谓白与黑相次之衣缘。《说文·菁部》："黼，黑与青相次文。"是"黼"似言圭色，盖文献所载之青圭、玄圭。《周礼·春官·大宗伯》："以青圭礼东方。"《尚书·禹贡》："禹锡玄圭。"伪孔《传》："玄，天色。"吴大澂《古玉图考》所载之圭多以青玉为之，或呈青玉黑纹，盖即卜辞所言之黼圭。"圭"本作戈形，故《粹》1000版"妃戈"也即献圭。

"玨"，字本象耳饰。乙卯尊铭有"玨琅九"，"玨琅"即珥琅[1]。

（三）"剌"、"罩"皆为地名，未详。子自罩地田狩而归，经剌而聘于嫡。

（四）剌为嫡所在之地，子于此卜是否由嫡宾祭祖乙。

（五）"癸"字四端出头，这种字形于以往的殷墟甲骨文中只见于黄

---

[1] 李学勤：《沣西发现的乙卯尊及其意义》，《文物》1986年第7期。

组卜辞，时代已在帝乙、帝辛时期。此为武丁卜辞，可证仅据字体断代的局限。

（六）"子炅"，人名。

（七）"丁宜"之"丁"为纪日天干，卜问丁日由大子禋祭是否合宜，"大子"应为占卜者子之长子，或即子炅，结果丁丑日商王到来主持了禋祭。此辞商王与嫡同见，也明"丁"不为武丁。

（八）"𥙿"本象持鸟荐神之形，乃"裯"之本字，为祷田之祭。《周礼·春官·甸祝》郑玄《注》引杜子春云："裯，祷也。为马祷无疾，为田祷多获禽牲。"其又行于田猎之后。《广雅·释诂四》："祷，谢也。"意在以田获告谢神灵，即馌兽告反之礼。此辞之"裯"是此意。

（九）"㓨"，人名。"嘉"，嘉礼。《周礼·春官·大宗伯》："以嘉礼亲万民。以饮食之礼亲宗族兄弟，以昏冠之礼亲成男女，以宾射之礼亲故旧朋友，以飨燕之礼亲四方之宾客，以脤膰之礼亲兄弟之国，以贺庆之礼亲异姓之国。"此以嘉礼以待妇好，盖属脤膰、贺庆之类。

（十）"㓨"，地名，地望待考。

3.《花东》108（图6-28）

辛丑卜，子昧（昧）其隻（获）狼？卩（节）(一)。

辛丑卜，惠今逐狼？

辛丑卜，于翼（翌）逐狼？

辛丑卜，其逐狼，隻（获）？

辛丑卜，其逐狼，弗其隻（获）(二)？

辛丑卜，曒（翌）壬子其以□周于戍(三)？子曰："不其□。"卩（节）。

（一）"昧"，昧爽，时称。"狼"，从狼的象形文，"囊"声。甲骨文"犬"皆作尾上卷之状，而此字则呈长尾曳地，乃为狼之象形，十分传神。"囊"则作囊而括其口之状，为声符。后世"狼"从"良"声，古音"囊"在泥纽，"良"在来纽，同为舌音，韵并在阳部，音符互易而已。"节"为验辞，信也。

（二）"弗"，否定副词，其与第一卜"昧"字用法不同，知"昧"不能理解为否定副词。

（三）此盖出行之辞。"壬"，壬寅日。"以"，连词，与也。"周"，国族名，也用为人名。

4.《花东》50（图6-29）

丁亥卜，子立（涖）于又（右）？

图 6-28 《花东》108

　　丁亥卜，子立（涖）于ナ（左）₍一₎？

　　乙未卜，子其田比往，求豕，冓（遘）？用。不豕₍二₎。

　　乙未卜，子其［往］田，惠豕求₍三₎，冓（遘）？子囧（占）曰："其冓（遘）。"不用。

　　乙未卜，子其往田，若？用。

　　乙未卜，子其往田，惠鹿求，冓（遘）？用。

图 6-29 《花东》50（一）

此为背甲刻辞。

（一）"立"，读为"涖"。这是田猎之前选择子所在的位置。

（二）"不豕"，"不遘豕"的省文。

（三）"惠"字的用法有使宾语前置的作用，"惠豕求"意同上卜"求豕"。

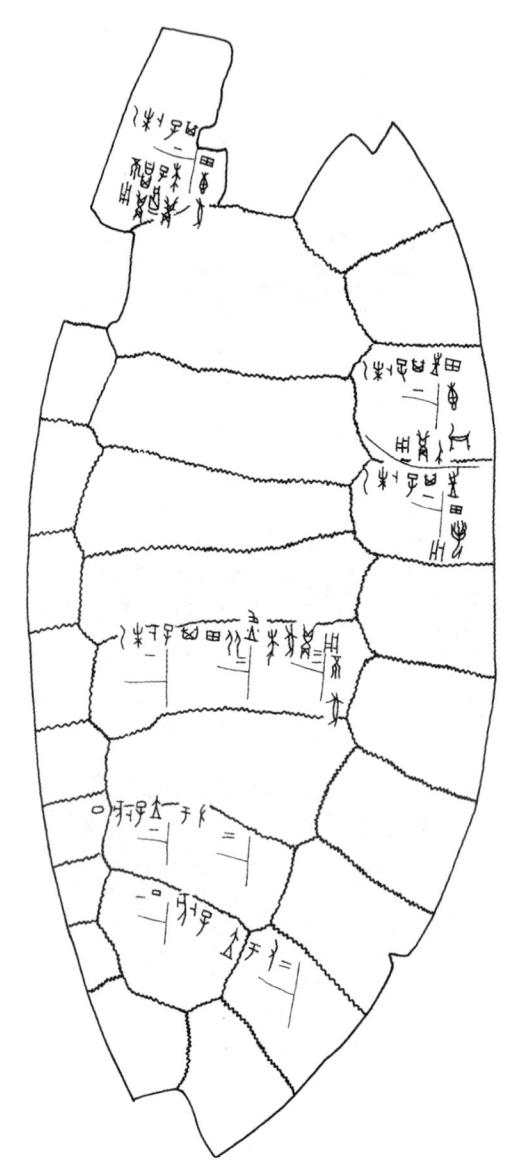

图 6-29 《花东》50（二）

出组卜辞

1. 《合集》24769（图 6-30，3）

　　丁酉卜，王［贞］：今夕雨，至于戊戌雨？戊戌允夕雨。三月(一)。

　　丁酉卜，王贞：其又（有）囚（祸）？不系(二)。才（在）四月。

第六章 甲骨文研究

图 6-30 出组卜辞
1.《合集》23717　2.《合集》24225　3.《合集》24769

丁酉卜，王贞：亡囚（祸）？才（在）四月。
己亥卜：王贞：亡囚（祸）？才（在）四月。
己亥卜，王贞：其又（有）囚（祸）？不系。才（在）四月。

（一）"王"字写法与武丁卜辞不同。"夕"字中有点饰而"月"字无，为时代特征。

（二）"不系"是验辞。卜辞有云：

癸亥卜，[王]贞：旬亡囚（祸）？才（在）十月。不系。
　　　　　　　　　　　　　　　　　　　　　《合集》26502

或也见于命辞。卜辞云：

　　贞：旬㞢（有）不系，㞢（有）尤？　　《合集》16931

《周礼·春官·占人》："凡卜筮，君占体，大夫占色，史占墨，卜人占坼。凡卜筮既事，则系币以比其命。岁终，则计其占之中否。"郑玄《注》："杜子春云：'系币者，以帛书其占，系之于龟也。'玄谓既卜筮，史必书其命龟之事及兆于策，系其礼神之币，而合藏焉。《书》曰：'王与大夫尽弁，开金縢之书，乃得周公所自以为功代武王之说。'是命龟书。"贾公彦《疏》："既事者，卜筮事讫。卜筮皆有神礼之币及命龟筮之辞。书其辞及兆于简策之上，并系其币，合藏府库之中。"《周礼·春官·小宗伯》："若国大贞，则奉玉帛以诏号。"知古制于卜有礼神之币帛，故此"系"即系币之谓，其本与书兆辞之策归藏秘府，当以郑说为是。"不系"意即不系币。

2. 《合集》24225（图 6-30，2）
　　贞：䖝（螽）其至？
　　庚申卜，出贞：今岁䖝（螽）不至兹（兹）商？二月。
　　癸亥卜，出贞：今日延雨？

此辞为贞人出所卜。"今岁"即今年。"商"，卜辞或称"中商"，也称"大邑商"或"天邑商"，旨在强调居中而治的邑制。"䖝"为蝗虫的象形文，卜辞占问商邑是否有蝗灾。

3. 《合集》23717（图 6-30，1）
　　己酉卜，兄贞：桼年于高且（祖）？四月。
　　己巳卜，大贞：翼（翌）辛未魦益鬵(一)？
　　甲申卜，出贞：翼（翌）□□子㝬其㞢（侑）于匕（妣）辛，晒岁(二)，其▢？
　　辛卯卜，大贞：洹引弗敦邑(三)？七月。
　　丁酉卜，□[贞]：▢小豹老（考）(四)？八月。

（一）"魦"，从"魚""八"声，疑即"半"之本字，读为"变"。上古"半"、"变"皆为帮纽元部字，双声叠韵。《周礼·秋官·朝士》："有判书以治则听。"郑玄《注》："故书判为辨。"《易·革》："大夫虎变。"《音训》：

第六章 甲骨文研究

"变，晁氏曰'京作辨'。"是"半"、"变"互用之证。"益"，读为"翳"。《尚书·尧典》："伯益。"《史记·秦本纪》作"柏翳"。是其证。文献又作"曀"。《尔雅·释天》："阴而风为曀。"《释名·释天》："曀，翳也。言云气掩翳日光使不明也。"故"翳"即掩蔽之意，也谓阴也。卜辞云：

丁巳卜，出[贞]：今日益绌，衣（阴）？之日允衣（阴）。
《粹》496

先卜"益绌"而后问阴，知"益"即翳蔽。《诗·邶风·终风》："终风且曀，不日有曀。"毛《传》："阴而风曰曀。""曀"亦应曰"翳"。"醟"，从"酉""臼"声，读为"飙"。上古"臼"乃帮纽幽部字，"飙"为帮纽宵部字，声为双声，韵为旁转。《说文·風部》："飙，扶摇风也。飆，古文飙。""臼"即"抔"之本字①，《说文·手部》或作"抱"，是"臼"、"飙"相通之证。郭璞《尔雅注》："暴风从下上"为飙风。"变翳飙"意即天气变晴为阴而有飙风。卜辞云：

□益（翳）醟（飙），不蕾（遵）风？　　《后下》4.11

知"益醟"意即有风。卜辞又云：

癸亥卜，出贞：今日龟（变）益（翳），其□？　　《珠》589
□午卜，出[贞]：□日延益（翳）？　　《铁》223.4
丙寅卜，出贞：翌丁卯龟（变）益（翳）醟（飙）？龟（变）。
《坎》T06
□龟（变）益（翳）醟（飙）？之日允龟（变）。　　《前》6.14.4
[丙寅]，□贞：翼（翌）丁卯龟（变）益（翳）醟（飙）？
贞：[翼（翌）]丁卯不其龟（变）？之日允不[龟（变）]。
《后下》24.3

"今日龟益"即言今日天气变阴；"□日延益"意为某日延续阴天；验辞"龟"及"之日允龟"、"之日允不龟"则是对天气阴晴变化的记录。

---

① 张政烺：《卜辞"裒田"及其相关诸问题》，《考古学报》1973年第1期。

（二）"昒"，旦明时称。

（三）"洹"，洹水。"引"，溢也。《文选·司马迁报任安书》："宁得自引深藏岩穴邪。"吕延济《注》："引，出也。""敦"，淹覆也，读为"焘"。《周礼·春官·司几筵》："每敦一几。"郑玄《注》："敦，读为焘，焘，覆也。""邑"，商邑，也即大邑商。《周礼·夏官·掌固》："凡国都之竟有沟树之固，……若有山川，则因之。"大邑商之封域呈半面为沟池之固，半面因洹水之阻的形势，故商人占卜洹河涨水是否会淹及商邑。

（四）"考"，宫庙初成之祭①。卜辞云：

丁酉卜，大贞：小钊老（考），隹（唯）丁囪（进）？八月。

《合集》23716

即言于丁日先行庙祭。

4.《合集》22723（图6-31，2）

乙巳卜，尹贞：王宾大乙彡，亡尤？才（在）十二月。
丁未卜，尹贞：王宾大丁彡，亡尤？
甲寅卜，尹贞：王宾大甲彡，亡尤？才（在）正月。
庚申卜，尹贞：王宾大庚彡，亡尤？
丁丑卜，尹贞：王宾中丁彡，亡尤？
乙酉卜，尹贞：王宾且（祖）乙彡，亡尤？
［辛］卯卜，尹贞：王宾且（祖）辛彡，亡尤？
丁酉卜，尹贞：王宾且（祖）丁彡，亡尤？才（在）二月。
丁巳卜，尹贞：王宾父丁彡，亡尤？才（在）三月。

此为出组周祭卜辞，祀典为彡，行祭必在祖先庙号相同的日干举行。龟甲存右半，故仅存半部祀谱，且皆为直系先王。"父丁"即指武丁，卜辞的时代属祖庚、祖甲时期。

5.《合集》22598（图6-31，1）

庚申卜，王贞：翼（翌）辛酉其陞卿（飨）(一)？
庚申卜，王贞：翼（翌）辛酉十人其上陞(二)？

---

① 李学勤：《海外访古续记·日名的卜选》，《四海寻珍》，清华大学出版社1998年版，第77页。

第六章 甲骨文研究

图 6-31 出组卜辞
1.《合集》22598 2.《合集》22723

庚申卜，王贞：其五人？
庚申卜，王贞：卯，其隆(三)？

（一）"隆"，从"𠂤""登"声。"登"字所从之"豆"形讹似"且"，与何组卜辞此字的写法接近。王念孙《广雅疏证》："隆之言登也。"《周礼·夏官·御仆》："相盥而登。"郑玄《注》："登，谓为王登牲体于俎。"《诗·大雅·公刘》："既登乃依。"朱熹《集传》："登，登筵也。"

图 6-32 《合集》27456 正

"卿",与"乡"同字,本义即飨。此为告神之飨。

(二)"上陞",亦登也。《玉篇·上部》:"上,登也。"此卜是否以十人为王荐牲于俎,下辞则卜五人。

(三)"卯",用牲法,肢解而后升俎。或即折俎。

何组卜辞

1. 《合集》27456 正(图 6-32)

    甲辰卜,王贞:翼(翌)日其□?

    贞:其即日?

    贞:其即日?

    贞:其示□鱼?

    贞:其示□[鱼]?

丁未卜，何贞：卯（禦）于小乙奭匕（妣）庚，其宾卿（饗）？一

丁未卜，何贞：其祭事☐？二

丁未卜，何贞：羌十人、八豕，其止？

丁未卜，何贞，垂，其宰（牢）？

［庚］戌卜，［何］贞：其宰（牢）？

庚戌卜，何贞：翼（翌）辛亥其又（侑）毓（後）匕（妣）辛，卿（饗）？

庚戌卜，何贞：翼（翌）辛亥其又（侑）毓（後）匕（妣）辛，卿（饗）？

壬子卜，何贞：翼（翌）癸丑其又（侑）匕（妣）癸，卿（饗）？

甲子卜，何：其兄（祝）之？兄（祝）。

癸酉卜，何贞，翼（翌）甲子登于父甲？卿（饗）？

甲戌卜，宁。

戊寅卜，贞：其兄（祝）？

戊寅［卜，宁］贞：［其兄（祝）］？

戊寅卜，宁贞：王宾？

癸巳卜，何贞：翼（翌）甲午登于父甲，卿（饗）？

此版正刻、习刻互见。"奭"，读为"仇"、"逑"，配偶[①]。

2.《合集》26955（图6-33，2）

贞：其卯羌，伊宾？

☐王其用［羌］于大乙，卯惠牛，王受又（祐）？

"伊"乃成汤小臣伊尹。春秋叔夷镈铭："虩虩成汤，有严在帝所，溥受天命，剗伐夏祀，敗厥灵师，伊小臣唯辅，咸有九州，处禹之土。""宾"，配祭。此卜祭大乙成汤以伊尹配享。

3.《合集》28773（图6-33，1）

贞：戁（翌）日戊王其田，湄（弥）日亡巛（灾）？

贞：王其田獸（狩），亡巛（灾）？

此为田猎卜辞。"湄"读为"弥"，"弥日"意即终日。"獸"读为"狩"。《说文·犬部》："狩，火田也。"《公羊传·桓公四年》何休《注》："取兽于田，故曰狩。""狩"又为冬田之名。《尔雅·释天》："冬猎为狩。"《易·明

---

① 张政烺：《奭字说》，《六同别录》上册，中央研究院历史语言研究所集刊外编第三种，1945年。

图 6-33 何组、无名组卜辞
1.《合集》28773　2.《合集》26955　3.《合集》27796　4.《合集》30391

夷》："明夷于南狩。"李鼎祚《集解》引《九家易注》："岁终田猎名曰狩也。"《大戴礼记·夏小正》："狩者，言王之时田。冬猎为狩。"

4.《合集》27796（图6-33,3）

　　弜乎（呼）兄（祝）(一)？
　　其执？
　　弜执，乎（呼）归，克卿（相）王事(二)？
　　引吉。
　　其乍（作）堕于峕杏(三)？
　　弜乍（作）？

（一）"兄"，"祝"之本字。祭名。

（二）"克"，能也。《诗·大雅·生民》："克禋克祀。"郑玄《笺》："克，能也。""卿"即"饗"之本字，读为"相"。《礼记·祭义》郑玄《注》："饗，或作相。"《诗·周颂·雝》："相维辟公。"毛《传》："相，助也。"朱熹《集传》："相，助祭也。"辞言归而相王事，当为祭事。《诗·周颂·清庙》："肃雝显相。"朱熹《集传》："相，助也，为助祭之公卿诸侯也。"《周礼·春官·大宗伯》："朝觐会同则为上相。"郑玄《注》："入诏礼曰相。"《周礼·秋官·司仪》："掌九仪之宾客摈相之礼。"郑玄《注》："入赞礼曰相。"《礼记·杂记上》："大宗人相。"孔颖达《正义》:"相,佐威仪。"故"相王事"即言助祭赞礼之事,其与卜辞"进王事"意为代王行事不同。此辞与"其执"对贞而言"弜执",乃卜商臣归朝辅佐殷王之祭事。

(三)"塦",郭沫若读为城塞之"塞"①,不可从。"塦"为宗庙之名。卜辞云:

  其䙴且(祖)辛塦,又(有)雨?
  其䙴且(祖)辛塦,惠豚,又(有)雨?
  其䙴父甲塦,又(有)雨? 《合集》27254
  今日丁酉王其宛(馆)麓塦,弗每(悔)? 《粹》664
  丁卯王其寻宰塦,其宿? 《粹》1199
  王其乍(作)塦于旅邑,其受又(祐)? 《合集》30267
  于盂塦,不雨? 《粹》779

知塦既为王出行馆宿之地,也为临时所建之祖先祭所。此辞既言襄王祭事,故"作塦"或即建筑临时祭所。"吉杏",郭沫若以为地名②,是。

无名组卜辞

1.《合集》28089正(图6-34)

  王其比望再(称)册,光及伐望,王弗每(悔),又(有)𢦏?大吉。
  犀取美卬(御)事,于之及伐望,王受又=(有祐),隹(唯)用?大吉。
  王于犀史(使)人于美,于之及伐望,王受又=(有祐)?
  𠂤(师)贮其乎(呼)取美卬(御)[事],☐?
  丁巳☐?

卜辞乃言殷王联合光、美伐望。"犀",地名。"取"有求取、求援之意。"御事",参与战事。"犀取美御事"即"王于犀取美御事"之省语,"美"为援军。"于之"之"之"指代"犀"。"师",武官,"贮",氏名。

---

① 郭沫若:《卜辞通纂考释》别一,《郭沫若全集·考古编》第二卷,科学出版社1982年版,第10页。
② 郭沫若:《卜辞通纂考释》别一,《郭沫若全集·考古编》第二卷,科学出版社1982年版,第10页。

图 6-34　《合集》28089

2.《合集》30391（图 6-33，4）

　　辛亥卜，☐五臣☐？

　　王又（侑）岁于帝五臣正，隹（唯）亡雨？

　　☐㞢又（侑）于帝五臣，又（有）大雨？

"帝五臣正"即"帝五臣"，分至四方神及社神①。

---

①　冯时：《中国古代的天文与人文》（修订版）第二章第二节之二，中国社会科学出版社 2009 年版。

3. 《合集》28789（图6-35，1）

惠牢田，亡戋（灾）？

惠谷田，亡戋（灾）？

其逐沓（谷）麋自西、东、北，亡戋（灾）？

自东、西、北逐沓（谷）麋，亡戋（灾）？

卜辞田猎之"田"于文献或作"畋"，卜辞字作"田"，与田地字作"田"、"田"不同。"牢"、"谷"，田猎之地，此卜围猎之辞。

4. 《合集》27990（图6-35，3）

弜壘乎（呼）_(一)，王其每（悔）？

惠可白（伯）惠乎（呼）敢绊方、叔方、盅（绳）方_(二)？

弜惠乎（呼）？

（一）"壘"，人名。

（二）"可伯"，殷属国，"伯"，爵称。"敢"，从"攴""甹"声，当有扑伐之义。"绊方"，卜辞或作"羌方"，其与叔方、绳方同为商王室的敌对方伯。殷人以叔方、羌方、羞方、绳方为分居四方边鄙的"四封方"（《续》3.13.1），此辞但言其中的三方，殷人又称其为"三封方"（《后上》18.2）。

5. 《合集》30393（图6-36，2）

贞：桒年夌、燊于小火_(一)，汎（衁）豚_(二)？

夌眔（暨）燊惠小宰（牢），又（有）大雨？

棘凤（风）惠豚_(三)，又（有）大雨？

（一）"夌"，从"上"从"火"，会意上天之火，天火亦为大火，即二十八宿东宫七宿之心宿二。"燊"，从"火""癶"声，读若拨（《说文·癶部》），通作"伐"，为二十八宿西宫之参伐。"小火"则即行星中之火星①。

（二）"汎"，用牲法。或通"衁"。刉物牲或人牲，取血以祭。

（三）"棘风"，西方风名，也即秋分之气。《尚书·尧典》言秋分而称"厥民夷，鸟兽毛毨"。"棘"从"朿"声，即含盛之意。

（四）"雨"字的结体已与宾组卜辞不同。

6. 《合集》31199（图6-36，1）

瀷（翌）日庚其㪔_(一)，乃霝（零）_(二)，㚔（必）至来庚又（有）

---

① 参见冯时《中国古代物质文化史·天文历法》，开明出版社2013年版，第248页。

图 6-35 无名组卜辞

1.《合集》28789　2.《佚》560　3.《合集》27990
4.《合集》29789　5.《甲续》455

大雨(三)？

翼（翌）日庚其柬，乃霡（零），卲（必）至来庚亡大雨？

来庚剝柬(四)，乃霡（零），亡大雨？

（一）"柬"，祭名。于省吾读为"蜡"①。蜡为年终之祭，文献又作"䄍"。《礼记·郊特牲》："蜡也者，索也。岁十二月，合聚万物而索飨之

---

① 于省吾：《双剑誃殷契骈枝》，北平虎坊桥大业印书局1940年版。

图 6-36　无名组卜辞
1.《合集》31199　2.《合集》30393　3.《合集》26991　4.《合集》27087

也。"古又有臘祭，乃对祖先的祭祀，与蜡祭不同。

（二）"霖"，祈雨之祭。文献通作"雩"。《左传·襄公五年》："秋，大雩，旱也。"杜预《集解》："雩，夏祭，所以祈甘雨。"《礼记·玉藻》："至于八月不雨，君不举。"郑玄《注》："至其秋秀实之时而无雨，则雩，雩而得之则书雩，喜祀有益也。"古礼以龙见而雩为常祀。《左传·桓公五年》："龙见而雩。"又云："秋，大雩。书，不时也。"此乃旱暵不时之雩。时王殷历的岁首在秋分之后一月，知此辞之雩祭也不时之雩。

（三）"⚁"，读为"必"，决也。"必至来庚有大雨"意即必定于下个庚日有大雨。

（四）"剶"，读为"全"，备也。言合聚万物而备具也。

7.《合集》27087（图 6-36，4）

　　其自□沈（鬯）又（侑）⺈至□？

　　其又（侑）⺈示壬、示癸，惠牛又（有）足？

　　其牢又（有）足？

"示"字的写法颇具特点。"自"字结体已与所谓的"历组"卜辞无异。

8.《佚》560（图 6-35，2）

　　丙子［卜］，□祼□，一牢？

　　二牢？

　　三牢？兹（兹）用。

　　己卯卜，兄庚祼，岁惠羊？

　　王田，禽？

此为祖甲卜辞，书体具有无名组的典型特点，用笔方折，颇近所谓"历组"卜辞的书风。

9.《合集》26991（图 6-36，3）

　　乙亥卜，执其用？大吉。

　　高用，王受又=（有祐）？

　　执其用自中宗且（祖）乙，王受又=（有祐）？

　　自大乙用，王受又=（有祐）？

　　□又=（有祐）？

此卜以战俘用为人牲而祭祖。"高"指高祖。祖乙为中宗，与《史记·殷本纪》以大戊为中宗不同，而合于古本《竹书纪年》。

10.《合集》29789（图 6-35，4）

　　其雨？

　　惠日中又（有）大雨？

11.《甲续》455（《粹》961+《合集》33464，图 6-35，5）

　　戊戌卜，贞：王其田，亡𢦒（灾）？

　　辛丑卜，贞：王其田，亡𢦒（灾）？

　　戊申卜，贞：王其田，亡𢦒（灾）？

　　壬子卜，贞：王其田，亡𢦒（灾）？

　　戊午卜，贞：王其田，亡𢦒（灾）？

［辛］酉卜，［贞］：王其田，亡戋（哉）？

"历组"卜辞

1．《合集》32815（图6-37，5）

己亥，楚（历）贞：三族王其令追召方，及于戉？

此辞由贞人历所卜，言王命三族追击召方事。"三族"乃王室小宗，属商代之多子族。《合集》33017版乃卜王族追击召方，且两版卜辞书体全同，当为同时所卜。彼版尚见"父丁"，可参考而定卜辞时代。

2．《合集》33145（图6-37，4）

癸巳贞：旬亡囚（祸）？

癸卯贞：旬亡囚（祸）？才（在）賓旬。

癸丑贞：旬亡囚（祸）？才（在）毚旬。

癸亥贞：旬亡囚（祸）？才（在）蠱（總）旬。

［癸］酉贞：旬亡囚（祸）？［才（在）］食旬。

此辞与第1条卜辞书体相同，"贞"字尤其典型。

3．《合集》34102（图6-37，3）

于十示又二牵？

丁丑贞：牵，其即方（祊）？

牵，即宗？

庚辰贞：鼍以大示？

☐［父］丁？

《说文·示部》："祊，门内祭先祖所旁皇也。从示，彭声。《诗》云：'祝祭于祊。'祊，祊或从方。"《鲁诗》作"閟"。卜辞本作方框形，乃圆方之"方"的初文，与方位之"方"非为一字。

《诗·小雅·楚茨》郑玄《笺》："孝子不知神之所在，故使祝博求之，平生门内之旁，待宾客之处，祀礼于是甚明。"《礼记·郊特牲》："直祭祝于主，索祭祝于祊。……祭于祊，尚曰求诸远者与？祊之为言倞也。"此辞"即祊"、"即宗"当言索祭、正祭。

4．《合集》34104+34615（图6-37，2）

丁未贞：又（侑）彡岁自上甲☐，大示三牢，小示二牢又☐？

其五牢？

丁未贞：彡岁于祭莽（遘）？

丁未贞：彡岁于刕莽（遘）(一)？

方帝（禘）(二)？

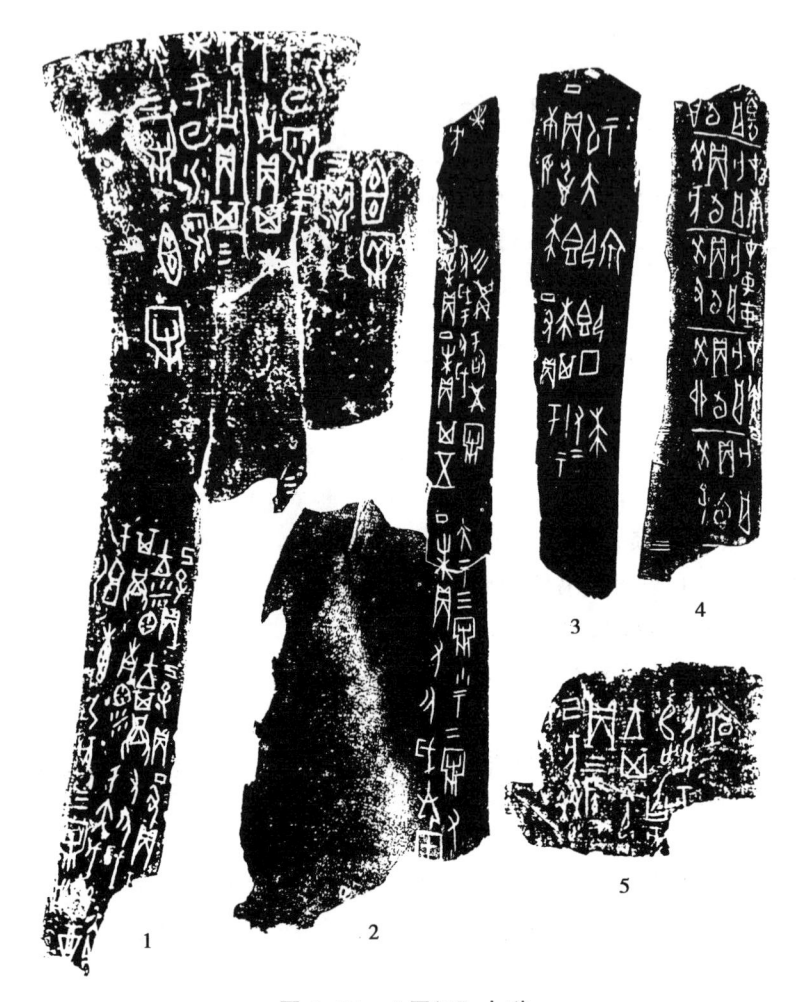

图 6-37　"历组"卜辞

1.《合集》34165　2.《合集》34104+34615　3.《合集》34102
4.《合集》33145　5.《合集》32815

（一）"祭"、"肜"为商代周祭的两种祭法。据此可明，殷人于周祭祖先的同时还实行其他祭祀。

（二）禘祭四方之神。

5.《屯南》1116（图 6-38）

　　辛巳卜，贞：来辛卯酚河十牛，卯十牢？王夒（亥）尞十牛 (一)，卯十牢？上甲尞十牛，卯十牢？

　　辛巳卜，贞：王夒（亥）、上甲即宗于河？

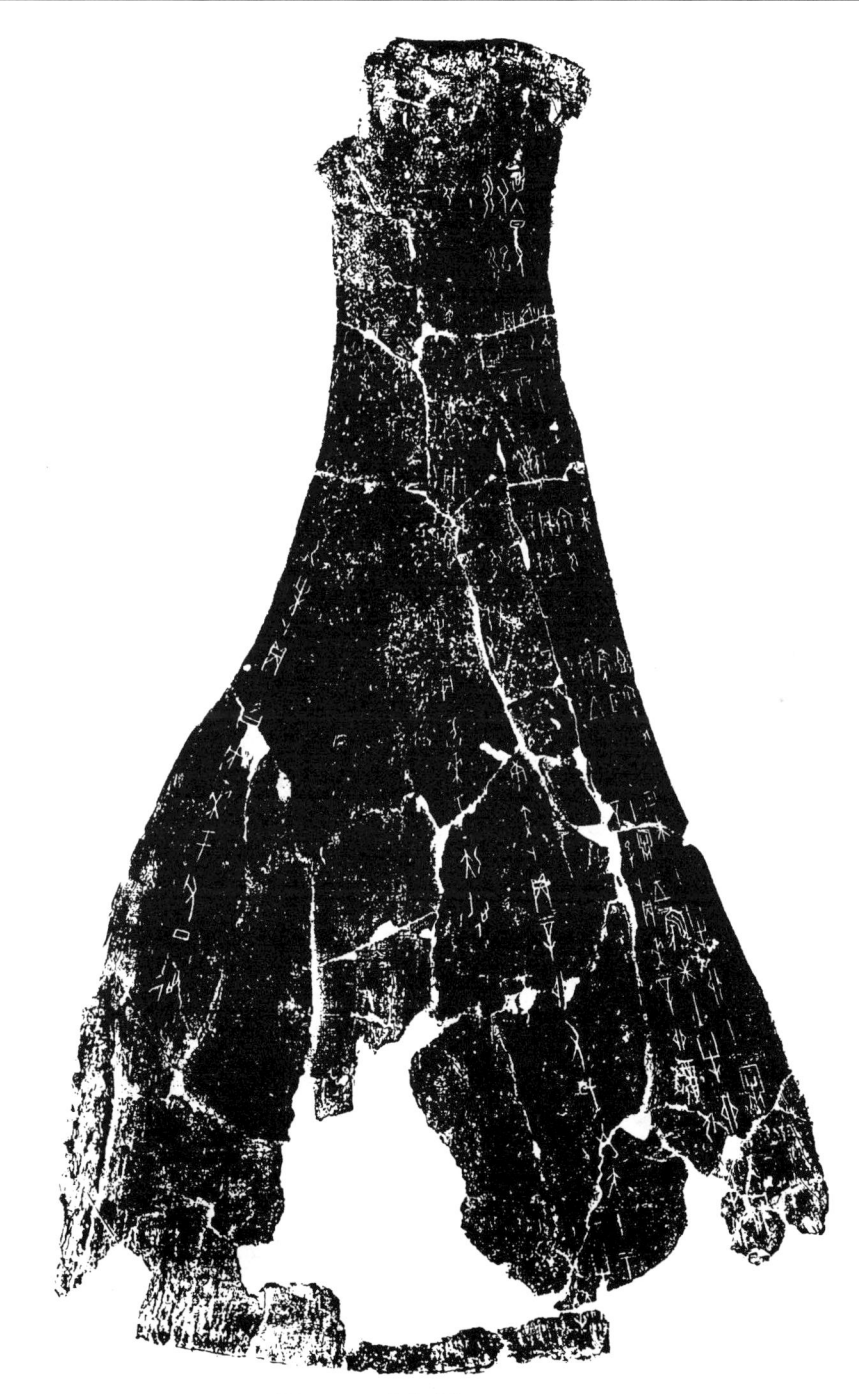

图 6-38 《屯南》1116（一）

图 6-38 《屯南》1116（二）

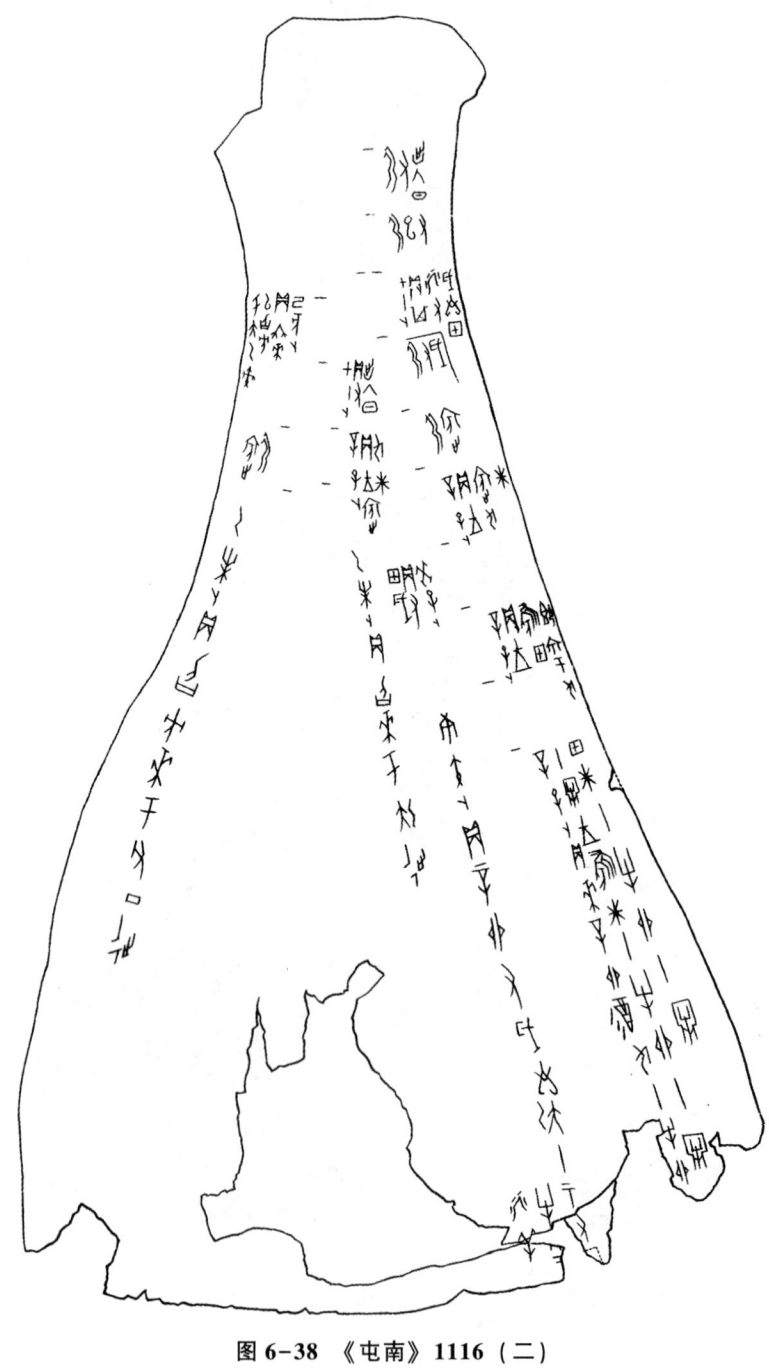

辛巳卜，贞：王宾河燎？
弜宾？
辛巳卜，贞：王宾河燎？
弜宾？
庚寅卜，贞：辛卯又（侑）岁自大乙十示□牛(二)，小示沉（鑾）羊(三)？
癸巳卜，贞：又（侑）上甲岁？
弜又（侑）岁？
甲午卜，贞：其沉（鑾）又（侑）岁自上甲？
弜巳（祀）又（侑）？
甲午卜，贞：又（侑）出入日？
弜又（侑）出入日(四)？
乙未卜，贞：召来，于大乙延？
乙未卜，贞：召方来，于父丁延(五)？
己亥卜，贞：竹来以召方(六)，于大乙束？

（一）《诗·商颂·玄鸟》："天命玄鸟，降而生商。"王亥为上甲之父，甲骨文王亥之名或作"㝮"，或作"雧"，"隹"即鸟的象形文，二者本为一字。王亥之名增以鸟饰，正与玄鸟生商的观念相合。商人遍祀祖先的周祭皆自上甲开始，意味着商代的成文历史也从上甲肇启。显然，商人将鸟饰添加于上甲之父王亥，意在表明王亥的子孙其实就是玄鸟的子孙。

（二）"大乙十示"，集合庙主，指大乙以下的十位先王。

（三）"小示"，集合庙主，学术界多以为指旁系先王，实商人所称的"小示"可能是指庙号区别字为"小"的先王，如小甲、小丁（小乙父祖丁）、小辛、小乙之类。

（四）《尚书·尧典》："寅宾出日，……寅饯纳日。"时在春分和秋分。商人祭祀出入日也应在此之时。后世渐以春分朝日、秋分夕月为礼。

（五）"延"，续也。辞言召方来而战事突起，是否还如期举行对大乙及父丁的祭祀。

（六）"竹"，方伯名。"以"，与也。辞言召方与竹联合来犯。

6.《合集》33273+《英藏》2443（图6-39）
不雨？
今日雨？
隹（唯）其雨？

图 6-39 《合集》33273+《英藏》2443

酚于夒_(一)？兹用。

丙寅贞：又（侑）于兕，燎小牢，卯牛一？

丙寅贞：燎三小牢，卯牛三于兕？

丙寅贞：又（侑）彡岁于伊尹，二牢？

丙寅贞：惠丁卯酚于兕？

丙寅贞：于庚午酚于兕？

丁卯贞：于庚午酚燎于兕？

戊辰卜，及今夕雨？

弗及今夕雨？

己巳贞：庚午酚燎于兕？

己巳贞：韭（非）囚（祸）？

庚午，燎于岳，又（有）从才（在）雨？

燎于岳，亡从才（在）雨？

壬申贞：桒禾于夒？

壬申贞：桒禾于河？

壬申，剛于伊奭_(二)？

癸酉卜，又（侑）燎于于六云_(三)，五豕，卯五羊？

癸酉卜，又（侑）燎于六云，六豕，卯羊六？

（一）"夒"，殷始祖。王国维释"夋"，以为帝喾[1]。此说乃受战国儒家古史观的影响，不足取。西周金文追述古史尚仅及禹，知其时并无五帝之名[2]。学者或疑王说[3]，并以此为"离"[4]，即殷始祖契，近是。契于西周金文作"丕"[5]，战国楚帛书作"离"[6]。卜辞称为高祖。《礼记·祭法》："殷人祖契而宗汤。"

（二）"伊奭"，伊尹之配。

（三）后"于"字衍。卜辞之"云"或称"帝云"（《续》2.4.11），

---

[1] 王国维：《古史新证》，清华大学出版社1994年版，第6—9页。
[2] 郭沫若：《金文所无考》，《金文丛考》，人民出版社1954年版。
[3] 陈梦家：《殷虚卜辞综述》，科学出版社1956年版，第338页。
[4] 王襄：《簠室殷契征文考释·帝系》，天津博物院1925年石印本，第1页；饶宗颐：《殷代贞卜人物通考》，香港大学出版社1959年版，第272—273页，另见注3引徐中舒、容庚、杨树达说。
[5] 冯时：《燹公盨铭文考释》，《考古》2003年第5期。
[6] 商承祚：《战国楚帛书述略》，《文物》1964年第9期；陈邦怀：《战国楚帛书文字考证》，《古文字研究》第五辑，中华书局1981年版。

知为帝廷之官。云分数色，以为云气之占①。《周礼·春官·保章氏》："以五云之物，辨吉凶、水旱降丰荒之祲象。"郑玄《注》："物，色也。视日旁云气之色。降，下也，知水旱所下之国。郑司农云：'以二至二分观云色，青为虫，白为丧，赤为兵荒，黑为水，黄为丰。故《春秋传》曰：凡分至启闭，必书云物，为备故也。'"《楚辞·九歌》有云中君，王逸《章句》："云神丰隆也。"《楚辞·离骚》："吾令丰隆乘云兮，求宓妃之所在。"王逸《章句》："丰隆，云师，一曰雷师。"洪兴祖《补注》："五臣曰：云神屏翳。按丰隆或曰云师，或曰雷师。屏翳或曰云师，或曰雨师，或曰风师。《归藏》云：丰隆，筮云气而告之，则云师也。……据《楚辞》，则以丰隆为云师，飞廉为风伯，屏翳为雨师耳。"卜辞之云神或即丰隆。

7.《书道》10（图6-40）

　　丁卯贞：畣以羌(一)，其用自上甲至于父丁？

　　丁卯贞：畣以羌于父丁？

　　辛未贞：于河桒禾？

　　辛未贞：桒禾高且（祖）、河(二)，于辛巳酻尞？

　　辛未贞：其桒禾于高且（祖）？

　　辛未贞：桒禾于岳？

　　辛未贞：桒禾于河，尞三牢，沉三牛，宜牢？

　　辛未贞：桒禾于高且（祖），尞五十牛？

　　乙亥卜，其畀（宁）𧒽（蠢）于敩(三)？

（一）《广雅·释诂三》："以，予也。"辞言外服畣向王室贡纳羌奴以用于祭祖。

（二） "高祖"与"河"分读，河为河神，不为殷之高祖。其下更分别卜祭高祖、岳、河，可为明证。

（三） "宁蠢"，弭止蝗灾。"敩"，神祇名。

8.《甲缀》24（《屯南》9+25）（图6-41）

　　癸卯贞：[射畣以羌，其用自上甲]，汎（鑾）至于[父丁，惠甲辰，卅]？

　　癸卯贞：射畣以羌(一)，其用惠乙？

　　甲辰贞：射畣以羌，其用自上甲，汎（鑾）至于[父丁]，惠乙巳用，伐卅？

---

① 于省吾：《甲骨文字释林》，中华书局1979年版，第6—9页。

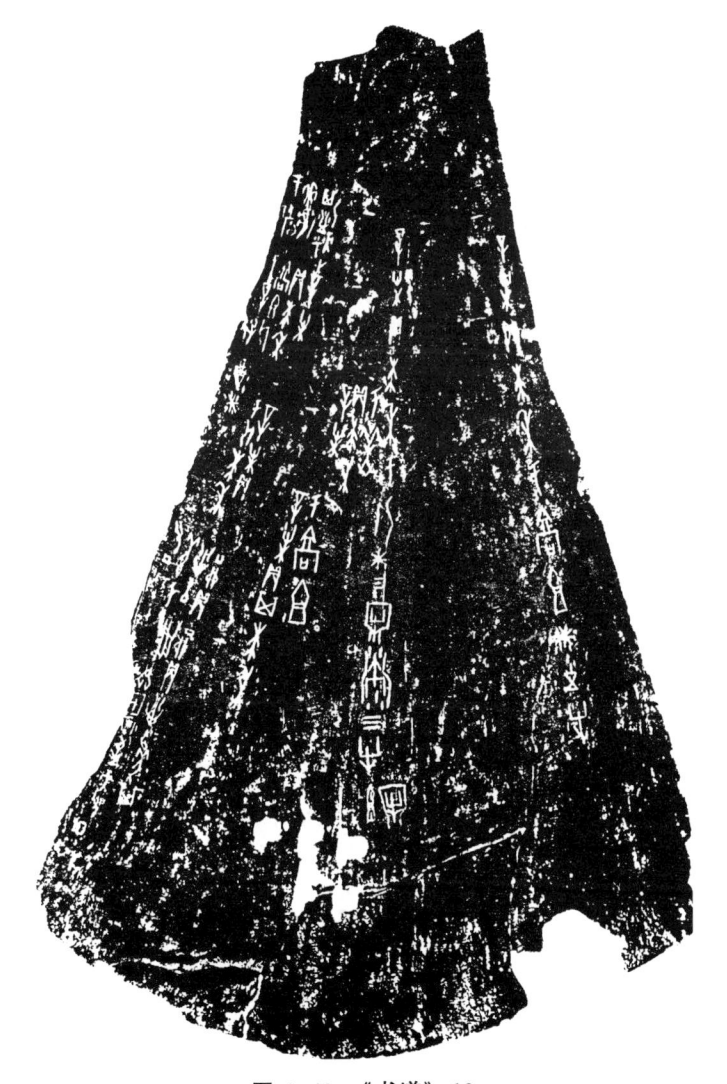

图 6-40　《书道》10

丁未贞：辜以牛$_{(二)}$，其用自上甲，沉（鑾）大示？

己酉贞：辜以牛，其用自上甲，三牢沉（鑾）？

己酉贞：辜以牛，其用自上甲，沉（鑾）大示，惠牛？

己酉贞：辜以牛，其[用]自上甲五牢，沉（鑾）大示五牢？

此版与《屯南》636版为成套卜辞，缺文可据以拟补。

（一）"射畐"，外服畐入为王官，"射"官名。辞言其献羌祭祖事，与《书道》10版卜事相同。

图 6-41 《甲缀》24

（二）"皋"，殷臣。辞言其献牛祭祖事。

9. 《合集》32675（图6-42，2）

丁亥［贞：其］令□，［隹（唯）囚（祸）］？

于小丁卯（禦）(一)？

于兕卯（禦）？

于亳土（社）卯（禦）(二)？

癸巳贞：卯（禦）于父丁，其五十小牢？

［癸巳］贞：卯（禦）于父丁，其百小牢？

（一）"小丁"，小乙之父祖丁。这一称谓又见于出组和无名组卜辞。

（二）"亳社"，殷都亳邑之社①。卜辞又有"右社"（《合集》10344正），或省称"社"（《戬》1.9），当即大社②。又有"邦社"（《前》4.17.3），应即国社③。另有"膏（郊）社"（《屯南》59）④，乃相对于亳社而言，当为置于邑外四郊之社。《白虎通义·社稷》引《尚书》逸篇云："大社唯松，东社唯柏，南社唯梓，西社唯栗，北社唯槐。"

10. 《合集》34103（图6-42，3）

癸卯贞：［其大卯（禦），王自上甲盟（盟），用白］牡九(一)，下示沉（鬯）［牛］？

甲辰贞：其大卯（禦），王自上甲盟（盟），用白牡九，下示沉（鬯）［牛］？

癸丑贞：其大卯（禦），惠甲子彤(二)？

于甲申彤，卯（禦）？

（一）"盟"，血祭。"自上甲"与"下示"对文，知"自上甲"乃指自上甲开始的若干先王，"下示"则为中丁子祖乙（下乙）以下的先王。殷人以尚白为俗，故致祭上甲诸先王用白牲，足见受祭先王的地位要比下示显赫。

（二）彤祭当属大禦，此卜彤祭时间。

11. 《合集》32330（图6-42，4）

癸卯贞：□？

甲辰贞：其大卯（禦），王自［上甲］盟（盟），用白牡九，［下

---

① 孙海波：《读王静安先生古史新证书后》，《考古学社社刊》1935年第2期。
② 冯时：《中国古代的天文与人文》（修订版），中国社会科学出版社2009年版，第168页。
③ 王国维：《殷礼征文·外祭》，《王国维遗书》，上海古籍书店1983年版。
④ 李学勤：《释郊》，《文史》第三十六辑，中华书局1992年版。

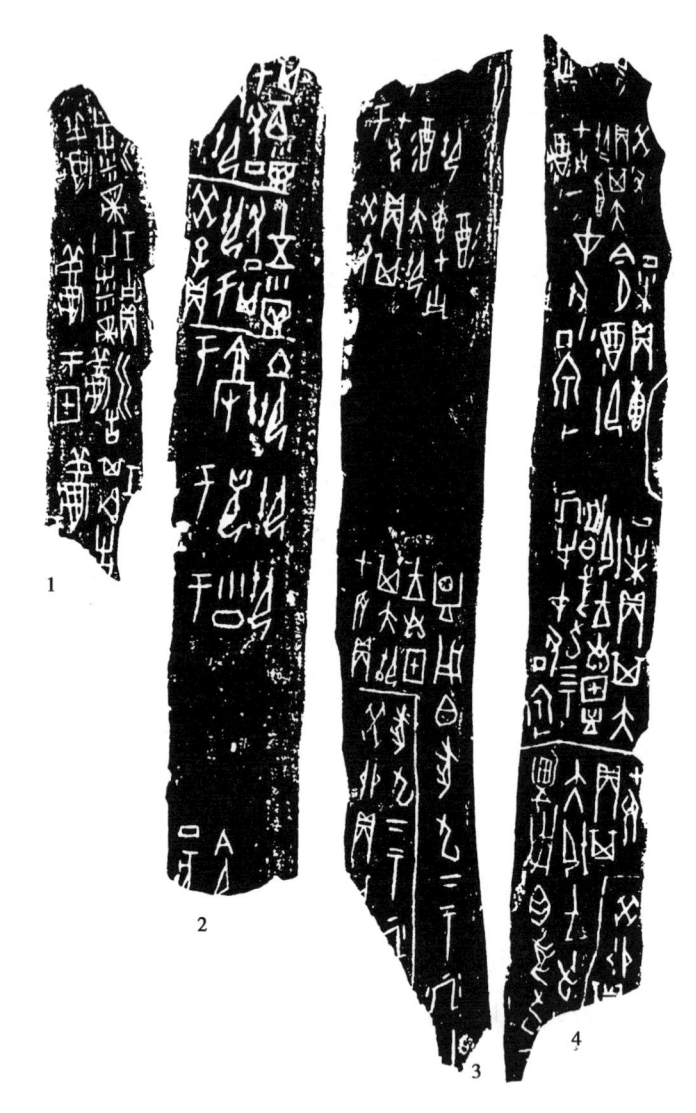

图 6-42 "历组"卜辞

1.《合集》33230　2.《合集》32675　3.《合集》34103　4.《合集》32330

示汎（盥）牛]？

丁未贞：其大卲（禦），王自上甲盟（盟），用白牡九，下示汎（盥）牛？才（在）父丁宗卜。

丁未贞：惠今夕酻，卲（禦）？才（在）父丁宗卜。

癸丑贞：其大卲（禦），惠今夕酻？

此与《合集》34103版干支衔接，卜事相同，为成套卜辞。唯此辞直言占卜于父丁宗庙，"父丁"应即祖甲之父武丁。

12. 《合集》34165（图6-37，1）

己巳贞：王其登南囧米，惠乙亥？

己巳贞：王米囧其登于且（祖）乙(一)？

丁丑贞：[其]又（侑）⺅岁于大戊，三牢？兹用。

戊子贞：其燎于洹泉大三牢，宜牢？

戊子贞：其燎于洹泉[大]三牢（窜），宜窜（窜）(二)？

（一）"南囧"，地名。"米"，脱去谷皮的谷仁。《说文·米部》："米，粟实也。"段玉裁《注》："实当作人，粟举连稃者言之，米者稃中之人。""登"，进也。《礼记·月令》：孟秋之月，"农乃登谷，天子尝新，先荐寝庙"。此乃登尝之礼，以南囧之新米荐于祖。

（二）两"窜"字本从"羊"，与上条对贞卜辞之牢为牛牲不同，当卜牺牲之品种。

13. 《合集》33230（图6-42，1）

壬[子贞]：其寻告蠿（蠿）于[上甲]？

弜告蠿（蠿）于上甲(一)？

壬子贞：屰（逆）米帝（禘）蠿（蠿）(二)？

弜屰（逆）米帝（禘）蠿（蠿）(三)？

（一）祈告殷先王上甲降福弭灾。"寻告"，寻绎相续为告。

（二）"逆"，奉也。《说文·辵部》："逆，迎也。"《孔子家语·入官》："民严而不迎。"王肃《注》："迎，奉也。"米为谷仁。蝗虫贪食谷物，故殷人以米奉之，以求其不致为害庄稼。"禘"，祭名。

（三）卜辞"弜"、"不"同有否定之意，但意义不同，"不"、"弗"互见，意为"不会"，乃否定副词，表示对客观结果的推断；而"弜"同于"勿"，意为"不要"，乃禁戒副词，表示某种主观的决定。

14. 《合集》32087（图6-43，2）

甲午贞：乙未酻高且（祖）亥[羌]□、[牛]□，大乙羌五、牛三，且[祖]乙[羌]□、[牛]□，小乙羌三、牛二，父丁羌五、牛三，亡𡆥？兹[用]。

15. 《合集》32384（图6-43，1）

乙未酻，系品上甲十，匚（报）乙三，匚（报）丙三，匚（报）丁三，示壬三，示癸三，大乙十，大丁十，大甲十，大庚七，小甲

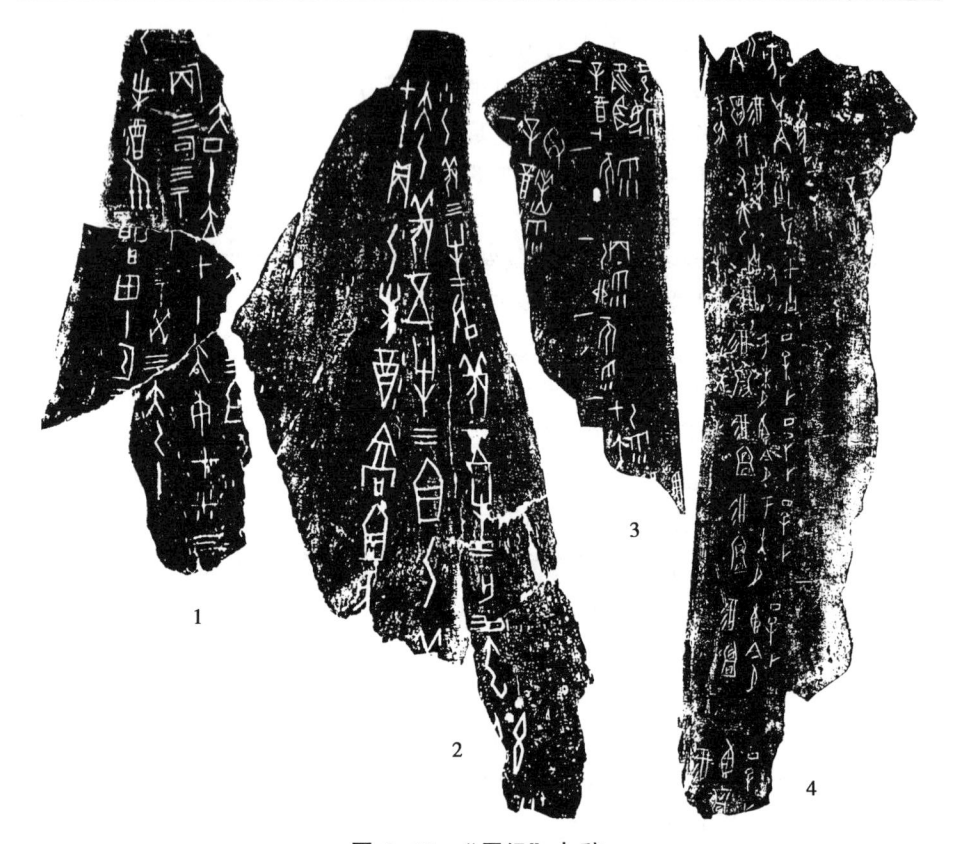

图 6-43 "历组"卜辞
1.《合集》32384 2.《合集》32087 3.《合集》34217 4.《合集》32216

三，[大戊十，中丁十，戔甲]三，且（祖）乙[十，且（祖）辛]☐[三，父丁十]？

此卜对若干先王的酻祭。"系品"意即每位先王所享受的祭品数量，直系先王或十或七，旁系先王则为三，报乙、报丙、报丁、示壬、示癸五王虽属直系，但礼杀一等而视如旁系。王国维曾据此纠正《史记·殷本纪》关于三报世系的错误①。

此版与《屯南》4050、《屯补》244 版为成套卜辞②，可据以补充相关世系。据《屯南》，可知此祭止于父丁，卜辞时代当在祖甲时期。

---

① 王国维：《戬寿堂所藏殷虚文字考释》，艺术丛编第三集 1917 年石印本。
② 林宏明：《从一条新缀的卜辞看历组卜辞的时代》，《古文字研究》第二十五辑，中华书局 2004 年版。

16. 《合集》32216（图 6-43，4）

　　丁巳卜，惠宜酚？
　　丁巳卜，惠今夕酚宜？
　　丁巳卜，于木夕酚宜(一)？
　　丁巳卜，惠今夕酚宜？
　　丁巳卜，于木夕酚宜？
　　癸亥卜，冓（遘）酚宜，伐于大乙？
　　[癸]亥卜，[弜冓（遘）]？
　　甲子卜，又（侑）㞢自上甲？
　　甲子卜，先又（侑）大乙(二)？

（一）"木夕"与"今夕"对贞，意即"生夕"，指次日夜晚。殷人于近时用"惠"，远时用"于"。"惠"，介词，以也。

（二）前卜祭自上甲，此卜则大乙先于上甲受祭。

17. 《合集》34217（图 6-43，3）

　　甲寅，乙雨？
　　不雨？
　　乙卯，丙雨？
　　不雨？
　　辛酉卜，隹（唯）姁𡎺(一)，雨？
　　辛酉[卜]，取岳(二)，雨？

（一）"姁"，从"𠂤"从"女"，学者或以为祭名[1]，然与《合集》34229 版"唯岳𡎺"、"唯河𡎺"对读，"姁"与"岳"应同为山神，唯有性别之区别。

（二）"取"，祭名，学者或读为"禂"[2]，可商。或即造祭。《周礼·春官·大祝》："一曰类，二曰造。"《礼记·王制》："天子将出征，类乎上帝，宜乎社，造乎祢，禡于所征之地。"

黄组卜辞

1. 《合集》33522（图 6-44，3）

　　壬辰[卜]，贞：王[其]田，亡灾？
　　丁酉卜，贞：王其田，亡灾？

---

[1] 于省吾：《释姁》，《甲骨文字释林》，中华书局 1979 年版。
[2] 郭沫若：《殷契粹编考释》，科学出版社 1965 年版。

图 6-44　黄组卜辞

1.《合集》37514　2.《合集》35756+37838　3.《合集》33522　4.《合补》10958

第六章 甲骨文研究

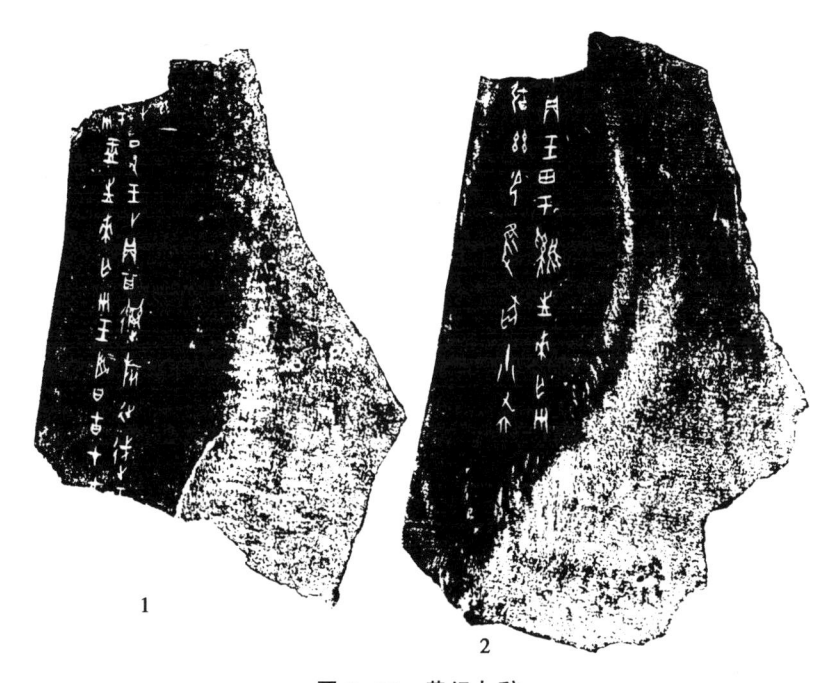

图 6-45 黄组卜辞
1.《合集》36426 2.《合集》37471

　　戊戌卜，贞：王其田，亡灾？
　　壬寅卜，贞：王其田，亡灾？
　　乙巳卜，贞：王其田，亡灾？
　　戊申卜，贞：王其田，亡灾？
卜辞书体与典型的黄组卜辞书风不同，似在黄组卜辞中时代稍早。
　2.《合集》36426（图6-45，1）
　　丁丑王卜，贞：其遏（振）旅(一)，延逑于盂(二)，往来亡灾？王固（占）曰："吉。"才（在）七［月］。
　（一）伪《古文尚书·大禹谟》："班师振旅。"伪孔《传》："兵入曰振旅，言整众。"《左传·隐公五年》："故春蒐、夏苗、秋狝、冬狩，皆于农隙以讲事也。三年而治兵，入而振旅。"杜预《集解》："虽四时讲武，犹复三年而大习。出曰治兵，始治其事。入曰振旅，治兵礼毕，整众而还。振，整也。旅，众也。"《周礼·夏官·大司马》："中春，教振旅。"古以四时之农隙田猎，亦以之习武，"讲事"即讲习武事，所谓教民战也。平时于四时小习武，三年则大演习。演习在郊外，入国而后振旅。

（二）"沭"，习见于田猎卜辞，当有敕戒镇抚意。对某一对象加以敕戒镇抚，则需要到那一对象的所在地去①。卜辞云："戊往沭沚"（《宁沪》1.52），晋侯穌钟铭云："王賮（沭）往东。"皆敕戒镇抚之意。"盂"，田猎地。辞记以田猎演兵，与古制正合。殷之农季始于殷历九月，当夏历五月②。此在殷历七月，当夏历三月，适值农隙，如前年年终有闰，则正合《周礼》中春振旅之制。

3.《合集》37514（图6-44，1）

戊午卜，才（在）潢贞：王其量（裒）大兕(一)，惠駅眔（暨）騽(二)，亡災？禽。

惠駉眔（暨）鵟子(三)，亡災？

惠左马眔（暨）馬(四)，亡災？

惠驍眔（暨）小騽(五)，亡災？

惠驪眔（暨）騽，亡災？

惠并（骈）騨(七)，亡災？

（一）"裒"，田法。《尔雅·释诂下》："裒，聚也。"《小尔雅·广诂》："裒，取也。"

（二）殷制以二马挽车，甲骨文、金文"车"字及考古发掘资料足资佐证。骖驷之制则起于西周。此为田猎卜辞，以下皆卜挽车之马，两两为配。《诗·小雅·车攻》："我车既攻，我马既同。"毛《传》："同，齐也。田猎齐足，尚疾也。"句又见《石鼓文》。卜辞反复卜问不同马匹的配伍，旨在求其齐力平安。

"駅"、"騽"皆为马名。《说文·马部》："騽，马豪骭也。"段玉裁《注》："骭者，骸也。骸者，胫也。高诱注《淮南子》曰：'骭，自膝以下胫以上也。'豪骭谓骭上有修豪也。《鲁颂》《传》曰：'豪骭曰騽。'"又："騨，騨马黄脊。"《尔雅·释畜》："騨马黄脊，騽。""駅"，字书所无。

（三）"駉"、"鵟"，马名，字书所无。"駉"，或即"騨"之本字。《玉篇·马部》："騨，桃騨马。"字亦作"騨"。"鵟子"非谓幼马，当指鵟生而不杂者。

（四）"馬"，马名，字书所无。

（五）"驍"，马名，或即"骄"之异体。《说文·马部》："骄，马高

---

① 裘锡圭：《释祕》，《古文字研究》第三辑，中华书局1980年版。
② 冯时：《殷代农季与殷历历年》，《中国农史》第十二卷第一期，1993年。

六尺为骄。"

（六）"骊"，马名。《说文·马部》："骊，马深黑色。"

（七）"并"，读为"骈"。《说文·马部》："骈，驾二马也。"段玉裁《注》："骈之引申，凡二物并曰骈。"《广雅·释言》："骈，并也。"并两马而驾曰骈。"骅"，马名。"骈骅"，以两骅马驾车①。

4. 《合集》37471（图6-45,2）

　　□□[卜]，贞：王田于鸡，往来亡災？[王固（占）曰]："引吉。"兹卩（节）。隻（获）狼（狐）八十又六。

《说文·卩部》："卩，瑞信也。"今作"节"。"兹节"为验辞，占辞称引吉，故验辞记田猎有获。"鸡"，田猎地。

5. 《合集》36975（图6-46,5）

　　己巳王卜，贞：□岁商受[年]？王固（占）曰："吉。"
　　东土受年？
　　南土受年？
　　西土受年？吉。
　　北土受年？吉。

殷人之宇宙观将大地分为五方，五方的中央为王庭所在的大邑，而四方则以殷人独特的政治观，依与王室的亲疏关系分为"国"与"方"。此辞卜问四土受年显即由王庭分封的同姓与异姓诸侯所构成的国的收成。卜辞也有卜问四方受年的记录，但四方的"方"是方位的概念，与方伯的意义不同。

6. 《合集》37867（图6-46,2）

　　癸巳卜，辰贞：王旬亡祡（祸）？才（在）六月。甲午，工（贡）典其牟(一)。

　　癸丑卜，辰贞：王旬亡祡（祸）？才（在）六月。甲寅，酐翼上甲。王廿祀(二)。

　　癸酉卜，辰贞：王旬亡祡（祸）？甲戌，翼大甲。

　　癸巳卜，辰贞：王旬亡祡（祸）？才（在）八月。

　　癸丑卜，辰贞：王旬亡祡（祸）？才（在）八月。甲寅，翼日绕（羌）甲。

　　[癸]酉卜，辰[贞]：王旬[亡祡（祸）]？才（在）九

---

① 参见郭沫若《卜辞通纂考释》，日本东京文求堂1933年石印本，第155—156页。

图 6-46 黄组卜辞与记事刻辞
1.《合集》36909　2.《合集》37867　3.《合集》36481 正
4.《合集》35749　5.《合集》36975

[月]。

（一）"贡典"，周祭于翼日、劦日、彡日三种祭祀开始之前举行的仪式，即贡献书有祝告之词的典册。"𢆉"，祭名。或释"幼"，不确。此字所从之"午"，字形同于黄组卜辞作为地支的"午"字，而异于"兹"字所从之"幺"。"贡典其𢆉"行于翼日之前，是为翼祭而行之贡典。

（二）"王廿祀"句首没有"唯"字，与通常记录周祭祀周的遣词形式不合，故裘锡圭认为"廿"字应为"曰"字，"王曰祀"意同《合集》

37939+38454 版之"王曰祼","祀"为祭名①。如依此说,则"王曰祀"置于祭上甲之前更为合适。而此旬翼祭上甲已经开始,复记"王曰祀",文意抵牾。

7.《合补》12927（图 6-47，1）

癸亥王卜，贞：旬亡畎（祸）？王固（占）曰："大吉。"才（在）四月。甲子，工（贡）典其酚翼日(一)。隹（唯）王祀翼(二)。

癸酉王卜，贞：旬亡畎（祸）？王固（占）曰："大吉。"才（在）四月。甲戌，翼上甲。

癸未王卜，贞：旬亡畎（祸）？王固（占）曰："吉。"才（在）四月。

癸巳王卜，贞：旬亡畎（祸）？王固（占）曰："［吉］。"才（在）五月。甲午，翼大甲。

（一）"贡典其酚翼日"，周祭开始的贡典仪式，"翼日"为周祭祀首。

（二）"唯王祀翼"，异于卜辞及金文常见的"唯王二祀"、"唯王三祀"等"唯王若干祀"的记祀形式。不书周祭祀数，而以周祭祭法——翼——联缀于祀而称"祀翼"，明确显示此种形式应是对一王周祭开始的记录。将此与其他晚殷周祭祀典比较，可明此辞合于帝辛周祭，故"唯王祀翼"当指帝辛周祭元祀的翼日。时在殷历四月，可明"祀"的周期与历年并不同步。

8.《合集》35756+37838②（图 6-44，2）

癸巳王卜，贞：旬亡畎（祸）？王固（占）曰："吉。"才（在）六月。甲午，乡绕（羌）甲。隹（唯）王三祀。

癸卯王卜，贞：旬亡畎（祸）？王固（占）曰："吉。"才（在）六月。甲辰，乡𢀓（阳）［甲］。

癸丑王卜，贞：旬亡畎（祸）？王固（占）曰："吉。"才（在）七月。

［癸］亥王卜，贞：旬亡畎（祸）？王固（占）曰："吉。"才（在）七月。甲子，乡且（祖）甲。

［癸酉王卜，贞：旬亡畎（祸）］？王固（占）曰："吉。"才（在）七月。

---

① 裘锡圭：《关于殷墟卜辞中的所谓"廿祀"和"廿司"》，《文物》1999 年第 12 期。
② 许进雄：《五种祭祀卜辞的新缀合例》，《中国文字》新十期，1985 年。

图 6-47　黄组卜辞
1.《合补》12927　2.《合集》36482　3.《合集》36511

癸未王卜，贞：旬亡畎（祸）？王固（占）曰："吉。"才（在）八月。甲申，工（贡）典其牟。

癸巳王卜，贞：旬亡畎（祸）？王固（占）曰："吉。"才（在）八月。甲午，翼上甲。

［癸卯］王卜，［贞］：旬亡畎（祸）？［王］固（占）曰："吉。"才（在）八月。

此祀于殷历六月行彡羌甲之祭，与帝辛祀典不合，当属帝乙祀典。殷人合翼日、叠日、彡日为一祀，"三祀"则为帝乙第三个周祭祀周。

9.《合补》10958（图6-44，4）

癸酉王卜，贞：旬亡畎（祸）？王固（占）曰："引吉。"才（在）二月。甲戌，祭小甲，叠大甲。隹（唯）王八祀[一]。

癸未王卜，贞：旬亡畎（祸）？王固（占）曰："吉。"才（在）三月。甲申，叠小甲，叠大甲。

癸巳王卜，贞：旬亡畎（祸）？王固（占）曰："吉。"才（在）三月。甲午，祭戋甲，叠小甲。

癸卯王卜，贞：旬亡畎（祸）？王固（占）曰："吉。"才（在）三月。甲辰，祭绕（羌）甲，叠戋甲。

癸丑王卜，贞：旬亡畎（祸）？王固（占）曰："吉。"才（在）三月[二]。甲寅，祭鲁（阳）甲，叠绕（羌）甲，叠戋甲。

癸亥王卜，贞：旬亡畎（祸）？王固（占）曰："吉。"才（在）四月。甲子，叠鲁（阳）甲，叠绕（羌）甲。

［癸酉］王卜，［贞］：旬亡畎（祸）？［才（在）四］月。甲戌，［祭］且（祖）甲，叠鲁（阳）甲。

（一）祀典合于帝乙八祀。

（二）自癸未至癸丑皆记"三月"，知此三月为含有31天的大月，这种比一般30天的大月多出的一日应为闰日，目的是为调整朔晦月见的天象误差，从而证明帝乙早期的历法仍基本合天。

10.《合集》35749（图6-46，4）

癸巳［卜，彘］贞：王旬［亡畎（祸）］？才（在）二月。甲［午，祭戋甲］，叠小甲。

癸卯卜，彘贞：王旬亡畎（祸）？才（在）三月。甲辰，祭绕（羌）甲，叠戋甲。

癸丑卜，彘贞：王旬亡畎（祸）？才（在）三月。甲寅，祭鲁

（阳）甲，螱绕（羌）甲，叠夋甲。

癸亥卜，贞：王旬亡畎（祸）？才（在）三月。甲子，螱鲁（阳）甲，[叠绕（羌）甲]。

癸酉卜，贞：王旬亡畎（祸）？才（在）四月。甲戌，祭且（祖）甲，叠鲁（阳）甲。

[癸未]卜，贞：[王旬]亡畎（祸）？[才（在）四月。甲]申，[螱且（祖）甲]。

祭事合于帝乙祀典，贞人为媚。

11.《合集》36511（图6-47，3）

丁卯王卜，贞：今𡆥巫九备(一)，余其比多田（甸）于（与）多白（伯）正（征）盂方白（伯）炎(二)，惠衣翼（翌）日步(三)，[亡]左(四)，自上下于敉示(五)，余受又＝（有祐），不䍙（䌛）馘，□告于兹大邑商(六)，亡𢍏（害）才（在）畎（祸）？[王固（占）曰]："引吉。"才（在）十月。遘大丁翼(七)。

（一）"巫九"，盖即《山海经·大荒西经》所载十巫中之九巫①。十巫中有一位当为周代名巫——巫保，九位则属殷代及以前之名巫。

（二）"多甸"与"多伯"皆殷之外服。"于"，读为"与"。"炎"，盂方伯之私名。

（三）"衣"，地名。"惠"的作用在于使宾语前置。

（四）"亡左"，意即没有不便或没有差错，言事将顺遂。

（五）"敉"，或作"敉"。我方鼎铭有"祟"字，杨树达以为从"血"从"示"，象荐血于神前②。

（六）"大邑商"，或作"天邑商"，为殷王庭之所在，其制为没有城垣之聚邑。夏商及西周之王庭所在皆为邑，不为城郭，乃其时制度③。

（七）"遘大丁翼"，言十月丁卯适逢周祭翼日大丁。

12.《合集》36909（图6-46，1）

丁亥卜，在𩁹𣎴贞(一)：韦𠂤（师）寮妹（昧）□又（有）宦（服）(二)，王其令宦（服），不每（悔），克𨘷（进）王[令]？

弜改(三)，乎（呼）宦（服）？

---

① 唐兰：《天壤阁甲骨文存考释》，北平辅仁大学1939年版，第12页眉批。
② 杨树达：《积微居金文说》卷六，科学出版社1959年版。
③ 冯时：《中国古代的天文与人文》（修订版），中国社会科学出版社2009年版；《"文邑"考》，《考古学报》2008年第3期。

韦𠂤（师）寮亡宧（服），王其于京𠂤（师）又（有）册_(四)，若？

（一）"橐"，地名。"㑨"，读为"次"。《易·旅》："旅即次。"为临时宿地。

（二）"韦师寮"，韦师之寮属。"韦"，氏名；"师"，官名。"妹"，读为"昧"，昧爽之时。"有服"与"亡服"对贞，"服"似为行事之辞。"克"，能也。

（三）"弜改"，不要改变，仍袭其命。

（四）在不命韦师寮行事的情况下，王于京师册命是否顺利。"册"，册命。"京师"，王畿之地，或即大邑商之别称。

13.《合集》36481正（图6-46，3）

☐小臣墙比伐，禽危☐羌人廿人四，而千五百七十，䇂百☐两，车二两（辆），盾百八十三，函五十，矢☐又白（伯）𢒉于大乙，用䧹白（伯）卬☐䇂于且（祖）乙，用羌于且（祖）丁，堅日京易☐。

此为著名的小臣墙骨版记事刻辞，记有小臣墙征伐危方而多有斩获，其中包括数名伯长以及具有不同身份的战俘、车马、箭箙、盾矢，并用人牲及物品致祭祖先，以旌功庆典。

14.《合集》36482（图6-47，2）

甲午王卜，贞：乍（作）余彭，朕来下酉余步比侯喜正（征）人（夷）方_(一)，上下叡示，余受又_=（有祐），不𦣞𢦏_(二)，囚告于大邑商，亡𢙒（壱）才（在）𢓊（祸）？王固（占）曰："吉。"才（在）九月。遘上甲䊩，隹（唯）十祀。

甲午王卜，贞：其于西宗奏王_(三)？王固（占）曰："引吉。"

（一）"下酉"，合文。"来下酉"，未来下旬的酉日，故知卜日甲午当在九月上旬。"侯喜"，攸侯喜，"侯"为爵称。

（二）"不𦣞"，卜辞或作"勿𦣞"，继续之意①。"𦣞"字繁作"𦔻"，字从"羊"声，疑读为"央"。伪《古文尚书·伊训》："降之百殃。"《墨子·非乐上》作"降之百殃"，是"𦔻"、"央"通用之证。"央"，尽也。《诗·小雅·庭燎》："夜未央。"郑玄《笺》："犹言夜未渠央也。"《楚辞·离骚》："时亦犹其未央。"王逸《章句》："央，尽也。"《楚辞·九歌·云中君》："烂昭昭兮未央。"王逸《章句》："央，已也。"是卜辞之"勿𦔻"、"不𦔻"意即文献之"未央"，皆未尽不尽之谓，不尽不已则言继续。

---

① 张政烺：《殷契䚷字说》，《古文字研究》第十辑，中华书局1983年版。

图 6-48 《合集》36534

（三）"西宗"，殷之右宗。卜辞习见"右宗"（《甲》1318）之称。"奏"，奏乐。"王"，商王。"奏王"意即王奏。

15.《合集》36534（图 6-48）

戊戌(一)，王蒿（郊）田(二)，☒文武丁祕(三)，☒王来正（征）☒。

（一）此为记事刻辞，与卜辞一样，其首记历日干支，乃殷代及周初记时形式之通例。

（二）"蒿"，郊野之名，读为"郊"。"田"，田社之神。"王郊田"意即王于郊野郊祭社神。《周礼·春官·肆师》："凡师甸，用牲于社宗，则为位。"郑玄《注》："社，军社也。宗，迁主也。"

（三）"文武丁"，殷王文丁。"祕"，藏主之室，此出征所迁之主。辞记于郊社之后致祭文丁。《周礼·春官·甸祝》："及郊，饁兽，舍奠于祖祢，乃敛禽。"郑玄《注》："饁，馈也。以所获兽馈于郊，荐于四方群兆，入又以奠于祖祢，荐且告反也。敛禽，谓取三十入腊人也。"殷王征伐归来获兽荐于四郊群兆，尔后释奠于祖祢，甚合其礼。

16.《合集》37848反（图 6-49，2）

辛酉，王田于鸡菉（麓），隻（获）大䨲虎。才（在）十月。隹（唯）王三祀肜日。

此为虎右上膊骨，为目前所见甲骨文中唯一的虎骨刻辞。周祭合于帝辛祀典。文字刻于雕花骨栖的一面。"鸡"为田猎地。《春秋经·昭公二十三年》："秋七月……戊辰，吴败顿、胡、沈、蔡、陈、许之师于鸡

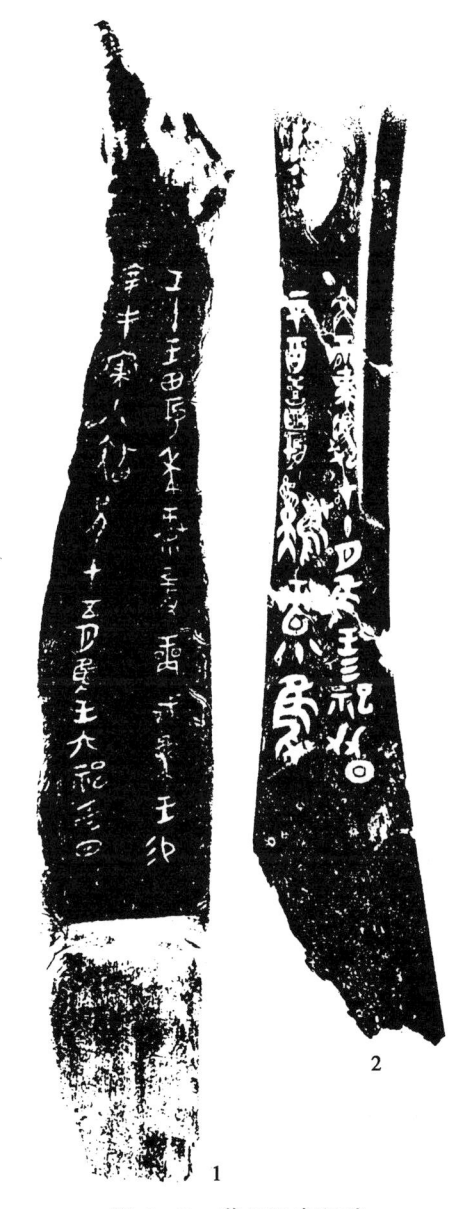

图 6-49　黄组记事刻辞
1.《合补》11299 反　2.《合集》37848 反

父。"杜预《集解》："鸡父，楚地，安丰县南有鸡备亭。"地在今河南固始东南的大别山麓，故称鸡麓。"霋"读为"魄"，"大霋虎"，体形甚大之虎。辞记殷王帝辛猎获大虎，故以其骨制为柶，铭旌其事。《史记·殷本纪》谓商纣王"材力过人,手格猛兽",当为事实。

17.《合补》11299 反(图 6-49,1)

壬午,王田于麦箓(麓),隻(获)商戠兕(一),王易(锡)宰丰
寑(寝)小𥎦兄(二)。才(在)五月。隹(唯)王六祀彡日(三)。

(一)"商"字从"星",为商星之本字。商星为红色一等亮星,于此则借指兕之颜色。"戠兕"实为特兕。

(二)"宰丰",受赐者。"宰",官名;"丰",氏名。"寑小𥎦兄",赏赐之物,"寑",宫寝,"小𥎦兄",义未能明。然宰丰受赐寑小𥎦兄,知其为内宰。宰官之说,详见商代宰楄角。

(三)祀典不合帝乙周祭,当属帝辛。或谓应属文丁[1],不可据。

表谱刻辞

1.《合集》14294(图 6-50)

东方曰析,凤(风)曰劦(协)。

南方曰因,凤(风)曰岿(微)。

西方曰夷,凤(风)曰彝。

[北方曰]𠘧(宛),凤(风)曰伇(役)。

此为善斋旧藏著名的四方风刻辞,背无钻凿,当为颇成熟的习刻。书体风格属宾组刻辞,时代当在武丁。此辞可与《合集》14295 版对读,彼版南方名作"微",南风名作"遲",西方名作"彝",西风名作"丐",或有颠倒。殷之四方风名源于古人测定四气之传统以及由此产生的分至四神观念,相同内容又见《尚书·尧典》、《山海经》及长沙子弹库战国楚帛书[2]。

2.《合集》24440(图 6-51)

月一正曰食麦(一),甲子(下略)。

二月父䄭(二),甲午(下略)。

此版详录殷历两月历,文字多缺刻横画。

(一)"食麦",殷历正月月名。《礼记·月令》孟春之月,"食麦与

---

[1] 严一萍:《文武丁祀谱》,《历史语言研究所集刊》第四十六本第二分,1975 年。另可参见李学勤《小屯南地甲骨与甲骨分期》,《文物》1981 年第 5 期;常玉芝《商代周祭制度》,中国社会科学出版社 1987 年版。

[2] 胡厚宣:《释殷代求年于四方和四方风的祭祀》,《复旦学报》(人文科学)1956 年第 1 期;冯时:《中国天文考古学》,中国社会科学出版社 2010 年版;《中国古代的天文与人文》(修订版),中国社会科学出版社 2009 年版。

图 6-50 《合集》14294

羊"。郑玄《注》："麦实有孚甲，属木。羊，火畜也。时尚寒，食之，以安性也。"殷人以正月食麦，正合此礼①。《月令》用寅正，而殷历岁首则在寅正历法的九至十月。其时气候将寒，遂行此俗。后世历法的岁首逐渐后移，自古既行的正月食麦之俗遂由殷历正月顺延至夏历正月。

（二）"父祾"，殷历二月月名。"祾"字从"禾""玄"声，知亦与农作有关，故"父祾"应读为"補穉"。《诗·大雅·緜》："古公亶父。"陆德明《释文》："父，本亦作甫。"《广雅·释诂四》："補，穧也。"《说文·禾部》："穧，穫刈也。一曰撮也。"古音"玄"在匣纽真部，"穉"在定纽质部，同音可通。《说文·禾部》："穉，幼禾也。"故"補穉"意

---

① 郭沫若：《卜辞通纂考释》，《郭沫若全集·考古编》第二卷，科学出版社1982年版，第98页。

图 6-51 《合集》24440

即刈取晚熟未获之禾。殷历二月当农历十月，时令正合。

3.《合集》35406（图 6-52）

　　甲戌翼上甲，乙亥翼匚（报）乙，丙子翼匚（报）丙，[丁丑翼] 匚（报）丁，壬午翼示壬，癸未翼示癸，[乙酉翼大乙，丁亥]翼大丁，甲午翼[大甲，丙申翼外丙，庚子]翼大庚。

此为黄组周祭祀典之习刻。祀典右侧尚存两"翼"字，乃契者反复练习之迹。

4.《英藏》2674 正（图 6-53）

　　贞。
　　兒先且（祖）曰吹，
　　吹子曰妖，
　　妖子曰莫，
　　莫子曰隺，
　　隺子曰壹，

图 6-52 《合集》35406

壹弟曰肇,
壹子曰丧,
丧子曰㪊,
㪊子曰𡿧,
𡿧子曰卬(御),
卬(御)弟曰𤕫,
卬(御)子曰㪰,
㪰子曰商。

　　此为著名的家谱刻辞,原著录于《库》1506,当属习刻,时代待考。此骨由英国传教士库寿龄和美国传教士方法敛购自山东潍县估人李茹宾,1911年由库寿龄售归英国伦敦不列颠博物馆,现藏伦敦不列颠图书馆。

图 6-53 《英藏》2674 正

这版文字的真伪，学术界长期存在争议①。或以为全属伪刻，或以为除"贞"字之外的其他内容不伪。迄今悬而未决。

家谱刻辞记录了兒氏贵族世系，自其先祖吹开始，共十一代，其中十世父死子继，二世兄终弟及，反映了商代极具特色的宗法制度。右端的"贞"字也应与家谱刻辞同出一手，这种在习刻文字中顺便以不相干的文字作为练习的情况，在商代的习刻作品中经常出现。尽管如此，此版文字从容自然，重复出现的文字也讲究避复变化，说明契手已具有相当的书学造诣，其对刻辞内容与契法的理解，均非甲骨文发现初期的伪刻者所能掌握。

这版家谱刻辞的仿刻作品见于《库》1989 版，学者皆以为伪刻。而类似的家谱刻辞尚见于《殷契卜辞》209 版，则为真迹。

---

① 胡厚宣：《甲骨文"家谱刻辞"真伪问题再商榷》，《古文字研究》第四辑，中华书局 1980 年版；《甲骨文家谱刻辞伪作的新证据》，《考古与文物》1992 年第 1 期；于省吾：《甲骨文"家谱刻辞"真伪辨》，《古文字研究》第四辑，中华书局 1980 年版。

5.《合集》37986（图6-54）

此版所存乃干支习刻，为目前所见殷墟出土干支表中最完整的一件。书法虽未臻至善，然已渐趋成熟。其时实用之干支表谱或镌刻于玉石，此契于骨，仍属契刻者的练习，非为占卜备查之历表。

武丁时期五种记事刻辞

1. 甲桥刻辞

  雀入龟五百。_{右桥}

       《丙》168

  雀入二百五十。_{左桥}

       《合集》5298

  雀入二百五十。_{右桥}

  帚（妇）羊来。_{左桥}《乙》7673

  雀入二百五十。_{右桥}

  辛亥。_{左桥} 《乙》6704

  帚（妇）好入五十。_{右桥}

  争。_{左桥} 《乙》7782

  画入。_{右桥}

  帚（妇）井示卅虫（又）一。

殷。_{左桥} 《乙》4688

  我以千。_{右桥}

  帚（妇）井示百。殷。_{左桥}

  《乙》6686（图6-55，1）

  莫来五。_{右桥}

  才（在）鹿。_{左桥} 《乙》6882

  行取廿五。_{右桥}

  帚（妇）井［示］▢。_{左桥} 《乙》7311

  乞自帚（妇）井三。庚戌。_{右桥} 《甲》2969

图6-54 《合集》37986

"入"为贡纳之辞。《史记·夏本纪》："九江入锡大龟。"《尚书·禹贡》"入"作"纳"。"来"亦贡献之辞。卜辞有"来象"、"来马"、"来黾（龟）"、"来羌"等，"来"即用为来献。《尔雅·释诂上》："来者，

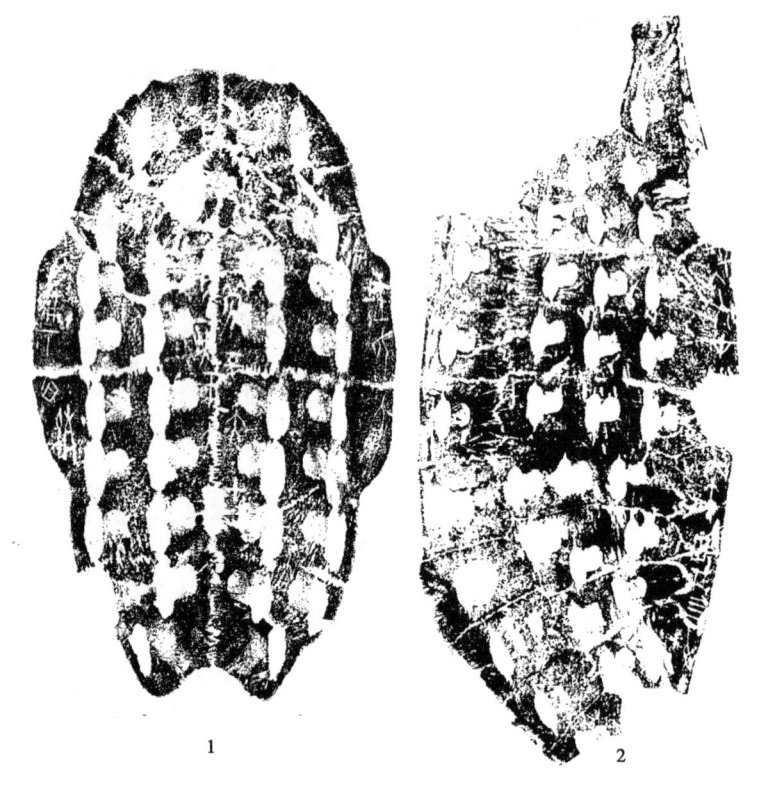

图 6-55　五种刻辞

1.《乙》6686　2.《甲》2993

自彼至我也。""以",送予也。《广雅·释诂三》:"以,予也。"《说文·又部》:"取,捕取也。""取"训获取。"乞"或训求。《广雅·释诂三》:"乞,求也。"《集韵·迄韵》:"乞,取也。""乞"即求取之意。是"取"、"乞"皆非诸侯贡纳所得。"示",视也。《诗·周颂·敬之》:"示我显德行。"《鲁诗》"示"作"视"。陈奂《诗毛氏传疏》:"示,古视字。"《释名·释言语》:"视,是也,察其是非也。"王先谦《释名疏证补》引王先慎曰:"此视字盖即示字,则示有明察是非之义。"是甲桥刻辞或有对入龟的检查记录。若入龟之量巨大,则不一一检视,唯抽选其中部分而已。辞云:"我以千。妇井示百。"选检约在十分之一。此外又有入龟日期、地点及臣僚签名等[①]。

[①] 参见胡厚宣《武丁时五种记事刻辞考》,《甲骨学商史论丛初集》,成都齐鲁大学国学研究所专刊之一,1944 年;张秉权《甲骨文与甲骨学》,"国立"编译馆 1988 年版,第 189—193 页。

2. 甲尾刻辞（尾右甲刻辞）

册入。　　《屯南》2768

巛来。　　《甲》280

巛入二百廿五。　　《合集》9334（图 6-56，4）

3. 背甲刻辞

我入六十。才（在）□。丙寅，⊞示四屯（纯）。

《甲》2993（图 6-55，2）

小臣入二。　　《丙》608

壬午，乞自𦥑十屯（纯）屮（又）一乀（半）屯（纯）。伐示廿。

《合集》8473

𤔲入三。帚（妇）示十。殷。　　《合集》9274

"屯"，读为"纯"。殷人卜用龟背甲皆一剖为二，是为一纯。这一称谓也用于牛胛骨，是以左右胛骨为一纯①。《仪礼·少牢馈食礼》："腊一纯而鼎。"郑玄《注》："合升左右胖曰纯。纯犹全也。"《说文·乀部》："乀，读与弗同。"陈梦家读为"半"②，是。或即相当于半纯之"胖"。"半纯"即为半背甲或一骨，或"纯"字多省略而但谓之"半"。

4. 骨臼刻辞

甲午，帚（妇）井示三屯（纯）。岳。　　《甲》3341

利示三屯（纯）屮（又）一乀（半）。宾。

《合集》17611（图 6-56，2）

壬寅，乞自雩七屯（纯）。扫。　　《珠》458

甲寅，帚（妇）见，𦥑示七屯（纯）。允。　　《甲》2815

丁卯，旻示二屯（纯）自古乞。小扫。　　《续》5.16.3

旻示四屯（纯）屮（又）一冎（骨）。□。

《合集》17628（图 6-56，3）

□巳，王示殷二屯（纯）。扫。　　《簠典》39

示。中。　　《粹》879

亘。　　《明》1670

---

① 郭沫若虽误释"屯"为"勹"，即"包"，但已正确地指出其指两骨。见《殷契粹编考释》，日本东京文求堂1937年石印本，第203页。

② 陈梦家：《殷虚卜辞综述》，科学出版社1956年版，第18—19页。

图 6-56　五种刻辞
1.《合集》5574　2.《合集》17611　3.《合集》17628　4.《合集》9334

骨臼刻辞不言贡纳,盖殷代北方多牛,无须劳远贡献①。

5. 骨面刻辞

　　帚(妇)井来。　　　　　《甲》2912

　　乞自畓廿屯(纯)。小臣中示。系。

　　　　　　　　　　　　　　　《合集》5574(图6-56,1)

　　丁丑,旲乞于塵廿屯(纯)。河。　《合集》9399

　　乙亥,乞廿屯(纯),咒五。　《甲》2833

　　乙□,邑乞自塵五屯(纯)。十二月。　《合集》9400

"妇井来"虽以"来"为辞,但非属贡纳,或读为"赉"。殷人在记牛骨的同时,也兼记同时得到的其他兽骨。

---

① 胡厚宣:《武丁时五种记事刻辞考》、《殷代卜龟之来源》,并载《甲骨学商史论丛初集》,成都齐鲁大学国学研究所专刊之一,1944年。

二 周原甲骨文

1. 《周甲》H11:82（图6-57,1）

□□，□才（在）文武□□₍一₎，王其卲（昭）帝（禘）□天₍二₎，□典冊（册）周方白（伯）□₍三₎，囟（使）正₍四₎，亡ナ（左）□□，王受又=（有祐）？

（一）"文武□□"，或可补为"文武丁祕"，即殷王文丁的宗庙。

（二）"王其昭禘□天"，"禘"，祭名；"天"为受祭者。《礼记·丧服小记》："王者禘其祖之所自出，以其祖配之。……礼，不王不禘。"郑玄《注》："始祖感天神灵而生，祭天则以祖配之。禘谓祭天。"《春秋经·僖公八年》："禘于大庙。"正合此于文武丁宗祭天配祖。《诗·商颂·长发序》："《长发》，大禘也。"其文云"帝立子生商"、"帝命不违"、"昭假迟迟，上帝是祗"，皆祭天帝之辞。朱熹《集传》："昭假于天，久而不息。"马瑞辰《毛诗传笺通释》引戴震云："精诚表见曰昭。"是"昭禘"即言精诚祭天。古制不王不禘，故祭天之"王"显即商王。

（三）"□典册周方白（伯）□"，徐中舒谓"冊周方伯即文王往殷王宗庙中拜受新命为周方伯之事"①，是。"册"本作"冊"，当言册命事。《说文·册部》："册，符命也。诸侯进受于王也。"《尚书·顾命》："太史秉书，由宾阶隮，御王册命。"或作"策命"。《周礼·春官·内史》："凡命诸侯及孤卿大夫则策命之。"郑玄《注》："郑司农说以《春秋传》曰：'王命内史兴父策命晋侯为侯伯。'策谓以简策书王命。其文曰：'王谓叔父，敬服王命，以绥四国，纠逖王慝。'晋侯三辞，从命，受册以出。"《周礼·春官·大宗伯》："王命诸侯，则傧。"郑玄《注》："王将出命，假祖庙，立依前，南郷。傧者进当命者延之，命使登，内史由王右以策命之。"与此辞于宗庙册命西伯正合。时姬昌受册命为西伯，不可称王。"伯"后一字当为周方伯之名。此于文丁宗庙册命，时在帝辛时代，受册命者当为姬昌。

（四）"囟"读为"使"②。《说文·正部》："正，是也。"《仪礼·士丧礼》："决用正。"郑玄《注》："正，善也。"《易·系辞下》："吉凶者，贞胜者也。"韩康伯《注》："贞者，正也，一也。"孔颖达《正义》："正

---

① 徐中舒：《周原甲骨初论》，《古文字研究论文集》，四川大学学报丛刊第十辑，1982年。
② 陈斯鹏：《论周原甲骨和楚系简帛中的"囟"与"思"——兼论卜辞命辞的性质》，《第四届国际中国古文字学研讨会论文集》，香港中文大学中国语言及文学系，2003年。

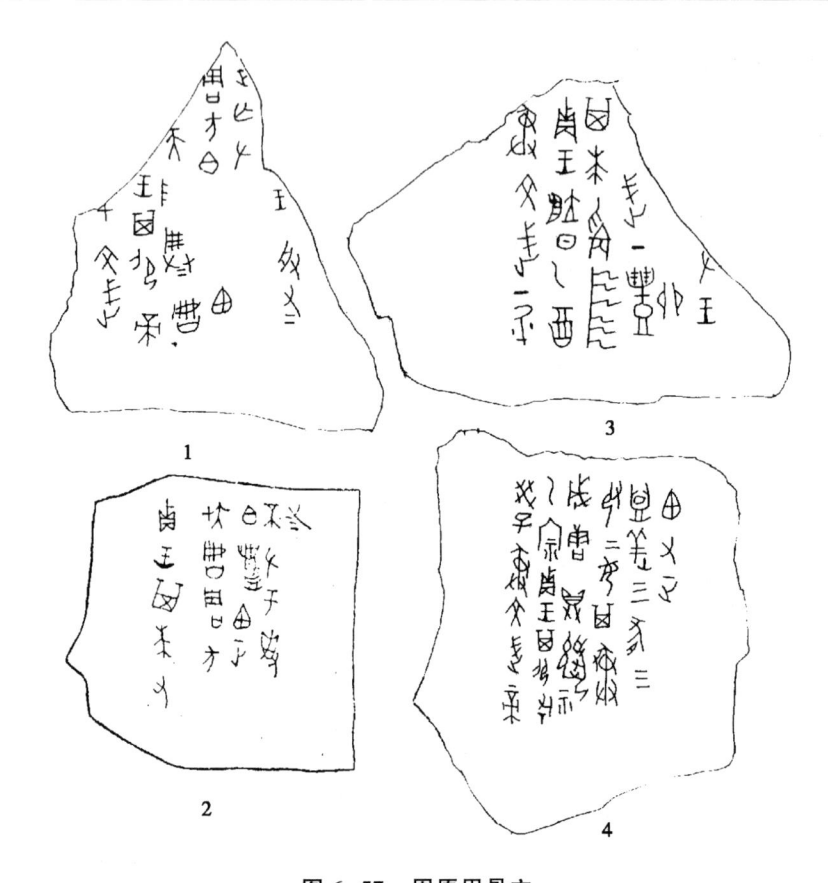

图 6-57 周原甲骨文
1. H11∶82 2. H11∶84 3. H11∶112 4. H11∶1

者，体无倾斜。"

（五）"不左"，时人习语，也见于殷卜辞，意即没有差错。意同"亡左"。

2.《周甲》H11∶84（图6-57，2）

　　贞：王其肇又（侑）大甲(一)，冊（册）周方白（伯）盉（盠)(二)，
　　囟（使）正，不ナ（左）于受又=（有祐）？

（一）"大甲"，殷先王。

（二）"册周方伯盠"，"伯"后一字与前辞相同，当为周方伯之名。《粹》1190版云"冊（册）盂方白（伯）炎"，"炎"为盂方伯名，可为明证，惜前辞磨泐。"盠"本作"盉"，即"盠"之或体，文献或作"粢"，疑为西伯姬昌之字。《荀子·礼记》："万物以昌。"杨倞《注》："昌，谓各遂其生也。"《大戴礼记·虞戴德》："地事曰昌。"孔广森《补

注》:"昌,育物。"《大戴礼记·诰志》:"地曰作昌。"王聘珍《解诂》引《尚书考灵曜》:"昌者,地之财也。"地所育之物,古人首要关心的即为黍稷粱盛。《周礼·春官·小宗伯》:"辨六齍之名物与其用。"郑玄《注》:"齍,读为粢。六粢谓六谷。"又《肆师》:"表齍盛。"郑玄《注》:"齍,六谷也。"《左传·桓公六年》:"粢盛丰备。"杜预《集解》:"黍稷曰粢。"是六谷即为地之财,故"昌"、"齍"义正相应。故此"册周方伯齍"应即殷王册命姬昌为西伯事。

3.《周甲》H11:112（图6-57,3）

彝文武丁必(祕)。贞:王翼(翌)日乙酉其舉,再(称)中(一),□武丁豊(礼)(二),□□□卯□□□ナ(佐)王(三)?

(一)"称中",意即建旗。卫盉铭作"称旂"。此言殷王册命西伯后更颁以周方伯大旗①。

(二)"武丁",殷先王。

(三)"佐王",周方伯佐助殷王。时姬昌接受册命为西伯,故可举西伯之旗佐助殷王致祭。

4.《周甲》H11:1（图6-57,4）

癸巳,彝文武帝乙宗(一)。贞:王其邵(昭)祭成唐(二),鼒禦𠃬(三),二母其彝(四),盟(盟)牲(牡)三、豚三、囟(使)又(有)正?

(一)"彝",祭名。殷卜辞有"彝在庭"(《甲》3588),"彝在仲丁宗"(《续》1.12.6),"彝于祖乙[宗]"(《佚》714),"彝在祖辛[宗]"(《甲》3932),"在父丁宗彝"(《屯南》3723),"彝"字皆为祭名。下文云"其彝",继以血祭荐牲,知"彝"乃荐牲之祭。"文武帝乙宗",殷王帝乙的宗庙。"文武帝乙"又见于晚殷四祀𨚖其卣及坂方鼎铭。卜在帝辛世。

(二)"成唐",商汤大乙。

(三)"鼒禦𠃬","鼒"、"禦",皆为祭名。《诗·周颂·我将》:"我将我享。"郑玄《笺》:"将,犹奉也。我奉养,我享祭之。"马瑞辰《毛诗传笺通释》:"庄述祖云:'将,古文作鼒,……《说文》作鬺,煮也,从鬲,羊声。字亦作禓,《封禅书》曰"皆尝禓享上帝鬼神",徐广曰"禓,亨煮也。音殇"。享当读饗。《韩诗》"于以禓之",毛借作湘,《传》:"湘,烹也。"此《传》将亦训烹。……'今按:将、享对文,以

---

① 徐中舒:《周原甲骨初论》,《古文字研究论文集》,四川大学学报丛刊第十辑,1982年。

将为蕭之省借，训烹，正与《封禅书》'禋享上帝鬼神'及《易传》'圣人亨以饗上帝'文法相类。"《说文·示部》："禪，祀也。"《说文·又部》："叚，治也。"《玉篇·又部》："叚，改治也。"因前卜昭祭成汤，此改为蕭、禪二祭，故言叚。

（四）"二母"，帝辛二配。《逸周书·克殷》：武王"先入，适王所，乃礮射之，三发而后下车，而击之以轻吕，斩之以黄钺。乃适二女之所，既缢"。孔晁《注》："二女，妲己及嬖妾。"此言纣之二妻助祭①。

以上四条卜辞皆先周文王之物，系姬昌亲赴大邑商接受帝纣册命西伯，并以西伯的身份助祭殷王的占卜记录，其后携回周原。殷墟曾出土文王占卜之物②，可证其确曾亲临商邑。文献所记殷周联姻，殷王帝乙曾嫁女与西伯③，或许也是西伯参与殷王祭祀的原因④。

5. 《周甲》H11：2（图6-58，2）

  自三月至于三月₌（月月）₍一₎，唯五月囟（使）尚（常）₍二₎？

（一）"自三月至于三月月"，据西周金文的纪时特点⑤，两个"三月"应分属两年，所以后一个"三月"不宜以闰月解之。末一"月"字训为阙。《说文·月部》："月，阙也。"

（二）"尚"，读为"常"。《文选·枚乘七发八首》："常无离侧。"旧校："常，五臣本作尚。"明二字互假。《诗·唐风·鸨羽》："曷其有常。"朱熹《集传》："常，复其常也。"此辞当卜某事停顿一年，而于次年五月使复旧常。

6. 《周甲》H11：83（图6-58，4）

  曰今龝（秋）楚子来告，父後□？

楚子应即楚君熊绎，成王时受封为子爵之国。"来告"，赴周告命。卜辞时代或在成王。

7. 《周甲》H11：14（图6-58，3）

  楚白（伯）乞（迄）今龝（秋）来₍一₎，即于王₍二₎，其则₍三₎？

（一）"楚伯"之称见于西周金文，卜辞又称"楚子"。

（二）"即于王"，朝于周王。

---

① 李学勤、王宇信：《周原卜辞选释》，《古文字研究》第九辑，中华书局1980年版。
② 冯时：《中国天文考古学》第八章第三节，中国社会科学出版社2007年版。
③ 顾颉刚：《周易卦爻辞中的故事》，《燕京学报》第六期，1929年。
④ 冯时：《中国天文考古学》第八章第三节，中国社会科学出版社2007年版。
⑤ 冯时：《晋侯稣钟与西周历法》，《考古学报》1997年第4期。

第六章 甲骨文研究　　　　423

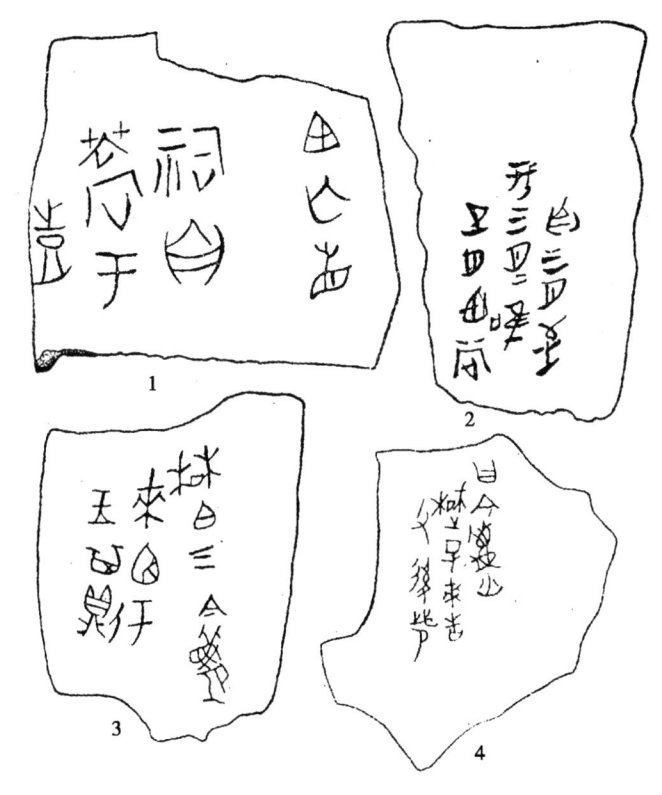

图 6-58　周原甲骨文
1. H11∶20　2. H11∶2　3. H11∶14　4. H11∶83

（三）"则"，即也。《汉书·王莽传》："应声涤地，则时成创。"师古《注》："则时，即时也。"《汉书·娄敬传》："周王数百年，秦二世则亡。"

8.《周甲》H11∶20（图6-58，1）

祠自蒿（郊）于壴(一)？

囟（使）亡眚(二)？

（一）"壴"，地名。"祠"、"蒿（郊）"皆为祭名。"蒿"本为郊野之名，于此则已发展为郊天之名。郊祭圜丘，则因圜丘在郊。何尊铭云"祼自天"，德方鼎铭则云"祼自蒿（郊）"。与此相同。H11∶117云："祠自蒿（郊）于周。""周"即周原。

（二）"亡眚"，无灾。《易·讼》："无眚。"陆德明《释文》引马云："眚，灾也。"

9.《周甲》FQ2（图6-59，1）

囟（使）卩（节）于休令（命）(一)？

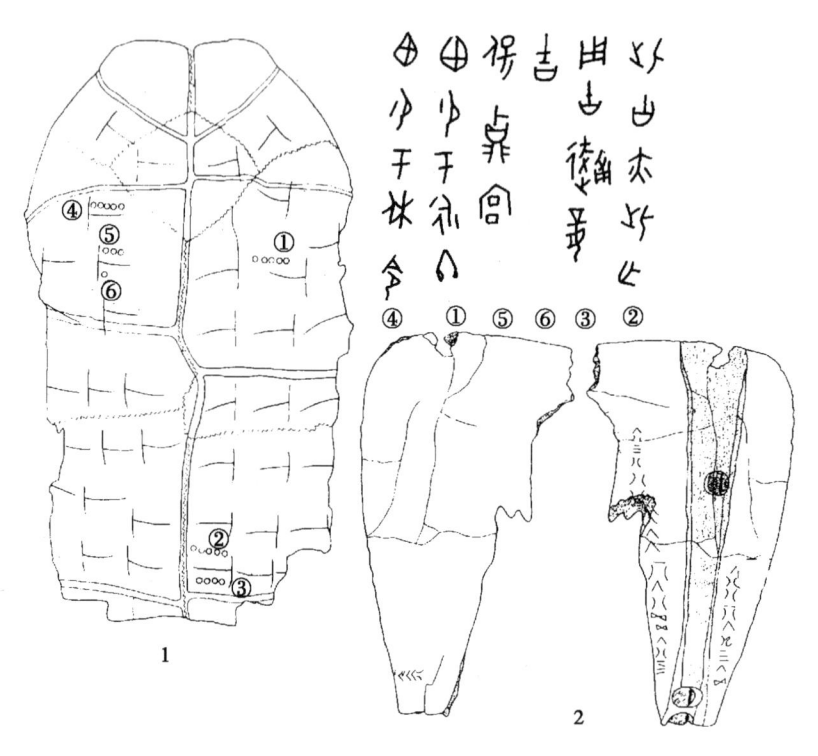

图 6-59 周原甲骨文
1. FQ2　2. FQ6

囟（使）卩（节）于永冬（终）？

保贞(二)：宫(三)？吉。

用由䢅（捕）妾，此由亦此亡(四)？

（一）《说文·卩部》："卩，瑞信也。""休命"，善命。此言使占卜合于君之善命。对贞"永终"则言永久合于君命。

（二）"保"，大保，即召公奭。

（三）"宫"，营造之事。

（四）"由"，人名。"妾"，女奴。"䢅"即"逋"字之繁，读为"捕"。《说文·辵部》："逋，亡也。从辵，甫声。逋，籀文逋从捕。"朱骏声《说文通训定声》："逋，叚借为捕。"辞言以由追捕逃亡的女奴，但由是否也会趁机逃走呢。

10.《周甲》FQ6（图 6-59，2）

一六一六六八（正辞）

六八一一一八（以下背辞）

八八六六六六

一八六八五五

六八一一一一

六八八一八六

九一一一六五

此为七组易卦，皆由数字组成①。正面一组可译写为《周易》的䷢，坤下离上，晋卦；背面的六组分别译写为《周易》的䷟、䷁、䷨、䷡、䷎、䷌，即巽下震上的恒卦，坤下坤上的坤卦，兑下艮上的损卦，乾下震上的大壮卦，艮下坤上的谦卦，离下乾上的同人卦。皆为重卦。

本章小结

本章论及商周甲骨文的科学发现及其时代的研究，并选择有代表性的重要资料通读考释。其一，介绍殷墟 **YH127** 坑、小屯南地、花园庄东地及周原甲骨文的发现与价值。其二，阐释商代甲骨文分期断代的研究方法，强调世系、称谓、贞人、坑位对于卜辞断代的首要意义。其三，区分贞人与书契人，说明甲骨文书体作为断代标准的复杂性和局限性。其四，讨论卜辞分组标准的合理性与王世的关系，其中“历组”卜辞基本不见贞人，这一特点与无名组卜辞一致，同时其书体的多样及内容的复杂也使所谓“历组”卜辞的划分与时代需要做新的思考。其五，综论殷商年代学研究的基本内涵，包括交食、殷历日首、月首、岁首、季节、年岁称谓，指出其对卜辞断代及殷商史研究的重要意义。其六，探讨商代周祭研究方法的得失以及周祭与殷商年代研究的关系。其七，选读商周甲骨文资料。

思　考　题

名词解释：

甲骨文　非王卜辞　五种刻辞　贞人　周祭　甲骨四堂

YH127 坑　小屯南地甲骨　花园庄东地甲骨　周原甲骨文

简答题：

简述罗振玉、王国维的甲骨学研究。

① 张政烺：《试释周初青铜器铭文中的易卦》，《考古学报》1980 年第 4 期。

简述董作宾所立甲骨文断代标准及其意义。
简述贞人的时代性及其与王世的关系。
简述商代庙号的形成及谥法的发展。
简述考古学方法对于甲骨文断代的意义。

论述题：
试论甲骨文书体的断代意义及其复杂性。
试论"历组"卜辞划分标准的合理性及其时代特征。
试论甲骨文所见商王的先公系统。

阅读参考文献

罗振玉：《增订殷虚书契考释》，东方学会 1927 年石印本。
王国维：《观堂集林》，中华书局 1959 年版。
董作宾：《甲骨文断代研究例》，《庆祝蔡元培先生六十五岁论文集》上册，中央研究院历史语言研究所集刊外编，1933 年。
郭沫若：《卜辞通纂》、《殷契粹编》，《郭沫若全集·考古编》第二、三卷，科学出版社 2002 年版。
陈梦家：《殷虚卜辞综述》，中华书局 1988 年版。
王宇信、杨升南主编：《甲骨学一百年》，社会科学文献出版社 1999 年版。
董作宾：《殷虚文字乙编自序》，中央研究院历史语言研究所 1948 年版。
李学勤：《论"妇好"墓的年代及有关问题》，《文物》1977 年第 11 期。
李学勤：《小屯南地甲骨与甲骨分期》，《文物》1981 年第 5 期。
李学勤、彭裕商：《殷墟甲骨分期研究》，上海古籍出版社 1996 年版。
冯时：《殷代占卜书契制度研究》，《探古求原》，科学出版社 2009 年版。
李宗焜：《甲骨文字编》，中华书局 2012 年版。
松丸道雄、高嶋谦一：《甲骨文字字釋綜覽》，東京大學東洋文化研究所 1993 年版。

第七章 金文研究

内容提要

本章论述商周青铜器及其铭文研究，青铜器及铭文的发现与著录，古器物学的兴起与发展，青铜器的定名与分类，商周礼器制度，青铜器纹饰研究，青铜器铭文的分代特征，包括商周金文的时代标准，两周铜器断代方法，西周历法诸关键问题，青铜器铭文的分域研究，商周族氏铭文研究，并择选重要之商周青铜器铭文注释解读，以见金文资料证经补史的独特价值。

中国的青铜时代在殷商和两周达到了鼎盛时期，青铜器的铸造不仅广泛服务于作为国之大事的王朝戎事与宗族祭祀，用为宗庙的常器与战争的兵械，而且更旁涉生活用器、车马器、工具、度量衡器、符节、货币和饰物，品类丰富。青铜贵美，古人名之曰"金"或"吉金"，常于吉礼、宴飨、冠婚等礼仪活动充为礼乐之器，在以宗法制度为中心的三代社会，始终作为贵族生活中充分体现其制度特点的彝宝。且商周铜器或镌以铭文，内容涉及家族、宗法、封建、册命、典祀、征伐、约契、年历、官制、地理以及名物制度、思想文化等诸多方面，为中国考古学、历史学、古文字学和科技史研究的直接史料。

古器物学系考古学的重要分支，而古代青铜器作为古器物学的一项重要门类，对它的研究则有着悠久历史。商周青铜器铭文研究无法脱离对青铜器本身的研究。北宋以降，青铜器即为金石学研究不可或缺的主题。近代考古学兴起之后，青铜器研究在借鉴考古学理论方法的基础上更有着长足的发展。这些对于商周青铜器的不懈探索积累了丰硕的研究成果，于考古学和历史学研究具有重要的意义。

第一节 青铜器的发现与著录

中国青铜时代应该始于有夏王朝，然而青铜器的发现却比这个时代更早。《左传·宣公三年》载楚庄王问周鼎之大小轻重，王孙满曰："昔夏之方有德也，远方图物，贡金九牧，铸鼎象物，百物而为之备，使民知神奸。"这则史料到底能在多大程度上反映历史的真实，目前还很难说，但在新石器时代晚期的马家窑文化、龙山文化、齐家文化和陶寺文化中不仅已发现红铜制品，甚至也偶见青铜器物①，而相当于夏商纪年的二里头文化更出现了青铜礼器和兵器②。这些事实或许可以部分地印证传世文献的记载。

先秦古铜器于汉代已有出土，时人多以为祥瑞，也为玩好，或作研究③。汉武帝元鼎元年（公元前126年）于汾水得鼎而改元④；四年六月得鼎于汾阴后土营旁，有司以其宜荐宗庙，以合明应⑤；宣帝朝于美阳获尸臣鼎，有司多以如元鼎故事⑥。东汉许慎《说文解字叙》云："郡国往往于山川得鼎彝，其铭即前代之古文。"迄南北朝及隋唐，古代铜器代不绝出⑦，但研究古器物却终未形成风气。

北宋时期，古铜器的出土更为普遍，朝廷及士大夫为重建礼制的需要，对古代礼乐器物的搜集整理日渐重视，并以其作为证经补史的史料加以研究，从而促进了金石学的形成。吕大临《考古图》所列藏家，除秘阁、太常及内藏之外，共计37家，其中庐江李氏、河南文氏、临江刘氏、新平张氏等皮藏皆丰，全书收商周秦汉铜器达211件，且对古物出土之时间地点颇为留意，凡可考见者，皆加实录。如卷一记郑方鼎"元祐丙寅（1086年）春新郑野人耕而得之"，卷二记某父鬲"熙宁中得于凤翔鳌屋"，卷五记齐豆"熙宁中得于扶风"。若出土时间不明，则但记其地。如卷一记晋姜鼎得于韩城，公諴鼎得于上雒，卷四记父己人形彝得于寿阳紫金山，其盖得于维之峡石下，足迹罍闻在洹水之滨亶甲墓旁得之，不一而足。至于群器一时共

---

① 朱凤瀚：《古代中国青铜器》第一章第二节，南开大学出版社1995年版；中国社会科学院考古研究所山西队、山西省考古研究所、临汾市文物局：《2004—2005年山西襄汾陶寺遗址发掘新进展》，《中国社会科学院古代文明研究中心通讯》2005年第10期；《山西襄汾县陶寺城址发现陶寺文化中期大型夯土建筑基址》，《考古》2008年第3期。

② 中国社会科学院考古研究所：《中国考古学·夏商卷》，中国社会科学出版社2003年版。

③ 容庚：《宋代吉金书籍述评》，《庆祝蔡元培先生六十五岁论文集》，中央研究院历史语言研究所集刊外编，1933年；修订稿收入《容庚选集》，天津人民出版社1994年版。

④ 《汉书·武帝纪》应劭注。

⑤ 参见《史记·封禅书》。

⑥ 参见《汉书·郊祀志下》。

⑦ 参见《汉书·文三王传》、《后汉书·明帝纪》、《梁书》及《南史·刘杳传》、《梁书·刘之遴传》、《南史·始兴简王鉴传》、《太平御览》卷八一三等；阮元：《商周铜器说》下篇，《积古斋钟鼎彝器款识》，清嘉庆九年（1804年）自刻本。

出，则同编类次。如卷四汇收河南河清（今孟津）黄河岸崩时所获十数器中之七件单夒器，计有鼎、甗、簋、瓯、盉、卣、尊等不同器形，其中前五器铭文相同，后二器铭文各异。这些记录无疑提供了古器物研究的背景资料，有助于根据铜器铭文鉴别族属地望以及不同族属之间的相互关系。然而，这种著录古器物的优良体例除赵九成《续考古图》及赵明诚《金石录》有所因袭外，并未得到完整的继承。

宋代积累的商周古铜器远非旧日可比，《宣和博古图》实集其时所出青铜器之大成，其中商周古器之数已约六百，一些当时新出之重要彝器皆得摭拾。如翟耆年《籀史》记政和癸巳（1113年）秋于长安所获兕敦，赵明诚《金石录》载重和戊戌（1118年）所得安州六器①，宣和五年（1123年）青州临淄县民于齐故城耕地所得齐钟②，皆见采录。

历元明两代，铜器已无专录，其时古器出土虽多③，情况则难稽考。至清季金石学复兴，著录彝器之作渐致宏富，但专求古物之发现经历仍欠详瞻。乾隆十六年（1751年）《西清古鉴》编罄，其汇罗之丰，去伪存真尚得千器。然因此书全仿《宣和博古图》体例，故于器物之出土情况多所省却。其他著录彝器之作，间或于当时新出之器偶有记之。如《西清续鉴甲编》卷十七载乾隆十六年临江得十一件古钟；《攈古录金文》卷三载道光初郿县礼村得大小盂鼎等三器；《济州金石志》卷一载道光间寿张梁山下得古器七种（大保方鼎二及大保簋、害鼎、伯害盉、大史友甗、小臣艅犀尊）；《金石索·金索一》载道光十年（1830年）滕县凤凰岭之沟涧得鲁伯俞父器数种（鬲、簠、盘、匜）；《愙斋集古录》册一载同治初山西荣河后土祠旁出古器甚多，其中有邵钟十二件；又陕西鄠县出土宗妇鼎七、敦六、盘一、壶二；《陶斋吉金录》卷一载光绪二十七年（1901年）秋陕西宝鸡斗鸡台出土柉禁十三器。虽皆属零星所见，但不乏重器。这些对出土地点的记载于铜器研究非常重要，惜尚未形成一种著录体例而固定下来。

民国时期，工程建设与私掘风盛都使古铜器被大量发现，学者或掇为专

---

① 《金石录》卷十三："右六器铭，重和戊戌岁安州孝感县民耕地得之，自言于州，州以献诸朝。凡方鼎三、圆鼎二、甗一，皆形制精妙，款识奇古。"器主名中。《宣和博古图》著录其中四器。学者或以为二圆鼎中当有一器为斝，见郭沫若《两周金文辞大系图录考释》第六册，科学出版社1957年版。然彼斝于宋人著录称尊，其与圆鼎形制大别，故赵氏不应有此误记。

② 《金石录》卷十三："右齐钟铭，宣和五年青州临淄县民于齐故城耕地得古器物数十种，其间钟十枚有款识，尤奇，最多者几五百字。今世所见钟鼎铭文之多，未有踰此者。"《宣和博古图》著录其中五器。

③ 容庚：《商周彝器通考》，第6页，哈佛燕京学社1941年版。

编。1918年山东长清崮山驿出田父辛、父甲七器。1923年2月山西浑源李峪村发现东周铜器数十件，商承祚择其中二十七器编为《浑源彝器图》（1936年）。同年，河南新郑李家楼盗发春秋铜器百馀件，靳云鹗、蒋鸿元编为《新郑出土古器图志》三编（1923年），关百益辑为《新郑古器图录》（1929年），孙海波又著《新郑彝器》（1937年）。1928—1931年，洛阳金村战国墓被盗，出土古物甚众，其中骉羌钟十四件乃三晋重器。1929年，洛阳马坡出土西周早期矢令及臣辰诸器。1930年，河南浚县辛村出土西周铜器。1931年，安徽寿县朱家集李三孤堆战国楚王墓出土青铜器群，以楚王酓忎鼎两器最著。刘节著《寿县所出楚器考释》（1935年）。1933年，陕西扶风上康村出土西周函皇父组及伯鲜器百馀件。1940及1942年，扶风任村先后出土梁其组器、善夫吉父器及禹鼎等器数百件。1946年河南安阳侯家庄西北冈出土商代司母戊鼎。而殷墟历年所出铜器颇著，黄濬《邺中片羽》三集、梁上椿《岩窟吉金图录》二册等书力为网求。

这一时期出土的铜器并非科学发掘所得，经眼所见，聚散靡常，或藏公私各家，或流往海外，亟待汇集，且传世之清宫旧器也有待整理，学者风从，专门别录非止一家，其中重要者有孙壮《澂秋馆吉金图》二册（1931年），于省吾《双剑誃吉金图录》二卷（1934年）及《双剑誃古器物图录》二卷（1940年），刘体智《善斋吉金录》二十八册（1934年），商承祚《十二家吉金图录》二册（1935年），黄濬《尊古斋所见吉金图》四卷（1936年），李泰棻《痴盦藏金》一册（1940年）及《续集》一册（1941年），孙海波《河南吉金图志賸稿》一册（1940年），陈梦家《海外中国铜器图录》第一集（1946年），而容庚所著《宝蕴楼彝器图录》二册（1929年）、《颂斋吉金图录》正续编三册（1933、1938年）、《武英殿彝器图录》二册（1934年）、《海外吉金图录》三册（1935年）、《善斋彝器图录》三册（1936年）、《西清彝器拾遗》一册（1940年）七部著作收器竟逾八百，汇罗清廷及海内外之藏，用力独勤。清代以前的传统著录形式，除极少量采用石印之外，如端方的《陶斋吉金录》（1908年）和《续录》（1909年），皆以刻本梓行，故于器物铭文之摹绘难免不失原貌，直接影响了古器物的研究水平。1916年，邹安辑《双王玺斋金石图录》，始开以摄影印行铜器之法。其后之著作则多已摒弃传统的线绘器形的方式，引入照相技术而以珂罗版印刷图像，同时注意纹饰的研究，极大地提高了铜器著录的准确性与科学性。

国外学者对商周彝器亦颇重汇集，20世纪40年代以前，所著已有四十餘种。加人怀履光（W. C. White）曾据金村所出古物编为《洛阳故都古墓考》（1934年），日人梅原末治则著《洛阳金村古墓聚英》（1937年），对相对集中的资料进行了专门的汇集研究。此外，东京帝室博物馆《帝室博物馆鉴赏录·古铜器》（1906年），田岛志一《支那古铜器集》（1910年），滨田耕作《泉屋清赏》及其增订版、别集和续编（1919—1927年），梅原末治《欧米蒐储支那古铜精华》（1933—1935年）、《河南安阳遗宝》（1940年）、《白鹤吉金撰集》（1941年）、《青山庄清赏》（1942年）等，英人叶慈（W. P. Yetts）《獭氏集古录》（1929年）、《柯尔中国铜器集》（1939年）等，内容丰富，印刷精良，于铜器的著录具有一定的意义。

第二节 古器物学研究

一 古器物学的兴起与发展

北宋金石学创立，古器物于是有了专门的研究。赵明诚《金石录》卷十一引《真宗皇帝实录》云："咸平三年（1000年），乾州献古铜鼎，状方而四足，上有古文二十一字，诏儒臣考正。而句中正、杜镐验其款识，以为史信父甗。中正引《说文》'甗，甑也'文，引《墨子》夏后铸鼎四足而方，《春秋传》晋侯赐子产二方鼎，云此其类也。"[①] 此实宋代古器物研究之端绪。而天禧元年（1017年）僧湛诠《周秦古器铭碑》，仁宗时杨南仲《皇祐三馆古器图》，为图刻石，也皆属草创。嘉祐八年（1063年），刘敞使工将家藏11件古器摹绘文字图像，勒之于石，名为《先秦古器图碑》。三书均佚。刘氏首先在其《先秦古器记》中提出古器物的研究方法，即"礼家明其制度，小学正其文字，谱牒次其世谥"[②]，古器物研究始具雏形。神宗熙宁元年（1068年），胡公瑾著《古器图》，未为尽善，也亡。元丰后，李公麟作《考古图》，影响广泛，士大夫始知留意三代鼎彝之学[③]；又于元祐六年（1091年）作《周鉴图》，两书并佚。其后古器物著录研究之风日盛，元祐七年（1092年），吕大临著《考古图》，为今存年代最早的金石学著作。宣和五年后，徽宗敕撰、王黼编纂的《宣和博古图》告竣。两书不仅比较准确地摹录器物的图像形制、铭文款识，而且附记器物的尺寸、比例、容量、重量、收藏地和出土地，并于青铜器的名

---

① 中华书局影印南宋龙舒郡斋本。
② 见刘敞《公是集》卷三六，《丛书集成初编》本。
③ 参见翟耆年《籀史》，《丛书集成初编》本。

称、用途、分类、纹饰做了卓有见识的考证①，对古器物进行了比较全面的著录研究。此外在关注古器物的同时，薛尚功《历代钟鼎彝器款识法帖》、王俅《啸堂集古录》、王厚之《钟鼎款识》专辑器物铭文；欧阳修《集古录》、赵明诚《金石录》、张抡《绍兴内府古器评》、黄伯思《东观馀论》、董逌《广川书跋》唯存名目跋记；吕大临《考古图释文》，开金文字汇编纂之先河；翟耆年《籀史》则为群书解题指要。这五系著作各有侧重，充分反映了宋代古器物的研究水平②。

清代古器物的研究基本因袭宋人旧轨，遵循器物与铭文兼顾的原则。乾隆时代，金石学复兴，乾隆帝命将宫内所藏铜器编为《西清古鉴》四十卷、《宁寿鉴古》十六卷、《西清续鉴甲编》二十卷、《西清续鉴乙编》二十卷四书，世称"西清四鉴"。四鉴的编纂虽网罗宏富，但摹绘失真，伪器杂糅，成绩反不如宋著。诚然，朝廷的推动毕竟对日后的古器物研究起了引领作用，而清代学者精于金石之学，详于鉴别考证，都为古器物研究的重兴奠定了基础。其后钱坫《十六长乐堂古器款识考》四卷（1796年）、曹载奎《怀米山房吉金图》一卷（1840年）、刘喜海《长安获古编》二卷（1905年）、吴云《两罍轩彝器图释》十二卷（1872年）、潘祖荫《攀古楼彝器款识》二卷（1872年）、吴大澂《恒轩所见所藏吉金录》一卷（1885年）、端方《陶斋吉金录》八卷（1908年）和《续录》二卷（1909年），对古器的汇集著录、器物形制、铭文款识及相关考释都有不同程度的贡献，于器物定名也有匡正宋人之处。尽管如此，清人的古器物研究在总体上并没有比宋人产生质的进步。

1919年，罗振玉首先提出"古器物学"这一新的概念③，对商周铜器研究无疑具有重要的促进作用④。罗氏并以一己之力搜求商周古器，以珂罗版精印流传，先后著成《殷虚古器物图录》一卷（1916年）、《梦鄣草

---

① 刘昭瑞：《论宋代的古器物、古文字研究》，见氏著《宋代著录商周青铜器铭文笺证》，中山大学出版社2000年版。

② 王国维《宋代金文著录表序》言宋人之金文著作有："与叔之图，宣和之录，既图其形，复摹其款，此一类也。啸堂集古，薛氏法帖，但以录文为主，不图原器之形，此二类也。欧赵金石之录，才甫古器之评，长睿东观之论，彦远广川之跋，虽无关图谱，而颇存名目，此三类也。"这种概括并不全面。

③ 罗振玉：《古器物学研究议》，《湖社月刊》第41期，1931年。收入《永丰乡人稿》甲编《云窗漫稿》时，改题《与友人论古器物学书》。

④ 王世民：《商周铜器考古学研究的回顾与展望》，《新世纪的中国考古学》，科学出版社2005年版。

堂吉金图》三卷（1917年）及《续编》一卷（1918年）、《贞松堂吉金图》三卷（1935年）等书，其著录印制之精，首屈于时，为古器物研究提供了准确的资料。

20世纪20年代，马衡于北京大学讲授中国金石学，最早全面阐述了古代铜器的类别、名称、用途和时代特征，并论及考古学的石器时代、铜器时代、铁器时代的进化，继而发表《中国之铜器时代》[1]，从此，古器物学研究与作为金石学范围之内的古物研究形成了重要区别。

古器研究，首要工作便在于确定时代。吕大临已注意到不同器物的形制，也认识到铭文的历史意义，这种对于形制、纹饰、铭文、书法、历史和地域分布的关注虽然可以作为铜器断代的标准，但终未形成一种明确的方法。致前人断代，漫无界说，使商周古器混沌难分，直接影响了其作为史料的价值。1932年，郭沫若著成《两周金文辞大系》，采两周具铭铜器251件[2]，首次系统地将考古类型学应用于铜器研究，创立标准器断代法，判明西周各器的王世及东周彝器的年代与国别，建立了金文及铜器研究的科学体系。这种以铭文内容确定标准器，复以标准器的铭文内容、器物形制、纹饰、书体特点推考他器年代的方法不仅成为其后古器物研究所采用的有效手段，事实上也反映着当时学者的普遍思考[3]。

容庚在整理传世铜器的基础上开始建立他的铜器研究体系，并于1941年出版《商周彝器通考》，全面论述中国青铜器之源起、发现、类别、时代、铭文、花纹、铸法、价值、去锈、拓墨、伪造、辨伪、销毁、收藏和著录，又分类论述器物，并将商周铜器析为殷商、西周前、西周后、春秋、战国五个时期，阐释各时期铜器的形制、纹饰与铭文特征，后附1009帧图片以为铜器图谱，资料丰富，成为中国青铜器研究的第一部综合性论著。

20世纪40年代，青铜器研究虽然较之以前有了长足的进步，但其所研究的资料却仍以传世及散出的器物为主。陈梦家于1945年发表《中国青铜器的形制》[4]，对250馀件铜卣进行类型学分析，讨论其发展谱系和年代，在器物及纹饰的分类、形制研究、断代方法等方面都提出了自己独到

---

[1] 载《北京大学研究所国学门月刊》一卷六号，1927年。
[2] 1935年增订本收西周铜器162件，东周铜器161件，共323件。
[3] 柯昌济：《韡华阁集古录跋尾》，徐园丛刻铅字本，1935年；吴其昌：《金文历朔疏证·序论》，北京图书馆出版社2004年版。
[4] 原载《全美中国艺术学会年报》（Archives of the Chinese Art Society of America）第1期，26—52页，1945—1946年；中译文见陈梦家《西周铜器断代》，中华书局2004年版，第525—539页。

的看法。他还广泛汇集流散于欧美的商周铜器近 2000 件，提供了青铜器研究的翔实资料。

1928 年，中央研究院历史语言研究所开始对殷墟的科学发掘，标志着中国近代考古学的诞生。1949 年以后，安阳地区的考古工作同样得到了持续关注，经年出土的青铜礼器，积累至今已逾千件，其中即包括 20 世纪 30 年代的发现以及妇好墓、郭家庄 160 号墓、花园庄东地 54 号墓等一批重要墓葬出土的遗物，而对这些古器的类型学研究，已经成为作为考古学分支的古器物学的重要内容。

20 世纪 30 年代后，李济对小屯及周边出土的商代铜器进行了系统研究，阐释某些铜器的形制演变及起源，先后发表《殷虚铜器五种及其相关问题》[1]、《记小屯出土之青铜器》（上、中篇）[2]、《豫北出土青铜句兵分类图解》[3]、《斝的形制及其原始》等论文[4]。其后又与万家保合作，对殷墟出土的青铜礼器进行了彻底的分类研究，著为《古器物研究专刊》五集，包括《殷虚出土青铜觚形器之研究》（1964 年）、《殷虚出土青铜爵形器之研究》（1966 年）、《殷虚出土青铜斝形器之研究》（1968 年）、《殷虚出土青铜鼎形器之研究》（1970 年）、《殷虚出土伍拾叁件青铜容器之研究》（1972 年），对礼器的形制、纹饰、铸造技术进行全面的考察，从不同角度探讨了某些礼器的时代特征。又作《殷虚出土青铜礼器之总检讨》[5]，并对于 1901 年斗鸡台出土的柉禁器群重新进行考古学分析[6]。这些运用考古学方法的青铜器研究，标志着古器物学研究已步入成熟。

殷墟出土的不同类型的铜器虽然都有广泛的研究，但对礼器的关注却始终成为研究的重点。陈梦家曾以墓葬的分组为标准研究侯家庄西北岗墓葬群所出礼器[7]；郭宝钧综合研究殷周青铜礼乐器群[8]；而张长寿《殷商时代的青铜容器》[9] 与王世民、张亚初《殷代乙辛时期青铜容器的形

---

[1] 载《庆祝蔡元培先生六十五岁论文集》，中央研究院历史语言研究所集刊外编，1933 年。
[2] 载《中国考古学报》第三册，1948 年；《中国考古学报》第四册，1949 年。
[3] 载《历史语言研究所集刊》第二十二本，1950 年。
[4] 载《历史语言研究所集刊》第三十九本上册，1959 年。
[5] 载《历史语言研究所集刊》第四十七本，1976 年。
[6] 李济：《端方柉禁诸器的再检讨》，载 Metropolitan Museum Journal, Vol. 3, 1970。
[7] 陈梦家：《殷代铜器》，《考古学报》第七册，1954 年。
[8] 郭宝钧：《商周铜器群综合研究》，文物出版社 1981 年版。
[9] 载《考古学报》1979 年第 3 期。

制》①，也都对相关问题进行了全面分析。中国社会科学院考古研究所编著《殷墟青铜器》（1985年），收器二百馀件，采用考古学方法著录铜器，兼及纹饰、铭文，并以照相、拓本、线图参配，远非旧录可比。又著《殷墟新出土青铜器》（2008年），收器230馀件（组），编印益精。

周原与宗周、成周两京地区为周人畿内之地，北宋以来即不断有铜器出土，其中长铭重器不乏其见。新中国成立后，这些地区的考古工作相继展开，重要发现层出不穷，如长安普渡村长甶墓、张家坡井叔墓地、洛阳北窑墓地以及扶风、岐山、眉县、张家坡、蓝田等地的重要窖藏。专于一域的铜器整理有曹玮主编《周原出土青铜器》（2005年），该书从形制、纹饰、铭文、铸造、器物组合等多角度观察器物，使古器物的著录形式更为科学。

近六十年进行的商周其他地区的考古工作也不断有重要的铜器发现，其中二里头遗址铜鼎、爵、斝、盉、铃、钺及圆仪的发现使人了解了目前所知年代最早的青铜礼器。而商代铜器之重要者如郑州铜器窖藏、盘龙城遗址、新干大洋洲墓、广汉三星堆祭祀坑、滕州前掌大墓地等；西周铜器之重要者如浚县辛村卫国墓地、宝鸡強国墓地、琉璃河燕国墓地、北赵晋国墓地、平顶山应国墓地、三门峡虢国墓地、梁带村芮国墓地、叶家山曾国墓地、羊子山鄂国墓地、白草坡西周墓、喀左铜器窖藏等；东周铜器之重要者如汲县山彪镇与辉县琉璃阁东周墓、寿县蔡侯墓、陕县虢太子墓、郑韩故城祭祀坑、信阳楚墓、淅川楚墓、太原晋国赵卿墓、随州曾侯乙墓、平山中山王墓等。这些资料由于器主的身份与年代明确，因而为商周铜器的研究提供了可靠的标准器或标准器群，将青铜器的研究推向深入。高明作《中原地区东周时代青铜礼器研究》②，对礼器组合、器物造型、纹饰题材等方面进行综合分析，揭示了器物发展诸因素不协调的演变趋势，对古器物的断代方法提出了新的思考。此外，日本学者林巳奈夫著《殷周青铜器综览》三卷（1984、1986、1989年），对铜器形制、纹饰进行类型学研究，附以千计的图像，堪为中国青铜器研究的力作。

青铜器研究首以汇集资料为务，历年出土之物或深藏秘阁，或流失海外，不便观览，而所见之器数量巨大，亦宜优中选精，学者于此倾力裒辑，荟萃图编。如北京故宫博物院《故宫青铜器》（2000年），北京保利艺术博物馆《保利藏金》（1999年）及续集（2002年），台北故宫博物院《商周青铜粢盛器特

---

① 载《考古与文物》1986年第4期。
② 载《考古与文物》1981年第2—4期。

展图录》(1985年)、《商周青铜酒器特展图录》(1989年)、《故宫商代青铜礼器图录》(1998年)等,李学勤、艾兰(Sarah Allan)《欧洲所藏中国青铜器遗珠》(1995年),贝格立(R. W. Bagley)、杰西卡·罗森(Jessica Rawson)和苏芳淑《赛克勒藏中国古代青铜器》三卷(1987、1990、1995年),梅原末治《日本蒐储支那古铜精华》(1959—1962年),精彩纷呈。此外,由黄翔鹏主持编纂的《中国音乐文物大系》,收录各地所出大量音乐文物;马承源主编《中国青铜器全集》(1993—1998年),采所出商周秦汉及西南、北方边地铜器2700件,系中国青铜器的集成之作。

古器物学的进步需要及时的总结。容庚、张维持著《殷周青铜器通论》(1958年),对容氏旧作《商周彝器通考》增补精炼。马承源主编《中国青铜器》(1988年)、朱凤瀚作《中国青铜器综述》(2009年),则是汲取更多新材料与新成果的通论之作。

二 青铜器纹样研究

古代铜器多铸以各式繁缛的花纹,与器物构成有机的整体。然而对于花纹的研究,除各种花纹名称的探讨之外,至于其组合形式、时代特征、花纹内涵、各种花纹的组合关系以及花纹与铜器的关系等问题,虽有涉及,但远未深入。

《吕氏春秋》屡有"周鼎著饕餮"、"周鼎著象"、"周鼎有窃曲"之说,宋著《宣和博古图》于花纹解说不过因袭而已。清编《西清古鉴》对花纹率意定名,漫无标准。至容庚《颂斋吉金图录》与《武英殿彝器图录》,始有花纹的专门摹录。其后于省吾《双剑誃吉金图录》、商承祚《十二家吉金图录》、孙海波《新郑彝器》、叶慈(W. Pevceval Yetts)《獻氏集古录》及《柯尔中国铜器集》、埃克(Gustav Ecke)《使华访古录》等书,于著录铜器的同时也注意摹印花纹,为花纹的研究汇集了资料。容庚著《商周彝器通考》,始立专章讨论花纹,并略为诠释,将商周青铜器纹样分为77类,而后更归纳简化为几何形纹样、动物形纹样、叙事画纹样三类,类下或分细目,首开青铜器纹样系统整理的先河。

瑞典汉学家高本汉(B. Karlgren)于1937年发表《中国青铜器的新研究》[1],开始进行铜器纹饰的类型学分析。其后又于《远东博物馆杂志》

---

[1] B. Karlgren, New Studies on Chinese Bronze, *Bulletin of the Museum of Far Eastern Antiquities*, No. 9, 1937.

著文①，对铜器纹饰做了更进一步的研究，不仅提出很多精辟的见解，同时也吸引很多西方学者参与了对这一问题的讨论。

李济与万家保于20世纪六七十年代持续进行的殷墟铜器的类型学研究对纹样的分析投入了极大精力，诸如觚形器、爵形器、斝形器、鼎形器及其他五十三件青铜容器的纹样装饰得到了系统而彻底的研究，纹饰的名称、分类、组合、制作方法、不同器形纹样的装饰特征，以及同一器皿于不同时代纹饰的比较，都获得了深入的分析，建立了殷墟青铜器纹样的发展序列。同时，纹饰的分类也更为简明科学，原有的繁复的划分被归纳为存在动物纹、神话动物纹和抽象线条纹三类，龙纹则根据其形象分为盘龙、立龙、夔龙和双躯龙四目，传统的饕餮纹名称已被放弃，而代之以更富于图像学意义的"动物面"②，尔后学者则更习惯于称其为"兽面纹"。这些研究充分展现了利用考古学方法研究青铜器纹样的水平。

考古学研究同时关注的问题是如何借鉴青铜器纹样的研究完成铜器断代的工作，当然这必须以建立纹饰发展的更为广阔的早晚序列为基础。容庚《商周彝器通考》已经完成了分类工作，为分代研究奠定了基础。1953年，德裔美籍学者罗越（M. Loehr）发表《安阳期（公元前1300—前1028年）青铜器的风格》③，根据器形、装饰图案和技术特征提出商代青铜器演变的五种风格模式。事实上在对这种纹样风格整体关注的同时，铜器纹饰的细化研究也正在进行。陈梦家早在20世纪40年代的铜器断代研究中就已充分考虑了纹饰的时代意义④，并于1956年将鸟纹的分类与断代工作系统化⑤。这种将纹饰作为铜器断代标准的做法后来为学者普遍采用⑥，对纹饰的时代特

---

① B. Karlgren, Notes on the Grammar of Early Bronze Decor, *Bulletin of the Museum of Far Eastern Antiquities*, No. 23, 1951.

② 李济总编辑：《古器物研究专刊》第一本《殷虚青铜觚形器之研究》，第二本《殷虚出土青铜爵形器之研究》，第三本《殷虚出土青铜斝形器之研究》，第四本《殷虚出土青铜鼎形器之研究》，第五本《殷虚出土伍拾叁件青铜容器之研究》，历史语言研究所1964、1966、1968、1970、1972年版。

③ M. Loehr, The Bronze Styles of the Anyang Period, *Archives of the Chinese Art Society of America*, Vol. 7, 1953.

④ 陈梦家：《中国青铜器的形制》，《全美中国艺术学会年报》（*Archives of the Chinese Art Society of America*）1945—1946年第1期。

⑤ 陈梦家：《西周铜器断代（三）》，《考古学报》1956年第1期。

⑥ Eleanor von Erdberg Consten, *A Terminology of Chinese Serica*, Vol. 16, 1957; Vol. 17, 1958; Vol. 18, 1959; 樋口隆康：《西周铜器の研究》，《京都大學文學部研究紀要》1963年第7期; Jessica Rawson, *Western Zhou Ritual Bronzes from the Arthur M. Sackler Collections*, Washington D. C. and Cambridge, Vol. II A, 1990.

征也有了更深入的阐释。学者或就鸟纹与兽面纹分别进行考古类型学的研究，构建其早晚演变的年代序列①；或据纹饰的不同风格探讨三代青铜的差异及断代特征②。而马承源主编《商周青铜器纹饰》③，并于书前作《商周青铜器纹饰综述》。林巳奈夫著《殷周時代青銅器紋樣の研究》④，汇集新旧青铜器纹饰资料，于铜器纹饰的来源、分类、含义、时代特征等问题进行了全面论释。

纹样的地域性特点构成了青铜器分域研究的重要基础，学者对此给予了不同程度的关注⑤。对铜器纹饰区域风格的辨识无异于从新的角度探讨中国青铜时代文化的发展与交流，而对装饰图案的构图研究又为风格的形成提供了思考⑥。

纹样图案作为青铜器上的一种有意义的装饰，这一看法应该已是共识，尽管仍有学者并不认同这种观点⑦。接下来的问题便是对这些纹样的具体含义以及它们装饰于青铜器上的功能及宗教意义作出解释，显然这是一项非常困难的图像诠释工作。早期中国学者的代表性做法是利用图腾理论分析铜器图像⑧，但孙作云通过对铜器纹样的神话学和民俗学研究却似

---

① 樋口隆康：《商周銅器の鳥紋試論》，《泉屋博物館紀要》1984年第1期；陈公柔、张长寿：《殷周青铜容器上鸟纹的断代研究》，《考古学报》1984年第3期；《殷周青铜器上兽面纹的断代研究》，《考古学报》1990年第2期。

② 邹衡：《试论夏文化》，见氏著《夏商周考古学论文集》，文物出版社1979处；张长寿、梁星彭：《关中先周青铜文化的类型与周文化的渊源》，《考古学报》1989年第1期；Ma Chengyuan, Bronze Vessels in the Transitional Period Between the Xia and Shang, *Orientation*, February, 1991; Charles D. Weber, *Chinese Pictorial Bronze Vessels of the Late Chou Period*, Ascona; George W. Weber, The Ornaments of Late Chou Bronzes, New Brunswick, Jr., 1973; Robert Poor, The Master of the "Metropolis-Emblem Cu", *Archives of Asian Art*, no. 41, 1988; The Circle and the Square: Measure and Ritual in Ancient China, *Monument Serica*, Vol. 43, 1995。

③ 文物出版社1984年版。

④ 林巳奈夫：《殷周青銅器綜覽》（二），吉川弘文館1986年版。

⑤ Virginia C. Kane, The Independent Bronze Industries in the South of China Contemporary with the Shang and Western Chou Dynasties, *Archives of Asian Art*, No. 28, 1974—1975; Robert W. Bagley, Panlongcheng: A Shang City in Hubei, *Artibus Asica*, Vol. 39, 1977; The Appearance and Growth of Regional Bronze-using Cultures, The High Yinxu Phase (Anyang Period), in Wen Fong, ed., *The Great Bronze Age of China*, 1980.

⑥ 张孝光：《殷墟青铜器的装饰艺术》，见中国社会科学院考古研究所编著《殷墟青铜器》，文物出版社1985年版。

⑦ Max Loehr, *Ritual Vessels of Bronze Age China*, New York, 1968.

⑧ 岑家梧：《图腾艺术史》，长沙，1937年；岑仲勉：《饕餮即图腾并推论我国青铜器之原起》，《东方杂志》第四十一卷第五号，1945年。

乎展现了解决这一问题更为理想的前景①。自20世纪下半叶以来，中国、日本及西方学者在这方面的研究成果卓著，凡商周青铜器纹样中常见的纹饰及纹饰组合几乎都给予了必要的研究，特别是有关动物及以人兽母题为装饰题材的图像，更得到了广泛而深入的讨论，诸如商周铜器主要流行的兽面纹（旧称饕餮纹）、龙纹、龟纹、牛纹、虎纹、蝉纹等，从而为揭示青铜器纹样的功能和含义提供了多角度的探讨。

商周铜器的动物纹样可以析为两个来源，有些可以明显看出其源于自然界中存在的物种，如犀、牛、水牛、虎、象、羊、马、猪、熊、鹿、兔、鸮、鸟、蝉、蚕、龟、鳄、鱼、蛙等②，有些则具有神话或宗教的意义③，如所谓饕餮、龙、凤等。对于这组"动物群"性质的认定，学者或以为具有天、地、水的象征，不同的动物可能代表着不同氏族的信仰④。或以为居于主要地位的饕餮纹即是上帝的象征，而其他动物则是代表氏族的神灵⑤。张光直将这个"动物群"视为"牺牲之物"，是协助男女萨满沟通天地和生死两界的灵蹄⑥。这种观点在中国学术界颇有影响，而其他学者也通过他们的研究，认为蝉纹可能代表再生⑦，而龙来源于星象，确实也具有升天入地的能力⑧。这种解释看来与青铜器的礼器性质极为符合。当然它所蕴含的思想可能远比我们想象的更丰富。事实上，对这些纹样缘何依附于青铜器以及它们确切含义的探索已远远超出考古学的研究范围，而更多地涉及古代政治史、宗教史、思想史和艺术史的研究，因而受到中外学者的极大关注。

---

① 孙作云：《蚩尤考：中国古代蛇氏族之研究——夏史新探》，《中和月刊》第二卷第四册，1941年；《饕餮考——中国铜器花纹之图腾遗痕的研究》，《中和月刊》第五卷第一册，1944年。
② 李济：《安阳遗址出土之狩猎卜辞、动物遗骸与装饰纹样》，《考古人类学刊》第9、10期合刊，1957年。
③ 张光直：《商周青铜器上的动物纹样》，《考古与文物》1981年第2期。
④ 赤塚忠：《鯀、禹と殷代銅盤の黿、竜図象》，《古代学》第十一卷第四册，1964年。
⑤ 林巳奈夫：《所謂饕餮紋は何を表はしたものか——同時代資料によゐ論證》，《東方學報》第56册，1984年。
⑥ 张光直：《商周青铜器上的动物纹样》，《考古与文物》1981年第2期；《濮阳三蹻与中国古代美术上的人兽母题》，《文物》1988年第11期。
⑦ 马承源：《商周青铜器纹饰综述》，见上海博物馆青铜器研究组编《商周青铜器纹饰》，文物出版社1984年版；刘敦愿：《中国古代艺术品所见昆虫崇拜——论商周时期"蝉纹含义"》，《考古与文物》1988年第2期；Sarah Allan, *The Shape of the Turtle: Myth, Art, and Cosmos in Early China*, Albany, 1991。
⑧ 冯时：《二里头文化"常廬"及相关诸问题》，《考古学集刊》第17集，科学出版社2010年版。

第三节　青铜器铭文的整理研究

北宋金石学初兴，士大夫因玩好彝器铭刻而渐致力于证经补史，访求著录之风益盛，学者常就及身所见，或存之器影，或录以款识，或考辨文辞，或类次名目，递补摭拾，搜求不舍，为金文研究之滥觞。

清代学者继承宋代金文研究的传统，鉴别日精，于著录研究多有贡献。其时主要的金文著作除兼采铜器图像及铭文者外，专集铭文的则有阮元《积古斋钟鼎彝器款识》十卷（1804年）、刘喜海《清爱堂家藏钟鼎彝器款识法帖》一卷（1838年）、吴荣光《筠清馆金文》五卷（1842年）、徐同柏《从古堂款识学》十六卷（1886年）、朱善旂《敬吾心室彝器款识》二册（1908年）、吴式芬《攈古录金文》九卷（1895年）、吴大澂《愙斋集古录》二十六册（1918年）及《释文賸稿》二册（1919年）、方濬益《缀遗斋彝器款识考释》三十卷（1935年）、刘心源《奇觚室吉金文述》二十卷（1902年）等。而吴大澂作《说文古籀补》（1881年）及《字说》（1893年），释字独精。同光间，孙诒让又著《古籀拾遗》（1888年）和《古籀馀论》（1903年）各三卷，辨正薛尚功、阮元、吴荣光及吴式芬诸人著作考释之失，援彝铭以证史，成绩斐然。经过清人的不懈努力，金文资料已愈益显示出其在商周历史研究中的重要价值。

近代考古学传入之前，铜器或偶得于山川古冢，或别见于窖藏家传，时代兴废，致古器如过眼云烟，聚散靡常，故历千载至今，金文著录之作已逾百计，况历代赝刻迭出，使传世之金文资料真伪杂糅，这意味着金文研究的基础工作首先即在于对其所利用的资料进行科学的汇集鉴别。清乾隆帝敕撰"西清四鉴"，仿宋《宣和博古图》体例，尽管收器数量倍增于前，但伪器充斥，释文舛误，图绘失真，摹写草率，或原器具铭而无知，或行款错易而不察，书虽后出，学术价值反逊于宋著。乾嘉以降，朴学勃兴，学者多于经史之外旁治金石，汇储商周彝铭蔚然成风，考辨之作已非官修可逮。然囿于时见，一家所录少只几十，多则数百，远谈不上汇集。晚清至民国初年，随着对传世及新出铭刻资料的整理研究，网罗日富，水平渐精。道咸间吴式芬有未完之作《攈古录金文》，收商周彝铭1334件，且首创以铭文字数多少为次的著录体例，识疑断误，摹刻精善，堪称精博。同光间又有方濬益未竟遗稿《缀遗斋彝器款识考释》，所收商周器1382件，虽间存伪铭，但考校尚精。而刘体智《善斋吉金录》及《小校经阁金文拓本》（1935年）广采各代器物五六千件，其中商周新旧彝铭过半，积量浩繁，虽不乏精品，但伪器杂厕，审鉴欠当。至罗振玉作《贞松堂集古遗文》十六卷、《补遗》三卷、《续编》三卷和《续补》一卷（1935年），蔚为大观；又成《三代吉金文存》二十卷（1937年），汇求商周铭刻善拓4831件，鉴别精审，影响深远。

20世纪下半叶，考古学的迅速发展使商周具铭青铜器的数量大为增加，其中不乏珍贵史料，亟待整理。而早期著作不仅于新资料无缘收集，而且也缺失宋清著作中的铭辞摹本，这使对殷周彝铭的彻底清理成为一项重要的工作。中国社会科学院考古研究所倾三十年之力，纂就《殷周金文集成》十八巨册（1984—1994年，修订本2006年八册），奋而搜集宋以来著录、中外博物馆典藏及历年各地出土的商周青铜器铭文，总数达11983件，以珂罗版精印出版。该书广择精摹善拓，矜于存真祛伪，详正器物名类，配补残器阙铭，并于各器之出土、著录、流传、收藏等基本情况细为梳理，其聚敛之丰，考校之严，远胜旧录，洵集殷周彝铭之大成[①]，成为金文研究最具权威的划时代巨帙，在中外学术界产生了重要影响。同时编辑组还编有《殷周金文集成释文》（2001年），张亚初则撰有《殷周金文集成引得》（2001年），使该书资料得以为更广泛的学者利用。

为保持铭文资料的完整，《殷周金文集成》成书之后的新出彝铭续有学者专事汇集。刘雨等辑《近出殷周金文集录》及二编（2002、2010年），收器2698件；锺柏生、陈昭容、黄铭崇、袁国华合纂《新收殷周青铜器铭文暨器影汇编》（2005年），收器2005件。使对新见铭文的著录网罗无遗。此外，北京图书馆金石组编《北京图书馆藏青铜器铭文拓本选编》（1985年），粹选善拓270纸，其中近百件未见著录或仅见摹本；上海博物馆编《商周青铜器铭文选》（1986—1990年），收重要彝铭925件，精采拓本摹本1140余目，以分代分国的形式排次，极便利用。

流散海外的中国具铭青铜器也得汇集。巴纳（N. Barnard）、张光裕编《中日欧美澳纽所见所拓所摹金文汇编》（1978年），刘雨、汪涛撰《流散欧美殷周有铭青铜器集录》（2007年），商周青铜器铭文资料臻于完整。

铭辞资料的积累需要有相应的目录学著作襄助检索，王国维编《宋代金文著录表》一卷和《国朝金文著录表》六卷（1914年），鲍鼎补成《国朝金

[①] 《殷周金文集成》修订本增补50余种金文著录书目与《集成》器号对照表，从而使《集成》未收之器的名目一目了然，其中一些存疑而未被《集成》采录之器，其真伪情况可由学者自行研判。

文著录表补遗和校勘记》三卷（1931年），罗福颐作《三代秦汉金文著录表》八卷（1933年），裒辑渐丰。福开森（John C. Ferguson）有《历代著录吉金目》（1939年），以1935年以前所出80种书籍之资料汇为一编，汇罗甚殷。但这些著作间杂伪器，不便利用。其后周法高有《三代吉金文存著录表》（1977年），孙稚雏编《金文著录简目》（1981年），刘雨等辑《商周金文总著录表》（2008年），既富且精。中国社会科学院考古研究所编《新出金文分域简目》（1983年），于体例又有创新。而张亚初《殷周金文集成引得》之后，华东师范大学中国文字研究与应用中心又有《金文引得·殷商西周卷》（2001年）和《春秋战国卷》（2002年）。吴镇烽则作《金文人名汇编》（1987年)①，为金文人名的检拾提供了方便。

金文字汇的编纂以宋吕大临《考古图释文》为首创，其后王楚有《钟鼎篆韵》，薛尚功有《广钟鼎篆韵》，两书并佚。元杨鉤作《增广钟鼎篆韵》，可睹王、薛之旧。至吴大澂《说文古籀补》，其间则少有精博之作。后丁佛言续吴书作《说文古籀补补》（1924年），强运开更续《说文古籀三补》（1935年），多有补苴。而容庚《金文编》（1925年）专集商周金文，于今四订②，收可识字2420字，重文19357字；附录收未识字1351字，重文1132字。采择全面，摹录精确，考释严谨，备受推崇。此外，张光裕、曹锦炎《东周鸟篆文字编》（1988年），施谢捷《吴越文字汇编》（1998年），王文耀《简明金文词典》（1998年），高明《古文字类编》（1982年，增订本2008年），皆据不同资料或不同角度类次文字，于字书体例多有创新。

随着古文字学研究的不断深入，金文考释的成果日渐丰硕，对多家观点的汇罗成为时代的需要。周法高主编《金文诂林》（1975年），又编《金文诂林补》（1982年），李孝定等编《金文诂林附录》（1979年），仿丁福保《说文解字诂林》体例，博采众家释字之说，足资鉴别。

第四节　青铜器的定名、分类与礼器制度

古器的正名是青铜器研究的基础，而古器物学命名的研究其实就是对相关器物历史的考订。商周铜器定名始由宋人所为，或以古器自载其名而

---

① 修订本于2006年中华书局出版。
② 容庚编著，张振林、马国权摹补：《金文编》，中华书局1985年版；或有校补，见严志斌《四版〈金文编〉校补》，吉林大学出版社2001年版。

第七章 金文研究

定之，如钟、鼎、甗、鬲、敦、豆、罍、壶、杆（盂）、盉、盘、匜、磬、戈等，或其时并无铭辞可寻，但依其形制大小之差，更参诸文献而定之，如尊、彝、卣、瓶、爵、觚、觯、角、斝、斗、盦、瓿、钲、铙、带钩、削等。这些工作对后人影响很大，历千年至今，犹多不可易，且有些又为新出资料所印证，足见宋代古器之学虽疏，其见识却为后人难及①。尽管如此，宋人所定器名仍嫌笼统，甚至也时有错误。后人偶有辨之，然多相沿成习。王国维曾论斝、觥、盉、彝、觯（觛、卮、㼸、𧣽）、俎等器之名②，于宋人之说是者证之，谬者匡之。

宋人定名之所以有误，原因在于三点：其一，误释器名之字；其二，古器自名的资料时人未及目见；其三，拘泥文献或误读文献。后两种错误相对容易纠正，但辨识由误释器名用字所导致的定名失误，却有赖于古文字学的进步。

宋人释"殷"（簋）为"敦"，释"盨"为"簠"，致诸器混淆。清人钱坫释"殷"为"簋"③，遂以敦别于簋，然仍以"盨"读"簠"，于二器尚未厘清。容庚释器名为"盨"，以为盨、簠二器形制各异，始据铭文自名而正其称④，簠、盨、敦才彻底分立。

古器又有名"医"者，字或作"匡"，又有名"铺"者。"医"似盨为方器，"铺"似豆而为圆器。《考古图》卷三载大公匡等器⑤，又载杜嬬铺，吕氏并谓诸匡（医）形制全类，唯铭不同，字从"匚"，中或从"夫"，或从"古"，即古"簠"字，故定诸器为簠。又谓杜嬬铺云："按《公食大夫礼》'大羹湆不和，实于鐙'，鐙文以'金'，即金豆也。此器字以'金'以'甫'，其形制似豆而卑，以为簠则非其类，以为豆则不名铺，古无是器，皆不可考。"这些意见时至今日仍多为学者所遵循，致普遍以方器为簠，圆器为豆或铺。但是随着考古资料的积累，作为圆器的铺又有如微伯疢簠、鮺貉甫、曾仲斿父甫、厚氏元匜，器名之字皆从"甫"得声，特别是微伯疢簠，器名更作"䈗"，与"簠"字音形极近，这与《说文》训"簠"为黍稷圆器恰好相合。而"匚"字虽变形繁复，但字皆

---

① 王国维：《说觥》，《观堂集林》卷三，中华书局1959年版。
② 王国维：《说斝》、《说觥》、《说盉》、《说彝》、《说俎》（上、下），《说觯觛卮㼸𧣽》，俱见《观堂集林》卷三，中华书局1959年版。
③ 钱坫：《十六长乐堂古器款识考》，嘉庆元年（1796年）自刻本。
④ 容庚：《殷周礼乐器考略》，《燕京学报》第一期，1927年。
⑤ 吕大临误释"匡"为"㲽"。

从"古"或"夫"得声，未见从"甫"得声，二字用法泾渭分明。故唐兰以为凡圆形自名为簠的礼器才是真正的簠，而"匡"多从"古"声，乃是"瑚"的本字①。然考母诸器瑚琏本作"医聯"②，且伯公父之方器本名作"盨"（《集成》4628），致学者更详细厘析簠、匡二器的区别，而定此类器即《说文》之"盨"③，终使宋人的这一错误得到纠正。

古代铜器品类繁多，正名并不容易，凡自名者略可考见，而不名者则约定俗成。学者或以考古类型学为基础比类命名④，也不失为谨慎的做法。尤其随着考古学的发展，具铭标准器数量倍增，这为通过类型学研究确定其他器物的名称提供了可能⑤。尊彝之器，形制最为复杂⑥，辨析其中的分别，充分尊重自名铜器所提供的资料是非常必要的。扶风五郡曾出五年琱生虘⑦，学者多习称为"尊"，然此器自名曰"虘"，形制也与常见之尊大别。《说文·虍部》："虘，古陶器也。"此类器形多见于早期陶器，知为一种古老的器形，因此，琱生虘的资料其实正提供了确定相关器类名称的重要线索。显然，利用铭文以及遣策资料考定器物名称是十分重要的⑧。此外，古器常有共名与专名之分，共名以明器物的类属，而专名则显示了同类器物的不同用途。有关问题，学者也有深入研讨⑨。

---

① 唐兰：《略论西周微史家族窖藏铜器的重要意义》，《文物》1978年第3期。
② 何琳仪、黄锡全：《"瑚琏"探源》，《史学集刊》，吉林大学出版社1983年版。
③ 高明：《盨、簠考辨》，《文物》1982年第6期。
④ 李济、万家宝：《古器物研究专刊》五种，历史语言研究所1964—1972年版。
⑤ 罗福颐：《对〈商周彝器通考〉某些器物定名和用途的商榷》，《古文字研究》第十一辑，中华书局1985年版。
⑥ 徐中舒：《说尊彝》，《中央研究院历史语言研究所集刊》第七本第一分，1936年；刘昭瑞：《爵、尊、卣、鉴的定名和用途杂议》，《文物》1991年第3期。
⑦ 宝鸡市考古研究所、扶风县博物馆：《陕西扶风五郡西村西周青铜器窖藏发掘简报》，《文物》2007年第8期。
⑧ 黄盛璋：《关于壶的形制发展与名称演变考略》，《中原文物》1983年第2期；张光裕：《从羋字的释读谈到盨、盆、盂诸器的定名问题》，《考古与文物》1982年第3期；刘昭瑞：《爵、尊、卣、鉴的定名和用途杂议》，《文物》1991年第3期；张亚初：《对商周青铜盉的综合研究》，《中国考古学研究——夏鼐先生考古五十年纪念论文集》（二），文物出版社1986年版；张亚初：《商周卣壶考述》，王辉：《卣之定名及其他》，俱见《容庚先生百年诞辰纪念文集》，广东人民出版社1998年版；陈昭容：《从古文字材料谈古代的盥洗用具及相关问题——自淅川下寺春秋楚墓的青铜水器自名说起》，《历史语言研究所集刊》第七十一本第四分，2000年；裘锡圭、李家浩：《曾侯乙墓竹简释文与考释》，《曾侯乙墓》，文物出版社1989年版。
⑨ 俞伟超、高明：《周代用鼎制度研究》，《北京大学学报》（哲学社会科学版）1978年第1、2期，1979年第1期；张亚初：《殷周青铜鼎器名、用途研究》，《古文字研究》第十八辑，中华书局1992年版；李零：《入山与出塞》七，楚国铜器研究，文物出版社2004年版。

第七章 金文研究

古器的分类是青铜器研究的基础工作。宋人著录铜器依器类聚，重在器用的区别。《宣和博古图》类次诸器，虽礼器居前，水器次之，乐器杂器殿后，但仍然显示出对用途的分类。这种分类长期成为青铜器著录所依凭的标准。

1927年容庚著《殷周礼乐器考略》，首先将铜器分为礼器和乐器两类，其中礼器包括烹煮、粢盛、盥洗、盛菹醢、盛冰、酒器及承器。此后，唐兰据铜器的使用分为五类，即烹饪器及食器，容器，温器及饮器，寻常用器，乐器，兵器[1]。1941年，容庚《商周彝器通考》舍礼器、乐器两分，而析彝器为五类，即食器、酒器、水器、杂器和乐器。1945年，陈梦家又分铜器为三类，即礼器：食器、酒器、水器、乐器、承器；半礼器：兵器、车马器；一般用具：日用器具、农具和手工具、度量衡器等[2]。其后容庚、张维持著《殷周青铜器通论》，将铜器的分类又细化为四部十一门五十类。部、门的分法为：食器部（烹煮器门、盛食器门、挹取器门、切肉器门）、酒器部（煮酒器门、盛酒器门、饮酒器门、挹注器门、盛尊器门）、水器部（盛水器门、挹水器门）和乐器部，部、门之下以器立类，使铜器器形、器类及用途之关系一目了然，成为较为认可的铜器分类方法。这些分类实基于器物名称和用途的划分，体现了传统的分类理念。

古器物学纳入考古学之后，器物的形制成为考古学研究首先关注的问题，因此，摆脱传统的分类形式而对古代铜器做形态学的划分开始为学者所尝试。1940年，日本学者梅原末治出版《古铜器形态之考古学的研究》，以新的标准将古代铜器分为十三类，即皿钵类，如盘、毁、豆等；宽口壶形类，如尊、觯、瓿等；窄口颈的壶形类，如彝、壶等；提梁附壶形类，以卣为主；体积膨大的壶形类，以罍为主；矩形容器类，如彝、扁壶、瓠壶等；鬲鼎类，鬲、鼎；有脚器类，角、爵、斝、盉；注口器类，兕觥、匜；筒形及球形容器；复合形器，甗等；异形容器类；乐器类。这种将器物的形态与用途加以割裂的做法虽然不失为一种分类探索，但其混淆器物的形制、名称和功用，因此受到了中国学者的尖锐批评[3]。事实上，同名之器而形制各异的现象在古器物中是十分常见的，如随州叶家山111号西周早期墓出土瓠形器而自名曰"壶"。事实表明，对于器物的定名与分类不能仅仅关注其形制特征，而需要充分考虑到器

---

[1] 唐兰：《参加伦敦中国艺术国际展览会铜器说明》，《史学论丛》第二册，1935年。
[2] 陈梦家：《中国青铜器的形制》，见氏著《西周铜器断代》，中华书局2004年版。
[3] 李济：《记小屯出土之青铜器（上）》，《中国考古学报》第三册，1948年；容庚、张维持：《殷周青铜器通论》，科学出版社1958年版。

物自名与形制演变，从而使古文字材料与考古资料互为阐释。诚然，器物的形态作为一种客观标准是显而易见的，因此，在器物定名研究的基础上建立形态学的分类标准仍是值得思考的问题①。

分类标准的建立为礼器制度的研究奠定了基础。青铜礼器在供祭祀享用之外，于商周社会更是礼的标志器物，成为当时贵族生活中藏礼的工具②。古人以器明贵贱，辨等列，纪勋庸，昭明德，因而钟鼎彝器向被奉为王朝及家族的重器，成为王侯贵族权力与地位的象征。因此，礼器在宗法制度及其附属的礼乐制度的背景下又可以通过同一种彝器的数量多寡及不同器物的组合等形式昭明器物拥有者的身份。

商代的礼器除鼎具有特殊的意义外，作为酒器的觚、爵、斝，尤其是觚、爵的组合，已成为贵族辨殊身份的标志器物③。这种现象反映了殷人"庶群自酒，腥闻在上"（《尚书·酒诰》）的尚饮之风。殷墟妇好墓随葬具铭妇好的铜器包括鼎25件，或成对，或成套，其中中型圆鼎两套共12件，每套6件，大小相若；觚22件，爵12件；明显多于其他礼器。而其他器物或也成对出现，组合颇有规律，况且成对成套的礼器，其合金成分相当接近，可知这些礼器乃是同时同地为着相同的目的而铸造。加之妇好墓同出编铙5件，形制纹饰基本相同，唯大小依次递减④。这些现象无疑暗示了殷代已经存在完善的礼器制度⑤。

西周早期的礼器制度已经开始了某种变化，其一，商代以觚、爵为主的酒器组合渐为鼎、簋等食器组合取代⑥。周人吸取殷人纵酒亡国的历史教训，故武王遂有御事"酒无敢酣"（大盂鼎）的戒慎。其二，鼎、簋等礼器已出现成组器由商代器形的大小相若变为大小相次的情况，有些组合虽为杂凑配套，但也相次为序。这两种制度应在西周初年即已建立，恐与

---

① 李零：《关于铜器分类的思考》，见氏著《入山与出塞·七·楚国铜器研究》，文物出版社2004年版。

② 阮元：《商周铜器说上》，见氏著《积古斋钟鼎彝器款识》。

③ 李济：《记小屯出土之青铜器（上）》，《中国考古学报》第三册，1948年；石璋如：《儒家经典中所见的觚与爵》，《学术季刊》第五卷第四期，1957年；郭宝钧：《商周铜器群综合研究》，又见邹衡、徐自强所撰该书《整理后记》，文物出版社1981年版；北京大学历史系考古教研室商周组：《商周考古》，文物出版社1979年版。

④ 中国社会科学院考古研究所：《殷墟妇好墓》，文物出版社1985年版。

⑤ 王世民：《关于西周春秋高级贵族礼器制度的一些看法》，《文物与考古论集》，文物出版社1986年版。

⑥ 郭宝钧：《商周铜器群综合研究》，文物出版社1981年版；杨锡璋、杨宝成：《殷代青铜礼器的分期与组合》，《殷墟青铜器》，文物出版社1985年版。

周公改制具有密切的关系。

郭宝钧曾称西周贵族使用的大小次第或相若的铜鼎为"列鼎"①，虽不合古训②，但因考古资料的局限，大部分鼎列已无法确知其鼎实，以致影响到判断其作为升牲"正鼎"的牢数，同时也不便区分盛放庶羞的"陪鼎"和升牲的"正鼎"③，因而学者指出，如果着眼于形制，"列鼎"的名称不妨特指形制相同、大小相次或相若的鼎列，或许更能体现这种鼎列的特征④。这种情况犹如"编钟"、"编磬"之名不见于文献，而仅指形制的大小相第一样⑤。事实上，商周金文时见"牛鼎"（曶鼎）、"豕鼎"（函皇父器）、"羊鼎"（伯䣨父鼎）、"鹿"鼎（鹿方鼎）、"兔鼎"（函皇父鼎）、"鸟宝鼎"（椃伯鼎）、"鹑鼎"（吴買鼎、伯遲父鼎）、"鱼鼎"（鱼鼎匕）之称⑥，且"豕鼎"又与爵、簋、罍、壶并举，如西周早期史兽鼎铭云：

> 尹令史兽立工于成周，十又一月癸未，史兽献工（功）于尹。咸献工（功），尹赏史兽裸，易（锡）豕鼎一，爵一，对扬皇尹丕显休，用作父庚永宝障彝。

又西周晚期函皇父盘铭云：

> 函皇父作琱娟般（盘）盉障器，鼎簋具：自豕鼎降十又一、簋八，两鏞（罍）、两鏚（壶），琱娟其万年，子子孙孙永宝用。

此铭又见于函皇父鼎、簋诸器，其"豕鼎降十又一"，鼎铭则作"豕鼎降十"，可知铭文所言之牛、豕、羊、鹿、兔、鸟、鹑、鱼皆当鼎实，而"降"于此仅言其形制大小递减。这些内容应该反映了时人对于所谓"列

---

① 郭宝钧：《山彪镇与琉璃阁》，科学出版社1959年版。
② 俞伟超、高明：《周代用鼎制度研究》，《北京大学学报》（哲学社会科学版）1978年1、2期，1979年1期。
③ 王世民：《关于西周春秋高级贵族礼器制度的一些看法》，《文物与考古论集》，文物出版社1986年版。
④ 邹衡、徐自强：《商周铜器群综合研究·整理后记》注释45，文物出版社1981年版；王世民：《关于西周春秋高级贵族礼器制度的一些看法》，《文物与考古论集》，文物出版社1986年版。
⑤ 王世民：《关于西周春秋高级贵族礼器制度的一些看法》，《文物与考古论集》，文物出版社1986年版。
⑥ 张亚初：《殷周青铜鼎器名、用途研究》，《古文字研究》第十八辑，中华书局1992年版。

鼎"的真实称谓。

金文又有"宗彝"、"将彝"之别,称"宗彝"者,除西周晚期的小克鼎和东周时期的秦公簋外,多为卣、尊、方彝、觥、爵、盉、壶等,而否器铭言"为母宗彝则备",器则包括尊、卣、觚、爵、觯共七件①;鼂簋铭言"公锡鼂宗彝一陕(肆),锡鼎二",明以鼎在宗彝之外。而"将彝"之"将"本从"鼎"作"鼑",且"将鼎"、"将𣪕"之名又见称于鼎、簋,而"将彝"之名则除鼎、簋以外,偶见于甗、盨、盉、爵等器。故学者以为宗彝应是盛酒之器,将彝则主要为烹饪器的鼎、鬲、甗和盛食器的簋、盨、盨②。春秋早期宗妇鼎铭云:"王子剌公之宗妇郜嫛为宗彝将彝。"同铭之器有七鼎、六簋、一壶和一盘③,也可见宗彝与将彝之分。唯宗彝至西周晚期以后已有逐渐扩大的趋势,其不仅包括鼎,至后更含有钟镈。铭文同时显示,宗彝常以"肆"计,一肆应指各种宗彝器类的组合,若否器为宗彝而包含尊、卣、觚、爵、觯,以为一套。而将彝常以鼎、簋组合的齐备称为"具",若函皇父盘铭所言"鼎簋具:自豕鼎降十又一、𣪕八"。

学者根据考古资料与文献的对比研究,认为两周用鼎制度大致为:诸侯享大牢九鼎配八簋;卿或上大夫享大牢七鼎配六簋;下大夫享少牢五鼎配四簋,或用杀礼三鼎;士享牲三鼎配二簋,或享特一鼎④。这与《周礼·春官·典命》的记载基本一致,甚至西周金文也可以印证这一制度。西周中期吕伯簋铭云:"吕伯作厥宫室宝尊彝𣪕大牢,其万年祀厥祖考。"此"大牢"既言鼎实,当然也指大牢九鼎八簋之制。尽管如此,不合礼制的变化仍时有发生,对于这种超越身份的用器现象,学者多以为僭越,但在西周礼法森严的制度下,似也不应排除属于特赐的可能。

两周天子的用鼎制度目前还不清楚,学者或据《周礼·天官·膳夫》所记"王日一举,鼎十有二,物皆有俎"⑤,认为天子所用为十二鼎⑥,有待考古资料的印证。

---

① 张光裕:《西周遣器新识——否叔尊铭之启示》,《历史语言研究所集刊》第七十本第三分,1999年。

② 陈梦家:《西周铜器断代》,中华书局2004年版,第79—81页。

③ 容庚:《商周彝器通考》上册,哈佛燕京学社1941年版,第7页。

④ 俞伟超、高明:《周代用鼎制度研究》,《北京大学学报》(哲学社会科学版)1978年1、2期,1979年1期。

⑤ 郑玄《注》:"鼎十有二,牢鼎九,陪鼎三。"又《公羊传·桓公二年》何休《注》:"礼祭天子九鼎,诸侯七,卿大夫五,元士三也。"与古文经说不同。

⑥ 李学勤:《东周与秦代文明》第十六章,文物出版社1984年版。

作为礼乐之器的两周编钟，其组合配套也自有专名。春秋邾公牼钟铭云：

> 隹（唯）王正月初吉，辰才（在）乙亥，鼀（邾）公牼睪（择）氒（厥）吉金，玄镠膚吕，自乍（作）穌钟。曰：余毕羛（恭）威（畏）忌，铸辝（台）穌钟二锗（堵），台（以）乐其身，台（以）宴大夫，台（以）喜者（诸）士。至于万年，分器是寺（持）。

又春秋子犯钟铭云：

> 者（诸）侯羞元金于子犯之所，用为穌钟九堵。

又春秋洹子孟姜壶铭云：

> 齐侯拜嘉命，于上天子用璧玉備（服）一嗣（笥），于大無（巫）嗣（司）折（誓）于（与）大嗣（司）命用璧、两壶、八鼎，于南宫子用璧二備（服）、玉二嗣（笥）、鼓钟一銉（肆）。

又春秋邵黛钟铭云：

> 乍（作）为余钟，玄镠镱铝，大钟八聿（肆），其竈（簋）四堵。

由此可知，时人铸作乐钟乃以堵、肆为套。《周礼·春官·小胥》："凡悬钟磬，半为堵，全为肆。"郑玄《注》："钟磬者，编悬之二八十六枚而在一虡，谓之堵。钟一堵，磬一堵，谓之肆。"《左传·襄公十一年》："歌钟二肆，及其鎛磬。"杜预《集解》："肆，列也，悬钟十六为肆。二肆，三十二枚也。"郭沫若云："今案《小胥》郑《注》谓钟磬各八同在一虡为堵，钟十六磬十六各一堵合而为肆之说实有误。盖堵与肆乃悬钟磬之公名，钟八枚在一虡为堵，磬八枚在一虡亦为堵，钟二堵为肆，磬二堵亦为肆，非谓钟磬混悬也。"① 检讨两周乐钟，同形制者常以八枚一组，二组成

---

① 郭沫若：《两周金文辞大系图录考释》第八册，科学出版社1957年版。

套。故学者以为乐钟的组合,全套称"肆",半套为"堵"①。但对观周人以肆计宗彝乃指不同形制器类的组合,故仅以同形制的钟计为一肆似与"肆"义不合。学者或主"肆"计乐钟当为不同形制钟的一套完整组合②,这种解释与宗彝计肆一致,应该反映了周制的实际情况。

《小胥》又云:"正乐悬之位,王宫悬,诸侯轩悬,卿大夫判悬,士特悬。"郑玄《注》:"郑司农云:'宫悬四面悬,轩悬去其一面,判悬又去其一面,特悬又去其一面。四面象宫室四面有墙,故谓之宫悬。轩悬三面,其形曲,故《春秋传》曰"请曲悬繁缨以朝"。诸侯之礼也。故曰唯器与名不可以假人。'玄谓轩悬去南面,辟王也。判悬左右之合,又空北面。特悬悬于东方,或于阶间而已。"此乐悬制度,结合文献的考古学研究也相当深入③。当时贵族享用乐器的繁简组合情况与其身份的高低密切相关,制度分明,大抵国君及个别上卿可配享起和声作用的大型低音甬钟和镈钟,而其他有资格享用金石之乐的贵族(主要是大夫),则仅备中高音的编钟和编磬④。至于与此相关的乐悬及用乐制度的系统研究,仍有待新的考古资料的积累。

第五节 青铜器铭文分代研究

中国青铜时代文化历久旷远,分布广泛,其间由于王朝的更替,文化的交流,制度的变化,技术的革新,使青铜器的发展呈现巨大的差异和复杂的面貌,因此,确定铜器的时代,离析其族属,辨别其地域特征,则是青铜器及其铭文研究所必需的工作。

青铜器铭文之所以能作为史料,其首要的基础就是要断清时代。20世纪30年代以后,郭沫若通过对传世及出土铜器的研究,分析器物的品类消长、形制变化、纹饰风格和铭文特点,首先将中国青铜时代分为四大时期⑤,后于1945年又有调整⑥。归纳其前后之说,实为五期,即:

---

① 李朝远:《从新出青铜钟再议"堵"与"肆"》,《中国文物报》1996年4月14日。
② 杨伯峻:《春秋左传注》(修订本),中华书局2009年版,第992页。
③ 王世民:《春秋战国葬制中乐器和礼器的组合情况》、《最近十多年来编钟的发现与研究》,两文俱见氏著《商周铜器与考古学史论集》,艺文印书馆2008年版。
④ 王世民:《西周暨春秋战国时代编钟铭文的排列形式》,《中国考古学研究》(二),科学出版社1988年版。
⑤ 郭沫若:《两周金文辞大系图编序说——彝器形象学试探》,见氏著《两周金文辞大系图录考释》,科学出版社1957年版。
⑥ 郭沫若:《青铜器时代》,见氏著《青铜时代》,人民出版社1954年版。

滥觞期　　　　　　　　　　大率当殷商前期；
勃古期（后称鼎盛期）　　　殷商后期及周室文武成康昭穆诸世；
开放期（后称颓败期）　　　恭懿以后至春秋中叶；
新式期（后称中兴期）　　　春秋中叶至战国末年；
衰落期　　　　　　　　　　战国末年以后。

尽管新的资料显示出五期之一的滥觞期还有更大的前移空间，但这种划分无疑为中国青铜器及其铭文的研究奠定了坚实的基础。

郭宝钧的分期则是基于对考古所获商周铜器的研究而完成的，他从铸造、器形、花纹、铭文四个方面，将中国青铜时代的发展划为六个阶段①，即：

早商　　以二里头遗址为代表；
中商　　以郑州二里冈铜器群为代表（仲丁迁隞至盘庚迁殷）；
晚商及西周前期　　以小屯及长安普渡村铜器群为代表；
西周后期及东周初年、春秋早期　　以眉县李村、长安张家坡、扶风齐家、上村岭铜器群为代表；
春秋中期至战国　　以寿县蔡侯墓、辉县琉璃阁铜器群为代表；
战国中末期　　以寿县朱家集、信阳长台关铜器群为代表。

这些对于中国青铜时代的鸟瞰虽然勾勒了宏观的发展脉络，但是对于古器时代的准确判定却仍显不够。理想的年代学标尺不仅要能区别不同王朝的铜器，当然也要能区别不同王世的铜器。而在上述运用考古类型学方法的分期体系中，首先需要细化的工作便是如何将不同王朝的铜器独立出来。

一　商代金文的分代标准

类型学的研究显然尚不足以使学者明确地区分商代晚期与西周早期以及西周晚期与东周早期的铜器，尤其商周铜器的离析关系到不同王朝、不同文化、不同族属、不同制度的分别，意义更为重要。因此，建立商周铜器的分代标准始终成为学术界的重要课题。

宋人断代虽已考虑器形、纹饰、文字风格和出土地点等因素，但因标准不够明确，分别商周铜器终不免摸索犹疑。清中叶以后，传世品数量骤

---

① 郭宝钧：《商周铜器群综合研究》，文物出版社1981年版。

增，但多来源无征，辨别商周铜器仍无有效方法。1899年甲骨文发现，十年后方知安阳乃殷之故墟，遂可确晓商器的存在。罗振玉于1917年编纂《殷文存》，对安阳出土遗物进行研究，并以具日名及文字象形者立为确定殷器的标准①，仍嫌粗疏②。1927年，马衡作《中国之铜器时代》③，为分辨商代铜器定立两项标准。他认为：

> 前人之于铜器，往往以人名之用干支者，或文句简略，而其文近于图象者，辄定为商器。此种标准，不尽可凭，盖周初之器同于此例者正多，不必皆商器也。今后能有大规模之发掘，此问题固不难解决。但在今日而欲就传世诸器考订其正确之时代，至少应依下列之方法定之。

今将马衡所确定的商器标准移录于次。

其一，同时代的文字可以互证也。河南安阳小屯所出甲骨文乃确凿无疑之殷商文字，传世之铜器，有异于周代之文而同于甲骨之文者，如乙酉父丁彝、己酉戌命彝、兄癸卣（以上三器见宋薛尚功《钟鼎彝器款识》）、戊辰彝、舲尊、庚申父辛角、般甗（以上四器见清吴式芬《攗古录金文》，但般甗作王宜人甗）等器皆是。今举其相同之点如下：

（甲）商人之纪年月日，必先书日，次书月，再次书年；而书月必曰"在某月"，书年必曰"维王几祀"。《周书·洛诰》之文尚沿此习。乙酉父丁彝首书乙酉，末书惟王六祀；己酉戌命彝首书己酉，末书在九月，惟王十祀；兄癸卣首书丁巳，末书在九月，惟王九祀；戊辰彝首书戊辰，后书在十月，惟王廿祀；舲尊首书丁巳，后书惟王十祀又五；庚申父辛角首书庚申，后书在六月，惟王廿祀昱又五。

（乙）商人祀其祖妣，必用其祖若妣之名之日；其妣皆曰奭；其祭名或曰遘。乙酉父丁彝用乙酉日遘于武乙；戊辰彝用戊辰日遘于妣戊，

---

① 罗氏于序文曰："考殷人以日为名，通乎上下，此篇集录即以此为埻的。其中象形文字或上及于夏器，日名之制，亦沿用于周初，要之不离殷文者近是。"
② 高去寻：《殷商铜器之探讨》，《史学论丛》第一册，1986年；容庚：《商周彝器通考》，哈佛燕京学社1941年版。
③ 1927年3月27日作者于日本东京帝国大学讲演稿，载日本《民族》三卷五号、《考古學論叢》第一册，1928年；又载《北京大学研究所国学门月刊》一卷六号，1927年；后收入其《凡将斋金石丛稿》，中华书局1977年版。

武乙奭。

（丙）商人祭祀之名有曰肜日，曰肜日者。己酉戍命彝、兄癸卣、戍辰彝皆曰肜日；乙酉父丁彝、艅尊皆曰肜日。

（丁）甲骨文恒见征人方之事，而殷甗曰"王徂人方"；艅尊曰"惟王来征人方"。

由此观之，此诸器者，皆可证明其必为商器也。

其二，出土之地之足以证明也。宋吕大临著《考古图》，于器之出处之可知者必详纪之，如亶甲觚曰，"得于邺郡亶甲城"；足迹罍曰，"在洹水之滨亶甲墓旁得之"；而上述之兄癸卣（《考古图》作兄癸彝）亦得于邺。凡其所记之地，皆今出甲骨之小屯（宋人误以邺为相，认为河亶甲所居，即以今之小屯为河亶甲城；《彰德府志》因袭其误）。此又可证明其必为商器者也。

以上所举诸器，其形制及图案虽与周器无甚区别，而文字及事实，已足以证明其为商器而无疑。

马衡为商器所立二法，其一即与殷墟甲骨文相同者，包括纪时制度、祖先称谓制度、周祭制度、征人方事迹，其二则为出土地点明确为殷墟者。这个标准以铭文内容与出土地点为据，首次基本确定了商代铜器的分析方法，从而使商器的鉴别从以往的臆度中摆脱出来，真正步入了科学的时代，显然具有特别的意义。其后，陈梦家进而提出划分商代铜器的四种方法[1]，即：

1. 字体比西周铜器铭文早，和卜骨的字体相近。
2. 句法和卜辞相似。
3. 有关于商的历史事实。
4. 出土于安阳遗址。

容庚、张维持也认为判别殷器的标准，除器物的形态以外，还应同时关注以下三点[2]：

1. 铭文的书体和文体早于周的金文而类似甲骨文，包括图形文

---

[1] 陈梦家：《中国青铜器的形制》，《全美中国艺术学会年报》（*Archives of the Chinese Art Society of America*）第1期，1945—1946年；收入氏著《西周铜器断代》，中华书局2004年版。
[2] 容庚、张维持：《殷周青铜器通论》，科学出版社1958年版，第13—14页。

字，高氏的三项标识，以日为名，纪时的次序，记祭祀、赏赐的语法构造等。

2. 铭文的记载有关于殷代的历史事实，如对殷代祖先的祭祀。

3. 器的出土地点是安阳殷墟遗址。

这些标准尽管对马衡的理论有所补充，但仍不出马氏所立之原则。学者于此或做综合参证，以求整理殷代铜器①。

瑞典学者高本汉（B. Karlgren）在其《中国殷周铜器》一文中也曾提出辨别殷器的简要方法②。他认为，铭文中的"亞"、"⿱⿰止止⿱⿰子子"和"冎"、"內"三类徽识乃为殷器的确实标识，也即容庚所谓"高氏的三项标识"。然而这些铭文就其内涵而言并不具有区分商周不同时代的意义，"亞"字的含义只在表示宗族的小宗身份③，而其他两类铭文，其内涵也仅具有标明族氏的意义。事实上，具有这种族氏铭文的铜器既可见于商代，当然随着宗族的延续，它们也完全可以出现于西周。因此，高本汉的观点由于与基于器物类型学研究所显示的古代族氏的存亡情况明显抵牾，很快便受到了来自历史学与考古学等不同角度的批判④。

事实上，学者所确定的辨别商器的某些标准是颇有局限或可讨论的，如以书体早于周金文，或与甲骨文的字体接近者以定殷器，便无法进行有效的判断。金文与甲骨文的书体本有不同，且殷末周初之书体相似，也使二者无从分别，况如商族或其他族氏之器，即使可以晚至周初始作，也还无法就其书体特征归纳出不同于殷商时代的变化规律。而如日名，则更不具有时代的意义。至于出土地点，殷墟所出者固多可断为殷器，但其他遗址却并不会不出殷器，不仅商代遗址所出者为殷器，甚至周代遗址所出之物也并非绝无殷器。彝器的使用是一个相对漫长的过程，某一族氏的铜器如果铸造于商代，当然完全可以被子孙宝用于西周。从这一意义上说，"殷商"这一历史概念所具有的时间意义并不能限定具有鲜明宗族特点的

---

① 罗福颐：《商代青铜器铭文确征例证》，《古文字研究》第十一辑，中华书局1985年版；白川静：《殷文札记》，《白川静著作集》别卷，平凡社2006年版。

② B. Karlgren, Yin and Chou in Chinese Bronzes, *Bulletin of the Museum of Far Eastern Antiquities*, No. 8, 1936.

③ 冯时：《殷代史氏考》，《古文字与古史新论》，台湾书房出版有限公司2007年版。

④ 陈梦家：《中国青铜器的形制》，《全美中国艺术学会年报》（*Archives of the Chinese Art Society of America*）1945—1946年第1期；收入氏著《西周铜器断代》，中华书局2004年版；容庚、张维持：《殷周青铜器通论》，科学出版社1958年版，第13页。

彝器的年代。因此，对于以出土地点判别殷器的标准，并不宜限定于殷墟，而至少应该扩大为凡一切殷代遗址。诚然，准确地区别商周铜器是一项十分复杂的工作，铭文内容足资断代的铜器固然重要，但这类资料毕竟太少，致使器物的形制、花纹及铭文的类型学特点是否具有更细致的断代意义便成为学者探索的课题①，甚至集中于对殷末周初青铜器的形制研究②。而在礼器的组合方面，商代酒器流行，显见殷人尚饮之风，而西周时期相关器类逐渐减少，器物组合也有明显变化③，可以作为判明器物时代的重要参考。这些现象意味着对商代铜器的鉴别必须摒弃单一的方法，而应注意对铭文以及铜器自身内涵、伴出器物乃至考古学所能提供的一切信息的综合考察。准此，可将商代铜器的时代标准大致梳理为如下七项。

1. 铭文之纪时特征

商代凡记事文字，启首纪时皆仅书纪日干支，不及年月，更不用月相，而历月则缀后作"在某月"。晚商甲骨文如殷墟鹿头骨刻辞，首言"戊戌，王蒿（郊）田"（《合集》36534），或云"己亥，王田于羌"（《合集》37743）；虎骨刻辞，首言"辛酉，王田于鸡麓"（《合集》37848）；兕骨刻辞，首言"壬午，王田于麦麓"（《合补》11299），或云"壬午，王迍于召宣，延田于麦麓"（《书法》原6）。晚商金文如小臣俞尊首铭"丁巳"，小臣䚄卣首铭"乙巳"，𦩼簋首铭"戊辰"，宰椃角首铭"庚申"，戍甬鼎首铭"丁卯"，小臣邑斝首铭"癸巳"，二祀𢼸其卣首铭"丙辰"，四祀𢼸其卣首铭"乙巳"，六祀𢼸其卣首铭"乙亥"，箙亚䵼角首铭"丙申"，戍嗣鼎首铭"丙午"，𢦒卣首铭"丁巳"，万䵼方彝首铭"己酉"，寝鱼簋首铭"辛卯"，亚鱼鼎首铭"壬申"，坂方鼎首铭"乙未"，寝孳方鼎首铭"甲子"，丰彝首铭"乙酉"，皆只书纪日干支，历月则记于文末。这种纪时习惯于商代卜辞所见益广，俱首书干支，月份缀于

---

① 陈梦家：《殷代铜器》，《考古学报》第七册，1954年；邹衡：《试论殷墟文化分期》，《北京大学学报》1964年第4、5期；林巳奈夫：《殷西周间青铜容器的编年》，《東方學報》第50册，1978年；张长寿：《殷商时代的青铜容器》，《考古学报》1979年第3期；Ursula Leinert, *Typology of the Ting in the Shang Dynasty: A tentative chronology of the Yin-hsü Period*, 1979；郑振香、陈志达：《殷墟青铜器的分期与年代》，杨锡璋、杨宝成：《殷代青铜礼器的分期与组合》，《殷墟青铜器》，文物出版社1985年版；中国社会科学院考古研究所：《殷墟的发现与研究》捌之二，科学出版社1994年版；朱凤瀚：《中国青铜器综论》，上海古籍出版社2009年版。
② 王世民、张亚初：《殷代乙辛时期青铜容器的形制》，《考古与文物》1986年第4期。
③ 杨锡璋、杨宝成：《商代青铜礼器的分期与组合》，《殷墟青铜器》，文物出版社1985年版。

辞末。先周时期，周人记事亦承此习，周原甲骨文所见文王时期庙祭刻辞或首铭"癸巳"，至西周早期仍有延续，武王世之天亡簋首铭"乙亥"，成王初之保卣首铭"乙卯"。于后则制度变化，殷制渐泯。故凡首见年、月之铭，其时代必不能早至殷商。

2. 铭文语言及称谓特征

商人于受祭之女性祖先皆称某先祖之"奭"，习见于甲骨文及金文。晚商金文如二祀邲其卣铭"遘于妣丙彡日大乙奭"，以妣丙乃大乙之配而称"奭"；䢅簋铭"遘于妣戊武乙奭"，以妣戊乃武乙之配而称"奭"。至西周时期，此俗灭迹。

殷器凡祭父辈祖先皆称为"父"，西周制度则始见称"考"，如天亡簋铭称"丕显考文王"。殷人以亲称与日干合为庙号，如"祖丁"、"父乙"、"妣辛"、"兄庚"等，或于日干前冠以谥字，如"武丁"、"康丁"、"文武丁"、"文武帝乙"，将谥号与庙号彼此结合。而周初制度变化，父或称"考"，其或缀庙号如"文考日癸"、"文考癸"，虽其时仍见"武帝日丁"之类将谥号与庙号合称的现象，也不乏因袭殷制而但称庙号如"父乙"、"父丁"，或将殷周两制结合而称"文考父辛"、"文考父癸"之例，但更多的则是以"考"字缀以谥号，如"文考惠孟"、"文考釐公"、"文考成侯"、"皇考夷叔"，致谥号与庙号逐渐分离。

殷人于东方海岱淮泗之异族但称"人方"，不称"东夷"，其事习见于殷商甲骨文，而晚商小臣俞尊、作册般甗、䢅簋、㠱卣、秦盉等器铭文俱见"人方"之称，至西周成王时期之𠮷方鼎铭始见"东夷"之称。

殷人所铸祭器，仅言为某先祖所作，并无祝嘏之辞。至西周金文，嘏辞则渐为普遍[①]，二者观念迥异。

3. 铭文之祭祀特征

殷铭偶见殷先王受祭，如四祀邲其卣、坂方鼎俱祭"文武帝乙"，即殷王帝乙，以谥号与庙号合称，而祀日或在乙巳，或在乙未，皆于庙号"乙"所在之日。

殷王祭祀，其中之一即为以翌日、劦日、彡日三个祭祀周期所构成的所谓"祀"祭，学者或称为"周祭"。晚商铜器如万甗方彝、亚鱼鼎、邲其三器、小臣邑斝、寝孳方鼎、䢅簋、小臣俞尊、丰彝、宰榔角、㠱卣、坂方鼎等皆记周祭祀典，乃为殷器的重要特征。

---

① 参看徐中舒《金文嘏辞释例》，《徐中舒历史论文选集》（上），中华书局1998年版。

4. 铭文之事迹特征

殷器所记最具时代特征的事迹乃为对人方的征伐，如晚殷小臣俞尊、宰盉二器。

5. 器物之形制与纹饰特征

有关殷墟及帝乙帝辛铜器的器形及纹饰特征，学者已有很多研究，可以作为判别殷器的参考标准。

6. 器物之类别与组合特征

殷人重酒器，且以觚、爵、斝等酒器的组合为尊；周人重食器，并以鼎、簋等食器的组合为贵。两代器物及其组合的不同，反映了时代风尚的差异。《尚书·酒诰》："天降威，我民用大乱丧德，亦罔非酒惟行，越小大邦用丧，亦罔非酒惟辜。文王诰教小子有正有事，无彝酒。越庶国，饮惟祀，德将无醉。"《尚书·无逸》："无若殷王受之迷乱，酗于酒德哉。"故周人在此风习影响之下，渐废如角、斝、觚、爵等酒器，而据酒器、食器组合的变化及有关器类的兴衰，也可为铭文的断代提供参考。

7. 出土于殷墟或其他殷代遗址

殷墟作为晚商的王邑，乃王庭之所在，故其地所出遗物当基本属于商代之物。事实上这一标准可以扩大为凡商代遗址所出之物。

以上七项标准，凡铭文涉及之纪时制度、称谓制度、祭祀制度及器物组合，皆不出商周制度之不同。周因殷礼而损益之，因此铭文与器物所表现的商周两代制度的差异无疑当与周公改制有关，值得深入研究。

运用上述标准进行商周铜器的鉴别不仅需要做辩证的分析，也要结合其他因素进行综合的考察。具体地说，符合纪时标准的器物未必一定是商器，但不合此原则者却一定不是商器。如武王标准器天亡簋首铭"乙亥"，以干支纪日，合于殷制。然此器作于灭殷之初[1]，其时之制度或因商而未变，故仍袭殷人纪时之遗风。而我方鼎首铭"隹十月又一月"，背乎殷礼，旧定此器为商器，显然不妥。至于周祭祀典之记录，商器也或有或无，并不能作为衡量商器的不二标准。亲属称谓的改变，当然也更多地体现着制度的改变。早期制度于父辈祖先皆称"父"，周人制度虽称"父"为"考"，但旧制仍有延续，致使西周铜器也大量存在称"父"的现象。尽管如此，称"考"之器，其时代不能早至殷商却可以肯定。

需要指出的是，所谓"商代铜器"只能是一个相对宽泛的概念，殷周

---

[1] 冯时：《天亡簋铭文补论》，《出土文献》第一辑，中西书局2010年版。

铜器断代的复杂性使得我们既要考虑分辨属于历史学意义的商代铜器，这当然包括商代不同族氏的铜器，也要考虑到这些族氏在西周时期仍然使用的铸作于商代的铜器。事实上，如果仅从历史学的角度考虑，准确地区分所有灭商前后的铜器，这一工作是根本不可能实现的。

二　西周铜器断代

西周积年，据文献所载约有五说。

其一，二百五十七年。

《史记·周本纪》裴骃《集解》引《汲冢纪年》："自武王灭殷，以至于幽王，凡二百五十七年。"①《通鉴外纪》三及《通志》卷三引述相同。

其二，三百馀年。

《史记·平津侯主父偃列传》引严安《言世务书》："臣闻周有天下，其治三百馀岁，成康其隆也，刑错四十馀年不用。及其衰亦三百馀年，故五伯更起。"

其三，四百馀年。

《史记·匈奴列传》："武王伐纣而营洛邑，……其后二百有馀年，周道衰，而穆王伐犬戎。……穆王之后二百有馀年，周幽王用宠姬褒姒之故，与申侯有郤，申侯怒而与犬戎共攻杀周幽王于骊山之下。"

其四，二百二十七年以上。

《史记·鲁周公世家》于伯禽以下各鲁公皆记年数，其世次为考公四年，炀公六年，幽公十四年，魏公五十年，厉公三十七年，献公三十二年，真公三十年，武公九年，懿公九年，伯御十一年，孝公二十七年。孝公二十五年犬戎杀幽王，西周覆灭，故至考公共为二百二十七年。

伯禽在位之年，裴骃《集解》引徐广曰："皇甫谧云伯禽以成王元年封，四十六年，康王十六年卒。"如计入《尚书·金滕》武王二年（太史公误为三年），则西周总年当为二百七十五年。

然鲁公诸世间有异说。《史记·十二诸侯年表》记武公在位十年；裴骃《集解》引徐广述皇甫谧以献公在位三十六年。如此则西周积年或有出入。

其五，三百五十二年。

《汉书·律历志》引刘歆《三统历》，其《世经》据《鲁世家》所载

---

① 从日本高山寺藏古钞本《周本纪》，见《史记会注考证校补》卷四。

鲁公年数而间有损益，其中炀公在位六十年，献公在位五十年，武公在位二年，又以伯禽在位四十六年，并入武王及周公摄政十四年，共为三百五十二年。

今以殷代甲骨文、金文检验诸说，并参诸文献，有如下事实可供参考。

其一，据宾组卜辞所记五次月食年代以见殷王武丁在位之年，时间约当公元前1227至前1189年前后。

其二，据"历组"卜辞所见乙巳日食年代以见殷王祖甲在位之年，时间当公元前1161年前后。

其三，《尚书·无逸》："肆高宗之享国五十有九年。……肆祖甲之享国三十有三年。……自时厥后，亦罔或克寿。或十年，或七八年，或五六年，或四三年。"《太平御览》卷八三引《史记》："帝祖庚在位七年崩，弟祖甲立。"故综合甲骨文所记殷代交食年代，可明祖甲末年至迟不会晚于公元前1149年。

其四，据甲骨文、金文所见殷王帝乙、帝辛周祭祀典，知二王之总年不会少于四十五年，其中帝乙在位当在二十年以上，而帝辛在位更在二十五年以上。

准此，则文献所记西周积年凡三百年以上诸说皆不足据，而应以古本《竹书纪年》及《鲁世家》所载为近，其中古本《竹书纪年》成书最早，记录完整，史料来源亦最为可靠。

（一）西周王世

西周自武王作邦至幽王覆灭，共历十二王，其世次如下：

武王发[1]—成王诵[2]—康王钊[3]—昭王瑕[4]—穆王满[5]—┬—恭王繄扈[6]—懿王囏[7]
　　　　　　　　　　　　　　　　　　　　　　　　　　　　└—孝王辟方[8]
└—夷王燮[9]—厉王胡[10]—宣王静[11]—幽王宫湦[12]

各王积年，史载不一。今汇集文献及主要观点，表列于下（表7-1）。

西周世次，于十二王之外，史载成王初有周公摄政七年，厉王末有共和行政十四年，旧多以其于周王之外独立纪年。然据西周史墙盘、逨盘铭文可知，无论周公摄政抑或共和行政，从未于十二王之外单独纪年，时人实以周公摄政并入成王纪年，以共和行政并入厉王纪年，此于西周礼制亦实为必然。

西周各王之在位年数，除宣王四十六年、幽王十一年史载明确外，迄无定论。然而根据周王世系及金文资料分析，某些周王在位的大致约年尚可推得。

表 7-1　西周各王积年诸说一览表

诸家说	克殷年	武王	周公（摄政）	成王（亲政）	康王	昭王	穆王	共王	懿王	孝王	夷王	厉王（在位）	共和	宣王	幽王	西周总年
古本纪年	1027	6	7	30	26	19	55	12	25	9	8	12	14	46	11	257
今本纪年	1050	3	—	—	—	—	55	—	—	—	—	37	14	46	11	280
史　记	—	—	—	—	—	—	—	—	—	15	—	—	—	—	—	—
御览引史记	—	—	—	—	—	—	—	—	—	—	—	—	—	—	—	—
汉书引世经	1122	8	7	30	—	—	55	—	25	—	—	—	14	46	11	—
帝王世纪	—	7	7	7	26	51	55	20	—	—	16	—	—	—	—	—
皇极经世	1122	7	7	30	26	51	55	12	25	15	16	37	14	46	11	352
通鉴外纪	1122	7	7	30	26	51	55	10	25	15	15	40	14	46	11	352
通　志	1122	7	7	30	26	51	55	10	25	15	15	40	14	46	11	352
通　考	1122	7	7	30	26	51	55	12	25	15	16	37	14	46	11	352
通鉴前编	1122	7	7	30	26	51	55	12	25	15	16	37	14	46	11	352
新城新藏	1066	3	7	30	26	24	55	15	22	15	12	16	14	46	11	296
吴其昌	1122	7	7	30	26	51	37	18	20	7	16	37	14	46	11	352
丁　山	1029	2	7	12	26	19	41	16	12	30	3	37	14	46	11	259
董作宾	1111	7	7	30	38	18	20	20	10	10	46	37	14	46	11	341
陈梦家	1027	3	—	20	25	19	55	15	3	7	30	16	14	46	11	257
叶　慈	1050	3	7	30	26	19	55	16	17	15	32	20	14	46	11	280
章鸿钊	1055	3	7	30	26	23	55	16	—	—	7	15	14	46	11	285

自周受命至穆王百年

续表

诸家说	克殷年	武王	周公（摄政）	成王（亲政）	康王	昭王	穆王	共王	懿王	孝王	夷王	厉王（在位）	共和	宣王	幽王	西周总年
白川静	1087	3	—	25	35	26	31	17	14	19	39	37	14	46	11	317
荣孟源	1055	3	7	32	29	19	54	16	16	11	12	30	13	45	11	285
丁骕	1076	6	7	27	20	19	51	16	孝16	懿6	31	37	15	46	11	306
刘启益	1075	2	7	17	26	19	41	19	24	13	29	37	—	—	—	305
劳榦	1025	4	6	14	20	16	50	15	17		30	12	14	46	11	255
马承源	1105	3	—	32	38	19	45	27	17	26	20	37	14	46	11	335
何幼琦	1039	2	7	17	26	22	14	26	2	20	38	24	14	46	11	269
周法高	1045	3	—	17	26	19	27	29	9	15	34	18	14	46	11	275
张汝舟	1106	2	—	37	26	35	55	15	18	25	15	37	14	46	11	336
姜文奎	1051	7	—	30	26	19	55	10	25	10	16	12	14	46	11	281
夏含夷	1045	3	7	30	28	21	39	18	27	7	8	16	14	46	11	275
李仲操	1071	3	—	37	26	19	55	15	25	14	13	23	14	46	11	301
赵光贤	1045	3	7	28	27	19	29	15	24	12	18	30	14	46	11	275
谢元震	1130	7	—	37	26	20	52	22	29	33	23	40	14	46	11	360
刘雨	1027	2	7	15	25	19	37	30	13	12	9	24	14	46	11	257
张闻玉	1106	2	7	30	26	35	55	23	孝12	懿23	15	37	14	46	11	336
倪德卫	1040	3	7	25	28	21	39	18	27	5	8	18	14	46	11	270

武王　《尚书·金縢》："既克商二年，王有疾，弗豫。……武王既丧。"《周本纪》本此则误为克殷后三年武王崩。裴骃《集解》引徐广曰："《封禅书》曰：'武王克殷二年，天下未宁而崩。'"利簋铭云："武王征商，唯甲子朝，岁鼎（当），克昏夙有商。""武王"之"武"为谥，字本作"珷""王"二字合文，犹文王之"文"作"玟"，也"文""王"二字合文，成为文、武二王的专字。"武王"又称"珷帝"。西周应公鼎铭云："珷帝日丁子子孙孙永宝。"①《礼记·曲礼下》："措之庙，立之主曰'帝'。"故知"珷"为武王谥称之专字。利簋于成王初作器追记甲子事，其时武王虽丧，但距克商之时必不能远，故《金縢》所记近是。

成王　《汉书·律历志》引刘歆《三统世经》以成王在位三十年，依金文资料，当包括周公摄政之年。

康王　《帝王世纪》载康王在位二十六年，康王标准器小盂鼎铭记"唯王廿又五祀"，与之接近。

昭王　今本《竹书纪年》载昭王在位十九年。昭王标准器作册夨觥铭记"唯王十又九祀"，与此相同。然十九年是否昭王末年，尚待他证。

穆王　《周本纪》："穆王立五十五年崩。"穆王标准器鲜簋铭记"唯王卅又四祀"，知其在位长久，但是否能逾五十年，不敢遽定。

恭王　懿王标准器十五年趞曹鼎实记恭王十五年事，该器作于懿王初年，其时恭王已丧，故知恭王在位即为十五年。

懿王　恭王标准器史墙盘铭记"天子眉无匄，……廷保授天子绾命"，知其时恭王年事甚高，故其子懿王在位必不能久。懿王标准器五祀卫鼎铭记"唯王五祀"，可供参考。

孝王　孝王乃穆王之子，恭王之弟。穆王享国既久，恭王也以高寿在位十五年，其间又历懿王，知孝王即位年寿必高，在位不能长久。

厉王　《周本纪》载厉王在位三十七年而共和行政，如此则厉王在位五十一年。但考虑到宣王享国四十六年，故厉王在位或不应如此长久。西周金文所见共和并未独立纪年，盖三十七年数或也涵括共和时期，尚待他证。厉王标准器伯宽父盨铭记"唯卅又三年"，可供参考。

《史记·周本纪》及《十二诸侯年表》以共和元年为中国历史有系统纪年之开始，时当公元前841年，据此推算，则宣王元年为公元前827

---

① 河南省文物考古研究所等：《河南平顶山应国墓地八号墓发掘简报》，《华夏考古》2007年第1期。

年。然而陕西眉县杨家村出土四十二年与四十三年两虞逨鼎乃宣王标准器，其纪年内容却与《周本纪》及《年表》所载之宣王纪年明显抵牾，足见相沿已久的作为历史年代学基础的宣王纪年其实大有问题。根据青铜器铭文的综合研究，真实的宣王元年实较传统之说后移一年，即当公元前826年[①]。这个年代不仅关系到西周王年与历法的重建，而且也涉及到诸如改元制度变化的研究。

根据青铜器的器物形制、图像纹饰及铭文书体的变化特征，西周十二王铜器可以大致划分为三个时期，即：

西周早期　　武、成、康、昭
西周中期　　穆、恭、懿、孝、夷
西周晚期　　厉、宣、幽

三个时期的铜器，无论形制、纹饰及铭文书体都有显著的变化，其中尤以早、中期的变化最巨，其所涉及的古代礼制之变化十分复杂。仅就铭文书体的一般特征而论，西周早期之书体波磔明显，笔势稳健，某些文字具有强烈的象形色彩，书风古朴凝重，如"王"字特别表现出斧钺的钺刃，"宀"字必写实屋宇的悬檐，不一而足。这些特点甚至比商代的金文更为夸张，具有鲜明的时代精神。然而至西周中晚期，早期的这种朴拙之风顿生变化，并逐渐消失。其时之文字于笔触渐成玉箸，于行款渐趋整齐，虽偶见早期遗风，但整体则别开新式。

除时代的差异之外，不同族氏也体现着不同的用字及书法风格。大致周人力简求新，书风轻灵；殷人则略显保守，书风古朴。而金文又不同于甲骨文主要用于占卜，多属宗庙彝器，故所记族氏徽号及氏姓普遍又有求繁崇古的风习，致族氏文字绝多象形，而氏名人名之字则好用古体。如晋侯對之"對"作"𣂏"，晋侯匹之"匹"作"𠨯"，分别为"𣂏"、"𠨯"二字的繁写。这种做法除有对古老族氏标识的刻意保留之外，也反映出因族氏的古老，故时人于宗族祭祀中追求传统的尚文心理的影响，从而使族氏名号在字形结构上显示出比甲骨文更为原始的特点。

（二）标准器断代法

马衡所建立的鉴别商代铜器的方法实际是一种以甲骨文作为时代标准

[①] 冯时：《西周金文月相与宣王纪年》，《考古学研究》（六），科学出版社2006年版。

的比较方法，这种方法对于其他时代的铜器的断代研究当然也同样适用，准确地说，只要我们能找到时代足够明确的标准器，我们就有能力通过比较研究，归纳器物铭文、器物类型及纹饰的时代特征，并进而以此为标尺确定其他铜器的年代。1932年，郭沫若在其《两周金文辞大系》中系统建立了"标准器断代法"①。他以时代明确的标准器为核心，求诸人物事迹相同之器，更就其文字体例、文辞格调及器形花纹校验比勘，建立了两周铜器的年代学框架，从而将古代铜器年代的研究纳入了科学的轨道。其作于1931年的初版《大系》自序，于"标准器断代法"有所阐释，文曰：

> 余于年代之推定则异是。余专就彝铭器物本身以求之，不怀若何之成见，亦不据外在之尺度。盖器物年代每有于铭文透露者，如上举之献侯鼎、宗周钟、遹簋、趞曹鼎、匡卣等皆是。此外如大豊簋云"王衣祀于王不显考文王"，自为武王时器；小盂鼎云"用牲礿周王、囗王、成王"，当为康王时器。均不待辩而自明。而由新旧史料之合证，足以确实考订者，为数亦不鲜。据此等器物为中心以推证它器，其人名事迹每有一贯之脉络可寻。得此，更就文字之体例，文辞之格调，及器物之花纹形式以参验之，一时代之器大抵可以踪迹，即其近是者，于先后之相去要必不甚远。至其有历朔之记载者，亦于年月日辰间之相互关系求其合与不合，然此仅作为消极之副证而已。

1934年，郭沫若作《两周金文辞大系图录》，于序说中又对"标准器断代法"作了扼要说明，其云：

> 盖余之法乃先让铭辞史实自述其年代，年代既明，形制与纹缋遂自呈其条贯也。形制与纹缋如是，即铭辞之文章与字体亦莫不如是。大抵勃古期之铭，其文简约，其字谨严；开放期之铭，文多长篇大作，字体渐舒散而多以任意出之；新式期亦有精进与堕落二式，精进者文多用韵，字多有意求工，开后世碑铭文体与文字美术之先河；堕

---

① 日本东京文求堂1932年石印本；《两周金文辞大系图录》，三联书店1934年版；《两周金文辞大系考释》，日本东京文求堂1935年影印本；《两周金文辞大系图录考释》，科学出版社1957年版。

落者则"物勒工名"之类也。

很明显,"标准器断代法"所确定的断代原则是以铭文内容决定器物形制与纹样的时代,标准器乃依铭文而定,而非根据器物的形制花纹而定,两者之中,铭文作为内证具有决定性的意义,而形制与纹样则是外在的参考因素。理由很简单,器物形制与纹样的时代特征只有在时代明确的铭文的基础上才能得以归纳,抛开铭文,形制纹样的时代性则相当宽泛,求新的风尚可以使形制花纹在短期内有所变化,而保守的民习又可使同一种形制在长时期内保持稳定,礼制的变化无疑影响到器物的变化,而复古的作风也可使古老的形制于晚世再现,情况复杂。这意味着铜器的形制和纹样时常会囿于主人的好恶而有悖于流行的风格,显然其施用于断代,便只能作为铭文内证的参考。因此,以"标准器断代法"研究器物的年代,铭文内容所提供的内证事实上具有首要的意义。虽然对于没有铭文的铜器而言,形制与纹饰的断代意义更具有价值,但是对于具铭铜器而言,尤其那些具有明确时代意义的铭文,首先考虑的当然应该是铭文本身,尽管参诸形制花纹等因素的综合考察十分必要。而当铭文与形制纹样出现看似矛盾的现象时,我们必须首先遵从铭文的内容,而切不可以形制纹样否定铭文,而将两者倒置。

根据铭文内容所反映的周王世系、宗庙制度、人物、事类等因素而确定的西周各王世之标准器,就目前所知者可略举例如下。

武王时期标准器:
  天亡簋
成王时期标准器:
  利簋(作于成王初年,记武王克殷事)
  沫司徒逘簋,朋沫伯逘尊、卣、鼎,朋□伯司徒甗,朋逘鼎、盉、盘,逘觯,朋沫爵
  小臣单觯,量方鼎,禽鼎、簋,大祝禽方鼎
  犅刦尊、卣,保卣、尊,大保簋
  王奠新邑鼎,嗷士卿尊,卿簋、鼎、瓠、卣、尊
  德方鼎,德鼎、簋,叔德簋
  何尊(成王五年),□卿方鼎
  叔矢方鼎
康王时期标准器:

成王鼎(作于康王初年,铭见成王)，作册大鼎(作于康王初年)，献侯鼎(作于康于初年,论成王事)

大保方鼎，大保鸮卣，□乍宗室簋，禽鼎，䎽勾戟，□册鼎

宜侯夨簋，井侯簋

大盂鼎(康王廿三年)，小盂鼎(康王廿五年)

昭王时期标准器：

作册䰧卣，明公簋

作册令方彝、方尊，作册夨令簋

启卣、尊，小子生方尊，犾驭簋，犾驭觥盖，过伯簋，𡭴簋

中方鼎，中甗，中觥，中乍父乙方鼎，静方鼎

作册旂觥、尊、方彝(昭王十九年)，作册睘尊，作册睘卣(昭王十九年)

穆王时期标准器：

剌鼎

班簋，孟簋，𢻷簋，𢻷方鼎，启尊，敔鼎，遇甗，穞卣，录伯𢻷簋，录𢻷卣，伯𢻷簋，录簋一，录簋二，竞卣，竞簋，縣改簋

静簋，静卣，小臣静簋，丰尊、卣

廿七年卫簋(穆王廿七年)

鲜簋(穆王三十四年)

恭王时期标准器：

遹簋(作于恭王初年,记穆王事)，长甶盉(作于恭王初年,记穆王事)

七年趞曹鼎(恭王七年)，师𩛥鼎(恭王八年)

史墙盘

懿王时期标准器：

十五年趞曹鼎(作于懿王初年,记恭王十五年事)

五祀卫鼎(懿王五年,记恭王事)

孝王时期标准器：

匡卣(作于孝王初年,记懿王事)，曶鼎(孝王元年)

夷王时期标准器：

师酉簋

厉王时期标准器：

𠭰钟，五祀𠭰钟(厉王五年)，𠭰簋(厉王十二年)

师询簋(厉王元年)，询簋(厉王十七年)

五年琱生簋(厉王五年)，五年琱生虘(厉王五年)，六年琱生簋(厉王六年)

克盨(厉王十八年)，小克鼎(厉王廿三年)，大克鼎

鬲从盨(厉王廿五年)，鬲攸从鼎(厉王三十一年)

番生簋，番匊生壶(厉王廿六年)，伊簋(厉王廿七年)，伯宽父盨(厉王三十三年)

辅师嫠簋，虢仲盨，何簋，无㠱簋

宣王时期标准器：

师𤲩簋(宣王元年)，师嫠簋(宣王十一年)

元年师兑簋(宣王元年)，三年师兑簋(宣王三年)

毛公鼎

兮甲盘(宣王五年)

虢季子白盘(宣王十二年)，不其簋，克钟(宣王十六年)

此鼎、簋(宣王十七年)，虞虎鼎(宣王十八年)，趩鼎(宣王十九年)，寰盘(宣王廿八年)，师寰簋

晋侯稣钟(宣王三十三年、三十五年)，膳夫山鼎(宣王三十七年)，南宫乎钟

虞逨鼎一(宣王四十二年)，虞逨鼎二(宣王四十三年)，逨盘

曶盨，无叀鼎，井人妄钟，杜伯鬲，杜伯盨

幽王时期标准器：

骏匜

利用标准器断代法的断代研究目前已有很多成果，陈梦家作《西周铜器断代》①，全面分析器物的形制、纹饰及其与铭文的关系，对标准器断代法有较大的发展。唐兰作《西周青铜器铭文分代史征》②，注重铭文内容的考证。日本学者白川静作《金文通释》③，对殷周具铭铜器进行系统研究。王世民、陈公柔、张长寿作《西周青铜器分期断代研究》④，彭裕商作《西周青铜器年代综合研究》⑤，展现了结合铭文与类型学研究的最新成果。

（三）"康宫"问题

西周金文凡记周王或臣工颁政祭祀，常具书地点，其中尤以"康宫"出现最频。如：

---

① 中华书局 2004 年版。此书写于 1954—1966 年，为未完稿，部分曾刊于《考古学报》第九、十册及 1956 年第 1、2、3、4 期。
② 中华书局 1986 年版。书为未完稿。
③ 《白川静著作集》别卷，平凡社 2004—2005 年版。
④ 文物出版社 1999 年版。
⑤ 巴蜀书社 2003 年版。

甲申，明公用牲于京宫。乙酉，用牲于康宫。咸既用牲，于王（作册令方彝）。

王在康宫（康鼎）。

王在康宫大室（君夫簋）。

王在周康宫，旦，王格大室（休盘）。

王在周康邵宫，格于大室（遇鼎）。

王在周康穆宫，旦，王格大室（寰盘）。

王在周康穆宫（虞逨鼎一）。

王在周康宫穆宫（虞逨鼎二）。

王在周康宫，旦，王格穆大室（伊簋）。

王在康宫新宫（望簋）。

王在周康宫徲（夷）大室（爾攸从鼎）。

王在周康宫徲（夷）宫，旦，王格大室（此鼎）。

王在周康刺（厉）宫（克钟）。

除"康宫"之称外，金文又见"康庙"、"康寝"。如：

王在周，格康庙（元年师兑簋）。

王在康庙（南宫柳鼎）。

王在周康寝（师遽方彝）。

"康宫"与"康庙"对文互举，可明康宫意即宗庙。古以宗庙或称宫。《逸周书·作雒》："乃位五宫：太庙、宗宫、考宫、路寝、明堂。"《春秋经·隐公五年》："考仲子之宫。"《公羊传》："考宫者何？考犹入室也，始祭仲子也。"《穀梁传》："礼，庶子为君为其母筑宫，使公子主其祭也。"《左传·宣公十二年》："其为先君宫，告成事而已。"《仪礼·聘礼》："某君受币于某宫。"郑玄《注》："某宫若言桓宫僖宫也。"伯晨鼎铭云："用作朕文考瀕公宫尊鼎。"皆以"宫"指宗庙。芮公簋铭云："芮公弔作旛（祈）宫宝殷。"其记于祈宫行弔丧之礼①，也可明此宫为宗庙。而"寝"或也宗庙之属。《周礼·夏官·隶仆》："掌五寝之扫除粪洒之

---

① 冯时：《芮伯簋铭文考释》，《中国古代青铜器国际研讨会论文集》，上海博物馆、香港中文大学文物馆 2010 年版。

事。"郑玄《注》:"五寝,五庙之寝。……前曰庙,后曰寝。"是为其证。

于此可明,所谓"康宫"实为周之宗庙。作册令方彝铭以"康宫"与"京宫"对举,且言用牲,可明其性质。《尚书·召诰》:"用牲于郊。"《春秋经·庄公二十五年》:"用牲于社。"剌鼎铭云:"用牲于大室,禘昭王。"也明"康宫"当为宗庙。"京宫"于铭文或称"京宗",班簋铭云:"不杯弘皇公受京宗懿釐。"或又称"京室",何尊铭云:"王诰宗小子于京室。"此"京室"实乃文献所记之"京太室"。《吕氏春秋·古乐》:"武王即位,以六师伐殷。六师未至,以锐兵克之于牧野。归,乃荐俘馘于京太室。"故以京宫以例康宫,也可知其性质必为周之宗庙。

然而关于"康宫"一名之理解,学者则颇存分歧。此事关乎西周之宗庙制度与铜器断代,故不可不论。唐兰以为"康宫"实即康王之庙,其《作册令尊及作册令彝铭文考释》云:

> 康宫者,康王之宫也。康王为始祖,故昭王曰昭,其庙曰康邵宫(见颂鼎等。《山海经》注引《纪年》云:穆王十七年,西王母来见,宾于昭宫)。穆王曰穆,其庙曰康穆宫(见克簋、寰盘等)。是其证也。共王更为昭,则懿王为穆。孝王更为昭,则夷王为穆。爾攸从鼎有康宫徲太室,盖夷王之庙也(《周语》"宣王命鲁孝公于夷宫")。厉王更为昭,则宣王为穆。克钟有康剌宫,盖厉王之庙也。至幽王而宗室遂亡,是康宫所祀,凡有九世矣[①]。

又论"京宫"曰:

> "京宫"者,太王、王季、文、武、成王之宫也。……盖周之初也。《诗》云:"笃公刘,逝彼百泉,瞻彼溥原,廼陟南冈,乃觏于京,京师之野。"又云:"笃公刘,于京斯依。"则公刘所居本名京也。及"古公亶父,来朝走马,爰及姜女,聿来胥宇。"而见"周原膴膴,堇荼如饴",遂筑室于兹,而更号曰周。故《思齐》之诗云:"思媚周姜,京室之妇。"正以太王初兴周室,故太姜始称周姜,而太任犹是京室之妇之旧称也。故《大明》之诗云:"挚仲氏任,自彼殷商,来嫁于周,曰嫔于京,缵女维莘。"周、京对言,旧名犹未废也。及

[①] 文载国立北京大学《国学季刊》第四卷第一期,1934年。

周室既疆，曰京，曰周，并为都邑。《皇矣》云："依其在京。"《文王有声》云："宅是镐京。"而《下泉》云："念彼周、京。"又云："念彼京、周。"知京、周为二地也。然京者，祖庙在焉，故遂称祖庙为京。《文王》诗云："侯服于周，天命靡常，殷士肤敏，祼将于京。"谓助祭于京宫也。《吕氏春秋·古乐》云："武王即位，以六师伐殷。六师未至，以锐兵克之于牧野。归，乃荐俘馘于京太室。乃命周公作为大武。"所谓京太室者，京宫之太室也。《下武》诗云："下武惟周，世有哲王，三后在天，王配于京。王配于京，世德作求，永言配命，成王之孚。"所谓三后者，京宫所祀，殆太王、王季、文王也。王配于京者，指武王也。《酒诰》云："乃穆考文王。"明王季是昭，文王是穆。今又配武王更为昭，则必以成王为穆（《诗·载见》云："率见昭考。"毛传以"昭考"为武王是也。《书·金縢》云："我其为王穆卜。"言为武王卜穆也。旧说多误）。故知京宫之祀，必及成王矣（智壶有成宫，吴彝有成太室，皆分别言之。如克鼎称康穆宫为穆庙，鬲攸从鼎有康宫𥚃太室也）。

其于《武英殿彝器图录》考释补充论述云：

周世于京宫祀太王、王季、文王、武王、成王，于康宫祀康王以下。鬲攸从鼎有康宫𥚃大室，当即夷王之庙；克钟有康剌宫，当即厉王之庙。……金文每见"康卲宫"、"康穆宫"者，康宫中之昭王庙、穆王庙也。康宫为其总名，而昭、穆以下则各为宫附于康宫也。

1962 年，唐兰发表《西周铜器断代中的"康宫"问题》[①]，对这一问题又作了全面阐释，其间对西周宗庙制度于旧说稍有修正。文云：

在"京宫"里祭的是太王，王季是昭，文王是穆，武王又是昭，成王又是穆。"康宫"是跟"京宫"并列的，所祭的是康王，那末，昭王是昭，穆王是穆。但在共王时还只说周穆王太室和新宫，而金文里所说"周康卲宫"、"周康穆宫"等都在厉王时代或宣王时代，那末很可能在厉宣时期对宗庙制度又有过新的安排。周代宗庙制度有五

---

① 文载《考古学报》1962 年第 1 期。

世和七世两说。穆王以后共王又是昭，懿王又是穆，但金文不见①。孝王是共王的弟弟，他和共王同是昭，而不能单独作为一世，所以夷王又是昭，厉王又是穆。金文厉宣时代，既有"昭宫"、"穆宫"，又有"夷宫"、"厉宫"，显然由于共、懿等王已为祧庙，附入昭穆两宫了。可见西周后期，还是用五庙制度的。

然郭沫若于"康宫"则有不同解释，其《两周金文辞大系考释》云：

> 文王称"穆考"乃适以穆字为懿美之辞，与文考、烈考、皇考、帝考、显考、昭考等同例，非谓乃京宫之穆而称之为穆考。昭王穆王均系生号，尤非预于生时自定当为康宫之昭穆而号昭号穆。至如选材，则何殷有"王在华宫"，利鼎有"王各般宫"，趞曹鼎之一言"王在周般宫"，又其一言"王在周新宫"，师汤父鼎言"王在新宫"，师遽殷言"王在周客新宫"，望殷言"王在周康宫新宫"，华、般、新等无王可附丽也。曶鼎之"王在周穆王大□"，大下一字适缺，补为室字大抵近是，然仅此一例而已。仅此一例以证其它均当为某王之宫或室，未免有孤证单文之嫌。爾攸从鼎之"王在周康宫徲大室"，与牧殷"王在周，在师汓父宫各大室"同例，徲字当是动词。《说文》云"徐行也"，不必即是夷王。且信如唐说，宗周列王中何以康王之庙独尊，已不可解；而准"康邵宫"、"康穆宫"之例，则文武成之庙当称"京文宫"、"京武宫"、"京成宫"，而彝铭中迄未一见。仅曶壶有"王各于成宫"，依唐说则当为成王之庙，成上亦未冠有京字。彝铭中凡称周均指成周，以康宫在成周，而屡见"王在周康宫"知之；而如大克鼎"王在宗周，旦，王各穆庙"，依唐说当为穆王之庙，是则穆王之庙又在宗周矣。凡此均于唐说有所抵触。故余意京<small>大也</small>、康、华、般<small>亦有大义</small>、邵、穆、成、剌，均以懿美之字为宫室之名，如后世称未央宫、长杨宫、武英殿、文华殿之类，宫名偶与王号相同而已。虢季子白盘有"王各周庙宣廟"，旧亦多解为宣王之榭，实则殷世已有宣榭之名。故康宫之非康王之宫，亦犹宣廟之非宣王之榭也。

关于郭沫若所提诸多疑义，唐兰于《西周铜器断代中的"康宫"问题》

---

① 山东高青陈庄西周齐国遗址出土引簋铭见"彝大室"，即康宫中之恭王庙。

中皆有详细讨论。

两说歧异，关键在于对"康宫"之"康"究指王谥还是美称的不同理解，衡诸金文史料，当以唐说为是。康宫本指康王宗庙，于铭文所见甚明。

  王在周穆王大室（智鼎）。
  王在周康宫，旦，王格穆大室（伊簋）。
  王在周康穆宫，旦，王格大室（裘盘）。

古人行文简质，每有省略，或有变文。因此，比较三器铭文，所谓"穆大室"显即"穆王大室"之省称，也即"康穆宫"之大室，是"穆宫"应为穆王之宫。而两虞逨鼎一谓"康穆宫"，一谓"康宫穆宫"，知"康穆宫"乃"康宫穆宫"之省，故"康宫"之称与"穆宫"同例，"康"非为美字而系周王谥字明矣。

  王在周康卲宫（颂鼎）。
  王在周卲宫（鄹簋）。

"康卲宫"亦"康宫卲宫"省称，意即康宫内之昭王庙，故可径称"卲宫"。

  王在周康宫𢑥宫（虞虎鼎）。
  王在屖宫（害簋）。
  王在周康宫𢑥大室（需攸从鼎）。

"屖宫"即指夷王之庙，其在康宫之内，又有大室。据此可明，金文所见之"康宫"、"昭宫"、"穆宫"、"𢑥（夷）宫"、"刺（厉）宫"实即康、昭、穆、夷、厉各王之宗庙。且凡大小相涵之宫，如"康卲宫"（意康宫昭宫）、"康穆宫"或"康宫穆宫"、"康宫𢑥宫"、"康刺宫"（意康宫厉宫），除新宫之外，其宫名全合王谥，这种现象绝非偶然，显然这是美字之说所无法解释的。《穆天子传》郭璞《注》引《竹书纪年》："穆王十七年，西征昆仑丘，见西王母。其年来见，宾于昭宫。"《国语·周语上》："宣王命鲁孝公于夷宫。"韦昭《注》："夷宫者，宣王祖父夷王之庙。"唐兰以为，此"昭宫"、"夷宫"实即金文之"卲宫"、"𢑥宫"。是康王、昭王之庙可称"康宫"、"昭宫"，实犹祈公之庙可称"祈宫"（芮伯簋、芮公簋），乃西周通制①。因此，尽管金文所见其他宫名之取义尚需研究，但与周王相关的诸宫之名直取各王之谥则相当清楚。

事实上，郭沫若以康宫诸宫的宫前一字解为美字实出于一个重要的考虑，这就是王国维提出的西周早期并无谥法的观点，如此则昭王、穆王皆系生称，故"尤非预于生时自定为康宫之昭穆而号昭号穆"。唐兰则主张康宫诸宫之名乃周王直袭其生号，实不合西周制度。然以谥法解之，其扞格难通之处皆可涣然冰释。

康宫既指康王宗庙，故可作为西周铜器断代的重要原则，凡铭见康宫者，其器时代必作于康王之后，而铭见昭宫、穆宫、𢓊（夷）宫、剌（厉）宫者，其器之时代也必在昭、穆、夷、厉诸王之后。

(四) 谥法问题

谥法起于何时，其制度变化呈现何种面貌，这些问题久讼不决。北宋苏洵以谥法起于三皇五帝②，固非信史，不足采据。清崔述《周制度杂考》云：

> 盖谥法非周之所制，乃由渐而起者。上古人情质朴，有名而已，其后渐尚文而有号焉。至汤拨乱反治，子孙追称之为"武王"，而谥于是乎始。然而子孙卿士未有敢拟之者。周之二王谥为文、武，盖亦彷诸商制。以成王之靖四方也，故亦谥之曰成。而康王以后遂做而行之③。

所论近是。今据出土文献研究，知夏代都邑名曰"文邑"，有夏或曰"文夏"，这使史载禹名"文命"之说似可征信。而晚殷乙辛卜辞及金文所见殷王庙号已有"武丁"、"康丁"、"武乙"、"武祖乙"、"文武丁"、"文武帝乙"之称，显即谥法之滥觞。古人定谥旨在劝善戒恶，《礼记·表记》引孔子曰："先王谥以尊名，节以壹惠，耻名之浮于行也。……夏道尊命，事鬼敬神而远之，近人而忠焉。"古以夏重人道而崇尚文德，不仅与夏邑夏祖皆以"文"为称之史实全合，而且与周人之道德观一脉相承④。这为

---

① 冯时：《芮伯簋铭文考释》，《中国古代青铜器国际研讨会论文集》，上海博物馆、香港中文大学文物馆 2010 年版。
② 《路史·发挥五·论谥法》引。
③ 崔述：《丰镐考信别录》卷三，上海古籍出版社 1983 年版。
④ 冯时：《中国古代的天文与人文》第四章第二节，中国社会科学出版社 2006 年版。

谥法的起源奠定了基础。

西周金文所见之周王谥号本十分清楚，然而受王国维谥法起源于西周共、懿以后观点的影响，长期以来未能得到合理的解释，以致使谥法问题的研究陷于混乱。西周遹簋铭云：

> 唯六月既生霸，穆王在葊京，呼渔于大池，王饗酒，遹御亡遣，穆王亲锡遹鞞，遹拜首稽首，敢对扬穆王休，用作文考父乙尊彝，其孙孙子子永宝。

王氏《遹敦跋》云：

> 此敦称穆王者三，余谓即周昭王之子穆王满也。何以生称穆王？曰周初诸王若文、武、成、康、昭、穆皆号而非谥也。殷人卜辞中有文祖丁（即文丁）、武祖乙（即武乙）、康祖丁（即庚丁），《周书》亦称天乙为成汤，则文、武、成、康之为美名古矣。《诗》称"率见昭考"、"率时昭考"，《书》称"乃穆考文王"，彝器有"周康邵宫"、"周康穆宫"，则昭、穆之为美名亦古矣。此美名者，死称之，生亦称之。《书·酒诰》首"王若曰"，《释文》云："马本作成王若曰。注云：言成王者，未闻也。俗儒以为成王骨节始成，故曰成王。或曰：以成王为少成二圣之功，生号曰成王，没因为谥。卫、贾以为戒康叔以慎酒，成就人之道也，故曰成。此三者吾无取焉。吾以为后录《书》者加之，未敢专从，故曰未闻也。"案马所云俗儒，谓今文欧阳、大小夏侯三家。是《酒诰》首句，三家今文并卫、贾、马古文皆作"成王若曰"。又《顾命》"越翌日乙丑王崩"，《释文》云："马本作成王崩。"《汉书·律历志》、《白虎通·崩薨篇》引《顾命》皆同。《史记·鲁世家》周公曰："吾成王之叔父。"又云："必葬我成周，以明吾不敢离成王。"是成王乃生时之称。此敦生称穆王，即其比矣。内府藏献侯嚚尊，其铭曰："惟成王大□，在宗周。王賨献侯嚚贝，用作父丁侯宝尊彝。"是为生称成王之证矣。《考古图》所录戜敦曰："穆公入右戜。"《博古图》所录敔敦曰："武公入右敔。"此皆生而称穆公、武公。是周初天子诸侯爵上或冠以美名，如唐宋诸帝之有尊号矣。然则谥法之作，其在宗周共、懿诸王以后乎[①]！

---

① 王国维：《观堂集林》卷十八，《王国维遗书》，上海古籍书店1983年版。

这一说法影响很大,以致郭沫若循此思路以解金文,更以谥法之兴当于春秋中叶以后,或更晚在战国①。

案王氏所举诸证十分薄弱,皆有可商。其一,金文恒见"王若曰",然无一例生称作"某王若曰",知《酒诰》"成"字为后人所增,马说为是。其二,王举凡生称成王之例皆属史家率笔,其以后人述前事,必明何王,此无以为异。其三,所谓生称"穆公"、"武公"者,"穆"、"武"皆为氏,与谥无关。实据西周金文及文献所见,谥法于周初已经存在,这一事实可于以下五方面得以论证。

金文显示,西周凡在位之王绝无自称其为"某王"而冠以所谓美字者,而于生王不名谥,事也彰著②。如武王标准器天亡簋记周王之称云:

文王、王

武王在世而但称"王",并不生称"武王",其生死之称区别甚晰。成王标准器何尊与德方鼎记周王之称云:

文王、武王、王（何尊）
武王、王（德方鼎）

均以在世之成王但称"王",并无所谓生称成王之事。康王标准器两盂鼎及宜侯夨簋记周王之称云:

周王、武王、成王、王（小盂鼎）
文王、武王、(成王)、王（大盂鼎）
武王、成王、王（宜侯夨簋）

均以在位之康王但称"王",以与先王区别,而并无王氏所谓生称"康王"。穆王标准器剌鼎、鲜簋记周王之称云:

昭王、王（剌鼎）

---

① 郭沫若:《谥法之起源》,《金文丛考》,人民出版社1954年版。
② 参见彭裕商《谥法探源》,《中国史研究》1999年第1期。

昭王、王（鲜簋）

昭王享受禘祭，而行祭之周王但称"王"，并不生称"穆王"。恭王标准器史墙盘记周王之称云：

文王、武王、成王、康王、昭王、穆王、天子

与已丧先王不同，在位之恭王独称"天子"。王氏以谥法起于恭、懿以后，然史墙盘所记诸王中仅恭王在世却绝不生称"恭王"，足明其说之误。郭沫若以十五年趞曹鼎所记十五年"恭王在周新宫"以为恭王亦为生称[①]，但史墙盘反映的史实并非如此，知十五年趞曹鼎之"恭王"也为对已丧之王的称谓，故彼铭乃后人追记之事。宣王标准器逨盘记周王之称云：

文王、武王、成王、康王、昭王、穆王、恭王、懿王、孝王、夷王、厉王、天子

与史墙盘铭文记事相同，已丧先王之称与在位之宣王明显不同。诸王之中唯宣王在位而称天子，并不冠以所谓美号，可知文、武、成、康之名绝非美号而用于生称。况依王氏之说，若西周谥法成于恭、懿之后，则视懿王前之文、武、成、康、昭、穆、恭、懿各王为生称。其后之孝、夷、厉为谥号，这种半为美字、半为谥字的解释显然也无法令人接受。因此，唯一的做法就是将在位天子（宣王）以前诸王的所谓美字统视为谥字。

西周金文所反映的先王与时王的称谓变化于西周文献也有清晰的记载。

文王、王；武王、王（《金縢》）
文王、武王、王（《大诰》、《召诰》、《洛诰》、《立政》）
文王、武王、新陟王、王（《顾命》）
文王、武王、成王、康王、昭王、王（天子）（《逸周书·祭公》）

《尚书》之《金縢》载武、成二王事，其于武王在世而但称"王"，死后

---

① 郭沫若：《谥法之起源》，《金文丛考》，人民出版社1954年版。

则称"武王",而在位之成王也并不称"成王",区别严格。《大诰》、《召诰》、《洛诰》、《立政》皆记成王事,时成王生称"王",与先王称"文"、"武"不同。《顾命》之新陟王乃指新亡之成王,其时或未及定谥,而即位之康王但称"王",也不生称"康王"。《祭公》叙周穆王事,而穆王以上先王皆以谥为称,唯穆王在世而称"王"或"天子"。

此外,西周金文纪年唯用王正,故其形式常作"唯王某年(祀)",或省"王"字而作"唯某年(祀)",以记时王在位年数,早期文献亦然。如:

唯王五祀(何尊)
唯王廿又三祀(大盂鼎)
唯王廿又五祀(小盂鼎)
唯王卅又四祀(鲜簋)
唯王十又二年(走簋)
唯廿又二年(庚嬴鼎)
惟十有三祀(《洪范》)

其生王绝无冠以所谓美字之例。很明显,据西周金文与文献所见,其时在位周王与已丧先王之称泾渭分明,周王生称皆但称"王",绝无附加所谓美字,而王氏所谓之美号事实上仅冠于已丧之先王,以生死称号对观,可明先王称谓所冠的文、武、成、康之类所谓美字,实皆为谥号。因此,周王称谓其实并无美字之制,而谥法于周初已经存在的事实相当清楚。

目前金文所见可以怀疑为生称王号者凡六器:

珷(武王)征商,唯甲子朝(利簋)。
唯成王大奉,在宗周(献侯鼎)。
唯三月初吉丁亥,穆王在下减居,穆王飨礼(长甶盉)。
唯六月既生霸,穆穆王在葊京,呼渔于大池(遹簋)。
唯十又五年五月既生霸壬午,恭王在周新宫(十五年趞曹鼎)。
唯四月初吉甲午,懿王在射庐(匡卣)。

十五年趞曹鼎记恭王十五年在周新宫事,同人同时所作之器尚有七年趞曹鼎,铭云:"唯七年十月既生霸,王在周般宫,旦,王格大室。"此器作于恭王七年而但称"王"，并不生称"恭王"，知其时恭王尚在，故以两器对证，十五年趞曹鼎必属追记恭王事迹之作，其器当作于懿王初年①，其时恭王已丧，趞曹追记恭王十五年事，遂必称谥。显然，十五年趞曹鼎所记实恭王末年事。长由盉、遹簋二器所作当在同年，形制具有穆王同期器的晚期特征②，也可推知其作于恭王初年而追记穆王末年事。而献侯鼎的形制纹样也见较成王器稍晚的特征③，当作于康王之初而追记成王事。准此，则利簋、匡卣亦当分别作于成王、孝王之初而追述武王、懿王事，而武王于克殷后二年即崩，可证金文凡所谓生称王号而追述王事，皆距作器之时未远。故就上六器之纪年纪事及形制分析，其皆记前王末年事，故作器当于嗣王之初。是后人追记先王事，所称必为谥号。此其一证。

于周王称号之外，西周宗庙制度也可见其时谥法之存在。据唐兰考证，西周宗庙分京宫和康宫，其中京宫有太王、王季、文王、武王和成王五庙，是一个始祖和二昭二穆，而舀壶言及"成宫"，为成王之庙；吴方彝言及"成大室"，即成宫之大室，其在京宫可明。康宫则祭康王及以下诸王，也为五庙，即康宫、昭宫、穆宫、夷宫和厉宫，康宫以康王为始祖，昭王为昭，穆王为穆，恭王、孝王为昭，懿王为穆，夷王为昭，厉王为穆，金文虽见"恭大室"（引簋），却不见恭、懿、孝三王之宗庙称"宫"，是其于厉、宣时已作为祧庙被附入昭宫和穆宫④。由此可见，金文所见凡成、康、昭、穆、夷、厉诸宫，其宫名实皆得于谥号。学者或以昭王、穆王之称乃袭昭穆之制，这一看法并不正确。正像我们不能以恭、懿二王为界而将其前后之王号半视为美字、半视为谥字一样，我们也不宜将周王谥号中的昭、穆独视为昭穆字。遹簋"穆王"之"穆"下有重文符，当读为"穆穆王"。穆王何以称"穆穆王"，向无论说。穆王于昭穆之制为穆，实"穆穆王"之首"穆"字当即昭穆字，以定其次序，而"穆王"之"穆"则为谥号。因此，昭王次昭、穆王次穆与其号昭号穆仅属昭穆制中之巧合而已，其谥昭谥穆于昭穆制度并无关系。

文王、武王之庙本在京宫之中，为亲庙而不为祧庙，合五庙之制⑤。然而

---

① 董作宾：《西周年历谱》，《历史语言研究所集刊》第二十三本下册，1952年。
② 彭裕商：《西周青铜器年代综合研究》，巴蜀书社2003年版。
③ 彭裕商：《西周青铜器年代综合研究》，巴蜀书社2003年版。
④ 唐兰：《西周铜器断代中的"康宫"问题》，《考古学报》1962年第1期。
⑤ 《吕氏春秋·谕大》引《商书》逸篇云："五世之庙，可以观怪。"《礼记·丧服小记》："王者禘其祖之所自出，以其祖配之，而立四庙。"郑玄《注》："高祖以下，与始祖而五。"《礼记·文王世子》："五庙之孙，祖庙未毁，虽为庶人，冠、取妻必告。"

随着文、武二王受命而有天下，其于宗庙中的地位也必应有所改变。《汉书·韦玄成传》："礼，王者始受命，诸侯始封之君，皆为太祖。"因此于西周建邦之后，文王、武王的宗庙应从亲庙升为祧庙，二王则为不祧之祖，从而最终使周之庙制由五庙变为七庙。《穀梁传·僖公十五年》："天子七庙，诸侯五，大夫三，士二。"《礼记·祭法》："王立七庙，……曰考庙，曰王考庙，曰皇考庙，曰显考庙，曰祖考庙，……远庙为祧，有二祧。"《礼记·王制》："天子七庙，三昭三穆，与太祖之庙而七。"郑玄《注》："此周制。七者，太祖及文王、武王之祧与亲庙四。"《周礼·春官·守祧》郑玄《注》："庙谓大祖之庙及三昭三穆，迁主所藏曰祧，先公之迁主藏于后稷之庙，先王之迁主藏于文武之庙。"贾公彦《疏》："后稷庙藏先公不名祧者，以有大祖庙名。又文武已名祧，故后稷不名祧也。"《白虎通义·宗庙》："周以后稷文武特七庙，后稷为始祖，文王为太祖，武王为太宗。"《祭法》以七庙为始祖、二祧及二昭二穆，反映了晚周宗庙制度的真实情况①。

西周金文所见诸王名号，仅于文、武二王之称别创新字作"玫"、"珷"②，乃"王"与"文"、"武"二字之合文，以区别于"文"、"武"二字，作为文王、武王之专称。应公鼎铭云："应公作尊彝禫鼎，珷帝日丁子子孙孙永宝。"禫为除服之祭。《曲礼下》："措之庙，立之主曰'帝'。"足证武王之称作"珷"本实具有宗庙的意义。因此，文、武二王何以独享专谥而别于他王，这种做法应与周初将二王之庙由亲庙升为具有祧庙地位的制度改革密切相关。因循故制，文、武之庙为京宫中之穆、昭亲庙，然二王受命建国，其宗庙地位理当与一般的亲庙相区别，于是文、武二亲庙便被提升而具有了二祧的地位。尽管西周始终恪守着京宫、康宫各五庙的制度，但文、武作为不祧之祖的观念已经形成，这为其后七庙制度的建立奠定了基础。显然，在周初的宗庙制度中，文、武非谓生称而必为谥号的事实相当清楚。

文、武二王作为不祧之祖的庙制改革只能发生于武王殁后的成王初年。据西周金文所见，文、武二王以专谥的"玫"、"珷"用字的形式首见于成王初年铸作的利簋，又见于成王时之何尊、德方鼎及康王时之大盂鼎诸器，其后或仍袭用。然于武王标准器天亡簋，文王之谥字但作"文"，尚未从"王"而构成"玫"之专谥。可明其时克殷不久，西周之庙制尚

---

① 春秋晚期铜器铭文已见祭后稷之事（曾侯與钟），知已行七庙之制。
② 此外唯鲜簋铭记"禘于卲王"，"卲"字从"王"，当与禘祭定昭穆之次有关。

未变革，文王之庙作为亲庙的地位也尚未改变。准此可明，"玫"、"斌"既为反映西周宗庙制度之专字，其为谥字当无疑问。此其二证。

西周谥法不仅行于周王，也广及诸侯卿大夫及妇氏。晋侯铜器见称"文考成侯"（楙马盘）、"文考剌（厉）侯"（晋侯喜父盘），应侯铜器见称"文考釐（僖）公"（应侯再盨）、"皇考武侯"（应侯见工簋），其他诸器则有"祈公"（芮伯簋）、"虢成公"（班簋）、"文考惠孟"（卫盉）、"文考釐（僖）叔"（豆闭豆）、"皇考孝孟"（申簋盖）、"幽伯幽姜"（六年琱生簋）等，不一而足，其为谥号甚明。这些铜器的时代早晚兼有，可明谥法已是西周初年就已确定的根本制度。而其中人物或出姬姓宗室，或为异姓侯伯，也明谥法使用的广泛。此其三证。

西周谥法不仅于上述三方面可得论证，西周金文更有明确的记述。班簋铭云："唯作昭考爽益（谥）曰大政。"唐兰读"益"为"谥"，谓毛伯班为毛公加谥[①]，甚是。《逸周书·谥法》："内外宾服曰正。""大政"即"正"。班簋铭记毛公受王命伐东国，三年而靖之，行迹正合此"大政"之谥。班簋乃穆王标准器，明其时谥法已存。此其四证。

古以周公始定谥法，由于谥法之起远在周前，因此周公制谥应该理解为其对早期谥法的规范工作。王应麟《困学纪闻》卷二引《周书·谥法》："惟三月既生魄，周公旦、太公望相嗣王发，既赋宪，受胪于牧之野。将葬，乃制作谥。"今所传《逸周书》云："维周公旦、太公望开嗣王业，建功于牧之野。终葬，乃制谥。"朱右曾《集训校释》："三月，谓成王元年作谥法之月也。武王未葬，故不讳。赋，布。宪，法。胪，旅也。布法于天下，受诸侯旅见之礼，于时乃追谥西伯为文王，而谥法未备。及此将葬武王，乃叙制之。"《穀梁传·桓公十八年》何休《注》："昔武王崩，周公制谥法。"知周公于成王元年三月始规范谥法，使其成为完善之制度。此《周书》之说与铭文所见史实颇相吻合。西周金文始见文、武二王之专谥用字"玫"、"斌"乃于成王初年，而文王之称于武王时期之天亡簋尚止作"文王"。盖其谥法仍直袭殷商，尚未完善。这种自武王而成王初年的谥字变化显然说明西周谥法制度的完善是与相关的宗庙制度的改革同时完成的，从而印证了有关周公于成王元年制谥记载的可信性。换句话说，周公制谥并非首创谥法，而只是对早期谥法制度的发展与规范，这种制度变革通过文武专谥的形式在谥法和宗庙制度中同时得到了

---

① 唐兰：《西周青铜器铭文分代史征》，中华书局1986年版，第354页。

体现。此其五证。

殷商时代，谥法制度尚未完善，谥号与庙号终未分别。商王"武丁"、"康丁"、"武乙"、"武祖乙"、"文武丁"、"文武帝乙"之称，皆以谥号与日干庙号合而为一。然至西周时期谥法制度完善之后，谥号与庙号渐趋分离。其时既可以谥号而称"武王"（利簋），也可以庙号而称"乙公"（小臣宅簋），尽管时有承古制而以谥号与庙号合而称之如"珷帝日丁"（应公鼎）者，但制度已与殷商不同。

西周已有严格而完善的谥法，且其制度始于周初，这一制度的澄清对于铜器的断代具有十分重要的意义，它使金文中所见之王号都不应作为生称来理解，而是在身后追加的死谥。准此，传统认为的武王标准器利簋、成王标准器献侯鼎、穆王标准器长由盉与遹簋、恭王标准器十五年趞曹鼎、懿王标准器匡卣等器，其铸作时代只能移至诸王之次世，从而为标准器的确定建立了可靠的时代标尺。

（五）月相纪时问题

标准器比较尽管可以确定铜器明确的王世，却无法确定它们明确的年代，因而由此得到的年代只能是相对年代。如果人们需要解决铜器的绝对年代问题，就必须探索其他更为可行的方法。由于周代铜器常有完整记载王年、历月、月相和干支的情况，因此通过对历日的推算似乎成为解决铜器绝对年代的有效途径。宋人首先尝试了利用铭文自身纪年推算铜器年代的工作[1]，并为清人所效法[2]。然而从历算的角度讲，历日呈现的周期性使其得以适应的王世相当宽泛[3]。如果不对铜器的王世及月相内涵加以必要的限定，这种纯历学的年代推算是毫无意义的[4]。

西周纪时制度在商代纪时制的基础上有所发展，其中除年、月、日之外，还创制了记录月相变化的月相语词，形成了周人独特的纪时特点。所谓月相是指月球绕地运行所呈现的圆缺变化形态，而对这种现象的观测记录，目的当然在于使历月的划分与历日的记录更为准确，这是历法逐渐走向精确化的重要一步。后世之纪时必书朔日，制度即肇源于此。西周月相

---

[1] 如吕大临以太初历推算散季敦年代，见《考古图》卷三。
[2] 罗士琳：《周无叀鼎铭考》，清道光二十二年（1842年）文选楼丛书本；张穆：《月斋文集》卷四。
[3] 新城新藏：《金文历日适合表》，见氏著《东洋天文学史研究》，沈璿译，中华学艺社1933年版。
[4] 刘师培曾作《周代吉金年月考》（《国粹学报》第73期，1910年），定师询簋为康王，盂鼎为宣王，颇不足信，原因即在于此。

语词于文献首见于《周书》。

旁死霸 （《汉书·律历志下》刘歆《三统世经》引古文《武成》："惟一月壬辰旁死霸，若翌日癸巳，武王乃朝步自周，于征伐纣。"）

旁生魄 （《逸周书·世俘》："惟一月丙辰旁生魄，若翼日丁巳，王乃步自于周，征伐商王纣。"《三统世经》"旁生魄"为"旁死霸"，"丙辰"为"壬辰"，"丁巳"为"癸巳"。）

既死霸 （《三统世经》引古文《武成》："粤若来三月既死霸，粤五日甲子，咸刘商王纣。"《世俘》作"二月既死魄"。）

哉生霸 （《康诰》："惟三月哉生霸，周公初基作新大邑于东国洛。"《顾命》："惟四月哉生魄，王不怿。甲子，王乃洮颒水。……越翼日乙丑，王崩。"《三统世经》引古文《顾命》作"哉生霸"，《汉书·王莽传》作"载生魄"，伪《古文尚书·武成》作"哉生明"。）

既旁生霸 （《三统世经》引古文《武成》："惟四月既旁生霸，粤六日庚戌，武王燎于周庙。翌日辛亥，祀于天位。粤五日乙卯，乃以庶国祀馘于周庙。"《世俘》作"既旁生魄"。）

既望 （《召诰》："惟二月既望，越六日乙未，王朝步自周。"《易·小畜》、《中孚》荀爽本作"月既望"，见静方鼎。）

朏 （《召诰》："越若来三月惟丙午朏，越三日戊申。"）

既生魄 （伪《古文尚书·武成》）

其所见月相语词共有八种。古文《武成》之"旁死霸"与《世俘》之"旁生魄"所述为一事，必有一误。陈逢衡《逸周书补注》、庄述祖《尚书记》、孙诒让《周书斠补》及刘师培《周书补注》均以《三统世经》所引为是，然据月相推算，《世俘》所录也不无道理，是非难以遽定。或疑《世经》所录古文《武成》之历日与月相乃刘歆为迎合《三统历》所推殷周年代而拟改，这种可能性似乎并非不存在，其后则为伪《古文尚书·武成》径袭之。然无论两者孰是,"旁死霸"与"旁生魄"两月相当皆周已有之。

月相是对月球明暗变化形态的描述,这一特点在月相语词中有着充分体现。望指满月,毋庸多论。《说文·月部》:"霸,月始生魄然也,承大月二日,承小月三日。从月,䨣声。《书》曰:哉生霸。🦋,古文或作此。"段玉裁《注》:"霸、魄叠韵。"王筠《句读》:"大徐作'霸然'。"《释名·释天》亦作"霸然"。是古文作"霸",今文作"魄"。陆德明《释文》引马融注《康诰》云:"魄,朏也。谓月三日始生兆朏,名曰魄。"《礼记·乡饮酒义》:"月者三日则成魄。"孔颖达《正义》:"魄,谓明生傍有微光也。此谓月明尽之后而生魄,非必月三日也。若以前月大则月二日生魄,前月小则三日乃生魄。"《白虎通义·日月》:月"三日成魄,八日成光"。《论衡·䜁时》:"月三日魄,八日弦,十五日望。"此皆以月初生明为霸,其义同朏。然许以"霸"、"朏"别为二字。《说文》:"朏,月未盛之明。从月出。《周书》:丙午朏。"《释名·释天》:"朏,月未成明也。"《文选·谢希逸月赋》:"朏魄示冲。"李善《注》:"朏,月未成光。"成光为八日,则朏自指月初出之明。《汉书·律历志下》引古文《月采》云:"三日曰朏。"师古《注》引孟康云:"朏,月出也。"《太平御览》卷四云:"承大月,月生二日谓之魄。承小月,月生三日谓之朏。"王筠、桂馥皆以此为《说文》旧文,不可据。宋本《太平御览》于此乃刊以双行小字,异于经文,合乎注疏体例,是为注文。明"霸"、"朏"二字虽异,但区别并不在月之二、三日的不同。"朏"以"月"、"出"会意,显指月出生光之天象和日期,而"霸"为月于朔后始见之微光,故训"霸然",二义本无不同。然《周书》"霸"、"朏"并见,已有区别。但究其用法,"朏"可单独使用以指定历日,而"霸"却必须与其他修饰词组成固定的名词以指示历日,差异十分明显。西周金文虽见"朏"字,但尚未用以纪时,故知在周人制度中,"朏"字用以纪时,其时代当较"霸"字晚起。

对于"霸"义之理解,汉人已有不同的说法。《汉书·律历志下》引刘歆《三统世经》:"死霸,朔也。生霸,望也。……(成王)后三十年四月庚戌朔,十五日甲子哉生霸。"师古《注》引孟康曰:"月二日以来明生魄死,故言死魄。魄,月质也。"《尚书·康诰》伪孔《传》:"周公摄政七年三月始生魄,月十六日明消而魄生。"又以月之黑暗部分为魄。盖刘歆以《三统历》推步周年,遂以"生霸"为望,孟康因其说以解"魄"为月质,殊不足训。

除与"霸"、"望"有关的月相之外，先秦文献尚见"初吉"一词。《诗·小雅·小明》："二月初吉。"毛《传》："初吉，朔日也。"《国语·周语上》："自今至于初吉。"韦昭《注》："初吉，二月朔日也。"汉儒皆以"吉"为朔日。《周礼·天官·大宰》："正月之吉。"郑玄《注》："吉谓朔日。"《论语·乡党》："吉月必朝服而朝。"何晏《集解》引孔安国曰："吉月，月朔也。"然王引之详辨其非，以吉日实与月相无涉。《经义述闻》卷三十一云：

经传凡言吉日者，与朔日不同。一月之始谓之朔日，或谓之朔月，或谓之朔。日之善者谓之吉日，或谓之吉。朔日不必皆吉，故朔日不可谓之吉日也。《月令》季春之月，择吉日大合乐；季秋之月，为来岁受朔日。吉日之非朔日明甚。《天官·大宰》"正月之吉"，《地官·党正》"孟月吉日"，《族师》"月吉"，皆日之善者。日之善者，不必在朔日也。其在月之上旬者，谓之初吉（对中旬、下旬之吉日言之）。《周语》曰："自今至于初吉。"初吉，谓立春之日也（《周语》曰："古者大史顺时覛土，阳瘅愤盈，土气震发，农祥晨正，日月底于天庙，土乃脉发。先时九日，大史告稷曰：'自今至于初吉，阳气俱烝，土膏其动。'"韦注曰："农祥，房星也。晨正，谓立春之日晨正于午也。先，先立春日也。"案今谓先立春之九日，初吉则谓立春之日也。韦昭以初吉为二月朔日，非是。下文稷以告王曰："距今九日，土其俱动。"正谓九日后立春，土乃脉发耳，何待二月乎！立春日为吉日者，《月令》曰：先立春三日，大史谒之天子曰某日立春，盛德在木，天子乃齐。立春之日，天子亲帅三公九卿诸侯大夫以迎春于东郊。还，乃赏公卿诸侯大夫于朝。故为吉日也）。立春多在正月上旬，故谓之初吉。《小雅·小明篇》"二月初吉"，亦谓二月上旬之吉日也（《小明》曰："我征徂西，至于艽野。二月初吉，载离寒暑。"言择吉日而远行也。《离骚》曰："历吉日乎吾将行。"）上旬凡十日，其善者皆可谓之初吉，非必朔日也。而《诗》毛《传》及《周语》韦《注》皆以初吉为二月朔日，不知"朔月辛卯"，经有明文，谓之朔月，不谓之吉日也。郑注《周官》亦谓吉为朔日，不知《春官·大史》颁告朔于邦国，谓之朔，不谓之吉也。又《论语·乡党篇》："吉月，必朝服而朝。齐，必有明衣布。"吉月当为告月之讹。……告月与齐对举，皆古礼也。《春秋·文公六年》："闰月不告月，犹朝于庙。"《公羊传》曰："不告月者，不告朔也。"何《注》曰："礼，诸侯受十二月朔政于天子，藏于大祖庙，每月朔朝庙，使大夫南面奉天子命，君北面而受之。比时，使有司先告朔，谨之至也。"盖鲁君告月之日，皮弁而朝于庙，又朝服以日视朝于内朝群臣亦如其服也（说见刘氏端临《论语骈枝》）。《论语》注当云："告月，月朔告庙也。"乃得经义。而孔注曰："吉月，月朔也。"则所据之本已误作吉。古无称朔日为吉月者，《士冠礼》曰："令月吉日。"又曰："吉月令辰。"吉月与令月同义，令也吉也，皆善也。吉月乃月之善者，非谓朔日也。

其以"吉"为良辰善日，并非朔日，甚为精辟①。古人用事必诹吉日，故"初吉"意指月中之首个吉日，未必限时于上旬十日②。况其构词不以"霸"、"望"一类月相附缀，其非指月相自明。

周人之月相语词，于出土文献时有所见，其中经常出现者有既死霸、既生霸和既望三种，皆见于西周金文，东周早期金文偶有所存。此外，旁死霸一词见于西周宣王标准器晋侯稣钟；哉死霸与旁生霸二词同见于陕西岐山周公庙所出西周甲骨文，其中哉死霸于文献失载；生霸（哉生霸）一词见于西周荣仲方鼎，文献或作朏。故除既旁生霸之外，周人之月相语词已全部见于出土文献，且可补文献之缺。

关于周人月相语词具体含义的解释，众说纷纭。王国维曾基于周金文中经常出现的初吉、既生霸、既望、既死霸，提出周历一月四分的观点，认为朔望月中，初吉辖初一至上弦初七八日，既生霸辖初八九至望十四五日，既望辖十五六至下弦二十二三日，既死霸辖二十三日至晦。而《周书》所见其他月相之名，哉生霸为月之二或三日；既旁生霸疑衍"既"字而为旁生霸，"旁"者，溥也，义近于"既"，则如既生霸为八日，旁生霸当为十日；既死霸为二十三日，则旁死霸为二十五日。故谓"凡初吉、既生霸、既望、既死霸各有七日或八日，哉生魄、旁生霸、旁死霸各有五日若六日"。此即所谓"四分月

---

① 相同的意见又见黄盛璋《释初吉》，《历史研究》1958 年第 4 期；《从铜器铭刻试论西周历法若干问题》，《亚洲文明》第一辑，1986 年。
② 参见刘雨《金文"初吉"辨析》，《文物》1982 年第 11 期；冯时：《晋侯稣钟与西周历法》，《考古学报》1997 年第 4 期。彭林：《说初吉》，《徐中舒先生百年诞辰纪念文集》，巴蜀书社 1998 年版。

相说"①。这个一月四分之术长期为学者深信不疑，然说虽巧妙，证据却很薄弱②。特别是随着新资料的发现和研究的深入，王氏首倡的"四分月相说"已愈来愈显示出它的缺陷。

首先，初吉并非月相，不仅清人王引之已有精彩的论证，即使王国维也曾有过类似的看法，罗振玉《不嬰敦盖考释》引王国维云："初吉，上旬之吉日也。"③ 显也接受王引之的观点。而通过对出土文献的研究，这一点其实也相当清楚。

其一，初吉之称于金文恒见，且周原甲骨文及曾伯鼎又见"既吉"，西周作册令方彝铭更见"月吉"，而于东周金文则或作"吉日"，从构词原则分析，此词皆以"吉"为核心词义，与月相之"霸"、"望"渺不相涉。

其二，春秋吴王光鉴铭云："吉日初庚。"意即初吉庚日，明证初吉实即月之吉日。盗叔壶铭云："择厥吉日丁。"又明吉日乃卜选而得，而丁、庚二日为吉，适与金文初吉以丁、庚二天干出现最多的事实相合。二天干若与地支为配，又以丁亥、庚午所见最频，其中尤以丁亥为盛，总数占全部初吉日的三分之一强，若加之庚午，则约占二分之一，这与月相语词所用天干基本均等的现象大相径庭④。《夏小正》："丁亥者，吉日也。"《诗·小雅·吉日》："吉日庚午。"所言益明。

其三，西周或见月相和吉日同日并记的现象。如荣仲方鼎铭云："在十月又二月生霸吉庚寅。""生霸"即《周书》所见之哉生霸，"吉"则指初吉或吉日。生霸既为月相，则初吉便不可复为月相。况吉日可与月相重叠，足证王氏将初吉作为单独划分历月的时段的想法并不可据⑤。

有此三证，可明初吉本为古人用事所择之吉日，而与月相无关。《尚书·尧典》："既月乃日。"《史记·五帝本纪》则为"择吉月日"，知其传统悠久。既为择吉，当与用事之性质有关。《礼记·曲礼上》："外事以刚日，内事以柔日。凡卜筮日，旬之外曰远某日，旬之内曰近某日。丧事先远日，吉事先近日。曰：为日，假尔泰龟有常，假尔泰筮有常。卜筮不过三，卜筮不相袭。龟为卜，筴为筮。卜筮者，先圣王之所以使民信时日、

---

① 王国维：《生霸死霸考》，《观堂集林》卷一，中华书局1959年版。
② 对王氏之说的系统驳证，参见董作宾《"四分一月"说辨正》，《华西大学中国文化研究所辑刊》，1943年。
③ 罗振玉：《雪堂丛刊》，上虞罗氏排印本，1915年；国家图书馆出版社2000年版。
④ 参见冯时《晋侯稣钟与西周历法》，《考古学报》1997年第4期。
⑤ 参见冯时《坂方鼎、荣仲方鼎及相关问题》，《考古》2006年第8期。

敬鬼神、畏法令也；所以使民决嫌疑、定犹与也。故曰疑而筮之，则弗非也；日而行事，则必践之。"郑玄《注》："日，所卜筮之吉日也。"孔颖达《正义》："日者，甲乙之属，择吉而祭祀，所以敬鬼神也。"古以社日用甲，郊日用丁用辛，皆应此俗。除此之外，吉日的确定或许也与朔、朒、弦、望的月相变化有关①，如荣仲方鼎铭所记生霸庚寅（哉生霸）为吉日，是朒日如逢合宜的干支，时人或以为吉日。然初吉既为卜筮所得，就不可能保证其一定出现于月初。元年与三年两师兑簋铭分别记"元年五月初吉甲寅"及"三年二月初吉丁亥"，推步可知，如一器之初吉位在上旬，则另一器之初吉就必居下旬。这个结果显然也为一月四分之术所无法容纳。《尔雅·释诂上》："初，始也。"因此初吉之意仅指月中的第一个吉日，而并不涉及吉日于历月中的前后位置。

其次，王氏的"四分月相说"实将既生霸、既望、既死霸与哉生霸、旁生霸、旁死霸分别为两类，前者辖七、八日，后者辖五、六日，以大含小。这种纪时制度在西周金文及文献中找不到任何证据。仅据王国维自己所论，其以既死霸为二十三日，旁死霸为二十五日，而据其所推兮甲盘，宣王五年三月既死霸庚寅为二十六日，已入其所说旁死霸，却何以仍称"既死霸"？又据其所推颂壶诸器，宣王三年五月既死霸甲戌为三十日，也已入其所说旁死霸，何以也称"既死霸"？其自相抵牾，无以为释。况周公庙出土西周甲骨文又见哉死霸，与一月四分术更无法相容。

清人俞樾早作《生霸死霸考》，曾以哉生霸为朒，既死霸为朔，旁死霸为初二日，既生霸为十五日，旁生霸为十六日，既旁生霸为十七日②。董作宾也以既死霸为朔，并谓旁死霸、哉生霸皆即朒日，旁死霸意乃近于死霸之日，而哉生霸则就生光之始名之；既生霸即望，旁生霸则即既望③。其说解月相亦有重叠。以既死霸为朔的学者尚有唐兰及陈梦家④，陈氏同时又以既生霸为朒，既望为望。以上诸说皆取月相独指一日，董氏谓之定点月相。

月相于四分与定点二说之外，学者又提出所谓点段说。陈久金以既望

---

① 参见冯时《西周金文月相与宣王纪年》，《考古学研究》（六），科学出版社2006年版。
② 俞樾：《曲园杂纂》卷十，《春在堂全书》本。
③ 董作宾：《"四分一月"说辨正》，《华西大学中国文化研究所辑刊》，1943年；《周金文中生霸死霸考》，《台湾大学考古人类学刊》第一期，1952年。
④ 唐兰：《西周青铜器铭文分代史征》卷四下，中华书局1986年版；陈梦家：《西周铜器断代（二）》，《考古学报》第十册，1955年。

为望后一日，而历月则以望分为前后两半，其时的历法以朏为月首，既生霸辖朏至望的上半月，既死霸则辖望后至朔的下半月。而哉生霸即朏，为既生霸的第一日，旁生霸为既生霸的第二天，既望为既死霸的第一天，旁死霸则为既死霸的第二天①。黄盛璋又以既望为十六、十七日，既生霸辖朔至望前，既死霸则辖望后至晦②。

王胜利又提出西周月相定段说，他认为其时历法以朏为月首，既生霸辖朏之次日至望，既望辖望之次日至晦，既死霸辖晦之次日至朏③。

这些议论或未及既生霸、既望、既死霸以外的其他月相，或以彼此相含的解释强为之说。如陈久金以哉生霸、旁生霸分别为既生霸的第一、二天，那么这两天是否还应称为既生霸？其所确定的既望、旁死霸也存在同样的矛盾。这些抵牾直接来源于人们对于西周月相语词构词的误解。显然，这些问题不仅关系到我们如何理解金文月相的具体含义，而且更关乎西周历法的月首问题，从而直接影响到利用铭文纪年资料推算铜器年代的工作。

目前出土文献中所见西周月相语词共有七个，可据其构词特点分为三类，即：

1. 旁死霸、旁生霸
2. 哉死霸、生霸（哉生霸）
3. 既死霸、既生霸、既望

很明显，这些月相语词的核心内容就是所谓"生霸"、"死霸"和"望"，这是自然天象所呈现的三种特殊月相，而其前的"旁"、"哉"、"既"皆是对某种特定月相的修饰。对三种特殊月相的理解以哉死霸和哉生霸至为关键，哉生霸可以省称"生霸"，确证两词意义相同，则"哉"字之义只能训为始。《尔雅·释诂上》："哉，始也。"《尚书·康诰》："惟三月哉生魄。"伪孔《传》："三月始生魄。"《汉书·律历志下》师古《注》解哉生霸云："哉，始也。"故哉生霸或生霸即言月光始生，也即朏日。《汉书·王莽传》："公以八月载生魄庚子奉使朝用书。"此乃平帝元始四年（4年）事。查陈垣《二十史朔闰表》，是年七月大己巳朔，八月小己亥

---

① 陈久金：《西周月名日名考》，《自然科学史研究》第四卷第二期，1985年。
② 黄盛璋：《从铜器铭刻试论西周历法若干问题》，《亚洲文明》第一集，1986年。
③ 王胜利：《西周历法的月首、年首和记日词语新探》，《自然科学史研究》第九卷第一期，1990年。

朔，载生魄庚子适为朏日。是为明证。生霸既为哉生霸，为月霸始生，则哉死霸显即死霸，为月霸尽死之日，亦即晦日。

哉死霸、哉生霸既明，则"旁"、"既"二义自不难推阐。"既"训已经，乃其本义。金文凡"既"字皆用如此义。

唯王既燎，厥伐东夷（保卣簋）。
唯武王既克大邑商，则廷告于天（何尊）。
既拜稽首，升于厥文祖考（眘簋）。
昔先王既命汝作宰司王家，今余唯申就乃命（蔡簋）。
晋侯僰马既为宝盉，则作尊壶（晋侯僰马方壶）。

准此，则既死霸、既生霸和既望，其所限定的时间只能是指晦以后、朏以后和望以后。

《古文尚书·武成》："惟一月壬辰旁死魄。"伪孔《传》："旁，近也。"王应麟《六经天文编》："旁，近也。"是旁死霸、旁生霸意即旁近死霸、生霸。旁近是未及之意，当指其所限指月相的前日，而并非死霸、生霸已发生的次日，死霸、生霸已过，金文皆言"既"，故旁死霸显指晦前一日，而旁生霸则指朏前一日。历月如初三为朏，则晦后至朏前容有二日，既死霸为晦以后，自为朔日；而旁生霸为朏前一日，显即朔后朏前之初二日。如历月以初二为朏，则晦后朏前仅有一日，当为既死霸，也即朔日，是知旁生霸不见于小月。

《周书》之既旁生霸不见于出土文献，而从布历的角度讲，旁生霸之前日为既死霸，旁生霸之后日为哉生霸，已不容有所谓既旁生霸。王国维以为"既"字衍文，陈久金以为"旁"为衍文，两说皆有可能。

综上所述，可将西周月相及与历日的关系作一整理。

旁死霸	晦前一日
哉死霸	晦
既死霸	朔
旁生霸	大月初二日
生霸（哉生霸）	朏
既生霸	朏后至望
既望	望后至晦前二日

金文中尚无发现周人单独以望日纪时，如果这一事实存在，则既生霸的辖段当至望前为止。

三　西周历法

一部客观而真实的历法的筑构是重建西周历史与年代的基础。西周王历继承殷商历法而实行阴阳合历，平年十二月，闰年十三月，西周早期偶有一年再闰而称十四月，可明其时尚有失闰的现象。关于西周历法的日首、月首、岁首、季节和年岁称谓问题，西周金文虽然简略，然犹有可论。

（一）日首

殷历以鸡鸣为朔，这个制度可以从甲骨文中清晰地追溯出来。尽管金文所反映的西周时辰称谓并不如甲骨文完整，但根据已有的资料仍可看出，周历的时辰系统基本继承了殷历的时辰名称。西周金文云：

唯八月既望辰在甲申，昧晙（爽），三左三右多君入服酉（酒）。明，王格周庙。……□□大采，三周入服酉（酒），王格庙（小盂鼎）。

唯十又二月初吉，王在周，昧晙（爽），王格于大庙（免簋）。

唯十又七年十又二月既生霸乙卯，王在周康宫遲（夷）宫，旦，王格大室（此鼎）。

王夕饗醴于大室，穆公侑。叿（隐），王呼宰利锡穆公贝廿朋（穆公簋盖）。

其中之昧爽、明、旦、大采、夕、隐各时，皆见于殷历，知殷周两代之历日纪时应大致相当，同为十二段等间距纪时。昧爽当十二时之寅时；明、旦乃一时之异称，当卯时；大采即食时，当辰时；夕即黄昏，当戌时；隐即人定，当亥时。据此可明，周历日首显在昧爽至人定之间，不出子、丑二时。《尚书大传·甘誓》谓殷历以鸡鸣为朔，周历以夜半为朔。殷历日首始于鸡鸣丑时已有甲骨文可为助证，是《尚书大传》或有所本，则周历日首疑始于夜半。

周历与殷历一样，除十二时辰之外，还有相对宽泛的时限称谓。金文云：

武王征商，唯甲子朝，岁鼎（当），克昏夙有商（利簋）。

唯十月月吉癸未，明公朝至于成周（作册令方彝）。

"朝"于殷代为相对时限之称,周人亦然,泛指早晨。甲骨文"朝"本作日月并见于草莽之中,但利鼎铭言朝时可见岁星,知朝之所指并非旦明,而为日出前后的黎明时分,故泛言早。作册令方彝以明公朝至成周,意也其于早晨到达成周。金文又恒见"朝夕"之称,或作"夙夕",或作"夙夜",如:

敏朝夕入谏,……夙夕绍我一人烝四方(大盂鼎)。
用夙夕龏享(应公鼎)。
用夙夜享孝于宗室(叔㚇簋)。

"夙"字作人敬月之形,"朝"、"夙"互文,知二字同言早。明证"朝"、"夙"皆为相对宽泛的时限之称。

利簋"昏夙"之"昏"于殷代本为黄昏时辰称谓,此与泛言早晨的"夙"字连文,也发展为相对宽泛的时限称谓,意指早晚。"昏夙"于金文又作"夙暮",文云:

夙暮不贰(忒)(越王者旨於睗钟)。

"夙"、"暮"于殷代皆为相对时限称谓,并非时辰,这一传统也为周人所继承。

穆公簋盖铭的"夕"字为时辰称谓,同时金文又多见"朝夕"、"夙夕"、"夙夜","夕"既与"朝"、"夙"等相对时限称谓连文,又与"夜"字互文,知其也可指称全夜,为相对时限之称。这种情况与殷代纪时制度"夕"或为时称,或为全夜之称的传统完全相同。

(二)月首

殷历的月首始于朔日,这一事实已通过对甲骨文的研究得以揭示。周承殷制,又独重月相,其月首的确定当不会比殷历更原始。

周历的月相名称,据金文所见共凡七种,即旁死霸、哉死霸、既死霸、旁生霸、生霸(哉生霸)、既生霸、既望,其中除既生霸与既望分别各辖上下半月之外,其他五个月相皆集中指限月末月初的五个历日,特点十分鲜明。这一现象显然反映了古人对于月魄生死的密切观测,表明人们对于了解朔望月中月相由生而死,又由死而生的变化过程投入了极大精力。周人以死霸描述月光死尽,生霸则为月光始见,故哉死霸意言始死霸,显指晦日;旁死霸意言旁近晦日,显指晦前一日;既死霸意言晦日已过,显指晦日之后。而生霸亦即哉生霸,意言始生霸,显指朏日;旁生霸意言旁近朏日，显指朏前一日；既生霸意言朏日已过，显指朏日以后。由于在以平朔布历的历法中，朏日的位置呈承大月二日、承小月三日的分布，故自晦至朏多可四日，少仅三日，其安排有如下示：

承小月		承大月	
二十八	旁死霸	二十九	旁死霸
二十九	哉死霸（晦）	三十	哉死霸（晦）
初一	既死霸（朔）	初一	既死霸（朔）
初二	旁生霸	初二	生霸（朏）
初三	生霸（朏）		

很明显，虽然既死霸的含义本为晦日以后，但因其后或为朏日（生霸、哉生霸），或为旁生霸（大月初二），从而限定了既死霸所指辖的历日不可能为一段时间，而只能是具体的一日，准确地说，这一日也就是朔日。因此，西周月相所反映的人们对于月末至月初，即晦日至朏日一段的集中观测无疑意味着确定相对精确的朔日乃是这种观测活动的根本目的，准确地说，确定朔日的工作事实上就是当时的人们确定月首的工作。

殷商及西周历法虽然已行推步，但仍需要经常通过观象对推步的结果给予校正，因而其时之历制应处于观象授时向推步历法的过渡时期。相对精确的朔当然需要依靠推步，但相对疏阔的朔则完全可以通过观测而获得。古人根据观测残月和新月的日期，取其中间的日子，自然能得到朔日的大概日期。事实上，这种通过长期观测而取得的纪时经验正是早期推步术得以实行的基础。《吕氏春秋·贵因》："推历者，视月行而知晦朔。"即道此理。

殷卜辞及西周金文没有"朔"字，这一概念在西周是由"既死霸"一词表示的。刘歆曾解死霸为朔，盖有所本。"朔"字在文献中首见于《诗·小雅·十月之交》，已到西周末期，而西周月相语词也仅在春秋早期有个别的延续，以后便不再使用。显然，西周末期至春秋早期月相语词的转变无疑反映了"朔"字作为月首用字逐渐取代传统月相用语的过程。

（三）岁首

三正之说并不反映殷周历法的真实情况，这一问题通过出土文献的研究已经十分清楚。殷历的岁首以秋分的测定和大火星的躔次为标准，时在秋分所在之次月，约当农历的九至十月，或曰建戌，或在戌、亥之间。周承殷历,初于正朔并无不同,至西周晚期,随着推步术的进步,确定岁首的历术标志有所变化,周历的岁首才有了相应的改变。

周历正朔的研究,王世明确的金文资料与各王明确的年历是两个不可或缺的重要基础。然而就现有材料而论,西周各王在位年数几乎是短时期内不可能解决的问题,因此,讨论西周历法的岁首,只能利用相对明确的宣王纪年铭文以及宣王历谱。

金文资料显示,宣王元年当较传统认为的宣王纪年后移一年,即公元前826年[1]。以此年历为基础检讨宣王纪年铜器,可大致明了西周历法的岁首情况。

1. 师獣簋　铭云:"唯王元年正月初吉丁亥,伯和父若曰。"伯和父即共伯和[2]。西周共和行政计入厉王纪年,并不独立。此铭言"唯王元年",显为宣王元年(公元前826年)。此年正月建亥丙戌朔[3],初吉丁亥则当正月初二,适值朏日。

2. 元年师兑簋　铭云:"唯元年五月初吉甲寅,……疋师和父疋左右走马、五邑走马。"师和父即师獣簋之伯和父,器亦记宣王元年事。此年正月建亥丙戌朔,若五月之前有闰,则五月癸丑朔,初吉甲寅也当五月初二,适为朏日。

3. 三年师兑簋　铭云:"唯三年二月初吉丁亥,……余既命女师和父疋左右走马,今余唯申就乃命。"此与元年师兑簋所述事相递补,时在宣王三年(公元前824年)。宣王元年建亥并有闰,则三年正月必建子甲辰朔,二月甲戌朔,初吉丁亥当二月十四日,值望前一日。

4. 兮甲盘　铭云:"唯五年三月既死霸庚寅。"器主兮伯吉父即宣王之臣尹吉甫[4],铭记宣王五年(公元前822年)事。此年正月建亥壬辰朔,三月辛卯朔,合朔时刻22时49分,前月晦日庚寅仍可见月,先天一日为三月朔,合于历朔。

5. 师𩰬簋　铭云:"唯十又一年九月初吉丁亥。"铭记师和父丧事,显在宣王十一年(公元前816年)。此年正月建亥戊午朔,九月前有闰,则

---

[1] 冯时:《西周金文月相与宣王纪年》,《考古学研究》(六),科学出版社2006年版。
[2] 郭沫若:《两周金文辞大系图录考释》第七册,科学出版社1957年版。
[3] 张培瑜:《三千五百年历日天象》,河南教育出版社1990年版。以下所据历朔皆出此书,不复注。
[4] 王国维:《生霸死霸考》,收入《观堂集林》,见《王国维遗书》第一册,上海古籍书店1983年版。

九月癸未朔，初吉丁亥当九月初五日。

6. 虢季子白盘　铭云："唯十又二年正月初吉丁亥。"器主虢季子白即不其簋铭所见之白氏①，而不其实即秦庄公其②，庄公即位于周宣王时，在位四十四年，卒于周幽王前期，故此器显记宣王十二年（公元前815年）事。此年正月建亥壬午朔，初吉丁亥当正月初六日。

7. 不其簋　铭云："唯九月初吉戊申。"与虢季子白盘铭所记同事，当在同年。此年亥正九月戊寅朔，若之前有闰，则九月丁未朔，初吉戊申当九月初二日，适值朏日。

8. 伯克壶　铭云："唯十又六年七月既生霸乙未。"同人于同年所作之克钟铭记"周康剌（厉）宫"，即康王庙中之厉王庙，故此器时代显在宣王十六年（公元前811年）。此年正月建丑丁亥朔，七月乙酉朔，既生霸乙未当七月十一日。

9. 克钟　铭云："唯十又六年九月初吉庚寅，王才（在）周康剌（厉）宫。"器亦记宣王十六年事。此年正月建丑丁亥朔，九月甲申朔，初吉庚寅当九月初七日，适值上弦。

10. 此鼎　铭云："唯十又七年十又二月既生霸乙卯。"器属宣王十七年（公元前810年）。此年正月建丑壬午朔，十二月丁未朔，既生霸乙卯当十二月初九日。

11. 虞虎鼎　铭云："唯十又八年十又三月既生霸丙戌，……申剌（厉）王命。"显记宣王十八年（公元前809年）事。此年正月建子丁丑朔，十三月辛未朔，既生霸丙戌当十三月十六日。是月定望乙酉，定望时刻17时53分，次日丙戌仍见满月，合于历朔。

12. 趞鼎　铭云："唯十又九年四月既望辛卯。"铭见史留，即宣王太史籀，故铭记宣王十九年（公元前808年）事。此年正月建丑辛丑朔，四月己巳朔，既望辛卯当四月二十三日。

13. 寰盘　铭云："唯廿又八年五月既望庚寅。"铭见史减，乃宣王史官，亦见于四十二年虞逨鼎，故铭记宣王二十八年（公元前799年）事。此年正月建丑己卯朔，五月丙子朔，则既望庚寅当五月十五日。是月定望辛卯，历法先天二日。

14. 晋侯稣钟　铭云："唯王卅又三年……正月既生霸戊午，……二月既

---

① 郭沫若：《两周金文辞大系图录考释》第七册，科学出版社1957年版。
② 李学勤：《秦国文物的新认识》，《文物》1980年第9期。

望癸卯，……二月既死霸壬寅，……三月方（旁）死霸，……六月初吉戊寅，……丁亥，……庚寅。"依金文纪年惯例，两"二月"当不属同年。又据事分析，"六月"当隶第三年事，故钟铭所记乃宣王三十三至三十五年（公元前794—前792年）事①。宣王三十三年正月建丑己酉朔，既生霸戊午当正月初十日。二月戊寅朔，既望癸卯当二月二十六日。后二月属宣王三十四年，正月建丑癸酉朔，二月壬寅朔，既死霸壬寅适为二月朔日。三月旁死霸不纪干支，当指晦前一日。六月属宣王三十五年，正月建丑丁卯朔，六月前有闰，则六月甲子朔，初吉戊寅当六月十五日。是月定望己卯，初吉戊寅则值望前一日。丁亥、庚寅分别当六月二十四和二十七日。

15. 善夫山鼎　铭云："唯卅又七年正月初吉庚戌。"显记宣王三十七年（公元前790年）事。此年正月建丑丙戌朔，初吉庚戌当正月二十五日。

16. 四十二年逨鼎　铭云："唯卅又二年五月既生霸乙卯。"据逨盘铭文及此器所记"卅又二年"，显属宣王世器。宣王四十二年（公元前785年）正月建丑丙辰朔，五月乙卯朔，定朔时刻7时33分，前日甲寅不可见月。若先天二日癸丑朔，既生霸乙卯则当五月初三日。

17. 四十三年逨鼎　铭云："唯卅又三年六月既生霸丁亥。"此亦宣王世器。宣王四十三年（公元前784年）正月建丑辛亥朔，六月戊寅朔，既生霸丁亥当六月初十日。

西周历法已行推步，而早期推步术除在使布历的工作相对便捷外，其历数的精度事实上并不比观象授时来得准确，因而即使到汉代，仍时常出现朔晦月见的现象。这意味着在推步术由疏而密的发展过程中，与实际天象偶尔出现一二日的误差是非常自然的。

金文排历的结果显示，宣王十二至十六年间，周历的岁首存在着一种突然的改变，其前以亥正为主，偶因闰月的调节而行子正；之后则以丑正为主。宣王早期历法以建亥之月为岁首的原则使得一年之始都出现在秋分所在之月的次月，这种做法显然继承了殷商历法的传统。而由宣王十二至十六年所呈现的岁首自亥正向丑正的转变，则无疑暗示了当时存在的历法改革，这种改革的内容之一就是将确定岁首的标准由传统的秋分转变为冬至。准确地说，观象授时的古老制度决定了古人必须在秋分的次月安排来岁正朔的传统做法，而新的历法制度虽然使岁首标志由秋分变为冬至，但

---

① 冯时：《晋侯稣钟与西周历法》，《考古学报》1997年第4期；《西周金文月相与宣王纪年》，《考古学研究》（六），科学出版社2006年版。

却仍然使以次月而非当月安排岁首的古老做法得以延续。

宣王的历法改革使其后的历法实行丑正，这一制度与春秋早期的历法恰可衔接。传统认为，周代王历以建子为岁首，正月起于冬至所在的农历十一月。王应麟、王韬和日本学者新城新藏等人根据对《春秋》的研究指出，其时的鲁历并不完全以子月为正，大致鲁僖公以前，鲁历以建丑为主；僖公时期，丑正子正各半；僖公以后，历法以子月为正的制度才真正得以确立①。《春秋》自称鲁正为"王正"，知鲁历与东周王历基本一致。事实上，春秋王历由丑正向子正的转变如果视为推步术实施后布算冬至逐渐精确的结果的话，那么显然，西周晚期历法与春秋早期历法同行丑正的事实便体现了一种一脉相承的岁首制度。

（四）闰法

西周历法的置闰原则应该与殷历的闰法没有太大区别。已有的金文资料显示，周历至少在置闰形式上与殷历并无不同，其中既见置于年终的闰月，也见置于年中的闰月。

周历年中闰的材料虽然相对缺乏，但这只是由于记事形式的局限，而某些闰月置于年中的事实却毋庸否认。西周中期的曶鼎铭云：

> 唯王元年六月既望乙亥，王才周穆王大［室。王］若曰："曶，命女更乃且考嗣卜事，锡汝赤⊖□□，用事。"王才𢽵𠨘，邢叔锡曶赤金鐈，曶受休［于］王，曶用兹金作朕文考𡪳白𪓷牛鼎，曶其万［年］用祀，子子孙孙其永宝。
>
> 唯王四月既青霸辰才丁酉，邢叔才异为［理］……
>
> 昔馑岁，匡众厥臣廿夫寇曶禾十秭……

铭文分三段记述三事。首段言周王册命而曶受金作器，知其事最晚，时在孝王元年六月。而次段追述往事，又不言某年，知与首段所记之时当属同年，乃孝王元年四月事。而三段泛言"昔"，自述懿王时事。然据历推算，丁酉距乙亥相差仅39日，故孝王元年四月既生霸如为丁酉，同年六月就绝无乙亥，其间必应置一闰月。如此，则孝王元年四月既生霸丁酉若为初八，同年六月既望乙亥便为望后之十七，历朔全合。

---

① 王应麟：《困学纪闻》卷九，上海古籍出版社2009年版；王韬：《春秋历学三种》，中华书局1959年版；新城新藏：《东洋天文学史研究》第五编，沈璿译，中华学艺社1933年版。

第七章 金文研究

周历的年中闰月名称可能已有了某种特别的标注。学者或以两周金文中的"正某月"解为闰月①，如：

唯正二月（应侯见工钟，西周中晚期）
唯邾正二月（上邾公致人簋盖，春秋早期）
唯邾正四月（邾公致人钟，春秋早期）
唯正六月（上邾府盨，春秋早期）
唯正十又一月（申公彭宇盨，春秋早期）
唯正五月（郑大子之孙与兵壶、蔡侯申钟，春秋晚期）
唯正七月（子璋钟，春秋晚期）
唯正八月（宽兒鼎，春秋晚期）
唯正九月（余赎遫兒钟，春秋晚期）
唯王正九月（照可忌豆，战国早期）
唯正六月（陈侯因𬥓敦，战国中期）

凡此"正某月"之"正"，旧多以为乃"王正"或"周正"之省称②，但王正、周正通称"王"，并不言"王正"。如：

唯王五祀（何尊，西周早期）
唯王十又二年三月（走簋，西周中期）
唯王正月（录伯𢦏簋，西周中期）

而非周王之正朔，也仅书国名，不言"某正"。如：

唯邾八月（邾公平侯鼎，春秋早期）
唯邓八月（邓伯氏鼎，春秋早期）

因此，金文所见之"邾正二月"、"王正九月"似应理解为邾历之"正二月"及王历之"正九月"，"正"非指历正，而是对月名的标示。况"正"于金文仅冠于历月之首，从未出现于王年之前而作"正某年"，也可推知

---

① 刘雨：《殷周金文中的闰月》，见氏著《金文论集》，紫禁城出版社2008年版。
② 方濬益：《缀遗斋彝器款识考释》卷二十八，商务印书馆1924年版；陈梦家：《寿县蔡侯墓铜器》，《考古学报》1956年第2期。

其似不具有王正的意义。

殷历之闰法在于正四气，这一制度应该为周历所继承。《尚书·尧典》言"以闰月定四时成岁"，"定"即正意。《汉书·律历志下》："闰，所以正中朔也。"故周人如以闰月称"正"，应该符合"举正于中"的历法原则。然金文所见之"十三月"显为闰月，但绝无见称"正十三月"或"正十二月"的现象，因此这一问题的解决仍待他证。

与殷历一样，西周历法也偶见连续失闰而致一年再闰的情况，西周早期的叔夨方鼎、中晚期的邓公簋及晚期的雍公譖鼎铭均见"十又四月"，为一年再闰之例，但这种情况并不多见。

周人颇重对月相变化的观测，并以月相纪时，制度与殷人迥异。其结果当然使对朔策的计算更为精确，故在殷历中存在的闰日做法，于西周金文中则尚未发现。

（五）季节

商代仅有春、秋两季，这个以春秋统括一年的古老传统甚至决定了早期编年体史书的命名。《诗·鲁颂·閟宫》："春秋匪懈，享祀不忒。"郑玄《笺》："春秋言四时也。"春秋中晚期郑大子之孙与兵壶铭云：

> 余郑大子之孙与兵择余吉金，自作宗彝，其用享用孝于我皇祖文考，丕陈春秋岁尝。

此"春秋岁尝"明言一岁之祭祀。

在人们仍然习惯于以"春秋"统指一岁的春秋晚期，春、夏、秋、冬四季的划分其实已经完成。春秋晚期郘夫人嬭鼎铭云：

> 唯正月初吉岁在涒滩，孟春在奎之际。

铭言"孟春"，知其时已将一年分为四季，每季各辖三月。

以四季分配历年，这个制度在春秋中期的栾书缶铭文中也有反映。文云：

> 正月季春，元日己丑。

铭言"季春"，也明其时已以孟、仲、季分称四季。栾书缶之时代素有争议，或以为作于鲁襄公二十一或二十二年（公元前551—前550年）①，或以为应在战国时代②，且皆与栾书无涉。今据铭文所记历术分析，仍从旧说。

春秋末期的越王者旨於睗钟铭也云：

唯正月甬（仲）春，吉日丁亥。

者旨於睗即句践之子鼫与，在位于公元前464年至前459年③。

四季与历岁如何对应，不同正朔的历法各有差异。春秋自鲁僖公以后，周王正朔渐以建子为岁首，故四时与历岁之配合，也应自以子月为孟春。晋、吴皆用夏正④，而栾书缶及越王者旨於睗钟铭或言"正月季春"，或言"正月仲春"，知其时之孟春或在建子之月，或在建丑之月，虽正月于建寅之月，但四季仍然袭用周之旧历。而鄁夫人嬭鼎铭文显示正月与孟春并不同时，"孟春在奎"乃夏历二月的天象，时当建卯之月，故楚历的正月当为建寅，次月孟春，历岁与季节并不同步。这些事实表明，从春、秋二季发展为春、夏、秋、冬四季，其时间至少应在春秋早期，考虑到季节与历年不谐正是殷商制度的古老传统，因此四季的形成或许可以追溯到西周晚期。

（六）年岁称谓

"年"、"岁"的概念从农业周期扩大为历年周期，这个制度虽然至少在商代就已完成，但历年的周期在当时似乎并不被用于记录商王的王年。商王特有的祖先祭祀制度形成了连续不断的所谓周祭周期，并对其给予了明确的记录，因此，商王实际只记录其在位期间所行周祭的周期次数，而并不关心自己的在位年数，从而形成了与周人纪年的重要区别。

周祭的一个完整周期称为一祀，而至晚殷，一祀的用时约需一年，这一现实使周人自然地将"祀"的概念从殷商时代的祭祀周期发展为纪年的周期。因此至西周时代，由于宗庙制度与纪时制度的变革，天子开始系统地记录自己的在位年数，开创了君王纪年的新制度。

---

① 王冠英：《栾书缶应称名为栾盈缶》，《文物》1990年第12期。
② 瓯燕：《栾书缶质疑》，《文物》1990年第12期。
③ 马承源：《越王剑、永康元年群神禽兽镜》，《文物》1962年第12期；陈梦家：《蔡器三记》，《考古》1963年第7期；林沄：《越王者旨於睗考》，《考古》1963年第8期；殷涤非：《"者旨於睗"考略》，《古文字研究》第十辑，中华书局1983年版。
④ 陈梦家：《战国楚帛书考》，《考古学报》1984年第2期。

唯王五祀（何尊，西周早期）
唯王廿又三祀（大盂鼎，西周早期）
唯王十又二祀（㝨簋，西周晚期）
唯王五十又六祀（楚王酓章钟，战国早期）
唯廿又再祀（䖑羌钟，战国早期）

"祀"字用于纪年，两周皆然，这一用法与"年"字相同。但金文嘏辞习见"万年"之称，这一意义却绝无易言以"祀"。故"祀"用于纪时仅见于记录王年，其与"年"字区别甚晰，本身并不具有天文历年的含义，而是由其祭祖的本义发展出政治纪年的意义。

"年"于殷周两代都用于天文历年，周文"万年"之称不胜枚举，且以事纪年，也很明确。

唯王大禴于宗周延饙荟京年（士上盉）
唯王来格于成周年（厚趠方鼎）
唯公大保来伐反夷年（旅鼎）
唯王命南宫伐反虎方之年（中方鼎）

"年"字于此皆为历年之义。

"祀"、"年"二字用于记录周王王年，"祀"字出现最早，这种做法不仅是对殷人以祭祀周期纪时传统的继承和发展，更重要的则是由于王朝的更替，周人需要借具有政治意义的"祀"以建立新王朝政治与祭祀上的合法性。"祀"字用于纪年绝少直摄历月，西周早期更是如此，从而形成与"年"纪时的鲜明区别，也清楚地显示了其所具有的不同于天文历年而源出祭祖礼的强烈政治倾向。大盂鼎铭言殷亡而丧祀，这意味着新王朝建立的重要标志其实就是确立国家新的世系与独立的祖先祭祀系统。事实上，这种对于作为国之大事的"祀"的强调乃是家天下王朝得以建立的必要政治基础与宗教基础。

"岁"字的意义虽同于"年"，或可互用，但记录王年却绝不书"岁"。而西周早期即已出现的以事纪年的传统，至战国时期仍有传承。

昔馑岁，……若来岁弗偿（曶鼎，西周中期）
万岁用尚（为甫人盨，春秋早期）

百岁用之（邾子氽鼎，春秋中期）
千岁无疆（蔡侯尊，春秋晚期）
国差立（涖）事岁（齐侯甗，春秋中期）
陈喜再立（涖）事岁（陈喜壶，战国早期）
鄩客臧嘉问王于葳郢之岁（鄩客问量，战国）
大司马卲阳败晋师于襄陵之岁（鄂君启节，战国）

因"岁"字用于年岁之称，而木星又以十二年周天，可用以纪年，故"岁"字便可移用以名星，已见西周利簋铭文①。《国语·周语下》："昔武王伐纣，岁在鹑火。"韦昭《注》："岁，岁星也。鹑火，次名，周分野也。"然岁星行天自西向东，虽纪之以十二次，但与十二支方向相反，故后人遂创太岁纪年。春秋晚期仦夫人嬬鼎铭已见岁阴之名涒滩，知其时太岁纪年法已经建立②。

第六节　三代封建与金文分域研究

一　三代封建之政治制度

三代以封建立国，这一制度决定了其时以王庭与诸侯国共同形成的政治实体。有关夏商封建，书阙有间。胡厚宣曾援殷卜辞资料以论殷代封建制度③，详释诸妇、诸子、功臣诸侯之封，足证殷代封建已颇具规模，实为定制。然殷商封建固非突现，其上当承有夏旧制，而下启西周政治，源流一脉。至于西周所行封建，金文或言之凿凿，考古资料又多实征，已无疑议。故有商周封建制度所定圭臬，犹可求诸文献记载以证制度之源。今摭拾《史记》以观其事，亦见夏商封建之一斑。

帝禹立，……封皋陶之后于英、六（《夏本纪》）。
夏后禹之后，……殷时或封或绝。……滕、薛、騶，夏、殷、周之间封也。……周武王时，侯伯尚千馀人。及幽、厉之后，诸侯力攻

---

① 张政烺：《利簋释文》，《考古》1978年第1期。
② 冯时：《仦夫人嬬鼎及相关问题》，《中原文物》2009年第6期。
③ 胡厚宣：《殷代封建制度考》，《甲骨学殷商史论丛初集》，成都齐鲁大学国学研究所1944年版。

相并。江、黄、胡、沈之属，不可胜数（《陈杞世家》）。

　　吕尚……其先祖尝为四岳，佐禹平水土甚有功。虞夏之际封于吕，或封于申，姓姜氏。夏商之时，申、吕或封枝庶子孙（《齐太公世家》）。

　　契封于商（《殷本纪》）。

　　弃封于邰（《周本纪》）。

可明夏商之时，封建制度早已实行。至于三皇五帝之封，后世文献亦有所载，而《路史·国名纪序》以为："列土分茅，自有民始。"故先儒对夏商之前封建的议论，只能视为对封建制度兴起的追述。

西周承袭前代制度而行分封，以诸侯蕃屏周室，使王权得以巩固，其分茅列土之制并无创新。西周恭王世之史墙盘铭云："肃哲康王，兮尹亿疆。"而文献言及周初分封，也以蕃屏周室为其主要目的。《左传·定公四年》："昔武王克商，成王定之，选建明德，以蕃屏周。"又《昭公二十六年》载王子朝云："昔武王克殷，成王靖四方，康王息民，并建母弟，以蕃屏周，亦曰：'吾无专享文、武之功，且为后人之迷败倾覆而溺入于艰，则振救之。'"杜预《集解》："不敢专，故建母弟。"这个解释已失封建之本，并不确切。《左传·昭公九年》孔颖达《正义》："建为国君，所以为藩篱屏蔽周室，使与天子蔽鄣患难。"所说极是。知王室封邦建国，目的即在"蕃屏"，使诸侯于政治和军事上拱卫王位。

周室封建亲戚，不仅自武王始，成、康二世也皆有封建，且封国遍及四方。据《史记》所载，武王时期，一些重要的封国已经建立。

　　是时周武王克殷，求太伯、仲雍之后，得周章。周章已君吴，因而封之。乃封周章弟虞仲于周之北故夏墟，是为虞仲，列为诸侯（《吴太伯世家》）。

　　于是武王已平商而王天下，封师尚父于营丘（《齐太公世家》）。

　　（武王）徧封功臣同姓戚者。封周公旦于少昊之虚曲阜，是为鲁公。周公不就封，留佐武王。……周公卒，子伯禽固已前受封，是为鲁公（《鲁周公世家》）。

　　周武王之灭纣，封召公于北燕（《燕召公世家》）。

　　武王已克殷纣，平天下，封功臣昆弟。于是封叔鲜于管，封叔度于蔡，二人相纣子武庚禄父，治殷遗民。封叔旦于鲁而相周，为周公。封叔振铎于曹,封叔武于成,封叔处于霍(《管蔡世家》)。

至于周武王克殷纣,乃复求舜后,得妫满,封之于陈,以奉帝舜祀,是为胡公。……周武王克殷纣,求禹之后,得东楼公,封之于杞,以奉夏后氏祀(《陈杞世家》)。

分封所及,或新封,或褒封,或宗室,或同姓异姓,这种制度与夏商两代的分封应该不会有太大的差异。

西周封国地域辽广,武王时期即已初具规模。《左传·僖公二十四年》:

昔周公吊二叔之不咸,故封建亲戚以蕃屏周。管、蔡、郕、霍、鲁、卫、毛、聃、郜、雍、曹、滕、毕、原、酆、郇,文之昭也。邢、晋、应、韩,武之穆也。凡、蒋、邢、茅、胙、祭,周公之胤也。

《荀子·儒效》:"(周公)兼制天下,立七十一国,姬姓独居五十三人。"又《左传·昭公九年》记王使詹桓伯辞于晋曰:

我自夏以后稷、魏、骀、芮、岐、毕,吾西土也。及武王克商,蒲姑、商奄,吾东土也。巴、濮、楚、邓,吾南土也;肃慎、燕、亳,吾北土也。吾何迩封之有?文、武、成、康之建母弟,以蕃屏周,亦其废队是为,岂如弁髦,而因以敝之。

孔颖达《正义》:"《传》称虢仲、虢叔,王季之穆,是文王母弟也。管、蔡、郕、霍、鲁、卫、毛、聃,《史记》以为武王之母弟也。唐叔,成王之母弟也。其康王之母弟则书传无文。文王,周之始王,故言文王,文王未得封诸侯也。"知周以王庭居中,广建四土藩屏以卫守,形成与夏商相同的政治实体。显然,对金文的分域分国研究需要在这样的制度背景下做客观的考察。

二 文字与器物的从同与趋异

殷商与西周两代金文,虽然除王室之外尚有同姓及异姓封国之器,但在文字风格上却并没有表现出显著的不同,尽管器形及花纹的地方特色已逐渐显现。这种情况无疑说明其时王权的强大,以及在早期文明阶段,文字作为王室宣命教化的工具而对诸侯势力的强烈影响。甚至西周时代的一些异姓之国，其地处边方，与周室之关系若即若离，时叛时服，并非周室封建之诸侯，其僭号称"王"，如"夨王"、"吕王"等①，器物铸作之来源应该不同，但在文字的特征方面也并未表现出与宗周有明显的差异。显然，这些异姓小国与西周宗室在文字风格上所存在的共性事实上反映了殷商王朝文教传统的深刻影响。

班固以为，古制书必同文，不知则阙，问诸故老，至于衰世，是非无正，人用其私②，于是渐致混乱而形成地域的差别。而据对商周文字的研究可明，商及西周时期，文字虽然不能说不存在变化，但这种变化一般只表现为形体结构的增损或相同音符意符的通用，基本没有出现像东周文字那样因结构的变化而显示的地方特征，这暗示了书同文字的制度在当时并未遭到破坏，这与东周以后因王室衰微而造成的"人用其私"的情况完全不同。

商代晚期文化以其王庭所在的大邑商为中心，而王室重器则以殷墟妇好墓所出妇好器为大宗③，早期则有司母戊鼎等器，足睹王室文字的雅正风格。而妇好墓所见其他相关铜器或属与王室关系密切的相关族氏，其文字风格未见变化。殷墟其他重要墓葬所出铜器，如花园庄东地54号墓④、郭家庄160号墓⑤，以及殷墟西区、小屯东北地、大司空村东南及南地、后岗、孝民屯南、武官村北、东八里庄东、苗圃南北地、戚家庄、高楼庄、刘家庄、薛家庄、梯家口村等地所出铜器⑥，则属商代内服家族遗存，其彝铭也与王室书风相一致。至于外服甚至边方地区之铜器，如山东青州苏埠屯墓所出亚醜（娭）及融氏器⑦，滕州前掌大史氏家族遗存及所出史

---

① 张政烺：《夨王簋盖跋——评王国维〈古诸侯称王说〉》，《古文字研究》第十三辑，中华书局1986年版。
② 参见《汉书·艺文志》。
③ 中国社会科学院考古研究所：《殷墟妇好墓》，文物出版社1980年版。
④ 中国社会科学院考古研究所：《安阳殷墟花园庄东地商代墓葬》，科学出版社2007年版。
⑤ 中国社会科学院考古研究所：《安阳殷墟郭家庄东地商代墓葬》，中国大百科全书出版社1998年版。
⑥ 中国社会科学院考古研究所、安阳市文物考古研究所：《殷墟新出土青铜器》，云南人民出版社2008年版。
⑦ 殷之彝：《山东益都苏埠屯墓地和"亚醜"铜器》，《考古学报》1977年第2期；山东省文物考古研究所、青州市博物馆：《青州市苏埠屯商代墓发掘报告》，《海岱考古》第一辑，山东大学出版社1989年版。

氏、仍氏器①，辽宁喀左北洞出土孤竹国器②，与王室书风相比，仍然未见明显差异。

西周王室文化的中心集中在周原、宗周与成周地区。王畿所见青铜器多为王室及王朝卿士、畿内贵族所作。长安普渡村长由墓③、张家坡井叔墓④、洛阳北窑西周墓⑤，以及周原、长安、临潼、宝鸡、眉县、蓝田等地重要窖藏与墓葬所出铜器，王器如𫗧簋、𫗧钟等，宗室器如天亡簋、何尊、大盂鼎、毛公鼎、虢季子白盘等，卿士贵族器如作册令方彝、史墙盘、曶鼎等，皆铭文典雅，表现出一致的风格，甚至青铜器的器形、纹饰及其组合特点也没有太大的差异，呈现出"郁郁乎文哉"的醇厚周风，成为西周文化的主流。

西周封国之器既有周室同姓诸侯，亦见异姓侯甸及受褒封之前代"圣王"胤嗣。出于周之宗室者若文王之昭、武王之穆及周公之胤，其器于传世及新出多有所见。如河南浚县辛村西周卫国墓地⑥、山西天马—曲村遗址北赵西周晋侯墓地⑦、河南平顶山西周应国墓地⑧、河南三门峡虢国墓地⑨、陕西韩城梁带村芮国墓地⑩，不一而足，其所出彝铭及传世所存诸国铜器，无不深受王室文化的影响。据《左传·定公四年》所载，鲁封伯禽于少昊之墟，卫封康叔于殷墟，皆启以商政，革其风俗；晋则封叔虞于夏墟，启以夏政。然西周三国文

---

① 冯时：《前掌大墓地出土铜器铭文汇释》，见中国社会科学院考古研究所《滕州前掌大墓地》，文物出版社2005年版。
② 唐兰：《从郑州出土的商代前期青铜器谈起》，《文物》1973年第2期；晏琬：《北京、辽宁出土铜器与周初的燕》，《考古》1975年第5期。
③ 陕西省文物管理委员会：《长安普渡村西周墓的发掘》，《考古学报》1957年第1期。
④ 中国社会科学院考古研究所：《张家坡西周墓地》，中国大百科全书出版社1999年版。
⑤ 洛阳市文物工作队：《洛阳北窑西周墓》，文物出版社1999年版。
⑥ 郭宝钧：《浚县辛村》，科学出版社1964年版。
⑦ 北京大学考古学系、山西省考古研究所：《1992年春天马—曲村遗址墓葬发掘报告》，《文物》1993年第3期；《天马—曲村遗址北赵晋侯墓地第二次发掘》，《文物》1994年第1期；山西省考古研究所、北京大学考古学系：《天马—曲村遗址北赵晋侯墓地第四次发掘》，《文物》1994年第8期；北京大学考古学系、山西省考古研究所：《天马—曲村遗址北赵晋侯墓地第五次发掘》，《文物》1995年第7期。
⑧ 河南省文物考古研究所、平顶山市文管会办公室：《平顶山应国墓地Ⅰ》，大象出版社2012年版。
⑨ 中国科学院考古研究所：《上村岭虢国墓地》，科学出版社1959年版；河南省文物考古研究所、三门峡市文物工作队：《三门峡虢国墓地（第一卷）》，文物出版社1999年版。
⑩ 陕西省考古研究所等：《陕西韩城梁带村遗址M19发掘简报》，《考古与文物》2007年第2期；陕西省考古研究院等：《陕西韩城梁带村遗址M27发掘简报》，《考古与文物》2007年第6期；陕西省考古研究所等：《陕西韩城梁带村遗址M26发掘简报》，《文物》2008年第1期。

字书风并无大异,足证三代文字一脉相承的发展轨迹。尽管伯禽封鲁曾"变其俗,革其礼"①,但其以夏变夷,且享天子之礼②,因此,其时之鲁国文字实际既体现着周文传统,同时更显示了对夏商文字的继承。

这种文字的一致性不仅表现在姬姓宗室及其封国的铜器,事实上,正像殷商王朝内外服与诸姓贵族之器呈现出相同的书风一样,西周边方侯伯与异姓族氏所作之器,其铭文同样具有相当的共性。如与周同姓之燕,姜姓之齐、纪、吕、申、许,子姓之宋,芈姓之楚,姒姓之杞、上曾(鄫),妫姓之陈,任姓之薛,嬴姓之秦,曼姓之邓,曹姓之小邾等,以及姞、姚、隗、妘、祁诸姓之器,不繁枚举,其中有些虽已追求风格的变化,但结构仍不失正统之周文。尽管齐自太公始封后"因其俗,简其礼"③,而西周早期的齐国金文也确实显现出一些不同于宗周的特点,但这种因俗而变的书体,比之晚周文字的结构异化却有着根本的不同。至于一些畿内或边方小国,如西土之戈、彊、密、弭等,北土之郾、柏(霸)等,东土之鄩、费、铸、逢、丰等,南土之黄、鄂、曾、息等,由于其历史悠久,对传统文字更当恪固所承。

与铭文风格几趋一致的现象不同,商周畿内之地与外服边方地区的青铜器所呈现的差异却十分明显,大致商代铜器以冀北、鲁北、晋中、关中、豫南、湖南和安徽地区较畿内及其邻近地区稍有差别,而晋西与陕东北、关中北部、汉中盆地、四川盆地及江西地区则具有较强的地方特色。西周铜器则以平顶山应国铜器、北赵晋国铜器、黄河下游的齐国、纪国铜器以及宝鸡彊国铜器、叶家山曾国铜器等稍具特征,而江苏镇江地区及安徽屯溪土墩墓则具有强烈的地方特色。这些现象所反映的考古学问题和古史问题,学者已有不同角度的探讨。

这种铭文风格的从同与器物形制的不同所表现的矛盾现象实际则是三代政治实行分封的客观反映。准确地说,如果王庭的势力足以强大到使其成为诸侯共主,那么文字由于具有着沟通人神意旨的宗教本旨,因而在统治者实现其王权统一的过程中便理所当然地充当了最重要的奠定王权与文治教化的工具。换句话说,侯伯对于王庭的臣服实际就意味着对其教命的服从,这种服从直接体现为对其发布教命的文字的认同。然而器物的形制和纹饰的设计

---

① 见《史记·鲁周公世家》。
② 《史记·鲁周公世家》:"于是成王乃命鲁得郊祭文王。鲁有天子礼乐者,以褒周公之德也。"裴骃《集解》引《礼记》曰:"鲁君祀地于郊,配以后稷,天子之礼。"
③ 参见《史记·齐太公世家》。

却不具有文字的意义,因而侯伯之器可以不同程度地保留异于王朝文化的地方特色。显然,文字较之器物的形制纹样,其重要性是不可比拟的。

东周金文及其铜器已逐渐表现出鲜明的地域特征,其时王室之器罕见,其势衰微,与西周以上之政治形势判然不同,外服诸侯与方伯所作之器随着王庭影响的强弱而或同或异,这意味着在东周金文分代研究的同时,分域研究十分必要。郭沫若著《两周金文辞大系》,于东周金文已经建立起分域体系。其于1934年所作序文称:

> 国别之器得国三十又二,曰吴,曰越,曰徐,曰楚,曰江,曰黄,曰鄀,曰邓,曰蔡,曰许,曰郑,曰陈,曰宋,曰鄋,曰滕,曰薛,曰邾,曰郜,曰鲁,曰杞,曰纪,曰祝,曰莒,曰齐,曰戴,曰卫,曰燕,曰晋,曰苏,曰虢,曰虞,曰秦。由长江流域溯流而上,于江河之间顺流而下,更由黄河流域溯流更上,地之比邻者,其文化色彩大抵相同。更综而言之,可得南北二系。江淮流域诸国南系也,黄河流域北系也。南文尚华藻,字多秀丽;北文重事实,字多浑厚,此其大较也。

英国学者叶慈(W. P. Yetts)曾将中国古代青铜器分为殷商、周、秦和淮式三期[1],在分代的基础上也已考虑了地域的不同。瑞典学者高本汉(B. Karlgram)稍早则持类似的看法[2]。而陈梦家于1945年更提出商周铜器依其地域特点分为中土、东土、西土、北土、南土五系的研究设想,试图进行文化系统的探讨,其具体意见是[3]:

中土系　商时期为商文化;西周时期为商和周的混合文化;东周
　　　　时期则受南土系文化的影响。
东土系　商和西周时期与中土系相同;东周时期受北方系和南方
　　　　系文化的影响。

---

[1] W. P. Yetts, The Exhibition of Chinese Art, *Burlington Magazine*, No. 68, 1936.

[2] B. Karlgram, The Exhibition of Early Chinses Bronzes, *Bulletin of the Museum of Far Eastern Antiquities*, No. 6, 1934.

[3] 陈梦家:《中国青铜器的形制》,《全美中国艺术学会年报》(*Archives of the Chinese Art Society of America*) 1945—1946年第1期;《中国铜器概述》,见氏著《海外中国铜器目录》,商务印书馆1946年版。

西土系　商和西周早期为周文化；西周中期和晚期为商和周的混合文化；东周时期为秦文化。
北土系　东周时期为燕、赵边疆文化
南土系　东周时期为楚、吴、越边疆文化

但就文字而论，东周金文风格多样，变化丰富，其别可大致划为六系，即：

周系、齐鲁系、三晋系、燕系、吴越徐楚系、秦系

各系之间的风格差异判然可明，而同系之中不同国属的文字风格实也不尽全同。秦居宗周故地，长期不与中原诸侯会盟，风气保守；而鲁行周礼，传统甚固。故两国文字风格最近西周文字的雅正之体。吴越徐楚系文字既见脱胎于古朴凝重的西周文字的精文巧刻，也流行极富装饰性的鸟虫书与蚊脚书，甚至影响了周边的蔡、曾、宋、齐等地。郭沫若指出："东周而后，书史之性质变而为文饰，如钟镈之铭多韵语，以规整之款式镂刻于器表，其字体亦多作波磔而有意求工。又如齐国差瞻亦韵语，勒于器肩，以一兽环为中轴而整列成九十度之扇面形。凡此均于审美意识之下所施之文饰也，其效用与花纹同。中国以文字为艺术品之习尚当自此始。"① 文字自起于远古，乃为统治者所擅有，非寻常人所能近，至东周而用繁流广，甚至委以工匠之手而"物勒工名"，致风格多变，实势所必然。

三　分域研究的方法及意义

理想的分域研究，其基础首先在于明确器物的出土地点，并进而通过铭文内容以确定器物的国别族属，而铭文与出土地的相互印证，有助于直接解决古代国族的历史地理问题，从而使铭文与铜器的分域研究成为可能。准确地说，在国别族属明确的基础之上，分域研究才不致流于空泛的区域文化的比较，而可能有针对性地探讨不同国族的文化特点以及其相互间的文化影响，这个工作实际已将单纯的文字研究纳入考古学的研究范畴，使金文的研究方法与研究视野都得到极大拓展。

---

① 郭沫若：《周代彝铭进化观》，见氏著《青铜时代》附录，人民出版社1954年版。

第七章 金文研究

对器物出土地的记载，自宋代以来不绝于录。欧、赵诸书著录金石，详于时而阙于地，遂有分地记载之作相继出现。宋王象之《舆地碑记目》，陈思《宝刻丛编》，皆统载分域；田概《京兆金石》，则专记一地。入清如毕沅《中州金石记》、《关中金石记》，阮元《山左金石志》、《两浙金石志》，翁方纲《粤东金石略》，谢启昆《粤西金石略》等，专记一省一隅，颇负盛名。而于金文之分域著录，刘喜海《长安获古编》，曾毅公《山东金石集存》，皆极著称。至于金文分域之统览著作，则有柯昌济之《金文分域编》。柯氏于1930年所作自叙云：

> 金石目录之以舆地分编，宋王象之《舆地碑记》、陈思《宝刻丛编》等书始开其端，至清代各省郡县金石志记，作者无虑数十家，然各书所载，往往于石刻偏详，而于金文多略，良以此类转徙无常，难存易毁，不比石文之可以跬步搜访。况其出土所在亦非是处可有，综海内计之，不过豫之洛中、邺下，陕之岐山、宝鸡，鲁之临淄、曲阜，晋之浑源、大同，冀之易州、曲阳等数处。又自非洽于见闻，精于鉴识者，殆难知其绪略，是以难也。窃又谓彝器锈色之审辨，形制之区别，花纹之类例，坑地之位置，苟能精为掔讨，其所发明亦不在考证款识文字下，是宜有专门纂述，以资研究。而其体要，则似应以分域为先。

这些论述始开金文分域研究之先河，显示出柯氏对于金文及其铜器分域研究的卓越见识。此后，陈槃著《春秋大事表列国爵姓及存灭表譔异》（1969年）及《不见于春秋大事表之春秋方国稿》（1970年），结合具铭铜器以考列国史地。1983年，中国社会科学院考古研究所编有《新出金文分域简目》，则是对柯氏工作的继续。而日本学者樋口隆康之《西周铜器の研究》（1963年），白川静之《金文通释》卷五（1975年），皆辟专章考察金文之分域问题，成绩斐然。

随着中国考古学的发展，各地出土明确的具铭商周青铜器蔚为可观，为分域研究积累了大批时代与国属明确的标准器及标准器群，成为商周青铜器及金文分国研究的重要资料。如殷墟各地不同族氏铭文的发现，可助探讨畿内族氏的分布，并据此结合与外服同族遗物的比较，研讨二者的关系，从而不仅可以在根本上重建各国族文化的传统，而且直接关乎三代政治制度与封建体系的研究。举例而言，据三代封建之制，凡王室重臣之封，或以元子世之，而次子则留居畿内以相王室而守续家祀。如周公封鲁，即以其长子伯禽就封，次子君陈则继为周公而留于畿内，以相王室①。而召公封燕，则以长子克就封②，次子亦留相王室而继为召公③。孔颖达《毛诗正义》引郑玄《诗谱·周南召南谱》云："周公封鲁，死谥曰'文公'；召公封燕，死谥曰'康公'。元子世之。其次子亦世守采地，在王官。春秋时周公、召公是也。"所言甚明。准此则可为商周时代内外服族氏关系的研究提供启示。如卜辞及金文"亚"乃为小宗之称，殷墟花园庄东地54号墓广见"亚长"铜器④，地在大邑商之内；而河南鹿邑太清宫发现西周初年的长子口墓⑤，乃商周长国之迹⑥，地属外服，其与内服所见"亚长"之关系即颇值得探讨。不啻如此，这个工作事实上涉及其他畿内"亚某"与外服相同族氏铜器及其文化的研究，其意义自非浅鲜，具体问题留待第七节再做讨论。

古文字学与考古学的结合对于探讨古代国族地望至关重要，这不仅是金文及青铜器分域分国研究的基础工作，而且对于历史地理问题的最终解决，这种结合甚至提供了唯一有效的手段。如有关西周晋国始封地的问题，自古以来即有不同说法。《左传》以为晋始封于夏墟⑦，司马迁则指

---

① 《史记·鲁周公世家》："封周公旦于少昊之虚曲阜，是为鲁公。周公不就封，留佐武王。……其后武王既崩，……于是卒相成王，而使其子伯禽代就封于鲁。……周公卒，子伯禽固已前受封，是为鲁公。"司马贞《索隐》："周公元子就封于鲁，次子留相王室，代为周公。"
② 陈平：《克罍、克盉铭文及其有关问题》，《考古》1991年第9期；《再论克罍、克盉铭文及其有关问题》，《考古与文物》1995年第1期；《燕史纪事编年会按》，北京大学出版社1995年版。
③ 《史记·燕召公世家》："召公奭与周同姓，姓姬氏。周武王之灭纣，封召公于北燕。"司马贞《索隐》："后武王封之北燕，在今幽州蓟县故城是也。亦以元子就封，而次子留周室代为召公。至宣王时，召穆公虎为其后也。"
④ 中国社会科学院考古研究所：《安阳殷墟花园庄东地商代墓葬》，科学出版社2007年版。
⑤ 河南省文物考古研究所、周口市文化局：《鹿邑太清宫长子口墓》，中州古籍出版社2000年版。
⑥ 关于长子口墓主，学者或以为微子续殷祀之遗，或以为即周初宋国遗迹，或以为与微子无涉。参见王恩田《鹿邑太清宫西周大墓与微子封宋》，《中原文物》2000年第4期；张长寿《商丘宋城与鹿邑大墓》，《揖芬集——张政烺先生九十华诞纪念文集》，社会科学文献出版社2002年版；松丸道雄《河南鹿邑县长子口墓をめぐる诸问题》，《中国考古学》第四号，2004年；林沄《长子口墓不是微子墓》，《黄盛璋先生八秩华诞纪念文集》，中国教育文化出版社2005年版。
⑦ 《左传·昭公元年》："昔高辛氏有二子，伯曰阏伯，季曰实沈，居于旷林，不相能也，日寻干戈，以相征讨。后帝不臧，迁阏伯于商丘，主辰，商人是因，故辰为商星。迁实沈于大夏，主参，唐人是因，以服事夏商。其季世曰唐叔虞。当武王邑姜方震大叔，梦帝谓己：'余命而子曰虞，将与之唐，属诸参，而蕃育其子孙。'及生，有文在其手曰虞，遂以命之。及成王灭唐，而封大叔焉，故参为晋星。"《左传·定公四年》："分唐叔以大路、密须之鼓、阙巩、沽洗，怀姓九宗，职官五正。命以《唐诰》而封于夏墟，启以夏政，疆以戎索。"

第七章 金文研究

为河、汾之东①。但自班固《汉书·地理志》首次提出晋始封于太原晋阳之说以后，学者多从其说，及唐张守节作《史记正义》，提出晋始封之地乃于绛州翼城县西二十里②，却始终不被重视。近三十年，山西翼城与曲沃两县间的天马—曲村遗址发现布局严整的西周晋侯墓地，出土彝铭已见自叔夨（虞）至叔家父的九代晋君③，至少可以重建殇叔以前的完整世系，使聚讼两千年的晋始封地问题迎刃而解④。

郜乃东方之国⑤，鲁襄公十三年（公元前560年）灭于鲁。《春秋经·襄公十三年》："夏，取郜。"杜预《集解》："郜，小国也。任城亢父县有郜亭。"于今山东济宁南五十里。然1995年在济南长清仙人台遗址发现西周晚期至春秋时期的郜国贵族墓地⑥，出土多件郜国具铭铜器，为郜国地望的解决提供了直接证据。结合叔夷钟铭"征秦遂齐，入长城，先会于平阴，武侄寺（郜）"的记载，知郜之所在正于今长清一带。战国之平阴居齐长城北，郜更在其北，地望正合。其时郜虽覆灭，但地名犹存。

分域研究需要以分代作为标准，相同年代背景下的区域比较与国族比较才可能发现文化的影响。分域研究又必须建立地域与国族的系统，相同国族于不同时代的梳理才可能发现文化的传承与演变。分域研究还需要对古代文字、遗物乃至古代遗迹现象做综合的考察，如此才可能廓清文化发展的不均衡性，从而真正重建某一地域或某一国族的文化。

---

① 《史记·晋世家》："于是遂封叔虞于唐。唐在河、汾之东，方百里，故曰唐叔虞。"
② 《史记·郑世家正义》："《括地志》云：'故唐城在绛州翼城县西二十里。徐才《宗国都城记》云："……至周成王时，唐人作乱，成王灭之而封太叔。"'《地记》云：'唐氏在大夏之墟，属河东安县。今在绛城西北一百里有唐城者，以为唐旧国。'然则叔虞之封即此地也。"
③ 北京大学考古学系、山西省考古研究所：《1992年春天马—曲村遗址墓葬发掘报告》，《文物》1993年第3期；《天马—曲村遗址北赵晋侯墓地第二次发掘》，《文物》1994年第1期；山西省考古研究所、北京大学考古学系：《天马—曲村遗址北赵晋侯墓地第四次发掘》，《文物》1994年第8期；北京大学考古学系、山西省考古研究所：《天马—曲村遗址北赵晋侯墓地第五次发掘》，《文物》1995年第7期；上海博物馆：《晋国奇珍》，上海人民美术出版社2002年版；孙庆伟：《从新出戜甗看昭王南征与晋侯燮父》，《文物》2007年第1期；李伯谦：《楙马盘铭文考释》，《古代文明研究通讯》总第三十四期，2007年9月。
④ 邹衡：《晋始封地考略》，《尽心集——张政烺先生八十庆寿论文集》，中国社会科学出版社1996年版。
⑤ 郜伯鼎铭云："郜伯肇作孟妊膳鼎。"郜伯甗铭云："郜伯作□仲姬羞甗。"此皆非媵器，乃郜伯为其妻所作之器，可明郜与妊、姬二姓互为婚姻。学者或以郜为任姓，或为姬姓，不可据。
⑥ 山东大学考古系：《山东长清县仙人台周代墓地》，任相宏：《山东长清县仙人台周代墓地及相关问题初探》，并见《考古》1998年第9期。

第七节　族氏铭文研究

一　国、族、氏的区分

古制以男子称氏，西周婚俗同姓不婚，故女子始称姓。姓之形成源于母系氏族之图腾崇拜，如商人以玄鸟为图腾而有"子"姓，羌人以羊为图腾而有"姜"姓。至于史称黄帝以姬水成而有"姬"姓，炎帝以姜水成而有"姜"姓，以姓成于地理，本末倒置，体现了晚世以姓为氏的传统，并不能反映古姓起源的本质。故古文字所见古代之姓，其字多从"女"为意符，若姬、姜、嬴、妘、姚、媿等，仍可见其起于母系氏族社会之痕迹。而女子必称姓，意在表明其血缘所自出，以求厘清婚姻之畛域，此乃先民原始婚姻生育观的朴素反映。相较而言，氏的来源则相对复杂，或出国邑，或出采地，或出族类，或出官爵，或出名字，或出行次，或出技事，或出德谥①，不一而足。综而观之，主要则有四个来源。《左传·隐公八年》："胙之土而命之氏。"此以国为氏。《公羊传·成公十五年》："孙以王父字为氏。"此以祖先名字为氏。《白虎通义·姓名》："所以有氏者何？所以贵功德，贱伎力。或氏其官，或氏其事，闻其氏即可知其德，所以勉人为善也。"此以官、事为氏。故氏之起源显在母系制度之后，姓乃先见，氏则后出。是男子名氏仅在表明其社会身份的高下，与女子称姓以明婚姻的意义根本不同。

古代之氏实即宗族名号，换句话说，上古以父系血缘关系为纽带所形成的族，其族名也就是氏名。《左传·定公四年》记周初分鲁公以"殷民六族：條氏、徐氏、萧氏、索氏、长勺氏、尾勺氏"，又分康叔以"殷民七族：陶氏、施氏、繁氏、锜氏、樊氏、饥氏、终葵氏"，皆为明证。因此，氏的来源虽然丰富，但以氏所构成的族却是氏之形成的基本单位。事实上，父系氏族与更早的母系氏族迥异，它不仅表现为一种以男性为中心的血缘宗族，而且更关键的是，宗族的命名已完全摆脱了母系氏族以图腾名族的传统，从而使族名的来源更为复杂。事实上，这种族名来源的复杂其实也就意味着氏名来源的复杂。

古代族氏历史悠久，其或形成于远古，或当文字之初创时期。由于文字

---

① 参见郑樵《通志·氏族略》。

起源于象形，故其时以文字名族，族名用字也就必然呈现出图画化的古朴形式。然而至商周时期，文字虽然早已脱离了依类画物的原始阶段，而发展为具有点画形式的符号，但古人敬宗追远的独特心理却促使他们在记录自己族氏的时候，仍然使族名用字尽量保持其原始的面貌，不随文字的进化风尚而改变，从而以此彰显其族氏的古老。商周金文中的族氏铭文皆呈古拙逼真的图画之风，明显可见其源于象形的造字初貌，即是这种文化心理的反映。况且这类族氏文字常常仅与名词构成极简略之书面语，而全无动词作为不同名词之间的联络，因此从文字及词汇发展的角度考虑，也足以证明族氏文字历史的悠久。事实上，族名作为氏之形成的重要来源，宗族的古老也就决定了氏的古老，这当然也暗示了专为名族的族氏文字的古老。

商周金文有关族氏的材料相当丰富，由于这些文字颇为象形，绝类图画，故学者或称之为"图画文字"或"图形文字"。然而因这类文字多铭简意赅，行款无定，形式古拙，图形毕肖，以致长期以来，对它们的性质一直未能有正确的了解。宋人虽以其实属文字，但据形推意，往往臆为之说。清吴大澂作《说文古籀补》，其凡例称："古器中象形字如牺形、兕形、鸡形、立戈形、立旂形、子执刀形、子荷贝形之类，概不采入。"似即视其非属文字。而沈兼士则以此即所谓"文字画"，为文字产生之前的表意图画，并非形、音、义俱备之文字[1]，影响最大。然而从逻辑上讲，"文字画"只是先民在文字尚未形成时用为意思表达的符徵，并不属于文字，但铭文中的此类所谓"图形文字"却常常与文字共同使用而构成书面语，其具有文字的性质是显而易见的。因此沈氏的设想并不能提供解决"图形文字"问题的可行方法。

1930年，郭沫若作《殷彝中图形文字之一解》，首次指出这些图形文字不仅是文字，而且其性质实即古代国族之名号，盖所谓"图腾"之孑遗或转变，或即名之曰"族徽"。他并结合金文和卜辞资料，考证金文常见的"🏺"、"🏺"、"🏺"三字皆系殷周时代的族名[2]。这一创见正确地指出了图形文字的性质，其作为汉字，更多地保留了原始的古体形象[3]。而殷周先民用以名族，其用意不仅是为表示族氏的古老，同时也体现了恪守传统的文化心理。

---

[1] 沈兼士：《从古器款识上推寻六书以前之文字画》，《辅仁学志》第一卷第一期，1928年。
[2] 郭沫若：《殷周青铜器铭文研究》，科学出版社1961年版。
[3] 高明：《"图形文字"即汉字古体说》，《第二届国际中国古文字学研讨会论文集》，香港中文大学中国语言及文学系，1993年。

既然图形文字的主体乃是古代国族的名号，那么这些标识族名的图形文字也便可以称为族氏铭文。事实上，族氏铭文的内容并不单纯，古人名族的复杂性决定了其族氏铭文的复杂性，其中既有国名，也有族名，古人于国、族往往不分，故族名有时就是国名；族下又有分族类醜，宗族更有大宗小宗；同时在以族为氏的传统中，族名实际就是氏名①；当然，若宗子作器而以族称氏，则氏名又可作为人名。尽管古人于国、族不分，一族或即一国，而人名承其族氏，致氏名人名也常有混淆，遂以国、族、人三者可通为观之，但族氏铭文所具有的层次差异，仍需我们在研究族氏铭文时必须认真地加以分别。

　　商代金文曾见"须句"合文（图7-1，1），郭沫若首揭其义②。须句为古国名。《左传·僖公二十一年》："任、宿、须句、颛臾，风姓也，实司大皞与有济之祀，以服事诸夏。邾人灭须句。须句子来奔，因成风也。成风为之言于公曰：'崇明祀，保小寡，周礼也；蛮夷猾夏，周祸也。若封须句，是崇皞、济而修祀、纾祸也。'"杜预《集解》："须句，在东平须昌县西北。"即今山东东平东南。《春秋经·僖公二十二年》："二十有二年春，公伐邾，取须句。"

图 7-1
1. 须句彝（《三代》6.4.5）
2. 亡冬戈（《集成》10881）

　　商代金文又有"无冬"合文（图7-1，2），裘锡圭释为"无终"③。《左传·襄公四年》："无终子嘉父使孟乐如晋，因魏庄子纳虎豹之皮，以请和诸戎。"杜预《集解》："无终，山戎国名。"《左传·昭公元年》："晋中行穆子败无终及群狄于大原。"杨伯峻《注》："疑本在今山西太原市东，后为晋所并，迁至今河北涞源县一带，又奔于今蓟县治，最后被逼至张家口市北长城以外。"

　　须句、无终非华夏正统，但其国族皆取汉字以书名号，书体古老，不仅显示出文字作为王庭教命的独特意义，而且也体现了不同族氏对商周王庭的认同。

　　商代金文又见孤竹国名。《国语·齐语》：桓公"遂北伐山戎，刜令支，

---

① 林沄：《对早期铜器铭文的几点看法》，《古文字研究》第五辑，中华书局1981年版。
② 郭沫若：《释须句》，《金文丛考》，人民出版社1954年版。
③ 裘锡圭：《释"无终"》，《裘锡圭学术文化随笔》，中国青年出版社1999年版。

斩孤竹而南归"。韦昭《注》："二国，山戎之与也。刜，击也。斩，伐也。令支，今为县，属辽西，孤竹之城存焉。"徐元诰《集解》："令支，令一作泠，又作离，古伯夷之封国。"此役载于《春秋经·庄公三十年》，文云："齐人伐山戎。"刘文淇《春秋左氏传旧注疏证》："《齐世家》北伐山戎、离枝、孤竹；《管子·小问篇》桓公北伐孤竹，未至卑耳之豁十里；《韩非·说林上》管仲、隰朋从于桓公而伐孤竹。统上论之，皆即此年之役也。"《史记·伯夷列传》："伯夷、叔齐，孤竹君之二子也。"《汉书·地理志》辽西郡令支县下"有孤竹城"，师古《注》引应劭曰："故伯夷国。"《史记·周本纪》："伯夷、叔齐在孤竹，闻西伯善养老，盍往归之。"张守节《正义》引《括地志》："孤竹故城在平州卢龙县南十二里，殷时诸侯孤竹国也，姓墨胎氏。"又《殷本纪》谓子姓有目夷氏，"目夷"实即墨胎，是为子姓故族。1973年，辽宁喀左北洞一号坑出土一件商代晚期涡纹铜罍，铭文为"孤竹亚微父丁"，证明了商代孤竹国存在的事实①。

二 "亚"的含义

族有分族，此或涉及族氏铭文的"亚"字。甲骨文和金文习见"亚"称，或与官名、族氏相缀，其确切含义，学者意见分歧。归纳起来，主要有如下说法。

1. 庙室说

《宣和博古图》卷一载亚虎父丁鼎，王黼云："亚形内著虎象。凡如此者，皆为亚室。而亚室者，庙室也。庙之有室，如《左氏》所谓宗祐，而杜预以谓宗庙中藏主石室者是也。"薛尚功《历代钟鼎彝器款识法帖》卷一论虎父丁鼎铭说同。承宋人之见，清季及以后学者又多以"亚"与宗室有关。如徐同柏以"亚"象庙室墙垣四周形②；孙海波谓"亚"训宫室③；屈万里以"亚"为宗庙藏主之所④；吴子苾则谓"亚"乃"堊"之本字，乃以灰堊墙⑤。

---

① 唐兰：《从河南郑州出土的商代前期青铜器谈起》，《文物》1973年第10期；李学勤：《试论孤竹》，《社会科学战线》1983年第2期。
② 徐同柏：《从古堂款识学》卷十三，清光绪三十二年（1906年）蒙学报馆石印本，第21页。
③ 孙海波：《甲骨文录》，河南通志馆1938年版，第23页。
④ 屈万里：《殷虚文字甲编考释》，历史语言研究所1961年版，第400页。
⑤ 吴荣光：《筠清馆金文》卷二，清道光二十二年（1842年）自刻本，第52页。

2. 明堂说

高田忠周以"亚"象大室四隅有夹墙之区画。其谓："又按《考工记》世室解曰：'四旁两夹，窗，白盛。'俞曲园云：按夹字绝句。四旁者，堂之四旁也。堂基方二十八步，而中央大室方十四步，则堂之四旁各方七步。此方七步者，在东堂为南，在南堂为东，在南堂为西，在西堂为南，在西堂为北，在北堂为西，在北堂为东，在东堂为北，是为四旁两夹，以其夹于两堂，不可属之于堂，故为窗，白盛以隔之。白盛者，以蜃灰垩墙也，然则垩亦亚字转义耳。"① 而张凤宗其说，亦以"亚"为明堂之象②。此说实也承宋人以"亚"为庙室之见。

3. 庌庑说

林义光《文源》云："壺为宫中道，……则亚当为庌之古文，庑也，象形。亚、庌古同音。"王献唐则以"亚"象宫道③。

4. 家字说

马叙伦《读金器刻词》云："亚者，家之初文，辛巳彝'王饮多亚'，多盖人名，'王饮多亚'即王饮多家也。"何金松则谓"亚"字乃母系家族房屋平面的象形④。

5. 火塘说

朱芳圃《殷周文字释丛》云："亚，火塘也。象形，原始社会有祀火之俗，于室之中央砌一亞形之塘，燃火其中，昼夜不息，视为神圣之所，无敢跨越。现今西南兄弟诸族，遗俗尚存，可资参证。故亚为殷代亚彝中习见之图铭，盖所以象征祖先之神所凭依也。"

6. 两己相背或两弓相背说

阮元《积古斋钟鼎彝器款识》卷一云："古器作亚形者甚多，宋以来皆谓亚为庙室。钱献之以为亚乃古黻字，两己相背，取黻冕相继之义。元谓黻与黼同为画绘之形，黼形象斧明矣，两己相背，己何物焉？盖亞乃两弓相背之形，言两己者，讹也。"

7. 社主说

李白凤《东夷杂考》云："'亚'实'社'之图象字，其四出者为阼阶，中高平者乃'墠'，乃'主'之所在；是以'社'之图象与'亚'

---

① 高田忠周：《古籀篇》卷一，古籀篇刊行会1925年影印本，第12—13页。
② 张凤：《图像文字名读例》，《说文月刊》第一卷，1939年，第190—192页。
③ 王献唐：《黄县曩器》，山东人民出版社1960年版，第87页。
④ 何金松：《释亚》，《中国语文》1983年第2期。

同。凡职司'亚'（社）者其官恒称'亚'，世职者乃以此为其族徽，盖初民本无姓氏，后乃因官而得姓也。"

8. 隅角说

于省吾以为："《么些象形文字字典》：'方隅或角落作㗊。'这对于我们理解亚字有很大启发。……商器作父己觯亚中示的亚字作㗊，又左钲亚中甿的亚字作㗊，均和么些文的㗊字相仿。"又以"亚"与"阿"通，典籍每训阿为曲隅，正与"亚"为方隅或角落之义相符。则"亚"字当象隅角之形①。

9. 签押说

顾实《秦书八体原委》以为"亚"、"押"古通，如署名签押。

10. 界画说

此说首出于王国维。郭沫若《殷彝中图形文字之一解》云："自宋以来对此亚字形复多作神秘之解释。……今知亚形中字大抵乃氏族称号或人名，则此亚形者不过如后人之刻印章加以花边耳。……其为单纯之文饰毫无疑义。"②

11. 墓穴说

周法高曰："高去寻《殷代大墓的木室及其涵义之推测》（《中央研究院历史语言研究所集刊》第三十九本）'推断殷代大墓亚形木室可能是明堂宗庙的象征性建筑'。可见金文中之亚形亦可能象征明堂宗庙之形，同时亦为大墓之形。"③

12. 爵位说

容庚《武英殿彝器图录》引唐兰云："亚"为爵称，齲簋的"诸侯大亚"，辛巳彝的"王畬多亚"，《铁云藏龟》的"多亚"以及《尚书·牧誓》、《酒诰》、《立政》、《诗·周颂·载芟》的一些亚名，其与诸侯之称相似，故金文亚形，当是作器者自署爵称。而丁山更以"亚"为内服诸侯④。

13. 官职说

郭沫若以为："殷有官职曰亚，周人沿袭其制。《周颂·载芟》'侯主侯伯，侯亚侯旅'，《书·牧誓》'亚、旅、师氏'，又《酒诰》'百僚庶

---

① 于省吾：《释亚》，《甲骨文字释林》，中华书局1979年版。
② 郭沫若：《殷周青铜器铭文研究》，科学出版社1961年版，第19页。
③ 周法高：《金文诂林补》卷十四，历史语言研究所1982年版。
④ 丁山：《甲骨文所见氏族及其制度》，中华书局1988年版，第44—51页。

尹，惟亚惟服'。"① 斯维至则以卜辞及金文的"多亚"犹言多臣、多射，以"亚"必是职官②。而陈梦家更指"亚"为武官③。

14. 婚娅说

罗振玉《殷虚书契考释》卷中云："《尔雅》'两壻相谓曰亚'，正谓相类次也。"

以上诸说，有些误释字形，如两己或两弓相背说、庌庑说、隅角说；有些误读铭文，如家字初文说；有些缺乏汉字起源背景的考古学证据，如社主说、火塘说；有些则与铭文资料存在抵牾，如签押说、界画说、婚娅说。而明堂庙室说虽与字形最近，但何以宗庙祭器于"亚"字或铭或否，则不免自相矛盾。况明堂、墓穴所呈"亚"形只能反映其字形的来源，却并不能以此解释"亚"字于铭文中的具体含义。王献唐于此曾有驳论，其《黄县⿱己其器》云：

> 金文把亚形用在族徽有何取义？如说为押记，既已有了族徽，便等于押记，何需重复？如说为印章的花边，有些族徽，并不写在亚内而在亚外，⿱己其器就有这种例子，难道印章有单刻一个花边的么？传世诸器族徽中，有全部不加亚形的，有大部分加的，有少数加的。既然可加可不加，似乎有无皆无关系。但如《西清古鉴》诸书著录一亚鼎，只作亚形，并无它字，哪能随便铸上一个毫无关系的亚形为记？同时各族徽中，有很多亚字，单独占一地位，不把族徽包含在内，并且不相联系，⿱己其器也有这种例子。若是毫无意义，何必这样任意一加？偶见尚可托词，多则无以为解。加是一定有作用的，可能为一种特殊身份的标记。

至于唐兰所谓之爵位说，王氏也有评论：

> 如果这样，现在⿱己其器的⿱己其族徽识，就是它的反证。因为⿱己其国名为侯爵，且把⿱己其侯二字写在亚内，并不是什么相似与否。《牧誓》文曰："王曰：嗟！我友邦家君御事：司徒，司马，司空，亚旅……。"过去把"御事"二字，依伪孔《传》不连上读，实当合为一句。御训治，

---

① 郭沫若：《殷契粹编考释》，第1178片，日本东京文求堂1937年石印本。
② 斯维至：《两周金文所见职官考》，《中国文化研究汇刊》第七卷，1947年。
③ 陈梦家：《殷虚卜辞综述》，科学出版社1956年版，第508—511页。

先总呼一句说：我友邦冢君的治事者，下分举其名，为司徒、司马等等；否则"御事"不是职官名，哪能和他们并列？这就看出亚为"友邦冢君"的属下，显然不是甚么爵称能和诸侯地位相比，相比，就成了"友邦冢君"了。

《牧誓》篇以"亚、旅"连称，《立政》篇："……司徒、司马、司空、亚、旅……"句法与同。《诗·载芟》篇："侯亚侯旅。"亚、旅对举。这个旅，并不是甚么爵称，由连称对举句法，推知亚也不是爵称。

官职说虽是目前最为学者接受的意见，但此说同样存在矛盾。其一，"亚"属何官，文献无载。陈梦家以其为武官，证据并不充分。其二，铭文时有"亚"与某官并见之辞，如亚䍐鼎铭云：

亚䍐宝父癸宅于川。册巫。 《集成》2427

"册"为史官，或即"作册"之省。"亚"与"册"并举，知其既非官名，更非武官。且商周官制以两僚执政，"册"属太史僚而为世官，与武官无涉。又殷墟西区1713号墓出土亚鱼所作的一组六器①，铭文分别云：

辛卯，王锡寝鱼贝，用作父丁彝。　　寝鱼簋、爵（器）
亚鱼。　　寝鱼爵（盖）
壬申，王锡亚鱼贝，用作兄癸尊。在六月，唯王七祀翼日。
　　　　　　　　　　　　　　　　　　　　　　　亚鱼鼎
亚鱼父丁。　　亚鱼爵（二件）

对读诸器铭文可知，器主鱼实以寝为官，即管理宫寝者。《左传·哀公十八年》："寝尹、工尹勤先君者也。"则殷商之寝或即春秋之寝尹②，知同时出现之"亚"显非官名。况"亚"与册、寝并见，如为官名，职也不同。故甲骨文、金文"亚"并非官名，于铭文资料可获确证。

《说文·亚部》："亚，丑也。象人局背之形。贾侍中说以为次第也。"

---

① 中国社会科学院考古研究所安阳工作队：《安阳殷墟西区一七一三号墓的发掘》，《考古》1986年第8期。

② 张亚初：《商代职官研究》，《古文字研究》第十三辑，中华书局1986年版。

许慎以"亚"象人局背之形，乃据秦篆臆解，但训"亚"为醜，当承古说。"亚"有两义，一训醜，一训次，彼此关联。王献唐云："亚训醜是对的，许君必在故书中见到这种解释，才有此说。不过醜字含有数义，一为醜陋，一为醜众（《尔雅·释诂》：'醜，众也'）。用醜陋训亚，亚是恶的借字（亚、恶古通借。《诅楚文》'亚驼'，《礼记》作'恶池'；《史记·卢绾传》'亚谷'，《汉书》作'恶谷'）；用醜众训亚，亚便是徒的借字。一个字因假借引申，尝有几种解释，用这一个字训那一个字，也尝带去几种解释，亚醜便是这样。许君只把第一义释说亚形，又不知道它是借字，才造为'象人局背'之说。现在是用第二义来解说它的，以醜证亚，以众证醜，音合义合，断然无疑。"① 这些解释几乎触及了问题的本质。事实上，"亚"以次为本义，又引申为醜众，而亚次之义则源于其字形所具有的深层文化内涵。

"亚"字本作"亞"，乃五方之象，这个形象显然来源于一种独具特色的宇宙观。先民对于宇宙的朴素认知是天圆地方，然而，尽管天圆的概念很容易源自先民对于客观世界的观察，但同样的感受却无法获得地呈方形的认知。事实上，方形大地的观念得益于古人圭表致日的活动，他们首先通过二绳（子午、卯酉）以确定五方（东、西、南、北、中），进而通过对二绳的积累而使其平面化，构成五位，形成"亚"形。因此，"亚"形其实正是古人最早认知的大地的形象。而这种积累二绳的工作如果无休止地继续下去，势必会将"亚"形所缺的四角补齐，使"亚"形逐渐成为方形，从而最终完成天圆地方理论的建构②。

"亚"既本诸大地的形象，所以亚形施用于墓葬及相关礼仪性建筑，目的则在于通过这些筑作形式以表现其所具有的宇宙观与政教观。如墓穴设计为亚形，则在以象征大地的墓穴再现现实世界，从而表现灵魂升天的宗教思想；而明堂设计为亚形，则在以五方大地的形式作为君王教命天下的象征。因此，这些礼制建筑虽具亚形，但与甲骨文、金文"亚"字的含义并不相同。

"亚"象大地，且从天地形成的次序讲，古人则以天先成而地后定③；

---

① 王献唐：《黄县𦣞器》，山东人民出版社1960年版，第89页。
② 冯时：《中国天文考古学》第八章第二节，社会科学文献出版社2001年版；《上古宇宙观的考古学研究——安徽蚌埠双墩春秋锺离君柏墓解读》，《历史语言研究所集刊》第八十二本第三分，2011年。
③ 参见《淮南子·天文》。

第七章　金文研究

且从天地高下的地位而言，古人又以天尊而地卑①。因此基于这样的宇宙观，象征卑位大地的"亚"字便自然被赋予了"次"的意义。而将这一意义应用于宗族，则处于卑位的庶亚次于嫡长，其数且众，于是"亚"又有了亚醜庶众的意义。《左传·定公四年》："分鲁公以大路、大旂，夏后氏之璜，封父之繁弱，殷民六族，條氏、徐氏、萧氏、索氏、长勺氏、尾勺氏，使帅其宗氏，辑其分族，将其类醜，以法则周公。"杜预《集解》："醜，众也。"由此可知，古训亚醜之"醜"实谓类醜②，乃小宗之称。《诗·周颂·载芟》："侯主侯伯，侯亚侯旅，侯彊侯以。"毛《传》："主，家长也。伯，长子也。亚，仲叔也。旅，子弟也。"明确以为"亚"即小宗。准此，则金文与族氏合缀之"亚"本指小宗自明③。

"亚"具亚次之义，其于官制，言"亚"者皆当副贰之称，如殷官"马亚"应即武官副职，相当于《周礼》之小司马。《尚书·酒诰》："越在内服，百僚庶尹、惟亚惟服宗工越百姓里居。"西周作册令方彝铭云："舍三事命，眔卿事僚，眔诸尹，眔里君，眔百工。"两文对读，知《酒诰》之"百僚"即卿事僚，"庶尹"即诸尹，"百姓里居"即里君，"宗工"即百工，其中"尹"为官长，则"惟亚惟服"显即百僚庶尹之副贰及从事。"亚"训亚次，"服"训从事，故亚服实皆从官。

"亚"字用及宗族则指小宗，铭文资料已有明证。前揭亚鱼诸器，鼎铭记鱼为其兄（兄癸）作器而称"亚"，与簋铭记鱼为其父（父丁）作器而称寝官不同，"亚"的含义显指鱼在宗族中相对于其兄的尊卑地位而言，鱼位卑而称"亚"，应系小宗。殷器亚登觚铭云：

亚登兄日庚。

登对其兄庚称亚，显亦小宗。又殷器亚醝（移）季组器铭云：

季作障彝。亚醝（移）。　　季甗、簋、尊、卣
季作兄己障彝。亚醝（移）。　　季鼎

---

① 参见《易·系辞上》。
② 参见高鸿缙《中国字例》，广文书局1960年版，第116页。
③ 冯时：《殷代史氏考——前掌大遗址出土青铜器铭文研究》，《古文字与古史新论》，台湾书房出版有限公司2007年版。

季为其兄己作器而称亚，为小宗自明。况季或以行字为氏，也知其非为嫡长。又殷器者姒爵铭云：

　　者（诸）姒（妃）以大子障彝。亚醯（移）。

诸本祝融八姓中的彭姓之诸①，亚醯（移）则其支庶。此诸妃为大宗作器以赠之，故依夫氏名亚，以示其属小宗。殷末周初聽簋铭云：

　　辛巳，王饮多亚，耵（聽）就逦（丽），锡贝二朋，用作大子丁。
　　耵頵。

聽就王饮，自在多亚之列②，其与"大子"相对，故大子为嫡长，则多亚为小宗。西周臣谏簋铭云：

　　唯戎大出于軝，邢侯搏戎，延命臣谏□□亚旅处于軝，从王□。臣谏曰："拜手稽首。臣谏□亡母弟，引（矧）墉（拥）又（有）长子□，余弁（併）皇辟侯，命韖服。"

"母弟"即同母胞弟③，显属小宗。铭言臣谏仅率其亚旅从王搏戎而亡母弟，故知母弟非亚旅莫属。是"亚旅"非为职官，乃小宗甚明。晋侯稣钟铭亦见"亚旅"，与王师之大室、小臣诸官相对，而与小子、或人并列，显为晋师之属。诸侯军队组成的核心成员即为宗族子弟，西周史密簋铭称为"族徒"、"族人"，故凡金文及文献之"亚旅"则皆当小宗及其子弟之属。

《礼记·大传》："别子为祖，继别为宗，继祢者为小宗。有百世不迁之宗，有五世而迁之宗。"金文又有"亚祖"之称，当即别子而立新宗者，这一制度于殷商时代即已建立。殷人庙祭，于小乙而称"亚祖乙"，"亚"若训次，当指亚次于报乙之大乙，至少应指亚次于大乙的祖乙。故小乙之称"亚"，显然出于其别子立宗的身份，即卑于大宗的小宗之谓。西周史墙盘铭云：

---

① 《国语·郑语》："祝融八姓，于周未有侯伯。……彭姓彭祖、豕韦、诸、稽，则商灭之矣。……皆为采卫，或在王室，或在夷狄，莫之数也，而又无令闻，心不兴矣。"
② 于省吾：《双剑誃吉金文选》卷下二，中华书局1998年版。
③ 李学勤、唐云明：《元氏铜器与西周的邢国》，《考古》1979年第1期。

郪明亚祖祖辛，䢅（迁）毓子孙，繁黻多釐，齐角熾光，宜其禋祀。

唐兰解"䢅毓子孙"即迁育子孙，意即立新宗①，甚确。祖辛为史墙祖父，其别立新宗为小宗，故称亚祖。史墙为殷遗，其本诸殷礼，后受周代祭祖制度的影响而或有改变。史墙盘述微氏家族六代世系，即青幽高祖、微史烈祖、通惠乙祖、郪明亚祖祖辛、文考乙公和史墙，史墙称始祖为高祖，乃五世之先，至墙子痶所祭三庙，史墙的亚祖祖辛为别子所立之新宗，遂成为痶的高祖，其文考乙公则升为痶的亚祖。痶钟铭云："丕显高祖、亚祖、文考克明厥心。"又云："追孝于高祖辛公、文祖乙公，皇考丁公。"可知文祖乙公实即痶的亚祖，"亚祖"于此已成为周代宗法制度下次于高祖的称谓，这种变化显然是对"亚"字具有亚次意义的应用。西周南宫乎钟铭云：

先祖南公、亚祖公仲必父之家。

亚祖公仲以"仲"为字，也属小宗。西周逨盘铭述单氏家族八代世系，即：

皇高祖单公
皇高祖公叔
皇高祖新室仲
皇高祖惠仲盠父
皇高祖零伯
皇亚祖懿仲
皇考龚叔
逨

逨之五世高祖称皇高祖新室仲，行字为仲而称新室，显为立新宗之别子。曾祖零伯为嫡长，称皇高祖，乃逨迁宗后追奉的高祖，而零伯以上的先祖自也统为高祖。然零伯子懿仲称"仲"，显非大宗，乃别立新宗而称亚祖，犹史墙之称亚祖祖辛。

西周封建已有长子出封，次子留相王室的情况，说见前述。这种现象

---

① 唐兰：《略论西周微史家族窖藏铜器的重要意义》，《文物》1978年第3期。

于商代实已出现，且并非偶然，应以制度的形式被固定了下来。而亚为小宗，故据某氏及同氏与亚合缀的铭辞资料，结合其内外服的不同分布，或可探究商代分封之脉络。

    亚长（殷墟花园庄 M54）   长子（河南鹿邑太清宫）
    亚雀（殷墟侯家庄 M1001） 雀（雀入，《乙》3300）
    亚巛（殷墟妇好墓）   巛（《粹》890）
    亚戈（洹北商城）   戈（陕西泾阳高家堡）
    亚鱼（殷墟西区 M1713）   鱼（《集成》1551）
    亚古（《集成》7239）   古（贞人，《乙》960）
    亚其（殷墟妇好墓）   其侯（《宁沪》1580）
    亚启（殷墟妇好墓）   启侯（《鄴三》下 11）
    亚犬（《集成》7803）   犬侯（《续》5.2.2）
    亚告（《三代》6.6）   侯告（《粹》1325）

  亚长、亚雀、亚巛皆在大邑商，而长子封在外服[①]，雀见向王庭纳贡，巛在晋南，同属外服。亚戈见于洹北商城，亦在内服，而戈却远在甸男。亚鱼之器出于殷墟，亚古之器也多出安阳[②]，自在内服，而鱼器散见于外服之地。古则以外服族长之身份入为贞人[③]，况西周秭卣及遇甗铭文又见"成于古次"，可明古为外服之地[④]。亚其、亚启、亚犬皆为内服族氏，然而其侯、启侯、犬侯明以侯为爵，显属外服。至于侯告之称，也以侯爵为名，固属外服，故与其相对之亚告当为内服族氏。这些名"亚"的内服族氏对于外服的同氏之族而言，应该都属小宗的地位。则殷商诸侯封建之制，长子出封，次子留相王室或入为王官。至西周承此制度。

  以上诸证可明，殷周之族名亚者实即宗法中的小宗。尽管小宗为大宗作器有时可以省却表示宗法关系的亚称，但这并不意味着名亚者可以不具有宗法的意义。换句话说，小宗在作器时可以省去亚称，但称亚而不省者则必为小宗。

---

  ① 裴骃《史记集解（周本纪）》引刘向《别录》曰："辛甲，故殷之臣，事纣。盖七十五谏而不听，去至周，召公与语，贤之，告文王，文王亲自迎之，以为公卿，封长子。"与此长子不同。
  ② 亚古父己觚（《集成》7239）传出安阳，同铭者尚有盉（《集成》9378）、角（《集成》8927）。
  ③ 张秉权：《甲骨文与甲骨学》，国立编译馆 1988 年版，第 433—439 页。
  ④ 遇甗出土于山东黄县莱阴。参见陈梦家《西周铜器断代》，中华书局 2004 年版，第 115—119 页。

图 7-2
1. 孤竹亚橐罍 2. 竹宫父戊方彝 3. 亚橐卿宁鼎
4. 亚橐鼎 5. 孤竹父丁罍 6. 亚橐鼎 7. 亚橐爵

故据此标准，可以对商周族氏铭文的内涵做不同层次的厘析。

　　孤竹亚橐。　　　　罍（《集成》9793，图 7-2，1）
　　亚橐宫父丁孤竹。　　卣、觚（《集成》5271、7293）
　　亚橐宫父癸宅于川。册巫。　鼎（《集成》2427，图 7-2，4）
　　亚橐孤竹䢵。　　　　鼎（《集成》2033，图 7-2，6）
　　亚橐🯀。　　爵（《集成》8777，图 7-2，7）
　　父丁孤竹亚微。　　　罍（《集成》9810，图 7-2，5）

族氏名号因起源之早，词汇有限，致其时之书面语形式与后世不同，这个传统至商周时期仍然得到了保留。准此，可将以上七例铭文，依其内涵差异进行调整。

　　孤竹　　亚橐
　　孤竹　　亚橐　　宫　　父丁、父癸

孤竹	亚熏	廼
	亚熏	〇
孤竹	亚微	父丁

"孤竹"为国名，亦即宗氏；"亚熏"、"亚微"乃为宗氏之下的分族，系小宗之属；"宔"、"廼"、"〇"均为作器者；层次分明，毋容混淆。而殷周分族称"亚"，实已包含了类醜。

孤竹或省称"竹"。商铭云：

竹亚熏宔知光穰。卿。　　　鼎（《集成》2362，图7-2，3）
竹宔父戊告辰。　　　　　方彝（《集成》9878、9879，图7-2，2）

甲骨文又有"竹侯"（《京津》2114），知竹为外服侯国。又见"卜竹"（《文》519），知或入为王庭以充卜官。资料显示，殷文于国名均不书"亚"，明"亚"仅限指分族。

冀作父乙彝。　　　　卣（《集成》5148）
冀亚〇。
冀祖辛禺亚〇。　　　卣（《集成》5201，盖、器）
亚羍窥盠作父癸宝尊彝。冀。　窥盠卣（《集成》5360）
冀亚次。　　　　舣（《集成》7180）
亚次豢马。　　　　罕（《集成》9234）

整理上录族氏铭文的关系，可区分如次：

冀			父乙
冀	亚〇		
冀	亚〇	禺	祖辛
冀	亚羍	窥盠	父癸
冀	亚次		
冀	亚次	豢马	

冀族之下至少又有亚〇、亚〇、亚羍、亚次等不同分族。

冀族又以其小宗入为王官，卜辞云：

> 贞：惠冀命盖（犀）射？　　　《合集》5770 甲
> 贞：惠冀命盖（犀）三百射？　　《合集》5771 甲

皆为明证。金文则有：

> 冀亚父辛。　　　　尊（《集成》5746）
> 冀兄戊、父癸。　　鼎（《集成》2019）
> 冀兄辛。　　　　　爵、壶（《集成》8799、9507）

冀亚为冀氏小宗。亚称或可省却，卜辞亦然。

> 冀醜。
> 冀亚醜。　　　　　卣（《集成》5011，盖、器）

醜即冀族之亚醜，已见前引。而此则或省"亚"字。可明"亚"字或省乃殷文通例。

卜辞及金文见有其侯，或作眞侯。文云：

> 眞侯亚矣父乙。　　　　亚矣簋（《集成》3504）
> 眞侯亚矣妣辛。　　　　亚矣觯（《集成》6464）
> 乙亥，瓡锡孝贝，用作祖丁彝。眞侯亚矣。孝卣（《集成》5377）
> 眞侯亚矣（器底）。
> 丁亥，瓡赏又正婴娄贝才朋二百，婴辰瓡赏，用作母己尊鼎（器壁）。　　婴方鼎（《集成》2702）

其侯乃姜姓外服诸侯，亚矣则其分族，而孝、婴为作器者，其出亚矣自明。其侯或但称国名。

> 眞亚矣。夒作母癸。　　夒罍（《集成》9245）
> 眞亚矣作彝。　　　　　亚矣鼎（《集成》2035）
> 眞亚矣作父乙。　　　　亚矣簋（《集成》3505）

冩亚矣作母辛彝（盖）。
冩亚矣𣪘作母辛宝彝（器）。　　　𣪘𣪃（《集成》3689）

而亚矣作为分族宗子，其自作器或可称"亚"。

冩侯亚矣。匽侯锡亚贝，作父乙宝尊彝。
　　　　　　　　　　　　　　　亚矣盉（《集成》9493）
冩侯亚作父丁宝旅彝。　　冩侯亚尊（《集成》5923）
冩亚父己。　　冩亚卣（《集成》5078）

据此可将冩侯族氏之关系整理如下。

冩侯　　亚矣　　孝、嬰、鼍、𣪘
冩　　　亚

这种以亚示小宗的传统至西周逐渐为行字所取代，形成新的制度。西周铭文云：

仲子冩汓作文父丁尊彝鑵。印。　　冩汓甗（《集成》9298）
匽侯命堇饴大保于宗周。庚申，大保赏堇贝，用作大子癸宝尊鼎。
𣪘。　　堇鼎（《集成》2703）

冩汓称仲子，以行字明其小宗地位。堇为大子癸作器，大子为嫡长，则堇非嫡长自明，故铭末缀以行字"仲"，以示其出小宗。这种以行字名氏的做法应该属于周人的传统，其于周公改制而得到规范完善。

综上所述，商周族氏铭文不仅包括国族名，还有分族类醜，其中相当一部分都属氏名，因此对于上古姓氏制度和宗族制度的研究有着非常重要的意义[①]。

三　商周日名、族徽应用的普遍性

商代诸族以日干为庙号，而族氏又必须名之以徽识，以示其宗族地位，并与他族相区别，因此这些做法一定具有普遍的意义。

对祖先称以日名，在商代庙祭中已成为制度。周承殷制虽然完善了谥

[①] 参见吴其昌《金文氏族谱》，中央研究院历史语言研究所1936年版；朱凤瀚：《商周家族形态研究》（增订本），天津古籍出版社2004年版。

法，但在谥法成为固定的制度之前，周人也同样使用日名。事实上，谥法的完善并不形成对日名的取代，而与日名构成两种并行的制度。日名为卜选的祭日，这意味着周人的庙祭制度与殷商一样，都必须通过日名的制度来完成。只是由于周人崇尚德行的风气使谥号更为彰显，掩盖了服务于庙祭的日名流行的事实。显然，周人使用日名是毋庸置疑的，即使是在谥法完善之后，日名的使用也与谥号并行，从而对后世的宗庙制度产生了深刻影响。

商周两代的族氏铭文内容丰富，其为不同国、族、氏的名号徽识。古人书写族徽的目的当然是要显示其族属以及族氏的特有地位，因此这一做法也必须具有普遍的意义。换句话说，如果我们承认铜器铭文中那些独立使用且尚保留着象形风格的文字具有名族意义的话，那么它的使用就一定不会仅仅体现部分族氏的习惯，因为我们不可能想象，在器物上标示族氏徽号只是某些族氏的传统或需要，而对另一些族氏而言则可有可无，甚至完全放弃。这不仅将使宗族所作之器不知所属，更重要的是，在以血亲族氏所构成的社会组织中，宗族名号的隐匿就意味着其族氏的消亡，这种做法显然是绝对不可以接受的。因此，在本族的器物上标识徽志事实上体现着古人合乎历史规律且合情合理的必然选择。

王献唐曾以日名和族徽均为殷人礼俗，周人不用，故可以此作为研判商周不同族氏遗物的标准。《黄县㠱器》云：

> 所谓族徽，指铭文上一些特殊图形文字而言，或识或不识，或加亚形或不加，都是殷代氏族标识。周人氏族制度虽严，但在铜器上都不署族徽。……尽管西周初期，还有许多署族徽的铜器，大抵属于殷人旧族，或是和它同化的异族，殷器迁往宗周、洛阳各处出土，更能带着族徽。这在西周初叶以后，便逐渐消失，又同化了周族。因此，凡有族徽的铜器，大部分为殷器，内中虽有许多西周器，但不属于周族。
>
> 试举一个例：殷人是以日为名的，周族则否。从而没有一件确知为周族祭器，上作祖甲、父乙等名号的，也没有一件确知为周族祭器或用器而上作族徽的。凡有族徽的祭器铭文，提到他的祖先，无一不是日名，这就够明显了。《史记·宋微子世家》，宋公稽的儿子为丁公申，以商代后裔，自然沿用日名。但是《博古图·鼎彝总说》，谓"齐有丁公、乙公、癸公，幽公之弟曰乙，齐悼公之子曰壬"，认为日

名不限夏商，周代也有。崔述也说"盖沿商制以干名为号者"(《丰镐考信别录》)。诚然是"沿商制"，但有沿有不沿，不沿的为周族。齐国并非周族，太公治齐，是"因其俗，简其礼"，和伯禽治鲁"变其俗，革其礼"不同(见《史记·鲁周公世家》及《齐太公世家》)。既没全用周制改变齐国，也没改变姜姓自己的旧制，因而沿用日名，正反映了非周族的礼俗。同时可以查考周代姬姓国家连宗族在内，他们的祖宗和子系，有用日名的么？过去不用，到达灭殷以后，哪能再跟着殷人学习，和日名一套的族徽，当然从同，因为都是不需要效法殷人的。

王氏的意见影响很大，学者或有信从①。然而这一标准的建立既违史实，也悖情理。如果我们承认日名与族徽乃是区别殷周族氏的标志，那便意味着我们可能根本无法找到先周时代的周人具铭铜器，甚至是在周族故地的周原与丰镐两京地区。难道周人于先周时代不作彝器？抑或作器而不铭？这个假说当然令人难以接受。周原甲骨文既见殷王帝辛册命文王为西伯的记录②，甚至殷墟也出有周人的卜筮遗物③，足见殷周关系之密切④，尽管商周的占卜制度存在差异，但这并不足以使姬姓之族使用日名并以族徽名族的传统得到怀疑。召公与周同姓，虽非同宗，但用日名，可有燕器为证。如：

  (宪) 用作召伯父辛宝尊彝。   宪鼎
  伯宪作召伯父辛宝尊彝。   伯宪盉
  伯和作召伯父辛宝尊鼎。   伯和鼎
  燕侯旨作父辛尊。   燕侯旨鼎

---

① 参见张懋镕《周人不用日名说》，《历史研究》1993年第5期；《周人不用族徽说》，《考古》1995年第9期；《西周青铜器断代两说刍议》，《考古学报》2005年第1期。

② 徐中舒：《周原甲骨文初论》，《古文字研究论文集》，四川大学学报丛刊第10辑，1982年；杨升南：《周原甲骨族属考辨》，《殷都学刊》1987年第4期；李学勤：《周文王时期的卜甲与商周文化关系》，《人文杂志》1988年第2期；田昌五：《周原出土甲骨反映的商周关系》，《文物》1989年第10期。

③ 萧楠：《安阳殷墟发现"易卦"卜甲》，《考古》1989年第1期；冯时：《殷墟"易卦"卜甲探索》，《周易研究》1989年第2期；曹定云：《论安阳殷墟发现的"易卦"卜甲》，《殷都学刊》1993年第4期；李学勤：《周易经传溯源》，长春出版社1992年版；冯时：《中国天文考古学》第八章第三节，中国社会科学出版社2007年版。

④ 参见古本《竹书纪年》；顾颉刚：《周易卦爻辞中的故事》，《古史辨》第三册，上海古籍出版社1982年版。

而"天"乃姬姓族氏，殷周金文以"天"为氏且铭日名者不仅多见①，而天亡簋之器主天亡正是武王母弟叔处②，也可明证天氏乃姬姓所出。《国语·周语下》："我姬氏出自天鼋。"郭沫若曾释金文"天鼋"为轩辕氏③，颇相暗合。又西周应公鼎铭云：

应公作尊彝簋（禫）鼎，珷帝日丁子子孙孙永宝。

应国系武王之子所封。"禫鼎"即除服所用之祭器。而"珷"为武王专谥，此皆为西周宗室使用日名的明证。周人于西周初年完善谥法，其崇尚德教，致日名不及谥号彰显，趋势十分明显，但这种日名渐微的现象与其说反映了周人不用日名和族徽的传统，倒不如视为周初礼制的变化所致。谥法的完善至少使日名在彝器的书铭上被逐渐取代，成为只保留在庙祭礼仪中的古老制度。

商周两代的不同族氏无不使用日名而庙祭，也无不以族氏徽识名族，因此，日名的有无与族徽的存否并不具有严格的分族与分代的意义。即使商周青铜器可以划分为商族与周族两系，但单纯通过日名与族徽的使用与否却并不宜作为判别不同族氏的标准。

第八节　兵器铭文研究

一　兵器铭文的发展

古人于青铜兵器铭刻文字，这一传统自殷商西周时代即已出现。但当时的铭记内容十分简略，基本不出族氏官名或地名，而于兵器铸作国族、氏姓、官名旨在表明物之所属，显然体现着物勒主名的制度。如商周青铜兵器铭有：

    天　　　　　戈（《集成》10631）
    奚　　　　　戈（《集成》10647）
    亚启　　　　戈（《集成》10845）

---

① 邹衡：《论先周文化》，《夏商周考古学论文集》，文物出版社1980年版。
② 冯时：《天亡簋铭文补论》，《出土文献》创刊号，2010年。
③ 郭沫若：《殷周青铜器铭文研究》，科学出版社1961年版，第172页。

康侯	刀	(《集成》11812)
伯矢	戈	(《集成》10886)
豐王	斧	(《集成》11774)
大保	戈	(《集成》10954)
王	斧	(《集成》10760)
妇好	钺	(《集成》11740)
亡终	戈	(《集成》10881)
成周	戈	(《集成》10884)
新邑	戈	(《集成》10885)

这一传统直至东周时代始终不曾中断，无论周室及边方之楚、蔡、吴、越，都基本保留着这种器主自署的题铭形式。如：

周王叚之元用戈。	戈	(《集成》11212)
虢大子元徒戈。	戈	(《集成》11116)
楚公豪秉戈。	戈	(《集成》11064)
楚王孙渔之用。	戈	(《集成》11153)
楚屈叔佗之元用。	戈	(《集成》11198)
蔡侯产之用剑（剑）。	剑	(《集成》11604)
王子狄之用戈。	戈	(《集成》11207)
攻敔王夫差自作其用戈。	戈	(《集成》11288)
戉王者旨於睗。	矛	(《集成》11511)
戉王州（朱）句自作用剑（剑）。	剑	(《集成》11625)
曾侯乙之用戟（戟）。	戟	(《集成》11172)

这种署题形式皆强调自作自用，属物勒主名。但与早期不同的是，此时之兵器铭文已不满足于简单地记写器主名氏，更发展出器主夸耀戎兵精良，或借以抒发图强的宏愿，从而使铭文内容逐渐丰富，如：

虞公自择厥吉金，其以作为用元鐱(剑)。	剑	(《集成》11663)
吉日壬午作为元用，玄镠铸吕。朕余名之，谓之少虞。		
	剑	(《集成》11696)
玄镠赤镈之用戈辟。	戈	(《新收》1289)

第七章 金文研究

繁粱（阳）之金。　　　　剑（《集成》11582）
楚王畲（熊）璋严犹南戉（越），用作铸戈，以昭扬（扬）文武之。
　　　　　　　　　　　　　　　　　戈（《集成》11381）
攻敔王光自作用鐱（剑），逅余允至，克戕（壮）多攻。
　　　　　　　　　　　　　　　　　剑（《集成》11666）
工獻大子姑发胃反自作元用。在行之先，云（员）用云（员）隻
（获），莫敢御余。余处江之阳，至于南行西行。
　　　　　　　　　　　　　　　　　剑（《集成》11718）

东周时期，战争的频仍使青铜兵器的使用愈为广泛，卒徒用兵的数量大为增加，所造兵器少则百十，多至数万，蔚为可观。如：

顚忍作蒢（造）戈三百。　　戈（《集成》11164）
鄦（程）侯之寤（造）戈五百。　戈（《集成》11202）
单譄託作用戈三万。　　戈（《集成》11267）

戎事的成败当然直接关乎社稷的安危存亡，所以随着兵械生产的大量增加，其质量的优劣对于决定战争的胜负就显得格外关键，这使前期流行的那种"玄镠赤镈"、"繁阳之金"一类炫耀之词开始为更严格实用的物勒工名制度所取代。

宋公差（佐）之所貼（造）不易族戈。　戈（《集成》11289）
宋公䜌（栾）之貼（造）戈。　　戈（《集成》11133）
滕（滕）侯戻之䤷（造）。　　　戈（《集成》11079）
秦子作造公族元用，左右师鮍（旅）用逸宜。
　　　　　　　　　　　　　　　　　矛（《集成》11547）
秦子作蓮（造）中辟元用，左右师鮍（旅）用逸宜。
　　　　　　　　　　　　　　　　　戈（《集成》11352）
郘大司马之䤷（造）戈。　　戈（《集成》11206）
卫公孙吕之告（造）戈。　　戈（《集成》11200）
曹公子池之䤷（造）戈。　　戈（《集成》11120）

这些题铭皆记某人所造作，与前录强调兵械归属使用的内容完全不同，因

此造作者的身份显即兵器的监造者，而并非拥有者或使用者。此时的兵器监造者常仅一位，上至国君，下至官吏贵族，既不用于物勒主名，也有别于多级监造的完善制度。

然而至战国中期以后，多级监造的物勒工名制度逐渐完善，特别是在兵器的制造中广泛推广，而于卒徒使用的戈、矛、剑、铍类兵器，监造管理更为严格。《礼记·月令》："物勒工名，以考其诚。功有不当，必行其罪，以穷其情。"郑玄《注》："勒，刻也。刻工姓名于其器，以察其信，知其不功效。功不当者，取材美而器不坚也。"高诱注《吕氏春秋》云："不当，不功致也。故行其罪，以穷断其诈巧之情。"很明显，其时兵器质量监造的迫切成为物勒工名于兵器制作中最为常见的重要原因。

二 兵器铭文所见物勒工名制度

（一）三晋兵器

1. 韩国兵器

奠（郑）往库。　　戈（《集成》10993）
奠（郑）左库。　　戈（《集成》10994）
奠（郑）右库。　　戈（《集成》10995）
奠（郑）武库，冶期。　　剑（《集成》11590）
八年，亲（新）城大命（令）叡（韩）定，工帀（师）宋赀，冶褚。　　八年新城大令戈（《集成》11345）
十六年，喜（釐）俞（令）叡（韩）鯌，左库工帀（师）司马裕，冶何。　　十六年喜令戈（《集成》11351）
廿四年，郲阴命（令）万为，右库工帀（师）莧，冶竖。　　二十四年郲阴令戈（《集成》11356）
十八年，冢子叡（韩）缯，邦库啬夫扶汤，冶舒敫（造）戈。　　戈（《集成》11376）
王三年，奠（郑）命（令）叡（韩）熙，右库工帀（师）吏衆，冶□。　　戈（《集成》11357）
九年，奠（郑）俞（令）向佃、司寇雩商，武库工帀（师）铸章，冶狎。　　矛（《集成》11551）
十六年，奠（郑）命（令）肖（赵）距、司寇彭璋，武库工帀（师）皇崔，冶瘖。　　十六年郑令戈（《集成》11389）

第七章 金文研究

十七年，奠（郑）命（令）幽恒、司寇彭璋，武库工币（师）皇崖，冶狎。　　十七年郑令戈（《集成》11371）

五年，奠（郑）倫（令）韩夌、司寇长朱，右库工币（师）皂高，冶肎（尹）孋敔（造）。　　五年郑令戈（《集成》11385）

卅一年，奠（郑）倫（令）椁（郭）潘、司寇肖（赵）它，往库工币（师）皮耴，冶肎（尹）启。

三十一年郑令戈（《集成》11398）

六年，襄城倫（令）叡（韩）湡、司寇厌维，右库工币（师）甘（邯）丹（郸）饯，冶足敔（造）畏（长）旗（戟）刃。

戈（《新收》1996）

六年，安阳倫（命）叡（韩）壬、司刑欣餘，右库工币（师）艾固，冶瓺敔（造）戟束（刺）。　　六年安阳令矛（《集成》11562）

七年，宅阳命（令）冎镫，右库工币（师）夜瘗，冶起敔（造）。

矛（《集成》11546）

韩国兵器的款识形式，据黄盛璋研究，可分四种①：

其一，郑武（往、左、右）库。

其二，郑武库冶某。

其三，某年，某令某，武（往、左、右）库工师某，冶（冶尹）某。

其四，某年，郑令某、司寇（司刑）某，武（往、左、右）库工师某，冶（冶尹）某。

简式时代稍早，繁式时代渐晚。其中韩熙见于《战国策·韩策三》，时代当属韩桓惠王或韩王安世（公元前272—前230年）。

据韩兵繁式款识可知，其时之兵器制造乃为三级监造之制。兵器制造的实际承担者为冶或冶尹，冶尹应为冶工之长，相当于《考工记》之冶氏、筑氏。冶尹与冶的铸造工作则由各铸造机构（库）的工师负责监督，工师为各库之长。铸造完成后由监造者检收，监造者为造器之地的掌政者，于地方为最高执政者，于国都则为令和司寇。以令与司寇（或司刑）共同监造，是韩国兵器制造的特有制度。

韩国兵器铭文书体及用字特点鲜明，如"造"作"敔"或"敂"，

---

① 黄盛璋：《试论三晋兵器的国别和年代及其相关问题》，《考古学报》1974年第1期。

"令"多作"侖","司寇"作合文,称矛为"戟刺"等①。常见的地名除上所列郑(河南新郑)、安阳(河南正阳)、新城(河南伊川)、釐(河南郑州)、郱阴(河南南阳北)、宅阳(河南荥阳)外,尚有位于今河南的昜(伊川)、仑氏(登封)、雍氏(禹县)、阳城(登封)、安城(汝南)、焦(中牟)、修余(原武东)、成皋(荥阳)、汝阳(商水)、卢氏、宜阳、襄城以及位于今山西的虒(霍县)、长子等②。

2. 赵国兵器

甘(邯)丹(郸)上库。　　戈(《集成》11039)
甘(邯)丹(郸)上。　　戈(《集成》10996)
武阳右库。　　戈(《集成》11503)
上党武库。　　戈(《集成》11054)
七年,相邦阳安君,邦右库工帀(师)吏筳胡,冶吏痾敕(执)齎(齐)。
大攻(工)肙(尹)□□。　　鈹(《集成》11712)
廿九年,相邦肖(赵)豹,邦左库工帀(师)郮慎,冶匴为敕(执)齎(齐)。　　戈(《集成》11391)
元年,相邦春平侯,邦右库工帀(师)肖(赵)瘠,冶吏开敕(执)齎(齐)。　　矛(《集成》11556)
五年,相邦春平侯,邦左伐器工帀(师)长凤,冶私敕(执)齎(齐)。
　　矛(《集成》11557)
十五年,守相杢(廉)波(颇),邦右库工帀(师)戟(韩)亥,冶巡敕(执)齎(齐)。
大攻(工)肙(尹)戟(韩)耑。　　剑(《集成》11700)
十七年,相邦春平侯,邦左库工帀(师)长凤,冶勺敕(执)齎(齐)。
　　矛(《集成》11558)
十七年,坙(邢)侖(令)吴蒙,上库工帀(师)宋艮,冶厔敕(执)齎(齐)。　　戈(《集成》11366)
廿年,丞関(蔺)相女(如),肖(赵)邦左□廰智,冶阳。
　　戈(《新收》1416)

---

① 郝本性:《新郑郑韩古城发现一批战国铜兵器》,《文物》1972年第10期。
② 黄盛璋:《试论三晋兵器的国别和年代及其相关问题》,《考古学报》1974年第1期;何琳仪:《战国文字通论》(订补),江苏教育出版社2003年版,第117—118页。

三年，隰（栾）倫（令）椁（郭）唐，下庫工帀（师）孙屯，冶沽敦（执）齋（齐）。　鈹（《集成》11661）

八年，相邦建信君，邦左庫工帀（师）郑叚，冶肎（尹）匜敦（执）齋（齐）。　鈹（《集成》11680）

王立事，皮倫（令）肖（赵）□，上庫工帀（师）乐枭，冶朐敦（执）齋（齐）。　鈹（《集成》11669）

王何立事，得工冶叢所教马重（童）为。宜安。

戈（《集成》11329）

赵国兵器的监造者，于中央为相邦、守相或大工尹，于地方为令。冶或冶尹之后常铭"敦齋"，意同《周礼·考工记·辀人》"攻金之工，筑氏执下齐，冶氏执上齐"，故当读为"执齐"①，为调剂铜锡比量之人。《吕氏春秋·别类》："金柔锡柔，合两柔则为刚。"依《辀人》，金有六齐，其中戈戟之齐以四分其金而锡居一，大刃之齐以三分其金而锡居一，削杀之齐以五分其金而锡居二，锡的比例皆较钟鼎之齐为高。铜锡比例的配量得当与否当然是关乎兵器质量最重要的因素，所以冶尹或冶掌握此事，成为保证兵器优质的关键环节。准此可知，冶显即冶氏、筑氏属下之工吏，或称"冶吏"，魏国兵器铭也称为"冶人"，其长则为冶尹。赵国铸造与藏兵之库或名"伐器"，上引五年、十七年两件相邦春平侯矛"邦左伐器工师长凤"与"邦左库工师长凤"互文，可明"邦左伐器"即谓"邦左库"。《楚辞·天问》："争遣伐器。"王逸《章句》："伐器，攻伐之器也。"时以伐器为库名，亦知此库当为铸兵藏兵之所②，当《月令》五库之一。

赵兵以"王立事"为其纪年特色。《左传·襄公二十八年》："尝于大公之庙，庆舍莅事。"《管子·问》又作"位事"，意即主持事务。这种制度当受齐俗影响，但较齐俗纪时省却"岁"字。铭文所见地名，除上引邯郸（赵王城）、武阳（河北易县）、上党（河南沁县一带）、邢（河北邢台）、栾（河北栾城）之外，尚有位于今河北的南行唐（行唐）、鄗（柏乡）、阳安（唐县）、上谷（河北西北）、灵寿、武平（文安），位于今山

---

① 于省吾：《商周金文录遗·序言》，中华书局1993年版。黄盛璋读为"挞齐"。说见氏著《"敦（挞）齋（齐）"及其和兵器铸造关系新考》，《古文字研究》第十五辑，中华书局1986年版。

② 何琳仪：《战国文字通论》（订补），江苏教育出版社2003年版，第277—279页。

西的郥（神池）、大阴（霍县）、代（山西东北）以及位于今山东的武城等①。

3. 魏国兵器

邡（梁）齗（牙）库。　　戈（《集成》11907）
吴（虞）库。　　戈（《集成》10919）
十二年，窑右库，五束（刺）。　　剑（《集成》11633）
十四年，邺下库。　　戈（《新收》1186）
十八年，雝（雍）左库□□。　　戈（《集成》11264）
合阳上库，冶臣。　　戈（《新收》292）
朝訶（歌）右库工帀（师）戕。　　戈（《集成》11182）
卅三年，大梁左库工帀（师）丑，冶乩。　　戈（《集成》11330）
七年，邦司寇富勶，上库工帀（师）戎睧，冶朕。
　　　　　　　　　　　　　　　　矛（《集成》11545）
十二年，邦司寇野茀，上库工帀（师）司马癝，冶賢。
　　　　　　　　　　　　　　　　矛（《集成》11549）
四年，咎（高）奴曹命（令）壮罌，工帀（师）貯疾，冶问。
　　　　　　　　　　　　　　　　戈（《集成》11341）
五年，龏（共）斛（令）思，左库工帀（师）长史盧，冶敫近。
　　　　　　　　　　　　　　　　戈（《集成》11348）
六年，大阴伶（令）貯弩，上库工帀（师）中匀疨，冶人逢。
　　　　　　　　　　　　　　　　戈（《新收》1999）
廿三年，郚（梧）命（令）邘，右工帀（师）齿，冶良。
　　　　　　　　　　　　　　　　戈（《集成》11299）
廿九年，高都命（令）陈鶎，工帀（师）平，冶勑。
　　　　　　　　　　　　　　　　戈（《集成》11302）
卅三年，業斛（令）衺，左库工帀（师）臣，冶山。
　　　　　　　　　　　　　　　　戈（《集成》11312）
卅四年，邨（顿）丘命（令）䜌，左工帀（师）贄，冶梦。
　　　　　　　　　　　　　　　　戈（《集成》11321）

---

① 黄盛璋：《试论三晋兵器的国别和年代及其相关问题》，《考古学报》1974年第1期；何琳仪：《战国文字通论》（订补），江苏教育出版社2003年版，第127—128页。

魏国兵器的监造与韩、赵相同，也为三级制度，但中央的监造者为邦司寇，乃其特色。"牙库"或即《月令》五库中角齿之库（见孔颖达《礼记正义》引熊氏说），或也造兵藏兵。

魏兵铭文之"令"或作"端"，所涉地名除上录虞（山西平陆）、宁（河南获嘉）、邺（河北磁县）、雍（河南修武）、合阳（陕西合阳）、朝歌（河南淇县）、大梁（河南开封）、高奴（陕西延安）、共（河南辉县）、梧（河南许昌）、高都（山西晋城）外，尚有位于今河南的黄城（内黄）、酸枣（延津）、启封（开封）、芒、芒砀（永城）、怀（武陟）、州（沁阳）、甾丘（民权）、泌阳、扶予（泌阳）、城颖（临颖）、雍丘（杞县），位于今山西的涑鄂（夏县）、蒲子（隰县）、蒲阪（永济）、皋落（垣曲）以及位于今陕西的阴晋（华阴）等①。

（二）秦国兵器

  十三年，大良造鞅之造戟。   戟（《集成》11279）
  十六年，大良造庶长鞅之造。雍，瞿。 戈镦（《集成》11911）
  四年，相邦樛斿之造，栎阳工上造间。吾。
                戈（《集成》11361）
  十三年，相邦义（仪）之造，咸阳工帀（师）田，工大人耆，工积。
                戈（《集成》11394）
  王四年，相邦张义（仪），庶长□操之造□界戟，□工帀（师）贱，工卯。锡。 戈（《新收》1412）
  □□年，丞相触造，咸［阳工］帀（师）叶，工武。
                戈（《集成》11294）
  廿年，相邦冉其造，西工师盾，丞癸，隶臣□。
                戈（《集成》11359）
  五年，相邦吕不韦造，诏事图，丞蕺，工寅。诏事，属邦。
                戈（《集成》11396）
  五年，相邦吕不韦造，少府工室阾，丞冉，工九。武库，少府。
                戈（《秦铜》69）
  七年，相邦吕不韦造，寺工周，丞义，工竞。壬，寺工。
                戟（《新收》645）

---

① 黄盛璋：《试论三晋兵器的国别和年代及其相关问题》，《考古学报》1974年第1期；何琳仪：《战国文字通论》（订补），江苏教育出版社2003年版，第131—132页。

　　　　九年，相邦吕不韦造，蜀守金，东工守文居，戈三。成都，蜀东工。
　　　　　　　　　　　　　　　　　　　　　　　　戟（《新收》1398）
　　　　十七年，丞相启状造，邻阳嘉，丞兼库脾，工邪。邻阳。
　　　　　　　　　　　　　　　　　　　　　　　　戈（《集成》11379）
　　　　五十年，诏事宕，丞穋，工中。冀。　　　　戈（《新收》2003）
　　　　十七年，寺工敏造，工寫。寺工，子，五九。　铍（《秦铜》79）

上述兵器的时代上至秦孝公时期，下迄秦王政时代，皆为中央监造，监造者有大良造、相邦、丞相、诏事、寺工等。秦置相邦在惠文王时期，而作为代理或辅佐相邦之丞相①，其始置则在秦武王二年（公元前309年）。铭文鞅（商鞅）、义（张仪）②、触（寿烛）③、冉（魏冉）、吕不韦等人为秦之相邦或丞相，皆史有明载。樛斿见于秦封宗邑瓦书铭，于惠文王四年（公元前334年）为大良造庶长④。启状为秦王政之丞相隗状⑤，又见于秦始皇诏版。学者或以为昭襄王丞相，文献失载⑥。寺工、诏事皆为宫内职官。

　　　　王五年，上郡疾造，高奴工瘧。　　　　戈（《集成》11296）
　　　　王六年，上郡守疾之造，笸礼。　　　　戈（《集成》11297）
　　　　十二年，上郡守寿造，漆垣工师爽，工更长犄（齮）。洛都，平陆，广衍，欧。　　戈（《集成》11404）
　　　　十五年，上郡守寿之造，漆垣工师爽，丞鬵，冶工隶臣犄（齮）。中阳，西都。　　戈（《集成》11405）
　　　　廿五年，上郡守厝造，高奴工师竈，丞申，工鬼薪诎。上郡武库，洛都。　　戈（《集成》11406）
　　　　廿六年，□相守□造，西工宰阉，工□。　戈（《文物》1980.9）

---

① 聂新民、刘云辉：《秦置相邦、丞相考异》，《人文杂志》1984年第2期。
② 陈邦怀：《金文丛考三则》，《文物》1964年第2期。
③ 陈邦怀：《金文丛考三则》，《文物》1964年第2期；陈直：《读金日札》，西北大学出版社2000年版，第270页。
④ 郭子直：《战国秦封宗邑瓦书铭文新释》，《古文字研究》第十四辑，中华书局1986年版。
⑤ 田凤岭、陈雍：《新发现的"十七年丞相启状"戈》，《文物》1986年第3期。
⑥ 王辉：《秦铜器铭文编年集释》，三秦出版社1990年版，第57—58页。

廿六年，蜀守武造，东工师宦，丞未，工□。武。
戈（《集成》11368）

廿七年，上守趞造，漆工师猪，丞拔，工隶臣積。
戈（《集成》11374）

卅四年，蜀守□造，西工师□，丞□，工□。成十，印，陕。
戈（《新收》1769）

卅八年，上郡守庆造，桼（漆）工瞀，丞秦，工隶臣于。
戈（《新收》986）

卌年，上郡守起造，漆工□，丞绐，工隶臣宛。平周。
戈（《新收》1406）

二年，上郡守冰造，高工丞沐度，工隶臣逨。上郡武库。
戈（《集成》11399）

六年，汉中守运造，左工师齐，丞熙，工牲。公。
戈（《集成》11367）

廿二年，临汾守曋，库系，工欹造。　　戈（《集成》11331）

上述兵器的时代自惠文王以至秦王政时期，皆为地方监造，监造者为郡守，有些则可考实，如疾为惠文王异母弟樗里疾①，寿即向寿②，厝（趙）即秦将司马错③，起即秦将白起④。

秦兵监造，少则三级，多则四级。惠文王时期已有相邦、工师（或寺工）、工大人（或丞）、工四级监造制度，其中工大人是在工师与工之间增加的一级，至昭襄王时期则为丞。秦王政时期的丞相启状戈铭"郃阳嘉"可能为郃阳工师嘉的省文，"库"为"库啬夫"之省文⑤，或可读为"丞兼库脾"，"兼"非丞名而为动词，则脾兼丞及库啬夫二职，如此也为四级监造。同期的临汾守曋戈铭也有以库（库啬夫）为监造之文，盖其时丞官已改为库啬夫。

三晋之冶尹或即秦制冶工隶臣、工隶臣、隶臣，或也称长。十二年上

---

① 周莘生：《王五年上郡疾残戟考》，《人文杂志》1960年第3期。
② 陈平：《试论战国型秦兵的年代及有关问题》，《中国考古学研究论集》，三秦出版社1987年版。
③ 陈平：《试论战国型秦兵的年代及有关问题》，《中国考古学研究论集》，三秦出版社1987年版。
④ 陈平：《试论战国型秦兵的年代及有关问题》，《中国考古学研究论集》，三秦出版社1987年版；《辽阳新出四十年上郡守起戈考释》，《考古》1994年第9期。
⑤ 王辉：《秦出土文献编年》，新文丰出版公司2000年版，第70页。

郡守寿戈铭记"齲"为工更长,十五年上郡守寿戈铭又记其为冶工隶臣,"更"盖秦爵名。《汉书·百官公卿表》载秦爵第十二至十四级为左更、中更、右更,师古《注》:"更言主领更卒,部其役使也。"故此"工更"似即"工左更"之省称,犹商鞅为左庶长而称庶长。而三晋之冶或冶吏则于秦制称工,或更以罪徒充工而称工鬼薪、工城旦。《史记·秦始皇本纪》:"及其(毒)舍人,轻者为鬼薪。"裴骃《集解》:"应劭曰:'取薪给宗庙为鬼薪也。'如淳曰:'《律说》鬼薪作三岁。'"《汉书·惠帝纪》:"上造以上及内外公孙耳孙有罪当刑、及当为城旦舂者,皆耐为鬼薪、白粲。"又《刑法志》:"罪人狱已决,完为城旦,舂满三年,为鬼薪、白粲。"睡虎地秦简《游士律》:"有为故秦人出,削籍,上造以上为鬼薪,公士以下刑为城旦。"其为罪身而罚三年徒役之人。

(三) 燕国兵器

燕国的兵器数量于诸国之中最富,其监造同为三级之制,有时则省作两级或一级。

郾王詈憲(造)行议(仪)鏃。右攻(工)肩(尹),其攻(工)众。
　　　　　　　　　　　　　　　　　戈(《集成》11243)
郾王詈憲(造)行议(仪)鏃。右攻(工)肩(尹)青,其攻(工)竖。
　　　　　　　　　　　　　　　　　戈(《集成》11350)
郾王职乍(作)武舞鏃鋢。右攻(工)。　剑(《集成》11643)
郾王职乍(作)萃锯。洍(郇)圳(州)都长。
　　　　　　　　　　　　　　　　　戈(《集成》11304)
八年,右礻攻(工)肩(尹)五大夫青,其攻(工)涅。
　　　　　　　　　　　　　　　　　弩机(《集成》11931)
廿年,尚上张乘其我弦,攻(工)书。　距末(《集成》11916)
廿四年,蓥昌我,左攻(工)哉。　　挺(《集成》11902)
右攻(工)肩(尹)。　　弩机(《集成》11920)
左攻(工)肩(尹)。　　弩机(《集成》11923)

燕国的三级监造制度,燕王虽然只是名义上的监造者,但在兵器铭文中却常常取代主办者和制造者,成为唯一出现的人物。

[郾]侯载乍(作)□鏃鍊六。　　戈(《集成》11185)

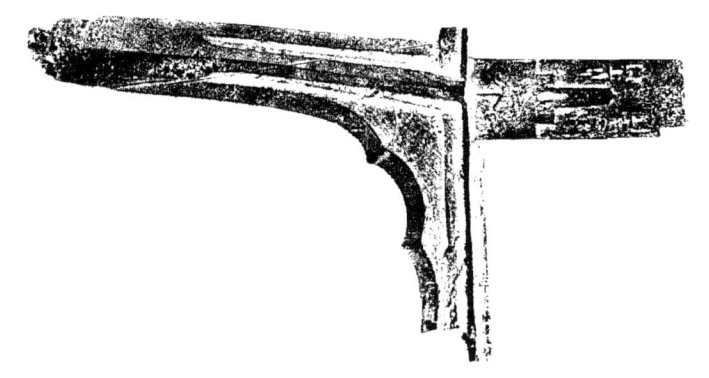

第七章　金文研究

图 7-3　郾王戎人戟

郾侯载乍（作）巾萃鍨。　　　　戈（《集成》11219）
郾侯载乍（作）右军鍨。　　　　戈（《集成》11220）
郾侯载乍（作）萃锯。　　　　　戈（《集成》11186）
郾侯载乍（作）左宫锯。　　　　戈（《集成》11218）
郾侯胱乍（作）巾萃鍨鍨。　　　戈（《集成》11272）
郾王戎人乍（作）王萃锯。　　　戟（《集成》11192，图 7-3）
郾王戎人乍（作）霎萃锯。　　　戟（《集成》11273）
郾王戎人乍（作）玫锯。　　　　戟（《集成》11237）
郾王戎人乍（作）巨玫锯。　　　戟（《集成》11276）
郾王戎人乍（作）王萃釫。　　　矛（《集成》11538）
郾王戎人乍（作）自执達釫。　　矛（《集成》11543）
郾侯职乍（作）玫萃锯。　　　　戈（《集成》11217）
郾侯职愿（造）巾萃锯。　　　　戟（《集成》11221）
郾王职乍（作）廂萃锯。　　　　戟（《集成》11226）
郾王职乍（作）黄萃锯。　　　　戈（《新收》1286）
郾王职乍（作）黄辛鍨。　　　　戈（《新收》1152）
郾王职乍（作）黄辛釫。　　　　矛（《集成》11518）
郾王职墬（践）郜（齐）之岁台（以）为霎萃釫。
　　　　　　　　　　　　　　　矛（《集成》11525）
郾王职愿（造）武舞旅鎗。　　　剑（《集成》11634）
郾王䜴戈。　　戈（《集成》11058）
郾王䜴乍（作）巨玫鋣（矛）。　　矛（《集成》11540）
郾王䜴愿（造）行义（仪）自执司马鍨。　戈（《集成》11305）

郾王喜乍（作）霝攻锯。　　戈（《集成》11277）

郾王喜憼（造）行议（仪）鏃。　　戈（《集成》11196）

郾王喜憼（造）御司马鏃。　　戈（《集成》11278）

郾王喜憼（造）全朱（长）利。　　矛（《集成》11529）

郾王喜憼（造）检釾。　　矛（《集成》11523）

郾王喜憼（造）旅釾。　　剑（《集成》11606）

郾王右库戈。　　戈（《集成》11109）

郾侯载即燕成侯①，《史记·燕召公世家》作成公，司马贞《索隐》引《纪年》："成公名载。"郾侯戎人或也称王，应即燕易王②。《燕召公世家》：易王"十年，燕君为王"。司马贞《索隐》："君即易王也。言君初以十年即称王也。"与铭文反映的史实相合。郾王职为燕昭王，其初立时则称侯。郾王喜即为秦所虏而亡燕之燕王喜。郾侯朕称侯，当在易王之前；而郾王䧹称王，且铸作之事多用"憼"字，时代当在昭王与王喜的惠王、武成王及孝王三世之间（公元前278—前255年），尤以武成王的可能性为大。

燕国兵器的名称自成系统，其中戈戟之名称戈、锯、鈻、鏃，或连名鏃鈻；矛称釾（铆）或检釾，大矛则名全长利；剑称釾或鏉。"鈻"或即"俄"字异体，犹"義"之作"羛"③，字本作"我"，即文献之"錡"④，本为曲刃之兵⑤。而此类名鈻之兵多于胡部有凸起的孑刺并形成曲刃，形制与我（錡）极似，故名。《说文》训"錡"为鉏鎌，郭沫若以"锯"即"鉏鎌"之促音⑥，甚是。且鈻呈曲刃，其形正有锯的特点，甲骨文"我"或用为锯以截人肢⑦，可为佐证，故又名"锯"。而"鏃"即"戣"字异文。《尚书·顾命》："一人冕而戣。"伪孔《传》："戣、瞿皆戟属。"郑玄《注》："戣，盖今三锋矛。"则"鏃"、"鈻"、"锯"也可以是对由多戈组成的戟的称呼。矛、剑皆属刺兵，形制也近，故剑可称"釾"，矛亦

---

① 郭沫若：《两周金文辞大系图录考释》第八册，科学出版社1957年版，第227页。
② 黄盛璋：《燕齐兵器研究》，《古文字研究》第十九辑，中华书局1992年版。
③ 李学勤、郑绍宗：《论河北近年出土的战国有铭青铜器》，《古文字研究》第七辑，中华书局1982年版。
④ 郭沫若：《殷契粹编考释》，科学出版社1965年版，第197页。
⑤ 冯时：《"我"是如何从兵器名演变为自称的》，《中华遗产》2010年第12期。
⑥ 郭沫若：《殷契粹编考释》，科学出版社1965年版，第197页。
⑦ 张政烺：《释甲骨文"俄"、"隶"、"蕴"三字》，《中国语文》1965年第4期。

可称"检（剑）釾"。旧以部分"釾"字释"钦"，应以统释为"釾"字为宜。字或从"卯"声作"铆"。

燕兵器名之前或冠以"行义"、"行议"或"舞"、"武舞"，或冠以"攼"及"巨攼"，当指兵器的不同用途。"行义"、"行议"皆读为"行仪"，为仪仗所用①。《集成》11305 戈铭"行义（仪）自执司马"，为司马于仪仗所执用；《集成》11111 戈铭"左行议（仪）逵（帅）戈"，则为燕王仪仗之主帅所用②。"舞"即"武舞"③，同属仪仗的一部分。伪《古文尚书·大禹谟》："舞干羽于两阶。"伪孔《传》："修阐文教，舞文舞于宾主阶间，抑武事。"孔颖达《正义》："武舞执斧执楯。"《礼记·祭统》："朱干玉戚，以舞大武。"郑玄《注》："朱干，赤盾。戚，斧也。此武象之舞所执也。"又《内则》："成童，舞象，学射御。"孔颖达《正义》："成童，谓十五以上。舞象，谓舞武也。熊氏云：谓用干戈之小舞也。"此"武舞"唯见于剑铭，已非舞武之本义，或即其时表演剑术之用。汉项庄舞剑，即类其事。而与其对文之"攼"、"巨攼"意为大杀④，其所造显为实用之兵。

燕兵的另一特点是常记车萃之名，如王萃、巾萃、霓萃、庮萃、黄萃。《周礼·春官·车仆》："车仆掌戎路之萃，广车之萃，阙车之萃，苹车之萃，轻车之萃。凡师，共革车，各以其萃。"郑玄《注》："萃，犹副也。此五者皆兵车，所谓五戎也。戎路，王在军所乘也。广车，横陈之车也。阙车，所用补阙之车也。苹犹屏也，所用对敌自蔽隐之车也。轻车，所用驰敌致师之车也。""萃"或作"倅"。《周礼·夏官·戎仆》："掌王倅车之政。"准此则"黄萃"读为"广萃"，"庮萃"或读为"轻萃"⑤，而"王萃"应即戎路。除此之外，"巾"、"霓"二字尚不能确识。孙诒让《正义》谓"萃"乃通正副尊卑之言，或读为"隊"，为车之卒伍。

（四）齐国兵器

齐国兵器铭文简略，直名冶工的现象并不常见。

---

① 李学勤、郑绍宗：《论河北近年出土的战国有铭青铜器》，《古文字研究》第七辑，中华书局 1982 年版。
② 李学勤、郑绍宗：《论河北近年出土的战国有铭青铜器》，《古文字研究》第七辑，中华书局 1982 年版。
③ 董珊：《释燕系文字中的"無"字》，《于省吾教授百年诞辰纪念文集》，吉林大学出版社 1996 年版。
④ 何琳仪：《战国文字通论》（订补），江苏教育出版社 2003 年版，第 286—286 页。
⑤ 何琳仪：《战国文字通论》（订补），江苏教育出版社 2003 年版，第 105 页。

齐城右造车䤿（戟），冶朕。　　　戟（《集成》11815）
□□造车䤿（戟），齐城左冶朕。　戟（《新收》1983）
郞（桓）左造戈（戟），冶朕所铸。　戟（《新收》1097）
谷唘郜（造）䤿（戟），冶□。　　戟（《集成》11183）
工城佐□，冶昌茆䤿（戈）。　　　戈（《集成》11211）

齐城即齐都临淄，其后缀以"左"、"右"，应为中央官府铸造机构的省称，或为左库、右库，或为左庭、右庭。

洨（膠）阳右库。　　　戈（《新收》1498）
鄗（鲁）左库戈。　　　戈（《集成》11022）
是立（涖）事岁，臂右工䤿（戈）。　戈（《集成》11259）
曹右庭敓（造）戈。　　戈（《集成》11070）

庭长为尹，楚高缶铭："右庭君（尹）。"可明左庭右庭皆府库之名。但于齐兵，更多的形式则仅省称左右。

郓左。　　戈（《集成》10982）
亡盐右。　戈（《集成》10975）
平阿右□䤿（戈）。　戈（《集成》11101）
平陆左戈（戟）。　　戟（《集成》11056）
陵右铦（造）䤿（戟）。　戟（《集成》11062）
子禾子左造戈（戟）。　戟（《集成》11130）
陈侯因咨（齐）造。夕阳右。　戟（《集成》11260）

齐兵又有车戈、车戟之称。车戟已见上引。

陈豫车戈。　戈（《集成》11037）
武城建䤿（戈）。　戈（《集成》11025）

《周礼·考工记·庐人》："车戟常。……六建既备，车不反覆，谓之国工。"郑玄《注》："八尺曰寻，倍寻曰常。"孙诒让《正义》引戴震云："六建当为五兵与旌旗。六建摇动，则车行反覆，矜秘不彊故也。"又

《夏官·司兵》："军事，建车之五兵。"郑司农云："五兵者，戈、殳、戟、酋矛、夷矛。"是建戈也即车兵。与此相对者则为徒卒之兵。

  武城徒戈。   戈（《集成》11024）
  陈子翼徒戈。   戈（《集成》11086）
  平阿左造徒戈。 戈（《集成》11158）

齐兵又见"榮戈"之称。

  陈胎之右榮鈛（戈）。 戈（《集成》11127）

或为仪仗，即后世榮戟之前身。《汉书·韩延寿传》："功曹引车，皆驾四马，载榮戟。"《续汉书·舆服志上》："公以下至二千石，骑吏四人，千石以下至三百石，县长二人，皆带剑，持榮戟为前列。"此榮戟已为木制，本盖由实用之兵发展而来。

  齐兵多仅简记监造者，学者或以为即器主之名。如：

  陈侯因脊（齐）锴（造）。 戈（《集成》11081）
  陈御寇散鈛（戈）。 戈（《集成》11083）
  陈窒散鈛（戈）。 戈（《集成》11036）
  陈余造鈛（戈）。 戈（《集成》11035）
  即墨华之造用。 戈（《集成》11160）
  羊角之亲（新）䑈（造）散戈。 戈（《集成》11210）

若为器主，则除陈侯因齐为齐威王外，多不可考[1]。况其题铭皆曰"造"，未如自用器而言"自用"，知实为监造之兵，而非自用之器。齐方言称句杀之戈为"散戈"[2]。《方言》卷三云："散，杀也。东齐曰散。"

  齐兵或仅记铸造之地，时也附加里名。如：

  阿武。 戈（《集成》10923）

---

[1] 黄盛璋：《燕齐兵器研究》，《古文字研究》第十九辑，中华书局1992年版。
[2] 何琳仪：《战国文字通论》（订补），江苏教育出版社2003年版，第91页。

高密戋（造）戈。　　　戈（《集成》11023）
高坪乍（作）钱（戈）。　　戈（《集成》11020）
平场高马里钱（戈）。　　戈（《集成》11156）

齐兵的监造制度，中央实也为三级，齐侯为监造者，齐城府库之长为主办者，冶为承造者。但往往只记监造者齐侯，或不记齐侯而直记主办者与承造者。地方铸兵则为二级监造，其由府库之长监造，而冶工承造。唯这种形式也多省略，或仅记监造者，或仅记铸造地。

第九节　青铜器铭文选读

一　商代金文

1. 二祀邲其卣（《集成》5412，图7-4）

丙辰(一)，王令（命）邲其兄（贶）眷（饎），殷于夆（逄)(二)，田㴉(三)。宾（傧）贝五朋(四)。才（在）正月，遘于匕（妣）丙乡日大乙奭(五)，隹（唯）王二祀(六)。既𩰲（䉤）于上下帝(七)。

亚獏父丁(八)。

亚獏父丁。

此卣出自殷墟，1939年为陈鑑塘于安阳购得，器具三处铭文①。尊古斋黄濬著录于《邺中片羽三集》，后归章乃器所藏，1946年入藏故宫博物院。通高38.4厘米。椭圆体，短颈，两环套铸提梁，鼓腹，圈足外侈。盖上有菌形钮。颈前后各饰一兽首。盖面、颈及圈足分饰夔纹。盖与器内同铭"亚獏父丁"，器外底铭7行39字。所记周祭祀典符合殷王帝辛祀谱，时代当属帝辛。同人所作还有四祀和六祀二卣，同出殷墟。学者或疑二祀、四祀两卣伪铭②，经X射线分析，证明不伪③。

（一）"丙辰"，干支记日，此为殷代纪时的固有形式，习见于商代纪事铭文及甲骨刻辞，至西周早期，这一传统仍有保留，如武王世标准器天亡簋。

（二）"王令邲其兄眷，殷于夆"。事关商代殷国之礼。"邲其"，作器者。"兄"读为"贶"，金文恒见。《尔雅·释诂上》："贶，赐也。"郝懿

---

① 于省吾：《双剑誃殷契骈枝》，北平虎坊桥大业印书局1940年版，第41页。
② 张政烺：《〈邲其卣〉的真伪问题》，《出土文献研究》第三辑，中华书局1998年版。
③ 丁孟、建民：《邲其卣的X射线检测分析》，《故宫博物院院刊》1999年第1期。

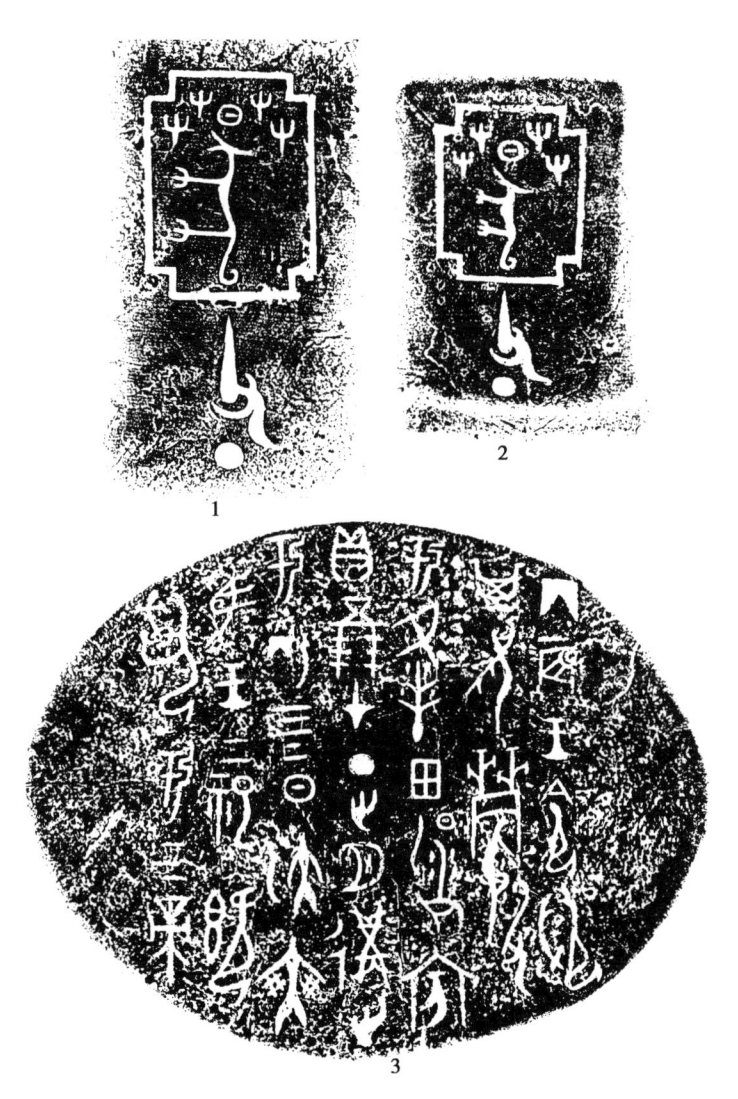

图 7-4 二祀邲其卣铭文拓本
1. 器内铭 2. 盖铭 3. 器外底铭

行《义疏》:"经典古作兄,通作况,今作贶。"《国语·鲁语下》:"贶使臣以大礼。"韦昭《注》:"贶,赐也。""朁",似从"来"得声,读为"饎"。《诗·周颂·思文》:"贻我来牟。"《汉书·刘向传》引"来"作"釐"。《左传·庄公八年》:"有宠于僖公。"《史记·齐太公世家》"僖"作"釐"。是"来"、"饎"通用之证。上古音二字并在之部,叠韵而假。《说文·食部》:"饎,酒食也。"《诗·大雅·泂酌》:"可以馈饎。"

"殷"，本殷同、殷见之礼。《周礼·春官·大宗伯》："殷见曰同。"西周作册䙴卣铭云："唯明保殷成周年。"其殷于王邑。但卣铭之殷礼行于逢国，应即殷国之义。《周礼·夏官·职方氏》："王殷国亦如之。"孙诒让《正义》："殷国者，谓王出在侯国而行殷见之礼也。"

"夆"，国名，文献作"逢"，所行殷见之地。《左传·昭公二十年》载晏子言齐景公云："昔爽鸠氏始居此地，季䈞因之，有逢伯陵因之，蒲姑氏因之，而后太公因之。"① 杜预《集解》："逢伯陵，殷诸侯，姜姓。"山东济阳刘台子发现西周早中期逢国墓地②，当为逢国西迁之地，而殷之逢地应在蒲姑旧地，地望更在其东。据殷卜辞知，其与鄁近（《合集》36904）；据西周量方鼎铭知，其与丰亦近。丰或在山东高青。此言帝辛命卯其赐诸侯以饎，而于逢国行殷见之礼。

《周礼·天官·宰夫》："凡朝觐、会同、宾客，以牢礼之法，掌其牢礼、委积、膳献、饮食、宾赐之飧牵，与其陈数。"郑玄《注》："飧，客始至所致礼。"此即卣铭所谓"贶饎"。《周礼·秋官·大行人》："殷同以施天下之政。"郑玄《注》："殷同即殷见也。"又《掌客》："掌客掌四方宾客之牢礼、饩献、饮食之等数与其政治。……王巡守、殷国，则国君膳以牲犊，令百官百姓皆具。"孙诒让《正义》："殷国者，王巡行近畿之国，因而合诸侯也。故有侯国膳具之事，与《大行人》之殷同在王都者异。"《周礼》宰夫、大行人、掌客互为官联，卣铭述殷国事，故器主卯其或兼行诸官之职而代王行礼，受王命而致诸侯饮食。

（三）"田渚"，于渚地田猎。卜辞有田猎地名𣥍或𣥏，皆即渚。"渚"字从水，以水名地；本作"湑"，又从"日"，似有水北为阳之喻。君王殷国或兼行田猎。《春秋经·僖公二十八年》："冬，公会晋侯、齐侯、宋公、蔡侯、郑伯、陈子、莒子、邾子、秦人于温。天王狩于河阳。"《左传》："是会也，晋侯召王，以诸侯见，且使王狩。"《史记·晋世家》："冬，晋侯

---

① 《国语·周语下》载伶州鸠对周景王云："我皇妣大姜之姪伯陵之后，逢公之所凭神也。"韦昭《注》："大姜，大王之妃，王季之母，姜女也。伯陵，大姜之祖有逢伯陵也。逢公，伯陵之后，大姜之姪，殷之诸侯，封于齐地。"阮元《孟子·离娄下》校勘记云："按'逢'字从'夆'。宋人《广韵》改字作'逄'，殊谬。《孟子音义》同谬，不可不正。'逢蒙'古书作'蠭蒙'，则其字不从'夆'可知也。"

② 德州行署文化局文物组、济阳县图书馆：《山东济阳刘台子西周早期墓发掘简报》，《文物》1981年第9期；德州地区文化局文物组、济阳县图书馆：《山东济阳刘台子西周墓地第二次发掘》，《文物》1985年第12期；山东省文物考古研究所：《山东济阳刘台子西周六号墓清理报告》，《文物》1996年第12期。

会诸侯于温，欲率之朝周，力未能，恐其有畔者，乃使人言周襄王狩于河阳。壬申，遂率诸侯朝王于践土。"又《周本纪》："晋文公召襄王，襄王会之河阳、践土，诸侯毕朝，书讳曰'天王狩于河阳'。"然古本《竹书纪年》直记晋史曰："周襄王会诸侯于河阳。"盖会而兼行田狩，与殷制相同。铭文以䢼其代王殷国而行田猎，亦即卜辞所言之"进王事"。

（四）"宾"，读为"傧"。《周礼·秋官·司仪》："宾继主君。"郑玄《注》："傧主君也。"贾公彦《疏》："傧者，报也。"辞言逄侯以五朋贝报䢼其。

（五）"妣丙"，大乙配偶，受祭在丙日。"奭"，甲骨文、金文有多种变体，乃仇配之意①。张政烺释"奭"，其以《说文·斗部》有"斛"字，从"奭"得声，又《诗·小雅·宾之初筵》云"宾载于仇"，郑玄《笺》谓"仇，读曰斛"，而证"奭"读为"仇"。《诗·周南·关雎》"君子好逑"，陆德明《释文》以"逑，本亦作仇"，毛《传》解"逑，匹也"，正合"奭"字之义②，说甚精辟。"彡日"，周祭祭名。《尚书》有《高宗肜日》。

（六）"隹王二祀"之"二祀"不是纪年，当指帝辛第二个周祭祀周，不是其第二年。

（七）"歔"，读为"欢"。《说文·丮部》："歔，读若踝。"知"歔"本从"戈"声。《左传·襄公四年》："斟灌氏。"《史记·夏本纪》"灌"作"戈"。是"歔"、"欢"相通之证。《说文·欠部》："欢，喜乐也。""上下帝"，天神及殷王帝辛。铭文言䢼其代王殷国，不辱使命，使上帝高兴，殷王满意。

（八）"亚貘"，䢼其之氏，其出小宗。"父丁"，䢼其亡父，所作祭器之受祭者。

2. 四祀䢼其卣（《集成》5413，图7-5）

　　乙巳，王曰："尊文武帝乙宜。"(一)才（在）召大庭（廳）(二)。遘乙翼日(三)。丙午，䬸。丁未，䭫(四)。己酉，王才（在）梌，䢼其易（锡）贝。才（在）四月，隹（唯）王四祀翼日。

　　亚貘父丁。

　　亚貘父丁。

---

① 罗振玉：《增订殷虚书契考释》，东方学会1927年石印本，第51页。
② 张政烺：《"奭"字说》，《六同别录》上，中央研究院历史语言研究所集刊外编第三种，1945年。

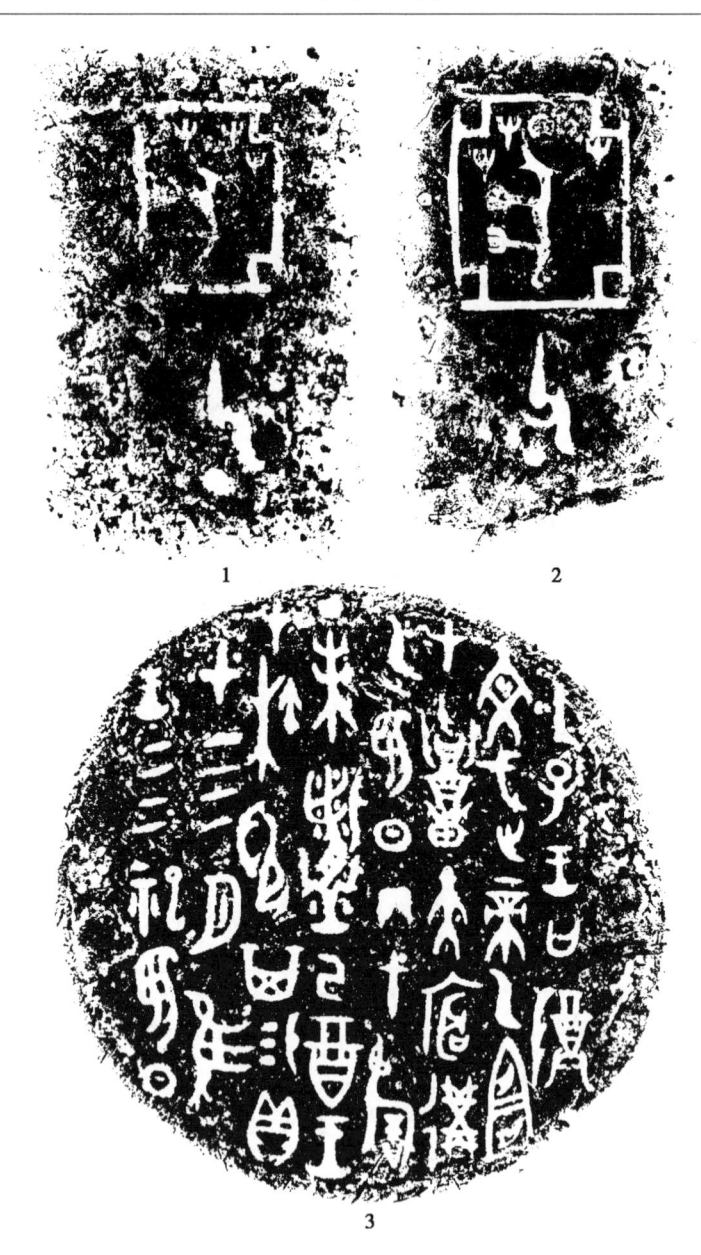

图7-5 四祀邲其卣铭文拓本
1. 器内铭　2. 盖铭　3. 器外底铭

此与二祀及六祀邲其卣为同人所作,并出殷墟。1956年故宫博物院购藏。此器早年曾为李泰芬所得,其《痴盦藏金》曰:"是卣因在寒斋藏仅廿日，……余今春所得，为之喜而不寐者累日，然是卣价昂，又恐流于海外，故多方押借，始得购入，终以无力偿债，乃让归吾友朔县苏氏晚学斋中①。属稿之际，已非吾有矣。"后于抗战期间为张效彬购得。通高34.5厘米，宽19.3厘米。圆体，长颈，两环套铸双兽头提梁，腹深且下垂，圈足外侈，盖上有圆形钮，或可名壶。盖、梁、足均饰雷纹，颈饰兽面纹。盖与器内同铭"亚獏父丁"，器外底铭8行42字。时代属殷王帝辛。

（一）"文武帝乙"，殷王帝乙，又见坂方鼎。"文武"，谥号。"障"，读为"尊"。《逸周书·尝麦》："尊中于大正之前。"朱右曾《集训校释》："尊，犹奠也。"《仪礼·士冠礼》："侧尊一甒。"郑玄《注》："置酒曰尊。"《楚辞·天问》："尊食宗绪。"洪兴祖《补注》："尊食，庙食也。""宜"，酒食。《尔雅·释言》："宜，肴也。"邢昺《疏》："宜，谓肴馔也。李巡曰：'饮酒之肴也。'"字本象俎上置肉。

（二）"召"，地名。"廤"，"廳"之本字，"庭"之初文。《说文·广部》："庭，宫中也。"朱骏声《说文通训定声》："今俗谓之廳，字作廰。"此"召大廤"于卜辞则作"召廰"（《缀》202），大庭即谓宗庙太室之中庭②。

（三）"翼日"，周祭祭名，"乙"，文武帝乙。据帝辛四祀四月之周祭祀典，乙巳之日当为对帝乙的翼祭。

（四）"䚂"、"鬻"，祭名。

3. 辪簋（《集成》4144，图7-6）

戊辰，弭师易（锡）辪𪭢（惠）户、嚞（橐）贝(一)，用乍（作）父乙宝彝。才（在）十月一，隹（唯）王廿祀劦日(二)，遘于妣（妣）戊武乙奭，𪭢一。旅(三)。

此器为殷末重要长篇具铭铜器之一，又名辪作父乙簋、戊辰簋等，拓本于清代已经流传，但器影未见。此簋出土后曾归美人卢芹斋（C. T. Loo），继属加人明义士（James Mellon Menzies），寄存于纽约古肆。《攈古录金文》卷二之三·86、《缀遗斋彝器款识考释稿本》5.18、《三代吉金文存》6.52.2、《殷周青铜器铭文研究》21、《美帝国主义劫掠的我国殷周铜器集录》A196、R153分别著录有铭文和器影。高13.9厘米，口径20.1厘米。器铭5行36字。时代属殷王帝辛。

（一）"弭师"，"弭"，氏名；"师"，官名。此弭师代王行赐。金文

---

① 苏氏指苏体仁，阎锡山女婿，曾任山西省伪省长。
② 于省吾：《甲骨文字释林》，中华书局1979年版，第85—86页。

554　中国古文字学概论

图7-6　䚄簋铭文拓本

"师"前冠氏者尚有韦师（《续》3.28.7）、周师（免簋）、吴师（大簋盖）、曾师（王子盘）等，与"师"字后缀名字的形式不同①。

"䵼"，读为"惠"。《山海经·中山经》："祈酒太牢祠婴用圭璧十五，五采惠之。"郭璞《注》："惠，犹饰也。"郝懿行《笺疏》："惠，义同藻绘之绘，盖同声假借字也。"则"惠户"意即绘饰其户，疑当后世九锡之朱户②，谓以朱色涂其户。《白虎通义·考黜》："诸侯所以考黜何？王者所以勉贤抑恶，重民之至也。《尚书》曰：'三载考绩，三考黜陟。'《礼》说九锡，车马、衣服、乐则、朱户、纳陛、虎贲、鈇钺、弓矢、秬鬯，皆随其德，可行而次。……朱盛色，户所以纪民数也。故民众多赐朱户也。"陈立《疏证》："《文选注》引服虔云：'朱户，天子之礼也。朱户，赤户也。'《穀梁疏》引旧说云：'四曰朱户，谓所居之室朱其户也。'"铭文"惠户"不称其数而言绘饰，正合此意。故铭辞所记为殷商考黜之制。

"䕩"，字象囊中贮贝之形，为计贝之"囊"的专字。"囊贝"即贝一囊③。周初帚晨鼎铭云："作册右史易（锡）䕩（囊）贝。"天亡簋亦见囊贝之赐。古时赐贝，或以朋计，或以囊计。一朋为贝十枚④，一囊则计三

---

① 参见张亚初、刘雨《西周金文官制研究》，中华书局1986年版，第7页。
② 九锡之说参见《礼记·曲礼上》孔颖达《正义》引公羊家说、《公羊传·庄公元年》何休《注》引《礼纬含文嘉》、《韩诗外传》卷八及《汉书·王莽传上》。
③ 唐兰：《西周青铜器铭文分代史征》，中华书局1986年版，第93页。
④ 王国维：《释玨朋》，《观堂集林》卷三，《王国维遗书》，上海古籍书店1983年版。

百枚。殷墟后冈圆祭坑曾经出土三百枚贝盛于一黄色麻袋中①，或即殷周一囊贝之数。

（二）"劦日"，周祭祭名。

（三）"旅"，官氏。韎受师赐，而旅为商代的军事组织，故韎为掌旅之官，合情合理。旅为宗族子弟，集之为旅，实即"亚旅"之"旅"，故"旅"亦训众。商代之旅乃由各族氏之子弟组成②，人数恐无定制。韎汇罗人数众多，故获赐朱户，其与考黜之制正相吻合。

4. 宰椃角（《集成》9105，图7-7）

庚申，王才（在）𠙹（阑）(一)，王各（格），宰椃从(二)，易（锡）贝五朋，用乍（作）父丁䵼（尊）彝。才（在）六月，隹（唯）王廿祀翼又五(三)。

𦰩（庚）册(四)。

此器曾为清钱坫、阮元、陈介祺旧藏，分别著录于《十六长乐堂古器款识考》1.9、《积古斋钟鼎彝器款识》2.16。现藏日本京都泉屋博古馆，《泉屋清赏》2.86著有器影。高22.5厘米，錾内铭2字，器铭5行30字。时代为殷王帝辛时期。

（一）"𠙹"，"阑"之本字，或作"𠙹"（戍嗣鼎）、"𠙹"（作父己簋）、"𠙹"（利簋），地名。戍嗣鼎铭云："丙午，王赏戍嗣贝廿朋，在阑宗。用作父癸宝餗，唯王飨阑大室。在九月。犬鱼。"作父己簋铭云："己亥，王锡贝在阑，用作父己尊彝。亚古。"知阑地有宗庙，商王于此或行赏赐，或行飨祭。西周利簋铭记征商后七日辛未，武王在阑次，明阑近大邑商。于省吾以为字应读为"管"，即管蔡之管③，地在今河南郑州。

（二）"宰椃"，"宰"，官名；"椃"，氏名。甲骨文有"宰丰"，金文有"宰甫"，宰为管理王家事务的臣僚。西周蔡簋铭云："王若曰：'蔡，昔先王既命汝作宰，司王家，今余唯申就乃命，命汝暨智𩫢定对各，死司王家外内，毋敢有不闻。司百工，出纳姜氏命。'"铭言王命宰蔡与宰智二人相互监督，主司王家内外事务，知二人同为家臣，而宰蔡更专出纳姜氏命，明其当为内宰之属④。内宰一称宫宰。《礼记·祭统》："宫宰宿夫人。"或称奄尹。《礼记·月令》："仲冬命奄尹申宫令，审门闾，谨房室，

---

① 中国社会科学院考古研究所：《殷墟发掘报告》，文物出版社1987年版，第278页。
② 参见刘钊《卜辞所见殷代的军事活动》，《古文字研究》第十六辑，中华书局1989年版。
③ 于省吾：《利簋铭文考释》，《文物》1977年第8期。
④ 郭沫若：《两周金文辞大系图录考释》第七册，科学出版社1957年版。

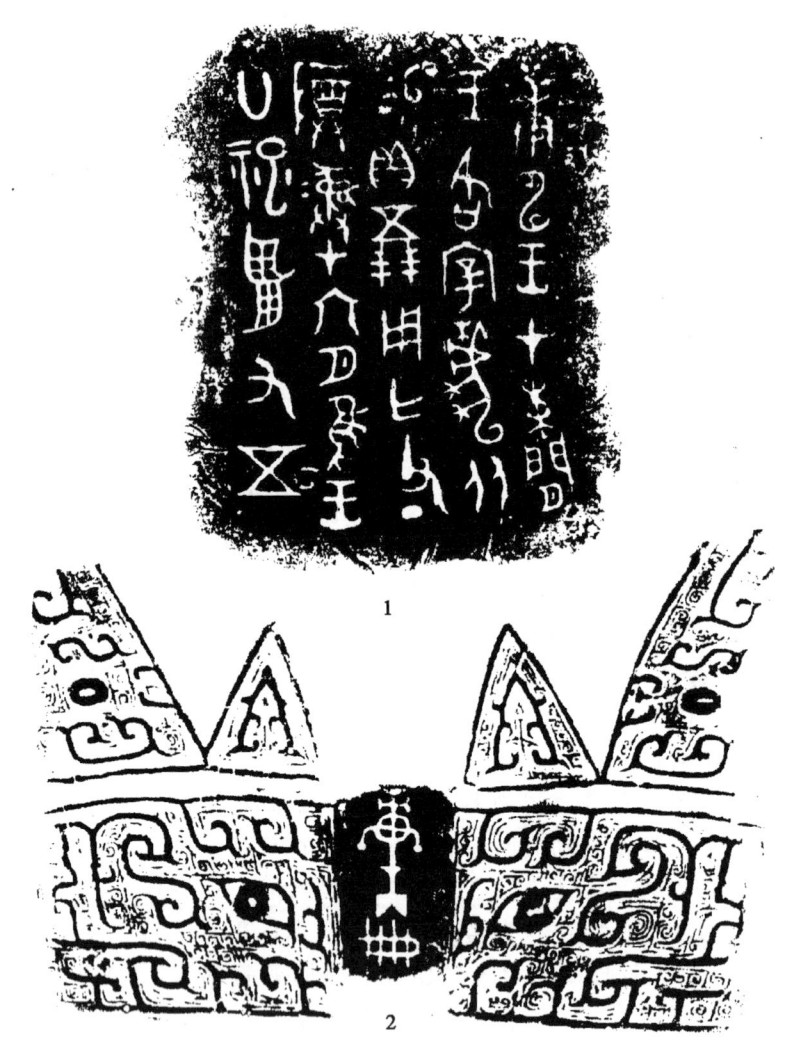

图 7-7 宰甙角铭文拓本
1. 口内铭 2. 鋬内铭

必重闭。"郑玄《注》："奄尹于周则为内宰，掌治王之内政宫令，几出入及开闭之属。"实商周之宰官乃《周礼》冢宰诸官之源，其为天子私臣而主王家事务，与《周礼》小宰、内宰、内小臣、阍寺等官多可比附，其又掌百工，则颇合冢宰所属六十三官皆为王之衣食住行等宫中事务官的职事。甲骨文宰丰受赐寝小㫒兄，也明其当内宰之属。

（三）"隹王廿祀翼又五"，帝辛第二十五个周祭祀周的翼日。

（四）"犅册"，氏名。"犅"，族氏；"册"，官氏。金文作册为内史①，此"册"则与小宰、内宰之职有关。《周礼·天官·小宰》："小宰之职掌建邦之宫刑，以治王宫之政令，凡宫之纠禁。掌邦之六典、八法、八则之贰。"孙诒让《正义》："此掌大宰治法之副贰，与司会、司书、大史、内史为官联也。"又《内宰》："内宰掌书版图之法，以治王内之政令。"

5. 作册般甗（《集成》944，图7-8）

王宜人（夷）方无敄(一)。咸，王商（赏）乍（作）册般贝，用乍（作）父己噂（尊）。来册(二)。

此器又名王宜人甗、般作父己甗、般甗。陈承裘旧藏。《攈古录金文》卷二之二·86、《澂秋馆吉金图》11、《殷文存》上10著录，现藏中国国家博物馆。高44.3厘米，器铭3行20字。殷王帝辛时代。

（一）"宜"，酒食之肴。《诗·郑风·女曰鸡鸣》："与子宜之。"毛《传》："宜，肴也。""人方"，卜辞或作"尸方"，皆读为"夷方"。"无敄"，夷方酋首。无敄鼎、无敄簋铭也见无敄，学者或以为即此作册般甗之无敄②，殊误。无敄鼎及无敄簋皆无敄自作，其中无敄鼎铭缀"粪"氏，而据文父丁簋（旧称小子𪔁簋）铭"唯𪔁令伐人（夷）方𪔁"，作器者自名氏曰"粪"；又据小子𪔁卣铭"令望人（夷）方𪔁"，作器者也自名氏曰"粪"。可明夷方乃粪氏所伐之对象，粪非夷方族氏，故粪氏无敄

图7-8 作册般甗铭文拓本

---

① 孙诒让：《古籀拾遗》，中华书局1989年版，第35页；王国维：《释史》，《观堂集林》卷六，《王国维遗书》，上海古籍书店1983年版。
② 史树青：《无敄鼎的发现及其意义》，《文物》1985年第1期。

与作为夷方酋首之无教不同。

甗铭言殷王宴饮夷方无教，知其时夷首服殷。方伯于殷或叛或服，铭文所见甚明。西周禹鼎铭云："亦唯鄂侯驭方率南淮尸（夷）、东尸（夷）广伐南国、东国。"此驭方叛周之例。鄂侯鼎铭云："王南征，伐角劂，唯还自征在坯。鄂侯驭方纳醴于王，乃祼之。驭方侑王，王休宴，乃射，驭方合王射，驭方休阑（栏），王寡（扬），咸饮。王亲锡驭［方玉］五毂，马四匹，矢五［束］。"此驭方臣周之证。作册般甗铭记无教臣殷，是研究殷夷关系的重要史料。

（二）"来册"，国氏官氏。"来"，子姓国氏。殷卜辞有来国（《后上》12.12），郭沫若谓"来"当即"莱"①。《世本》："子姓：殷、时、来。"《史记·殷本纪》："契为子姓，其后分封，以国为姓，有殷氏、来氏。"

二 西周金文

1. 天亡簋（《集成》4261，图7-9）

［乙］亥₍一₎，王又（有）大豐（礼）₍二₎，王凡（般）三（四）方₍三₎，王祀于天室₍四₎，降₍五₎。天亡又（佑）王₍六₎，衣（殷）祀于王₍七₎，丕（丕）显考文王，事喜上帝₍八₎。文王德才（在）上₍九₎，丕（丕）显王乍相₍十₎，丕（丕）䎐（肆）王乍庚（赓）₍十一₎，丕（丕）克乞（讫）衣（殷）王祀₍十二₎。丁丑，王卿（飨）大宜₍十三₎，王降亡助（勋）爵復膏（囊）₍十四₎，隹（唯）朕又（有）庆₍十五₎，每（敏）戁（扬）王休于噂（尊）殷₍十六₎。

此器于清道光间出土于陕西岐山。陈介祺于同治癸酉（1873年）八月作《聃敦释说》云："余得是器于关中苏兆年三十年矣。"故知陈氏得器之年为道光二十三年（1843年）。此簋出土后一直为私人皮藏，1956年，北京琉璃厂振寰阁古物店自上海周姓藏家购得，后归故宫博物院，现陈列于中国国家博物馆。

此簋之定名，学者曾有不同意见。陈介祺误释铭文"朕"为"聃"，又谓器为毛叔所作，故名之曰"毛公聃季殷"②。唐兰以"朕"为器主之名，故名之曰"朕簋"③。吴式芬、孙诒让及郭沫若又据铭首"王有大豐"

---

① 郭沫若：《卜辞通纂》，第743片考释，日本东京文求堂1933年石印本。
② 陈介祺：《簠斋吉金录》，风雨楼1918年石印本。
③ 唐兰：《朕簋》，《文物参考资料》1958年第9期。

图 7-9　天亡簋铭文拓本

句而名之为"大豐簋"①。刘心源则以铭文"天亡"为器主，故定名曰"天亡簋"②。刘说为是。

此器作于武王时，乃武王标准器。然孙作云、孙常叙以为作于灭商以前③，唐兰、黄盛璋、于省吾则以为作于武王灭商之后④。此器铭记"迄殷王祀"，是为作于灭商后之明证。

此簋四耳方座，通高24厘米，口径20.5厘米，座高9.2厘米，宽

---

① 吴式芬：《攗古录金文》卷三之二，清光绪二十一年（1895年）吴氏家刻本；孙诒让：《古籀馀论》卷三，中华书局1989年；郭沫若：《两周金文辞大系图录考释》第六册，科学出版社1957年版。
② 刘心源：《奇觚室吉金文述》卷四，清光绪二十八年（1902年）自写刻本。
③ 孙作云：《说"天亡簋"为武王灭商以前铜器》，《文物参考资料》1958年第1期；孙常叙：《天亡簋问字疑年》，《吉林师大学报》1963年第1期。
④ 唐兰：《朕簋》，《文物参考资料》1958年第9期；黄盛璋：《大丰簋铭制作的年代、地点与史实》，《历史研究》1960年第6期；于省吾：《关于"天王簋"铭文的几点论证》，《考古》1960年第8期。

18.5厘米。主题花纹为蜗体兽面，也有学者认为是怪鸟，施于器腹和方座四壁，圈足和方座四角上饰夔纹及三角形兽面纹，别具风格。蜗体兽纹乃周人的创作，又见于从簋和岐山贺家一号墓所出兽面纹罍，不见于商器。器铭8行77字，铭文有韵，书体俊逸，颇开有周之新风。

（一）首字原泐，孙诒让据下文"丁丑"拟补"乙"字，可从。

（二）"大豊"，孙诒让读为"大礼"。"豊"字旧多释"豐"，学者已详辨之①。麦方尊铭云："迨王饎荤京，祐祀。零若翌日在辟雍，王乘于舟，为大礼。"《礼记·乐记》："大乐与天地同和，大礼与天地同节。和，故百物不失；节，故祀天祭地。"《左传·文公三年》："君贶之以大礼，何乐如之！"皆以大礼兼括盛祭大飨之礼，与铭文言大礼而祭天相合。后文"王饗大宜"也为大礼仪节。

（三）"王凡三方"，郭沫若云："凡叚为风，讽也，告也。三方，东南北也，周人在西，故此仅言三方。"闻一多驳云："宗周之器言四方者多矣，又将何辞以解？窃谓麦尊纪王在辟雍乘舟为大豐，此亦言大豐，则凡疑当读为汎，传王在辟雍中汎舟也。汎舟而言三方者何？汉以来学者咸谓天子曰辟雍，诸侯曰泮宫，此盖汉初礼家，规放故事，以辟雍见于《大雅》，泮宫见于《鲁颂》，遂以二者分属于天子、诸侯。实则鲁本用天子礼，而他国复不闻有泮宫者，是辟雍、泮宫，名异而实同，或因方言殊绝，遂致周鲁异名。辟、泮双声，义复相通（《广雅·释诂四》'辟，半也'），其为一声之转，甚明。卜辞雍、宫并从𠂤，是雍与宫亦本一语，宫声变而为雍，犹之籀文容从公声也。知辟雍即泮宫，而《泮水笺》：'泮之言半也，半水者，盖东西门以南通水，北无也。'则是辟雍之水亦半圆形之水。水形半圆，故但得三方（方犹《诗》'彼汾一方'、'在水一方'之方），如郑说，即东西南三方。毁方曰'王汎三方'，犹言王遍遊辟雍之水矣。"②

《诗·大雅·灵台》毛《传》："水旋丘如璧曰辟雍。"《泮水》郑玄《笺》："辟雍者，筑土雝水之外，圆如璧。"《史记·封禅书》司马贞《索隐》："服虔云：'天子水币，为辟雍。诸侯水不币，至半，为泮宫。'《礼统》又云'半有水，半有宫'是也。"知辟雍与泮宫制度迥别。徐同柏曾以"三方"实即"四方"之泐③，是。于省吾以"凡"为祭名，"凡四

---

① 林沄：《豊豐辨》，《古文字研究》第十二辑，中华书局1986年版。
② 闻一多：《大丰𣪘考释》，《闻一多全集》第二册古典新义，生活·读书·新知三联书店1982年版。
③ 徐同柏：《从古堂款识学》卷十五，清光绪三十二年（1906年）蒙学报馆影石校本。

方"即四方之祭①。林沄则以"凡"读为《诗·周颂·般》之"般"②，甚确。《般》云："於皇时周，陟其高山，嶞山乔岳，允犹翕河。敷天之下，裒时之对，时周之命。"《序》云："般，巡守而祀四岳河海也。"郑玄《笺》："般，乐也。"孔颖达《正义》："谓武王既定天下，巡行诸侯所守之土，祭祀四岳河海之神，神皆飨其祭祀，降之福助。"知此诗实述武王灭商后祭四方之事。《史记·周本纪》："王曰：'定天保，依天室，悉求夫恶，贬从殷王纣。日夜劳来，定我西土，我维显服，及德方明。自洛汭延于伊汭，居易毋固，其有夏之居。我南望三塗，北望岳鄙，顾詹有河，粤詹雒、伊，毋远天室。'营周居于雒邑而后去。"是知武王为谋建周邑曾专赴中土。故《般》曰"陟其高山，嶞山乔岳，允犹翕河"，实言升陟中岳而望秩四方。中岳古名"天室"，而洛邑建于其下，正合武王"毋远天室"之念。且下文言武王于终讫殷祀后祀于天室，事亦相合。

"般"，郑玄以为乐名，当非本义。据诗义，"般"本望秩之义。《尚书·尧典》："望秩于山川。"郑玄《注》："秩，次也。"而《笺》云："望秩于山川，小山及高岳，皆信案山川之图而次序祭之。"《说文·舟部》："般，辟也。"是般辟乃四方之祭。

（四）徐同柏、杨树达以"天室"即《逸周书·度邑》"定天保，依天室"及"无远天室"之"天室"③。此天室为嵩高山名，故"王祀于天室"即言武王登嵩山以祭天④。

何尊铭云："唯武王既克大邑商，则廷（庭）告于天，曰：'余其宅兹中或（域），自之乂民。'"据武王语，知其时在中土，故"庭告"者，直告也，意即居中告天，《说文·广部》："庭，宫中也。"段玉裁《注》："庭者，正直之处也。"朱骏声《说文通训定声》："庭，叚借为廷。"《尔雅·释诂下》："庭，直也。"《诗·大雅·韩奕》："幹不庭方。"毛《传》："庭，直也。"毛公鼎铭："率怀不廷方。"秦公钟铭："镇静（靖）不廷。""廷"皆训直。是直告于天即于中土告天。然告天何以直告？天帝居天之中，其直应者即地之中，故欲于与天帝直应之位告祭天帝，必先

---

① 于省吾：《关于"天亡簋"铭文的几点论证》，《考古》1960年第8期。
② 林沄：《天亡簋"王祀于天室"新解》，《史学集刊》1993年第3期。
③ 徐同柏：《从古堂款识学》卷十五，清光绪三十二年（1906年）蒙学报馆影石校本；杨树达：《积微居金文说》（增订本），科学出版社1959年版。
④ 蔡运章：《周初金文与武王定都洛邑》，《中原文物》1987年第3期；曲英杰：《先秦都城复原研究》，黑龙江人民出版社1991年版，第127页；林沄：《天亡簋"王祀于天室"新解》，《史学集刊》1993年第3期。

求地中。古以天室地居中土，而周公更以测影之法于其地求得地中。《周礼·地官·大司徒》："以土圭之法测土深，正日景，以求地中。……日至之景尺有五寸，谓之地中。天地之所合也，四时之所交也，风雨之所会也，阴阳之所和也，然则百物阜安，乃建王国焉。"郑玄《注》引郑司农云："谓之地中，今颍川阳城地为然。"贾公彦《疏》："颍川郡阳城县是周公度景之处，古迹犹存。"今登封告成镇尚存周公测景台，传为周公测影之处。故武王于天室行礼祭天，正所谓庭告、直告也。天帝授命人王使之直居帝下而配天，则人王告天必求正位而行"庭告"。《逸周书·作雒》记周公曰"俾中天下"，《史记·周本纪》载周公曰"此天下之中，四方入贡道里均"，皆武王为谋于中土建邦治民，充分体现了居中而治的传统政治观。这也是《度邑》"定天保，依天室"所反映的核心思想。何尊铭言成王迁宅于成周，"复禀武王礼祼自天"，德方鼎铭也以成王居成周而"延武王祼自蒿（郊）"，云武王所行之礼当皆指于中土天室祭天之事。

（五）"降"，字本下山之会意字，此用为本义，指自天室而下。

（六）"天亡"，刘心源曰："据文义决是作器者名。天姓亡名。"甚是。"又王"，刘心源读为"佑王"，助祭。"天亡佑王"之"王"为在世之王，其父考为文王，知此"王"为武王。明"文王"即谥称，其时谥法制度已存。此铭记武王在世而不称"武王"，以区别已逝之文王，明"武王"之"武"也必为谥。

（七）"衣祀于王"之"王"显指生王，不当衣祀之对象，故"于"为等列连词，"与"也。"衣祀于王"实即"与王衣祀"之倒句，旨在协韵①。"衣祀"，吴大澂、孙诒让皆读为"殷祀"，解为"大祀"。《礼记·曾子问》："服除而后殷祭。"孔颖达《正义》："殷，大也。……大祭故谓之殷祭。"《易·豫》："先王以作乐崇德，殷荐之上帝。"孔颖达《正义》："用此殷盛之乐荐祭上帝也。"

（八）"丕显考文王，事喜上帝"，谓文王在天伴帝而使之喜。白川静以为事喜上帝乃文王之事，与𤼈钟"先王其严在帝左右"、默钟"先王其严在上"、叔夷钟"虩虩成汤，有严在帝所"等相同②，甚确。祭帝以文王配饗。《史记·封禅书》："郊祀后稷以配天，宗祀文王于明堂以配上帝。"

"喜"，徐同柏读为"饎"。《说文·食部》："饎，酒食也。"或体作

---

① 冯时：《天亡簋铭文补论》，《出土文献》第一辑，中西书局2010年版。
② 白川静：《金文通释》，《白川静著作集》别卷，平凡社2004年版。

"糦"。陈梦家谓即《诗·商颂·玄鸟》"大糦是承"之"糦"①，郭沫若以"喜"为"熹"之省，谓与柴燎同意②。何尊、德方鼎述祭天皆言"祼"，为祭礼之始。《周礼·春官·大宗伯》："以禋祀祀昊天上帝。"郑玄《注》："禋之言烟，周人尚臭，烟，气之臭闻者。郑司农云：'昊天，天也。上帝，玄天也。昊天上帝，乐以《云门》，实柴，实牛柴上也。'"后世以天、帝所祭不同，然于铭文观之，并无分别。古以祭天帝用盛乐，不以酒食，此正合殷祭之礼。《玄鸟》乃祭祖之诗，与此祭帝不同。

"丕显考文王"乃器主天亡所语，据此可知，文王不仅为武王之考，同时也为天亡之考，则武王、天亡显为兄弟，此事关天亡身份，颇为重要。

天亡为谁，学者多有推测。杨树达疑即泰颠③，孙作云以为史佚④，于省吾则谓太公望⑤。今知天亡实为文王之子，唯武王弟霍叔处与天亡最为密合。《史记·管蔡世家》："武王同母兄弟十人，……次曰霍叔处。……封叔处于霍。"张守节《正义》："处，昌汝反。《括地志》云：'晋州霍邑县本汉彘县也。郑玄注《周礼》云霍山在彘，本春秋时霍伯国地。'""处"读上声。《说文·几部》："处，止也。"《诗·召南·殷其靁》："莫或遑处。"毛《传》："处，居也。"《易·咸·象传》："亦不处也。"焦循《章句》："处，不出也。"《礼记·射义》："盖去者半，处者半。"郑玄《注》："处，犹留也。""处"与"去"相对为文。《礼记·少仪》："有亡而无疾。"郑玄《注》："亡，去也。"《荀子·王霸》："天下归之之谓王，天下去之之谓亡。"《吕氏春秋·审己》："齐湣王亡居于卫。"高诱《注》："亡，出奔。"《国语·晋语三》："其亡之不卹。"韦昭《注》："亡，谓在外。"知"亡"、"处"义适相反，似为一字一名。

天亡以"天"为氏，习见于金文。郭沫若曾释金文"天黿"⑥。《国语·周语下》："我姬氏出自天黿。"知"天"乃姬姓古族。邹衡据对出土明确的天氏铜器的研究认为，天族早期曾居于山西石楼隔河遥对的陕西绥德地区⑦。其器亦出于山西灵石旌介村，时代相当于商代末期，故殷周天族或在晋州。霍叔所封于晋州霍邑。《左传·闵公元年》："以灭耿、灭

---

① 陈梦家：《西周铜器断代》，中华书局2004年版。
② 郭沫若：《两周金文辞大系图录考释》第六册，科学出版社1957年版。
③ 杨树达：《积微居金文说》（增订本），科学出版社1959年版，第258页。
④ 孙作云：《说"天亡簋"为武王灭商以前铜器》，《文物参考资料》1958年第1期。
⑤ 于省吾：《关于"天亡簋"铭文的几点论证》，《考古》1960年第8期。
⑥ 郭沫若：《殷彝中图形文字之一解》，《殷周青铜器铭文研究》，科学出版社1961年版。
⑦ 邹衡：《论先周文化》，《夏商周考古学论文集》，文物出版社1980年版。

霍、灭魏。"杜预《集解》："平阳皮氏县东南有耿乡，永安县东北有霍太山，三国皆姬姓。"此霍即文王子叔处所封，故城在今山西霍县西南，地望与殷周天族之地相近。疑叔处本于先周受封于天，遂以天为氏，武王灭商后又近封于霍①。天氏为周族，此乃周号族名徽识之明证。

（九）"文王德在上"，《诗·大雅·文王》："文王在上，於昭于天。……文王陟降，在帝左右。"文王以纯德受命，死后伴于帝。

（十）"丕显王乍相"，此句及下句之"不肆王"皆谓在世之武王，故不书谥。郭沫若读"乍"为"则"，训"相"为仪型②。

（十一）"丕鷟王乍赓"，杨树达读"鷟"为"肆"，训为勤。《尔雅·释言》："肆，力也。"《文选·张平子东京赋》薛《注》："肆，勤也。""赓"，读为"赓"。《说文》以"赓"为古文"续"字。古音在阳部，读如"唐"。

（十二）"丕克乞衣王祀"，陈梦家读"乞"为"讫"，读"衣"为"殷"，"讫殷王祀"即终讫殷之祭祀。《尚书·西伯戡黎》："天既讫我殷命。"

（十三）"丁丑"，乙亥后第三日。"卿"，"饗"之本字。《仪礼·士昏礼》："舅姑共饗妇以一献之礼。"郑玄《注》："以酒食劳人曰饗。"字本象二人共食，故有饗宴之意。"王饗"也为大礼之仪节。"大宜"，大宴也。"宜"为酒食，正与"王饗"呼应。

（十四）"王降亡勋爵复䊷"，"王"，武王。"亡"，天亡。"降"，赐也。《诗·商颂·长发》："降于卿士。"朱熹《集传》："降，言天赐之也。""降"为自上而下之辞，故天亡享王之赐，犹天所降赐。"勋"，孙作云释"勋"。《说文·力部》："勳，能成王功也。从力，熏声。勋，古文勳从员。"此以"勋爵"为词，是因天亡助王灭商建周而有功受爵。"復"，重也。"䊷"，贝一囊。

天亡受爵而无官，此也与叔处相符。《左传·定公四年》："武王之母弟八人，周公为太宰，康叔为司寇，聃季为司空，五叔无官。"杜预《集解》："五叔，管叔鲜、蔡叔度、成叔武、霍叔处、毛叔聃（郑）也。"此器与毛公鼎同地所出，天亡既为叔处，毛公当武王弟毛叔郑之后，其为公，也可佐证武王弟似皆受为公爵。

（十五）"庆"字从郭沫若释。"有庆"乃古人习语。秦公钟、秦公簋铭："高引有庆。"《尚书·吕刑》："咸中有庆。"《诗·小雅·楚茨》：

---

① 史或以叔处为三监，相关讨论参见冯时《天亡簋铭文补论》，《出土文献》第一辑，中西书局2010年版。

② 郭沫若：《大丰簋韵读》，《殷周青铜器铭文研究》，科学出版社1961年版。

"孝孙有庆。"郑玄《笺》："庆，赐也。"

（十六）"尊毁"，合文。

2. 利簋（《集成》4131，图 7-10）

珷（武王）征商$_{(一)}$，隹（唯）甲子朝$_{(二)}$，岁鼎$_{(三)}$，克闻（昏）夙又（有）商$_{(四)}$。辛未$_{(五)}$，王才（在）寓𠂤（次）$_{(六)}$。易（锡）又（有）事利金$_{(七)}$，用乍（作）䲹（檀）公宝障（尊）彝$_{(八)}$。

此器 1976 年 3 月出土于陕西临潼零口南罗村附近的西周窖藏，同出者有礼器、乐器、车马器、工具等一百五十馀器，礼乐器除利簋外，尚有王盉一件，㫃车父壶二件，陈侯簋一件，甬钟十三件①。利簋铭记武王征商事，旧多以为武王标准器。然既具"武王"封谥，知其必作于武王身后，故此器时代当在成王初年。同出其他诸器时代较晚。

簋双耳方座，通高 28 厘米，口径 22 厘米。腹与方座均以云雷纹为地，上饰兽面纹、夔纹，方座平面四角饰蝉纹。圈足以云雷纹衬地而饰夔纹。器内底铭 4 行 32 字。现藏陕西临潼县博物馆。

（一）"武王"为合文，周人谥称文王、武王唯采合文而作"玟"、"珷"。这一制度始于成王，也可证利簋的时代晚于武王。武王标准器天亡簋称文王尚未作合文。

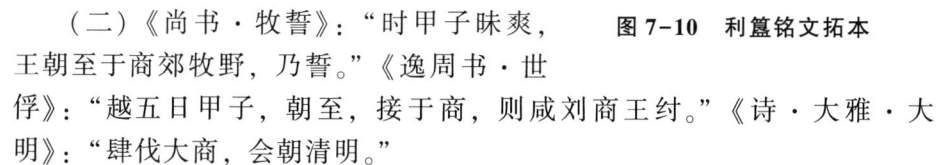

（二）《尚书·牧誓》："时甲子昧爽，王朝至于商郊牧野，乃誓。"《逸周书·世俘》："越五日甲子，朝至，接于商，则咸刘商王纣。"《诗·大雅·大明》："肆伐大商，会朝清明。"

图 7-10 利簋铭文拓本

（三）"岁鼎"，唐兰释为"烖（越）鼎"，意为夺取殷鼎②。但铭文确

---

① 临潼县文化馆：《陕西临潼发现武王征商簋》，《文物》1977 年第 8 期。
② 唐兰：《西周时代最早的一件铜器利簋铭文解释》，《文物》1977 年第 8 期。

为"岁"字，字形也见于殷卜辞。于省吾读"岁鼎"为岁贞，谓武王于伐商前曾行岁贞，乃贞问一岁之大事①。然"岁鼎"之事发生于甲子昧爽，如倒叙其前岁贞之卜事，则文义抵牾。若以为甲子朝于牧野之卜事，则临阵而卜，事尤不及。张政烺以为："岁，岁星，即木星。鼎，读为丁，义即当。……古音无舌头、舌上之分，卜辞以鼎为贞卜之贞。古人迷信，像征商这样大事，卜筮在所不免。《说苑》（卷十三）、《论衡》（卷廿四）等书皆记武王伐纣，卜而龟燋。但在甲子朝，已陈师牧野，'殷商之旅，其会如林'，周武王面对强大敌人，只能决战，不容迟疑，当无再卜问鬼神的馀地，而文义绝非倒述兴师前的预卜，可见此鼎字不作贞卜讲。《国语·周语下》（韦昭注）记载伶州鸠论律的一段话，说到'昔武王伐纣，岁在鹑火'（岁，岁星也。鹑火，次名，周分野也）。又说'岁之所在，则我有周之分野'（岁星在鹑火。鹑火，周分野也。岁星所在，利以伐之也）。这是周人自己的传说，认为武王征商的时间和岁星的位置相合。'岁鼎'意谓岁星正当其位，宜于征伐商国。古代兵家迷信'天时'，严于选择岁时月日，《吕氏春秋》记载周武王告胶鬲说'将以甲子至殷郊'，好像决战日期早已安排好了。故'岁鼎'是武王征商的条件和精神力量，写入铭文也就不足为奇了。"②所说精辟。岁星为天空中奇亮之行星，早为古人所识，并用以纪年。后人因岁星行移之次与十二辰相反，遂又别造太岁纪年。今据彝铭可知，春秋中晚期已行系统的太岁纪年法③，这意味着古代先民对岁星的认识并用其纪年的做法早已发生。《尚书·洛诰》："我二人共贞。"马融云："贞，当也。"古"贞"、"鼎"同字，是"鼎"训当之证。

（四）"闻夙"，张政烺读为"昏夙"。

（五）"辛未"，甲子之后八日。

（六）"䦛"，地名，于省吾读为"管"。《逸周书·大匡》："惟十有三祀，王在管，管叔自作殷之监。"刘师培《周书补注》："'惟十有三祀，王在管'，此并文王受命之年计之，即武王克殷之年也。""自"，读为"次"。管次乃谓武王于克殷八日后于管临时驻扎。《左传·僖公四年》："师退，次于召陵。"伪《古文尚书·泰誓中》："王次于河朔。"《易·旅》："旅即次。"王弼《注》："次者，可以安行旅之地也。"

（七）唐兰谓："有事即有司。《诗·十月之交》：'择三有事'，毛苌

---

① 于省吾：《利簋铭文考释》，《文物》1977年第8期。
② 张政烺：《利簋释文》，《考古》1978年第1期。
③ 冯时：《㐭夫人嬭鼎及相关问题》，《中原文物》2009年第6期。

解为'有司，国之三卿'。"其时武王次于管。已立王政而行赏赐。《逸周书·文政》："唯十有三祀，王在管，管、蔡开宗循王。"又《世俘》言武王克殷，"戊辰，王遂禦，循自祀文王。是日，王立政。"孔晁《注》："是日立王政布天下。"戊辰为甲子之后五日。又甲子后十二日乙亥登于天室。

（八）"旜公"，"旜"，氏名，"旜"之本字。氏出司治旗旜。古旗旜或以檀木为之①，则旜氏或即檀氏。

3. 何尊（《集成》6014，图7-11）

  隹（唯）王初鄻（迁）宅于成周(一)，復禀珷（武）王豊（礼）祼自天(二)。才（在）四月丙戌(三)，王誩（诰）宗小子于京室(四)，曰："昔才（在）尔考公氏，克逑（弼）玟（文）王(五)，肆（肆）玟（文）王受兹（兹）[大命](六)。隹（唯）珷（武）王既克大邑商，则廷（庭）告于天(七)。曰：'余其宅兹（兹）中或（域），自之辥（乂）民。'(八) 乌虖（乎）！尔有唯小子亡戠（识)(九)，視（视）于公氏(十)，有𢿐（劳）于天(十一)，徹（彻）令（命）苟（敬）享哉（哉)(十二)。"惠王龏德谷（裕）天(十三)，顺（训）我不每（敏)(十四)。王咸誩（诰），何易（锡）贝卅朋(十五)，用乍（作）□公宝䵼（尊）彝。隹（唯）王五祀(十六)。

此器1963年出土于陕西宝鸡贾村，1965年由宝鸡市博物馆征集②。通高39厘米，口径28.6厘米，器体椭方，口圆而外侈，四面中线均起透雕棱脊，口下饰仰叶兽体纹，其下为蛇纹，腹饰牛头纹，牛角外卷翘出，极富立体感，圈足饰虎头纹，通体细雷纹衬地，造型凝重，纹饰华美。内底铭12行122字，记成王迁宅成周而祭天，并于京室训诰宗小子，追述武王遗志，是研究西周历史的重要资料。此尊为成王世之标准器，现藏陕西宝鸡青铜器博物院。

（一）"鄻宅"，读为"迁宅"，成王自宗周迁至成周。《尚书·盘庚》："盘庚迁于殷，……既爰宅于兹。"俞樾《群经平议》："爰之言易也。"曾运乾《尚书正读》："爰，易也。"《孟子·滕文公上》赵岐《章句》："徙，谓爰土易居。"焦循《正义》："爰者，换也。"《盘庚》以"爰宅"与"迁"互文，意同此铭"迁宅"。"初"，始也，"初迁宅于成周"意即

---

① 参见冯时《二里头文化"常旜"及相关诸问题》，《考古学集刊》第17集，科学出版社2010年版。

② 《宝鸡市博物馆新征集的饕餮纹铜尊》，《文物》1976年第1期。

图 7-11　何尊铭文拓本

刚刚迁至成周。《尚书·召诰》："知今我初服，宅新邑。"言成王刚治国而居新邑，与铭文颇合。

当成周始营建及刚建成之时，只叫"新邑"或"新大邑"，建成后入宅作为都邑，则叫"成周"或"大邑成周"。《尚书·康诰》："周公初基作新大邑于东国洛。"《召诰》："周公朝至于洛，则达观于新邑营。……乃社于新邑。……其作大邑。"《洛诰》："祀于新邑。……王在新邑烝祭。"《多士》："周公初于新邑洛，用告商王士。……今朕作大邑于兹洛。"《逸周书·作雒》："乃作大邑成周于土中。"《孟子·滕文公下》引《书》云："惟臣附于大邑周。"这种分别在彝铭中更为清晰。

第七章　金文研究

　　　癸卯，王来奠新邑，[二]旬又四日丁卯，[往]自新邑于東。
　　　　　　　　　　　　　　　　　　　　　　　　　　王奠新邑鼎
　　丁巳，王在新邑，初𤓸。　　　噭士卿尊
　　公违省自东，在新邑。　　　　臣卿簋
　　唯三月王在成周，延武王祼自蒿（郊）。　　　德方鼎
　　唯四月，在成周。　　□卿方鼎

后两器与何尊所作同年。"新邑"之名乃各代新建王邑的通称，《尚书·盘庚》："天其永我命于兹新邑。……予若吁怀兹新邑。……无俾易种于兹新邑。"这里所说的新邑是指盘庚所迁的殷，也即大邑商。成王的新邑建于洛水，所以也称"洛邑"。西周的王都制度继承夏商，乃呈没有城墙的聚邑，王庭所在为洛邑，因此洛邑也成为王庭的代称。《尚书·多方》："尔乃自时洛邑。"意即服从有周。而"成周"之名，学者或以为即成王的周[1]，是不对的。成王之"成"为谥，此成王尚在已有成周之名，可明成周之名与成王并无关系。《史记·鲁周公世家》："周公往营成周雒邑。"裴骃《集解》引何休《公羊解诂》："名为成周者，周道始成，王所都也。"

张政烺读"鄩宅"为《召诰》、《洛诰》的"相宅"[2]。但相宅是营作之前的地址勘察，而此时成周及宗庙俱成，与相宅不符。

（二）"复禀武王礼祼自天"，德方鼎铭："延武王祼自蒿。"所记为一事。"蒿"，读为"郊"[3]，郊天之祭。武王克殷后首行于天室祭天之礼，见于天亡簋，尊铭"武王礼"即言此事。《左传·僖公三十三年》："复与之冀。"陆德明《释文》："复，重也。"伪《古文尚书·大禹谟》："罚弗及嗣，延赏于世。"伪孔《传》："延，及也。"卜辞屡见"延雨"、"延风"、"延启"之辞，"延"皆为延及、继续之意。故"复禀武王礼"与"延武王礼"同意，变文而已。

（三）德方鼎铭言郊天在三月，尊铭于祭天后而述四月事，也明祭天在三月。□卿方鼎铭云："唯四月，在成周。丙戌，王在京宗。"所记与何尊同。

（四）"京室"即□卿方鼎铭所言之京宗，金文或名"京宫"，周之宗庙。唐兰以为其以太王为始祖，王季为昭，文王为穆，武王为昭，成王为

---

[1] 唐兰：《何尊铭文解释》，《文物》1976年第1期。
[2] 张政烺：《何尊铭文解释补遗》，《文物》1976年第1期。
[3] 唐兰：《西周青铜器铭文分代史征》，中华书局1986年版，第71页。

穆。此器作于成王之时，故京宗所祭为四位祖先。"诰"，天子对臣僚的训语，后成为《尚书》的一种文体，如《康诰》、《酒诰》。何尊铭文即是一篇诰辞。史臨簋铭云："王诰毕公。"《尚书·酒诰》："文王诰教小子。""宗小子"，成王同宗子弟，器主何即其中一员。

（五）"逨"，从"辵""奉"声，乖伯簋铭云："乃祖克逨先王。"郭沫若读"奉"为"弼"①，遣词相同。

（六）"肄"，读为"肆"。《尚书·无逸》："肆中宗之享国。"孙星衍《疏》："肆者，故也。"又《多士》："肆予敢求尔于天邑商。"

（七）"廷告于天"，于中土告天。"廷"，读为"庭"，正直也。说详天亡簋考释。

（八）"余其宅兹中或，自之辥民"，此为武王语。《说文·戈部》："或，邦也。域，或又从土。"知"或"本"域"之正字。王念孙《广雅疏证》："或即邦域之域。"《诗·商颂·玄鸟》："正域彼四方。"毛《传》："域，有也。"《墨子·经下》："或过名也。"孙诒让《间诂》："或，域正字。域与宇同。"《素问·异法方宜论》："故东方之域。"张志聪《集注》："域，区界也，宇内也。"故"中或"即言"中域"，意即中土，谓宇内九州之中，也即天下之中，《河图括地象》："天下九州，内效中域，以尽地化。"是为明证。《史记·刘敬列传》："（成王）廼营成周洛邑，以此为天下之中也。"《说苑·至公》："昔周成王之卜居成周也，其命龟曰：'予一人兼有天下，辟就百姓，敢无中土乎。'"《文选·张平子东京赋》："区宇乂宁，思和求中。"薛综《注》："思求阴阳之和，天地之中而居之。"所言极明。学者或读为"中国"，但此"国"与商周时期"国"专名诸侯之封邦不同，也以宇内之中为训。《吕氏春秋·慎势》："择天下之中而立国。"高诱《注》："国，千里之畿。"《国语·齐语》："参其国而伍其鄙。"韦昭《注》："国，郊以内也。"《穀梁传·僖公二十八年》："复中国也。"范宁《注》："中国，犹国中也。"② "或"本训"邦"，故中国亦即中邦。《尚书·禹贡》："成赋中邦。"孔颖达《正义》："九州即是中邦。"蔡沈《集传》："中邦，中国也。"其义甚明。金文屡见"四或"之称，猷钟铭："肰保四或。"毛公鼎铭："康能四或。""四或"可读为"四国"，乃诸侯封建之地，其意实即四域。《尚书·多士》："告

---

① 郭沫若：《两周金文辞大系图录考释》第七册，科学出版社1957年版，第148页。
② 文献或称"中州"（《汉书·司马相如传》）、"中宇"（《文选·颜延之三月三日曲水诗序》）、"中原"（《文选·丘迟与陈伯之书》），皆中国之意。

尔四国多方。"可为明证。唐兰指出，"中国指周王朝疆域的中心，即指洛邑，后来就建立成周"①，所说极是。西周建都洛邑，早已是武王于灭商后的规划。《逸周书·度邑》："自雒汭延于伊汭，居易无固，其有夏之居。我南望过于三涂，北望过于岳鄙，顾瞻过于有河，宛瞻延于伊雒，无远天室。"天室乃嵩高山，为天下之中，周公更致日加以求证。于是《召诰》记召公先去此地相宅，进又卜宅，终"攻位于洛汭"，决定于洛水建立新邑。《召诰》云："王来绍上帝，自服于土中。旦曰：'其作大邑，其自时配皇天，毖祀于上下，其自时中乂。'"《逸周书·作雒》记周公的话说"俾中天下"，又云"乃作大邑成周于土中"，都是继承了武王的遗志，要将都邑建在天下之中。《史记·周本纪》："成王在丰，使召公复营洛邑，如武王之意。"与铭文内容完全相同。所以"中或"的意思就是《召诰》及《作雒》的"土中"及"中天下"。"之"，中域。"䢃"，读为"乂"②，治也。《康诰》："乃其乂民。""乂民"即治民。《召诰》"其自时中乂"，与铭文绝同。铭文是说"我要居于天下的中心，在这里统治人民"。中国传统的居中而治政治观，于此所见相当清晰。

（九）"有"，读为"旧"③。盠尊铭："王弗忘厥旧宗小子"。"有"、"旧"同义。"唯"，仅也。《左传·成公十二年》："无亦唯是一矢以相加遗？"师𫢋簋铭："汝有唯小子，余命汝死司我家。""有唯"的用法相同。"小子"，小孩子，与上文"宗小子"所指身份不同。《康诰》："汝唯小子。"蔡沈《集传》："小子，幼小之称。""敄"，读为"识"。《说文·言部》："识，一曰知也。"《文选·张平子东京赋》："鄙夫寡识。""亡识"意即没见识。《诗·周颂·敬之》："维予小子，不聪敬之。"语意相同。《逸周书·度邑》记武王言周公曰："汝惟幼子大有知。"意适相反。

（十）"䙵"，古文"视"，"䙵"从"氏"声，"视"从"示"声，唯声符互换。"公氏"，即上文所言宗小子之父考，"公"，爵称。

（十一）"䚋"，录伯𫐐簋铭："有劳于周王。"师克盨铭："有劳于周邦。"毛公鼎铭："劳勤大命。""劳"字或作"𢧐"，象双手奉爵以劳之，实即"䚋"字。王国维读为"劳"④，可从。

---

① 唐兰：《西周青铜器铭文分代史征》，中华书局1986年版，第76页。
② 王国维：《释辞上》，《观堂集林》卷六，中华书局1959年版。
③ 张政烺：《周厉王胡簋释文》，《古文字研究》第三辑，中华书局1980年版。
④ 王国维：《毛公鼎铭考释》，《王国维遗书》第六册《观堂古金文考释》，上海古籍书店1983年版。

(十二)"融",见于殷卜辞。《说文》"彻"古文作"徽"。《左传·昭公二年》:"彻命于执事。"杜预《集解》:"彻,达也。""苟享戋"读为"敬享哉",意即被恭敬地祭享。

(十三)"鞏德",《说文·収部》:"鞏,慤也。"段玉裁《注》:"鞏,此与心部恭音义同。"《尚书·君奭》:"弗克经历嗣前人恭明德。"孙星衍《疏》:"恭同鞏。"故"鞏德"即此"恭明德",意即恭敬诚慤之德①。"谷",读为"裕"。《尚书·康诰》:"弘于天,若德裕乃身。"言王德如天一般宏大,与铭文所述相同。《国语·周语中》:"叔父若能光裕大德。"韦昭《注》:"裕,宽也。"《易·系辞下》:"益,德之裕也。"孔颖达《正义》:"裕,宽大也。"

(十四)"顺"从"川"声,读为"训"。"每",读为"敏"。《左传·襄公十四年》:"有臣不敏。"杜预《集解》:"敏,达也。"《国语·晋语二》:"寡智不敏。"《论语·颜渊》:"回虽不敏。""敏"皆聪达之意。

(十五)"何易贝卅朋",赐何贝,宾语前提。何为宗小子,故于训诰之后在受赐之列。

(十六)"隹王五祀",成王五年。至西周时期,"祀"已用于纪年,与殷制不同。这是目前所见最早的一件纪年铜器。金文资料显示,周公摄政并无独立的纪年。《洛诰》:"戊辰,王在新邑烝祭,……在十有二月,……惟七年。"旧以"七年"为周公摄政之年。今据何尊铭文,知其当属成王纪年。其时已宅成周。《尚书大传·雒诰》:"五年营成周。"实也迁成周之误记。

4. 大盂鼎(《集成》2837,图 7-12)

隹(唯)九月,王才(在)宗周令(命)盂,王若曰:"盂,不(丕)显玟(文)王受天有大令(命)(一),在珷(武)王嗣玟(文)乍(作)邦(二),闢氒(厥)匿(慝)(三),匍(抚)有四方(四),畯(峻)正氒(厥)民(五)。在雩御事(六),觑(徂)酉(酒)无敢醸(酣)(七),有(侑)頯(柴)烝祀无敢䣱(扰)(八),古(故)天異(翼)临子(九),灋(废)保先王(十),〔匍(抚)〕有四方。我聞(闻)殷述(坠)令(命)(十一),隹(唯)殷徥(边)侯田(甸)雩殷正百辟率肄(肆)于酉(酒)(十二),古(故)丧𠂤(师)巳

---

① 伪孔《传》训"恭明德"为奉明德,误。屈万里以为即恭明之德。参见氏著《尚书集释》,联经出版事业公司 2003 年版,第 204 页。

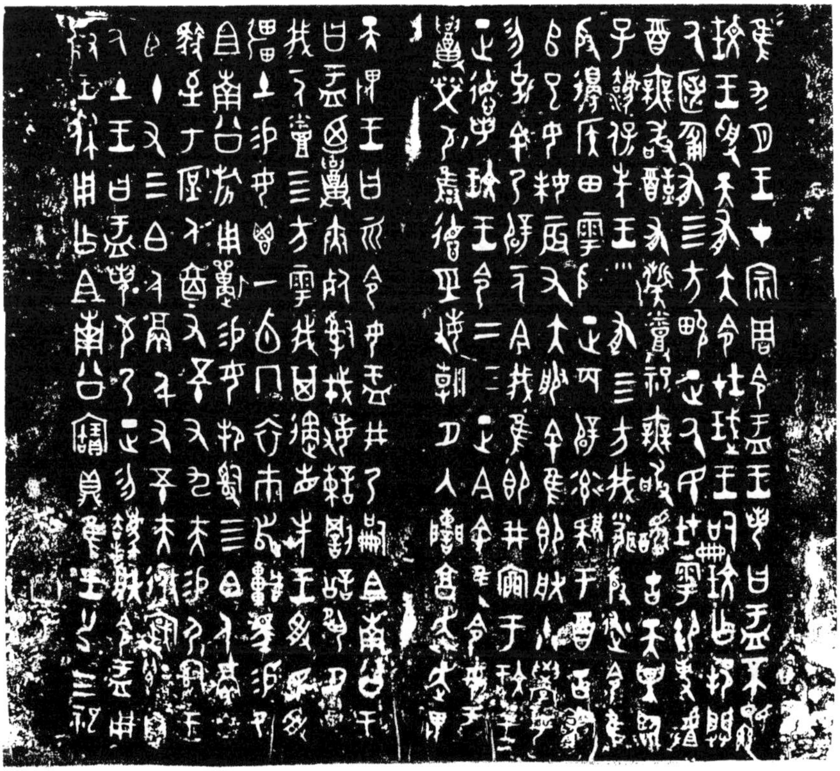

第七章　金文研究　　　　　　　　　573

图7-12　大盂鼎铭文拓本

（祀）(十三)。女（汝）妹（昧）辰又（有）大服(十四)，余隹（唯）即朕小学（斅）女（汝）(十五)，勿𢿢（比）余乃辟一人(十六)。今我隹（唯）即井（刑）㐭（禀）于玟（文）王正德(十七)，若玟（文）王令（命）二三正（政）(十八)。今余隹（唯）令（命）女（汝）盂，召（诏）荣敬雝（擁）德巠（经）(十九)，敏朝夕入讕（谏）(二十)，享奔走，畏天畏（威）(二十一)。"王曰："而令（命）女（汝）盂(二十二)，井（刑）乃嗣且（祖）南公。"王曰："盂！廼召（诏）夹死嗣（司）戎(二十三)，敏諫罚讼(二十四)，凤夕召（诏）我一人烝四方(二十五)，雩我其遹省先王受（授）民受（授）彊（疆）土(二十六)。易（锡）女（汝）鬯一卣、冂衣、巿舄、车马；易（锡）乃且（祖）南公旂(二十七)，用遒（狩）(二十八)；易（锡）女（汝）邦嗣（司）四白（伯）(二十九)，人鬲自馭（驭）至于庶人六百又五十又九夫(三十)；易（锡）尸（夷）嗣（司）王臣十又三白（伯）(三十一)，人鬲千又五十夫。徸（亟）窆（践）䢔（迁）自氒（厥）土（三十二）。"王曰："盂！若苟（敬）乃正（政），勿灋（废）朕令（命）（三十三）。盂用对王休，用乍（作）且（祖）南公宝鼎。隹（唯）王廿又三祀。

鲍康《为伯寅跋盂鼎拓册》云："鼎乃嘉道间岐山出土，初为宋氏所得，置秘室不以示人。周雨樵明府侦知之，遽豪夺去。……雨樵逝，鼎复出，左季高相国购以重资，拟昇送关中书院，置中天阁上。旋闻伯寅爱之，即慨然持赠。"①吴大澂《愙斋集古录》第四册云："是鼎于道光初年出郿县礼村沟岸中，为岐山令周雨樵所得，旋归岐山宋氏。同治间，项城袁小午侍郎以七百金购获之，今归吾乡潘文勤公。癸酉冬（1873年），大澂视学关中，袁公出示是鼎。"吴式芬《攈古录》卷三云："器出岐山礼村，江苏嘉定周雨樵广盛令岐山时得之。"方濬益《缀遗斋彝器款识考释》卷三云："岐山郭氏旧藏器，今归潘伯寅尚书，据拓本摹入。按道光中，岐山河岸崩，出三大鼎，皆为邑绅郭氏所得。周雨蕉大令宰岐山，取其一以去，故当时颇有传拓。同治甲戌（1874年），鼎复自周氏出，左文襄公方督师关陇，购之以寄尚书于京师。余于尚书邸中曾审视数过，平生所见大鼎，此为最钜矣。"知此器于清嘉道间或道光初年出土于岐山礼村沟岸，先后经宋氏（或郭氏）、周广（赓）盛、左宗棠、潘祖荫等收藏。潘氏罢官后，昇归苏州宅中。抗战间曾埋入地中，重新出土后并无损蚀。至1951年，潘氏后人潘达于捐赠政府，现藏中国国家博物馆。

鼎通高101.9厘米，口径77.8厘米。双立耳外侈，三足呈亚腰形。口下饰一周六组兽面纹带，兽面中央有短扉，两侧为分解的躯体。雷纹衬地，足端有兽头装饰，下有两周弦纹。造型古朴厚重。内壁铭19行291字，是研究西周历史的重要史料。时代为康王二十三年。

同出者尚有小盂鼎②，与大盂鼎系同人所作。《攈古录》卷三云："器出陕西岐山县，安徽宣城李文瀚令岐山时得之。"传小盂鼎亡佚于太平天国间。而别说则以为项城袁氏实藏此器，重埋入土，今不知所在③。小盂鼎铭文记盂受命两次征伐西北强族鬼方，俘馘告庙，受王赏赐，也有重要的史料价值。时在康王二十五年。

---

① 见鲍康《观古阁丛稿三编》，清光绪二年（1876年）观古阁刻本。又参庞怀靖《周原地区出土著名青铜器漫话》，《周原资料汇编》，陕西周原岐山文物管理所，1983年。
② 王国维《观堂别集补遗》："此鼎与大盂鼎同出陕西郿县礼村，宣城李文瀚宰岐山，遂携以归。……器亦亡佚。"
③ 陈梦家：《西周铜器断代》上册，中华书局2004年版，第101页。

（一）"大令"，读为"大命"，意即天命。此言文王受命事①。《尚书·无逸》："文王受命惟中身。""中身"读为"忠信"。又《大诰》："宁（文）王惟卜，用克绥受兹命。……肆予曷敢不越卬敉宁（文）王大命。"《诗·周颂·维天之命》："维天之命，於穆不已，於乎不显，文王之德之纯。"《诗·大雅·大明》："有命自天，命此文王。"何尊铭言"肆文王受兹大命"，毛公鼎铭言"丕显文武，皇天引厌厥德，配我有周，膺受大命"，亦此之谓。《诗·大雅·皇矣》："帝谓文王，予怀明德。"文王怀德是其终受天命的原因，而怀德之内涵即在于信，亦即《无逸》之"中身"。

（二）"在"，则也。《尚书·君奭》："在让后人于丕时。"文献或作"载"。"玟"，文王，此乃文王谥用专字。《诗·周颂·清庙》："济济多士，秉文之德。"即以"文"称文王。"作邦"，建立国家。《说文·邑部》："邦，国也。"段玉裁《注》："邦之言封也，古邦封通用。《书序》云：邦康叔，邦诸侯。《论语》云：在邦域之中。皆封字也。"《诗·大雅·皇矣》："帝作邦作对。"郑玄《笺》："作，为也。天为邦谓兴周国也。"故"作邦"与卜辞及文献所言之"作邑"、"作墉"不同，实即建立包括王庭及诸侯国在内的周王朝。

（三）"闢"，字本作"閞"，象双手开门之形。《说文·门部》："闢，开也。从门，辟声。閞，《虞书》曰：'闢四方。'从门，从𠬝。"段玉裁《注》："按此上当依《匡谬正俗》、《玉篇》补'古文闢'三字。𠬝者，今之攀字，引也。《书序》'东郊不閞'，马本作'闢'。张揖《古今字诂》云：'閞、闢古今字。'旧读'閞'为'开'，非也。详《匡谬正俗》。自卫包径改'閞'为'开'，而古文之见于《尚书》者灭矣。"《荀子·解蔽》："是以闢耳目之欲。"杨倞《注》："闢，屏除也。""辥"，读为"厥"。"匿"，王国维读为"慝"②。《广雅·释诂三》："慝，恶也。"此句言武王灭商后继而清除殷之邪恶势力。

（四）《尚书·金縢》："乃命于帝庭，敷佑四方。"谓武王安有天下。《左传·襄公十三年》："赫赫楚国而君临之，抚有蛮夷，奄征四海，以属诸夏。"又《昭公元年》："将使丰氏抚有尔室。"又《昭公三年》："抚有晋国。"杨树达谓"匍"当读为"抚"③。《说文·手部》："抚，安也。"

---

① 郭沫若：《周彝中之传统思想考》，《金文丛考》，人民出版社1954年版。
② 王国维：《盂鼎铭考释》，《王国维遗书》第三册《观堂古金文考释》，上海古籍书店1983年版。
③ 杨树达：《积微居金文说》（增订本），科学出版社1959年版，第62页。

是"匍有"、"敷佑"皆当读为"抚有",意即使天下安定。"四方"乃对王居天下之中而言。

(五)史墙盘铭曰"达殷畯民","畯民"即此"畯正厥民"。"畯",读为"悛"。伪《古文尚书·泰誓上》:"惟受罔有悛心。"伪孔《传》:"悛,改也。"孔颖达《正义》:"悛是退前创改之义。"《国语·楚语下》:"有过必悛。"韦昭《注》:"悛,改也。"《左传·襄公二十八年》:"亦无悛志。"杜预《集解》:"悛,改寤也。"故"悛正厥民"及史墙盘"悛民"意即教化人民,这是统治者建立新王朝后所做的首要工作。《尚书·康诰》:"王应保殷民,亦惟助王宅天命,作新民。"伪孔《传》:"弘王道,安殷民,义所以惟助王者居顺天命,为民日新之教。"即此之谓。是武王定天下,其先务即在于改化殷民。

(六)"在雩",读为"在于"。"在",文献或作"载"。《尚书·皋陶谟》:"载采采。"裴学海《古书虚字集释》:"'载','在'也。'采','事'也。上'采'字训'事',作动词解。言'在为事'也。"《汉书·货殖传》:"颜渊箪食瓢饮,在于陋巷。""御事",《周书》习见。《牧誓》:"我友邦冢君御事。"孙星衍《疏》:"御事,谓治事。郑笺《思齐》诗云:'御,治也。'引《书》'越乃御事'。"《国语·周语上》:"百官御事。"韦昭《注》:"御,治也。"西周叔趯父卣铭:"余考,不克御事。"麦盉铭:"凤夕焉(赞)御事。"春秋洹子孟姜壶铭:"用御天子之事,……用御尔事。"是"御事"本即治事用事,后又指用事之臣。

(七)"叔",句首语词,读为"徂"。《尚书·费誓》:"徂兹淮夷徐戎并兴。"于省吾读"徂"为语词①,甚确。小臣謎簋铭:"叔东尸(夷)大反。"縣妃簋铭:"叔乃任縣伯室。"录𢼊卣铭:"叔淮尸(夷)敢伐内国。""叔"字用法相同。"酉","酒"之省形,盖涉文意而省。"酨",从"酉""炁"声。吴式芬《攈古录金文》卷三之三引徐籀庄曰:"酨作酨,古酨作酨,从句声。此从火在舌上,火亦声。"方濬益以为:"此字谊当与酨同,唯从舌从火,不审其音读,未可指为酨之异文。"②孙诒让认为:"疑当从酉,烾省声。《说文·炎部》:'烾,火光也。从炎,舌声。'此从火,与从炎同也。依声类考之,酨疑当为酨之叚字。"③王国维则以"酨"读为"醩"。诸说之中,孙意最为近是。大徐以为"烾"非从"舌"声,疑为

---

① 于省吾:《双剑誃尚书新证》,北平虎坊桥大业印书局1934年版,第33页。
② 方濬益:《缀遗斋彝器款识考释》卷三,商务印书馆1935年石印本。
③ 孙诒让:《古籀馀论》卷三,中华书局1989年版。

"甜"省声，则"舌"或读为"甜"①，字在"谈"部。《说文·酉部》："酣，酒乐也。"段玉裁《注》："引申为凡饱足之称。"《尚书·酒诰》："在今后嗣王酣身。"《吕氏春秋·长攻》："代君至酒酣。"铭文言周人御事，于酒不敢酣饮。《酒诰》："文王诰教小子，有正有事，无彝酒。"《韩非子·说林上》："《康诰》曰：'毋彝酒。'彝酒者，常酒也。"《酒诰》又云："我西土棐徂邦君、御事、小子，尚克用文王教，不腆于酒。"伪孔《传》："不厚于酒，言不常饮。"即此之谓。《酒诰》述殷先"罔敢湎于酒"，与鼎铭"无敢酣"遣词相同。《说文·水部》："湎，沈于酒也。"

（八）"有顀烝祀"，四种不同的祭祀名称。"有"，读为"侑"。《诗·小雅·楚茨》："以为酒食，以享以祀，以妥以侑。"毛《传》："侑，劝也。"郑玄《笺》："以黍稷为酒食，献之以祀先祖，既又迎尸，使处神坐而食之。为其嫌不饱，祝以主人之辞劝之。"是"侑"本献食之祭。"顀"，《说文·须部》："顀，口上须也。从须，此声。"《玉篇·须部》或作"髭"。字从"此"声，郭沫若读为"柴"②。《说文·示部》："柴，烧柴尞祭天也。从示，此声。《虞书》曰：'至于岱宗，柴。'"是"柴"本祭天之礼。《尔雅·祭天》："冬祭曰烝。"郭璞《注》："烝，进品物也。"《诗·小雅·天保》："禴祠烝尝。"陆德明《释文》："烝，冬祭名。"《洛诰》："王在新邑，烝。……在十又二月。"是"烝"本岁终荐物之祭。"祀"，殷人以遍祭祖先称"祀"。《尚书·洪范》："三曰祀。"《汉书·郊祀志》："《洪范》八政，三曰祀。祀者，所以诏孝事祖，通神明也。"是"祀"本祭祖之礼。"醲"从"夔"声，学者读为"扰"③。字从"酉"为意符，以明因酒而使祭事扰乱。《酒诰》："越庶国饮，惟祀，德将无醉。"言惟祭事饮酒，但不至于醉，以免扰乱祭祀，与铭文相同。

《酒诰》曰："肇牵车牛远服贾，用孝养厥父母。厥父母庆，自洗腆，致用酒。庶士、有正，越庶伯君子，其尔典听朕教。尔大克羞耇惟君，乃尔饮食醉饱。"周人崇饮规定严明，除孝事父母及敬事君老之外，于政事祭祀不可酣酒。铭文所述正合此制。

（九）"古"，吴大澂读为"故"④。"天"，天帝。"異"，王国维读为

---

① 唐兰：《西周青铜器铭文分代史征》，中华书局1986年版，第173页。
② 郭沫若：《两周金文辞大系图录考释》第六册，科学出版社1957年版，第33页。
③ 郭沫若：《两周金文辞大系图录考释》第六册，科学出版社1957年版，第34页；于省吾：《双剑誃吉金文选》卷上之二，北平虎坊桥大业印书局1932年版。
④ 吴大澂：《愙斋集古录》第四册，上海涵芬楼1918年石印本。

"翼"。《左传·昭公九年》:"翼戴天子。"杜预《集解》:"翼,佐也。"《逸周书·世俘》:"翼予冲子。"朱右曾《集训校释》:"翼,佐助也。""临"乃自上视下之谓。《说文·臥部》:"临,监临也。"《穀梁传·哀公七年》:"春秋有临天下之言焉。"范宁《集解》引徐乾曰:"临者,抚有之也。""临"、"监"互训。《尚书·高宗肜日》:"惟天监下民。"故"翼临"意即天帝自上监临护佑。"子",周天子,其自诩天之子。《诗·鲁颂·閟宫》:"至于文武,缵大王之绪,致天之届,于牧之野,无贰无虞,上帝临女。"郑玄《笺》:"天视护女,至则克胜。"与铭文同。

(十) 王国维曰:"'瀍',读为'废'。'废',大也。《诗·小雅》'废为残贼',《释诂》:'废,大也。''天翼临子,瀍保先王'者,犹《召诰》云:'天迪纵子保'矣。"《尚书·多士》:"肆尔多士,非我小国敢弋殷命。惟天不畀允罔固乱,弼我。……自成汤至于帝乙,罔不明德恤祀,亦惟天丕建,保乂有殷。……在今后嗣王,诞罔显于天,矧曰其有听念。于先王勤家诞淫厥泆,罔顾于天显民祗。惟时上帝不保,降若兹大丧。"《召诰》:"皇天上帝,改厥元子兹大国殷之命。"此皆言天命的转变,亦即铭文所述。

(十一) 郭沫若读"聕"为"闻","述令"为"坠命"。《尚书·君奭》:"乃其坠命。"魏《三体石经》"坠"作"述"。《君奭》:"天降丧于殷,殷既坠厥命。"《酒诰》:"今惟殷坠厥命。"《召诰》:"今相有殷,天迪格保,面稽天若,今时既坠厥命。……有殷受天命,惟有历年,我不敢知曰,不其延,惟不敬厥德,乃早坠厥命。"语例相同。郭氏云:"'我闻殷坠命'之一闻字亦可注意,殷之亡为成王所目睹,康王则当得自传闻矣。"故定此鼎时代为康王世。《酒诰》:"王曰:'封!我闻惟曰:在昔殷先哲王迪畏天显。'"即忆述古事。

(十二) "田",王国维读为"甸"。"雩",与也。善鼎铭:"余其用格我宗子雩百姓。""雩"即训为与。"殷边侯甸",殷之外服;"殷正百辟",殷之内服。《酒诰》:"越在外服,侯、甸、男、卫邦伯,越在内服,百僚庶尹、惟亚惟服宗工越百姓里居(君)。"制度相同。"率肆于酉"即"率肆于酒"。《酒诰》:"庶群自酒,腥闻在上。"此之谓也。

(十三) "古丧自巳",读为"故丧师祀"。"师"、"祀"二字皆仅存一半,以喻其丧亡也,周人言殷人已丧之师、祀唯具残形,而于前述周人自己无扰之"祀"则字形完整,其用心昭显。戎、祀乃国之大事,故师、祀皆丧,以示国家灭亡。《酒诰》:"故天降丧于殷,罔爱于殷,惟逸。"

此言殷人纵酒亡国的历史教训。

（十四）郭沫若谓："妹辰二字旧未得其解。今案妹与昧通，昧辰谓童蒙知识未开之时也。孟父殆早亡，故孟幼年即承继显职。"《诗·大雅·荡》："曾是在服。"毛《传》："服，服政事也。"《尚书·召诰》："兹服厥命。"《文侯之命》："即我御事，罔或耆寿俊在厥服。"邢侯簋铭："菁（蔼）邢侯服。"《说文·艸部》："蔼，臣尽力之美。"班簋铭："王命毛公赓虢城公服，屏王位。……隧于大服，广成厥功。"大克鼎铭："经念厥圣保祖师华父，勔克王服，出纳王命。"毛公鼎铭："毋敢湛于酒，如毋敢坠在乃服。"则"大服"即显官要位。

（十五）"小学女"，高明先生读为"小教汝"①。《素问·刺禁论》："中有小心。"张志聪《集注》："小，微也，细也。"《说文·攴部》："学，篆文敩省。"《国语·晋语九》："顺德以学子。"韦昭《注》："学，教也。"《礼记·文王世子》："凡学世子及学士必时。"《礼记·学记》引《兑命》："学学半。"伪《古文尚书·说命》作"敩学半"，伪孔《传》："敩，教也。"师毁簋铭："王若曰：'师毁，在昔先王小学汝，汝敏可事。'"亦此之谓。

（十六）"妣"，从"匕"声，读为"比"。"勿比余"，意即不要比近于我。《尚书·召诰》："比介于我有周御事。""介"乃"尔"字之讹②。"比尔"，伪孔《传》训为比近，与铭文相同。《君奭》："用乂厥辟。"刘逢禄《集解》引孙云："辟，君也。""乃辟"，你的君。"一人"，周王自称。毛公鼎铭："弗以乃辟陷于艰。"《文侯之命》："有绩余一人。……用会绍乃辟。""乃辟"作为"一人"的定语。

（十七）"井㝸"，读为"刑禀"。杨树达云："刑㝸盖与仪刑义同，此铭云即刑㝸于玟王正德，犹《诗·大雅·文王篇》言'仪刑文王'，《周颂·我将篇》言'仪式刑文王之典'也。……即刑㝸于玟王正德者，以文王之正德为仪刑而效法之也。"此二"刑"字，毛《传》并训"法也"。《礼记·礼运》："刑仁讲让。"郑玄《注》："刑，犹则也。"番生簋盖铭："番生不敢弗帅井（刑）皇祖考丕丕元德。"师訇鼎铭："用井（刑）圣祖考。"叔

---

① 高明：《中国古文字学通论》，文物出版社1987年版，第447页。
② 阮元《校勘记》云："古本介作迩。山井鼎曰：'迩即邇字。考《传》之比介解为比近，恐经文作比迩为是。'案作迩者，《古文尚书》也。《今文尚书》当作邇，后误为介，则因迩字而讹也。《开成石经》已然。"日本所藏足利古本及上海图书馆所藏日本影写天正本，"介"字俱作"迩"。参见顾颉刚、顾廷龙《尚书文字合编》第三册，上海古籍出版社1996年版。

向父禹簋铭："肇帅井（刑）先文祖。"用法相同。下文"井（刑）乃嗣祖南公"，也此之谓。字本作"型"。"正德"，孙诒让谓中正之德。

（十八）"正"，读为"政"。《周礼·夏官·序官》："使帅其属而掌邦政。"郑玄《注》："政，正也。政，所以正不正者也。"

（十九）"召"，郭沫若读为《尔雅·释诂上》"诏亮左右"之"诏"，言辅助也。《周礼·天官·大宰》："以八柄诏王驭群臣。"郑玄《注》："诏，助也。""荣"，人名，又见小盂鼎、邢侯簋、荣簋等铭，其中荣簋铭记周王称荣为贤父，知其为周宗室贵族。"雝"，读为"攡"。《说文·手部》："攡，抱也。"《尚书·酒诰》："经德秉哲。"孙星衍《疏》："经德者，《孟子·尽心》云：'经德不回。'注云：'经，行也。'秉者，《释诂》云：'执也。'哲者，《说文》作'悊'，云：'敬也。'"知"敬攡德经"实即"经德秉哲"，"攡"者，秉也；"经"者，行也；"敬"、"哲"互文。晋姜鼎铭："经攡明德。"㝬簋铭："经攡先王。"中山王礜鼎铭："敬顺天德。""经攡"、"敬顺"皆与"敬攡"同义。此句乃言康王命盂以经德秉哲的态度辅佐荣。

（二十）《论语·学而》："敏于事而慎于言。"何晏《集解》引孔曰："敏，疾也。""譋"，郭沫若读为"谏"。《周礼·地官·保氏》："保氏掌谏王恶。"郑玄《注》："谏者，以礼义正之。"伪《古文尚书·说命上》："朝夕纳诲以辅台德。"语意全同。

（二十一）"享奔走"，《尚书·洛诰》："汝其敬识百辟享。"伪孔《传》："奉上谓之享。"蔡沈《集传》："享，朝享也。"《酒诰》："奔走事厥考厥长。"屈万里《集释》："奔走，意谓勤勉。"《君奭》："小臣屏侯甸，矧咸奔走。"《多方》："告尔有方多士暨殷多士，今尔奔走臣我监五祀。"《诗·大雅·清庙》："对越在天，骏奔走在庙。"麦方尊铭："享奔走命。"邢侯簋铭："克奔走上下帝。"效卣铭："效不敢不万年夙夜奔走扬公休。"战国中山王礜鼎铭："虘老贮奔走不听命。"是"奔走"为周时习语。"畏天畏"，郭沫若读为"畏天威"。毛公鼎铭："敃天疾畏。""畏"亦读为"威"。《尚书·大诰》："天明畏，弼我丕丕基。"《康诰》："敬哉！天畏棐忱，不情大可见。"两"畏"字皆读为"威"①。又云"威威"，屈万里《集释》："读为畏威，谓畏天威。"《酒诰》："在昔殷先哲王迪畏天显。""天显"意即天威。《顾命》："敬迓天威。"《诗·周颂·

① 陈梦家：《西周铜器断代》上册，中华书局2004年版，第104页。

我将》："我其夙夜，畏天之威，于是保之。"又《君奭》言诸臣"无能往来兹迪彝教，文王蔑德降于国人。亦惟纯佑秉德，迪知天威，乃惟时昭文王"。屈万里《集释》："往来，犹言奔走。"意同铭文。

（二十二）"而"，唐兰谓犹"乃"。《广雅·释诂四》："而，词也。"《礼记·檀弓下》："而曰然。"郑玄《注》："犹乃也。""而令"犹言乃命。

（二十三）"召夹"，读为"诏夹"，金文亦作"夹诏"。禹鼎铭："夹诏先王定四方。"师询簋铭："用夹诏厥辟奠大命。"于省吾曰："召夹谓佐辅也。"《左传·昭公二十年》："夹辅周室。""死嗣戎"，王国维、郭沫若读为"尸司戎"。《尔雅·释诂上》："尸，主也。"郝懿行《义疏》："尸，与司同，司亦主也。"或以本字解之，义亦可通。康鼎铭："王命死司王家。"望簋铭："死司毕王家。"羌鼎铭："□命羌死司□官。"卯簋铭："载乃先祖考死司荣公室。昔乃祖亦既命乃父死司夆人。"陈梦家以"死"有永义。毛公鼎铭"死毋瞳余一人在位。"《尚书·文侯之命》："予一人永绥在位。"可为其证。"死司戎"即终身管理戎兵。金文又见"耤司"、"监司"之词，皆关乎西周官制研究。《说文·戈部》："戎，兵也。"段玉裁《注》："兵者，械也。"《周礼》有司兵、司戈盾诸官，此司戎为职。

（二十四）杨树达谓："諫，《说文》训铺旋促，《广雅》训促，有急促之意，而速字《说文》或作謺，亦从言。此敏諫二字同义连文，敏諫罚讼，谓刑狱之事当急速处之，毋有留狱也。"牆簋铭："命汝嗣成周里人暨诸侯大亚讯讼罚。"《尚书·康诰》："克明德慎罚。……敬明乃罚。"

（二十五）"召"，读为"诏"。《尔雅·释诂上》："烝，君也。"《诗·大雅·文王有声》："文王烝哉。"毛《传》："烝，君也。""烝四方"意即君临四方。

（二十六）"雩"，与也。"遹省"，巡守。《尔雅·释诂上》："遹，循也。"默钟铭："王肇遹省文武勤疆土南国。"晋侯稣钟铭："王亲遹省东国南国。""先王受民受疆土"，先王所授之民及疆土。《左传·定公四年》记康叔于卫云："聃季授土，陶叔授民。"

（二十七）"易乃且南公旂"。盂祖南公旂转赐予盂。善鼎铭："锡汝乃祖旂，用事。"也将祖物赐予后代。

（二十八）"遄"，读为"狩"。

（二十九）"邦嗣"，邦司，掌管盂于内服采邑之伯首，古"邦"、"封"同字。《荀子·正论》："封内甸服。"杨倞《注》："封内，王畿之内也。"《周礼·秋官·罪隶》："凡封国若家。"孙诒让《正义》："家即采邑。"则"邦司"实即家司，也就是畿内采邑的管家。五祀卫鼎、静簋、豆闭簋、梁其钟诸铭皆有"邦君"之称，亦见于《尚书·梓材》等篇，邦即指畿内之地而言，也明"邦司"本留置于畿内之采。晚世则直称为"家"。如西周晚期虢季钟铭："用乂其家，用与其邦。"意即安绥其家，亲和其邦①。即以"家"与外服之"邦"对举。

（三十）"人鬲"或称"鬲"。作册夨令簋铭："姜赏令贝十朋、臣十家、鬲百人。"人鬲作为家奴，其身份包括"自驭至于庶人"，自为吏役。伪《古文尚书·胤征》："啬夫驰，庶人走。"孔颖达《正义》："庶人走，盖是庶人在官者，谓诸侯胥徒也。""人鬲"，《梓材》作"歷人"，伪孔《传》谓贼所过历之人，洪颐煊《读书丛录》谓即犯法之人，不确。《逸周书·世俘》："武王遂征四方，凡憝国九十有九国，馘麻亿有十万七千七百七十有九，俘人三亿万有二百三十。"孙诒让谓"麻"即鼎铭之"鬲"，乃为俘虏。于省吾《双剑誃尚书新证》以"歷人"即"人鬲"，又以"鬲"、"麻"、"隶"古并通，甚是。《国语·周语下》："湮替隶圉。"韦昭《注》："隶，役也。圉，养马者。"《周礼·秋官·禁暴氏》："凡奚隶聚而出入者。"郑玄《注》："奚隶，女奴男奴也。其聚出入有所使。"与铭文人鬲为吏役正合。

（三十一）"尸嗣"读为"夷司"。王国维曰："夷嗣对上邦嗣而言。盂之封地在西陲，故有夷司矣。"后世畿内之采称"家"，此则称"邦"，故"邦司"、"夷司"对举犹他铭"家"、"邦"对举。夷司出往畿外之国，为外服之国的管家。其本为天子宗庙之臣，故称"王臣"。伊簋铭："䎽官司康宫王臣妾百工。"

（三十二）"徣"，读为"亟"。《左传·隐公十一年》："乃亟去之。"陆德明《释文》："亟，急也。""窭"，读为"践"。《说文·足部》："践，履也。""鄪自𡈼土"即"迁自厥土"。"自"，于也。《尚书·召诰》："诰告庶殷越自乃御事。"《洛诰》："无有遘自疾。"用法相同。

（三十三）"勿瀶朕令"，读为"勿废朕命"。《诗·大雅·韩奕》："王亲命之，缵戎祖考，无废朕命。"

5. 作册令方彝（《集成》9901，图7-13）

---

① "乂"，读为"宜"。《说文·宀部》："宜，所安也。"《诗·小雅·鸳鸯》："福禄宜之。"马瑞辰《通释》："宜、绥皆安也。"《论语·微子》："吾非斯人之徒而讹与。"邢昺《疏》："与，谓相亲与。"《管子·霸言》："诸侯之所与也。"尹知章《注》："与，亲也。"

隹（唯）八月辰才（在）甲申，王令（命）周公子明保尹三事四方(一)，受（授）卿旟（事）寮(二)。丁亥，令（命）矢告于周公宫(三)，公令（命）诞同卿旟（事）寮(四)。隹（唯）十月月吉癸未(五)，明公朝至于成周诞令（命），舍三事令（命）(六)，眔（暨）卿旟（事）寮，眔（暨）者（诸）尹，眔（暨）里君，眔（暨）百工，眔（暨）者（诸）侯侯、田（甸）、男(七)；舍四方令（命）(八)。既咸令（命），甲申，明公用牲于京宫(九)。乙酉，用牲于康宫(十)。咸既用牲，于（谕）王(十一)。明公归自王(十二)，明公易（锡）亢师臼、金、小牛，曰"用襘（拜）"(十三)；易（锡）令臼、金、小牛，曰"用襘（拜）"。廼令（命）曰："今我唯令（命）女（汝）二人亢眔（暨）矢(十四)，奭詹（左）右于乃寮以乃友事(十五)。"乍（作）册令敢扬明公尹人宝（毁）(十六)，用乍（作）父丁宝障（尊）彝，敢追明公赏于父丁，用光父丁。禽册(十七)。

此器传1929年出土于河南洛阳马坡，又名令方彝。通高34.1厘米，宽24.6厘米，器口长19.3厘米，宽17.7厘米。长方体，四阿式盖和盖钮，饰兽面纹、龙纹和鸟纹。自盖钮至足座皆附钩形扉棱，雷纹衬地，器形凝重。盖、器同铭187字，唯行款不一。现藏美国华盛顿佛利尔美术馆。同出者尚有一尊，也铸有相同内容的铭文。此器时代，郭沫若定为成王世，唐兰定为昭王世。唐说为是。

（一）"周公子明保"，郭沫若以为周公即周公旦，明保即鲁公伯禽[1]。然明公簋铭云："唯王命明公遣三族伐东国，在□。鲁侯有𢦏（过）工（功），用作旅彝。"明公与鲁侯并见，知明公绝非鲁侯。唐兰则谓："周公子明保，疑是君陈之子，周文公旦之孙。在康王二十五祀的盂鼎里，他称为明伯，那时已经是重要执政了。在作册䰧卣和此铭中称为明保，是由于他当上了太保，正如成王时的太保召公奭，在保卣里就只称为保。此铭在明保当上尹以后，就改称为明公。明伯、明保、明公，实际上是一个人前后称呼之异。"[2] 实明保即为君陈[3]"保"字本作"㑃"，与成康时代太保用字不同，为昭王时代的特征。明君陈于昭王时已为伯老[4]。《说文·又部》："尹，治也。""尹"训治，又为治事官长之称，各官之长为尹，是

---

[1] 郭沫若：《两周金文辞大系图录考释》第六册，科学出版社1957年版。
[2] 唐兰：《西周青铜器铭文分代史征》，中华书局1986年版，第206—207页。
[3] 陈梦家：《西周铜器断代》，中华书局2004年版，第38页。
[4] 冯时：《周初二伯考——兼论周代伯老制度》，《中原文化研究》2018年第2期。

图 7-13 作册令方彝铭文拓本

为诸尹、庶尹,而百官之长也称尹。后文云"明公尹人",知明公为尹,其治三事四方,为百官之长。此处以明公身为官尹之"尹"而用为动词。"三事"与"四方"为二事,后文分言"舍三事命"、"舍四方命",是为明证。郭沫若谓:"'三事'当即《书·立政》'立政任人,准、夫、牧,作三事'之准、夫、牧,夫乃吏之坏字,即上文之'庀乃事吏,庀乃牧,庀乃准'也。事、吏古本一字,吏殆事务官,准乃政务官,牧则地方官也。其在《立政》,于'三事'之下分举细目,概括内外服无遗;其在本铭,于'舍三事令'下亦列举卿事寮、诸尹、里君、百工、诸侯,虽详略各殊,而内含则一。"所说极是。故"三事"即泛言内外服百官,而"四方"与内外服相对,则言外服以外之边方。

（二）"受"，读为"授"。"卿事寮"，《尚书·酒诰》作"百僚"。番生簋盖铭："王命𦕑司公族、卿事大史寮。"毛公鼎铭："及兹卿事寮、太史寮于父即尹，命汝𦕑司公族雩（与）叁有司、小子、师氏、虎臣雩（与）朕褻（执）事。"太史寮亦见于殷卜辞，故知西周自立国始即行两寮执政。"卿事寮"即卿事之寮属。"卿事"，卜辞又作"卿史"，古"事"、"史"同字，此铭及毛公鼎铭"卿事"之"事"字写法与"三事"之"事"不同，字从"𠂇"，是为繁构。文献则作"卿士"。《诗·大雅·假乐》："百辟卿士。"郑玄《笺》："卿士，卿之有事也。"《左传·隐公三年》："郑武公、庄公为平王卿士，王贰于虢。……王崩，周人将畀虢公政。"杜预《集解》："卿士，王卿之执政者。言父子秉周之政。"陆德明《释文》："畀，与也。"又《隐公九年》载郑庄公为王左卿士，而《隐公八年》云"虢公忌父始作卿士于周"。顾栋高《春秋大事表》引程启生云："郑伯为左卿士，则虢公右卿士也。"此左右卿士，实即小盂鼎铭之"三左三右"①。是卿事当即执政大臣，其为行政官僚系统，有别于太史寮的宗教官僚。《尚书·顾命》："乃同召太保奭、芮伯、彤伯、毕公、卫侯、毛公、师氏、虎臣、百尹、御事。"恰可与毛公鼎铭对读，其中之"御事"也即"执事"。《礼记·曲礼下》："天子建天官，先六大，曰大宰、大宗、大史、大祝、大士、大卜，典司六典。天子之五官，曰司徒、司马、司空、司士、司寇，典司五众。"郑玄《注》："大士，以神仕者。众，谓群臣也。"即明两寮。《尚书·洪范》："卿士惟月，师尹惟日。"孔颖达《正义》引郑玄《注》："卿士，六卿掌事者。"故此铭"授卿事寮"意即授卿士以寮属，亦建官授政，犹上文左氏之畀政。铭言器主令为作册，属太史寮，其参与告事祭事，不在授官之列，故铭文但言授卿事寮。

（三）"矢"，器主名。后文又云"作册令"，"作册"为其官名，"令"与"矢"一名一字。作册矢令簋铭云："作册矢令𨤲宜于王姜。"知"矢"为字，"令"为名。《说文·卩部》："令，发号也。""矢"读如"吴"。《说文·矢部》："吴，大言也。"意义相应。"周公宫"，周公之庙。

（四）"公"，明保。"诞"，字本作从"口""延"声之形，古文字从"口"从"言"互作无别，故为"诞"字。此用于语中助词。《尚书·大诰》："肆朕诞以尔东征。""同"，殷同。《周礼·春官·典瑞》："会同于王。"郑玄《注》引郑司农云："时见曰会，殷见曰同。"又《秋官·大行

---

① 郭沫若：《周官质疑》，《金文丛考》，人民出版社1954年版。

人》："殷同以施天下之政。"郑玄《注》："殷同即殷见也。……殷同者，六服尽朝。"作册翻卣铭："唯明保殷成周年。""殷"即殷同之义。

（五）"月吉"，月中吉日。此十月癸未适逢朔日，去八月甲申六十日，可安排大小月各一，是八月甲申为八月朔，十月癸未为十月朔。《周礼·地官·族师》："月吉，则属民而读邦法。"郑玄《注》："月吉，每月朔日也。"其说不确。八月甲申朔不书"月吉"，但言"辰在"，可为明证。知月吉并非朔日专名。

（六）"明公朝至于成周诞命"应作一句读，"诞"也句中语气助词。"命"，教告也。吴闿生《吉金文录》谓舍令即发命。《诗·郑风·羔裘》："舍命不渝。""舍三事命"是发布内外服之命。

（七）"眔卿事寮，眔者尹，眔里君，眔百工，眔者侯侯、田、男"，此即三事，言内外服。"者尹"，读为"诸尹"。"田"，读为"甸"。《尚书·酒诰》："越在外服，侯、甸、男、卫邦伯。越在内服，百僚庶尹、惟亚惟服宗工越百姓里居。"铭文"侯甸男"即外服之侯、甸、男，卿事寮、诸尹、里君、百工即内服之百寮、庶尹、里居、宗工。"里居"当为"里君"之讹。

（八）"舍四方令"之"四方"指四国之外的边方，地在外服之外，不属内外服。

（九）"京宫"，京室，大王、王季、文王、武王、成王之庙。《召诰》："用牲于郊。"

（十）"康宫"，康王之庙。故此器时代属昭王世。

（十一）"于王"之"王"或以为王城，或以为王社，皆增字解经。"于"，读为"谕"。古音"于"在匣纽鱼部，"俞"在喻纽侯部，声为双声，韵为旁转。《淮南子·泰族》："斲木而为舟。"《太平御览》卷七五三引"斲"作"刳"，是二字相通之证。《说文·言部》："谕，告也。"《周礼·秋官·掌交》："以谕九税之利。"郑玄《注》："谕，告晓也。"《后汉书·班固传》："谕咨故老。"李贤《注》："谕，告也。"故"谕王"意即以事告王。

（十二）"明公归自王"，谕王之后自王所而归。

（十三）"亢师"，"师"，官名。"亢"，私名。亢师应为卿事之长，则师属卿事可知。"鬯、金、小牛"，叔簋铭作"鬱鬯、白金、㠯牛"，此乃禩祭所用祭品。

（十四）"亢眔矢"，"亢"即亢师，掌管卿事寮，"矢"为作册令，掌管大史寮。

（十五）杨树达谓："詹当读为左，以，与也。爽字愚疑为爽字。《书·康诰》云：'爽惟天其罚殛我！'又云：'爽惟民迪吉康！'爽字皆在句首。铭文爽字在句首，与《书》文同。吾友曾君星笠读《尚书》，谓《康诰》之爽即《尔雅》尚庶几也之尚，乃表命令或希望之词，其说与古文语气最协，郅为精审。"① "左右"，揖让以礼。《诗·小雅·宾之初筵》："宾之初筵，左右秩秩。"郑玄《笺》："左右，谓折旋揖让也。" "乃寮"，你们的僚属，此分别对兄及矢所司之卿事寮与太史寮而言。"乃友事"，则就对方之僚属而言。对卿事寮而言，大史寮为其友事；对大史寮而言，则卿事寮为其友事。据此也足明兄与矢分司卿事寮及大史寮。

（十六）"尹人"，尹氏，知明公为百官之尹。"宔"，读为"穀"，善休。

（十七）"嶨册"，族氏名号。"册"，以官为氏。器主矢令为作册，乃为世官。

6. 史墙盘（《集成》10175，图7-14）

曰古文王(一)，初敩（周）穌于政(二)，上帝降懿德大甹（屏）(三)，匍（抚）有上下(四)，佮（合）受万邦(五)。韜（迅）圉武王(六)，遹征四方(七)，达殷畯（俊）民(八)，永不（丕）巩狄虘（阻），堂（懲）伐尸（夷）童(九)。宪（宪）圣成王(十)，左（左）右繄（绥）敳（会）刚鯀(十一)，用肇（肇）叡（彻）周邦(十二)。冑（肃）藞（哲）康王(十三)，兮（羲）尹意（亿）彊（疆）(十四)。宖（弘）鲁邵（昭）王，广撇（搉）楚荆（荆）(十五)，隹（唯）寏（贯）南行(十六)。甶（祇）顈穆王(十七)，井（刑）帅宇诲，龘（申）寍（宁）天子(十八)。天子圉（络）屚（缵）文武长剌（烈），天子骨（眉）无匄（害），䜼（绥）祁（祇）上下(十九)，亟獄（熙）逗（桓）慕（谟）(二十)，昊煦（照）亡昊（斁）(二十一)。上帝司（思）夒（柔）(二十二)，亢保受（授）天子霝（宽）令（命）、厚福、丰年，方絲（蛮）亡不䟒（踝）视(二十四)。青幽高且（祖），才（在）散（微）靁（灵）处(二十五)。雩武王既戠殷，散（微）史剌（烈）且（祖）迺来见武王(二十六)，武王则令（命）周公舍寓（寓）于周卑（俾）处(二十七)。甬（通）惠乙且（祖）(二十八)，遂（弼）匹氒（厥）辟(二十九)，远猷腹（腹）心子瓠（纳）(三十)。䇇（桀）明亚且（祖）且（祖）辛，毄（遝）毓子孙(三十一)，繁繁猪（蔽）多孷（釐）(三十二)，檥（齐）角熺（熾）光，義（宜）其簟（禋）

---

① 杨树达：《积微居金文说》（增订本），科学出版社1959年版，第22页。

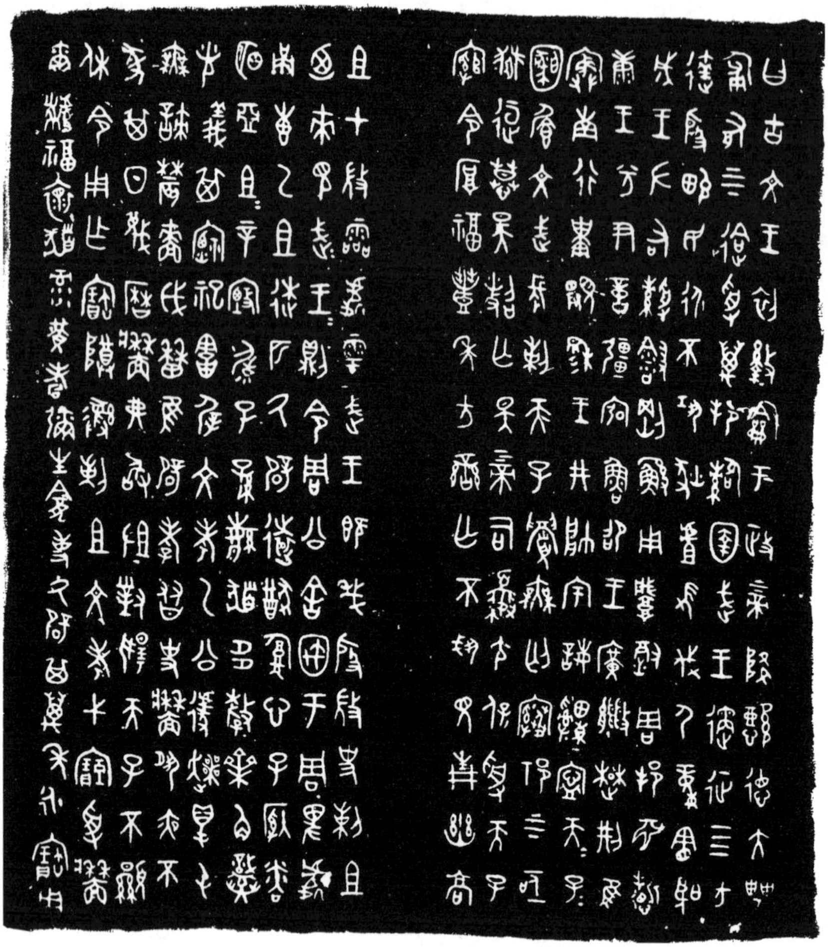

图7-14 史墙盘铭文拓本

祀(三十三)。害（舒）犀（迟）文考乙公遽（遽）趠（丧）(三十四)，孚（浑）屯（沌）无諌（谏）(三十五)，农啬（穑）戉（越）曆（历）(三十六)，隹（唯）辟孝肴（友）(三十七)。史墙夙夜不豕（坠），其日蔑历(三十八)，墙弗敢狙（沮）(三十九)，对扬天子不（丕）显休令（命），用乍（作）宝障（尊）彝。剌（烈）且（祖）文考弋（俶）寠（穀），受（授）墙尔髊（楚）福，襄（怀）遺（被）录（禄）、黄耇、弥生(四十)，龕（堪）事氒（厥）辟(四十一)，其万年永宝用。

此盘1976年12月出土于陕西扶风庄白一号窖藏。同出铜器共103件，其中具铭者74件，多属微史家族之物。微氏世系，据铭文可考者七世，即高祖、烈祖、乙祖、折、丰、墙、痶。高祖即殷王帝乙；烈祖乃微子启；乙公，折之父乙；折，丰之父辛，墙之亚祖祖辛，痶之高祖辛公；丰，墙之文考乙公，痶之文祖乙公，又为其亚祖；墙，痶称父丁或皇考丁公。其庙号与亲称皆兼殷周二制。

史墙盘通高16.2厘米，口径47.3厘米，盘深8.6厘米。圆腹，双附耳，方唇，圈足。腹饰鸟纹，圈足饰两端上下卷曲的云纹，雷纹衬地。盘内铭18行284字，是研究西周政治史的重要史料①。现藏陕西周原博物馆。为西周恭王世标准器。

（一）《尚书·尧典》："曰若稽古帝尧。"《皋陶谟》："曰若稽古大禹。"伪孔《传》："若，顺。稽，考也。""曰若稽古"本作"曰古"。

（二）"初敩龢于政"，痶钟铭作"初鼛龢于政"。师询簋铭："用夹诏厥辟奠大命，盩龢雩政。"史颂鼎铭："师禹盩于成周，休有成事。"是"敩"当释"盩"，"盩龢"读为"周龢"②，乃言为政之道。秦公钟铭言"周龢胤士"，故盘铭"初周龢于政"则谓文王初为殷之西伯，其为政周备谐洽，以义相结。此启下文"上帝降懿德大屏"，明其为政周和，故天下贤士皆归之。《论语·泰伯》："三分天下有其二，以服事殷。周之德，其可谓至德也已矣。"即此之谓。

（三）"大甹"，读为"大屏"，乃诸侯臣僚树屏卫守之称，此指屏卫文王的股肱重臣。《尚书·君奭》："惟文王尚克修和我有夏，亦惟有若虢叔，有若闳夭，有若散宜生，有若泰颠，有若南宫括。"此"修和"即上文"周和"。《楚辞·九怀》："失志兮悠悠。"《考异》："悠悠一作调调。"是"修"、"周"通用之证。此虢叔、闳夭、散宜生、泰颠、南宫括，又有吕尚、鬻子、辛甲大夫③，皆懿德大屏。《君奭》所述与铭文正同。

（四）"匍有上下"，痶钟铭作"匍有四方"，"匍有"读为"抚有"。

（五）"迨受万邦"，唐兰以"迨"读为"合"，并引《尚书·皋陶谟》"翕受敷施"，以"合受"与"翕受"同④。《尧典》："协和万邦。"

（六）"䚃"从"卂"声。《说文·卂部》："卂，疾飞也。"段玉裁

---

① 冯时：《史墙盘铭文与西周政治史》，《第四届国际汉学会议论文集·出土材料与新视野》，中央研究院2013年版。
② 徐中舒：《西周墙盘铭文笺释》，《考古学报》1978年第2期。
③ 见《史记·周本纪》、《齐太公世家》。
④ 唐兰：《略论西周微史家族窖藏铜器群的重要意义——陕西扶风新出墙盘铭文解释》，《文物》1978年第3期。

《注》：" 引申为凡疾之称。"《玉篇·卂部》："卂，亦作迅"。《说文·辵部》："迅，疾也。"《逸周书·谥法》："叡圉克服曰庄。"王念孙《读书杂志》："圉者，彊也。下文曰'威德刚武曰圉'。《大雅·烝民篇》：'不畏彊御。'《汉书·王莽传》作'强圉'。《楚辞·离骚》：'浇身被服强圉兮。'王逸注曰：'强圉，多力也。'是圉与彊同义。""叡圉"或当读为"迅圉"。《史记·五帝本纪》："幼而徇齐。"司马贞《索隐》："《孔子家语》及《大戴礼》并作'叡齐'，《史记》旧本亦有作'濬齐'。今裴氏注云徇亦训疾，未见所出。或当读'徇'为'迅'，迅于《尔雅》与齐俱训疾，则迅濬虽异字，而音同也。"故"迅圉武王"即言迅猛强圉的武王。《诗·周颂·执竞》："执竞武王。"郑玄《笺》："竞，彊也。能持彊道者，维有武王耳。"是"迅圉武王"犹言"执竞武王"。

（七）"遹"，语首助词。《诗·大雅·文王有声》："文王有声，遹骏有声。遹求厥宁，遹观厥成。"

（八）"达殷"，唐兰谓即通殷。《尚书·顾命》："用克达殷，集大命。"伪孔《传》："文武定命陈教，虽劳而不违道，故能通殷为周①，成其大命。"孔颖达《正义》："代殷为主。"《酒诰》："我西土棐徂邦君、御事、小子，尚克用文王教，不腆于酒。故我至于今，克受殷之命。"《君奭》："迪见冒闻于上帝，惟时受有殷命哉。"此皆"达殷"之谓。"畯民"，读为"俊民"，意同大盂鼎铭"俊正厥民"。

（九）毛公鼎铭："不巩先王配命。……趣余小子圂湛于艰，永巩先王。"孙诒让读"不巩"为"丕鞏"②。《诗·大雅·瞻卬》："无不克巩。"毛《传》："巩，固也。"此"永不巩"即"不巩"、"永巩"之合语。"狄虘"，读为"狄阻"。《瞻卬》："舍尔介狄。"毛《传》："狄，远。"字与"逖"通。《尚书·牧誓》："逖矣西土之人。"伪孔《传》："逖，远也。"《说文·𨸏部》："阻，险也。"《诗·商颂·殷武》："罙入其阻，裒荆之旅。"陆德明《释文》："阻，险也。""𢖻"，"徵"之本字，读为"懲"。《诗·鲁颂·閟宫》："戎狄是膺，荆楚是懲，则莫我敢承。"郑玄《笺》："懲，艾也。僖公与齐桓举义兵北当戎与狄，南艾荆及群舒，天下无敢御也。"《战国策·楚策四》："无所寇艾。"鲍彪《注》："艾，已所懲创。"吴师道《注》："艾即刈。""尸童"，"夷童"。《国语·晋语四》："童昏不

---

① 阮校曰："毛本適作通，適字误也。"
② 孙诒让：《古籀拾遗》卷下，中华书局1989年版。

可使谋。"韦昭《注》："童，无智。"是"夷童"即言蛮夷愚昧无知之人。此句意即为了长久巩固边方险要之地，遂对蛮夷进行创伐。

（十）"寓"，"宪"之本字。伪《古文尚书·说命中》："惟圣时宪。"伪孔《传》："宪，法也。"《尔雅·释训》："宪宪，制法则也。"史以成王始定政令教令，故曰"宪圣"。

（十一）"左右"，成王群臣。"綏"，"绥"字或体。"飤"，"会"字或体，"绥会"意犹团结亲善，故"会"字从"友"为意符。《后汉书·舆服志下》："秦乃以采组连接于璲，光明表章，转相结受，故谓之绥。"是"绥"有结系之义。《尔雅·释诂上》："会，合也。"《广雅·释诂三》："会，聚也。""刚鯀"，徐中舒谓："《楚辞·离骚》：'鯀婞直以亡身兮'，婞直梗直也，婞梗古耕韵字，鯀梗又见纽双声，鯀以梗直著名，故人即称之为鯀。"则"刚鯀"当言成王大臣皆有刚强梗直之风。"鯀"或作"鮌"。《周礼·夏官·职方氏》："其泽薮曰弦蒲。"《逸周书·职方》："弦蒲作彊蒲。"是"刚鯀"或读为"刚彊"。故此"绥会刚鯀"实言辅臣之品德。《尚书·洪范》："次六曰乂用三德，……一曰正直，二曰刚克，三曰柔克。平康正直，彊弗友刚克，燮友柔克。沈潜刚克，高明柔克。"铭文"绥会"当即"燮友柔克"，"会"字从"友"，是明其义；"刚鯀"则即彊弗友刚克。又《皋陶谟》言九德云："宽而栗，柔而立，愿而恭，乱而敬，扰而毅，直而温，简而廉，刚而塞，彊而义。"是铭文"绥会"即言柔克，"刚鯀"即言刚克，成王择而用之，故有"用肇彻周邦"之功。时天下未安，故正直之臣不论。

（十二）唐兰谓："𦘔从𦘔戍声，𦘔古埔字，此当是'肇域'的肇的专字。"甚是。《尚书·尧典》："肇十有二州。"孙星衍《疏》："言肇者，自此始分也。"《诗·大雅·崧高》："彻申伯土田。"朱熹《集传》："彻，定其经界，正其赋税也。"《论语·先进》："盍彻乎。"郑玄《注》："周法十一而税谓之彻，彻，通也，为天下通法也。"《诗·大雅·江汉》："彻我疆土。"朱熹《集传》："彻，井其田也。"《孟子·滕文公上》："夏后氏五十而贡，殷人七十而助，周人百亩而彻，其实皆什一也。"此百亩而彻即所谓"肇彻"。此句当言群臣辅王规划周邦土田而始定税赋。赟公盨铭："天命禹敷土，堕山浚川，任方艺征。"此"任方艺征"即言"肇彻"，实即《王制》首章所言之授田，乃建邦制度之先。

（十三）"𢛳"，"哲"字或体，从"德"为意符，表现了周人以德为哲的思想。《尚书·酒诰》："经德秉哲。"叔家父盨铭："哲德不忘。"

"肙","肅"字所从。"肅哲"又见王孙遗者钟铭"肅哲圣武"。《诗·小雅·小旻》:"或哲或谋,或肃或艾。"毛《传》:"亦有明哲者,有聪谋者,有恭肃者,有治理者。"《尚书·洪范》:"恭作肃,……明作哲。"伪孔《传》:"肃,心敬。哲,照了。"

(十四)"兮",徐中舒释。金文"羲"字从"兮",即作此形。故"兮"之作"兮",或即"羲"之本字。师望鼎铭:"虔夙夜出纳王命,不敢不兮不画。""不兮不画"之"不"皆句中助词。牧簋铭:"毋敢不明不中不刑。"意即毋敢不明以中刑。故"不兮",兮也;"不画",画也。知"兮"当读为"戏"。《庄子·人间世》:"伏戏几蘧之所行终。"陆德明《释文》:"戏,本又作羲。"《尚书·盘庚》:"无戏怠。"孙星衍《疏》引《释诂》曰:"戏,谑也。"《诗·大雅·板》:"无敢戏豫。"毛《传》:"戏豫,逸豫也。"《论语·雍也》:"今汝画。"何晏《集解》引孔安国曰:"画,止也。"是"不敢不戏不画"即言不敢懈怠停止,意为政不荒于戏也。盘铭"兮"则用为"羲",或读为"戏"。《广雅·释诂三》:"羲、戏,施也。"故"羲尹"意即设国而治。《左传·昭公二十六年》:"昔武王克殷,成王靖四方,康王息民,并建母弟以蕃屏周。""羲"乃张布设立之意,正合此封建事。故"羲尹亿疆"意即康王封建诸侯以治理广大疆土。

(十五)"歡"字从"攴""龏"声,"龏"作从"能""比"声,即"羆"之本字,或作"貔"。《尚书·牧誓》:"如虎如貔。"《史记·周本纪》作"如虎如罴"。字从"攴",当有打击意。唐兰读为"抌",甚是。或也作"批"。《广雅·释诂三》:"抌、批,击也。"王念孙《疏证》:"抌,与下批字同。"《左传·庄公十二年》:"批而杀之。"陆德明《释文》引《字林》:"批,击也。"

(十六)裘锡圭读"寏"为"贯"①。中方鼎、中甗铭:"王命中先省南国,贯行。"晋姜鼎铭:"俾贯通□,征繇汤□,取厥吉金。"皆谓贯通南道。昭王伐楚的首要目的即在掠取铜料②。曾伯霥簠铭:"抑燮繁汤,金道锡行。"戎生钟铭:"俾潜征繇汤,取厥吉金。"皆谓其事。《诗·鲁颂·泮水》:"大赂南金。"毛《传》:"南,谓荆扬也。"是谓荆扬之地多铜。

(十七)徐中舒云:"甫同祇,《尚书·君奭》:'祇若兹'之祇,《三字石经》古文作𥙊,与此形同。祇,地神也,天曰神,地曰祇,对言则别,单

---

① 裘锡圭:《史墙盘铭解释》,《文物》1978年第3期。
② 唐兰:《西周铜器断代中的"康宫"问题》,《考古学报》1962年第1期。

言祇亦神也。覭从见日会意为形，又从尹声，当读为耿，尹、耿古真韵字，故得相通。金文史颂簋'日逷天子覭命'，即《尚书·立政》'丕釐上帝之耿命'，虢季子白盘'白父孔覭有光'，即《尚书·立政》'以覲文王之耿光'，两相对照，覭之为耿益为显然。……覭明也，祇覭即神明之意。《竹书纪年》'穆王元年，冬十月，筑祇宫于南郑'，《左传·昭公十二年》亦谓'穆王是以获没于祇宫'，穆王居祇宫，故周人即以神明的穆王称之。"

（十八）"井帥"，金文习见"帥井"。梁其钟铭："梁其肇帥井（刑）皇祖考。"旅钟铭："旅敢肇帥井（刑）皇考威仪。"此"井帥"且无宾语，当为名词，读为"刑帥"，意为仪范表帥，又作"表率"。"宇誨"，"誨宇"之倒文，旨在与下文"子"字叶韵，"誨"、"子"古韵并在之部。《说文·言部》："誨，晓教也。"《汉书·武帝纪》："嘉与宇内之士臻于斯路。"师古《注》："天地四方为宇。""龖盇"，读为"申宁"，反复叮嘱。"天子"，穆王之子恭王。两句意为，穆王以自己的行为仪范教诲了天下，并反复叮咛其子。《国语·周语上》载祭公谏穆王征犬戎，先王耀德不观兵，"王不听，遂征，得四白狼、四白鹿以归。自是荒服者不至"。韦昭《注》："穆王责犬戎以非礼，暴兵露师，伤威毁信，故荒服者不至。"古本《竹书纪年》："周穆王十七年，西征，至崑崙丘，见西王母。"又云："穆王西征，还里天下，亿有九万里。"《左传·昭公十二年》："昔穆王欲肆其心，周行天下，将皆必有车辙马迹焉。祭公谋父作《祈招》之诗以止王心。"盘铭后文言恭王时"方蛮无不䚄视"，即知此述穆王周行天下而荒疏于政，故以悔意叮咛天子。史墙以殷遗身处周室，于穆王明褒实贬，颇具春秋笔法，深见史官遣词之高明。

（十九）毛公鼎铭："圛夙夕，敬念王畏（威）不賜。"杨树达读"圛"为"恪"。"圛"从"貊"声，经典"貊"通作"貉"[1]。或当读为"络"。"厬"，《玉篇》以为"纘"字古文，读为"纘"。《礼记·中庸》："武王纘大王、王季、文王之绪。"郑玄《笺》："纘，继也。绪，业也。"《诗·鲁颂·閟宫》："至于文武，纘大王之绪。"故"络纘"意即延续。"络夙夕"则言夜以继日。"长剌"，读为"长烈"。《尚书·盘庚》："劼曰其克从先王之烈。"《洛诰》："以予小子扬文武烈。"孙星衍《疏》并云："烈，业也。"是"长烈"即言大业。

---

[1] 杨树达：《积微居金文说》（增订本），科学出版社1959年版，第29—30页。

"䁴",读为"眉",乃眉寿之省称。"匃",读为"害"①。《诗·鲁颂·閟宫》:"万有千岁,眉寿无有害。"孔颖达《正义》:"使得万有千岁,为秀眉之寿,无有患害。"此言恭王高寿,"眉无害"即"眉寿无有害"之省语。史称穆王享国长久,穆王铜器时有逾三十年者,可为明证,而恭王在位十五年,知其寿必高。盘应作于恭王末世。

"䍼",从"䪞""寴"声,或即"绥"字或体。旧以"绥"本会意,段玉裁《说文解字注》以"绥"从"妥"声,古音"妥"在歌部,与元部阴阳对转。《尔雅·释诂下》:"绥,安也。""祁",读为"厎"。古音"祁"、"厎"并在脂部,可以通假。《尔雅·释地》:"燕有招余祁。"陆德明《释文》:"祁,孙本作厎。"《尚书·尧典》:"乃言厎可绩。"陆德明《释文》引马云:"厎,定也。""上下",已见上文"匍有上下",痶钟铭引作"匍有四方",知"上下"意同"四方"。故此句乃言恭王遵穆王之嘱继承文武大业,终使四方重新得以安定。《尚书·盘庚》:"绍复先王之大业,厎绥四方。"曾运乾《正读》:"厎,定也。绥,安也。"与盘铭相同。是穆王肆其心而致战乱并起,恭王时则天下太平。《诗·大雅·民劳》:"民亦劳止,汔可小康!惠此中国,以绥四方。无纵诡随,以谨无良。式遏寇虐,憯不畏明。柔远能迩,以定我王。"郑玄《笺》:"康、绥,皆安也。"

(二十)《左传·隐公五年》:"乱政亟行。"陆德明《释文》:"亟,欺冀反,数也。""㸦",读为"熙",光明也。此指恭王所具有的光明之德。"亟熙"犹言积渐而成的光明之德,或读为"缉熙"。"亟"、"缉"旁转可通。《诗·周颂·敬之》:"日就月将,学有缉熙于光明。"郑玄《笺》:"缉熙,光明也。……群臣戒成王以敬之,敬之,故承之以谦云:我小子耳,不聪达于敬之之意。日就月将,言当习之以积渐也。且欲学于有光明之光明者,谓贤中之贤也。"盘铭记恭王恪缵文武之业,故积渐成就光明之德。《诗·大雅·文王》:"穆穆文王,於缉熙敬之。"《诗·周颂·昊天有成命》:"於缉熙,单厥心,肆其靖之。"郑玄《笺》:"於美乎,此成王之德也,既光明矣,又能厚其心矣,为之不解倦。故于其功终能和安之,谓夙夜自勤,至于天下太平。"此言成王继文武之业而有缉熙光明之德,与此铭述恭王法文武之德而具缉熙美德全同。史惠鼎铭见"日就月将"语②,也为史官所引,足见其时史官之博通。

---

① 徐中舒:《西周墙盘铭文笺释》,《考古学报》1978年第2期。
② 李学勤:《史惠鼎与史学渊源》,《文物》1985年第6期。

"逗",读为"桓"。"慕",通作"谟"。《诗·商颂·长发》:"玄王桓拨。"毛《传》:"桓,大。""桓谟"意即大谟,乃指高明的谋猷。默簋铭:"宇慕(谟)远猷。"《诗·大雅·抑》:"訏谟定命。"毛《传》:"訏,大。谟,谋。"是"訏谟"即"宇谟"。陈侯因𬯀敦铭:"皇考孝武𬯀公龏哉!大慕(谟)克成。""宇谟"、"大谟"均同"桓谟"。默簋乃周厉王器,是时人以成就大谟为人生的终极境界。此言恭王成就大谟,与默簋铭同。

(二十一)"昊"言昊天。《诗·小雅·巷伯》:"投畀有昊。"毛《传》:"昊,昊天也。""煭","照"之古文。字又作"炤"。《礼记·乐记》:"其德克明。"郑玄《注》:"照临四方曰明。"陆德明《释文》:"炤,本亦作照。"《说文·火部》:"照,明也。"《诗·大雅·抑》:"昊天孔昭。"郑玄《笺》:"昭,明也。""昭"也应读为"照"。"亡昊",读为"无斁"。毛公鼎铭:"肆皇天无斁。"《诗·周南·葛覃》:"服之无斁。"毛《传》:"斁,厌也。"文言恭王之美德如昊天永远照耀群下。

(二十二)"司",读为"思",语中助词①。《释名·释言语》:"思,司也。""夒",读为"柔"。《国语·晋语四》:"而柔和万民。"《齐语》:"宽惠柔民。"韦昭《注》并云:"柔,安也。"《诗·周颂·丝衣》:"旨酒思柔。"遣词相同。

(二十三)"九",《说文》古文作"仉"。"九保",神巫。唐兰云:"九保是巫保。总称为巫,分别说,女的称巫,男的称仉。楚人称巫为灵,《楚辞·九歌》:'思灵保兮贤姱。'洪兴祖补注:'古人云:"诏灵保,召方相。"说者云:"灵保,神巫也。"'《史记·封禅书》:'秦巫祠社主、巫保、族纍之属。'索隐:'巫保、族纍,二神名。'秦国地域原是西周,巫保这个神,应是西周时就有的。"所论甚是。"受",读为"授"。"䦿","綰"之或体,读为"宽"。《说文·宀部》:"完,古文以为宽字。""完"、"官"互通。《诗·周颂·执竞》:"磬筦将将。"陆德明《释文》:"筦,本亦作管。"是其证。金文每以"绾绰"连文,即言"宽绰"。《尚书·无逸》:"不永念厥辟,不宽绰厥心。"曾运乾《正读》:"宽绰,缓绰也。"史伯硕父鼎铭:"绾(宽)绰永命。"晋姜鼎铭:"用祈绰绾(宽)眉寿。"故"宽令"读为"宽命",意即长命。前言恭王"眉无害",亦知其长命。

殷周时期之宗教观念,天子有祈上帝,或上帝降赐天子,中间必由巫神传达,人王与上帝不可能建立直接的联系,此于殷卜辞所见甚明。铭云

---

① 李学勤:《论史墙盘及其意义》,《考古学报》1978年第2期。

上帝柔慈而命巫保授天子长命、厚福及丰年，正是这一宗教观的反映。

（二十四）"蠻"，读若"蛮"。"䍙"，《说文·丮部》云"读若踝"。《礼记·深衣》："负绳及踝以应直。"郑玄《注》："踝，跟也。"《急就篇》卷三："踴踝跟踵相近聚。"高明先生谓"踝"即接踵而来之意。"视"，字形与同铭"见"字不同，意即"殷覜曰视"①。《周礼·春官·大宗伯》："时聘曰问，殷覜曰视。"又《秋官·大行人》："王之所以抚邦国诸侯者，岁遍存，三岁遍覜，五岁遍省。"《说文·见部》："覜，视也。"段玉裁《注》："《小行人》曰：存、覜、省、聘、问，臣之礼也。按五者皆得训视。"上文言穆王时荒服不至而申咛其子，此则述恭王修文武之业而使方蛮踝视，前后呼应。

（二十五）"青幽"皆言天色，当指上天，青言其苍，幽言其暗。《广雅·释器》："苍，青也。"《文选·陆士衡挽歌诗》："穹隆放苍天。"张铣《注》："苍天，青天也。"《楚辞·九章·怀沙》："玄文处幽兮。"王逸《章句》："幽，冥也。"故"青幽"犹言"青冥"。《楚辞·九章·悲回风》："据青冥而攄虹兮，遂儵忽而扪天。"王逸《章句》："上至玄冥，舒光耀也。"《素问·阴阳应象大论》："其在天为玄。"王冰《注》："玄谓玄冥，言天色高远，尚未盛明也。""青冥"即言上天，此亦"青幽"之义。"高祖"，微子启父，即殷王帝乙，其死后升天，故称"青幽高祖"，意在天之高祖。"散"，即下文"散子"之"散"，故书作"微"，本为微子启之封国。《尚书·微子》伪孔《传》："微，畿内国名。""霝"，读为"灵"。《楚辞·离骚》："欲少留此灵琐兮。"王逸《章句》："灵，神之所在也。"《楚辞·九思·伤时》："惟昊天兮昭灵。"旧注："灵，神也。"故"微灵"当作一气读，非指地上之微，而为天上属于微国的分星。文言高祖帝乙灵魂升天，住在天上与微国对应的分星。这是目前所知最早且明确的分野资料。

（二十六）"雩"，句首语词。"微史"，世官；烈祖则为微子启。《礼记·曲礼上》："见父之执。"孔颖达《正义》："自下朝上曰见。"

（二十七）"武王则令周公舍𡧛于周卑处"，痶钟铭云"武王则令周公舍寓以五十颂处"，对读两文，知盘铭"卑处"即钟铭"以五十颂处"。裘锡圭以"五十颂"即五十种威仪②，甚是。《说文·页部》："颂，皃也。"又《皃部》："皃，颂仪也。"段玉裁《注》："颂者，今之容字。"《史记·儒林

---

① 裘锡圭：《甲骨文中的见与视》，《甲骨文发现一百周年学术研讨会论文集》，文史哲出版社 1999 年版。

② 裘锡圭：《史墙盘铭解释》，《文物》1978 年第 3 期。

列传》："诸学者多言《礼》，……而鲁徐生善为容。"《汉书·儒林传》"容"作"颂"。苏林曰："《汉旧仪》有二郎为此颂貌威仪事。有徐氏，徐氏后有张氏，不知经，但能盘辟为礼容。天下郡国有容史，皆诣鲁学之。"是"颂"本非自然之容貌，而是进德合礼之仪容，也即威仪。《礼记·中庸》："礼经三百，威仪三千。"痶簋铭："痶曰：覴皇祖考司威仪，用辟先王。"痶钟铭："痶曰：丕显高祖、亚祖、文考克明厥心，疋尹典厥威仪，用辟先王。痶不敢弗帅祖考秉明德，恪夙夕左尹氏。"微世为容史，于铭文可明。"卑"，读为"俾"。"处"，处事。《左传·文公十八年》："先君周公制周礼曰：'则以观德，德以处事，事以度功，功以食民。'"杜预《集解》："处，犹制也。"俞樾《群经平议》："物居其所谓之处，使物各得其处亦谓之处。""舍"，施舍，义言赐予①，或即"予"之借字②。"圓"、"寓"同字，《说文》以为籀文"宇"。然"宇"字前已出现，是"寓"当为"寓"字或体。《逸周书·作雒》："俾康叔宇于周，俾中旄父宇于东。"朱云："宇，宅也。"《诗·邶风·式微序》："黎侯寓于卫。"郑玄《笺》："寓，寄也。"故"寓"即言寄寓，意为殷遗寄寓于周。是"舍寓"乃史墙谦辞，谓周赐微子以殷遗之身寄居于周，使其为容史。"周"，周原。此器之窖藏出土周原庄白，其地盖即周舍寓微史氏之家。

（二十八）"甬"，读为"通"。《晏子春秋·内篇·杂下》："景公为路寝之台成而不踊焉。"《说苑·辨物》"踊"作"通"。是其证。《说文·辵部》："通，达也。"《国语·周语下》："惠，文之慈也。""乙祖"，微子之子，当成康之世。"通惠乙祖"乃言通达慈惠之乙祖。

（二十九）"遧"，读为"弼"，辅也，已见何尊铭。单伯昊生钟铭："丕显皇祖烈考遧匹先王，劳勤大命。""匹"亦辅义。晋姜鼎铭："用召匹台辟。"郭沫若读"召"为"诏"，引《尔雅·释诂上》"诏、相、导、左、右、助、勴也"，以为训辅③。《释名·释亲属》："匹，辟也，往相辟耦也。"《礼记·三年问》："失丧其群匹。"郑玄《注》："匹，偶也。"《尚书·君奭》："汝明勖偶王。"刘逢禄《集解》引庄云："偶，辅也。"或径读为"比"，脂、质对转可通。《尔雅·释诂下》："比，俌也。"是"遧匹"、"召匹"皆言辅相。

（三十）默簋铭："宇谟远猷。"《诗·大雅·抑》："訏谟定命，远猷

---

① 王引之：《经义述闻》卷十八，江苏古籍出版社1985年版。
② 孙诒让：《古籀拾遗》，中华书局1989年版，第42页。
③ 郭沫若：《两周金文辞大系图录考释》第八册，科学出版社1957年版。

辰告。"毛《传》："猷，道。"郑玄《笺》："猷，图也。为天下远图庶事，而以岁时告施之。"《韩诗》"远猷"作"远猷"。《诗·大雅·板》："为猷不远。"郑玄《笺》："猷，谋也。此为谋不能图远，不知祸之将至。"是"远猷"意即深谋远虑。"匈"，《说文》作"匔"，读为"腹"。《诗·周南·兔罝》："公侯腹心。"毛《传》："可以制断公族之腹心。"郑玄《笺》："此兔罝之人于行攻伐，可用为策谋之臣，使之虑事。亦言贤也。""子"，微氏爵称。《尚书·微子》伪孔《传》："子，爵。""瓢"，"纳"字或体①，接纳也。《左传·文公十六年》："诸侯谁纳我？"《仪礼·燕礼》："小臣纳卿大夫。"故此句意即微史乙祖以子爵之身被周王接纳，作为其策谋心腹之臣。

（三十一）"嚭明"，金文习见。恭王标准器师𩵦鼎铭："用型乃圣祖考隣明絧辟前王，事余一人。"尹姞鬲铭："休天君弗望（忘）穆公圣粦明比事先王。""嚭"或从"皀"，知当读为"磷"，或又作"粼"。《诗·唐风·扬之水》："白石粼粼。"毛《传》："粼粼，清澈也。"陆德明《释文》："粼，本又作磷，同。""粼"训清，义即聪察。《尔雅·释言》："察，清也。"郝懿行《义疏》："察者，审之清也。"《说文·耳部》："聪，察也。"而"明"亦察审之义。《韩非子·难四》："知微之谓明。"《管子·宙合》："见察谓之明。……视不察不明，不察不明则过。"《玉篇·明部》："明，察也，清也，审也。"故"粼明"犹言聪明，谓聪察明辨。《尚书·尧典序》："聪明文思。"孔颖达《正义》："无不备知。"《史记·五帝本纪》："成而聪明。"张守节《正义》："聪明，闻见明辨也。""亚祖祖辛"，作册折，约昭王世。其别立为宗，故称"亚祖"。唐兰谓："䵎字从支㚿声。㚿是《说文》烟字古文，从堊声，堊从西声。古文字从支的，后代都改从手，那末，䵎就是挦字。《说文》迁古文挦。《礼记·大传》说：'别子为祖，继别为宗，继祢者为小宗。有百世不迁之宗，有五世则迁之宗。'此铭说'迁育子孙'，当是立新宗。"其说甚是。

（三十二）"鬗"，读为"繁"。《说文·髟部》："髍，髮或从首。"读为"祓"。《尔雅·释诂上》："祓，福也。""𨭰"，读为"釐"。《说文·里部》："釐，家福也。"《汉书·礼乐志》："媪神蕃釐。"师古《注》："蕃，多也。釐，福也。"叔向父簋铭："降余多福繁𨭰。"与盘铭同。"繁

---

① 唐兰：《略论西周微史家族窖藏铜器群的重要意义——陕西扶风新出墙盘铭文解释》，《文物》1978年第3期。

誖"即言"蕃鳌"。

（三十三）"桦"，读为"齐"。痶钟铭："痶其万年岀角義文神，无疆觊福。"《说文·宀部》："岀，相当也。"与"齐"同义。"齐角"亦即"岀角"，乃谓牲角整齐周正。"冀"，读为"熾"。《尚书·禹贡》："厥土赤埴墳。"陆德明《释文》："埴，郑作戠，徐、郑、王皆读曰熾。韦昭音试。"李善《文选注（蜀都赋）》引郑玄《尚书注》："熾，赤也。"则"熾光"当言牲毛纯赤。《论语·雍也》："犁牛之子骍且角。"何晏《集解》："骍，赤也。角者，角周正，中牺牲。"古人祭祀虔敬，其牲角需要整齐，毛色需要纯正。《春秋经·成公七年》："鼷鼠食郊牛角，改卜牛。鼷鼠又食其角，乃免牛。"《诗·鲁颂·閟宫》："秋而载尝，夏以楅衡，白牡骍刚。"毛《传》："楅衡，设牛角以楅之也。"此实《礼记·郊特牲》所谓"帝牛必在涤三月"，亦即所谓牢牲，《周礼》之牧人、牛人、充人及《公羊传·宣公三年》等俱记其制。"義"，读为"宜"。"禋"，"禋"之籀文。《尚书·洛诰》："则禋于文王武王。"《诗·大雅·云汉》："不殄禋祀，自郊徂宫。"周人尚赤，故此句当言亚祖祖辛服务于周室祭祀。痶钟铭言微氏庙祭，其俗尚白，与周人尚赤不同，故但言"岀角"而不及"熾光"，可为明证。

（三十四）"害犀"，王孙遗者钟铭："余弘恭猷犀，畏忌翼翼，肃哲圣武，惠于政德，淑于威仪，諆猷丕飤。"郭沫若读"猷犀"为"舒迟"①，可从。《诗·大雅·烝民》："仲山甫之德，柔嘉维则。令仪令色，小心翼翼，古训是式，威仪是力。"郑玄《笺》："令，善也。善威仪，善颜色，容貌翼翼然恭敬。勤威仪者，恪居官次，不解于位也。"故"弘恭舒迟，畏忌翼翼"实即《诗》"令仪令色，小心翼翼"。《礼记·玉藻》："君子之容舒迟。"孔颖达《正义》："舒迟，闲雅也。"《后汉书·韦彪传》上疏谏："尚书之选，不可不重，……宜简尝历州宰素有名者，虽进退舒迟，时有不逮，然端心向公，奉职周密。"故"舒迟"即言墙之文考容仪闲雅，用事从容周密。准此，则"德趣"当读为"遽丧"。"德"，"遽"字或体。《广雅·释诂三》："遽，惧也。"《诗·大雅·皇矣》："受禄无丧。"毛《传》："丧，亡也。"此"丧"从"走"，正喻亡失之意，以别凶礼之丧。痶钟铭："痶赳赳夙夕圣趣。"井人妄钟："妄宪宪圣趣。""赳赳"即读为"宪宪"。《诗·大雅·板》："无然宪宪。"毛《传》："宪宪，犹欣欣也。""圣趣"，读为"听丧"。《礼记·乐记》："小人以听

---

① 郭沫若：《两周金文辞大系图录考释》第八册，科学出版社1957年版。

过。"陆德明《释文》："以听过，本或作以圣过。"是"听丧"意即听过，"宪宪听丧"则为欣然听过，亦明"遽丧"即言用事周密而恐有过失。"文考乙公"，史墙父丰，约当穆王世。

（三十五）"孴屯"，金文习见，井人妄钟铭作"贲屯"。郭沫若读为"浑沌"，意即浑厚敦笃①。"諫"，"讀"之本字。《广雅·释诂二》："讀，让也。"王念孙《疏证》："讀，经传通作责。"辞言墙父敦厚而无可指摘。

（三十六）唐兰谓："啬是穑的本字。《左传·襄公九年》：'其庶人力于农穑。'注：'种曰农，收曰穑。'戉同越，通粤，《说文》'粤，于也。'𪚩从田秝声，通厤。《说文》：'厤，治也。'此是治田的专字，今作历。"

（三十七）《说文·辟部》："辟，法也。""隹辟孝㫃"即以孝友为则。

（三十八）"蔑历"，周人习语，意即周王夸伐其经历②。

（三十九）"取"，读为"沮"。《诗·大雅·云汉》："则不可沮。"毛《传》："沮，止也。"

（四十）"朮"，读为"俶"。《说文·人部》："俶，善也。"朱骏声《说文通训定声》："俶，经传皆以淑为之。""竈"，读为"穀"，休美之意。"受"，读为"授"。"䰞"，"䰞"之或体，读为"楚"。《诗·曹风·蜉蝣》："衣裳楚楚。"三家"楚"作"䰞"。《战国策·秦策五》："不韦使楚服而言。"高诱《注》："楚服，盛服。"《诗·小雅·楚茨》："楚楚者茨。"朱熹《集传》："楚楚，盛密貌。""楚福"意即多福盛福。"裒"，读为"怀"。《诗·大雅·大明》："昭事上帝，聿怀多福。"朱熹《集传》："怀，来也。""媨录"，读为"祓禄"。《诗·大雅·卷阿》："茀禄尔康矣。"郑玄《笺》："茀，福。"郭璞《尔雅注》引作"祓禄尔康"。"黄耇"，寿老之谓③。师奎父鼎铭："用匄眉寿黄耇吉康。"《诗·小雅·南山有台》："遐不黄耇。"毛《传》："黄，黄发也。耇，老。"《诗·大雅·行苇》："以祈黄耇。""弥生"，则言寿终正寝。蔡姞簋铭："永命弥厥生灵终。"䲁镈铭："用求考命弥生。""生"，文献或作"性"。《诗·大雅·卷阿》："俾尔弥尔性。"毛《传》："弥，终也。"郑玄《笺》："乃使女终女之性命，无困病之憂。"④

---

① 郭沫若：《两周金文辞大系图录考释》第七册，科学出版社 1957 年版。
② 唐兰：《"蔑历"新诂》，《文物》1979 年第 5 期。
③ 徐中舒：《金文嘏辞释例》，《中央研究院历史语言研究所集刊》第六本第一分，1936 年版。
④ 参见孙诒让《古籀拾遗》，中华书局 1989 年版，第 27 页。

（四十一）"龕"从"今"声。段玉裁《说文解字注》："叚借为戡乱字，今人用戡、堪字，古人多叚龕。各本作合声，篆体亦误。今依《九经字样》正。"眉寿钟铭："龕事朕辟皇王。""龕"皆读为"堪"。《逸周书·祭公》："用克龕绍成康之业，以将大命。"朱右曾《集训校释》："龕，与堪同。"《说文·土部》："堪，地突也。"段玉裁《注》："堪言地高处无不胜任也。引申之，凡胜任皆曰堪，古叚戡、戋为之。"《尔雅·释诂上》："堪，胜也。"

7. 曶鼎（《集成》2838，图7-15）

隹（唯）王元年六月既望乙亥，王才（在）周穆王大[室。王]若曰："曶，令（命）女（汝）更（赓）乃且（祖）考嗣（司）卜事(一)。易（锡）女（汝）赤𩊚[市鳥]，用事。"王才（在）䢔庭，井（邢）弔（叔）易（锡）曶赤金鋚（石）(二)，曶受休[令（命）于]王，曶用絲（兹）金乍（作）朕文考（考）𠭯（魏）白（伯）蕭（將）牛鼎(三)，曶其[万年]用祀，子子孙孙其永宝。

隹（唯）王四月既青（生）霸辰才（在）丁酉(四)，井（邢）弔（叔）才（在）異为[理(五)。曶事（使）氒（厥）小子贅以限讼于井（邢）弔（叔）(六)："我既賣（赎）女（汝）五[夫效]父，用匹马束絲(七)。限話（忏）曰：'䟈（质）則卑（俾）我赏（偿）马，效[父则]卑（俾）复氒（厥）絲束(八)。'贅（质）、效父廼話（忏）贅曰：'于王参（叁）门囗囗木榜，用遺（贖）徙（徙）賣（赎）。絲（兹）五夫用百孚（鋝）。非出五夫[遺（贖），则]罚(九)。'廼𩰫（质）又（有）罚罙（暨）趞（乞）金(十)。"井（邢）弔（叔）曰："才王人廼賣（赎）[用遺（贖）]，不逆付，曶母（毋）卑（俾）成于䟈（质）(十一)。"曶则撵（拜）䭫（稽）首，受絲（兹）五[夫]，曰陪，曰恒，曰劦，曰会，曰青(十二)。事（使）孚（鋝）以（已）告䟈（质），廼卑（俾）[限]以曶酉（酒）彶（及）羊，絲（兹）气（讫）孚（鋝），用俈（致）𢆶（兹）人(十三)。曶廼每（悔）于䟈（质）[曰]："女（汝）其舍贅矢五束。"曰："弋（必）尚（當）卑（俾）处氒（厥）邑，田[氒（厥）]田(十四)。"䟈（质）则卑（俾）复令（命）曰："若（诺）。"

昔饉岁，匡众氒（厥）臣廿夫寇曶禾十秭，以匡季告東宮(十五)。東宮廼曰："求乃人，乃弗得，女（汝）匡罰大(十六)。"匡廼䭫（稽）首于曶，用五田，用众一夫曰嗌，用臣曰疐、[曰]朏、曰奠，曰：

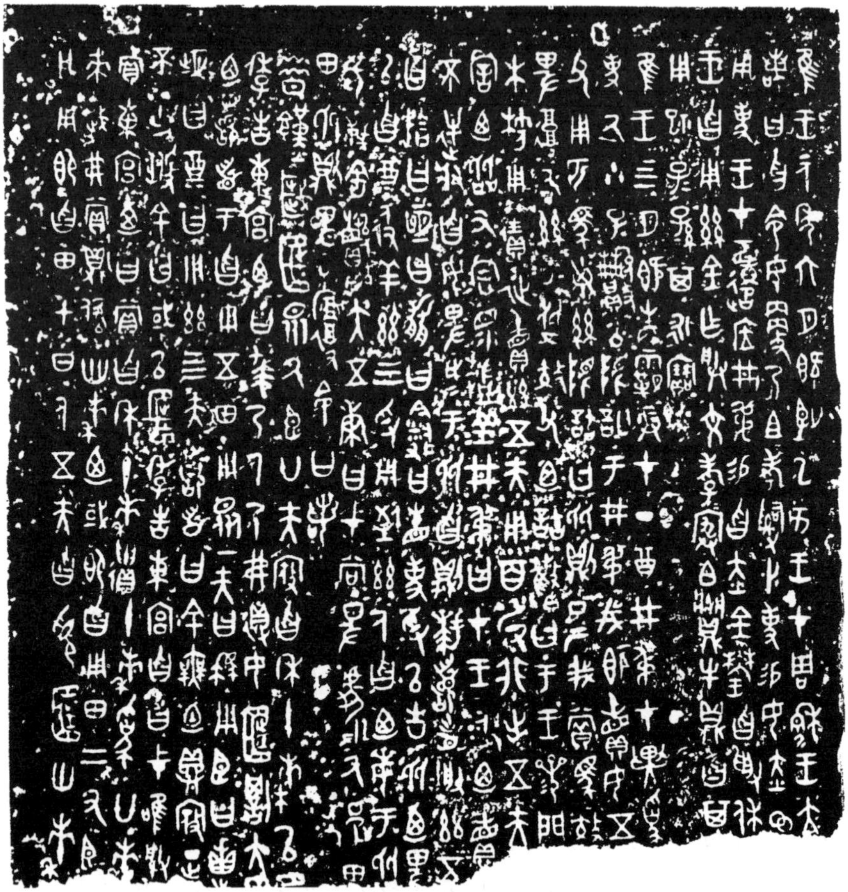

图 7-15 智鼎铭文拓本（剔字本）

"用兹（兹）四夫(十七)。"䭾（稽）首，曰："余无迺（攸）具寇足[禾]，不审，鞭余(十八)。"智或以匡季告东宫(十九)，智曰："弋（必）唯朕[禾]赏（偿）(二十)。"东宫廼曰："赏（偿）智禾十秭，遗十秭，为廿秭。[乃]来岁弗赏（偿），则贷（付）卌秭(二十一)。"廼或即智用田二又臣[一夫]，凡用即智田七田，人五夫(二十二)。智觅（免）匡卅秭(二十三)。

此鼎又名曶鼎。清毕沅《山左金石志》卷一云："右智鼎，沅得之于西安，嘉定钱献之为作释文时，沅所撰《关中金石记》未及收录。兹携来山左署中，因即编入《山左金石志》。"钱坫《智鼎铭及释文跋语》云：该鼎于乾隆四十三年（1778年）由毕沅得于长安，"鼎高二尺，围四尺，深九寸，款足作牛首形"。出土不久，毕氏将其从长安迁至吴都家中收藏。毕沅死后，于嘉庆四年（1799年）家遭抄没，未见此器入录簿籍，不知何时佚失。刘心源《奇觚室吉金文述》卷二云："此鼎已毁于兵火"，"江建霞藏原拓四纸，……江云篆迹颇有剔坏者"。现仅有拓本传世，分未剔与剔字本两种。江标拓本为未剔本，收于《周金文存》卷二上册第七页，虽可辨文字略少，但保存了剔字之前的原貌，对考察误剔字及字形原迹具有参考价值。剔字本则存乎《三代》、《大系》等书。拓本下缘锈掩三十字，存24行377字。郭沫若定其为孝王时器，可从。

（一）"更"，读为"赓"。《说文·糸部》："赓，古文续。"《尔雅·释诂下》："赓，续也。"郝懿行《义疏》："赓，通作更。""嗣卜事"即司卜事，世为卜官。

（二）《说文·金部》："铜，赤金也。""㔉"，重量单位。钱坫释"珷"①，吴式芬释"琳"②，刘心源释"燓"③，吴闿生释"垫"④，郭沫若释"㔉"⑤，皆因误剔致讹。孙常叙释"㔉"，谓从"枑"声，可从。孙氏以为，"枑"即古"柘"字，"柘"、"石"古同音，故假"石"写"㔉"。"石"是重量单位，四钧为石，一石一百二十斤⑥。此铭记曶受赤金用以铸鼎，而就鼎之大小估计，与一石之铜略合。

（三）"鬻"，旧多依《玉篇》训为"煮也"。然金文除鼎称"鬻"之外，其他诸器如簋、盨、盙、卣、爵、盉等皆有称"鬻"之例，如：

　　用作皇祖成公鬻簋（元年师兑簋）
　　鈇作鬻彝宝簋（鈇簋）
　　大师小子师望作鬻彝（师望盨）
　　用作旅鬻彝（免盨）
　　用作宝鬻（宰甫卣）
　　索諆作有羔日辛鬻彝（索諆爵）
　　伯卫父作嬴鬻彝（伯卫父盉）

---

① 钱坫：《曶鼎铭及释文》，见洪亮吉《洪北江诗文集》，《四部丛刊初编》本。
② 吴式芬：《攈古录金文》卷三之三，民国二年（1913年）西泠印社翻刻本。
③ 刘心源：《奇觚室吉金文述》卷二，清光绪二十八年（1902年）自写刻本。
④ 吴闿生：《吉金文录》，中华书局1963年版。
⑤ 郭沫若：《两周金文辞大系图录考释》第七册，科学出版社1957年版，第96页。
⑥ 孙常叙：《曶鼎铭文通释》，《孙常叙古文字学论集》，东北师范大学出版社1998年版。

这些器皿显然都非用于火煮。故"鬺"应读为"将",奉享也。《诗·周颂·我将》:"我将我享。"郑玄《笺》:"将,犹奉也。"《诗·大雅·文王》:"殷士膚敏,祼将于京。"而金文"鬺"用于奉祭,意义尤显。如:

其用夙夕鬺享（曆方鼎）
用享鬺厥文考鲁公（鲁侯熙鬲）
用鬺于乃姑閟（颢卣）

"鬺享"、"享鬺"即《诗》之"我将我享",《诗·鲁颂·閟宫》郑玄《笺》:"閟,神也。姜嫄神所依,故庙曰神宫。""閟"又作"毖"。《尚书·洛诰》:"夙夕毖祀。"王先谦《诗三家义集疏》:"则'閟宫'者毖祀之宫也。"此足证"鬺"当读为"将"。"牛鼎",以牛为鼎实。金文又有"豕鼎"（函皇父器）、"兔鼎"（函皇父鼎）之称,即以豕、兔为鼎实。钱坫谓此鼎"款足作牛首形",似亦以鼎之造型呼应其鼎实。"弈白",读为"魏伯","魏",谥;"伯",爵。"弈"即"宄"之本字。《礼记·明堂位》:"脯鬼侯。"《史记·周本纪》作"九侯"。《诗·小雅·谷风》:"维山崔嵬。"《中论·修本》引"嵬"作"巍"。是"九"、"魏"相通之证。《逸周书·谥法》:"克威捷行曰魏。克威惠礼曰魏。"

（四）此鼎作铸于孝王元年六月,故此四月既生霸丁酉必在六月之前,而"王"不明谥,知不为先王,仍为孝王,则"四月"当即孝王元年四月。然同年四月有丁酉,六月则不能有乙亥,是知四月至六月间必置一闰。此为西周历法年中置闰的重要资料。鼎铭采用倒叙的形式叙事,首段叙孝王元年六月事,次段叙同年四月事,三段首言"昔馑岁",则叙前王事。

（五）"理",谭戒甫据文义补①。《礼记·月令》:"命理瞻伤。"郑玄《注》:"理,治狱官也。"

（六）"小子",官名,"小子赘",曶之家臣。"以",与也,介词。《仪礼·乡射礼》:"主人以宾揖。""限",效父家臣。曶的诉讼对象是效父,但两人却并不亲自到场,而是各自选派一名家臣作为代表,其中小子赘代原告曶出庭,限则代被告效父出庭。《周礼·秋官·小司寇》:"凡命夫命妇,不躬坐狱讼。"郑玄《注》:"为治狱吏亵尊者也。躬,身也。不身坐者,必使

---

① 谭戒甫:《西周"曶"器铭文综合研究》,《中华文史论丛》第三辑,上海古籍出版社1979年版。

其属若子弟也。"贾公彦《疏》："若取辞之时不得不坐，当使其属或子弟代坐也。"《左传·襄公十年》："王叔陈生与伯舆争政，……晋侯使士匄平王室，王叔与伯舆讼焉。王叔之宰与伯舆之大夫瑕禽坐狱于王庭，士匄听之。"杜预《集解》："宰，家臣。瑕禽，伯舆属大夫。周礼命夫命妇不躬坐狱讼，故使宰与属大夫对争曲直。"杨伯峻《注》："坐狱，两造对讼。"《左传·僖公二十八年》："卫侯与元咺讼，甯武子为辅，鍼庄子为坐，士荣为大士[1]。卫侯不胜。杀士荣，刖鍼庄子，谓甯俞忠而免之。"杜预《集解》："大士，治狱官也。元咺又不宜与其君对坐，故使鍼庄子为主，又使卫之忠臣及其狱官质正元咺。"俞樾《茶香室经说》："窃疑鍼庄子为坐，不过代卫侯坐讼耳。至其往反辩论，与晋狱官对理，则皆士荣为之。"皆可明此制度。孙诒让《周礼正义》："其爵卑者或无属官，则当使子弟代坐。"

（七）"夫效"二字，刘心源据文义补。"賣"，杨树达读为"赎"[2]。《说文·贝部》："赎，贸也。""贸，易财也。"铭记曶以匹马束丝向效父换取奴隶五夫，或见其时马值之昂。辞言"既"，知曶已将匹马束丝交给效父。

（八）"詻"，郭沫若释"许"[3]，字又见五年琱生簋。于此则读为"忤"，古文字"心"、"言"义近通用。《汉书·萧望之传》："繇是大与高、恭、显忤。"师古《注》："忤，谓相违逆也。"此处则言效父一方违弃已成的交易。"舐"，铭文或作"覧"、"䛊"，朱为弼释"质"。孙常叙谓即《周礼》之质人。《周礼·地官·质人》："质人掌成市之货贿、人民、牛马、兵器、珍异。乃卖儥者质剂焉，大市以质，小市以剂。"郑玄《注》："成，平也。会者平物贾而来，主成其平也。人民，奴婢也。质剂者，为之券藏之也。大市，人民、牛马之属，用长券；小市，兵器、珍异之物，用短券。""我"，限。"賞"读为"偿"，与"復"同训还。《说文·人部》："偿，还也。"《小尔雅·广言》："复，还也。"铭言代效父坐狱的限反悔先前达成的交易说：质人和效父分别让限退还曶的匹马和束丝。此盖效父于质人成市时，质人觉得这笔交易不平，遂鼓动效父毁约，理由则即下文王人以賫從赎的规定。正因为质人有此挑拨之举，故后文才有曶教训质人的内容。

（九）《周礼·天官·阍人》："阍人掌守王宫之中门之禁。"郑玄《注》："中门，于外内为中，若今宫阙门。郑司农云：'王有五门，外曰皋

---

[1] 郑玄《周礼注》引"大士"作"大理"，疑误。
[2] 杨树达：《积微居金文说》（增订本），科学出版社1959年版，第58页。
[3] 郭沫若：《两周金文辞大系图录考释》第七册，科学出版社1957年版，第98页。

门，二曰雉门，三曰库门，四曰应门，五曰路门。路门一曰毕门。'玄谓雉门，三门也。"孙诒让谓："依宋刘敞及近代戴震、焦循说，天子亦止皋、应、路三门，则此三门或指皋门外言之，亦未可定也。"① "榜"，北朗反，或作"牓"。《广韵·荡韵》："牓，题牓。"《资治通鉴·汉纪》："更共相标榜。"胡三省《注》："揭书以示人曰榜。"古或作"方"。《礼记·中庸》："布在方策。"郑玄《注》："方，版也。"此言王宫三门旁张有木榜。"遗"，郭沫若谓即金属货币。后文言"乞金"，知遗以铜为之，非贝币也。其以鋝计，与贝以朋计不同，也可明之。《说文·辵部》："徎，徎或从彳。"此言王人的交易应以货币代替易物的方式，这是木榜所昭示的内容。

"寽"，即"鋝"，金属货币计量单位。《说文·金部》："鋝，十一铢二十五分铢之十三也。《周礼》曰：'重三鋝。'北方以二十两为三鋝。"段玉裁《注》："鋝即锊。"又："锊，鋝也。《书》曰：'罚百锊。'"铭记此五夫奴隶的交易价值百鋝，曰每夫合货币一百三十三两，其值重过匹马束丝。"五夫遗"，用以赎买五夫的百鋝，"遗"，孙常叙据文义补②，简称"賵"③，读为"瑞"④。辞言曶需以百鋝赎五奴，不出此价，则将罚曶。这是质人与效父对小子霉所说的爽约威胁之词。

（十）"赳"，读为"乞"。《说文·刀部》："刐，又读若殪。"段玉裁《注》："剧、刐音义皆同也。"是"乞"、"赳"通假之证。《广雅·释诂三》："乞，求也。"此言质人向曶行罚并索求赎买五奴之賵。

（十一）此句为邢叔判词。"才"，仅也，古多作"在"、"裁"、"纔"、"财"⑤。《汉书·贾谊传》："长沙乃在二万五千户耳。"《战国策·燕策一》："虽大男子，裁如婴儿。""王人"，郭沫若谓即王室之人。《尚书·君奭》："商实百姓、王人。"江声《尚书集注音疏》："王氏族人，同姓之臣也。"此乃邢叔解释木榜的内容，以为只有王族之人，其赎买才有资格用賵金。而效父非王人，不适用于榜文的规定，故要求曶不付给效父賵金，且不要与质人成市。《荀子·非十二子》："言辩而逆。"杨倞《注》："逆者，乖于常理。"故"不逆付"意即不可违背规定而付效父賵金。"成"，郑玄《周礼注》训平。

---

① 孙诒让：《古籀馀论》，中华书局1989年版，第48页。
② 孙常叙：《曶鼎铭文通释》，《孙常叙古文字学论集》，东北师范大学出版社1998年版。
③ 马承源：《说賵》，《古文字研究》第十二辑，中华书局1985年版。
④ 冯时：《六祀邲其卣与"瑞"、"珥"二字考》，《古文字研究》第三十二辑，中华书局2018年版。
⑤ 杨树达：《词诠》，中华书局1954年版，第283、307—308页。

"曶母卑成于眡"即曶毋俾成于质,不要使以赐赎奴之事与质人成市。

(十二)曶拜邢叔后,接受了所赎五奴的名册。下文"用致兹人",才是将五奴送至曶处。

(十三)"事",用为"使",使令者为邢叔。两"寽"字均用为"锊",指以百锊赎五夫事,以物代事。"以告"之"以"用同"已",既也。"限",孙常叙补。"以曶"之"以"训予。《广雅·释诂三》:"以,予也。""气",孙常叙读为"讫"。《说文·言部》:"讫,止也。""用",以也。"徍",读为"致"。《说文·夊部》:"致,送诣也。"辞言限败诉,故邢叔使人将锊事告知质人以后,乃使限向曶馈赠酒与羊谢罪,以示终止锊事,并将五夫奴隶送致于曶。邢叔判决后必以其裁决结果告质,目的是要质人按判词成市。

(十四)"每",读为"诲"。《说文·言部》:"诲,晓教也。""舍",孙诒让谓借为"予"。"弋尚",读为"必当"。《周礼·秋官·大司寇》:"以两造禁民讼,入束矢于朝,然后听之。"郑玄《注》:"讼,谓以财货相告者。使讼者两至,既两至,使入束矢乃治之也。不至,不入束矢,则是自服不直者也。必入矢者,取其直也。《诗》曰'其直如矢'。古者一弓百矢。束矢其百个与?"贾公彦《疏》:"谓先令入束矢,不实则没入官。"《管子·小匡》:"无坐抑而讼狱者,正三禁之,而不直,则入束矢以罚之。"周代狱讼,两造先入束矢以示理直,既断之后,败诉者没入其矢以示罚,胜诉理直者则归还其矢。《淮南子·氾论》:"齐桓公令讼而不胜者出一束矢。"明胜者不失其矢。此狱乃曶与效父争讼,其因则在于质人唆使效父爽约,邢叔虽判效父败诉而罚矢,但质人却并未得到相应的惩罚,故曶心有不甘,乘胜诉之势教诲质人,命他以五倍之数赔给代曶出庭的小子觳矢五束,以示其理屈,而直在觳。郑玄或以一束百矢,此合军制一弓百矢之数。然百矢为一籈,不为一束。《诗·鲁颂·泮水》:"束矢其搜。"毛《传》:"五十矢为束。"则五束应为二百五十矢。同时曶又命质人必须告诫五奴,使其安心居于其邑,耕作其田,不思逃逸,以免其匹马束丝白付。

(十五)"东宫",太子。铭文并未如史墙盘铭述前朝储君为后世之天子,知此时东宫并未即位。故"昔馑岁"应指懿王时之荒年。其时懿王储君尚在,恭王"眉亡害"且"宽命",知懿王亦必年高,则东宫当早已成年,其于孝王死后即位为夷王。东宫又见效卣、效尊铭,当为懿王器,而效恐即曶鼎之效父。

"匡",即下文匡季。又见匡卣,彼铭言"懿王在射庐",当作于孝王初年，此则追述懿王事。《尚书·盘庚》："王命众悉至于庭。"伪孔《传》："众，群臣以下。"知众即众庶，或谓自由民。《庄子·庚桑楚》："其臣之画然知者去之。"成玄英《疏》："臣，仆隶。"此谓匡之众庶之仆隶。《尚书·费誓》："无敢寇攘。"郑玄《注》："寇，劫取也。""秭"，二百秉。《说文·禾部》："秭，五稷为秭。"段玉裁《注》："禾二百秉也。"《仪礼·聘礼》："四秉曰筥，十筥曰稯，十稯曰秅。四百秉为一秅。"郑玄《注》："此秉谓刈禾盈手之秉也。"《说文·禾部》："秅，二秭为秅。""十秭"为二千秉禾，其量已巨，况值荒馑之年，故曶以此事告东宫而与匡讼。

（十六）此句为东宫判词，意命匡先惩肇事者，若抓不到人，对匡则有大罚。"乃人"，你的人。"乃弗得"，若弗得。《尚书·盘庚》："乃有不吉不迪。"

（十七）此匡向曶拜叩谢罪，答应用五田四夫抵偿所劫十秭之禾。众、臣身份不同。

（十八）此匡向曶再拜之后所言。"逌"，读为"攸"。《尔雅·释言》："攸，所也。"郝懿行《义疏》："攸，通作逌。《汉书》之攸多借逌为之。"《易·归妹》："无攸利。""具"，备办提供。《左传·隐公元年》："缮甲兵，具卒乘。"《尔雅·释诂下》："供，具也。"邵晋涵《正义》："具，备也。""无攸具"意即无备足。"寇足禾"，言劫取的全部禾秭。"审"、"鞭"，孙常叙补释。《吕氏春秋·先己》："审，实也。"《助字辨略》卷三："审，信也，果也。""不审"即不实。辞言匡誓如欺诈非实，愿受鞭刑。

（十九）匡季欲以田奴抵禾，曶甚不满，誓要匡季归还禾秭，故再次将匡季不还禾之事告于东宫。

（二十）"禾"，陈梦家补①。此句为曶提告的要求，"必唯朕禾偿"意即必偿朕禾，"唯"字的作用使宾语前置。时值荒年，偿禾的实际意义甚于田奴。

（二十一）"遗"，以醉反。《诗·邶风·北门》："政事一埤遗我。"毛《传》："遗，加也。""乃"，若也。"贷"，读为"付"。东宫最后的判词说：偿还曶禾十秭，再加罚十秭，共二十秭。如来岁不能如数还清，则须加倍罚付，给曶禾四十秭。

（二十二）"即"，杨树达谓犹今言付与②。最后匡季以七田五夫的赔

---

① 陈梦家：《西周铜器断代》上册，中华书局2004年版，第198页。
② 杨树达：《积微居金文说》（增订本），科学出版社1959年版，第33页。

偿条件与匄商议。

（二十三）郭沫若谓："两造亦不依公判而自行私结，匡再出二田一人，盲（匄）则觅匡三十秭而了事。觅当读为免，免去罚禾三十秭，则是于七田五夫之外更得偿禾十秭也。匡宁出七田五夫而不肯多出三十秭，必是三十秭之价比七田五夫为贵。五夫之值约当马一匹丝一束，或货百孚；而七田则不知当值几何。唯七田每岁所出必远在三十秭以下，固毫无疑义。足见古人之田并不甚大，而土地劳力均不及生产成品之可贵。盖古者劳力无代价，而土地多待垦闢，驱奴隶而为之，即可坐致良田，故视之均不足惜也。"况其时饥馑，食粮珍贵，匡恐也确实难出罚禾。

8. 虢季子白盘（《集成》10173，图7-16）

隹（唯）十又二年正月初吉丁亥，虢季子白乍（作）宝盘_(一)_。不（丕）显子白，㘝（壮）武于戎工（功）_(二)_，经缏（维）四方_(三)_，搏（薄）伐玁狁（猃狁）于洛之阳_(四)_。折首五百，执噭（讯）五十，是以先行_(五)_。趯趯（桓桓）子白，献馘于王_(六)_，王孔加（嘉）子白义_(七)_。王各（格）周庙宣廚（榭）爰卿（飨）_(八)_。王曰：白（伯）父！孔覭又（有）光，王易（锡）乘马，是用左（佐）王，易（锡）用弓彤矢，其央，易（锡）用戉（钺），用政（征）蛮（蛮）方_(九)_，子子孙孙万年无疆。

吴式芬《攈古录金文》卷三之二引陈介祺曰："咸阳令阳湖徐傅兼燮钧宰郿县时所得。……徐云盘出宝鸡县虢川司地。刘（喜海）云出郿县礼村田间沟岸中，并云对岸土圮出二大鼎，一可容四石，重约七百斤馀；一重四百斤馀，均有铭，在土人家。"[①] 又引张穆（石舟）云："盘出陕西凤翔县，今权四百七八十斤。"方濬益《缀遗斋彝器款识考释》卷七云："此器出陕西宝鸡县虢川司，旧在驿中饲马，道光中（徐燮钧）大令宰郿县，识为古器，罢官后辇致南中。"刘铭传"自（常州）徐氏故宅携归六安别墅，建亭以覆之"。知此盘于清道光间出于陕西宝鸡虢川司，初为徐燮钧所得，张石匏跋于道光十九年（1839年），则徐氏得器当在此年之前。后刘铭传于同治三年（1864年）携回六安。1949年，其后人刘肃曾捐献故宫博物院。此器长130.2厘米，宽82.7厘米，通高39.5厘米。长方形，兽首衔环，矩形足，饰窃曲纹和环带纹。内铭8行111字，可与不娶簋铭合读，韵文铿锵。时代为周宣王世。

---

① 后二者乃指道光初年出土的大小盂鼎。

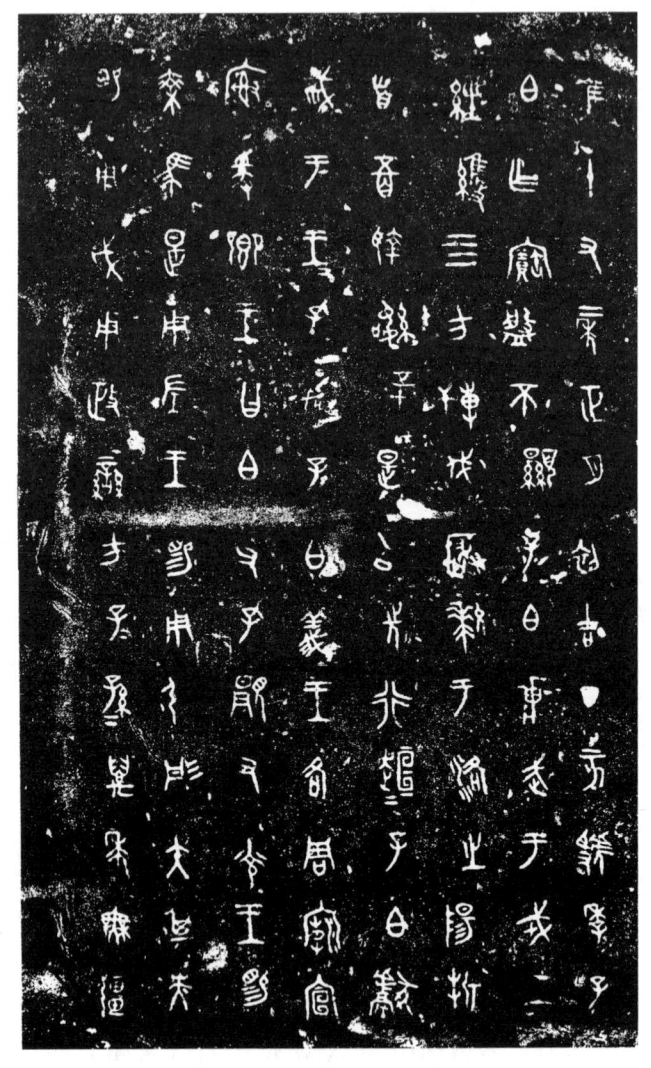

图 7-16　虢季子白盘铭文拓本

（一）虢为姬姓国，初封有二虢。《左传·僖公五年》："虢仲、虢叔，王季之穆也。"杜预《集解》："虢仲、虢叔，王季之子文王之母弟也。仲、叔皆虢君字。"孔颖达《正义》："贾逵云：'虢仲封东虢，制是也；虢叔封西虢，虢公是也。'马融云：'虢叔同母弟，虢仲异母弟。虢仲封下阳，虢叔封上阳。'案《传》，上阳下阳同是虢国之邑，不得分封二人也。若二虢共处，郑复安得虢国而灭之。虽贾之言，亦无明证。各以意断，不可审知。"《国语·晋语四》言文王"孝友二虢"、"谘于二虢"，皆二虢之证。《汉书·地理志上》："北虢在大阳，东虢在荥阳，西虢在雍州。"于东西二虢之外又有北虢①。《水经·河水注》："（陕）东城即虢邑之上阳也。虢仲之所都为南虢。三虢，此其一也。"赵一清校云："盖陕与大阳夹河对岸，南虢即北虢，故有上阳、下阳之分，亦有南虢、北虢之称矣。"三虢之关系，说甚纷错。北虢之陕县三门峡已见西周晚至春秋初之虢国墓地②，出土铜器铭文见有虢仲，如硕父鬲铭："虢仲之嗣国子硕父作季嬴羞鬲。"硕父为国子，又称虢硕父（虢硕父盨），知其为虢仲之后，乃此族之大宗。此外又见虢季，或称"季氏"（虢季鼎）③，是北虢当系虢仲之分支。《续汉书·郡国志》："陕，本虢仲国。"所记不误。北虢又见虢季氏子毁器④，与虢文公子毁鼎为同人所作，故郭沫若以为此虢季氏子毁即宣王卿士虢文公⑤。《国语·周语上》："宣王即位，不籍千亩。虢文公谏曰。"贾逵云："文公，文王母弟虢仲之后，为王卿士。"韦昭《注》："虢叔之后，西虢也。"今知文公实虢仲之后小宗，而北虢应即雍州西虢东迁之后。《水经·渭水注》引《晋太康地记》："虢叔之国矣，有虢宫，平王东迁，叔自此之上阳，为南虢矣。"所记亦有错误。依三门峡虢国墓地之时代分析，西虢东迁应在西周晚期，且当虢仲及其分族。金文又见虢伯，不知谁之分支。

此盘之虢季子白，虢季为氏，子白为名，亦西虢虢仲之后。传世有虢宣公子白鼎（《录遗》90），陈梦家认为与此虢季子白同人，则虢季子白即虢宣公⑥。此文公、宣公皆生称美字。

（二）"将"，从"爿"声，字见毛公鼎铭，读为"将"，此则读为"壮"。不娶簋铭作"肇海（敏）于戎工"。《诗·大雅·江汉》："肇敏戎公。"《逸周书·谥法》："肇敏行成曰直。"王念孙《读书杂志》："肇与敏同义。"是"肇敏"即言"壮武"。"戎工"、"戎公"，皆读为"戎功"。《诗·周颂·烈文》："念兹戎功。"毛《传》："戎，大。"

---

① 北虢于春秋初为晋所灭，参见《左传·僖公二年》及《僖公五年》、古本《竹书纪年》、《史记·晋世家》。
② 中国科学院考古研究所：《上村岭虢国墓地》，科学出版社1959年版；河南省文物考古研究所、三门峡市文物工作队：《三门峡虢国墓》（第一卷），文物出版社1999年版。
③ 河南省文物考古研究所、三门峡市文物工作队：《三门峡虢国墓》（第一卷），文物出版社1999年版。
④ 中国科学院考古研究所：《上村岭虢国墓地》，科学出版社1959年版。
⑤ 郭沫若：《三门峡出土铜器二三事》，《文物》1959年第1期。
⑥ 陈梦家：《西周铜器断代》上册，中华书局2004年版，第328—331页。

（三）"纓"，杨树达读为"蔓"①。《说文·萑部》："蔓，规蔓，商也。一曰蔓，度也。"《诗·大雅·江汉》："江汉汤汤，武夫洸洸。经营四方，告成于王。四方既平，王国庶定。"郑玄《笺》："复经营四方之叛国，从而伐之。"《盐铁论·繇役》解"经营四方"云："故饬四境，所以安中国也。"

（四）"尃伐厰狁"，读为"薄伐玁狁"。《诗·小雅·六月》："薄伐玁狁，至于大原。"毛《传》："言逐出之而已。"颜师古《汉书·匈奴传注》："薄伐，言逐出之。""于洛之阳"，郭沫若以为即北洛水之东②。《诗·小雅·六月》："玁狁匪茹，整居焦穫。侵镐及方，至于泾阳。"又《出车》："天子命我，城彼朔方。赫赫南仲，玁狁于襄。"可见玁狁侵扰之地。

（五）"折首"，获馘。"执嘼"，陈介祺读为"执讯"③，获俘。《诗·小雅·出车》："执讯获丑。"又见《采芑》。马瑞辰《通释》："《隶释》有'执讯获首'之语，盖本三家诗之'丑'为'首'之叚借。"或鲁韩之文。"是以先行"，知子白先行。不嬰簋铭："白氏曰：'不嬰，驭方玁狁广伐西俞，王命我羞追于西，余来归献禽。余命汝御追于洛。'"其事甚明。《诗·小雅·六月》："元戎十乘，以先启行。"

（六）"赳赳"，读为"桓桓"。《尔雅·释训》："桓桓，威也。"《广雅·释训》："桓桓，武也。""献馘于王"，乃献其先行之所获。《诗·鲁颂·泮水》："矫矫虎臣，在泮献馘。"郑玄《笺》："矫矫，武貌。在泮宫使武臣献馘。""馘"，字本象截首，当为首级，后渐变为专取左耳。

（七）《诗·小雅·宾之初筵》："饮酒孔嘉。"郑玄《笺》："孔，甚。""加"，读为"嘉"。《仪礼·觐礼》："予一人嘉之。"郑玄《注》："嘉之者，美之辞也。""义"，忠义④，乃周人崇尚之德行观念。

（八）"宣廟"，即宣榭，其在周庙之中。鄀簋铭："唯二年正月初吉，王在周邵宫，丁亥，王格于宣射（榭）。"邵宫即昭王之庙，也为明证。《春秋经·宣公十六年》："成周宣榭火。"杜预《集解》："宣榭，讲武屋，别在洛阳者。"《公羊传·宣公十六年》："宣谢者何？宣宫之谢也。……乐器藏焉尔。"⑤《汉书·五行志上》："榭者，所以臧乐器，宣其名也。……榭者，

---

① 杨树达：《积微居金文说》（增订本），科学出版社1959年版，第148页。
② 郭沫若：《两周金文辞大系图录考释》第七册，科学出版社1957年版，第104页。
③ 《攗古录金文》卷三之二引。
④ 冯时：《西周金文所见"信"、"义"思想考》，《文与哲》第六期，2005年。
⑤ 何休《注》："宣宫，周宣王之庙也。"殊误。

讲武之坐屋。"陈介祺以为宣谢、宣宫、宣室皆同取明扬之义①，孙诒让则采钱衍石之说以为"宣"取美名，与宣王无涉②，说是。

（九）此宣王伐阅赏赐子白。伯父之"伯"为行字，非子白名。子白与王同姓而长于王。《左传·僖公九年》："天子有事于文、武，使孔赐伯舅胙。"天子谓同姓诸侯曰伯父或叔父，异姓诸侯为伯舅。《仪礼·觐礼》："同姓大国则曰伯父，同姓小国则曰叔父。"实未必。"左王"，读为"佐王"。《诗·小雅·六月》："王于出征，以佐天子。""弓彤矢"，彤弓彤矢之省语③。应侯见工钟铭："锡彤弓一，彤矢百。"《尚书·文侯之命》："用赉尔秬鬯一卣，彤弓一，彤矢百。""央"，读为"英"。《诗·小雅·出车》："出车彭彭，旂旐央央。"毛《传》："央央，鲜明也。"又《六月》："织文鸟章，白旆央央。"《鲁诗》作"帛旆英英"。"政"，读如"征"。《逸周书·大武》："武有六制：政攻侵伐搏战。"孔晁《注》："政者，征伐之政。"此专言"政"，目的当有不同。《周礼·天官·小宰》："一曰听政役以比居。"郑玄《注》："政，谓赋也。"《逸周书·大开武》："淫政破国。"朱右曾《集训校释》："政，赋敛徭役。""䜌方"，读为"蛮方"。政蛮方即以武力取得赋敛徭役。《左传·僖公二十八年》述城濮之战云："丁未，献楚俘于王。……己酉，王享醴，命晋侯宥。王命尹氏及王子虎、内史叔兴父策命晋侯为侯伯，赐之大辂之服，戎辂之服，彤弓一，彤矢百，玈弓矢千，秬鬯一卣，虎贲三百人，曰：'王谓叔父，敬服王命，以绥四国，纠逖王慝。'"记事相类。

9. 牧簋（《集成》10285，图7-17）

  隹（唯）三月既死霸甲申，王才（在）莽上宫(一)。白（伯）雍（扬）父廼成剚（讟）(二)，曰："牧牛(三)！敊（詛）乃可（苛）湛(四)，女（汝）敢以乃师讼，女（汝）上（尚）卪（即）先誓(五)。今女（汝）亦既又（有）卪（节）誓(六)，専、赹、裔、覿、牗造，亦兹（兹）五夫亦既卪（节）乃誓(七)，女（汝）亦既从谳（辭）从誓(八)。朮（倘）可（苛），我义（宜）便（鞭）女（汝）千，黥䵝女（汝）(九)；今我赦（赦）女（汝），义（宜）便（鞭）女（汝）千，黥䵝女（汝）(十)；今大赦（赦）女（汝）便（鞭）女（汝）五

---

① 《攈古录金文》卷三之二引。
② 孙诒让：《籀高述林》卷七。
③ 杨树达：《积微居金文说》（增订本），科学出版社1959年版，第148页。

图 7-17 儵匜铭文拓本
1. 盖铭　2. 器铭

百，罚女（汝）三百乎（锊）(十一)。"白（伯）颺（扬）父廼或吏（使）牧牛誓曰："自今余敢夒（扰）乃小大史（事)(十二)。"乃师或以女（汝）告，则俚（致）乃便（鞭）千、黥黥(十三)。"牧牛则誓， (厥)以告吏蚚、吏智于会(十四)。牧牛嚮（辞）誓成，罚金(十五)。儵（儵）用乍（作）旅盉(十六)。

第七章 金文研究

此器1975年出土于陕西岐山董家村西周铜器窖藏。同出者有裘卫四器、此鼎、此簋及公臣簋等①。通高20.5厘米，腹宽17.5厘米，宽流，直口，虎头平盖，曲舌兽首鋬，羊蹄状足，沿下饰窃曲纹，器、盖联铭157字。铭文所见伯扬父为周幽王臣，故此器乃幽王世标准器。现藏陕西岐山县博物馆。

（一）"莽"，金文或习称莽京，似读为"房京"，即秦阿房之地②。

（二）"白𦥑父"，即伯扬父，文献作"伯阳父"。《国语·周语上》："幽王二年，西周三川皆震。伯阳父曰。"韦昭《注》："伯阳父，周大夫也。"黄盛璋以为即铭文伯扬父③。"成"，定也。《周礼·秋官·乡士》："狱讼成，士师受中。"贾公彦《疏》："成谓罪已成定。"《礼记·王制》："成狱辞，史以狱成告于正，正听之。"孔颖达《正义》："成狱辞者，谓狱吏初责覈罪人之辞已成定也。"《诗·大雅·緜》："虞芮质厥成。"毛《传》："成，平也。""𧧾"，从"𠬪"声，李学勤读为"谳"④。字又见师旅鼎铭。《说文·𠬪部》："𠬪，从又㐄，㐄亦声。"又《㐄部》："㐄，读若櫱岸之櫱。"又《木部》："櫱或从木辥声。"《尚书·盘庚》："若颠木之有由櫱。"《说文》引"櫱"作"栓"。是"𠬪"、"谳"通假之证。《说文·水部》："瀐，议皋也。"文献或作"谳"。《礼记·文王世子》："狱成，有司谳于公。"郑玄《注》："成，平也。谳，言白也。"段玉裁《说文解字注》谓此成谳于公犹《王制》成质于天子，甚确。铭文"成谳"即此成谳成质，意即于罪已定谳，为三审之后的最终判决。《王制》云："成狱辞，史以狱成告于正，正听之。正以狱成告于大司寇，大司寇听之棘木之下。大司寇以狱之成告于王，王命三公参听之。三公以狱之成告于王，王三又，然后制刑。凡作刑罚，轻无赦。"郑玄《注》："又，当作宥。宥，宽也。一宥曰不识，再宥曰过失，三宥曰遗忘。"此特言王于莽上宫，是知为王三宥之后的定刑，故曰"成谳"。

（三）"牧牛"，官名，或近《周礼》之牛人。

（四）"叔"，李学勤读为"徂"。《诗·小雅·四月》："六月徂暑。"郑玄《笺》："徂，犹始也。""徂"言过去，与下文"今"对称。"乃"，

---

① 岐山县文化馆庞怀靖，陕西省文管会镇烽、忠如、志儒：《陕西省岐山县董家村西周铜器窖穴发掘简报》，《文物》1976年第5期。
② 王辉：《金文"莽京"即秦之"阿房"说》，《陕西历史博物馆馆刊》第3辑。
③ 盛张：《岐山新出𤼈匜若干问题探考》，《文物》1976年第6期。
④ 李学勤：《岐山董家村训匜考释》，《古文字研究》第一辑，中华书局1979年版。

你的。"可",唐兰读为"苛"①。《周礼·春官·世妇》:"比外内命妇之朝莫哭不敬者,而苛罚之。"郑玄《注》:"苛,谴也。"《素问·方盛衰论》:"守学不湛。"张志聪《集注》:"湛,甚也。"或径读"湛"为"甚"。《庄子·天下》:"禹沐甚雨。"陆德明《释文》:"崔本甚作湛。"是其证。《玉篇·甘部》:"甚,剧也。"辞言最初所裁对牧牛的苛罚很严重。此最初的量刑显即周王三宥之前的狱辞。

(五)此申述最初决定重罚牧牛的原因。"敢"谓犯礼。《仪礼·士虞礼》:"敢用絜牲。"贾公彦《疏》:"凡言敢者,皆是以卑触尊,不自明之意。""师",官名。"上",读为"尚",复也,更也。《史记·佞幸列传》:"尽没入邓通家,尚负责数巨万。""弋",李学勤读为"忒"。《诗·鲁颂·閟宫》:"春秋匪解,享祀不忒。"郑玄《笺》:"忒,变也。"《说文·心部》:"忒,更也。"两句乃言牧牛不仅胆敢与其师诉讼,而且还违背了过去所立的誓言。

(六)"今"对上文"徂"言之,申述宽宥原判的结果。"亦既",凡三见,已也,"亦"为语词,无义。《诗·召南·草虫》:"亦既见止,亦既觏止。""卪",信也。《说文·卪部》:"卪,瑞信也。"今通作"节"。《荀子·性恶》:"必有节于今。"王先谦《集解》引郝懿行曰:"节者,信也。""节誓"犹言信誓。《诗·卫风·氓》:"信誓旦旦,不思其反。"郑玄《笺》:"我其以信,相誓旦旦耳。言其恳恻款诚。反,复也。今老而使我怨,曾不念复其前言。"周代狱讼,辞誓两全。《尚书·吕刑》:"罔中于信,以覆诅盟。"《周礼·秋官·司盟》:"有狱讼者,则使之盟诅。"郑玄《注》:"不信则不敢听此盟诅,所以省狱讼。"此诉讼之誓,曶从鼎铭亦见。铭言牧牛现在已经有了信誓。此为谳词,乃陈述事实。

(七)"尃"、"趞"、"啬"、"觐"、"儥",五夫名,皆当刑官之属,其参议改易对牧牛的原判。"造",至也。《周礼·秋官·讶士》:"凡四方之有治于士者,造焉。"郑玄《注》:"谓谳疑辩事,先来诣,乃通之于士也。士,主谓士师也。""造"即此义。辞言五臣至而职听议讼,所谓复审。此五臣亦即下文所言之五夫。《周礼·秋官·乡士》:"听其狱讼,察其辞,辨其狱讼,异其死刑之罪而要之,旬而职听于朝。司寇听之,断其狱,弊其讼于朝,群士司刑皆在,各丽其法以议狱讼。狱讼成,士师受中。"郑玄

---

① 唐兰:《陕西省岐山县董家村新出西周重要铜器铭辞的译文和注释》,《文物》1976年第5期。

《注》："察，审也。要之，为其罪法之要辞，如今劾矣。十日，乃以职事治之于外朝，容其自反覆。丽，附也。各附致其法以成议也。受中，谓受狱讼之成也。"《尚书·吕刑》："两造具备，师听五辞。"孙星衍《疏》："师，士师。"《周礼·秋官司寇·叙官》："刑官之属：士师，下大夫四人。"五夫中的儥为器主，其参与听讼，或即士师。儥合下大夫四人，适为五夫。"节乃誓"，相信你立的誓。《吕刑》："察辞于差，非从惟从。哀敬折狱，明启刑书，胥占，咸庶中正，其刑其罚，其审克之。"《尚书大传》："君子之于人也，有其语也，无不听者，皇于狱讼乎？必尽其辞矣。听狱者或从其情，或从其辞。""或从其情，或从其辞"即言"非从惟从"，"节乃誓"或此之谓。铭云五夫参与听讼审狱，方有下文对原审的改判。制以司寇听讼，与群士司刑并议狱讼，《乡士》"听其狱讼"云云，即此之谓。盖伯扬父或官司寇，或兼司寇之职，而五夫或疑当士师、乡士、遂士、縣士、方士之属。《周礼·秋官·士师》："察狱讼之辞，以诏司寇断狱弊讼。"贾公彦《疏》："狱讼辞诉，各有司存。谓若乡士、遂士、縣士、方士，各主当司之狱讼，其有不决来问都头士师者，则士师审察以告大司寇断狱弊讼也。"即见其官联。又《小司寇》："以三刺断庶民狱讼之中，一曰讯群臣，二曰讯群吏，三曰讯万民。听民之所刺宥，以施上服下服之刑。"郑玄《注》："中谓罪正所定。上服，劓墨也。下服，宫刖也。"《礼记·王制》："司寇正刑明辟，以听狱讼，必三刺。"亦此之谓。

（八）《说文系传·从部》："从，相听许也。"《尚书·洪范》："言曰从。"《汉书·五行志中》："从，顺也。""讄"，"辭"之繁文。《吕刑》："上下比罪，无僭乱辞。……明清于单辞。民之乱，罔不中听狱之两辞，无或私家于狱之两辞。""单辞"即言一偏之辞，"两辞"则谓两造之辞。《小司寇》："以五声听狱讼，求民情。一曰辞听。"郑玄《注》："观其出言，不直则烦。"诸"辞"皆谓口供。《士师》："以五戒先后刑罚，毋使罪丽于民，一曰誓。"故铭文"从辭从誓"意即认可了自己的口供和所立的誓。

（九）"義"，文凡两见，皆读为"宜"。"便"，文凡四见，皆读为"鞭"。"朱可"，唐兰读为"俶苛"，谓即最初的责罚。此指最初的判决，量刑即下文的"鞭汝千，黥䵞汝"。《尚书·尧典》："象以典刑，流宥五刑，鞭作官刑，扑作教刑，金作赎刑。"此鞭刑即治官事之刑。"黥䵞"，墨刑之一种。《周礼·秋官·司刑》："墨罪五百。"郑玄《注》："墨，黥也。先刻其面，以墨窒之。《书传》曰：'非事而事之，出入不以道义，而诵不详之辞者，其刑墨。'夏刑劓墨各千，周则变焉，所谓刑罚世轻世重者也。"《吕刑》:"墨罚之属千。"伪孔《传》:"刻其頯而涅之曰墨刑。"① 知墨刑类繁。"黥黢",两字皆从"黑",为施墨刑之象形文,《搜真玉镜》有"殳"字,音没,或即此字所从。唐兰读为"黥䵩"。其云:"在䵩刑之中,又分两种。《易·鼎卦·九四》说:'其形渥。'有很多别本作:'其刑剭。'晁说之《易诂训传》引京房说:'刑在頯为剭。'頯是脸上的颧骨。《玉篇》:'䵩,刑也。或作剭。'大概就根据京房本,所以《广韵·一屋》就说:'䵩,墨刑也。'据此铭则西周已有䵩字了。䵩刑在古书中大都解为凿额,与此刻颧骨的剭刑略有不同。至于黢,古书没有这个字,应与幭通。《说文》:'幭,盖幭也。'《管子·小称》说齐桓公死时,'乃援素幭以裹首而绝',可见幭是盖头的巾。幭字与幪字声近相通,《方言》曰:'幪,巾也。'《说文》:'幪,盖衣也。'意义也是一样。那末,黢就是《尚书大传》'下刑墨幪'的幪无疑。墨幪是头上蒙黑巾。……据此铭则黥䵩是在剭刑的基础上再加盖幭也。"此鞭刑、墨刑于治官事并施。《周礼·秋官·条狼氏》:"凡誓,执鞭以趋于前,且命之。誓仆右曰杀,誓驭曰车轘,誓大夫曰敢不关,鞭五百,誓师曰三百,誓邦之大史曰杀,誓小史曰墨。""大史"、"小史",王引之《经义述闻》卷九读为"大事"、"小事",此通言誓邦之大小事,与上文军誓不同。此违誓刑鞭刑墨,与牧牛"忒先誓"之罪相当。

(十) 此为二审判词。"今"相对于"俶"。"赦","赦"之异文。《说文·攴部》:"赦,赦或从亦。"《吕刑》:"其罪惟均,其审克之。五刑之疑有赦。"此言审核狱辞而改变原判。《周礼·秋官·司刺》:"司刺掌三刺、三宥、三赦之法,以赞司寇听狱讼。……壹宥曰不识,再宥曰过失,三宥曰遗忘。"郑玄《注》:"宥,宽也。"孙诒让《正义》:"宥者,减从轻比,仍科小刑。赦则放免,全无刑罚。"此赦罪乃言宽宥。故"黥䵩"虽亦墨刑,但应轻于黥黢。"黥",从"黑""虫"声。《说文·虫部》:"虫,虫申行也。从虫,中声,读若骋。"段玉裁《注》:"各本作曳行。以读若骋定之,则伸行为是。中,读若彻。中声而读骋者,以双声为用也。"其音"彻",有去除义。《左传·襄公二十三年》:"平公不彻乐。"杜预《集解》:"彻,去也。"《仪礼·大射》:"乃彻丰与觯。"郑玄《注》:"彻,除也。"或作"撤"。《广雅·释诂二》:"撤,减也。"唐兰谓"黥"即"黜"之本字。《广雅·释诂二》:"黜,减也。"《左传·襄公十年》:"而黜其车。"杜预《集解》:"黜,减损。"与"彻"同训。是

---

① 《广雅·释器》:"涅,黑也。"

改判后的量刑仍保留鞭千，但毃毅减为黥毅。

（十一）此为三审判词。李学勤谓"今大赦汝鞭汝五百"当作一气读，意即由原来量刑的一千鞭赦免了五百鞭，剩馀的五百鞭则合黥毅一起，共罚三百锊以赎之。"寽"即"锊"。《吕刑》："墨辟疑赦，其罚百锾。"言有可疑则赦而不施墨刑，但罚之耳。戴震以为"百锾"应作"百锊"。则墨刑赎百锊，五百鞭可抵二百锊，约合二千两金属货币，此即《尧典》所谓"金作赎刑"。铭文述牧牛以赎金抵刑，这个最终的判决即为前文伯扬父所成之讞，所谓三审定讞。

（十二）"叓"，读为"使"。"夒"，读为"扰"。"乃"，指伯扬父。"史"，读为"事"。此为伯扬父要求牧牛说的话。

（十三）"乃"，指牧牛。"以"因也。曶从鼎铭云："曶从以攸卫牧告于王。"文例相同。"侄"，读为"致"，归还。《左传·襄公二十八年》："受而稍致之。"杜预《集解》："致还公。"此乃伯扬父所言，谓牧牛师如再因牧牛而告，则还施牧牛本该领受的鞭千和毃毅之刑。

（十四）"则"，于是。"牧牛则誓"意即牧牛重复了上述伯扬父要求他说的话。曶从鼎铭云："虢旅廼使攸卫牧誓曰：'我弗具付曶从其租射分田邑，则杀。'攸卫牧则誓。"遣词相同。"会"，以文字写入会簿。《小司寇》："乃命其属入会，乃致事。"郑玄《注》："得其属之计，乃令致之于王。"《士师》："岁终则令正要会。"郑玄《注》："定计簿。"铭言牧牛最终立誓之后，则以其事告知吏抈、吏曶记于会簿，以备岁终致事。吏抈、吏曶皆当司寇之属。

（十五）"辥"又作"𧧼"，"口"、"言"义近通用，皆"辞"之异构。《吕刑》："其刑其罚，而审克之。狱成而孚，输而孚。"曾运乾《正读》："成，狱辞也。"戴钧衡《补商》："'输而孚'，谓罚当其罪也。即紧承上文'其刑其罚'言之。'输'者，输金入府之谓。"与铭文全合。故"辞誓成"则言结案，"罚金"则谓输罚金入府。

（十六）"僟"，"赡"之省写。"旅盂"，行旅之盂[①]，相对于宗庙尊器而言。本器为匜，但自名"盂"，知匜乃自盂演变而来。

三　东周金文

1. 鲁伯愈父匜（《集成》10244，图7-18）

[①] 黄盛璋：《释旅彝》，见氏著《历史地理与考古论丛》，齐鲁书社1982年版。

鲁白（伯）愈父乍（作）嚭（邾）姬仁媵（媵）盥（頮）也（匜），其永宝用。

冯云鹏、冯云鹓《金石索·金索》云：："道光庚寅（1830年）岁，滕县人于凤皇岭之沟涧中掘出，刘超元守卫购得，以予嗜古，转以见惠，洵足珍也。或以其地近张圭墓，疑即其墓中物。然张圭唐人，此属周制。此外有盘、有簋、有鬲，皆以姬年系之，是必姬氏早亡，即以其媵嫁诸器殉葬。岁久墓圮，土人畊出之耳。惟㚔字未定，姑释作年。"此器高16.5厘米，口纵16.3厘米，口横25.9厘米，现藏上海博物馆。宽腹平底，口沿饰变形兽体纹，腹饰瓦纹，四足饰兽纹，腹内底铭3行15字。同出者有六鬲[①]、三簋、三盘及此匜，其中簋铭"鲁伯愈父作姬仁匜"，为鲁伯愈父为姬仁所作器，其他均为鲁伯愈父为姬仁适邾所作之媵器。时代属春秋早期。

图7-18　鲁伯愈父匜铭文拓本

"鲁伯愈父"，"鲁"国名；"伯"，行字；"愈父"，字。"姬仁"，鲁伯愈父之女；其与邾国通婚姻，故称"邾姬仁"。"媵"，读为"媵"。《尔雅·释言》："媵，送也。""盥"，"頮"之繁文，文献或作"䩦"、"頮"、"沫"。《说文·水部》："沫，洗面也。"《广雅·释诂二》："沫，洒也。"王念孙《疏证》："沫、頮、䩦并同。"《汉书·淮南王传》："高帝蒙霜露，沫风雨。"师古《注》："沫亦頮字。"

2.齐侯鎛（《集成》271，图7-19）

　　佳（唯）王五月初吉丁亥，齐辟鼂（鲍）弔（叔）之孙[一]、遵仲之子齐乍（作）子仲姜宝鎛[二]，用祈（祈）侯氏永命萬（万）年[三]，齐保其身；用享用孝于皇祖圣弔（叔）、皇妣（妣）圣姜，于皇祖又（有）成惠弔（叔）、皇妣（妣）又（有）成惠姜，皇丂

[①]《山东金文集成》（上）收有六鬲。

图 7-19 黎镈铭文拓本

（考）遹仲、皇母(四)；用䉽（祈）寿老母（毋）死，保虜（吾）兄弟；用求万（考）命彌（弥）生，簫簫（肃肃）義（仪）政(五)，保虜（吾）子性（姓）(六)。鼇（鲍）弔（叔）又（有）成，裦（劳）于齐邦(七)，侯氏易（锡）之邑二百又九十又九邑與（与）鄩之民人都啚（鄙）(八)，侯氏从舎（告）之曰(九)："某（世）鼅（万）至於辝（台）孙子，勿或俞（渝）改(十)。"鼇（鲍）子黺曰：余彌（弥）心畏諆，余四事是以，余为大叹（工），厄大史、大诸（徒）、大宰，是辝（台）可事(十一)，子子孙孙永宝用享。

此器又名齐侯镈、齐子中姜镈、齐镈、齐鼅子綸镈钟、齐綸乍子中姜镈、齐鼅氏钟、鼅黺镈等。清同治庚午（1870年）四月此器出土于山西荣河庙前村后土祠旁。高67厘米。镂空扁钮作双龙吞噬翼兽状，螺状枚，篆间、鼓间均饰云雷纹。铭175字，内容与齐侯盂可对读，时代属齐昭公时期（公元前632—前613年）。现藏中国国家博物馆。

（一）"齐辟"，齐臣。麦方尊铭："王命辟邢侯出坏侯于邢。"大盂鼎铭："殷正百辟。""辟"即百辟之辟。《诗·大雅·假乐》："百辟卿士。"郑玄《笺》："百辟，畿内诸侯也。""鼇弔"，鲍叔。《山西通志·金石记》引杨芎说："鼇当为鞄，通鲍。鼇叔即鲍叔。"杨树达所论亦详[1]。韦昭《国语·齐语注》："鲍叔，齐大夫，姒姓之后，鲍敬叔之子叔牙也。"鲍氏世为齐卿始自鲍叔，故云"齐辟鲍叔"。

（二）"遹仲"，鲍叔子。"子仲姜"，黺之妻，齐昭公女。又见于齐侯盂和子仲姜盘。

（三）"侯氏"，齐侯。齐侯盂乃齐侯媵女之器，此镈则当黺为夫人作器纪念，故首先即祈侯氏永命万年。镈、盂两器铭文不仅内容关联，且书风全同，如出一人之手，也明二器为同时同事所作。

（四）杨树达云："按黺为作器者之名，圣叔圣姜乃其曾祖父母，又成惠叔又成惠姜即鲍叔牙与其妇，则黺之祖及祖母也。下文云：'鼇叔又有成劳于齐邦。'故此称又成惠叔，古成与功义同，又成即有功也。《太玄·玄错》云：'成者，功就不可易也。'《诗·小雅·黍苗》云：'召伯有成，王心则宁。'《史记·周本纪》云'王曰：天不享殷，乃今有成。'又《殷本纪》云：'巫咸治王家，有成，作《咸艾》。'六年召伯虎𣪘云：'用狱諫为白，又有甬祗又有成。'知有成为古人恒言矣。鲍叔有功于齐，故称有

---

[1] 杨树达：《积微居金文说》（增订本）卷四，科学出版社1959年版。

成惠叔，妇人以夫之谥为称，故惠姜亦称有成惠姜也。"① 韦昭《国语注》谓叔牙之父为鲍敬叔②，当即此皇祖圣叔。圣叔、有成惠叔牙及齹三代世与齐室通婚，而齹母之名未书，盖非齐侯之女。时齹为夫人作镈并颂扬齐室，故齹母之名省而不书。齐桓公在位四十三年（公元前685—前643年），叔牙及子遵仲完婚皆应在其时，桓公既以女妻鲍叔牙，便不可能再将另女同妻叔牙之子，也明遵仲夫人必非齐侯之女。

（五）"萧萧"，杨树达读为"肃肃"。《尔雅·释训》："肃肃，敬也。""義"，读为"仪"。《管子·白心》："以政为仪。"宋翔凤《校注》："政者所以节制其事，故为仪。"《周礼·夏官·大仆》："诏法仪。"孙诒让《正义》："法者通举其礼典，仪则节文之细别。"是"仪政"即谓政务之细别。故"肃肃仪政"意即恭谨地处理具体事务。

（六）《仪礼·特牲馈食礼》："子姓兄弟如主人之服。"郑玄《注》："所祭者之子孙，言子姓者，子之所生。"《礼记·丧大记》："卿大夫父兄子姓立于东方。"郑玄《注》："子姓谓众子孙也。姓之言生也。"镈铭"用祈寿老毋死，保吾兄弟"是为兄弟祈福，"用求考命弥生，肃肃仪政，保吾子姓"是为子孙祈福，祷其长久有嗣，且可永远为官而恭敬仪政。叔夷钟铭："汝考寿万年，永宝其身，俾百斯男而蓺斯字，肃肃義（仪）政，齐侯左右，毋疾毋已。"所述全同。《国语·越语》："凡我父兄昆弟及国子姓，有能助寡人谋而退吴者，吾与之共知越国之政。"文义亦同。

（七）"裘"，又见叔夷钟，作"堇裘其政事"，"堇裘"读为"勤劳"。《左传·昭公十三年》："齐桓，卫姬之子也，有宠于僖。有鲍叔牙、宾须无、隰朋以为辅佐。……是以有国，不亦宜乎？"《吕氏春秋·赞能》："管子治齐国，举事有功，桓公必先赏鲍叔，曰：使齐国得管子者，鲍叔也。"鲍叔佐齐桓公即位，又荐相管仲，终使桓公伯诸侯，有功于齐，故曰"鲍叔有成，劳于齐邦"。

（八）"易之邑"，赐其采邑。后"邑"字为邑制。《周礼·地官·小司徒》："乃经土地而井牧其田野，九夫为井，四井为邑，四邑为丘，四丘为甸，四甸为县，四县为都。"郑玄《注》："此谓造都鄙也。采地为井田，异于乡遂，重立国。四井为邑，方二里。""鄑"，国邑名。金文或作"寻"③。

---

① 杨树达：《积微居金文说》（增订本），科学出版社1959年版，第101页。
② 《史记·管晏列传》张守节《正义》引作鲍叔，夺"敬"字。
③ 临朐县文化馆、潍坊地区文物管理委员会：《山东临朐发现齐、鄑、曾诸国铜器》，《文物》1983年第12期。

《左传·昭公二十三年》:"郊、鄩溃。"杜预《集解》:"河南巩县西南有地名鄩中。"《元和姓纂》卷五云:"鄩,斟寻氏之后,亦作鄩。"又:"斟,夏诸侯斟灌、斟寻氏之后,姒姓,以国为氏焉。"《左传·襄公四年》:"灭斟灌及斟寻氏。"雷学淇《竹书纪年义证》卷八谓斟寻在偃师县东北十三里。皆距齐侯盂所出之地不远。是鄩为夏后之后,与鲍叔同姓,故赐为采地。"民人",人民。"都鄙",采地。《周礼·地官·大司徒》:"大司徒之职,掌建邦之土地之图与其人民之数,以佐王安扰邦国。……凡造都鄙,制其地域而封沟之。"郑玄《注》:"都鄙,王子弟、公卿大夫采地。其界曰都;鄙,所居也。"文言鲍叔有成,故赐之畿内外之采地。《史记·管晏列传》:"鲍叔既进管仲,以身下之。子孙世禄于齐,有封邑者十馀世,常为名大夫。"

(九)"循",又见于叔夷钟,字从"辵",与此从"彳"无别,乃"造"之异构,读为"告"。"从"训随,"从告"意即接着告之。

(十)杨树达谓:"枼字从世声,枼万犹言万世,秦诅楚文云:'枼万子孙毋相为不利。'《礼记·檀弓下篇》云:'世世万子孙毋变也。'语意并同也。《说文》辝为辞之或体,字从辛,台声,此当读为台。《尔雅·释诂》云:'台,我也。'"叔夷钟铭:"汝敬恭辝(台)命。"即敬恭我命。"俞",读为"渝"。此句乃齐侯语,谓永远不改其命。

(十一)"畏忌",叔夷钟铭作"㥈忌",郳公牼钟铭作"威(畏)忌"。"弥心畏忌"乃言对上文侯氏永不改其命所存的惶惧感念之情。"以",用也。"四事",即下文大工、大史、大徒、大宰四事。"为大𢦏"即任大工。《左传·庄公二十二年》记陈公子完奔齐,桓公使为工正,铭文"大𢦏"或即工正。《说文·革部》:"鞄,柔革工也。《周礼》曰:柔皮之工鲍氏。鲍即鞄也。"杨树达以为铭文之"鞏"即《说文》之"鞄",后借为"鲍",古有专官,故鲍以官为氏,可明鲍氏本出工官。"厄",读为"益"①。《战国策·秦策二》:"于是出私金以益公赏。"高诱《注》:"益,助也。""大䧢",读为"大徒"。"可事",可为。此乃鼗对侯氏承诺之词,意即其职任大工,且可助大史、大徒、大宰以成事,此乃我之可为也。《国语·齐语》:"桓公自莒反于齐,使鲍叔为宰,辞曰:'臣,君之庸臣也。君加惠于臣,使不冻馁,则是君之赐也。若必治国家者,则非

---

① 冯时:《春秋齐侯盂与鼗镈铭文对读》,《徐中舒先生百年诞辰纪念文集》,巴蜀书社1998年版。

臣之所能也。若必治国家者，则其管夷吾乎．'"韦昭《注》："宰，太宰也。"事又见《吕氏春秋·赞能》，谓桓公欲相鲍叔，鲍叔固辞。《管晏列传》则以鲍叔进管仲而以身下之。凡此俱与镈铭所记吻合。

3. 齐侯甗（《集成》10361，图7-20）

国差立（涖）事岁。咸丁亥(一)，攻（工）帀（师）佶铸西墉宝罉（甗）四秉(二)，用实旨酉（酒）(三)。侯氏受福眉（眉）寿，卑（俾）旨卑（俾）瀞（清）(四)。侯氏母（毋）瘠母（毋）疧(五)，齐邦贠（密）静安宧(六)，子子孙孙永保用之。

图7-20 齐侯甗铭文拓本

此器又名国差罉、国差甗、工师佶罉，实此器非属国差，而为工师佶所造献与齐侯。阮元称之为齐侯甗，甚是。高34.6厘米，口径24.6厘米。敛口，短直颈，口沿宽而平折，宽斜折肩，底圜近平，上腹壁有四兽面铺首衔环。肩铭10行52字，时代当属春秋中期。又唇上有一凿款，为秦汉人后刻。现藏台北故宫博物院。

（一）"国差"，许瀚以为国佐[①]。《春秋经·宣公十年》："齐侯使国佐来聘。"时在公元前599年。又《成公二年》："秋七月，齐侯使国佐如师。己酉，及国佐盟于袁娄。"《传》称宾媚人。《国语·周语下》："齐国佐见。"韦昭《注》："国佐，齐卿，国归父之子国武子也。"鲁成公十八年（公元前573

---

① 吴式芬《攈古录金文》卷三之一引许瀚说。

年）被杀。"立"，读为"莅"，"莅事"犹言莅政。"国差莅事岁"，以事纪年，时应在齐惠公朝（公元前608—前599年）。"咸"，齐月名①。此类纪时于齐器多见。子禾子釜铭："□□立事岁，稷月丙午。"陈纯釜铭："陈猷立事岁，䤯月戊寅。"公孙窑壶铭："公孙窑立事岁，饭者月。"陈喜壶铭："陈喜再立事岁，飤月己酉。"陈璋方壶铭："陈旻再立事岁，孟冬戊辰。"其例相同②，制度可溯至周初。至于月名，陈逆簠又见"冰月"。

（二）《左传·定公十年》："叔孙谓郈工师驷赤。"杜预《集解》："工师，掌工匠之官。"'侄'，工师名。"西墉"，西城。齐临淄城有大小二城，小城于大城西南，当即"西墉"，其间有桓公台③。工师作此甗则用于西墉。"𤬪"，阮元谓通作"甊"④，并引《方言》云："䍃，齐之东北海岱之间谓之甊。"《史记·货殖列传》："浆千甊。"裴骃《集解》引徐广曰："甊，大罂缶。""四秉"，冯云鹏谓四器⑤，即宝甗四件。

（三）"旨酒"，美酒。《诗·小雅·鹿鸣》："我有旨酒，以燕乐嘉宾之心。"《孟子·离娄下》："禹恶旨酒。"赵岐《注》："旨酒，美酒也。"知甗实酒器。

（四）《说文·水部》："瀞，无垢薉也。"段玉裁《注》："此今之净字也。古瀞今净，是之谓古今字。古书多假清为瀞。""清"则专指酒之清澄陈酿。《周礼·天官·酒正》："辨三酒之物，一曰事酒，二曰昔酒，三曰清酒。辨四饮之物，一曰清，二曰醫，三曰浆，四曰酏。"郑玄《注》："清酒，今中山冬酿，接夏而成。""清，谓醴之泲者。"贾公彦《疏》："昔酒者，久酿乃熟，故以昔酒为名，酌无事之人饮之。清酒者，此酒更久于昔，故以清为号，祭祀用之。"孙诒让《正义》："凡泲，皆谓去其滓。《士冠礼》云：'凡醴事，质者用糟，文者用清。'"《礼记·内则》："饮：重醴，稻醴清、糟，黍醴清、糟，梁醴清、糟。"郑玄《注》："糟，醇也。清，泲也。致饮有醇者，有泲者，陪设之也。"铭文之"清"当兼此二意。

---

① 学者或谓"戌日"合文，即十二支之戌月，当夏正九月。见杨树达《积微居金文说》（增订本），科学出版社1959年版，第41页；或谓"弋日"合文，即《诗·豳风·七月》之"一之日"。见董珊《"弋日"解》，《文物》2007年第3期。
② 参见王国维《齐国差𤬪跋》，《观堂集林》卷十八，《王国维遗书》，上海古籍书店1983年版。
③ 中国社会科学院考古研究所：《中国考古学·两周卷》，中国社会科学出版社2004年版，第248—251页。
④ 阮元：《积古斋钟鼎彝器款识》卷八。
⑤ 冯云鹏、冯云鹓：《金石索·金索》。

（五）《广韵·有韵》："瘝，病也。""瘝"，郭沫若读为"荒"，谓"毋荒"犹《诗·唐风·蟋蟀》之"好乐无荒"①。

（六）"貦"，从"冂"声，"鼏"字或体，读为"密"。孙诒让云："洪氏《读书丛录》云：'当是鼏字。《仪礼·公食大夫礼》："设扃鼏。"郑注："鼏，古文皆作密。"《说文》籀文以鼎为贞字，故鼏字作貦。'案洪说是也。《尔雅·释诂》：'密，静也。'《书·无逸》曰：'不敢荒宁，嘉靖殷邦。'《史记·鲁世家》嘉作密，是密静二字连文之证。"②郭沫若云："孙引洪颐煊《读书丛录》释为鼏，虽据讹刻为说，要不失为创见。"③

4. 十四年陈侯午敦（《集成》4646，图7-21）

隹（唯）十又四年(一)，墜（陈）侯午㠯（以）群者（诸）侯獻（献）金乍（作）皇妣孝大妃祭器錂（钺）鐕（敦）(二)，㠯（以）登（烝）㠯（以）尝(三)，保又（有）齐邦，永㠭（世）母（毋）忘。

此器又名陈侯午镈錞、陈侯午錪、陈侯午乍皇妣孝大妃鐕。传世共二器。此件原为吴式芬所藏，铭文著录于《攈古录金文》，后归周季木。高20.5厘米，盖器各以三环为足，器又以两环为耳，器铭8行36字。现藏中国国家博物馆。另一件原藏承德避暑山庄，后存北平古物陈列所之武英殿，著录于容庚《武英殿彝器图录》，现藏台北故宫博物院。同年所作之器尚有陈侯午簋，原藏沈阳故宫，

图7-21 十四年陈侯午敦铭文拓本

后存北平古物陈列所之武英殿，著录于《西清续鉴乙编》（称周盘云敦，不知有铭）及容庚《宝蕴楼彝器图录》，现亦藏台北故宫博物院。此外又

---

① 郭沫若：《国差𦉜韵读》，《殷周青铜器铭文研究》，科学出版社1961年版。
② 孙诒让：《古籀拾遗》卷中，中华书局1989年版，第31页。
③ 郭沫若：《两周金文辞大系图录考释》第八册，科学出版社1957年版，第202页。

有陈侯午十年所作敦，失盖，为容庚旧得，后归华南师范学院。陈侯午即田齐桓公陈午，据其子陈侯因脊（即齐威王，《史记》作因齐，《战国策·赵策》作婴齐）所作敦铭，知其谥当为孝武桓公，史仅省作桓公，与姜齐公子小白谥桓公不别。陈氏初有齐国时尚称陈而不称齐，但其字于铜器铭文作"墜"，与本族妫姓之陈作"敶"迥异，载籍则均作"陈"。齐之陈氏，文献或假田为之。《史记·田敬仲完世家》："敬仲之如齐，以陈字为田氏。"裴骃《集解》引徐广曰："应劭云始食采地于田，由是改姓田氏。"张守节《正义》："敬仲既奔齐，不欲称本国故号，故改陈字为田氏。"今陈氏自作器称陈而不称田，可明史说之误。《战国策·秦策四》："梁王身抱质执璧，请为陈侯臣。"为载籍称陈侯之仅见者①。司马贞《史记索隐》："敬仲奔齐，以陈田二字声相近，遂以为田氏。"当是。

（一）"佳十又四年"，田齐桓公纪年。《史记·田敬仲完世家》："齐侯太公和立二年，和卒，子桓公午立。……六年，救卫。桓公卒，子威王因齐立。"以桓公在位六年，《六国年表》亦同。司马贞《索隐》："案《纪年》，梁惠王十三年当齐桓公十八年，后威王始见，则桓公十九年而卒，与此不同。"梁玉绳《史记志疑》卷三云："《索隐》引《纪年》……又称桓公十九年卒，不止在位六年，皆与《史》不合。"今以铜器校之，陈侯午有三器纪年为十四年，一器纪年十年，知其在位必在十四年以上。是古本《竹书纪年》所载自当较《史记》可信。《庄子·则阳》："魏莹与田侯牟约，而田侯牟背之。"陆德明《释文》引司马云："莹，惠王名。牟，威王名。"然威王不名牟，故徐中舒以"牟"、"午"形讹，当即陈侯午。《史记》以魏惠与齐桓不同时，故司马误以牟为齐威王名。《纪年》则载魏惠十三年当齐桓十八年，年代相值，故有相约之事，亦可证《纪年》为是而《史记》实非②。

（二）陈侯午，弑田剡而自立为齐君。司马贞《史记索隐》："《纪年》：'齐康公五年，田侯午生，二十二年，田侯剡立。后十年，齐田午弑其君及孺子喜而为公。'《春秋后传》亦云：'田午弑田侯及其孺子喜而兼齐，是为桓侯。'与此《系家》不同也。"在位十八年（公元前374—前357年），则陈侯午十四年即公元前361年。"群诸侯"，十年陈侯午敦铭作"群邦诸侯"。"猷"，"献"之或体。十年陈侯午敦铭作"享以吉金"，

---

① 徐中舒：《陈侯四器考释》，《中央研究院历史语言研究所集刊》第三本第四分，1933年。
② 徐中舒：《陈侯四器考释》，《中央研究院历史语言研究所集刊》第三本第四分，1933年；郭沫若：《两周金文辞大系图录考释》第八册，科学出版社1957年版。

陈侯因𦙶敦铭作"𩰬（寅）荐吉金","享"、"荐"亦皆献意。"鈚鐈",读为"鈚敦"①。《尔雅·释器》："鼎附耳外谓之鈚。"此作皇妣祭器而不及其祖，或为新丧。

（三）"登"，读为"烝"。"烝"、"尝"皆祭名。《诗·小雅·天保》："禴祠烝尝，于公先王。"毛《传》："秋曰尝，冬曰烝。""烝"，文献又作"蒸"。《国语·楚语下》："国于是乎蒸尝。"韦昭《注》："蒸，冬祭也。尝，尝百物也。"此正合铭文所言以鈚敦行烝尝之祭而保有齐邦。

5. 鄀公平侯鼎（《集成》2771，图7-22）

隹（唯）鄀八月初吉癸未(一)，鄀公平侯自乍（作）障（尊）錳（鎣）(二)，用追孝于氒（厥）皇且（祖）晨公，于氒（厥）皇考屖（夷）盨公，用易（锡）覺（眉）寿万年无彊（疆），子子孙孙永宝用享。

此器又名鄀公殷、鄀公敦、鄀公錳、鄀公平侯錳。传世共二器，器铭行款不同。此件《贞松堂集古遗文》与《周金文存》均有著录，曾为陶北溟、顾寿松所藏。另件《窓斋集古录》著录，但误为簋，钱塘吴氏、淮阴陈氏石墨楼旧藏，现藏中国国家博物馆。器铭6行48字。时代为春秋早期。

（一）"鄀八月"，鄀正之八月。上鄀公敄人簋盖铭："唯鄀正二月初吉乙丑。"鄀公敄人钟铭："唯鄀正四月。"鄀正与周正之关系未详。"正"或以为闰月。

（二）"鄀"，国名。《世本》："鄀，允姓国。"《左传·僖公

图 7-22 鄀公平侯鼎铭文拓本

二十五年》："秋，秦晋伐鄀，楚鬬克、屈御寇以申息之师戍商密。"杜预《集解》："鄀本在商密，秦、楚界上小国，其后迁于南郡鄀县。"商密位

---

① 马承源主编：《商周青铜器铭文选》第四卷，文物出版社1990年版，第559页。

于河南淅川西南，南郡鄀县则在湖北宜城东南九十里。据铭文可知，鄀分上下，上鄀之字作"鄀"，下鄀之字作"蠚"或"蛰"。上鄀器如上鄀府盨出土于湖北襄阳①，地近宜城，是宜城东南之鄀即上鄀。《左传·定公六年》言楚"迁郢于鄀"即此。而下鄀器如蠚公諹鼎，《考古图》谓"得于上雒"，即陕西商县，地接商密，知商密之鄀即下鄀。上鄀可省称"鄀"，此"鄀公"是也。下鄀亦可省称，鄀公盨铭之称"蛰公"是也。"鄀公平侯"，上鄀公敓人之子。上鄀公敓人钟铭："〔于厥〕皇考晨公。"此鼎之鄀公平侯则以晨公为皇祖，其皇考夷盉公显即敓人。"鎣"，学者或以为即"镬"之异体②，蔡侯申鼎铭作"鼒"，且与升鼎为配，獣侯之孙鼎铭作"鬻"，大鼎、瘨鼎等器则自名"盂鼎"，皆谓镬鼎。且蔡侯申鼎自名"飤鼒"，与哀成叔鼎自名"飤器黄镬"适可合证。《仪礼·士冠礼》："则特豚载合升。"郑玄《注》："煮于镬曰亨，在鼎曰升，在俎曰载。"胡培翚《正义》："凡牲煮于爨上之镬谓之亨，由镬而实于鼎谓之升，由鼎而盛于俎谓之载。"《周礼·天官·亨人》："亨人掌共鼎镬，以给水火之齐。"郑玄《注》："镬所以煮肉及鱼、腊之器。"是知镬即煮牲之炊器。其或用于煮饭，故也称"饎釪鼎"，如宋君夫人鼎铭"宋君夫人之饎釪蠚"。然也有学者以为字从"于"声有洼下深中之意，故此类名盂之鼎当即盂形之鼎或用途似盂之鼎③。如匽侯盂铭"匽侯作饎盂"，应即"饎釪蠚"之源，可备一说。

6. 楚王酓章镈（《集成》85，图7-23）

隹（唯）王五十又六祀，返自西瘍（阳）$_{(一)}$，楚王酓（熊）章乍（作）曾侯乙宗彝，奠（奠）之于西瘍（阳），其永峕（持）用享$_{(二)}$。

此镈于1978年出土于湖北随州擂鼓墩曾侯乙墓，同出者尚有编钟64件④。同铭之器于宋代出有两件。薛尚功《历代钟鼎彝器款识法帖》卷六云："右二钟，前一器藏方城范氏，皆得之安陆。《古器物铭》云：惟王

---

① 湖北省博物馆：《湖北省文物考古工作新收获》，《文物考古工作三十年》，文物出版社1979年版；黄盛璋：《郭院长关于新出铜器三器的考释及其意义——纪念郭沫若院长》，《社会科学战线》1980年第3期；杨权喜：《襄阳山湾出土的鄀国和邓国铜器》，《江汉考古》1983年第1期。

② 俞伟超、高明：《周代用鼎制度研究》，《北京大学学报》（哲学社会科学版）1978年第1、2期；高明：《中国古文字学通论》，文物出版社1987年版，第195页。

③ 唐兰：《寿县所出铜器考略》，国立北京大学《国学季刊》第四卷第一号，1934年；张亚初：《殷周青铜鼎器名、用途研究》，《古文字研究》第十八辑，中华书局1992年版。

④ 随县擂鼓墩一号墓考古发掘队：《湖北随县曾侯乙墓发掘简报》，《文物》1979年第7期。

五十六祀，楚王韵（实为'酓'）章，按楚惟惠王在位五十七年，又其名为章，然则此钟为惠王作无疑也。"三钟镈铭文相同，当为同时所作，唯行款稍异①。此镈为楚惠王于其五十六年为曾侯乙所作，与同墓所出其他64件纽钟、甬钟为曾侯乙自作不同。钮作龙和夔龙成双对峙，篆、舞部和鼓面饰盘绕的龙纹，五枚一组呈中央四维分布缀于篆间。通高92.5厘米，钮高26厘米，口长径60.5厘米。钲铭3行31字。时代属战国早期。现藏湖北省博物馆。

（一）"佳王五十又六祀"，楚惠王熊章纪年，当公元前433年。"返自西旸"，自西旸返回楚都。"西旸"，文献作"西阳"，西汉属江夏郡，见《汉书·地理志》，在今河南光山西南。据铭文可知，此地当为曾侯宗庙所在。宋出两钟皆得于安陆，于汉并属江夏郡，其地相近。

（二）"酓章"，楚惠王熊章。楚为芈姓，金文作"妳"②，至先祖鬻熊之后，以王父字为氏，东周金文所见熊氏字作"酓"，简牍文字或作

图7-23 楚王酓章镈铭文拓本

"酓"，或作"熊"③，诅楚文作"熊"，西周金文则作"能"④，知"酓"乃"熊"之假借字。"奠"，读为"奠"。《说文·丌部》："奠，置祭也。"

---

① 王复斋《钟鼎款识》有北宋拓本，可参看。
② 楚王钟铭云："唯正月初吉丁亥，楚王腰邛仲妳南龢钟。"参见郭沫若《两周金文辞大系图录考释》第八册，科学出版社1957年版，第165页。
③ 河南省文物考古研究所：《新蔡葛陵楚墓》，大象出版社2003年版。
④ 冯时：《芮伯簋铭文研究》，《中国古代青铜器国际研讨会论文集》，上海博物馆、香港中文大学文物馆2010年版。

《诗·召南·采蘋》："于以奠之，宗室牖下。"毛《传》："奠，置也。宗室，大宗之庙也。""旹"，读为"持"。《国语·越语下》："有持盈。"韦昭《注》："持，守也。"王引之《经义述闻·通说上》："持，又训为守，为保。"知此镈乃楚惠王为曾侯乙所作之祭器，其本置之于西阳宗庙，为曾侯永宝用享。

学者或以此镈为楚惠王为曾侯乙所作助丧赙器①，与铭文所反映的内容不合②。发掘者认为，此镈与曾侯乙所作其他乐钟无关，应是下葬时临时加进去的③。据对钟律之研究，甬钟 45 件恰缺一件"大羿"，为此镈所取代④，而薛尚功云："前一钟背又有一'穆'字、两'商'字；后钟背有'卜羿反、宫反'五字。"⑤是楚王所作三钟镈本亦为宗庙乐器，唯以其中之一用为随葬而已。

7. 楚王酓前铏鼎（《集成》2479，图 7-24）

楚王酓前复（作）铸铏鼎，台（以）共（供）哉（岁）棠（尝）。

此鼎又名楚王酓肯铏鼎、酓肯匜鼎。1933 年出土于安徽寿县朱家集李三孤堆楚王墓。通高 38.5 厘米，口径 55.5 厘米。鼎作浅盘状，前端有流。直口，两附耳外撇，腹下收，平底，三蹄足。腹饰凸弦纹一周，蹄足上部浮雕兽面，器外壁近口沿处铭 12 字。时代为战国晚期，现藏安徽博物院。

寿县古名寿春，楚考烈王二十二年（公元前 241 年）由陈徙此为都，后十八年为秦所灭。1933 年春，该地洪水泛滥，东乡朱家集李三孤堆方现古物，当地土人鸠工六十馀人盗掘古墓，获青铜礼器、容器、兵器、车马器、玉石器等八百馀件，其中最大之鼎重七百馀斤（铸客鼎，《集成》2480）。事后为省政府侦获，存于安徽省立图书馆，计 787 件⑥，馀则散佚京津沪及各地，或湮灭不知⑦。1938 年，军阀李品仙组织再次盗掘，出土物悉被囊括，外人一概不晓⑧。加之 1935 年的一次盗掘⑨，获器逾千，

---

① 李学勤：《曾国之谜》，见氏著《新出青铜器研究》，文物出版社 1990 年版。
② 裘锡圭：《谈谈随县曾侯乙墓的文字资料》，《文物》1979 年第 7 期。
③ 随县擂鼓墩一号墓考古发掘队：《湖北随县曾侯乙墓发掘简报》，《文物》1979 年第 7 期。
④ 黄翔鹏：《先秦音乐文化的光辉创造——曾侯乙墓的古乐器》，《文物》1979 年第 7 期。
⑤ 见《历代钟鼎彝器款识法帖》卷六。
⑥ 李景聃：《寿县楚墓调查报告》，《田野考古报告》第一册，1936 年。
⑦ 刘节：《寿县所出楚器考释》，见氏著《古史考存》，人民出版社 1958 年版。
⑧ 邓峙一：《李品仙盗掘楚王墓亲历记》，《安徽文史资料选辑》1981 年第 1 期。
⑨ 李零：《论东周时期的楚国典型铜器群》，《古文字研究》第十九辑，中华书局 1992 年版。

今仅可见其中之少部分，分藏于安徽博物院、中国国家博物馆、北京故宫博物院、台北故宫博物院、天津博物馆、上海博物馆等处，有些则流散于日本、美国、瑞典等国①。

李三孤堆所出铜器，其载有王名者凡三位，即酓章、酓忎及酓前。酓章即楚惠王熊章，其器有楚王酓章剑一柄（一说尚有戈）。酓忎则为楚幽王熊悍②，其器有鐈鼎二件、盘一件。如楚王酓忎鼎盖铭："楚王酓（熊）忎（悍）战隻（获）兵铜，正月吉日窒铸匋（鐈）鼎之盍（盖），台（以）共（供）哉（岁）䣜（尝）。""冶帀（师）吏秦，差（佐）苟膌为之。集胆（厨）。"器铭："楚王酓（熊）忎（悍）战隻（获）兵铜，正月吉日窒铸匋（鐈）鼎，台（以）共（供）哉（岁）䣜（尝）。""冶帀（师）盘垄，差（佐）秦忎为之。三楚"（《集成》2794）。酓前当为楚考烈王熊元③，其器有鐈鼎一件、盦四件、盘一件及此件釶鼎。另外，铭属太子的三件鼎与一件镐当为幽王熊悍为太子时所作，铭属王后的一件鼎、二件缶、七件盦、二件镐及四件豆应为幽王熊悍之后的器物，而大齎镐则属考烈王熊元之物。故熊忎、王后组铜器之年代当在公元前237年至前228年间，太子器应作于公元前237年之前，而酓前、大齎组铜器之年代则在公元前262年至前238年间④。

"前"，郭沫若释"肯"，学者多从之。然

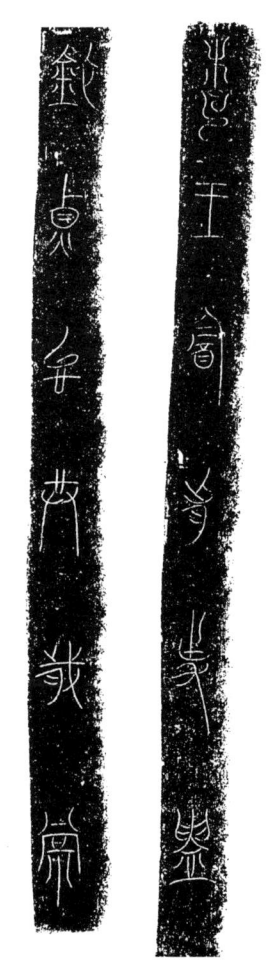

图7-24 楚王酓前釶鼎铭文拓本

---

① 郭沫若：《寿县所出楚器之年代》，见氏著《古代铭刻汇考续编》，日本东京文求堂1934年石印本；又收入氏著《金文丛考》，人民出版社1954年版。
② 郭沫若：《寿县所出楚器之年代》，见氏著《古代铭刻汇考续编》，日本东京文求堂1934年石印本；又收入氏著《金文丛考》，人民出版社1954年版。
③ 唐兰：《寿县所出铜器考略》，国立北京大学《国学季刊》第四卷第一号，1934年。
④ 殷涤非：《关于寿县楚器》，《考古通讯》1955年第2期；《寿县楚器中的"大齎镐"》，《文物》1980年第8期；曹淑琴、殷玮璋：《寿县朱家集铜器群研究》，《考古学文化论集》（一），文物出版社1987年版。

"肯"字古作"冐",字形大别。李零释"前"①,甚确。郭店楚简《尊德义》之"前"字与此同形②。"前"本考烈王名。《史记·楚世家》谓考烈王名"元",《世本》及《春申君列传》并作"完"。"前"与"元"、"完"并在元部,叠韵可通。

《史记·楚世家》:"秋,顷襄王卒,太子熊元代立,是为考烈王。……二十二年,与诸侯共伐秦,不利而去。楚东徙都寿春,命曰郢。二十五年,考烈王卒,子幽王悍立。"张守节《正义》:"寿春在南寿州,寿春县是也。"地在寿县西南,知楚去陈而迁都寿春,始自考烈,而器铭所见之酓前、酓忎,正为考烈王与幽王父子相承。

此器自名"鈚鼎",为带流之鼎,殷周不乏其见。殷墟妇好墓曾出一带流鼎形器③,通高23.9厘米,口径19.4厘米,流宽5.6厘米,无耳但器后有鋬。《邺中片羽三集》卷下著录一器与此相似,带盖。陕西岐山贺家村西周墓出土西周晚期荣有司再带流铜鼎,高17厘米,直耳,敞口,宽沿,小流,自名"盠鼎"④;春秋早期郑戚句父鼎也具短流,自名"鈚鬻(鬻)"⑤;皆不名"鈚鼎"。学者多以有流之鼎形制近匜,故名"鈚鼎"⑥。然唐兰以为,"此鼎之有流,特其一征,而非称'鈚鼎'之主因;且其所以有流,或正以称为'鈚鼎'之故,而后作鼎使有流也"⑦。所言甚是。"盠鼎"为盠盛之鼎,以此例之,则"鈚"当读为"酏"。《说文·酉部》:"酏,黍酒也。贾侍中说,酏为鬻清。"段玉裁《注》:"凡鬻稀者谓之酏,用为六饮之一。"《周礼·天官·酒正》:"辨四饮之物,……四曰酏。"郑玄《注》:"酏,今之粥。《内则》有黍酏。酏饮,粥稀者之清也。"贾公彦《疏》:"酏者,即今之薄粥也。"《礼记·内则》:"饘酏酒醴。"郑玄《注》:"酏,粥也。"《周礼·天官·醢人》:"羞豆之实,酏食糁食。"郑玄《注》:"酏,餐也。《内则》曰:'取稻米,举糔溲之,小

---

① 李零:《论东周时期的楚国典型铜器群》,《古文字研究》第十九辑,中华书局1992年版。
② 参见汤馀惠主编《战国文字编》,福建人民出版社2001年版,第83页。
③ 中国社会科学院考古研究所:《殷墟妇好墓》,文物出版社1980年版,第44页,第47页图三一,3,图版一三,2。
④ 陕西省博物馆、陕西省文物管理委员会:《陕西岐山贺家村西周墓葬》,《考古》1976年第1期,第32页。图版贰,1。
⑤ 铭见《集成》2520,图像见刘节《古史考存》,人民出版社1958年版,第128页。
⑥ 刘节:《寿县所出楚器考释》,见氏著《古史考存》,人民出版社1958年版。
⑦ 唐兰:《寿县所出铜器考略》,国立北京大学《国学季刊》第四卷第一号,1934年。

切狼臅膏，以与稻米为饎。'"《说文·鬻部》："鬻，鬻也。从鬻，侃声。饎，鬻或从食，衍也。"《内则》："糁饵粉酏。"郑玄《注》："此酏当为饎。"陆德明《释文》："酏读为饎。又作饎。"《荀子·礼论》："刍豢、稻粱、酒醴、饎鬻、鱼肉、菽藿、酒浆，是吉凶忧愉之情发于食饮者也。"是"酏鼎"当以粥为鼎实，为酏薄饎厚而已，这也正适合其设流的需要。此类鼎形有小别，上村岭虢国墓地出土两周之际酏鼎高 16.4 厘米，小流①。容庚《商周彝器通考》介绍之春秋窃曲纹有流鼎，附耳，前有流且后有鋬②，尚留有早期酏鼎遗风。山西闻喜上郭村出土春秋早期酏鼎，高仅 6.4 厘米，口径 7.9 厘米，有盖覆流③。曾侯乙墓出土战国早期酏鼎，高 40 厘米，短流弇口，腹两侧各有对称二钮，其间套合提链，链末套有提环④。河北平山中山王墓所出战国中期酏鼎，通高 21.6 厘米，有盖，短流弇口，流端封闭而留有十个细小圆孔，以使液体流出⑤。河南洛阳小屯出土战国晚期酏鼎，高 11.4 厘米，有盖，短流弇口，错金银装饰⑥。此类酏鼎除曾侯乙墓所出一件与匜形制相似外，馀者皆与匜形迥异，也可证明"鉈鼎"并非就器形制而言。而中山王墓所见酏鼎，器内底尚残留有结晶状的肉羹⑦，正合《内则》"取稻米，举糔溲之，小切狼臅膏，以与稻米为酏"的记载，知此类鼎即实以酏饎，故名，其既可用于祭祀，也可用于养老。朱家集楚器又一带流之鉈鼎铭云"铸客为大句（后）脰（厨）官为之"（《集成》2395），其器为太后之食官所掌⑧，可为之证。

8. 鄦子妆簠盖（《集成》4616，图 7-25）

隹（唯）正月初吉丁亥，鄦子妆睪（择）其吉金，用铸其匡（簠）(一)，用媵（媵）孟姜、秦嬴(二)，其子子孙孙羕（永）保用之。

此器仅存一盖，又名许子莊簠、鄦子簠。陈介祺、刘体智旧藏，《簠斋吉金录》及《善斋吉金录》均有著录。高 9.8 厘米，长 29 厘米，宽

---

① 中国科学院考古研究所：《上村岭虢国墓地》，科学出版社 1959 年版，第 16 页，图一〇，8，图版肆贰，2。
② 图像见《商周彝器通考》图版一〇六。
③ 图像见《中国青铜器全集》第 8 卷，图版五。
④ 图像见《中国青铜器全集》第 10 卷，图版一一五。
⑤ 图像见《中国青铜器全集》第 9 卷，图版一四七。
⑥ 图像见《中国青铜器全集》第 7 卷，图版一三四。
⑦ 河北省文物研究所：《譽墓——战国中山国国王之墓》（上），文物出版社 1995 年版，第 114 页。
⑧ 朱德熙、裘锡圭：《战国文字研究（六种）》，《考古学报》1972 年第 1 期。

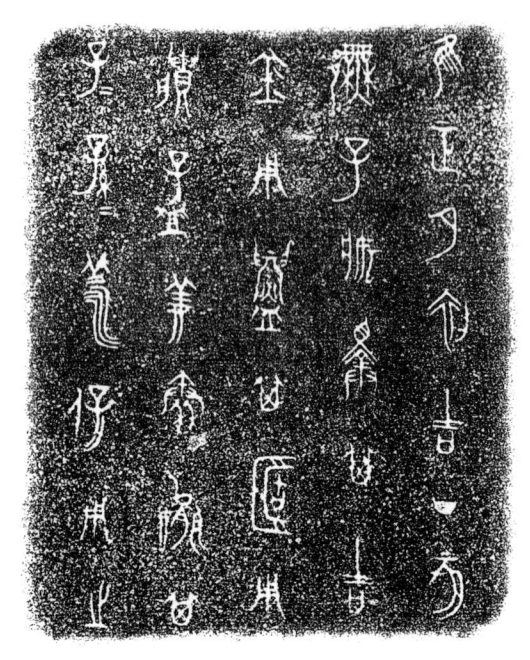

图 7-25 鄦子妆簠盖铭文拓本

21.6厘米。盖沿前后各设两个小兽首，两侧各有一个小兽首，可与器口扣合。盖两侧有兽首耳，整体饰细密波曲纹。内铭5行33字。时代为春秋晚期。现藏上海博物馆。

（一）"鄦"，姜姓古国。文献多作"许"。《说文·邑部》："鄦，炎帝大岳之胤甫侯所封。在颍川。从邑，無声，读若许。"《左传·隐公十一年》："夫许，大岳之胤也。"《国语·周语下》："共之从孙四岳佐之，……申、吕虽衰，齐、许犹在。"又《周语中》："齐、许、申、吕由大姜。"韦昭《注》："四国皆姜姓也，四岳之后、大姜之家也。大姜，太王之妃，王季之母也。"四岳即大岳，篆文形近而讹。许国故城在今河南许昌市东三十六里。宋代出土之鄦子钟，吕大临《考古图》谓"得于颍川"，其去许不远，乃即周武王封文叔之地。《汉书·地理志上》颍川郡："许，故国。姜姓，四岳后，太叔所封，二十四世为楚所灭。"据杜预《谱》，"太叔"当作"文叔"[1]。后于鲁成公十五年（公元前576年），许灵公迁叶，即今河南叶县南。鲁昭公九年（公元前533年），许悼公迁夷，实城父，即今安徽亳州东南之城父集。宿县许村芦古城子曾于1962年发现许国者俞钲[2]，可为印证。鲁昭公十八年（公元前524年）迁析，实白羽，即今河南西峡。鲁定公四年（公元前506年）迁容城，许男斯迁容城，即今河南鲁山县南。《春秋》所载许为男爵，西周晚期之许男鼎（《集成》2549）可为助证，故"鄦子"之"子"或为君称。《广雅·释诂一》："子，君也。"即宗君宗子。其制于殷代即已形成。

---

[1] 参见王先谦《汉书补注》。
[2] 胡悦谦：《安徽省宿县出土两件铜乐器》，《文物》1964年第7期；郭沫若：《曾子𪭢鼎、無者俞钲及其它》，《文物》1964年第9期；崔恒升：《安徽出土金文订补》，黄山书社1998年版，第280—290页。

许器凡称"子"者，皆言族内之事，可以为证。盨公買盨称"公"，则为尊称。"妆"，许君名。郭沫若以为即郳子钟之"郳子鹽自"，或"鹽"为字，"自"为名，"鹽"、"妆"同从"爿"声①。"㲼"，宋人以为簠，不确。金文或作"盬"（伯公父盬），即《说文》之"盬"②。《说文·皿部》："盬，器也。从缶皿，古声。"簠为圆器，形制似豆，与此方器不同。

（二）"孟姜、秦嬴"，同媵二女。孟姜出嫁，为许子长女，秦嬴为娣。曾侯盨铭："曾侯作叔姬、邛嬭媵器鑐彝。"也一君一娣。

9. 中山王䓕方壶（《集成》9735，图7-26）

隹（唯）十四年，中山王䓕命相邦貯斁（择）郾（燕）吉金(一)，鈃（铸）为彝壶。節于醴（禮）醺，可灋（法）可尚（常)(二)。以卿（饗）上帝，以祀先王。穆穆济济，嚴敬不敢尻（怠）荒(三)。因䡈（载）所美，卲（昭）大（丕）皇工（功)(四)，詆（诋）郾（燕）之礼，以懲（警）嗣王(五)。隹（唯）朕皇裋（祖）文武，桓（桓）裋（祖）成考(六)，是（寔）又（有）𥅏（纯）惠（德）遗心（训），以阤（施）及子孙，用隹（唯）朕所放(七)。慈孝寰（宽）惠(八)，䉵（举）賢（贤）速（使）能，天不臭（斁）其又（有）忑（愿)(九)，速（使）导（得）賢（贤）在（才）良猺（佐）貯，以辅相乎（厥）身，余智（知）其忠誋（信）甭（也），而讗（专）恁（任）之邦(十)。氏（是）以遊夕饮飲，盌（罔）又（有）寒（遽）惕（惕)(十一)。貯渴（竭）志尽忠，以猺（左）右乎（厥）𨷖（辟），不貳其心，受侫（任）猺（佐）邦。夙夜篚（匪）解，进賢（贤）敚（措）能(十二)，亡又（有）鼙（遑）息(十三)，以明𨷖（辟）光。隹（适）䍑（遭）郾（燕）君子噲（哙）不鬻（顾）大宜（义），不舊（旧）者（诸）侯，而臣宝（主）易立（位)(十四)，以内绝卲（召）公之业，乏其先王之祭祀(十五)，外之则牺（将）速（使）堂（上）勤（觐）於天子之廂（庙），而退与者（诸）侯齒張（长）於逾（会）同(十六)，则堂（上）逆於天，下不忑（顺）於人甭（也），恝（寡）人非之。貯曰："为人臣而佊（反）臣其宝（主)(十七)，不羊（祥）莫大焉。牺（将）与盧（吾）君并立於狱（世），齒張（长）於逾（会）同，则臣不忍见甭（也）。貯恁（愿）夶（從）在大夫以请

---

① 郭沫若：《两周金文辞大系图录考释》第八册，科学出版社1957年版，第179页。
② 高明：《盨、簠考辨》，《文物》1982年第6期。

图 7-26 中山王䰜方壶铭文拓本（一）

（靖）郾（燕）疆。"氏（是）以身蒙皋（睾）冑(十八)，以钺（诛）不忎（顺）。郾（燕）䅗（故）君子噲，新君子之，不用豊（礼）宜（义），不鴎（顾）逆忎（顺），䅗（故）邦迖（亡）身死，曾亡（一）夫之裁（救），述（遂）定君臣之謂（位），上下之体，休又（有）成工（功），刱（创）辟封疆（疆）。天子不忘其又（有）勋，

图 7-26　中山王𰯼方壶铭文拓本（二）

速（使）其老箭（策）赏仲父（十九），者（诸）侯虐（皆）贺。夫古之圣王敄（務）才（在）㝵（得）孯（贤），其即（次）㝵（得）民（二十），故（故）辞（辞）豊（礼）敬则孯（贤）人至（二十一），㥞（憓）爱深则孯（贤）人新（亲）（二十二），钗（作）歛（敛）中则庶民坿（附）（二十三）。於（呜）虖（呼）！允𢦏（哉）嗒（若）言。明太

图 7-26 中山王䚓方壶铭文拓本（三）

（晜）之于壶而昔（时）观焉(二十四)，祗祗翼邵（昭）告遂（后）嗣。佳（唯）逆生祸，佳（唯）忑（顺）生福，䡆（载）之夯（简）𥳑（策）(二十五)，以戒嗣王。佳（唯）悳（德）㤿（附）民(二十六)，佳（唯）宜（义）可綟（长）(二十七)。子之子，孙之孙，其永保用亡彊（疆）。

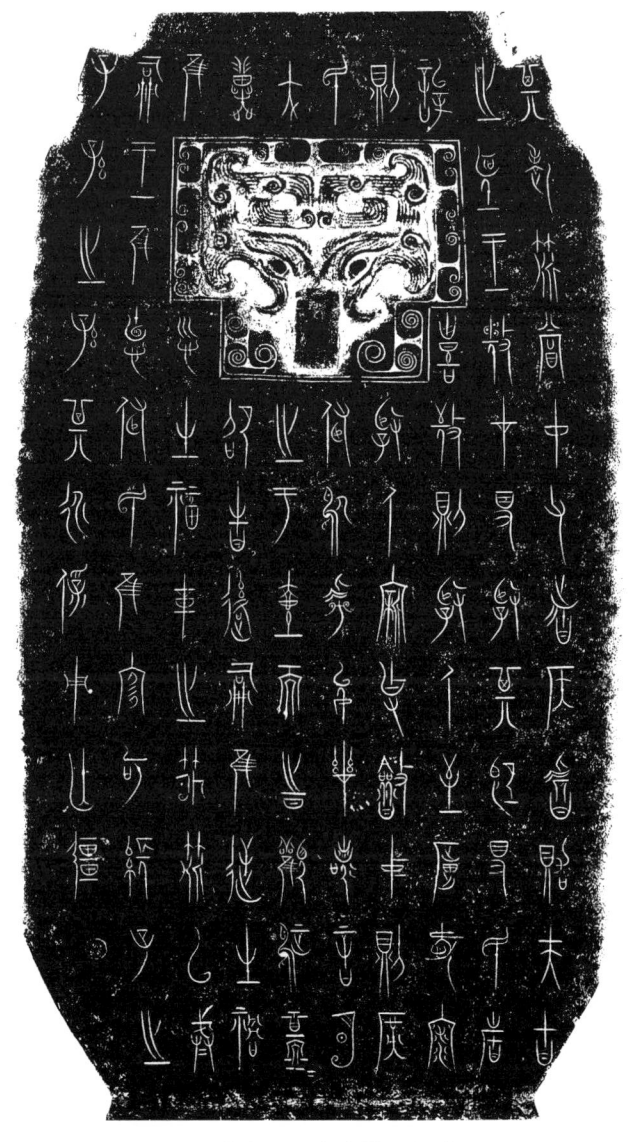

图 7-26 中山王譻方壶铭文拓本（四）

此壶 1977 年出土于河北平山三汲公社东南之战国中山王譻墓。墓葬位于战国中山国都城——灵寿城西墙外 2 公里。与此壶同出的重要具铭铜器有中山王譻鼎、好盗壶及兆域图等。壶高 63 厘米，宽 35 厘米。子口盝顶盖，盖顶四坡各设一云形钮；器直口平唇，鼓腹平底，方形高圈足。肩部四角各立一上攀的翼龙，两侧腹各有一铺首衔环。造型精美，工艺考究。

壶器四表铭刻450字，时代为战国中期。现藏河北省文物研究所。

（一）"中山"，国名。中山之国族国姓，史学界向有争论。盖其几灭几兴，故国姓君统或随之而变。春秋之鲜虞本为子姓子国①，而战国之中山则为周天子所封的姬姓侯国，前后中山虽建于同地，但族姓各异。春秋鲜虞或称中山，其于《春秋》经传始见于鲁昭公十二年（公元前530年），终见于鲁哀公六年（公元前489年），而于鲁定公四年（公元前506年），《经》言鲜虞，而《传》称中山，至鲁哀公三年（公元前492年）鲜虞犹在，仍称中山，故杜预《春秋经传集解》以此中山即鲜虞，是也。春秋晚期杕氏壶铭云："杕氏福□，岁贤（献）鲜于。"郭沫若谓"鲜于"即鲜虞②，甚确。此中山乃子姓之鲜虞，其灭国当在鲁哀公六年以后。《春秋》屡言鲜虞中山与晋的战争，后灭于晋③。

战国之中山建国于鲜虞中山故地，故仍以中山名国。其始封君为中山武公，乃姬姓侯国。《史记·赵世家》：赵献侯"十年，中山武公初立"，《六国年表》同。《汉书·古今人表》以中山武公为"周桓公子"，裴骃《史记集解》引徐广《史记音义》采其说云："西周桓公之子。桓公者，孝王弟而定王子。"④唐司马贞《史记索隐》对此说提出怀疑，其谓："《世本》云中山武公居顾，桓公徙灵寿，为赵武灵王所灭，不言谁之子孙。徐广云西周桓公之子，亦无所据，盖未能得其实耳。"清梁玉绳《史记志疑》及《人表考》更直斥其妄⑤。然中山王墓车马坑所出中山侯钺铭云："天子建邦，中山侯惟作兹军钺，以敬（警）厥众。"明证武公所建之中山实乃周天子所封之姬姓侯国，而与春秋之鲜虞子国无关，故武公应为周王室子孙，其为《人表》及徐广说提供了确凿的物证⑥。

《六国年表》及《赵世家》载武公建国在赵献侯十年，据古本《竹书

---

① 参见陈槃《春秋大事表列国爵姓及存灭表譔异》（三订本）叁，历史语言研究所1997年版。

② 郭沫若：《两周金文辞大系图录考释》第八册，科学出版社1957年版，第228页。

③ 《古今姓氏书辩证》卷九云："鲜虞，出自春秋时鲜虞小国，其地今中山是也。晋伐鲜虞，灭之，子孙以国为氏。"

④ 清翟云升《校正古今人表》亦主徐说，见《史记汉书诸表订补十种》，中华书局1982年版，第1003页。

⑤ 参见梁玉绳《史记志疑》，中华书局1981年版，第399页；《人表考》，《史记汉书诸表订补十种》，中华书局1982年版，第738—739页。

⑥ 参见黄盛璋《关于战国中山国墓葬遗物若干问题辨正》，《文物》1979年第5期；《再论平山中山国墓若干问题》，《考古》1980年第5期。

纪年》，此当周威烈王四年（公元前422年）①，后曾于魏文侯四十年（公元前406年）灭于魏②，其后桓公复国③，至赵惠文王三年（公元前296年）再灭，姬姓中山前后约历一百馀年。《世本》谓武公居顾，桓公徙灵寿，均言复国前后的姬姓中山。顾在今河北定县，灵寿即在中山县三汲公社故城址一带。

中山立国本称侯，已有中山侯钺为证。此钺时代为战国中晚期，当为桓公复国时所作。其后称王④，时在周显王四十六年（公元前323年）⑤，当于王䗐之父成王时期，并追称桓王为王⑥。而方壶铭之"十四年"为成王子䗐纪年，时间约当齐与中山破燕且王哙及相子之死后。据两件陈璋壶铭可知，齐破燕当在齐宣王五年（公元前315年）⑦，即燕王哙六年，而《史记·六国年表》则于王哙七年记哙与子之皆死，当误。陈璋方壶铭云："唯王五年，奠易陈得再立事岁，孟冬戊辰，大臧钺孤，陈璋内（入）伐燕亳邦之获。"圆壶铭文略同。孟冬戊辰值周慎靓王六年十月十五日（公元前315年9月23日），且铭称以"入伐燕亳邦之获"铸器，与此壶铭曰"择燕吉金"正同，而鼎铭"今我老贮亲率三军之众"伐燕，亦明作器应在伐燕同年，故两陈璋壶与䗐壶鼎所作约略同时，则中山王䗐之十四年似当齐宣王五年，即公元前315年。

中山伐燕之战，文献间有记载。《战国策·齐策五》："昔者，中山悉起而迎燕、赵，南战于长子，败赵氏；北战于中山，克燕军，杀其将。夫中山千乘之国也，而敌万乘之国二，再战比胜，此用兵之上节也。然而国遂亡，君臣于齐者，何也？不啬（图）于战攻之患也。"所记应即此役⑧。

"䗐"，"错"之异文。"相邦贮"，同墓所出好盗壶称"司马贮"，学者多以为即文献所见之司马憙。"憙"，鲍吴本作"喜"。《说文·喜部》："喜，乐也。""憙，说也。"《国语·鲁语下》："固庆其喜而吊其忧。"韦

---

① 冯时：《侯马、温县盟书年代考》，《考古》2002年第8期。
② 参见《战国策·秦策二》。
③ 《史记·乐毅列传》："中山复国。"司马贞《索隐》："中山，魏虽灭之，尚不绝祀，故后更复国，至赵武灵王又灭之也。"《赵世家》：敬侯十年，"与中山战于房子"。此当公元前377年，时桓公已复国。
④ 参见《战国策·中山策》。
⑤ 参见杨宽《战国史》，上海人民出版社1983年版，第322页。
⑥ 李学勤、李零：《平山三器与中山国史的若干问题》，《考古学报》1979年第2期。
⑦ 参见方诗铭、王修龄《古本竹书纪年辑证》，上海古籍出版社1981年版，第144页。
⑧ 参见杨宽《战国史》，上海人民出版社1983年版，第328页；范祥雍《战国策笺证》，上海古籍出版社2006年版，第693页。

昭《注》："喜，犹福也。"《说文·贝部》："贎，积也。"积悦为喜，二字义正相因。《玉篇·贝部》："贎，积也，福也。""贎"有积、福二义，犹此"积"、"喜"之关系，故疑"贎"为字而"喜（憙）"为名。《战国策·中山策》："司马憙三相中山。"盖言其历成王、王𧊲与盗三世。《吕氏春秋·应言》："司马喜难墨者师于中山王前以非攻，曰：'先生之所术非攻夫？'墨者师曰：'然。'曰：'今王兴兵而攻燕，先生将非王乎？'墨者师对曰：'然则相国是攻之乎？'司马喜曰：'然。'墨者师曰：'今赵兴兵而攻中山，相国将是之乎？'司马喜无以应。"此"相国"本应作相邦，司马喜为相邦，正同壶铭之相邦贎。"攻燕"当指王哙、子之之役，其时仍相中山，与壶铭所记正合。

中山国史，清王先谦曾撰《鲜虞中山国事表》，收获有限。今据彝铭足补中山史料，良有多矣。

（二）"醒醵"，读为"禋醵"①，祭祀所用之五醵。《玉篇·酉部》："醵，酒有五醵之名。见《周礼》。或作齐。"《周礼·天官·酒正》："酒正掌酒之政令。……辨五齐之名，一曰泛齐，二曰醴齐，三曰盎齐，四曰缇齐，五曰沈齐。……凡祭祀，以法共五齐三酒，以实八尊。大祭三贰，中祭再贰，小祭壹贰，皆有酌数。唯齐酒不贰，皆有器量。"郑玄《注》："齐者，每有祭祀，以度量节作之。郑司农云：'大祭天地，中祭宗庙，小祭五祀。齐酒不贰，为尊者质，不敢副益也。'杜子春云：'齐酒不贰，谓五齐以祭不益也。'祭祀必用五齐者，至敬不尚味，而贵多品。"贾公彦《疏》："谓祭有大小，齐有多少，谓若祫祭备五齐，禘祭备四齐，时祭备二齐，是以度量节作之。"孙诒让《正义》："《御览》引《礼记外传》云：'齐者，酒人和合之分剂之名也。'剂齐字同。""节于禋醵"即言于不同祭祀使用合于制度之酒醵。"䁯"，读为"法"，即"凡祭祀，以法若五齐三酒"之"法"。贾公彦《疏》："祭有小大，齐有多少，各有常法。"故"尚"读为"常"②，与"法"同义。

（三）"穆穆济济"，《礼记·曲礼下》："天子穆穆，大夫济济。"郑玄《注》："皆行容止之貌也。"孔颖达《正义》："天子穆穆者，威仪多貌也。天子尊重，故行止威仪多也。大夫济济者，济济，徐行有节。"《诗·大雅·棫朴》："济济辟王。"郑玄《笺》："文王临祭祀，其容济济然

---

① 李学勤、李零：《平山三器与中山国史的若干问题》，《考古学报》1979年第2期。
② 朱德熙、裘锡圭：《平山中山王墓铜器铭文的初步研究》，《文物》1979年第1期。

敬。"又《文王》:"穆穆文王。"郑玄《笺》:"穆穆乎文王有天子之容。"又《鲁颂·泮水》:"穆穆鲁侯","济济多士"。孔颖达《礼记正义》引崔云:"凡形容下不得兼上,上得兼下,故《诗》有'济济辟王'、'穆穆鲁侯'者,诗人颂美,举盛以言。"《尔雅·释训》:"穆穆,敬也。济济,止也。"郭璞《注》:"(穆穆),容仪谨敬。(济济),贤士盛多之容止。""忌荒",怠荒。《诗·商颂·殷武》:"不敢怠遑。"《左传·襄公二十六年》引作"不敢怠皇","遑"、"皇"皆假字。《大戴礼记·投壶》:"无荒无傲。"孔广森《补注》:"志怠曰荒。"《诗·齐风·还序》:"刺荒也。"郑玄《笺》:"荒,谓政事废乱。"

(四)"靠","载"之省形。《尚书·洛诰》:"丕视功载。"伪孔《传》:"视群臣有功者记载之。""卲",读为"昭",明也。"友","旡"之省形,即"凝"之本字。下文"明友之于壶而时观焉",㝬羌钟铭则作"用明则之于铭"。"则"读为"厕",止列也,与"凝"同义。"凝"、"厕"蒸职对转,音也相通。"工",读为"功"。"昭凝皇功"意即明定大功。此句正取《洛诰》"功载"之典。

(五)"謑","诋"之异文。"讹",伪也。《战国策·燕策一》:"燕哙三年,……子之相燕,贵重主断。……于是燕王大信子之。……鹿毛寿谓燕王:'不如以国让子之。人谓尧贤者,以其让天下于许由,由必不受,有让天下之名,实不失天下。今王以国让相子之,子之必不敢受,是王与尧同行也。'燕王因举国属子之,子之大重。……王因收印,自三百石吏而效之子之。子之南面行王事,而哙老不听政,顾为臣,国事皆决子之。"[1] 铭文"燕之讹"即指王哙禅让之伪。"嗣王",䂮子蚉。

(六)"皇祖文武",学者多解为中山文公、武公,但姬姓中山始封于中山武公,而武公为桓公子,其前不容有文公一世。故"皇祖文武"似指开国之中山武公,其本以"文武"双字为谥,犹商王帝乙称"文武帝乙"。学者或疑"皇祖文武"为西周文王、武王[2],说也可通。"起裰",中山桓王,复国之君,其迁都灵寿。"成考",中山王䂮之父。䂮子名蚉,其作有䇅蚉壶。《史记·秦本纪》载秦昭襄王八年(公元前299年),"赵破中山,其君亡,竟死齐",即言中山王蚉。其后则为亡国之君尚。《吕氏春秋·当染》:"中山尚染于魏义、椻长,……故国皆残亡。"《史记·赵世家》载赵惠文王三年(公元前296年)

---

[1] 又参见《孟子·公孙丑下》、《韩非子·外储说右下》、《史记·燕召公世家》。
[2] 赵诚:《〈中山壶〉〈中山鼎〉铭文试释》引张政烺说,《古文字研究》第一辑,中华书局1979年版。

"灭中山,迁其王于膚施",当即王尚。故据彝铭及文献,姬姓中山自武公建国,共历六世,即武公、桓王、成王、王䗅、王䨲、王尚。《太平寰宇记》卷六二云:"俄而中山武公之后复立,与六国并称王五叶。"所记吻合。

(七)"阤",读为"施"①,字又见秦峄山刻石②。《诗·大雅·皇矣》:"既受帝祉,施于孙子。"郑玄《笺》:"施,犹易也、延也。""放",效法,文献或作"倣"、"仿"。《国语·楚语下》:"民无所放。"韦昭《注》:"放,依也。"

(八)"寏",读为"宽"③。"宽惠",宽厚和惠。《管子·小匡》:"宽惠而爱民。"《韩非子·难二》:"行宽惠。"

(九)《说文·大部》:"臭,古文以为泽字。"读为"斁"。《诗·周南·葛覃》:"服之无斁。"毛《传》:"斁,厌也。"《尚书·洛诰》:"我惟无斁其康事。"陆德明《释文》:"斁,音亦厌。""忎","愿"之或体,"又愿"读为"有愿",愿也。

(十)"智",读为"知"。"諹","信"字或体。"旃",不识,盖读为"也"。"譓賃",读为"專任"。

(十一)"遊夕",春秋观民之制,或作"遊豫"。《管子·戒》:"先王之遊也,春出,原农事之不本者谓之遊;秋出,补人之不足者谓之夕。……先王有遊夕之业于人,无荒亡之行于身。"《孟子·梁惠王下》:"春省耕而补不足,秋省敛而助不给。夏谚曰:吾王不游,吾何以休。吾王不豫,吾何以助。一遊一豫,为诸侯度。""饮飤",遊夕助补于民。"岜",读为"罔"。"窓煬",读为"遽惕"。《楚辞·大招》:"魂乎归徕,不遽惕只。"王逸《章句》:"言饮食醲美,安意遨遊,长无惶遽怵惕之忧也。"④

(十二)"不貳其心",取《诗·大雅·大明》"无貳尔心"。"夙夜筐解"即"夙夜匪解",取《诗·大雅·烝民》句。"解",《鲁》、《韩》作"懈"。"敀",读为"措"。《论语·为政》:"举直措诸枉则人服,举枉措诸直则人不服。"是"措"之义⑤。

(十三)"亡",读如"无",与铭文丧亡之亡作"迖"不同。"鞾",似从"商"声,因声求之,可读为"遑",二字并在阳部,叠韵可通。据

---

① 张政烺:《中山王䗅壶及鼎铭考释》,《古文字研究》第一辑,中华书局1979年版。
② 王昶:《金石萃编》卷四,中国书店影印扫叶山房本1985年版。
③ 张政烺:《中山王䗅壶及鼎铭考释》,《古文字研究》第一辑,中华书局1979年版。
④ 参见张政烺《中山王䗅壶及鼎铭考释》,《古文字研究》第一辑,中华书局1979年版。
⑤ 张政烺:《中山王䗅壶及鼎铭考释》,《古文字研究》第一辑,中华书局1979年版。

《说文》，"商"、"章"同音。《尔雅·释天》："在庚曰上章。"《史记·历书》"章"作"横"。《左传·宣公十七年》："苗贲黄。"《汉书·古今人表》作"苗贲皇"。是"商"、"遑"通用之证。《诗·召南·殷其雷》："莫敢遑息。"王先谦《诗三家义集疏》："《说文》：'息，喘也。''莫敢遑息'犹言不暇喘息也。"

（十四）"倘害"，读为"適遭"。"子噲"，《孟子·公孙丑下》作"子哙"。壶铭"寡人"之"寡"作"𠬞"，此又增"烏"为声符，读为"顾"[1]。"大宜"，大义。"舊"，"舊"之异文，故旧。"不舊诸侯"，不以诸侯为旧。《尚书·盘庚》引迟任言："人惟求旧。"王哙让君位于相子之，将自己排除于诸侯之列，故云其不以诸侯为旧。"宔"[2]，经典作"主"。《广雅·释诂一》："主，君也。""立"，读为"位"。《战国策·燕策一》："子之南面行王事，而哙老不听政，顾为臣。"《史记·赵世家》："燕相子之为君，君反为臣。"即此"臣主易位"。

（十五）《庄子·天地》："无乏吾事。"陆德明《释文》："乏，废也。"《孟子·告子下》："空乏其身。"朱熹《集注》："乏，绝也。"

（十六）"勤"，读为"覲"。《说文·见部》："覲，诸侯秋朝曰覲，勤劳王事也。"《周礼·春官·大宗伯》："秋见曰覲。"郑玄《注》："覲之言勤也，欲其勤王之事。"故字本作"勤"。《礼记·曲礼下》："天子当依而立，诸侯北面而见天子，曰覲。天子当宁而立，诸公东面，诸侯西面，曰朝。"郑玄《注》："诸侯春见曰朝。受挚于朝，受享于庙。生气，文也。秋见曰覲，一受之于庙。杀气，质也。朝者位于内朝而序进，覲者位于庙门外而序入。王南面立于依宁而受焉。"孙希旦《集解》："依设于庙，宁在治朝，则覲礼在庙，朝礼在朝也。"古覲礼行于天子庙，正合铭文所言。"㠱"，长幼之"长"。"齿长"，以年齿序列。《礼记·祭义》："昔者有虞氏贵德而尚齿，夏后氏贵爵而尚齿，殷人贵富而尚齿，周人贵亲而尚齿。……是故朝廷同爵则尚齿。"郑玄《注》："同爵尚齿，老者在上也。""逾同"，会同，天子合诸侯以命政。《周礼·春官·大宗伯》："时见曰会，殷见曰同。"详参孙诒让《周礼正义》。

（十七）"臣其宔"，以其主为臣。《孟子·万章上》："舜之不臣尧。"

---

[1] 朱德熙、裘锡圭：《平山中山王墓铜器铭文的初步研究》，《文物》1979年第1期；赵诚：《〈中山壶〉〈中山鼎〉铭文试释》，《古文字研究》第一辑，中华书局1979年版。

[2] 黄盛璋：《中山国铭刻在古文字、语言上若干研究》，《古文字研究》第七辑，中华书局1982年版。

赵岐《注》："不以尧为臣也。"《战国策·秦策四》："而欲以力臣天下之主。"用法相同①。

（十八）"䇂"，读为"皋"。小盂鼎铭"画䍼"与"贝胄"并举，伯晨鼎铭曰"䍼胄"，孙诒让以"䍼"即"皋"字，谓以虎皮包甲，䍼胄即甲胄②。《礼记·少仪》："则祖橐奉胄。"郑玄《注》："橐，弢铠衣也。胄，兜鍪也。"知字又作"橐"。《左传·庄公十年》："蒙皋比而先犯之。"《国语·晋语六》："间蒙甲胄。"

（十九）《礼记·曲礼下》："五官之长曰伯，……自称于诸侯也曰'天子之老'。"《礼记·王制》："八伯各以其属属于天子之老二人，分天下以为左右，曰二伯。"郑玄《注》："老，谓上公。《周礼》曰：'九命作伯。'《春秋传》曰：'自陕以东，周公主之；自陕以西，召公主之。'"此天子之老盖即周、召二公。"𥳑"，"策"之异构，马王堆帛书《老子》甲本作"𥳑"，乙本作"笧"。"策"从"朿"声，古在清纽锡部；"𥳑"从"析"声，古在心纽锡部；读音相同。《说文·木部》："析，破木也。从木，从斤。"故"𥳑"为会意兼声之字。《说文·片部》："片，判木也。从半木。"则"斨"实乃"析"字异构，后又省声作"笧"。"仲父"，相邦貯之尊号。《荀子·仲尼》："俲然见管仲之能足以托国也，……遂立以为仲父。立以为仲父，而贵戚莫之敢妒也。"杨倞《注》："仲者，夷吾之字，父者，事之如父，故号为仲父。"后帝王也尊称相国为仲父。《史记·吕不韦列传》："太子政立为王，尊吕不韦为相国，号称仲父。"

（二十）"其即寻民"，其次得民。《说文·土部》："圣，古文坴。"《尚书·康诰》："勿庸以次汝封。"《荀子·致士》、《宥坐》引"次"皆作"即"，是其证。

（二十一）"旃"，读为"故"。"䜅"，从"言""辝"省声。"辝"乃籀文"辭"。《说文·辛部》："辝，不受也。"又："辭，说也。"段玉裁《注》："经传凡辝让皆作辭说字。"故"䜅"字从"言"，即"辭"之异构。《论语·泰伯》："君子所贵乎道者三：动容貌，斯远暴慢矣；正颜色，斯近信矣；出辞气，斯远鄙倍矣。"《礼记·冠义》："礼义之始，在于正容体，齐颜色，顺辞令。容体正，颜色齐，辞令顺，而后礼义备。"又《曲礼上》："安定辞。"郑玄《注》："审言语也。《易》曰：言语者，

---

① 张政烺：《中山王𧊒壶及鼎铭考释》，《古文字研究》第一辑，中华书局1979年版。
② 孙诒让：《古籀馀论》卷三，中华书局1989年版。

君子之枢机。"《左传·襄公二十五年》引孔子云："《志》有之：'言以足志，文以足言。'不言，谁知其志？言之无文，行之不远。晋为伯，郑入陈，非文辞不为功。慎辞也。"竹添光鸿《会笺》："枢机之发，荣辱之主。"是铭文"辭礼"即言礼容。

（二十二）"慮"，读为"憝"。《礼记·大学》："身有所忿憝。"郑玄《注》："憝，怒貌也。或为憲。"《玉篇·心部》："憝，恨也。"故"憝爱"即言爱憎。《礼记·曲礼上》："爱而知其恶，憎而知其善。""new"，读为"亲"。

（二十三）"钦斂"，读为"作斂"。张政烺云："《墨子·辞过》言'当今之主……必厚作斂于百姓'，作是劳役，斂是租税。此言中则非厚矣。"[1]"坿"，读为"附"，字从"臣"为意符，如臣附君。《淮南子·主术》："百姓附。"

（二十四）"明氏"，意同厵羌钟铭之"明则"，皆言明定昭准。

（二十五）"笅"，"简"之古文。《说文》古文"间"作"閒"，见于曾姬壶，"笅"则从"竹""閒"省声。

（二十六）"隹悳坿民"，唯德附民。"附民"，使民依附。

（二十七）"宜"，读为"义"。"緟"，长短之"长"，故字从"糸"，别于长幼之"长"从"立"。

铭文通篇叶阳部韵，间出东部字，与阳部合韵。

10. 秦公钟（《集成》262、263，图7-27）

秦公曰(一)："我先且（祖）受天命，商（赏）宅受或（国）(二)。刺剌（烈烈）卲（昭）文公、静公、宪公不家（墜）于上(三)，卲（昭）合（答）皇天，以虩事緟（蛮）方(四)。"公及王姬曰(五)："余小子(六)，余夙夕虔敬朕祀，以受多福，克明又（有）心，盭（周）龢胤士，咸畜左右(七)，趌趌（渠渠）允义，翼受明德(八)，以康奠燮（协）朕或（国）(九)，盭百緟（蛮），具即其服(十)。乍（作）氒（厥）龢钟，憲（灵）音鉌鉌（肃肃）雝雝（雝雝），以匽（宴）皇公(十一)，以受大福，屯（纯）鲁多釐，大寿万年。"秦公曰（其）眈（晙）鼕（紒）才（在）立（位）(十二)，雁（膺）受大令（命），眉（眉）寿无彊（疆），匍（抚）有四方，眔（其）康宝。

此器1978年1月出土于陕西宝鸡太公庙村东周窖藏。同出者共八件铜器，计钟五件，镈三件。五钟形制相同而大小各异。甬饰四小龙，斡带

---

[1] 张政烺：《中山王譽壶及鼎铭考释》，《古文字研究》第一辑，中华书局1979年版。

饰四组变形雷纹，旋饰重环纹，舞部四区各有三条变体夔纹，钲部饰卷龙纹，鼓部饰凤鸟。甲钟通高48厘米，两铣间距27厘米；乙钟通高47厘米，两铣间距26.4厘米。两钟联铭135字。丙、丁、戊三钟略小，联铭未完（《集成》264、265、266），尚缺一钟，铭文内容与甲、乙钟全同。

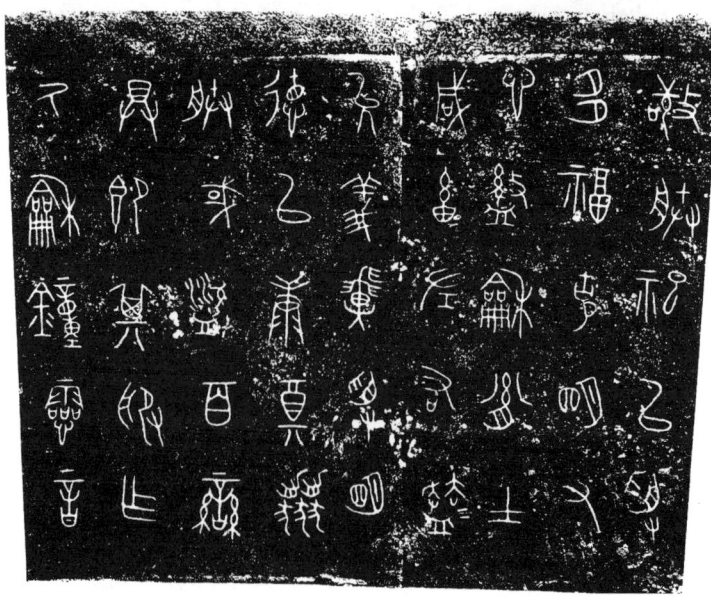

图 7-27　秦公钟铭文拓本（一）

第七章　金文研究

图 7-27　秦公钟铭文拓本（二）

同出三镈也各有铭文（《集成》267、268、269），内容与甲、乙二钟亦同①。诸器时代属春秋早期，现藏宝鸡市博物馆。

（一）秦公，秦武公。公元前697年至前678年在位。《史记·秦始皇本纪》："武公享国二十年，居平阳封宫。葬宣阳聚东南。"据《括地志》载，"平阳故城在岐州岐山县西四十六里"。裴骃《史记集解》引徐广曰："郿之平阳亭。"张守节《史记正义》："岐山县有阳平乡，乡内有平阳聚。"今太公庙村距古岐州县城近五十里，故学者疑平阳即在此一带②。

（二）秦追记其先祖受天命，则此受命者必在周衰秦兴之时。"商"，字从"星"，乃商星之本字，读为"赏"，被赐，"受"亦同义。《史记·秦始皇本纪》："秦之先伯翳，尝有勋于唐虞之际，受土赐姓。"又《秦本纪》："于是孝王曰：'昔伯翳为舜主畜，畜多息，故有土，赐姓嬴。今其后世亦为朕息马，朕其分土为附庸。'邑之秦，使复续嬴氏祀，号曰秦嬴。"事皆不合。《秦本纪》又云："周避犬戎难，东徙雒邑，

---

① 卢连成、杨满仓：《陕西宝鸡县太公庙村发现秦公钟、秦公镈》，《文物》1978年第11期。
② 卢连成、杨满仓：《陕西宝鸡县太公庙村发现秦公钟、秦公镈》，《文物》1978年第11期。

襄公以兵送周平王。平王封襄公为诸侯，赐之岐以西之地。……襄公于是始国，与诸侯通使聘享之礼，乃用骝驹、黄牛、羝羊各三，祠上帝西畤。"司马贞《索隐》："故作西畤，祠白帝。畤，止也，言神灵之所依止也。亦音市，谓为坛以祭天也。"《十二诸侯年表》云："初立西畤，祠白帝。"古制祭天乃天子之事，此言秦嬴祭天，实即受天命之征，其又为诸侯始国，与铭文所记适相吻合。古以诸侯称"国"①，而秦襄公始为诸侯，故铭文之"我先祖"自指襄公。

（三）"剌剌"，读为"烈烈"。《诗·商颂·长发》："相土烈烈。"毛《传》："烈烈，威也。""卲"，读为"昭"。《诗·大雅·文王》："文王在上，於昭于天。"毛《传》："昭，见也。"郑玄《笺》：文王"其德著见于天"。"㒸"，读为"墬"。"不墬于上"，宋著秦公钟铭作"不墬在上"，秦公簋铭作"在帝之坯"，皆言秦先公之灵在天伴帝。上古思想以受命为君者死后才有升天的资格，而帝祭作为祖先崇拜的延伸，升天配帝也就是配祖。"文公"、"静公"、"宪公"是襄公之后的三位秦君，见《史记·秦始皇本纪》，《秦本纪》则误"静"为"竫"，误"宪"为"宁"（《十二诸侯年表》亦误）。文公为襄公子，立五十年（公元前765—前716年），子静公不享国而死，生宪公。宪公立十二年（公元前715—前704年）。宪公有武公、德公、出子三子。出子五岁立，立六年卒，兄武公立。据钟铭所记事迹，器主当为秦武公。

（四）"卲合"，读为"昭答"。陈侯因𧊒敦铭："朝问诸侯，合扬厥德。""合"即读为"答"。《诗·大雅·大明》："昭事上帝。"郑玄《笺》："昭，明也。"《尚书·洛诰》："奉答天命。"《大传》"答"作"对"。孙星衍《疏》："《诗笺》云：'对，配也。'此谓周公以文武配天于明堂也。"此在天配帝，即先祖"在帝之坯"及"在帝左右"（《诗·大雅·文王》）之意，非作配在下为君之称。金文凡在下者言"配天"为王，与此不同。如南宫乎钟铭："天子其万年眉寿，畯永保四方，配皇天。"默钟铭："我唯嗣配皇天。"默簋铭："经拥先王，用配皇天。"《尚书·吕刑》："今天相民，作配在下。"伪孔《传》："今天治民，人君为配天在下。"然此则以先君配帝，故云"昭答"。屈万里《尚书集释》解《洛诰》："答，报答。"配帝在天意在报答，观念相通。《说文·虎部》：

---

① 冯时：《中国古代的天文与人文》，中国社会科学出版社2006年版，第35—37页；《"文邑"考》，《考古学报》2008年第3期。

"虩，《易》：'履虎尾虩虩。'虩虩，恐惧也。"此"虩事蛮方"则言三公在帝周围，故戒慎恐惧，助帝而管理蛮方。叔夷钟铭："虩虩成汤，有严在帝所。"即言伴帝而恐惧虔敬。秦公钟、簋铭："严恭夤天命，保乂厥秦，虩事蛮夏。"文义相同。"严"亦在天之称。獣钟铭："先王其严在上。"井人妄钟铭："前文人其严在上。"金文恒见。

（五）"公及王姬曰"，秦公对王姬言。"王姬"，周王之女适于秦君，秦宪公后①，武公母②。《史记·秦本纪》："武公弟德公，同母。鲁姬子生出子。"知出子母为鲁姬子，而武公、德公母应即此王姬。

（六）"余小子"，知武公时尚年幼。《史记·秦本纪》："宁（宪）公生十岁立，立十二年卒。葬西山。生子三人，长男武公为太子。……生出子。宁（宪）公卒，大庶长弗忌、威垒、三父废太子而立出子为君。出子六年，三父等复共令人贼杀出子。出子生五岁立，立六年卒。三父等乃复立故太子武公。"故武公初即位也只十岁有馀，遂有母后临朝之事③。

（七）"盭龢"，即周和，以义相结。"胤士"，又见秦公钟、簋及晋公𥂴，其中宋著秦公钟铭言"咸畜百辟胤士"，知"胤士"为百官之属。孙诒让读"尹士"，郭沫若读"俊士"④，陈直谓"胤士"即父子相承之世官⑤。"咸畜左右"，网罗于身边。《易·小畜》陆德明《释文》："畜，积也，聚也。"字又通"蓄"。晋公𥂴铭："余咸畜胤士，作冯左右，保乂王国。"文义相同。

（八）"𤔲𤔲允义"，秦公钟、簋铭作"𤔲𤔲文武"。《诗·鲁颂·泮水》："允文允武。"乃言文治武功兼备。《史记·司马穰苴列传》："其人文能附众，武能威敌。"故"𤔲𤔲"似读为"渠渠"。《墨子·公输》："子墨子九距之。"《吕氏春秋·爱类》"距"作"却"，是"𤔲"、"渠"通用之证。《诗·秦风·权舆》："於我乎夏屋渠渠。"郑玄《笺》："渠渠，犹勤勤也。言君始于我厚，设礼食大具以食我，其意勤勤然。""渠渠文武"意即勤勉于文治武功。"允义"，信义。《尚书·尧典》："允恭克让。"伪孔《传》："允，信也。"《尔雅·释诂上》："允，信也。"邢昺《疏》："信，谓诚实不欺也。"《论语·学而》："信近于义，言可复也。""义"

---

① 林剑鸣：《秦史稿》，上海人民出版社1981年版，第53页。
② 王辉：《秦铜器铭文编年集释》，三秦出版社1990年版，第15页。
③ 王辉：《秦铜器铭文编年集释》，三秦出版社1990年版，第15页。
④ 郭沫若：《两周金文辞大系图录考释》第八册，科学出版社1957年版，第248页。
⑤ 陈直：《读金日札》，西北大学出版社2000年版，第73页。

谓忠义、仁义。虢季子白盘铭："王孔嘉子白义。"此言臣对天子之忠义。《孟子·公孙丑上》："配义与道。"赵岐《注》："义，谓仁义，可以立德之本也。"是"渠渠允义"则言武公勤谨修信立义。信为最基本的道德约守，而义又为信的思想延伸，故铭言修信立义而翼受明德。《尔雅·释诂下》："翼，敬也。"《广雅·释诂四》："受，继也。"《玉篇·受部》："受，承也。""翼受明德"乃言武公继承其先君之德。

（九）"康奠"，安定也。"燮"，或读为"协"①，或读为"谐"②，皆有和意。

（十）"盗"，轻贱之称。《榖梁传·昭公二十年》："盗，贱也。"《公羊传·定公八年》："盗者孰谓。"徐彦《疏》："盗是微贱之称。""盗百蛮"即以百蛮为卑，使其对秦俱履其职。"服"，职也。秦公钟铭："镇静不廷，柔燮百邦，于秦执事。"文义相同。《秦本纪》："武公元年，伐彭戏氏，……十年，伐邽、冀戎，初县之。十一年，初县杜、郑。灭小虢。"可见其作为。

（十一）"霝"，读为"灵"，善也。"鉌"，读为"肃"③。《诗·周颂·有瞽》："喤喤厥声，肃雝和鸣，先祖是听。"《礼记·乐记》："《诗》云：'肃雝和鸣，先祖是听。'夫肃肃，敬也。雝雝，和也。""匽"，读为"宴"。郘公华钟铭："以乐大夫，以宴士庶子。"秦公残石磬铭："天子匽喜。"沇儿钟铭："吾以匽以喜，以乐嘉宾，及我父兄庶士。"文献或作"燕"。《诗·小雅·吉甫》："吉甫燕喜。"《诗·小雅·鹿鸣》："以燕乐嘉宾之心。"《诗·大雅·文王有声》："以燕翼子。"毛《传》："燕，安也。"

（十二）"斯"，从"廾""其"声，或即"掑"之繁文，又作"䰙"，此读为"其"。"畯"，读为"峻"，文献多作"俊"。《尚书·文侯之命》："俊在厥服。"《书古文训》、内野本"俊"并作"畯"。字或通"骏"。《诗·周颂·清庙》："骏奔走在庙。"毛《传》："骏，长也。"《文侯之命》又云："予一人永绥在位。"伪孔《传》："则我一人长安在王位。"以"永绥"训长安。钟铭"䋣"字从"素""令"声，当即"紟"字异构，义当同"绥"。故"畯䋣在位"即言永绥在位。师俞簋铭："畯在位。"意即长久于君位。默簋铭："畯在位，作霝在下。"秦公钟铭言"畯疐在

---

① 郭沫若：《两周金文辞大系图录考释》第八册，科学出版社1957年版，第250页。
② 李零：《春秋秦器试探》，《考古》1979年第6期。
③ 裘锡圭：《戎生编钟铭文考释》，《保利藏金》，岭南美术出版社1999年版。

位",秦公石磬铭言"作霝配天",张政烺读"霝"为"氐"①。《说文·叀部》:"叀,礙不行也,从叀,引而止之也。"字本停留安止之义,故本字也通。

11. 秦公簋(《集成》4315,图7-28)

秦公曰:"不(丕)显朕皇且(祖)受天命,鼏(密)宅禹责(蹟)(一)。十又二公才(在)帝之坏(二),严夤(恭)夤天命,保业(乂)氒(厥)秦(三),虩事蠻(蛮)夏。余虽小子,穆穆帅秉明德,剌剌(烈烈)起起(桓桓),迈(万)民是敕(四)。咸畜胤士,蠠蠠(渠渠)文武,镇静不廷(五)。虔敬朕祀,乍(作)寻宗彝(六),以卲(昭)皇且(祖),畀(其)严龏(尤)各(格)(七),以受屯(纯)鲁多釐,眉(眉)寿无疆。畍(畯)叀才(在)天(位)(八),高引又(有)庆,竈(造)囿(有)四方(九)。"宜(十)。

此器传1921年出土于甘肃天水西南乡。罗振玉《贞松堂集古遗文》卷六云:"此殷近年出秦州,藏皖中张氏。合器盖读之,共百有三言。宋御府藏盨和钟百四十言,皇祐间尝橅其文以赐公卿。杨南仲为图刻石,欧公著之《集古录》,薛尚功写其文入《钟鼎彝器款识法帖》中,与此殷文字略同,盖同时所作也。"簋通高19.8厘米,口径18.5厘米,足径19.6厘米。子口内敛,鼓腹,圈足,双兽耳,盖顶有圆形捉手。盖器均饰细小蟠虺纹及瓦纹,圈足饰兽体卷曲纹。盖内铭10行54字,器内铭5行51字,盖、器连读。盖与器又自秦汉间加刻"西一斗七升大半升盖"及"西元器一斗七升賸殷",知盖、器于其时皆曾作为容量使用,并为西县官器。此器后归北京大兴冯氏,现藏中国国家博物馆。时代为春秋晚期。

(一)受天命之皇祖是为秦襄公。"鼏",读为"密"。《诗·周颂·昊天有成命》:"夙夜基命宥密。"毛《传》:"密,宁也。"《史记·鲁周公世家》:"密靖殷国。"裴骃《集解》引马融曰:"密,安也。"秦公残石磬铭:"高阳有灵,四方以鼏(密)平。"齐侯甗铭:"齐邦贠(密)静安宁。""鼏"皆读为"密",乃安宁之义。"责",读为"蹟"。《诗·商颂·殷武》:"设都于禹之绩。"马瑞辰《通释》:"《说文》:'迹,步处也。或作蹟。'古经传因多假绩为蹟,《汉书》凡功绩字通借作迹是也。此诗又假绩为迹。九州皆经禹治,因称禹迹。《周书·立政》'以陟禹之

---

① 张政烺:《周厉王胡簋释文》,《古文字研究》第三辑,中华书局1980年版。

图 7-28 秦公簋铭文拓本

迹',襄四年《左传》引《虞人之箴》曰'芒芒禹迹,画为九州'是也。诗云'设都于禹之绩',正谓设都于禹所治之地。……哀元年《左传》'复禹之绩',《释文》:'绩,一本作迹。'此古假绩为迹之证。"

（二）秦公钟铭云"十又二公不墜在上"。此十二公所指为谁,说法不一。《考古图》引杨南仲云:"秦钟其铭云'十有二公',按秦自周孝王始邑非子于秦为附庸,平王始封襄公为诸侯,非子至宣为十二世,自襄公至桓公为十二世,莫可考知矣。"又引欧阳修说:"按《史记本纪》自非子邑秦,而秦仲始为公,襄公始为诸侯,于《诸侯年表》则以秦仲为始。今据《年表》始秦仲,则至康公为十二公,此钟为共公所作也。据《本纪》自襄公始,则至桓公为十二公,而铭钟者当为景公也。未知孰是。"罗振玉则以为十二公应自秦侯始,至成公为十二世,故铭钟者为穆公[①]。

---

① 罗振玉:《贞松堂集古遗文》卷六,民国十九年（1930 年）蟫隐庐石印本,第 15—16 页。宋胡恢亦早有此说,见黄伯思《东观馀论》上卷,秦昭和钟铭说,中华书局 1988 年影印南宋嘉定三年（1210 年）温陵庄夏刻本。

柯昌济、容庚又以十二公始自庄公而终于共公，故器主为桓公①。吴镇烽则更主哀公说②。今据宋出、太公庙出秦公钟及此簋铭文，知秦受命有国者当为襄公，故十二公之计算不可能早于襄公。宋赵明诚③，今人郭沫若④、杨树达⑤，皆以十二公始自襄公，不计静公而计出子，至桓公为止，故力主铭钟者为景公，且郭沫若更以形制花纹以为助证。然太公庙出秦公钟铭记静公一世，故王辉以为受命之襄公为皇祖，不当在十二公之列，故十二公当始自襄公之子文公，并静公（未立）、宪公、出子（出公）、武公、德公、宣公、成公、穆公、康公、共公、桓公，共十二公，则铭钟者亦为景公⑥。除此之外，张政烺提出"十二"乃法天之数，并不具指秦十二位先公，故于作器年代之考定无甚意义⑦。"在帝之坏"，两秦公钟铭作"不墬在上"，都是说先公在天，金文习见。"坏"，读如"培"。《礼记·月令》：孟秋之月"坏城垣"；孟冬之月"坏城郭"。郑玄《注》："坏，益也。"字或作"培"，则指墙垣⑧。故"在帝之坏"意即在帝周围。麸钟铭："先王其严，在帝左右。"猷簋铭："其濒在帝廷。"叔夷钟铭："有严在帝所。"意皆相同。此言在帝之坏，意涉周天十二次，故云"十又二公"，张说近是。

（三）杨树达云："保业者，《书·康诰》云：'往敷求于殷先哲王，用保乂民。'《多士》云：'亦惟天丕建保乂有殷。'《君奭》云：'率惟兹有陈，保乂有殷。'《康王之诰》云：'则亦有熊罴之士不二心之臣保乂王家。'《诗·小雅·南山有台》云：'乐只君子，保艾尔后。'克鼎云：'天子其万年无疆，保辥周邦，畯尹四方。'宗妇殷云：'保辥鄦国。'晋邦盦云：'余咸妥（畜）胤土，作为左右，保辥王国。'业与辥、乂、艾皆同声，铭文保业，犹《书》云保乂，《诗》云保艾，克鼎诸器云保辥也。

---

① 柯昌济：《韡华阁集古录跋尾》丙编，民国二十四年（1935年）馀园丛刻铅字本；容庚：《秦公钟簋之时代》，《考古社刊》第六期，1937年版，第37页。
② 吴镇烽：《新出秦公钟铭考释与有关问题》，《考古与文物》1980年创刊号。
③ 赵明诚：《金石录》卷二三，古器物铭第二，秦钟铭，中华书1991年局影印南宋龙舒郡斋刻本。
④ 郭沫若：《两周金文辞大系图录考释》第八册，科学出版社1957年版，第247—248页。
⑤ 杨树达：《积微居金文说》（增订本），科学出版社1959年版，第44页。
⑥ 王辉：《秦铜器铭文编年集释》，三秦出版社1990年版，第20—21页。
⑦ 张政烺：《"十又二公"及其相关问题》，《纪念顾颉刚学术论文集》，巴蜀书社1990年版。
⑧ 张政烺：《"十又二公"及其相关问题》，《纪念顾颉刚学术论文集》，巴蜀书社1990年版。

《尔雅·释诂》云：'艾，相也。'凡言'保乂'、'保乂'、'保艾'、'保辥'者，皆谓保相也。"①

（四）"迈民是敕"，宋出秦公钟铭云"万生（姓）是敕"。杨树达谓："按《说文》云：'敕，诫也。'《汉书·郊祀志下》注云：'敕，整也。'"②

（五）"镇静不廷"，宋出秦公钟铭同。"镇"本作"鋹"，薛尚功释"镇"③。孙诒让云："《说文》慎，古文作𠭤。此疑从𠭤声。"④ 字从"炅"声。"镇静"，安定也。《国语·晋语七》："无忌镇静。"明道本"静"作"靖"。《晋书·高崧传》："不能镇静群庶。""不廷"，不朝王庭之人。《左传·成公十三年》："谋其不协而讨不庭。"杜预《集解》："讨背叛不来王庭者。"又《隐公元年》："以王命讨不庭。"杜预《集解》："下之事上皆成礼于庭中。"《诗·大雅·韩奕》："榦不庭方。"毛公鼎铭："率怀不廷方。"皆言不朝之方。

（六）"乍寻宗彝"，《左传·昭公元年》："日寻干戈。"杜预《集解》："寻，用也。"

（七）"严"，先祖在天之尊威。虢叔旅钟铭："皇考严在上，翼在下。"番生簋盖铭："丕显皇祖考穆穆克慎厥德，严在上，广启厥孙子于下。"皆言在天之威。《诗·小雅·六月》："有严有翼。"毛《传》："严，威严也。""徹"，字从"徥"，又见石鼓文《作原》，亦或为"逆"（逆尊）、"遇"（歸，歸父盘）字所从，故知当从"尤"声，或可释"迖"，读为"尤"。《说文·乙部》："尤，异也。""各"，读为"格"，法也。《礼记·缁衣》："言有物而行有格也。"郑玄《注》："格，旧法也。"故"其严尤格"承"虔敬朕祀"、"以昭皇祖"，乃言通过祭祀而使在天之先祖不仅昭明，且其威严特别庄正。

（八）"眈𪐢才天"，宋出秦公簋铭作"眈𪐢在位"，"天"乃"立"字之讹⑤。

（九）"引"，宋人释"弘"。于豪亮据马王堆帛书《周易》"引吉"之"引"形与此同而释"引"⑥。《尔雅·释诂上》："引，长也。"《释

---

① 杨树达：《积微居金文说》（增订本），科学出版社1959年版，第43—44页。
② 杨树达：《积微居金文说》（增订本），科学出版社1959年版，第44页。
③ 薛尚功：《历代钟鼎彝器款识法帖》卷七，明崇祯六年（1633年）朱某亞刻本。
④ 孙诒让：《古籀拾遗》卷上，中华书局1989年版，第4页。
⑤ 杨树达：《积微居金文说》（增订本），科学出版社1959年版，第44页。
⑥ 于豪亮：《说引字》，《于豪亮学术文存》，中华书局1985年版。

训》："子子孙孙引无极也。"陆德明《释文》："引，长多也。""有庆"古人习语，天亡簋铭"唯朕有庆"。"竈囿四方"，宋出秦公钟铭作"匍（抚）有四方"，知二句意同。钟又铭"竈有下国"，宋人皆释"竈"为"奄"，学者已辨其非①。《诗·大雅·韩奕》："奄受北国。"毛《传》："奄，抚也。"意即安受北国。故《诗·大雅·皇矣》"奄有四方"即抚有四方，《诗·鲁颂·閟宫》"奄有下国"即安有下国。杨树达读"竈囿"为《诗·商颂·玄鸟》"肇域彼四海"之"肇域"②，但与"竈有下国"及钟铭互文"匍（抚）有四方"文义不合。况秦公石磬铭有"竈尃（敷）蛮夏，极事于秦"句，"竈"借为"肇"义也不洽。刘心源、孙诒让读"竈"为"造"③，可从。《国语·周语中》："故凡我造国。"韦昭《注》："造，为也。"《尔雅·释言》邢昺《疏》："造，谓营为也。"故"造有下国"即创造秦国，意同秦公钟铭之"赏宅受国"。《尚书·康诰》："用肇造我区夏。""造"又有容纳意。《礼记·丧大记》："君设大盘造冰也。"郑玄《注》："造，犹内也。"则"竈囿"应读为"造有"，"造有四方"意即容有四方或广有四方，意同"匍（抚）有四方"。

（十）"宜"。秦公钟铭作"其康宝"，知"宜"自为句。宋出秦公钟铭作"永宝，宜"，秦子戈、矛铭云："用逸，宜"，也以"宜"缀于铭末，其义待考。

铭文之末数句有韵，祖、疆、庆、方皆阳部字，各为铎部字。

12. 十五年守相杢波鈹（《集成》11701，图7-29）

十五年(一)，守相杢（廉）波（颇）(二)，邦右库工帀（师）戠（韩）帀(三)，冶巡执齋（齐）(四)。

大攻（工）君（尹）公孙桴(五)。

此器又名十五年守相杜波鈹。战国晚期赵国兵器。残长28.7厘米。正背刻铭24字。罗振玉旧藏，现藏旅顺博物馆。

（一）"十五年"，赵孝成王十五年，即公元前251年。

（二）"杢波"即廉颇④。"杢"为"埶"字之省，古读与"廉"通⑤。

---

① 刘心源：《奇觚室吉金文述》；孙诒让：《籀高述林》卷七。
② 杨树达：《积微居金文说》（增订本），科学出版社1959年版，第44—45页。
③ 刘心源：《奇觚室吉金文述》；孙诒让：《籀高述林》卷七。
④ 黄盛璋：《试论三晋兵器的国别和年代及其相关问题》，《考古学报》1974年第1期。
⑤ 李家浩：《南越王墓车驲虎节铭文考释》，《容庚先生百年诞辰纪念文集》，广东人民出版社1998年版。

"守相",代理相邦。《战国策·秦策五》:"文信侯出走,与司空马之赵,赵以为守相。"鲍彪本高诱《注》:"守,假官也。"《史记·廉颇蔺相如列传》:"赵以尉文封廉颇为信平君,为假相国。"《史记·赵世家》:"(孝成王)十五年,以尉文封相国廉颇为信平君。"张守节《正义》:"信平,廉颇号也。言笃信而平和也。"此廉颇所任之假相国即铭文之守相。廉颇号信平君,多见于铭文,如十六年守相信平君铍铭:"十六年,守相信平君,邦右库工师

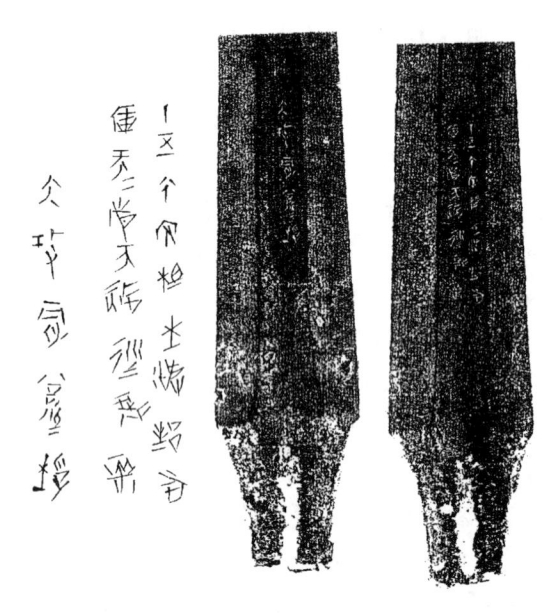

图7-29 十五年守相杢波铍铭文拓摹本

韩伕,冶明执齐,大工尹韩嵩"(《欧遗》10.104.3)。廉颇任守相在其封信平君前①,铭文记廉颇,是以其为兵器的监造者。

(三)"库"为制造及储藏兵器之库,其分左、右,又有"武库"、"往库"。库有工师、冶尹和冶。《礼记·月令》季春之月,"命工师令百工审五库之量,金铁、皮革筋、角齿、羽箭干、脂胶丹漆,无或不良,百工咸理,监工日号,无悖于时,毋或作为淫巧,以荡上心。"郑玄《注》:"工师,司空之属官也。于百工皆理治其事之时,工师则监之,日号令之,戒之以此二事也。百工作器物各有时,逆之则不善。时者,若《弓人》'春液角,夏治筋,秋合三材,冬定体'之属也。淫巧,谓伪饰不如法也。荡之,谓动之使生奢泰也。今《月令》无'于时','作为'为'诈伪'。"此监工也即工师,《吕氏春秋》高诱《注》:"监工,工官之长。"又孟冬之月,"命工师效功,陈祭器,案度程,毋或作为淫巧,以荡上心,必功致为上。"郑玄《注》:"工师,工官之长也。"《月令》之"五库",郑玄以为"藏此诸物之舍"。蔡邕《月令章句》以为即车库、兵库、祭器

---

① 吴振武:《赵十六年守相信平君铍考》,《第三届国际中国古文字学研讨会论文集》,香港中文大学中国文化研究所、中国语言及文学系,1997年。

库、乐器库、宴器库。孔颖达《正义》引熊氏云："各以类相从，金、铁为一库，皮、革、筋为一库，角、齿为一库，羽、箭、幹为一库，脂、胶、丹、漆一库。"所说近是。唯据《月令》可知，五库不仅藏物，也职制造。而工师为各库之长，其职在于监工。"軏帀"，韩帀，工师名。

（四）"冶"，也称"冶吏"，兵器制造的实际负责者，掌管铜锡之比的配量，其长则为冶尹，相当于《考工记》之冶氏或筑氏。"巡"，冶吏名。"齋"，读为"剂"，文献多作"齐"。《周礼·考工记·筑氏》："攻金之工，筑氏执下齐，冶氏执上齐。……金有六齐，六分其金而锡居一，谓之钟鼎之齐。五分其金而锡居一，谓之斧斤之齐。四分其金而锡居一，谓之戈戟之齐。参分其金而锡居一，谓之大刃之齐。五分其金而锡居二，谓之削杀矢之齐。金锡半，谓之鉴燧之齐。"郑玄《注》："多锡为下齐，大刃、削杀矢、鉴燧也。少锡为上齐，钟鼎、斧斤、戈戟也。（齐），目和金之品数。"孙诒让《正义》："《亨人》注云：'齐，多少之量。'故和金锡亦谓之齐，品数即谓多少之量也。"《考工记》有冶氏、筑氏，《总叙》谓之攻金六工。孙诒让《周礼正义》："《说文·久部》云：'冶，销也。'《金部》云：'销，铄金也。'《总叙》云：'铄金以为刃，故工以冶为名。'《书·梓材》《释文》引马融《书注》云：'治金器曰冶。'"此"执齐"则即冶氏、筑氏执齐而配金锡之量，知冶并非兵器的直接铸造者。"执齐"一词多见于赵国兵器铭文。

（五）大工尹，官名，位在工师之上。兵器制造的直接管理者，在此负有实际监造和验收之责。韩国兵器制造于监造者令之后又常有司寇，此赵国兵器制造于监造者守相之后又有大工尹，乃诸侯之司空。《左传·文公十年》："王使为工尹。"杜预《集解》："掌百工之官也。"《管子·问》："工尹伐材用。"尹知章《注》："工尹，工官之长。"公孙桴，大工尹名。

13. 越王句践剑（《集成》11621，图 7-30）
    郎（越）王欮（句）潜（践）自作

图 7-30 越王句践剑铭文拓本

（作）用鐱（剑）。

此剑 1965 年出土于湖北江陵望山楚墓。长 55.7 厘米，宽 4.6 厘米，柄长 8.4 厘米。圆柄缠以细绳。剑首外卷作圆箍形，内铸 11 道圆圈。剑格正面以蓝色琉璃、背面以绿松石镶嵌花纹，剑身满饰菱形暗纹。出土时剑插于黑漆鞘中，刃极锋利，制作精良。近格处铭 2 行 8 字鸟篆。时代为春秋晚期。现藏湖北省博物馆。

"鸠浅"，读为"句践"。"鸠"从"九"声。《淮南子·墬形》："句婴民。"高诱《注》："句婴读为九婴。""浅"，从"戋"声。马王堆汉墓帛书《战国纵横家书》"句践"作"句浅"，是为其证。句践在位三十二年（公元前 496—前 465 年），并于公元前 473 年灭吴。此剑当作于灭吴以后①。

14. 王命传（《集成》12100，图 7-31）

王命命遡（传）赁(一)，一槍（擔）飤之(二)。

此器旧称龙节、龙虎节、传赁龙节、王命龙节。方濬益《缀遗斋彝器款识考释》卷二九云："此器旧不审谁氏所藏，近归吴清卿中丞。"长 20.2 厘米，宽 2.8 厘米。上端饰龙头，两面共铭 9 字。时代属战国。现藏上海博物馆。

同铭之传，今所见者共计六枚②。阮元名为"节"③，学者多从之。唐兰正名曰"传"④。《说文·寸部》："尃，六寸簿也。"《周礼·地官·掌节》："凡通达于天下者，必有节以传辅之。"郑玄《注》："辅之以传者，节为信耳，传说所赍操及所适。"又《司关》："凡所达货贿者，则以节传出之。……有外内之送令，则以节传出内之。"是传辅之以节，为宿止传舍者所用。

（一）"王命"下有重文符，当读为"王命命"，上"命"为名词，下"命"为动词。鄂君启节铭："大工尹脽以王命命集尹悤糋。"皆言以楚王之命命之。《掌节》："掌节掌守邦节而辨其用，以

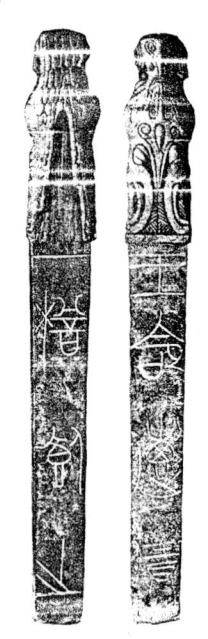

图 7-31 王命传及铭文拓本

---

① 曹锦炎：《鸟虫书通考》，上海书画出版社 1999 年版。
② 其中或有赝品，参李家浩《传赁龙节铭文考释》，《考古学报》1998 年第 1 期。
③ 阮元：《积古斋钟鼎彝器款识》卷十。
④ 唐兰：《王命传考》，国立北京大学《国学季刊》第六卷第四期，1941 年。

辅王命。"今见两件王命虎传铭云："王命命邎（传）赁。"① 广州南越王墓出土战国车驲虎传铭云："王命命车驻（驲）。"② 文例相同。《说文·马部》："驲，驿传也。"朱骏声《说文通训定声》："车曰驲曰传，马曰驿曰遽。"《汉书·高帝纪》师古《注》："古者以车，谓之传车，其后又单置马，谓之驿骑。"《左传·文公十六年》："楚子乘驲会师于临品。"杜预《集解》："驲，传车也。"是"车驲"即车传③。然战国已有骑传之制，固可曰"传"。燕器马传铭云："骑传比屎（矢）"（《集成》12091），知"传"不独谓车传。又燕器鹰传铭："传虡（遽）端（瑞），戊寅舟（造），有身（信），不句酉（留）"（《集成》12105），已"传遽"连文。"骑传"、"传遽"与"车驲"对文，明"传"本应指骑传，或泛言传遽事。《说文·人部》："传，遽也。"正此之谓。而前贤以"传"唯指车传，并不符合先秦古制。准此，则"邎赁"应读为"传赁"。"赁"指胥徒，以力役受雇于公之人。《说文·贝部》："赁，庸也。"段玉裁《注》："庸者，今之佣字。《广韵》曰：'佣，馀封切。佣，赁也。'凡雇儓皆曰庸，曰赁。"《玄应音义》卷六"佣赁"注引孟氏曰："佣，役也。谓役力受直曰佣。""赁"又可读为"任"，中山王䯎鼎铭"使知社稷之任"，"任"即作"赁"。《荀子·议兵》："轻其任。"杨倞《注》："任，力役。"《周礼》有大、小行人及行夫于传遽之事或兼或专。《周礼·秋官·行夫》："行夫掌邦国传遽之小事、媺恶而无礼者。凡其使也，必以旌节。虽道有难而不时，必达。"郑玄《注》："传遽，若今时乘传骑驿而使者也。美，福庆也。恶，丧荒也。此事之小者无礼，行夫主使之。道有难，谓遭疾病他故，不以时至也。必达，王命不可废也。其大者有礼，大小行人使之。"行夫乃行人之属。《叙官》云："行夫，下士三十有二人。"此皆王官。《礼记·玉藻》："士曰'传遽之臣'。"亦合此制。然大小行人行夫之属又有"胥八人，徒八十人"，以胥徒为各官通制。郑玄《注》："此民给徭役者，胥读如谞，谓其有才知，为什长。"孙诒让《正义》："《说文·辵部》：'徒，步行也。'凡徒亦步行给役者，故以为名。郑以胥徒卑于府史，非官长所辟除，乃平民来应征调，供公家徭役者。

---

① 见《集成》12094、12095。另参见王海文《故宫博物院所藏楚器》，《江汉考古》1986年第4期；周世荣《湖北战国秦汉魏晋铜器铭文补记》，《古文字研究》第十九辑，中华书局1992年版。

② 见《新收》1413，另参广州市文物管理委员会、中国社会科学院考古研究所《西汉南越王墓》，文物出版社1991年版。

③ 李家浩：《南越王墓车驲虎节铭文考释》，《容庚先生百年诞辰纪念文集》，广东人民出版社1998年版。

《乡大夫》云：'国中自七尺以及六十，野自六尺以及六十有五，皆征之。'郑司农云：'征之者，给公上事也。'《王制》孔疏引郑《驳五经异义》云：'《周礼》所谓皆征之者，使为胥徒，给公家之事，如今之正卫耳。'是胥徒国野之人来给役者也。贾疏云：'案下《宰夫》八职云："七曰胥，掌官叙以治叙；八曰徒，掌官令以征令。"郑云："治叙，次序官中，如今侍曹伍伯传吏朝也。征令，趋走给召呼。"案《礼记·王制》云："下士视上农夫，食九人，禄足以代耕。"则府食八人，史食七人，胥食六人，徒食五人禄。其官并亚士，故号庶人在官者也。'诒让案：府史胥徒并有禀食而无禄，《王制》云禄者，即禀食。故府史及不命之士。《燕礼》、《大射仪》通谓之士旅食，注云：'旅，众也。谓未得正禄所谓庶人在官者也。'其胥徒虽亦为庶人在官，而不得为士，以其为受役之民也。"此胥徒或为传吏，正合此铭"传赁"，其无禄而有禀食，亦即下铭"一擔飤之"。

（二）"檐"，"簷"之省文，通作"擔"，食量单位。学者或以为一擔容一斛二斗，为一月之食量①。《周礼·天官·宫正》："均其稍食。"郑玄《注》："稍食，禄禀。"并不确切。贾公彦《疏》："稍则稍稍与之，则月俸是也。"孙诒让《正义》："《说文·禾部》云：'稍，出物有渐也。'《禀部》云：'禀，赐谷也。'易祓云：'当是一命以上谓之禄，庶人在官者，稍食而已。'金榜云：'《校人》"等驭夫之禄，宫中之稍食"，明稍食与禄殊也。'沈彤云：'稍食，食之小者。'《校人》先郑注云：'稍食谓禀。'此训最析。《司士》云：'以德诏爵，以功诏禄，以能诏事，以久奠食。'《注》云：'食，稍食也。'亦以禄食并言。然则有爵则有禄，有事则有食，故《廪人》以稍食匪颁二者并举，食异于禄明矣。以经考之，赋禄或以田，或以米粟；奠食则一以米粟，无以田者。……不命之士及庶子、庶人在官者，皆无爵而有事者也，故皆给食不给禄，《檀弓》云：'仕而未有禄者'是也。食之多寡无定，视其事之繁简，功之上下，以岁时稽而均之，《小宰》六叙正群吏云'以叙制其食'，《医师》云'岁终稽其医事，以四等制其食'，《内宰》掌内官云'均其稍食'，《夏官·槀人》'乘其事，试其弓弩，以上下其食而诛赏'，《校人》云'等宫中之稍食'是也。稍食亦曰禀食，《聘礼》云：'既致饔，旬而稍。'郑彼注云：'稍，禀食也。'是稍食、禀食义同。"所论详确。或明先秦传遽之制，大事以大小行人，小事以行夫，皆以车传以应急，助之者则有胥徒，其或步传，以月计禀食一擔。

---

① 李家浩：《传赁龙节铭文考释》，《考古学报》1998 年第 1 期。

本章小结

本章系统论述商周青铜器及其铭文的发现著录与研究历史，并选择有代表性的重要彝铭通读考释。其一，介绍商周青铜器发现著录的基本情况。其二，简述古器物学的形成与发展，青铜器纹样研究的意义。其三，阐述青铜器铭文的整理研究及其重要成果与基本问题。其四，论释青铜器的定名与分类方法，强调形制原则的局限以及结合铭文研究的必要。其五，全面阐述商周青铜器铭文的分代研究，建立商代金文的分代标准及西周青铜器断代的基本方法，并对西周青铜器及其铭文分代所涉及的西周王世、标准器断代、康宫、谥法、历日、月相诸内容，以及西周历法等一系列问题进行深入分析。其六，讨论三代封建与金文分域研究的关系，文字与器物的从同与趋异特征，兵器铭文的发展及其分域特点，分域研究的方法及意义。其七，论析青铜器铭文的族氏问题，指出族氏铭文所包含的国、族、氏等不同内容的复杂性，考索"亚"字的本质含义及其宗法意义，讨论商周日名与族徽应用的普遍性及其历史背景。其八，选读商及两周时期典型金文资料，以见其正经补史的史料价值。

思 考 题

名词解释：

金文　《考古图》　西清四鉴　《两周金文辞大系》　《殷周金文集成》　古器物学　安州六器　梁山七器　天亡簋　大盂鼎　曶鼎　裘卫四器　中山三器

简答题：

简论商代青铜器铭文的时代标准。

简论"康宫"问题的争论及其意义。

简论标准器断代法。

简论铭文"亚"的争论及其意义。

简论西周金文月相的争论及其意义。

论述题：

试论商周礼器制度的特点。

试论金文所见商周制度之异同。

试论金文所见西周谥法与宗庙制度。

试论族氏铭文与世系传统。

试论商周青铜器及其铭文的分域特点及与宗族的关系。

阅读参考文献

郭沫若：《两周金文辞大系图录考释》，《郭沫若全集·考古编》第七卷，科学出版社 2002 年版。

陈梦家：《西周铜器断代》，中华书局 2004 年版。

唐兰：《西周青铜器铭文分代史征》，中华书局 1986 年版。

唐兰：《唐兰先生金文论集》，紫禁城出版社 1995 年版。

白川静：《金文通释》，《白川静著作录·别卷》，平凡社 2004—2006 年版。

李学勤：《新出青铜器研究》，文物出版社 1990 年版。

马承源主编：《商周青铜器铭文选》，文物出版社 1986—1990 年版。

中国社会科学院考古研究所：《殷周金文集成》，中华书局 1984—1994 年版；修订增补本 2006 年版。

锺柏生、陈昭容、黄铭崇、袁国华：《新收殷周青铜器铭文暨器影汇编》，艺文印书馆 2006 年版。

刘雨、汪涛：《流散欧美殷周青铜器集录》，上海辞书出版社 2007 年版。

刘庆柱、段志洪主编，冯时副主编：《金文文献集成》，香港明石文化有限公司 2004—2006 年版。

容庚：《金文编》，中华书局 1989 年版。

朱凤瀚：《中国青铜器综论》，上海古籍出版社 2009 年版。

王世民、陈公柔、张长寿：《西周青铜器分期断代研究》，文物出版社 1999 年版。

马承源主编：《中国青铜器全集》，文物出版社 1993—1998 年版。

中国社会科学院考古研究所、安阳市文物考古研究所：《殷墟新出土青铜》，云南人民出版社 2008 年版。

曹玮：《周原出土青铜器》，四川出版集团、巴蜀书社 2005 年版。

第八章 简帛及其他古文字文献研究

内容提要

本章不拘"战国文字"的时代概念,分类介绍先秦时代的简牍、帛书、盟书、石刻、玺印、封泥、陶文及货币文字资料,梳理其发现及研究历史,讨论史料所涉及的相关问题,选读重要文献。

第一节 简帛文献

简策作为先秦时期人们书著文字最主要的形式,它的出现至少可以追溯到殷商时期。《尚书·多士》谓"惟殷先人有册有典"。汉晋两代,先秦简策已有孔壁古文经与汲冢竹书的发现,汉人木简于北宋徽宗时也有出土,但原简均久已散佚。尽管19世纪末至20世纪初敦煌塞上及西域各地汉晋简牍的发现使简牍研究迅速形成专学,然而对于先秦简牍的情况却晚至20世纪50年代才随着中国考古学的发展逐渐为人们所认识。20世纪70年代后,大量战国简策的出土已不同于早期的零星发现,不仅数量浩繁,而且呈现出众多前所未见的竹书,从而为先秦考古学、历史学、古文字学、古典哲学、先秦思想史、古代文献学、简策制度以及其他相关问题的研究积累了丰富资料,因此具有重要的意义。

一 战国简帛的发现与研究

(一)简牍

目前所见战国简牍有楚简、曾简和秦简,先后共发现37批,其中以楚简和秦简为大宗。

1. 楚简

共发现29批,出土地点主要集中于两湖和河南地区。

湖南楚简前后出土六批。新中国成立之初,考古工作者通过对湖南长沙楚墓的考古发掘首先获取了楚简。1951年,长沙五里牌406号墓出土竹简38枚,长沙仰天湖25号墓出土竹简43枚,内容均为遣策①;1954年,长沙杨家湾6号墓出土竹简72枚,其中书字简54枚②。20世纪80年代后,湖南地区出土的楚简更趋丰富。1980年,临澧九里楚墓出土100馀枚残断的竹简,内容不详③。1983年,常德德山夕阳坡2号墓出土竹简2枚,内容为纪年记事文书④。1987年,慈利石板村36号墓出土残竹简4557片,约800—1000枚,内容为记事性古书,以记吴、越二国史事为主,如黄池之会、吴越争霸,似与《国语·吴语》、《越语》或《越绝书》有关⑤,其他内容则或为《管子》、《宁越子》等佚文⑥,极为珍贵。

湖北楚简的发现集中在江陵和荆门地区,目前出土共21批。1965年,江陵望山1号墓出土竹简207枚,内容为卜筮祭祷记录⑦。次年,望山2号墓又出66枚遣策⑧,涉及器物名称达320种之多,许多不见于文献记载,所记器物排列有序,与出土实物对观也基本符合,颇便考定随葬器物之名称。1973年,江陵藤店1号墓出土竹简24枚,内容也为遣策⑨。1978年,江陵天星观1号墓出土竹简,其中完整者70馀枚,另有残简若干,内容为卜筮祭祷记录和遣策⑩。1981年,江陵九店56号墓

---

① 中国科学院考古研究所:《长沙发掘报告》,科学出版社1957年版;湖南省文物管理委员会:《长沙仰天湖第25号木椁墓》,《考古学报》1957年第2期;史树青:《长沙仰天湖出土楚简研究》,群联出版社1955年版。

② 湖南省文物管理委员会:《长沙杨家湾M006号墓清理简报》,《文物参考资料》1954年12期;《长沙出土的三座大型木椁墓》,《考古学报》1957年第1期。商承祚:《战国楚竹简汇编》,《长沙楚墓》,文物出版社2000年版。

③ 熊传新:《临澧县发掘一座大型战国木椁墓》,《湖南日报》1980年12月13日(转引自楚文化研究会《楚文化考古大事记》,文物出版社1984年版,第124页)。

④ 杨启乾:《常德市德山夕阳坡二号楚墓竹简初探》,《楚史与楚文化》,《求索》杂志1987年增刊;刘彬徽:《常德夕阳坡楚简考释》,纪念徐中舒先生诞辰百年暨国际汉语古文字学研讨会论文,1998年10月。

⑤ 湖南省文物考古研究所、慈利县文物保护管理研究所:《湖南慈利石板村36号战国墓发掘报告》,《文物》1990年第10期。

⑥ 张春龙:《慈利楚简概述》,《新出简帛研究》,文物出版社2004年版。

⑦ 湖北省文物考古研究所:《江陵望山沙塚楚墓》,文物出版社1996年版;湖北省文物考古研究所、北京大学中文系:《望山楚简》,中华书局1995年版。

⑧ 湖北省文物考古研究所:《江陵望山沙塚楚墓》,文物出版社1996年版;湖北省文物考古研究所、北京大学中文系:《望山楚简》,中华书局1995年版。

⑨ 荆州地区博物馆:《湖北江陵藤店一号墓发掘简报》,《文物》1973年第9期。

⑩ 湖北省荆州地区博物馆:《江陵天星观一号楚墓》,《考古学报》1982年第1期。

出土竹简205枚，一种内容为《日书》，另一种似为农书①；1989年，九店621号墓又出竹简127枚，其中书字简88枚，内容为先秦佚籍；411号墓也同时出土竹简2枚②。1982年，江陵马山砖瓦厂1号墓出土一枚遣策③。1987年，江陵秦家嘴1号、13号和99号墓分别出土竹简7枚、18枚和16枚，内容为卜筮祭祷记录和遣策④。同年，荆门包山2号墓出土竹简448枚，其中书字简278枚，存12472字，内容为卜筮祭祷记录、司法文书和遣策，司法文书简中自书篇题的有《集箸》、《集箸言》、《受期》、《疋狱》四种，此外尚出竹牍一枚，亦赗方之属⑤。1991年，江陵鸡公山18号墓出土遣策⑥。1992年，江陵砖瓦厂370号墓出土竹简6枚，内容为司法文书⑦；老河口战国墓也出遣策⑧。1993年，荆门郭店1号墓出土竹简804枚，存13000馀字，内容为先秦典籍⑨，其中兼及儒道学说的佚籍有《语丛》四种；道家著作有《老子》甲、乙、丙三种抄本，且丙本同抄佚籍《太一生水》，系对《老子》哲学核心思想的精详阐释；儒家著作则包括《缁衣》、《穷达以时》、《五行》及数种佚籍，如《鲁穆公问子思》、《唐虞之道》、《忠信之道》、《成之闻之》、《尊德义》、《性自命出》和《六德》，《缁衣》与今传本不同，《穷达以时》近于《荀子·宥坐》、《孔子家语·在厄》、《韩诗外传》卷七及《说苑·杂言》，《五行》又见于马王堆汉墓帛书，乃《荀子·非十二子》指斥之思孟五行学说。这些文献珍异非常，对研究中国古代哲学具有特殊的价值。同年，黄冈曹家冈5

---

① 湖北省文物考古研究所：《江陵九店东周墓》，科学出版社1995年版；湖北省文物考古研究所、北京大学中文系：《九店楚简》，中华书局2000年版。
② 湖北省文物考古研究所：《江陵九店东周墓》，科学出版社1995年版；湖北省文物考古研究所、北京大学中文系：《九店楚简》，中华书局2000年版。
③ 荆州地区博物馆：《湖北江陵马山砖厂一号墓出土大批战国时期丝织品》，《文物》1982年第10期。
④ 荆沙铁路考古队：《江陵秦家嘴楚墓发掘简报》，《江汉考古》1988年第2期。
⑤ 湖北省荆沙铁路考古队：《包山楚墓》，文物出版社1991年版。
⑥ 张绪球：《宜黄公路仙江段考古发掘工作取得重大收获》，《江汉考古》1992年第3期。
⑦ 陈伟：《楚国第二批司法简刍议》，《简帛研究》第3辑，广西教育出版社1998年版；滕壬生、黄锡全：《江陵砖瓦厂M370楚墓竹简》，《简帛研究2001》，广西师范大学出版社2001年版。
⑧ 陈振裕：《湖北楚简概述》，《简帛研究》第1辑，法律出版社1993年版。
⑨ 湖北省荆门博物馆：《荆门郭店一号楚墓》，《文物》1997年第7期；荆门市博物馆：《郭店楚墓竹简》，文物出版社1998年版。

号墓出土 7 枚遣策①；江陵范家坡 27 号墓出土竹简 1 枚，内容不详②。1994 年，上海博物馆自香港购藏战国楚简 1200 馀枚，存 35000 馀字，似亦出土于荆门地区，内容涉及约百种先秦典籍，包括儒、墨、道、兵、杂各家，目前刊布的竹书已有 50 馀种，包括《孔子诗论》、《缁衣》、《性自命出》、《民之父母》、《子羔》、《鲁邦大旱》、《从政》（甲、乙本）、《昔者君老》、《容成氏》、《周易》、《仲弓》、《恒先》、《彭祖》、《采风曲目》、《逸诗》、《昭王毁室》、《昭王与龚之脾》、《柬大王泊旱》、《内礼》、《相邦之道》、《曹沫之陈》、《競建内之》、《鲍叔牙与隰朋之谏》、《季庚子问于孔子》、《姑成家父》、《君子为礼》、《弟子问》、《三德》、《鬼神之明》、《融师有成氏》、《競公瘧》、《孔子见季趄子》、《庄王既成》、《申公臣灵王》、《平王问郑寿》、《平王与王子木》、《慎子曰恭俭》、《用曰》、《天子建州》（甲、乙本）、《武王践阼》、《郑子家丧》（甲、乙本）、《君子者何必安哉》（甲、乙本）、《凡物流形》（甲、乙本）、《吴命》、《子道饿》、《颜渊问于孔子》、《成王既邦》、《命》、《王居》、《志书乃言》、《李颂》、《兰赋》、《有皇将起》、《鹠鹅》、《成王为城濮之行》（甲、乙本）、《灵王遂申》、《陈公治兵》、《举治王天下》（五篇）、《邦人不称》、《史蒥问于夫子》、《卜书》③，另有《乐礼》、《管子》、《四帝二王》、《乐书》等，多为古佚书。除个别典籍为今本的不同传本外，《易经》为迄今所见时代最早的抄本，《孔子诗论》是先秦《诗》学的重要著作，对研究孔子与《诗》的关系，探讨《诗》义、《诗序》的形成、《诗》教的作用乃至儒学的形成等问题都有着极为重要的意义。而《缁衣》、《民之父母》、《内礼》、《武王践阼》、《三德》、《天子建州》等十数篇文献显为《礼记》之属，其中很多不见于今传二戴《记》，当系《汉书·艺文志》所载先秦古文《记》、《明堂阴阳记》、《孔子三朝记》、《王史氏记》及《乐记》五种古文记之类，为二戴编订《礼记》之源。此外，战国春秋学著作及诗赋辞赞也构成了出土竹书的重要内容。这些资料都使我们有机会重睹久已湮灭的先秦佚籍。同时，香港中文大学文物馆购藏竹简 10 枚，内容为典籍④。至于 2008 年入藏清华大学的战国楚简，数量达 1700——

---

① 黄冈市博物馆：《湖北黄冈两座中型楚墓》，《考古学报》2000 年第 2 期。
② 滕壬生：《楚系简帛文字编·序言》，湖北教育出版社 1995 年版。
③ 马承源主编：《上海博物馆藏战国楚竹书》一至九册，上海古籍出版社 2011—2012 年版。
④ 陈松长：《香港中文大学文物馆藏简牍》，香港中文大学，2001 年。

1800 枚，所见竹书逾 60 种。已刊布的资料有《尹至》、《尹诰》、《程寤》、《保训》、《耆夜》、《周武王有疾周公所自以代王之志》、《皇门》、《祭公之顾命》、《楚居》、《系年》、《说命》（上、中、下）、《周公之琴舞》、《芮良夫毖》、《良臣》、《祝辞》、《赤鹄之集汤之屋》、《筮法》、《别卦》、《算表》十九篇①，对研究战国之经学史学价值弥重。

河南楚简发现两批。1957 年，信阳长台关 1 号墓出土竹简 137 枚，内容分两种，一种为遣策，另一种似为先秦墨学佚籍②。2002 年，新蔡平夜君成墓出土竹简 1500 馀枚，内容为卜筮祭祷记录和簿书，卜筮祭祷记录又有三种不同的内容③。

2. 曾简

出土于湖北随州曾侯乙墓，计 240 馀枚，6600 馀字。内容为遣策，所记以车马兵甲为主，为解决古代车制等问题很有裨益④。由于楚、曾地域毗邻，曾简所记之文字与官制均近于楚简。

3. 秦简

战国秦简共见十批，出土地点多在湖北云梦、江陵地区，湖南、四川及甘肃诸省也有发现。1975 年，湖北云梦睡虎地 11 号墓出土竹简 1155 枚，另有 80 馀片残简，内容有《编年记》、《语书》、《秦律十八种》、《效律》、《秦律杂抄》、《法律答问》、《封诊式》、《为吏之道》及《日书》甲、乙本⑤。次年，睡虎地 4 号墓又出土木牍 2 枚，内容为家书⑥。1986 年，江陵岳山 36 号墓出土 2 枚木牍《日书》⑦。1989 年，云梦龙岗 6 号墓出土竹简 293 枚，木牍 1 枚，内容为秦律⑧。1990 年，江陵扬家山 135 号

---

① 李学勤主编：《清华大学藏战国竹简》壹至肆册，中西书局 2010—2013 年版。
② 河南省文物研究所：《信阳楚墓》，文物出版社 1986 年版；李学勤：《长台关竹简中的〈墨子〉佚篇》，《简帛佚籍与学术史》，台湾时报出版公司 1994 年版。
③ 河南省文物考古研究所、河南省驻马店市文化局、新蔡县文物保护管理所：《河南新蔡平夜君成墓的发掘》，《文物》2002 年第 8 期。
④ 湖北省博物馆：《曾侯乙墓》，文物出版社 1981 年版。
⑤ 云梦睡虎地秦墓编写组：《云梦睡虎地秦墓》，文物出版社 1981 年版；《云梦睡虎地竹简》，文物出版社 1990 年版。
⑥ 湖北孝感地区第二期亦工亦农文物考古训练班：《湖北云梦睡虎地十一座秦墓发掘简报》，《文物》1976 年第 9 期；黄盛璋：《云梦秦墓两封家信中有关历史地理的问题》，《文物》1980 年第 8 期。
⑦ 湖北省江陵县文化局、荆州地区博物馆：《江陵岳山秦汉墓》，《考古学报》2000 年第 4 期。
⑧ 中国文物研究所、湖北省文物考古研究所：《龙岗秦简》，中华书局 2001 年版。

墓出土竹简 75 枚，内容为遣策①。1993 年，江陵王家台 15 号墓出土竹简 800 馀枚，内容为《效律》、《日书》、《归藏》及星占书；另有竹牍 1 枚②。1979 年，四川青川郝家坪 50 号墓出土木牍 2 枚，其中一枚正面书录秦武王二年（公元前 309 年）颁布的《更修田律》，背面则书不除道日干支③。1986 年，甘肃天水放马滩 1 号墓出土竹简 461 枚，内容为《日书》甲、乙本及《邸丞告书》④。此外，2002 年湖南里耶古城遗址 1 号井出土简牍两万馀枚，其中少部分的时代可早至战国末期，内容有算数书及官署档案等⑤。

（二）帛书

20 世纪三四十年代出土于湖南长沙子弹库战国楚墓。据帛书上的朱栏、墨栏及文字的大小疏密判断，原本应有五六种之多⑥。今分藏美国赛克勒美术馆及湖南省博物馆。这些帛书资料有部分已经公布⑦，其馀则仍在整理⑧。1973 年，湖南省博物馆重对该墓进行发掘，获得一件罕见的战国帛画，并据随葬器物组合的研究，判定帛书的完成时间当在战国中晚期之交⑨。

帛书中完整的一件写于一块正方形的缯上，由内外两部分内容组成，内层为方向互逆的两篇文字，首篇《创世》章居右，共八行三节；次篇《星占》章居左反置，共十三行三节。外层分帛书四周为十六等区，其中居于四隅的四区分别绘有青、赤、白、黑四色木，馀十二区则依次绘有十二月神将，月将之间则书《月令》章，月名形式同于《尔雅·释天》。帛书以《创世》章为始，自内而外旋读。对楚帛书的早期研究旨

---

① 湖北省荆州地区博物馆：《江陵扬家山 135 号秦墓发掘简报》，《文物》1993 年第 8 期。
② 荆州地区博物馆：《江陵王家台 15 号秦墓》，《文物》1995 年第 1 期。
③ 四川省博物馆、青川县文化馆：《青川县出土秦更修田律木牍——四川青川县战国墓发掘简报》，《文物》1982 年第 1 期。
④ 甘肃省文物考古研究所：《天水放马滩战国秦简》，中华书局 2009 年版。
⑤ 《龙山里耶出土大批秦代简牍》，《中国文物报》2002 年 8 月 9 日。
⑥ 曾宪通：《商锡永先生与楚帛书之缘及其贡献》，《古文字研究》第二十四辑，中华书局 2002 年版。
⑦ 蔡季襄：《晚周缯书考证》，1945 年石印本；商志𬤇：《记商承祚教授藏长沙子弹库战国残帛书》，《文物》1992 年第 11 期。
⑧ 李零：《楚帛书的再认识》，《中国文化》第 10 期，1994 年。
⑨ 湖南省博物馆：《新发现的长沙战国楚墓帛画》，《文物》1973 年第 7 期；《长沙子弹库战国木椁墓》，《文物》1974 年第 2 期。

在通释全文，辨明性质，但苦于文字漫灭，阙疑待问之处颇多①。20世纪70年代后，学者始利用帛书红外照片考释文字，疏通语意，使对帛书内容及性质的认识转臻成熟②。

出土简帛的墓葬除个别小型墓外，多为大中型墓，棺椁自一椁一棺至多重棺椁不等，墓主级别一般较高。遣策则多见于大夫以上的贵族墓葬之中，马山砖瓦厂1号墓仅为一小型土坑竖穴墓，竹简似为亲友馈赠物品的记录，数量最少，也最短小，可谓特例。典籍的出土则因墓主人身份的不同而各有差异。郭店楚墓漆耳杯铭"东宫之师"，墓主似为太子傅，故多随葬儒道文献。王家台秦墓随葬品有式盘、算筹、骰子及占卜用具，墓主似为卜官，故多随葬卜筮文献。

诸种简帛的时代，除曾简当战国早期外，一般多属战国中、晚期之物。湖北云梦睡虎地11号墓所出竹书《编年记》记事止于秦始皇三十年（公元前217年），故同墓所出其他竹书的书录年代可溯至战国末期。

战国简牍层出不穷，数量已逾万枚，存文近30万，资料丰富，价值弥重，简牍学及战国文字学也因之迅速兴起。学者据以印证楚世族源传说，发覆楚秦制度，考稽历法，建说官制，比察名物，释证地理，探究葬俗，重建先秦的经学与哲学，研究战国历史及文字，成就斐然。

二 先秦简牍制度

简牍发展至战国时期，其形制显然已相当完善。竹简由成竹劈破成条，去节杀青，刮削整治而成，制作多较精细。简宽一般在0.6—0.9厘米之间，个别较宽者可达1.2厘米，而最窄者仅0.4厘米。竹简依其长短由二或三道编绳缀连成策，竹简一侧边缘，大部分刻有不同形状的契口，用以固定编绳，有些竹简于出土时还留有编绳痕迹，甚至残存丝质编绳朽痕。长台关部分楚简的编连是每四枚为一束，两两相对，字面向里，先编连，后书写，颇具特点。竹简的首尾两端多经修整，或呈圆形，或呈梯形，也有相当部分为平头形。天水放马滩简的天地头两面多粘有深蓝色布

---

① 有关楚帛书的早期研究成果，可参见李零《长沙子弹库战国楚帛书研究》第一章《楚帛书研究概况》，中华书局1985年版。

② Noel Barnard, *The Ch'u Silk Manuscript-Translation and Commentary*, *Studies on the Ch'u Silk Manuscript Part*2, Monographs on Far Eastern History 5, The Australian National University, Camberra, 1973. 曾宪通：《楚月名初探》，《中山大学学报》（社会科学版）1980年第1期；陈邦怀：《战国楚帛书文字考证》，《古文字研究》第五辑，中华书局1981年版；李零：《长沙子弹库战国楚帛书研究》，中华书局1985年版；饶宗颐：《楚帛书》，中华书局香港分局1985年版。

片，推测编册后曾用布包裹粘托以示装帧。少数简以数字标明简序，或于简背用刀划出斜线或用笔画出墨线，应是在简策编成后所做的标识，以备编绳朽断后据此重缀散简时不致混乱，类似的方法直至晚世的书肆师傅仍在使用。

简牍的制作也已遵循一定的制度，但这种制度似乎并不完全体现在简牍尺寸的整齐划一，而表现于用简者尊卑地位的高下以及简书内容对于简牍形制的影响①，楚简制度尤其如此。从目前所见具有不同内容的简策看，楚简遣策的尺寸一般较长，除马山砖瓦厂楚墓所出拴在竹笥上的一枚竹简长仅11厘米，曹家岗简遣策长约13厘米，杨家湾简遣策长13.5厘米，仰天湖简遣策长22厘米，约合其时半尺、六寸或一尺外，其馀均在59.6—75厘米之间，其中曾侯乙墓时代最早，级秩最高，所出遣策的长度为72—75厘米，在所见遣策中也最长。

同墓所出遣策形制的差异无疑反映了遣策内容对其形制的影响。包山简遣策共有四组，出于东室而记食品与食器的遣策长64.8—68厘米，简文自称其所记内容为"飤室之飤"与"飤室之金器"；出于西室的遣策皆残损，最长者64.5厘米，所记为日用行器；出于南室葬器之下而记青铜礼器与漆木器的遣策长72.3—72.4厘米，简文自称其所记内容为大兆之"金器"与大兆之"木器"；出于南室葬器之中的遣策长72.3—72.6厘米，所记为车马器与兵器。事实上，四组遣策的长度可以划分为两种，这意味着其时的遣策之制又以记录食品及日用行器的简稍短，而记录礼器、车马器及兵器的简略长。曾简遣策以记车马兵器为主，正合此制。似遣策应以时制三尺为准，而随墓主地位之尊卑及所记内容的不同或有伸缩。

包山简中的卜筮祭祷简长64.4—69.7厘米，司法文书简长55—69.4厘米，与记食品及行器的遣策相近或稍短；德山夕阳坡文书简长67.5—68厘米，也与此符合。盖文书简之制不出三尺，似为当时通制。

典籍类竹简的长度虽均短于遣策和文书简，但形制悬殊，最短者如郭店简《语丛》，长仅15厘米，最长者为上海博物馆藏简，可达57.2厘米。九店简《日书》、农书简长46.2—48.2厘米，清华简《书》学典籍，长台关简墨学佚籍和慈利石板村史籍简多长45厘米，均不出此范围。郭店简除《语丛》外，长度均在26.4—32.5厘米之间，似乎差别不大。然而尽管上博简的全部资料尚未公布，但同一种古籍具有不同形制的特点仍然反映得相当

---

① 胡平生：《简牍制度新探》，《文物》2000年第3期。

清楚。郭店简《老子》甲、乙、丙本三组简的长度分别为 32.3 厘米、30.6 厘米、26.5 厘米，互有出入；郭店简与上博简同见《缁衣》与《性自命出》，但郭店简二书同长 32.5 厘米，上博简则分别长 54.3 厘米和 57 厘米；差异明显。其中所涉及的简策制度问题或许比较复杂。

秦简的形制较楚简单一，遣策、文书与典籍并无悬隔不容。扬家山简遣策，睡虎地简《编年记》及《日书》乙本，天水放马滩简《邸丞告书》及《日书》乙本，王家台简《归藏》，长为 23—23.5 厘米；睡虎地简《语书》、《为吏之道》、《秦律十八种》、《效律》、《秦律杂抄》及放马滩简《日书》甲本，长为 27—27.5 厘米；睡虎地简《法律答问》、《封诊式》及《日书》甲本，长为 25—25.5 厘米；是秦简制度一般为时制一尺至一尺二寸。王家台《效律》与《日书》简长 45 厘米，似仿木牍之制而不逾，当属特异。

牍制与简制一样，秦楚也有不同。秦牍长度似以一尺为准，倍尺为制。睡虎地木牍长 23.1 厘米、宽 3.4 厘米，岳山木牍长 23 厘米、宽 5.8 厘米，虽有家书、《日书》之别，但牍长无异。青川郝家坪木牍长 46 厘米、宽 3.5 厘，恰为一尺之倍。楚牍有包山竹牍，长 48 厘米、宽 2 厘米，较秦制为长。

简牍上的文字皆用毛笔蘸墨缮写，而无契刻成文。笔毫大都较硬，故文字常可写得十分细小。竹书文字一般写于蔑黄，蔑青留白，但也有少数竹简书于蔑青，或于简的蔑黄、蔑青两面缮写，颇为特别。木牍竹牍则两面缮写。零星刊误似由刀契后补书，但长篇误书漏书则需补抄。上博简《性自命出》一般满简 36 字，但简 1、40、41 三简每简 46 字，似为补抄所致。九店 56 号楚墓竹简成卷入葬，内裹墨盒和削刀，盒内盛墨，为当时的书写修正工具。

战国时期已出现熟谙楚文字、秦文字和齐鲁文字的职业抄手，在郭店简与上博简这些相对集中的竹书资料中，均反映了具有不同风格的抄手的作品。竹书文字多单行满简书写，然而有时也可在相当窄的竹简上双行书写，足显缮写之精。某些抄手习惯于在竹书的天头地脚留白，但像上博简《孔子诗论》那样将其中的一些简于上下编绳之外大段留白，且留白简与满写简混编的情况却极为少见。

竹书的书写格式也有很大变化，除通简书写之外，也可分栏书写。睡虎地简《编年记》分为上、下两栏，《为吏之道》则分为五栏。有的甚至在同一部竹书中共存不同的分栏形式，睡虎地简《日书》乙本自通简书写而至二栏、三栏、四栏不等，而《日书》甲本则自通简书写而至二栏、三栏、四栏、五栏、六栏、八栏，变化不定。分栏书写一般都画有规整的格线，个别竹书如《为吏之道》虽无格线，但栏间则用利刃划出横线，以保证文字书写得整齐。有的横线以朱笔绘出，十分美观。

竹书与帛书虽以文字为主，但有些则又配以插图。子弹库楚帛书于文字之外配绘图像，而睡虎地《日书》则配绘《艮山图》、《人字图》等，清华简《筮法》也绘有人形卦位图，表明制作精良的竹书，简面密接平滑，便于作画。

为便于读诵竹书帛书，各种符号也应运而生。句读的表示符号一般为小墨节（▂）、墨块（■）和小墨钩（└），皆写于文字的右下。分章分节则多使用墨杠（▬），横贯于简，楚帛书则使用空墨杠（▭），宽同文字。文章结束或以大墨钩（┕）标识，书于文字右下。其使用方法泾渭分明。

有些竹书原有篇题，每每写于卷首或卷尾数支简的蔑青一面，即竹书卷在最外面的简上，有时也可以书于篇首简的启首处。这些知识对于我们研究古书的体例与流传都具有重要价值。

三　简帛文献的校勘正读

先秦时代的简牍帛书内容丰富，如果从古代文献形成的角度讲，其中相当一部分竹书已经具备了古书的性质，或有传世的文本可资勘校对读。由于这部分竹书的形式完整，其研究方法自然有别于甲骨文、金文，而在与传世文献对比研究的时候，尤其需要保持其文本的原貌，切不可简单地以今本校改，从而湮灭了出土文献应有的价值。《论语·卫灵公》引孔子曰："吾犹及史之阙文也，今亡矣夫！"孔子初涉学尚见阙文，今则皆无，知人用其私而任意改作自古即被视为整理文献之大忌。

将出土竹书帛书文献与传世文献校勘，至少具有三方面的意义。其一，据内容之校勘，可明文本形成，析分后人说经增补之笔。其二，据文字校勘，可明经义本旨。其三，以对校、本校校竹书帛书，可明通假正别。有此三点，故不可轻以今本改古本。

（一）保求原本

古代文献流传殊途，今古文经既异，今文经也互别，但基本差异仅在于用字的不同。后学据文所论，各出歧说，渐生门户。然经义本只一种，先秦时期用字随意，唯以字记音，盛行通假，致使学术之传承唯赖师法，而于文本不求统一。孔子整理六经，其所做之事，据《性自命出》所记，乃"比其类而论会之，观其先后而逆顺之，体其义而节文之，理其情而出纳之，然后复以教"，并不涉及文本校勘的工作，即由先秦文无定本的用字习惯所决定。至秦书同文，文字不仅字形规范，用法也渐规范，故至西汉末刘向校书，则于文本周加订正，使文献始有定本，其事见载《汉书·艺文志》。后世更以定本勒石而立于太学，供天下学子校勘，可明文献之文本由不定而定的发展大势。出土文献事实上较传世文献增添了新的写本，若不加区别而径以今本参照改字，则将大大降低出土文献的价值。况先秦之用字习惯重在以音达意，一些常用之通假别字广见于典籍，时人不予统一规范，今人更不必迂曲假借。

郭店楚竹书《老子》甲本云："有牆（状）混成，先天地生。"相关内容见今本《老子》第二十五章，但"状"则作"物"。依老子学说，天地为"物"，"物"之前的状态则为"无"，"无"即为"道"。《老子》第二十一章在阐释从"无"到"有"的过程时说："道之物，惟恍惟惚。惚兮恍兮，其中有象。恍兮惚兮，其中有物。"第十四章又说："是谓无状之状，无物之象，是谓惚恍。"显然，"状"虽已纳入"物"的范畴，但却是"物"最原始的状态，即"无"所生之"有"的最初始的形态，"物"的形成是从"状"的出现开始的。因此，竹书用"状"来描述物质的萌芽，也即"有"的阶段开始的第一步，这种哲学观念契合老子的思想，而今本"有物混成，先天地生"的用字差异则明显有违老子哲学的思想体系。这是竹书文本优于今本的实例，故不宜以今本径改古本。

郭店楚竹书《老子》甲本云："致虚，恒也。守中，篤也。"相关内容见王弼本《老子》第十六章，文作："致虚极，守静笃。"而马王堆帛书《老子》甲乙本又与竹书及王弼本不同。甲本云："致虚，极也。守静，表也。"乙本云："致虚，极也。守静，督也。"整理者以为"表"或是"裻"字之误，皆应作"督"，读为"笃"。然细研《老子》文意，"笃"字的使用本在解释"守中"，若以"笃"字递解"守静"，则《老子》原本之"守中"思想则湮灭不存。《老子》第五章云："多言数穷，不如守中。"知老子固有守中之观念，而帛书"表"、"督"如以本字解之，则与此守中观念恰好相符。表乃致影仪具，日影取中必赖以立表，故"表"自有中意。《淮南子·本经》："抱表怀绳。"高诱《注》："表，正也。"《素问·六节藏象论》："表正于中。"而"督"字本即立表测影中正之象，同具中正之义。《广雅·释诂二》："督，正也。"正因为"督"本有中正之义，故传统又以"督"指人身正中之督脉。《庄子·养生主》："缘督以为经。"陆德明《释文》引李云:"督,中也。"明"督"、"表"二字同训中正,恰可诠释《老子》之"守静"实即执中,并与"恒"字形成对文,尚存本义。因此,无论经作"守中,笃也"还是"守静,表也"、"守静,督也",于《老子》原义都未丧失。然后人误以"笃"解"守静",则颇乖《老子》初衷。显然,"守中"可以称"笃",但将"笃"字移述于"守静",则原义顿失,此足见王弼本之不足。所以,竹书本之"守中"既不可轻从王弼本改为"守静",帛书之"表"、"督"也不可简单地以形讹或通假而读为"笃",尊重原本面貌而做认真分析才是可取的方法。近出北京大学藏汉简本《老子》作"至虚极,积正督",其守中之本义未失。

上海博物馆藏战国楚竹书《孔子诗论》以《颂》德为"平德",《大雅》为"盛德",学者或以《颂》德优乎《大雅》盛德,遂疑"平德"之"平"(本作"坪")应为"圣"字之讹。然儒家思想主张过犹不及,一味之圣盛并不符合儒家理想之道德准则。相反,恰如其分的中庸之德才是道德的最高境界,这与《颂》所体现的"平德"思想正相吻合。文王之德纯正,大盂鼎铭谓之"正德",即谓中正中和之德,已见这种观念的起源。《颂》有中和之德,文献不乏记载。《礼记·乐记》:"宽而静,柔而正者,宜歌《颂》。"孙希旦《集解》:"宽宏而安静,和柔而中正者,《颂》之德也。"而中和之德则为德之至洽者。《周礼·地官·师氏》:"至德以为道本。"郑玄《注》:"至德,中和之德。"于此可知,《诗论》以《颂》为平德适合孔子论《诗》之旨。这是竹书表述准确的实例,故不宜以私见擅改古文。

《孔子诗论》又云:"吾以《萬尋》得氏初之诗。""《萬尋》"即《毛诗》"《葛覃》"。《淮南子·原道》高诱《注》:"潯,读葛覃之覃。"马瑞辰《毛诗传笺通笺》:"《尔雅》及《诗释文》并云:'覃,本又作燂。'"高诱用《鲁诗》,则竹书"覃"本作"尋"正可见其与《鲁诗》的关系。如径改"尋"为"覃",则易泯灭《诗》学的传承线索。

至于文本中的异文,则或与文本流传有关,也不宜过度规范。《孔子诗论》:"'[帝谓文王,予]怀尔明德。'害?诚谓之也。""害",何也,文献习见。《诗·周南·葛覃》:"害澣害否。"毛《诗》:"害,何也。"段玉裁《说文解字注》以《诗》、《书》多以"害"为"曷",今俗本改为"曷"。而求原本,实则不必改"害"为"曷"。

(二)以校勘求通假正读

文献校勘,不出对校、本校、他校、理校四法。对校乃以同书之祖本或别本对读互校;本校系以本书之前后文字互校;他校为以引用本书文句之古本与今本对校；理校则从本书之训诂、义理或文势等发疑校勘。他校、理校以正经义，已见前例。而以对校、本校以求通假正别，也不啻良法。

古代文字，或同字而异意，或异字而同训，欲正其读，皆需审慎分辨。讨论出土文献的通假现象，传世文献固不可废，同时随着竹书资料的日益积累，把握同时期，甚至同一篇文献中的用字通假现象，则有助于避免讨论通假的随意性与盲目性。这意味着我们应该注意研究同时代出土文献的用字规律。

古人于同字而异意的用法尽管常常并无不同，但有时却会通过添加饰笔的方式加以区别。《孔子诗论》："'有命自天，命此文王。'诚命之也，信矣。孔子曰：'此命也夫！文王唯欲也，得乎此命也？待也，文王受命矣。'""命"字重见，或作名词而言天命，或作动词而谓上帝以天命命之。凡作天命之意者，"命"字之下皆加饰笔（图8-1），从而通过字形的变化以区别于动词之"命"。这种情况有些属于避复变文，并不体现字义的区别，有些则是刻意制造的字形差异，以便借字形的不同反映字义的差别。所以对于同篇作品中的这种同字异体的现象应认真加以分析。

通假的运用是先秦文献的普遍现象，如何破通假而求本字，方法很多，精于理校即是其中重要的手段。除此之外，总结出土文献的用字规律也会为判断通假的正别提供帮助。《孔子诗论》云："民之有慼患也。""慼患"，竹书作"慼惓"。"惓"，学者或以为读"倦"。上海博物馆藏战国楚竹书《性自命出》云："凡忧惓之事欲任。""惓为甚。"两"惓"字于郭店楚竹书《性自命出》并作"患"，可证"惓"、"患"可通，"忧惓"应读为"忧患"，则"慼惓"也应读为"慼患"。"惓"或为"患"之异构，唯声符互易而已。这是通过

图8-1　上海博物馆藏战国楚竹书《孔子诗论》影本（局部）

同时代文献的对校解决通假的正读。

《孔子诗论》云："此命也夫！文王唯欲也，得乎此命也？待也，文王受命矣。""待"，竹书作"寺"（图8-1）。学者或借为"时"，或读为"志"，或通为"持"，但"时"、"志"二字于《孔子诗论》已反复出现，其用字固定，与"寺"不同。上海博物馆藏及郭店楚墓所出两本《性自命出》并云："凡人唯有性，心无正志，待物而后作，待悦而后行，待习而后奠。""待"字皆作"寺"，可佐证《孔子诗论》之"寺"亦当读为"待"。《礼记·儒行》引孔子曰："儒有席上之珍以待聘，夙夜强学以待问，怀忠信以待举，力行以待取，其自立有如此者。"儒家思想以忠信为道德之本，故《儒行》"怀忠信以待举"，其意正与《孔子诗论》谓文王怀德以待天命相合。相同的思想又见于《尚书·多士》，文云："肆尔多士，非我小国敢弋殷命。惟天不畀允罔固乱，弼我。我其敢求位，惟帝不畀。惟我下民秉为，惟天明畏。""弋殷命"即取殷命；"其敢求位"即岂敢求得君位，我求则上帝不予，故唯有修德以待天帝授命。这是综合运用本校、对校和理校的方法解决通假的正读。

（三）旁求考古资料

考古资料对于文献的理解与正读具有独特的价值，但这一点在以往的研究中却常常被忽略。事实上，考古学所揭示的古代遗迹和遗物不仅有助于我们在与文献相互阐释的基础上究明其昧失的本义，而且可以弥补文献失载的不足。因此，利用考古资料诠释文献，注重考古学与传世、出土文献的比较研究，对于准确地理解文献至为关键。

战国楚帛书云："炎帝乃命祝融以四神降，奠三天，维思缚，奠四极。……帝夋乃为日月之行。"此"三天"之说，至汉晋以后已不甚明了。或以为指日、月、星，但此实为"三辰"，不可谓之为"三天"。或以为即《山海经·海内经》所载之山名，然与帛书文义不合。又以为当《宋书·律历志》"《天文》虽为该举，而不言天形，致使三天之说，纷然莫辨"之"三天"，但《宋书》"三天"实指古盖天、浑天、宣夜三种宇宙学说，也与帛书之文无关。据帛书可明，三天四极的奠立是日月得以运行的基本条件，其含义当为《周髀算经》所述表现二分二至的日行轨迹，其图形便是盖天家所作"七衡六间图"的内、中、外三个同心圆。三个同心圆以内衡为夏至日道，中衡为春秋分日道，外衡为冬至日道，古人即以表现分至四气的这三个视运行轨迹称为"三天"，战国文献或称为"三圆"①。况传统时空观乃将时空相互拴系，四极不仅表现四方，当然也同时可以表现四气，故"奠三天"、"奠四极"实则同言测定四方与分至四气。三个同心圆的"三天"图形在红山文化的三环圜丘遗迹及濮阳西水坡45号墓的墓穴形状都已见形象的实例，这是考古学为文献的理解提供的证据。战国时代的盖天家将分至日道表述为三天，帛书内容正反映了这一古老思想。

帛书中奠定三天四极的四神显然就是司掌分至的神祇，其又见于《尚书·尧典》、《山海经》以及甲骨文四方之名。楚帛书认为他们是伏羲、女娲的四子，《尧典》则将其作为羲、和的四位天文官，并且在记述他们的具体居所时极为详备。

羲仲（春分）　　宅嵎夷，曰旸谷。
羲叔（夏至）　　宅南交。
和仲（秋分）　　宅西，曰昧谷。
和叔（冬至）　　宅朔方，曰幽都。

四神之中，唯夏至之神独曰方位而未细名其居地。此事于汉以后诸儒或谓文有脱漏，或谓缺文相避。孔颖达《尚书正义》云："'幽'之与'明'，文恒相对，北既称'幽'，则南当称'明'，从此可知，故于夏无文。经冬言'幽都'，夏当云'明都'，《传》不言'都'者，从可知也。郑云：'夏不言"曰明都"，三字摩灭也。'伏生所诵与壁中旧本并无此字，非摩灭也。王肃以夏无'明都'，避'敬致'然。即'幽'足见'明'，阙文相避。如肃之言，义可通矣。"诚两说皆不足训。实际《尧典》的思想体系源出四神辅相祖先灵魂升天的传统宗教观，在这种古老观念中，南方由于象征天的方位，因此如果借平面的空间表现灵魂升天的场景，就必须建立起祖灵从象征大地的北方渐而升陟南方的模式，这意味着夏至神为避让祖灵升天的通道，就只能失去其固有的位置而处于极南，这种观念再现于宗教场景中，便是濮阳西水坡原始宗教遗存所体现的文化内涵，其被描述于《尧典》的文化体系中，则是夏至神但称"宅南交"而不明具其所居的独特记载②。据此可

---

① 战国竹书《举治王天下》，见马承源主编《上海博物馆藏战国楚竹书（九）》，上海古籍出版社2013年版。
② 参见冯时《中国古代的天文与人文》（修订版）第二章第二节之二，中国社会科学出版社2009年版。

知，《尧典》的学说体系是以以祖配天的原始宗教观为背景建立起来的，而这一事实的揭示正得益于考古学的研究。

第二节　盟书

一　侯马盟书

侯马盟书于1965年11月至1966年5月发现于山西侯马晋国故城遗址东南郊①，盟誓遗址面积约3800平方米，其中分布四百馀个长方形坎，分瘗牲与瘗书两区。坎最大者长1.6米、宽0.6米，最小者长0.5米、宽0.25米，深为0.4—5.7米，多数深在1—2米之间，正南北向。坎内一般瘗埋牺牲，大坎埋牛、马、羊，小坎埋羊或盟书。共出羊骨177具，牛骨63具，马骨19具，另有一坎的填土发现鸡骨。没有埋牲的有67坎。多数坎的北壁下有一小龛，中置一件祭玉为币，有璧、璜、圭、璋、瑗、玦等，雕琢精美，个别坎多至数件。瘗书区集中于盟誓遗址西北部百多平方米的范围内，坎多较小，分布密集，有不少叠压打破的现象。出土盟书者有三十九坎，其中三十坎埋羊，两坎埋牛，一坎埋马，六坎无牲，不见置币现象。出土墨书诅辞之坎埋牛。瘗书区之外坎位分散，少有打破关系，除三个埋牛坎的小龛置墨书卜筮文玉币外，未见朱书的盟书。

盟书朱书于圭形玉石片上，石片最大者长32厘米，宽3.8厘米，厚0.9厘米；小者一般长18厘米，宽不足2厘米，厚仅0.2厘米。共计五千馀片，可辨字迹者有六百多片。内容可分四类。

主盟类：或称"宗盟"类。514片，出自三十七个坎中。此类活动为主盟人亲自参加，盟书内容为与盟者起誓效忠盟主，守护宗庙，诛讨已被驱逐的敌对势力，不使其重返晋邦之地，背盟者则遭诛灭族氏。盟主名"嘉"，或讳称"某"、"子赵孟"；诛讨的敌首名"赵弧"，其势力则由赵弧及其子孙一氏一家逐渐增至五氏七家。诛讨赵弧一氏一家的盟辞共190片，出自四坎；诛讨四氏五家的盟辞292片，出自二十六坎。

自誓类：或称"委质"类。75片，出自十八个坎中。此类活动，主盟者并未亲自参加，盟辞言"殁嘉之身"，又称"而敢不巫觋祝史荐綅绎之于皇君之所"，此"皇君"犹祷辞晋君称其亡父"丕显皇君⚓公"，知此次盟誓当在盟主嘉将殁之时，与盟者为表忠于盟主，自誓于君所。盟辞中

---

① 山西省文物工作委员会：《侯马盟书》，文物出版社1976年版；2006年增订本。

诛讨的对象自稍早的五氏七家大为增至九氏二十一家，除敌首赵弧外，以比氏最为突出，共有九家，其中又以比痮一家为重。可见盟主嘉将亡，势力大微，故多有背盟者投向赵弧①。

纳室类：58件，出土于坎67。内容为与盟者誓言既盟之后绝不"纳室"，即兼并或侵吞田产和奴隶。

祷辞：1件，出土于坎16。同出者有主盟类诛讨四氏五家的盟书。篇首言"十又一月甲寅朔"，下文称"丕显皇君㣇公"，且称主盟者为"汝嘉"，而自称"余"，内容与前三类不同，身份高于主盟人。学者认为乃晋君祷辞②。

除盟书之外，遗址还发现诅辞和卜筮文字。

诅辞类：13件，出土于坎105，墨书。内容为诅辞，人物见有囗无卹、中行寅、韩子等。

卜筮类：3件，分别出土于坎17、303和340，墨书于圭形或璧形玉片，内容为盟誓时有关的卜筮记录。

盟书又称"载书"。《周礼·秋官·司盟》："掌盟载之法。"郑玄《注》："载，盟辞也。盟者书其辞于策，杀牲取血，坎其牲，加书于上而埋之，谓之载书。"盟诅虽异，但皆以立誓约信为旨。《周礼·春官·诅祝》："作盟诅之载辞，以叙国之信用，以质邦国之剂信。"郑玄《注》："盟诅主于要誓。大事曰盟，小事曰诅。载辞，为辞而载之于策，坎用牲，加书于其上。郑司农云：载辞以《春秋传》曰'使祝为载书'。"贾公彦《疏》："盟者盟将来，春秋诸侯会，有盟无诅。诅者诅往过，不因会而为之。盟诅之载辞者，为要誓之辞载之于策。人多无信，故为辞，对神要之，使用信。"古礼以圭为信，其得以圭测影建时之制，故书盟诅之辞于圭。盟书实有数本，一本埋于坎或沉于河，以取信于鬼神，盟者则各以一本归，而盟官复书其辞而藏之。其正本藏天府及司盟之府，副本又别授六官，以防遗失，备检勘。《司盟》："既盟，则贰之。"郑玄《注》："贰之者，写副当以授六官。"《周礼·秋官·大司寇》："凡邦之大盟约，涖其盟书，而登之于天府，大史、内史、司会及六官皆受其贰而藏之。"郑玄《注》："天府，祖庙之藏。六官，六卿之官。贰，副也。"《左传·定公十三年》："载书在河。"又《僖公二十六年》："载在盟府。"杜预《集

---

① 唐兰：《侯马出土晋国赵嘉之盟载书新释》，《文物》1972年第8期。
② 黄盛璋：《关于侯马盟书的主要问题》，《中原文物》1981年第2期。

解》："载，载书也。盟府，司盟之官。"侯马盟书以朱书写于圭而明于信，且以一本瘗于坎，又杀牲取血而坎其牲，合此盟誓制度。

侯马石片朱书文字之属盟书乃系郭沫若首先指出①，其年代及所反映的史实，学术界则主要有四种意见。第一，公元前386年赵敬侯章与赵武子朔争位事②，时当周安王十六年。第二，公元前496年赵鞅（简子）讨邯郸赵午之子赵稷及范氏、中行氏事③，时当晋定公十六年。第三，公元前424年赵桓子嘉逐赵献侯浣事④，时当晋幽公十年。第四，公元前585至前581年族灭赵氏的"下宫之难"事⑤，时当晋景公十五年至十九年。四种意见之中，第二种意见似乎可以获得遗址所出诅辞的佐证，其中两次提到"偷出入于中行寅及邯□之所"（105∶1、2），但诅辞与盟书无关，且内容与盟书自誓类辞言"敢偷出入于赵弧之所"不同，两者所见诛讨的敌首并非一人，故诅辞与盟书应该不是同一次盟誓的遗物。而从盟书内容分析，侯马盟书的盟主当为赵桓子嘉，诛讨的敌首赵弧应为赵献侯浣。

二　温县盟书

河南温县东北，位于沁河南岸的武德镇一带原属沁阳县境，西南为州城遗址。1930年秋修沁河堤取土，曾发现朱书玉片。1935年打井时，又掘有墨书玉片，或携至西安送人。1942年挖中药牛膝，更出土不少墨书石片，堆于路边，一部分被人捡去，大部分被扔掉。现藏中国社会科学院考古研究所的十一片石圭盟书即出此遗址⑥。1979年3月12日，武德镇村民植树时发现一坑墨书石圭文字。1980年3月至1982年6月对遗址进行发掘，获得大批盟书资料。

州城遗址平面近方形，南北长1720—1780米，东西宽1471—1680米，盟誓遗址位于州城东墙北段外侧，与州城仅一护城河之隔。遗址原为

---

① 郭沫若：《侯马盟书试探》，《文物》1966年第2期。
② 郭沫若：《侯马盟书试探》，《文物》1966年第2期；《出土文物二三事》，《文物》1972年第3期；《桃都、女娲、加陵》，《文物》1973年第1期。
③ 长甘：《侯马盟书丛考》，《文物》1974年第5期；张颔：《侯马盟书丛考续》，《古文字研究》第一辑，中华书局1979年版。
④ 唐兰：《侯马出土晋国赵嘉之盟载书新释》，《文物》1972年第8期；高明：《侯马载书盟主考》，《古文字研究》第一辑，中华书局1979年版。
⑤ 李裕民：《我对侯马盟书的看法》，《考古》1973年第3期。
⑥ 陈梦家：《东周盟誓与出土载书》，《考古》1966年第5期；张颔：《侯马盟书丛考续》，《古文字研究》第一辑，中华书局1979年版；河南省文物研究所：《河南温县东周盟誓遗址一号坎发掘简报》，《文物》1983年第3期。

一土坛，早年尚存两米高，今已夷为平地。坛基南北长135米，东西宽50米。遗址发现土坎共124个，其中十六坎出土盟书万馀片。盟书皆以墨字书于石圭、石简或石璋。十六坎中，八坎仅出石圭盟书，五坎仅出石简，另有三坎石圭堆积于石简之上。瘗书坎之外还有瘗币坎及瘗牲坎，币为玉璧、玉兽，牲为羊。坎的形制多为长方形，个别为椭圆形。

已报道的一号坎正南北向，底长2.04—2.08米，宽0.96—0.98米，距地表深1.26—1.3米。出土盟书4588片，形制除石简、石璋外，多为石圭。盟书成组瘗埋，其中石圭有十三组，石简和石璋共为一组。其他资料则尚在整理之中①。

温县盟书的年代及其所反映之史实，目前学术界有两种意见。第一，公元前497年韩简子为盟主而"盟国人"，时当晋定公十五年②。第二，温县盟书与侯马盟书分别为赵桓子嘉逐献侯浣两方势力之遗物，时当晋哀懿公十五年（公元前431年）③。

三 侯马盟书与温县盟书的关系

侯马盟书与温县盟书关系密切，反映出具有同时代、同事件的特点。

其一，两批盟书书风相同。

其二，两批盟书遣词相同。侯马主盟类盟书恒言"某敢不剖其腹心以事其主，而敢不尽从嘉之盟"，"而敢有志复赵狐及其子孙于晋邦之地者"，末称"吾君其明极视之，麻夷非是"；纳室类盟书云"某自今以往敢不率从此盟誓之言"；而温县盟书的基本形式为："自今以往某敢不歆歆焉忠心事其主，而敢与贼为徒者，丕显㐭公大冢谛极视汝，麻夷非是。"

其三，两次盟誓同诏"㐭公"神号。"㐭"字旧释"晋"，但字形与"晋"字迥异。侯马盟书凡晋邦之"晋"无一作"㐭"者，而侯马、温县盟书凡"㐭公"之"㐭"也无一作"晋"，况盟书所言"㐭公大冢"，知"㐭公"必为某一特定先公的谥称，而并非晋公泛称。"㐭"或为"敬"字，"㐭公"则为晋敬公，故侯马、温县两地盟誓都应发生于晋哀懿公世。

---

① 河南省文物研究所：《河南温县东周盟誓遗址一号坎发掘简报》，《文物》1983年第3期；郝本性：《河南温县东周盟誓遗址发掘与整理情况》，《新出简帛研究》，文物出版社2004年版。

② 湖北省文物考古研究所：《江陵九店东周墓》，科学出版社1995年版；湖北省文物考古研究所、北京大学中文系：《九店楚简》，中华书局2000年版。

③ 冯时：《侯马盟书与温县盟书》，《考古与文物》1987年第2期；《侯马、温县盟书年代考》，《考古》2002年第8期。

其四，两批盟书中同一人物每互见。在温县盟书已发表的材料中，参盟人清楚的有二十八位，其中十一人见于侯马盟书。这些同见于两批盟书的人物可以分为两类，一类在侯马盟书中为被诛讨的对象，在温县盟书中则作为参盟人出现，如乔、弪、猷、结；另一类在两批盟书中同为参盟人，如宋、午、黑、趑、何、柂、彊梁。第一类人物显然说明两批盟书应分别代表了为同一事件而举行盟誓的敌对双方，而第二类人物则反映了侯马盟誓中确有"偷出入于赵弧之所"的背盟现象①。

据此四点可以认为，侯马、温县两批盟书应该反映着赵氏宗族内部桓子赵嘉与献侯赵浣的继位之争。侯马盟书属赵嘉集团的盟誓遗存，温县盟书则属赵浣集团的盟誓遗存。《史记·赵世家》："襄子立三十三年卒，浣立，是为献侯。……襄子弟桓子逐献侯，自立于代，一年卒。国人曰桓子立非襄子意，乃共杀其子而复迎立献侯。"司马贞《索隐》引《世本》云桓子为襄子之子，而非其弟，学者已有论证②。这一赵氏夺宗之难，史以献侯赵浣居于正统，桓子赵嘉夺位，一年而亡。对读两批盟书所反映之史实，皆与其事相合。

其一，温县盟书多首书晋公纪年与历日"十五年十二月乙未朔，辛酉"或"辛酉"，其例同侯马盟书所见晋公祷辞而书历日"十又一月甲寅朔，乙丑"，而侯马赵嘉之盟辞皆不书历日与纪年，知温县盟书之势力掌行正朔，自诩为正统。

其二，温县盟书不书盟主之名，但称"主"，盟辞云"事其主"，表明其原本在位的正当性。而侯马盟书特书盟主名"嘉"，盟辞云"从嘉之盟"，是为夺位之君。

其三，温县盟主以正统之身称篡位者为"贼"而不称名，虽因赵嘉已卒，然更因温县盟誓将赵嘉及其子孙与诸叛国夺位者视为一体，称"贼"则以其为窃国之乱臣贼子，此又与桓子夺宗之史实相合。

其四，侯马盟誓强调不可"复赵弧及其子孙于晋邦之地"，且盟主不久即亡，这与文献所载桓子卒而国人复迎立献侯之事正相呼应。

其五，温县盟书的参盟者远多于侯马盟书，而侯马盟书所反映的背盟现象也十分明显。其主盟类盟书514片，至桓子将亡时的自誓类盟书则仅有75片；主盟类盟书诛讨的对象至多只有五氏七家，而至自誓类盟书则

---

① 冯时：《侯马盟书与温县盟书》，《考古与文物》1987年第2期。
② 高明：《侯马载书盟主考》，《古文字研究》第一辑，中华书局1979年版。

第八章　简帛及其他古文字文献研究

已达九氏二十一家，可明赵嘉集团中的背盟者急剧增加，势力大衰，这与文献所记国人终杀桓子之子而复迎立献侯的发展趋势及史实结果均相吻合。

由于《赵世家》纪年颇有错乱，故结合文献及两批盟书的纪年考证，侯马盟书的始盟之年当为晋哀懿公十二年（公元前434年），此年桓子逐献侯自立。温县盟书可考之年为晋哀懿公十五年（公元前431年）。两处盟誓遗址都在数年中经历了多次盟誓活动①。

第三节　石刻文字

一　早期石刻文字

古人将文字或图像契刻于玉石，其传统自新石器时代已肇其端②。殷商及西周时期，刻于玉石的文字从早期简质的风尚中脱胎出来，开始出现时、地、人相对完整的记事文字。较重要者如20世纪20年代出自殷墟的柄形小玉，长5.6厘米，一侧镌两行10字："乙亥，易（锡）小臣鵩爵（瓒），才（在）大室。"③知器本圭瓒、璋瓒类祼玉。此玉昔归鄞县方氏，现藏天津博物馆④。1935年殷墟侯家庄西北冈1003号大墓出土残石簋，在长8.8厘米、宽2.2—2.5厘米的耳外侧镌铭两行12字："辛丑，小臣系入（纳）禽宜，才（在）噩，以殷"（图8-2）⑤。而见有同人的商代玉戚或为周人宝用，出土于陕西韩城梁带村芮国墓地（M26），缘面契刻"小臣系徣"，文字涂硃⑥。美国哈佛大学福格艺术博物馆藏玉戈，长22.9厘米，宽6厘米，援镌10字："曰涑王大乙，才（在）

图 8-2　商代石簋铭文拓本

---

① 冯时：《侯马、温县盟书年代考》，《考古》2002年第8期。
② 邓淑苹：《中国新石器时代玉上的神秘符号》，《故宫学术季刊》第十卷第三期，1993年。
③ 黄濬：《古玉图录初集》卷四，北平尊古斋1939年版。
④ 陈邦怀：《一得集》上卷，齐鲁书社1989年版，第201页。
⑤ 高去寻：《小臣𢆶石簋的残片与铭文》，《历史语言研究所集刊》第二十八本下册，1957年。
⑥ 陕西省考古研究所、上海博物馆：《金玉华年》，上海书画出版社2012年版，第265页。

林田（甸），俞烟。"字口涂硃①。诸器时代皆属殷代晚期，可知记事文字铭于玉石至晚商已很普遍②，这一现象与金文至殷末始见长篇的情况相同。此外，现藏天津博物馆的残玉片上双钩大字"庚寅辛"，或以为干支表③。此物传 20 世纪 30 年代出自殷墟，也属商人之作。

周人的长篇石刻文字于周初已见。1902 年出土于陕西岐山刘家原西周墓葬的玉戈，长 66.3 厘米，宽 9.8 厘米，涂硃，援镌粟米小字两行 27 字："六月丙寅，王才（在）丰，令大保省南国，帅汉，遂殷南，令厉侯辟，用鼄走百人。"④ 时代当属成王⑤。此戈后归端方，现藏美国华盛顿弗利尔美术馆。1993 年，山西天马—曲村北赵晋侯墓地晋献侯稣夫人墓（M31）出土玉环，镌铭 12 字："玟（文）王卜曰：我罢鬶（唐）人弘戋（战）贾人。"⑥ "文王"谥字作"玟"最早则在周成王时期，这也是玉环时代的上限，铭文为后人追忆文王事迹所刻。

二 东周石刻文字

尽管石刻文字的出现很早，但是由于契刻工具及材料的制约，早期石刻文字多字画浅细，并未出现大型的石刻作品。而东周以后，随着铁质工具的使用，石刻文字的风格大为改变。

1980 年代陕西凤翔南指挥村秦公一号大墓出土残石磬，镌铭 26 条 206 字，字大疏朗，契刻劲遒，已与早期的石刻文字迥异。其中最长的一段云："瀧瀧（汤汤）氒（厥）商。百乐咸奏，允乐孔煌。钗（鉏）虎（鋙）鉼入，又（有）巤（巤）鉼羕（漾）。天子匽喜，龏（共）趄（桓）是嗣。高阳又（有）霝（灵），四方以鼎平"（图 8-3）。磬铭纪年云"唯

---

① Max Loehr, *Ancient Chinese Jades from the Grenville L. Winthrop Collection*, in the Fogg Art Museum, Harvard University, 1975, Fig. 29.
② 陈志达：《商代的玉石文字》，《华夏考古》1991 年第 2 期；李学勤：《商至周初的玉石器铭文》，《李学勤文集》，上海辞书出版社 2005 年版。
③ 陈邦怀：《一得集》上卷，齐鲁书社 1989 年版，第 199—201 页。
④ 杨调元：《周玉刀释文》，《国学》第三期，1915 年；柯昌济：《金文分域编》卷十二，徐园丛刻，1935 年；庞怀靖：《跋太保玉戈》，《考古与文物》1986 年第 1 期。
⑤ 李学勤：《太保玉戈与江汉的开发》，《楚文化研究论集》第 2 集，湖北人民出版社 1991 年版。
⑥ 山西省考古研究所、北京大学考古学系：《天马—曲村遗址北赵晋侯墓地第三次发掘》，《文物》1994 年第 8 期；李学勤：《文王玉环考》，《华学》创刊号，1995 年。

四年八月初吉甲申",学者推定为秦景公四年（公元前573年）①。这是时代明确的春秋中晚期长篇铭文刻石。

战国时期的长铭刻石数量日多。传出华山之下的两件秦曾孙骃玉牍，其中一件即呈契刻与朱书合璧的形式②。此为秦惠文王病祷之物，应作于其称王更元期间（公元前324—前311年）③。与祛病养生有关的刻石文字还有行气玉铭，时代亦属战国晚期④。

较大型的刻石文字在战国时代已经出现。约1935年，河北平山南七汲村西南发现中山王陵守丘刻石，刻石为一天然河光石，高90厘米，宽50厘米，厚40厘米，镌铭两行19字："监罟尤臣公乘得守丘，其曰将曼敢谒後俶贤者。"时代约当公元前4世纪末至前3世纪初。

东周刻石文字中最负盛名者当推秦石鼓文与诅楚文。石鼓文原石共具十件，花岗岩质，其形削为上圆下平，似鼓得名。高约90厘米，直径约60厘米。每鼓镌刻四言古诗一首，多依首二句内容，分别取名曰《汧殹》、《霝雨》、《而师》、《作原》、《吾水》、《车工》、《田车》、《銮敕》、《马薦》、《吴人》，十鼓的次序或有争议。因日久年深，雨浸风蚀，文字颇多磨灭。宋苏轼藏拓本存702字，胡世将见

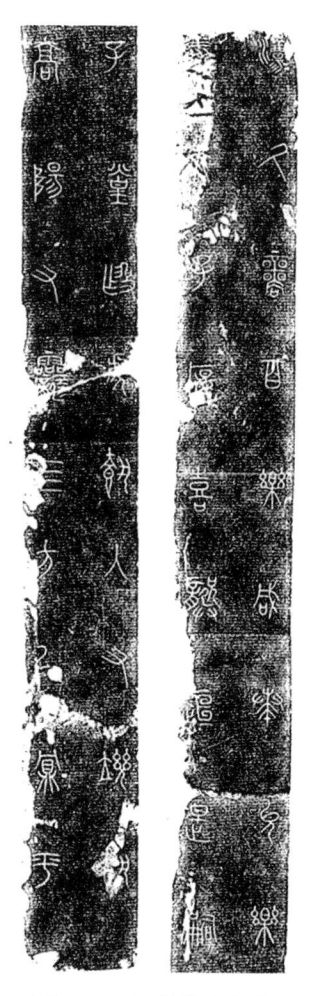

图8-3　石磬铭文拓本
（85凤南M1：300）

474字，欧阳修见465字，薛尚功见448字，已损少半。明范氏天一阁藏宋拓存462字，今已不存。明锡山安国十鼓斋藏北宋拓本有先锋、中权、后劲三本之别，时代以先锋本最古，后劲本次之，中权本最晚，世称"安

---

① 王辉、焦南峰、马振智：《秦公大墓石磬残铭考释》，《历史语言研究所集刊》第六十七本第二分，1996年。
② 李零：《秦骃祷病玉版的研究》，《国学研究》第六卷，北京大学出版社1999年版。
③ 李学勤：《秦玉牍索隐》，《故宫博物院院刊》2000年第2期。
④ 陈邦怀：《战国〈行气玉铭〉考释》，《古文字研究》第七辑，中华书局1982年版。

图 8-4　石鼓文拓本（先锋本）

国三拓"。三本均经剪装，但中权本残字多被保留，存 501 字①，后劲本存 496 字，先锋本剪夺最甚，存 480 字（图 8-4）。故今日所见善拓唯有安国三拓，存字互有优劣。三拓以日本二玄社《中国书法选》刊印最精，郭沫若《石鼓文研究》则印有先锋本。安国中权本跋云："石鼓显于唐而盛称于宋，世传墨本之精善者，大观前，有司监拓，以备方物之献，则有贡本，如余藏之'浦本'（按即后劲本）是也。大观初徙置禁中后，时时拓赐近臣，则又有赐本，如此本（按即中权本）是也。"石鼓原石今仅存 356 字，且元明以后，《马荐》石已文字泐尽。

石鼓文自马衡定为秦物②，已为不刊之论。然刻于秦之何世，仍多存分歧，或以为春秋，或以为战国。而春秋说者又有早至襄公③，晚至景公或春秋晚期之异④，战国说者则或主于灵公、献公之时⑤，或主于惠文王更元之后⑥。或又有调停于春秋战国之间⑦。学者多据石鼓文字形的结构特

---

① 其中完字 465 字，合欧阳修《集古录跋尾》之数。见郭沫若《石鼓文研究》，第 3 页，《郭沫若全集·考古编》第九卷，科学出版社 1982 年版。
② 马衡：《石鼓为秦刻石考》，北京大学《国学季刊》第一卷第一期，1923 年；《凡将斋金石丛稿》，中华书局 1977 年版。
③ 郭沫若：《石鼓文研究》，《郭沫若全集·考古编》第九卷，科学出版社 1982 年版。
④ 王辉：《由"天子"、"嗣王"、"公"三种称谓说到石鼓文的时代》，《中国文字》新二十期，艺文印书馆 1995 年版；《〈由"天子"、"嗣王"、"公"三种称谓说到石鼓文的时代〉一文补记》，《中国文字》新二十一期，艺文印书馆 1996 年版；徐宝贵：《石鼓文年代考辨》，《国学研究》第四卷，1997 年；Gilbert L. Mattos, The Stone Drums of Ch'in, 华裔学志丛书第十九种, 1988 年；陈昭容：《秦系文字研究——从汉字史的角度考察》，历史语言研究所 2003 年版。
⑤ 唐兰：《石鼓文刻于秦灵公三年考》，《申报·文史周刊》第二期，1947 年；《石鼓年代考》，《故宫博物院院刊》第一期，1958 年。
⑥ 高明：《论石鼓文年代》，《考古学报》2010 年第 3 期。
⑦ 裘锡圭：《关于石鼓文的时代问题》，《传统文化与现代化》1995 年第 1 期。

点、遣词用字、秦君称谓、历史背景、诗作内容与风格以及古代石刻之发展等角度立论，分析时代，但结论各异。事实上，文字结体的分析关键在于找出最晚特征的文字，并以其断代，而石鼓形制的考察也并非没有意义。中山王陵守丘刻石与石鼓大小形制略同，其虽非秦物，但也可以此作为判断石鼓时代的参考。

诅楚文也为战国中晚期之秦刻石，内容为秦王祈求神明制克楚师，复其边城的祷文。北宋时先后于不同地点出土三石，每石铭文以所祀神名名之，分别为《巫咸文》、《大沈厥湫文》、《亚驼文》。《巫咸文》于北宋嘉祐间（1056—1063年）出土于凤翔开元寺，移至太守便厅，徽宗时取归御府。《大沈厥湫文》于治平中（1064—1067年）由耕者得于朝那湫旁，熙宁元年（1068年）被蔡挺徙置郡廨，后携归南京。《亚驼文》则为洛阳刘忱收藏。三石于南宋间已不知去向，原拓亦佚，今唯有拓本之复刻本流传，《绛帖》、《汝帖》二刻较流行，元至正中吴刊本三石俱全。

三文内容基本相同，唯所诏神号各异，字数分别为《巫咸文》323字，《大沈厥湫文》318字，《亚驼文》325字。元吾丘衍《学古编》认为三石皆后人伪作，郭沫若则谓《亚驼文》为赝品[①]，学者于此已有释疑[②]。

诅楚文时代，欧阳修《集古录跋尾》疑为楚顷襄王，后又于《真蹟跋尾》中认为："惠文王时与楚怀王熊槐屡相攻伐，则秦所诅者是怀王也。但《史记》以为熊槐者失之尔。槐、相二字相近，盖传写之误，当从诅文石刻以相为正。"郭沫若《诅楚文考释》则就铭文所反映之历史进行考证，认为诅文所诅之"熊相"当与怀王熊槐为名、字关系，诅文时代则在楚怀王十七年，即秦惠文王后元十三年（公元前312年）。

刻石文字的发展，至战国中晚期而盛，大型多组的专门刻石的出现，一改早期刻石小件化及依附于器的特点，这一风尚直启其后秦汉碑刻制度的形成。

第四节　古玺、封泥与陶文

古玺是指先秦时代的玺印，时人用以缄封、戳印陶器或钤记。在秦并六国后，秦始皇始以"玺"为皇帝用印的专名，而在此之前，"玺"只是

---
① 郭沫若：《诅楚文考释》，《郭沫若全集·考古编》第九卷，科学出版社1982年版。
② 陈昭容：《秦系文字研究——从汉字史的角度考察》，历史语言研究所2003年版。

当时各国玺印的通名，同时秦系的古玺也或称"印"，两名并无尊卑的不同。《说文·土部》："壐，从土，爾声。璽，籀文从玉。"先秦"玺"字多作"坏"或"鈢"，也省作"尔"，秦系文字则作"壐"或"鉩"，声符有繁省之别，意符存"土"、"金"之异，而其意符的变化恰好反映了古玺材质乃有陶质与金属的不同。《说文》引籀文"璽"字从"玉"，这个字形目前并不见于先秦文字，而晚至汉代才出现①。

古玺的形制多样，常见者为方形和长方形，圆形次之，也有曲尺形、新月形、心形、三角形、菱形等异形玺，间有不规则形甚至不同形玺的组合。印钮也复杂多变，鼻钮居多，桥钮次之，又见台钮及柱形钮，另有兽形、建筑形或人物形等异形钮。单面印为主，少有双面印或多面印。

古玺依其内容可分文字玺、肖形玺和文字图像合璧玺三类，文字玺又有官玺、私玺、成语玺、单字玺之别。官玺主要有官名玺与属地官玺，前者如"司马之鈢"（《玺汇》0027），后者如"襄阴司寇"（《玺汇》0077）；私玺则见单姓与复姓的不同，如"王成"（《玺汇》0376）、"司马安"（《玺汇》3772）；成语玺又有吉语、箴言之异，如"出入吉"（《玺汇》4761）、"敬事"（《玺汇》4198）。

一 玺印的起源与早期古玺

玺印何时起源及缘何而起源，这是学术界久讼不决的问题。学者或主玺印源出人们对于陶器花纹压印的做法②，尽管这可以说明古人的用印方法乃是受到陶器纹饰制作的启发，但却绝不意味着早期古玺，特别是肖形玺，其作用乃在服务于器物的装饰。目前所知的商周肖形玺形制特小，最大者也不过三四厘米，并不适用于装饰器物。况殷墟近年新出古玺已见族氏铭文与图像合璧的作品③，明确证明图像镌刻于玺印的作用并不在于装饰，而可能具有族氏徽识或族氏图腾形象的意义。事实上从古玺名称的义训考虑，"玺"、"印"皆以信为义。应劭《汉官仪》引《传》曰："玺，施也，信也。古者尊卑共之。"《说文·印部》："印，执政所持信也。"因声求之，"玺"本作"尔"。《说文·八部》："尔，词之必然也。"故明玺印之起源当以表现持印者的信实为目的。

目前所知最早的古玺出现在商代晚期，既有文字玺，也见肖形玺，文

---

① 曹锦炎：《古玺通论》，上海书画出版社1996年版，第3—4页。
② 那志良：《鈢印通释》，商务印书馆1986年版，第1—2页。
③ 何毓灵、岳占伟：《论殷墟出土的三枚青铜印章及相关问题》，《考古》2012年第12期。

字玺多以氏名为内容。印体扁平,有钮,边框或有或无,形制已颇完整。

20世纪30年代,殷墟出土三方铜玺为黄濬所得,著录于《邺中片羽》,后归于省吾,著录于《双剑誃古器物图录》。一玺阳铭"亚離示(氏)",其中"示"字两见,呈左右对称的布局。鼻钮,"亚"字借用为边框,四隅空缺。印体扁板方形,长2.65厘米,宽2.5厘米,通高1.5厘米(图8-5,1)。一玺布田字格,每格阳铭一字,鼻钮。印体扁板方形,长2.9厘米,宽2.8厘米,通高1.6厘米(图8-5,2)。一玺阳铭"□甲",鼻钮,无边框。印体扁板长方形,长3.2厘米,宽2.5厘米(图8-5,3)。商代的文字玺,或以单文重见以求布局的对称,这种情况在青铜器族氏铭文中也十分常见,是为特点。学者或疑三玺为赝品,然殷墟近年已陆续有三方古玺出土,可证早年出土品不伪。1998年殷墟东南部水利局院内出土一方肖形铜玺,形制扁板方形,鼻钮,印体长1.6厘米,宽1.5厘米,厚0.33,钮高0.49厘米,阳刻兽面纹(图8-5,4)。2009年殷墟王裕口村南地出土一枚文字铜玺(M103:32),鼻钮,印体边长2.2—2.4厘米,厚0.45厘米,钮高0.89厘米,阴文"吾"字。2010年殷墟刘家庄北地祭祀坑出土一枚文字与图像合璧铜玺(H77:1),鼻钮,印体边长2.2厘米,厚0.45厘米,钮高0.46厘米,阳刻二"八"字与夔龙图像①。这些早期古玺资料证明,中国玺印的起源至少应较殷商时代更早,而且殷商古玺在文字玺与肖形玺两方面都已开晚世玺印的先河。

西周古玺继承殷制,也有文字玺与肖形玺,且存陶质、铜质之分。湖北宜昌长阳土家族自治县清江北岸香炉石遗址曾经发现两方约为殷末至西周时期的陶质文字玺,一方印体呈圆柱形,直径1.9厘米,残长4.5厘米;一方印体呈椭圆柱形,长径2.1厘米,短径1.2厘米,残长5厘米,

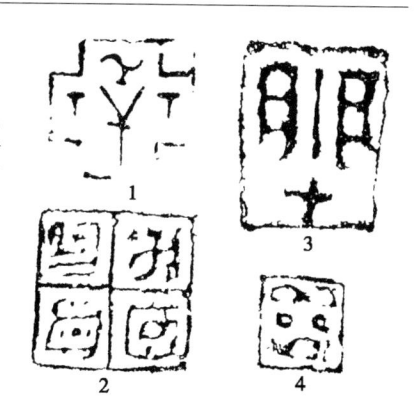

图8-5 商代铜玺钤本
1. 亚離示(氏)玺 2. 田字格玺
3. □甲玺 4. 肖形玺

---

① 中国社会科学院考古研究所安阳工作队:《河南安阳市殷墟王裕口村南地2009年发掘简报》、《河南安阳市殷墟刘家庄北地2010—2011年发掘简报》,《考古》2012年第12期。

惜文字磨泐①。西周肖形铜玺则先后出土于陕西扶风云塘与庄白，位于周原遗址的中心。云塘玺见于西周中晚期灰坑，绞索状桥钮联为双印，上印为三角形，底边长 2.2 厘米，高 2.2 厘米，镌镞形图像；下印为圆角长方形，长 2.7 厘米，宽 2.1 厘米，镌云纹图像。庄白玺见于西周中期灰坑，方形，桥钮，长 3.4 厘米，宽 3.1 厘米，印面厚 0.3 厘米，通高 1 厘米，镌凤鸟图像②。较殷墟而言，西周玺印的形制和钮式都已出现新的形式，这些特点逐渐形成了中国玺印的基本传统。

二 古玺的著录与研究

古代玺印作为金石学的研究内容，宋人已有搜求，但多与金石镜鉴等杂厕一编。专门汇集玺印之作则有杨克一的《印格》一卷，见于晁公武《郡斋读书志》卷十四，今已不传。及至民国，玺印著录之作已约百五十种，汇罗玺印四万馀方。明隆庆五年（1571 年），顾从德《集古印谱》收录历代玺印一千七百馀方，其中古玺数十，为今见最早的玺印著录著作。

对于先秦古玺的认识，宋元人皆不明其时代，甚至以为先秦无玺。这种情况至明代仍未有大的改观。清乾隆五十二年（1787 年），程瑶田作《看篆楼印谱序》，始识"私鉨"二字，并以为"鉨"即"玺"字古文。道光八年（1828 年），徐同柏为张廷济编《清仪阁古印偶存》，首别古玺而称"古文印"。同治元年（1862 年），吴式芬辑《双虞壶斋印存》八卷，已专列古玺于秦汉印前，并分"古文官印"与"古朱文印"。同治十二年（1873 年），陈介祺辑《十钟山房印举》十二册，存印盈万，也列古玺于卷首，又以官玺、私玺分别先后，体例严整。陈氏并以"朱文铜玺似六国文字，玉印似六国书法近两周者"③，以见其时代。光绪七年（1881 年），潘祖荫为高庆龄作《齐鲁古印攈序》云："自三代至秦皆曰鉨，鉨即玺字，从金爾声。玺有土者之印。古者诸侯亦曰玺，不独天子，《左传》'玺书，追而予之'是也。"至吴大澂《说文古籀补》，已于每字末列古玺文，共 570 馀字。其于光绪九年（1883 年）序云："古币、古鉨、古陶器文亦皆在小篆以前，为秦燔所不及，因并录之。"从此，天下始明此类古玺乃先秦之物。

古玺时代既明，自晚清以来，遂有专门的汇集之作。吴大澂《千鉨斋

---

① 湖北省清江隔河岩考古队：《湖北清江香炉石遗址的发掘》，《文物》1995 年第 9 期。
② 罗红侠、周晓：《试论周原遗址出土的西周玺印》，《文物》1995 年第 12 期。
③ 陈介祺：《簠斋尺牍》。

古钵选》、黄濬《尊古斋古玺集林》、方清霖《周秦古玺菁华》等则为其中较重要者。陈介祺《十钟山房印举》虽非专辑古玺，但其荟萃自藏及潘毅堂看篆楼、何昆玉吉金斋、叶志诜平安馆、李璋煜爱吾鼎斋等家藏品，所存古玺极富。然早期著录多偏于一家数家之藏，资料零散，不便研究利用。1981年，罗福颐主编《古玺汇编》出版，其以故宫博物院藏品为主，广采古今印谱五十六种及各主要博物馆藏品与考古新获，得古玺5708方，分官玺、姓名私玺、复姓私玺、成语玺、单字玺系统类次，集为大成①。王人聪《新出历代玺印集录》则对战国古玺多有补充，且出土地点明确，学术价值较高。至于古玺类别、形制、钮式、时代与制度等问题的综合研究，则前有陈邦福《古钵发微》、王献唐《五镫精舍印话》，后有罗福颐《古玺印概论》、马国权《古玺文字概论》、林素清《先秦古玺文字研究》、曹锦炎《古玺通论》、叶其峰《古钵印与古钵印鉴定》等论作。

古玺文字不仅涉及先秦官制、姓氏及地理，其为史籍所不载者尤多，而且关乎先秦语言文字的研究，具有独特的史料价值。王懿荣《齐鲁古印攈序》云："玺之具官名者是出周秦之际，如司徒、司马、司工、司成之属，半皆周官。"始识战国官玺。罗振玉则作《玺印姓氏征》及补编，并率先考证出成语玺②。凡此皆开古玺研究之先。而据文考史，释字则是基础工作，学者于此用力独勤，成绩也颇显著。黄宾虹《宾虹艸堂玺印释文》于1958年印行，为第一部玺印文字研究专著。此书成书虽早，然释文颇精审。其后学者的研究也不乏创见③。罗福颐于1930年出版《古玺文字征》，为首部古玺文字书，收可识字629字。至1981年罗氏主编《古玺文编》，收已识字已达1432字，合文31字。而吴振武《〈古玺文编〉校订》则于是书详为考订，使释文益精。

战国玺印之国别特色鲜明，王国维曾以古玺文字为六国文字④，重在时代辨析，地域划分则嫌笼统。1959年，李学勤将古玺及其他战国题铭分为

---

① 对此书的订正可参见吴振武《〈古玺汇编〉释文订补及分类修订》，《古文字学论集初编》，香港中文大学，1983年；施谢捷：《〈古玺汇编〉释文校订》，《印林》第十六卷第五期，1995年。
② 罗振玉：《赫连泉馆古印存序》，民国四年（1915年）钤印本。
③ 何琳仪《战国文字通论》列有古玺研究成果目录，徐在国编有《战国文字论著目索引》，均可参考。
④ 王国维：《桐乡徐氏印谱序》，《观堂集林》卷六，《王国维遗书》第一册，上海古籍书店1983年版；罗福颐：《近百年来古玺文字之认识和发展》，《古文字研究》第五辑，中华书局1981年版。

齐、燕、三晋两周、楚、秦五系①，首定分域研究之沿革。其后，叶其峰作《战国官玺的国别及其有关问题》②，使问题的研究趋于深入。而李学勤著《东周与秦代文明》"玺印"章、何琳仪作《战国文字通论》，则于古玺之形制、钮式、职官、地名、玺名及文字结体风格诸方面，对古玺的分域特点给予了全面论述。事实上，判明古玺的国别尽管需要进行多角度的考察，特别是对官玺所反映的职官与地名的考订，但在不具有这些内容的情况下，对文字结构特征的分析则是分国研究最重要的手段。朱德熙《秦始皇"书同文字"的历史作用》对战国典型文字的分域特征已有比较③。裘锡圭析"市"、"都"二字④，吴振武析"稟"字⑤，厘析其字形的国别特点。何琳仪《战国文字通论》所列字类更为详备，而庄新兴《战国鉨印分域编》、陈光田《战国玺印分域研究》则专就古玺文字进行分析，列表比较各国常见字的形构特点。王人聪《秦官印考叙》、王辉《秦印通论》则独据秦印文字资料整理研究。兹谨综合既有成果，对古玺之分域特点做扼要的概括。

齐官玺多呈方形，常镌白文，文字不及燕、晋玺整饬，有些齐玺不仅字体粗犷，而且形制特异。如印面上方突起，例有"昜（阳）都邑聖徒盐之鉨"（《玺汇》0198，图 8-6，5）。或印面上下方皆有突起，例有"齐立邦鉨"（《题铭》上 53，图 8-6，6）。陶玺较大，或呈长方形，文字较多，例有"陞（陈）窠立事岁安邑亳釜"（《玺汇》0289，图 8-6，8）。官玺常名"鉨"或"信鉨"；又名"鉩"，读为"照"，义为凭证⑥，为齐玺所独有，如"子㚔子鉩（照）"（《分域》599，图 8-6，1）。印面或加栏线（图 8-6，7）。文字具有特点，如"马"作"秊"，市作"𣅽"，"者"作"𤰺"或"𤰺"，"稟"作"𤷾"或"𦥑"，以"闻"为"门"等（图 8-6；图 8-11）。

燕玺形制多样，一类为方形玺，其中官玺稍大，多白文，印文双行密布。鼻钮，印台与坡形钮座之间有明显的过渡台阶，乃燕玺所独有。玺文一般呈"某都某"的固定格式，"都"字前为地名，后为官名。如"泃城都右司马"（《玺汇》5543，图 8-7，5），泃城即今河北三河。私玺稍小，多朱文。一类为方形朱文官玺，形制多硕大，如著名的"睽（唐）都萃车

---

① 李学勤：《战国题铭概述》，《文物》1959 年第 7—9 期。
② 载《故宫博物院院刊》1981 年第 3 期。
③ 载《文物》1973 年第 11 期。
④ 裘锡圭：《战国文字中的"市"》，《考古学报》1980 年第 3 期；《文字学概要》，商务印书馆 1988 年版，第 57 页。
⑤ 吴振武：《战国"畗（稟）"字考察》，《考古与文物》1984 年第 4 期。
⑥ 高明：《说鉩及其相关问题》，《考古》1996 年第 3 期。

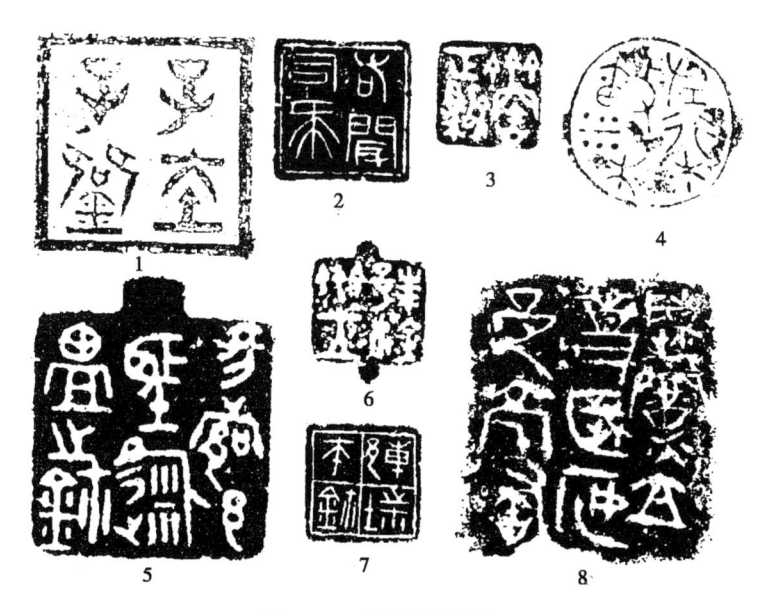

第八章　简帛及其他古文字文献研究　　　　　　　　　　　　697

图 8-6　齐国玺印钤本
1. 子夆子鉩（照）　2. 右闻（门）司马　3. 齐窑（陶）正驹　4. 左桁
敨（廩）木　5. 昜（阳）都邑墼徙盐之鉩　6. 齐立邦鉩　7. 郭（博）坶
（市）市（师）鉩　8. 墜（陈）寏立事岁安邑亳釜

马"玺（《玺汇》0293，图 8-7，2），边长 6.7 厘米，系古玺之冠。这两类玺印皆自名"鉩"。一类为条形玺，朱文，细长柄。官玺多自名"鍴"、"勹"，如"单佑都市王勹鍴"（《玺汇》0361，图 8-7，1）、"中昜（阳）都吴王勹"（《玺汇》5562，图 8-7，6），"鍴"或读为"瑞"，"勹"则读为"符"，皆瑞信、符信之义。私玺则名"厶"，为私玺之统称。燕玺文字颇具特点，如"中"作"卣"，"都"作"𨛷"，"市"作"甬"，"鉩"所从之"尔"作"𣎵"等（图 8-7）。

晋系多中小型朱文玺，文字结体整饬，笔画细劲，布局精巧，镌刻工丽，与齐之粗犷、燕之奇异、楚之散逸形成鲜明的区别（图 8-8）。鼻钮居多，钮座陡峭，印体敦厚。文字或有特点，如"者"作"𦘒"或"𦘔"，"市"作"𢍨"或"𢎘"，"廩"作"𥢶"或"𠷎"，"丘"作"𠀂"或"𠢹"等（图 8-8）。三晋官玺国别的判断，唯可依其所具地名加以分别。

楚玺大小不一，官玺多白文，刀法酣肆，结体散逸。印面或加"田"字格。地名前缀或曰"上"、"下"，后缀或曰"陵"，行政单位多曰"里"，边邑多曰"关"。官爵与机构名称则有"府"、"官"、"令"、"职"、"尹"、

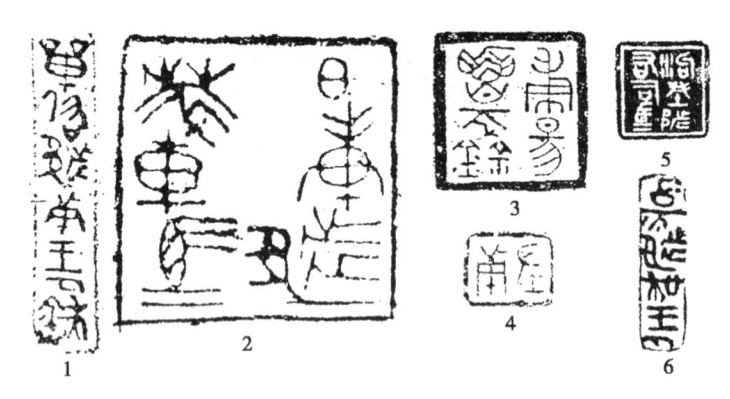

图 8-7　燕国玺印钤本

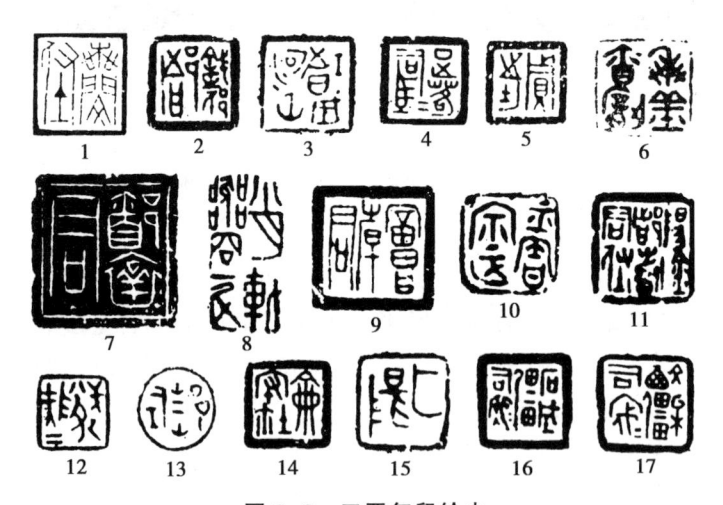

1. 单佑都市王勹（符）鍴（瑞）　2. 唌（唐）都萃车马　3. 甫（浮）易（阳）娄市（师）鍅　4. 左市　5. 洵城都右司马　6. 中易（阳）都吴王勹（符）

图 8-8　三晋玺印钤本

1. 桼（漆）闵（门）壐（府）　2. 钱邘都　3. 堵城河丞　4. 疋苕司马　5. 贮市　6. 桼（漆）丘禀（廪）厠（箮）　7. 郮（廪）襄君　8. 肖（赵）軓（厎）器容一斗（赵）　9. 富昌韩君（赵）　10. 平窑（陶）宗正（赵）　11. 阳（荡）陉（阴）都□君壐（府）（魏）　12. 武隧（遂）大夫（韩）　13. 挧（制）司工（空）（韩）　14. 侖（纶）守坏（鍅）（韩）　15. 曲阳（赵）　16. 石城疆（疆）司寇（赵）　17. 文栒（台）西疆（疆）司寇（魏）

"计"、"客"、"器"、"室"、"大夫"等。文字颇具特点，如"中"作"㭜"、"㫗"、"金"，"者"作"㫰"，"市"作"㭜"，"鍅"所从之"金"作"㭜"或近似的变形，所从之"尔"则作"㭜"或"㭜"等（图 8-9）。

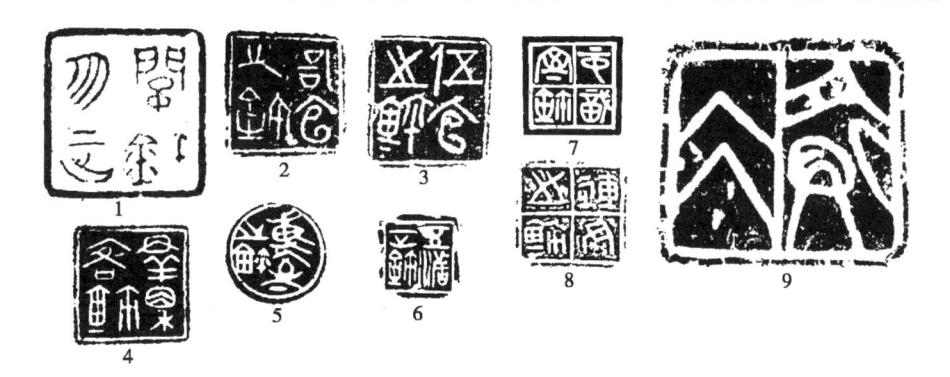

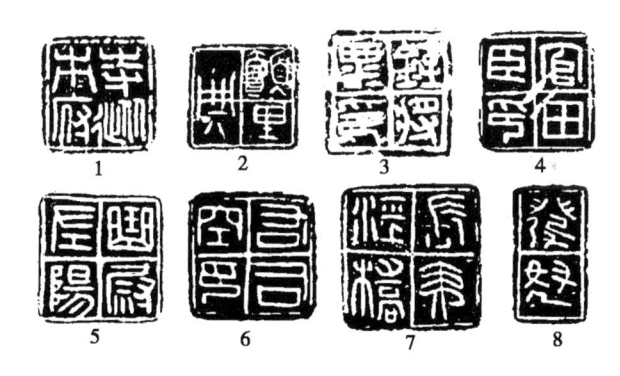

图 8-9 楚国玺印钤本
1. 勿正关鉨 2. 计官之鉨 3. 伍官之鉨 4. 群粟客鉨 5. 専（簿）室之鉨
6. 五渚正鉨 7. 中䒵（织）室鉨 8. 连尹之鉨 9. 大廄（府）

图 8-10 秦国玺印钤本
1. 寺从市府 2. 颤里典 3. 銍将粟印 4. 官田臣印
5. 曲阳左尉 6. 右司空印 7. 长夷泾桥 8. 發弩

秦玺已开汉印之风，文字规整雅正，结体最近秦篆。玺名多曰"印"。方玺多有"田"字格或横"日"方格，条形玺多有"日"字格（图 8-10）。

判断古玺的国别，除注意考察古玺的形制、职官、地名等因素外，掌握各国和各域的文字特点则至关重要。何琳仪《战国文字通论》于各国典型文字胪列比较，汤馀惠主编《战国文字编》于每字之下明其分域，足资研习。

三 封泥的著录研究

先秦古玺的使用方法并不都如后世玺印蘸朱泥钤于绢帛纸张，虽然战国楚墓中曾见钤有朱印的丝织品①，实古玺的用途多用于泥封或戳于陶器，故封泥及戳印陶文与古玺相为表里，其与古玺的史料价值同样重要。

《续汉书·百官志》："少府官属有守宫令，主御纸笔墨，及尚书财用诸物，及封泥。"此"封泥"二字之始见。封泥实物出土于清嘉道间，吴荣光、赵之谦等以为印范。至光绪戊戌年（1898年），刘鹗、吴式芬、陈介祺始纠其谬而定为封泥②。光绪三十年（1904年），吴、陈二氏辑有《封泥考略》十卷（翁大年考释），刘鹗作《铁云藏封泥》，并为封泥著录之滥觞。嗣后，学者于封泥续有搜辑，早期如罗振玉《齐鲁封泥集存》、陈宝琛《澂秋馆藏古封泥》、周明泰《续封泥考略》与《再续封泥考略》、吴幼潜《封泥汇编》、陈直《汉封泥考略》、刘次瑶《泥封印古录》、马衡《封泥存真》及王献唐《临淄封泥文字》。罗氏于《集存》自序详言出土源流，王国维序则以其考官制地理，为吴、陈二氏所不及。王氏又有《简牍检署考》③，复详所论，封泥之研究遂显于世④。

旧出封泥多属秦汉之物，先秦封泥并不常见。近年孙慰祖作《古封泥集成》，周晓陆、路东之有《秦封泥集》，傅嘉仪辑《新出土秦代封泥印集》，虽广有所获，但不出传世及流散品的征集。而于封泥之时空背景明确者，则赖考古发现而渐有补益。1983年秋，河北平山战国中山国灵寿城第五号遗址中部的铸铜作坊内发现七方战国封泥，呈不规则半圆形，有"信券"二字阴文⑤。1989年，湖北荆门包山二号楚墓出土战国封泥⑥。2000年夏，西安未央区相家巷位于汉长安城桂宫遗址的东北角外侧发现大批封泥，较完整者计325方，时代为战国晚期或秦代⑦。封泥内容丰富，涉及战国及秦的中央与地方官署，对中国古代官制的研究意义弥重⑧。

四　陶文的著录与研究

古代陶器刻印文字传统绵久，新石器时代遗址已有出土，至殷商和西

---

① 熊传薪：《长沙新发现的战国丝织物》，《文物》1975年第2期。
② 刘鹗：《铁云藏陶序》，光绪三十年（1904年）抱残守缺斋石印本。
③ 《王国维遗书》第九册，上海古籍书店1983年版。
④ 参见朱剑心《金石学》，文物出版社1981年版，第57—58、155—157页。
⑤ 陈应祺：《中山国灵寿城第四、五号遗址发掘简报》，《文物春秋》创刊号，1989年。
⑥ 湖北省荆沙铁路考古队：《包山楚墓》，文物出版社1991年版。
⑦ 中国社会科学院考古研究所汉长安城工作队：《西安相家巷遗址秦封泥的发掘》，《考古学报》2001年第4期。
⑧ 刘庆柱、李毓芳：《西安相家巷遗址秦封泥考略》，《考古学报》2001年第4期。

周时期，数量渐富。这类资料分布广泛，内容或关乎记事占卜，或涉及族邑职官，具有重要的史料价值①。

战国时期，陶文的数量大增，始为学者所注意，并搜集研究。其时，山东、河北、河南、陕西等地陆续发现齐、邾、燕、韩、秦诸国陶文，而齐、燕旧地所出最多②。这些文字多以戳印的形式呈现，间以刻写，内容涉及人物、职官、地理、器名、工官制度等，是研究战国文字及其政治史、经济史、姓名制度、度量衡制与历史地理的有益资料。

清同治十一年（1872年），陈介祺于友人处得见"陈□"陶文，并推测乃齐陈氏之族，此为战国陶文研究的开始。陈氏继而广为搜集，所获逾一万三千品。但这些资料并未刊印，其初选所藏精拓，售于同好；或取其中部分拓本贴装成册，为今流传之簠斋藏陶文拓印本数种，分藏各家③，内容与数量各异。其后又有潘祖荫、王懿荣、端方、周霖、罗振玉等竞相访求，各有所得。

光绪三十年（1904年），刘鹗将王懿荣旧藏陶文选拓568品印成《铁云藏陶》，是为陶文资料正式刊布的开始。同时，学者常就及身所见拓印传布，重要者如吴隐《遯庵古陶存》、太田孝大郎《梦庵藏陶》、王孝禹《瘦云楼古陶拓本》、王献唐《邹滕古陶文字》及《海岳楼齐鲁陶文》、黄宾虹《陶鉥文字合证》、方德九《德九存陶》、张培澍《古陶琐萃》、杨潜盦《三代秦汉文字集拓》、徐同柏《齐鲁古陶文字》及《三代秦汉六朝古陶》等，或于陶文之外兼收封泥。这些资料除少数付梓行世外，多未印行，不便利用。况早期著录所得不广，如孙浔、孙鼎编次之《季木藏陶》号称赅博④，后悉付所藏又成《新编全本季木藏陶》⑤，不过一千三百余品。至袁仲一《秦代陶文》，唯专一隅⑥。高明先生集旧录新出的陶文资

---

① 刘一曼：《殷墟陶文研究》，《庆祝苏秉琦考古五十五年论文集》，文物出版社1989年版；冯时：《山东丁公龙山时代文字解读》，《考古》1994年第1期；《"文邑"考》，《考古学报》2008年第3期。

② 李学勤：《山东陶文的发现和著录》，《齐鲁学刊》1982年第5期；《燕齐陶文丛论》，《上海博物馆馆刊》第6期。

③ 如《簠斋瓦器拓本》四函二十四册，《陈簠斋藏古陶文》六函二十五册，《簠斋藏陶拓本》四函二十册，以上北京大学图书馆藏；《簠斋藏古陶拓本》二函五摺册，中国社会科学院考古研究所藏；《簠斋藏陶》，北京大学图书馆藏一函八册，中国社会科学院考古研究所藏一函二册。

④ 1943年影印本。

⑤ 中华书局1998年影印本。

⑥ 秦陶文资料又可参见王辉《秦文字集证》，艺文印书馆1999年版。

料，自新石器时代以迄战国，广及山东、河北、河南、山西、陕西、湖北各地所出，汰选谨慎，存拓二千二百零六品以成《古陶文汇编》，1990年印行，为先秦古陶文字的集成之作。此后，王恩田于2006年出版《陶文图录》十卷，分代分国编次，收拓一万二千馀品，其中七卷为秦及其以前陶文，于旧录又有新的补充。

古陶文字的研究，继陈介祺之后，吴大澂的工作更为深入。他利用簠斋所藏陶文撰有多种专论，今见者有《三代古陶文字释》四卷①、《簠斋古陶文字考释》和《读古陶文记》一卷②，相关见解又散见于《吴愙斋尺牍》，而其《说文古籀补》兼收陶文，更反映了其对陶文的研究成果。此后，丁佛言《说文古籀补补》、强运开《说文古籀三补》均在陶文方面对吴书有所补苴。方濬益《缀遗斋彝器款识考释》则在金文研究之馀间释陶文。而王襄先后著《古陶今释》及《古陶今释续编》，于释文之外，间或考史。1936年，顾廷龙所编《古陶文舂录》印行，其集陶文研究成果于一书，收字三百九十有馀，不仅辑录陶文单字，且附有辞例，体例完备，是第一部权威的古陶文字书。1964年，金祥恒辑成《匋文编》，收字498字，较顾书小有增益。1991年，高明先生在编纂《古陶文汇编》的同时，与葛英会共同辑成《古陶文字征》，收录1823字，其中正编1260字（含合文），附录563字，于单字与辞例之外，间附简明的考释③。王恩田则取其《陶文图录》所载资料而成《陶文字典》，2007年出版，正编收1279字（含合文），附录收1170字，总计2449字。两书成书较晚，不仅于陶文研究的最新成果有所反映，而且间或体现作者的观点，宜于比较参考。

战国陶文除对这一时期的文字研究具有影响之外，史料价值也不可低估。王献唐《邹滕古陶文字序》、柯昌泗《季木藏陶序》、王襄《古陶残器絮语》④，皆强调陶文研究关注出土地点、时代特征及器物形制的必要，这些对于度量衡制的考证尤为关键。1935年，唐兰发表《陈常陶釜考》⑤，以陶文"陈向"即《史记》之"陈常"，《左传·襄公十四年》称"陈成子"。而张政烺作《"平陵陾导立事岁"陶考证》⑥，考"陈寻"即子璋壶及子禾子釜两铭中的"陈得"，乃

---

① 稿本藏山东省博物馆。
② 二书稿本藏国家图书馆。
③ 对是书的订补参见陈伟武《古陶文字征订补》，《中山大学学报》1995年第1期。
④ 载《燕京学报》第三十五期，1948年。
⑤ 载北京大学《国学季刊》第五卷第一期，1935年。
⑥ 载北京大学潜社《史学论丛》第二册，1935年。

《左传·哀公十四年》杜预《集解》所说之"陈惠子得"。这些工作都使陶文的史料价值大为提高，而利用陶文资料解决先秦工官制度等问题①，亦足补文献之缺②。

战国陶文的分域特征十分鲜明，除文字的差异之外，工官制度也有不同。齐国陶文数量最富③，多为玺印戳印于陶器的钤记，可与古玺互证④，少见刻款。内容常见者为陶工名，或冠以籍贯，如"城𪭢（阳）众"（《陶汇》3.537，图 8-11，6），城阳即今山东鄄城；或冠以里名，如"蒦（画）圖（阳）南里赐"（《陶汇》3.126，图 8-11，7）、"蒦（画）圖（阳）南里人奠"（《陶汇》3.148，图 8-11，9）、"蒦（画）圖（阳）南里窑（陶）者惠"（《陶汇》3.168，图 8-11，12），画阳即今山东临淄⑤；或于里上冠以乡名，如"繇衢（乡）大窑（陶）里犬"（《陶汇》3.65，图 8-11，11）、"左南郭衢（乡）辛窑（陶）里佑"（《陶汇》3.481，图 8-11，15）。或更记监造者及监造时间，如"昌檐陞（陈）固南左里殴（轨）亳区"（《陶汇》3.29，图 8-11，1）、"闇陞（陈）贲叁立事左里殴（轨）亳区"（《陶汇》3.25，图 8-11，2）。

齐陶中的"陶者"即为陶工⑥。《庄子·马蹄》："陶者曰，我善为埴。""乡"本作"衢"⑦，旧或释"鄙"⑧，字形不合。此字当从"邕""行"声，读为"乡"。古音"行"在匣纽阳部，"乡"在晓纽阳部，同音

---

① 参考李学勤《战国题铭概述》，《文物》1959 年第 7—9 期；《秦国文物的新认识》，《文物》1980 年第 9 期；朱德熙：《战国匋文和玺印文字中的"者"字》，《古文字研究》第一辑，中华书局 1979 年版；裘锡圭：《战国文字中的"市"》，《考古学报》1980 年第 3 期；俞伟超：《秦汉的"亭"、"市"陶文》，《先秦两汉考古学论集》，文物出版社 1986 年版；袁仲一：《秦代的市、亭陶文》，《考古与文物》1980 年第 1 期；《秦民营制陶作坊的陶文》，《考古与文物》1981 年第 1 期；何琳仪：《战国文字通论》（订补），江苏教育出版社 2003 年版。

② 相关综述可参见郑超《战国秦汉陶文研究综述》，《古文字研究》第十四辑，中华书局 1986 年版；董珊《从〈新编全本季木藏陶〉谈到古陶文的发现与研究》，《书品》2000 年第 1 期。

③ 李学勤：《山东陶文的发现与著录》，《齐鲁学刊》1982 年第 5 期。

④ 黄宾虹：《陶玺文字合证》，神州国光社 1930 年影印本。

⑤ 孙敬明：《齐陶新探》，《古文字研究》第十四辑，中华书局 1986 年版。

⑥ 朱德熙：《战国匋文和玺印文字中的"者"字》，《古文字研究》第一辑，中华书局 1979 年版。

⑦ 方濬益：《缀遗斋彝器款识考释》卷二十五，1935 年涵芬楼影印本；李学勤：《战国题铭概述》上，《文物》1959 年第 7 期；高明：《从临淄陶文看里制陶业》，《古文字研究》第十九辑，中华书局 1992 年版。

⑧ 周进：《季木藏匋》，1943 年影印本。

图 8-11　齐国陶文拓本

1. 昌檽墜（陈）固南左里敀（轨）亳区　2. 闇墜（陈）賁叁立事左里敀（轨）亳区
3. 不郱（其）坅（市）鉖（照）　4. 大市豆鉖（照）　5. 大市区鉖（照）　6. 城圖（阳）众　7. 蕫（画）圖（阳）南里賹　8. 王冢（锺）　9. 蕫（画）圖（阳）南里人奠　10. 廩　11. 繇衢（乡）大窑（陶）里犬　12. 蕫（画）圖（阳）南里窑（陶）者憲　13. 王豆　14. 王枅（升）　15. 左南郭衢（乡）辛窑（陶）里佑

可通。"敀"本作"故"①，读为"轨"②。《国语·齐语》："管子于是制国以为二十一乡。……五家为轨，轨为之长；十轨为里，里有司；四里为连，连为之长；十连为乡，乡有良人焉。"韦昭《注》："二千家为一乡。"此管子制，非周法，合于齐陶。轨、里制也见燕陶。"升"、"豆"、"区"、"釜"为齐量名（图 8-6，8；图 8-11，1、2、4、5、13、14），偶也见

---

① 朱德熙：《战国文字中所见有关廄的资料》，《古文字学论集初编》，香港中文大学，1983 年。

② 孙敬明：《齐陶新探》，《古文字研究》第十四辑，中华书局 1986 年版。

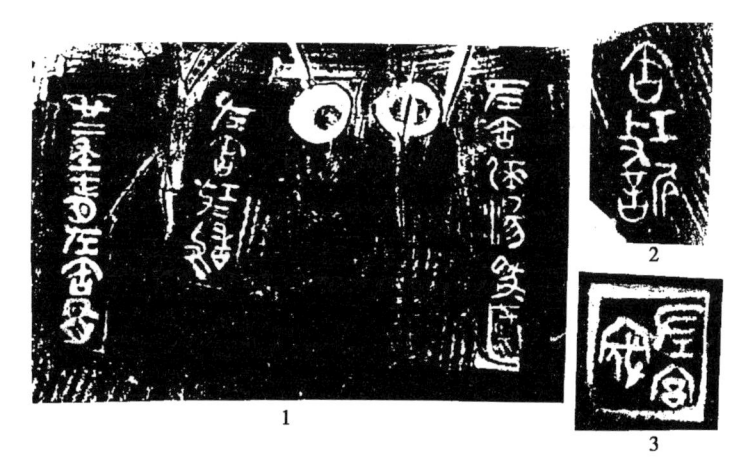

第八章　简帛及其他古文字文献研究　　　　　　　　　　　　　705

图 8-12　燕国陶文拓本
1. 廿二年正月，左匋（陶）肴（尹）左匋（陶）俟（里）汤殷（轨）国，左匋（陶）攻（工）敢　2. 匋（陶）攻（工）訢　3. 左宫寇

"冢"，读为"锺"①（图 8-11，8）。

燕国陶文也多以玺印钤记，与燕玺颇似，极少刻款。印款在形式上分条形、方形和联钤条形三种。条形款如"陶工某"（"陶工訢"，《陶汇》4.88，图 8-12，2），"陶工"即齐陶中的"陶者"，分为左、右。方形款如"左宫某"、"右宫某"，"宫"似指王宫，如"左宫寇"（《陶汇》4.1，图 8-12，3）。联钤条形款如"十七年八月，右匋（陶）肴（尹）俟（里）胏殷（轨）賓"（《陶汇》4.15）、"廿二年正月，左匋（陶）肴（尹）左匋（陶）俟（里）汤殷（轨）国，左匋（陶）攻工敢"（《陶汇》4.1，图 8-12，1），可知陶尹分左、右，所属有里、轨，反映了燕陶制作的三级监造制度。《左传·襄公二十五年》："昔虞阏父为周陶正。"齐玺也见"齐陶正驹"（《题铭》上 52，图 8-6，3），"陶尹"应当陶正。燕陶文"陶"作"匋"、"里"作"俟"②，为其特点（图 8-12）。

三晋陶文分印款与刻款两种。韩国陶文集中出土于郑韩故城③、登封

---

① 李学勤：《四海寻珍》，清华大学出版社 1998 年版，第 91—92 页。
② 何琳仪：《古陶杂识》，《考古与文物》1992 年第 4 期。
③ 河南省博物馆新郑工作站、新郑县文化馆：《河南新郑郑韩故城的钻探和试掘》，《文物资料丛刊》第 3 期。

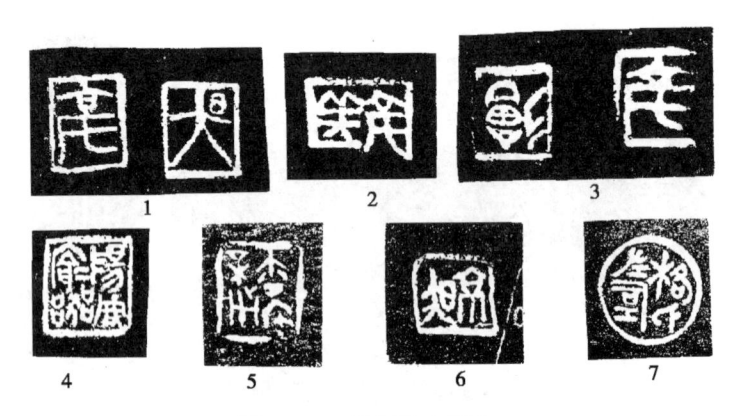

图 8-13　韩国陶文拓本
1. 昃亳　2. 亳丘　3. 郐亳　4. 阳城仓器　5. 廪匋（陶）亲（新）市
6. 昃亭　7. 格氏左司工（空）

阳城遗址及郑州、荥阳一带①。郑韩故城陶文主要有"廥宫"、"左朕（厨）"、"啬夫"、"吏"、"厶（私）官"等，阳城遗址陶文主要"阳城仓器"、"阳城"、"朱（厨）器"、"廪"、"半"等，郑州出土陶文主要有"廪匋（陶）亲（新）市"、"郐亳"、"昃亳"、"亳丘"、"亳"、"昃亭"等，荥阳出土陶文主要有"格氏"、"格氏左司工（空）"、"格氏右司工（空）"、"荥阳廪"、"荥阳廪匋（陶）"等（图8-13），温县北平皋邢丘遗址出土陶文有"型（邢）公"、"郍（舟）公"②。郐在今河南新郑，舟也在新郑附近。韩陶用"器"，与齐陶"豆"、"区"等不同。赵国陶文多为人名，河北武安午汲古城曾出"邯亭"陶文③。另见"邢台"④。辉县固卫村1号墓陶罐发现"陶白"二字⑤，则是罕见的魏国陶文⑥。

楚国陶文所见甚少，河南商水战国城址曾经出土印款"扶苏司工

---

① 李先登：《河南登封阳城遗址出土陶文简释》，《古文字研究》第七辑，中华书局1982年版；牛济普：《郑州、荥阳两地新出战国陶文介绍》，《中原文物》1981年第1期。
② 北京大学考古专业商周组等：《晋豫鄂三省考古调查简报》，《文物》1982年第7期；李先登：《荥阳、邢丘出土陶文考释》，《古文字研究》第十九辑，中华书局1992年版。
③ 河北省文物管理处：《河北省出土文物选集》，文物出版社1980年版。
④ 河北省文物管理委员会：《邢台曹演庄遗址发掘报告》，《考古学报》1958年第4期。
⑤ 中国科学院考古研究所：《辉县发掘报告》，科学出版社1956年版。
⑥ 李学勤：《东周与秦代文明》，文物出版社1984年版，第57页。

第八章　简帛及其他古文字文献研究　　707

图 8-14　秦国陶文拓本

1. 咸亭曏阳酾器　2. 咸亭泾里忿器　3. 咸廊里跬　4. 咸廊小有　5. 咸高里熹　6. 咸蒲里奇
7. 咸阳巨鬲　8. 杜亭　9. 陕市　10. 栎市　11. 咸阳亭久　12. 美亭　13. 云亭

（空）"①，时代为战国晚期。安徽亳州北关战国铸铜遗址出土陶印范及相同文字的铜玺，内容为"富"、"千金"②，是极重要的发现。

秦国陶文集中发现于秦都咸阳遗址、秦始皇陵区及其附近的临潼地区，以及岐山、扶风、淳化、渭南、清涧、眉县、黄龙、凤翔、丹凤等地③，山西、湖北也有出土，分印款与刻款，内容丰富。陶文形式主要包括四类。

其一，陶俑文字，内容为数字或陶工名，工名或冠以"宫"或地名，如"宫庄"（《陶汇》5.199）、"咸阳衣"（《陶汇》5.146）。

---

① 商水县文物管理委员会：《河南商水县战国城址调查记》，《考古》1983 年第 9 期；黄盛璋：《商水扶苏城出土古陶文及其相关问题》，《中原文物》1988 年第 1 期。
② 侯永：《安徽亳州市北关战国铸铜遗址》，《考古》2001 年第 8 期。
③ 王辉：《秦文字集证》，艺文印书馆 1999 年版。

其二，墓记文字，内容为建陵亡工的姓名、籍贯和身份，刻于覆盖尸骨的残瓦侧，籍贯有原三晋地东武、平阳、杨氏、平阴，也有楚地兰陵、邹、赣榆，齐地博昌。如"东武东閒居赀不更睢"（《陶汇》5.361）、"兰陵居赀便里不更牙"（《陶汇》5.365），是为墓志之滥觞。

其三，砖瓦陶器文字，分中央、地方和亭市监造及官属记量文字四种。中央监造者多记官名，如左（右）司空、大匠、大水、都船、寺水、宫水、北司等，或不见于文献。地方监造者均为地名或人名，地名如蒲坂（山西永济西）、宜阳（河南宜阳西）、下邽（陕西渭南东北）、美阳（陕西武功西北）等。亭市监造者则有咸阳亭、市和地方亭、市监造之别。咸阳亭、市监造者如"咸阳市于"（《陶汇》5.100）、"咸阳亭久"（《陶汇》5.102）；"咸阳亭"也省称"咸亭"，亭下或缀里名，如"咸亭泾里忿器"（《陶汇》5.10）；或省"里"字如"咸亭当柳昌器"（《陶汇》5.2）、"咸亭燹阳酺器"（《陶汇》5.16）；或省"亭"、"器"如"咸郖里跬"（《陶汇》5.30）、"咸蒲里奇"（《陶汇》5.93）、"咸高里熹"（《陶汇》5.85）；或省"亭"、"里"、"器"如"咸郖小有"（《陶汇》5.73）、"咸阳巨鬲"（《陶汇》5.106）。地方亭、市监造者如西安市郊的"杜市"（《陶汇》5.171）、"杜亭"（《陶汇》5.308），淳化的"云亭"（《陶汇》5.295），扶风的"美亭"（《陶汇》5.310），渭南的"栎市"（《陶汇》5.337）、"栎亭"（《陶汇》5.337），河南陕县后川的"陕市"（《陶汇》6.54）、"陕亭"（《陶汇》6.55），山西翼城的"降（绛）亭"（《陶汇》7.1、2），夏县的"安亭"（《陶汇》7.4），湖北云梦的"安陆市亭"（《陶汇》8.2）等。官属记量文字如"小厩"（《陶汇》5.229）、"左厩，容八斗"（《陶汇》5.230）、"北园吕氏缶，容十斗"（《陶汇》5.371）、"丽山飤官"（《陶汇》5.188）等①（图8-14）。

其四，秦封宗邑瓦书。镌121字长铭，作于秦惠文王四年（公元前334年），内容为右庶长歜（丞相觸）封邑的经过②，是研究战国封邑制度的重要史料。文字风格与一般陶文不同，而与秦始皇诏、二世诏一脉

---

① 何琳仪：《战国文字通论》（订补），江苏教育出版社2003年版，第190—191页。
② 郭子直：《战国秦封宗邑瓦书铭文新释》，《古文字研究》第十四辑，中华书局1986年版。

相承，反映了自商鞅方升到两诏版之间的秦篆特点，其在陶文中实为罕觏①。

第五节 货币文字

货币铸有铭文，目前所知始见于春秋时代，至战国渐为普遍。铸铭货币除南楚曾用金银质之外，几乎皆为铜质。币文内容多为国名、地名、币名或币值。

一 货币文字的著录与研究

宋洪遵《泉志》为目前所存最早的货币著录之作。当时人们并没有能力辨识战国货币，这种情况直至清乾嘉时期才有所改变。蔡云《癖谈》卷二以今所见金币"盖流行于春秋战国"，始推定货币之时代。同治三年（1864年），李佐贤石泉书屋刻印《古泉汇》六十四卷及续四卷、补遗二卷，光绪元年（1875年）又刊《续泉汇》十四卷及补遗二卷，著录六千品，不仅搜求殷富、鉴别精审堪为首屈，而且对战国货币的出土地点及铸造历史多有考证。1938年，丁福保《古钱大辞典》印行。该书分总论及上、下三编，上编为始自先秦刀布的历代钱谱，下编辑录前人对古钱的考订文字，所收资料除自藏外，包括翁树培《古钱汇考》、刘喜海《泉苑精华》、鲍康《观古阁泉拓》以及方若、张乃骥、日人平尾聚泉所藏所辑之精品，几乎囊括了其时得见的古钱品种，蔚为大观，为研究者提供了极大方便。同年，日人奥平昌洪出版《东亚钱志》，也极具价值。而对先秦货币的搜汇，至汪庆正主编之《中国历代货币大系·先秦货币》始集其大成。该书于1988年由上海人民出版社出版，汇求货币资料四千馀品，加之其后朱活等纂《中国钱币大辞典·先秦编》续有补苴，资料可谓完备。两书释文间或汲取学术界的最新研究成果，一些误释也有专文予以纠正②。

---

① 另见尚志儒《秦封宗邑瓦书的几个问题》，《文博》1987年第6期；袁仲一：《读秦惠文王四年瓦书》，《中国考古学研究论集》，三秦出版社1987年版；李学勤：《秦四年瓦书》，《李学勤学术文化随笔》，中国青年出版社1999年版；黄盛璋：《秦封宗邑瓦书及其相关问题考辨》，《考古与文物》1991年第1期。

② 参见黄锡全《〈中国历代货币大系·先秦货币〉释文校订》，氏著《先秦货币研究》，中华书局2001年版。

对货币文字的考释研究，清代学者已做出很多成绩。道光二十二年（1842年），马昂刊刻《货币文字考》；光绪二十八年（1902年），刘心源石印《奇觚室吉金文述》；或专或兼于战国货币文字的释读，各有贡献。近五十年来，随着考古学的发展，战国文字研究风起，具有明确出土地的货币资料不断增加，使传统古钱学仅据币文地名进行推论的情况大为改观，极大地促进了货币文字研究的深入。同时由于战国文字研究的进步，货币文字的释读也有了重要突破，进而增进了人们对于其时货币的理解[1]。裘锡圭作《战国货币考》，不仅于币文释读多有创获，而且兼定分域分国标准[2]。何琳仪著《古币丛考》，广论先秦时代各地区的各类货币，释证精详，于分国及断代研究更趋系统。而黄锡全《先秦货币研究》不仅于货币新品有所补充，在资料的运用上更为完整，且其分域研究各币种铭文，兼及考史证史，反映了目前先秦货币的研究水平。综合研究之作有王毓铨《我国古代货币的起源和发展》、郑家相《中国古代货币发展史》和王献唐《中国古代货币通考》，互有侧重。黄锡全《先秦货币通论》则重在充分反映货币研究的最新成果，对20世纪后半叶货币文字研究进行了系统总结。

以先秦货币文字集为字编，商承祚、王贵忱、谭棣华合著之《先秦货币文编》则为肇始之作。该书正编收313字，附录收534字，计入同字之异体，共8215字，取材丰富，尤善甄采罕见之私家拓本。张颔《古币文编》则是又一部先秦货币文字编，正编收322字，附录收509字，每字下标明品类、辞例、出处，便于利用。两书释文部分或有可订补商榷处，学者已专文指出[3]。

二 东周货币类别与分国特征

东周时期，各国使用的货币不同，依其形制和材质，可分为布币、刀币、圜钱、贝币和金币。

（一）布币

《国语·周语下》："景王二十一年，将铸大钱。"时人所说的"大

---

[1] 李学勤：《东周与秦代文明》，文物出版社1984年版，第305—306页。
[2] 载《北京大学学报》（哲学社会科学版）1978年第2期；增订稿见氏著《古文字论集》，中华书局1992年版。
[3] 参见曹锦炎《读先秦货币文编札记》，《中国钱币》1984年第2期；何琳仪：《古币文编校释》，《文物研究》第6辑，1990年。

钱"，学者或以为即此布币①。《说文·金部》："钱，铫也，古者田器。从金，戋声。《诗》曰：'庤乃钱镈。'一曰货也。"段玉裁《注》："云古田器者，古谓之钱，今则但谓之铫，谓之垂，不谓之钱。而钱以为货泉之名。"许氏引《诗》乃《周颂·臣工》句，毛《传》："钱，铫。""铫"或作"斛"。郭璞《方言注》："即古锹垂字。"可知所谓布币实取形钱铫一类农具②，时人以为货币，即谓之钱。先秦文献已见以"布"为货币之名，但货币文字却未见以"布"为自名者③。至王莽新室铸同类形制的货币自名曰"布"，古钱学家遂称此种货币为"布币"。

《汉书·食货志下》："故货宝于金，利于刀，流于泉，布于布，束于帛。……莽即真，……更作金、银、龟、贝、钱、布之品，名曰'宝货'。……大布、次布、弟布、壮布、中布、差布、厚布、幼布、幺布、小布，……是为布货十品。"师古《注》："如淳曰：'布于民间。'布亦钱耳。谓之布者，言其分布流行也。"此虽汉人思想，但渊源有自。《礼记·檀弓上》："子硕欲以赙布之馀具祭器。"郑玄《注》："古者谓钱为泉布，所以通布货财。"《孟子·公孙丑上》："廛无夫里之布。"赵岐《章句》："布，钱也。"《周礼·天官·外府》："外府掌邦布之入出。"郑玄《注》："布，泉也。布读为宣布之布。其藏曰泉，其行曰布，取名于水泉，其流行无不遍。"学者多以"布"乃"镈"之假借，恐未必。

布币主要流行于周及三晋地区，燕、楚也见。据其形制，可分空首布和平首布两类。

空首布是布币中出现最早的一种，铸行于春秋早期至战国中晚期。根据形制的差异，可分四式。

Ⅰ式：平肩弧足空首布。大者一般通长10厘米，足宽5.1厘米；中者一般通长8厘米，足宽4.5厘米；小者一般通长6.8厘米，足宽3.8厘米。大、中型平肩布年代较早，小型布则在战国中期前后。此式布集中发现于东周王都（今洛阳）及其附近的孟津、宜阳、伊川、新安、临汝、偃师、登封等地④。币文多铭一字，又有"东周"、"郗釿"（图8-15，1）、

---

① 李学勤：《东周与秦代文明》，文物出版社1984年版，第306页。
② 朱活：《古钱新探》，齐鲁书社1984年版，第20页。
③ 黄锡全：《新见"分布"及有关问题》，《中国钱币》2007年第2期。
④ 洛阳博物馆：《洛阳附近出土的三批空首布》，《考古》1974年第1期；蔡运章：《谈解放以来空首布资料的新发现》，《中国钱币》1983年第3期。

"安臧"、"安周"等,也有"王",或为王城的省称。当属周币①。

Ⅱ式:斜肩弧足空首布。大者一般通长 8.6 厘米,足宽 5.3 厘米;小者一般通长 7 厘米,足宽 4.2 厘米。主要流行于战国中晚期②。集中发现于洛阳、郑州一带及伊川、宜阳等地。币文有"厽(叁)川釿"(图 8-15,2)、"卢氏"、"武"等。"厽(叁)川釿"布与"东周"、"郏釿"等小型平肩布同见于洛阳西工,也为周币③。

Ⅲ式:耸肩弧足空首布。残高 11.8—12.9 厘米,足宽 7.2—7.5 厘米。时代约为春秋中期。发现于山西侯马与新绛④,为晋币。

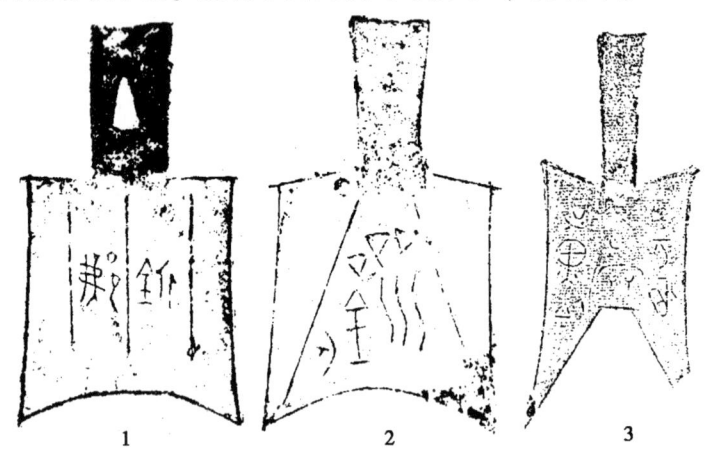

图 8-15 空首布拓本
1. 郏釿 2. 厽(叁)川釿 3. 亥盾□黄釿

Ⅳ式:耸肩尖足空首布。由耸肩弧足空首布发展而来⑤。一般无文字。分弧跨与方跨两种,弧跨布约行于春秋中期,方跨布则当春秋晚期至战国早期。此式布发现于山西侯马、寿阳及河南安阳地区⑥,当为晋、卫货币。币文所见地名如吕(山西霍州)、同,皆属晋地。侯马出土的方跨布币文

---

① 罗振玉:《俑庐日札》,1934 年,第 6 页;李学勤:《东周与秦代文明》,文物出版社 1984 年版,第 308 页。
② 汪庆正:《十五年以来古代货币资料的发现和研究中的若干问题》,《文物》1965 年第 1 期。
③ 罗振玉:《俑庐日札》,1934 年,第 6 页;李学勤:《东周与秦代文明》,文物出版社 1984 年版,第 308 页。
④ 王金平、范文谦:《山西新绛、侯马发现空首布》,《中国钱币》1995 年第 2 期。
⑤ 黄锡全:《先秦货币研究》,中华书局 2001 年版,第 14 页。
⑥ 蔡运章:《谈解放以来空首布资料的新发现》,《中国钱币》1983 年第 3 期。

五字"亥盾□黄鈰"（图8-15，3）①，可明这种布币的单位。

此外，1974年于河南扶沟古城村出土十八枚银质平肩平足布，一枚空首，馀皆实首②。铸行年代不明。

空首布发展而成平首布，流行于战国时期。根据形制的不同，平首布可分七型，即平肩平足布、平肩弧足布、方足布、尖足布、圆足布、燕尾足布和连布。

A型：平肩平足布。足部平直。约为春秋末期至战国初年铸行的魏币。

B型：平肩弧足布。此布形制与周币平肩弧足空首布相同，唯空首发展为平首，铸行时间也应在春秋末期至战国初年。

C型：方足布。分四式。

Ⅰ式：方肩方足圆跨布，亦称平肩桥形方足布。此式布与周币空首布形制最近，当由其演变而来。

Ⅱ式：圆肩方足圆跨布，亦称圆肩桥形方足布。肩部由方而圆。

两式布均为魏币，可统称桥形布。币文多以"鈰"、"鋝"字为记重单位，故也称鈰布。如"安邑二鈰"（《货系》1245）、"甫（蒲）反（坂）一鈰"（《古钱》143，图8-16，5）、"共半鈰"（《货系》1438）、"垣鈰"（《古钱》196，图8-16，1）、"梁奇鈰五十尚（当）孚（鋝）"（《古钱》227，图8-16，6）等。地名有梁（河南开封）、安邑（山西夏县）、垣（山西垣曲）、蒲坂、圁阳（陕西神木）、共（河南辉县）、阴晋（陕西华阴）、安（鄢）阴（河南鄢陵）、郚（陕西澄城）、楢（鄋，河南开封）、虞（山西平陆）等，多可考为晋地③。战国前期当已行用。

Ⅲ式：方肩方足方跨布，亦称方足小布。较Ⅰ式布的跨部由圆而方。普遍流行于三晋地区。如魏币有郕（河南范县）、皮氏（山西河津）、猗氏（山西临猗），赵币有大阴（山西霍州）、榆次、武邑、安阳（河北阳原，图8-16，3），韩币有宅阳（河南郑州，图8-16，2）、宜阳、纶氏等。此外，燕币也偶见这类方足小布，常与明刀伴出，或略束腰，地名有襄平（辽宁辽阳）、安阳（河北阳原，图8-16，4）等。有的有"左"、"右"、"中"、"外"等背文。燕、赵布币皆有安阳，但两"安"字写法

---

① 山西省文管会侯马工作站：《1959年侯马牛村古城南东周遗址发掘简报》，《文物》1960年第8、9合期；黄锡全：《先秦货币研究》，中华书局2001年版，第7页。

② 河南省博物馆、扶沟县文化馆：《河南扶沟古城村出土的楚金银币》，《文物》1980年第10期。

③ 何琳仪：《战国文字通论》（订补），江苏教育出版社2003年版，第133页。

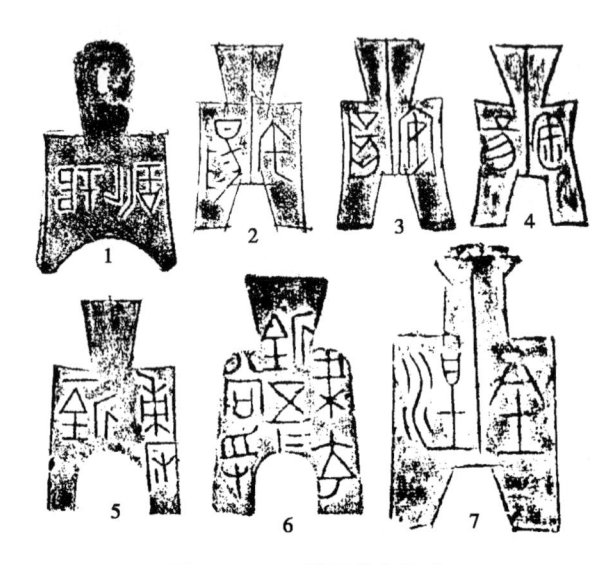

图 8-16　C 型平首布拓本
1、5.Ⅰ式方足布　2—4.Ⅲ式方足布　6.Ⅱ式方足布　7.Ⅳ式方足布

不同（图 8-16，3、4）。

Ⅳ式：锐角布，又称平首锐角方足布。首端两侧呈锐角。韩币。币文多有"涅"字，为其特征。如"百涅"（《古钱》243，图 8-16，7）、"卢氏百涅"（《货系》1216）。"百涅"读为"百盈"，应是货币流通的吉语①。

D 型：尖足布。分二式。

Ⅰ式：耸肩尖足布，也称平首尖足布。有大小两种。

Ⅱ式：平肩尖足布。

此型布皆为赵币，其中Ⅰ式布明显是由耸肩尖足空首布发展而来。币文地名有晋阳（山西太原）、武平（河北文安，图 8-17，4）、武安（图 8-17，3）、平陶（山西文水，图 8-17，5）、榆次、蔺（山西离石）、离石、邯郸等，多可考为赵地。币中有铭"北兹釿"（《古钱》426，图 8-17，1），知以"釿"为记重单位，北兹则当山西汾阳。小型币或铭"半"字，如"晋阳半"（《古钱》418，图 8-17，2），不见于大币。

E 型：圆足布。圆首，圆肩，圆足，圆跨。分二式。

Ⅰ式：圆足布。

Ⅱ式：三孔布。形制与圆足布同，唯首及两足各有一圆孔。小者币文

---

① 何琳仪：《战国文字通论》（订补），江苏教育出版社 2003 年版，第 119 页。

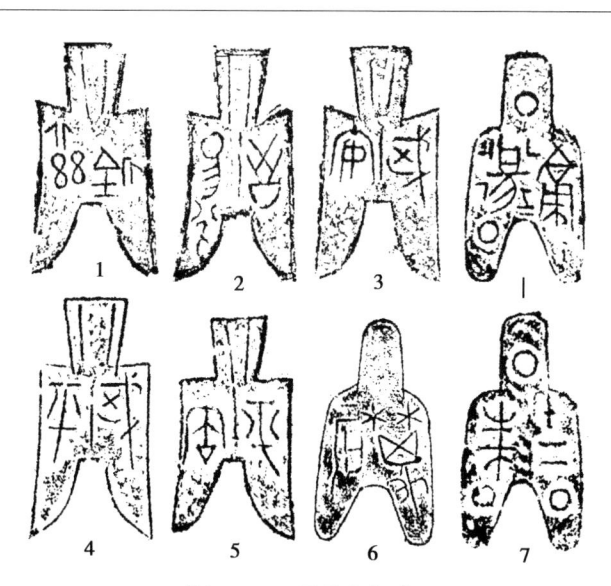

第八章 简帛及其他古文字文献研究　　715

图 8-17　平首布拓本
1—3. D 型 I 式尖足布　4、5. D 型 II 式尖足布　6、7. E 型 I、II 式圆足布

记重"十二朱（铢）"（《古钱》506，图 8-17，7），大者或云"一两"（《古钱》507）。

此型圆足布也为赵币，地名有蔺、离石（图 8-17，6）。三孔布地名则有南行唐（图 8-17，7）、安阳、上曲阳（河北曲阳）、下曲阳（河北晋县）、无终（河北蔚县）、戏（河南内黄）、上艾（山西平定）、余无（山西屯留）、辕（山东禹城）等，广及今河北、河南、山西、山东诸地。三孔布旧以为秦币①，又以为中山币②，实为最晚的赵币③。

F 型：燕尾足布，或称"殊布"。通体窄长，束腰，尾呈燕尾状，首有一孔。楚币。形制较大。币文多为"桡比（币）堂（当）忻（釿），七偵"（《古钱》249，图 8-18，1）。铸行时间应在战国中期以后。

G 型：连布。币由四足对连的两枚小布组成。楚币。正背连文"四比（币）堂（当）忻（釿）"（《古钱》87，图 8-18，2）。

（二）刀币

《墨子·经说下》："刀籴相为贾。刀轻则籴不贵，刀重则籴不易，王

---

① 彭信威：《中国货币史》，上海人民出版社 1988 年版，第 37 页。
② 汪庆正：《三孔布为战国中山国货币考》，《中国钱币论文集》第二辑，1982 年。
③ 李学勤：《战国题铭概述》，《文物》1959 年第 8 期；裘锡圭：《战国货币考（十二篇）》，《古文字论集》，中华书局 1992 年版；何琳仪：《三孔布币考》，《中国钱币》1993 年第 4 期。

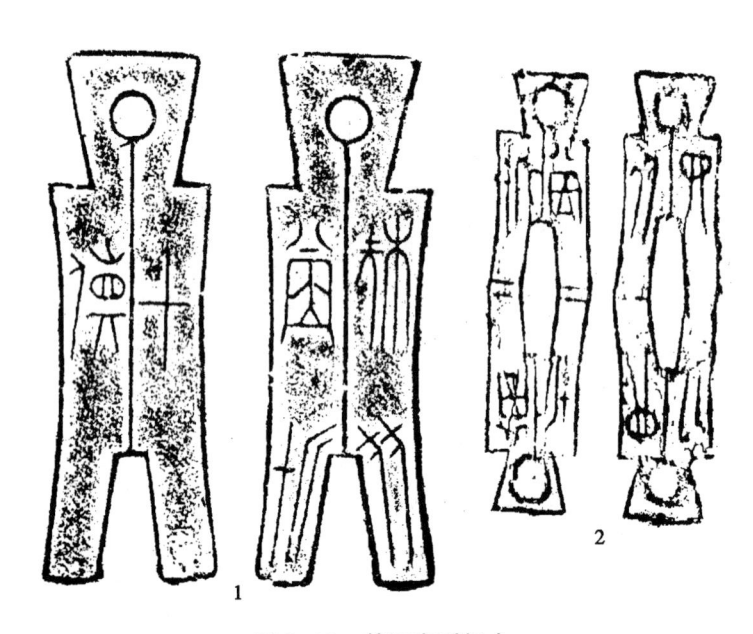

图 8-18　楚国布币拓本
1. 桡比（币）堂（当）忻（釿），七僅　2. 四比（币）堂（当）忻（釿）

刀无变，粂有变，岁变粂，则岁变刀。"吴毓江《校注》："毕云：'刀，谓泉刀。'张云：'王者所铸，故曰王刀。'"刀币取形于刀，故名。主要流行于齐、燕两国，赵和中山也见。

齐国是刀币的发祥地和主要流行地区。齐刀形制宽大，币名"刀"或"大刀"，如"齐大刀"（《古钱》892）、"齐之大刀"（《古钱》872，图 8-19，1）、"齐之刀"（《古钱》884）、"齐返邦張（长）大刀"（《古钱》848，图 8-19，2）、"節（即）墨大刀"（《古钱》1012）、"節（即）墨之大刀"（《古钱》1011，图 8-19，3）、"安易（阳）之大刀"（《古钱》1042，图 8-19，4）。即墨和安阳（山东莒县）均为齐地。"大刀"本作"夻疕"，旧误释"法货"。"返邦长"即复国之君，乃齐襄公。公元前284年，燕昭王派燕将乐毅占领齐都临淄，襄王在莒五年，后依田单得以复国①。刀铭或有"鄟"字如"鄟邦"（《古钱》1059）、"鄟冶□"（《古钱》1192）等②，应即铸于这一时期。1979年，山东莒县莒故城曾

---

① 《史记·齐太公世家》、《燕召公世家》。
② 裘锡圭：《战国货币考（十二篇）》，《古文字论集》，中华书局1992年版。

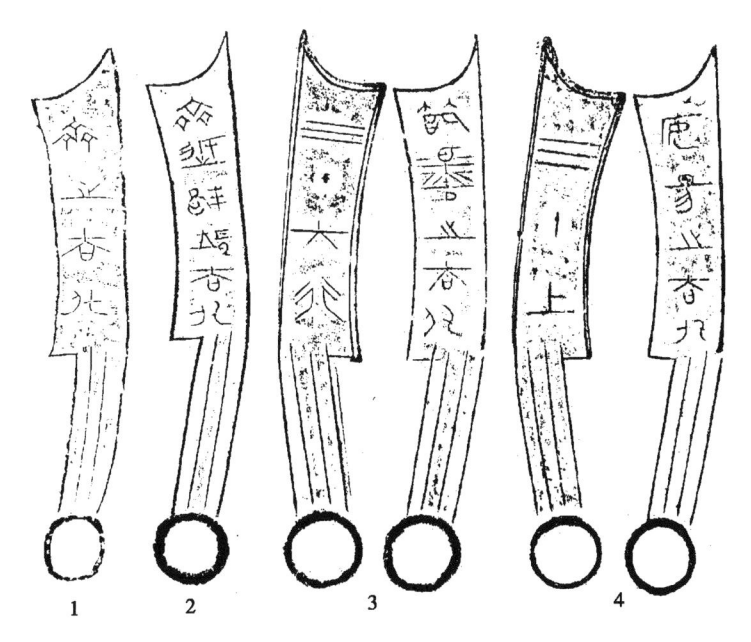

第八章　简帛及其他古文字文献研究　　717

图 8-19　齐刀币拓本
1. 齐之大刀　2. 齐返邦㠭（长）大刀　3. 節（即）墨之大刀，三大行
4. 安昜（阳）之大刀，三十上

出鄑刀陶范①，可明此类刀的铸地。

燕国货币主要为刀币。早期为尖首刀，刀首尖锐斜出（图 8-20，1），约行于春秋中叶至战国初年。尖首刀后发展为弧背刀和磬折刀（图 8-20，2），币文多作"明"，习称"明刀"，含义待考。磬折刀粗糙轻薄，时代较弧背刀晚。此外，山东临淄、博山等地曾出过一些背文作"齐刀"的弧背明刀（《古钱》1064，图 8-20，3），或与燕、齐贸易有关，或为燕人占领齐地期间所铸。

赵国货币具有一种小直刀，又称"钝首刀"，币文地名有邯郸（图 8-20，4）、蔺、圁阳等。另有"成白"直刀（图 8-20，5），或以为赵币。1979 年，河北平山中山国灵寿故城址发现大批此种刀币，应为中山货币②。"成白"读为"成陌"，即《后汉书·光武帝纪》之五成陌，地在今河北柏乡，正当中山国之范围③。

---

① 朱活：《古钱》，《文物》1981 年第 4 期。
② 陈应祺：《战国中山国成帛刀币考》，《中国钱币》1984 年第 3 期。
③ 何琳仪：《战国文字通论》（订补），江苏教育出版社 2003 年版，第 136 页。

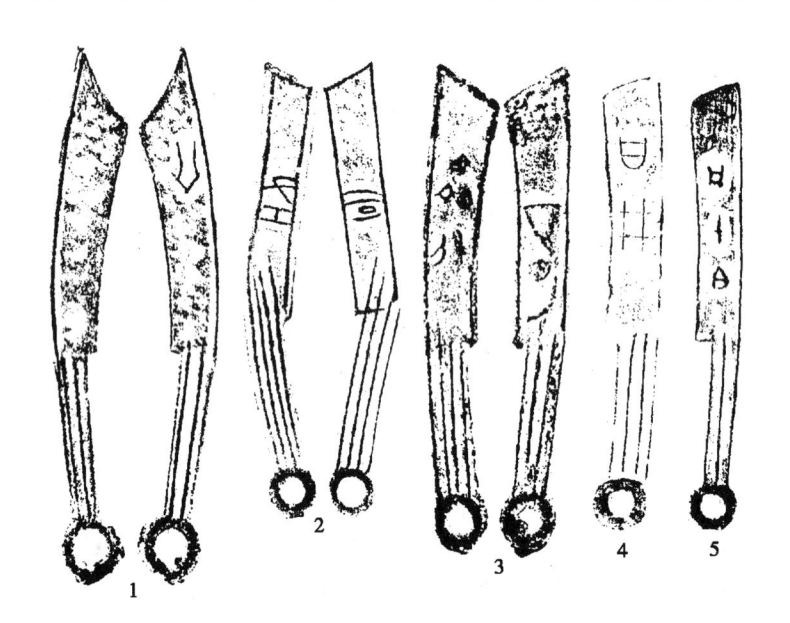

图 8-20　燕、赵、中山刀币拓本

1. 六　2. 明，左　3. 明，齐刀　4. 甘（邯）丹（郸）　5. 成白

（三）圜钱

圜钱的形制分圆穿与方穿两式。圜穿钱出现稍早，恐由魏国首先铸行[①]。河南辉县固卫村魏国大墓曾出"垣"字圜钱[②]，而同墓地的1、2号墓都出"梁正币百当寽"布，学者认为这种布币应为公元前361年魏惠王迁都大梁后所铸[③]，如此则知，魏国约于战国中期已流通圜钱。魏钱币文还见"共"（《古钱》241）、"共屯（纯）赤金"（《古钱》241，图8-21，1）、"桼（漆）垣一釿"（《古钱》251，图8-21，2）等。赵国圜钱与魏钱同制，币文有地名蔺、离石、襄阴（内蒙古呼和浩特附近）、广平（河北曲州）等。

战国周的货币，除空首布外，也行圜钱。时代略早的为"安臧"钱（《古钱》241，图8-21，3），圆穿无郭，与魏钱相同而稍小，当在魏钱的影响下铸造[④]。时代略晚的有"西周"、"东周"圜钱（图8-21，4、5），洛阳均有出土。圆穿、方穿并见，或有郭，形制更小。

[①] 黄锡全：《先秦货币通论》，紫禁城出版社2001年版。
[②] 中国科学院考古研究所：《辉县发掘报告》，科学出版社1956年版。
[③] 李家浩：《战国䣱布考》，《古文字研究》第三辑，中华书局1980年版。
[④] 李学勤：《东周与秦代文明》，文物出版社1984年版，第308页。

图 8-21　圜钱拓本

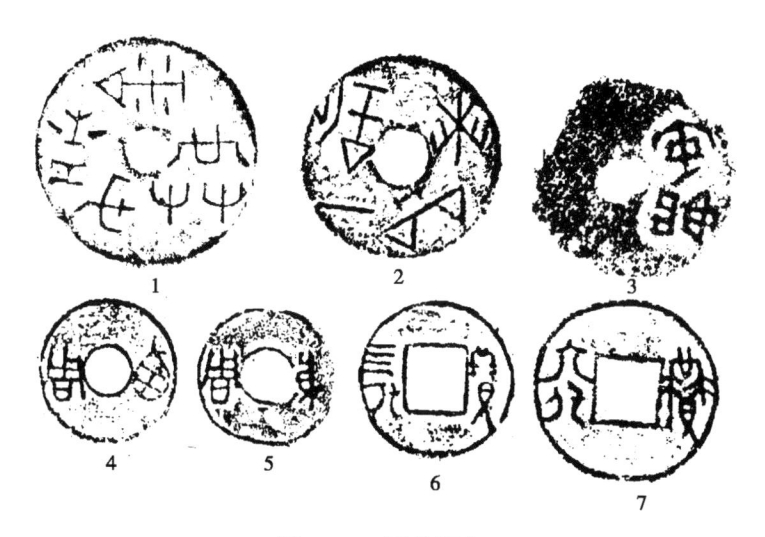

1. 共屯（纯）赤金（魏）　2. 桼（漆）垣一釿（魏）　3. 安臧（周）　4. 西周（周）
5. 东周（周）　6. 賹四刀（齐）　7. 賹六刀（齐）

秦国早期主要以布帛为实物货币，这一做法无疑反映了更早的贸易传统。《诗·卫风·氓》："抱布贸丝。"毛《传》："布，币也。"郑玄《笺》："币者，所以贸买物也。"云梦睡虎地秦简见有《金布律》，记秦行半两及布帛两种货币，且"钱十一当一布"，以布帛折算货币，反映了金属货币对布帛的替代。战国中期以后，秦始流通金属圜钱为货币。《史记·秦始皇本纪》载惠文王"立二年，初行钱"，时在公元前336年。秦圜钱方穿无郭，以铢、锱、两为单位，如"重一两十二珠（铢）"（《古钱》283）、"半罯（圜）"（《古钱》227）、"两甾（锱）"（《古钱》253）、"半两"（《古钱》225）。秦钱不记铸地，为其特点，反映了秦王室对货币铸造的垄断。

秦钱中又有"文信"钱（《古钱》217），钱范曾出于洛阳①，为文信侯吕不韦封河南时私铸。更见"长安"钱（《古钱》251），曾出土于咸阳地区②，乃始皇弟长安君私铸。这是战国末年两品特殊的秦钱。

战国晚期受秦的影响，齐、燕两国也都流通圜钱，方孔有郭。齐钱主要发现于山东地区，币文"賹刀"、"賹二刀"、"賹四刀"、"賹六刀"

---

① 左丘：《略谈"四曲文钱"》，《考古》1959年第12期。
② 陈直：《三辅黄图校正》，陕西人民出版社1980年版，第5页。

（《古钱》370，图 8-21，6、7），记刀币与圜钱的易兑关系，钱重则在 1.5—9 克之间，且多与齐刀同出①。燕钱广泛出土于河北、内蒙古、辽宁、吉林等地，币文"一刀"（《古钱》181）、"明刀"、"明"（《古钱》249），其中的"刀"也应是指圜钱与刀币的比值。

（四）贝币与金币

铜贝币与金币主要流行于楚国。贝币俗称"蚁鼻钱"或"鬼脸钱"。币文多为"巽"、"全朱（铢）"等，"巽"或读为"锾"②。

金币连为金版，常见币文有"郢爯"、"陈爯"，又见"鄀爯"、"専爯"、"盐金"、"羕陵"、"广陵"、"少贞"、"福寿"、"中"等。"爯"，旧误释为"爰"，安志敏考为"爯"③，甚是。金币之外，还有银币"郢爯"④。

综上所述，可将东周时期各国使用的货币情况整理如下。

周于东周通行空首布，战国中晚期则兼用圜钱。

晋于春秋时期行耸肩弧足或尖足空首布。战国时期，三晋仍以布币为主，而魏、赵两国于稍晚兼行圜钱，赵国则也用刀币。中山币为直刀。

齐行刀币，战国晚期流通圜钱。

燕以刀币为主，罕见方足小布，战国晚期流通圜钱。

楚行布币、铜贝与金版。另见铜钱牌，铭"见金一朱（铢）"、"见金四朱（铢）"。"见金"或解为"现金"⑤，或读为"视金"⑥。

第六节　简帛及其他古文字文献选读

1. 竹书《唐虞之道》（图 8-22）

汤（唐）吴（虞）之道，瘅（禅）而不傳（专）。尧舜之王，利天下而弗利也(一)。瘅（禅）而不傳（专），圣之₁盛也；利天下而弗利也，忎（仁）之至也(二)。古昔臤（贤）忎（仁）圣者女（如）此。身穷不鈞（惕），羀（没）₂而弗利，穷忎（仁）歕（矣）(三)。北

---

① 刘心健、杨深赴：《日照县出土两批齐国货币》，《文物》1980 年第 2 期；常叙政：《山东博兴出土齐国货币》，《文物》1984 年第 10 期；李少南：《山东博兴县出土齐国货币》，《考古》1984 年第 11 期。
② 骈宇骞：《试释楚国货币文字巽》，《语言文字研究专辑》（下），1986 年。
③ 安志敏：《金版与金饼》，《考古学报》1973 年第 2 期。
④ 黄锡全：《先秦货币通论》，紫禁城出版社 2001 年版，第 354 页。
⑤ 黄锡全：《先秦货币研究》，中华书局 2001 年版，第 208 页。
⑥ 黄锡全：《先秦货币研究》，中华书局 2001 年版，第 221—223 页。

(必)正其身，肰（然）后正世，圣道备欹（矣）(四)。古（故）汤（唐）吴（虞）之兴，［堙（禅）］₃也。

夫圣人上事天，效（教）民又（有）尊也；下事墬（地），效（教）民又（有）新（亲）也；旹（时）事山川，效（教）民₄又（有）敬也；新（亲）事且（祖）寍（庙），效（教）民孝也；大教（学）之中，天子罕（亲）齿，效（教）民弟也。先圣₅与逡（后）圣，考逡（后）而□先，效（教）民大川（顺）之道也(五)。

尧舜之行，炁（爱）罕（亲）障（尊）臤（贤）。炁（爱）₆罕（亲）古（故）孝，尊臤（贤）古（故）堙（禅）。孝之杀（施），炁（爱）天下之民(六)。堙（禅）之㳑，世亡忓（隐）直（德）。孝，仌（仁）之免（冕）也₇；堙（禅），义之至也。六帝兴於古(七)，虐（咸）采（由）此也。

炁（爱）罕（亲）亢（忘）臤（贤），仌（仁）而未义也；尊臤（贤）₈遗罕（亲），我（义）而未仌（仁）也。古者吴（虞）舜篙（笃）事宖（瞽）寞（叟）乃戈（载）其孝，忠事帝尧乃戈（载）其臣₉。炁（爱）罕（亲）尊臤（贤），吴（虞）舜其人也。墇（禹）幻（治）水，朘（益）幻（治）火，后禝（稷）幻（治）土，足民教（养）［也。伯夷］₁₀□豊（礼），悢（夔）守乐(八)，孙（逊）民效（教）也。咎（皋）采（繇）内（入）用五型（刑），出戈（载）兵革，皋泾秦（尊）［也(九)。吴（虞）］₁₂用僟（咸），呈（夏）用戈，正（胥）不备也(十)。炁（爱）而正（征）之，吴（虞）呈（夏）之幻（治）也。堙（禅）而不遗（专），义亘（恒）□₁₃幻（治）也。

古者尧生於天子而又（有）天下，圣以墇（遇）命，仌（仁）以逋（逢）旹（时）。未尝墇（遇）［命而］₁₄並於大旹（时）(十一)，神明将從，天墬（地）右（佑）之，從（纵）仌（仁）圣可与（举），旹（时）弗可及欹（矣）。夫古者₁₅舜佢（居）於艸茅之中而不憂，升为天子而不喬（骄）。佢（居）艸茅之中而不憂，智（知）命₁₆也；升为天子而不喬（骄），不涑（重）也；涑（迷）摩（乎）大人之兴敓（微）也。今之戈（载）於直（德）者，未₁₇年不戈（载）(十二)，君民而不喬（骄），卒王天下而不矣（喜）。方才（在）下立（位），不以匹夫为₁₈轻；及其又（有）天下也，不以天下为重。又（有）天下弗能益，亡天下弗能员（损），丞（极）炁

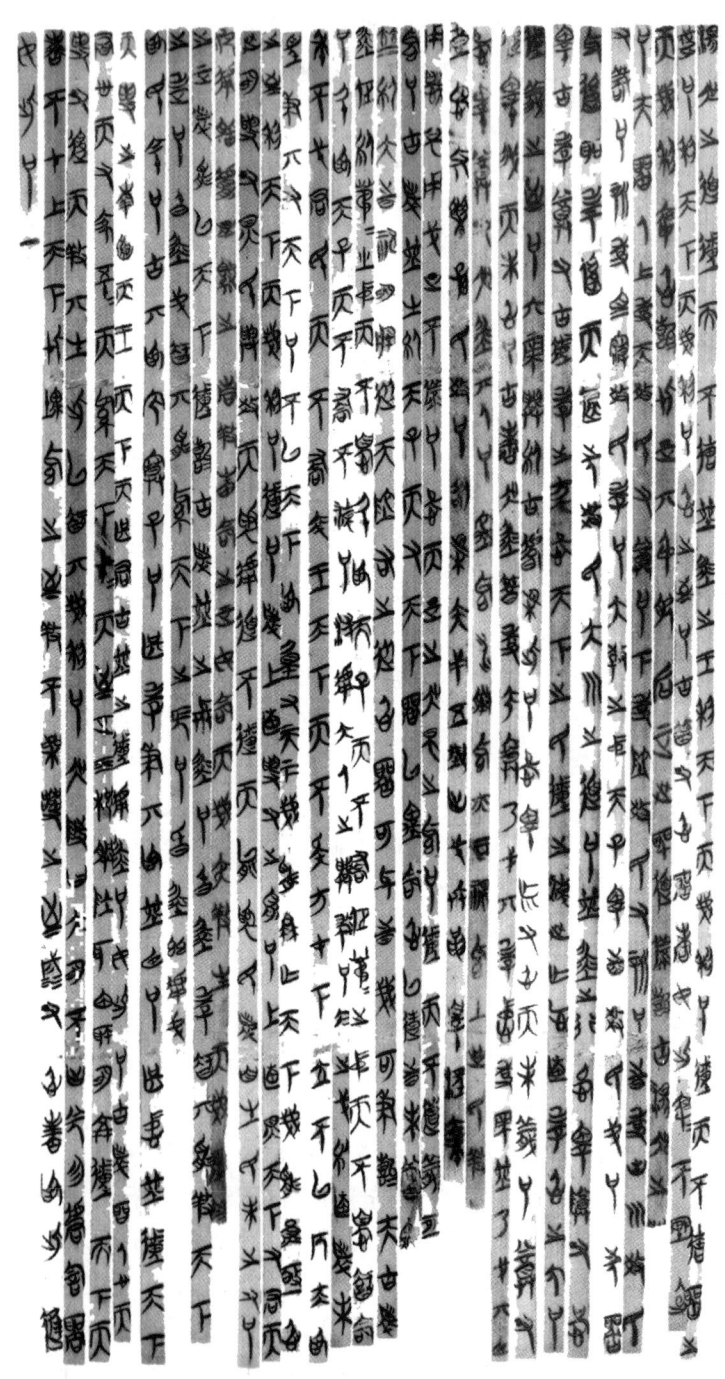

图 8-22　竹书《唐虞之道》（一）影本

图 8-22　竹书《唐虞之道》（二）摹本

（仁）₁₉之至，利天下而弗利也。遄（禅）也者，上（尚）直（德）受（授）臤（贤）之胃（谓）也。上（尚）直（德）则天下又（有）君而₂₀世明，受（授）臤（贤）则民兴效（教）而蜗（化）虖（乎）道。不遄（禅）而能蜗（化）民者，自生民未之又（有）也₂₁(十三)。

叿（配）虖（乎）脂膚血脟（气）之青（情），敓（养）肯（性）命之正，安命而弗䬆（夭），敓（养）生而弗戕（伤）。智（知）[敓（养）肯（性）命]₁₁之正者，能以天下遄（禅）敄（矣）。古者尧之异（举）舜也，昏（闻）舜孝，智（知）其能[敓（养）]天下₂₂之老也；昏（闻）舜弟，智（知）其能幻（治）天下之长也；昏（闻）舜丝（慈）虖（乎）弟□□，[智（知）其能]₂₃为民主也。古（故）其为宓（瞽）寞（瞍）子也甚孝，及其为尧臣也甚忠，尧遄（禅）天下₂₄而受（授）之，南面而王天下而甚君。古（故）尧之遄（禅）虖（乎）舜也，女（如）此也。

古者圣人廿而₂₅冠，卅而又（有）家，五十而幻（治）天下，七十而至（致）正（政）(十四)。四枳（肢）朕（倦）陛（惰），耳目聇（聪）明衰，遄（禅）天下而₂₆受（授）臤（贤），退而[敓（养）]其生，此以智（知）其弗利也。《吴（虞）侍（志）》曰："大明不出，万勿（物）虐（皆）匓（伏）"(十五)。圣₂₇者不才（在）上，天下扎（必）壞。"幻（治）之至，敓（养）不臬（肖）；乱之至，灭臤（贤）。怣（仁）者为此进₂₈，女（如）此也₂₉。

竹书《唐虞之道》系战国晚期儒家佚籍，1993年出土于湖北荆门郭店一号楚墓。全篇共29简，简端平齐，长28.1—28.3厘米。两道编绳，绳间约14.3厘米①。本无篇题，性质当属《汉书·艺文志》"《记》百三十一篇"之类，为二戴编订《礼记》之馀，其思想颇与《大学》相通。

（一）"遄"从"番"声，读为"禅"。上古音"番"、"禅"并在元部，同音可通。"偆"，旧多读为"传"，然"传"、"禅"同意。《淮南子·精神》："故举天下而传之于舜。"高诱《注》："传，禅。"竹书下文言禅乃"授贤"之谓，"授"亦传意。《吕氏春秋·不屈》："愿得传国。"高诱《注》："传，授。"故知"偆"非授意。周凤五读为"专"②，甚确。

---

① 荆门市博物馆：《郭店楚墓竹简》，文物出版社1998年版，第157—160页。
② 周凤五：《郭店楚墓竹简〈唐虞之道〉新释》，《历史语言研究所集刊》第七十本第三分，1999年。

《大戴礼记·子张问入官》："有善勿专。"卢辩《注》："专，谓自纳于己。"《广雅·释言》："专，擅也。"《论语·泰伯》引孔子曰："巍巍乎，舜禹之有天下也而不与焉！……唐虞之际，于斯为盛。""弗利也"，不以私利为利。《史记·五帝本纪》："授舜，则天下得其利而丹朱病；授丹朱，则天下病而丹朱得其利。尧曰：'终不以天下之病而利一人。'"《大学》："此谓国不以利为利，以义为利也。"

（二）《说文·人部》："忎，古文仁。"

（三）"黔"，周凤五读为"愠"，可从。《论语·卫灵公》："在陈绝粮，从者病，莫能兴。子路愠见曰：'君子亦有穷乎？'""身穷不愠"是用此反义。"叟"，身殁也①。《玉篇·又部》："叟，古没字。"上海博物馆藏战国楚竹书《三德》"其身不没"，"没"字与此同形②。"欤"，裘锡圭读为"矣"③。此句似典出颜渊。《论语·雍也》引孔子曰："有颜回者好学，不迁怒，不贰过。不幸短命死矣。……回也，其心三月不违仁。……贤哉，回也！一箪食，一瓢饮，在陋巷，人不堪其忧，回也不改其乐。贤哉，回也！"

（四）"北"从"匕"声，张光裕读为"必"④。《大学》："意诚而后心正，心正而后身修，身修而后家齐，家齐而后国治，国治而后天下平。自天子以至于庶人，壹是皆以修身为本。"《论语·颜渊》："季康子问政于孔子。孔子对曰：'政者，正也，子帅以正，孰敢不正？'"又《雍也》引孔子曰："何事于仁！必也圣乎！尧舜其犹病诸！夫仁者，己欲立而立人，己欲达而达人。"

（五）此圣人所教五义合《大学》之道。《大学》："《大学》之道，在明明德，在亲民，在止于至善。……为人君，止于仁；为人臣，止于敬；为人子，止于孝；为人父，止于慈；与国人交，止于信。"《大戴礼记·保傅》："及太子少长，知妃色，则入于小学。小者，所学之宫也。《学记》曰：'帝入东学，上亲而贵仁，则亲疏有序，如恩相及矣。帝入南学，上齿而贵信，则长幼有差，如民不诬矣。帝入西学，上贤而贵德，则圣智在位，而功不匮矣。帝入北学，上贵而尊爵，则贵贱有等，而下不

---

① 李零：《郭店楚简校读记》（增订本），北京大学出版社2002年版，第96页。
② 马承源主编：《上海博物馆藏战国楚竹书（五）》，上海古籍出版社2005年版，第129页。
③ 荆门市博物馆：《郭店楚墓竹简》，文物出版社1998年版，第159页。
④ 张光裕：《〈郭店楚简研究文字编〉绪说》，《中国出土资料研究》第3号，（日本）中国出土资料研究学会，1999年。

踰矣。帝入太学，承师问道，退习而端于太傅，太傅罚其不则而达其不及，则德智长而理道得矣。'此五义者既成于上，则百姓黎民化辑于下矣。学成治就，此殷周之所以长有道也。"《礼记·祭义》："祀乎明堂，所以教诸侯之孝也；食三老五更于大学，所以教诸侯之弟也；祀先贤于西学，所以教诸侯之德也；耕藉，所以教诸侯之养也①；朝觐，所以教诸侯之臣也。五者，天子之大教也。……此由大学来者也。"② 竹书"大教"之"教"与教民之字写法不同，当读为"大学"。"大"，旧读"太"，朱熹《四书章句》读本音。

（六）"杀"，李零读为"施"。郭店楚墓竹简《语丛三》："爱亲则其杀（施）爱人。"

（七）"六帝"，郑玄注《中候敕省图》："德合五帝坐星者称帝，则黄帝、金天氏、高阳氏、高辛氏、陶唐氏、有虞氏是也。实六人而称五者，以其俱合五帝坐星也。"说颇奇怪，但可见六帝观念与五行学说的关系。

（八）陈伟拟补"伯夷"，又读"愄"为"夔"③，可从。世以伯夷典三礼。《尚书·尧典》："帝曰：'咨！四岳。有能典朕三礼？'佥曰：'伯夷。'帝曰：'俞！咨伯。汝作秩宗。夙夜惟寅，直哉惟清。'伯拜稽首，让于夔、龙。帝曰：'俞，往，钦哉！'"《国语·郑语》："伯夷能礼于神以佐尧者也。"韦昭《注》："秩宗之官，于周为宗伯，汉为太常，掌国祭祀。《书》曰：'典朕三礼。'谓天神、人鬼、地祇之礼。"

（九）"淫㮮"，读为"淫孽"。"淫"，竹书作"淫"，与郭店楚简《缁衣》"以渫民淫"之"淫"全同。"㮮"，从"去""不"声。"不"作"不"，实即《说文》"櫱"字之古文"不"，我方鼎铭作"不"，赞公盨铭作"不"，字或作"櫱"，读为"孽"。《尚书·尧典》："帝曰：'皋陶，蛮夷猾夏，寇贼奸宄。汝作士，五刑有服，五服三就。五流有宅，五宅三居。惟明克允。'"

（十）"疋不备也"，"疋"，旧多释"正"，但竹书作"疋"，与"正"字多作"正"不同。"疋"读为"胥"。《广雅·释诂二》："胥，助也。"《史记·夏本纪》："皋陶于是敬禹之德，令民皆则禹。不如言，刑从之。舜德大明。"即言以刑辅德，是竹书之意。

上文罗列诸贤辅舜事，在明舜德。《大戴礼记·五帝德》："宰我曰：

---

① 《礼记·乐记》作"然后诸侯知所以敬"。
② 另参见《礼记·文王世子》。
③ 陈伟：《郭店竹书别释》，湖北教育出版社 2002 年版，第 67 页。

'请问帝舜。'孔子曰：'蟜牛之孙，瞽叟之子也，曰重华。……使禹敷土，言名山川，以利于民。使后稷播种，务勤嘉谷，以作饮食。羲和掌历，敬授民时。使益行火，以辟山莱。伯夷主礼，以节天下。夔作乐，以歌籥舞，和以钟鼓。皋陶作士，忠信疏通，知民之情。契作司徒，教民孝友，敬政率经。'"所记相合。

（十一）《淮南子·天文》："正月建寅，月从左行十二辰。咸池为太岁，二月建卯，月从右行四仲，终而复始。……大时者，咸池也；小时者，月建也。"刘文典《补注》："月为小周天，则岁为大周天，言大，明有小矣。"于此应指天时①。"並于大时"意近上文"逢时"。此及下文乃言遇命重于逢时，否则纵仁圣可举，天时也不可及。

（十二）"未年不戈"，持恒修德。"戈"，字形与"夏用戈"之"戈"相同，但此处当读为"弋"，用为"载"。古文字"戈"字每与"弋"通②。古音"载"在之部，"弋"为之部入声，同音可通。《左传·昭公十五年》："以鼓子戬鞮归。"陆德明《释文》："戬本又作鸢。"是"弋"、"载"互假之证。上文"戈其孝"、"戈其臣"、"出戈兵革"、"戈於德"，"戈"皆读为"弋"，用为"载"。

（十三）禅而化民，意在阐述明德正身乃治世之本。《大学》："其本乱而末治者，否矣。其所厚者薄，而其所薄者厚，未之有也。……所谓治国必先齐其家者，其家不可教而能教人者，无之。故君子不出家而成教于国。……一家仁，一国兴仁；一家让，一国兴让；一人贪戾，一国作乱。其机如此。此谓一言偾事，一人定国。尧舜帅天下以仁而民从之，桀纣帅天下以暴而民从之，其所令反其所好而民不从。是故君子有诸己而后求诸人，无诸己而后非诸人，所藏乎身不恕而能喻诸人者，未之有也。"

（十四）《礼记·内则》："二十而冠，始学礼，可以衣裘帛，舞《大夏》，惇行孝弟，博学不教，内而不出。三十而有室，始理男事，博学无方，孙友视志。四十始仕，方物出谋发虑，道合则服从，不可则去。五十命为大夫，服官政，七十致事。"又云："五十而爵，六十不亲学，七十致政。"

---

① 黄锡全：《〈唐虞之道〉疑难字句新探》，《长沙三国吴简暨百年来简帛发现与研究国际学术研讨会论文集》，中华书局2005年版，第221页。
② 李家浩：《战国邘布考》，《古文字研究》第三辑，中华书局1980年版。

(十五)"大明",日也①。《礼记·礼器》:"大明生于东,月升于西。""訇",从"言""勹"声,读为"伏"。《易·系辞下》:"古者包牺氏之王天下也。"陆德明《释文》:"包,孟、京作伏。"是"勹"、"伏"通用之证。此以太阳喻圣者明君。《论语·为政》引孔子曰:"举直错诸枉则民服,举枉错诸直则民不服。"

2. 竹书《恒先》(图8-23)

亙(恒)先无又(有)(一),朴(樸)、宵(静)、虚。朴(樸),大朴(樸);宵(静),大宵(静);虚,大虚(二)。自猒(厭),不自忍,或(域)乍(作)(三)。又(有)或(域)安(焉)又(有)炁,又(有)炁安(焉)又=(有有),又=(有有)安(焉)又(有)訂(始),又(有)訂(始)安(焉)又(有)迣(往)者(四)。未又(有)天墬(地),未₁又(有)乍(作)行出生(五),虚宵(静)为弍(一),若湿=(濕濕)梦=(梦梦),宵(静)同而未或明,未或兹(滋)生(六)。

炁是自生,亙(恒)莫生炁,炁是自生自复(作)(七)。亙(恒)、炁之₂生,不蜀(独),又(有)与也(八)。或(域),亙(恒)安(焉);生或(域)者,同安(焉)(九)。昏=(昏昏)不簋(宁)(十),求其所生,异生异,鬼生鬼,韋生非,非生韋,袆(依)生袆(依)(十一)。求慾自复(復),复(復)₃生之生行(十二)。厓(浊)炁生墬(地),清炁生天,炁信神才(哉)(十三)!云=(云云)相生(十四),信涅(盈)天墬(地)。

同出而异生,因生其所欲(十五)。業=(业业)天墬(地)(十六),棼=(棼棼)而₄多采勿(物)(十七)。先者又(有)善,又(有)綗(治)无乱(十八)。又(有)人安(焉)又(有)不善,乱出於人(十九)。先又(有)审(中)安(焉)又(有)外,先又(有)少(小)安(焉)又(有)大,先又(有)矛(柔)安(焉)₈又(有)刚,先又(有)圆(圆)安(焉)又(有)枋(方),先又(有)晦(晦)安(焉)又(有)明,先又(有)耑(短)安(焉)又(有)长。天道既载,隹(唯)一以犹一,隹(唯)复(復)以犹复(復)(二十)。亙(恒)、炁之生,因₉复(復)其所慾。明=(明明)天行,隹(唯)复(復)以不灋(废)(二十一),智(知)旣而亢

---

① 廖名春:《新出楚简试论》,台湾古籍出版有限公司2001年版,第106页。

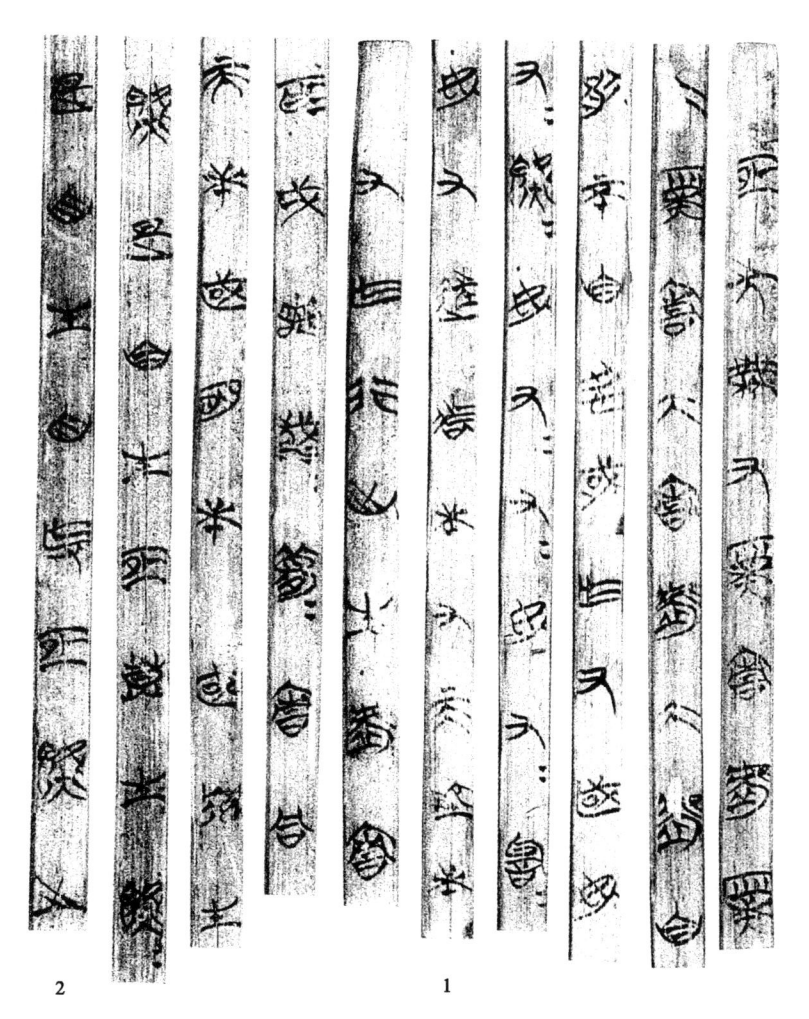

思不宊（颠）(二十二)。又（有）出於或（域），生出於又（有），音出於生，言出於音，名出於$_5$言，事出於名(二十三)。或（域）非或（域），无胃（谓）或（域）。又（有）非又（有），无胃（谓）又（有）。生非生，无胃（谓）生。音非音，无胃（谓）音。言非言，无胃（谓）言。名非$_6$名，无胃（谓）名。事非事，无胃（谓）事(二十四)。恙（详）宜（义）利，主采勿（物）(二十五)，出於复（作）。复（作）安（焉）又（有）事，不复（作）无事(二十六)。

图 8-23　竹书《恒先》影本（一）

3背　3正

4

图 8-23　竹书《恒先》影本（二）

第八章　简帛及其他古文字文献研究　　　　　　　　　　　731

5

6

图 8-23　竹书《恒先》影本（三）

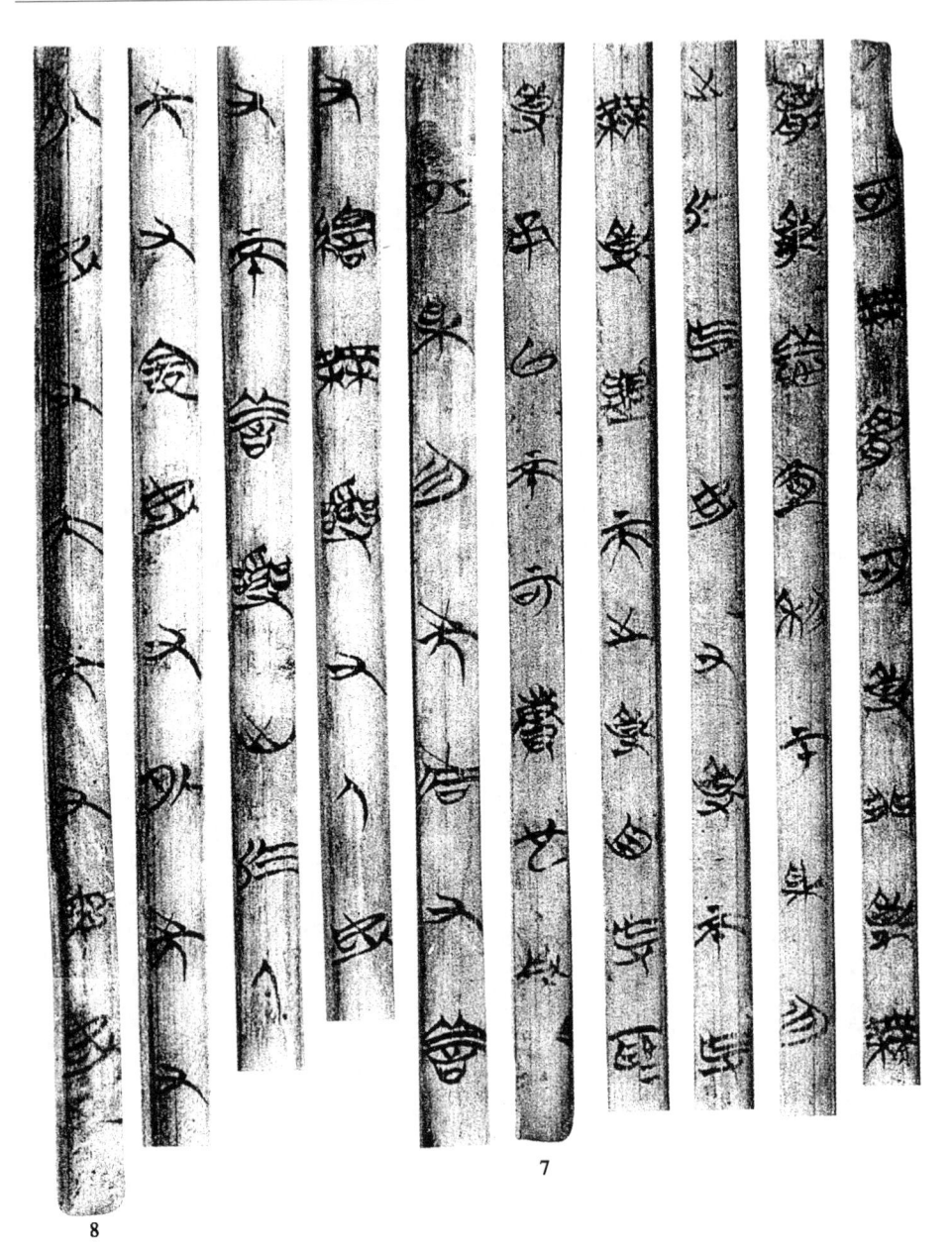

图 8-23　竹书《恒先》影本（四）

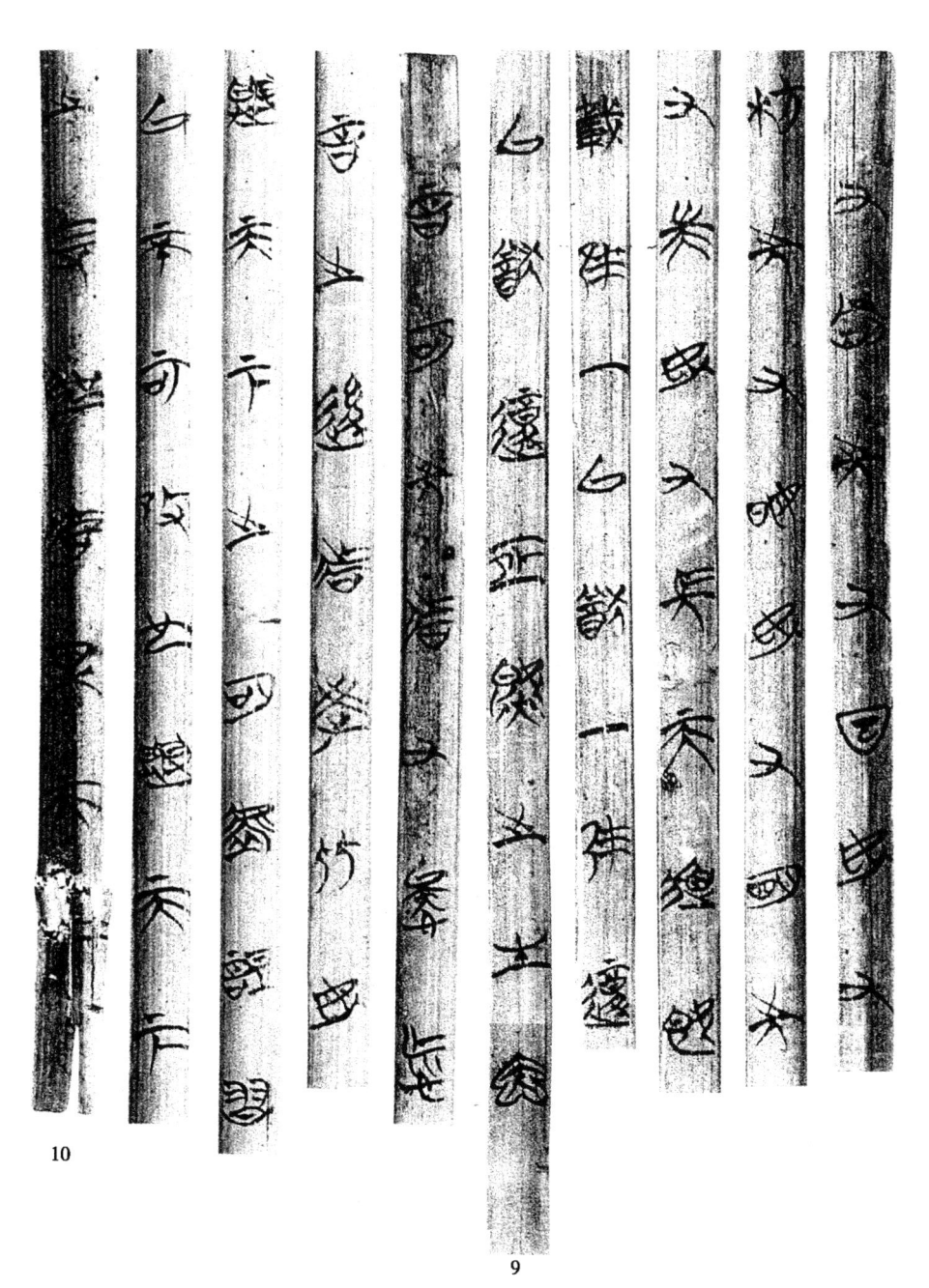

图 8-23　竹书《恒先》影本（五）

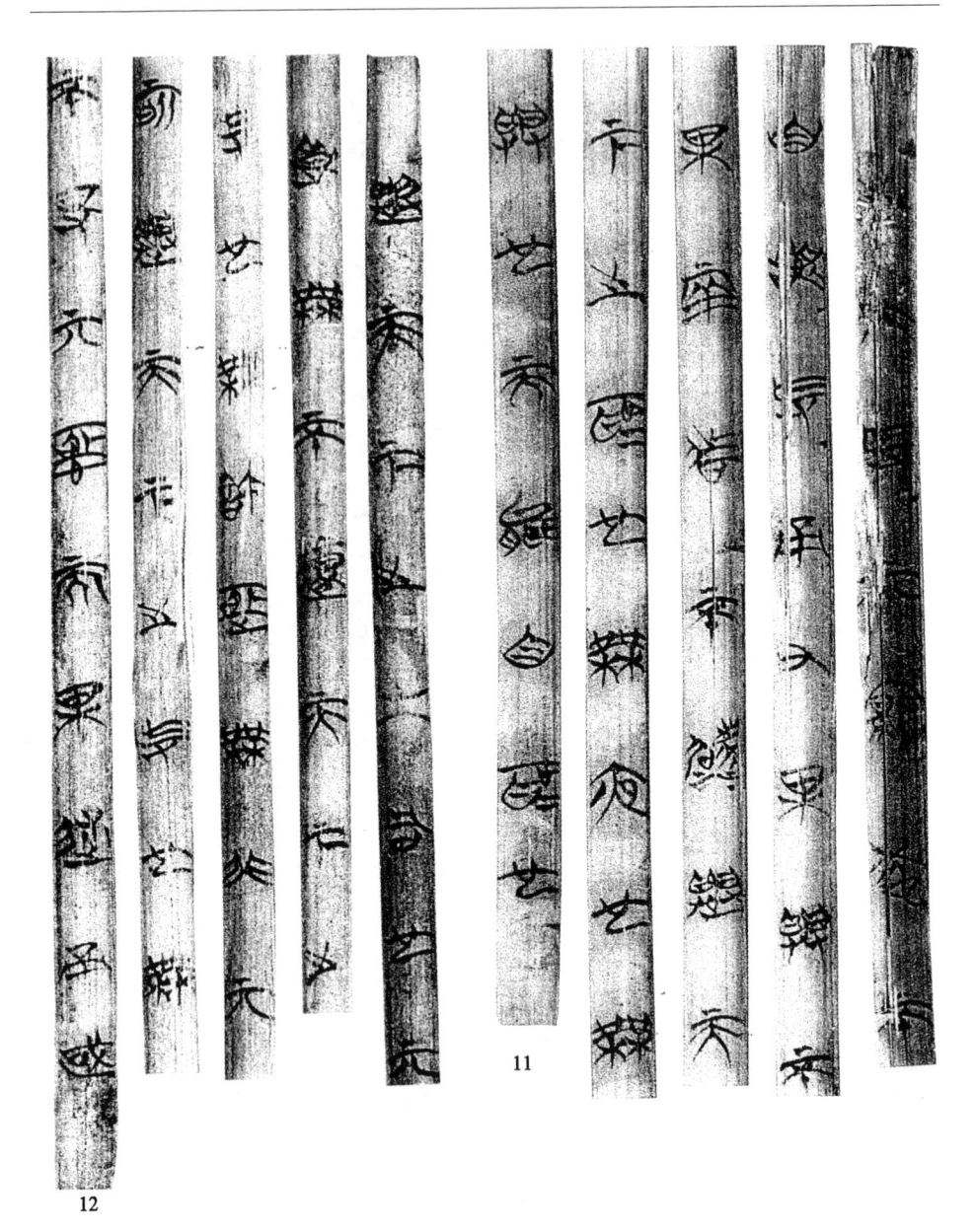

图 8-23　竹书《恒先》影本（六）

第八章　简帛及其他古文字文献研究　　　　　　　　　　　　　735

13

图 8-23　竹书《恒先》影本（七）

罌（举）天［下］之事，自复（作）为事，甬（用）以不可赓也(二十七)。凡₇言名先，者（诸）又（有）悇（疑）慌，言之逡（後）者孝比安（焉）(二十八)。罌（举）天下之名，虚詎，习以不可改也(二十九)。罌（举）天下之复（作），强者果天₁₀之大复（作），其寱（冥）尨（蒙）不自若(三十)。复（作），甬（用）又（有）果与不果，两者不灑（废）(三十一)。罌（举）天下之为也，无夜也，无与也，而能自为也(三十二)。₁₁罌（举）天下之生，同也其事，无不逡（復）天下之复（作）也，无许垩（极），无非其所(三十三)。罌（举）天下之复（作）也，无不畀（得）其极而果述（遂）(三十四)，甬（用）或₁₂畀（得）之，甬（用）或邎（失）之(三十五)。罌（举）天下之名，无又（有）灑（废）者，与天下之明王、明君、明士，甬（用）又（有）求而不患(三十六)。¹³

竹书《恒先》是战国时期的道家佚籍，1994年入藏上海博物馆①。全篇13简，长39.4厘米，第三简背有篇题。

（一）"亘先"，"恒"之先。"恒"并非"道"，但却是道家哲学的一个重要概念，它是事物自"无"而"有"的分野，也就是"有"的初始状态。"恒"之先为"无有"，"无有"便是玄虚之"无"，也就是"道"。《韩非子·解老》："圣人观其玄虚，用其周行，强字之曰道，然而可论，故曰'道之可道，非常道也'。"其所谓"玄虚"，也即竹书之"无有"。《庄子·天地》："泰初有无，无有无名。"又《知北遊》："光曜问乎无有曰：'夫子有乎？其无有乎？'"成玄英《疏》："境体空寂，故假名无有也。""无有"于"恒"之先，是老子思辨出"有"之先的"无"。郭店竹书《老子》甲本："有状混成，先天地生。""先"义相同。马王堆帛书《道原》："恒先之初，迵同大虚。"以"恒"之先为"大虚"，观念相同。《老子》第四十章云："天下之物生于有，有生于无。"老子借天文数术的探索思辨出"有"之前的"无"，如此才可能建立无为而治的哲学体系。显然，从"无"到"有"的发展模式重在次序，故欲知玄虚之"无"，必求"恒"之先。而这一关乎次序的"先后"命题，竹书后文也反复言及。

（二）"朴"、"静"、"虚"乃玄虚之"无"的特质，也即"道"的特质。"青"，从"宀""青"声，"青"字异文②，与下文"清"字不同，当读为"静"，从"宀"以喻其义。《老子》第三十二章云："道恒无名，

---

① 马承源主编：《上海博物馆藏战国楚竹书（三）》，上海古籍出版社2003年版。
② 见《集韵·青韵》。

樸。"《文子·道原》："故道者，虚无、平易、清静、柔弱、纯粹素樸，此五者，道之形象也。虚无者，道之舍也。平易者，道之素也。清静者，道之鉴也。柔弱者，道之用也。……纯粹素樸者，道之干也。虚者，中无载也。平者，心无累也。嗜欲不载，虚之至也。无所好憎，平之至也。一而不变，静之至也。不与物杂，粹之至也。不忧不乐，德之至也。"与竹书合。此虚之至、静之至、粹之至正为竹书所谓"大虚"、"大静"、"大樸"。《老子》第十六章："致虚，极也。"《庄子·天地》："夫道，覆载天地者也，洋洋乎大哉。"

《文子·精诚》："大道无为。无为即无有，无有者，不居也。不居者即无处无形。无形者不动，不动者，无言也。无言者，即静而无声。无形无声，无形者视之不见，听之不闻，是谓微妙，是谓至神。緜緜若存，是谓天地根。道无形无声，故圣人强为之形，以一字为名。"又《自然》云："樸至大者无形状，道至大者无度量。"以无形为"樸"，无声为"静"，樸、静为"虚"，亦即"无有"，是谓"道"矣。思想与竹书全合。

（三）"厭"，足也。樸、静、虚皆至"大"，故曰"自厭"。《管子·内业》："自充自盈。……夫道者，所以充形也。"尹知章《注》："充盈，谓完而无亏也。……自形内而虚者皆道。"

"或"，"域"之本字。《说文·戈部》："域，或又从土。"据竹书可知，"域"为道家哲学的重要观念，当训兆、先。《尔雅·释言》："兆，域也。"《玉篇·兆部》："兆，事先见也。"《国语·晋语八》："君之明兆于衰矣。"韦昭《注》："兆，形也。"《文选·陆机君子行》："福锺恒有兆。"吕向《注》："兆，象也。"故"域"意即形域，当为事之先兆，也就是"有"所出现的征兆。道家哲学以"无"乃无形之樸，从"无"到"有"，也就是自无形到有形，而有之初始状态则呈现为"域"，这便是"有"之机兆。"域"虽已脱离了"无"而向"有"发展，但却是"有"的初始形态，尚不是真正的有形之"有"，因此其虽具形兆，但仍未形成物之形象。《淮南子·原道》："动溶无形之域，而翱翔忽区之上。""忽区"于文献又作"忽芒"、"忽荒"、"忽怳"，或作"怳忽"。《原道》："骛怳忽。"高诱《注》："怳忽，无之象也。"王念孙云当为"忽怳"。此实即道家哲学所谓之"惚恍"。《淮南子·精神》："遊于忽区之旁。"高诱《注》："忽区，忽怳无形之区。"此"无形之区"亦即《原道》"无形之域"。"域"之无形显然是指其尚无物之形，而这一观念的数术表述则应为"一"。《庄子·天地》："泰初有无，无有无名。一之所起，有一而未形。"《注》:"一者,有之初,……故未有物理之形耳。""有一而未形"与"无形之域"观念一致,可知"域"即相当于"一"。《淮南子·原道》:"所谓无形者,一之谓也。"这里所讲的"无形"并非恒先之无有,而是"有"之初始的无形,后儒以此误解"一"即为"道",是混淆了"无形"与"一"的基本内涵。《淮南子·天文》谓"道始于虚霩","霩"即古"廓"字,《文子·精诚》言道"廓然无形",也可见"域"之观念的形成。

"域"为无物之形兆,这一概念在道家哲学中又称为"状"。郭店竹书《老子》甲本云:"有状混成,先天地生。"《老子》第十四章云:"是谓无状之状,无物之象,是谓惚恍。"此"无状之状,无物之象"即谓无物之形域,"状"显即"有"之初。《老子》第二十一章云:"道之为物,惟恍惟惚。惚兮恍兮,中有象兮。恍兮惚兮,中有物兮。"可明道家哲学解释从"无"到"有"的过程实乃先有无状之状,继有无物之象,最后才为有象之物,有象之物为"有",则"有"之初的"无状之状"应即为"域"。故"无形之域"、"忽恍无形之区"、"有一而未形"、"无状之状"表述虽异,但观念全同,皆谓"有"之初。

道家哲学所言之"无形"实有二义,一为玄虚之"无形",此即无形之朴,实即谓"道",属于"无"的范畴。另一为无物之"无形",此为"道"所生之"一",其属"有"之初。后一种"无形"作为"有"之征兆,既可称为"域"或"状",也可称为"一"或"恒"。竹书下文云"域,恒焉",既知"域"、"恒"同义。

"域"也即"状",二名同训。这一观念的建立当得于道家思辨哲学对于水作为万物之源的认识。水为五行之长,实际已被赋予了哲学的意义。《文子·道原》:"天下莫柔弱于水,水为道也,广不可极,深不可测,长极无穷,远沦无涯,息耗减益,过于不訾,上天为雨露,下地为润泽,万物不得不生,百事不得不成,大苞群生,而无私好,泽及蚑蛲,而不求报,富赡天下而不既,德施百姓而不费,行不可得而穷极,微不可得而把握,击之不创,刺之不伤,斩之不断,灼之不熏,绰约流循而不可靡散,利贯金石,强沦天下,有馀不足,任天下取与,禀受万物,而无所先后,无私无公,与天地洪同,是谓至德。"[①] 即借水以喻道,可谓"水为道也"。《道原》又云:"夫道者,高不可极,深不可测,苞裹天地,禀受

---

① 又可参见《淮南子·原道》。

无形，原流沺沺，冲而不盈，浊以静之，徐清。"凡此皆明言水德。而水所具有的"动溶无形之域"的特点当然也可以借喻有形之征兆，成为从"无"到"有"的"无状之状"。《淮南子·原道》："夫无形者物之大祖也，无音者声之大宗也。其子为光，其孙为水，皆生于无形乎！夫光可见而不可握，水可循而不可毁，故有像之类莫尊于水。"亦见此思想。

"乍"，字形与下文从"又"之"复"不同，义亦有别。《广雅·释诂一》："作，始也。"王念孙《疏证》："乍，亦始也。"《文子·道原》："无形者，作始也。遂事者，成器也。作始者，朴也。有形则有声，无形则无声。有形产于无形，故无形者，有形之始也。""域作"意即域兆开始呈现。

（四）"安"，读为"焉"，连词，则也。《荀子·议兵》："若赴水火，入焉焦没耳。"《老子》第四十章云："道生一，一生二，二生三，三生万物。""焘"生天地，是为"有"。"有"为万物之始，其生万物，故谓"有往"。

（五）"乍"，亦始也，与"出生"同训。《老子》第五十章云："出生，入死。"

（六）"虚静"为道。《庄子·天道》："夫虚静恬淡，寂寞无为者，万物之本也。"《文子·道原》："清静者，德之至也；柔弱者，道之用也；虚无恬愉者，万物之祖也。三者行，则沦于无形。无形者，一之谓也。……道者，一立而万物生矣。……是以圣人执道，虚静微妙，以成其德。"高诱《淮南子·原道注》："一者，道之本。"《文子·自然》："静则同，虚则通。……虚静之道，天长地久。"马王堆帛书《道原》："恒先之初，迥同大虚。虚同为一，恒一而止。湿湿梦梦，未有明晦。……上虚下静，而道得其正。""静同"即此"虚同"、"迥同"，下文曰"同"。《淮南子·诠言》："洞同天地，浑沌为朴，未造而成物，谓之太一。"

（七）"复"，从"又""乍"声，读为"作"，兴作也。郭店竹书《老子》甲本"万物并作"，"作"即作"复"。《淮南子·天文》："天墬未形，冯冯翼翼，洞洞灟灟，故曰太昭。道始于虚霩，虚霩生宇宙，宇宙生气，气有涯垠。"王念孙云："此当为'宇宙生元气，元气有涯垠'。"与竹书不同。

（八）道乃"独立不改"（《老子》第二十五章，帛书《道原》作"独立不偶"），而"恒"、"焘"的概念则互为依存。无"恒"便无所谓"焘"，无"焘"也无所谓"恒"，故"焘"非"恒"之所生。《老子》第二章云："天下皆知美之为美，斯恶已；皆知善之为善，斯不善已。故有无相生,难易相成,长短相较,高下相倾,音声相和,前后相随,恒也。"① 凡此皆相对为言,正所谓"不独,有与也"。《易·咸·象传》:"二气感应以相与。"陆德明《释文》引郑云:"与,犹亲也。"又《恒·象传》:"雷风相与。"又《剥·象传》:"未有与也。"惠栋《周易述》:"阴阳相得为与。"又《井·象传》:"无与也。"惠栋《述》曰:"阴阳相感应曰与。"《文子·道原》:"百事之变,无不耦也。"亦此之谓。竹书明言"恒"与"㷭"并非相生的关系,"㷭"为自生,"恒"则先出,故曰"恒、㷭之生"。据下文知"恒"乃为"域",而上文"有域焉有㷭",则犹有美焉有恶,是㷭实相对于恒域而言,"恒",一也;"㷭",化也。故两个概念相较而成,是谓"有与"。

(九)"域"、"恒"同义,皆"同"之所生。"同"即上文"静同",文献又作"虚同"、"迵同"、"洞同"。《庄子·天地》:"同乃虚,虚乃大。"《文子·道原》:"夫道者,陶冶万物,终始无形,寂然不动,大通混冥。"此"大通"即言"大同"。《淮南子·原道》:"与天地鸿洞。"高诱《注》:"鸿,大也。洞,通也。"

(十)"昏昏",暗也。《孟子·尽心下》:"今以其昏昏,使人昭昭。"朱熹《集注》:"昏昏,闇也。"上文"静同而未或明",是昏昏之义。"窞",读为"宁"。《庄子·天地》:"其合缗缗,若愚若昏,是谓玄德,同乎大顺。""不宁",不静也。

(十一)《说文·異部》:"異,分也。"故"異生異"即分而为天地,天为清阳之气,地为浊阴之气;天道圆,地道方;天为覆,地为载;皆相异而不同。或以天地统指万物,此乃强调万物之不同。《庄子·天地》:"不同同之之谓大。"郭象《注》:"万物万形,各止其分,不引彼以同我,乃成大耳。"

《礼记·表记》:"鬼尊而不亲。"孔颖达《正义》:"鬼谓鬼神。"故"鬼生鬼"即神明之谓。

《说文·韋部》:"韋,相背也。"又《非部》:"非,韋也。""韋"、"非"皆相背之义,故"韋生非,非生韋"当谓阴阳。此或强调万物对立之特点。

《说文·人部》:"依,倚也。"又:"倚,依也。"二字转注。《诗·小雅·小弁》:"靡依匪母。"朱熹《集注》:"依者,亲而倚之。"《老子》

---

① "恒也"二字据帛书本补。

第五十八章云："祸兮福之所倚。"是"依生依"即互为相依之事物，若下文之中外、小大、柔刚、圆方、晦明、短长，皆相为依倚者也。郭店竹书《太一生水》谓阴阳生四时，四时又生沧热、湿燥，也相依倚也者。此则强调万物之相为依存者。

《太一生水》描述事物之生成过程为太一、天地、神明、阴阳、四时，与此相同。《礼记·礼运》："是故夫礼，必本于大一，分而为天地，转而为阴阳，变而为四时，列而为鬼神。"已有变化。

（十二）《论语·公冶长》："枨也欲。"何晏《集解》引孔安国曰："欲，多情欲也。"《玉篇·心部》："欲，贪也。"或作"欲"。马王堆帛书《老子》甲本："罪莫大于可欲，祸莫大于不知足，咎莫憯于欲得。""欲"即谓人欲。帛书《老子》乙本云："致虚，极也；守静，督也。万物并作，吾以观其复也。夫物云云，各复归于其根，曰静。静，是谓复命。复命，常也。知常，明也。"① 吴澄《道德真经注》："复，反还也。物生，由静而动，故反还其初之静为复。"蒋锡昌《老子校诂》："二十五章'强为之名曰大，大曰逝，逝曰远，远曰反'，与此文'归根曰静，静曰复命，复命曰常，知常曰明'之词例一律。"物生乃因于人欲，由静而动，但终会由动复归其静，还于本真，故凡作者，未有不复，此即"求欲自复"也，"复"，返也。"复生之生"则谓循环往复。"行"，意同上文"作行出生"之"行"。此即所谓"静曰复命"。张松如《老子校读》："老子是以'归根'一辞作为'静'的定义，又以'复命'一辞作为'静'的写状。如果说'并作'包含着'动'的意思，那么'归'、'复'便属于'静'的境界。正是在这'静'的境界中再孕育着新的生命，此即所谓'静曰复命'。"故"复生之生行"则言循环而新生，永恒不灭。

（十三）《淮南子·天文》："气有涯垠，清阳者薄靡而为天，重浊者凝滞而为地。"即此之谓。《淮南子·本经》："天地之合和，阴阳之陶化万物，皆乘一气者。"《文子·精诚》："诚通其道而达其意，虽无一言，天下万民，禽兽鬼神，与之变化。"此即谓"熙信神哉"之意。

（十四）"云云相生"意同《老子》第十六章之"夫物云云"②。朱谦

---

① 《老子》第十六章云："致虚极，守静笃。万物并作，吾以观复。夫物芸芸，各复归其根。归根曰静，静曰复命，复命曰常，知常曰明。"郭店竹书《老子》甲本云："致虚，恒也；守中，笃也。万物并作，居以须复也。天道员员，各复其根。"

② 郭店竹书《老子》甲本作"天道员员"；帛书《老子》甲本作"天物雲雲"，乙本作"天物𡘌𡘌"。

之《老子校释》:"'云云',河上、王弼本作'芸芸',傅、范本作'凡物賱賱'。《庄子·在宥篇》、《文选·江淹杂拟诗》注引与遂州碑本均作'云云'。案作'云云'是。'賱'、'芸'二字亦通。顾野王《玉篇·云部》引《老子》:'凡物云云,复归其根。'案'云',不安静之辞也。《吕氏春秋》'雲气西行,云云然冬夏不辍',《汉书》'谈说者云云',并是也。又'賱',《玉篇》云:'音云,又音运,物数乱也。'《说文》:'物数纷賱乱也。'义亦可通。一说'云云'是'賱賱'之省,奕用正字。又'芸',河上注《老子》:'芸芸者,花叶盛。'彭耜《集注释文》曰:'"芸芸"喻万物也,以茂盛为动,以凋衰为静。"云云"者,喻人事也,以逐欲为动,以息念为静;义同。盖《经》有"根"字,故作"芸芸"。'"吴澄云:"芸芸,生长而动之貌。""云云",动也。

（十五）万物皆出于虚同,但所生之异,其生皆据其所需。《老子》第一章:"此两者,同出而异名。"句式相同。"欲"与"慾"别,不指人欲,故省"心"。《玉篇·欠部》:"欲,愿也。"王引之《经义述闻·〈左传〉中·欲于鞏伯》:"古者欲与好同义,凡经言耆欲,皆谓耆好也;言欲恶,皆谓好恶也。"是此"欲"义。段玉裁《说文解字注》:"古有欲字,无慾字,后人分别之,制慾字,殊乖古义。"今以竹书观之,段说失矣。

（十六）《诗·大雅·烝民》:"四牡業業。"毛《传》:"業業,言高大也。"又《常武》:"赫赫業業。"朱熹《集传》:"業業,大也。"《易·系辞上》:"盛德大业至矣哉。"李鼎祚《集解》引荀爽曰:"大业者,地也。"

（十七）"焚焚",读为"棼棼"、"纷纷"或"衯衯"。《广雅·释训》:"衯衯,乱也。"王念孙《疏证》:"《吕刑》云:泯泯棼棼。《孙子兵法·势篇》云:纷纷纭纭。并与衯衯同。"《左传·文公六年》:"分之采物。"孔颖达《正义》:"采物谓采章物色、旌旗衣服。"又作"物采"。《左传·隐公五年》:"取材以章物采谓之物。""物"为杂色,"采"义亦然。此以杂色以喻万物。道粹之至则"不与物杂",其以色喻当白。《庄子·天地》:"机心存于胸中,则纯白不备;纯白不备,则神生不定;神生不定者,道之所不载也。"《淮南子·原道》:"色者,白立而五色成矣。道者,一立而万物生矣。"

（十八）"先",始也,本也。《广雅·释诂一》:"先,始也。"《庄子·天道》:"而非所以先也。"成玄英《疏》:"先,本也。"帛书《老子》乙本云:"上善如水,水善利万物而有静。居众人之所恶,故几于道矣。居善地,心善渊,予善天,言善信,政善治,事善能,动善时。夫唯不争,故无尤。"

道本玄虚之无，此则为善矣。《老子》第三章："不尚贤，使民不争。不贵难得之货，使民不为盗。不见可欲，使民心不乱。是以圣人之治，虚其心，实其腹，弱其志，强其骨。"又第五十七章："是以圣人之言曰：我无为而民自化，我好静而民自正，我无事而民自富，我欲不欲而民自朴。"《文子·精诚》："夫水浊者鱼噞，政苛者民乱，上多欲即下多诈，上烦扰即下不定，上多求即下交争，不治其本而救之于末，无以异于凿渠而止水，抱薪而救火。圣人事省而治，求寡而赡，不施而仁，不言而信，不求而得，不为而成，怀自然，保至真，抱道推诚，天下从之，如响之应声，影之像形，所修者本也。"此谓执本御末，功简而天下治，反之乱矣。《庄子·天地》："治，乱之率也。"成玄英《疏》："率，主也。若用智理物，当时虽治，于后必乱。"故归于自然清静，则治之美也。《文子·九守》："知虚静之道，乃能终始。故圣人以静为治，以动为乱。故曰：勿挠勿缨，万物将自清。勿惊勿骇，万物将自理。是谓天道也。"亦此之谓。

（十九）《老子》第五十七章："人多伎巧，奇物滋起。法令滋彰，盗贼多有。"又第十九章："绝圣弃智，而民利百倍。绝仁弃义，而民复孝慈。绝巧弃利，盗贼无有。"《庄子·在宥》："故曰'绝圣弃知而天下大治'。"

（二十）《文子·道原》："故贵必以贱为本，高必以下为基。"又《精诚》："天地之道，大以小为本，多以少为始。"王利器《疏义》："有生于无，多起于一。夫推本则返于形，寻末则惑于多数，故知返有以无为宗，感多则求一为主也。"

（二十一）"复以不废"，天道周而复始，此谓"天行健"。《文子·上德》："天行不已，终而复始，故能长久。"

（二十二）《玉篇·口部》："嘅，满也。"又通作"忾"。《诗·曹风·下泉》："忾我寤叹。"《韩诗》"忾"作"嘅"。《广雅·释诂一》："忾，满也。"王念孙《疏证》："忾，谓气满也。"《礼记·哀公问》："则忾乎天下矣。"朱彬《训纂》引王念孙曰："忾，训为满。"《说文·川部》："巟，水广也。"段玉裁《注》："引申为凡广大之称。"《广雅·释诂一》："巟，大也。""而"，连词。"窴"，从"宀""天"声，盖"颠"字或体，读为"颠"。《说文·天部》："天，颠也。"是"天"、"颠"通用之证。《礼记·玉藻》："盛气颠实扬休。"孔颖达《正义》："颠，塞也。"或读为"填"。《易·鼎》："鼎颠趾。"焦循《章句》："颠，填也。"《说文·土部》："填，塞也。""思"，句中语词。《诗·周颂·闵予小子》："继序思不忘。"竹书"知嘅而亢思不颠"意即天地之气充盈广大而不塞。道虚静则通同而不塞。《管子·内业》："夫道者，所以充形也，而人不能固。其往不复，其来不舍。"尹知章《注》："人不能固守其虚，反以利欲塞也。既有利欲之心，则道往而不复，虽其有来，无处可舍。"以此可见竹书文意。

（二十三）《管子·内业》："凡物之精，此则为生。"尹知章《注》："精，谓神之至灵者也。得此则为生。"《内业》又云："音以先言。音然后形，形然后言，言然后使，使然后治。不治必乱，乱乃死。"尹知章《注》："言从音生，故音先言。有言则出命，故有所使令。"《礼记·乐记》："凡音者生人心者也，情动中，故形于声。"据竹书，"形"本当作"名"，次序似为"音然后言，言然后名，名然后使"。"使"或即"事"字之讹。《墨子·尚贤上》："不能以尚贤事能为政也。"孙诒让《间诂》："事、使义同。"

此明先后之序，数辨形名，是为治术。《庄子·天道》："是故古之明大道者，先明天而道德次之，道德已明而仁义次之，仁义已明而分守次之，分守已明而形名次之，形名已明而因任次之，因任已明而原省次之，原省已明而是非次之，是非已明而赏罚次之。赏罚已明而愚知处宜，贵贱履位，仁贤不肖袭情，必分其能，必由其名。以此事上，以此畜下，以此治物，以此修身，知谋不用，必归其天，此之谓太平，治之至也。故书曰：'有形有名。'形名者，古人有之，而非所以先也。古之语大道者，五变而形名可举，九变而赏罚可言也。骤而语形名，不知其本也；骤而语赏罚，不知其始也。倒道而言，迕道而说者，人之所治也，安能治人！骤而语形名赏罚，此有知治之具，非知治之道；可用于天下，不足以用天下；此之谓辩士，一曲之人也。礼法数度，形名比详，古人有之，此下之所以事上，非上之所以畜下也。"郭象《注》："天者，自然也。自然既明，则物得其道也。物得其道而和，理自适也。理适而不失其分也，得分而物物之名各当其形也，无所复改。赏罚者，失得之报也。夫治之道，本在于天而末极于斯。自先明天以下，至形名而五，至赏罚而九，此自然先后之序也。治人者必顺序，治道先明天，不为弃赏罚也，但当不失其先后之序耳。夫用天下者，必大通顺序之道。"成玄英《疏》："苟其不失次序，则是太平至治也。骤，数也，速也。季世之人，不知伦次，数语形名，以为治术，而未体九变，以自然为宗，但识其末，不知其本也。夫形名赏罚，此乃知治之具，度非知治之要道也。"

第八章 简帛及其他古文字文献研究

（二十四）此谓正名。《论语·雍也》："觚不觚，觚哉！觚哉！"又《颜渊》所谓"君不君，臣不臣，父不父，子不子"，亦此之谓。古以为政，正名为先。《论语·子路》："必也正名乎！……名不正，则言不顺；言不顺，则事不成；事不成，则礼乐不兴；礼乐不兴，则刑罚不中；刑罚不中，则民无所错手足。故君子名之必可言也，言之必可行也。君子于其言，无所苟而已矣。"正名者，有其名必有其实也。《庄子·天道》所谓古之明大道者，"必分其能，必由其名。以此事上，以此畜下，以此治物，以此修身，知谋不用，必归其天，此之谓太平，治之至也"。

（二十五）"恙"，"详"字异文。《庄子·天道》："礼法度数，形名比详，治之末也。"成玄英《疏》："详者，定审。"《国语·周语下》："今细过其主妨于正。"韦昭《注》："主，正也。"《论语·里仁》引孔子曰："君子喻于义，小人喻于利。"是此"义利"之谓。

（二十六）"复"，读为"作"，治也。《周礼·地官·稻人》："作田。"郑玄《注》："作，犹治也。"《管子·白心》："事，有适而无适，若有适。""不作无事"，归于清静无为。《老子》第四十五章："清静为天下正。"《淮南子·俶真》："若夫神无所掩，心无所载，通洞条达，恬漠无事，无所凝滞，虚寂以待。"文又云："弃聪明，反无识，芒然仿佛于尘埃之外，而消遥于无事之业。"《庄子·大宗师》作"消遥乎无为之业"，是"不作"即"无为"。

（二十七）"作"，即"不作无事"之"作"。《说文·糸部》："赓，古文续。"竹书"用之不可赓"意即用之不可长久。《文子·九守》："怀天下之大，有万物之多，即气实而志骄。大者用兵侵小，小者倨傲凌下，用心奢广，譬犹飘风暴雨，不可长久。是以圣人以道镇之，执一无为而不损冲气。"

（二十八）"凡言名先"，正名为先，"者"，读为"诸"，犹"凡"也。《庄子·至乐》："诸子所言，皆生人之累也。"是用此义。"悇"，"疑"字或体。《说文·子部》："疑，惑也。"《广雅·释诂二》："悇，忘也。"《说文·子部》："孨，放也。"段玉裁《注》："孨训放者，谓随之依之也。"《礼记·乐记》："比于慢矣。"郑玄《注》："比，犹同也。"《管子·心术上》："物固有形，形固有名，此言不得过实，实不得延名。姑形以形，以形务名，督言正名，故曰圣人。执其名，务其应，所以成之，应之道也。无为之道，因也。因也者，无益无损也。以其形，因为之名，此因之术也。"尹知章《注》："不得无实，虚延其名。物既有名，守其名而命合之，则所务自成，斯应物之道。损益者生有为。见形而后名，非因而可。""孥比"，无益无损，贵因也。

（二十九）"虚"，太虚，故"天下之名"实指"道"之名，则"詚"当读为"詚譀"，叠韵联绵字。《集韵·侯韵》："詚譀，不能言也。"天下之名，至虚而不能言，唯相习不改。《老子》第一章："无名，天地之始。"第三十二章："道常无名。"第四十一章："大象无形，道隐无名。"《吕氏春秋·大乐》："道也者，至精也，不可为形，不可为名。"老子主张道恒无名，无名则不可言也。《老子》第一章："名可名，非常名。"是此之谓。

（三十）《老子》第三十章："以道佐人主者，不以兵强天下，其事好还。师之所处，荆棘生焉。大军之后，必有凶年。善有果而已，不敢以取强。果而勿矜，果而勿伐，果而勿骄，果而不得已，是果而勿强。"① 此以兴戎事为"大作"，故"强者果天下"即谓"兵强天下"，"强"，逞强也。"强者果天下"意犹"善有果而已，不以取强"，"果"即胜也。王弼《注》："'果'犹'济'也，言善用师者，趣以济难而已矣，不以兵力取强于天下也。"司马光云："'果'犹'成'也，大抵禁暴除乱，不过事济功成则止。"王安石谓："'果'者，胜之辞。"高亨《正诂》："《尔雅·释诂》：'果，胜也。''果而已'犹胜而止。""寢龙"，读为"冥蒙"。"寢"从"寞"声。《龙龛手镜·宀部》："寞，古冥。""冥"本训暗。《诗·商颂·长发》："为下国骏厖。"《荀子·荣辱》引"厖"作"蒙"。《文选·左太冲吴都赋》："旷瞻迢递，迥眺冥蒙。"张铣《注》："冥蒙，不明兒。""冥蒙不自若"意即"不得已"。朱谦之《老子校释》："用兵而寓于不得已。"此即所谓"果而不得已"。是竹书乃言以道佐人主，用兵则为不得已之事。

（三十一）"果"承上文指戎事而言，"果"，以兵胜之；"不果"，不以兵胜。"果"为不得已之法，故不废也。

（三十二）"为"，无为也。《老子》第三章："为无为，则无不治。"第三十八章："上德不德，是以有德。下德不失德，是以无德。上德无为而无以为。"《韩非子·解老》："德者，内也。得者，外也。上德不德，言其神不淫于外也。神不淫于外则身全，身全之谓德。德者，得身也。凡德者，以无为集，以无欲成，以不思安，以不用固。为之欲之，则德无舍，德无舍则

---

① 郭店竹书《老子》甲本："以道佐人主者，不欲以兵强于天下。善有果而已，不以取强。果而弗伐，果而弗骄，果而弗矜，是谓果而不强。"

不全。用之思之则不固，不固则无功，无功则生于德。德则无德，不德则在有德。故曰'上德不德，是以有德'。所以贵无为无思为虚者，谓其意无所制也。夫无术者，故以无为无思为虚也。夫故以无为无思为虚者，其意常不忘虚，是制于为虚也。虚者，谓其意无所制也。今制于为虚，是不虚也。虚者之无为也，不以无为为有常，不以无为为有常则虚，虚则德盛，德盛之谓上德，故曰'上德无为而无不为也'。"老子以用事无为，即贵无为无思之虚，虚谓意无所制，而故以无为无思为虚是为制于虚，制于虚则为不虚。王先谦《集解》："《说文》：'故，使为之也。'灵台清静，自然而虚。若无道术之人，有意为虚，所谓'故'也。"是"故以无为无思为虚者"应即竹书之"无与"。《礼记·祭统》："仁足以与之。"俞樾《群经平议》："与，犹为也。古与、为二字通用。"而"制于为虚"则即竹书之"无夜"。《说文·刀部》："制，一曰止也。"又《夕部》："夜，舍也。"王先谦《集解》解"则德无舍"曰："舍，止也。"故"无夜也，无与也"即言无为也。"而能自为也"，无不为也。是竹书实谓"上德无为而无不为"。"无不为"乃韩非所引，严遵、傅奕、范应元、楼古四本同，而与王弼等异。两本孰是，历来颇存争议。今以竹书校之，当以"无不为"为是。老子思想重在无为，本之无为便无有不为，言犹"为无为，则无不治"，"无不"，否定之否定，"而无不为"即"而能自为"，意即无不有所为。"上德无为而无不为"是谓"上德不德，是以有德"。

（三十三）《管子·心术上》："德者，道之舍，物得以生生，知得以职道之精。"尹知章《注》："谓道因德以生物，故德为道舍。得其生者，主由禀道之精也。"又《内业》："凡物之精，此则为生。下生五谷，上为列星。"竹书"生"即言物之生，"作"，始也。"无不复天下之作"即无不返于始，此谓循环往复，亦即上文"复生之生行"。《老子》第十六章："夫物云云，复归其根。"王弼《注》："各返其所始也。"第四十一章："反者，道之动。"第六十五章："玄德深矣，远矣，与物反矣。"思想相同。"无许极"，无穷尽；"无非其所"，无所不在。

（三十四）《说文·心部》："悢，疾也。"又《辵部》："遂，亡也。""果"读为因果之"果"。此言用事急而有祸患。《韩非子·解老》："天下有道无急患则曰静。"陈奇猷《集释》："急患，谓急事与患祸也。"《管子·正世》："急使令，罢民力。……力罢则不能毋堕倪。"尹知章《注》："使令急，故人力疲也。"

（三十五）"用或得之"，"或"，若似。《老子》第四章："湛兮似或存。"河上本"或"作"若"。"用或失之","或"犹有。《孟子·公孙丑下》:"夫既或治之。"赵岐《章句》:"或,有也。"《左传·昭公十三年》:"未之或失也。"两"或"字义殊,文言以急用事,若似得之,实则失之。

（三十六）"名"即上文"虚謐"之名,亦即道之名,故其"无有废者"。《管子·心术上》:"虚者,万物之始也,故曰可以为天下始。"无名即为"道"。郭店竹书《老子》甲本:"有状混成,先天地生。敓繆,独立不改,可以为天下母。未知其名,字之曰道,吾强为之名曰大。""道"为玄虚之无,故无名可名。欲求"道"之名,意即求其无。《太一生水》:"以道从事者必託其名,故事成而身长。圣人之从事也亦託其名,故功成而身不伤。""道"之名为无,故托道之名以从事也即无为而治。是天下之明王、明君、明士用事而求诸虚无,则功成而无患矣。竹书与《太一生水》所体现的思想一致,终在阐释道家学说所追求的德。

3. 楚帛书（图8-24、8-25）

曰故（古）大盫電虐（戏）(一),出自□［华］霆（胄）,居于瞖（雷）□［夏］,卒（厥）田（佃）鱼鱻（渔渔）,□□□女。梦梦墨墨(二),亡（盲）章弼弼(三),□每水□(四),风雨是於（阏）(五)。乃取（娶）歔遐□子之子曰女皇,是生子四□(六),是壞（襄）天踐（践）,是各（格）参柒（化）(七)。虘（法）逃（兆）为禹为萬（离）,以司堵（土）壤,咎（晷）天步达,乃上下朕（腾）逋（传）(八)。山陵不疏,乃命山川四晦（海）□［之］寶（阳）熙金（阴）熙以为其疏,以涉山陵、滝汩、凶（洎）蓮（漫）(九)。未又（有）日月,四神相戈（代）,乃步以为歲（岁）,是隹（唯）四寺（时）(十)。□

倀（长）曰青榦（榦）,二曰朱四獸（单）,三曰□黄难,四曰□（泹）墨榦（榦）(十一)。千又百歲（岁）,日月夋生(十二)。九州不平,山陵备缺（矢）(十三)。四神乃乍（作）,至于逻（覆）(十四),天旁逴（动）(十五),孜（扞）敝（蔽）之青木、赤木、黄木、白木、墨木之精（精）(十六)。炎帝乃命祝融以四神降,奠三天,□［维］思敦（缚）,奠四巫（极）(十七)。曰：非九天则大缺（矢）,则毋敢蔑（蔑）天霝（灵）。帝夋乃为日月之行(十八)。□

共攻（工）夸步十日,四寺（时）□□,□神则闰,四□毋思(十九);百神风雨,晨（辰）禕（纬）乱乍（作）(二十),乃逆日月,以逋（传）相毋思。又（有）宵又（有）朝,又（有）昼又（有）夕(二十一)。□

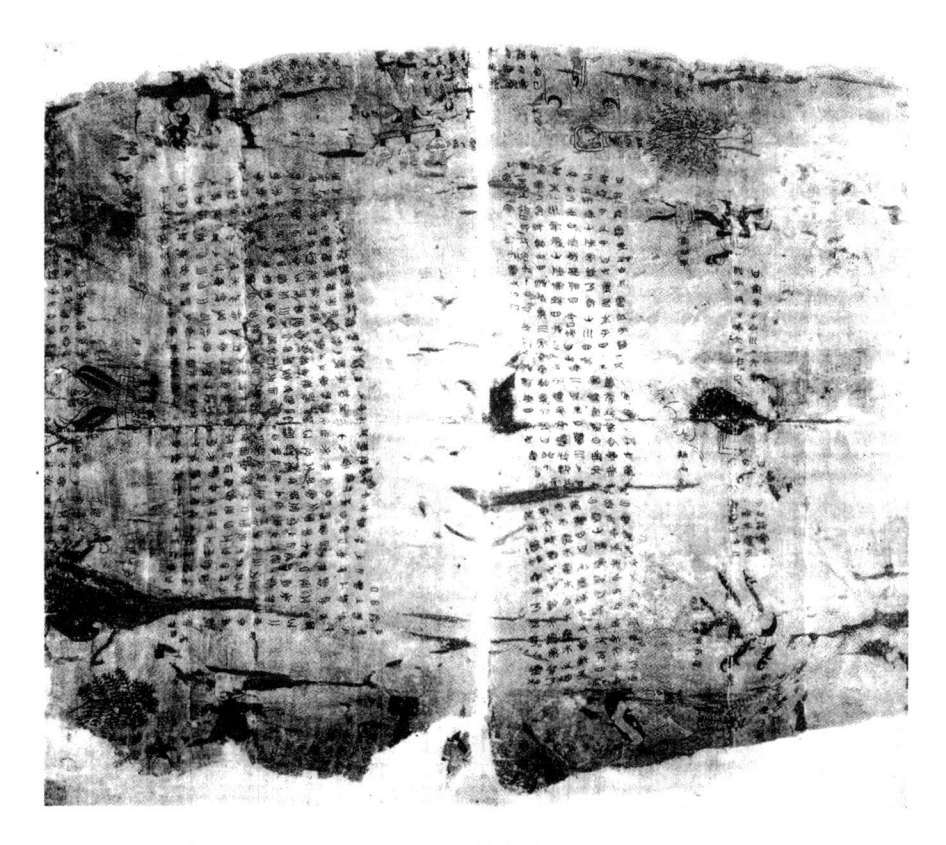

第八章 简帛及其他古文字文献研究

图 8-24 楚帛书影本

隹（唯）□□日，月则䞓（赢）绌，不旻（得）其萭（当）₍₂₊₂₎。春夏秋各（冬），又（有）□尚＝（常常）₍₂₊₃₎。日月星晨（辰），乱䢃（失）其行₍₂₊₄₎。䞓（赢）绌䢃（失）□，卉木亡尚（常）₍₂₊₅₎。□□□突（妖），天壁（地）乍（作）羕（殃）₍₂₊₆₎。天棓（桮）䙾（将）乍（作）濍（溢），降于其方，山陵其癹（废），又（有）渊毕（厥）湛₍₂₊₇₎。是胃（谓）李＝（李₍₂₊₈₎，李）䇂（岁）□月，内（入）月七日八［日］，又（有）電雺（汒）雨土₍₂₊₉₎。不旻（得）其参職（戠），天雨喜＝（熙熙）₍₃₊₎。是□䢃（失）月，闰之勿行，一月、二月、三月，是胃（谓）䢃（失）终，亡奉□□其邦₍₃₊₁₎。四月、五月，是胃（谓）乱绍（纪），亡尿（殃）□□䇂（岁）₍₃₊₂₎。西郯（域）又（有）吝，女（如）日月既乱，乃又

图 8-25　楚帛书摹本（采自巴纳《楚帛书》）（一）

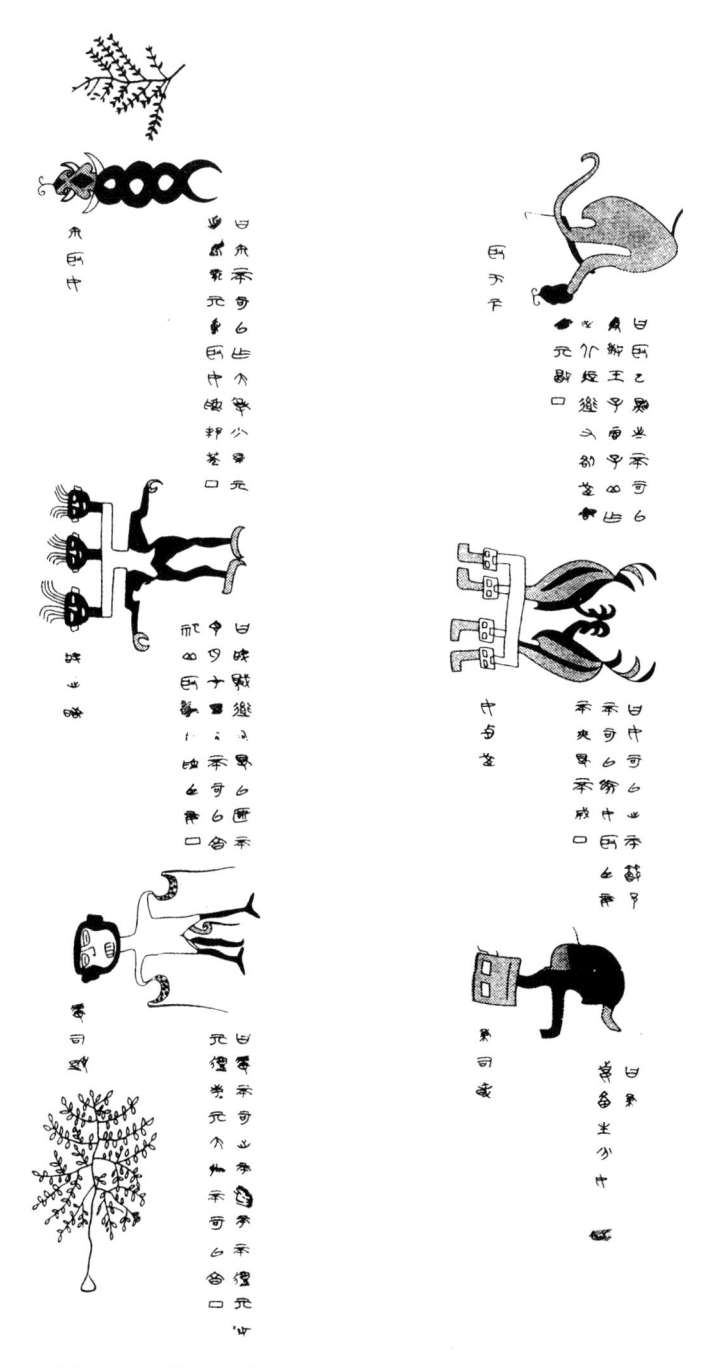

第八章 简帛及其他古文字文献研究　　　　　　　　　　　　　　　　　　751

图 8-25　楚帛书摹本（采自巴纳《楚帛书》）（二）

图 8-25 楚帛书摹本（采自巴纳《楚帛书》）（三）

第八章　简帛及其他古文字文献研究　　753

（有）鼠□₍三十三₎；东邲（域）又（有）吝，□□乃兵，䖏（害）于其王。□

　　凡戠（岁）惪（德）匿，女（如）曰亥隹（唯）邦所₍三十四₎，五宊（妖）之行，卉木民人，以□四浅（渐）之尚（常）。□□上宊（妖），三寺（时）是行₍三十五₎。隹（唯）惪（德）匿之戠（岁），三寺（时）□□，繇（繫）之以市（屋）降，是月以娄，𦙑（拟）为之正，隹（唯）十又二［戠（岁）］₍三十六₎。隹（唯）李惪（德）匿，出自黄開（渊），土允亡鵙（颐）₍三十七₎。出内（入）［俱］同，乍（作）其下凶₍三十八₎。日月膚（皆）乱，星䡅（辰）不同。日月既乱，戠（岁）季乃□。寺（时）雨进退，亡又（有）尚（常）亘（恒）。恭民未智（知），𦙑（拟）以为则。母童群民，以□三亘（恒）₍三十九₎。發（废）四兴鼠，以□天尚（常）。群神五正（政），四□尧（饶）羊（祥）。建亘（恒）襡（韇）民，五正（政）乃明，其神是享₍四十₎。是胃（谓）惪（德）匿，群神乃惪（德）₍四十一₎。帝曰：繇（繇），□之哉！毋弗或敬！隹（唯）天乍（作）福，神则各（格）之；隹（唯）天乍（作）宊（袄），神则惪之。□敬隹（唯）备，天像是恻（测）。成隹（唯）天□，下民之祓（式），敬之毋戈（忒）₍四十二₎。□

　　民勿用□□百神，山川滿（漫）浴（谷），不钦□行，民祀不㾏（庄），帝牆（将）繇（繇）以乱□之行₍四十三₎。民则又（有）穀，亡又（有）相矗（扰），不见陵西（夷）₍四十四₎。是则鼠至，民人弗智（知）。戠（岁）则舞纷，祭齊则述（遂）₍四十五₎。民少又（有）□，土事勿从，凶₍四十六₎。□

　　取于下。
　　曰取，乞则至，不可以□杀₍四十七₎。壬子、酉（丙）子凶。乍（作）□北征，達（率）又（有）咎。武□□其敔。□
　　女此武。
　　曰女，可以出帀（师），篡（筑）邑。不可以豪（嫁）女，取（娶）臣妾不亦旱（得），不成₍四十八₎。□
　　秉司春。
　　［曰秉］，☐妻畜生，分女☐。
　　余取（娶）女。

［曰］余，不可以乍（作）大事。少杲（昊）其☐龙其☐取（娶）女，为邦芙。☐

欱出睹。

曰欱，鸢率☐旱（得），以匿不见(四十九)，月才（在）☐，不可以享祀。凶，取（娶）☐☐为臣妾。☐

虘司夏。

曰虘，不可以出帀（师），水帀（师）不遝（复），其☐其遝（復），至于☐☐，不可以享。☐

仓莫旱（得）。

曰仓，不可以川☐，大不训于邦。又（有）臬内（入）于上下(五十)。☐

臧内☐。

曰［臧］，不可以篊（筑）室，不可［以出］帀（师）(五十一)。痪不遝（復），其邦又（有）大乱。取（娶）女，凶。☐

玄司秋。

曰玄，可以☐吁☐☐遏乃☐。

易☐羕。

［曰］易，不☐燧事，可［以］☐折，敛（除）故（去）不义于四☐。

姑分长。

［曰］姑，利戜（侵）伐，可以攻城，可以聚众，会者（诸）侯，型（刑）首事，穆不义。☐

荃司备（冬）。

曰荃，☐墅不可以☐。

帛书20世纪三四十年代出土于湖南长沙子弹库楚墓，现藏美国赛克勒美术馆。帛书内容分三部分，学者定为甲、乙、丙篇。甲篇内容讲创世神话，可名为《创世》；乙篇内容讲天文星占，可名为《星占》；丙篇内容为月令忌宜，可名为《月令》。这是战国中晚期楚地流行的一种颇具数术色彩的文献。

（一）"龏"字缀以"大"，意即大能。《说文·能部》："能，熊属，足似鹿。"段玉裁《注》谓《左传》、《国语》"能"作"熊"者皆浅人所改。《左传·昭公七年》："昔尧殛鲧于羽山，其神化为黄能。"《国语·晋语八》、《天问》皆作"化为黄熊"，然《归藏·启筮》则作"化为黄龙"。知"大能"实即大龙。"雹虚",伏羲①。《易纬乾凿度》:"黄帝曰:太古百皇辟基,文籥遽理微萌,始有能氏。"郑玄《注》:"有能氏,庖牺氏。"汉画像习见伏羲人身龙尾,是为"大能"。学者或读"大龕"为"太一"②但郭店竹书《太一生水》之"太一"写法与此不同。是"一"、"能"有声调之别,"能"不宜用为数术意义的"一"。

(二)"梦梦",读如"芒芒"。《诗·小雅·正月》:"视天梦梦。"《齐诗》"梦"作"芒"。"墨墨",读如"昧昧"。《左传·昭公十四年》:"贪以败官为墨。"杜预《集解》:"墨,读如昧。"《吕氏春秋·应同》:"芒芒昧昧,因天之威,与元同气。"高诱《注》:"芒芒昧昧,广大之貌。"

(三)"亡",读为"盲"。《史记·扁鹊仓公列传》:"搦髓脑揲荒。"《说苑·辨物》"荒"作"盲"。《吕氏春秋·明理》:"有昼盲。"高诱《注》:"盲,冥也。"《国语·周语中》"章怨外利。"韦昭《注》:"章,明也。""弼弼",读如"闵闵"。古音"弼"在并纽物部,"闵"在明纽文部,同音可通。字又作"惛惛"。《广雅·释训》:"惛惛,乱也。"《管子·四时》:"六惛惛。"尹知章《注》:"惛惛,微暗貌。"《淮南子·精神》:"古未有天地之时,惟像无形,窈窈冥冥,芒芠漠闵。"《太平御览》卷一引作"幽幽冥冥,茫茫昧昧,幕幕闵闵。"昧、弼,皆物部字。

(四)《左传·僖公二十八年》:"原田每每。"杜预《集解》:"喻晋军之美盛,若原田之草每每然。"帛书此句盖言宇宙之初,草木深茂,洪水浩瀚。

(五)"於",读为"阏"③。《尚书·尧典》:"遏密八音。"《春秋繁露·煖燠孰多》引"遏"作"阏"。《山海经·大荒北经》:"风雨是谒。""谒"也应读为"遏"。《吕氏春秋·古乐》:"民气郁阏而滞著。"高诱《注》:"阏读曰遏止之遏。"此与上文戏、胥、夏、渔、女皆叶鱼部韵。

(六)"女皇",严一萍谓即女娲④。古代美术品习见伏羲、女娲交尾为夫妻的题材。"子四□"则为伏羲、女娲所生四子,也即分至四神。

(七)"壤",读为"襄",成也。"天践",犹言天地。天地由伏羲、女娲所成。下文言禹、契下司土而上步天,也明天地已成。"参化",《天问》:"阴阳三合,何本何化?""参"即"叁"。《大戴礼记·本命》:"化于阴

---

① 金祥恒:《楚缯书"雹虚"解》,《中国文字》第 28 册,1968 年。
② 裘锡圭:《东皇太一与大龕伏羲》,《裘锡圭学术文集》第二卷,复旦大学出版社 2012 年版。
③ 李学勤:《楚帛书中的古史与宇宙观》,《楚史论丛》,湖北人民出版社 1984 年版。
④ 严一萍:《楚缯书新考(中)》,《中国文字》第 27 册,1968 年。

阳。"王聘珍《解诂》："化谓变化。独阴不生，独阳不生，阴阳变化，品物流行。"文言伏羲、女娲生四子，开天辟地，化育万物。践、化，歌元合韵。

（八）"鑢逃"，读为"法兆"。《庄子·天下》："兆于变化。"陆德明《释文》："兆本或作逃。"《诗·商颂·玄鸟》："肇域彼四海。"郑玄《笺》："肇当作兆。王畿千里，其民居安，乃后兆域正天下之经界。""法兆"即此意。文以禹、契规划天地经界，下布九州，上分九天。《释名·释天》："晷，规也。如规画也。""步"，步算。《周髀算经》："故禹之所以治天下者，此数之所生也。"即言步数以规划天地之经界广狭。禹以敷土闻名。伪《古文尚书·大禹谟》言禹"地平天成"，事也涉天。《史记·殷本纪》："契长而佐禹治水有功。"帛书称天地之大小乃由禹、契所规划。"腾传"①，往来于天地。

（九）"寅熙金熙"，阳气阴气②。天地已成，故别阴阳。"泷汩"，激流急湍。《集韵·江韵》："泷，奔湍也。""汩"，《说文》作"㶅"。《列子·汤问》："汩流之中。"《释文》："汩，疾也。""凼"，饶宗颐释"涾"③。《说文·水部》："涾，泥水涾涾也。"《玉篇·水部》："涾，泥也。"《史记·夏本纪》言禹治洪水，"陆行乘车，水行乘船，泥行乘橇，山行乘樏"，即此之谓。萬、传、滿，元部；疏字为韵，鱼部。

（十）"弋"，读为"代"④。《楚辞·离骚》："春与秋其代序。"王逸《章句》："代，更也。春往秋来，以次相代。"《吕氏春秋·大乐》："四时代兴。"文言分至四神轮流步算四时而成岁。月、代、岁，月部；时，之部，与月部合韵。

（十一）此以长幼而称分至四神名。青主春，朱主夏，白主秋，墨主冬，下文五色木可证。此述秋分神则独避秋杀而言黄色，是为任德远刑。四神于《尚书·尧典》分别称羲仲、羲叔、和仲、和叔，即以长幼论。《尔雅·释天》："春为青阳，夏为朱明，秋为白藏，冬为玄英。"即以方色论。四神名于文献则有不同记载，殷卜辞四方名即分至四神名，曰析、因、彝、夗。橘、单、难、橘，元部为韵。

（十二）"日月夋生"即夋生日月⑤。"夋"，帛书又名"帝夋"。《山海

---

① 陈邦怀：《战国楚帛书文字考证》，《古文字研究》第五辑，中华书局1981年版。
② 高明：《楚缯书研究》，《古文字研究》第十二辑，中华书局1985年版。
③ 饶宗颐：《楚帛书》，中华书局香港分局1985年版，第19页。
④ 李家浩：《战国邶布考》，《古文字研究》第三辑，中华书局1980年版。
⑤ 商承祚：《战国楚帛书述略》，《文物》1964年第9期。

经·大荒南经》："东南海之外，甘水之间，有羲和之国。有女子名曰羲和，方浴日于甘渊。羲和者，帝俊之妻，生十日。"又《大荒西经》："有女子方浴月。帝俊妻常羲，生月十有二，此始浴也。"明日月皆为帝夋所生，遂有下文"帝夋乃为日月之行"。史家又以夋即帝喾。《史记·五帝本纪》司马贞《索隐》引皇甫谧云："帝喾名夋也。"明帝喾的史观本诸天神①。

（十三）"九州不平，山陵备矢"，事与共工、颛顼争帝的传说有关②，而这一传说反映了早期文明社会一次重要的宗教与历法改革③。

（十四）"遝"，读为"覆"，天盖④。《淮南子·原道》："夫道者，覆天载地。……故以天为盖，则无不覆也。以地为舆，则无不载也。"《小尔雅·广诂》："盖，覆也。"

（十五）"逪"，读为"动"。"旁动"，文献或作"旁行"、"旁游"、"旁旋"、"旁转"，皆盖天家所称天盖绕极之运转。郑玄《尚书考灵曜注》："天旁游四表。"洪兴祖《楚辞补注》："天旁行四表之中。"后世浑天家沿袭此称。《旧唐书·李淳风传》言浑仪之四游仪以玄枢为轴，"北树北辰，南距地轴，傍转于内"。帛书称四神推动天盖绕北极转动。

（十六）"玫敚"，读为"扞蔽"。文献或作"蔽扞"。《国语·齐语》："以卫诸夏之地。"韦昭《注》："卫，蔽扞也。"《汉书·陈馀传》："请以南皮为扞蔽。"师古《注》："扞蔽，犹言藩屏也。"五木配以五色，知在五方，李零以纳西族《创世纪》所记撑天五柱解之⑤，甚是。"精"，读为"精"，气也。《论衡·论死》："人之所以生者，精气也，死而精气灭。……夫生人之精在于身中，死则在于身外。"帛书谓四神扞卫撑天五柱，使其精气不致散亡而朽毁。生、平、精，耕部；作，铎部；动，东部；俱与耕部合韵。

（十七）"三天"，二分二至之日行轨迹，或谓"三圆"。"四极"，四方之极。文言四神定立分至日行轨迹，并正定四方。"维"字据残文补，"敦"，读为"缚"，于四维系纲绳固定天盖。《淮南子·天文》："天柱折，地维绝。"降，冬部；敦，幽部；极，职部；职幽合韵。

---

① 有关帝夋的考证，参见冯时《中国天文考古学》第三章第二节之五，中国社会科学出版社2010年版。

② 参见《淮南子·原道》、《天文》。

③ 参见《国语·周语下》、《楚语下》。

④ 李零：《长沙子弹库战国楚帛书研究》，中华书局1985年版，第71页；连劭名：《长沙楚帛书与中国古代的宇宙论》，《文物》1991年第2期。

⑤ 李零：《长沙子弹库战国楚帛书研究》，中华书局1985年版，第71页。

（十八）《史记·五帝本纪》："高辛生而神灵，……历日月而迎送之。"四神奠定分至轨迹，又缚固天盖，日月遂可得正常地运行。灵，耕部，与行耕阳合韵。

（十九）《广雅·释诂一》："夸，大也。""步"同"晷天步达"及"乃步以为岁"之"步"，故"夸步十日"意即步历过大而多出十日，此"十日"则为阳历多于阴历的所谓"阳之馀"。传统古历为阴阳合历，阳历岁实为365日，而阴历十二个月的周期则为354—355日，两者长度不同，取其整数适差十日。《淮南子·天文》："日行十三度七十六分度之二十六，二十九日九百四十分日之四百九十九而为月，而以十二月为岁，岁有馀十日九百四十分日之八百二十七，故十九年而七闰。"《白虎通义·日月》："月有闰馀何？周天三百六十五度四分度之一，岁十二月，日过十二度，故三年一闰，五年再闰，明阴不足，阳有馀也。故《谶》曰：'闰者阳之馀。'"帛书以共工步历过大，结果使阳历长于阴历，四时失序，故需创制闰法加以调整。《国语·周语下》言共工乱纪，尔后伯禹厘正制度，其中即有"时无逆数"。韦昭《注》："逆数，四时寒暑反逆也。"即因失闰导致的季节错乱。帛书以为闰法乃四神所创。"四□毋思"，意即时无逆数。日，质部；闰，真部；思，之部；之质通韵。

（二十）"百神风雨晨祎乱作"也因共工作乱所致。"晨"，读为"辰"，字形与乙篇"日月星辰"、"星辰不同"的"辰"互异，义也当别。《左传·昭公七年》："日月之会是谓辰。""祎"，读为"纬"，五星。"辰纬"即谓日月五星。"乱作"，朔晦失序，五星失次。

（二十一）《说文·辵部》："逆，迎也。"《大戴礼记·五帝德》："历日月而迎送之，明鬼神而敬事之。"此言高辛氏迎送日月，与帛书"帝夋乃为日月之行"可为印证。《尚书·尧典》载四神"寅宾出日"、"宾饯纳日"，与此相合。月、思，月之合韵；作、夕，铎部。

（二十二）"日"、"月"分属两句，故不作合文。"絸绌"，李零读为"赢绌"①。"絸"，《说文》谓即"缢"字异体，桂馥《义证》以为通作"赢"。《吕氏春秋·执一》："故凡能全国完身者，其唯知长短赢绌之化邪。"陈奇猷《校释》："赢与盈古字通。'盈绌'与'长短'相对为文。"文献又作"嬴绌"。《荀子·非相》："与时迁徙，与世偃仰，缓急嬴绌。"

---

① 李零：《长沙子弹库战国楚帛书研究》，中华书局1985年版，第51页。

义犹"赢缩"①，文献或作"盈缩"。《史记·天官书》："岁星赢缩，以其舍命国。所在国不可伐，可以罚人。其趋舍而前曰赢，退舍曰缩。"故知"酱"应读为"当"，进退当位也。利簋铭："岁鼎（当）。"《开元占经》卷十一"月行盈缩"章引石氏云："明王在上，月行依道；若主不明，臣执势，则月行失道。""不得其当"即言失道。《礼记·乐记》引子夏曰："夫古者天地顺而四时当，民有德而五谷昌，疾疢不作，而无祆祥，此之谓大当。"郑玄《注》："当，谓不失其所。"

（二十三）《庄子·山木》："纯纯常常。"成玄英《疏》："常常者，混物。"帛书似言四季不明。

（二十四）《洪范五行传》："时则有日月乱行。"《诗·小雅·十月之交》："日月告凶，不用其行。"郑玄《笺》："行，道度也。"

（二十五）《诗·小雅·出车》："卉木萋萋。"毛《传》："卉，草也。"

（二十六）《左传·宣公十五年》："天反时为灾，地反物为妖。"《史记·天官书》：辰星"其蚤，为月蚀；晓，为彗星及天夭"。《汉书·天文志》引《石氏星经》云："枪、槐、棓、彗异状，其殃一也。"下文则言彗星之变，是谓天妖灾殃。当、常、行、常、殃，阳部为韵。

（二十七）《汉书·天文志》："超舍而前为赢，退舍为缩。……出入不当其次，必有天祆见其舍也。岁星赢而东南，《石氏》'见彗星'，《甘氏》'不出三月乃生彗，本类星，末类彗，长二丈'。赢东北，《石氏》'见觉星'，《甘氏》'不出三月乃生天棓，本类星，末锐，长四尺'。""天榾"，饶宗颐考为"天棓"②，甚确。《吕氏春秋·明理》："其星有荧惑，有彗星，有天棓，有天槐，有天竹，有天英，有天干，有贼星，有鬭星，有宾星。"陈奇猷《校释》："荧惑，妖星，非五星之一的火星。范耕研曰：按彗星、天棓、天槐、天竹、天英、天干、贼星、宾星诸名，皆彗星也，以其状不同，各赋以异名也。"《史记·天官书》：岁星"其失次舍以下，进而东北，三月生天棓，长四丈，末兑"。张守节《正义》："岁星之精散而为天枪、天棓……，皆以广凶灾也。天棓者，一名觉星，本类星而末锐，长四丈，出东北方、西方。其出，则天下兵争也。"古以彗为妖星。《晋书·天文志》："一曰彗星，所谓扫星。……主扫除，除旧布新。"故"瀙"当读为盪除之"盪"。《汉书·天文志》："四星若合，是谓大

---

① 饶宗颐：《楚帛书》，中华书局香港分局1985年版，第36页。
② 饶宗颐：《楚帛书》，中华书局香港分局1985年版，第42页。

汤。"师古《注》引晋灼曰:"汤犹盪涤也。"《广雅·释山》:"峃,谷也。"帛书言彗星将兴盪除之灾,其灾降于一方,则山陵崩陷而沦为深谷。《诗·小雅·十月之交》:"爗爗震电,不宁不令。百川沸腾,山冢崒崩。高岸为谷,深谷为陵。"

(二十八)"李",刘信芳以为荧惑①,可从。《史记·天官书》:"左角,李。"《汉书·天文志》"李"作"理"。司马贞《索隐》:"李即理,理,法官也。故《元命包》云'左角理,物以起'。"《天官书》:"察刚气以处荧惑。……荧惑为勃乱,残贼、疾、丧、饥、兵。反道二舍以上,居之,三月有殃,五月受兵,七月半亡地,九月太半亡地。"裴骃《集解》引徐广曰:"刚,一作罚。以下云'荧惑为理②,外则理兵,内则理政'。"张守节《正义》引《天官占》云:"荧惑为执法之星,其行无常,以其舍命国。……荧惑主死丧,大鸿胪之象;主甲兵,大司马之义;伺骄奢乱孽,执法官也。"《广雅·释天》:"荧惑谓之罚星,或谓之执法。"《管子·五行》:"冬者,李也。"也以执法之官称"李"。

(二十九)"李戠□月",似言五星凌犯。"李"为荧惑,"戠"为岁星。《史记·天官书》:"木星与土合,为内乱,……火为旱。"木与火合为旱,遂下文言雨土之灾异。《说文·雨部》:"霾,风雨土也。"《诗·邶风·终风》:"终风且霾。"毛《传》:"霾,雨土也。"孔颖达《正义》引孙炎曰:"大风扬尘土从上下也。"五行说以木为风,以火为电。《春秋繁露·五行五事》:"风者,木之气也。……电者,火气也。""霝",从"雨""亡"声,或读为"汇"。《庄子·天地》:"蒾也汇若于夫子之所言矣。"成玄英《疏》:"汇,无所见也。"则"电汇雨土"乃谓雷电不见,大风扬尘,是为旱象。

(三十)"職",读为"戠"。《说文系传·戈部》:"戠,古職字。""参戠",聚合也。《易·豫》:"勿疑朋盍戠。"李鼎祚《集解》引虞翻曰:"戠,聚合也。"陆德明《释文》:"戠,丛合也。""参"指李、岁、月。《汉书·杨敞传》:"敞、夫人与延年参语许诺。"师古《注》:"三人共语,故云参语。"而帛书以荧惑、木星与月三星聚合为"参戠"。"喜",读为"熙"。《逸周书·太子晋》:"万物熙熙。"孔晁《注》:"熙熙,和盛。"文言三星不聚,则风调雨顺。戠、熙,职之为韵。

---

① 刘信芳:《楚帛书解诂》,《中国文字》新二十一期,1996年。
② 今本"理"作"孛",或涉"李"字而讹。

第八章　简帛及其他古文字文献研究

（三十一）"一月、二月、三月"，所失闰月。下文"四月、五月"也同。《吕氏春秋·季秋》："此谓一终。"高诱《注》："终，一岁十二月终也。"《左传·文公元年》："归馀于终。"《左传·昭公十三年》："求终事也。"杜预《集解》："终，竟也。"失闰一月，四季不明，失闰三月，则四季错乱，是谓"失终"。《左传·昭公六年》："奉之以仁。"杜预《集解》："奉，养也。"《淮南子·说林》："风雨奉之。"高诱《注》："奉，助也。"文言失闰失终则不养其邦。行、邦为韵，章末王字也叶阳部韵。

（三十二）"纪"，纲纪也，此指历法准则，也即日月星辰之会聚标准。《礼记·月令》："月穷于纪。"郑玄《注》："纪，会也。"贾公彦《周礼疏》："纪，谓星纪日月五星合聚之处。""厎"即"砅"字。《说文·水部》："砅，履石渡水也。《诗》曰：深则砅。濿，砅或从厲。"此当用为本义，文谓失闰四、五个月，则历法错乱，无法调度而成岁。月、纪、岁，月之合韵。

（三十三）"西郲"，西域也。下文"东郲"即东域。《诗·小雅·雨无正》："鼠思泣血。"郑玄《笺》："鼠，忧也。"

（三十四）"凡岁德匿"，行星所当之国失德，则其星失次以见之，是谓"德匿"。《管子·四时》："然则柔风甘雨乃至，百姓乃寿，百虫乃蕃，此谓星德。"尹知章《注》："星以和为德。"是岁星德匿则即岁星失次。"亥"，岁星逆时针右行所居之舍，当十二次之娵訾，其值室、壁，以分野论，所对应之国为卫，故曰"亥唯邦所"。《史记·天官书》："其所在，五星皆从而聚于一舍，其下之国可以义致天下。以摄提格岁，岁阴左行在寅，岁星右转居丑。正月，与斗、牵牛晨出东方。……执徐岁，岁阴在辰，星居亥。以三月与营室、东壁晨出。"岁星以正月晨见东方为常，此云居亥，失次也。《天官书》言填星"其失次上二三宿曰赢，有主命不成，不乃大水。失次下二三宿曰缩，有后戚，其岁不复，不乃天裂若地动"。相同的占文于《荆州占》也为岁星，文云："岁星超舍而前，过其所当舍，而宿以上一舍、两舍、三舍，谓之赢，侯王不宁，不乃天裂，不乃地动。岁星退舍，而后以一舍、二舍、三舍，谓之缩，侯王有戚，去所去，宿国有忧三年，有兵，若山崩地动。"这些内容也见于马王堆帛书《五星占》的木星占，文云："其失次以下一若（舍）、二若（舍）、三若（舍），是谓天维（缩），纽，其下之［国有忧，将亡，国倾败。其失次以上一舍、二舍、三舍，是谓天］赢，于是岁天下大水，不乃天列（裂），不乃地动。纽亦同占。"此以岁星居丑而失次居亥，是超二舍。

（三十五）"五妖"，即上引岁星失次乃有大水、天裂、地动、国忧、将亡之类。"浅"，读为"渐"。《史记·秦始皇本纪》："斩华为城。"裴骃《集解》引徐广曰："斩，一作践。"《易·渐》："渐，女归吉。"孔颖达《正义》："渐者，不速之名也。凡物有变移，徐而不速谓之渐也。"又《象传》："渐之进也。"此以进而兼退，以失次而言渐生星变。马王堆帛书《五星占》："岁星出[不当其次，必有天祅见其所当之野，进而东北乃生彗星，进而]东南乃生天棓，退而西北乃生天枪，退而西南乃生天欃。皆不出三月，见其所当之野。其[国凶不可举事用兵，出而易所，当之国受]殃，其国必亡。"是谓"四渐"。相关内容也见《天官书》。"上实"，天妖。"三时"，春夏秋。《左传·桓公六年》："三时不害，而民和年丰也。"帛书用此反义。所，鱼部，与行、常、行阳部为韵。

（三十六）此段乃谓校正岁星失次之法。"辳"，"繫"之别体，星躔。《大戴礼记·夏小正》："辰繫于日。""市"，读为"屋"。《易·丰》上六爻辞"丰其屋"，上海博物馆藏战国楚竹书"屋"即作"芾"，是其证。"屋"，乃室、壁二宿之别名。二宿本合为一宿而名"营室"。《天官书》唯见营室而不见东壁，曾侯乙二十八宿漆箱星图于室、壁两宿则名西縈、东縈，将二宿视为屋室之两壁，皆为明证。《天官书》云："营室为清庙。"司马贞《索隐》引《元命包》云："营室十星，埏陶精类，始立纪纲，包物为室。"《尔雅·释天》："营室谓之定。"郭璞《注》："定，正也。"室或名屋，大概出于不同的星占体系，犹二十八宿于《史记·律书》尚有别称。帛书名荧惑为李，也属这类情况。室宿为纪纲，故正岁星失次，必系之此宿。《天官书》："营室为清庙，岁星庙也。"故系之。室于十二辰属亥，也正应上文"亥唯邦所"之说。"降"，室（室、壁）之次宿奎宿。《尔雅·释天》："降娄，奎娄也。"郭璞《注》："奎为沟渎，故名降。""娄"，娄宿。奎、娄二宿于十二次为降娄，又名奎娄。《左传·襄公三十年》："于是岁在降娄，降娄中而旦。""厬"，读为"拟"，饶宗颐谓即《天官书》"以揆岁星顺逆"，甚是。帛书言系之以室、壁及奎宿，而正之以娄宿，则可知岁终。"唯十又二□"，缺文可补为"岁"，此十二年乃木星绕日运行周期。岁字为韵。

（三十七）此谓荧惑失次。《史记·天官书》："礼失，罚出荧惑，荧惑失行是也。"国如有失德，惩罚便显现于荧惑，这就是荧惑失行，此亦"德匿"之意。《天官书》：荧惑"其出西方曰'反明'，主命者恶之"。《五星占》谓："其出西方，是谓反明，天下革王。"此即帛书所言"出自黄渊"。《史记·律书》:"阊阖风居西方。阊者,倡也。阖者,藏也。言阳气道万物,阖黄泉也。其于十母为庚辛。""黄泉"即帛书"黄渊"。荧惑的行度是,晨出东方,顺行十六宿而留,逆行二宿,计六十天,再顺行十数宿,计十个月,然后夕隐没于西方,伏行五个月,再次晨出东方,完成一个周期。所以火星伏而昏复出西方是不可能出现的天象,"出自黄渊"、"其出西方"是假想的占辞。"土允亡鶍",意即天下革王,国祚不久。"土",疆土。"鶍"即"翼"字异构,读为"颐"。《荀子·富国》:"寿于期翼。"杨倞《注》:"或曰:'《礼》记百年曰期颐。'"明二字互假。《易·序卦》:"颐,养也。""亡颐",不久。匿、颐,职之为韵。

(三十八)荧惑行度无常,所当之国则凶。"出",荧惑出现于该国所应当的星座。"入",荧惑隐没。"出入□同",缺文或可补"俱"字。《史记·天官书》又云:"因与俱出入,国绝祀。"似帛书之意。同、凶,东部为韵。

(三十九)星之德匿乃在于国之失德,国失德即显见于星,此谓德匿,乃星占之本。《史记·天官书》:"义失者,罚诸岁星。"故星行合度必先正德。"三恒",三德也。《易·系辞下》:"恒,德之固也。""恒"者,常也。上海博物馆藏战国楚竹书《三德》:"天供时,地供材,民供力,明王无思,是谓三德。草木须时而后奋,天恶汝欣。平旦毋哭,晦毋歌,弦望齐宿,是谓顺天之常。敬者得之,怠者失之,是谓天常。……毋为伪诈,上帝将憎之。忌而不忌,天乃降灾;已而不已,天乃降异。……故常不利,邦失宪常,小邦则残,大邦过伤。变常易礼,土地乃坼,民乃嚣死。"即此之谓。《荀子·王霸》:"则上不失天时,下不失地利,中得人和,而百事不废,是谓之政令行,风俗美。"亦谓三德。"恭民",敬顺之民。《礼记·檀弓上》:"是以为恭世子也。"孔颖达《正义》引《谥法》:"敬顺事上曰恭。""则",用事之法,十二月宜忌之则,《淮南子》谓之"时则"。《要略》云:"《时则》者,所以上因天时,下尽地力,据度行当,合诸人则,形十二节,以为法式,终而复始,转于无极,因循倣依,以知祸福,操舍开塞,各有龙忌,发号施令,以时教期,使君人者知所以从事。"蔡邕《明堂阴阳论》:"《月令》篇名因天时制人事,天子发号施令,祀神受职,每月异礼,故谓之《月令》。所以顺阴阳,奉四时,效气物,行王政。"皆此之谓,其与三德全合。古人顺时施政,此为天常,故以三德为"三恒",遂于此章后厕以《月令》。帛书言民人未知用事之法，故君主立为时则，教民顺天之德。恒、恒，蒸部；则，职部；蒸职为韵。

（四十）"癹"、"兴"对文，知"癹"读为"废"。"四"，四时。《大戴礼记·易本命》："四主时。"《素问·三部九候论》："令合天道，必有终始。"张志聪《集注》："四者，时也。时者，四时八风之气也。"四时实乃阴阳之变。《管子·四时》："四时者，阴阳之大径也。刑德者，四时之合也。"故"四"字亦含此意。《史记·乐书》："四畅交于中而发作于外。"张守节《正义》："四，阴阳刚柔也。"废时则忧起，是悖天常。《四时》又云："不知四时，乃失国之基。……刑德离向，时乃逆行。作事不成，必有大殃。……国有四时，固执王事。四守有所，五政执辅。"① 即明废时兴忧之意。"天常"，已见竹书《三德》。"五正"即《管子·四时》之"五政"，其与"四时"为对，与帛书同。《四时》云："四时曰正。"尹知章《注》："顺行四时之令曰正也。"《礼记·哀公问》引孔子云："政者，正也。"观念相同。帛书"五政"继四时而言，当言古四时发五政之制。《四时》云："春三月以甲乙之日发五政，……夏三月以丙丁之日发五政，……秋三月以庚辛之日发五政，……冬三月以壬癸之日发五政。"五政即各月用事宜忌，其又与后文《月令》章之内容彼此呼应。五政循时，则风调雨顺，五谷丰登，所求必得，所恶必伏，故帛书谓之"饶祥"，富足祥善也。"建恒"，建立用事之则。"襦"，读为"鞠"。《广雅·释诂三》："鞠，束也。"王念孙《疏证》："襦，与鞠通。"此言以时则约束人民。鼠，鱼部，与常、祥、享阳部为韵。

（四十一）"是谓德匿，群神乃德"句乃启下文，意即星虽有失次，但群神本皆有德，故须虔敬之。

（四十二）"侧"，读为"测"。《周礼·考工记·弓人》："漆欲测。"郑玄《注》引郑司农曰："测，读为恻隐之恻。"是为证。《广雅·释诂一》："测，度也。""□敬唯备，天像是测"意即敬天虔诚周备，则吉凶之象可测。伪《古文尚书·胤征》："皆迷于天象，以干先王之诛。"是用反义。"成唯天□"意犹天垂象，故下民法之。《易·系辞上》："天垂象，见吉凶，圣人则之。"匿、德、福、备、测、式、忒，职部，与哉及两之字之部为韵。

---

① "五政"依张佩纶、郭嵩焘校改。见黎翔凤《管子校注》，中华书局2004年版，第858页。

（四十三）此段似举少皞乱德而颛顼正乱之传说以为戒。《国语·楚语下》："及少皞之衰也，九黎乱德，民神杂糅，不可方物。夫人作享，家有巫史，无有要质。民匮于祀，而不知其福。烝享无度，民神同位。民渎齐盟，无有严威。神狎民则，不蠲其为。嘉生不降，无物以享。祸灾荐臻，莫尽其气。颛顼受之，乃命南正重司天以属神，命火正黎司地以属民，使复旧常，无相侵渎，是谓绝地天通。""不钦"，不敬。"民祀不庄"，意即"民渎齐盟，无有严威"。"帝"，颛顼。"繇以乱□之行"，即"使复旧常"。《尔雅·释诂下》："繇，道也。"行、庄、行为韵。

（四十四）《说文·子部》："穀，乳也。"《左传·宣公四年》："楚人谓乳穀。"知字同"穀"。《诗·小雅·甫田》："以穀我士女。"郑玄《笺》："穀，养也。"《国语·楚语下》："故神降之嘉生，民以物享，祸灾不至，求用不匮。"是此意。昔"嘉生不降，无物以享"，故为正乱。《楚语下》又云："无相侵渎。"即此"亡有相扰，不见陵夷"。

（四十五）"戠"，岁终祭也。古于岁终乃行大傩之舞，"舞绿"或即此意，后一字不识。《礼记·月令》：季冬之月，"命有司大难，旁磔，出土牛，以送寒气"。此傩言"大"，知民庶也傩。《文选·张平子东京赋》："尔乃卒岁大傩。"薛综《注》："傩，逐疫鬼。"是为逐疫除不祥之祭，既与上文言"鼠至"相承，又与下文祭而顺遂呼应。"齐"，读如"斋"。故文云忧至而民不知，唯岁末舞傩，敬慎祭祀方可除疫顺遂。

（四十六）《礼记·月令》：仲冬之月，"土事毋作"。从、凶，东部。

（四十七）《尔雅·释天》："正月为陬，二月为如，三月为寎，四月为余，五月为皋，六月为且，七月为相，八月为壮，九月为玄，十月为阳，十一月为辜，十二月为涂。"帛书十二月名与此相同，其行夏历。《说文·乙部》："乙，燕燕，乙鸟也。"又："孔，通也，嘉美之也。从乙子。乙，请子之候鸟也，乙至而得子，嘉美之也。"《礼记·月令》：仲春之月，"玄鸟至，至之日，以大牢祠于高禖"。郑玄《注》："玄鸟，燕也。燕以施生时来，巢人堂宇而孚乳，嫁娶之象也。媒氏之官以为候。高辛氏之出，玄鸟遗卵，娀简吞之而生契，后王以为媒官嘉祥，而立其祠焉。变媒言禖，神之也。"据此可明，楚历之正月玄鸟至，较夏历提前一月。春主德，故不可以刑杀。

（四十八）"不成"，不成婚礼。《诗·召南·鹊巢》："之子于归，百两成之。"夏历仲春乃春分之时，其时阴阳和合，鸟兽孳尾，《周礼·地官·媒氏》也载男女相会之礼，故不当有此忌。明此俗随地而变。

（四十九）《尔雅·释鸟》："鸢，乌醜，其飞也翔。"郭璞《注》："有翅鶃翔。"《月令》：季夏之月，"鹰乃学习"。《逸周书·时训》：小暑之后十日"鹰乃学习，……鹰不学习"。帛书似记此候。时当夏历六月，帛书则在五月。

（五十）《月令》：孟秋之月，"鹰乃祭鸟"。郑玄《注》："是月鹰挚杀鸟于大泽之中，四面陈之，世谓之祭鸟。"《逸周书·时训》："处暑之日，鹰乃祭鸟。又五日，天地如肃。又五日，……鹰不祭鸟。"帛书"有枭入于上下"盖即此候。时当夏历七月，帛书则在六月。

（五十一）筑城、出师忌于八月，《月令》则记孟春之月"毋置城郭，不可以称兵，称兵必天殃"，季夏之月"不可以起兵动众"，与楚月令用事不同。此类差异也见于其他宜忌。如帛书称二月"可以出师，筑邑"，《月令》则谓仲秋之月"可以筑城郭，建都邑"；帛书称四月"不可以作大事"，《月令》则谓仲春之月"毋作大事"，季夏之月"毋举大事，……举大事则有天殃"；帛书又称十一月"会诸侯"，《月令》则谓季秋之月"合诸侯"。用事时令都有不同。

4. 侯马盟书

（1）主盟156：1（图8-26，1）

趙敢不闢（剖）其腹心以事其宔（主），而敢不尽伀（從）嘉之明（盟）(一)，定宫、平寺（時）之命，而敢或尃（变）改助（助）及兔卑（俾）不守二宫者(二)，而敢又（有）志遝（復）赵弧及其孙=（子孙）(三)、比疵之孙=（子孙）、比直及其孙=（子孙）(四)、趕（通）怪之孙=（子孙）、史醜及其孙=（子孙）于晋邦之墜者，及群虖（乎）明（盟）者(五)，盧（吾）君其明亟（极）覞（视）之，麻（靡）垒（夷）非（彼）是（氏）(六)。

（一）"赵"，参盟人。"嘉"，赵桓子嘉，盟主，读书时则变口。盟书或讳称"某"、"子赵孟"，或不书。《世本》以嘉为襄子之子。

（二）"尃"，唐兰释①。读为"变"。《说文·巢部》："尃，倾覆也。从寸甶覆之，寸，人手也。甶，从巢省。杜林说以为贬损之贬。""尃"即古文"贬"字，与"变"同为帮纽字，双声可通。李家浩释"弁"，读为"变"②。"二宫"，定宫与平寺，定宫为晋定公之庙，"寺"为"時"字异

---

① 唐兰：《侯马出土晋国赵嘉之盟载书新释》，《文物》1972年第8期。
② 李家浩：《释"弁"》，《古文字研究》第一辑，中华书局1979年版。

文,平時非地名,应为祭神之所。《说文·田部》:"時,天地五帝所基止祭地也。"徐锴曰:"祭地所祭之地也。"王筠《句读》:"時者,止也,其制坛而不屋,但有基止,故谓之時。"《汉书·郊祀志上》师古《注》:"畤時者,如种韭畦之形,而時于畤中各为一土封也。"時起封土,冢而祀之,故字本从"阜"。《史记·孝武本纪》张守节《正义》引孟康云:"時,神灵之所止也。"《左传·襄公十一年》:"或间兹命,司慎司盟、名山名川、群神群祀、先王先公、七姓十二国之祖明神殛之,俾失其民,隊命亡氏,蹻其国家。"知监盟者有天地百神。此以定宫统兼平時而并称"二宫",则盟书时代必不在定公世。

(三)"赵弧",赵献侯浣,"弧"、"浣"盖一名一字。"浣"训水平。《淮南子·齐俗》:"而求之乎浣准。"高诱《注》:"浣准,水望之平。""弧"则训曲,义适相反。

(四)"直",他文作"悳",乃"德"之省文。

(五)"群乎盟",从盟之众。

(六)"麻",读为"靡",温县盟书或作"亡","靡"、"亡"同义。"是",读为"氏",温县盟书或作"氏"。且此句之后或言"俾毋有胄后",明"靡夷彼氏"即言灭其族氏。《公羊传·襄公二十七年》:"将济于河,携其妻子而与之盟曰:'苟有履卫地食卫粟者,昧雉彼视。'""麻夷非是"与"昧雉彼视"同义而异文,皆宜读为"靡夷彼氏"[1]。

(2)自誓156:20(图8-26,2)

盍章自贊(誓)于君所(之所)(一),敢俞(偷)出入于赵弧之所及孙(子孙)、比瘥及其子乙、及其伯父叔父弟孙(子孙)、比直(德)及其孙(子孙)、比鑿比柯之孙(子孙)、比諡比癑之孙(子孙)、中都比㾴之孙(子孙)、比木之孙(子孙)、欧及新君弟孙(子孙)、隡及新君弟孙(子孙)、肖(赵)朱及其孙(子孙)、赵乔及其孙(子孙)、郹詨之孙(子孙)、邯那(郸)重(董)政之孙(子孙)、阓舍之孙(子孙)、趄(通)䭨之孙(子孙)、史醜及其孙(子孙)、重(董)癰及孙(子孙)、邵㡎(型)及其孙(子孙)、司寇鷙之孙(子孙)、司寇结之孙(子孙),及群摩(乎)明(盟)者,章顗(殁)嘉之身及孙(子孙)或遑(復)入之于晋邦之中者(二),则永亟(极)覡(视)之,麻(靡)牽(夷)非(彼)是(氏)。既贊

---

[1] 朱德熙、裘锡圭:《战国文字研究(六种)》,《考古学报》1972年第2期。

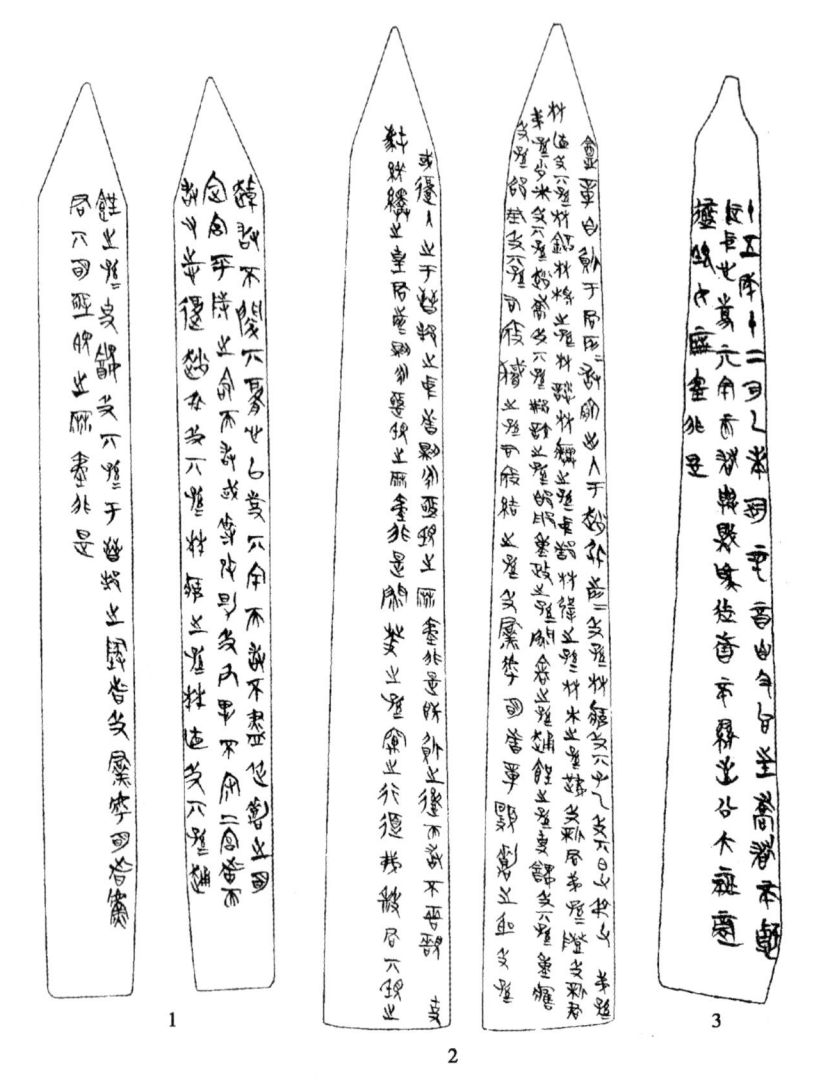

图 8-26 盟书摹本

1、2. 侯马盟书（156：1、20） 3. 温县盟书（T1 坎 1：3802）

（誓）之逡（後），而敢不巫觋［祝］史䤉（荐）稅绎之［于］皇君之所_(三)，则永霊（极）覛（视）之，麻（靡）㚃（夷）非（彼）是（氏）。閔𢾚之孙=（子孙）𡧳（遇）之行道弗殺，君其覛（视）之。

（一）"贄"，读为"誓"。纳室类盟书云："自今以往敢不率从此明贄之言。""明贄"即读为"盟誓"。

（二）桓子夺位后自立于代而病逝焉。此盖迁代之前誓言永随桓子不复入晋邦之中。"晋邦之中"与逐献侯而不使其复归"晋邦之地"遣词不同。

（三）"祝"、"于"皆据同类盟辞补。"巫觋祝史荐锐绎之于皇君之所"，意盖为赵嘉祷疾。

5. 温县盟书（T1坎1:3802，图8-26,3）

十五年十二月乙未朔，辛酉。自今以往，乔敢不憼₌（憼憼）焉中（忠）心事其宝（主），而敢与贼为徒者，不（丕）显敬公大冢帝（谛）递（极）覤（视）女（汝），麻（靡）夷（夷）非（彼）是（氏）。

"敬公大冢"，亦见于侯马纳室类盟书，晋敬公陵冢。晋哀懿公祷辞或称"皇君敬公"，知晋敬公为盟誓所诏之神号。

6. 行气玉铭（图8-27）

行気（气）₍一₎，突（吞）则遉₍二₎，遉则神（伸），神（伸）则下，下则定，定则固，固则明（萌），明（萌）则㡭（长），㡭（长）则遉（复），[遉]（复）则天₍三₎。天其杳（本）才（在）上，墬其杳（本）才（在）下。巡（顺）则生，逆则死。

图8-27 行气玉铭拓本

此玉形制为十二面棱柱体，中空，顶端未透，一面有一孔。高5.4厘米，直径3.4厘米。邹安《艺賸》首先著录此玉，名为玉刀珌。罗振玉《三代吉金文存》20.49.1以为铜剑珌，或名玉佩，或以为杖首。文字镌于十二面，共45字。时代为战国①。原玉旧藏合肥李木公，今藏天津博物馆。

（一）"行气"，导引体内真气运行。《庄子·刻意》："吹呴呼吸，吐故纳新，熊经鸟申，为寿而已矣，此道引之士养形于人，彭祖寿考者之所好也。"此总领下文之行气方法与原理。

---

① 郭沫若：《行气铭释文》，《考古论集》，科学出版社1992年版。

（二）"宎"，读为"吞"①。吸气。《玉篇·辵部》："道，行皃。"上文"行气"之"行"总括导引之义，此"道"言行则谓气吸入后运行而不止。

（三）《说文·一部》："天，颠也，至高无上。"前文言吸气而下行，固后而复行于上，直达头顶。"天"于此即言气贯百会，这是行气的一个循环。

7. 秦封宗邑瓦书（《陶汇》5.384，图 8-28）

四年，周天子使卿夫=（大夫）辰来致文武之酢（胙）(一)。冬十壹月辛酉，大良造庶长游出命曰："取杜，才（在）酆邱到于潏水，以为右庶长歜宗邑(二)。"乃为瓦书，卑（俾）司御不更顜封之(三)，曰："子=（子子）孙=（孙孙）以为宗邑。"顜以四年冬十壹月癸酉封之，自桑隥（墩）之封以东北到于桑匽之封，一里廿辑(四)。

大田佐敫童曰未，史曰初，卜蛰，史羁手，司御心，志是霾（埋）封(五)。

瓦书 1948 年出土于陕西户县，后归段绍嘉。陶质。长 24 厘米，宽 6.5 厘米，厚 0.54—1 厘米。先以细泥制坯，稍干后即以刀契刻，再经窑烧，呈青灰色。正背两面刻 9 行 121 字。现藏陕西师范大学图书馆②。

（一）"四年"，秦惠文王纪年，即公元前 334 年。"卿大夫辰"，商鞅方升铭有"卿大夫众"，"辰"、"众"都是私名。《史记·秦本纪》：惠文君"四年，天子致文武胙"。时在周显王三十五年，故瓦书"周天子"即周显王。

（二）"大良造庶长游"，即四年相邦樛斿戈之"相邦樛斿"，其时始有相邦官名，而樛游兼有"大良造庶长"的爵位。"大良造"为秦爵第十六级，十六年戈镦铭称商鞅则为"大良造庶长鞅"。"右庶长歜"即寿烛③，其于昭襄王十五年（公元前 292 年）为相，存世有丞相触戈。"右庶长"为秦爵第十一级。《左传·襄公二十七年》："崔，宗邑也。必在宗主。"杜预《集解》："宗邑，宗庙所在。"杜在今西安东南，秦武公初设县，辖今长安、柞水西北部和宁陕东部④。"才"，读为"在"，通作"自"⑤。酆邱即文王丰邑故墟，在沣水西岸。潏水，关中八川之一，又名沇水。《汉书·地理志上》："鄠，……酆水出东南，又有潏水，皆北过上

---

① 陈邦怀：《战国〈行气玉铭〉考释》，《古文字研究》第七辑，中华书局 1982 年版。
② 郭子直：《战国秦封宗邑瓦书铭文新释》，《古文字研究》第十四辑，中华书局 1986 年版。
③ 陈直：《秦陶券与秦陵文物》，《西北大学学报》1957 年第 1 期。
④ 吴镇烽：《陕西地理沿革》，陕西人民出版社 1981 年版，第 296 页。
⑤ 李学勤：《李学勤学术文化随笔》，中国青年出版社 1999 年版，第 337 页。

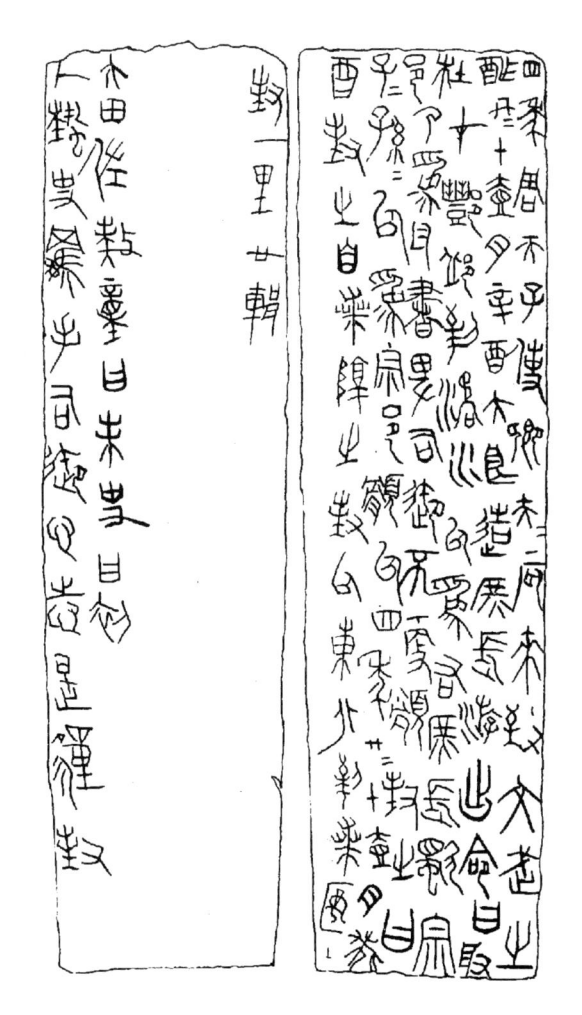

图 8-28　秦封宗邑瓦书摹本

林苑入渭。"《水经·渭水注下》：沴水"西北流迳杜县之杜京西，西北流迳杜伯冢南。……沴水又西北迳下杜城，即杜伯国也"。是歜之宗邑乃取杜地，并以鄜丘及潏水为界。

（三）"司御"，官名，见秦简《传食律》。"不更"，秦爵第四级。"歜"，私名。"封"，封树。《周礼·地官·封人》："封人掌诏王之社壝，为畿封而树之。凡封国，设其社稷之壝，封其四疆。造都邑之封域者亦如之。"贾公彦《疏》："畿上皆为沟堑，其土在外而为封，又树木而为阻固。"此即封树。《掌固》谓之"树渠之固"，《司险》则谓"树林"。

（四）"桑"，桑木①，就桑以封。"隊"，"墩"字或体。"桑墩"与"桑匽"对文，"匽"即通"堰"。"墩"谓土丘，古或作"敦"。《尔雅·释丘》："丘一成为敦丘。"是"桑墩之封"即指鄤丘之封，意谓就鄤丘之高而以桑为固。《玉篇·土部》："堰，壅水也。"是"桑匽之封"即于河堰以桑为固。"辑"，读为"楫"②。《吕氏春秋·明理》："有若山之楫。"高诱《注》："楫，林木也。"此言封树之制，一里树桑二十楫。实"辑"本有聚合之义，文献或通作"集"，知古之封树非单行植栽，而应以聚敛成林的形式树为屏障，此即《司险》之"树林"。然瓦书记时在冬十一月，无论以颛顼历抑或周历论，都不合树桑时节。故此"封之"之意当依旧林踏勘划界。而封邑无墙垣，但明境界，实承上古邑制。

（五）"大田"，官名，见秦简《田律》，应兼封人、掌固之职。"佐"为佐吏，"史"即府史，皆为大田属下之吏。"敖童"见秦简《傅律》，或指成年男子。"卜"、"史"，卜官、史官，掌封邑卜筮事。"志"，读为"誌"，记其名于瓦书，埋于封界。

8. 玺印

齐国玺印

（1）昜（阳）都邑堅徒盐之鉨（图8-6，5）

"阳都"，地名，当今山东沂水。《管子·度地》："州者谓之术，不满术者谓之里。故百家为里，里十为术，术十为州，州十为都，都十为霸国。""徒盐"，运盐③。此官印用于盐之流通。

（2）右水衡（乡）徒盐金鉨（图8-29，1）

（3）齐立邦鉨（图8-6，6）

"齐"，田齐。"立邦"，建国。此乃田氏代齐立邦之鉨。《史记·田敬仲完世家》："（齐康公）三年，太公与魏文侯会浊泽，求为诸侯。魏文侯乃使使言周天子及诸侯，请立齐相田和为诸侯。周天子许之。康公之十九年，田和立为齐侯，列于周室，纪元年。"又《齐太公世家》："十九年，田常曾孙田和始为诸侯，迁康公海滨。二十六年，康公卒，吕氏遂绝其祀。田氏卒有齐国，为齐威王彊于天下。"时当周安王十六年，即公元前386年。

（4）匋（陶）都鉨（图8-29，2）

"陶都"，地名，当今山东肥城。

---

① 李学勤：《李学勤学术文化随笔》，中国青年出版社1999年版，第341页。
② 李学勤：《李学勤学术文化随笔》，中国青年出版社1999年版，第340页。
③ 赵平安：《战国文字中的盐字及相关问题研究》，《考古》2004年第8期。

图 8-29　齐国玺印钤本
1. 右水衢（乡）徙盐金鉨　2. 匋（陶）都鉨　3. 平阿左稟

（5）郭（博）坿（市）帀（师）鉨（图8-6，7）

"郭"，读为"博"，地名，当今山东泰安。"市师"，市官之长。《周礼·地官·司市》："凡市入，则胥执鞭度守门。市之群吏平肆展成奠贾，上旌于思次以令市，市师涖焉，而听大治大讼；胥师、贾师涖于介次，而听小治小讼。"郑玄《注》："思次，若今市亭也。市师，司市也。介次，市师之属别，小者也。"

（6）平堅（阿）左稟（廩）（图8-29，3）

"平阿"，地名，当今安徽怀远。"廩"，藏谷之仓廩，其分左、右。

（7）左桁敳（廩）木（图8-6，4）

"左桁"，读为"左衡"。《汉书·百官公卿表》"水衡都尉"应劭《注》："古山林之官曰衡。"古玺文又有"左桁正木"（《玺汇》0298）、"右桁正木"（《玺汇》0299）、"平阳桁"（《簠斋》19），"桁"皆应读为"衡"①。《周礼·地官·山虞》、《林衡》掌其事。"廩木"例同"正木"，官职名，当林衡之属官。《周礼》地官司徒之属有廩人，也见云梦睡虎地秦简，其掌司库粮之出入②。《孟子·万章下》："其后廩人继粟，庖人继肉，不以君命将之。"《国语·周语中》："廩人献饩。"故廩木或掌木材之出入。

燕国玺印

（1）镸（长）坪（平）君相室鉨（图8-30，1）

"长平君"，燕之封君。"相室"又见古玺（《玺汇》4561）及王后左

---

① 朱德熙：《释桁》，《古文字研究》第十二辑，中华书局1985年版。
② 对金文"廩人"的解释则有不同意见，参见王辉《二年寺工壶、雍工敀壶铭文新释》，《人文杂志》1987年第3期；裘锡圭：《"廩人"别解》，《人文杂志》1988年第1期。

图 8-30 燕国玺印钤本
1. 𨻤（长）坪（平）君相室鉨　2. 夏屋都司徒　3. 文安都司徒

相室鼎（《集成》2097）。此玺"相"字从"人"，为异构。《战国策·秦策三》："梁人有东门吴者，其子死而不忧。其相室曰：'公子爱子也，天下无有，今子死不忧，何也？'"高诱《注》："相室，室家之相。男曰家老。"知"相室"实乃家相、家臣之称，即家之总管①。

（2）夏屋都司徒（图 8-30，2）

"夏屋"，地名，当今河北唐县北②。《水经·滱水注》引《竹书纪年》："魏殷臣、赵公孙哀伐燕还，取夏屋城曲逆者也。"杨守敬《疏》："今本《纪年》系于周显王二十一年，当梁惠王二十三年。"时值公元前348年。

（3）文安都司徒（图 8-30，3）

"文安"，地名，当今河北文安东北。

（4）甫（浮）易（阳）娄币（师）鉨（图 8-7，3）

"浮阳"，地名，当今河北沧州。"娄币"，或读"镂师"，似为掌司镂雕之职官③。《考工记》有雕人。

（5）㦸（唐）都萃车马（图 8-7，2）

"唐"，地名，当今河北唐县。"萃"，旧读为"焠"。《荀子·解蔽》："有子恶卧而焠掌，可谓能自忍矣。"杨倞《注》："焠，灼也。"则此印应为唐都管理车马的官署用于烙马。"萃"或即燕兵常见的萃车之名，不用为动词。

三晋玺印

---

① 于豪亮：《古玺考释》，《于豪亮学术文存》，中华书局 1985 年版；何建章：《战国策注释》上册，中华书局 1992 年版，第 198 页。
② 黄盛璋：《所谓"夏虚都"三玺与夏都问题》，《河南文博通讯》1980 年第 3 期。
③ 何琳仪：《战国文字通论》（补订），江苏教育出版社 2003 年版，第 109 页。

(1) 侖（纶）守坃（鋡）（图 8-8，14）

韩玺。"纶"即纶氏，当今河南登封西。"守"，职官名，或为郡守。《史记·韩世家》："上党郡守以上党郡降赵。"

(2) 武隊（遂）大夫（图 8-8，12）

韩玺。"武遂"，地名，当今山西临汾。《史记·秦本纪》：秦武王四年（公元前 307 年）"拔宜阳，斩首六万。涉河，城武遂"。裴骃《集解》引徐广曰："武遂，韩邑也。"又《韩世家》：韩襄王六年（公元前 306 年）"秦复与我武遂。九年，秦复取我武遂。……十六年，秦与我河外及武遂"。

(3) 挪（制）司工（空）（图 8-8，13）

韩玺。"挪"，学者或以为古地名"制"的专字①，当今河南荥阳西北的黄河之阴。

(4) 邟（代）强弩後牆（将）（图 8-31，4）

赵玺。"邟"，读为"代"②，地名，当今河北蔚县。"强弩後将"，官名。"强弩"，弩射之兵。封泥文字有"强弩将军"（《封泥》4.3）。

(5) 厽（叁）柗（台）在序（图 8-31，7）

赵玺。"叁台"，三台城，当今河北容城西南。玺文又有"左序"、"右序"。如"右序"（《玺汇》0258）、"穌樽左序"（《玺汇》0254）。《周礼·地官·州长》："春秋以礼会民而射于州序。"郑玄《注》："序，州党之学也。"《汉书·平帝纪》："乡有庠，聚有序。"

(6) 平窑（陶）宗正（图 8-8，10）

赵玺。"平陶"，地名，当今山西文水。"宗正"，官名。《汉书·百官公卿表》："宗正，秦官，掌亲属。"掌王室亲族事物，其官于战国已置。

(7) 富昌韩君（图 8-8，9）

赵玺。"富昌"，地名，当今内蒙古鄂尔多斯左翼前旗③。"韩君"，赵之封君。

(8) 愫（乐）成（城）埊（府）（图 8-31，3）

赵玺。"乐城"，地名，当今河北献县。

(9) 兇（匈）奴相邦（图 8-31，8）

应为赵王颁赐匈奴之官印。

---

① 汤馀惠：《略论战国文字形体研究中的几个问题》，《古文字研究》第十五辑，中华书局 1986 年版；何琳仪：《古玺杂识》，《辽海文物学刊》1986 年第 2 期。
② 李家浩：《战国邟布考》，《古文字研究》第三辑，中华书局 1980 年版。
③ 李学勤：《东周与秦代文明》，文物出版社 1984 年版，第 331 页。

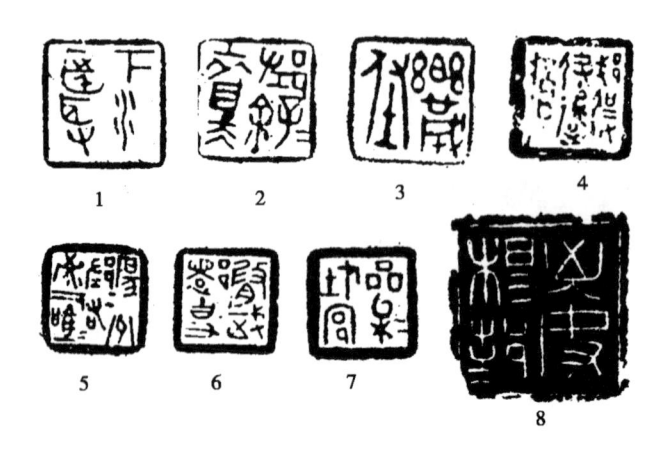

图 8-31　三晋玺印钤本

1. 下匡取水　2. 左邑余（馀）子啬夫　3. 栎（乐）成（城）壆（府）　4. 卬（代）强弩後㱿（將）　5. 阳州左邑右朿（叔）司马　6. 脩武䣂（县）吏　7. 厽（叄）枱（台）在序　8. 兇（匈）奴相邦

（10）下匡取水（图 8-31，1）

魏玺。"下匡"，地名，当今河南扶沟。"取水"，官名。《管子·度地》："请除五害之说，以水为始。请为置水官，令习水者为吏，大夫、大夫佐各一人，率部校长官佐各财足，及取水左右各一人，使为都将水工，令之行水道。"

（11）文枱（台）西彊（疆）司寇（图 8-8，17）

魏玺。"文台"，地名，当今山东东明①。"文台西疆"即文台之西部。

（12）左邑余（馀）子啬夫（图 8-31，2）

魏玺。"左邑"，地名，当今山西闻喜。玺文又有"余子啬夫"（《玺汇》0111），"余子"并读为"馀子"。《左传·宣公二年》："及成公即位，乃宦卿之適而为之田，以为公族。又宦其馀子，亦为馀子，其庶子为公行。晋于是有公族、馀子、公行。"杜预《集解》："馀子，嫡子之母弟也，亦治馀子之政。"孔颖达《正义》："庶子为妾子，知馀子则是適子之母弟也。言'亦为馀子'，则知馀子之官亦治馀子之政。今主教卿大夫適妻之次子也。""馀子啬夫"是管理馀子的啬夫②。

---

① 叶其峰：《战国官玺的国别及有关问题》，《故宫博物院院刊》1981 年第 3 期。
② 裘锡圭：《啬夫初探》，《古代文史研究新探》，江苏古籍出版社 2000 年版。

（13）脩武酄（县）吏（图8-31，6）

魏玺。"脩武"，地名，当今河南获嘉。"酄"，读为"县"①。"县吏"，县官。《管子·大匡》："凡县吏进诸侯士而有善，观其能之大小，以为之赏，有过无罪。"

（14）阳州左邑右朩（叔）司马（图8-31，5）

魏玺。"左邑"、"司马"皆有合文符。"左邑"地在今山西闻喜，故"阳州"或读者"唐州"，当古唐国之地，地在晋南。《说文·朩部》桂馥《义证》："朩，又通作叔。"《广雅·释诂三》："叔，少也。"《释名·释亲属》："叔，少也，幼者称也。"《礼记·曲礼下》："天子同姓谓之叔父。"孔颖达《正义》："叔，小也。"故学者以"叔司马"意即小司马②。或读"叔"为"倏"。《说文·犬部》："倏，走也。读若叔。"《周礼·夏官》有行司马，或即此。孙诒让《周礼正义》引易祓云："所谓行者，徒也。"谓其相对于舆司马，与其分掌徒、车之任。

楚国玺印

（1）勿正（征）关鉨（图8-9，1）

楚玺。"正"，读为"征"。"勿征关"，勿征于关③，无需于关纳税。《管子·问政》："征于关者勿征于市，征于市者勿征于关。"《周礼·地官·司关》："掌其治禁与其征廛。……国凶札，则无关门之征。"郑玄《注》："征廛者，货贿之税与所止邸舍也。关下亦有邸客舍，其出布如市之廛。郑司农云：'凶，谓凶年饥荒也。札，谓疾疫死亡也。无关门之征者，出入关门无租税。'"郑玄《周礼·地官·大司徒注》："征，税也。"又《司市》："凡通货贿，以玺节出入之。国凶荒札丧，则市无征，而作布。"郑玄《注》："有灾害，物贵，市不税，为民乏困也。金铜无凶年，因物贵，大铸泉以饶民。"

（2）南门出鉨（图8-32，2）

"南门"，郢都之南门。此当为通货凭证。《周礼·地官·司市》："凡通货贿，以玺节出入之。"郑玄《注》："玺节，印章，如今斗检封矣。使人执之以通商。以出货贿者，王之司市也；以内货贿者，邦国之司市也。"贾公彦《疏》："以其商旅买货贿于市，以出向邦国，故知是王之司市给玺节也。以其货贿从邦国来，当入王畿，故知还是邦国之司市给玺节也。商资于民家

---

① 李家浩：《先秦文字中的"縣"》，《文史》第二十八辑，中华书局1987年版。
② 何琳仪：《战国官玺杂识》，《印林》第十六卷第二期，1995年。
③ 汤馀惠：《楚玺两考》，《江汉考古》1984年第2期。

图 8-32 楚国玺印钤本
1. 行士鉩　2. 南门出鉩

得出向邦国，若资于民家亦容入来向王市卖之，则玺节受之于门关矣。"又《掌节》："门关用符节，货贿用玺节，道路用旌节，皆有期以反节。"郑玄《注》："门关，司门、司关也。货贿者，主通货贿之官，谓司市也。道路者，主治五涂之官，谓乡遂大夫也。凡民远出至于邦国，邦国之民若来入，由门者司门为之节，由关者司关为之节，其商则司市为之节，其以征令及家徙，则乡遂大夫为之节。唯时事而行不出关，不用节也。变司市言货贿者，玺节主以通货贿，货贿非必由市，或资于民家焉。"所言甚明。

（3）行士鉩（图 8-32，1）

玺文又见"行士之鉩"（《玺汇》0166）、"都行士鉩"（《玺汇》0167）。"行士"或当行夫之官①。《周礼·秋官·行夫》："居于其国，则掌行人之劳辱事焉，使则介之。"知与行人为役也。

（4）计官之鉩（图 8-9，2）

《说文·言部》："计，会也，算也。"《周礼·天官·叙官》"司会"郑玄《注》："会，大计也。司会主天下之大计，计官之长。"司会为计官之长，则计官当指《周礼》之司书、职内、职岁与职币四官，皆属司会。郑玄《周礼注》："司书，主计会之簿书。职内，主入也。职岁，主岁计以岁断。"孙诒让《正义》引王念孙解职币："主馀财之官也。职，主也。币，馀也。"玺文又见"计官正鉩"（《玺汇》0139），或为计官之长。

（5）连尹之鉩（图 8-9，8）

"连尹"，楚官名。《左传·襄公十五年》："屈荡为连尹。"孔颖达《正义》引服虔云："连尹，射官，言射相连属也。"《周礼·地官·保氏》郑众《注》："五射有参连之名。"

（6）五渚正鉩（图 8-9，6）

《水经·湘水注》："凡此四水，同注洞庭，北会大江，名之五渚。《战

---

① 李家浩：《楚国官印考释》，《语言研究》1987 年第 1 期；黄锡全：《古文字中所见楚官府官名辑证》，《文物研究》第七期，1991 年。

国策》曰：'秦与荆战，大破之，取洞庭、五渚者也。'"杨守敬《疏》："谓湘、资、沅、澧四水自南而入，大江自北而过，洞庭潴其间，谓之五渚也。"《史记·苏秦列传》裴骃《集解》："五渚在洞庭。""正"，官正。

（7）群粟客鉨（图8-9，4）

鉨文又见"郢粟客鉨"（《鉨汇》5549），知"群"为地名。"粟客"，楚官名，或与汉代掌司粮食的治粟都尉相当①。

（8）中戠（织）室鉨（图8-9，7）

"戠室"，读为"织室"②。"织"乃织纴之谓。鉨文又有"戠室之鉨"（《鉨汇》0213），知"中"当言中宫。《周礼·天官·缝人》："缝人掌王宫之缝线之事，以役女御，以缝王及后之衣服。"此"中织室"适合王宫内之织造机构。汉承其制。《汉书·百官公卿表》："少府，秦官。……属官有东织、西织。……河平元年省东织，更名西织为织室。"汉之织室在未央宫。《三辅黄图》卷三云："织室，在未央宫。又有东、西织室，织作文绣郊庙之服，有令史。"知织室为掌管皇室丝帛织造的官府。《汉旧仪》卷下云："凡蚕丝絮，织室以作祭服。祭服者，冕服也。天地宗庙群神五时之服，皇帝得以作缕缝衣，皇后得以作巾絮而已。……故旧有东、西织室作治。"未央宫织室乃汉初已有。《汉书·惠帝纪》：惠帝四年七月"丙子织室灾"。汉长安城遗址曾出"织室令印"。

（9）尃（簿）室之鉨（图8-9，5）

"尃"，读为"簿"，"簿室"则为贮藏簿籍之所③。

（10）大𧵔（府）（图8-9，9）

"府"字从"贝"，为楚文字特点。"大府"之名见于《周礼·天官》，其职"掌九贡、九赋、九功之贰，以受其货贿之人，颁其货于受藏之府，颁其贿于受用之府。凡官府都鄙之吏及执事者受财用焉"。楚之大府设于郢都，为楚王室掌管财政、税收，并负责王室所需物资的机构④。

秦国玺印

（1）寺从市府（图8-10，1）

《诗·秦风·东邻》："未见君子，寺人之令。"毛《传》："寺人，内

---

① 李家浩：《楚国官玺考释》，《江汉考古》1984年第2期。
② 朱德熙、裘锡圭：《战国文字研究（六种）》，《考古学报》1972年第1期。
③ 汤馀惠：《略论战国文字形体研究中的几个问题》，《古文字研究》第十五辑，中华书局1986年版。
④ 黄锡全：《古文字中所见楚官府官名辑证》，《文物研究》第七期，1991年。

小臣也。"郑玄《笺》："欲见国君者，必先令寺人使传告之，时秦仲又始有此臣。"陆德明《释文》："寺，本亦作侍。"《周礼·天官冢宰》有内小臣、阍人、寺人、内豎，皆阉官，内小臣则为阉官之长，与寺人别。此寺从当即宦者①。"市府"，或为供寺从所用物品之库府。寺从为阉人，故别有库府以藏其用度。"市府"或曰杂物之库。

（2）颤里典（图8-10，2）

"颤"，里名。"里典"即里正，避嬴政讳。

（3）銍将粟印（图8-10，3）

"銍"，地名，当今安徽宿州。"将粟"，官名。《汉书·百官公卿表》载秦官有治粟内史，掌谷货。故"将"犹治，读去声。

（4）官田臣印（图8-10，4）

《周礼·地官·载师》："以官田、牛田、赏田、牧田任远郊之地。"郑司农云："官田者，公家之所耕田。牛田者，以养公家之牛。赏田者，赏赐之田。牧田者，牧六畜之田。"谓官田即民受庸为公家耕田，敛其禾粟，以供官府之用。郑玄《注》："官田，庶人在官者其家所受田也。牛田、牧田，畜牧者之家所受田也。"谓官田即各职府史胥徒及在官工贾之类，其家所受田。孙诒让《正义》："黄以周云：'庶人之在官者，给以稍食，禄足以代耕。其身免农，其子不免农。'案：黄说是也。凡庶人在官者，本身受稍食于官，而其家则别受田，所谓官田也。《国语·晋语》云：'工贾食官。'韦注云：'工，百工也。贾，官贾也。食官，官廪之。'彼工贾亦谓在官之工贾，韦谓官廪之，即稍食也。与此经官田异。"二郑所解不同。"官田臣"，掌授官田者。

（5）长夷泾桥（图8-10，7）

"长夷"，地名。"泾桥"，泾水之桥。此桥架于长夷之泾水上，或即护桥之官。《三辅黄图》卷六云："横桥，《三辅旧事》云：'秦造横桥，汉承秦制，广六丈三百八十步，置都水令以掌之。'"玺文又有"宜阳津印"（《征存》6.32），则为关津之印。《汉书·王莽传中》："吏民出入，持布钱以副符传。不持者，厨传勿舍，关津苛留。"《三国志·魏书·文帝纪》延康元年裴松之《注》引《魏书》庚戌令云："关津所以通商旅，池苑所以御灾荒也，设禁重税，非所以便民，其除池籞之禁，轻关津之税，皆复什一。"与此或别。

---

① 罗福颐：《秦汉南北朝官印征存》，文物出版社1987年版。

(6) 发弩（图 8-10, 8）

半通印。《汉书·地理志上》南郡下本注："有发弩官。"师古《注》："主教放弩也。"

9. 封泥、陶文与货币文字

(1) 左司马闻（门）絇信鈢（图 8-33, 1）

齐封泥。《汉书·元帝纪》："令从官给事宫司马中者，得为大父母、父母、兄弟通籍。"师古《注》："司马门者，宫之外门也。卫尉有八屯，卫候司马主卫士徼巡宿卫，每面各二司马，故谓宫之外门为司马门。"《说文·立部》："絇，健也。一曰匠也。《逸周书》有絇匠。"《广雅·释诂三》："絇，治也。"此或为营治之官。

(2) 䖵（饶）都右司马（图 8-33, 2）

燕封泥。古鈢或见"䖵（饶）都左司马"（《鈢汇》0050）。"䖵"，地名，或读为"饶"，当今河北饶阳①。

(3) 中谒者（图 8-33, 3）

秦封泥。《汉书·百官公卿表》："少府，秦官。……属官有……中书谒者。……成帝建始四年更名中书谒者令为中谒者令。"秦印有"中谒者府"（《印集》76），知中书谒者本为"中谒者"。《汉书·成帝纪》建始四年"罢中书宦者"师古《注》引臣瓒曰："汉初，中人有中谒者令，孝武加中谒者令为中书谒者令，置仆射。"中谒者当代替尚书掌出入奏事，典机要②。其官秦已有之。

(4) 公车司马丞（图 8-33, 4）

秦封泥。《汉书·百官公卿表》："卫尉，秦官，掌宫门卫屯兵，有丞。……属官有公车司马、卫士、旅贲三令丞。"《汉官仪》："公车司马掌殿司马门，夜徼宫中，天下上事及阙下凡所征召皆总领之。"

(5) 禁苑右监（图 8-33, 5）

秦封泥。"禁苑"本指帝王园囿。《史记·平准书》："是时禁苑有白鹿而少府多银锡。"秦有上林苑、宜春苑、甘泉苑等。《韩非子·外储说右下》："秦大饥，应侯请曰：'五苑之草著、蔬菜、橡果、枣栗，足以活民，请发之。'"时在昭襄王世，五苑皆为禁苑。《文选·张平子西京赋》："上林禁苑，跨谷弥阜。"鈢文"禁苑"应为官名，其属设监，分为

---

① 何琳仪：《战国文字通论》（订补），江苏教育出版社 2003 年版，第 109 页。
② 安作璋、熊铁基：《秦汉官制史稿》，齐鲁书社 2007 年版，第 195 页。

图 8-33　战国封泥拓本

1. 左司马闻（门）绚信鈢（齐）　2. 跳（饶）都右司马（燕）　3. 中谒者（秦）
4. 公车司马丞（秦）　5. 禁苑右监（秦）　6. 西共（秦）　7. 左厩（秦）
8. 高章宦者（秦）　9. 少府工丞（秦）　10. 丰玺（秦）　11. 阳都船丞（秦）

左右。《汉书·百官公卿表》载水衡都尉掌上林苑，属官有禁圃，有令丞及两尉，已为汉制。禁圃或源出禁苑，两尉当同左右监。

（6）西共（图 8-33，6）

秦封泥。"西"为秦之西县，当今甘肃礼县附近。"共"即"共厨"省称，汉金文恒见。共厨所供乃为祭祀之需①。

（7）左厩（图 8-33，7）

秦封泥。秦印尚有"左厩将马"（《集证》147）、"右厩将马"（《官玺》11）、"小厩将马"（《集证》147）、"中厩"（《考古学报》2001.4）、"泰厩丞印"（《秦封》184），"将马"为官名，知"厩"为养马之所。《汉书·戾太子传》："发中厩车载射士。"师古《注》："中厩，皇后车马所在也。《百官公卿表》："太仆，秦官，掌舆马，……属官有大厩。……

---

① 刘庆柱、李毓芳：《西安相家巷遗址秦封泥考略》，《考古学报》2001 年第 4 期。

中太仆掌皇太后舆马。"

（8）高章宦者（图8-33, 8）

秦封泥。"宦者"为阉人。《汉书·百官公卿表》载少府属官有宦者。《临淄封泥文字》有"长信宦者"，《续封泥考略》有"北宫宦者"。"长信"为太后之宫，"北宫"也为宫名，是"高章"为宫名。

（9）少府工丞（图8-33, 9）

秦封泥。《汉书·百官公卿表》："少府，秦官，掌山海池泽之税，以给共养，有六丞。属官有……考工室……令丞。"秦封泥有"少府工官"、"少府工室"（《考古学报》2001.4），知"工丞"或即工室之丞。

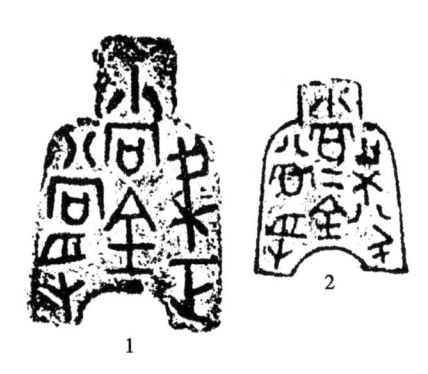

图8-34 魏国布币拓本
1. 梁（梁）正帀（币）百尚（当）寽（锊） 2. 梁（梁）半帀（币）二百尚（当）寽（锊）

（10）丰玺（图8-33, 10）

秦封泥。"丰"，地名，当今陕西长安沣水之西。自名曰"玺"。

（11）阳都船丞（图8-33, 11）

秦封泥。"都船"，官名。《汉书·百官公卿表》载秦官中尉，掌徼循京师，属官都船有三丞。秦封泥又见"阴都船丞"（《考古学报》2001.4）、"都船丞印"（《秦封》174），恰为三丞。

（12）不萁（其）坿（市）鉨（鉨）（图8-11, 3）

齐陶文。"不其"，地名，当今山东即墨。

（13）梁（梁）正帀（币）百尚（当）寽（锊）（图8-34, 1）

魏布。"梁"，地名，当今河南开封。"正币"意为整币。"百当锊"，百枚整币的重量为一锊。据实测，此种布币一枚重10.82—16克，百枚重1080—1600克[①]。

（14）梁（梁）半帀（币）二百尚（当）寽（锊）（图8-34, 2）

魏布。"半币"相对于"正（整）币"而言，故二百半币的重量为一锊。

---

① 汤馀惠：《战国铭文选》，吉林大学出版社1993年版，第112页。

本章小结

本章全面介绍了甲骨文、金文之外的古文字资料，包括简牍、帛书、盟书、石刻、玺印、封泥、陶文和货币文字，梳理各种史料的早晚发展与著录研究，对于战国史料，则辨析其分国特征。并根据不同史料的特点，阐明其研究方法及史料价值。选择部分出土文献试作解读。

思 考 题

名词解释：

简牍　长沙子弹库战国楚帛书　石鼓文　安国三拓　行气玉铭　玺印　空首布　三孔布　《封泥考略》

简答题：

简论石鼓文的时代。

简论战国竹书文字的分域特点。

简论战国玺印、陶文、货币文字的分国特征。

论述题：

试论战国竹书的文献学价值与史料价值。

试论玺印的起源。

试论侯马盟书与温县盟书的关系。

阅读参考文献

高明：《中国古文字学通论》，文物出版社1987年版。

何琳仪：《战国文字通论》（订补），江苏教育出版社2003年版。

骈宇骞、段书安：《二十世纪出土简帛综述》，文物出版社2006年版。

饶宗颐：《楚帛书》，中华书局香港分局1985年版。

郭沫若：《石鼓文研究·诅楚文考释》，《郭沫若全集·考古编》第九卷，科学出版社1982年版。

罗福颐：《古玺印概论》，文物出版社1982年版。

黄锡全：《先秦货币通论》，紫禁城出版社2001年版。

荆门市博物馆：《郭店楚墓竹简》，文物出版社1998年版。

马承源主编：《上海博物馆藏战国楚竹书》一至九册，上海古籍出版社2001—2012年版。

李学勤主编:《清华大学藏战国竹简》壹至肆册,中西书局2010—2013年版。

山西省文物工作委员会:《侯马盟书》,文物出版社1976年版。

罗福颐主编:《古玺汇编》,文物出版社1981年版。

周晓陆、路东之:《秦封泥集》,三秦出版社2000年版。

高明:《古陶文汇编》,中华书局1999年版。

丁福保:《古钱大辞典》,中华书局1982年版。

汪庆正主编:《中国历代货币大系·先秦货币》,上海人民出版社1988年版。

汤馀惠主编:《战国文字编》,福建人民出版社2001年版。

引用文献简称

《铁》　《铁云藏龟》，刘鹗，清光绪二十九年（1903年）抱残守缺斋石印本。

《前》　《殷虚书契》，罗振玉，影印本，1913年。

《菁》　《殷虚书契菁华》，罗振玉，珂罗版影印本，1914年。

《馀》　《铁云藏龟之馀》，罗振玉，珂罗版影印本，1915年。

《后》　《殷虚书契后编》，罗振玉，《艺术丛编》第一集珂罗版影印本，1916年。

《明》　《殷虚卜辞》（*Oracle Records from the Waste of Yin*），明义士（James Mellon Menzies），1917年自写石印本。

《戬》　《戬寿堂所藏殷虚文字》，姬佛陀，《艺术丛编》第三集石印本，1917年。

《拾》　《铁云藏龟拾遗》，叶玉森，石印本，1925年。

《簠》　《簠室殷契征文》，王襄，天津博物院石印本，1925年。

《书道》《书道全集》第一卷，下中弥三郎，平凡社，1931年。

《通》　《卜辞通纂》，郭沫若，日本东京文求堂石印本，1933年。

《续》　《殷虚书契续编》，罗振玉，珂罗版影印本，1933年。

《佚》　《殷契佚存》，商承祚，金陵大学中国文化研究所丛刊甲种，1933年。

《库》　《库方二氏藏甲骨卜辞》（*The Couling-Chalfant Collection of Inscribed Oracle Bone*），方法敛（Frank H. Chalfant）摹，白瑞华（Roswell S. Britton）校，商务印书馆石印本，1935年。

《侯》　《安阳侯家庄出土之甲骨文字》，董作宾，《田野考古报告》第一册，1936年。

《粹》　《殷契粹编》，郭沫若，日本东京文求堂石印本，1937年。

《河》　《甲骨文录》，孙海波，河南通志馆，1937年。

《珠》　《殷契遗珠》，金祖同，上海中法文化出版委员会，1939年。

引用文献简称

《金》	《金璋所藏甲骨卜辞》（*Hopkins Collection of the Inscribed Oracle Bone*），方法敛摹，白瑞华校，美国纽约影印本，1939年。
《邺三》	《邺中片羽三集》，黄濬，珂罗版影印本，1942年。
《坎》	《骨的文化》（*Bone Culture of Ancient China*），怀履光（W. C. White），石印本，1945年。
《甲》	《殷虚文字甲编》，董作宾，中央研究院历史语言研究所，1948年。
《乙》	《殷虚文字乙编》，董作宾，历史语言研究所，1948—1953年。
《缀》	《甲骨缀合编》，曾毅公，修文堂书房，1950年。
《宁沪》	《战后宁沪新获甲骨集》，胡厚宣，来薰阁书店，1951年。
《掇一》	《殷契拾掇》，郭若愚，上海出版公司，1951年。
《南》	《战后南北所见甲骨录》，胡厚宣，来薰阁书店，1951年。
《掇二》	《殷契拾掇二编》，郭若愚，来薰阁书店，1953年。
《京津》	《战后京津新获甲骨集》，胡厚宣，群联出版社，1954年。
《缀合》	《殷虚文字缀合》，郭若愚、曾毅公、李学勤，科学出版社，1955年。
《续存》	《甲骨续存》，胡厚宣，群联出版社，1955年。
《外》	《殷虚文字外编》，董作宾，艺文印书馆，1956年。
《丙》	《殷虚文字丙编》，张秉权，历史语言研究所，1957—1972年。
《安明》	《明义士收藏甲骨文字》，许进雄，加拿大皇家安大略博物馆，1972年。
《合集》	《甲骨文合集》，郭沫若主编，胡厚宣总编辑，中华书局，1978—1983年。
《怀特》	《怀特氏等收藏甲骨文集》，许进雄，加拿大皇家安大略博物馆，1979年。
《屯南》	《小屯南地甲骨》，中国社会科学院考古研究所，中华书局，1980—1983年。
《英藏》	《英国所藏甲骨集》，李学勤、齐文心、艾兰，中华书局，1985—1992年。
《天理》	《天理大學附屬天理參考館藏品——甲骨文字》，伊藤道治，天理時報社，1987年。
《合补》	《甲骨文合集补编》，彭邦炯、谢济、马季凡，语文出版社，1999年。

《甲缀》	《甲骨缀合集》，蔡哲茂，文渊阁文化事业有限公司，1999年。	
《周甲》	《周原甲骨文》，曹玮，世界图书出版公司，2002年。	
《花东》	《殷墟花园庄东地甲骨》，中国社会科学院考古研究所，云南人民出版社，2003年。	
《甲续》	《甲骨缀合续集》，蔡哲茂，文津出版社有限公司，2004年。	
《书法》	《中国书法全集·甲骨文卷》，刘一曼、冯时，荣宝斋出版社，2009年。	
《缀汇》	《甲骨缀合汇编》，蔡哲茂，花木兰文化出版社，2011年。	
《款识》	《历代钟鼎彝器款识法帖》，薛尚功，明崇祯六年（1633年）朱谋垔刻本。	
《三代》	《三代吉金文存》，罗振玉，影印本，1937年。	
《录遗》	《商周金文录遗》，于省吾，科学出版社，1957年。	
《美》	《美帝国主义劫掠的我国殷周铜器集录》，中国科学院考古研究所，1962年。	
《集成》	《殷周金文集成》，中国社会科学院考古研究所，1984—1994年。	
《欧遗》	《欧洲所藏中国青铜器遗珠》，李学勤、艾兰，文物出版社，1995年。	
《新收》	《新收殷周青铜器铭文暨器影汇编》，锺柏生、陈昭容、黄铭崇、袁国华，艺文印书馆，2006年。	
《题铭》	《战国题铭概述》，李学勤，《文物》1959年第7、8、9期。	
《包山》	《包山楚简》，湖北省荆沙铁路考古队，文物出版社，1991年。	
《郭店》	《郭店楚墓竹简》，荆门市博物馆，文物出版社，1998年。	
《侯马》	《侯马盟书》，山西省文物管理委员会，文物出版社，1976年。	
《簠斋》	《簠斋手拓古印集》，陈介祺。	
《玺汇》	《古玺汇编》，故宫博物馆，罗福颐主编，文物出版社，1981年。	
《故宫》	《故宫博物院藏古玺印选》，罗福颐主编，文物出版社，1982年。	
《征存》	《秦汉南北朝官印征存》，罗福颐，文物出版社，1987年。	
《珍秦》	《珍秦斋古印展》，萧春源，澳门市政厅，1993年。	
《集粹》	《中国玺印集粹》，菅原石廬，二玄社，1995年。	
《分域》	《战国鈢印分域编》，庄新兴，上海书店出版社，2001年。	

《官玺》　《古玺印精品选——官玺印（一）》，张荣，北京工艺美术出版社，2001年。
《集证》　《秦文字集证》，王辉，艺文印书馆，2000年。
《印集》　《新出土秦代印集》，傅嘉仪，西泠印社，2002年。
《封泥》　《封泥汇编》，王幼潜，山阴吴氏馔籀簃印本，1931年。
《秦封》　《秦封泥集》，周晓陆、路东之，三秦出版社，2000年。
《昚录》　《古陶文昚录》，顾廷龙，北平研究院石印本，1936年。
《陶汇》　《古陶文汇编》，高明，中华书局，1990年。
《古钱》　《古钱大辞典》，丁福保，中华书局，1982年。
《货系》　《中国历代货币大系·先秦货币》，汪庆正主编，上海人民出版社，1988年。
《三晋》　《三晋货币》，朱华，山西人民出版社，1994年。